MONDE PRIMITIF,

ANALYSÉ ET COMPARÉ

AVEC LE MONDE MODERNE,

CONSIDÉRÉ

DANS LES ORIGINES LATINES;

OU

DICTIONNAIRE

ÉTYMOLOGIQUE

DE LA LANGUE LATINE.

Septiéme Livraison.

MONDE PRIMITIF,

ANALYSÉ ET COMPARÉ

AVEC LE MONDE MODERNE,

CONSIDERÉ

DANS LES ORIGINES LATINES;

OU

DICTIONNAIRE

ÉTYMOLOGIQUE

DE LA LANGUE LATINE;

Avec une Carte et des Planches:

PAR M. COURT DE GEBELIN,

De diverses Académies.

SECONDE PARTIE.

A PARIS,

Chez
- L'Auteur, rue Poupée, Maison de M. Boucher, Secrétaire du Roi.
- VALLEYRE l'aîné, Imprimeur-Libraire, rue de la vieille Bouclerie.
- SAUGRAIN, Libraire, quai des Augustins.
- SORIN, Libraire, rue Saint Jacques.

M. DCC. LXXX.

AVEC APPROBATION ET PRIVILÉGE DU ROI.

SUITE
DU DISCOURS PRÉLIMINAIRE
SUR LES ORIGINES LATINES.

VOICI la fin de nos Origines Latines; & ce que nous avons à ajouter à notre Discours Préliminaire, ne sera pas long. Nous nous réduirons à quelques réflexions sur l'Etymologie, sur ses diverses espéces, &c. & à quelques objets relatifs à la forme & à l'usage de ce Dictionnaire. Nous nous proposions, il est vrai, de donner en même-tems un Tableau rapide de tout ce qui a déja paru de notre Ouvrage, de ses résultats, de ses avantages; mais la matiere trop abondante, nous oblige de renvoyer ce résumé au Volume suivant, & de nous borner aux objets dont nous venons de parler.

Le succès du volume qui a déja paru, assure celui de l'ensemble : nous y avons été d'autant plus sensibles, que le goût général du siecle n'est pas porté pour les Langues, & qu'on a toujours raison d'être en garde contre les Etymologies: aucune matiere ne prête plus en effet à l'arbitraire & aux abus les plus étranges, lorsqu'on s'y livre trop à son imagination, & qu'on se laisse entraîner par le plaisir du merveilleux & des découvertes. La facilité de créer en ce genre, en travestissant les mots, en dénaturant les choses; la satisfaction d'élever des Ouvrages séduisans & nouveaux, & de faire paroître, comme Armide, des Palais enchanteurs, formés de rien, ne nous ont que trop valu d'ouvrages étymologiques, qui n'étoient propres qu'à égarer, & qui se font évanouis comme les visions de la nuit, toutes les fois qu'on a voulu les apprécier.

Notre amour pour la vérité, le desir de nous rendre utiles à ceux qui la cherchent comme nous, nous a fait prendre les plus grandes précautions pour nous garantir de cet art illusoire, celle sur-tout d'éviter toute étymologie qui n'étoit pas appuyée sur deux bases inébranlables, le son & le sens de chaque mot.

Deux sortes d'Étymologies.

Nous ne saurions trop le répéter; toutes les fois qu'on parle d'étymologies, il en faut distinguer avec soin deux sortes, qui différent du tout au tout. Celles où l'on est guidé, comme nous venons de dire, par le son & par le sens; celles qui ne consistent qu'à comparer des sons. On sent parfaitement que celles-ci peuvent être aussi illusoires que celles-là sont fermes & solides; qu'il n'est pas possible de tirer des conséquences exactes & sûres d'un seul principe, d'un seul objet; que tout son détaché de sa valeur est un être de raison qu'on pourra ramener à tout, parce qu'on pourra y voir tout ce qu'on voudra.

De-là tant de faux systêmes nés de cet art trompeur contre lequel on n'a jamais été assez en garde. Ce sont ces étymologies illusoires qui égarerent le célebre FOURMONT, dans un Ouvrage sur Sanchoniaton, dont nous avons déjà eu occasion de dire un mot, qu'il intitula, *Réflexions critiques sur les Histoires des anciens Peuples*, & où il crut établir d'une maniere triomphante que le fragment de Sanchoniaton sur Cronus, étoit l'histoire d'Abraham & de sa famille; & voici comment il procédoit.

Précis du systême de FOURMONT sur Sanchoniaton.

Hypsistus, dit-il, ou le Très-Haut, qui est à la tête de cette

PRÉLIMINAIRE.

Généalogie, est manifestement *Sem*, nom qui a la même signification.

Si sa femme s'appelle *Berouth*, c'est que Sanchoniaton a voulu illustrer la ville de Beryte.

Uranus, fils d'Hypsistus, est manifestement Tharé, pere d'Abraham ; car Cronus, fils d'Uranus, est certainement Abraham ; mais en voici bien d'autres preuves.

Tharé demeuroit à Ur ; il s'appella donc *Uranus* : il ne sortit point de son pays ; il s'appella donc *Autochton* ou Agricole.

Son fils est *Cronus*; mais ce mot signifie l'habitant de *Charan*; rien de plus admirable, (pag. 64) ajoute-t-il.

Un des fils d'Uranus est Atlas ; c'est donc *Otla* ou *Lot*, neveu d'Abraham ? C'est un neveu changé en frere, par une méprise de Sanchoniaton.

Peut-on se refuser à ces rapports d'Abraham & de Cronus, puisque Sanchoniaton ajoute qu'en un tems de famine Cronus sacrifia son fils unique, qu'il se circoncit, & qu'il obligea ses gens d'en faire de même ?

Si Cronus mangea des pierres croyant dévorer ses enfans, c'est que Sara donna à Abraham, Agar pour en avoir des fils, & qu'*Agar* signifiant pierre, on dit que la femme de Cronus lui donna des pierres en place de fils.

Mercure, le Conseiller de Saturne, est manifestement *Eliezer*, l'Intendant fidele d'Abraham ; car Mercure est le *Boethus*, Roi de This dont parle Manethon, & sous le regne de qui la terre s'entr'ouvrit du côté de Bubaste, c'est-à-dire en Palestine, où les villes de la plaine furent englouties du tems d'Eliezer. D'ailleurs, Abraham est le même qu'Ilus ; Eliezer est donc le même que Mercure ; car celui-ci a été appellé *Cadmilus* ou Camille, c'est-à-dire le serviteur d'Ilus.

DISCOURS

Minerve n'est pas plus difficile à reconnoître. Son nom étoit Ogga, c'est donc Aggar, mot dont les Egyptiens supprimerent la lettre R: d'ailleurs Minerve étoit née du cerveau de Jupiter, c'est-à-dire, de sa pensée : or *Haga* en Hébreu, signifie pensée, méditation ; donc *Hagar* est la même que Minerve-Ogga.

Quant à *Cethura*, seconde femme d'Abraham, c'est Cérès : quelle différence entre Cérès & *Guerari*, pays de Cethura? D'ailleurs, ne lui a-t-on pas prêté l'histoire d'Agar & d'Ismaël : « Cérès, dit-on, trouve en chemin un jeune homme, & ce jeune » homme se moque d'elle : qui ne voit que c'est Isac, dont le » nom signifie il a ri? Fatiguée, elle se repose auprès d'un puits ; » qui ne voit que c'est le puits d'Hagar ?

Entre les fils de Cethura, l'un est nommé זמרן *Zimeran*, & l'autre יקטן *Yoquethan*, c'est-à-dire, le scieur de blé, & le lieur de javelles ; Cethura est donc Cérès ?

Elle demeure en Sicile, parce que la Sicile étoit abondante en grains, & que là est l'Etna fumant ; or Cetura קטורה signifie la fumante.

Voulez-vous l'écrire par un K, כתורה, son nom signifie la couronnée : or telle étoit Cérès.

Cérès est mere de Persephone ; mais Cethura étoit de Bersabée : si elle eut une fille, & peut-on ne pas le supposer ? cette fille put s'appeller *Bershevatta*, la fille du pays de Bersabée : or de *Bershevatta* se fit sans peine le nom de *Perephatta* ou *Persephone*, par lesquels Proserpine fut désignée.

Sara est Rhéa & Isis : *Rhéa*, car ce nom, ainsi que celui de *Sara*, signifie Reine, Princesse.

Isis ou l'ancienne, la décrépite, puisque Sara étoit décrépite lorsqu'elle devint mere.

D'ailleurs *Isis* & *Sara* n'avoient-elles pas épousé chacune leur frere ?

PRÉLIMINAIRE.

La mutilation d'Uranus par Chronus, ou du Ciel par Saturne, est un *tour de phrase Oriental*, pour insinuer qu'Abraham mit par sa sagesse son pere Tharé hors d'état d'entraîner désormais les hommes dans l'idolâtrie, c'est-à-dire, de faire des prosélites ou de nouveaux enfans.

C'est de la même maniere que M. FOURMONT croit démontrer que Junon est Rebecca; *Esaü*, Osiris & l'ancien Bacchus, tous de *Seïr* : les Satyres ou Seïrites sont les Iduméens, fils d'Esaü.

Silene est l'altération des mots Seïr Ana, le Seïrite *Ana*, beau-pere d'Esaü, & Prince des Horréens.

Jacob est Typhon, l'ennemi d'Osiris ou Esaü : celui-ci alla aux Indes, puisqu'il est le même qu'Osiris : & qu'il ait élevé la plupart des villes de cette vaste contrée, cela est sensible, puisqu'on y voit *Betana*, mot-à-mot, la ville d'Ana. *Barigaza*, mot-à-mot, le trésor du fleuve Baris, où Esaü certainement faisoit apporter les tributs du pays; & puisque tant de noms de villes des Indes se terminent en *Ura*, *Our*, *Oura*, *Or*, tous noms de la ville d'*Ur*, en Chaldée.

Ajoutez que le Dieu *Brama* est certainement Abraham, & sa femme *Sarisvadi*, Sara; WISTNOU, Jacob; & que le Dieu *Esvara* est Esaü.

Quant à toutes ces femmes qu'épouse Cronus ou Saturne, & dont parle Sanchoniaton, Abraham les a aussi épousées; car c'est un tour de phrase Oriental, pour dire que ce sont les femmes de ses fils, de ses petits-fils, de ses arrieres-petits-fils, &c.

Rachel est *Vénus*, ou *Astarté*.

Le dernier enfant de Rhéa est déifié : ceci est tout simple : Zelpha, femme de Jacob, est la même que la seconde Rhéa, & son dernier fils est *Asser*, mot qui signifie l'heureux, l'apothéosé, le bois sacré.

Ce système où l'on croit prouver, & où l'on ne prouve rien,

où l'on croit remonter à la vraie origine des Fables, & où l'on n'en débrouille aucune ; où l'on donne en preuve, soit des rapports de mots qui n'en eurent jamais entr'eux, soit des circonstances dont le rapprochement laisse voir toute la disparate ; ce système, dis-je, se termine par cette conclusion, qui ne pouvoit paroître triomphante qu'à son seul Auteur, (p. 376.)

» Tranchons donc le mot : enfin un Lecteur, homme d'esprit,
» aimant la vérité, je le suppose dégagé de tous préjugés, sera
» ravi non-seulement d'appercevoir ici ce que l'on cherche depuis
» 3000 ans, la *naissance du Paganisme & l'Origine de ses Dieux*,
» mais aussi de remarquer, (assertion qui frappe à présent les
» yeux, comme l'éclair qui passe de l'Orient à l'Occident) de
» remarquer, dis-je, que l'Ecriture paroît dans une majesté comme
» nouvelle, à laquelle certainement peu de gens se seroient at-
» tendus ».

Mais si l'Auteur n'a rien éclairci, rien prouvé, si son Ouvrage est en effet comme l'*éclair* dont il ne reste rien lorsqu'il a ébloui l'œil, que devient cette *majesté comme nouvelle* qui en devoit résulter pour l'Ecriture-Sainte ?

Heureusement, cette Ecriture n'a rien à perdre comme elle n'a rien à gagner à de prétendus systêmes, qu'il seroit fort aisé de rétorquer en prenant l'inverse.

Tel est cependant le systême étymologique de ce Savant, aussi érudit que mauvais Logicien & que barbare Ecrivain : on pouvoit lui dire : mais avant que de vous livrer à des rapprochemens aussi imparfaits, à tailler, à rogner, à allonger les mots comme un nouveau Phalaris, ne deviez-vous pas poser un fondement inébranlable que rien ne pût altérer, & dont toutes ces prétendues étymologies n'auroient été qu'un développement ou un simple accessoire ?

PRÉLIMINAIRE.

N'avez-vous pas vu, pouvoit-on lui dire encore, que vous avez commencé par renverser votre édifice de vos propres mains ; que vous avez donné des armes contre vous, en supposant d'emblée qu'avant Abraham la Terre étoit idolâtre, puisque les guerres de ce Patriarche avec son pere se rapportoient à cet objet ? Les Payens avoient donc déja des Dieux ? Et comment prouverez-vous que ces Payens ayent érigé en Dieux les ennemis les plus déclarés de leurs Dieux, ceux que vous croyez avoir soutenu des guerres terribles pour détruire l'idolâtrie ? Est-ce là relever la *majesté* de l'Ecriture? Quel défenseur a-t-elle en vous?

De quel droit, abusant de votre esprit, créez-vous des êtres nouveaux pour renouer votre chaîne qui casse de toutes parts? De quel droit, lorsqu'un effet peut avoir cent causes, choisissez-vous celle qui vous plaît, sans autre raison que parce qu'elle s'arrange mieux avec votre système?

Ce n'est point l'imagination qui doit régner dans ces sortes de recherches, parce qu'elle ne crée que des fantômes qui s'évanouissent comme les ombres de la nuit : c'est la raison qu'on doit consulter, la comparaison froide & lente, la sévérité rigoureuse d'une critique éclairée, & qui ne veut en imposer ni à soi ni aux autres.

On doit sur-tout éviter tout système qui commence par une supposition qu'on fonde sur des étymologies, qui ne peuvent être vraies qu'en admettant la supposition de laquelle on est parti pour les découvrir : malheureuses pétitions de principes qui enfantent tant de mauvais systèmes, & entretiennent tant d'erreurs !

Il seroit bien intéressant qu'on posât enfin des principes simples & solides sur cette espéce d'étymologies qu'on peut appeller *historiques*, qui s'occupent des choses, & dont les rapports cachés des noms ne doivent jamais faire la base. Ce seroit une addition bien précieuſe à l'art de la Critique, & qui auroit épargné bien du tems à de ſavans Auteurs & à ceux qui ont le courage de les lire.

Ne ſoyons pas étonnés ſi on voit ſans ceſſe renouveller ces ſortes de ſyſtêmes, malgré le peu de ſuccès qui les attend : ces étymologies qui ne doivent leur éclat qu'à l'imagination, ſont ſi faciles, ſi flatteuſes, ſi attrayantes pour l'eſprit créateur, que lorſqu'il eſt une fois ſéduit par ces Syrènes, il ne peut plus s'en garantir; il faut qu'il *étymologiſe* à toute outrance, ne trouvant rien qui lui réſiſte.

Etymologies de mots.

Les étymologies de l'autre eſpéce, celles qui ramenent chaque mot à ſa famille & toutes les Langues à la primitive, ſont à la vérité moins attrayantes : elles ont moins d'éclat, elles parlent moins à l'imagination ; mais elles ont d'autres avantages infiniment préférables, une force, une évidence qui entraîne, une certitude que rien ne peut ébranler, cette propriété unique de s'éclaircir & de ſe ſoutenir mutuellement, enſorte qu'une erreur ne peut s'y gliſſer long-tems, puiſqu'elle ſe décele elle-même par ſon oppoſition avec les principes communs à tous & avec la marche conſtante qui en eſt la ſuite, & qu'elle gêne, qu'elle dérange.

Telle eſt celle que nous avons ſuivie invariablement dans nos Origines Latines. Par ſon moyen, tous les mots dérivés d'un même radical ſe ſont venus ranger ſous ce mot, & ils ſe ſont claſſés par Familles nombreuſes, dont on a vu ainſi de la maniere la plus ſenſible, les rapports & l'origine ; rapports dont juſqu'alors on n'avoit eu aucune idée ; & origine qu'on avoit, par conſéquent, cherchée en vain.

C'eſt ainſi que ſous le mot primitif T, grandeur, ſe ſont réunies ces diverſes Familles.   *Tu*

PRELIMINAIRE.

Tu, Toi,

Ta, Ta, pere,

T*imeo*, regarder comme au-dessus de soi, comme plus fort que soi.

Æs-T*imo*, apprécier, élever par son opinion ; & où le mot Æs peut désigner l'airain, le métal le plus précieux de l'antiquité.

T*ueor*, protéger ; *Tu Tus*, à l'abri.

T*hea-Tium*, lieu élevé, où l'on expose à la vue.

To-Tus, tout.

T*abula*, étendue en planche, table.

T*a-pes*, étendue pour les pieds, tapis.

T*u-Ber*, bosse, tumeur, truffe.

T*u-Bus*, tube, tuyau.

T*alis*, de même grandeur, tel.

T*alus*, talon, ce qui soutient le corps.

T*hallus*, tige d'oignon, branche d'olivier.

T*i-Tulus*, titre qui éleve, inscription.

T*hal-Assa*, grande eau, mer.

T*hal Amus*, lit : on y est élevé.

T*uli*, T*ollo*, élever, porter.

T*olero*, supporter, soutenir.

T*ellus*, la terre par excellence.

T*ollo*, celui qui tire de l'eau d'un puits.

T*elonium*, taille, impôt.

T*holus*, dôme, coupole, &c.

T*umeo*, être enflé, superbe, bouffi.

T*umulus*, éminence.

T*umultus*, grand bruit.

T*emplum*, lieu vaste consacré à la Divinité.

T*an*, T*en*, étendue en contenance, d'où :

T*eneo*, tenir, contenir.

T*ina*, tonneau.

T*unica*, vêtement.

T*hunnus*, gros poisson.

A*ttinæ*, monceau de pierre.

T*am*, autant : T*antus*, si grand.

T*ero*, briser.

T*ardus*, pésant, qui met *grand tems* à marcher.

T*aurus*, taureau, grand animal domestique.

T*urgeo*, être enflé.

T*urris*, tour, grand bâtiment.

T*yrannus*, le Seigneur de la Tour.

T*eg*, étendue en couverture, d'où :

T*ego*, couvrir : T*ectum*, toit :
   T*egula*, tuile : A*ttegiæ*, cabanes.

P*ro*-T*ectio*, protection, qui met à couvert.

T*oga*, longue robe.

T*ugurium*, cabane.

T*exo*, faire un tissu, une étoffe pour couvrir.

T*echna*, tissu ; tromperie ; fourberie.

T*ignum*, T*igillum*, poutre, soliveau.

T*ergus*, dos, &c.

Indépendamment des Familles dérivées du même radical T, & qui présentent des idées négatives, opposées à celles-là, telles que T*en-uis*, petit, T*ener*, tendre, &c.

Orig. Lat.

DISCOURS

Forme de ce Dictionnaire, & ses avantages.

Nous ne nous sommes pas contentés de classer les mots par grandes Familles : afin qu'on s'assurât mieux de l'étendue & de la vérité de nos principes sur les mots formés par Onomatopée, sur ceux qui se sont chargés d'initiales, sur les aspirations que remplacent les consonnes, nous avons mis à la tête de chaque lettre & par grandes masses :

1°. Les mots formés par l'imitation des sons.

2°. Les mots auxquels par succession de tems on a ajouté cette lettre en tête.

3°. Ceux où cette lettre a été substituée à l'aspiration.

La multitude des mots qui composent ces trois classes, & qui leur appartiennent de la maniere la plus évidente, sont une confirmation victorieuse des principes que nous avons présentés sur l'Origine des Langues & sur la nature des mots radicaux : il est en effet telle lettre Latine dont la moitié des mots appartient à ces trois classes, les lettres R & S, par exemple.

Une chose très-remarquable, c'est que la lettre V n'est composée que de mots de cette espéce ; elle n'en a pas un qui lui appartienne en propre ; ce qui lui est commun avec la Langue Hébraïque ; & cela devoit être, puisque ce son V n'est que l'adoucissement de l'aspiration, la nuance la plus légere du passage des voyelles à la consonne labiale.

En voyant également que les lettres riches en Onomatopées, sont précisément celles auxquelles nous nous sommes assurés, dans nos Principes sur les Langues, que la Nature avoit donné les propriétés relatives à ce genre de mots, on ne pourra douter de la certitude de nos Principes sur la valeur de chaque lettre. On ne sera pas étonné que la lettre N ne renferme aucune onomatopée, & que la lettre R, au contraire, soit si riche en ce genre : ce seront de nouvelles preuves que les hommes ne purent jamais s'écarter de la Nature, même en fait de mots.

En se rendant familieres les idées que nous exposons sur chaque lettre de l'alphabet à la tête de leurs mots, & qui se réduisent à quelques chefs toujours puisés dans la nature ; en y ajoutant ce que nous avons dit sur les terminaisons à la fin de notre Discours Préliminaire du Volume précédent, & en parcourant nos mots radicaux, on peut s'assurer qu'on connoit la masse des mots de la Langue Latine, qu'on pourra s'en rendre compte toutes les fois qu'on voudra, & qu'il est presqu'impossible que l'origine d'aucune famille de mots nous échappe.

Lorsqu'en comparant nos Origines Latines avec les Dictionnaires de cette Langue, on apperçoit que quelques lettres riches en mots dans tous ces Dictionnaires, n'en renferment qu'un très-petit nombre dans celui-ci ; & que cette différence prodigieuse a sur-tout lieu pour les voyelles, pour les mots en A, E, I, O, U, on n'a point de peine à convenir du principe que nous avons déja posé, que c'est dans la valeur de chaque lettre qu'il faut chercher la cause de ses mots ; & qu'il n'est point étonnant que les voyelles renferment si peu de mots effectifs, puisqu'elles forment la langue des sensations, qui est si promptement épuisée.

On voit en même tems la vérification de ce que nous avons dit, que chaque voyelle étoit relative à un sens particulier ; & combien est juste celui que nous assignâmes à chaque voyelle, en avançant qu'A désignoit l'avoir, la possession ; E, l'existence ; O, l'œil, la vue ; OU, l'ouie.

On y verra aussi la vérité de ce principe, que dans les mots formés de consonnes, la voyelle n'est rien, changeant sans cesse non-seulement d'un peuple à l'autre, mais aussi chez le même peuple, pour former divers dérivés.

C'est ainsi qu'on voit le primitif FAC, d'où se forma le présent FAC*io*, faire, devenir, FEC dans le prétérit, & FIC dans tous les dérivés & dans tous les composés de Fac; *ef*-FIC*ax*, *of*-FIC*ium*.

Si A se change en I, O devient également U, Œ, &c. On dit *punio* & *pœna*: *munio*, *mœnia* & *amen*; *punicus* & *pœnicus*, &c.

Ainsi nos Origines Latines, en abrégeant l'étude de cette Langue, démontrent la vérité des Principes du Monde Primitif, & nous font aller à grands pas vers la Langue primitive, source de toutes les Langues.

On s'en convaincra sans peine par le jour que nos Origines Latines répandent sur celles de la Langue Grecque & des Langues de l'Orient & du Nord: en effet, comme les Latins ont emprunté prodigieusement de mots grecs, outre ceux qui leur étoient communs avec ce peuple, nous avons eu une occasion très-naturelle de rendre compte d'une foule de mots grecs, dont l'origine étoit absolument inconnue, & qui deviennent autant de preuves de la facilité avec laquelle nous conduisons nos Lecteurs à l'origine du Grec, de l'Oriental, des Langues du Nord, &c.

Les rapports de la Langue Latine avec celles de l'Orient sont également si sensibles & tellement incontestables, que nous nous sommes lassés plus d'une fois d'en faire usage, crainte de trop empiéter sur nos Origines Orientales.

Ainsi, ces Origines Latines deviennent des avances immenses pour quelque Langue qu'on veuille cultiver.

Ajoutons que l'arrangement des mots par radicaux, réunit ces avantages inexprimables de conduire à des étymologies aussi simples que sûres; de réduire au plus petit nombre possible la masse effroyable des mots; d'apprendre aux hommes à les classer eux-mêmes, sans être obligés de recourir sans cesse aux Dictjonnaires; c'est un fil qui fait sortir aisément d'un labyrinthe qui sembloit inextricable.

A ces avantages se joint encore celui de fixer, de la maniere la plus assurée, le sens de chaque mot par leurs rapports plus ou moins rapprochés du sens primitif & naturel, qui seul peut servir de guide pour découvrir le sens de toutes les idées figurées, allégoriques, métaphysiques dont se sont revêtus successivement les divers mots de chaque Langue, & sans la connoissance desquels on ne peut que tomber dans diverses erreurs, d'autant plus essentielles qu'elles seront plus ou moins liées aux plus grands intérêts des hommes, & au bonheur des Sociétés & des Gouvernemens. Nous ne finirions point si nous voulions rapporter tout ce qu'ont produit de maux, l'abus des mots & l'ignorance de leur véritable sens: aucun Peuple, aucun Etat qui n'en ait été la victime d'une maniere ou d'une autre.

Nous avons donc cru rendre un service essentiel aux Lettres & aux Sociétés en nous occupant de ces Origines; & c'est avec la plus vive satisfaction que nous apprenons qu'on employe déjà avec succès cette Méthode pour l'instruction des Jeunes Gens: qu'il en est qui se tirent d'affaire au moyen de cette doctrine sur les mots radicaux & sur leurs composés, doctrine qui est celle de la Nature, plutôt que la nôtre; & cela doit être ainsi, puisque la marche de la Nature est toujours simple & vraie; & qu'elle met en jeu, non-seulement la mémoire, mais aussi l'imagination & l'entendement; ensorte qu'au lieu d'apprendre un mot tristement ou sans goût, on est flatté d'en devenir en quelque sorte le créateur, par la maniere dont on l'analyse & dont on en devine le sens, plutôt qu'on ne l'apprend.

DISCOURS

Maniere de se servir de ce Dictionnaire.

Afin d'entrer dans l'esprit de ce Dictionnaire, d'être au fait de la marche qu'on y suit, il faut commencer par étudier ce que nous avons dit sur l'origine & la valeur des terminaisons, (pag. CCCXVI & suiv. du Disc. Prélim.)

Il faut ensuite se mettre au fait des prépositions initiales qui entrent dans la formation des mots COMPOSÉS, & dont on trouvera le Tableau à la fin de ce Discours.

Ces terminaisons & ces prépositions revenant dans chaque mot, on ne sauroit en analyser aucun, sans le secours des unes & des autres.

Il faudra ensuite se former une idée de la valeur de chaque lettre, & des principaux mots radicaux qui sont nés de chacune.

On aura alors une idée nette & exacte des mots de la Langue Latine & de leurs sources, auxquelles on pourra dès-lors remonter presque toujours par soi même.

Pour y parvenir encore plus sûrement, on devra se former une idée juste de ce que nous avons dit dans l'Origine du Langage & de l'Ecriture, sur le changement des voyelles les unes dans les autres, pour former des mots composés, & sur la maniere dont un son se substitue à un autre.

Cependant, pour la commodité de ceux qui ne seroient pas encore au fait de cette Méthode, nous avons fait suivre nos Origines, de la Table des mots Latins, par ordre alphabétique, en supprimant à la vérité la plupart de ceux qui sont composés d'une préposition initiale; ainsi on cherchera ceux-ci, non par leur premiere syllabe, mais par la seconde. Pour trouver, par exemple, dans nos Origines le mot *Adhibeo*, on cherchera dans la Table la syllabe *Hib*, qui donnera le renvoi 2. sous la racine HABeo;

PRÉLIMINAIRE.

l'A se changeant en I, suivant ce que nous avons déjà observé.

Cette maniere de chercher les mots Latins, n'est pas à la vérité aussi commode, pour le moment, que la méthode ordinaire; mais ce petit désagrément sera bien racheté par la facilité qu'on acquerra de saisir à la fois une prodigieuse quantité de mots, & par l'avantage de recourir beaucoup plus rarement aux Dictionnaires.

Cette Table est suivie du Tableau des mots radicaux distribués par voyelles & par touches. On peut le regarder comme la quintessence de la Langue Latine, comme un excellent moyen de se rendre raison de tous ses mots.

Objets du Volume suivant.

Nous nous proposions de donner immédiatement après ce Volume les Origines Grecques & ensuite les Origines Hébraïques, traitées toutes deux de la même maniere, & d'après les mêmes principes; mais la plupart de MM. nos Souscripteurs demandent trève pour les Langues; qu'elles soient entremêlées d'objets moins secs, plus riants, plus relatifs aux choses qu'aux mots.

Notre huitiéme Volume n'aura donc point les Langues pour objet : ce sera un Recueil de Dissertations ou de Recherches absolument neuves sur plusieurs objets importans & curieux : sur l'origine antique du Blason, sur celle des Monnoies, sur le Bouclier d'Achille, sur le jeu des Tarots, son objet intéressant & sa haute antiquité; un essai d'Histoire Orientale pour le septieme siécle avant Jesus-Christ, qui contiendra des vues neuves sur les connoissances de ce tems-là, avec une Carte de notre façon : la Galerie des sept Rois de Rome & leurs rapports avec le Gouvernement Romain & avec les connoissances allégoriques des Anciens. Nous mettrons à la tête une revue générale & rapide des Volumes que nous avons déjà donnés au Public, & des vérités qui en résultent d'une maniere constante; de même que des vues générales sur l'état primitif de l'homme, vues qui deviendront le lien de ces grandes vérités, & qui en feront une base inébranlable.

Evénemens divers.

La fin de ce Volume a été marquée pour nous par des événemens d'un genre très-différent, & qui coup-sur-coup ont excité toute notre sensibilité.

I. La mort a troublé dès le commencement de cette année une Société chere à notre cœur, que nous avions contractée depuis dix-sept ans avec deux Amies, auxquelles je devois en quelque sorte mon existence au milieu des travaux, des peines & des épreuves de toute espéce, que j'ai eu à subir dans cet espace de tems où j'ai été livré sans relâche aux objets du Monde Primitif. Un de ces rhumes qui ont fait tant de ravages cet hiver, nous a enlevé presque subitement une des trois personnes qui composoient cette société; qui prenoit le plus grand intérêt à cet ouvrage & à son succès; & qui, dans un tems où ma situation étroite & bornée ne me permettoit pas de me livrer à tous les frais d'une pareille entreprise, eut le courage & la générosité, elle qui peignoit & qui dessinoit avec autant de grace que de vérité, de se livrer à la gravure, afin de m'aider par ses travaux dans un projet aussi vaste, & dont elle sentoit toute l'importance. C'est elle qui a gravé les Monumens renfermés dans le premier & le quatrieme Volume, & nombre d'autres, dont une partie entrera dans le huitieme. La reconnoissance, le souvenir de ses vertus, de ses lumieres & de sa constante amitié, me feront sentir à jamais la perte que j'ai faite en Mlle. L... Il n'est aucun de ceux

PRÉLIMINAIRE.

qui prennent quelqu'intérêt au Monde Primitif & à son Auteur, qui n'en aient été touchés dès qu'ils en ont été instruits : & que deviendroient les Gens de Lettres livrés à de grands travaux, enfans pour eux-mêmes, s'ils ne trouvoient des personnes généreuses qui prévinssent leurs besoins & dissipassent les effets d'une trop grande solitude !

II. Peu de jours après ce douloureux événement, l'ACADÉMIE FRANÇOISE nous décerna le legs annuel de feu M. le Comte *de Valbelle*, dont elle avoit à disposer pour la premiere fois.

Cet événement inattendu & infiniment précieux, excite toute notre reconnoissance, & nous nous empressons de la témoigner publiquement, ainsi que pour la maniere distinguée dont ce choix a été annoncé dans les papiers publics de la Nation.

Nous le regardons comme un encouragement des plus flatteurs & des plus honorables pour la continuation de nos travaux.

Ce secours d'ailleurs ne pouvoit venir plus à propos pour contrebalancer les pertes auxquelles nous sommes exposés par la guerre : Mars & les Muses ne s'accordent guères.

III. Dans le même tems, un Homme de Lettres ayant inséré dans le *Mercure* une espéce de critique de nos vues étymologiques, comme si elles se réduisoient à ces étymologies arbitraires de la premiere espéce, dont nous parlions il y a un instant ; nous avons eu la satisfaction de voir deux Hommes de Lettres en prendre la défense, l'un dans le *Journal* de Paris, l'autre dans le *Mercure* : ces Réponses sont si intéressantes, & nous y avons été si sensibles, que nous remercierions volontiers l'Auteur de la Critique de les avoir occasionnées.

IV. Dans le même tems nous reçûmes de Cambridge, en Amérique, divers renseignemens sur les Langues des Indiens, & que nous devons à M. *Stephen* SEWALL, Professeur en Langue

Orientale dans l'Université de cette ville Américaine ; & à M. *Gédéon* HAWLEY, qui remplit avec succès, depuis vingt ans, la place de Missionnaire chez les Indiens appellés *Cape Cod*. Ce dernier a joint à ses renseignemens un petit livre Indien & Anglois, imprimé à Boston d'Amérique, & qui est un abrégé d'Instruction Chrétienne pour les Enfans.

C'est une augmentation de richesses sur les Langues de l'Amérique, relativement auxquelles nous rassemblons le plus de vocabulaires & d'objets de comparaison qu'il nous est possible ; ils donneront lieu à une Dissertation intéressante, que nous ferons paroître le plutôt qu'il nous sera possible ; & nous invitons instamment tous ceux qui aiment les Sciences, & qui auroient des Ouvrages propres à augmenter nos connoissances en ce genre, de vouloir bien nous les communiquer, afin que nous puissions en profiter & en faire jouir le Public qui sera de moitié dans notre reconnoissance.

TABLEAU
Des Prépositions Latines & des Prépositions Grecques qui servent à former en Latin des mots composés en se mettant à la tête des mots radicaux.

I. *Prépositions Latines.*

A, qui s'écrit aussi AB, ABS, pour éviter l'hiatus, & qui se prend toujours dans un sens privatif.

AD, prononcé aussi & écrit AF, AT, AL, &c. suivant que le mot radical commence par F, T, L, &c. Il désigne l'action d'ajouter, d'apporter : c'est l'inverse d'A.

ANTE, qui désigne l'antériorité, l'action de précéder.

CIRCA, CIRCUM, mots formés de CER, CIR, cercle, révolution, & qui désignent la propriété d'être autour.

CUM, qui s'écrit aussi CO, COL, COR, CON, COM, COMB, pour éviter l'hiatus, & qui désigne la réunion, la qualité d'être avec.

DE, qui désigne l'action d'ôter, de séparer.

DI, DIS, qui désignent l'opposé, l'excès.

E, EX, qui désignent l'action de sortir, de mettre hors.

PRÉLIMINAIRE.

EXTRA, qui défignant les mêmes idées, y ajoute celle d'être hors des regles ordinaires, d'être au-deffus du connu, &c.

IN, devenu également IM, IL, IR, &c. devant les mots qui commencent par M, P, L, R, &c. Cette initiale réunit trois fens différens, fuivant qu'elle appartient à trois radicaux différens.

L'un venant de IM, grand, vafte, défigne l'exiftence étendue.

L'autre venu de AIN, non, défigne la non-exiftence.

Le troifieme venu de EN, *dans*, marque la qualité d'exifter dans, en, &c.

INTER, INTRA, INTRÒ, défignent la propriété d'exifter entre, ou dans l'intérieur.

OB, devenu Oc, OF, OP, devant les mots qui commencent par C, F, P, &c. défigne l'action de mettre devant, en face, en devant, fur la fuperficie.

PER, défigne conftamment la perfection, la plénitude, l'action d'aller auffi loin qu'il foit poffible.

PRÆ, fe rapporte à l'idée de premier, de chef, de cîme, d'extrémité.

PRÆTER, la qualité d'aller au-delà, outre.

PRO, devenu PROD devant une voyelle, défigne l'action d'être en avant, de s'étendre au loin; comme cette prépofition s'écrivoit & fe prononçoit primitivement POR, cette orthographe s'eft confervée dans quelques mots Latins ; POR-RIGere, par exemple.

PROPTER, à caufe, en faveur.

RE, devenu RED devant les voyelles, marque la réitération d'action, de fituation ; 2°. l'action de fe porter contre, l'idée de fens contraire, ce qui eft une efpèce de réitération, comme dans RE-PELLere, repouffer, *mot-à-mot*, l'action de pouffer en fens contraire.

RE-VELare, révéler : *mot-à-mot*, porter le voile en fens contraire ; 2°. la longue durée d'une maniere d'être, parce qu'elle en eft comme une réitération conftante.

RETRÒ, (jamais abrégé en RE, comme l'ont cru quelques Savans,) il défigne l'action de porter en arriere.

SE, défigne l'action de porter à l'écart, de féparer.

SIN pour SINE, & qui défigne la propriété d'exifter *fans* telle qualité.

SIN-CER-*us*, *mot-à-mot*, le miel qui eft *fans* cire.

SUB défigne la qualité d'être fous, au-deffous ; 2°. une nuance au-deffous, un peu, prefque ; il devient Suc, SUR devant C & R.

DISCOURS.

SUBTER, la qualité d'être ou d'agir par-dessous.
SUPER, la qualité d'être dessus, par-dessus, au-dessus ; 2°. par conséquent l'excès, l'au-delà, le reste.
SUS, l'idée de haut, en haut, de bas en haut.
TRA, en travers.
TRANS, au-delà ; 2°. de l'autre côté.

Adverbes Latins employés comme initiales.

BENE, bien.
BI, deux, BI-VIUS ; TRI, trois ; DECEM, dix, &c.
E ajouté pour augmenter l'intensité du mot : de SEM, signe, on fit EXEMPLUM, modele.
MA, grand.
MALE, mal.

MULTUM, beaucoup.
NE, non, ne pas.
OMNIS, tout.
SATIS, assez, suffisamment.
SEMI, moitié, demi.
SEMPER, toujours.
VE, privation, négation.

Prépositions initiales Grecques, transportées en Latin.

AMPHI, autour.
ANA, au-dessus, derechef.
ANTI, pour, au lieu.
APO, loin, hors, l'Ab des Latins.
ARKHI, à la tête.
CATA, en bas, au-dessous, vers.
DIA, par.
EPI, sur.
HEMI, moitié, demi, le Semi des Latins.
HOLO, tout.
HOMOE, la simultanéité, l'identité.
HYPER, sur, le super des Latins.
HYPO, sous, le sub des Latins.
META, avec, entre.
PARA, par-dessus, outre.
PERI, autour.
SYN, avec.

Fin du Discours Préliminaire.

DICTIONNAIRE

MOTS LATINS-CELTES,
OU DÉRIVÉS DE LA LANGUE CELTIQUE.

G

La Lettre G, septiéme de l'Alphabet Latin & du nôtre, étoit la troisiéme dans l'Alphabet Grec & dans l'Oriental. Elle s'écrivoit C dans l'Alphabet primitif des Latins, comme nous l'avons prouvé dans notre Discours Préliminaire, pag. cclxviij : alors C étoit la foible de K. Bien-tôt il acquit lui-même toute la valeur de K : alors il fallut un autre caractère pour sa prononciation foible, ce qui fit inventer la Lettre G Latine, qui débusquée par le C, & réduite à chercher une autre place, alla déposséder de la sienne la Lettre Z qui étoit la septiéme, & qui devint la derniere.

Comme la Lettre G se prononce de la gorge, elle devint naturellement le signe des idées relatives à la gorge, au gosier, aux sons gutturaux, &c. C'est ici une grande source des mots en G.

Qu'on ajoute à cela une foule de mots en L & en R qu'on a fait précéder de la Lettre G; grand nombre d'onomatopées; & quelques mots où G a pris la place de l'aspiration, & on connoîtra l'Etymologie de la plûpart des mots Latins en G.

ONOMATOPÉES.

I.

GALLIA.

GALLIA, les Gaules, est le nom primitif du Pays qu'on appelle aujourd'hui FRANCE. GALLus étoit le nom de celui qui en étoit habitant. On s'est donné beaucoup de peine pour en démêler l'origine : les uns l'ont tiré de GALLus, coq ; d'autres de GAL, qui en Grec signifie lait, blanc, &c. Tous se sont trompés : aucun n'a vu qu'ici la Lettre G n'étoit point la Lettre radicale; qu'elle avoit pris la place de W, comme dans un si grand nombre de mots François, (voy. *Orig. Franç. col. 494 & suiv.*); qu'on disoit dans l'origine WALLia, WALLus, nom qui subsiste encore dans celui de WALLons, Habitans de la Flandres, qui conservent ainsi l'ancien nom des Gaulois ; & dans celui de WALLia, que nous prononçons

Galles, Province d'Angleterre, qui conserve également ainsi cet ancien nom primitif de nos Contrées.

Ce Nom est une vraie Onomatopée, venant de Wal, oual, nom primitif des flots, & par conséquent de toute côte, de tout rivage, de tout Peuple maritime.

Aussi ce nom devint-il celui de toutes les côtes d'Europe, depuis l'embouchure de l'Elbe en Allemagne jusqu'à celle du Douro en Espagne: ici, on trouve encore ce nom subsistant dans celui de Galice: là, vous en voyez les restes dans la West-Phalie, ou la Phalie Occidentale, par rapport à une autre Contrée plus voisine de l'Elbe, appellée Phalie Orientale: nom qui n'étoit qu'une altération du même Wall dont nous parlons.

Ne soyons pas étonnés que toutes ces Contrées ayent pris leur nom de leur voisinage de la mer, parce que les premiers Habitans de l'Europe s'établirent le long des grands fleuves & des Mers: on ne s'enfonça dans l'intérieur des terres que successivement, à mesure que l'exigeoient les besoins ou une trop grande population.

Gwal signifie encore aujourd. flot, rivage dans les Dialectes Celtiques: il a formé le nom du Wahl, un des bras du Rhin: il est devenu celui d'une ville de Suisse, de Wahl-Stadt, située sur un lac du même nom, *mot-à-mot*, ville des eaux.

En Valdois, Gaule, signifie encore un flôt: Gaulé, Gaulée, celui, celle qui ayant marché dans des chemins pleins d'eau & de boue, n'a pas su en garantir ses habits, & en est encore tout mouillé, tout boué, & crotté.

Il n'est pas apparent que ce soient les Romains qui ayent changé le nom de Wallia en Gallia: ce seront les Gaulois eux-mêmes: car c'est de ces derniers que nous tenons l'usage de changer en G. tant de mots prononcés primitivement en W. De-là:

Gallus, i, Gaulois, François.

Gallicus, a, um; Gallicanus, a, um, de Gaule, de France.

Gallicè, à la Gauloise, à la Françoise.

Gallicæ, arum, galoches, chaussure des Gaulois.

Gallicus, i, Nord-Nord-Est.

I I.

GALLus, Coq.

Gallus, i, Coq; en Celte & en Languedocien un Gal; c'est l'imitation de son cri.

Gallina, æ, poule; 2°. cygne, constellation.

Gallinula, æ, poulette, poularde.

Gallinaceus, a, um; Gallinarius, a, um, de poule.

Gallinaceus, ei, petit coq, jeune coq.

Gallinarius, ii, Poulailler, Marchand de volaille.

GALLINarium, ii, poulailler, où se juchent les poules.
GALLI-CINIum, ii, le chant du coq : de CAN, chant.
GALLI-Pugnarium, ii, combat de coqs.
2. GALLulo, -are; GALLulasco, -ere, muer de voix, entrer en âge de puberté.
3. PAVO-GALLus, i, Coq-d'Inde.

III.
GAN, cri du Renard.

GANNio, -ire, glapir comme le renard; 2°. gronder; 3°. piailler.

En *Bret.* GANELL, claquet de moulin.

GANNitus, ûs, cri, glapissement des renards; 2°. cri d'un chien qui caresse; 3°. plainte, gémissement; 4°. injure, calomnie.
OB-GANNio, -ire; OG-GANNio, -ire, glapir, crier comme un renard, corner aux oreilles.

IV.
GAU, cri de joie.

GAU, } joie, plaisir. *Gr.* GÊ-
GAUdium, ii, } THEÔ, se réjouir, rire.
GAUdimonium, ii, réjouissance.
GAUdiolum, i, gaieté.
GAUdialis, e, divertissant.
GAUdibundus, a, um, transporté de joie.
GAUdi-Loquus, a, um, de belle humeur, réjouissant.
GAUdeo, es, gavisus sum, dere, être joyeux, se réjouir.

COMPOSÉS.
CON-GAUdeo, -ere, se réjouir ensemble.
PER-GAUdeo, -ere, se réjouir fort.
SUPER-GAUdeo, -ere, se réjouir avec excès.

V.
GEM, cri de douleur, gémissement.

GEMo, -ere, } gémir, se plaindre,
GEMISCo, -ere, } déplorer, regretter, geindre.
GEMitus, ûs, gémissement.
GEMulus, a, um; GEMebundus, a, um, soupirant.
GEMonides, um; GEMites, æ, pierre précieuse, qui soulageoit, dit-on, les femmes en travail d'enfant.
GEMoniæ scalæ; GEMonii gradus, les degrés des soupirs, l'escalier des gémissemens, place dans Rome d'où l'on précipitoit dans le Tibre les criminels.
GEMursa, æ, cors au pied, fort douloureux, qui fait gémir.

COMPOSÉS.
AD-GEMo-ere, plaindre quelqu'un, gémir avec lui.
AG-GEMo, -ere, gémir auprès de quelqu'un.
CIRCUM-GEMo, -ere, gémir autour.
CON-GEMo, -ere; CON-GEMISCo, -ere, s'affliger avec quelqu'un; 2°. craquer.
IN-GEMo, -ere; IN-GEMISCo, -scere, se plaindre, déplorer.
RE-GEMo, -ere, retentir de gémissemens.

VI.
GIN; GL, cris d'Oie, de Poule, &c.

I
GINGrina, æ, flûte qui servoit aux cérémonies funèbres.
En *Gr.* GIGGRAS, flûte aux sons lugubres; mot qu'on prononce GINGRAS.

GINGrinator, is, celui qui jouoit de la flûte dans les cérémonies funébres.

2.

GIN-grio, ire, crier comme une oie.
GIN-gritus, ûs, cri d'une oie. } Ces mots tiennent à GANS, oie.

3.

GLACito,-are, crier comme les Oies ou les Grues.

GLAUcito,-are, abboyer.

GLocio,-ire; GLOCito,-are, gloufler, crier comme les poules.

GLocitatio, onis, gloufflement des poules.

GLoctoro,-are, } crier comme les Ci-
GLottoro,-are, } cognes.

VII.

GR, cris de divers animaux.

1.

GRAculus, i, Choucas, ainsi appellé de fon cri; 2°. Geai; 3°. forte de poisson.

GRAcito, -are; GRAccito, -are, crier comme les oies.

GRAcillo, -are, caqueter comme une poule.

2.

GRoccio,-ire, crier comme les Corbeaux, croasser.

3.

GRundio,-ire, } grogner comme un
GRunnio, ire, } pourceau. En Gr.
GRuzó, gronder, grogner:
GRullizó, grogner.

GRunnitus, ûs, grognement, en Gr. Grullé.

4.

GRus, is, Grue, ainsi nommée à cause de son cri.

GRuo,-ire, crier comme les grues.

5.

GRYLlus, i, grillon, insecte. *En All.* GRILLE.

GRILlo-are, crier comme les grillons.

6.

GURRio,-ire, faire le Rossignol, chanter comme lui.

G, Gosier.

De G désignant la gorge, le gosier, les fons gutturaux, se formèrent une multitude de mots relatifs à ces diverses idées.

1.

GAR, babiller.

GAR, mot primitif foible de CAR, CRA, crier, désigna les idées relatives à la parole.

En Grec Dorien, GARyó; en Grec Attique Gèryó, parler, resonner.

GARys & Gêrys, parole.

En Gall. GAIR,
En Basq. GUER, } parole.

En Irl. GAIR, cri, huée, bruit.

GAIRm, apel, nom, &c.

De-là ces mots Latins:

1. GARrio,-ire, dégoiser, gazouiller: 2°. caqueter, babiller; 3°. plaisanter, railler.

GARritido,-are, ne faire que jaser.

GARritus, ûs; GARritudo, inis, babil, ramage des oiseaux.

GArrulitas, atis, caquet, bavardage.
GArrulus, a, um, babillard, discoureur.
GArrulosus, a, um, grand causeur.

2. INTER-GARrio, -ire, babiller ensemble.

OB-GARrio, ire, gazouiller, ramager.

3. GERræ, arum, mots en l'air, bagatelles, sottises, sornettes.

GErro, onis, badin, diseur de riens.
CON GErro, onis, camarade de jeu ; 2°. homme, femme de compagnie.

II.
GUL, bouche.

De G, gosier, se forma le Celte GUL, GUEAL, en Bas-Br. GUEAUL, en Irl. GUib, bouche, gueule. De-là cette famille Latine.

GULa, æ, gosier, gorge ; 2°. gourmandise, intempérance.
GULo, onis, goulu, gourmand.
GULosus, a, um, de la gourmandise ; 2°. goulu, vorace.
GULosé, avidement, goulument.
GULliocæ, arum, écales de noix.
GUMas, æ, } gourmand, glouton.
GUMia, æ, }

III.
GUTT, Gorge.

GUTtur, is ; 1°. Gosier, gorge ; 2°. tuyau d'un soufflet par où le vent passe.

GUTturosus, a, um, qui a un grand gosier ; 2°. qui a la gorge enflée.
GUTturalis, e, qui prononce du gosier.

IV.
GURG, Gouffre, &c.

Du primitif GUR, gorge, en Celte GORG, GORCH - FANAU, gosier, gorge, se forma cette famille.

GURGes, itis, abîme, gouffre.

GURGustium, ii ; GURGustiolum, ii, gargotte, cabaret borgne ; 2°. cabanne, maisonnette.

COMPOSÉS.

EX-GURGito, -are, regorger.
EX-GURGitatio, onis, regorgement.
E-GURGito, -are, jetter dehors, prodiguer.
IN-GURGito, -are, faire excès de boire & de manger.
IN-GURGitatio, onis, goinfrerie, excès de nourriture & de boisson.

V.
GUST, goût.

De G, bouche, se formerent :
Le Celte GWEWS, lèvre,
Le Grec GEUό, goûter : au fut.
GEUSό, mots où G se prononce Gue.

De-là cette famille Latine.

GUSTus, ûs, le sens du goût, le goût.
2°. L'action de goûter.
3°. Entrée de table.
4°. Discernement, sentiment.

GUSTulus, i, petite entrée de table ; 2°. œufs, par lesquels les anciens commençoient leurs repas.
GUSTo, -are, tâter, essayer pour le goût ; 2°. prendre son repas, manger.
GUSTatus, ûs, le goût.
GUSTarium, ii, goûter, collation ; 2°. bâtiment de mer.
GUSTatio, onis, entrée de table ; premier service.
GUSTatorium, ii, lieu où l'on faisoit la collation ; 2°. vase où l'on buvoit.

COMPOSÉS.

De-Gusto, -are, goûter, tâter; 2°. éprouver, ne dire qu'un mot d'une chose.

De-Gustatio, onis, essai, l'action de goûter.

In-Gusto, -are, faire goûter.

In-Gustatus, a, um, qu'on n'a point encore goûté.

In-Gustabilis, e, dont on ne peut goûter.

Præ-Gusto, -are, 1°. goûter le premier; 2°. faire l'essai.

Præ-Gustator, is, qui goûte le premier.

Re-Gusto, -are, goûter une seconde fois.

Re-Gustatio, onis, l'action de goûter une seconde fois.

BINOME GREC.

Oeno-Geustes, is, Tonnelier: d'oinos, vin, & de Geuô, goûter.

GAB, fort, élevé.

De GAB, fort, élevé, mot primitif, se formerent les familles suivantes.

I.

1. GABalus, i, potence, gibet; de GAB, élevé.

2. GABata, æ, jatte, saladier; 2°. lieu haut & pavé.

3. En-Gibata, orum, petites figures creuses mises dans des vases pleins d'eau, où elles se meuvent.

4. GABalium, ii, Aromate d'Arabie, qui doit son nom à son odeur forte & pénétrante.

II.

Gibba, æ; Gibbus, i, bosse. Du primitif GAB, élevé, en Hébr. גב,

Gab, bosse, dos, éminence.

Gibber, a, um,
Gibbus, a, um,
Gibbosus, a, um,
Gibberosus, a, um,
} bossu, convexe, voûté.

III.

Guberno, -are, gouverner, *terme de marine*, tenir le gouvernail; 2°. administrer, conduire, avoir le gouvernement.

Grec Guberno. Hebr. גבר, Gabar, avoir la force, la puissance.

Gubernaculum, i, timon, gouvernail; 2°. gouvernement, conduite.

Gubernatio, onis; Gubernium, ii, gouvernement, conduite d'un navire, le travail du Timonier; 2°. administration.

Gubernator, is, pilote, timonier; 2°. Gouverneur: qui est chargé de la conduite; qui est commis à l'administration. Gubernatrix, is, celle qui gouverne, Gouvernante.

Ad-Guberno, -are, gouverner, administrer.

GÆSum,
Pique, Javelot.

Gæsum, i, étoit le nom de la lance, de la pique ou du javelot Gaulois.

Les Grecs en firent le mot Gaisós.
En Basq. Gesi, dard.

Il fut formé du Celte Gas, rameau, branche, mot qui subsiste encore en Irlandois.

GAL,
rond.

Gal, désigna dans la Langue primitive les objets ronds & durs, comme la tête, les cailloux, &c. De-là nombre de mots en GAL, GLA, &c.

En Or. גלל & גלם, *Gall*, *Galm*, rouler,

Gal-gal, sphère.
Gulloth, boule; de-là

I.
Ces familles Greco-Latines.

1. CONGYLIS, *is*, rave ronde, en Grec GOGGYLIS, *qui se prononce*, GONGYLIS. GOGGYLOS, rond.
2. ANA-GALLIS, *idis*, mouron: son fruit est rond comme une noisette.
3. GALLA, *æ*, noix de Galle.
4. GANGLION, *ii*, } loupe, tumeur.
   GANGLION, *ii*, } *Gr.* GAGGLION, *qui se prononce* Ganglion.
5. GAULUS, *i*, flûte, pinque; 2°. gondole; 3°. tasse. *Gr.* Gaulos; de l'Or. גל, *Gal*, rond.

II.
1. GLANS, *dis*; 1°. Gland; 2°. balle de plomb.
   GLANDULA, *æ*, petite glande.
   GLANDARIUS, *a*, *um*, où il y a beaucoup de gland.
   GLANDULOSUS, *a*, *um*, plein de glandes.
   GLANDIUM, *ii*; GLANDIONICA, *æ*, glande; 2°. languier, gorge de cochon salé.
   GLANDIFER, *a*, *um*, qui porte du gland.
2. GLANUS, *i*, } sorte de poisson qui
   GLANIS, *dis*, } avale l'amorce sans se prendre.

III.
GLOBUS, *i*, } 1°. boule, globe, peloton; 2°. multitude,
GLOBUM, *i*, } foule assemblée.

GLOBULUS, *i*, petite boule; 2°. petit bignet.
GLOBOR, *ari*, s'arrondir, se mettre par pelotons.
GLOBOSITAS, *is*, rondeur.
GLOBOSUS, *a*, *um*, rond, formé en rond.

COMPOSÉS.

CIRCUM-GLOBO, *-are*, amasser en rond, autour.
CON-GLOBO, *-are*, assembler en rond, arrondir.
CON-GLOBATIO, *onis*, peloton, monceau.
CON-GLOBATIM, en foule, en un tas.

IV.
GLOMER, }
GLOMUS, *eris*, } pelote, peloton.

GLOMULUS, *i*; GLOMICELLUS, *i*, petit peloton.
GLOMERO, *-are*, amasser en rond; 2°. mettre en peloton.
GLOMERATIO, *onis*, entrelacement; 2°. allure d'un cheval qui va l'amble.
GLOMERAMEN, *inis*, amas, tas.
GLOMERARIUS, *a*, *um*, qui devide en pelotons.
GLOMERATIM, en pelotes.
GLOMEROSUS, *a*, *um*, ramassé en rond.
GLOMERABILIS, *e*, qu'on peut mettre en pelotons.

COMPOSÉS.

AG-GLOMERO, *-are*, rouler tout autour, dévider; 2°. attrouper, assembler.
CON-GLOMERO, *-are*, devider en pelotons, assembler en un lieu; 2°. mêler, faire une pâte.

In-Glomero, -are, entasser, accumuler.

V.

Gleba, æ, motte de terre en forme de boule.

Glebula, æ, petite motte.

Glebosus, a, um ; Glebulentus, a, um, plein de mottes, qui est en masse.

Glebulis, e, de motte de terre.

Glebarius, ii, Laboureur, qui rompt les mottes de terre.

VI.

Glarea, æ, gravier, sable. Gr. Khlaron, dans Hesych. De Cal, Gal, Gla, pierre, caillou.

Glareola, æ, menu gravier.

Glareosus, a, um, couvert de sable.

GAL,

Jaune, verdâtre.

Du primitif Hal, soleil, couleur du soleil, se formerent :

Le Celt. Gal, Gel, jaune,

Le Theut. Gahl, Gall, Gelb, jaune, verd pâle.

Galle, bile, fiel, à couleur jaunâtre.

De-là cette famille :

1. Galba, æ, ver qui naît dans le chêne verd.

2. Galbulus, i, noix de Cyprès.

3. Galbanum, i, gomme ou liqueur odoriférante, tirée d'une plante de Syrie ; en Héb, חלבנה, c'helbené, Galbanon.

4. Galbinatus, a, um, } habillé d'un
   Galbanatus, a, um, } vêtement verd pâle ; 2°. frotté de galbanum.

Galbaneus, a, um, } verd pâle ; 2°.
Galbineus, a, um, } efféminé, mou ;
Galbinus, a, um, } 3°. de galbanum.

5. Galbula, æ, } Loriot, oiseau.
   Galgulus, i, }

GAL, GEL, GL,
Eclatant, agréable.

Gal, prononcé également Gel & Gl, est un primitif qui désigna tout ce qui est éclatant, agréable.

Les couleurs.
Le blanc éclatant.
La gloire.
La beauté.
La joie.

De-là diverses familles :

En Mogol, Gale, blanc.

En Irl. Geal, blanc, net, pur, & toute sa famille. De-là,

I.
GLAS,
Verd, Bleu.

Du Celt. Glas ; 1°. nom de couleur; 2°. nom de la guesde ou pastel, se formerent :

1. Glastum, i, pastel, guesde : plante dont les anciens Gaulois, les Bretons en particulier, se servoient pour se peindre le corps.

2. Glaucus, a, um, verdâtre, verd de mer ; Gr. Glaukos, bleu, azuré.

Glaucinus, a, um, verd clair.

Glaucoma, æ ; Glaucoma, tis, maladie

de l'œil, qui devient verd, ou voit tout verd.

3. GLAUCUS, *i*,
   GLAUCiscus, *i*, } sorte de poisson.

4. GLAUCium, *ii*, sorte d'oiseau; plante.

5. GLAUCiolus, *i*, cheval qui a l'œil vairon.

6. GLAUX, Grec & Lat. Chouette aux yeux bleus; 2°. monnoie avec l'empreinte d'une Chouette; 3°. espéce de danse.

7. TRI-GLA, *æ*,
   TRI-GLida, *æ*,
   TRI-GLites, *æ*,
   TRI-GLitis, *idis*, } mulet, poisson; 2°. pierre précieuse; en Grec, TRIGLA, TRIGLIS; de TRIS, trois, & GELA.

II.

1. GALeos, *tis*, Lamproie; 2°. Hermine; *Gr.* GALEOS.

2. GALeotes, *æ*, espéce de Lézard ennemi du Serpent; *Gr.* GALEÔTÊS; il doit son nom à ses taches brillantes.

GALeotæ, *arum*, interprètes de prodiges.

3. GALena, *æ*, mine de plomb.

III.

GLIS, *iris*, loir, marmotte. On a donné une multitude d'Etymologies de ce nom: je n'en saurois adopter aucune. J'y vois le mot Celtique GLWYS, agréable, charmant, blanc; 2°. gras.

GLIRarium, *ii*, lieu où l'on nourrit des loirs, trou de loirs.

PER-GLISCO-*ere*, devenir gras; de

GLIS, blanc, éclatant.

IV.

GLOS, *oris*, sœur du mari, belle-sœur de la femme; 2°. sorte de fleur. *Gr.* GALOOS & GALÓS, Héb. כלה, Calê, bru; de GAL, beau, charmant.

V. GAL, lait: blanc comme du lait.

1. GALactis, *titis*, tithymale, *Gr.* GALAKTIS; de GAL, lait, parce que cette plante abonde en suc laiteux.

2. GALactites, *æ*, pierre d'un blanc laiteux.

GALacto-Pota, *æ*, qui boit du lait.

3. GALaïcus, *ci*, pierre précieuse.

4. OXY-GALA, *æ*;-*actis*: n. fromage fait avec des plantes fortes & aromatiques & du lait: de *Gal*, lait & *Oxys*, aigre, fort.

GALLa, *æ*, mauvaise boisson, lait affoibli.

VI. GAL, Doux.

Prononcé GLEU, GLU, GLY, famille Grecque.

1. GLUCY-*Merides*, *um*; huitres, *du Grec* GLUKYS, doux, & de MERIS, morceau, bouchée: fragment.

2. GLYCY-*side*, *es*, pivoine; *du Grec* Sidê, nom des fruits ronds & jaunes, comme la grenade.

3. GLYCY-*rrhiza*, *æ*,
   GLYCY-*rrhizon*, *i*, } réglisse, racine douce &

sucrée : *du Grec* RHIZA, racine.

GLYCY-rrhizites, æ, tifanne à la réglisse, vin à la réglisse.

4. GLEUCinum *oleum*, huile vierge ; *du Gr.* GLEUKOS, doux.

VII. GEL,
Joyeux, content, serein comme un beau jour.

1. GELAsimus, i, jovial, plaisant, *Gr.* GELASIMOS ; *de* GELAÔ, rire : *Or.* גל, *Gul*, sauter de joie ; *Celt.* GAL.

GELAsinus, i, sossette qui paroît à la joue quand on rit.

A-GELAstus, i, qui ne rit jamais ; de A, privatif Grec, qui signifie *non*.

2. GLAPHyrus, a, um, joyeux, gaillard, galand ; *en Gr.* GLAPHYROS.

VIII. GLOR,
Eclat, rayons, gloire.

GLORia, æ, renommée, réputation, gloire.

GLORiæ, arum, vanité, desir de paroître.
GLORiola, æ, petite, légere gloire.
GLORior,-ari, se glorifier, tirer gloire.
GLORiator, is ; GLORiabundus, a, um, qui est glorieux, qui se vante.
GLORiatio, onis, l'action de se glorifier, parade, vanité.
GLORiosus, a, um, couvert de gloire, glorieux ; 1°. superbe, plein d'ostentation, fier, vain.
GLORiosé, avec gloire, glorieusement ; 2°. superbement, fierement.
GLORi-FICO,-are, faire honneur, rendre gloire.

COMPOSÉS.

CON-GLORi-Ficor,-ari, être glorifié ensemble.
IN-GLORius, a, um, qui est sans gloire.
IN-GLORiosus, a, um, déshonorable.

GAM.

1. GAMma, æ, borne d'un champ marquée de la lettre G, appellée en Grec *Gamma*.
2. DI-GAMma, tis, la lettre F qui ressemble à un double Gamma.
3. GAMmoides, is, instrument de Chirurgie pour nettoyer les plaies, en forme de Gamma, ou de G grec.

GAM,
Jambe.

Du Celte CAM, GAM, courbe, en arc, se forma la famille Celtique suivante, adoptée par les Latins, & employée par VEGECE.

GAMBa, æ, jambe ; sur-tout d'un animal.
GAMBosus, a, um, qui a de grosses jambes.
SUB-GAMBa, æ, le boulet d'un cheval.

GAM, GEM,
Ensemble.

Du primitif HAM, AM, ensemble, union, se formerent nombre de mots en GAM qui offrent les mêmes idées.

En *Or.* גם, *Gam*, aussi, plus : Conjonction.

חמה, *Chamé*, beau-pere.

En Gr. 1°. GAMBros, beau-pere; pour GAMeros.

GAMos, Epoux.

2°. GEMO, être plein, être chargé.

GEMos, plénitude.

En All. GANZ, tout. Delà cette famille Greco-Latine.

I.

GAMos, i, mariage : mot Grec.

GAMostolus, i, Traiteur qui fait des nôces.

A-GAMus, i, qui vit sans femme.

BI-GAMia, æ, état d'un homme qui a épousé deux femmes.

BI-GAMus, a, um, qui a deux femmes, bigame.

DI-GAMus, i, homme qui a eu successivement deux femmes.

POLY-GAMia, æ, l'usage d'avoir plusieurs femmes : du Grec Poly, beaucoup.

POLY-GAMus, i, qui a plusieurs femmes.

II.

GEMinus, a, um, double, deux; 2°. jumeau; 3°. égal, semblable.

GEMellus, a, um, qui est par couple, par paire.

GEMini, orum, les Gemeaux, constellation; 2°. enfans jumeaux.

GEMino,-are, doubler, réitérer; 2°. apparier.

GEMinatio, onis, redoublement, redite.

GEMinatim, deux-à-deux.

GEMinitudo, inis, ressemblance.

GEMellar, is, qui tient double mesure.

GEMelli-Para, æ, qui accouche de deux enfans à la fois.

COMPOSÉS.

CON-GEMino, -are, apparier, joindre deux à deux; 2°. doubler, redoubler; 3°. devenir double.

CON-GEMinatio, onis, 1°. accouplement; 2°. redoublement; 3°. embrassement.

IN-GEMino, -are, doubler, réitérer; 2°. augmenter du double; 3°. se renforcer, s'augmenter.

BINOMES.

TER-GEMinus, a, um, triple, très-grand; de ter, trois.

TER-GEMina, æ, la triple Hécate.

TRI-GEMina, æ, porte de Saint Paul à Rome.

TRI-GEMini, æ, a, trois jumeaux.

TRI-GEMinus, a, um, redoublé trois fois.

CENtum-GEMinus, a, um, cent fois redoublé.

GAR, HAR,

Elevé.

Du primitif HAR, GAR, élevé, qui a fourni des mots à nombre de Langues, se formerent,

Le Basq. GARAI, sur.

L'Irl. GART, tête.

L'Arab. GARD, colline; d'où les Monts GORDiens : de-là :

I.

Le Grec GERas, charge, emploi.

GÊRas, vieillesse, âge avancé : d'où,

GERusia, æ, Assemblée des Vieillards; le Sénat.

ARCHI-GERontes, les Princes du Sénat, des Vieillards.

GERonte, nom du Pere, du Vieillard dans les Comédies.

I I.

GARus, i, nom de poisson, espéce de hareng; Gr. GARó. Il doit son nom à son goût élevé.

GARum, i, sausse faite de ce poisson mariné : Gr. GARON.

GERRes, is, hareng.

GAR.

De CAR, GAR, champ, vinrent diverses Familles, outre celles que nous avons déja vues sous le mot A-GER, col. 391.

I.

Cette Famille Greco-Latine.

De GAR, Étranger, voyageur, qui vient des CHAMPS, mot Oriental, dérivérent les mots suivans :

AGGARA, prononcé Angara, Maison de poste.

Angaria, æ, voiture publique.

Angariarius, ii, celui qui est chargé d'exiger des corvées.

Angario, -are, obliger à quelque corvée.

AG-GARus, prononcé Angarus, Maître de poste, Messager.

I I,

PER-EGER, gra, grum, qui va par les champs, à travers le pays ; qui voyage : de Per, à travers, & Ager, champ.

PER-EGRé, en voyage, hors de son pays.

PER-EGRinus, i, voyageur ; étranger ; 2°. neuf, sans expérience, ignorant les manieres du pays ; 3°. inconnu, extraordinaire.

PER-EGRina, æ, une coureuse.

PER EGRinus, a, um, qui voyage dans les pays étrangers, qui est hors de son pays, passager, qui n'est pas en pays de connoissance.

PER-EGRinitas, atis, demeure dans un pays étranger ; 2°. modes, mœurs étrangeres.

PER-EGRinor, ari, courir les pays étrangers ; 2°. être dans un pays étranger.

PER-EGRinabundus, a, um, qui court dans les pays étrangers.

PER-EGRinatio, onis, pélerinage, voyage dans les pays étrangers.

PER-EGRinator, is ; PER-EGRinatrix, is, voyageur ; celle qui voyage.

G A S pour W A S.

AGAso, onis, valet d'écurie, palefrenier, muletier : gros valet pour les animaux.

Ce mot qui existe chez les Latins isolé, sans famille, leur étoit venu des Celtes, chez qui GAS, GWAS, signifie ; 1°. jeune homme, garçon, fils ; 2°. Garçon de service, valet ; 3°. Esclave.

GwAsanaeth, condition, service, esclavage.

GwAsanaeth-FERCH, vierge ou fille de service, servante.

Ce mot prononcé WAS, UAS, est devenu la racine du mot VASSAL, celui dont la terre releve d'un autre, qui en dépend.

GAS.

I.
Vase.

Du primitif C, contenance, qui forma une foule de mots en GAS, vint la Famille GAS, vase, ventre.

En Gall. GES, ventre; GESig, ventru. GEStog, bouteille.

Les Orientaux en firent le mot GAZ trésor; en Heb. גנז, GAnz. D'où :

L'Allemand GEIZ, amour des richesses, avarice.

Le François GAzette, trésor des nouvelles, Archives de la politique.

De-là cette Famille Greco-Latine :

GAZA, æ, trésor, richesses.
GAZO-PHYLAX, acis, Garde du trésor.
GAZO-PHYLACIUM, ii, cabinet, lieu où l'on garde le trésor.

II.
Ventre.

Les Grecs ajoutant à ce mot GAS, ventre, leur terminaison si commune TER, en firent GASTer, mot qui réunit les diverses significations de GAS ; d'où cette famille Greco-Latine.

GASTer, i, 1°. ventre; 2°. vase à large ventre; 3°. fond d'un vase. Gr. GASTER.

GASTri-Margia, æ, gourmandise : de MARGOS, luxe, passion folle.
GASTri-Margus, a, um, gourmand.

EN-GASTri-MYThus, i, ventriloque; de MUThos, parole, & en, dans.
HYPO-GASTrium, ii, bas-ventre : de HYPO, sous.
PITHO-GASTer, ri, ventre gros comme un tonneau : de Pithos, tonneau.
DI-GASTricus, a, um, qui a deux ventres.

G E, prononcé GHE, Gué, Terre.

Du primitif GÉ prononcé Ghê, Gué, se formerent.

I.
Cette Famille Latine.

CAIA, æ, } maître, maîtresse : ceux
CAIus, i, } qui possèdent la terre.
CAIO, -are, enseigner; 2°. fouetter, faire la correction.

II.
Cette Famille Greco-Latine.

1. GEO-GRAphia, æ, description de la terre ; de GRApho décrire.
GEO-GRAphicus, a, um, de Géographie.
GEO-GRAphus, i, un Géographe.

2. GEO-METria, æ, } mesure de la
GEO-METrice, es, } terre : de ME-
 } tron, mesure.
GEO-METra, æ; GEO-METres, æ, Géomètre.
GEO-METricus, a, um, géométrique.

3. GE-ORGi, orum, les travaux de la terre, d'ERGON, travail.
GE-ORGicus, a, um, d'Agriculture.

4. HYPO-GÆUM, ii, Offices d'une maison, cave, cellier ; 2°. caveau mortuaire.

5. APO-GÆUS, i, vent de terre.
APO-GÆUM, i, situation d'une Planette dans son plus grand éloignement de la terre.

PERI-GÆum, ii ; situation d'un Astre dans sa plus grande approximation de la terre.

PERIE-GESIS, is, voyage autour du monde ; description de la terre.

III.
Ces Familles Latines.

1. INdi-GES, GETis, qui est du pays.

INdi-GETes, um, Dieux tutélaires, Dieux Nationaux 2°. Hommes mis au nombre des Dieux.

INdi-GITO, -are, mettre au nombre des Dieux du pays.

INdi-GENa, æ ; INdi-GENis, a, um, qui est du pays, naturel du pays.

INdi-GENitalis, e, né dans le pays.

2. E-GLO, es, gui, ere, être pauvre, être dans le besoin : mot-à-mot, être sans terre, sans possessions.

E-GENus, a, um, sans biens, sans possessions : pauvre ; misérable.

E-GESTas, atis, pauvreté, indigence.

3. INdi-GEo, ere, être dans l'indigence, manquer de.

IN-di-GENS, tis ; IN-DI-GES, etis, pauvre, malheureux, qui a besoin.

IN-DI-Gus, a, um ; IN-D-I-Guus, a, um, indigent.

IN-GEtas, atis, indigence, privation de terre.

GEN.
Production.

De GE, terre, source des productions & de la vie, se forma, en Celte, une Famille nombreuse qui donna une foule de mots aux Grecs & aux Latins. De-là ces Familles Latines.

I.
GEN, produire.

1. GENo, ere, & à la grecque, GIGno, is, GENui, GENitum, GIGnere. } engendrer, produire, mettre au monde.

GIGnentia, ium, les racines.

GENitus, ûs, GENitura, æ, GENimen, inis, } race, génération ; germe ; 2°. semence ; 3°. fruit ; 4°. horoscope.

GENitor, is ; GENitrix, cis, celui, celle qui a engendré, qui a produit.

GENitivus, a, um, de naissance, qu'on apporte en naissant ; 2°. le cas appellé Génitif, parce qu'il indique l'origine.

GENitaliter, par génération.

GENitabilis, e, qui a la vertu d'engendrer ; 2°. qui regarde la naissance.

2. GENero - are, engendrer, produire, concevoir. 2. inventer, trouver, faire.

GENerasco, -ere, s'engendrer, se produire.

GENerator, is, qui engendre, qui produit.

GENeratio, onis, production, naissance.

GENerabilis, e, qui peut engendrer.

II.
GEN, Génie.

GENius, ii GENium, ii } Génie, Dieu tutélaire, qui présidoit à la naissance, & qui influoit sur le caractere & l'esprit ; 2°. destin, fortune. ; 3°. humeur, goût, penchant ; 4°. esprit, génie.

GENialis, e, qui concerne les Dieux qui

préfident à la naiffance ; 2°. joyeux, divertiffant.

GENialiter, en fe donnant du plaifir, agréablement.

III.
GEN, Naiffance.

1. GENUS, *eris*, 1°. naiffance, origine ; 2°. race, lignée ; 3°. genre, efpèce, nature ; 4°. maniere, façon ; 5°. génie.

GENuinus, *a*, *um*, naturel, conforme à la nature.

GENuinè, franchement, naturellement.

GENuinus, *i*, dent mâcheliere.

2. GENS, *tis*, 1°. race. 2°. nation, peuple. 3°. gentils, idolâtres.

GENticus, *a*, *um*, particulier à une Nation.

GENtilis, *e*, d'une Nation ; 2°. de la même famille ; 3°. Payen.

GENtilitas, *atis*, famille, parenté ; 2°. efpéce ; 3°. gentilité, paganifme.

GENtiliter, en Payen.

GENtilitius, *a*, *um*, commun à une race, à une famille ; 2°. qui appartient à une Nation.

GENtilitium, *ii*, ce qu'on tient de famille, patrimoine.

3. GENeratìm, 1°. felon les efpèces. 2°. par nations ; 3°. en général, en gros.

GENeralis, *e*, général, univerfel.

GENeraliter, généralement.

4. GENer, *i*, gendre, mari de la fille, 2°. beau-frere, mari de la fœur.

IV. Famille Greco-Latine.
1.

GENefis, *is*, point de la naiffance, nativité ; 2°. la naiffance du Monde, la Genèfe.

GEN-ETHlius, *a*, *um*, de la naiffance.

GEN-ETHliacus, *i*, faifeur d'horofcope.

GEN-ETHlio-LoGia, *æ*, horofcope, prédiction au moment de la naiffance.

GENea-LoGia, *æ*, généalogie, énumération des ancêtres, ou des individus qui compofent une famille, depuis le premier, qui en eft le chef, jufqu'à ceux qui exiftent de nos jours ; l'art de faire ces énumérations.

GENea-Logus, *i*, Généalogifte.

EU-GENIæ uvæ, raifins d'une beauté & d'une bonté rares.

2.

GYNæceum, *i* ⎱ appartement des
GYNæconitis, *dis* ⎰ femmes ; du grec ΓΥΝΗ, *Gyné*, *Guné*, femme.

Celt. GAN. Irl. GEAN.

GYNæco-Polis, *is*, Ville des femmes, en Egypte.

ANDRO-GYNE, *es*, homme & femme : d'A-nêr, *andros*, homme.

MISO-GYNE, *es*, qui haït les femmes : du Grec *Mifos*, haine.

POLY-GYNæcon, *i*, multitude de femmes : du Grec *Poly*, multitude, beaucoup.

POLY-GYNæus, *a*, *um*, qui a plufieurs femmes.

V.
GEN, Noble.

GENerofus, *a*, *um*, 1°. de naiffance illuftre, de bonne maifon ; 2°. généreux, brave. 3°. bon, vigoureux.

GENerofitas, *atis*, courage, grandeur d'ame, force, générofité.

GENerofè, d'une maniere noble, courageufe, généreufe.

COMPOSÉS.

1. BI-GEN*er*, *a*, *um*, engendré de deux espéces différentes, comme le mulet.

CON-GEN*er*, *eris*, qui est de même espece.

CON-GEN*itus*, *a*, *um*, produit, engendré ensemble.

CON-GEN*itura*, *æ*, production, génération faite en même-tems.

CON-GEN*ero*, -*are*, engendrer, produire ensemble.

DE-GEN*er*, *eris*, qui a dégénéré; 2°. lâche, bas, indigne.

DE-GEN*ero*, -*are*, ne pas ressembler à son principe, s'abâtardir; 2°. se gâter, se corrompre.

IN-GEN*ero*, -*are*; IN-GIGN*o*, -*ere*, engendrer, faire naître, produire avec.

IN-GEN*eratus*, *a*, *um*; IN-GEN*itus*, *a*, *um*, qui est né avec; naturel, propre à.

IN-GEN*erasco*, *ere*, croître, être engendré.

IN-GEN*erabilis*, *e*, qui ne peut être engendré.

2. IN-GEN*uus*, *a*, *um*; 1°. naturel.

2. qui est né libre; 3°. franc, sincère, honnête.

IN-GEN*uitas*, *atis*, 1°. état de celui qui est né libre; 2°. candeur, franchise.

IN-GEN*ué*, 1°. noblement, en personne de condition libre; 2°. sans déguisement, sincerement.

IN-GEN*uatus*, *a*, *um*, qui est d'un naturel franc, honnête, noble.

3. IN-GEN*ium*, *ii*, naturel, propriété avec laquelle on est né; 2°. génie esprit, talent.

IN-GEN*iatus*, *a*, *um*, inventé avec esprit; 2°. plein d'esprit.

IN-GEN*iosus*, *a*, *um*, spirituel, adroit, plein de talens.

IN-GEN*iosè*, spirituellement; adroitement.

PER-IN-GEN*iosus*, *a*, *um*, très-spirituel, très-ingénieux.

4. IN-GEN*s*, *tis*, grand, extraordinaire.

5. PER-GIGN*o-ere*, engendrer, porter.

PRÆ-GIGN*o*, -*ere*, engendrer le premier.
PRÆ-GEN*italis*, *e*, premier né.
PRÆ-GN*ans*, *tis*, femme enceinte.
PRÆ-GN*atio*, *onis*, grossesse.

PRO-GIGN*o*, *ere*, } engendrer, causer.
PRO-GEN*ero*, *are*, }

PRO-GEN*eratio*, *onis*, génération.
PRO-GEN*iés*, *ei*, race, lignée; 2°. fils, fille.
PRO-GEN*itor*, *is*, ayeul, ancêtre.
PRO-GEN*er*, *eri*, pere du gendre; 2°. le mari de la petite-fille à l'égard de l'ayeul.

RE-GIGN*o*, -*ere*; RE-GEN*ero*, -*are*, reproduire, faire revivre.

RE-GEN*eratio*, *onis*, reproduction, régénération.

BINOMES.

1. UNI-GEN*a*, *æ*, seul produit, unique.

UNI-GEN*itus*, *a*, *um*, fils unique.

2. AMBI-GEN*a*, *æ*, hermaphrodite; d'*ambo* deux.

3. ANTÉ-GEN*itus*, *a*, *um*, } né devant.
ANTÉ-GEN*italis*, *e*, }

POST-GEN*itus*, *a*, *um*, né après, puîné, descendant.

PRIMO-GEN*itus*, *a*, *um*, premier né, ainé.

4. HOMO-GEN*eus*, *a*, *um*, qui est de même

même nature ; du grec *homo*, semblable.

Multi-Genus, *a*, *um* ; Multi-Generis, *e*, de différentes espèces.

Omni-Genus, *a*, *um*, de toutes manieres.

5. Præmi-Genus, *a*, *um*, qui a été produit le premier.

Primi-Genus, *a*, *um*, qui a produit le premier.

Primi-Genius, *a*, *um*, primitif, qui a été produit le premier.

Blapsi-Gonia, *æ*, du Grec *Blapso*, nuire, & *Gon*, race, famille : avortement, fausses-couches : maladie des abeilles qui fait périr leurs essaims.

GEMM,

Brillant.

De l'Oriental חם, *c'Hamm*, brillant, splendeur, se forma cette Famille :

1. Gemma, *æ*, Pierre précieuse ; 2°. Bourgeon de la Vigne ; 3°. Bouton des arbres & des fleurs.

Gemmula, *æ*, petite pierre précieuse ; 2°. petit bouton.

Gemmeus, *a*, *um*, de pierreries, de perles.

Gemmosus, *a*, *um*, plein de pierreries ; abondant en pierres précieuses.

Gemmarius, *ii*, Lapidaire.

Gemmarius, *a*, *um*, de Lapidaire.

Gemmans, *tis*, brillant, éclatant comme les pierreries.

Gemmatus, *a*, *um*, semé, garni de pierreries.

Gemmator, *oris*, Jouaillier, Lapidaire.

Gemmi-Fer, *a*, *um*, qui produit des pierreries, des perles.

2. Gemmo, -*are*, } bourgeonner, boutonner, *mot à mot*,
Gemmasco, -*ere*, } avoir des yeux.

Gemmatio, *onis*, bourgeonnement, boutonnement.

COMPOSÉS.

Pro-Gemmo, *are*, pousser des boutons, bourgeonner.

Bi-Gemmis, *e*, qui a deux yeux, deux bourgeons ; 2°. qui porte deux Pierres précieuses.

GEN,

Coude, Genou ; 2°. Joue.

Du primitif celte GEN, genou, coude, vint cette Famille Grecque & Latine.

Genu, neutre singulier : au pluriel, Genua, *uum*, genou, genoux ; 2°. Nœud d'une tige de plante, Grec Gonu.

Genualia, *ium*, genouilleres ; 2°. jarretieres.

En-Gonasi ; En-Gonasis, *is*, l'agenouillé : constellation.

Geniculus, *i*, coude d'un triangle.

Geniculum, *i*, genou ; 2°. nœud qui distingue d'espace en espace la tige des plantes.

Geniculo, -*are*, se nouer.

Geniculatus, *a*, *um*, noueux.

Geniculatus, *ûs*, l'action d'être à genoux ; 2°. l'agenouillé.

Geniculatim, à chaque nœud.

COMPOSÉS.

AD-Geniculor, *ari*, s'agenouiller.

Con-Genulo, -*are*, tomber sur les genoux.

In-Geniculo, -*are*, se mettre à genoux.

In-Geniculus, *i*,
In-Genicularius, *ii*, } l'agenouillé, constellation.
In-Geniculatus, *i*,

GEN.

De GENA, Joue, (*voy. Col 370*). se formerent GNA*tho*, *onis*, Ecornifleur, parasite : en Gr. GNA*thón* ; de GNA*thos* bouche, pour GENA*thos*.

GNA*thonicus*, *a*, *um*, de Parasite.

GES, GER,

Porter.

Les Latins ont une Famille très-étendue composée de mots en GES & en GER, tellement mêlés entr'eux que les Étymologistes n'ont pû dire quel de ces deux radicaux est le primitif, ni par conséquent quelle en étoit la vraie origine. Cette Famille est celle de GERo, GEss*i*, GEst*um*, GER*ere*, porter, être chargé.

Mais en considérant que le prétérit est formé du radical GES & non de GER, on ne peut plus douter que ce premier ne soit la vraie racine, & que le dernier n'en soit une altération ; puisque le prétérit a toujours été antérieur au présent. On se rappellera d'ailleurs ce que nous avons dit dans notre Discours Préliminaire, que les Latins substituoient sans cesse S & R entr'eux.

Ce mot GES qui désigne l'action de porter, d'être chargé, dans tous les sens, au Physique & au Moral, tient donc au radical Celtique GWES, GUEZ, arbres, le même que l'Orient. עץ *c'hwetz*, arbre, plante qui *porte*, qui *produit*. De-là, toutes les significations dont ce mot se chargea nécessairement chez un Peuple agricole, & qui s'éloignant de proche en proche de l'idée primitive, finit par présenter des idées qui ne semblent plus avoir de rapport avec celle-là.

I.

GERO, GEss*i*, GEst*um*, GER*ere*, porter, être chargé ; 2°. avoir ; produire, mettre au jour, faire paroître ; 3°. diriger, conduire, avoir le soin.

GERO, *onis*,
GERulo, *onis*,   } crocheteur, portefaix.
GERulus, *i*,

GERaria, *æ*, servante occupée à porter un enfant entre les bras.

GERanium, *ii*, grue, machine à enlever des fardeaux.

GERuli-FIGulus flagitii, vil adulateur du crime : mot burlesque, formé de *Figulus*, potier de terre, & de *Gerulus*, portefaix.

II.

1. GEsto-*are*,   } porter, porter souvent.
   GEstito, *are*, }

2. GEstor, *is* ; GEstator, *is*, porteur, rapporteur ; 2°. carrosse.

GEstatrix, *cis*, celle qui porte.

GEstatus, *ûs*, transport, action de porter.

3. GEstatorium, *ii*, chaise à porteur, brancard, palanquin.

GEstatorius, *a*, *um*, qui sert à porter.

4. GEstatio, *onis*, mouvement que l'on

sent en se faisant porter ; 2°. exercice que l'on fait en allant à cheval.

Gestamen, inis, ce qu'on porte ; ornement.

III.

1. Gestio, onis, département, gouvernement, conduite.
2. Gestus, ûs, geste, action.

Gestuosus, a, um, qui fait beaucoup de gestes.
Gestuosè, avec beaucoup d'action, avec bien des gestes.
Gesta, orum, faits mémorables, exploits.
Gesticulus, i, petit geste ; 2°. maniere de compter par ses doigts.
Gesticulor, -ari, animer par des gestes, faire des gestes.
Gesticularia, æ, baladine, bâteleuse.
Gesticulator, is, bâteleur, baladin.
Gesticulatio, onis, geste, gesticulation.

COMPOSÉS.

Ad-Gero, ere } apporter.
Ag-Gero, ere }

Ag-Gestus, ûs, rapport, amas.
Con-Gero, ere, porter en un monceau, entasser.
Con-Gero, onis, qui tire tout à soi, qui s'approprie tout ce qu'il peut.
Con-Geries, ei, amas, assemblage.
Con-Gestim ; Con-Gesté, en un tas, confusément.
Con-Gestio, onis ; Con-Gestus, ûs, tas, monceau ; 2°. l'action de combler.
Con-Gesté ; Con-Gestim, confusément, sans ordre.
Ac-con-Gero, -ere, combler, accumuler.
Circùm-Gesto, -are, porter à l'entour.
De-Gero, -ere, porter, transporter.
Di-Gero, -ere, arranger, mettre en ordre, distribuer ; 2°. porter çà & là ; 3°. digérer, cuire.

Di-Geries, ei ; Di-Gestio, onis, arrangement, ordre ; 2°. distribution ; 3°. coction, digestion.
Di-Gestor, is, qui arrange, qui dispose.
Di-Gesta, orum, digestes, pandectes.
In-Di-Gestio, onis, indigestion.
In-Di-Gestus, a, um, confus, sans ordre, indigeste.
In-Di-Gesté, confusément, sans ordre.
Præ-Di-Gestus, a, um, où il n'y a point de crudité.

E-Gero-ero, emporter, ôter, porter dehors, décharger.
E-Geries, ei, excrémens, éjections.
E-Geria, æ, Déesse des femmes en couches ; 2°. nom d'une Nymphe & d'une fontaine.
E-Gestus, ûs ; E-Gestio, onis, évacuation, décharge, profusion.
E-Gestas, atis, pauvreté, disette, besoin.
Super-Egero, -ere, faire paroître par-dessus.

In-Gero, ere, jetter dedans ; 2°. imprimer dans l'esprit. 3. citer, représenter, faire souvenir.
In-Gestus, a, um, entassé, mis dessus ; 2°. offert avec violence.
In-Gestabilis, e, qu'on ne peut porter.
Sub-In-Gero, -ere, livrer à la place de.
Super-In-Gero, -ere, mettre dessus.

Inter-Gero, ere, jetter, porter entre deux.
Inter-Gerinus, a, um ; Inter-Gerivus, a, um, mitoyen, qui fait la séparation.
Inter-Gerium, ii, ce qui est entre deux.

Male-Gerens, tis, qui se comporte mal.

Og-Gero, ere, présenter souvent, jetter devant ; mettre devant, servir.

Pro Gero, -ere, porter, jetter dehors.

Re-Gero, -ere, reporter, rejetter ; 2°. réfléchir, renvoyer.

Re-Gestum, i, terre relevée d'un sillon fait pour planter.

Se-Gero, -ere, mettre à part, réserver, resserrer.

Sug-Gero, ere ; 1. porter dessous, substituer, mettre à la place. 2°. fournir, donner; 3°. suggérer, rappeller la mémoire.

Sug-Gestio, onis ; Sug-Gestus, ûs, suggestion, conseil, inspiration.

Sug-Gestum, i ; Sug-Gestus, ûs, lieu élevé ; 2°. la tribune aux harangues.

Super-Gero, -ere, apporter, amasser dessus.

BINOMES.

Mori-Ger, a, um } complaisant,
Mori-Gerus, a, um , } docile, obéissant ; de Mos, moris, habitude, inclination.

Mori-Gero, -are ; Mori-Geror, -ari, complaire, être accommodant, se rendre aux inclinations.

Mori-Geratio, onis, complaisance, condescendance.

IV.
GER,
Etre transporté de joie.

Gestio, ire, sauter de plaisir, tressaillir de joie; 2°. desirer avec empressement.

Præ-Gestio, -ire, sentir de la joie, se réjouir par avance, prévoir une chose & s'en réjouir ; 2°. ressentir une joie extrême, être transporté de joie.

V.
Germ, ce qui sert à reproduire.

Germen, inis, germe, bourgeon, rejetton.

Germinalis, e, qui bourgeonne, qui pousse des rejettons.

Germino, -are, pousser, boutonner, pousser des rejettons.

Germinatio, onis ; Germinatus, ûs, production d'un germe ; 2°. l'action de germer.

COMPOSÉS.

Con-Germino, -are, germer, pousser ensemble.

E-Germino, -are, germer, boutonner.

Præ-Germino, -are, pousser auparavant.

Pro-Germino, -are, pousser des boutons, bourgeonner.

Re-Germino, -are, repousser, jetter de nouveaux boutons.

Re-Germinatio, onis, reproduction d'un germe.

VI.
Germ, ce qui vient de la même souche.

Germanus, a um, frere, sœur, cousin; 2°. vrai, qui n'est point supposé ; 3°. naturel, légitime; 4.° semblable, conforme.

Germanitas, is, parenté, fraternité.

Germanè ; Germanitùs, fraternellement, de bon cœur.

Germanissimus, a, um, très-vrai, parfaitement naturel.

VII.
CART.

Cartibulum, i, Table de pierre soutenue par un seul pilier, comme un guéridon.

Varron (Ling. Lat.), dit qu'on l'appelloit dans l'origine GERTibulum, du verbe *gero*, parce qu'elle étoit portative, & qu'insensiblement son nom s'altéra en *Cartibulum*.

GAR.

Du Celte GARan, Grue, se forma le Grec-Latin,

GERanium, *ii*, bec de grue, plante; 2°. machine à enlever des fardeaux.

Gr. GERANION.

GLAD;
Epée.

Du primitif CLA, rompre, fracasser, briser, se formerent le Grec KLADOS, branche, rameau, pieu: & cette Famille:

GLADius, *ii*, } épée, cimeterre; 2°.
GLADium, *ii*, } écheveau de laine; 3°. espadon, poisson armé d'une longue corne.

GLADiolus, *i*, petite épée; 2°. glayeul, flambe.

2. GLADiator, *is*, gladiateur.

GLADiatorius, *a*, *um*, de gladiateur.

GLADiatorium, *ii*, Prix que remportoit le Gladiateur.

GLADiatoriè, à la maniere des Gladiateurs.

COMPOSÉS.

DI-GLADior, -*ari*, débattre, combattre, se chamailler.

DI-GLADiator, *is*, qui dispute, qui se débat.

GLU.

GLU, GLY signifie en Celte, adhérence, ténacité, tout ce qui est adhérent: visqueux, glutineux. Il a formé également des dérivés en *Glen*, *Glin*, *Glud*: De-là le Grec,

GLIA, glu : GLIKHomai, desirer avec passion.

GLIsKros, visqueux, tenace.

Et cette Famille Latine:

GLUTen, *inis*, } glu, colle;
GLUTinum, *i*, } 2°. soudure.

GLUTinium, *ii*, colle.

GLUTino, -*are*, coller, souder.

GLUTinatio, *onis*, }
GLUTinamen, *inis*, } consolidation, soudure, colle.
GLUTinamentum, *i*, }

GLUTinator, *is*, celui qui colle, qui soude.

COMPOSÉS.

AG-GLUTino, -*are*, joindre, coller ensemble, souder.

AG-GLUTinatio, *onis*; AG-GLUTinamentum, *i*, colle, soudure; 2°. union, conjonction.

CON-GLUTino, -*are*, cimenter, joindre.

CON-GLUTinosus, *a*, *um*, qui colle, qui unit.

CON-GLUTinator, *is*, qui assemble, qui lie.

CON-GLUTinatio, *onis*; CON-GLUTinamentum, *i*, assemblage, liaison, ce qui cimente.

DE-GLUTino, -*are*, décoller, dégluer.

RE-GLUTino, -*are*, décoller; 2°. arracher quelque chose d'entre les mains.

RE-GLUTinosus, *a*, *um*, fort gluant.

RE-GLUTinatio, *onis*, l'action de décoller.

GOB.

Du Celte GOB, bouchée, d'où GOBer, ne faire d'une chose qu'un morceau, vinrent,

GOBius, *ii* } goujon, petit poisson. Gr. Kôbios.
GOBio, *onis*, }

GON, CUN,
Angle.

Cun*e*, Cun*nid* signifie en Irl. coin, angle. En Grec Gon*ia*, angle.

Ces mots tiennent au François coin, nom des angles d'un appartement, &c. & au Latin Cun*eus*; voy. ci-deff. col. 375. Ils viennent de Gan, puissance, réunion. De-là cette Famille Greco-Latine.

1. Tri-Gon, *onis*, balle dont trois personnes jouent en triangle; 2°. lieu pour jouer à la paume.

Tri-Gon*us*, *i*; Tri-Gon*um*, *i*, triangle.

Tri-Gon*us*, *a*, *um*; Tri-Gon*alis*, *e*, triangulaire.

2. Enna-Gon*us*, *a*, *um* qui a neuf angles; d'Enna, neuf.

3. Pan-Gon*ius*, *ii*, sorte de pierre précieuse, de *Pan*, tout & de *Gon*, angle.

4. Poly-Gon*ius*, *a*, *um*, qui a plusieurs angles.

5. Dia-Gon*alis*, *e*, } diagonal,
Dia-Gon*icus*, *a*, *um*, } qui va d'un
Dia-Gon*ios*, } angle à l'autre: de *Dia*, à travers, par.

GOR, GOUR, GUR.

Gourd est un mot Celtique qui désigne tout ce qui est roide, qui n'est pas aisé à mettre en jeu.

Et qui a formé nos mots En-Gourdir, Dé-Gourdir, &c.

En Esp. & en Ital. Gordo, lourd & épais. De-là:

Gurd*us*, *i*, étourdi, sot.

Quintilien qui nous a conservé ce mot, nous apprend que les Latins le dûrent aux Espagnols.

En vieux Bas-Br. Gourd*e*, obstiné.

GOSS.

Magi-Gossor*us*, *i*, batteur de blé en grange: mot employé par Columelle.

Ce mot dont l'origine étoit inconnue, est un mot purement Gaulois qu'adoptérent les Romains, lorsqu'ils furent liés avec ces nations Celtiques. Il est composé de deux mots Celtes, de Goss, gousse, épi: & de Ma*cha*, écraser, battre.

CRA.

1. De Cra, croître, produire, vinrent,

I.

La famille Gra, herbe, gazon.

En Angl. Grass, } herbe, gazon,
En Grec, Grastis, } verdure.

Gram*en*, *inis*, gazon, verdure; 2°. chiendent.

Gram*ineus*, *a*, *um*, de gazon, plein d'herbes vertes.

Gram*inosus*, *a*, *um*, couvert de gazon, abondant en herbes.

Agrostis, chiendent, herbe: *mot Grec*.

II.

Gran*um*, *i*, grain, graine.

Gran*atus*, *ûs*, grenage, production du grain.

Gran*atus*, *a*, *um*, grené, qui a de la graine.

Gran*arium*, *ii*, grenier, grange.

GRANatim, grain à grain.
GRANosus, a, um, plein de graines, grenu, qui a beaucoup de graines.
GRANi-Fer, a, um, qui porte du grain.

2. GRANatus, i, grenat, pierre précieuse.

3. GRANatum, i, grenade, fruit à petits grains.

4. GRANdo, inis, grêle; elle tombe en grains.
GRANdinosus, a, um, plein de grêle.
GRANdinat, grêler, tomber de la grêle.
DE-GRANdinat, il grêle.

III.

GRANdis,-e, de haute taille, grand; 2°. ample, vaste, diffus; 3°. noble, sublime, majestueux, pesant.

GRANdio,-ire, faire croître, aggrandir.
GRANditas, atis, élévation, noblesse.
GRANdiusculus, a, um, un peu plus grand, qui commence à grandir.
GRANdiculus, a, um, un peu grand.
GRANdesco,-ere, devenir grand, croître.

BINOMES.

GRANdi-GRANs, tis, qui va à grands pas : de *gradus*, pas.
GRANdi-Ficus, a, um, qui fait grandir : de *facio*, faire.
GRANdi-Loquus, a, um, qui a le style noble, pompeux; 2°. qui dit de grands mots : de *Loquor*, parler.
GRAND-Ævus, a, um, fort âgé : d'*Ævum*, âge.
GRAND-Ævitas, is, grand âge, vieillesse.
GRANdi-Scapiæ, arum, arbres qui ont la tige haute; de *Scapus*, tige.

COMPOSÉS.

IN-GRANdesco, ere, -croître, devenir grand.
PER-GRANdis, e, fort grand, excessif.
PRÆ-GRANdis, e, très-grand.
SUB-GRANdis, e, un peu grand.
VE-GRANdis, e, mal-bâti.

IV.

1. GRAVis, e, pesant, lourd; 2°. sérieux, majestueux; 3°. considérable, recommandable; 4°. triste, nuisible, fâcheux; 5°. outrageant, injurieux; 6°. dangereux, contraire à la santé; 7°. puant, mauvais.

GRAVitas, is, pesanteur, poids, charge; 2°. sérieux, air grave; 3°. fermeté, sévérité.
GRAViter, lourdement, rudement; 2°. grièvement, dangereusement; 3°. gravement, sérieusement; 4°. aigrement, rigoureusement; 5°. avec chagrin, de mauvaise grace.
GRAViusculus, a, um, d'un ton plus bas.

2. GRAVo, are, charger, rendre pesant, accabler. 2. fâcher, être à charge, devenir importun, causer de la peine.

GRAVor,-ari, porter impatiemment, avec indignation : faire difficulté de.
GRAVate; GRAVatim, avec peine, malgré soi, à regret; 2°. avec difficulté.
GRAVastellus, a, um, vieillard pesant, courbé sous le poids des années.

3. GRAVesco, -ere, être surchargé, succomber sous le faix; 2°. être trop chargé, couler à fond; 3°. devenir plein; 4°. devenir plus mal, empirer, s'aigrir.

GRAVidus, a, um, chargé, rempli.
GRAVido, -are, engrosser ; 2°. ensemencer.
GRAViditas, is, grossesse.
5. GRAVedo, inis ; GRAVitudo, inis, pesanteur de tête, fluxion, rhume, enchifrenement.
GRAVedinosus, a, um, qui a des pesanteurs de tête, 2°. qui rend la tête pesante.

BINOMES.

GRAVE-OLentia, a, mauvaise odeur: d'*olere*, sentir.
GRAVE-OLens, tis, qui sent mauvais.
GRAVi-loquus, a, um, qui parle sérieusement.

COMPOSÉS.

AG-GRAVo, -are, surcharger, accabler, appesantir.
AG-GRAVesco, -ere, empirer, aller de mal en pis.
DE-GRAVo, -are, appesantir, accabler ; 2°. abaisser ; 3°. fatiguer, harceler.
IN-GRAVo, -are, affaisser, surcharger, appesantir ; 2°. empirer, aigrir, exagérer.
IN-GRAVesco, -ere, s'appesantir, devenir pesant ; 2°. croître, s'augmenter.
PER-GRAVis, e, fort pesant.
PER-GRAViter, fort sensiblement, très-aigrement.
PRÆ-GRAVo, -are, peser davantage ; 2°. être fort lourd ; 3°. appesantir, accabler, être fort à charge ; 4°. surpasser, l'emporter sur quelqu'un.
PRÆ-GRAVis, e ; PRÆ-GRAVidus, a, um, fort pesant, très-incommode.
SUB-GRAVis, e, un peu désagréable.

V.

GROSsus, a, um, fort épais, gros.
GROSsitudo, inis, épaisseur, grossièreté.
GROSsus, i ; GROSsulus, i, figue qui n'est pas mûre.

VI.

GREX, gis, troupeau, compagnie, société.
GREGalis, e, qui est de même troupeau ; 2°. de même bande, de même compagnie, camarade ; 3°. de simple soldat ; 4°. commun, trivial.
GREGatus, a, um, qui va par bandes, attroupé.
GREGatim, en troupes, par bandes.
GREGarius, a, um, de troupeau ; 2°. d'un simple soldat.

COMPOSÉS.

1. AB-GREGo-, -are, détacher, retirer.
AG-GREGo, -are, ramasser, joindre en corps ; 2°. allier, aggréger.
CON-GREX, gis, de la même troupe.
CON-GREGo, -are, attrouper, convoquer.
CON-GREGatio, onis, troupe, société.
CON-GREGabilis, e, facile à assembler.
SE-GREX, gis, solitaire, séparé du monde.
SEGREGo, -are, mettre à part, distinguer.
SEGREGatim, séparément.
2. De GREX, troupeau, & de E, à part, se forma EGREGIUS, *mot à mot*, mis à part du troupeau, choisi sur tout le troupeau ; d'où,
E-GREGius, a, um, parfait, excellent, exquis ; 2°. brave, vaillant.
E-GREGiè, fort bien, admirablement.

GRAM, GROM, GRUM,
Fâcherie.

GRAM est un mot celtique qui désigne
tout

tout ce qui est tors, de travers; le chagrin, le rechignement, la mauvaise humeur.

En Irl. GRUAIM, tors, tordu.

GRUAMa, rechigné refrogné, chagrin, de mauvaise humeur. De-là,

GRAMia, æ, maladie en général; celle des yeux en particulier.

En Italien, *Gramo*, triste; en Allemand GRAM, fâché ; en Anglois GRIM, redoutable, méchant.

D'où le François GRIMace, sur-tout les grimaces que font faire la douleur & la mauvaise humeur, grimaces de détresse.

GRAMiosus, a, um, malade, triste, chassieux, à qui les yeux pleurent.

GRAMmosus, a, um., malade.

GRAPH,
Ecriture.

De la Famille GRAPh, écrire, tracer, se formerent ces mots Greco-Latins :

Apo-GRAPhum, i, copie, exemplaire.

Mimo-GRAPhus, i, Ecrivain de Mimes, de farces, de parades : du grec *Mimos*, imitation.

PAR-EPI-GRAPhe, es, description.

Prosopo-GRAPhia, æ, description du visage, portrait : du Grec *PROS-OPON*, visage, face.

SYN-GRAPha, æ, billet, obligation par écrit.

SYN-GRAPhus, i, écrit signé.

Orig. Lat.

GRIF,
Griffe.

Du Celte GRIFF, griffe, serre ; 2°. crochu, vinrent ;

Le Gr. GRYPOS, crochu.

L'Or-E-GRYP, א-גרף, la main qui se ferme pour saisir : la poignée.

De-la cette Famille Greco-Latine :

GRYPS, GRYPhis } Griffon : *grand oi-*
GRYPhus, i,   } *seau.*

GRYPhies, æ, escogriffe, qui a le nez aquilin.

Hipo GRYPhus, i , animal fabuleux, moitié cheval, moitié Griffon.

Hypo-GRYPhus, a, um, qui a le nez crochu.

GUR,
Cercle, Tour.

De la Famille GUR, GYR, cercle, tour, vinrent les mots suivans :

1. A-GYRta, ou A-GYRtes, faiseur de tours, joueur de gobelets, charlatan.

2. GORGO, onis,   } nom de Méduse &
   GORGON, onis, } de ses deux sœurs.
   Elles étoient le symbole de la Lune & de ses révolutions.

GORGONa, æ, surnom de Pallas ou Minerve, parce qu'elle portoit sur son Egide la tête de Méduse.

GORGONia, æ, corail, plante marine.

ANA-GYRis, is, }
ANA-GYRon, i,   } bois puant; arbrisseau.
ANA-GYRos, i,   }

E e e

GUT,
Goutte.

De Cw, eau, se forma la famille suivante qui tient au grec Khuó, verser, fondre.

Gutta, æ, goutte de quelque liqueur; 2°. petite quantité de quelque chose; 3°. Aloës.

Guttæ, arum, marques, mouchetures.
Guttans, tis, qui tombe goutte à goutte.
Guttula, æ, petite goutte.
Guttatus, a, um, moucheté, pommelé, parsemé de mouches.
Guttus, i; Guttulus, i, bec fort étroit pour verser goutte à goutte; 2°. vase à col étroit, pour verser goutte à goutte; 3°. burette à col.

COMPOSÉ.

Sub-Gutto, -are, dégoutter un peu.

Mots en G

Où cette Lettre a été ajoutée à la tête de radicaux en L & en R.

I.
G L pour L.
1. GLAB, tondre.

Du Primitif Lab, tondre, raser, les Grecs firent Lepó, tondre, ôter l'écorce, se dépouiller de ses plumes, muer, &c.

Les Hébreux firent précéder d'un G ce radical; גלב Glab, tondeur, barbier.

Les Celtes en firent le mot composé Gwel-laif, relatif aux idées de tondre, de raser, d'instrumens à tondre, formé de Laif, Lab, tondre, & Gwel, toison, chévelure, &c.

De-là ces Familles Latines:

1. Glaber, bra, brum, qui est sans poil; 2°. tondu, rasé; 3°. pelé.
Glabellus, a, um, poli, dépilé, chauve.
Glabro, -are, raser, peler.
Glabretum, i, lieu où il ne croit point d'herbe.
Glabreo, -ere; Glabresco, -scere, être sans poil, devenir chauve.
Glabrens, tis, où il ne croit ni poil ni herbe.
De-Glabro, -are, dépiler, ôter le poil; 2°. enlever l'écorce.

2. Glubo, is, ere, peler, écorcer; 2°. ôter la peau, écorcher.
Gluma, æ, peau qui couvre le grain; peau des fruits.
De-Glubo, -ere, peler, enlever l'écorce; 2°. écorcher.

II. GLOSS,
Langue.

Du primitif Leg, Les, langue, d'où l'Hébreu לשן, Leshn, langue, se formerent ces familles:

3.

1. Glossa, æ, langue; 2°. glose, interprétation.
2. Glottis, idis, épiglotte, luette, languette qui couvre la trachée-artère; 2°. Roi des cailles.
Epi-Glottis, & Epi-Glossis, dis, épiglotte.
3. Glossarium, ii, Dictionnaire, vocabulaire.

GLOSSARIA, orum, bières, cercueils.
GLOSSEMA, tis, glose, terme peu usité.

BINOMES.

GLOSSO-GRAPHus, i, glossateur, commentateur.
GLOSSO-PETRA, æ, pierre qui a la figure d'une langue.
HYPO-GLOSSis, is,
HYPO-GLOTTis, dis, } dessous de la langue; 2°. abscès qui vient sous la langue; 3°. médicament lénitif. De HYP ou hup, sous.
HYPO-GLOTTIA, orum; HYPO-GLOTTIDES, um, pastilles qu'on laisse fondre dans la bouche, pour guérir la toux.

2.

1. GLUTtus, ti, gorge, gosier.
GLUTIO, onis, glouton.
GLUTIO, -ire, avaler, engloutir.
GLUVIÆ, arum, goulu, gourmand.
CON-GLUTIO, -ire, engloutir tout-à-la-fois.
DE-GLUTIO, -ire, avaler, dévorer.
2. SUB-GLUTIO, -ire, avaler un peu goulument.
IN-GLUVIES, ei, jabot des oiseaux; 2°. gloutonnerie, voracité.

II.
GR pour R.
I. GRAC, mince, grêle.

Du Celte RAC, RAG, petit, d'où *Ragot*, en Orient. רקד, RAK, mince, tendre, se forma cette famille Latine :

GRACilis, e; GRACilus, a, um, grêle, délié, mince.
GRACilitas, atis; GRACilitudo, inis, maigreur; 2°. taille délicate, déliée; finesse de taille.
GRACilentus, a, um, maigre, menu, effilé.
GRACilesco, -ere, maigrir, devenir grêle.
GRACilens, tis, qui devient maigre.
GRACili-pes, dis, qui a les jambes grêles, déliées ; de Pes, pied.
PER-GRACilis, e, fort grêle, très-mince.

II. GRAD,
Degré, Marche.

Du Celte RADD, degré, grade, RED, course, courant, RAD, route, se forma la famille suivante :

1. GRADus, ûs, degré, échelon; 2°. pas, démarche; 3°. poste. 4°. moyen, entrée.
GRADarius, a, arium, qui va par degrés, successivement; 2°. qui pèse ses mots.
GRADatio, onis, escalier, montée; 2°. sièges, gradins.
GRADilis, e, qui concerne les degrés.
GRADatus, a, um, disposé par degrés.
GRADatim, par degrés, peu-à-peu.
GRADior, eris, gressus sum, gradi, marcher, avancer.
2. GRADivus, i, le Dieu de la guerre.
GRADivi-Cola, æ, qui révère le Dieu Mars.
3. GRADi-pes, edis, buse, oiseau de proie.
4. GRASsor, -ari, aller, marcher, s'avancer à grands pas.
GRASSatus, a, tum, qui a exercé le brigandage, qui a volé.
GRASSatio, onis, brigandage.
GRASSatura, æ, volerie.

E e e ij

GRASSATOR, *is*, voleur de grand chemin.

5. GRESSUS, *ûs*, GRESSIO, *onis*, allure, pas, démarche.

COMPOSÉS.

AG-GREDIOR, *-i*, aller vers, aborder; parler à ; 2°. entreprendre, commencer; 3°. attaquer; 4°. surprendre.

AG-GRESSOR, *oris*, aggresseur.

AG-GRESSIO, *onis* ; AG-GRESSURA, *æ*, attaque; 2°. entreprise.

ANTE-GREDIOR, *-i*, aller devant, devancer.

CON-GREDIO, *-ere*; CON-GREDIOR, *-i*, s'assembler, marcher ensemble ; 2°. se joindre, se rencontrer ; 3°. disputer, se battre.

CON-GRESSUS, *ûs*, choc, attaque, combat.

CON-GRESSIO, *onis*, abord, rencontre, assemblée, compagnie.

IN-CON-GRESSIBILIS, *e*, qu'on ne peut attaquer ; 2°. inaccessible, inabordable.

CIRCUM-GREDIOR, *i*, entourer; 2°. assiéger.

DE-GREDIOR, *-di*, mettre pied à terre, se détourner.

DI-GREDIOR, *i*, partir, s'éloigner, sortir, quitter ; 2°. faire une digression.

DI-GRESSUS, *ûs* ; DI-GRESSIO, *onis*, départ ; 2°. digression.

DE-GRASSOR, *ari*, tomber violemment ; 2°. outrager, insulter.

E-GREDIOR, *-i*, sortir, s'en aller, se retirer.

E-GRESSIO, *onis* ; E-GRESSUS, *ûs*, départ; 2°. sortie, issue ; 3°. digression ; 4°. lever d'un astre, sa sortie de dessous l'horison.

IN-GREDIOR, *-i*, entrer, marcher, aller, commencer.

IN-GRESSIO, *onis*; IN-GRESSUS, *ûs*, entrée, marche, allure, commencement.

IN-DU-GREDIOR, *-i*, entrer.

INTRO-GREDIOR, *-di*, entrer, aller dedans.

INTER-GRESSUS, *ûs*, arrivée imprévue.

OG-GRASSOR, *-ari*, marcher contre, à l'opposite.

PRO-GREDIOR, *-i*, s'avancer en marchant ; 2°. s'étendre, avancer.

PRO-GRESSIO, *onis* ; PRO-GRESSUS, *ûs*, avancement; 2°. suite, enchainement.

PRÆ-GRADO, *-are*; PRÆ-GREDIOR, *-i*, marcher devant, prévenir ; 2°. surpasser, l'emporter.

PRÆ-GRESSUS, *ûs* ; PRÆ-GRESSIO, *onis*, l'action de précéder.

PRÆTER-GREDIOR, *-di*, passer outre, aller plus avant.

RE-GREDIOR, *-di*, reculer ; 2°. retourner.

RE-GRESSUS, *ûs* ; RE-GRESSIO, *onis*, retour, l'action de revenir, de reculer; 2°. recours.

RETRO-GRADIOR, *-di*; RETRO-GRADIOR, *-di*, reculer, aller en arriere, à reculons.

RETRO-GRADIS, *e* ; RETRO-GRADUS, *a, um*, qui recule.

SUG-GREDIOR, *-i*, s'avancer secrettement, passer sans bruit.

SUPER-GREDIOR, *i*, marcher dessus ; 2°. surmonter, surpasser.

TRANS-GREDIOR, *-di*, passer outre, aller au delà ; 2°. surpasser, vaincre.

TRANS-GRESSOR, *is*, violateur de la Loi.

TRANS-GRESSUS, *ûs* ; TRANS-GRESSIO, *onis*, l'action de passer outre, de traverser ; 2°. violation de la Loi.

DÉRIVÉS.

GRALLÆ, *arum*, échasses.

GRALlator, oris; GRALLI-Pes,-dis, monté sur des échasses.
GRALlatorius, a, um, d'échasses.

III. GRAII,
les Grecs.

L'étymologie de ce nom illustre a exercé inutilement jusqu'ici ceux qui s'en sont occupés : on l'a dérivé ridiculement de *Grecus*, fils de Thessalus ; de *Rehu*, fils de Phaleg ; de *Graia*, une vieille. Observons que la lettre G s'ajoute sans cesse à la tête des mots qui commencent par R, & qu'on voit dans Hesychius que le vrai nom des Grecs étoit Raïcoi, & que les Peuples d'Italie l'avoient changé en GRAICI. En rapprochant ceci de ce passage remarquable d'Eschyle, dans son *Promethée enchaîné* : » De » nouveaux accès, dit ce person- » nage à Io, entraînant tes pas » dans un chemin qui borde les » flots, te conduisirent jusqu'au VAS- » TE golfe de RHÉE.... Ce golfe » s'appellera un jour le golfe d'Ionie.

Ce golfe est la mer qui sépare la Grèce de la grande Grèce ou du Royaume de Naples. Il est désigné, avec raison, par l'épithète de *vaste*, & il fut appelé, avec non moins de raison, golfe *Rhéen* ou de *Rhée*, puisque ce mot présente en effet l'idée de *vaste*, d'*étendu*, de *large*, dans la langue Celtique, mere de la Grecque & de la Latine. Ce nom est donc Celtique, étant inconnu aux Grecs, & leur ayant été donné par les Peuples de l'Italie, tandis que les Grecs s'appelloient eux-mêmes *Achivi*, *Danaï* ou *Hellenes*.

GRÆCUS, *a, um* ; GRAIUS, *a, um*, Grec, de Grèce.
GRÆCulus, *a, um*, petit grec, pauvre helléniste, *terme ironique*.
GRÆCula, *æ*, rose de Grèce, espece de petite rose.
GRÆcanicus, *a, um*, qui concerne les Grecs.
GRÆcé, en grec, à la grecque.
GRÆcia, *æ*, la Grèce.
GRÆcia *magna*, la partie méridionale de l'Italie.
GRÆciensis, *e*, de Grèce.
GRÆcor, *ari* ; GRÆcisco,-*are*, vivre à la grecque, imiter les Grecs.
GRÆc-stasis, *is*, quartier de Rome où logeoient les Grecs ou leurs Députés.
GRAIU-GENA, *æ*, qui est de Grèce.
CON-GRÆCO,-*are* ; CON-GRÆCOR,-*ari*, vivre à la grecque, bien boire, bien manger ensemble.
PER-GRÆCOR,-*ari*, boire avec excès.

IV. GREM.

GREMium, *i* : le sein, le milieu.

Ce mot tient au Celte GREM, & à l'Oriental חרם RHEM, qui signifie *mot à mot*, intérieur, capacité intérieure, & par conséquent, 1°. le sein dans lequel on est conçu ; 2°. le sein où on est nourri, la gorge ; 3°. l'espace qui est renfermé entre les bras & qui forme le devant du corps; 4°. *au figuré*, une personne du sexe; & l'amour, l'affection, la miséricorde; porter quelqu'un dans son sein; 5o. le pli d'une robe.

V. GRUM,
Tas, grumeau.

Du primitif, ROM, RUM, élevé, se formerent :

GRUMUS, *i*, GRUMULUS, *i*, masse, tas; 2°. grumeau; tertre, éminence, élévation.

GROMA, *æ*; GRUMA, *æ*, esplanade, place élevée d'une Ville, d'où l'on tire des lignes pour dresser les rues.

GROMATICUS, *i*, arpenteur.

GROMATICUS, *a*, *um*, d'arpenteur, d'arpentage.

EX-GRUMO,-*are*; EX-GRUMINO,-*are*; sortir d'une motte de terre, comme les vers.

VI. GRU,
Convenance.

Du primitif RUO, accourir, & de *Cum*, avec, se formerent:

CON-GRUO,-*ere*, se rapprocher, s'accorder, avoir de la conformité.

CON-GRUUS, *a*, *um*, convenable, proportionné.

CON-GRUENTIA, *æ*; CON-GRUITAS, *atis*, proportion, conformité, convenance.

CON-GRUENTER, d'une maniere assortissante.

IN-CON-GRUENS, *tis*; IN-CON-GRUUS, *a*, *um*, qui n'est point à propos, qui ne s'accorde pas.

IN-GRUO,-*ere*, fondre avec impétuosité sur : assaillir, insulter.

IN-GRUENS, *tis*, qui est imminent, qui va fondre.

VII. GRUN,

Du Celte GRWN, sillon; 2°. creusé en sillon, gargouille, & qui vient de RUN, sillon, se forma cette famille Latine:

SUB GRUNDA, *æ*,1°. extrémité d'un toit qui avance pour rejetter l'eau de la pluie loin du mur; 2°. auvent.

SUB-GRUNDIA, *orum*, auvent : il sert à rejetter l'eau de pluie.

SUB-GRUNDATIO, *onis*, entablement.

SUB-GRUNDARIUM, *ii*, place où dégoutte l'eau du toit; 2°. lieu ordinaire des fosses ou des tombeaux des enfans nouveaux nés.

MOTS LATINS VENUS DU GREC.

G

1. Gagates, æ, jais, jayet, Grec Gagatés.
2. Gangræna, æ, gangrene ; Gr. Gaggraina, *prononcé Gangraina* : de *grao*, ronger, dévorer.
3. Gemea, æ ; ainsi s'appelloit une aîle d'une armée Macédonienne.
4. Gigas, antis, géant : Giganteus, a, um, de géant. Gr. Gigas. Gingidium, ii, cerfeuil. Gr. Giggidion, qu'on prononce Gingidion.
6. Glechon, onis, pouliot ; *en Grec* Glekhon, & *Blakhon* : c'est une plante aquatique : de *lac*, eaux.
Glechonites, æ, vin de pouliot.
7. Glinon, i, érable ; *en gr.* Glinos.

GLYPh.

1. Ana-Glyptum, i ; Ana-Glipha, orum, ouvrage cizelé, qui a des figures de relief.

Ana-Glyptes, æ, ciseleur, sculpteur.
Ana-Glyptice, es, art de ciseler, de tailler en bosse.
Ana-Glyptus, a, rum ; Ana-Glypticus, a, um, taillé, relevé en bosse.
2. Tri-Glyphus, i, ornement de frise. Gr. Tri-Glyphos.
Hemi-Tri-Glyphus, i, demi triglyphe.
Mono-Tri-Glyphus, i, qui n'a qu'un triglyphe.

GOM.

Gomphus, i, coin, clou ; 2°. pieu ; 3°. maladie de l'œil. Gr. Gomphos : en Or.  Kopé, Kophe, pieu, branche : plante, cheville.
1. Gomphosis, is, insertion d'un os qui demeure ferme dans un autre, comme les dents dans les mâchoires.
2. Gon-Arche, es, cadran solaire.

GR.

Grabatus, i, lit de repos, Ottomane, lit de camp. Gr. Grabatos.
Grabatulus, i, couchette, canapé.

MOTS LATINS VENUS DE L'ORIENT.

G

GA-CHATES, æ, agathe, pierre précieuse : du prim. *Gad*, bon.

GALLUS, *i*, Prêtre de Cybele ; 2°. eunuque ; 3°. furieux, fanatique.

ARCHI-GALLUS, *i*, chef des Galles, le Grand Prêtre de Cybele.

GALlo, -are, être furieux, être agité comme les Prêtres de Cybele : de l'Or. חלל, *c'hall*, 1°. blesser, percer ; 2°. danser.

GAU, GOS.

GOSsypium, *ii*, coton ; 2°. cotonier ; 3°. goupillon.

GOSsampinus, *i*, cotonier. *Voyez* ci-dessus, col. 497.

Celt. GAU, GAY, habile, adroit, qui sait faire des ouvrages, GWE, tissu, ouvrages en tissu.

PARA GAUDæ, *arum* ; PARA-GAUDES, *um*, chemises fines ; passe-poil d'un habit.

GAUSapa, æ,
GAUSape, *is*,
GAUSapa, *orum*,
GAUSapila, æ,
GVUSapina, æ,
} redingote d'étoffe velue des deux côtés ; 2°. couverture ; 3°. tapis velu ; 4°. natte de paille ; 5°. grosse barbe hérissée.

GAUSapinus, *a, um*, fait d'étoffe velue des deux côtés.

GAUSapatus, *a, um*, habillé d'une étoffe velue.

GIGEria, *orum*, gesier, entrailles d'une volaille ; ce mot s'est aussi écrit *gizeria* ; il tient à l'Or. גזרה, *Gizere*, séparation, lieu séparé, enclos, tel qu'une *poche*, un *sac*.

GNEPHoſus, *a, um*, obscur, mot Oriental, formé du primitif *NEB*.

GNESion, *ii*, aigle, formé de l'Or. נץ, *Neſſ*, précédé de G, GNES, oiseau de proie, épervier, faucon, autour.

GUM.

GUMmi ; GUMmis, Ind. résine, gomme ; c'est le Grec *Kommi* : de l'Oriental קום, قم, *Qoum*, se coaguler, prendre de la consistance.

GUMmoſus, *a, um*, résineux, plein de gomme.

GUMmatus, *a, um*, qui produit la gomme, gommeux.

GUMminus, *a, um*, gommé ; 2°. fait avec de la gomme.

GUMmitio, *onis*, l'action de vernir, de gommer.

GUMN,
Nud.

Du Grec *Guion*, corps ; en Oriental גוה.

גוה, gwe, corps, vint cette famille Greco-Latine.

1. Gymno-Sophistæ, arum, Philosophes Indiens, qui étoient toujours nuds; de *soph*, sage; & *gymn*, nud.

2. Gymnas, dis, exercice de la lutte fait à nud, sans vêtement quelconque.

Gymnicus, a, um, de lutteur, de la lutte.
Gymnesiæ, arum, les Isles Baléares, fameuses par les exercices du corps.

3. Gymnasium, ii, bain public, lieu où l'on se dépouille nud; 2°. Académie de lutte; 3°. Collége pour apprendre les sciences.

Gymnasticus, a, um, d'académie; 2°. qui concerne les exercices du corps.

Gymnasi-Archa, æ; Gymnesi-Archus, i, maitre d'exercice, chef des Ecoles ou Colléges.

Pro-Gymnasta, æ, Pro-Gymnasius, a, um, condisciple.

Pro-Gymnasma, tis, exercice.

GUP.

Gypsum, i, plâtre, *Gr.* Gups, Gyps: mot formé de l'Orient. גוף, c'hup, c'hyp, le brillant du jour; c'hyp-c'hyp, clarté, brillant: le poli.

Gypseus, a, um, de plâtre.
Gypso, -are, plâtrer, crépir.

MOTS LATINS-CELTES,
OU DÉRIVÉS DE LA LANGUE CELTIQUE.

H

LA Lettre H est la huitiéme des Alphabets Orientaux, Grec & Latin; mais avec des modifications différentes, qu'il est nécessaire de connoître, afin de s'en former une juste idée. Chez les Orientaux, elle fut une aspiration gutturalisée, cette aspiration commune aux Toscans, aux Bas-Bretons, aux Allemans, &c. & dont les François n'ont pas la moindre idée, qui consiste dans l'aspiration modifiée par la pointe de la langue roulée vers le fond de la bouche. Cette aspiration fut notée chez les premiers Orientaux par un quarré coupé en quatre ; dans l'Alphabet Hébreu, elle est désignée simplement par les deux montans de ce quarré, & par la transversale supérieure ; en sorte qu'elle a la figure d'une porte ou d'un P grec majuscule Π, & que nous notons dans le Monde Primitif par ce caractere c'h.

Les Grecs partagerent toutes ces choses. Pour désigner l'aspiration gutturalisée des Orientaux, ils inventerent le caractere χ *khi* qui y correspond parfaitement. Pour désigner la simple aspiration telle que notre *h*, ils imaginerent *l'esprit rude*, ou une espéce de c placé sur une voyelle quelconque, & qui marque que cette voyelle doit se prononcer avec force, avec rudesse, en tirant le son du fond de la poitrine. Et cependant ils conserverent la lettre H dans leur Alphabet ; mais elle ne servit qu'à marquer l'E long. Chez les Latins, la lettre H marque constamment que la voyelle suivante doit s'aspirer ; c'est donc une simple note, & s'ils l'ont conservée dans leur Alphabet, ce n'est que par une imitation vicieuse de l'antiquité chez qui elle étoit plus que cela.

Nous avons porté plus loin cet usage vicieux ; car nous conservons cette note d'aspiration dans des mots que nous n'aspirons point : ce qui a fait imaginer deux sortes de *h* ; l'un qui s'aspire, l'autre qui est muet & dont on ne tient nul compte, que pour avoir le plaisir de voir les mots écrits de la même manière que dans l'ancien tems, dans le tems où ils s'aspiroient : ce qui est être esclave de ses yeux ; aussi les Peuples de l'Italie plus sages que nous, ont totalement supprimé cette lettre par-tout où elle étoit muette ou inutile.

Par égard pour la génération actuelle, cette lettre muette existe également dans le Monde Primitif ; mais n'est-ce pas sacrifier à une seule génération celle qui arrive & toutes celles qui la suivront ? N'est-ce pas porter les égards trop loin ? Toutes les autres générations ne seront-elles pas en droit de dire : pourquoi nous imposez-vous sans raison la peine de distinguer avec un travail pénible entre tous vos mots écrits par *h* ceux qui s'aspirent & ceux qui ne s'aspirent pas ? que ne supprimez-vous tout de suite cette lettre de tous les endroits où elle n'est qu'une marque trompeuse ?

Quant à l'origine des mots Latins écrits par H, la plupart sont des Onomatopées qui expriment des passions fortes & vivement caractérisées, l'admiration, la surprise, l'horreur : ce qui doit être ainsi, puisque les voyelles sont la langue des sensations, & que la voyelle aspirée ne peut être que l'effet des sensations fortes & subites. Les autres mots, en petit nombre qui composent cette lettre, se rapportent à des familles formées de diverses voyelles souvent non aspirées.

Ajoutons à cela nombre de mots empruntés du Grec, & quelques-uns de l'Orient, & rien ne manquera pour rendre raison de tous les mots latins réunis sous la lettre H : mots dont jusqu'ici on n'avoit pu donner une étymologie même probable, loin d'en donner de vraies.

En général, les mots formés par des voyelles simples ou aspirées, se sont toujours refusés aux recherches des Etymologistes, par cette raison qu'on n'avoit jamais apperçu la destination des voyelles ni leur rapport avec la nature.

N'omettons pas que les Latins ont souvent adouci l'aspiration par les Consonnes V, F, S, &c. ce qui rend très-imparfaites nombre de Familles en H, dont il faut chercher les dérivés sous toutes ces lettres.

Si cette lettre se nomme *HACHE*, nom qui a si peu de rapport à sa prononciation actuelle, c'est que ce nom est relatif à cette prononciation primitive que nous peignons par *ch*, qui subsiste encore dans quelques contrées de l'Europe & qu'on avoit transportée à la langue Latine ; en sorte qu'on écrivoit dans le XIVe siecle *michi* & *nichil*, au lieu de *mihi* & de *nihil* ; d'où notre vieux mot *annichiler*, rendre nul.

Onomatopées.

I.

Diverfes Interjections.

1. Haud, } non.
   Haut,
   Haudquaquam, nullement.

2. Hau, hola, ho!
   He, hei,
   Heu,   } ha! hélas!
   E-Heu,
   Heus, hola! ho!

3. Hem, hé, ho, eh bien!
   Hui, ho-ho!
   Hoi, hélas!

4. Ehe-Ehem, } hé, hola, ho!
   Eho-Ehodum, }

II.

HÆD, bouc..

Hædus, bouc; c'eft une onomatopée, formée fur le cri de cet animal. Les Sabins en adoucirent l'afpiration en F, d'où Fœdus ; les Hébreux en G : d'où גדי GheDI ; chez tous, bouc :

De-là cette Famille Latine :

Hædus, i, bouc, chevreau.

Hædulus, i; Hædillus, i, petit chevreau, cabri.

Hædinus, a, um, de chevreau.

Hædile, is, étable à chévres.

Hædulia, æ, troupeau de chévres.

III.

HÆS, héfiter.

Hæs, j'ai bégayé, j'ai héfité. C'eft une onomatopée, l'imitation d'une perfonne qui bégaye, qui héfite, qui répete, hé, he, he :

De-là, une Famille Latine, où la lettre S s'eft changée en R, uniquement pour les préfens du verbe. Cette origine étoit entierement inconnue, ainfi que celle de la plupart des mots formés par onomatopée ; ce qui n'eft pas étonnant, puifqu'on ne fe doutoit pas de cette fource prodigieufe de mots en toute langue.

Hæreo, hæfi, hæfum, ere, être attaché, fe coller ; 2°. douter, héfiter ; 3°. être incertain, irréfolu, balancer ; 4°. s'arrêter, perfévérer.

Hæsito, -are, balancer, héfiter, être irréfolu, douter ; 2°. être arrêté ; 3°. délibérer, prendre tems.

Hæsitans, tis, bègue, qui bégaye ; 2°. ignorant, peu inftruit.

Hæsitabundus, a, um, après s'être un peu arrêté ; 2°. indécis.

Hæsitanter, en héfitant ; 2°. en bégayant.

Hæsitatio, onis, doute, irréfolution ; 2°. retardement.

Hæsitantia, æ, bégayement.

Hæsitator, is, indéterminé, incertain, qui balance.

Composés.

1. Ad-Hæreo, -ere, tenir, être attaché ; 2°. adhérer, fuivre le parti de quelqu'un ; 3°. être près, demeurer contre.

Ad-Hæresco, -ere, héfiter, demeurer court.

Ad-Hæsus, ûs ; Ad-Hæsio, onis, adhérence, liaifon, attachement.

2. Co-Hæreo,-ere, } avoir de la liai-
Co-Hæresco,-ere, } son, du rapport;
2°. être joint, uni ensemble.

Co-Hærenter, avec liaison.
Co-Hærentia, æ, liaison, justesse, convenance.
Co-Hærarius, ii, assesseur, assistant.

3. In-Hæreo-ere, } être attaché,
In-Hæ-resco, - ere, } tenir contre.

In-Hæsio, onis; In-Hærentia, æ, inhérence, adhésion.
Ob-Hæreo,-ere; Ob-Hæresco,-ere, être adhérent, s'attacher.
Sub-Hæreo,-ere, être attaché dessous.

IV.
HAUS, puiser.

En imitant le ton essoufflé d'une personne qui tire en haut, les Latins firent le mot Hausi, j'ai tiré en haut, j'ai puisé : d'où le présent en Haur par le changement de S en R.

Haurio, is, si, stum, rire, puiser, tirer; 2°. avaler, engloutir; 3°. recevoir; 4°. épuiser.

Haustus, ûs; Haustum, i, l'action de puiser; 2°. coup, gorgée.
Haustor, is, buveur, avaleur.
Haustrum, i, seau, pompe, machine à puiser de l'eau.

COMPOSÉS.

De-Haurio,-ire, tirer, puiser.
Ex-Haurio,-ire, épuiser, tarir, boire tout; 2°. ôter, enlever; 3°. ruiner, piller.
Ex-Haustum, i, l'action d'épuiser.

V.
HI, bâiller, ouvrir.

1. Hio,-are, bâiller, ouvrir fort la bouche, 2°. avoir la gueule béante; 3°. s'entr'ouvrir, se fendre; 4°. s'épanouir; 5°. desirer fort.

Hiasco,-ere, bâiller, s'ouvrir.
Hiato,-are, bâiller souvent.
Hiatus, ûs, ouverture de la bouche ou de la gueule des animaux; 2°. abime, gouffre; 3°. bâillement.
In-Hio,-are, bâiller après une chose, la desirer avidement.
In-Hians, tis, qui desire ardemment.

2. Hisco,-ere, s'ouvrir, se fendre; 2°. bâiller.

De-Hisco,-ere, s'ouvrir, se crever; 2°. s'épanouir.
Re-Hisco,-ere, s'entr'ouvrir de nouveau.
Semi-Hians, tis, qui bâille à moitié, entr'ouvert.

3. Hiulcus, a, um, crevassé; 2°. avide, intéressé.

Hiulcè, en s'entr'ouvrant, en faisant des crévasses.
Hiulco,-are, faire fendre, crevasser.
Semi-Hiulcus, a, um, entr'ouvert.

VI.
HINN, hennir.

Hinnus, i, mule, mulet.
Hinnulus, i, petit mulet.
Hinnuleus, i, faon de biche.
Hinnio,-ire, hennir.
Hinnitus, ûs, hennissement.
Hinnibundè, en hennissant.
Hinnilito,-are, braire comme un mulet.
Ad-Hinnio,-ire, hennir après.
Co-Hinnio,-ire, hennir avec.
In-Hinnio,-ire, hennir après.

VII.

HIRR, grincer des dents.

Hirrio,-ire, gronder comme un chien qui montre les dents.

VIII.

HORR, horreur.

Horreo,-ere, se hérisser; 2°. frissonner, trembler de froid; 2°. avoir frayeur, être épouvanté.

Horresco,-scere, avoir horreur, s'effrayer; 2°. devenir horrible.

Horror, is, effroi, peur; 2°. frisson, tremblement.

Horrendus, a, um, épouvantable, horrible; 2°. énorme, démesuré.

Horrendùm, horriblement.

Horribilis, e, épouvantable, affreux.

Horridus, a, um, affreux, terrible, hideux; 2°. sauvage, grossier; 3°. difforme; 4°. rude au goût; 5°. hérissé; 6°. maigre à faire peur.

COMPOSÉS.

Ab-Horreo,-ere, avoir de l'éloignement, de l'horreur, fuir, haïr.

Ab-Horresco,-ere, craindre, trembler.

Co-Horreo,-ere; Co-Horresco,-ere, être frappé d'épouvante, trembler de peur.

Ex-Horreo,-ere; Ex-Horresco-ere, frémir d'horreur, être effrayé.

In-Horreo,-ere,
In-Horresco,-cere, } se hérisser, frissonner, avoir horreur.

Ob-Horreo,-ere, faire horreur, être horrible.

Per-Horreo,-ere; Per-Horresco,-ere, être épouvanté, être saisi d'horreur.

Per-Horridus, a, um, très-horrible, fort affreux.

Sub-Horridus, a, um, odieux, malpropre.

Sub-Horridè, un peu odieusement, un peu malproprement.

HAND,
Main.

Du Celtique-Theuton HAND, main, porté en Italie avec les premieres Colonies qui s'y établirent, se formerent les dérivés suivans, dont l'origine étoit inconnue, parce que le radical s'étoit entierement perdu chez les Romains.

1. Compre-Hendo, is, di, sum, dere, prendre, saisir, arrêter, retenir, empoigner, se saisir: 2°. comprendre, concevoir, entendre.

Compre-Hensè, ius, issimè, en peu de mots, succinctement.

Compre-Hensiùs loqui, parler plus concisément, d'une maniere plus serrée.

Compre-Hensibilis, e, compréhensible, intelligible, concevable.

Compre-Hensio, onis, prise, capture, saisissement; 2°. conception, pensée, imagination, connoissance, intelligence; 3°. découverte.

Compre-Hensio verborum, période.

Compre-Hensum, i, connoissance, lumiere.

In-Com-Pre-Hensus, a, um, qu'on ne comprend pas.

In-Com-Pre-Hensibilis, e, qu'on ne peut comprendre; 2°. qu'on ne peut surprendre.

2. Depre-Hendo, is, di, sum, dere, prendre, attraper, surprendre; 2°. découvrir, appercevoir, développer,

démêler, comprendre; 3°. prendre sur le fait.

DE-PRE-HENSa, æ; certaine punition des fautes des soldats, plus forte que les châtimens ordinaires, & moindre que l'affront.

DE PRE-HENSIO, onis, surprise en quelqu'action secrette ou criminelle; 2°. rencontre sur le fait; 3°. découverte, connoissance.

IN-DE-PRE-HENSUS, a, um; IN-DE-PR-ENSUS, a, um, imperceptible; 2°. dont on ne s'apperçoit pas.

3. PRÆ-HENDO, is, di, sum, dere, } saisir, prendre; 2°.
PRE-HENDO, -dere, } briguer.

PR-ENDO, -ere; ce verbe n'est que la contraction du précédent.

PRE-HENSO, -are; PR-ENSO, -are, prendre souvent; 2°. ici le d s'est adouci en s.

PRE-HENSIO, onis; l'action de prendre; 2°. machine à enlever des fardeaux.

PRÆ-HENSatio, onis; PR-ENSatio, onis, brigue, poursuite.

PRÆ-HENSUS, a, um; PR-ENSUS, a, um, pris, serré, lié.

AD-PRE-HENDO, -ere, reprendre, réprimander.

REPRE-HENSIBilis, e, n. is, répréhensible.

RE-PRE-HENSIO, onis, répréhension, blâme, réprimande, l'action de blâmer.

RE-PRE-HENSO, as, are, reprendre fortement.

RE-PRE-HENSOR, oris, qui reprend, qui blâme, qui fait une réprimande.

RE-PRE-HENSUS, a, um, participe de reprehendo.

RE-PRENDO, V. RE-PRE-HENDO.
RE-PRENSUS, V. RE-PRE-HENSUS.

IRRE-PRE-HENSIBilis, m.f. le, n. ou IRREPRE-HENSUS, a, um, &c. &

IRREPRENSUS, a, um, irrépréhensible, irréprochable, à qui on ne peut rien reprocher.

HAR,
Devin.

Du primitif BAR, FAR, HAR, désignant la parole, d'où le Celte BARD, Poëte, Devin, & le Latin VERbum, se forma la famille Latine suivante:

HARiolus, i, Devin.
HARiola, æ, Devineresse.
HARiolor, -ari, deviner, prophétiser.
HARiolator, is, Devin.
HARiolatio, onis, divination.
HARingua, æ, Devineresse.

HASTa,
Pique, Lance.

De STA, debout, fixe, se forma le mot Hasta, lance, pique, parce qu'elle se plante & se fiche.

HASTa, æ, javelot, lance, hallebarde; 2°. encan, vente publique.

HASTula, æ, petite pique.
HASTicus, a, um, de pique, de javeline.
HASTatus, a, um, armé d'une lance.
HASTarius, a, um, de lance, de hallebarde.
HASTarius, ii; HASTatus, i, piquier, hallebardier.
HASTile, is, pique, pertuisane; 2°. bois d'une lance.
SUB-HASTO, -are, exposer à l'encan.

HEB,
Epais.

De l'Oriental Hob עב, épais, massif,

poutre ; Hobé עבה, être épais, être massif, vint le Latin Hebes, lourd, dur, émoussé ; d'où cette famille :

Hebeo, -ere,
Hebesco, -scere, } s'émousser, être rebouché ; 2°.
Hebetesco, scere, } s'affoiblir, s'engourdir.

Hebes, tis, émoussé, qui est sans pointe ; 2°. stupide, lourd ; 3°. débile, foible ; 4°. dur, insensible.

Hebeto, -are, émousser, reboucher ; 2°. affoiblir, diminuer.

Hebetatio, onis ; Hebetudo, inis, affoiblissement.

Hebetator, is ; Hebetatrix, cis, celui ou celle qui émousse.

Hecta, æ, bagatelle, vétille.

HEDera,
Lierre.

C'est une plante qui s'élève jusqu'à la cîme des arbres les plus hauts ; son nom doit donc tenir à la racine primitive Hed, Hod, en Oriental עד, Hod, élevé, haut.

Hedera, æ, lierre.

Hederosus, a, um, plein de lierre.

Hederatus, a, um, fait de lierre ; 2°. couvert de lierre.

Hederaceus, a, um, de lierre, semblable au lierre.

Hederiger, a, um, qui porte du lierre.

HEL,
Lumineux.

Du primitif Hel, nom du Soleil, de la lumiere, source d'un grand nombre de familles en B, F, M, S, &c.

dériverent également ces mots en H.

1. Helena, æ, le feu St.-Elme, sorte de météore très-brillant.

2. Helio-Tropium, ii, tournesol, plante qui se tourne vers le soleil ; mot Binome formé de Hel, soleil, & de Tropos, l'action de se tourner.

Helio-Caminus, i, voûte exposée au soleil, serre, étuve.

Helenium, ii, l'aunée, plante, ainsi nommée de sa figure, qui imite les rayons du soleil.

Helleborus, i,
Helleborum, i, } Hellébore ; mot binome, qui signifie
Helleborine, es, } mot-à-mot, rouge, (plante qui est en effet d'un rouge écarlate, ardent) de Hell, clair, brillant, & de Bor ou Pur, qui, soit en Grec, soit en Celte, veut dire rouge, feu.

Helleborosus, a, um, qui a besoin d'hellébore, fou.

3. Helveolus, a, um,
Helvus, a, um, } jaune paille, couleur de
Helvolus, a, um, } feu, couleur d'or, couleur du soleil.

4. Par-Elion, ii, Parhélie, image du soleil qui se forme dans une nuée épaisse.

5. Gilvus, a, um, jaune ; couleur d'or ; paillet ; ici H changé en G. C'est un mot Theuton. Heib, en Allemand signifie jaune ; Hiallo en Italien : Yallow en Anglois.

HELL,
qui engloutit.

Laissons aux froids Etymologistes à discuter

discuter comment ce mot peut venir du vieux Holus, herbes porageres, légumes; & voyons-y une Onomatopée, qui peint l'action de se jetter sur sa proie pour la saisir & la dévorer, & qui a produit le grec *haloö*, saisir, prendre.

Hel-luo, onis, qui dévore, gourmand; 2°. goinfre, débauché.

Helluor,-ari, absorber, engloutir.

Helluatio, onis, débauche, goinfrerie; 2°. ivrognerie, gourmandise.

HERI,
Hier.

Heri & Herè, hier; du primitif ER, devant, auparavant; 2°. lui, celui-là: appliqué au jour, il signifie *mot-à-mot*, ce jour qui est devant, & qu'on peut montrer. En Allem. ER, lui; 2°. avant, devant, auparavant, en Anglo-Saxon ÆR.

Les Orientaux en firent אחר A-Her ou AC'HER, l'autre: après.

Hesternus, a, um, d'hier.

HÆR,
Héritier.

D'Ar, élevé, les Celtes firent Her, Maître; & de Her, les Latins firent Hæres, héritier, celui qui est destiné à devenir Maître. Le jeune Maître.

Hæres, edis, héritier, héritiere; 2°. rejetton.

Hæreditas, atis, héritage, succession.

Hærediolum, i, petit héritage.

Hæreditarius, a, um, héréditaire, qui vient par succession.

Hæreditariè, par succession.

Hæredi-Peta, æ, chercheur de successions.

COMPOSÉS.

Co-Hæres, dis, héritier en partie, cohéritier.

Pro-Hæres, dis, légataire; 2°. héritier bénéficiaire.

Ex-Hæres, dis, déshérité, privé d'une succession.

Ex Hæredo,-are; Ex-Heredo,-are, déshériter, exhéréder.

Ex-Hæredatio, onis, privation d'une succession.

In-Hæres, dis, qui n'hérite point.

HERB,
Herbe.

Du primitif Ar, Har, terre, dont les Latins firent Arvum, champ, vint également & sans peine Herva, Herba, l'herbe, *mot-à-mot*, la production de la terre, des champs. De-là cette famille Latine dont on avoit donné tant de fausses étymologies.

Herba, æ, herbe, verdure.

Herbula, æ, petite herbe, brin d'herbe.

Herbeus, a, um, verd, de couleur d'herbe.

Herbidus, a, um, d'herbe; 2°. plein d'herbe.

Herbaceus, a, um, de couleur d'herbe, semblable à l'herbe.

Herbarius, ii, Herboriste, Botaniste.

Herbarius, a, um, d'herbes, de simples.

Herbilis, e, nourri d'herbes.

Herbosus, a, um, fertile en herbes.

HERBa*fco,-ere*; HERBe*fco,-ere*, pouffer de l'herbe, croître en herbe.

BINOMES.

HERBi-*Fer*, *a*, *um*, qui produit de l'herbe.
HERBi-*Gradus*, *a*, *um*, qui rampe sur l'herbe.
HERBi-*Grada*, *æ*, limaçon.

COMPOSÉS.

EX-HERBO, -*are*, arracher les herbes.
OB-HERBe*fco*, *ere*, fe couvrir d'herbe.

HERNia,

Defcente.

Du Grec *Régnyó*, rompre, prononcé à la Latine *Ergnyo*; fe forma le Latin :

HERNIa, *æ*, rupture, defcente de boyaux, hergne.

HERNio*fus*, *a*, *um*, qui a une rupture, une defcente.

HIC.

Du primitif HE, être, joint à C, marquant le lieu, fe forma le Grec E*κei*, ici, l'Adverbe Latin HIC, ici, & toute cette famille.

1. HIC, *hæc*, *hoc*, celui-ci, celle-ci, ce, cet; *mot-à-mot* » celui qui *eft* » en *ce* lieu ».

HIC-*ce*, Hæc-*ce*, Hoc-*ce*, celui-ci, celle-ci, ceci.
HIC-*cine*, Hæc-*cine*, Hoc-*cine*, eft-ce cela ? eft-ce celui-là ?

2. HIC, ici; alors.

HAC, par ici.
HUC, ici; 2°. jufques-là.
HINC, de-là, d'ici.

COMPOSÉS.

1. AD-HÆC, } outre cela ; de plus.
   AD-HOC, }
AD-HUC, jufqu'à préfent, encore.
INTER-HÆC, fur ces entrefaites.
POST-HAC, *adv.* ou
POST-HÆC, *adv.* déformais, dorénavant, par la fuite, à l'avenir.

2. AB-HINC, depuis tel temps, il y a tel temps.
DE-HINC, après cela, enfuite; dorénavant, déformais.
POST-HINC, *adv.* après cela, enfuite.
PRO-HINC, par conféquent.

HIL.

HIL eft un mot Celtique qui fignifie grain, graine, femence : de-là ces dérivés Latins, auffi énergiques dès qu'on en connoît l'origine, qu'ils l'étoient peu fans ce rapprochement.

HILum, *i*, marque noire qui paroît au bout d'une fève de marais; 2°. un grain, un peu, tant foit peu; 3°. nullement, rien.

PER-HILùm, très-peu.

COMPOSÉS.

De HIL, joint à la négation NE, fe formerent ces mots:

NI-HIRum, *i*, *n.* un rien, le néant, pas même un grain.
NILum, *i*, *n. Voyez* Nihilum.
NI-HIL, NIL, *n.* rien; 2°. non, point, pas

BINOMES.

NI-HILI-*Facio, is*, *feci, factum, cere*, &

NI-HILI-PENDO, *is*, *ere*, n'estimer point, compter pour rien, ne faire aucun cas, ne faire point d'état, mépriser.

NI-HILO-MAgis, *adv.* pas plus.

NI-HIL-*dum*, *adv.* point encore, rien encore.

NI-HIL-*non*, *adv.* toutes choses.

NI-HILO-MInus, *adv.* néanmoins, cependant, toutefois; 2° pas moins, rien moins, ni plus ni moins.

NI-HILO-PLus, *adv.* pas plus.

NI-HILO-SEcius, *adv.* voyez Ni-hilo-minus.

HIR.

HIRa, *æ*, l'intestin jejunum, un des plus longs intestins: son nom fut donc très-bien choisi; HIR en Celte signifie long, grand, étendu, prolixe. C'est le Japonois IR. Cette famille est considérable dans les Dialectes Celtiques; elle tient à HER, ER, grand, élevé.

HILLa, *æ*, boudin, saucisse, diminutif de HIRA.

HIRudo, *inis*, sangsue. Son nom doit venir du Grec AIReo, du Latin HÆReo, s'attacher, saisir. La sangsue s'attache au corps pour sucer le sang.

HIRUNDO, *inis*, l'hirondelle, l'oiseau du Printems: & telle est l'étymologie de son nom: en Grec HER, en Latin VER, le printems; en Gr. HRI, le matin; au printems. Les étymologies qu'on en donnoit sont tout-à-fait misérables.

HIRUNDinus, *a*, *um*, d'hirondelle.

HIRC, HIRS,
Hérissé.

Du primitif ER, IR, désignant l'idée de pointe, de force, de rudesse, dérivèrent nombre de mots.

I. HIRC.

1. HIRCus, *i*, bouc; 2°. odeur de bouquin, gousset.

HIRCinus, *a*, *um*; HIRQuinus, *a*, *um*, de bouc.

HIRCosus, *a*, *um*, puant comme un bouc.

HIRCi-Pilus, *i*, velu comme un bouc.

HIRCulus, *i*, sorte de plante.

HIRCulatio, *onis*, maladie de la vigne, devenue stérile à force d'engrais.

2. HIRQuus, *i*, coin de l'œil; 2°. louche.

HIRQui-Tallio, *ire*, muer de voix à l'âge de puberté.

3. Co-HIRCinatio, *onis*, chaleur amoureuse de bouc.

II.

HIRsutus, *a*, *um*, } âpre, rude,
HIRTus, *a*, *um*, } bourru, sauvage, grossier; 2°. hérissé, velu, couvert de poils rudes & droits.

HIRsutia, *æ*, hérissement du poil.

III.

HIRsuta, *æ*, chenille.

HISP,
Hérissé.

HISPidus, *a*, *um*, } velu, couvert
HISPidosus, *a*, *um*, } de poil; 2°. hérissé, rude, âpre

HISPIDO,-are, hérisser de pointes.

Ces mots, dont l'origine étoit absolument inconnue, tiennent au primitif SPEI, SPI, relatif à toute idée de pointe, de piquant ; d'où les familles Latines SPICA, SPINA, &c. & le Grec SPEYDO, piquer de l'aiguillon, presser, hâter ; mots dont on ne connoissoit pas mieux l'origine.

HON,
Honneur.

HON est un mot primitif Celte & Oriental qui signifie élévation, dans tous les sens possibles, physiques & moraux : en rang, beauté, prix, charge, considération, poids.

En Celtique, ON, bon; beau; excellent.

En Iroquois, ON, beau.

En Irl. ONoir, bonté.

En Basq. ONa, biens : bon.

ONada, bonté.

En Orient. אוֹן, AUN, force puissance, richesses.

הוֹן, E-ON, les biens.

De-là ces familles.

I.

HONor, oris, } honneur, respect ; 2°.
HONos, oris, } charge, dignité, rang; 3°. prix, récompense ; 4°. ornement, beauté ; 5°. victime, sacrifice.

HONorus, a, um, qui fait honneur.

HONORO,-are, faire honneur, respecter.

HONoratus, a, um, honoré, illustre.

HONoraté, honorablement.

HONorarius, a, um, d'honneur, qui se fait pour honorer.

HONorarium, ii, présent fait pour un service rendu, honoraires, gages.

HONorabilis, e, digne d'honneur, respectable.

HONorabiliter, honorablement.

BINOMES.

HONori-Fico,-are, respecter, honorer.

HONorificus, a, um, centior, centissimus, glorieux, honorable.

HONorificentia, æ, honneur; 2°. vénération religieuse.

HONorificé, centius, centissimé, par honneur, d'une maniere honnête.

HONori-PETa, æ, ambitieux, avide d'honneurs.

COMPOSÉS.

PER HONori-Ficus, a, um, fort honorable.

PER-HONorificé, fort honorablement.

Ex-HONoro,-are, déshonorer.

NÉGATIFS.

IN-HONorus, a, um,   } qui n'est
IN-HONoratus, a, um, } point honoré.

IN HONorificus, a, um, qui ne fait point d'honneur.

II.

HONestus, a, um, honnête, décent, bienséant ; 2°. illustre, qualifié.

HON.st.m, i, l'honnête.

HONestas, atis, honnêteté, bienséance.

HONesté, honnêtement, favorablement, de bonne grace.

HONesto,-are, faire honneur ; 2°. accréditer.

Honestamentum, i, ornement, embellissement.

COMPOSÉS.

Co-Honesto, -are, honorer, faire honneur.

De-Honesto, -are, déshonorer, décrier; 2°. défigurer.

De-Honestamentum, i, infamie, tache, disgrace; 2°. défaut, difformité.

In-Honestus, a, um, malhonnête, honteux, sans honneur.

In-Honesté, en malhonnête homme, malhonnêtement.

In-Honestas, atis, malhonnêteté.

In-Honesto, are, souiller, déshonorer.

In-Honestamentum, i, honte, déshonneur.

HOR,
Heure, Saison.

De l'Oriental HOR, & HORus, le soleil, le jour, la lumiere, se forma cette famille :.

Hora, æ, heure; 2°. saison, tems.

Horeus, a, um, à tems, fait à propos.

Horarium, ii, qui marque l'heure.

Horarius, a, um, d'une heure, qui dure une heure.

BINOMES.

1. Horo-Logium, ii, horloge.

2. Horo-Scopus, i, moment de la naissance; prédiction de ce qui doit arriver; 2°. celui qui tire une horoscope.

Horo-Scopalis, e, d'horoscope.

Horo-Scopus, a, um, de cadran solaire, indiquant l'heure.

Horo-Scopo, -are, présider au moment de la nativité; 2°. faire l'horoscope, considérer l'heure d'une naissance.

3. Semi-Hora, æ, demi-heure.

4. Tri-Horium, ii, espace de trois heures.

5. Hornus, a, um, } de cette année,
Hornotinus, a, um, } de l'année présente.

Horno, cette année.

HOR,
Production.

Du primitif Ar, Or, élevé, se forma la famille Hor, désignant les productions en général; d'où les mots Latins suivans : mais observons auparavant qu'elle se prononce également en For, & qu'on peut voir ce que nous en avons dit dans nos *Origin. Fr.* col. 454.

1. Horreum, i, amas de bled; 2°. grenier, grange; 3°. magasin, cellier : car le mot Horreum signifie amas, magasin de productions quelconques de la terre. Bar & Bor signifie en Hébreu un grenier.

Horrearius, ii, celui qui garde un magasin.

2. Hordeum, i, grain en général, orge.

Hordearius, a, um; Hordeaceus, a, um, d'orge.

3. Horda, æ, vache pleine; mot qu'on prononce également Forda.

HOR.

Du primitif Hor, prononcé également Cor & Chor, enceinte, enclos, habitation fermée, cour, basse-cour, se forma cette famille :

Hortus, i, enclos, jardin.

Hortulus, i, petit jardin.

Horti, orum, maison de plaisance; 2°. village.

Hortulanus, i, jardinier.

Hortensis, e; Hortensius, a, um, de jardin.

HORT.

Ab Hortor, -ari, détourner, déconseiller ; voyez sa Famille, col. 90.

HOST.

Du primitif Hos, Hws, relatif aux idées de cacher, de renfermer, se formerent nombre de dérivés ; entr'autres le Celte, Ost, Host, habitation, lieu où l'on s'arrête ; d'où notre mot Hostel, puis Hôtel, &c. Le Latin Ostium, porte, ce qui ferme, qui arrête; & les familles suivantes.

I.

Hos-pes, itis, 1°. Hôte qui loge ; 2°. Hôte qui est logé, étranger, nouveau venu ; 3°. neuf, dupe ; de Host, maison, & de Peto, aller, se rendre.

Hos-pitium, ii, hôtellerie, auberge, hospice.

Hos-pitiolum, i, petite hôtellerie.

Hos-pitor, -ari, loger, être logé.

Hos-pitus, a, um, étranger.

Hos-pitalis, e, hospitalier ; 2°. d'hôte.

Hos-pitalitas, atis, hospitalité, bonne réception envers des étrangers.

COMPOSÉS.

Per-Hospitus, a, um, } qui reçoit
Per-Hospitalis, e, } volontiers les étrangers : qui pratique l'hospitalité.

Per-Hospita, æ, femme qui reçoit bien ses hôtes, qui accueille les étrangers.

In-Hospitus, a, um, inhabitable.

In-Hospitalis, e, où l'on ne peut loger.

In-Hospitalitas, atis, inhumanité envers ses hôtes.

II.

Hostis, is ; 1°. étranger ; 2°. ennemi.

Hostio, -ire, user de représailles, rendre la pareille.

Hostimentum, i, représailles.

Hostilitas, atis, inimitié, hostilité.

Hostilis, e; Hosticus, a, um, d'ennemi.

Hostiliter, en ennemi.

Hostia, æ, victime égorgée.

Hostiatus, a, um, chargé de victimes pour les sacrifices.

Red-Hostio, -ire, reconnoître un bienfait, rendre un service.

HUM.

Humerus, i, épaule; 2°. partie du bras qui s'étend depuis l'épaule jusqu'au coude.

Humerulus, i, petite épaule ; 2°. console.

Humerosus, a um, qui a les épaules hautes.

Humerale, is, manteau, casaque ; 2°. écharpe de femme.

Super-Humerale, *is*, vêtement qui couvre les épaules.

Ce mot appartient à la même famille que le Grec Ωμος, ómos, qui signifie également l'épaule, le bras : il tient de même à l'Hébreu אמה, Amé, coude, coudée. Tous ces mots tiennent donc au primitif On, Om, élévation, qui s'éléve.

D'ómos bras, les Grecs firent Omoó, Omnumi, jurer ; car c'est lever le bras, la main.

HUM.

Du primitif M, Mere, prononcé en Oriental Am, Aum, les Latins firent :

I.

Humus, *i*, la Terre, la Nourriciere des mortels, la Mere par excellence. De-là :

1. Humo, *-are*, enterrer, mettre en terre.
Humatio, *onis*, enterrement.
Humator, *oris*, enterreur.
In-Humo, *are*, enterrer.
In-Humatus, *a*, *um*, resté sans sépulture.

2. Post-Humus, *i*, né après la sépulture de son pere, posthume.

II.

Homo, *inis*, Homme, *mot-à-mot*, l'enfant de la terre, son nourrisson par excellence.
Homina, changé en Femina, femme.
Homulus, Homullus ; Homuncio, *onis*, Homunculus, *i*, petit-homme.

Homi-cida, *æ*, homicide, tueur d'homme ; de Cædo, tuer.

III.

Humanus, *a*, *um*, humain, d'homme ; 2°. affable, doux ; 3°. qui est éclairé, qui connoît les Belles-Lettres.
Humanitas ; *atis*, humanité, nature humaine ; 2°. affabilité, vertus sociales ; 3°. les Belles-Lettres.
Humanista, *æ*, humaniste, qui posséde les Belles-Lettres.
Humané, Humaniter, Humanitùs, en homme, humainement, obligeamment.
Per-Humanus, *a*, *um*, très humain.
Per-Humané, Per-Humaniter, avec la plus grande humanité.

NÉGATIFS.

In-Humanus, *a*, *um*, qui n'est pas humain ; cruel.
In-Humanitas, *atis*, cruauté, barbarie, inhumanité.
In-Humané, *-niter*, cruellement.

IV.

Humilis, *e*, baissé contre terre, qui rampe à terre, bas, humble, vil.
Humilitas, *atis*, situation basse, bassesse, petitesse, humilité.
Humiliter, d'un air rampant, lâchement, humblement.
Humilio, *-are*, abaisser, courber vers la terre, humilier.
Humiliatio, *nis*, abaissement, humiliation.

HU,
Eau.

I.

Du mot *Hu*, eau, se formerent ces

dérivés en le nafalant en Hum.

Humor, *is*, moiteur de la terre, humidité, eau.

Humesco, *-ere*, s'amoitir, s'humecter, devenir mouillé.

Humeo, *-ere*, être humide, moite, trempé.

In-Humectus, qui n'est point mouillé, sec.

Humecto, *-are*, rendre humide, mouiller.

Humectus, *a*, *um*, moite, humide.
Humefactus, *a*, *um*, amoiti.
Humigatus, *a*, *um*, humecté.
Humidé, avec humidité.
Humidum, *i*, lieu marécageux.
Humifer, *a*, *um*, & Humificus, qui cause de l'humidité, humide.
Humidus, *a*, *um*, moite, humide.
Humidulus; Sub-Humidus, un peu mouillé.
Humido, *-are*, rendre humide.
Co-Humido, *-are*, mouiller avec.

II.

Ce mot Hu se prononçant & s'écrivant Hy à la Grecque, devint la source d'un grand nombre d'autres familles.

I. HI-EMS, l'Hiver.

Hiems, *is*, hiver; 2°. orage: de *Hy*, eau; & Ems, tems.

Hiemalis, *e*, d'hiver.
Hiematio, *onis*, quartier d'hiver.
Hiemo, *-are*, hiverner, être en quartier d'hiver; 2°. faire un tems d'hiver, faire grand froid.
Per-Hyemo, *-are*, durer tout l'hiver.

II. HI-BERN, d'hyver.

Hiberna, *orum*, } quartier d'hiver; 2°. appartement d'hyver; d'Hy, eau, & *ber*, fer, qui apporte.
Hibernacula, *orum*, }

Hibernus, *a*, *um*; Hibernalis, *e*, d'hiver.
Hiberno, *-are*, passer l'hiver, être en quartier d'hiver.

III. Ces Familles Greco-Latines.

1. Hyas, *dis*, une des Hyades, Constellation pluvieuse.

Hyades, *um*, les Hyades, les pluvieuses.

2. Hydra, *æ*, } Hydre, Serpent aquatique.
Hydrus, *i*, }

Hydria, *æ*, cruche, pot à l'eau.
Hydreuma, *atis*, abreuvoir.

BINOMES.

Hydr*Agogium*, *ii*, conduit d'eau, Aqueduc.

Hydr-*Agogus*, *a*, *um*, qui purge les aquosités.

3. Hydr-*Argyrum*, *i*, vif-argent.

Hydr-*Elæum*, *i*, huile battue avec de l'eau.

4. Hydr-*Aula*, *æ*, } machine qui fait ses mouvemens par le moyen de l'eau.
Hydr-*Aulus*, *i*, }

Hydr-*Aula*, *æ*; Hydr-*Aules*, *æ*, celui qui fait jouer une machine par le moyen de l'eau.

Hydr-*Aulicus*, *a*, *um*, qui fait ses mouvemens par le moyen de l'eau.

Hydr-*Aulica*, *orum*, machines qui font leurs mouvemens par le moyen de l'eau.

5. Hydro-*Lapathum*, *i*, plante.

Hydro-*Mantia*, *æ*, divination par eau.

Hydro-*Meli*, liqueur fermentée faite avec de l'eau & du miel.

Hydro-*Mylæ*, *arum*, moulins à eau.

Hydro-

Hydro-Phanta, æ, celui qui trouve les eaux cachées.
Hydro-Phantica, æ, l'art de trouver les eaux cachées.
Hydro-Phanticus, a, um, qui concerne cet art.
6. Hydro-Phobia, æ, crainte, horreur de l'eau.
Hydro-Phobus, a, um; Hydro-Phobicus, a, um, qui a horreur de l'eau.
7. Hydr-Ops, pis,
Hydr-Opicus, a, um, } hydropique.
Hydr-Opisis, is, hydropisie.
Hydro-Potes, æ, buveur d'eau.
Hydro-Salinum, i, ache de marais.
8. Ex-Hydriæ, arum, vents qui amènent la pluie.

MOTS LATINS VENUS DU GREC.

H

Du Grec ‘ΑΙΜΑ, HAIMA, sang, viennent ces mots;
Hæmatinus, a, um, qui est de couleur de sang.
Hæm-atites, æ, pierre veinée de sang.
Hæm-achates, æ, agathe à veines rouges.
Hæmo-Rrhoides, dum, flux de sang; 2°. veines qui aboutissent à l'anneau du fondement.

Du Grec HAL, mer, viennent ces mots:
Alcyon, onis, }
Alcedo, inis, } alcyon; de HAL, mer, & de KuÔN,
Halcyon, onis, } qui fait son nid sur la mer.
Halex, eis, } harang, anchois; 2°.
Halec, ecis, } saumure.
Halecula, æ, sardine, anchois.
Haliaëtus, i, } aigle de mer, oi-
Haliætus, i, } seau pêcheur.
Halieutica, orum, traités sur les poissons.

D'Aleó, moudre, se forma ce mot:
Halicastrum, i, froment très-pur.
Ces deux mots appartiennent à la famille ALICA, voyez. col. 29.
Halo, onis, qui a mal à la tête : 2°. qui est abattu d'avoir fait la débauche la veille : c'est le Gr. ‘Αλος, HALos.
Halosis, is sac, saccagement d'une ville. En Grec ἁλωσις.
Halter, eris, contre-poids des danseurs de corde. En Grec ‘ΑΛΤΗΡ, Haltèr.
Hamaxa, æ, le chariot, Constellation. En Grec ‘ΑΜΑΞα, Hamaxa.
Hamaxici, orum, soldats qui combattoient sur des chariots.

Du Grec HAMMOS, sable, vinrent ces mots :
Hammites, æ, pierre qui ressemble

à des œufs de poisson.

Hamo, onis, qui est trouvé sur le sable.

HAM,
Terre.

De HAM, terre-mere, en Latin HUMI, prononcé en Grec C'HAM, vint le mot KHAMAI ou CHAMAI, Terre; 2°. sauvage, terrestre; d'où dériverent tous ces Binomes.

CHAMÆ-Acte, es, hièble.
CHAMÆ-Cerasus, i, cerisier nain.
CHAMÆ-Cissus, i, lierre terrestre.
CHAMÆ-Cyparissus, i, santoline.
CHAMÆ-Daphne, es, lauréole mâle.
CHAMÆ-Drys, yos, germandrée.
CHAMÆ-Glyci-merides, æ, poisson particulier.
CHAMÆ-Leon, tis, Caméléon.
CHAMÆ-Leon albus, carline, plante.
CHAMÆ-Leon niger, chardonnette, plante qui caille le lait.
CHAMÆ-Leos, i, cancre, crabe.
CHAMÆ-Puce, es, pas-d'âne.
CHAMÆ-Melum, i, camomille.
CHAMÆ-Myrsine, es, myrthe sauvage.
CHAMÆ-Myrsinus, a, um, de myrthe sauvage.
CHAMÆ-Peloris, dis, poisson à coquille.
CHAMÆ-Platanus, i, plane nain.
CHAMÆ-Rrhipes, um, dattiers nains.
CHAMÆ-Xylon, i; CHAMÆ-Zylon, i, quinte-feuille, piloselle plantes.
CHAMÆ-Trachæa, æ, poisson à coquille.

CHAMÆ-Tera, æ, } fille de cham-
CHAMÆ-Teris, idis, } bre, servante.

Du Grec 'Apsis, liaison, union, vinrent ces mots:

Haphe, es, poudre jettée sur les athletes qu'on avoit frotté d'huile.

Hapsus, i, ligature de laine pour une partie malade; 2°. cardée de laine trempée dans une liqueur qu'on met sur une plaie.

HARP.

Du Grec HARPE, faulx, croc, sont venus ces mots:

Harpa, æ, vautour.
Harpe, es, sabre recourbé, cimeterre; 2°. oiseau de proie.
Harpax, cis, l'ambre qui attire la paille.
Harpage, es; Harpago, onis, croc, hérisson, harpon.
Harpyæ, arum, oiseaux fabuleux aux griffes crochues.

Harpago, are, accrocher, harponner, prendre de force.

Harpastum, i, paume, balle qu'on s'arrache en jouant.
Harpaginetulus, i, entortillement.
Harpictium, ii; Harpacticum, i, gomme, souffre.

HE,

Heauton Timorumenos, qui se tourmente soi-même; du Grec He-Autos, soi-même, & Timôreó, tourmenter, punir.

Hebdomas, dis; Hebdomada, æ, voyez Septem.

Du Grec HBH HÉBé, jeunesse, vinrent ces mots:

Hebe, es, la Déesse de la jeunesse.

COMPOSÉS.

Eph-Ebus, i, qui est dans l'âge de puberté.
Eph-Ebicus, a, um, } de puberté.
Eph-Ebius, a, um, }

EPH-EBatus, a, um, parvenu à l'âge de puberté.

EPH-EBeia, orum, Fêtes qui se faisoient à la puberté des enfans.

EPH-EBeum, i, Académie, lieu où les jeunes gens faisoient leurs exercices.

HEC.

HECate, tes, triple Divinité; nom de la Lune.

HECateius, a, um, qui concerne Hécate.
C'est le Grec 'ΕΚΑΤΗ, Hecaté.

Du Grec HECATON, cent, sont venus ces mots:

HECAtom-Bæon, i, le mois de Juin.

HEcatombe, es, sacrifice de cent victimes de même espèce.

HEcatom-Phonia, orum, fêtes auxquelles se faisoit une hécatombe.

HEcatom-Polis, is, Crète aux cent Villes.

HEcatom-Pylos, i, Thèbes aux cent portes.

HEcaton-Nesi, orum, les cent Isles entre Lesbos & l'Asie mineure.

NEcatont-Archus, i, Capitaine de cent hommes.

HEcyra, æ, belle-mere; c'est le Grec 'ΕΚΥΡΑ, Hecyra.

HECtica, æ, } fiévre étique. En
HECtice, ces, } Grec 'ΕΚΤΙΚΑ.

HECticus, a, um, étique: en Grec, 'ΕΚΤΙΚΟS.

HED.

Du Grec HEDRA, 'ΕΔΡΑ, siége, base, dérivent ces mots:

CAT-HEDra, æ, chaire où l'on enseigne; 2°. chaise à s'asseoir; 3°. Siége Episcopal.

CAT-HEDrarius, a, um, qui concerne la chaire.

CAT-HEDralitius, a, um, de chaire.

Ex-EDra, æ, } cabinet d'homme
Ex-HEDra, æ, } de lettres; 2°. bu-
Ex-HEDrium, ii, } reau; 3°. conventicule.

PAR-EDrus, i, assesseur; démon familier; Héros mis au rang des Dieux: bidet

PRO-EDri, orum, premiers Magistrats d'Athènes.

PROTO-PRO-HEDrus, i, premier Président.

SYN-EDrus, i, Assesseur, Conseiller.

CAT-HETus, i, ligne perpendiculaire; en Grec Kathetos.

HED.

Du Grec HΑΥ, HÉDY, HÉDU, agréable, doux, vinrent:

HEDy-OSMum, i, menthe, herbe; mot-à-mot, qui a une odeur agréable: d'osmé, odeur.

HEDy-PNois, dis, pissenlit; 2°. chicorée sauvage, mot-à-mot, agréable à respirer, à flairer; de Pneó, respirer.

HEL.

Du Grec HELKO, tirer, vinrent:

HELcium, ii, collier de cheval, où l'on attache les traits avec lesquels il tire.

HELciarius, ii, Bourrelier.

HELciarius, a, um, qui tire un bateau,

ou en général quelque chose avec une corde.

Helcysma, atis, scorie, écume d'argent.
Helxine, es, pariétaire, sa graine s'attache aux habits.

Du Grec *Polis*, ville, & Helo, prendre, vint :

Hele-Polis, is, tour de bois couverte de cuir frais pour l'attaque des villes.

Du Grec Helix, révolution, tour, vinrent :

Helice, es, la grande ourse.

Helix, cis, lierre qui a sa feuille petite ; 2°. volute à chaque face du chapiteau Corinthien.

Helops, is, sorte de poisson délicat, esturgeon ; en Grec ΈΛΛΟΨ.

H E M.

Hemeris, idis, Gr. ἩΜΕΡΙΣ, chêne qui porte du gland & de la noix de galle.

Du Grec Hemi, demi, le Semi des Latins, vinrent :

Hemina, æ, chopine.

Heminarius, a, um, qui tient chopine.
Hem.o'ida, æ ; Hemiolium, ii, bâtiment de mer.
Hemiolius, a, um, composé d'un nombre pair & de la moitié de ce nombre.
Hemionitis, dis ; Hemionium, ii, céterach, scolopendre.

BINOMES.

Hemi-Plexia, æ, foible apopléxie.
Hemi-Sphærium, ii, demi-globe ; 2°. dôme, coupolle.
Hemi-Stichium, ii, moitié d'un vers ; hémistiche.
Hemi-Tritæos, i, fièvre demi-tierce, double tierce.
Hemi-Tritæus, i, qui a la fièvre double tierce.
Hemi-Xestes, is, demi-septier.

H E P.

Du Grec Hepar, ἨΠΑΡ, foie, vinrent :

Hepar, atis, foie ; sorte de poisson.
Hepatarius, a, um ; Hepaticus, a, um, du foie, qui concerne le foie.
Hepatica, æ, hépatique, plante.
Hepatizon, tis, bronze, de la couleur du foie.
Hepatites, æ, pierre précieuse.
Hephestites, æ, pierre précieuse ; d'Hephaistos, feu, Vulcain.
Hepteres, is, voy. Septem.

H E R.

Heremus, i, } désert, en Grec ΕΡΕ-
Eremus, i,   } Μος.

Heraclius, Lapis, pierre de touche ; du Grec Hêrakleês, Hercule.

Hercle,   }
Hercule,   } par Hercule, en vérité.
Me-Hercle,   }

Per-Herclè, en vérité.

Du Grec ΈΡΜΗΣ, Hermès, Mercure, vinrent :

Hermes, æ,   } tête d'homme,
Hermæ, arum, } buste de Mercure.

Herm-Aphroditus, i, qui a les deux sexes ; statue de Vénus & de Mercure.
Herm-Athena, æ, statue de Mercure & de Minerve sur la même base.

HERM-ERACLES, *is*, statue de Mercure & d'Hercule.

HERM-EROtes, *is*, statue de Mercure & de l'Amour.

HERMa, *tis*, retranchement, rempart; 2°. pendant d'oreilles; 3°. chapiteau de colonne; 4°. écueil caché sous l'eau; 5°. base, piédestal.

HERMedone, *es*, effusion d'étoiles qui sort de la main du verseau.

Du Grec HERPO, ramper, se glisser, s'insinuer, vint:

HERPés, *etis*, herpe, inflammation corrosive, ulcérée, qui se répand sur tout le corps; 2°. sorte d'animal qui guérit cette maladie.

H E T.

Du Grec 'ETEPoς, autre, vinrent:

HETÆRia, *æ*, compagnie, bande; 2°. confrérie; 3°. troupe de soldats étrangers.

HETERO-CLITUS, *a, um*, qui ne suit pas la régle ordinaire.

HETERO-CRANea, *æ*, migraine.

HETERO-DOXus, *a, um*, qui est de diverses opinions.

HETERO-GENeus, *a, um*, dissimilaire, de parties différentes.

HETERO-MAlla, *æ*; HETERO-MASCHala, *æ*, habit d'esclave, n'ayant du poil que d'un côté de l'étoffe.

HEXis, *is*, bonne compléxion; en Grec 'EΞIΣ.

HEXeres, *is*, } voyez SEX.
HEXagonus, *i*, }

H I.

Du primitif HIO, bâiller, s'entr'ouvrir, prononcé à la Grecque CHIO, vint:

CHIA, *æ*, caverne, trou: il tient au Verbe XIAZω, *Khiazó*, faire une ouverture; mais il ne se trouve pas dans les Dictionnaires Grecs, quoiqu'éxistant dans les Latins.

CHIOS, *ii*, en Grec XIOΣ, rafle de six au jeu de dez.

H I E.

Du Grec 'IEPoς, HIEROS, grand, sacré, vinrent:

HIERA, *æ*, épilepsie; 2°. lépre; 3°. confection médicinale; 4°. guirlandes sacrées de fleurs.

HIERacites, *æ*, sorte de pierre précieuse.

HIERacium, *ii*, plante qui éclaircit la vue.

HIERa-Picra, *æ*, confection médicinale amère.

HIER-ARchia, *æ*, hiérarchie.

HIER-ARchicus, *a, um*, d'hiérarchie.

HIERO-Botane, *es*, plante sacrée, vervaine.

HIERO-Phanta, *æ*; HIERO-Phylax, *cis*, Sacristain, Trésorier.

Du Grec HIMANTos, lent, & de Pous, pied, vint:

HIMANTO-PUS, *odis*, boiteux; 2°. nom d'oiseau.

H I L.

Du Grec H-ILARos, *a, on*, ίΛΑΡoς, vinrent:

HILAris, *e*, gai, enjoué, joyeux.

HILARITAS, atis, gaieté, réjouissance, bonne humeur.
HILARO, -are, rendre joyeux, réjouir, égayer, divertir.
HILARESCO, -ere, se réjouir, se mettre de bonne humeur.
HILARÉ, gaiement, joyeusement.
HILARIA, ium, fêtes de Cybèle au printems.
HILAROEDUS, a, um, qui chante des chansons gaies.
EX-HILARO, -are, égayer, réjouir, divertir.
EX-HILARATIO, onis, l'action de réjouir.

HIPP.

Du Grec HIPPOS, cheval, vinrent :

1.

HIPPACE, es, fromage de lait de jument.
HIPPACO, -are, respirer aisément.

BINOMES.

HIPPURIS, is, queue de cheval.
HIPPO-POTAMUS, i, cheval marin.
HIPPO-PERÆ, arum, valises, sacs de cuir qu'on met sur le cheval.
HIPPO-MANES, i, morceau de chair noire attachée au front d'un poulain qui vient de naître.
HIPPO-TOXOTÆ, arum, Archers à cheval.
HIPPICE, ces, plante qui ôte la faim & la soif aux chevaux.

2.

HIPPIADES, um, statues équestres de femmes.
HIPP-ARCHA, æ, Capitaine de Cavalerie.
HIPPAGO, inis,
HIPPAGUS, i,
HIPPAGUM, i,
HIPPAGOGA, æ,
HIPPAGOGUS, i,
} bateaux tirés par des chevaux ; 2°. bâtiment de mer propre à transporter des chevaux.

3.

HIPPEUS, i, comète chevelue.
HIPPÆ, arum, cancres, écrevisses.
HIPPI, orum, cancres qui courent très-vite.
HIPP-ENEMIA, orum, œufs de poules fécondées par le vent.
HIPPO-GLOSSA, æ, bissingue, plante.
HIPPO-GLOTTION, ii, laurier Alexandrin, arbrisseau.
HIPPO-LAPATHUM, i, parelle, herbe.
HIPPO-MARATHRUM, i, fenouil sauvage.

COMPOSÉS.

ARC-HIPPUS, i, Grand-Ecuyer.
ARC-HIPPO-COMUS, i, Grand-Ecuyer, le Connétable.
EP-HIPPIUM, ii, selle, harnois, bât.
EP-HIPPIATUS, a, um, sellé ; qui se sert d'une selle.

HIR,

Du primitif ID, main, prononcé IR & HIR, vinrent :

HIR, en Latin la paume de la main, & le Grec ΧΕΙΡ, KHEIR, la main ; d'où vinrent tous ces mots :

CHIR-AGRA, æ, goutte aux mains.
CHIR-AGRICUS, a, um, qui a la goutte aux mains.
CHIR-EMBOLUM, i, signe de la main.
CHIRI-DOTA-TUNICA, æ, robe à grandes manches.
CHIRO-GRAPHUS, i ; CHIRO-GRAPHUM, i, seing, signature ; 2°. écrit signé de sa main.
CHIRO-GRAPHARIUS, a, um, de simple promesse, de seing-privé.
CHIRO-MANTIA, æ, l'art de deviner par l'inspection de la main.
CHIRO-NOMIA, æ, la régle des gestes.

Chiro-Nomon, onis, gesticulateur.
Chiro-Nomus, a, um, qui porte bien ses bras ; 2°. Maître à danser.
Chiro-Theca, æ, gant, mitaine.
Chir-Urgia, æ, travail des mains, Chirurgie.
Chir-Urgus, i, Chirurgien.
Chir-Urgicus, a, um, de Chirurgie.
Par-En-Chiresis, is, entreprise au-dessus de ses forces.
Hir-Pex, ecis, herse, rateau : de Hir, main, & Pex, pique.

HY.

Hyacinthus, i, Hyacinthe, fleur ; 2°. espèce d'améthyste; 3°. pied d'alouette, *fleur*; en Gr. Hyakinthos.
Hya-Cinthinus, a, um, de couleur hyacinthe ; d'hyacinthe.
Hya-Cinthizon, tis, sorte d'émeraude.

Du Grec ΥΒΡΙΣ, *Hybris*, outrage, mépris, vint :

Hybrida, æ, *mot-à-mot*, la honte, l'oprobre de la Nature.
Ibrida, æ, } bâtard; 2°. dont le pere & la mere sont de divers pays, de races croisées ; 3°. engendré d'animaux d'espèces différentes ; 4°. né d'un mariage inégal.

Du Grec ΥΩ, ΥΑΩ, *Hyô*, *Hydó*, chanter, mots formés par onomatopée, vinrent :

Hymnus, i, chanson.
Hymnifer, a, um, crieur de chansons.
Hymen, enis ; Hymenæus, i, l'Hymen, le Dieu des nôces ; 2°. mariage ; 3°. chant nuptial, épithalame.
Hyoseris, is, sorte de plante ; en Grec ΥΟΣΕΡις.

Hyos-Cyamum, i, } jusquiame, her-
Hyos-Cyamus, i, } be ; en Grec, Hyos-Kyamos.
Hyos-Cyaminus, a, um, de jusquiame.

HYP.

Du Grec *Hyp*, ΥΠ, sur, vinrent :

Hypate, es, chanterelle d'un instrument de musique à cordes.
Hyper-Par-Hypate, es, la troisiéme corde de la lyre.
Hyp-Allage, es, emploi d'un mot pour un autre.
Hyp-Æthrum, i, lieu exposé à l'air.
Hyp-Æthrus, a, um, découvert, exposé à l'air.
Hyphear, gui, glu ; en Grec ΥΦΕΑΡ.
Hyphen, union de deux syllabes, figure de Rhétorique; en Gr. ΥΦ-ΕΝ.
Hypnale, is, aspic dont la blessure cause un sommeil mortel ; en Gr. ΥΠΝΑΛΗ.
Hyp-Enemius, a, um, sans germe ; en Grec ΥΠ-ΕΝΕΜιος.
Hyper-Icon, i, millepertuis, *plante*; en Grec ΥΠΕΡικου.
Hysginum, i, plante qui sert à la teinture ; en Grec ΥΣΓΙΝου.
Hysginus, a, um, couleur que donne cette plante.

Du Grec ΥΣΤΕΡος, Hysteros, inférieur, vinrent :

Hystera, æ, ventre, matrice.
Hystera, orum, arrierefaix.
Hysterica, æ, femme qui a les vapeurs hystériques.
Hystero-Logia, æ, discours hors de propos ; 2°. ordre renversé.
Hysteron Proteron, figure qui met devant ce qui devroit être après.

MOTS LATINS VENUS DE L'ORIENT.

H

HACEL-DAMA, le champ du sang: du Syr. חקל, HaQeL champ, au lieu d'AGeR & de DaM, sang.

De l'Oriental ירדם HaRM, arranger, assortir, accord, vinrent ces mots Greco-Latins:

1. HARMoge, es, nuance, assortiment de couleurs; 2°. union des couleurs dans la peinture.

2. HARMonia, æ, accord, harmonie.

HARMonice, es, concert, chœur de musique.

HARMonicus, a, um, mélodieux.

HE,

De l'Oriental SPeR כפר, שׁפר, briller, être beau, & de la négation He, vinrent:

1. HESPerus, i, l'étoile de Vénus qui suit le coucher du soleil.

2. HESPeris, idis, giroflée qui sent bon le soir.

De l'Oriental, STaR, שׁטר, tracer, écrire, vinrent:

1. HISToria, æ, Histoire.

HISTorialis, e, d'histoire, historial.

HISToricus, a, um, historique.

HISToricus, i, Historien.

HISTorice, es, explication de l'histoire, maniere d'écrire l'histoire.

POLY-HISTor, oris, qui a beaucoup lu, qui sait quantité de choses, qui décrit plusieurs choses.

2. HISTrio, onis, Comédien, Farceur.

HISTrionicus, a, um; HISTrionalis, e, de Comédien, de Baladin.

HOST.

De l'Orient. עסם, Hoss, presser, mettre des fruits sous le pressoir: עסים, Hosis, pressée, vinrent ces mots:

HOSTus, i, vaisseau, qui contenoit ce qui se faisoit d'huile à une fois sur le pressoir.

HOSTorium, ii, racloir de mesureur de grains.

HYSsopum, i, } hyssope. En Oriental אזוב, AZOB.
HYSsopus, i, }

HYSsopites, æ, vin d'hyssope.

MOTS LATINS VENUS DU CELTE.

I

LA Lettre I, neuviéme Lettre de notre Alphabet, est la dixiéme dans l'Alphabet de vingt-deux Lettres Oriental & Grec ; car dans cet Alphabet, entre la cinquiéme Lettre E, & celle-ci, on voit ces Lettres F, Z, H, & Th : les Latins mirent G à la place du Z, & supprimerent le Th, à la place duquel nous pourrions mettre le J, dont le son a beaucoup de rapport à celui du Th ; par ce moyen, la Lettre I se trouveroit également la dixiéme.

Cette Lettre peignoit dans l'origine la main, & elle en étoit le nom : n'étant relative qu'au toucher, elle ne dut donc former qu'un très-petit nombre de mots.

Aussi n'en renferme-t-elle que quelques-uns, même en y comprenant les diverses onomatopées qu'elle a servi à former.

Tous les autres mots qu'on trouve sous cette Lettre sont des mots où la Lettre I a pris la place de la voyelle E, ou à la tête desquels elle a été ajoutée pour en rendre la prononciation plus agréable & pour former de nouveaux dérivés.

Comme cette Lettre se prononce J devant une voyelle, & I devant une consonne, nous ferons deux Classes des mots Latins en I ; ceux où il se prononce I, ceux où il se prononce J.

Mots
formés par ONOMATOPÉE.

1. Io, exclamation de joie.

2. Ju-Bilum, i, } acclamations, cris
   Ju-Bila, orum, } de joie.

Jubilo, -are, s'écrier de joie ; 2°. faire des acclamations ; 3°. sonner le tocsin.

Jubilæus, a, um, de Jubilé.

Jubilatio, onis ; Jubilatus, ûs, acclamation, cri de joie ; tocsin.

Con-Ju-Bilo, -are, se réjouir ensemble.

3. Iugo, -ere, } crier comme les milans ;
   Iulio, -ire, } 2°. jouer des instrumens de musique à vent.

4. E-Julo, -are, se lamenter, se plaindre en criant ; hurler.

E-Julito, -are, pousser souvent de grands cris en se plaignant.

E-Julatio, onis ; E-Julatus, ûs, cris jettés dans l'affliction, plainte, hurlement.

I A.

De An, Ian, révolution, jour, lumiere, vinrent ces mots :

1. IAM, à cette heure ; déjà ; tantôt.
2. IANa, æ, la Lune, Diane.
IANalis, e, du Soleil, de la Lune.
3. IANus, i, Dieu qui présidoit aux portes ; 2°. le Soleil.
IANus, i, & JANi, orum, places publiques ornées de la tête de Janus.
IANuale, is, gâteau offert à Janus.
4. IANuarius, ii, Janvier, premier mois de l'année.
5. IANua, æ, porte, entrée ; 2°. commencement.

IANeus, i,
IANectus, i,
IANitor, oris,
IANitrix, icis,
} Huiffier, Portier, Guichetier : Portiere.

I B.

De la famille BEKK, bouc, (voy. Origin. Franç. 162) vint :

IBEX, icis, Bouc fauvage ; 2°. chamois.

De E I, I, il est, & de BI, lieu, en ce lieu, vinrent :

1. IBi, là, en cet endroit, alors.
IN-IBI, là, en ce lieu.
IBus pour Iis, à eux.

2. IPSE, a, um,
IPSus, a, ud,
} même, lui-même ; de SE, foi, il, & IB, là ; ce.

IPSiffimus, a, um, tout-à-fait lui-même.
IPSimi, pour moi-même : mi pour mihi.

I D,
Main.

De la Lettre I, défignant la main, les Orientaux firent le mot ID, nom de la main ; mot qui se tranfmit aux Latins & aux Grecs, mais en s'altérant par le changement continuel de D en R ; ainfi HIR fignifia *main* chez le premier de ces Peuples : HEIR, & puis *c'heir*, chez ces derniers ; *voy.* col. 860. changemens qui empêchoient d'appercevoir ces rapports entre les Langues de l'Orient & de l'Occident.

Ces dernieres augmenterent encore finguliérement cette confufion, en confervant le D de ID dans les dérivés que ce mot forma chez eux ; & d'où vinrent les familles fuivantes dont l'origine étoit abfolument inconnue. Comment auroit-on pu en effet rétablir tous ces rapports dans l'ignorance où l'on étoit de tout ce qui conftitue l'union intime des Langues, & leur defcendance d'une mere commune ?

I.

De ID, main, autorité, les Grecs firent IDios, celui qui n'est fous la main, fous l'autorité de perfonne ; qui eft fon maître, qui n'appartient en propre qu'à foi-même ; 2°. tout ce qui eft particulier, propre.

1. IDIOTa, æ,
IDIOTes, æ,
} particulier, homme privé ; 2°. borné, fans connoiffance, niais.

IDIOTifmus, i, tour, génie propre à une langue.

2. Idioma, *tis*, idiôme, langage particulier.

Idio-Graphum, *i*, écrit de la propre main, sous seing-privé.

3. Idoneus, *a*, *um*, propre, convenable.

Idoneè, d'une maniere propre.

Per-Idoneus, *a*, *um*, très-propre, commode.

Per-Idoneè, très-convenablement.

In-Idoneè, d'une maniere peu convenable, impropre.

I L.

Du mot Id, main, pris dans un sens figuré, les Grecs & & les Orientaux firent le mot Id, science, connoissance, vue parfaite d'une chose, parce qu'on ne connoît bien que ce qu'on a sous la main : de-là ces divers dérivés.

1. Idyllium, *ii*, Idylle, poësie, pastorale, en Grec ΕΙΔΥΛΛΙΟΝ, parce qu'elle consiste en tableaux, en peintures.

2. Idus, *uum*, les ides, division des mois chez les Romains, parce que cette division indique la pleine lune, le moment où elle est le plus visible.

Idulis, *is*, brebis blanche immolée à Jupiter aux ides de chaque mois.

Idulia, *ium*, sacrifices faits aux ides de chaque mois.

Iduo, *are*, séparer, diviser : ce mot appartient plutôt à la famille Duo, deux.

3. Idea, *æ*, idée, modèle, représentation à l'esprit.

4. Idolum, *i*, image, spectre.

Idolium, *ii*, Temple d'idole.

BINOMES.

1. Idolo-Latra, *æ*, adorateur d'Idole ; de *Latreuô*, servir.

Idolo-Latrix, *is*, celle qui adore les idoles.

Idolo-Latria, *æ*, adoration des idoles.

2. Idolo-Poeia, *æ*, figure de Rhétorique, quand on fait parler une personne morte ; de *Poieô*, faire.

3. Idolo-Thytus, *a*, *um*, sacrifié aux Idoles : de *Thuô*, sacrifier, égorger.

Idolo-Thytum, *i*, viande offerte aux idoles.

Idolo-Thyrsia, *iæ*, sacrifice aux idoles.

I L L.

De E, être, & L, côté, vint Ille, Il, *lui* ; voy. col. 28.

Ille, *a*, *ud*, } lui, elle.
Illic, *æc*, *oc*, *uc*, }

Illunc pour Illum.
Ellum pour En Illum.
Ellam pour En Illam.

ADVERBES de lieu.

Illà, là, en cet endroit.

Illac, par-là.

Illinc, de-là, de ce lieu.

Illic, en cet endroit.

Illò, là, en ce lieu.

Illùc, là, avec mouvement.

Illicò, sur le champ, aussi-tôt, sur l'heure.

I M.

De M, vaste, grand, se forma :

I.

1. I*mus*, *a*, *um*, le fond, le plus profond.

Cet Adjectif fut très-bien choisi pour désigner les Superlatifs. *Præstantiss*-I*mus*, le plus excellent. I*mitùs*, tout au fonds.

2. I*mò*, entierement, même, ouï, au contraire.

3. I*n*-F-I*mus*, *a*, *um*, le plus bas; 2°. qui est né de bas lieu; 3°. de la canaille.

I*n*-F-I*mas*, *tis*, qui est du bas ordre, qui tient le dernier rang.

I*n*-F-I*matus*, *a*, *um*, rabaissé, humilié.

4. F*imbria*, *æ*, bord, bas-bout, frange, extrémité de robe, falbala.

F*imbriatus*, *a*, *um*, dentelé, falbalaté.

II.

De M, vaste, se forma l'Oriental M*i*, les eaux dans lesquelles se peignent les objets; d'où vinrent le Grec:

M*i*-*meomai*, imiter, peindre.
M*i*-*mos*, qui imite.

Et ces familles Latines.

1°.

1. I*mago*, *inis*, figure, portrait, idée, modèle, exemple; 2°. apparence, couleur, prétexte.

I*maguncula*, *æ*, petite représentation, petit tableau.

I*maginosus*, *a*, *um*, rempli d'imaginations.

I*magino*, *-are*, représenter, renvoyer l'image.

I*maginor*, *-ari*, se figurer, se représenter, se faire une idée, un portrait.

I*maginatus*, *a*, *um*, fait à l'image de.

I*maginabundus*, *a*, *um*, qui se remplit l'imagination, qui se fait une idée.

I*maginarius*, *a*, *um*, feint, fantastique, qui ne subsiste que dans l'imagination.

2. I*maginatio*, *onis*, idée, image, représentation qu'on fait d'une chose.

I*maginativus*, *a*, *um*, de fantaisie, d'imagination.

I*magini-fer*, *a*, *um*, celui qui portoit l'image de l'Empereur.

2°.

I*mito*, *-are*, } contrefaire, suivre
I*mitor*, *-ari*, } l'exemple; 2°. copier, imiter; 3°. être semblable.

I*mitatus*, *ûs*; I*mitatio*, *onis*, l'action d'imiter, imitation; *mot à mot*, la qualité d'être semblable.

I*mitator*, *oris*; I*mitatrix*, *cis*, celui ou celle qui contrefait; imitateur, imitatrice.

I*mitamen*, *inis*; I*mitamentum*, *i*, représentation, l'action de contrefaire, de supposer.

I*mitabilis*, *e*, qui est à imiter, qu'on peut imiter.

I*n*-I*mitabilis*, *e*, qu'on ne sauroit imiter.

IN.

D'I*n*, le Soleil, vinrent:

I.

1. I*nuus*, *i*, le Dieu Pan: *voy. Hist. du Calendrier*, pag. 418.

2. I*nula*, *æ*, Aunée, plante à fleurs radiées de couleur d'or; son nom vient donc également d'I*n*, Soleil.

II.

De l'Oriental IN, prononcé IGN en le mouillant, & qui désigne le Soleil, vint cette famille.

IGNis, is, feu; 2°. chaleur, vie; 3°. amour; 4°. brillant.

IGNiculus, i; IGNeolus, i, petit feu, étincelle de feu.

IGNeus, a, um, de feu, igné; 2°. ardent, embrâsé.

IGNesco, -ere, s'allumer, prendre feu.

IGNiarium, ii, mèche, amorce; 2°. fusil à faire feu.

IGNio, -ire, enflammer.

IGNitus, a, um, chaud, brûlant.

IGNitabulum, i, amorce, mèche; 2°. réchaud; 3°. brâsier.

IGNibulum, i, encensoir.

BINOMES.

IGNI-Color, is, de couleur de feu.

IGNI-Comus, a, um, qui a la chevelure flamboyante.

IGNI-Fer, a, um, qui porte le feu.

IGNI-Fluus, a, um, qui jette du feu.

IGNI-Gena, æ, engendré par le feu.

IGNI-Pes, dis, qui a les pieds de feu.

IGNI-Potens, tis, maître du feu.

IGNI-Spicium, ii, l'art de deviner par le feu.

IGNI-Vomus, a, um, qui jette du feu.

IN.

De E, existence, en le nasalant, se formèrent le Grec EN, & le Latin IN, qui signifient dans, l'idée d'être dans l'intérieur. De-là ces divers mots.

1. IN, dans, en.

2. INDE, de-là, de ce lieu-là : d'ici : 2°. par cette raison, à cause de cela; 3°. ensuite : après : dès.

COMPOSÉS.

DE-INDE, après, ensuite.

EX-INDE, après cela, ensuite; de-là, depuis ce tems-là.

IN-INDE, de ce lieu-là.

IND-IDEM, du même côté.

PER-INDE, de même, également.

PRO-HINC; PRO-INDE, par conséquent, ainsi donc.

SUB-INDE, ensuite, aussi-tôt; 2°. de tems en tems.

De IN, dans, & de TER, TRA, qui traverse, vinrent ces mots :

INTER, entre, au milieu.

INTerior, ius, oris, qui est en dedans; 2°. qui est à gauche : Interiùs, au-dedans.

INTeranea, orum, entrailles.

INTer-Amenta, orum, agrès des navires.

INTRO, -are, pénétrer, se glisser dedans, s'emparer.

INTRabilis, e, où l'on peut entrer.

INTRatus, a, um, où l'on est entré.

INTRarius, a, um; INT-Imus, a, um, le plus intérieur, fort avancé : Int-Imè, du fond du cœur, très-affectueusement.

INT-Imo, -are, déclarer, dénoncer.

INT-Imator, is, qui introduit, qui insinue.

INT-Imatio, onis, insinuation.

INTERula, æ, vêtement le plus proche de la chair.

INTernus, a, um, intérieur.

INTrinsecùs, au dedans, intérieurement.

INTRà, dedans, au dedans.

INTRò, au dedans.

INTùs, dedans, de dedans.

DE-INTÙS, par dedans.
INTRORSÙS; INTRORSÙM, en dedans.
INTER-IBI, dans le même tems.
INTERIM, cependant; 2°. quelquefois.
EX-INTERatus, a, um, éventré, vuidé, à qui l'on a ôté les tripes, ou arraché les entrailles.

D'INANis, vuide, vain, *col. 596*, vinrent :

OB-INANis, e, vuide.

SEMI-INANis, e, à demi-vuide.
SUB-INANis, e, un peu vain.

De ER, élevé.

IRa, æ, colere, emportement; 2°. différend, querelle.

En Or. חרה, C'HeRÈ, s'enflammer de colere.

IRatus, a, um, indigné, qui est en colere.
IRaté, avec colere, avec emportement.
IRascor, *sci*, s'emporter, se fâcher contre.
IRascentia, æ; IRacundia, æ, colere, fureur.
IRascibilis, e, qui se fâche facilement, où se forme la colere.
IRacundus, a, um, colere, emporté.
IRacundè; IRacunditer, de colere, avec fureur.

COMPOSÉS.

OB-IRascor, -sci, se fâcher fort.
OB-IRatus, a, um, très-irrité.
PER-IRatus, a, um, fort en colere.
SUB-IRascor, sci, se fâcher un peu.
SUB-IRatus, a, um, un peu en colere.
SUB-IRaté, avec un peu de ressentiment.

IS.

De E, EI, qui est, sont venus :

IS, EA, ID, ce, cela, cette; en Or. אִישׁ, ISH, homme.
IS-ce, celui-là même.
IDEM, Eadem, Idem, le même.
IDentidem, de tems en tems.
ID-IPsum, i, le même.

2. ID-CIRCÒ, } pour cela, à cause
   IC CIRCÒ, } de cela. De ID,
   ID-EO,   } cela, & circò, autour, pour.

3. ISTE, a, ud,   } celui-ci,
   ISTHIC, hæc, hoc, huc, } celle-là;
   ISTIC, -tæc, tuc, tuc, } la même,
                            celui là même.

ISTAC; ISTACCE, par-là, de votre côté.
ISTHIC; ISTIC, là, en cet endroit.
ISTINC; ISTHINC, de là où vous êtes.
ISTÒ, en ce lieu-là.
ISTOC, d'ici.
ISTÙC, là où vous êtes.
ISTORSÙM, vers vous.
ISTUCCINE, est-ce-là ?
ISTICCINE, taccine, tæccine, toccine, tuccine, est-ce-là que vous êtes ?

4. ITa, oui.
ITaque, c'est pourquoi, donc.
ITEM, aussi, même.
ITEMque, ensuite.
ITidem, de même, semblablement.

IT.

De ITO, aller, sont venus :

I.

Par sa réunion avec la Préposition PER, au-delà.

PER-ITUS, a, um, savant, habile, intelligent, expérimenté; capable, expert, qui a de l'érudition.
Peritior jure, plus versé dans le Droit.

Peritissimus de agricultura, qui posséde l'agriculture en perfection.

Per-Itia, æ ; 1°. savoir, science, érudition ; 2°. habileté, intelligence, capacité ; 3°. grande connoissance, expérience, usage.
Per-Ité, savamment, en homme savant.

II.

Par sa réunion avec la Préposition Re.

Re-It*ero,-are*, recommencer, répéter.
Re-It*erator, is*, qui recommence.
Re-It*eratio, onis*, répétition.

III.

En réunissant It*ur*, on va, avec l'Adverbe Hic, ici, changé insensiblement en Ig, on fit la Conjonction :

Ig-Itur, par conséquent, donc : *mot-à-mot*, d'ici on va *à telle conséquence*.

IU, IOU.

Du Verbe E, exister, vinrent :

I.

1. Iou, le Dieu suprême, celui qui est ; 2°. le Firmament, l'Air ; 3°. une des Planettes.

    Les Latins en firent Jov*is*, abl. Jov*e*.

Iou-Piter (de *Pater* Pere) le Pere Jou, Jupiter.

Jov*ialis, e*, de Jupiter : de l'air.
Di-Jov*is*, Jupiter aidant.
Ve-Jov*is*, le mauvais Génie.

2. Iu-Gl*ans*, *dis*, *mot-à-mot*, Gland d'Iou, noyer, noix : le fruit par excellence.

II. Junon.

Iu*no*, celle qui jouit d'une jeunesse éternelle, la Reine du Ciel, Junon.
Iu*nonius*; Iu*nonalis*, de Junon.

III. Jeunesse.

1. Iu*nius*, ou Iu*nonius mensis*, le mois de Juin ; des jeunes gens.
2. Iu*nix, cis*, la Déesse de la Jeunesse ; la belle Isis, représentée sous l'emblême d'une vache : une Gen*isse*, une jeune vache en général.
3. Iu*nior, ius*, plus jeune, trop jeune.
4. Iu*venis, e*, jeune.
Ju*venalis, e* ; Juv*enilis, e*, de jeune homme, de la jeunesse.
Iu*venor,-ari*, faire le jeune homme, en agir en jeune homme.
Iu*venta, æ* ; Iu*ventas, is* ; Iu*ventus, is*, la jeunesse, Déesse de la jeunesse.
Iu*venesco,-ere*, devenir jeune, rajeunir.
Iu*venilitas, is*, l'âge de la jeunesse.
Iu*veniliter*, en jeune homme.
5. Iuv*enca*, *mot-à-mot*, jeune vache ; de Iu : ce mot signifie ; 1°. génisse ; 2°. jeune fille.
Iu*vencula, æ*, jeune fille, jouvencelle.
Iu*vencus, i*, taureau ; jeune homme : du bœuf *Apis*.
Iu*venculus*, jeune homme, jouvenceau.

MOTS LATINS VENUS DU GREC.

I

IAM.

Les Grecs avoient une mesure de vers qu'ils appelloient IAMBOS, en Latin IAMBUS, en François IAMBE; il étoit composé d'une syllabe brève & d'une longue; & on l'employoit dans la satyre. Archiloque se rendit célèbre & redoutable par ses Iambes, que la rage, dit Horace, lui mit entre les mains.

Archilochum proprio rabies armavit ïambo (1).

Les Mythologistes Grecs disoient que *Iambe*, fils de Pan & d'Echô, inventa ce pied, & qu'il s'en servit dans ses railleries sanglantes à l'égard de Cérès affligée de la perte de Proserpine. Selon d'autres, ce nom vient du Grec *Iambizô*, médire, insulter, déchirer par ses discours : mais qui ne voit que c'est *Iambizo* qui vient d'Iambos, & non celui ci de celui-là, & que l'histoire de ce prétendu fils de Pan n'est qu'une allégorie.

Ce nom & cette mesure vinrent de l'Orient, où le Verbe המם, *Hemm*, *Hamm*, signifie déchirer, vexer, briser. De-là ces mots :

IAMBUS, *i*, pied de vers composé d'une brève & d'une longue.

IAMBeus, *a*, *um*; IAMBicus, *a*, *um*, Iambique, composé de vers ïambes.

DI-IAMBUS, *i*, pied de vers composé de deux ïambes.

PER-IAMBUS, *i*, periambe, pied composé de deux brèves.

IANTHis, *idis*, violette; du Grec, Ιανθον.

IANTHinus, *a*, *um*, violet.

IANTHina, *orum*, habits violets.

IA-PYGia, *æ*, la Calabre & la Pouille.

IA-PIX, *Ygis*, Calabrois; 2°. le vent du Nord-Est; *mot-à-mot*, vent qui vient de la Japygie, de la Calabre.

IASPis, *idis*, jaspe; en Gr. ΙΑΣΠις.

IASPideus, *a*, *um*, de couleur de jaspe.

IASPonix, *ichis*, pierre précieuse imitant le jaspe & la cornaline.

Du Grec IATROS, Médecin; IAomai, guérir, vinrent :

AN-IATREN*tus*, *a*, *um*, qui est guéri sans aucun reméde.

AN-IATRO-Logetos, *i*, & AN-IATRO-Logicus, *i*, qui est ignorant en Médecine, Méde-

---

(1) Art Poétique.

cin qui ne fait pas fon métier : de *Logos*, fcience, difcuffion.

ARCH-IATOr, & IATRUS, premier Médecin.

IBerica, æ, genet, arbriffeau; du Gr. IBHPIΣ.

IBis, idis, oifeau d'Egypte qui fe nourrit de reptiles ; Gr. IBis.

I C.

Du Gr. ΕΙΚΩΝ, *EIKóN*, prononcé, ICON, image, vinrent :

ICon, onis, image, portrait.

ICuncula, æ, petite peinture.
ICoNicus, a, um, peint d'après nature.
ICoNifmus, i, repréfentation au naturel.
ICoNo-Claftæ, arum; ICoNo-Machi, orum, brifeurs d'images.

ICteros, i, } jauniffe, pâles cou-
ICterus, i, } leurs ; 2°. Loriot, oifeau ; en Gr. IKTEROS.

ICtericus, a, um, qui a la jauniffe.
ICterias, æ, pierre jaune, qui guérit, dit-on, la jauniffe.

ICtis, dis, belette, martre ; en Gr. IKTis.

Du Grec IXΘΥΣ, *Ikhthys*, poiffon, vinrent :

ICHthyo-Colla, æ, colle de poiffon ; 2°. poiffon gluant.

ICHthyo-Phagi, orum, peuples qui vivent de poiffon.

ICHthyo-Trophium, ii, vivier, étang.

Du Grec, IXNOS, IKHNOS, veftiges, pas, vinrent :

ICHNo-Graphia, æ, plan d'un bâtiment.

Orig. Lat.

ICH Neumon, onis, } Rat d'Egypte ;
ICH-Neuta, æ, } en Gr. IXNEUMÓN & IXNEUTés.

I N.

Du Grec Is, INos, fibre, force, vint :

INa, æ, fibre, filet.

I O.

ION, ii, violette purpurine ; *Gr.* ION, Iου.

IOta, nom de la Lettre *i* ; 2°. un rien.

Du Grec IRis, idos, vinrent :

IRis, dis, Iris, fleur ; 2°. glayeul ; 3°. l'arc-en-ciel ; 4°. pierre précieufe.

IRinus, a, um, de glayeul, d'arc-en-ciel.

IRinum, i, pommade d'Iris.

IRio, onis, tortelle, plante ; 2°. creffon d'hiver.

I R N.

Du Grec ORNis, oifeau, vinrent :

IRNea, æ, cruche, gourde, & fon diminutif

IRNella, æ, vafe pour les facrifices, à caufe de leur rapport avec la figure d'un oifeau.

IRNeum, i, forte de gâteau.

I S.

ISatis, dis, laitue fauvage ; 2°. herbe qui fert à teindre en bleu ; en Gr. IΣATις, ιδος.

ISca, æ, dedans de la noix : de EIS, dans, dedans.

ISchium, ii, os de la hanche ; en Grec IΣXION.

K k k

Ischia, orum, fesses : en Gr. ΙΣΧΙα.
Ischias, dis, goutte sciatique.
Ischiacus, a, um ; Ischiadicus, a, um, qui a la sciatique ; qui concerne la goutte sciatique.
Iselastica, orum, combat des Athlètes ; en Gr. ΕΙΣΕΛΑΣΤΙΚΟΙ.
Iselasticum, i, pension annuelle qu'une Ville faisoit à son Athlète victorieux.
Iso-Cinnamum, i, la lauréole, arbrisseau : du Gr. ΙΣος, égal.
Ispida, æ, alcion, martin pêcheur. Il doit tenir au Grec ΣΠΙΖΑ, spiza, qui est un nom d'oiseau.

I T, &c.

Itys, is, faisan ; Gr. ΙΤΥΣ.
Julis, idis, poisson.

Juli, orum, en Gr. ΙΟΥΛΟΣ, poil follet des joues ; 2°. duvet qui paroît aux arbres avant les fleurs ; 3°. vers velus à plusieurs pieds ; 4°. vaudevilles ; 5°. chaton, le verd qui couvre la coquille de la noisette ; 6°. coton de certains fruits.
Ixia ; æ, sorte de plante ; en Gr. Ιξια.
Ixon, i, glu, gomme ; en Gr. Ιξος.
Ixos, i, gui ; 2°. espéce de vautour.

Du Grec ΙΥΝΞ, filtre & hochequeue, vinrent :

Jynges, um, filtres, breuvages qui rendent amoureux.
Jynx, is, oiseau, peut-être le hochequeue.

MOTS LATINS VENUS DE L'ORIENT.

I

Iberus, i, poisson de passage appellé Maquereau : de l'Oriental עבר, WBER, passager.
Irceus, i, sorte de Boudin.
Ircipes, idis, herse de laboureur : de l'Oriental חרץ, Herts, couper ; mouvoir.
Irpex, cis, } rateau de fer ; de Pex,
Urpex, cis, } pique, dent pointue, & du précédent חרץ, Herts,

ISMIR.

Smiris, idis, } en Gr. ΣΜΥΡΙΣ, Smy-
Ismirus, i, } ris ; l'Emeril, mine de fer d'une dureté extraordinaire.

L'Etymologie de ce nom étoit absolument inconnue. C'est le mot Oriental שָׁמִיר, ShMIR, pierre dure comme le diamant, comme le caillou.

Jubar, is, , éclat, clarté ; de l'Or. בער, bor, bar, flamme ardente.

JUNI-PER.

JUNI-PERus, i, Genevrier; 2°. Geniè-vre. Ce mot s'est aussi écrit GENI-PERus ; il appartient à la famille des arbres appellés JAN.

C'est l'Oriental, חן, cHaN, piquant, pointu, & PER, PHER, plante.

JE-JUN.

De l'Oriental עון, WUN, HUN, jeûne, affliction, en se prononçant JUN, & en redoublant le J, doit venir le mot JE-JUNus, à jeun, qui jeûne. On a voulu le dériver du Grec INeó, évacuer, qui fit le Latin in-anis ; mais cette étymologie est tout-à-fait misérable.

JE-JUNus, a, um, qui est à jeun, qui n'a rien mangé de la journée.

JE-JUNé, d'une maniere maigre, foible.

JE-JUNum, i, boyau culier, où rien ne séjourne.

JE-JUNo,-are, jeûner, faire abstinence.

JE-JUNiosus, a, um, fort affamé.

JE-JUNium, ii, jeûne, abstinence de manger ; 2°. jour de jeûne ; 3°. sécheresse.

JE-JUNitas, is, aridité ; 2°. abstinence.

JE-JUNator, is, jeûneur.

JE-JUNatio, onis, abstinence ; 2°. aridité.

IUV.

De l'Oriental יאה, IAE, être avan-tageux, être agréable, convenable, se forma cette famille :

IUVo,-are ; 1°. être utile, plaire, fa-voriser ; 2. aider, soulager, favo-riser.

IUVamentum, i, aide, secours.

AD-JUVo, vi, jutum, are, aider, se-courir, favoriser, seconder.

AD-JUtorium, ii, } aide, secours, sou-
AD-JUtus, ûs,   } lagement.
AD-JUmentum, i,   }

AD-JUtor, is ; AD-JUtrix, cis, celui qui aide, qui est utile.

AD-JUto,-are, aider, assister.

AD-JUtor,-ari, être soulagé.

AD-JUtabilis, e, secourable.

DE-JUVo,-are, n'aider point.

PRÆ-JUVo,-are, aider par avance.

MOTS LATINS VENUS DU CELTE.

J

JAC.

Du primitif Ac, pointe, Akis & Akê, dard en Grec, précédé de la voyelle I, pour E, prononcé ensuite J, vinrent des familles Latines très-nombreuses.

I.

JAC*io*, lancer.

1. J*a*c*io*, *is*, *jeci*, *jactum*, *ere*, jetter, lancer; 2°. poser, établir; 3°. semer.

J*a*ctus, *ûs*, l'action de jetter, jet.
J*a*ctura, *æ*, perte, dommage, infortune.

2. J*a*culum, *i*, dard, javelot.

I*a*culus, *i*, serpent qui se lance de dessus les arbres.
I*a*culo, -*are*, } lancer, jetter.
I*a*culor, -*ari*, }
I*a*culabilis, *e*, qu'on peut lancer, darder.
I*a*culi, *orum*, liens de cuir.
I*a*culatio, *onis*, action de lancer, de jetter.
I*a*culator, *is*, lanceur de javelots.
I*a*culatrix, *cis*, celle qui lance le javelot.
I*a*culatorius, *a*, *um*, qui concerne l'action de lancer le javelot.

COMPOSÉS.

E-J*a*culo, -*are*, } lancer, jetter loin
E-J*a*culor, *ari*, } avec force.

E-J*a*culator, *is*, qui darde.
E-J*a*culatio, *onis*, l'action de lancer avec roideur.

II.

JACT, jetter, &c.

1. I*a*cto, -*are*, jetter, porter çà & là, agiter; 2°. lancer; 3°. vanter, exalter; 4°. semer, répandre; 5°. divulguer, publier.

I*a*ctuosus, *a*, *um*; I*a*ctabundus, *a*, *um*, qui se vante, vain.

2. I*a*ctans, *tis*, qui vante, qui prône.

I*a*ctantia, *æ*, ostentation, faste.
I*a*ctanter, avec faste; en se vantant.
I*a*ctatus, *ûs*, agitation, mouvement.
I*a*ctator, *is*, qui vante; 2°. vain, présomptueux.
I*a*ctatio, *onis*, agitation, mouvement.
I*a*ctito, -*are*, faire vanité de; 2°. réciter alternativement.
I*a*ctitator, *is*, qui vante souvent.

COMPOSÉS.

Ab-J*e*cto, -*are*, } jetter, abattre, lais-
Ab-J*i*cio, -*ere*, } ser; 2°. se désister, se déporter.

Ab-J*e*ctus, *a*, *um*, rejetté; 2°. jetté, étendu, abattu; 3°. bas, négligé.
Ab-J*e*cté, d'une manière basse, méprisable.
Ab-J*e*ctio, *onis*, bassesse, lâcheté; 2°. rebut, mépris.

AD-JICIO, -ere, lancer, pousser vers ; 2°. ajouter, augmenter ; 3°. appliquer, attacher ; 4°. enrichir, donner davantage.

AD-JICIALIS, e, ajouté, de surcroît.

AD-JECTUS, a, um, ajouté, mis contre.

AD-JECTUS, ûs ; AD-JECTIO, onis, addition, surcroît, accroissement ; 2°. saillie, renflement ; 3°. enchére.

AD-JECTIVUS, a, um, qui s'ajoute.

CO-AD-JICIO, -ere, voyez AD-JICIO.

CIRCUM-JICIO, is, jeci, jectum, jicere, jetter de tous côtés, lancer tout autour ; 2°. entourer, &c.

CIRCUM-JECTUS, ûs, circuit, tour, enceinte.

CIRCUM-JECTUS, a, um, situé autour ; 2°. entouré.

CON-JICIO, ere, jetter, lancer ; 2°. rejetter ; 3°. augurer, deviner, interpréter.

CON-JECTUS, ûs, lancement, action de lancer.

CON-JECTIO, onis ; l'action de lancer ; 2°. interprétation, conjecture.

CON-JECTURA, æ, soupçon, conjecture.

CON-JECTURALIS, e, fondé sur des conjectures, qui agit par conjectures.

CON-JECTO, -are ; CON-JECTURO, -are, conjecturer, deviner.

CON-JECTOR, is ; CON-JECTRIX, is, interprète, devin, devineresse.

CON-JECTATIO, onis ; CON-JECTURATIO, onis, augure, conjecture.

CON-JECTARIUS, a, um, qu'on peut conjecturer.

CON-JECTATORIÈ, par conjecture.

CON-JECTANEA, orum, livres remplis de conjectures.

DE-JICIO, -ere, } jetter en bas, ren-
DI-JICIO, -ere, } verser ; 2°. chasser, repousser, éloigner ; 3°. déchoir.

DE-JECTUS, ûs, chûte, renversement ; 2°. pente, penchant ; 3°. abattures que fait un cerf dans les bois ; 4°. relief d'une pierre précieuse.

DIS-JICIO, -ere, jetter de côté & d'autre, dissiper, disperser ; 2°. rompre, mettre en déroute ; 3°. abattre, renverser.

DIS-JECTO, -are, jetter çà & là, éparpiller.

DIS-JECTUS, ûs, dissipation, renversement.

E-JICIO, -ere, jetter, pousser, chasser ; 2°. bannir, exiler.

E-JECTO, -are, jetter, chasser.

E-JECTIO, onis ; E-JECTATIO, onis, l'action de rejetter ; 2°. évacuation ; 3°. exil.

E-JECTOR, is, qui jette, qui met dehors.

E-JECTITIUS, a, um, qui rejette, qui est rejetté.

E-JECTAMENTA, orum, ce que la mer rejette sur le rivage.

IN-JICIO, -ere, jetter dedans ou dessus, inspirer.

IN-JECTO, -are, se jetter dessus.

IN-JECTUS, ûs ; IN-JECTIO, onis, l'action de jetter dessus, ou dedans.

SUB-IN-JICIO, -ere, jetter par-dessous.

INTER-JACIO, -ere, } jetter entre ; 2°.
INTER-JICIO, -ere, } placer entre deux.

INTER-JECTIO, onis, l'action d'insérer ; 2°. interjection.

OB-JICIO, -ere, mettre ou jetter au-devant ; 2°. reprocher, objecter ; 3°. exposer, offrir.

OB-JECTA, *orum*, objections, ce qu'on objecte.

OB-JECT*um*, *i*, chose mise au devant pour servir d'obstacle.

OB-JECT*us*, *ûs*, opposition, empêchement.

OB-JECT*io*, *onis*, reproche.

OB-JECTO, *-are*, reprocher ; 2°. exposer à.

OB-JECTATIO, *onis* ; OB-JECT*amentum*, *i*, reproche.

OB-JECT*ator*, *is*, qui reproche, qui objecte.

OB-JECT*aculum*, *i*, barrière, empêchement.

PRÆ-JACIO, *-ere*, jetter devant, avant.

PER-JACTI, *orum*, coulisses des décorations de théâtre.

PRO-JICIO, *-ere*, jetter, lancer ; 2°. abandonner ; 3°. ne pas se servir.

PRO-JECT*a*, *orum*, saillies, avance.

PRO-JECT*us*, *ûs*, l'action de jetter.

PRO-JECT*ura*, *æ*, saillie, avance.

PRO-JECT*orium*, *ii*, brandilloire, escarpolette.

PRO-JECT*io*, *onis*, mouvement ; 2°. gesticulation.

PRO-JECT*itius*, *a*, *um*, laissé là, exposé.

PRO-JECTO, *-are*, jetter souvent ; accabler.

RE-JICIO, *-ere*, } rejetter ; 2°. éloigner ;
RE-ICIO, *-ere*, } 3°. repousser ; 4°. rebuter ; 5°. renvoyer ; 6°. remettre ; 7°. vomir ; 8°. relancer.

RE-JICULUS, *a*, *um*, qui est de rebut.

RE-JECT*aneus*, *a*, *um*, rejetté, qu'on rejette.

RE-JECT*anea*, *orum*, qu'on rejette.

RE-JECT*io*, *onis*, l'action de rejetter ; 2°. flux, vomissement ; 3°. récusation, exclusion.

RE-JECTO, *-are*, rejetter souvent.

RE-JECT*us*, *ûs*, crachement, vomissement, 2°. flux ; 3°. sentine.

SUB-JICIO, *-ere*, mettre dessous ; 2°. soumettre, subjuguer ; 3°. supposer ; 4°. aposter ; 5°. alléguer, apporter ; 6°. répondre ; 7°. substituer ; 8°. souffler ; 9°. planter.

SUB-JICITO, *-are*, mettre souvent dessous, jetter souvent en l'air.

SUB-JACTO, *-are*, jetter souvent en haut.

SUB-JICIES, *ei*, étrier.

SUB-JICES, *um*, les Sujets.

SUB-JECT*us*, *a*, *um*, mis dessous ; 2°. sujet, exposé ; 3°. qui suit immédiatement ; 4°. suggéré ; 5°. apposté, attitré.

IN-SUB-JECT*us*, *a*, *um*, qui n'est pas sujet.

SUB-JECT*us*, *ûs*, l'action de mettre dessous.

SUB-JECT*io*, *onis*, plan, modéle ; 2°. base ; 3°. supposition ; 4°. représentation vive ; 5°. l'action de mettre ensuite ; 6°. humilité, soumission.

SUB-JECTOR, *is*, imposteur, faussaire.

SUB-JECTO, *-are*, mettre dessous.

SUB-JECT*a*, *æ*, base.

SUB-JECT*è*, d'une maniere soumise.

SUB-JECT*issimè*, d'une maniere très-soumise.

SUB-JECT*ivus*, *a*, *um*, qu'on met dessous.

SUB-JECT*ibilis*, *e*, sujet, qui peut être assujetti.

SUPER-JACIO, *-ere*, } jetter par dessus ;
SUPER-JICIO, *-ere*, } ajouter par dessus.

SUPER-IN-JICIO, *-ere*, jetter par dessus.

SUPER-JECT*us*, *ûs*, saut par-dessus, l'action de sauter dessus.

SUPER-JECT*io*, *onis*, hyperbole.

S: PER-JACto ,-are, lancer, sauter par-dessus.

TRA-Jicio ,-ere, traverser, percer de part en part ; 2°. faire passer ; 3°. rejetter.

TRA-Jectus, ûs, trajet, passage.

TRA-Jectura, æ, l'action de traverser ; 2°. saillie, avance.

TRANS-JACIO ,-ere, jetter au-delà.

TRANS-Jicio ,-ere, jetter à travers, traverser.

TRANS-Jectio, onis, transposition.

III.

JAC-eo, être abattu.

JAC-eo, es, cui, cere, être couché, être étendu de son long; 2°. être situé ; 3°. être mort; 4°. être abattu ; 5°. perdre son crédit. Ce Verbe est formé de JAC, jetté, & d'E, être.

Composés.

AD-JACeo ,-ere, être situé, couché auprès.

AD-Jacentia, ium, les environs.

CIRCUM-JACeo, es, cui, ere, être situé autour.

INTER-JACeo ,-ere, être entre deux.

OB-JACeo ,-ere, être devant, être couché au-devant.

PRÆ-JACeo ,-ere, être étendu, placé devant.

SUB-JACeo ,-ere, être situé au-dessous.

IV.

D'AC, prononcé IC, vinrent :

Ico, is, ci, ctum, ere, battre, 2°. toucher.

Ictus, a, um, frappé.

Ictus, ûs, coup.

Composés.

AM-Icio, is, ivi, ui, xi, ctum, ere, jetter autour : de AM, autour, par-dessus, & de ICO, jetter. Ce Verbe signifie entourer, envelopper, vêtir.

AM Ictorium, ii, gorgerette, ce que les femmes jettent sur leur gorge.

AM-Ictus, ûs, ce qui sert à couvrir, vêtement, voile.

AM-Iculum, i, manteau, mante.

AM-Iculatus, a, um, voilé, couvert d'un manteau.

CIRCUM-AM-Icto ,-are, entourer d'un voile.

CIRCUM-AM-Ictus, a, um, enveloppé d'un voile.

SEMI-AM-Ictus, a, um, à moitié vêtu.

PORR-Icio ,-ere, jetter en avant sur l'Autel, offrir en sacrifice : de POR ou FOR, devant, en avant, & de ICO, jetter.

PORR-Iciæ, arum, les entrailles des victimes jettées & offertes sur l'autel.

PORR-Igo, exi, ectum, ere, étendre, jetter en avant, allonger ; de POR ou FOR, en avant, & de ICO, jetter.

PORR-Ectus, a, um, offert en sacrifice.

PORR-Ectio, is, extension, allongement.

PORR-Ectum, i, levier, ce qui sert à lancer en avant.

AD-PORR-Ectus, a, um, étendu, couché auprès.

APPORR-Ico ,-ere, étendre auprès.

EX-PORR-Igo & EX-PORGO ,-ere, étendre, allonger, élargir.

JECUR.

De l'Oriental בור, KUR, fournaise;

dériva le nom Latin du foie ; JE-
CUR, partie du corps où se cuit la
bile, & principe de la chaleur. De-
là cette famille :

JECur, *oris & cinoris*, foie ; 2°. la sagesse.

JECusculum, *i*, petit foie.
JECoralis, *e*, de foie.
JECorarius, *ii*, haruspice, qui examine
le foie pour en tirer des présages.
JECinorosus, *a, um*, qui a mal au foie.

IENT,
Déjeûner.

IENTO, *-are*, déjeûner.

IENTator, *is*, qui déjeûne.
IENTatio, *onis*, déjeûner, l'action de
déjeûner.
IENTaculum, *i*, ce qu'on mange à déjeûner.

Ce mot s'écrivit également IANT ; dans
le Glossaire de Philoxene, IANTa-
re, signifie déjeûner ; & IANTacu-
lum, le déjeûner.

Cette famille s'est donc formée
d'ANTe, avant, & de E, ou I, manger : *mot-à-mot*, ce qu'on mange
avant le repas, avant le dîner.

JOC, Jeu.
ONOMATOPÉE.

Jocus, *i*, jeu, raillerie ; 2°. jouet ;
mot prononcé d'abord Iocus, &
formé de Io, Io, cri de joie.

Joculus, *i*; Joculum, *i*, petite raillerie.
Joci, *orum*; Joca, *orum*, jeux, plaisan-
teries.
Jocò, en jouant, par jeu.

Jocosus, *a, um*, enjoué, plaisant, badin, folâtre ; 2°. gai, plaisant ; 3°.
qui se fait par raillerie.

Jocosè, en raillant, plaisamment.
Jocor, *-ari*, se jouer, railler agréable-
ment, folâtrer.
Jocatio, *onis*, enjouement, plaisan-
terie.
Jocaliter, en se jouant.
Jocabundus, *a, um*, enjoué ; 2°. qui se
divertit.
Joculor, *-ari*, railler agréablement.
Jocularis, *e*; Jocularius, *a, um*, plai-
sant, risible, ridicule.
Joculariter, en plaisantant.
Joculatio, *onis*, badinage.
Joculator, *is*, railleur, enjoué, badin.
Joculatorius, *a, um*, de railleur, d'en-
jouement.

COMPOSÉS.

CON-JU-CUNDor, *-ari*, se réjouir ensemble.

PER-JU-CUNDus, *a, um*, fort agréable.
PER-JUcundè, très-agréablement.
IN-JUcundus, *a, um*, désagréable, qui
ne plaît point.
IN-JUcundè, sans agrément.
IN-JUcunditas, *is*, désagrément.
Jucunculus, *i*; Lucunculus, *i*, petit
gâteau.

JUB.

De HUP, HUB ; sur, dessus, vinrent :

I.

JUBA, *æ*, criniere des chevaux ; 2°.
crête des Serpens.

JUBatus, *a, um*, qui a des crins, de longs
poils sur le col.

II. JUB.

II. JUB.

De Hup, sur, vint Jubeo, Jussi, je commande : *mot-à-mot*, je suis *élevé* en autorité, j'en ai fait usage.

Jubeo, es, ssi, ssum, bere, commander, ordonner ; 2°. exhorter.

　Jussus, a, um, commandé, enjoint ; 2°. qui a reçu ordre.
　Jussio, onis ;
　Jussum, i,   } ordre, commandement.
　Jussus, ûs,

Composés.

Ad-Jubeo, -ere, commander.
Con-Fide-Jussor, oris, coobligé.
In-Jussus, a, um, qui n'est point commandé ; 2°. à qui l'on n'a point donné ordre.
In-Jussus, ûs, défaut d'ordre.

III. JUG.

De Uc, Ugh, Ug, élevé, d'où *Juché*, vinrent nombre de familles en toute Langue.

1°.

Jugum, i, sommet, cîme, colline ; 2°. joug qu'on met sur la tête des bœufs pour les faire tirer ; 3°. paire de bœufs liés au joug ; 4°. arpent, ce qu'une paire de bœufs peut labourer en un jour ; 5°. joug sous lequel on faisoit passer les soldats par ignominie ; 6°. banc de rameurs dans une Galère ; 7°. treille, berceau, perches croisées entr'elles pour y lier la vigne ; 8°. fléau d'une balance ; 9°. ensuble de tisserand, ensoupleau, cylindre ; 10°. rouleau opposé à l'ensuble ; 11°. la balance, un des XII. signes ; 12°. esclavage, servitude.

Jugalis, e, qui lie, qui tient sous le joug ; 2°. de mariage.
Jugosus, a, um, montueux, plein de montagnes.
Jugis, e, continuel, qui dure toujours ; 2°. qui concerne les bêtes d'attelage.
Jugiter, toujours, sans interruption.
Juges, um, paire de bœufs.

2°.

Juger, is,   } arpent, ce que deux
Jugerum, i, } bœufs peuvent labourer en un jour.

Jugeratim, par arpent.

3°.

Jugo, -are, attacher au joug ; joindre, unir ; 2°. marier ; en Gr. ZEUGÓ.
Jugatus, a, um, mis sous le joug ; 2°. qui a liaison avec.
Jugatio, onis, l'action d'échalasser.
Jugarius, ii, bouvier.
Jugatorius, a, um, qu'on met sous le joug.
Jugamentum, i,   } linteau d'une por-
Jugumentum, i, } te ou d'une fenêtre ; 2°. croisée de fenêtre.
Jugumento, -are, lier des pièces de bois posées transversalement.

Binomes.

Bi-Jugis, m. f. ge, n, &
Bi-Jugus, a, um, attelé de deux animaux de front ; de *bis*, deux.
Se-Juges, gum, six chevaux attelés de front : de *sex*, six.

COMPOSÉS.

1. AB-Jugo,-are, découpler, dételer, 2°. séparer, éloigner.

AB-Juges, ugum, animaux qui n'ont point encore tiré, chevaux neufs.

AD-Jugo,-are, joindre, atteler, lier.

DE-Jugo,-are, ôter de dessous le joug ; 2°. dételer, découpler.

DE-Jugis, e, qui va en descendant.

2. Con-Jux, gis, le marié, la mariée. On dit aussi Con-Junx, gis.

Con-Jugis, e,
Con-Jugalis, e, } conjugal, de mariage.
Con-Jugialis, e,

Con-Jugus, a, um, marié, apparié.

Con-Jugulus, a, um, qui se lie, qui se joint à.

Con-Jugium, ii, mariage ; 2°. couple d'animaux, mâle & femelle.

Con-Jugo,-are, accoupler, lier, assembler, joindre, appareiller ; 2°. conjuguer.

Con-Jugatus, a, um, dérivé, qui a la même origine ; 2°. lié, joint; 3°. conjugué.

Con-Jugata, orum, analogie entre diverses choses.

Con-Jugator, is, qui accouple, qui joint.

Con-Jugatio, onis, accouplement, assemblage ; 2°. conjugaison.

3. IN-Jugis, e, qui n'a point porté le joug.

4. Se-Jugo,
Se-Jungo,-ere, } séparer, diviser.

5. Sub-Jugo,-are, dompter, mettre sous le joug.

Sub-Jugis, e, mis sous le joug, attelé.

Sub-Jugium, ii, courroie pour attacher les bœufs au joug.

Sub-Jugalis, e, qu'on met sous le joug.

Sub-Jugatio, onis, l'action de mettre sous le joug.

Sub-Jugator, is, qui met sous le joug.

IV. JUNG.

Jug se nasala pour former cette famille :

Jungo,-ere, joindre, allier, unir.

Junctio, onis, liaison, jonction.

Junctura, æ, jointure, assemblage ; 2°. l'action d'atteler.

Junctim, tout de suite.

COMPOSÉS.

1. AB-Jungo,-ere, retirer, découpler, diviser, désunir.

2. Con-Jungo,-ere, } joindre, allier,
Con-Juncto,-are, } mettre ensemble.

Con-Junctus, a, um, joint, lié ; 2°. contigu.

Con-Junctio, onis, liaison, attache ; 2°. amitié, société ; 3°. parenté, alliance ; 4°. conjonction.

Con-Junctum, i, partie d'une proposition conditionnelle, qui a rapport avec une autre.

Con-Juncté ; Con-Junctim, ensemble ; tout à la fois ; 2°. étroitement.

3. De-Iungo,-ere, désunir, séparer.

Di-Jungo,-ere ; Dis-Jungo,-ere, désunir, diviser ; 2°. dételer, découpler ; 3°. éloigner.

Dis-Junctor, is, qui divise, qui sépare.

Dis-Junctio, onis, division, séparation, rupture.

Dis-Junctim ; Dis-Junctivè, à part, séparément.

Dis-Junctivus, a, um, qui sépare.

Sub-dis-Junctivus, a, um, qui disjoint un peu.

4. IN-JUNGO,-ere, joindre avec; 2°. ordonner, imposer.

INTER-JUNGO,-ere, faire halte, s'arrêter un moment.

5. SE-JUNCtio, onis, séparation.

SUB-JUNGO,-ere, attacher avec; 2°. soumettre, assujettir; 3°. atteler.

SUB-JUNCtivus, i, subjonctif.

TRANS-JUNGO,-ere, changer la place de l'attelage.

V.

IUXTÀ, *Adv.* autant, également, de même que, aussi-bien; 2°. *Prép.* auprès, tout contre, selon, après. De STA, être, & JUG, lié, uni.

IUXTIM, auprès, tout proche; 2°. également.

VI.

A-JUGA, æ, plante appellée en François Ive, ou *Chamæ-petis*: elle a une odeur de musc.

VII.

De JUG, prononcé en Grec ZYGÉ union, vinrent, 1°. avec la Préposition SY, avec:

SY-ZYGIA, æ, f. union de dix paires de nerfs; *voy.* CON-JUGium & CON-JUGatio.

SY-ZYGIæ, arum, f. plur. conjonction & opposition de la lune avec la terre.

2°. Avec la Préposition HYP, sous:

HYPO-ZEUXIS, is, f. Figure de Rhétorique; Subjonction, f.

VIII. JUM.

De JU, haut, élevé, vint le nom des grands Animaux.

JU-MENTUM, is, bête de somme, cheval de bât.

SUPER-JU-MENTARIUS, ii, celui qui a soin d'un haras; 2°. Écuyer.

De GUL, gosier, gueule, vinrent:

JU-GULUM, i,   } Gorge, gosier.
JU-GULUS,   }

JU-GULO,-are, égorger, couper la gorge.

JU-GULATIO, onis, couper la gorge.

JU-GULARIS, e, du gosier.

JU-GULA, æ, la constellation d'Orion.

JU-GULæ, arum, les trois étoiles du baudrier d'Orion; 2°. les deux étoiles de la quatrieme grandeur à la poitrine du Cancer.

JUNC,

Jonc.

Du primitif, VEN, VON, marais; en Oriental יון, IUN, ION, marais, boues, vinrent:

JUNCUS, i, jonc.

IUNCINUS, a, um; IUNCEUS, a, um, de jonc.

IUNCIDUS, a, um, délié comme un jonc.

IUNCOSUS, a, um, plein de joncs.

IUNCETUM, i, jonchaie, lieu où il croît du jonc.

IUNCARIA, æ, queue de cheval; plante.

JURG.

Du primitif ERG, ORG, emportement, insulte, querelle, d'où le Grec ὀργίζω, ORGIZÓ, attaquer, irriter, vinrent:

Jurgo, -are,
Jurgor, -ari, } quereller, contester.

Jurgium, ii,
Jurgamen, inis, } querelle ; débat.
Jurgatio, onis,

Jurgiosus, a, um, hargneux, querelleur.

COMPOSÉS.

Ob-Jurgo, -are, reprendre, blâmer.
Ob-Jurgito, -are, réprimander.
Ob-Jurgatio, onis, réprimande, reproche.
Ob-Jurgator, is ; Ob-Jurgatrix, is, qui reprend, qui fait des réprimandes.
Ob-Jurgatorius, a, um, qui concerne les reproches, les réprimandes.

JUS.

D'U, eau, vint la famille suivante :

Jus, uris, jus, bouillon, gruau, potage.
Jusculum, i, bouillon.
Jusculentus, a, um ; Jusfulentus, a, um, bouilli cuit dans son jus.
Jurulentus, a, um, succulent, plein de jus.
Jureus, a, um, de potage, de jus.
Jurea, æ, gelée de viande.

JUS, JUR,
Droit.

Dans nos Origines Françoises nous avons dérivé ce mot de Jus, potage ; la Justice consistant à rendre à chacun sa portion, &c. Cette Etymologie n'a pas plû : en voici donc une autre qu'on goûtera peut-être davantage.

Le droit, l'autorité sont relatifs à l'élévation ; mais c'est ce que signifie Jus : on peut donc le regarder comme le radical des familles suivantes, en Jus, Jud, & Jur.

Juré, avec droit, à juste titre.
Juris-Peritus, i, savant en Droit.
Juris-Prudentia, æ, science du Droit.
Jus-Jurandum, i, serment.
Jure-Juro, -are, faire serment.

II.

Juro-are, faire serment, affirmer ; 2°. faire une conspiration.
Juramentum, i ; Jurandum, i, jurement.
Juratus, a, um, qui a juré ; 2°. qu'on a assuré par serment.
Jurator, is, témoin en justice.
Juratio, onis, l'action de jurer.
Jurato, avec serment.

ONOMATOPÉES.

Ad-Juro, -are, jurer, protester avec serment, 2°. prier avec instance.
Ad-Juratio, onis, Ad-Juramentum, i, jurement, protestation.
Ad-Jurgo, -are, quereller, reprendre avec aigreur.
Ad-Jurgium, ii, différend, débat, contestation.
Con-Juro, -are, conspirer, comploter, jurer ensemble.
Con-Juratus, a, um, ligué, qui a conspiré.
Con-Juratio, onis, complot, cabale ; 2°. ligue secrette.
Con-Juraté ; Con-Juratim, par conspiration, par cabale.
De-Jero, -are, faire serment, protester.
De-Juro, -are, jurer, faire serment.
De-Jurium, ii, serment, jurement.

Ex-Juro, *as, avi, atum, are,* jurer, assurer par serment.

E-Jero,-*are*; E-Juro,-*are*, renoncer, refuser avec serment ; 2°. quitter, se démettre.

E-Juratio, *onis,* renonciation ; 2°. refus, déposition ; 3°. protestation avec serment de ne pouvoir pas.

In-Juratus, *a, um,* qui n'a point juré.

Ob-Juro,-*are,* engager par serment.

Pe-Jero,-*are,* se parjurer.

Per-Juro,-*are,* se parjurer, violer sa foi.

Per-Juratio, *onis,* parjure, l'action de se parjurer.

Per-Juratiuncula, *æ,* petit parjure.

Per-Jurator, *is,* parjure.

Per-Juriosus, *a, um,* accoutumé à se parjurer.

Per-Jurus, *a, um,* parjure, qui viole sa foi.

Per-Juré; Per-Juriosé, en faussant son serment.

Per-Jurium, *i,* l'action de violer son serment.

Im-Per-Juratus, *a, um,* par qui on ne jure pas en vain.

Præ-Juro,-*are,* prononcer la formule du serment.

Præ-Juratio, *onis,* formule du serment prononcée devant ceux qui devoient jurer.

III.

De Ju-dex, dont nous avons rapporté la famille, *col. 531,* vinrent également ces mots :

Ab-Judico,-*are,* priver, ôter.

Ab-Judicatus, *a, um,* dont on a été privé en Justice.

Ad-Judico,-*are,* attribuer, donner gain de cause ; 2°. déterminer.

Di-Ju-dico,-*are,* discerner, décider ; dire son sentiment.

Di-Ju-Dicatio, *onis,* discernement ; jugement.

In-Ju-Dicatus, *a, um,* qui n'a point été jugé ; 2°. indécis.

IV.

Justus, *a, um,* équitable ; 2°. vrai ; légitime ; 3°. grand.

Justè ; Justò, avec justice, légitimement.

Justa, *orum,* funérailles, obsèques ; 2°. tâche, journée de celui qui travaille ; 3°. salaire, loyer ; 4°. devoirs.

Justitia, *æ,* équité.

Justitium, *ii,* vacances, vacations : de Sto, & de Jus.

Justi-Ficus, *a, um,* qui fait justice.

Justi-Fico,-*are,* justifier.

Justificatio, *onis,* justification.

Négatifs.

1. In-Justus, *a, um,* déraisonnable, excessif.

In-Justè, contre le droit.

In-Justitia, *æ,* injustice.

2. In-Juria, *æ,* affront, mauvais traitement.

In-Jurius, *a, um*; In-Juriosus, *a, um,* injuste, nuisible, outrageant.

In-Jurium, *ii,* parjure.

In-Jurié ; In-Juriosé, à tort, sans raison.

In-Jurior,-*ari,* causer du dommage, outrager.

Per-In-Juriosus, *a, um*; Per-In-Jurius, *a, um,* très-offensant, fort déraisonnable.

MOTS LATINS-CELTES,
OU DÉRIVÉS DE LA LANGUE CELTIQUE.

L

LA lettre L, la XIe. dans notre Alphabet, en comptant K, & la XII. dans l'Oriental, a deux caractères distinctifs qui lui sont propres, & qui déterminerent naturellement la valeur de tous les mots qui en dériverent. Elle se prononce de la langue ; & elle est par-là même de toutes les lettres la plus coulante, la plus fluide, la plus liquide, la plus volatile, si on peut se servir de cette figure.

Dès-lors elle devint le nom naturel :

1°. De la langue & de ses opérations, de tout ce qui a rapport aux Langues & à l'élocution.

2°. De tous les objets fluides & coulans, les liqueurs, l'eau, la lumiere, &c.

3°. Des aîles, des bras, & par analogie, des flancs, des côtés, du lieu, de la place.

Qu'on joigne à cela diverses Onomatopées, quelques mots où cette lettre a été substituée à d'autres, quelques-unes où elle se fait précéder de l'une ou l'autre de ces lettres B, C, G ; & on appercevra sans peine l'origine de tous les mots qu'elle offre dans la Langue Latine, avec une simplicité & une évidence d'autant plus agréable, que jusques à présent l'étymologie de presque tous ces mots s'étoit dérobée aux efforts de tous les Savans qui avoient été réduits, sur ces objets, aux conjectures les plus frivoles.

Mots en L,
Formés par Onomatopée.

I.
Noms d'Animaux.

LEO, *onis*, lion ; 2°. lion marin ; 3°. Constellation : voyez Orig. Franç. col. 637.

LEO*ninus*, *a*, *um*, de lion, qui appartient au lion ; 2°. vers Latins rimés.

LEU*nculus*, *i*, petit lion.

LE*a*, *æ* ; LE*æ*N*a*, *æ*, lionne ; 2°. espèce de chou à larges feuilles.

Leo-Pardus, i, animal qui tient du lion & de la panthère.
Leonto-Phonus, i, petit animal qui naît où il y a des lions.
Leontios, ii, sorte de pierre précieuse.
Leonto-Podium, ii, pied de lion, plante.
Leontice, es, chervi sauvage, plante.

2. Lipio, -ire, crier comme un milan.

3. LAT,
Abboyer.

Latratio, onis, } jappement, l'ac-
Latratus, ûs, } tion d'abboyer.
Latrator, is, qui abboye comme un chien.

COMPOSÉS.

Ad-Latro, -are; Al-Latro, -are; japper contre un voleur; 2°. clabauder; 3°. criailler; 4°. mugir, en parlant de la mer.
Con-Latro, -are, abboyer après.
Di-Latro, -are, abboyer fort; 2°. crier après.
E-Latro, as, avi, atum, are, abboyer, crier après ou contre : hurler.
Il-Latro, as, avi, atum, are, abboyer au-dedans d'un lieu.
Il-Latratio, onis, abboiement au-dedans d'un lieu.
Ob-Latrator, oris, m. trix, icis, f. qui abboye après ou autour; 2°. qui étourdit par ses railleries, qui criaille, qui fait autant de bruit qu'un chien, clabaudeur.
Ob-Latro, as, avi, atum, are, abboyer autour ou après, criailler, clabauder après, étourdir de ses criailleries.

II.
Bruit d'instrument.

LIM, Lime.

C'est une Onomatopée : le son du bruit que rend la lime sous la main en polissant les métaux.

Lima, æ, lime; 2°. le soin de polir les ouvrages d'esprit; critique; 3°. Déesse du seuil des portes.
Limo, -are, limer, passer la lime; 2°. ôter le superflu.
Limatus, a, um, limé, poli, châtié.
Limatulus, a, um, poli, délicat.
Limatula, æ, lime douce, petite lime.
Limatura, æ, limaille.
Limatè, poliment, élégamment.

COMPOSÉS.

De-Limo, -are, polir, limer.
E-Limatus, a, um, part. d'Elimo.
E-Limo, as, avi, atum, are, limer, polir, unir avec la lime; 2°. perfectionner, retoucher, rendre parfait, mettre la derniere main, travailler avec soin.
Per-Limo, as, avi, atum, are, limer parfaitement, polir avec la lime dans la derniere perfection.

III.
Cris de joie.

1°.
LÆT,
joyeux.

De LA, LA, cri de joie, vint la famille Latine LÆT, relative à la joie.

1. Læto, -are,   }
   Lætor, -ari,   } se réjouir, avoir de la joie, être bien-aise.
   Lætisco, -ere,   }

Lætatio, onis,   }
Lætitia, æ,   } joie, allegresse, gaieté.
Lætitudo, is,   }

Lætus, a, um, gai, gaillard, bien-aise; content, satisfait; 2°. divertisfant, plaifant ; 3°. abondant, gras, fertile ; 4°. heureux, propice.

LÆTÉ ; LÆTanter, gaiement, joyeufement.

LÆTabilis, e, qui caufe de la joie, réjouiffant.

LÆTI-FICO,-are, caufer de la joie, égayer ; 2°. rendre fertile, gras, abondant, faire profpérer.

LÆTI-ficor,-ari, fe réjouir, avoir de la joie.

LÆTI-ficus, a, um, qui caufe de la joie, qui égaye.

COMPOSÉS.

COL-LÆTor,-ari, fe réjouir enfemble, s'amufer & fe divertir en compagnie.

IL-LÆTus, a, um, qui n'eft point joyeux.

IL-LÆTabilis, e, qui n'eft pas amufant, trifte, qui caufe du chagrin, mélancholique.

EX-LÆTus, a, um, extrêmement gai, fort joyeux.

2. LITO,-are, facrifier, faire un facrifice agréable ; *au fens propre*, célébrer une fête.

LITæ, arum, Déeffes auxquelles on facrifioit ; Déeffes qui protégeoient les fuppliants.

LITatio, is ; LITamen, is, facrifice agréable à la Divinité.

LITaniæ, arum, prieres, fupplications.

LITato, après avoir fait un facrifice.

PER-LITO,-are, faire un facrifice heureux.

DE-LITO,-are, facrifier, faire un facrifice.

2°.
LUD, LUS;
Jeu.

De L défignant la joie, vint LUS, LUD, défignant les jeux, les divertiffemens : en Oriental לוץ, Luts, jeu, raillerie.

1. LUSus, ûs, } jeu, action de jouer ;
LUSio, onis, } 2°. divertiffement, récréation ; 3°. plaifanterie.

LUSor, is, joueur ; 2°. filou.

LUSorius, a, um, qui fert à jouer ; 2°. fait par jeu ; 3°. vain, fans effet.

LUSorium, ii, place où font les jeux ; 2°. amphithéâtre ; 3°. plaifanterie, badinage.

LUSus, a, um, qu'on a joué, dont on s'eft moqué.

LUSito,-are, jouer fouvent ; 2°. fe jouer.

2. LUDus, i, jeu, l'action de jouer ; 2°. divertiffement, plaifir ; 3°. plaifanterie, raillerie ; 4°. Académie pour les exercices, foit du corps, foit de l'efprit.

LUDo,-ere, jouer, fe divertir, rire ; 2°. fe moquer, prendre pour dupe ; 3°. contrefaire, tourner en ridicule ; 4°. danfer ; 5°. jouer des inftrumens de mufique ; 6° faire des vers.

LUDi, orum, jeux publics.

LUDio, onis ; LUDius, ii, danfeur, baladin, bâteleur.

LUDia, æ, danfeufe, actrice.

LUDibundus, a, um, qui fait en fe jouant.

3. LUDicer, cra, crum, } drôle, plaifant.
LUDicrus, a, um, } fant.

LUDicrè, en badinant, drôlement.

LUDicrum, i, jeu quelconque.

LUDibrium, ii, jouet, moquerie, rifée.

BINOMES.

1. LUDI-FICO,-are, } jouer quelqu'un,
LUDI-Ficor,-ari, } en faire fon jouet ;
2°. fourber, duper : de FACere, faire.

LUDI-ficatus.

LUDI-*ficatus*, *ûs*, mocquerie, risée.
LUDI-*ficator*, *is*, railleur, qui se joue.
LUDI-*ficatio*, *onis*, raillerie, risée, insulte.
LUDI-*Ficabilis*, *e*, plaisant, divertissant.
2. LUDI-*Magister*, *tri*, maître des jeux, d'exercices; 2°. maître d'école.

COMPOSÉS.

AL-LUDO, -*ere*, se jouer; badiner autour, avec; folâtrer; 2°. caresser, flatter; 3°. faire allusion à quelque chose.
AL-LUDIO, -*are*, caresser, flatter.
AL-LUSIO, *onis*, allusion.
AB-LUDO, -*ere*, être différent, n'être pas conforme.
Ante LUDIUM, *ii*, prélude.
COL-LUDO, -*ere*, se jouer ensemble; 2°. être d'intelligence, user de collusion pour tromper.
COL-LUDIUM, *ii*, divertissement qu'on prend avec un autre.
COL-LUSIO, *onis*; COL-LUSIUM, *ii*, collusion, intelligence entre plusieurs pour tromper.
COL-LUSOR, *is*, qui joue, qui se divertit; 2°. celui qui plaide d'intelligence avec un autre pour tromper, prévaricateur.
COL-LUSORIE, avec intelligence pour tromper.
DE-LUDO, -*ere*,
DE-LUDI-Ficor, -*ari*, } jouer quelqu'un.
DI-LUDIA, *orum*, tems de relâche, de repos.
E-LUDO, *is*, *lusi*, *sum*, *dere*; 1°. achever de jouer une piéce; 2°. duper, tromper, fourber, jouer un tour, *ou* d'un tour, faire une fourberie, se mocquer, imposer, prendre pour dupe; 3°. éluder, éviter, esquiver, passer, se mettre à couvert, s'échapper, se disculper, se tirer d'affaire, se tirer d'intrigue.
E-LUSI, prét. d'E-ludo.
E-LUSIO, *onis*, tromperie, duperie.
E-LUSUS, *a*, *um*, part. d'E-ludo.
IL-LUDENS, *tis*, omn. gen. qui se moque.
IL-LUDO, *is*, *si*, *sum*, *ere*, se moquer, se railler, se jouer, se divertir.
IL-LUSIO, *onis*, dérision, raillerie, ironie.
IL-LUSOR, *oris*, mocqueur, railleur.
OB-LUDO, *is*, *si*, *sum*, *dere*, se jouer avec.

PRÆ-LUDIUM, *ii*, *n*. Prélude, essai avant de commencer.
PRÆ-LUDO, *is*, *si*, *sum*, *dere*, préluder, essayer.
PRÆ-LUSI, prét. de Præ-ludo.
PRÆ-LUSIO, *onis*, essai, prélude.
PRO-LUSI, prét. de Pro-ludo.
PRO-LUSIO, *onis*, prélude d'un discours, ce qu'on dit avant d'entrer en matiere; 2°. essai de ses forces, tentative avant que d'entreprendre.
PRO-LUDIUM, *ii*, prélude, essai avant de commencer.
PRO LUDO, *is*, *si*, *sum*, *dere*, préluder, essayer, faire essai avant de commencer, s'exercer par avance.

3°. LASC,

qui bondit.

De LA, LA, exclamation de joie, se forma le Grec LAZO, sauter de joie, bondir; & de-là:
LAS-CIVIO, -*ire*, bondir, sauter; 2°. remuer toujours, ne point se tenir en repos; 3°. badiner, folâtrer.

Ce Verbe tient à CIO, remuer, & à CEVeo, remuer lascivement.

LAS-CIVia, æ; LAS-CIVitas, is, 1°. badinage, jeu; 2°. plaisir, divertissement; 3°. mollesse, libertinage.

LAS-CIVus, a, um, 1°. qui bondit, qui saute; 2°. badin, folâtre; 3°. dissolu, lascif.

LAS-CIVè; LAS-CIViter, avec mollesse.

LAS-CIVibundus, a, um, folâtre, badin.

IV.

Cris de douleur.

L A.

Malheur, Affliction.

De LA, malheur, affliction, vinrent:

1°.

LÆVus, a, um, qui est à gauche; 2°. malheureux, incommode; 3°. favorable, propice; 4°. sot, fat, impertinent; Gr. ΛΑΙος, Laios.

LÆVa, æ, la main gauche: ellipse où l'on sous-entend manus.

LÆVorsùm; LÆVorsùs, à gauche.

LÆVè, sottement, en fat.

2°.

LESsus, i;
LESsum, i, } gémissement; notre
LESsus, ûs, vieux mot LAIS.

3°.

LAMentum, i; } lamentations, gé-
LAMenta, orum, } missemens.

LAMento,-are, LAMentor,-ari, se lamenter, gémit; 2°. déplorer, se plaindre des malheurs.

LAMentatio, onis; LAMentatus, ûs, gémissement, plainte.

LAMentabilis, e, déplorable, digne de compassion; 2°. plaintif.

LAMentarius, a, um, qui fait gémir.

LAMentator, is; LAMentatrix, cis, celui ou celle qui se plaint.

De-LAMentor,-ari, déplorer, regretter.

IL-LAMentatus, a, um, qui n'a point été pleuré.

4°.

Famille Grecque.

E-LEGia, æ, f. Elégie, sorte de Poësie sur des sujets tristes.

E-LEGia, orum, vers élégiaques.

E-LEGeia, æ, voyez Elegia.

E-LEGidarium, ii; & E-LEGidium, ii, petite élégie.

E-LEGus, i, élégie.

E-LEGus, a, um, élégiaque, d'élégie.

5°.

De LA, cri de douleur, de peine, vint l'Or. לאה, Laé, souffrir, se lasser.

Et cette famille Latine:

LASsus, a, um, las, lassé, fatigué, harassé.

LASsulus, a, um, un peu las.

LASsitudo, inis, fatigue, harrassement.

LASsesco,-ere, se lasser, se fatiguer.

LASso,-are, fatiguer, harrasser.

De-LASso,-are, fatiguer; 2°. ennuyer.

E-LASsesco, is, ere, se lasser de porter.

PRÆ-DE-LASso, as, avi, atum, are, fatiguer d'avance, lasser par avance.

6°.

L'Oriental לעג, Lwg, insulter, attaquer.

Et cette famille Latine:

Lacesso, -ere, attaquer, insulter, piquer; 2°. chatouiller.

Lacessio, onis; Lacessitio, onis, attaque, insulte.

Il-lacessitus, a, um, qui n'a point été attaqué.

Mots

où L a pris la place de la lettre D.

Nous avons vu dans l'Origine du Langage & de l'Ecriture, pag. 226, que les lettres D & L se mettoient sans cesse l'une pour l'autre. Voici quelques mots où L a pris la place du D initial.

1°. LAR.

LAR signifia maison, habitation, les foyers: ce mot qui paroît tenir au Grec Laura, grand Bourg, vint du Celte LAR, habitation, sol, place.

Il tient à l'Or. דור Dur, Dar, habitation; D & L se substituant sans cesse l'un à l'autre. De-là:

1. Lar, is, foyer, feu; 2°. maison, dedans de la maison; 3°. famille; 4°. Dieu du foyer, Génie protecteur; 5°. l'autel, constellation.

Lares, ium, les Lares, Dieux domestiques.

Lararium, ii, oratoire où étoit l'Autel des Dieux Lares dans chaque maison.

Lararia, orum, fêtes des Dieux Lares.

Lari-Fuga, æ, qui s'enfuit de la maison.

2. Larva, æ, génie, esprit follet, spectre; 2°. masque de théâtre; 3°. squelette.

Larvalis, e, qui concerne les fantômes.

Larvatus, a, um, masqué, déguisé; 2°. qui a l'esprit troublé comme s'il avoit vu quelque spectre.

2°. LEVIR.

Levir, frere du mari; en Gr. Daér. Ces mots sont les mêmes, de l'aveu de tous les Etymologistes; D & L se substituant sans cesse l'un à l'autre; & les Latins changeant en V, l'aspiration de la voyelle qui en suit une autre au milieu d'un mot. Ces mots viennent donc de Her, Maître, Seigneur, & du Celte La, Le, petit.

3°. LOLium.

Lolium, ii, ivraie.

Loliaceus, a, um, d'ivraie.

Loliarius, a, um, qui concerne l'ivraie.

Ces mots paroissent venir du Grec Dolos, en Latin Dolus, fraude, tromperie: Dolizó, adulterer, corrompre.

4°. LUMa.

Luma, æ, ronce, épine.

Lumarius, a, um, qui concerne les ronces.

Lumetum, i, lieu plein de ronces.

Ce mot tient à Dumes, buisson.

L pour N.

Lus-Cinia, æ, } Rossignol, mot-à-
Lus-Cinius, ii, } mot, le chantre

de la nuit : de *Nox*, nuit, & CA-
NO, chanter.

LUS-CINIOLA, æ, petit roffignol.

LUSCIOLA, æ, hupe, oifeau.

LAX pour CALX.

Les Grecs changerent CALX en LAX, talon, d'où vint chez les Latins :

LAX, *cis*, talon ; 2°. partie de la plante du pied à laquelle tiennent les doigts ; 2°. le haut du gouvernail d'un navire ; 3°. joubarbe ; 4°. tromperie. En grec ΛΑΞ.

LACT, LAX.

Du Grec LAX, talon, vint :

APO-LACTI*ſſo*,-*are* ; & APO-LACTI*ʒo*, ruer, donner des coups de pied ; 2°. *au fig.* méprifer, rejetter, faire peu de cas.

Ce mot LAX paroît être le même que le CALX des Latins.

L ajoutée.

L s'eft fouvent ajoutée à la tête des mots ; nous en avons rapporté divers exemples dans nos Origines du Langage & de l'Ecriture. Ainfi les Latins firent du mot Celte HUBL, houblon, plante qui doit fon nom à la qualité qu'elle a de s'élever, les mots fuivans :

LUPU*lus*, *i*, houblon.

LUPUS *faliclarius*, houblon.

LUPU*latus*, *a*, *um*, mêlé avec du houblon ; 2°. qui concerne la bière.

LAB,
Main.

Du primitif LAB, main, mot Celtique, d'où le Grec LABO, prendre, & l'Or. לבה LAPHT, embraffer, vint une famille Latine très-nombreufe.

I.

LAB, travail de la main.

LABOS, *oris*, } travail, peine ;
LABOR, *oris*, } 2°. rifque, défaftre, danger ; 3°. douleur.

LABORIO*fus*, *a*, *um*, qui travaille beaucoup, qui fatigue ; 2°. difficile, pénible ; 3°. qui fouffre.

LABORIO*fé*, avec travail, difficilement.

LABORI-*Fer*, *a*, *um*, qui réfifte au travail.

LABORO,-*are*, travailler, fe donner de la peine ; 2°. fouffrir, fe porter mal ; 3°. s'efforcer, tâcher.

COMPOSÉS.

AD-LABORO,-*are*, } travailler fortement,
AL-LABORO,-*are*, } s'efforcer ; 2°. ajouter quelque chofe par fon travail.

E-LABORO,-*are*, travailler avec foin, finir, perfectionner.

E-LABORATIO, *onis*, application, étude, foin.

E-LABORA*té*, exactement, foigneufement.

NEGATIFS.

IL-LABOR*atus*, *a*, *um*, mal travaillé, exécuté négligemment, fait avec peu de foin ou d'application ; 2°. qui n'eft point cultivé.

IL-LABORO, *as*, *avi*, *atum*, *are*, travailler dedans.

IN-E-LABOR*atus*, *a*, *um*, qui n'eft point affez travaillé, qui n'eft pas poli, qui eft négligé.

Du Grec *Lépsis*, acception, formé de *Lébo*, prendre, & de *Prosopon*, face, vint :

Prosopo-Lepsia, æ ; acception de personnes.

II.
LAB, lever.

De LAB, main, prononcé LEB, & LEV, vint une nouvelle famille relative à l'action de lever.

Levo, -are, lever en haut, élever ; 2°. foulager, alléger ; 3°. délivrer ; 4°. affoiblir, diminuer.

Levatio, onis, l'action d'élever en haut.
Levamen, inis ; Levamentum, i, foulagement, décharge.

COMPOSÉS.

Ad-Levatus, a, um, foutenu, maintenu, favorifé.

Al-Levo, -are, alléger, décharger, confoler ; 2°. rendre plus léger ; 3°. lever, hauffer.

Al-Levatio, onis ; Al-Levamentum, i, hauffement, élévation ; 2°. foulagement, adouciffement.

E-Levatio, onis, rehauffement ; maniere de parler qui releve, qui exalte ; 2° élévation, élévement.

E-Levatus, a, um, partic. de
E-Levo, as, avi, atum, are, lever, élever, hauffer, exhauffer ; 2°. affoiblir, amoindrir, diminuer, rabaiffer.

Re-Levamen, inis, ou Re-Levamentum, i, relief, profit que le fief doit au Seigneur à chaque mutation.

Re-Levatio, onis, délivrance, foulagement.

Re-Levatus, a, um, partic. de Re-levo.

Re-Levium, ii ; voyez Re-levamen.
Re-Levo, as, avi, atum, are, relever ; 2°. délivrer, foulager, alléger ; *relevare aliquem*, excufer quelqu'un.

Sub-Levo, as, avi, atum, are, élever, relever, foulever ; 2°. foulager, aider, fecourir, foutenir, décharger.

III.

De Levo, enlever, alléger, fe formerent :

Levis, e, léger, qui n'a pas de poids ; 2°. petit, de peu de valeur, méprifable ; 3°. foible, fans vigueur ; 4°. qui n'eft pas à charge, point pénible ; 5°. inconftant, volage ; 6°. vain, trompeur ; 7°. fourbe, méchant.

Leviculus, a, um, volage, léger.
Leviufculus, a, um, un peu léger.
Levitas, is, légereté, inconftance.
Leviter, légerement, fuperficiellement, médiocrement.
Levidenfis, e, léger, clair, peu ferré ; 2°. de vil prix.
Levenna, æ, homme léger, évaporé.

BINOMES.

Levi-Fidus, a, um, fujet à manquer de foi.
Levi-Somnus, a, um, qui s'éveille au moindre bruit.
Levi-Pes, dis, qui a le pied léger.
Per-Levis, e, fort léger.
Per-Leviter, très-légerement, fort à la légere.

V.

De LAB, main, vinrent divers dérivés.

1. Lavernio, onis, voleur, larron.

LAVERNA, æ, Déesse des larrons ; 2°. un plagiaire.
LAVERNALIS, e, qui concerne la Déesse des voleurs.

2. LABARUM, i, étendard, banniere, pavillon, *mot à mot*, ce qu'on tient élevé ; 2°. nom du fameux étendard de Constantin, mot dont on ignoroit l'origine.

3. A-LAPA, æ, souflet, coup sur la joue donné à main étendue.

DÉRIVÉS GRECS.

1. ALAB-ARCHES, Receveur des péages.
2. ASTRO-LABUM, i, instrument pour prendre la hauteur des Astres.
3. SYL-LABA, a, syllabe : *mot à mot*, lettres qu'on *prend* ensemble pour les prononcer à la fois.

SYL-LABATIM, syllabe à syllabe.
SYL-LABICUS, a, um, syllabique.
SYL-LABUS, i, index d'un livre.
MONO-SYL-LABUS, i, qui n'a qu'une syllabe.
BI-SYL-LABUM, i; DIS-SYL-LABUS, i, de deux syllabes.
TRI-SYL-LABUS, a, um, de trois syllabes, qui a trois syllabes.
TETRA-SYL-LABUS, a, um, de quatre syllabes, qui a quatre syllabes.
HENDECA-SYL-LABICUS, a, um, de onze syllabes, qui concerne les vers endécasyllabes.
HENDECA-SYL-LABUS, i, endécasyllabe ; vers de onze syllabes.

4. LEMMA, *tis*, argument, titre d'une pièce de poésie.

ANA-LEMMA, *atis*, instrument de Gnomonique, propre à marquer le cours du Soleil.

5. ACATA-LEPSIA, æ, incompréhensibilité.
ANTI-LEPSIS, is, intercession, interjection ; 2°. perception.
EPI-LEPSIA, æ, épilepsie, mal caduc, haut-mal.
META-LEPSIS, is, transposition, figure de Rhétorique.
IATRA-LEPIA, æ, Médecin qui se sert de frictions & d'onctions, ou de remédes topiques.
IATRA-LEPTICE, es, partie de la Médecine qui se sert d'onctions, ou de remédes topiques.
SYL-LEPSIS, is, syllepse, figure de Rhétorique, lorsque, sous un même régime, on joint des pluriers avec un singulier.

VI.

LAB, chûte.

De LAB, élever, vint par opposition LABES, chûte : d'où cette famille étendue.

I.

1. LABES, is, chûte de terre, grande ouverture de terre, gouffre ; 2°. destruction, ruine ; 3°. tache, flétrissure.

LABECULA, æ, petite tache, flétrissure.
LABOSUS, a, um, plein de taches.

2. LABO,-are, branler, être ébranlé, vaciller, plier.

LABANS, tis, qui tombe, chancelant, qui est sur le penchant de sa ruine.
LABILIS, e, qui tombe aisément.
LABIDUS, a, um; LABOSUS, a, um, glissant, où l'on risque de tomber.
LABASCO,-ere ; LABASCOR,-sci, chanceler.

3. LABOR, eris, psus sum, labi, tomber, glisser.

Lapsus, a, um, tombé.
Lapsus, ûs; Lapsio, onis, chûte, écoulement.
Lapso, -are, tomber souvent.

BINOMES.

Labe-Facio, -ere, ébranler.
Labe-factio, onis, ébranlement.
Labe-facto, -are, renverser en ébranlant.
Labe-Factus, a, um; Labe-Factatus, a, um, ébranlé.
Labe-Factatio, onis, ébranlement.
Labe-Factator, is, qui secoue, qui fait tomber.

COMPOSÉS.

Al-Labor, i, tomber, se répandre, glisser.
Al-Lapsus, ûs, glissement, chûte.
Col-Labor, -i, tomber.
Col-Labe-fio, être ébranlé.
Col-Labe-facto, -are; Col-Labefacio, -ere, faire branler, renverser, briser.
Col-Labasco, is, -ere; Col-Labesco, -ere, branler, être prêt à tomber.
Col-Lapsus, a, um, tombé; 2°. pâmé, évanoui.
De-Labor, i, tomber de dessus, se laisser aller, avoir du penchant.
Di-Labor, i, s'écouler, se perdre en coulant, déchoir.
Di-Labens, tis, qui tombe; qui se décharge.
Di-Labidus, a, um; Di-Labilis, e, qui tombe, qui dure peu, caduc, qui se corrompt, qui dépérit.
E-Labor, -i, s'écouler, s'échapper en coulant; 2°. s'évanouir.
E-Lapsio, onis, évasion.
E-Laps, pis, serpent qui se glisse.
Il-Labor, -i, se glisser, se couler dedans, s'insinuer.

Il-Labilis, e, qui ne peut tomber.
Il-Lapsus, ûs, écoulement, cours ou passage des eaux; 2°. entrée; 3°. chûte.
Il-Labe-factus, a, um, qui n'a point été ébranlé, sans tache.
Inter-Labor, i, s'écouler entre, tomber entre.
Per-Labor, -i, couler, se glisser dessus, à travers; 2°. aller devant, précéder.
Præ-Labor, -i, passer, couler devant.
Pro-Labor, -i, tomber devant.
Pro-Lapsio, onis, chûte.
Præter-Labor, i, couler, passer outre, auprès, le long; 2°. s'effacer de l'esprit.
Re-Labor, -i, retomber; remonter à sa source.
Sub-Labor, -i, couler par-dessous; 2°. tomber en ruine, déchoir.
Sub-Lapsus, a, um, tombé sans dessus dessous.
Subter-Labor, -i, couler dessous; 2°. se retirer secrettement.
Trans-Labor, -i, passer, couler au-delà.

2°.

Lubricus, a, um, glissant, où l'on tombe aisément; 2°. qui échappe aisément; 3°. mobile, inconstant.
Lubricum, i, le glissant d'un chemin, de l'âge.
Lubricè, peu fermement.
Lubrico, -are, rendre glissant.
Il-Lubricans, tis, qui se coule dedans doucement, en glissant, qui s'introduit en se coulant.

VII.

De Lab, main, large comme la

main, vinrent des noms de plantes à grandes & larges feuilles.

LAPathus, i, { oseille, patience : Gr.
LAPathum, i, } Lapathos & Lapathon.

LAPpa, æ, bardane.

LAPpaceus, a, um, de bardane.

LAPpago, inis, espéce de mouron, plante.

VIII.
LEP, Lièvre.

LEPus, oris, est le nom Latin du lièvre. Les Etymologistes ont très-bien vu que c'étoit le même mot que le Grec LAGóos, qui désigne également le lièvre, & où G est substitué à P, par un changement très-commun chez ces Peuples. Mais quelle fut l'origine de ces mots chez les uns & chez les autres ? c'est ce dont on ne s'est jamais mis en peine. Ajoutons qu'en Orient, cet animal s'appelle Ar-NABeth, mot dont l'origine n'est pas mieux connue; car on ne sauroit adopter ce qu'on a rêvé là-dessus : observons qu'ici Ar n'est autre chose que l'article Al ; & Eth la terminaison féminine : ensorte que le vrai radical est Nab, mot qui paroît de la même espéce que Lab ou Lepus, par la substitution continuelle de N & de L.

Le lièvre se distingue entre tous les autres animaux, par sa lévre supérieure fendue jusqu'aux narines ; d'où est venu le mot de Bec-de-lièvre, pour désigner les lévres supérieures lorsqu'elles sont fendues chez les hommes comme dans les lièvres.

On en aura donc dérivé le nom de cet animal, puisque LAB, LAPP, est le nom Persan, Latin & Celtique des lévres. LAGóos & NAB ne seront que des altérations de ce mot primitif : de-là vinrent ces mots Latins :

LEPus, oris, lièvre ; 2°. poisson, qui ressemble au lézard ; 3°. espéce de crabe.

LEPusculus, i, levreau, petit lièvre.

LEPorinus, a, um, de lièvre.

LEPorarium, ii, parc où l'on tient des lièvres.

IX.
LIBRA, livre, póids.

1. LIBra, æ, livre, poids d'une livre, *mot à mot*, ce qu'on pese de la main; 2°. balance; 3°. contrepoids; 4 niveau ; 5°. la balance, signe du Zodiaque.

LIBella, æ, niveau ; 2°. monnoie d'argent de la valeur de l'as Romain.

LIBralis, e, d'une livre, qui pèse une livre.

LIBrilis, e, qui sert à lancer, à darder, à balancer.

LIBrile, is, balance, fléau d'une balance.

LIBrilla, orum, machines de guerre pour lancer des pierres.

COMPOSÉS.

BI-LIBra, æ, poids de deux livres.

BI-LIBris, m. f. bre, n. de deux livres ; qui pèse deux livres.

SE-LIBra,

Se-Libra, æ, demi-livre.

Tri-Libris, m. f. bre, n. de trois livres, qui pèse trois livres, trois livres pesant, du poids de trois livres.

2. Libro, -are, tenir en équilibre, donner le contre-poids; 2°. niveler; 3°. égaler; 4°. lancer; 5°. peser, examiner; 6°. éprouver.

Librator, is, niveleur; 2°. celui qui lance, canonnier.

Libratio, onis, l'action de mettre en équilibre; 2°. balancement; 3°. nivellement; 4°. l'action de lancer.

3. Librari, être suspendu.

Libramen, inis, contre-poids; 2°. l'action de lancer.

Libramentum, i, contre-poids, nivellement, équilibre.

Libri-Pens, dis, celui qui pesoit l'argent donné aux soldats Romains, Fermier du poids public; 2°. celui qui tenoit la livre de cuivre dans la cérémonie de la passation du contrat de vente, appellé Mancipatio.

Libraria, æ, servante qui donnoit la tâche aux autres domestiques.

Librarius, a, um, qui pèse une livre.

COMPOSÉS.

De-Libero, -are, peser, consulter, considérer; 2°. penser; 3°. conclure, résoudre.

De-Liberatio, onis, consultation, délibération.

De-Liberatum, i, arrêté, résolution.

De-Liberator, is, qui consulte.

De-Liberativus, a, um, sur quoi il y a à délibérer.

Orig. Lat.

X.
LUCTA,
Lutte.

Ce mot est un de ceux dont l'origine étoit absolument perdue, & qu'on croyoit introuvable : c'est qu'on l'envisageoit comme un mot simple, & non comme un mot composé. La lutte est un combat où l'on n'employe d'autre arme que la main ; c'est précisément ce que signifie ce mot dans la langue Celtique : il est composé de *Laf*, *Lau*, *Lu*, main ; & de *Cad*, prononcé *Ced*, puis *CT*, combat.

Lau-ceda, devenu *Laucta*, puis, *Lucta*, combat de la main.

De-là cette Famille.

Lu-cta, æ,
Luctamen, inis, } lutte, l'action de
Luctatio, onis, } lutter.

Lu-cto, -are; Luctor, -ari, lutter, s'exercer à la lutte ; 2°. tâcher, se débattre ; 3°. disputer.

Luctatus, ûs, effort.

Luctator, is, lutteur, qui se débat.

Luctatorius, a, um, qui concerne la lutte ou les lutteurs.

COMPOSÉS.

Col-Lu-ctor, -ari, lutter, disputer ensemble.

Col-Luctatio, onis, effort, résistance, dispute, démêlé.

De-Lucto, -are; De-Luctor, -ari, lutter, combattre.

E-Luctabilis, m. f. le, n. qu'on a peine

surmonter, dont on ne peut aisément venir à bout.

E-Luctans, tis, omn. gen. qui fait effort, qui s'efforce, qui tâche à surmonter.

E-Luctor, aris, atus sum, ari, sortir avec effort; 2°. se tirer avec peine, se dépêtrer, surmonter avec difficulté, venir mal-aisément à bout.

Il-Luctans, tis, omn. gen. qui résiste contre, qui s'oppose.

Il-Luctor, aris, atus sum, ari, s'opposer à, résister, se roidir contre.

Ine-Luctabilis, m. f. le, n. insurmontable, invincible; 2°. inévitable.

Ob-Luctandus, a, um, à qui il faut tenir tête, s'opposer, résister.

Ob-Luctans, tis, omn. gen. qui résiste, qui s'oppose, qui tient tête.

Ob-Luctatus, a, um, qui a résisté, qui a lutté, qui a combattu.

Ob-Luctatus morti, qui a lutté, combattu contre la mort : part. de

Ob-Luctor, aris, atus sum, ari, lutter contre, résister, s'opposer, tenir tête, faire effort contre.

Re-Luctans, tis, résistant, qui résiste, qui fait effort contre.

Re-Luctatio, onis, résistance, effort contre.

Re-Luctatus, a, um, participe de

Re-Lucto, as, avi, atum, are; &

Re-Luctor, aris, atus sum, ari, résister, faire résistance ou effort contre, répugner.

XI.
LAB, Lévre.

De Lab, prendre, saisir, vint la Famille Lab, lévre, espéce de main qui sert également à prendre, à saisir : de-là cette Famille Latine :

1°.

1. LaBium, ii, ⎫ lévre, lippe, babi-
LaBia, æ,   ⎬ ne; 2°. bord de
LaBrum, i,   ⎭ quelque chose que ce soit, comme les lévres sont les bords de la bouche; 3°. bassin d'une fontaine, cuvette, baignoire; mais dans ce troisieme sens, il vient de Lav, Lab, laver, baigner.

LaBrosus, a, um; LaBiosus, a, um, dont les bords s'élévent en forme de lévres, qui a de grosses lévres, ou de grands rebords.

LaBeo, is, Lippu, qui a de grosses lévres.

LaBellum, i, petite lévre; 2°. cuvette.

2. LaBda, æ, suceur, suceuse; on suce avec les levres.

LaBdace, es, suçage, l'action de sucer.

LaMbero,-are; LaMbito,-are, lapper, boire comme un chien : c'est Lab nasalé.

3. LaMbo, is, i, ere, sucer; 2°. arroser les bords; 3°. effleurer, toucher légerement des lévres, lécher.

Composés.

Al-Lambo,-ere, lécher, effleurer des lévres.

Circum-Lambo,-ere, lécher tout autour.

De-Lambo,-ere, lécher.

Præ Lambo,-ere, lécher le premier, faire l'essai de l'extrémité des lévres.

Col-LaBello,-are, baiser amoureusement, se caresser comme les oiseaux, bec-à bec.

Sub-LaBro,-are, sucer.

2°.

Limbus, i, mot qui signifie bord, comme Labium; la bordure, la frange, la broderie, le tour de chaque chose; ainsi que les lévres sont la bordure ou la frange de la bouche.

LIMBatus, a, um, brodé tout autour, bordé.

LIMBator, oris,
LIMBolarius, ii, } celui qui brode ou borde quelque chose.
LIMBularius, ii,

3°.

LIBo, -are, effleurer, goûter, tâter légerement des lévres; 2o. faire oblation, libation, des effusions à l'honneur de la Divinité.

LIBus, i, & LIBum, i; LIBacunculus, i, gâteau fait de farine, de miel & d'huile qu'on offroit aux Dieux.

LIBarius, ii, Pâtissier, qui fait des gâteaux.

LIBamen, is; LIBamentum, i; LIBatio, is, libation, effusion.

LIBito, -are, goûter, essayer; 2o. faire des libations; 3o. faire oblation.

LIBitina, æ, libations funéraires, offrandes faites aux morts; 2o. Déesse des libations funéraires; 3o. le cercueil ou tombeau sur lequel on faisoit des libations; 4o. métier d'enterreur, de ceux qui faisoient les libations funéraires; 5o. le mort, celui à qui on a fait les libations.

LIBitinarius, ii, celui qui fournissoit les choses nécessaires pour les funérailles, Juré-Crieur.

LIBitinensis, e, funéraire, qui concerne les offrandes & les libations qu'on faisoit aux morts.

LIBeum, i; LIBatorium, ii, vase sacré pour faire les libations.

COMPOSÉS.

DE-LIBo, -are, goûter des lévres, entamer; 2°. diminuer; 3°. cueillir.

DE-LIBatio, is; DE-LIBamentum, i, épanchement de liqueur, libation, essai, l'action de goûter; 2°. portion d'une succession, qui n'excéde pas le dixiéme du total.

DE-LIBator, is, qui choisit, qui essaye, qui éprouve.

DE-LIBatorium, ii, lieu propre à faire des libations.

INDE-LIBatus, a, um; IL-LIBatus, a, um, à quoi l'on n'a pas touché, entier, sain, qui n'est point gâté, pur.

E-LIBatio, onis, libation.

PRÆ-LIBo, -are, goûter d'avance, essayer le premier.

4°.

LOBus, i, bout de l'oreille, par où on la prend.

PRO-LOBus, i, } l'anse, le bout de
PRO-LOBium, i, } quelque chose, par où on la saisit: de LAB, prendre.

5°.

De LAB, lévre, & de Ruscus, rude, âpre, vint cette Famille:

LAB-Rusca, æ, vigne sauvage, 2°. lambrusque, fruit de cette vigne.

LAB-Ruscum, i, fruit de la vigne sauvage.
LAB-Rusculum, i, petite vigne.
LAB-Ruscosus, a, um, rempli de vigne sauvage.
LAB-Ruscetum, i, lieu où il y a de la vigne sauvage.

LAC, LAQ,
Lacets, piége.

De L désignant les bras, la main,

vint le radical LAQ, qui prend, qui saisit; nom des piéges, des lacets, de tout ce qui sert à attraper, à saisir.

De-là l'Or. לכד, LAKAD, saisir, surprendre.

Et ces familles Latines:

I.
LAC, Lacet, Piége.

LAQueus, ei, lac, lacet, piége, panneau.

LAQueator, is, celui qui jette aux fuyards une corde à nœud coulant pour les arrêter.

LAQueatus, a, um, attaché avec des cordes, étranglé.

LAQueo, -are, attacher avec des cordes, étrangler.

COMPOSÉS.

IL-LAQueo, -are, lier, prendre dans des filets.

IL-LAQueatio, onis, l'action de prendre ou d'être pris dans des filets.

IL-LAQueator, is, qui embarrasse dans des filets.

IN-LAQueatus, a, um, enlacé, pris dans des filets.

AB-LAQueo, -ere, déchausser un arbre.

AB-LAQueatio, is, déchaussement des arbres, des vignes.

II.
LAC, attirer, enlacer.

LAcio, is, ere, tromper, tendre des piéges.

AL-Licio, is, xi, lectum, cere; AL-Lice-Facio, -ere, amorcer, charmer, attirer, gagner.

AL-Lectatio, is, cajolerie, amorce;

AL-Lecto, -are, amorcer.

AL-Lector, is, qui attire; 2°. oiseau qui sert d'apeau pour attirer les autres.

AL-Lectus, a, um, attiré, invité.

DE-Liciæ, arum, } charmes, volup-
DE-Licium, ii, } tés, attraits.

DE-Liciolæ, arum, petits délices, enchantemens.

DE-Licatus, a, um, séduit par les plaisirs, voluptueux; 2°. délicieux, qui séduit; 3°. qui a du goût, de la finesse pour séduire, délicat.

DE-Licaté, délicieusement, voluptueusement.

DE-Lecto, -are, charmer, amuser, enlacer.

DE-Lectamentum, i; DE-Lectatio, onis, plaisir, jeu, divertissement, ce qui charme & enchaîne.

E-Lecebræ, arum, amorces, charmes, lacs, appas.

E-Licio, -ere, attirer, évoquer.

E-Licius, ii, qui attire, qui charme.

IL-Licio, -ere, gagner, tromper par des caresses.

IL-Licium, ii, IL-Lectamentum, } attraits,
IL-Lecebra, æ, IL-Lectatio, } char-
IL-Lecebratio, onis, IL-Lectus, ûs, } mes, allèchemens.

IL-Lecebrator, oris, qui attire, qui charme, séduisant.

IL-Lecebrosus, a, um, attirant, plein d'attraits.

IL-Lecebrosè, d'une maniere engageante.

IL-Lex, cis, attrait, charme; 2°. charmant, séduisant.

INDE-Lectatus, qui n'a pas été charmé.

IN-Licio, -ere, attirer, faire tomber dans des lacs.

IN-Licium, ii, l'action de faire venir le peuple dans une assemblée, de le séduire.

PEL-LAC*ia*, *æ*, fourberie, tromperie.
PEL-L*\x*, *cis*, trompeur.
PEL-LEC*to*,-*are*, exciter, émouvoir.
PEL-LIC*atio*,-*onis*, cajolerie, l'action d'enjoller.
PEL-LIC*ator*, *oris*, cajolleur, séducteur.
PEL-LIC*io*,-*ere*, attirer par flatterie, attraper, tromper.
PER-LEC*ebra*, *æ*, attraits.
PER-LEC*to*,-*are*; PER-LIC*io*,-*ere*, attirer, séduire à force de caresses.
PRO-LIC*io*,-*ere*, attirer.

CON-DE-LEC*tor*, *aris*, *atus sum*, prendre plaisir à.

OB-LEC*tamen*, *inis*, *n.*, &
OB-LEC*tamentum*, *i*, *n.* divertissement, passe-temps, récréation.

OB-LEC*taneus*, *a*, *um*, qui cause du plaisir, qui donne du divertissement, qui divertit.

OB-LEC*tatio*, *onis*, voyez Oblectamen.
OB-LEC*tator*, *oris*; *trix*, *icis*, qui divertit, qui donne du plaisir.

OB-LEC*to*, *as*, *avi*, *atum*, *are*, &
OB-LEC*tor*, *aris*, *atus sum*, *ari*, divertir, causer du plaisir, donner du divertissement, récréer, réjouir.

IN-OB-LEC*tor*, *aris*, *ari*, prendre plaisir à.

PRO-LEC*tibilis*, *m. f. le*, *n. is*, attrayant, qui peut attirer.

PRO-L'EC*to*, *as*, *avi*, *atum*, *are*, attirer par la flatterie, charmer par de belles paroles, gagner par des promesses.

SUB-LEC*to*, *as*, *avi*, *atum*, *are*, se jouer, se moquer de quelqu'un en lui faisant des caresses.

III. Lien.

1°. Loi.

LEX, *gis*, loi, droit écrit : lien civil & moral ; 2°. régle, modèle ; 3°. condition qui lie.

LEG*alis*, *e*, de la loi, qui concerne la loi.
LEG*uleius*, *i*, qui étudie le Droit.
LEG*itimus*, *a*, *um*, légitime, suivant le droit ; *m. - à - m.* très-conforme à la loi.
LEG*itime*, selon les loix.

BINOMES.

LEGI-FER, *a*, *um*, qui donne des loix : de *Fero*.

LEGI-RUP*a*, *æ*; LEGI-RUP*io*, *onis*, infracteur de loix : de *Rup*, rompre.

LEGIS-LAT*or*, *is*, qui fait des loix : de *Lat*, porter.

COMPOSÉS.

EX-LEX, *egis*, qui est ou qui vit sans loi, qui ne suit ou qui n'a aucune loi.

IL-LEX, *egis*, *omn. gen.* qui vit sans loi.

2°. Lier.

LIGO,-*are*, lier, bander.

LIG*atio*, *onis*,
LIG*atura*, *æ*,
LIG*amen*, *inis*,
LIG*amentum*, *i*,
} lien, bandage.

LIG*ula*, *æ*, courroie, cordon ; 2°. cuiller à long manche, spatule, cuillerée, languette, écumoire, lame d'épée étroite, épiglotte.

LICT*or*, *is*, Licteur, Huissier, Bedeau.
LICT*orius*, *a*, *um*, de licteur.

COMPOSÉS.

AL-LIGO,-*are*, lier, attacher à quelque chose ; 2°. obliger, engager ; 3°. embrasser.

AL-LIG*ator*, *is*, celui qui attache ; 2°. celui qui oblige.

AL-LIGatio, onis ; AL-LIGatura, æ, lien, bandage ; 2°. liaison, union ; 3°. engagement, obligation.

AD-AL-LIGO, as, avi, atum, are, lier, attacher à quelque chose.

CIRCUM-LIGO, as, avi, atum, are, lier autour.

COL-LIGO,-are, lier ; joindre, attacher ensemble.

COL-LIGatio, onis, lien, union, enchaînement.

IL-LIGatio, onis, l'action de lier, d'attacher à.

IL-LIGatus, a, um, part. de

IL-LIGO, as, avi, atum, are, lier, engager, entrelasser, attacher, nouer, entortiller.

OB-LIGamentum, i, V. Obligatio.

OB-LIGans, tis, omn. gen. engageant, qui oblige, qui engage.

OB-LIGatio, onis, obligation, engagement.

OB-LIGatio linguæ, empêchement de la langue, qui rend bègue.

OB-LIGatus, a, um, partic. de

OB-LIGO, as, avi, atum, are, lier tout autour ; 2°. engager, obliger ; 3°. vouer.

PER-LIGatus, a, um, partic. de

PER-LIGO, as, are, lier ou serrer étroitement.

PRÆ-LIGatus, a, um, partic. de

PRÆ-LIGO, as, avi, atum, are, lier par-devant ou auparavant.

RE-LIGatio, onis, l'action de lier, d'attacher.

RE-LIGatus, a, um, part. de Religo.

RE-LIGatus somno, accablé d'un profond sommeil, fort assoupi, endormi.

RE-LIGO, as, avi, atum, are, lier, relier, attacher.

IRRE-LIGatus, a, um, délié, épars.

SUB-LIGaculum, i, & SUB-LIGar, aris, caleçon, trousse, culotte, & tout ce qui sert à couvrir le même endroit du corps.

SUB-LIGO, as, avi, atum, are, lier par-dessous.

SUPER-AL-LIGO, as, avi, atum, are, lier ou attacher par-dessus à.

SUPER-IL-LIGO, as, avi, atum, are, attacher ou lier par-dessus.

3°. Religion.

RE-LIGio, onis, Religion, culte qu'on rend à la Divinité ; 2°. dévotion, piété ; 3°. conscience ; *mot-à-mot*, lien supérieur, plus parfait ; loi par excellence.

RE-LIGens, tis, omn. gen. pieux, dévot.

RE-LIGiosè, iùs, issimè, adv. pieusement, religieusement, avec dévotion, dévotieusement ; 2°. scrupuleusement.

RE-LIGiositas, atis, attache à la religion, culte religieux.

RE-LIGiosus, a, um, ior, issimus, religieux, qui a de la religion, de la piété, de la dévotion ; pieux, dévot, consciencieux ; 2°. scrupuleux, religieux jusqu'à la superstition, superstitieux.

REL-LIGio, onis, voyez Religio.

NÉGATIFS.

IRRE-LIGio, onis, irréligion.

IRRE-LIGiosè, avec irréligion, d'une manière impie.

IRRE-LIGiositas, atis, voyez Irrelligio.

IRRE-LIGiosus, a, um, irréligieux, qui est sans religion, impie.

IV.
LAC, Lâche.

De LAC, lien, filet, vint par opposition la famille Celtique LACC,

LACH, lâche, dans tous les sens ; délié, paresseux, nonchalant :
En Grec LAGGEó, être paresseux.
LAGaros, lâche, affaissé, distendu.
En Allemand Sch-LAK ; en Anglois S-LACK, lâche, paresseux,
De-là ces familles Latines

1.

F-LACcus, *a, um*, } flasque, lan-
F-LACcidus, *a, um*, } guissant, mou, fané, pendant, flétri.

F-LACceo, *es, ui, ere*; F-LACcesco, *is, cui, scere*, languir, s'abattre, perdre sa force, se faner, se flétrir.

2.

LAXus, *a, um*, lâche, reLAché, débandé ; 2°. ample, spacieux, étendu.

LAXo, *-are*, élargir, prolonger, rendre plus spacieux, relâcher, dégager, congédier.

LAXius, *ii*, le boyau colon, par où on se lâche.

LAXatio, *is* ; LAXitas, *is*, élargissement, vuide, espace, largeur.

LAXé ; LAXum, au large, spacieusement.

LAXamentum, *i*, relâche, récréation après le travail.

COMPOSÉS.

Con-LAXo, *-are*, élargir, relâcher.
Re-LAXatio, *onis*, relâche.
Re-LAXator, *oris*, qui relâche.
Re-LAXatus, *a, um*, relâché ; 2°. qui a du relâche.
Re-LAXo, *as, avi, atum, are*, relâcher, élargir, desserrer, étendre ce qui est trop serré ; 2°. donner du relâche,

Re-LAXus, *a, um*, relâché, lâche, qui n'est point serré, desserré.

3°.

LACH & LANG, langueur, relâchement.
LACHanisso, *-are*, } languir, être lan-
LACHanizó, *-are*, } guissant.
LANGueo, *es, ui, ere*, manquer de force, de courage, être languissant, lâche, paresseux.

LANGuesco, *-ere*, perdre sa vigueur, s'affoiblir.
LANGuor, *is*, foiblesse, abattement, perte de vigueur, mollesse, paresse, manque de cœur.
LANGuidus, *a, um* ; LANGuidulus, *a, um*, débile, foible, languissant, lâche, mou, qui a perdu sa vigueur.
LANGuidé, languissamment, mollement.
LANGui-Ficus, *a, um*, qui fait languir.
LANGue-Facio, *-ere*, rendre languissant.

COMPOSÉS.

E-LANGueo, *-ere*, } s'affoiblir,
E-LANGuesco, *-ere*, } languir, perdre ses forces.
Ob-LANGueo, *es, ere* ; Ob-LANGuesco, *is, ere*, languir, s'affoiblir.
Re-LANGueo, *-ere* ; Re-LANGuesco, *-ere*, devenir languissant, s'abattre, s'amollir ; 2°. s'affoiblir, diminuer, perdre ses forces.

LAC, LAZ,
Déchirer.

LAC, LAZ est une Onomatopée qui peint le déchirement, l'action de déchirer, couper, tronquer ; d'où l'Oriental לחץ, Lhatz, Lakhaz, abattre, opprimer: מלקחים, Me-Laqhim, ciseaux.

Le Grec ΛΑΚΙς, Lakis, déchirure. ΛΑΚΗ, Laké, précipice, ravine, &c.

Et ces familles Latines.

I.

Lacer, a, um, } tronqué, déchi-
Lacerus, a, um, } ré, démembré.

Lacero,-are, déchirer, déchiqueter, délabrer, briser.

Laceratio, onis, l'action de déchirer, éraflure, démembrement.

Lacerosus, a, um, couvert de haillons, de guenilles.

Composés.

Col-Lacero,-are, déchirer avec, ensemble.

De Lacero,-are; Di-Lacero,-are, déchirer; 2°. ruiner, dissiper.

Di-Laceratio, onis, déchirement.

Semi-Lacer, a, um, à demi-déchiré.

Il-Lacerabilis, m. f. le, n: qui ne peut être déchiré, qu'on ne peut déchirer.

II.

Lacino,-are, } déchirer, décou-
Lancino,-are, } per; 2°. dissiper, dépenser.

Lacinatio, onis, déchirement, l'action de déchirer, de dépenser.

Lacinator, is, qui déchire, qui met en pieces; 2°. dissipateur.

Lacinia, æ, frange, bord; 2°. bas d'une robe; 3°. pan, lambeau; 4°. parcelle, peloton; 5°. robe.

Lacinio,-are, diviser par parcelles, par pelotons, distribuer; 2°. couvrir d'un pan de sa robe.

Laciniosus, a, um, divisé par parties; 2°. plein de coupures.

Laciniatim, par lambeaux, par parcelles.

Laciniæ, arum, espèces de mamelles qui pendent du cou des chèvres.

III.

1. Lacertus, i, le bras, du coude au poignet, parce que là il est comme coupé en deux; 2°. la force du poignet.

2. Laco-Tomus, i, ligne droite parallele à l'axe, depuis l'endroit où le rayon d'été coupe le méridien, jusqu'à celui où il coupe le rayon d'hiver; 2°. ligne pour marquer les signes dans l'analemme; 3°. ligne droite qui coupe une partie du cercle méridien entre les tropiques.

IV.

De Lac, Lec, couper, se formerent ces mots:

1. Laquear, is, plancher, lambris.

Lacunar, is, plafond, lambris; 2°. entrevoux.

2. Lacuno,-are, lambrisser, faire un plafond.

Sub-Laqueo, as, are, orner de plafonds, de lambris: 2°. plafonner.

3. Ligo,-onis, houe, hoyau.

Ligonizo, - are, labourer avec la houe; bêcher.

4. Lucanica, æ, saucisson.

Lucanicus, a, um, friand, gourmand.

LUX,
Déboîter.

De l'Or. לוז, Luz, écarter, vint cette Famille:

Luxo,

Luxo,-are, déboîter, disloquer, démettre, remuer, faire changer de face.

Luxus, a, um; Luxatus, a, um, démis, disloqué.

Luxatio, onis; Luxatura, æ, déboîtement des jointures.

E-Luxatus, a, um, part. de

E-Luxo, as, avi, arum, are, déboîter, démettre, disloquer; 2°. prendre une entorse.

V.

De LAC, déchirer, les Grecs firent LAKheó, partager, d'où vint:

Lachesis, is, le sort; 2°. nom d'une des Parques, celle qui distribuoit les talens, & décidoit du sort que chacun auroit.

VI.

LUCR, Gain, Lucre.

Ici un A changé en O, ensuite en U, a dérouté les Etymologistes : ils n'ont pu voir que ce mot tenoit au vieux verbe Grec LAKheó, & LEKhó, changé au présent en LAGKhanó, & qui signifie obtenir, gagner, avoir en partage, être loti.

Et que tout ceci tient au radical LAC, Loc, partage, portion, même famille que LOD, LOT, par le changement de C en D, & qui signifie LOT, partage dans tous les sens.

Lucrum, i, gain, profit, utilité.

Lucellum, i, petit gain.

Lucrosus, a, um, qui apporte du gain, avantageux.

Lucror,-ari, gagner, tirer du profit.

Lucrativus, a, um; Lucri-Ficabilis, e, profitable, où il y a du gain.

Lucri-Facio,-ere, gagner, tirer du profit.

Lucri-Ficus, a, um, qui apporte du profit.

Lucri-Fico,-are, faire du gain.

Lucri-Fio,-ieri, se trouver du profit.

Lucrio, onis, } qui cherche à gagner.
Lucri-Peta, æ, }

Lucri-Fuga, æ, qui fuit le gain, désintéressé.

Lucri-Cupido, inis, envie de gagner.

Super-Lucror, aris, atus sum, crari, gagner par-dessus, gagner de plus.

LAD,

déchirer, couper.

Du Celte LAD, couper, tailler, déchirer, tuer, formé de LA, malheur, tristesse, vinrent

Le Grec LAIDros, fâcheux, sinistre.

LAthroó, nuire.

Et plusieurs familles Latines.

I.

Lædo, is, si, sum, dere, blesser, offenser, faire un outrage, endommager, nuire.

Læsio, onis; Læsura, æ, offense, injure, blessure.

COMPOSÉS.

Al-Lido,-ere, froisser, briser, rompre.

Al-Lisio, onis, froissement.

Col-Lido, is, si, sum, ere, froisser l'un contre l'autre, frotter ensemble, battre contre.

Col-Lisus, a, um, frotté rudement contre, fatigué.

Col-Lisio, onis; Col-Lisus, ûs, choc, frottement, rencontre.

E-Lido, is, si, sum, dere, briser, écraser, casser, froisser; 2°. exprimer, tirer en pressant.

E-Lisio, onis, suppression d'une liqueur.

Il-Læsus, a, um, qui n'est point blessé, sain & entier.

Il-Lido, -ere, heurter, froisser, rompre contre.

Il-Lisus, ûs, choc d'un corps poussé contre un autre, coup, heurt.

Ob-Lædo, -ere, blesser.

Ob-Lido, -ere, étrangler, étouffer, écraser.

Ob-Lisus, a, um, étranglé, écrasé.

Sub-Lido, is, -ere, frapper doucement par-dessous.

II.

Lis, Litis, une querelle, un combat, un démêlé; procès, contestation, désordre.

Litigo, -are, être en procès, quereller, disputer.

Litigium, ii, procès, débat, différend.

Litigiosus, a, um, qui aime les procès, chicaneur; 2°. touchant lequel on a procès, litigieux.

Litigator, is; Litigatrix, cis, plaideur, plaideuse.

Litigatus, ûs; Litigatio, onis, dispute, démêlé, combat.

COMPOSÉS.

De-Litigo, are, se disputer.

Viti-Litigo, -are, chicaner, harceler.

Viti-Litigator, is, 1°. hargneux, querelleur; 2°. médisant, calomniateur; 3°. processif.

III.

Lethum, i,
Letum, i, } la mort, le trépas.

Letho, -are, tuer, faire mourir : Lethatus, tué.

Lethalis, e, is,
Letalis, e,
Lethi-fer, a, um,
Lethi-ficus, a, um, } mortel, qui cause la mort, qui fait mourir.

Lethaliter, mortellement, de maniere à causer la mort.

IV.

L précédé de B & de C.

1°.

B-Latta, æ, cloporte, insecte qui entre dans les ruches; 2°. mite, insecte qui ronge les livres & les étoffes.

2°.

C-Lades, is, ruine, malheur; 2°. carnage, massacre.

V.

LITus,

Rivage.

De Lido, briser, vint :

Litus, oris,
Littus, oris, } bord, rivage.

Littoreus, a, um,
Littoralis, e,
Littorosus, a, um, } de rivage, qui concerne le rivage.

VI.

1. Litera, æ,
Littera, æ, } lettre, caractere de l'alphabet; 2°. écriture, maniere de former les lettres; 3°. lettre.

Litteræ, *arum*, lettre, miffive; 2°. papiers; 3°. écrits, ouvrages; 4°. Belles-Lettres, fciences.

Litterula, *æ*, petite lettre, petit caractère; 2°. billet; 3°. foibles études.

Litteralis, *e*, littéral.

Litterarius, *a*, *um*, qui concerne les Lettres, les Sciences.

2. Litteratus, *a*, *um*, lettré, docte, favant; 2°. marqué de quelques lettres.

Litteraté, doctement, en habile homme, fçavamment.

Litterator, *is*, qui fait profeffion des Belles-Lettres.

Litteratio, *onis*, l'étude des Belles-Lettres.

Litteratura, *æ*, érudition, connoiffance des Belles-Lettres; 2°. écriture, art de former les lettres; 3°. l'art de la Grammaire.

Composés.

Al-Litteratio, *onis*, jeu de mots.

Il-Litteratus, *a*, *um*, ignorant, fans étude, fans Belles-Lettres, fans érudition; 2°. qui n'eft point écrit.

LAG.

De L, lettre linguale, fe forma en toute langue le nom de la langue, en Lac, Leg, Lig, & en fe nafalant, Ling, Lang, &c.

De là ces diverfes Familles.

I.

Lingua, *a*, langue; 2°. langage; 3°. éloquence; 4°. langue de terre, cap.

Lingula, *æ*, languette; 2°. pince d'un levier; 3°. bayonnette; 4°. cap, langue de terre; 5°. fpatule.

Linguofus, *a*, *um*; Linguax, *is*, grand parleur, babillard.

Linguarium, *ii*, bâillon; 2°. amende qu'on paye pour avoir mal parlé.

Lingulatus, *a*, *um*, qui a une languette, une petite langue.

Lingulaca, *æ*, babillarde; 2°. devinereffe par le chant des oifeaux; 3°. fole, limande, poiffon; 4°. forte de plante.

Composés.

Bi-Linguis, *gue*, qui parle deux langues; 2°. double, diffimulé, fourbe, trompeur, menteur, affronteur, qu'on trouve en deux paroles; 3°. qui a deux langues.

E-Linguandus, *a*, *um*, à qui il faut arracher la langue.

E-Linguis, *gue*, qui n'a point de langue, qui en a perdu l'ufage, muet, qui ne peut parler.

E-Linguo, *as*, *avi*, *atum*, *are*, arracher; ôter, couper la langue.

Tri-Linguis, *m. f.* *gue*, *n.* & Tri-Linguus, *a*, *um*, qui a trois langues.

I I.

Ligurio, -*ire*, être friand, manger ce qu'il y a de plus délicat; 2°. manger délicatement, toucher les viandes avec propreté; 3°. manger avec avidité; 4°. defirer avec ardeur; 5°. lécher.

Liguritor, *is*, friand, qui lèche.

Liguritio, *onis*, friandife, paffion pour les morceaux friands.

Composés.

Ab-Ligurio, *ire*, diffiper, dépenfer, manger tout.

Ae-Liguritio, onis, dissipation de biens.

Ob-Ligurio, is, ivi, itum, ire, dissiper, dépenser, consumer, manger en bonne chere ou en débauches.

Ob-Liguritor, oris, dissipateur, débauché, qui dépense en bonne chere, qui consume en débauches.

III.

Lingo, is, xi, ctum, ere, lécher, lapper.

Linctus, ûs, léchement, action de lécher.

COMPOSÉS.

De-Lingo, is, nxi, nctum, gere, lécher.

E-Lingo, is, ere, lécher, lapper.

Sub-Lingio, onis, lécheur, frippe-sausse.

IV.

Noms de divers objets.

1. Lachanum, i, légume, herbe potagere. Grec ΛΑΧΑΝον.

Lachano, -are, nourrir d'herbes.

Lecano-Mantia, æ, divination par le moyen d'un bassin.

2. Laganum, i, bignet, gauffre; en Grec ΛΑΓαγον.

3. Lagea-Uva, æ, } sorte de raisin.
   Lageos, i,

4. Langula, a, petit plat : de Lagena.

5. Ligusticum, i, livêche, sorte de plante potagere.

Ligustrum, i, le troëne ou sa fleur.

V.

LOQ, parler.

Du primitif Leg, langue, parole, vinrent diverses familles.

I.

Loquor, eris, quutus, ou cutus sum, qui, parler, dire, discourir.

Loquutio, onis,   } parler, parole ; 2°.
Locutio, onis,   } la maniere de par-
Locutus, ûs,   } ler ; 3°. expression, langage.

Locutor, is, grand parleur.

Locutorium, ii, parloir, grille.

Locutuleius, ii, grand causeur, babillard.

Loquela, æ, la parole, le langage ; 2°. mot.

Loquelaris, e, qui concerne le langage.

Loquax, cis, grand causeur, babillard.

Loquacitas, is, caquet, abondance de paroles.

Loquaciter, avec beaucoup de paroles.

Loquaculus, a, um, petit babillard, petit causeur.

Loquacito, -are, babiller, parler beaucoup.

Loquitor, -ari, parler beaucoup.

Loquentia, æ, discours, parole.

COMPOSÉS.

Al-Loquor, -i, parler à quelqu'un, adresser la parole, discourir ; 2°. consoler.

Al-Locutio, onis ; Al-Loquium, ii, entretien, conférence.

Ante-Logium, ii, ou

Ante-Loquium, ii, prologue, préface.

Col-Loquor, -i, parler, discourir avec.

Col-Locutio, onis ; Col-Loquium, ii, conférence, entretien.

Circum-Locutio, onis, circonlocution, périphrase.

E-Locutio, onis, élocution, maniere de s'exprimer, expression, énonciation.

E-Locutor, oris; & E-Locutrix, icis, celui qui parle, qui porte la parole.

E-Locutorius, a, um, qui concerne l'élocution, &c.

E-Locutoria Ars, la Rhétorique, l'art de parler, de bien dire.

E-Locutus, a, um, part. d'E-Loquor.

E-Loquentia, æ, Eloquence, le bien dire, bonne grace à parler.

E-Loquens, tis, omn. gen. tior, tissimus, parlant, discourant, qui s'exprime avec éloquence, qui s'énonce en beaux termes, qui parle éloquemment.

E-Loquenter, iùs, tissimè, adv. éloquemment, avec éloquence, en beaux termes, en termes choisis, fleuris, éloquens.

E-Loquium, ii, n. discours, entretien, paroles; 2°. éloquence, le bien dire; 3°. maniere de s'exprimer.

E-Loquor, eris, cutus sum, qui, parler, dire, discourir, s'exprimer, s'expliquer, s'énoncer.

Ex-Loquor, eris, qui: voyez E-loquor.

In-E-Loquens, tis, omn. gen. qui n'est pas éloquent.

Inter-Locutio, onis, interlocution, ou sentence préparatoire.

Inter-Loquor, eris, cutus ou quutus sum, qui, interrompre; 2°. rendre une Sentence interlocutoire.

Multi-Loquax, acis, omn. gen. voyez Multi-loquus.

Multi-Loquium, ii, n. caquet, babil, long discours.

Multi-Loquus, a, um, grand parleur, grand causeur, babillard.

Ob-Locutio, onis, l'action de contredire; 2°. reproche.

Ob-Locutor, oris, qui contredit ou qui a parlé contre, qui a reproché.

Ob-Loquium, ii, n. voyez Ob-locutio.

Ob-Loquor, eris, cutus sum, qui, contredire; 2°. parler contre; 3°. faire des reproches, dire du mal.

Ob-Loquutor, voyez Ob-locutor.

Per-e-Loquens, tis, omn. gen. fort éloquent.

Per-Loquor, eris, qui, parler à haute voix.

Præ-Locutus, a, um, qui a parlé le premier, qui a avancé, qui a commencé à dire.

Præ-Loquor, eris, cutus sum, qui, dire par avance, commencer par dire; 2°. parler le premier.

Pro-Loquium, ii, n. proposition complette, maxime, sentence, axiome, aphorisme; 2°. avant-propos, préface d'un livre.

Pro-Loquor, eris, cutus sum, qui, dire ce qu'on pense, exprimer sa pensée, s'ouvrir.

Re-Loquor, eris, qui, reparler, recommencer à parler.

VI.

De Leg, langue, vint une autre famille désignant, 1°. les légumes ou plantes potageres agréables à la langue; 2°. l'action de les cueillir, de les amasser, le choix; 3°. la lecture, une des opérations de la langue: autant de significations exprimées par les mêmes mots. Delà:

I.

1. Lego, is, egi, lectum, gere, amasser, cueillir; 2°. trier, élire, choisir; 3°. attraper finement; 4°. lire.

LEGibilis, e, qu'on peut lire aisément, lisible.

LEGulus, i, qui cueille les fruits.

2. LEGumen, inis, } tous les fruits
LEGumentum, i, } de la terre qui se cueillent, se ramassent de dessus la terre ; 2°. légumes, comme pois, lentilles, &c.

LEGuminosus, a, um, plein de légumes ; 2°. fait avec des légumes.

LEGuminarius, ii, Grenetier, qui vend des légumes.

3. LECtus, ûs, choix, élection ; 2°. élite, triage.

LECtus, a, um, choisi, remarquable, excellent.

LECtor, is, lecteur, qui lit.

LECté, avec choix, avec discernement.

LECtio, onis, choix, élite ; 2°. lecture, l'action de lire ; 3°. l'action de ramasser.

LECtiuncula, æ, courte lecture.

4. LECturio,-ire, aimer la lecture, avoir envie de lire.

LECto,-are, choisir ; 2°. cueillir ; 3°. lire.

LECtito,-are, ramasser souvent ; 2°. lire souvent.

5. LEGio, onis, légion, régiment, mot-à-mot, collection, grand assemblage, ou gens d'élite, troupe choisie.

LEGionarius, a, um, légionnaire, de légion.

LEGiuncula, æ, petite légion.

COMPOSÉS.

AB-LECtus, a, um, agréable, charmant.

AB-LEGmina, orum, parties choisies des entrailles pour offrir en sacrifice.

AD-LECtus, a, um, choisi, élu.

AD-LECti, orum, ceux qui de Chevaliers devenoient Sénateurs.

AD-LECtio, onis, élection, passage, association.

AL-LECtio,-onis, choix, élection.

AL-LEGo,-ere, choisir, associer, joindre, mettre au rang.

AL-LECtus, a, um, choisi, élu.

AL-LECtus, i, un de ceux qui tenoient les registres des dépenses publiques ; 2°. celui qui étoit choisi d'entre les Chevaliers Romains pour remplir la place vacante au Sénat.

COL-LIGO,-ere, amasser, assembler, cueillir, trousser ; 2°. conclure, inférer.

COL-LEGium, ii, société, compagnie, assemblée, troupe de gens d'une même profession.

COL-LEGialis, e, de même compagnie, de même corps.

COL-LEGa, æ, compagnon, confrere, associé.

COL-LEGatarius, ii, légataire conjointement avec un autre.

COL-LECtum, i, cueillette, récolte.

COL-LECta, æ, récolte, amas ; 2°. quête ; 3°. écot, contribution ; 4°. assemblée, troupe ; 5°. collecte, courte priere.

COL-LECtus, ûs, amas, réserve.

COL-LECtaneus, a, um, amassé, rassemblé, recueilli.

COL-LECtio, onis, collection, assemblage, recueil ; 2°. conclusion, conséquence ; 3°. quête.

COL-LECtitius, a, um, ramassé de côté & d'autre.

COL-LECtivus, a, um, bon à recueillir ;

2°. qui ramasse ; 3°. fait de ramas ; 4°. concluant.

Col-Lector, is ; Col-Lectrix, cis, quêteur, quêteuse.

De-Ligo, -ere, choisir, élire.

De-Lectus, a, um, choisi.

De-Lector, is, qui fait des recrues.

De-Lectus, ûs, élite, triage ; 2°. différence ; 3°. levée de troupes.

Di-Ligo, ere, aimer, vouloir du bien ; 2°. choisir, élire.

Di-Lectus, a, um, aimé, élu.

Di-Lectus, ûs, choix, élite.

Di-Lector, is, amant.

Di-Lecta, æ, tourterelle ; oiseau.

Di-Ligens, tis, attentif, soigneux, assidu.

Di-Ligentia, æ, soin, exactitude ; 2°. fidélité, attachement ; 3°. choix, discernement, épargne.

Di-Ligenter, soigneusement, régulierement ; 2°. avec choix, purement.

In-Di-Ligens, tis, négligent.

In-Di-Ligenter, adv. négligemment, nonchalamment, sans soin.

In-Di-Ligentia, æ, négligence, nonchalance, peu de soin, inapplication, paresse.

Per-Di-Ligens, tis, omn. gen. fort diligent, très-soigneux, fort exact.

Per-Di-Ligenter, adv. fort diligemment, très-soigneusement, avec bien de l'exactitude, avec beaucoup de diligence ou de soin.

E-Legans, tis, omn. gen. comp. ior, sup. issimus, élégant, poli, agréable, bien tourné ; 2°. fin, délicat, de bon goût ; 3°. galant, bien mis, ajusté, propre, brave, enjoué.

E-Leganter, adv. avec élégance, &c. voyez E-legantia.

E-Legantia, æ, élégance, délicatesse, politesse, justesse, propreté, bonne grace, air galant, maniere élégante.

In-E Legans, tis, omn. gen. qui n'est point élégant, peu poli, fade, insipide, mal fait, mal tourné, qui est sans grace ou privé d'agrémens.

In-E-Leganter, adv. sans élégance, sans grace, sans justesse, sans politesse, sans agrément, d'une maniere peu polie, fade ou insipide.

E-Lectè, adv. avec choix, avec discernement.

E-Lectilis, m. f. le, n. choisi, trié.

E-Lectio, onis, élection, choix, élite.

E-Lecto, as, avi, atum, are, attirer, gagner par caresses ; 2°. attraper, leurrer, tromper à force de flatter.

E-Lector, oris ; E-Lectrix, icis, qui élit, qui choisit, qui fait choix ; 2°. Electeur, Electrice.

E-Lectus, a, um, partic. d'E-ligo.

E-Lectissimus vir, homme d'un mérite rare, distingué.

E-Lectus, ûs, voyez E-lectio.

Il-Lectus, a, um, qu'on n'a point lu.

Inter-Lectio, onis, lecture entre.

Inter-Lego, is legi, lectum, ere, cueillir par-ci, par-là.

Muri-Legulus, i, m. pêcheur du poisson pourpre.

Per-Lego, is, legi, lectum, gere, lire entierement.

Præ-Lectio, onis, explication de ce qu'on enseigne, leçon qu'on explique.

Præ-Lector, oris, qui fait des leçons publiques.

Præ-Lectus, a, um, choisi avec soin ; 2°. qui a été expliqué en faisant des leçons.

PRÆ-LEGendus, *a*, *um*, qu'on doit expliquer, dont on doit donner l'explication en faisant des leçons publiques.

PRÆ-LEGo, *is*, *legi*, *lectum*, *gere*, expliquer dans une leçon publique; 2°. parcourir, passer au long.

PRO-LEGomena, *orum*, *n*. Prolégomenes, Préface, avant-propos, discours préliminaire, traité préparatif.

PRÆ-LIGaneus, *a*, *um*, qui se fait du premier fruit cueilli.

PRÆ-LIGaneum vinum, vin fait avec les raisins les plus mûrs, & qu'on a cueillis les premiers.

RECGL-LECtus, *a*, *um*, *part. de*

RECOL-LIGO, *is*, *legi*, *lectum*, *gere*, ramasser, recueillir, rassembler.

RE-LECtus, *a*, *um*, partic. de Re-lego, gis.

RE-LEGO, *is*, *legi*, *lectum*, *gere*, relire, lire une seconde fois; 2°. recueillir, ramasser.

RETRO-LEGO, *is*, *ere*, relâcher à; 2°. dériver, aller à la dérive.

SE-LECta, *orum*, *n*. plur. collection, recueils.

SE-LECtio, *onis*, choix, élite, l'action de trier, triage.

SE-LECtor, *oris*, qui choisit, qui fait choix, qui trie.

SE-LECtus, *a*, *um*, part. de Se-ligo.

SE-LECti Dii ou Judices, Grands Seigneurs, principaux Magistrats chez les Romains.

SE-LECti, *orum*, les vingt grands Dieux; 2°. les Chevaliers Romains.

SE-LIGO, *is*, *legi*, *lectum*, *gere*, trier, faire un triage, choisir, élire, mettre à part.

SE-LEGI, prét. de Se-ligo.

SUB-LEGo, *is*, *legi*, *lectum*, *legere*, cueillir, recueillir, ramasser à la dérobée; 2°. dérober adroitement, finement; 3°. élire, choisir, substituer, subroger à la place; 4°. lire en passant, à la dérobée.

TRANS-LEGO, *is*, *legi*, *lectum*, *gere*, lire tout d'un bout à l'autre, entièrement.

VII.

LECT, Lit.

De LEGO, cueillir, vint le Grec LEKHÓ, mettre au lit, faire dormir; LEKHomai, se coucher, être au lit; LEKHOS, & LEKTYA, lit.

Les premiers lit se faisoient avec des plantes propres à cela.

De-là cette famille Latine.

1. LECTUS, *i*, lit.

LECTULUS, *i*, petit lit.

LECTULA, *æ*, couchette.

LECTUALIS, *e*, de lit, qui concerne le lit; 2°. qui retient au lit; 3°. alité.

2. LECTICA, *æ*, litiere, chaise à porteurs.

LECTICULA, *æ*, paillasse.

LECTICARIUS, *ii*, porteur de chaises.

LECTICARIOLA, *æ*, gourgandine.

3. LECTI-STERNium, *ii*; 1°. l'endroit où l'on se couche; de *Sterno*, étendre; 2°. cérémonie sacrée, où l'on mettoit dans les Temples, autour d'une table bien servie, & sur de petits lits avec leurs coussins, les images des Dieux.

LECTI-STERNiator, *is*, celui qui avoit soin de faire des lits.

VIII.

VII.
Familles Greco-Latines.
1°. En LEX.

1. Lex*is*, *eos*, mot, expression.
Lex*icon*, *is*, glossaire, vocabulaire.
Anti-Lex*is*, *is*, contumace, faute de répondre en Justice.
Peri-Lex*is*, *is*, circonlocution, détour de paroles.

2. Ana-Lec*ta*, *æ*, *m. f.* qui ramasse, ou qui dessert les restes d'un repas ; qui balaye ce qui est tombé sous la table ; 2°. celui qui ayant beaucoup lû, a beaucoup retenu, & fait plusieurs recueils.
Ana-Lec*ta*, *orum*, collections, fragmens, ramas, recueil ; 2°. restes d'un repas qui demeurent sur les assiettes, ou qui tombent dessous la table.
Ana-Lec*tis*, *idis*, coussinet propre à garnir une épaule, pour la faire paroître aussi haute que l'autre.
Apolecti, *orum*, le Conseil de l'Etolie.

3. Dia-Lec*tica*, *æ*, *f.*
Dia-Lec*tica*, *orum*, *n. plur.* &
Dia-Lec*tice*, *es*, *f.* Dialectique, Logique, l'Art de raisonner.
Dia-Lec*ticè*, à la manière des Dialecticiens, selon les régles de la Dialectique.
Dia-Lec*ticus*, *i*, Dialecticien, Logicien.
Dia-Lec*ticus*, *a*, *um*, de Dialectique, qui concerne l'art de raisonner.
Dia-Lec*tus*, *i*, *f.* dialecte, tour ou manière de s'exprimer dans une langue différemment des autres.

4. Di-Lem-*ma*,*tis*, dilemme, sorte d'argument.

5. Al-Leg*oria*, *æ*, allégorie, emblême.

Orig. Lat.

6. Para-Col-Lec*ticum*, *i*, pinceau, éponge.
Hyper-Cat*a*-Lec*tus*, *a um*, qui a une syllabe de trop.

2°. En LOG.

1. Log*i*, *orum*, contes, chansons, bagatelles.
Log*ismus*, *i*, calcul, compte.
Log*ista*, *æ*, Calculateur ; 2°. Priseur ; 3°. Expert ; 4°. Trésorier ; 5°. Commissaire des guerres.
Log*ion*, *ii*, oracle en prose.

2. Log*ica*, *æ*, } Art de discourir juste, Dialectique, Logique.
Log*ice*, *es*, }
Log*icus*, *a*, *um*, qui concerne la Logique.
Log*ica*, *orum*, disputes raisonnées.

3. Log*eum*, *i*, lieu du Théâtre où étoit placé le chœur.
Log*arium*, *i*, petit journal ; livre de compte.

BINOMES.

Log-Ar*ithmus*, *i*, nombre qui étant joint avec un autre proportionnel, garde toujours avec lui une différence égale.

Log-Is*toricus*, *i*, recueil de traits historiques, sentences & bons mots.

Log*isterium*, *ii*, bureau de Trésorier-payeur ; 2°. école d'Arithmétique ; 3°. revue de Commissaire de troupes.

Log*istice*, *es*, le raisonnement ; 2°. Arithmétique.

Log-Dæ*dalus*, *i*, Sophiste ; 2°. beau parleur ; 3°. qui conte agréablement.

Log-Gr*aphus*, *i*, Greffier, Avocat,

Procureur, teneur de livres.

Logo-Griphus, i, Enigme, Logogriphe.

COMPOSÉS.

A-Logia, æ, état d'un homme à qui la raison manque ; 2°. sottise, fatuité ; 3°. dispense de rendre compte.

Amphibo-Logia, æ, amphibologie.

Ana-Logia, æ, analogie, proportion, rapport, conformité, comparaison.

Ana-Logicus, a, um, analogique, proportionné, &c.

Ana-Logus, a, um, proportionné, semblable, conforme, qui a du rapport, de la convenance.

Ante-Logium, ii, } Préface, Prologue.
Ante-Loquium, ii,

Anti-Locutio, onis,
Anti-Logia, æ,   } contradiction ;
Anti-Logium, ii,   2°. sophisme.
Anti-Loquium, ii,

Apo-Logus, i, Apologue, Fable.

Apo-Logeticus, a, um, apologétique, qui défend.

Apo-Logia, æ, apologie, défense.

Apo-Logismus, i, compte, liste, mémoire.

Apo-Logo,-are, maltraiter de paroles, rebuter, rejetter.

Areta-Logus, i, celui qui discourt de la vertu, diseur de moralités ; d'*Aretés*, vertu.

Astro-Logia, æ, Astrologie.

Astro-Logus, i, Astrologue.

Cata-Logus, i, rôle, liste.

Deca-Logus, i, m. le Décalogue, les dix Commandemens de Dieu.

Dia-Logus, i, m. Dialogue, conversation, entretien.

Di-Logia, æ, ambiguité, double sens.

Ec-Loga, æ, f. choix, élection ; 2°. Dialogue, entretien de Bergers ; 3°. Eglogue.

Ec-Logarius, ii, compilateur qui fait des recueils des plus beaux endroits des Auteurs qu'il lit ; faiseur de recueils.

E-Logium, ii, n. Eloge ; 2°. Epitaphe, inscription ; 3°. motif, raison, sujet ; 4°. clause, &c.

Epi Logo, as, are, conclure, finir un discours.

Epi-Logus, i, épilogue, conclusion, fin d'un discours ; 2°. révolution.

Homo-Logus, a, um, homologue ; qui a les côtés semblables ; terme de Géométrie ; 2°. vassal.

Pro-Logium, ii, argument, sommaire, titre d'un chapitre.

Pro-Logus, i, m. Prologue de piéce de théâtre ; 2°. celui qui fait le prologue, l'Acteur du prologue.

Syl-Logismus, i, m. Syllogisme, Argument composé de deux Propositions & d'une conclusion.

Syl-Logisticus, a, um, où l'on se sert du syllogisme.

LAR,

Etendu.

Lar est un dérivé de L, lieu, place, qui désigna l'étendue, l'abondance : de-là diverses Familles.

I.

Largus, a, um, libéral, qui fait des largesses ; 2°. prodigue ; 3°. abondant.

LARGiusculus, a, um, un peu libéral.
LARGiter, }
LARGé,   } abondamment, libéralement.
LARGitùs, }
LARGior, -iri, faire des largesses; 2°. accorder par grace.
LARGitor, is, libéral, qui fait des largesses.
LARGitio, onis, présent pour gagner quelqu'un; 2°. prodigalité; 3°. libéralité.

BINOMES.

LARGi-Fluus, a, um, qui jette beaucoup d'eau.
LARGi-Ficus, a, um, fait avec magnificence.
LARGi-Loquus, a, um, babillard, grand parleur.

COMPOSÉS.

DI-LARGior, -iri, donner, distribuer.
E-LARGior, iris, gitus sum, iri, donner, départir, distribuer libéralement, faire largesse. *Elargiri de alieno*, faire largesse du bien d'autrui.
E-LARGitio, onis, largesse, libéralité, don.
IN-LARGio. *Voyez* Largior.
PRÆ-LARGus, a, um, fort large.

II.
LOR,
Peau, courroie, cuirasse.

Du Celt. LUR, LER, LEDR, peau, cuir, ce qui s'étend sur tout le corps, en Gr. DERma, vinrent ces familles:

1ᵉ.

LURa, æ, ouverture d'un sac de cuir, d'un outre.

LORum, i, courroie, laniere; 2°. étrivieres, fouet de cuir; 3°. cable, amarre; 4°. sangle de lit; 5°. ceste des Athlètes.
LOReus, a, um, de couroies, de bandes de cuir.
LORatus, a, um, lié avec une couroie.
LORamentum, i, lien.
LORarius, ii, esclave qui servoit à châtier les autres.
LO-RiPes, dis, qui a les pieds tortus.
DI-LORes, rum, vêtemens qui s'attachoient avec deux cordons.
DI-LORico, -are, dégraffer, délacer, ouvrir.

2°.

LORica, æ, cuirasse, corselet; 2°. retranchement, parapet; 3°. garde-fou, appui; 4°. saillie d'une corniche; 5°. enduit, encroûture de murailles.
LORicula, æ, mantelet, gabion.
LORico, -are, cuirasser; 2°. enduire; 3°. incruster, revêtir.
LORicatio, onis, plancher.

III.
LAR, graisse.

Du primitif LAR, graisse, huile, &c. vinrent le Gr. LARinos, engraissé, LARineuó, engraisser, & ces mots Latins:

1. LARDum, i, } lard, *mot-à-mot*,
   LARidum, i, } graisse; en Gr. LAR-DOS.
2. LARix, icis, larix, arbre abondant en résine; nom Celte de la résine.

Larignus, a, um, qui est de bois de larix.
Laricina, æ, résine liquide.

IV.

De Lar, vorace, qui se prononçant Lur, produisit ces mots :

Lurco, onis, gourmand, goinfre.
Lurco, -are ; Lurcor, -ari, manger avec avidité ; 2°. goinfrer, aimer la table.
Lurconius, a, um ; Lurconinus, a, um, de gourmand.
Col-Lurcinatio, onis, débauche.

LOR pour OR.

1°.

De Ar, pointu, se forma le Celte Lar, Lor, pointe, piquant, tout ce qui pique; en Basq. Larra, épine, ronce : de-là ces mots Latins :

Lora, æ, piquette ; 2°. eau qui a passé sous le pressoir avec le marc du raisin.
Luria, æ, oximel, vinaigre miellé.

2°.

Lor pour Or, jaune, couleur d'or, du soleil.

1. Laurus, i, laurier ; sa fleur est jaune.
Laurinus, a, um ; Laureus, a, um, de laurier.
Laurea, æ ; Laureum, i, laurier, feuille de laurier, couronne de laurier.
Laureola, æ, guirlande de laurier.
Laureo, -are, couronner, orner de laurier.
Lauretum, i, un bois de laurier.
Lauri-Fer, a, um ; Lauri-Ger, a, um, couronné de laurier ; 2°. qui produit des lauriers.

Laureolum, i ; Lauro-Mele, es, sorte d'instrument de Chirurgie.

2. Luridus, a, um, jaune, pâle, blême.

3°.

CLOR, pour LOR.

Clorio, onis, verdier, bréan.
Chlorion, onis, loriot.
Chloris, idis, Déesse des fleurs, Flore.
Chlorites, æ, pierre précieuse verte.

LAT.

De L, bras, aîle, côté, vinrent ces familles Latines :

I.

Latus, eris, côté ; 2°. aîle, flanc d'armée; 3°. rivage; 4°. camarade.
Latusculum, i, petit côté.
Lateralis, e, de côté.
Laterarius, a, um, qui est à côté.
Lateraria, orum, chevrons posés en travers.

II.

LAT, Pays.

De L désignant les flancs, le côté, le lieu, vint le mot Lat, pays, mot Arabe, Theuton, &c.

En Celte, G-Lad.
En Persan, B-Lad.

De-là le Latium, & les Latins, mot-à-mot, Habitans du Pays.

Latium, ii, la campagne de Rome.
Latiniensis, e,
Latius, a, um,
Latiaris, e,
Latialis, e,
} qui est du Latium.

Latinus, a, um, Latin.
Latinæ, arum, les fêtes du Latium.
Latino,-are; Latinizo,-are, mettre en Latin.
Latinitas, atis, Langue Latine, Latinité.
Latinè, en Latin.

III.
LAT, Large.

De L désignant le côté, le lieu, la place, vint la famille LAT, qui désigne tout ce qui est étendu, qui occupe beaucoup de place.

Latus, a, um, large, étendu.
Latitudo, inis, largeur, étendue en largeur.
Latesco,-ere, s'élargir, croître en largeur.
Latè, iùs, issimè, au large, amplement.
Per-Latè, avec beaucoup d'étendue, d'une maniere fort étendue, fort au large.
Per-Latus, a, um, part. de Perfero, fort large.

BINOMES.

Latus-Clavus, i, bande garnie de nœuds ou de boutons couleur de pourpre ou d'or, faits en têtes de clous; 2°. dignité de Sénateur Romain: de Clavus, clou.
Lati-Clavius, ii, Sénateur Romain, habillé du laticlave.
Lati-Clavia, æ, robe de Sénateur, bordée par devant d'une bande garnie de nœuds d'or ou de pourpre.
2. Lati-Folius, a, um, qui a les feuilles larges; de Folium, feuille.
3. Lati-Fundium, ii, fonds de terre de grande étendue; de Fundus, fonds.

IV.
LAT, porter.

De L, main, vint LAT, porter; d'où cette nombreuse famille Latine:

Lator, is, porteur, qui porte.
Latoria Lex, Loi des Romains touchant les mineurs.
Latio, onis, l'action de porter.
Latito,-are, porter souvent.
Latus, a, um, porté; Laturus, a, um, qui portera.

Ces deux derniers mots furent les Participes passé & futur du Verbe Porter, formé de trois radicaux différens, de Fero pour les présens, de Tollo pour les prétérits, & de Latus, pour les participes & le Supin.

COMPOSÉS.

Ab-Latus, a, um, emporté, ôté.
Ab-Latio, onis, enlevement; 2°. intervalle pendant lequel un malade est sans frein.
Ab-Lativus, i, ablatif.
Al-Latus, a, um, apporté, venu; 2°. rapporté.
Ante-Latus, a, um, préféré.
Circum-Latitius, a, um, qu'on peut porter autour.
Circum-Latus, a, um, part. de Circum Fero, porté autour: diffus, étendu de tous côtés, transporté çà & là.
Col-Latensis, e, } qui est aux côtés, qui ne vient point en ligne directe;
Col-Lateralis, e, } collatéral.

Col-Latus, a, um, assemblé, joint,
Col-Latatus, a, um, étendu; 2° contribué, comparé.

Col-Lator, is, qui fournit, qui paye sa part.

Col-Latus, ûs, comparaison, parallele; 2°. rencontre de deux armées; 3°. levée de taxe.

Col-Latio, onis, contribution, taille, quote-part; 2°. comparaison, parallele.

Col-Latitius, a, um, à quoi plusieurs
Col-Lativus, a, um, ont contribué, qui a été fourni par plusieurs.

Col-Lativum, i, ce que chacun fournit de subside.

Col-Lato, -are, amplifier, élargir.

Con-Lativus a, um, où plusieurs ont contribué.

De-Latus, a, um, apporté de haut en bas.

De-Lator, is, délateur, dénonciateur.

De-Latio, onis; De-Latura, æ, accusation, plainte.

Di-Latus, a, um, remis, différé.

Di-Latio, onis, délai, remise, surséance; 2°. intervalle.

Di-Lator, is, temporiseur, qui diffère.

Di-Latorius, a, um, qui tend à différer.

Di-Lato, -are, élargir, étendre; 2°. amplifier.

E-Laté, iùs, issimè, hautement, à haute voix, d'un ton élevé; d'une maniere élevée; 2°. d'un style grand, sublime; 3°. avec hauteur, avec fierté, d'une maniere hautaine.

E-Latio, onis, élévation, l'action d'élever en haut; sublimité, 2°. grandeur, majesté.

Il-Latio, onis, l'action d'apporter ou de porter dedans; 2°. conséquence, suite.

Intro-Latus, a, um, porté dedans.

Ob-Latio, onis, oblation, offrande; 2°. droits d'aides.

Ob-Latum, i, présent, ce qui est offert, offre.

Ob-Latus, a, um, part. d'offero.

Post-Latus, a, um, part. de postfero, estimé moins.

Præ-Latura, æ, prélature.

Præ-Latus, i, Prélat.

Præ-Latus, a, um, part. de Præfero, Prælatus equo, emporté par son cheval.

Pro-Lato, as, avi, atum, are, étendre, accroître, augmenter; 2°. prolonger; 3°. différer, remettre, proroger, surseoir.

Pro-Latus, a, um, part. de Profero.

Pro-Latatio, onis, delai, remise, prorogation, surséance.

Pro-Latatus, a, um, part. de Prolato.

Pro-Latio, onis, allégation; 2°. délai, remise, prorogation, surséance; 3°. prononciation; Prolatio rerum, vacances, tems des vacations.

Pro-sub-Latus, a, um, part. de Protollo.

Re-Latio, onis, relation, récit, rapport, l'action de raconter.

Re-Lator, oris, qui fait la relation, le récit, le rapport.

Re-Latus, ûs, V. Relatio.

Corre-Lativa, orum, corrélatifs, choses qui ont un rapport nécessaire les unes avec les autres, comme le pere & le fils, ne pouvant y avoir de pere sans fils, ni de fils sans pere.

Sub-Laté, d'une maniere élevée, avantageuse, sublime, relevée; magnifiquement, pompeusement.

Sub-Latio, onis, l'action d'ôter, de soustraire, d'enlever, de retirer.

Sub-Latitis. V. Subalté.

Sub-Latus, a, um, ôté, enlevé, soustrait, emporté; 2°. enorgueilli, enflé, ou bouffi de gloire; 3°. élevé.

SUPER-LATIO, onis, hyperbole, figure de rhétorique.

SUPER-LATUS, a, um, part. de Super-fero, exagéré;

Superlata verba, exagerations.

SUPER-LATIVUS, a, um, superlatif.

TRA-LATIO & TRANS-LATIO, onis, transplantation; 2°. métaphore, translation, l'action de transférer, de faire passer une chose d'un lieu ou d'une main dans une autre.

TRANS-LATITIÉ, négligemment, par maniere d'acquit.

TRANS-LATITIUS, a, um, pris d'ailleurs, emprunté; 2°. commun, ordinaire, usité, qui n'est pas nouveau, qui se pratique ordinairement, qui est dans l'usage ordinaire.

TRANS-LATIVÉ, par métaphore, d'une maniere figurée. Voy. Translatitié.

TRANS-LATIVUS, a, um, métaphorique, figuré; 2°. qui doit être changé, qui exige un changement. V. Translatitius.

TRANS-LATOR, oris, qui transporte, qui a transporté.

TRANS-LATUS, a, um, part. de Transfero, transporté, porté ailleurs; 2°. transformé; 3°. métaphorique.

E-LATerium, i, médicament fait avec le suc des concombres sauvages; 2°. ressort, vertu élastique.

E-LATine, es, rave sauvage, plante.

E-LATites, æ, sorte de pierre précieuse.

V.
LAT, Voleur.

LATRO, onis, larron, voleur, filou, brigand: mot-à-mot, qui emporte.

LATRONES, um; LATERONES, um; 1°. Gardes-du-Corps; de Lat, côté; 2°. Gardes de la Maréchaussée, ceux qui courent après les brigands.

LATRUNCULUS, i, petit voleur, larronneau.

LATRUNCULATOR, oris, Exempt de la Maréchaussée.

LATROCINALIS, e, de voleur.

LATROCINATIO, onis, volerie, brigandage; l'action de voler.

LATROCINIUM, ii, vol, ce qu'on a volé.

LATROCINOR,-ari, dérober, brigander.

VI.
LAT, LAST,
Charge.

De LAT, porter, écrit LATH, LAST, vint le Celte LAST, poids, fardeau, mot Anglois, Allemand, &c. d'où le François LEST, ou sable qu'on met dans un vaisseau pour lui donner du poids & LESTE.

De cette Famille vint le Latin SUB-LESTUS, a, um, sans poids, foible, lâche.

VII.
LAT,
Cacher.

De L, lieu, vint la famille LAT, cacher, renfermer en un lieu, couvrir: de-là:

1°.

1. LATEO,-ere, être caché, être inconnu.

LATENTER, en cachette.

2. LATEX, ecis, toute humeur, toute liqueur qui sort d'où elle étoit cachée.

3. LATEBRA, æ, cache, caverne, repaire.

LATEBROSUS, a, um, secret, caché.

LATEBROSÉ, en cachette.

LATEBRI-COLA, æ, qui se tient caché; 2°. qui aime la retraite.

4. LATIBULUM, i, cache, cachette, retraite, taniere de bêtes sauvages.

LATIBULO,-are; LATIBULOR,-ari, être caché, se cacher.

5. LATITO,-are, se cacher; 2°. ne pas comparoître; 3°. cacher.

LATITATIO, onis, l'action de se tenir caché.

COMPOSÉS.

SUB-LATEO, es, ui, itum, ere, être presque caché dessous, ne paroître ou n'être vu qu'à demi.

IL-LATEBRA, æ, lieu où l'on ne peut rien cacher.

IL-LATEBRO, as, avi, atum, are, cacher.

DE-LITEO,-ere,
DE-LITESCO,-scere, } se cacher, se tenir renfermé; 2°. se mettre à l'abri.

OB-LITEO, es, ui, ere,
OB-LITESCO, cis, tui, cere, } se cacher.

VIII.

LAT, oubli.

De LAT, cacher, vint la famille OB-LIT, OB-LIV, oubli, chose emportée hors de la mémoire.

OB-LIVIA, orum, oubli.

OB-LIVIALIS, d'oubli, qui concerne l'oubli.

OB-LIVIO, onis, oubli.

OB-LIVIOSUS, a, um, qui n'a point de mémoire, qui oublie aisément, qui perd facilement le souvenir; 2°. qui fait perdre la mémoire, qui ôte le souvenir.

OB-LIVISCENDUS, a, um, qu'il faut oublier, dont on doit perdre le souvenir.

OB-LIVISCENS, tis, oubliant, qui oublie.

OB-LIVISCOR, eris, itus sum, visci, oublier, mettre en oubli, perdre le souvenir, manquer de mémoire, ne se pas souvenir, ne pas conserver l'idée.

OB-LIVIUM, ii, oubli.

OB-LIVIUS, a, um, mis en oubli.

OB-LITTERANDUS, a, um, qu'on doit oublier, qu'il faut effacer de la mémoire, dont on doit perdre le souvenir.

OB-LITTERATIO, onis, effaçure, rature, perte d'une connoissance qu'on avoit autrefois.

IN-OB-LITERATUS, a, um, qui n'a point oublié, ou qui n'est pas oublié.

OB-LITTERATUS, a, um, part. de

OB-LITTERO, as, avi, arum, are, effacer, raturer, rayer, détruire pour faire oublier, ôter de la mémoire, effacer le souvenir, abolir, faire perdre la connoissance de.

OB-LITTERUS, a, um, qui a vieilli, oublié.

IN-OB-LITUS, a, um, qui n'a point oublié, qui n'a point perdu le souvenir, qui conserve dans sa mémoire.

Famille Grecque.

1. LETHE, es, le Fleuve d'oubli.

LETHÆUS, a, um, du fleuve Léthé.

2. LETHARGUS, i,
LETHARGIA, æ, } léthargie.

LETHARGICUS, a, um, de léthargie; 2°. tombé en léthargie.

LOD.

De LAT, couvrir, vint le mot suivant:

LODIX, cis, couverture piquée de lit.

LODICULA, æ, petite couverture de lit.

IX.

IX.
LAC, LOC,
Place.

De L, désignant le côté, la place; 2°. placer, poser, en Celte LAC*a*, LAC*at*, se formerent ces familles.

I.

AL-Lac*tum*, *i*, piéce de bois courbe qui sert à porter des fardeaux sur l'épaule; 2°. tinet de Tonnelier, de Brasseur.

II.

Cette Famille Latine.

Loc*us*, *i*, lieu, place, situation, poste; 2°. rang, état, disposition des choses; 3°. passage d'Auteur, citation; 4°. occasion, temps de faire; 5°. pays, famille, maison, naissance.

Loc*i*, *orum*, lieux de Rhétorique.

Loc*alis*, *e*, local, du lieu.

Loc*aliter*, localement, par rapport au lieu.

Loc*o*,-*are*, 1°. mettre, porter, placer, établir, poser; 2°. donner à faire pour un prix; 3°. prendre ou donner à loyer, à ferme, louer.

Loc*arium*, *ii*, loyer, louage, ce qu'on donne pour une chose qu'on loue.

Loc*arius*, *ii*, loueur de place, de chaises, qui loge.

Loc*atio*, *onis*, bail, location; 2°. paye, appointemens, loyer, salaire; 3°. marché, entreprise pour un prix.

Loc*atitius*, *a*, *um*, de louage, de journée.

Loc*ator*, *oris*, qui donne à loyer; 2°. entrepreneur.

Loc*ito*,-*are*, louer, donner à loyer, affermer.

Loc*ellus*, *i*, bourse à séparations, petite bourse.

Loc*ulamentum*, *i*, lieu, place, endroit à poser; 2°. cellule, nid, étui.

Loc*uli*, *orum*, bourse à séparations, gibeciere; 2°. logettes; 3°. cases.

Loc*ulatus*, *a*, *um*, divisé par cases; mis en bourse, en compartiment.

Loc*ulosus*, *a*, *um*, plein de petites cavités, de réduits, de séparations.

Loc*ulus*, *i*, bière, cercueil; 2°. cornet à jouer aux dés.

BINOMES.

Locu-Pl*es*, *etis*, riche, puissant en biens-fonds, opulent; 2°. abondant, fertile; 3°. fidèle, assuré, irréprochable, certain.

Locu-Plet*atio*, *onis*, richesses.

Locu-Plet*ator*, *oris*, qui enrichit.

Locu-Pl*eto*,-*are*, enrichir, avantager.

COMPOSÉS.

AB-Loc*o*,-*are*, donner à loyer à quelqu'un.

Col-Loc*o*,-*are*, mettre, arranger, établir.

Col-Loc*atio*, *onis*, assiette, place, disposition.

Col-Locu-Pl*eto*,-*are*, enrichir, avantager; 2°. embellir, relever.

Dis-Loc*ensis*, *se*, de différent endroit; qui change de lieu.

E-Loc*atus*, *a*, *um*, part. d'*Eloco*. *Elocata gens*, Nation tirée de son pays, transportée ailleurs, dépaysée.

E-Loc*o*, *as*, *avi*, *atum*, *are*, déplacer, faire sortir; 2°. mettre hors

Orig. Lat.

de sa place, transporter ailleurs; 3°. louer, donner à ferme, à loyer, à louage; affermer, faire bail de; 4°. faire prix, faire marché.

Il-Locabilis, le, is, qu'on ne sauroit placer, à qui l'on ne trouve point de parti.

Ob-Locatus, a, um, loué à prix fait.

Ob-Loco, as, avi, atum, are, louer à prix fait; *Oblocare operam suam ad exhauriendos puteos*, se louer pour travailler à tarir des puits.

Re-Loco, as, avi, arum, are, relouer.

X.

LAK, envoyer.

De L, place, lieu, vint le radical LAC, envoyer: en Or. לךְ *Lak*. De-là vint le mot LAQuais, dont l'origine étoit inconnue; & les mots Or. מלאךְ *Malak*, Ange, Ambassadeur; מלךְ *Melk*, Chef, Roi; celui à qui l'on confie l'autorité suprême.

Delà cette famille.

Lego,-are, 1°. envoyer, députer; 2°. léguer, faire un legs; 3°. imputer.

Legatus, i; Ambassadeur, Député, Envoyé, Légat, Lieutenant.

Legata, æ, Ambassadrice, Envoyée.

Legatitium, ii; Legativum, i, frais d'ambassade.

Legator, oris, qui lègue.

Legatum, i, legs.

Legatarius, a, um, à qui on a fait un legs dans un testament; 2°. où l'on a été député.

Legatio, onis, Ambassade; 2°. Lieutenance.

COMPOSÉS.

Ab-Lego,-are, éloigner, envoyer, séparer.

Ab-Legatio, onis, ordre de partir, congé.

Al-Legatio, onis, députation, envoi; citation, exemple, excuse, faits allégués.

Ad-Lego,-are; Al-Lego,-are, envoyer, députer; 2°. aposter, interposer; 3°. citer, alléguer.

Al-Legatus, ûs, ordre, mandement de venir.

Col-Legatarius, ii, légataire avec un autre.

De-Lego,-are, donner commission, députer; 2°. aposter, subroger, substituer; 3°. céder.

De-Legatio, onis, députation, procuration, subrogation.

Præ-Lego,-are, léguer un bien à prendre par préciput, avant de partager avec les co-héritiers.

Re-Lego,-are, bannir, chasser: reléguer, renvoyer.

Re-Legatio,-onis, exil, éloignement.

Sub-Lego,-are, substituer un héritage.

XI.

LAP, Pierre.

De LA, lieu, qui reste en place, vinrent le Grec LAT, LITH, LAus, pierre; & cette famille Latine.

Lapis, idis, pierre; 2°. pierre précieuse; 3°. hébété, stupide; 4°. pierre posée près du grand chemin pour marquer les distances.

Lapio,-ire, pétrifier, changer en pierre.

Lapillus, i; Lapillulus, i, petit caillou; 2°. pierre précieuse.

LAPideus, a, um, pierreux, rempli de cailloux.

LAPidofitas, atis, difpofition à la pétrification.

LAPido,-are, lapider, accabler fous les pierres ; 2°. mettre fous une tombe.

LAPidator, oris, celui qui jette des pierres.

LAPidatio, onis, l'action de jetter des pierres.

LAPidarius, a, um, qui concerne les pierres.

LAPidarius, ii, ouvrier qui travaille aux carrieres ; 2°. Tailleur de pierres.

LAPidefco, -ere, fe pétrifier, fe changer en pierre.

BINOMES.

LAPi-CIDa, æ, tailleur de pierres : de Cædo, tailler.

LAPi-CIDina, æ ; LAPidi-CIna, æ, carriere, lieu d'où l'on tire des pierres.

COMPOSÉS.

De-LAPido,-are, ôter les pierres ; 2°. paver ; 3°. diffiper.

DI-LAPido,-are, ôter les pierres d'un champ ; 2°. dépenfer, diffiper.

DI-LAPidatio, onis, l'action d'ôter les pierres ; 2°. dégât.

E-LAPido,-are, épierrer, ôter les pierres.

E-LAPidatio, onis, enlévement des pierres qui font dans un champ.

Autres Dérivés.

1. LEPas, adis, } poiffon à coquille, Lopas, adis, } qui s'attache aux rochers.

2. LEPidium, ii, pafferage, plante.

3. LEPidotes, æ, forte de pierre précieufe.

XII.
Familles Grecques.

De LAB, LAW, pierre, les Grecs firent les mots LAAS, LAS, LAT, LITH, qui tous fignifierent chez eux, pierre, rocher : de-là,

LAT-omiæ, arum, carriere ; de Tamo, tailler, & LAT, pierre.

LATumium, ii, inftrument à tirer les pierres d'une carriere ; 2°. condamnation aux mines.

LAutumarius, ii, qui fe fait fouvent condamner aux carrieres, aux mines, à la prifon ; ici LAUT au lieu de LAT, ce mot venant de Latomiæ.

BINOMES.

1. LITH-Argyrium, ii, } litarge d'ar-
LITH-Argyrus, i, } gent, plomb qui emporte les fcories de l'argent.

2. LITHo-Colla, æ, mortier, ciment de pierre.

3. LITHo-Spermum, i, gremil, plante.

4. LITHo-Strotus, a, um, pavé.
LITHo-Strotum, i, pavé de mofaïque.

5. LITHo-Tomia, æ, art de tailler la pierre, la gravelle.

LITHo-Tomus, i, Chirurgien qui taille la pierre.

6. HEXECONTA-LITHos, i, forte de pierre précieufe.

LI, LU,
Plaifir, Volonté.

De L, nom des cris de joie, des fenfations agréables, vint le mot LU, LI, Lo, qui défigne le plaifir, l'inclination, la volonté, la faculté de faire ce qui plaît, la liberté : de-là une foule de mots en toutes langues.

En Hébreu, לו Lu, Dieu veuille, plaise à Dieu.

En Gr. E-leu*theros*, libre. La-ô, vouloir.

Et ces familles Latines.

I.

Lib*et, buit, bitum eft, ere,* ⎫ il plaît,
Libe*fcit,* ⎭ il a plu, on a envie.

Col-Lib*et, ere,* plaire, être agréable.
Lib*ens, is,* qui fait volontiers, de bon cœur, fans contrainte.
Lib*enter,* de bon gré, de bon cœur, volontiers, de bonne grace.
Lib*entia, æ,* complaifance, condefcendance, liberté d'agir.
Lib*itum, i,* volonté, bon plaifir.
Lib*ido,-inis*; Lub*ido,-inis,* inclination, defir ; 2°. débauche, déreglement ; 3°. defir défordonné, paffion déreglée.
Lub*et,* il fait plaifir, on a trouvé bon.
Lub*entia, æ,* Déeffe de la complaifance.
Lib*idinofus, a, um,* débauché, porté aux voluptés, déréglé ; qui fuit fon caprice ; fujet à fon plaifir.
Lib*idinofè,* avec déreglement, avec débauche.
Lib*idinor, ari,* s'abandonner aux plaifirs, fe donner à la débauche.

COMPOSÉS.

Al-Lub*efco, ere,*, plaire, être agréable ; 2°. condefcendre, déférer.
Al-Lub*entia, æ*; Al-Lub*efcentia, æ,* condefcendance, déférence.

Pro-Lub*ies, iei,* ⎫
Pro-Lub*ido, inis,* ⎬ envie, défir, volonté.
Pro-Lub*ium, ii,* ⎭
Per-Lib*et,* il plaît très-fort.
Per-Lib*enter,* très-volontiers.

II.

Lib*er, eri,* le vin ; *parce qu'il réjouit le cœur* : 2°. Bacchus, Dieu du vin.
Liber*alia, ium,* les fêtes de Bacchus.
Liber*a, æ,* Proferpine.

III.

1. Lib*er, a, um, mot-à-mot,* qui fait fa volonté, libre, qui n'eft point efclave ; 2°. franc, exempt, dégagé ; 3°. fincère ; 4°. digne de foi ; qu'on reçoit en témoignage à caufe de fa condition libre.

2. Lib*eri, orum,* enfans d'un pere & d'une mere libres.

Il-Lib*eris, e,* qui eft fans enfans.
Lib*erè,* librement, fans contrainte, fans craindre.
Lib*eralis, e,* généreux, magnifique ; au fens propre, qui eft né de condition libre, de bonne famille ; 2°. digne d'un homme comme il faut, en perfonne de qualité ; 3°. donné libéralement.
Lib*eralitas, is,* générofité, magnificence.
Lib*eraliter,* en perfonne bien née, en galant homme, noblement ; 2°. largement, avec magnificence ; 3°. doucement, avec bonté ; 4°. de bon cœur.

COMPOSÉS.

Il-Liber*alis, m. f. le, n.* fervile, fordide, honteux ; 2°. bas, mefféant, malhonnête, indigne d'une perfonne bien née *ou* d'un homme d'honneur.

Il-Liberalis cibus, mets de pauvres gens.

Il-Liberalitas, atis, bassesse, malhonnêteté, grossièreté; 2°. Epargne basse & sordide, avarice.

Il-Liberaliter, d'une maniere basse, grossiere, malhonnête, sordide. &c.

Per-Liberaliter, fort libéralement, avec beaucoup de libéralité.

Præ-Liber, a, um, fort libre.

IV.

1. Libero, -are, affranchir, délivrer, mettre en liberté; 2°. justifier, absoudre.

Liberatio, onis, délivrance, affranchissement.

Liberator, oris, libérateur.

2. Libertas, atis, franchise, liberté, pouvoir de vivre à son gré; 2°. sincérité; 3°. licence, libertinage.

3. Libertus, i, Affranchi d'un Particulier; 2°. devenu libre.

Liberta, æ, affranchie, femme mise en liberté.

Libertinus, i, fils d'affranchi; 2°. affranchi.

Libertina, æ, fille d'affranchi; 2°. affranchie; 3°. femme débauchée.

Libertinitas, atis, condition des affranchis.

Liberto, -are, affranchir, rendre libre.

Col-Libertus, i, affranchi, mis en liberté avec un autre.

V.

LIC, être permis.

1. Liceo, es, cui, citum, ere, être permis; 2°. être mis à prix.

Licens, tis, enchérisseur, qui met à l'enchere.

Liceor, eris, citus sum, eri, enchérir, offrir plus que les autres; 2°. apprécier, mettre à prix.

2. Licet, cuit, citum est, ere, il est permis, permettre.

Licet, conj. bien que, quoique.

Licitum est, on peut, il est permis.

Licentia, æ, permission, congé; 2°. licence, liberté trop grande; 3°. déréglement.

Licenter, avec permission; 2°. licencieusement.

Licentiosus, a, um, qui prend trop de liberté; 2°. licencieux.

Composés.

Il-Licitè, Adv. illicitement, d'une maniere illicite ou non permise.

Il-Licitus, a, um, illicite, qui n'est pas permis.

Il-Licentiosus, a, um, immodéré, déréglé.

In-Licentiosus, a, um, excessif, immodéré.

Præ-Licenter, adv. très-licencieusement, avec beaucoup de licence, avec trop de liberté.

3. Licitor, -ari, enchérir; 2°. combattre; 3°. liciter.

Licitator, oris, enchérisseur.

Licitatio, onis, enchere, licitation.

E-Licitor, aris, ari, mettre enchere, enchérir au-dessus d'un autre.

Il-Licitator, oris, Voyez Emptor.

In-Licitator, oris. Voyez Inliciator.

In-Licitator, oris, Acheteur.

VI.

LIQ, LINQ, laisser.

De Lic, permettre, livrer à soi même, vinrent, par le changement de C en P,

Le Gr. LEIPO & LIMPANO, laisser.

LIPSANA, orum, restes; 2°. reliques.

Et sans changement,

Le Latin LIQUI, j'ai laissé, j'ai abandonné, qui se nasalant, fit au présent LINQUO. De-là cette famille:

LINQUO, LIQUI, LICTUM, LINQUERE, laisser, délaisser, quitter, abandonner.

COMPOSÉS.

DE-LICUS porcus, i, petit cochon sevré.

DE-LIQUIUM, ii, perte, manque; 2°. défaillance, foiblesse; 3°. éclipse.

DE-LIQUUS, a, um, dont on a besoin.

DE-LINQUO, is, liqui, lictum, quere, manquer, commettre une faute, faillir.

DE-LICTUM, i, faute, offense.

RE-LICTIO, onis, abandonnement, abandon, délaissement.

RE-LICTUS, ûs. Voyez Relictio.

RE-LICTUS, a, um, de Relinquo; Relicta repetere, répéter ce qu'on avoit omis.

RE-LINQUENS, tis, qui laisse, qui abandonne.

RE-LINQUO, is, liqui, lictum, quere, laisser, quitter, délaisser, abandonner.

Relinquere arrhaboni, laisser, ou donner en gage.

RE-LICUUS, a, um. Voyez Reliquus.

RE-LIQUA, orum, n. pl. restes, ce qui reste dû, reliquat de compte.

RE-LIQUATIO, onis, arrérages.

RE-LIQUATOR, oris, &

RE-LIQUATRIX, icis, celui ou celle qui est en reste, qui doit des arrérages.

RE-LIQUI, orum, les autres, ceux qui restent.

RE-LIQUIÆ, arum, reste, restant, ce qui reste, résidu, restes; 2°. reliques, ce qui reste des morts.

RE-LIQUOR, aris, atus sum, ari, être en arrérages, devoir de reste.

RE-LIQUUM, i, reste, restant, ce qui reste, résidu.

RE-LIQUUS, a, um, qui reste, restant, resté.

COMPOSÉS de RELINQUO.

DE-RE-LICTIO, onis, &

DE-RE-LICTUS, ûs, abandonnement, délaissement, abandon.

DI-RE-LINQUO, is, ui, lictum, quere, laisser à l'abandon, abandonner, délaisser, négliger, quitter.

COMPOSÉS GRECS.

EC-LIPSIS, is, Eclipse du Soleil ou de la Lune.

EC-LIPTICUS, i, Ecliptique, cercle qui passe par le milieu du Zodiaque, & qui représente le chemin que fait le Soleil dans son cours annuel.

L

Désignant les fluides de toute espéce.

De L désignant les fluides, tout ce qui est coulant & liquide, dérivérent une multitude de familles.

I.

LAC, Lait.

LAC, tis, du lait, liqueur blanche.

LACTEUS, a, um, de lait; blanc comme lait: lacté.

LACTEO,-ere, tetter, sucer du lait, avoir du lait.

LACTESCO,-ere, devenir lait, avoir du lait.

LACTEOLUS, a, um, de lait, blanc comme du lait.

LACTE, tis, du lait.

LActes, ium, lait ou laitance des poissons, ris de veau.

LActo, -are, allaiter; 2°. attirer par l'espoir.

LActarius, a, um, qui tette, qui est apprêté avec du lait.

LActarium, ii, laiterie.

LActarius, ii, Pâtissier.

LActaria, orum, } laitage; 2°. viande
LActantia, ium, } de lait.

LActatus, ûs, allaitement.

Plantes Laiteuses.

1. LActaria, æ, tithymale, plante.
2. LActoris, is, espèce de plante.
3. LActuca, æ; LActucula, æ, laitue, plante.

COMPOSÉS.

AB-LActo, -are, sevrer, ne plus laisser tetter.

AB-LActatio, onis, l'action ou la maniere de sevrer.

DE-LActo, are, sevrer, ôter le tetton.

DE-LActatio, onis, l'action de sevrer.

E-LActesco, ere, se tourner en lait.

E-LActo, are, sevrer, ôter le tetton.

COL-LActeus, a, um, & COL-LActaneus, a, um, frere, sœur de lait.

II.

LACR, larmes.

D'AC, eau, vint le mot LACR, larmes, que les Grecs prononcerent DAKRY, changeant L en D.

LAcryma, æ, } larme, petite goutte d'eau ou d'une
LAchryma, æ, } liqueur quelconque, mot-à-mot, petite eau ou goutte d'eau : de RUM & RYM, en Celte, petit; & de LAC, eau.

LAcrymula, petite larme.

LAcrymo, -are, } jetter des larmes, pleurer.
LAcrymor, -ari, }

LAcrymosus, a, um, pleureur, qui verse des larmes, qui cause des pleurs, qui distille une liqueur goutte à goutte.

LAcrymosè, en forme de larmes, avec larmes.

LAcrymatio, onis, larmoyement, distillation d'un suc.

LAcrymabundus, a, um, éploré, qui fond en larmes.

LAcrymabilis, e, déplorable.

COMPOSÉS.

AD-LAcrymo, -are, pleurer avec quelqu'un, pleurer beaucoup.

COL-LAcrymo, -are, } mêler ses larmes
COL-LAcrymor, -ari, } avec celles d'un autre.

COL-LAcrymatio, onis, pleurs de condoléance.

DE-LAcrymo, -are, larmoyer.

DE-LAcrymatio, onis, l'action de pleurer, larmoyement des yeux.

DI-LAcrymo, -are, verser des larmes.

IL-LAcrymo, -are, } répandre des pleurs,
IL-LAcrymor, -ari, } dégoutter.

IL-LAcrymabilis, e, qui est insensible à la pitié, qu'on ne fléchit point par les larmes; qu'on ne pleure pas.

SUPER-LAcrymo, -are, pleurer dessus.

SUB-LAcrymans, tis, larmoyant.

III.

LIQ, Liqueur.

LIquor, oris, eau, suc, jus, liqueur.

LIquidus, a, um, qui coule comme de l'eau, fluide; 2°. fondu, qui est en fonte; 3°. clair, pur comme de l'eau.

Liquo, -are, fondre, liquéfier.
Liquor, eris, qui, } se fondre, couler,
Liquesco, -ere, } distiller; 2°. se passer.
Liquidum, i, l'eau.
Liquens, tis, coulant.
Liquentiùs, plus clairement.
Liquabilis, e, qui se fond bien.
Liquamen, inis, jus, suc exprimé d'une chose, coulis, gelée de viande.
Liquaminosus, a, um, rempli de jus.
Liquefacio, -ere, fondre, dissoudre, rendre coulant comme de l'eau; 2°. amollir, efféminer.
Liquefactio, onis, } fonte, fusion.
Liquatio, onis,
Liquator, oris, fondeur.
Liquatorium, ii, couloir, creuset.
Liquet, ere, il est clair comme de l'eau, évident, certain.
Liquidò & Liquidè, clairement, nettement, sûrement.
Liquidiusculus, a, um, un peu plus clair, plus liquide.
Liquiditas, atis, la clarté de l'eau, netteté, sérénité, liquidité.

COMPOSÉS.

Col-Liqueo, es, cui, ere, } se fondre, devenir liquide.
Col-Liquesco, -cere,
Col-Liquefacio, -ere, fondre, dissoudre.
Col-Liquatio, onis, écoulement, flux.
Col-Liquiæ, arum, gargouilles, gouttières, rigoles.
Col-Liciæ, arum, tuyaux, canaux, rigoles pour faire écouler les eaux.
E-Lices, um, rigoles, gouttières.
E-Lix, cis, canal pour faire couler l'eau.
E-Liquesco, -ere, se fondre, devenir liquide.
E-Liquo, -are, éclaircir, clarifier, faire couler.

E-Liquamen, inis, jus, suc. liqueur.
E-Liquabilis, e, qui se fond, liquéfiable.
In-Lices, cum, gouttieres.
Per-Liqueo, -ere, } se fondre en liqueur.
Per-Liquesco, -ere,
Per-Liquidus, a, um, très-liquide.
De-Liquo, -are, verser une liqueur dans un vaisseau, dissoudre.

IV.

1. Lix, cis, lessive, cendre mêlée avec de l'eau.
Lixus, a, um, cuit, bouilli dans l'eau.
Lixatus, a, um, détrempé, bouilli dans l'eau.
Lixivia, iæ, } lessive.
Lixivium, ii,
Lixivius, a, um, } de la lessive, qui concerne la lessive.
Lixivus, a, um,
2. Lixa, æ, goujat, valet de soldat, celui qui fait bouillir la marmite, qui lave le linge des soldats.
Lixabundus, a, um, qui s'engage à servir comme goujat.
3. Lixula, æ, gâteau qu'on a fait bouillir ou cuire dans l'eau.
E-Lixus, a, um, tiré par expression, qu'on fait bouillir dans l'eau.

V.

De Lac, liqueur, vinrent les noms des objets dans lesquels sont contenues les liqueurs.

1°.

Lacus, ûs, grande étendue d'eau, réservoir d'eau, cuve, bassin, enchot mis sous le pressoir, logette.
Lacusculus, diminutif.
Lacuna, æ, mare, fosse, creux où l'eau se ramasse; fondriere vuide; bréche, lacune.

Lacunosus,

LAcunofus, a, um, creux, enfoncé, où il y a des fondriéres.

2°.

LAgena, æ, bouteille, flacon; Gr. ΛΑΓηνος.

LAguncula, æ, carafon.

LEgia, æ, pinaffe, pinque.

VI.

LAV, laver, dans le fens d'arrofer, de baigner.

1°.

LAvo, -are, & LAvo, is, vi, lotum & lautum, ere, laver, fe baigner.

LAvatus, a, um,
Lutus, a, um,   } lavé, arrofé.
Lotus, a, um,

LAvator, oris, } baigneur, lavandiére.
LAvatrix, cis,

LAvamentum, i, } l'action de laver,
LAvatio, onis, } bain.

LAvacrum, i, bain où l'on fe baigne.

LAvandriæ, orum, ce qu'on met à la leffive, linge fale.

LAvatrina, æ, (Latrina, de LAvatrina,
LAtrina, æ,   } par fyncope); bain;
LAtrinum, i,   } 2°. égoût, évier, cloaque; 3°. garderobe, lieux fecrets.

2°.

LAutus, a, um, lavé, baigné, qui s'eft lavé, propre, poli, délicat; 2°. magnifique, fomptueux.

LAutolæ, arum, } bains publics.
LAutulæ, arum,

LAutiufculus, a, um, bien lavé, baigné; 2°. propre, élégant.

LAutitiæ, arum, farine de froment arrofée d'eau; 2°. propreté d'un repas, délicateffe des viandes.

LAutitia, æ, magnificence, fomptuofité.

LAutia, orum, préfens faits aux Ambaffadeurs à Rome.

LAuté, après s'être baigné & bien lavé: proprement, fplendidement, fomptueufement.

3°.

Lotio, onis, lavement, l'action de laver.

Lotium, ii, urine, piffat.

Lotiolenté, falement, étant couvert de piffat.

Lotor, is, laveur, baigneur.

Lotura, æ, blanchiffage; 2°. blanchiffeufe.

COMPOSÉS.

Circum-LAvo, as, lavi & lavavi, lavatum, lotum & lautum, are, laver tout autour.

De-LAvo, -are, nettoyer avec une liqueur.

E-LAvo, -are, laver.

E Lautus, a, um, Part. d'Elavo.

Il-LAutus, a, um, } qui n'eft point net-
Il-Lotus, a, um,   } toyé, rincé.

Præ-LAvo, -are, laver auparavant.

Præ-LAutus, a, um, bien lavé, fort fplendide.

Re-LAvo, -are, laver de nouveau.

Sub-LAvo, -are, fe laver un peu.

Semi-Lotus, a, um, à demi-lavé : on dit auffi Semip-Lotus.

4°.

Lustro, -are, faire des afperfions d'eau bénite, purifier.

Lustratio, is; Lustrum, i, expiation, purification.

Luftralis, e, expiatoire.

Col-Lustro, -are, nettoyer, laver.

VII.

LU, laver, dans le fens d'expier, de nettoyer.

Luo, *is*, *ui*, *ere*, laver, expier, satisfaire, payer.

Lua, *æ*, Déesse des expiations, pour laver les souillures.

Lues, *is*, ce qui lave, débordement d'eaux de neige ; 2°. ce qu'il faut laver, expier, effacer ; 3°. fléau à expier, comme la peste, les contagions.

Luela, *æ*, expiation, punition.

Luitio, *onis*, expiation, paiement, satisfaction ; 2°. rachat.

Luiturus, qui expiera.

COMPOSÉS.

Ab-Luo, *-ere*, laver, nettoyer, ôter en lavant ; 2°. arroser, se laver, se justifier d'un reproche.

Ab-Lutio, *onis*, ablution, nettoyement, lavement.

Ab-Luvium, *ii*, inondation, déluge.

Al-Luo, *ere*, baigner, arroser.

Al-Luvius, *a*, *um*, terrain que la riviere a laissé à sec en se retirant.

Al-Luvies, *ei*, ⎱ débordement, ravine,
Al-Luvio, *onis*, ⎰ torrent ; 2°. crue d'une riviere.

Circum-Luo, *-ere*, mouiller tout autour, environner d'eau.

Circum-Luvio, *onis*, torrent, déluge d'eau qui environne.

Circum-Luvium, *ii*, lieu dont une ravine a fait une isle.

Coal-Luo, *is*, *ui*, *ere*, baigner, arroser, couler autour, avec ou conjointement.

Col-Luo, *-ere*, rincer, gargariser.

Col-Luvies, *iei*, égoût, amas d'eau sale; 2°. canaille ; 3°. grand embarras.

Col-Luvio, *onis*, confusion, assemblage, cloaque, évier.

Col-Luviaria, *orum*, égoûts, cloaques.

Col-Luvialis, *e*, & Col-Luviaris, *e*, d'égoût, de cloaque.

De-Luo, *-ere*, détremper, repasser dans l'eau.

Di-Luo, *ere*, délayer, mouiller ; 2°. effacer, affoiblir ; 3°. expliquer clairement.

Di-Lutum, *i*, infusion.

Di-Lutiùs, plus trempé, avec plus d'eau.

Di-Luvies, *ei*, & Di-Luvium, *ii*, débordement d'eaux, déluge.

Di-Luvialis, *e*, de débordement d'eaux.

Di-Luvio, *-are*, inonder, couvrir d'eau.

E-Luo, *-ere*, nettoyer en lavant, effacer.

E-Lutus, *a*, *um*, lavé; insipide, fade.

E-Luvies, *ei*, lavasse, ravine d'eau.

E-Luvio, *onis*, déluge, inondation.

Il-Luvies, *ei*, crasse, saleté, ce qui n'est pas lavé.

Il-Luviosus, *a*, *um*, qui n'est pas lavé, sale, crasseux.

In-Luvies, *ei*, ordure, ce qui n'est pas nettoyé.

Il-Lutibilis, *e*, qu'on ne sauroit laver, nettoyer.

Il-Luti-Barbus, barbe qui n'est pas lavée, sale.

Inter-Luo, *-ere*, arroser en passant, couler entre.

Per-Luo, *-ere*, laver entièrement.

Pol-Luo, *-ere* l'opposé de nettoyer, laver; ce Verbe signifie salir, souiller, profaner, gâter.

Pol-Lutio, *onis*, profanation, souillure.

Pol-Lubrum, *i*, bassin à laver.

Im-Pol-Lutus, *a*, *um*, qui n'est pas souillé.

Pol-Lio, *onis*, laveur de morts, qui les embaume, qui se souille en lavant les morts.

Præ-Luvium, *ii*, la mer d'airain, grande cuve dans les bains publics.

PRÆTER-LUens, *tis*, qui coule devant, par-devant, au long, le long, auprès.

PRO LUO, *is*, *lui*, *lutum*, *ere*, nettoyer ; 2°. arroser, humecter, mouiller beaucoup.

PRO-LUvies, *ei*, } écoulemens d'im-
PRO-LUvium, *ii*, } mondices, ravines,
PRO-LUvio, *onis*,} flux.

RE-LUO, -*ere*, dégager, retirer.

SUB-LUO, -*ere*, baigner, laver en passant.
SUB-LUvies, *ei*, ulcération jettant du pus, ordure, suc vitié.

BINOMES.

MAL-LUVia, *arum*, bassin à laver les mains : de MAN, main, changé en *Mal*.

PEL-LUVia, *æ*, bassin à laver les pieds : cuvette, jatte : de *pes*, *pedis*, pied. On dit aussi :

PELLUVium, *ii*, & PELvis.

PEL-LUO, -*ere* ; PER-LUO, -*ere* ; laver entiérement.

VIII.
DIVERS DÉRIVÉS.

1. LIBurna, *æ*, } Frégate, Galiote,
LIBurnica, *æ*, } Brigantin.

LIBURnicus, *a*, *um*, bon voilier ; 2°. qui concerne les petits vaisseaux.

LIBURnicum imperium, *ii*, Amirauté, commandement des flottes.

LIBURnum, *i*, brancard, chaise à porteur.

2. LIEN, *enis*, ratte, elle est spongieuse, humide.

LIEnicus, *a*, *um* ; LIENofus, *a*, *um*, rateleux, qui a des vapeurs.

3. LIENteria, *æ*, lienterie ; 2°. flux de ventre.

LIENtericus, *a*, *um*, attaqué de la lienterie.

4. LINTer, *tris*, Chaloupe, Canot, Nacelle ; en Gr. selon PRISCIEN, *Lintér*, du genre féminin, *mot-à-mot*, qui va sur l'eau.

LINTriculus, *i*, petit esquif.
LINTrarius, *ii*, batelier, matelot.

IX.
FAMILLE GRECQUE.

De LIM eau, les Grecs changeant L en N firent les mots :

NYMPHæ, Nymphes, *mot-à mot*, les Déesses des Eaux.

NYMPHiaó, avoir peur de son image dans l'eau, avoir peur de rien, être hors de sens.

Les Latins rendant à cette Famille la prononciation de L, en firent ces mots :

LYMPHo, -*are*, faire perdre l'esprit, mettre hors de sens.

LYMPHor, -*ari*, devenir fou, être visionnaire.

LYMPHatio, *onis* ; LYMPHatus, *ûs*, extravagance, trouble d'esprit, folie, fureur.

LYMPHaticus, *a*, *um*, frénétique, insensé, furieux ; 2°. qui trouble l'imagination.

X.
LAM, LIM, Eau.

1. LAMa, *æ*, lieu plein de boue, fondriere ; vivier, réservoir pour le poisson.

LAMiæ, *arum*, brisans, écueils.

2. LIM-*Pidus*, *a*, *um*, clair, transparent.

LIM-*Pitudo*, *inis*, transparence.

3. LIMus, *i*, fange, boue; 2°. fillon; 3°. *au fig.* jupe, cotillon.

LIMo*fus*, *a*, *um*, bourbeux, limoneux.
LIMo*fitas*, *atis*, limon, bourbe.
LIMo,-*are*, couvrir de boue.
LIM*arius*, *a*, *um*, fangeux.

COMPOSÉS.

IL-LIM*is*, *m. f. me*, *n.* clair, fans bourbe, qui n'eſt point trouble.

OB-LIM*atus*, *a*, *um*, *Part.* de

OB-LIMo, *as*, *avi*, *atum*, *are*, engraiſſer avec du limon; 2°. marner; 3°. corrompre, gâter; 4°. aveugler; 5°. pour *Obligurio*.

XI.

1. LEM*bus*, *i*, felouque, frégate.

LEM*bunculus*, *i*, corvette, barque.
LEM*barius*, *ii*, ſoldat qui monte les vaiſſeaux.

2. Noms de diverſes Plantes.

LEM*onium*, *ii*, poirée ſauvage.
LIM*eum*, *i*, ſorte de plante vénéneuſe.
LIM*nefium*, *ii*, petite centaurée.
LIM*onium*, *ii*, la pyrole, plante.
LIM*oniates*, *æ*, émeraudes.
LIM*onia*, *æ*, anémone, fleur.

3. LIM*oniades*, *dum*, Nymphes des prés & des fleurs.

LIM*niades*, *um*, Nymphes des lacs.

4. LOM*entum*, *i*, cendre bleue, leſſive, *couleur*.

5. LYTR*a*, *æ*, loutre, animal amphibie, & qui ſe conſtruit des cabanes dans l'eau.

6. LEM*a*, *æ*, chaſſie, humeur blanchâtre qui s'amaſſe au coin des yeux.

7. LIP*pus*, *a*, *um*, chaſſieux, qui a mal aux yeux; 2°. un gueux, un miſérable.

LIP*pio*,-*ire*, devenir ou être chaſſieux; 2°. avoir mal aux yeux.
LIP*pitur*, on devient chaſſieux.
LIP*pitudo*, *inis*, chaſſie, maladie des yeux.

XII.

LUTUM, bourbe.

LUT*um*, *i*, eau ſale, mare, fange, boue, vaſe, argille.

LUT*eus*, *a*, *um*, de limon, de boue, d'eau ſale, de terre, vil, bas.
LUT*oſus*, *a*, *um*; LUT*ulentus*, *a*, *um*, bourbeux.
LUT*oſé*, d'une maniere ſale, vilaine.
LUT*o*,-*are*; LUT*ulo*,-*are*, enduire de terre, poiſſer, couvrir de boue, éclabouſſer, barbouiller.
LUT*er*, *eris*, un baſſin, une cuve.
LUT*eſco*,-*ere*, devenir bourbeux, fangeux.
LUT*arius*, *a*, *um*; LUT*enfis*, *e*, qui vit dans l'eau ſale, dans la fange.
LUT*amentum*, *i*, mortier, argille pétrie avec de l'eau.

COMPOSÉS.

COL-LUT*ulo*,-*are*, éclabouſſer, gâter avec de l'eau ſale 2°. diffamer, ternir la réputation.

COL-LUT*ulatio*, *onis*, éclabouſſure, ſaliſſure de boue.

DE-LUTO,-*are*, couvrir de fange, de terre graſſe, de mortier.

DE-LUT*amentum*, *i*, lavage ou crépis avec du mortier de terre, de la terre glaiſe ou graſſe; 2°. boue, mare.

E-LUT*ia*, *orum*, métaux dépouillés de leur terre par l'eau qu'on a fait paſſer deſſus; 2°. lavure d'or.

E-Lutrio, -are, verser d'un vase dans un autre, soutirer, séparer de la lie.

XIII.
A-LUta.

A-Luta, mégie, peaux préparées à l'eau.

A-Lutamentum, i; A-Lutamen, inis, marchandise de mégisserie.

A-Lutamentarius, ii, Marchand Mégissier.

A-Lutarius, ii, Mégissier, ouvrier en mégisserie.

A-Lutarius, a, um, de mégie, de mégisserie.

XIV. CLO.

De Lues, égoût, se forma cette famille :

Cloaca, æ, égout.

Cloacula, æ, petit égoût.
Cloaco, -are, salir, souiller.
Cloacalis, e, is, d'égoût.
Cloacarium, ii, taxe pour les boues ; 2°. impôt pour nettoyer les égoûts.
Cloacina, æ, la Déesse des égoûts.

FAMILLE GRECQUE.

1. A-Lipta, Aliptes, (de Leibó, oindre). Celui qui frottoit d'huile ceux qui sortoient du bain, ou les Athlètes & Luteurs, avant le combat ; garçon de baigneur.

A-Lipterium, ii, le lieu où l'on frottoit d'huile les Athlètes.

2. A-Lytarcha, Grec A-λυτ-αρχης, Chef, premier Commandant qui ne peut être changé : de Lyó, dissoudre, & a, non.

3. Ana-Lysis, is, f. analyse, résolution, solution ; 2°. division, réduction d'une chose à ses principes.

4. Cluo ; clueo, -ere, purger ; de Luo, laver ; Grec λουω, louo.

Clysmus, i, purgation ; du Grec Κλυω, Klyo, laver, purger.
Cata-Clysmus, i, déluge.
Clyster, is, Grec Κλυστηρ, lavement, seringue.
Clysterizo, -are, donner un remède.
Clumæ, arum, poussière d'orge, balle.
Cluta, æ, Gr. Κλυδων, Kludón, Klydón, flux de la mer, onde, flot.

LU.

Lu, mot primitif, Celte, Grec, Latin, Arabe, &c. qui désigne la lumiere, & tout ce qui y est relatif. De-là une multitude de familles Latines.

I.

Lux pour Lucs, cis, lumiere, clarté, jour ; 2°. éclat, gloire ; 3°. yeux, vue ; 4°. brillant, feu ; 5°. saison ; 6°. terme de caresse.

Lucidus, a, um, clair, lumineux ; 2°. luisant, brillant ; 3°. transparent.
Luceo, es, xi, ere, luire, éclairer.
Lucet, il est jour.
Luci, de jour.
Lucidarium, ii, flambeau.
Lucidè, clairement, distinctement.
Lucidùm, d'une maniere lumineuse.
Lucescit, il luit.
Lucisco, -ere, luire.
Lucerna, æ, lampe, flambeau.
Lucinius, a, um ; Lucinus, a, um, qui a la vue basse.
Luciscus, i, qui a la vue foible, louche.

II.

BINOMES.

1. Luci-Fer, *i*, le Prince du jour, l'Etoile du point du jour; le Prince des Démons; de *Fero*, porter.

Luci-Fer, *a*, *um*; Luci-Ferus, *a*, *um*, lumineux; 2°. qui porte un flambeau.

Luci-fera, *æ*, la Lune.

Luci-*Fluus*, *a*, *um*, d'où découle la lumiere.

Luci-*Ficus*, *a*, *um*, qui cause la lumiere.
Luci-*Fugax*, *cis*,
Luci-*Fugus*, *a*, *um*, } qui fuit la lumiere.
Luci-*Fuga*, *æ*,

Luci-*Sator*, *is*, pere de la lumiere; de *Sat*, semer.

2. Lucubro, -*are* (de Luc, la lumiere, & de *Opere*, ouvrage,) travailler à la chandelle, à la lumiere, dans la nuit; passer la nuit à travailler à la clarté des flambeaux.

Lucubratus, *a*, *um*, travaillé avec soin, parce que ce qu'on fait jusques dans la nuit est plus soigné.

Lucubratorius, *a*, *um*, propre au travail qui se fait la nuit.

Lucubratio, *onis*; Lucubratiuncula, *æ*, l'action de travailler aux flambeaux; 2°. ouvrage qui a coûté beaucoup de veilles.

E-Lucubro, -*are*; E-Lucubror, -*ari*, travailler à la chandelle; 2°. faire à force de veilles.

3. Di-Luculum, *i*, le point du jour, mot-à-mot, la petite lumiere du jour; de *dies*, jour.

Di-Luculò, à l'aurore.

Di-Luculat, le jour commence à poindre.

COMPOSÉS.

Ad-Luceo, -*ere*, } donner de la clarté;
Al-Luceo, *ere*, } 2°. éclairer.

Al-Lucita, *æ*, cousin, moucheron qui aime la lumiere; 2°. ver luisant; 3°. écornifleur.

Circum-Luceo, -*ere*, éclairer tout autour.

Col-Luceo, -*ere*, briller, reluire.

Di-Luceo, -*ere*, luire; 2°. s'éclaircir.

Di-Lucescit, le jour paroît.

Di-Lucido, -*are*, rendre clair, éclaircir, débrouiller.

Di-Lucidus, *a*, *um*, lumineux; 2°. net, sans obscurité.

Di-Lucidatio, *onis*, éclaircissement, explication.

Di-Lucidè, d'une maniere claire, évidemment.

E-Lucus, *i*, qui à force de boire a perdu la clarté du jour, que l'yvresse endort, rend aveugle; étourdi, qui agit comme s'il n'y voyoit pas; badin, folâtre, qui ferme les yeux pour badiner.

E-Luceo, -*ere*, éclater, reluire; 2°. se faire voir, paroître avec éclat.

E-Lucesco, -*ere*, commencer à paroître.

E-Lucido, -*are*, rendre plus clair, commenter.

E-Lucidatio, *onis*, glose, éclaircissement.

E-Luci-*fico*, -*are*, éblouir, aveugler, ôter la vue: ce mot est trinome; de E, particule privative; de Luc, & de *Facio*.

Il-Luceo, -*ere*, } luire, faire jour.
Il-Lucesco, *is*, *xi*, *ere*, }

Per-Luceo, *es*, *xi*, *ere*, être transparent; 2°. briller fort.

Per-Lucidus, *a*, *um*, transparent; 2°. qui a un poli éclatant.

Pɪʀ-Lucidulus, a, um, un peu transparent.
Pᴇʀ-Luciditas, atis, transparence.
Pᴇʟ-Lucidus, a, um, transparent.
Pᴇʟ-Luceo,-ere, être transparent.
Poʟ-Luceo,-ere, être fort brillant, reluire beaucoup ; de Poʟ, puissant, & de Lᴜᴄᴇo ; 2°. faire des oblations ; 3°. faire un festin public ; 4°. profaner, prostituer.
Poʟ-Lucibilis, e, splendide, somptueux.
Poʟ-Lucibiliter ; Poʟ-Lucie, magnifiquement, splendidement.
Poʟ-Luctura, æ ; Poʟ-Luctum, i, festin à l'honneur des Dieux.
Pʀæ-Lucidus, a, um, fort brillant, très-lumineux.
Pʀæ-Luceo,-ere, briller beaucoup, éclairer, donner de l'éclat.
Rᴇ-Luceo,-ere, reluire.
Sᴜʙ-Lucanus, a, um, d'environ le point du jour, un peu avant le jour.
Aɴᴛᴇ-Lucanus, a, um, qui se fait avant le jour.
Aɴᴛᴇ-Lucid ; Aɴᴛᴇ-Luculò, avant le jour.
Sᴜʙ-Luceo,-ere, entreluire, briller tant soit peu.
Sᴜʙ-Lucidus, a, um, entreluisant, tant soit peu luisant.

III.
LUS, 1°. éclairer.

Lustro,-are, éclairer ; de Lᴜᴄ, lumiere, & Tʀᴀʜo, tirer.

COMPOSÉS.

Coʟ-Lustro,-are, rendre brillant, donner de l'éclat.

Iʟ-Lustratio, onis, illumination ; 2°. embellissement ; 3°. éclaircissement.
Iʟ-Lustro,-are, donner du jour ; 2°. éclaircir, illustrer, orner, rendre célèbre.
Iʟ-Lustris, e, luisant, qui brille ; 2°. célèbre ; 3°. éclairé.
Iʟ-Lustramentum, i, ce qui donne du lustre, ornement.
Pʀæ-Lustris, e, qui brille beaucoup.
Sᴜʙ-Lustris, e, qui brille un peu.

2°. Regarder.

Lustro,-are, } regarder, chercher
Lustror,-ari, } par-tout, fureter, considérer.

Lustramen, inis ; Lustratio, onis, recherche, l'action de considérer.
Lustrator, oris, qui cherche par-tout.
Lustro, onis, fureteur.
Pᴇʀ-Lustro,-are, considérer attentivement, regarder avec soin.

IV.
LUM, lumiere.

Lumen, inis, lumiere, clarté, jour, œil, éclat ; 2°. exposition, explication.
Luminare, is, luminaire.
Lumino,-are, éclairer.
Luminosus, a, um, éclairé, qui reçoit beaucoup de clarté, brillant, lumineux.

COMPOSÉS.

Coʟ-Lumino,-are, éclairer avec.
Iʟ-Lumino,-are, éclairer, donner du jour.
Iʟ-Luminator, oris, qui éclaire.
Iʟ-Luminatio, onis, l'action d'éclairer.
Iʟ-Luminatè, d'une maniere relevée, avec ornement.
Iʟ-Luminus, a, um, qui est sans clarté, qui n'est point lumineux.
Rᴇ-Lumino,-are, rendre la lumiere, éclairer de nouveau.

V.
LUN, Lune.

LUNA, *mot-à-mot*, la Déesse de la lumière : la Lune.

LUNaris, e, qui concerne la Lune.

LUNula, æ, croissant, petite Lune ; 2°. bague simple, jonc ; 3°. boucle en forme de croissant.

LUNo, -are, courber en croissant.

LUNaticus, a, um, de qui la santé dépend de la Lune.

COMPOSÉS.

IL-LUNus, a, um, } qui est sans
IL-LUNis, e, } Lune, auquel la Lune ne paroît pas.

SUB-LUNis, e, où il paroît encore un peu de Lune, un peu éclairé par la Lune.

SUB-LUNaris, e, qui est sous la Lune ; sublunaire.

VI.
LUT, jaune.

LUTum, i, guéde, pastel.

LUTor, oris, jaunisse.

LUTeum, i, guéde, pastel ; 2°. jaune d'œuf.

LUTeus, a, um, jaunâtre, d'un jaune clair.

LUTea, æ, souci aquatique, fleur jaune.

LUTeolus, a, um, d'un jaune clair.

SUB-LUTeus, a, um, un peu jaune.

VII.
Noms de divers objets.

1. LUCa *Bos*, l'Éléphant ; *mot-à-mot*, le gros Bœuf ; le Bœuf visible : peut-être le Taureau blanc, parce que Luc désigne la blancheur tout comme la lumière.

2. LUCuns, *untis*, } petit gâteau
LUCunculus, i, } fait comme un cercle avec un trou au milieu qui fait un petit jour exprimé par LUC.

3. LUCanar, is, ouverture qui fournit un petit jour, lucarne ; 2°. terrier, trou de renard, de blaireau.

4. LUCulentus, a, um, mot formé, du E, qui marque l'existence, & de LUCUL, clarté, petit jour : aussi cet Adjectif signifie clair, où il y a un beau jour ; 2°. grand, riche.

LUCulento, -are, rendre clair.

LUCulenter ; Luculentè, clairement, d'une manière lumineuse.

LUCulentitas, is, belles manières, air du beau monde.

5. LUCina, æ, Déesse de la naissance, qui aidoit les enfans à voir le jour, à naître.

VIII.
De Luc, lumière, vinrent par opposition diverses familles.

1°. LUC,
Bois, Forêt.

LUC, bois, forêt, où l'on est à l'ombre.

En Esclav. LOG, LUGH, forêt.

En Celt. LOC, bois ; d'où LOCH, barre de bois pour arrêter une porte ; Loquet.

LUCus, i, bocage.

LUCarius, ii, Garde-bois.

LUCaris, e, qui concerne les bois.

Lucar,

Lucar, is, salaire des Comédiens pris sur les bois sacrés.

Lucaria, orum, fetes célébrées dans les bois sacrés.

COMPOSÉS.

Col-Luco, -are, ébrancher; 2°. éclaircir un bois, émonder ses arbres.

Col-Lucatio, onis, coupe, taille de bois.

Sub-Lucatio, onis, l'action d'élaguer.

Sub-Luco, -are, tailler, émonder les bois.

2°.
LUC, Deuil.

Luctus, us, le contraire de la clarté, du blanc, le sombre, le noir; 2°. vêtemens lugubres, habits noirs, de deuil, pour les morts; 3°. *au fig.* tristesse, affliction.

Luctuosus, a, um, déplorable, qui cause le deuil.

Lucti-fer, a, um, affligeant : de Fero.

Lucti-ficabilis, e, plein de tristesse, qui nous met en deuil.

Lucti-ficus, a, um, qui afflige : de Facio.

Lucti-Sonus, a, um, qui rend un son lugubre.

Per-Luctuosus, a, um, tout-à-fait déplorable.

2. Lugeo, es, xi, ctum, ere, pleurer, s'affliger.

Lugubris, e, de deuil; funèbre.

Lugubria, um, habits de deuil.

Lugubrè, en deuil.

Lugubriter, d'une manière lugubre.

E-Lugeo, -ere, s'affliger; 2°. quitter le deuil, cesser de s'affliger.

3°.

Luscus, i, borgne, *mot-à-mot*, privé d'une lumiere.

Lusca, æ, borgnesse.

Lusciosus, a, um; Lusciriosus, a, um, qui a la vue basse, louche.

Luscitio, onis, foiblesse de vue.

E-Lusco, -are, éborgner, crever l'œil.

E-Luscatio, onis, l'action d'éborgner.

4°.
LIV, noir, livide.

Du Celte Liu, Lu, Luwid, opposé à Lu, lumiere, & signifiant noir, obscur, sombre, vint cette famille :

Liveo, ere, être livide, noirâtre, meurtri; 2°. envier, sécher d'envie.

Livesco, ere, devenir livide; 2°. devenir envieux.

Livor, oris; Livedo, inis, couleur plombée, meurtrissure; 2°. envie, malignité envieuse.

Lividus, a, um, noirâtre, livide; 2°. envieux.

Lividulus, a, um, un peu plombé; 2°. un peu envieux.

Lividiùs, avec plus d'envie.

Lividinans, tis, qui est envieux.

COMPOSÉS.

Ad-Livescit, il devient tout meurtri.

Sub-Livens, tis, omn. gen. qui devient un peu livide.

Sub-Livesco, is, ere, devenir un peu livide.

Sub-Lividus, a, um, qui est un peu livide.

IX.
LUP, Loup.

De Luc, lumiere, couleur rousse, vint

le mot Lucos des Grecs ; & par le changement de C en P, Lupus des Latins, un loup, à cause de sa couleur : voyez *Hist. du Calend.* page 477. De-là ces mots :

1. Lupus, i, loup ; 2°. loup marin ; 3°. houblon ; 4°. araignée ; 5°. crochet, grapin ; 6°. embouchure rude pour un cheval.

Lupa, æ, louve ; 2°. prostituée.

Lupula, æ, louvette.

Lupanar, is ; Lupanarium, ii, maison de prostitution.

Lupinus, a, um, de loup.

Lupara, æ, louvre ; *mot à mot*, maison de chasse.

2. Lupatum, i, embouchure rude pour les chevaux rétifs.

Lupatus, a, um, embouché d'un mors fort rude.

3. Lupercal, is, lieu à Rome consacré à Pan : on y sacrifioit un loup sur les autels de ce Dieu.

Lupercalia, ium, fêtes à Rome à l'honneur de Pan & de Faune, où l'on sacrifioit un loup.

4. Lupinus, i, } petit loup ; 2°. lu-
Lupinum, i, } pin, légume ; 3°. monnoie apparente pour le théâtre.

Lupillus, i, louveteau ; 2°. jettons employés au théâtre au lieu d'argent.

Lurio, -ire, dévorer comme un loup.

FAMILLE GRECQUE.

1. Lycos, i, loup ; 2°. petite araignée.

Lyciscq, æ, chien-loup ; 2°. chien venu de l'espèce du chien mêlée avec celle du loup.

Lyciscus, i, poulie sans essieu.

2. Lycus, i, Dieu des calomniateurs.

Lyc-Ophthalmus, i, pierre précieuse qui est de quatre couleurs.

Lyc Opsis, is, orcanette, plante.

3. Lycium, ii, arbre épineux qui croît en Licie ; 2°. suc épaissi que les Médecins tirent de ses branches.

4. Lucius, ii, brochet ; le loup des poissons.

X.

FAMILLES GRECQUES.

1°.

1. Leuca, æ, lieue, *mot-à-mot* pierre blanche ; de Lu, blanc, & de Ca, Co, pierre : Co, en Hongrois, pierre ; Cos, en Latin un caillou. On appelloit ainsi une lieue ou certaine mesure de chemin Gauloise, parce qu'une pierre blanche marquoit les lieues.

2. Leuconium, ii, } laine ; 2°. bour-
Leuconicum, i, } lanisse pour les matelas.

Leuconius, a, um ; Leuconicus, a, um, de laine ; 2°. de bourlanisse.

BINOMES.

1. Leuc-Achanta, æ, épine blanche.

Leuc-Achates, æ, agathe blanche.

Leuc-Anthemis, idis ; Leuc-Anthemum, i, camomille.

2. Leuco-Ion, ii, *mot-à-mot*, violette blanche, mot Grec binome ; de Leucos, blanc, & de Ion, violette. Ce mot désigne la giroflée blanche.

3. Leuco-Chrysus, i, hyacinthe de

couleur d'or, mêlée de veines blanches.

LEUCO-*Gea*, *æ*, pierre précieuse, blanche.

LEUC-*Ophtalmus*, *i*, pierre précieuse, qui représente la prunelle & le blanc de l'œil.

LEUCO-*Petalus*, *i*, pierre précieuse blanche mêlée d'or.

LEUCO-*Phæus*, *a*, *um*, gris cendré.

LEUCO-*Phæatus*, *a*, *um*, habillé de gris cendré.

LEUCO-*Phorum*, *i*, borax, bitume blanc; 2°. colle qui fait tenir l'or sur le bois.

LEUCO-*Stitcos*, *i*, pierre précieuse tachetée de blanc.

LEU-*Crocota*, *æ*, animal à quatre pieds imitant la voix humaine.

PERI-LEUCUS, *i*, sorte de pierre précieuse, qui a un filet blanc tout autour.

2°.

1. LYN*x*, *cis*; ce mot est nasalé; c'est le même que LYX, LUX, la lumière : cet animal est ainsi appellé, parce qu'il a la vue très-perçante, & supporte la plus grande clarté.

LYN*ceus*, *a*, *um*, de LYNX, qui concerne le Lynx, qui a très-bonne vue.

LYN*curium*, *i*, pierre précieuse qu'on tire du LYNX.

2. LYCH*nis*, *idis*, fleur blanche, passe-fleur.

LYCH*nitis*, *dis*, herbe blanche; bouillon, plante.

LYCH*nites*, *æ*, marbre blanc ; 2°. escarboucle, pierre qui jette de la clarté.

3. LYCH*nus*, *i*, lampe, flambeau.

LYCHNO-*Bius*, *a*, *um*, qui fait de la nuit le jour.

LYCHNU*chus*, *i*, chandelier à branches, lustre.

E-LYCH*nium*, *ii*, mèche, lumignon d'une lampe, d'une chandelle.

LO, LAW,
Elevé.

De L marquant l'aîle & l'élévation, se formerent le Celte LAW, LO, LOH, élevé; d'où l'Angl. Lowe, colline, &c. & diverses familles Latines dont l'origine avoit échappé à tous les Etymologistes.

1.

LAU*s*, *dis*, louange, estime : discours par lesquels on éléve, on exalte, on met au-dessus.

LAUDO,-*are*, louer, encenser; 2°. citer; 3°. prendre à témoin ; 4°. faire l'éloge.

LAUD*ator*, *is*; LAUD*atrix*, *cis*, le panégyriste, qui loue.

LAUD*atorius*, *a*, *um*, qui concerne la louange.

LAUD*atio*, *onis*, louange, éloge.

LAUD*até*,
LAUD*atissimé*, } louablement, avec éloge.
LAUD*abiliter*,

LAUD*abilis*, *e*, louable, qui mérite d'être loué.

LAUD*ativus*, *a*, *um*, qui concerne les éloges ou les panégyriques.

LAUDI-*Cæna*, *æ*; LAUDI-*Cænus*, *i*, parasite, louangeur, qui loue pour attraper un repas.

COMPOSÉS.

AL-LAUDO,-*are*, louer beaucoup.

AL LAUD*abilis*, *e*, très-louable.

COL-LAUDO,-*are*, louer, vanter, recommander conjointement, & en compagnie de plusieurs.

Col-Laudatio, onis, éloge, louange; 2°. estime de plusieurs.

Di-Laudo,-are, louer beaucoup.

E-Laudo, as, are, voyez Laudo.

Il-Laudabilis, m. f. le, n. qui n'est point louable ou recommandable.

Il-Laudatus, a, um, indigne de louange, sans mérite.

Multi-Laudus, a, um, qui mérite plusieurs louanges, fort recommandable.

Super-Laudabilis, e, louable au-delà de tout.

2°.

Lavandula, æ, } lavende; elle doit
Lavendula, æ, } son nom à son odeur forte.

Laver, is, berle, herbe.

II.

LAN, grand, étendu.

LAN, mot primitif qui désigne l'étendue, la grandeur : de-là nombre de mots & de familles.

Lanx, cis, bassin, plat ; 2°. bassin d'une balance.

Lances, ium, bassins, plats de balance.

Lancula, æ; Lanceola, æ, petit plat, petites balances.

Bi-Lanx, cis, balance, trébuchet.

Lonchitis, is, sorte de plante.

III.

LAN, bois.

LAN, est un mot Celtique qui signifie bois, forêt, & qui tient à La, Lo, haut, élevé.

Il s'est prononcé Len ; Lin, & se mouillant chez les Latins à leur maniere, il y devint :

1°.

La Famille LIGN, bois.

Lignum, i, bois.

Lignosus, a, um, plein de bois; dur comme du bois.

Lignor,-ari, faire du bois.

Ligellum, i, loge de planches, cabane.

Ligillum, i, petit morceau de bois ; 2°. coque de noix.

Lignarius, ii, bucheron, charpentier.

Lignarius, a, um, de bois, qui concerne le bois.

Lignatio, onis, l'action de faire du bois, provision de bois ; forêt où l'on a droit de chauffage ; lieu d'où on tire la provision de bois.

Lignator, is, qui va faire du bois.

Ligneus, a, um, de bois, fait de bois.

Ligneolus, a, um, de petites piéces de bois, fait de petits morceaux de bois.

Ligni-Pedium, ii, sabot, soque ; de Pes, pied.

2°.

Il désigna les armes offensives, les bâtons, les dards, les lances : de-là :

Lancea, æ, pique, lance ; Gr. ΛΟΓΧΗ, Lonkhé : de LAN, dard.

Lancearius, ii, piquier. lancier.

Lanceatus, a, um, 1°. blessé d'un coup de lance ; 2°. armé d'une lance.

3°.

1. Lanius, ii, Boucher.

Lanio,-are, déchirer, égratigner.

Laniarium, ii, boucherie.

Laniatio, onis ; Laniatus, ûs, déchirement.

LaNionius, a, um, de boucher, de boucherie.

Laniena, æ, boucherie, écorcherie, état de Boucher.

2. Lanista, æ, Maître d'escrime, de Gladiateurs, Prevôt de salle.

Lanistitius, a, um, qui concerne le Maitre en fait d'armes.

Di-Lanio,-are, mettre en piéces.

4°.
LAM, pour LAN.

Du Celte LAM, dard, lame, même que LAN, vinrent ces mots:

1. Lamina, æ, lame, feuille de métal, de quoi que ce soit; 2°. douve de tonneau; 3°. table de plomb.

Lamella, æ, petite lame, feuille de métal.
Lamellula, æ, batterie de cuisine.
Lamna, æ, lame.
Di-Lamino,-are, fendre en deux.

2. Lemnisci, corum, rubans; en Gr. Lémniscos; de Lama, lame, étroit: mot à mot, bandes étroites.

Lemniscatus, a, um, garni de rubans.

IV.
LAN, Laine.

Du Celte LAN, enclos, couverture, vinrent ces familles Latines:

Lana, æ; en Gr. Lénos, eos, laine, toison de brebis; 2°. poil de chèvre, de lièvre, de lapin, &c. 3°. duvet d'oies, tout ce qui ressemble à la laine.

Laneus, a, um, de laine, fait de laine.
Lanaris, e, qui a de la laine.
Lanatus, a, um, qui a de la laine; 2°. couvert de laine, de coton.

Lanarius, ii, lainier, celui qui apprête les laines.

Lanaria, æ, herbe au foulon.
Lanula, æ, petit flocon de laine.
Lanugo, inis, coton, duvet; 2°. poil follet; 3°. sciure d'ais.

Lanuginosus, a, um, cotoneux, plein de duvet.

Lanosus, a, um, laineux, plein de laine.

Lanicium, ii, laine tirée chaque année des brebis; 2°. lainage; 3°. apprêt de la laine.

Lani-Ger, a, um; Lani-Fer, a, um, couvert de laine, qui porte de la laine.

Lani-Ficium, ii, apprêt des laines.
Lanificus, a, um, qui apprête la laine.
Lani-Cutis, e, dont la peau est couverte de laine.

Lan-Oculus, i, qui couvre avec de la laine la difformité de son œil.

Lanerum, i, habillement fait de laine grasse.

V.
LONG.

Du Celte Lan, Lon, étendu, vint cette famille:

Longus, a, um, long, grand en étendue.

Longulus, a, um, un peu long.
Longè; Longiter, loin, de loin; 2°. beaucoup, très, sans difficulté.

Longulé, un peu loin.

Longitudo, inis, longueur, étendue en long, longitude.

Longiusculus, a, um, tant soit peu plus long.

Longisco,-ere, s'allonger, devenir long.
Longùm, pour longtems.
Longinquus, a, um, éloigné, lointain; 2°. long, de longue durée.

LONGinquitas, *atis*, longue distance; 2°. longue durée.

LONGinquè, de loin.
LONGurius, ii, longue perche.
LONGurio, onis, homme long comme une perche.
LONGitrorsùm, en long.
LONGano, onis, le gros boyau.

BINOMES.

LONGI-Turnus, *a*, *um*, qui dure long-tems.
LONGI-Turnitas, atis, longue durée.
LONGI-Pes, dis, qui a les pieds longs.
LONG-Ævus, *a*, *um*, fort âgé, qui a vécu long-tems.
LONG-Ævitas, atis, longue vie, grand âge.
LONG-ANimis, *e*, patient.
LONG-ANimitas, atis, patience.
LONG-ANimiter, avec patience.

COMPOSÉS.

E-LONGO, *as*, *avi*, *atum*, *are*, allonger, étendre, prolonger.
OB-LONGulus, *a*, *um*, longuet, un peu long.
OB-LONGus, *a*, *um*, long, fort long.
PER-LONGè, fort loin.
PER-LONGus, *a*, *um*, fort long.
PER-LONGinquus, *a*, *um*, fort éloigné.
PRO-LONGO, *as*, *avi*, *atum*, *are*, prolonger, différer, remettre.
PRÆ-LONGO, *as*, *avi*, *atum*, *are*, allonger.
PRÆ-LONGus, *a*, *um*, fort long.

VII.
LUMB, le Dos.

LUMBus, *i*, dos, rein, est un mot dont l'origine étoit absolument inconnue; il tient à l'Irland. LUB, courbe, en arc: ou plutôt il vient de LO, LOB, LOPh, en Grec, élevé, haut, en bosse.

1. LUMBus, *i*, le rein, les reins; 2°. dos; 3°. rable.
LUMBulus, *i*, rognon.
LUMBago, inis, foiblesse de reins.
LUMBare, is, cuissart, caleçon.
LUMBI-Tragium, ii, rupture des reins.

COMPOSÉS.

DE-LUMBO, *are*, éreinter, rompre les reins; 2°. affoiblir, énerver.
DE-LUMBis, *e*, éreinté; 2°. efféminé.
E-LUMBis, *be*, } éreinté, éreiné, qui a
E-LUMBus, *a*, *um*, } les reins rompus, éhanché; 2°. efféminé.
PRÆ-LUMBO, *as*, *are*, éreinter, rompre les reins.

2. LUMBricus, *ci*, ver de terre, parce qu'il marche en arc; 2°. ver qui s'engendre dans les intestins des hommes & des animaux.

VII.
LEB, LIB, Ecorce.

Du primitif LAW, élevé, être sur, au-dessus, vint l'Oriental LAB, couvrir, envelopper, être adhérent; le Grec LOPis, LOPos, écorce.

LEPyrion, tout ce qui enveloppe; la peau du bled, la coquille d'œuf, &c.
LEPyros, couvert d'écorce, d'écailles.
LEPó, ôter l'écorce.

Et la famille Latine:

LIBer, livre, parce qu'on écrivoit anciennement sur des écorces d'arbre préparées.

1. LIBER, *bri*, livre, volume; & au sens propre, peau qui est entre le bois & l'écorce d'arbre.

LIBellus, *i*; LIBellulus, *i*, petit livre; 2°. lettre; 3°. affiche, placard; 4°. mémoire, requête; 5°. boutique de Libraire; 6°. libelle; 7°. certificat; 8°. sorte de mesure.

LIBellio, *onis*, Notaire, Tabellion; 2°. porteur de lettres; 3°. copiste de livres; 4°. Libraire.

LIBellisius, *ii*, Maître des Requêtes.

LIBellarium, *ii*, porte-feuille, tablette.

LIBellaticus, *a*, *um*, Chrétien qui donnoit son nom pour être inscrit sur le registre des apostats.

LIBrarium, *ii*, registre, catalogue; 2°. armoire à livres.

LIBraria, *æ*, boutique de Libraire, bibliothèque.

2. LIBrarius, *ii*, copiste, qui transcrit des livres; 2°. Libraire, Marchand de livres.

LIBrariolus, *i*, petit Libraire.

LIBrarius, *a*, *um*, qui concerne les livres.

3. DE-LIBRO, *are*, peler, écorcer; 2°. peser.

4. LABurnum, *i*, aubour, seconde écorce d'un arbre, celle qu'on employoit pour les livres.

VIII.
LIM, haut.

De LI haut, en le nasalant, vint la famille LIM, LIQ, LIT, tout ce qui est élevé en travers : de-là ces diverses familles.

I.

1. LIMis, *e*,   } qui est oblique,
LIMus, *a*, *um*,   } de travers.

LIMus, *i*, Dieu qui présidoit à tout ce qui étoit de travers.

LIMulus, *a*, *um*, qui est un peu de travers.

LIMositas, *atis*, air sombre, louche, de travers.

2. LIMes, *itis*, traverse, sentier; 2°. borne; 3°. frontiere.

LIMitaneus, *a*, *um*, qui est sur les frontieres.

LIMitaris, *e*, qui concerne les bornes.

LIMitor, *-ari*, borner, planter des bornes; 2°. diviser par sentiers.

LIMitator, *is*, celui qui plante des bornes.

LIMitatio, *onis*, abornement.

COMPOSÉS.

COL-LIMitor, *-ari*, borner.

COL-LIMinium, *ii*; COL-LIMitium, *ii*, confins, frontieres.

COL-LIMitaneus, *a*, *um*, qui est frontiere, voisin.

2°.

1. LIMen, *inis*,   } pas, seuil d'une
LIMentum, *i*,   } porte; 2°. entrée, porte d'un lieu; 3°. barriere; 4°. limites.

LIMinaris, *e*, qui concerne le seuil de la porte.

LIMentinus, *i*, le Dieu qui présidoit au seuil de la porte.

COMPOSÉS.

COL-LIMo, *-are*, } viser, mirer, tirer
COL-LINeo, *-are*, } droit.

E-LIMino, *as*, *avi*, *atum*, *are*, chasser, faire sortir, mettre dehors.

Eliminare dicta foras, divulguer, publier quelque chose.

IL-LIMinatus, *a*, *um*, placé, retiré.

POST-LIMinium, *ii*, retour au même état d'où l'on avoit été violemment tiré;

2°. droit de reprendre une chofe qu'on avoit perdue, & de la rétablir en son premier état; 3°. retour au lieu d'où l'on a été enlevé par les ennemis.

Sub-Limen, *inis*, linteau, le deffus d'une porte; (*ce mot n'est pas bien certain*).

Super-Liminare, *is*, linteau.
Sub-Limatus, *a*, *um*, élevé.
Sub-Limé, en haut, en un lieu élevé, d'une maniere élevée.
Sub-Limia, *um*, météores.
Sub-Limis, *e*, élevé, haut : 2°. fublime, relevé, grand.
Sub-Limitas, *atis*, élévation, exhauffement.
Sub-Limiter, haut, en haut, bien haut.
Sub-Limiùs, d'une maniere plus élevée.
Sub-Limo, *as*, *avi*, *atum*, *are*, élever haut.
Sub-Limus, *a*, *um*, voyez *Sublimis*.

2. Limo, *onis*, timon d'un carroffe.
3. Limax, *acis*, efcargot, limaçon.

3.

De Limus, prononcé Lix, vinrent le Grec Lix, oblique; & ces familles :

1. Lⁱcium, *ii*, trame, liffe, fil de la trame, (il eft à travers); 2°. drap, lifiere du drap; 3°. cordon, bandelette, ruban.

Liciatorium, *ii*, enfuble.
Auri-Licium, *ii*, l'endroit où travaille le Tifferan.

2. Pro-Lixè, *iùs*, *Adv.* libéralement, largement, magnifiquement, avec profufion; 2°. d'une maniere prolixe; *mot-à-mot*, qui traverfe en avant, qui s'étend en travers.

Pro-Lixitas, *atis*, } prolixité.
Pro-Lixitudo, *inis*, }
Pro-Lixo, *as*, *avi*, *atum*, *are*, allonger, étendre.
Pro-Lixus, *a*, *um*, long, prolixe, trop étendu; 2°. libéral, magnifique, plein de bonne volonté, honnête.

Prolixior in aliquem, qui eft plus porté pour quelqu'un, qui a trop de bonne volonté pour lui.

3. Sub-Lica, *æ*, } pilotis, arcboutant, pieu à foutenir
Sub-Licium, *ii*, } un pont de bois; *mot-à-mot*, qui eft placé fous une chofe tendue en travers.

Sub-Licius, *a*, *um*, bâti fur pilotis, élevé fur des pieux.

4. Loxia, *æ*, 1°. furnom d'Apollon ou du Soleil à caufe de fa marche oblique; 2°. Oracle à double fens.

5. Ob-Lique, *Adv.* obliquement, de biais, de côté, de travers; 2°. indirectement, en biaifant.

Ob-Liquitas, *atis*, fituation de biais, difpofition qui biaife, obliquité.
Ob-Liquo, *as*, *avi*, *atum*, *are*, mettre de côté, pofer de biais, faire aller de travers, faire biaifer, fituer ou placer obliquement.
Ob-Liquus, *a*, *um*, oblique, qui biaife, qui eft de biais, de côté, de travers, qui va en biaifant; 2°. courbe, tortu, qui n'eft pas droit, tortueux.

L I Tuus.

Ce mot fignifie en Latin :
1°. La croffe des Augures :
2°. clairon; 3°. cor-de-chaffe.

Les Latins étoient fort étonnés de voir qu'un même mot réuniffoit deux fignifications significations aussi différentes, & ils demandoient laquelle des deux a été la première. Aucun de nos Etymologistes n'a pu répondre à cette question. Le Dialecte Celtique des Gaulois va le faire.

Ils ont la Famille LLED très-étendue, & qui désigne tout ce qui est oblique, tortueux.

C'est la vraie racine de LITUUS, dans tous ses sens, & une preuve sans réplique à ajouter à toutes celles qui montrent combien le Latin fut redevable au Celte.

IX.

De LO, haut, élevé, vint également cette famille :

LUXUS, ûs, excès, déréglement; 2°. somptuosité, profusion, dissolution.

LUXURIA, æ ; LUXURIES, ei, déréglement, excès; 2°. dissolution; 3°. vie molle & sensuelle; 4°. trop grande abondance; 5°. abandonnement à ses passions.

LUXURARIUS, a, um, plein de luxe, de dissolution.

LUXURIO, -are,
LUXURIOR, -ari, } s'abandonner au luxe; 2°. outrer toutes choses; 3°. se laisser
LUXOR, -ari,
aller à ses passions; 4°. faire des dépenses excessives; 5°. pousser trop abondamment; 6°. jetter trop de branches, trop de fruits, trop de feuilles.

LUXURIATUS, a, um, qui se laisse emporter par ses passions.

LUXURIOSUS, a, um, qui vit dans le luxe; 2°. outré, excessif.

Orig. Lat.

LUXURIOSE, dans le déréglement, dans l'excès, avec mollesse.

F-LUXURIOR, aris, atus sum, ari, étendre trop ses branches, pousser trop de bois.

LOC.

LOCUSTA, æ, sauterelle ; 2°. crabe, Ecrevisse de mer. Langouste, poisson.

Cet animal doit certainement son nom à la faculté qu'il a de sauter à une grande hauteur, & qui est un de ses caractères les plus frappans : son nom tient donc à LOH, haut, élevé ; à LOCH, lévier.

LEI.

LE, LEI, LAI, LLAI, est un mot primitif qui désigne tout ce qui est délié, mince, doux & agréable au toucher : de-là une foule de familles en toute Langue.

1°.

En Arménien, LAI, petit.

En Gall. LLYth, petit, dans tous les sens, vil, &c.

En Angl. Litle, petit.

2°.

En Anglo-Sax. LITH, doux, mou, paisible : LITH-ness, douceur.

En Gr. LEIOS, doux, mou, qui n'est pas rude; 2°. mince, petit.

LISSOS, lis, uni, sans rudesse.

LITOS, délié, mince, petit, vil, nud.

LITOTES, ténuité, minceur.

Ttt

De-là cette famille Latine.

I.

LÆV, poli, doux au toucher.

De Levo, enlever, diminuer, se forma cette famille :

1°.

Lævis, e, } uni, poli, lisse ; 2°.
Levis, e, } qui est sans poil ; 3°. plané, raboté.

Levitas, atis ; Levor, is, le poli, superficie unie.

Lævo,-are ; Levo,-are, polir, applanir, lisser.

Levigo,-are, polir, unir, lisser.

Liaculum, i, batte, instrument à applanir la terre, à la battre : du Grec Leió, polir, unir.

Composés.

De-Lævo,-are,   } polir, lisser.
De-Levo,-are,   }

E-Lævigo,-are, polir, applanir, limer.
E-Lævigatio, onis, poliment, l'action de limer, de polir.
E-Lævigator, is, polisseur, planeur.

II.

LEP, finesse, délicatesse.

En Gr. Leptos, mince, délié : en Latin :

Lepos, Lepor, oris, 1°. finesse, délicatesse ; 2°. grace, agrément ; 3°. beauté, charmes ; 4°. politesse, gentillesse.

Lepidus, a, um, agréable, joli, enjoué, plaisant.

Lepidus, a, um, galant, qui a bon air.

Lepidulè, joliment, d'un air gracieux.

Il-Lepidè, Adv. sans grace, sans agrément, de mauvaise grace, d'une maniere désagréable, grossiere, impolie, sans politesse.

Il-Lepidus, a, um, qui est sans grace, impoli, grossier, désagréable, qui est sans politesse.

Per-Lepidus, a, um, } fort agréable, fort
Pel-Lepidus, a, um, } enjoué, fort plaisant, très-divertissant.

III.

LEN, doux.

Le en se nasalant donna lieu à de nouvelles familles :

En Irl. Lean, Lin, petit.

En Theut. Lind, } doux, mou, po-
En Isl. Linur,   } li.

En Or. لين, Lin, qui a toutes les significations du Latin Lenis : & ces familles Latines.

Lenis, e, doux, paisible, qui n'est pas rude.

Lené ; Leniter, doucement, avec douceur.

Lenitas, atis ; Lenitudo, inis, douceur, humeur douce.

Leniusculus, a, um, un peu plus doux.

Lenimen, inis,   } adoucissement,
Lenimentum, i,   } soulagement.

Lenio,-ire, adoucir, soulager, fléchir.

Composés.

Ad-Lenimentum, i, adoucissement.
De-Lenio,-ire ; Ob-Lenio,-ire, adoucir, appaiser.
Ob-Lenitor,-oris, qui adoucit.
Semper-Lenitas, atis, douceur constante, continuelle.

IV.

LINO, adoucir par l'onction.

1. Leo, *es*, *evi*, *letum*, *ere*, } oindre,
Lino, *is*, *lini*, *levi*, *livi*, *li-* } endui-
tum, *nere*, } re, en-
graisser ; 2°. boucher, étouper.

Linio, *is*, *ivi*, *itum*, *ire*, oindre, enduire, huiler.

Linitus, *ûs*, onction, friction avec quelque liqueur.

Litus, *a*, *um*, participe de *lino*, oint ; 2°. moucheté, tacheté.

Litus, *ûs*, onction, l'action d'oindre.

2. Litura, *æ*, onction, enduit ; 2°. effaçure, rature.

Lituro, *-are*, effacer, rayer.

Liturarius, *a*, *um*, où l'on écrit ce qu'on peut effacer.

COMPOSÉS.

Al-Lino, *-ere*, frotter doucement, oindre en frottant ; 2°. effacer, passer l'éponge.

Circum-Linio ou *lino*, *linivi* ou *livi*, *linitum* ou *litum*, *nire* ou *nere*, oindre, graisser.

Circum-Litio, *onis*, onction, liniment autour.

Circum-Litus, *a*, *um*, Part. oint, enduit, engraissé autour.

Col-Lino, *is*, *ivi*, *lini*, *levi*, *litum*, *nere* ; Col-Linio, *-ire*, frotter, oindre, graisser.

Col-Linitus, *a*, *um*, frotté, graissé.

De-Lino, *is*, *lini*, *livi*, *levi*, *litum*, *ere*, rayer, effacer.

De-Litus, *a*, *um*, effacé, rayé ; 2°. barbouillé, crasseux.

De-Linio, *-ire*, frotter doucement ; 2°. adoucir, caresser, flatter.

De-Linitor, *is*, caressant, insinuant.

De-Linitio, *onis* ; De-Linimentum, *i*, attrait, charme, caresse, adoucissement ; 2°. filtre, charme.

E-Lino, *is*, *levi*, *nere*, rayer, raturer, effacer.

Il-Linio, *is*, *ivi*, *itum*, *ire*. Voy. *il-linio*.

Il-Linitus, *a*, *um*, part. d'Il-linio.

Il-Lino, *is*, *levi*, *litum*, *ere*, oindre, enduire, frotter de quelque chose qui reste dessus ; 2°. crépir, ravaler.

Il-Litus, *ûs*, onction ; 2°. enduit, crépi, ravalement.

Inter-Lino, *is*, *livi*, *litum*, *nere*, effacer, rayer, biffer, passer un trait de plume par-dessus.

Inter-Litus, *a*, *um*, partic. d'Interlino, enduit, crépi, ravalé.

Ob-Lino, *is*, *levi*, *litum*, *nere*, oindre tout autour, enduire.

Ob-Linio, *is*, *ivi*, *itum*, *ire*, v. Ob-lino.

Ob-Linitor, *oris*, qui oint tout autour, qui fait des linimens ; 2°. flatteur.

Ob-Linitus, *a*, *um*, part. d'Ob-linio.

Per-Linio, *is*, *ivi*, *itum*, *ire*, &

Per-Lino, *is*, *levi*, ou *livi*, ou *lini*, *litum*, *nere*, frotter de quelque liqueur, oindre.

Per-Litus, *a*, *um*, partic. de Per-lino.

Per-Litus fuco, fardé, plâtré.

Præ-Lino, *is*, *ere*, oindre par-devant ou auparavant.

Re-Lino, *is*, *re-levi* ou *re-livi*, *re-litum*, *nere*, ouvrir, déboucher, donner ouverture.

Subter-Lino, *is*, *levi*, *litum*, *linere*, frotter, oindre par-dessous.

Sub-Lino, *is*, *levi*, *litum*, *nere*, frotter, oindre ; 2°. mettre la première couche de peinture.

Super-Il-Litus, *a*, *um*, enduit, oint ou frotté par-dessus.

SUPER-LINO, *is, levi, litum, nere*, oindre par-dessus.
SUPER-LITUS, *a, um, participe de* Super-lino.

V.

LEN, désigna en second lieu les charmes, les attraits, tout ce qui a l'art d'adoucir : de-là :

LENocinor, *atus sum, ari*, donner de la grace ; 2°. caresser, cajoler, attirer.

LENO-*cinium, ii*, 1°. agrémens, charmes ; 2°. coquetterie, soin de plaire ; 3°. trafic d'esclaves, &c.

LENA, *æ*, dans l'origine, femme pleine de graces, polie, attrayante. Ce mot se prit à la longue dans un mauvais sens, pour désigner une femme plus polie qu'il ne faut ; une corruptrice.

LENO, *onis*,
LENulus, *i*, } un corrupteur ; 2°. un Marchand d'esclaves.
LENunculus, *i*,

VI.

De LE, doux, prononcé CLE, & de *Mens*, esprit, se forma cette famille :

CLEMens, *tis*, clément, humain, paisible.

CLEMentia, *æ*, douceur, humanité ; 2°. manieres douces, facilité à pardonner.

CLEMenter, doucement, tranquillement, d'un air modéré, tranquille.

NÉGATIFS.

IN-CLEMens, *tis*, impitoyable, rigoureux.

IN-CLEMentia, *æ*, rigueur, sévérité.

IN-CLEMenter, durement, sans merci.

VII.

LEN, flexible.

1°.

LENTus, *a, um*, flexible, pliant, souple ; 2°. tardif, froid, languissant, paresseux ; m.-à-m. qui plie sous le fardeau.

LENTulus, *a, um*, un peu lâche, un peu lent.

LENTulitas, *atis*, lenteur ; 2°. qualité de celui qu'on appelle *lentulus*.

LENTitudo, *inis*, paresse, nonchalance, stupidité ; 2°. facilité à se plier.

LENTitia, *æ*, facilité de se plier ; 2°. viscosité.

LENTor, *is*, humeur gluante & visqueuse.

LENTo, *are*, plier, ployer, courber.

LENTatus, *a, um*, retardé.

LENTeo, *ere*, être lent.

LENTesco, *ere*, se ramollir, devenir gluant ; 2°. devenir pliant ; 3°. s'adoucir.

LENTé, doucement, sans se hâter.

RE-LENTesco, *is, cere*, se rallentir, diminuer.

2°.

LENTiscus, *i*, } lentisque, arbre qui produit le mastic ;
LENTiscum, *i*, mot-à-mot, gluant.

LENTiscinus, *a, um*, de mastic, de lentisque.

LENTisci-Fer, *a, um*, qui produit des lentisques.

VIII.

LIN, trait ; délié.

LINea, *æ*, ligne, trait tiré avec la plume, cordeau ; 2°. ficelle ; 3°. ligne à pêcher ; 4°. trait de pinceau ; 5°. bornes ; 6°. terme ; 7°. lignée ; 8°. corde garnie de plumes bigarrées, pour servir d'épouvantail aux oiseaux.

LINeola, *æ*, petite ligne.

LINearis, *e*, qui se fait avec des lignes ; qui concerne les lignes.

LINEO, -are, tracer avec des lignes; 2°. aligner.

LINEATIO, onis, l'action de tirer des lignes.

LINEAMENTUM, i, ligne, trait de plume; 2°. trait du visage.

COMPOSÉS.

DE-LINEO, -are, dessiner, esquisser, ébaucher.

DE-LINEATIO, onis, ébauche, esquisse.

IX.

LIN, lin.

1. LINUM, i, lin, 2°. fil de lin; 3°. manœuvres, cordages d'un vaisseau.

LINOZOSTIS, idis, mercuriale, plante.
LINO-STOMA, tis, linge mis sur le calice, & qui sert à l'essuyer.

2. LINTEUM, i, linge, drap, serviette; 2°. voile de navire.

LINTEOLUM, i, petit linge.
LINTEUS, a, um, de toile, de linge.
LINTEO, onis, Linger, Toilier, Tisserand.
LINTEATUS, a, um, vêtu de toile; 2°. qui porte du linge.
LINTEARIUS, ii, Linger, Marchand de toile.
LINTEARIUS, a, um, de linge, de toile.
LINTEAMEN, inis, drap.

3. LINEUS, a, um, de lin, fait de lin.
LINA, orum, filets, traîneaux.
LINARIUM, ii, champ ensemencé de lin.
LINAMENTUM, i, charpie, tente d'une plaie; 2°. mèche de chandelle, lumignon.

4. LINIUM, ii, trame, tissu, drap.

5. LINNA, æ, gros surtout pour la guerre.

6. LINO-Strophon, i, marrube, plante.

BINOMES.

LINI-Pulus, i, faisceau de lin; de PEL, PLE, embrasser, prendre à poignée.

LINI-Ger, a, um, qui est vêtu de lin; 2°. Prêtre de la Déesse Isis: de Gero porter.

X.

Noms de divers objets.

1. LO-Mentum, i; 1°. farine de fèves: mot-à-mot, chose menuisée, réduite en farine.

2. LENS, tis, lentille; graine très-petite.

LENTICULA, æ, lentille; 2°. tache de rousseur qui vient au visage; 3°. vase rond & plat comme une lentille; 4°. sorte de pierre précieuse.

LENTICULARIS, e, ⎫ de lentilles;
LENTICULOSUS, a, um, ⎬ 2°. de taches
LENTIGINOSUS, a, um, ⎭ de rousseur.

LENTICULATUS, a, um, fait comme une lentille; 2°. marqué de taches de rousseur.

LENTIGO, inis, tache de rousseur sur le visage.

3. LENS, dis, lente, œuf de vermine très-petite.

LENDICULUS, i, petite lente.
LENDIGINOSUS, a, um, plein de lentes.

MOTS LATINS VENUS DU GREC.

L

Labrus, *i*, sorte de poisson; en Gr. Labros, vorace.

Laconicum, *i*, poêle, étuve pour suer.

Laconismus, *i*, briéveté du langage.

Lælaps, *apos*, nom de chien; tourbillon de vent; le grand chien; en Grec ΛΑΙΛΑΨ.

Du Grec Lagós, lièvre, vinrent:

Lagois, *idis*, lièvre de mer.

Lago-Pus, *odis*, pied-de-lièvre, plante; 2°. oiseau blanc de la grosseur d'un pigeon, & qui a les pieds velus comme un lièvre.

Lag-Ophthalmus, *a*, *um*, qui dort comme les lièvres, les yeux ouverts.

Lag-Ophthalmia, *æ*, maladie des yeux, qui empêche de les fermer.

Lago-Trophium, *ii*, garenne où l'on nourrit les lièvres.

Lampsana, *æ*, sanue, plante; & Lapsana, mot Grec.

Lapsana, *æ*, chou sauvage, Grec, ΛΑΨΑΝΗ.

Lamyrus, *i*, Gr. le Goulu, poisson de mer qui ressemble au lézard.

Al-Lanto-Pola, *æ*, } faiseur de
Al-Lanto-Pœus, *a*, *um*, } saucisses, chaircuitier; Gr. de Allasso, changer, métamorphoser.

LAR.

Du Celte Lar, son, son aigu, & qui forma le mot Larum, trompette, clairon, vint le Grec-Latin:

Larynx, *gis*, gosier, Gr. ΛΑΡυγξ.

Larus, *i*, la mauve, la poule d'eau; en Gr. ΛΑΡος.

Latria, *æ*, adoration de Dieu; Gr. ΛΑΤΡΕΙΑ, service; 2°. culte.

Latriensis, *e*, d'adoration.

Lasanum, *i*, pot-de-chambre; 2°. bassin de chaise percée; Grec, ΛΑΣΑΝΟΝ.

Laurices, *icum*, petits lapreaux pris sous la mere.

LE.

Lecythus, *i*, Gr. Lekythos, vase à huile, burette à l'huile: ce mot tient à Lekané, plat.

Lenæa, *orum*, fêtes de Bacchus, où il y avoit des combats de poésie: du Grec Lênon, pressoir.

Lene, *is*, sorte de vase; 2°. bateau.

Lenunculus, *i*, petit bateau.

Lesbias, *æ*, sorte de pierre précieuse.

Lesbium, *ii*, vase fait à Lesbos.

Lesbonicus, *a*, *um*, qui a remporté une victoire sur les Lesbiens.

LI.

De LIB, eau en Grec, vinrent:

1. LIBethra, Fontaine de Magnésie, consacrée aux Muses.

LIBethrides, um, Muses.

2. LIBS, ibis, vent du Sud-Est; Gr. ΛΙΨ, Lips; de LIB, humide, pluvieux.

LIBo-Notus, i; LIBa-Notus, i, Sud-Sud-Ouest.

LIBo-Zephyrus, i, Ouest, Sud-Ouest.

LIBadium, ii, petite centaurée.

LIBano-Chros, i, pierre précieuse; mot-à-mot, couleur blanche.

LIBanotis, idis, romarin; mot-à-mot, qui a l'odeur de l'encens.

3. LISæ, arum, grandes veines jugulaires: de LIZô, distiller.

LICHanus, i, son que rend une corde d'instrument de musique; 2°. nom d'une corde de musique, selon Aristote; Gr. ΛΙΧανος.

Lichen, enis, } dartre vive; 2°.
Lichene, es, } l'hépatique, plante;
Gr. ΛΕΙΧΗΝ.

Liparis, is, poisson qui ressemble au lézard; 2°. sorte de pierre précieuse.

LO.

ARISTO-LOCHia, Aristoloche, plante; de Loxos, LOKhos, femme en couches, & d'Aristos, bon.

Lolius, ii, } Calmar, poisson vo-
Loligo, inis, } lant, dont le sang est noir comme de l'encre; 2°. médisance: en Gr. THOLOS & OLOS.

LOLiguncula, æ, petit calmar.

LOLiginosus, a, um, où il y a beaucoup du poisson nommé calmar.

Lotos, i, sorte de plante; 2°. sorte d'arbre.

Loto-Phagus, a, um, qui vit du fruit de l'arbre lotos.

Loto-Meira, æ, sorte de pain d'Egypte.

Lytta, æ, petit ver qui est sous la langue des chiens; du Gr. Lyssa.

MOTS LATINS VENUS DE L'ORIENT.

L.

LABYRINThus, i, labyrinthe; mot-à-mot, Palais du Soleil: voyez Origin. Franç. col. 645.

LABYRINTheus, a, um, de labyrinthe.

LAcerta, æ, } lézard; 2°. poisson de
LAcertus, i, } mer qui ressemble au lézard.

LAcertosus, a, um, robuste; 2°. plein de muscles: voy. Orig. Fr. col. 612.

L A M.

De LAM, manger, qui tient à l'Or. לחם LHeM, pain, & au Gr. LIMOS, faim, vinrent :

LAMia, æ, loup-garou, monstre dont on effrayoit les enfans ; en Gr. LAMia, as ; 2°. poisson qui dévore les hommes ; 3°. Sorciers prétendus, Ogres, Anthropophages.

LANGurium, ii, ambre jaune.

LANGa, æ,
LANGuria, æ, } animal duquel l'ambre provenoit, suivant les Anciens.

Ce mot qui s'écrivit dans l'origine LAGG, & où le premier G se changea en N, tient au mot si connu LAC, LACQ, consacré aux gommes :

En Basq. LACA gomme rousse, & qui est l'Or. لک, LaKK, laque, larme, suc d'une plante.

LAZurion, ii, lazur, couleur bleue : mot Or. Voyez Orig. Franç. col. 76.

LAZulus, i, le lapis lazuli.

L A T.

De LAT, en Orient. להט, Lhet, feu, incendie, vinrent ces mots Latins :

1. LATerna, æ, & en le nasalant, LANterna, æ, fanal, flambeau.

LATernarius, ii, faiseur de lanternes, qui les vend.

2. LATer, eris, brique. On les cuit au feu.

LATerculus, i, petite brique, tuile ; 2°. biscuit, masse-pain.

LATerculum, i, petite brique ; 2°. chambre du trésor ; 3°. rôle des offices.

LATerculenses, ium, Secrétaires, Gardes des rôles.

LATeraria, æ, tuilerie ; 2°. four à briques ; 3°. attelier de Tuilier.

LATerarius, ii, Tuilier.

LATerarius, a, um ; LATeritius, a, um, fait de brique.

SEMI-LATer, eris, n.
SEMI-LATerium, ii, } demi brique.

LATeruncularia, æ,
LATruncularia, æ, } échiquier, damier, mot-à-mot, fait de briques de diverses couleurs.

LATrunculus, i, piéces du jeu de Dames & d'Echecs.

L E M U Ria,

Fête des Lemures.

Nous avons parlé de cette Fête dans l'Histoire du Calendrier, pag. 165, & développant l'origine de son établissement en faveur des morts & du dernier jour de l'année, nous avons fait voir que le nom de cette fête vint avec son objet de l'Orient même ; de UR, lumiere, & de LHeM, carnage : *le jour du carnage.*

LEMures, um, esprits malins, spectres, lutins.

LEMuria, iorum ou ium, les fêtes des Lemures.

L E B.

De l'Oriental להב Leb, lumiere, feu, jour, blanc, vinrent ces divers mots.

LEBes, tis,

LEBes, tis, chaudiere, bassine, casse-rolle.

LEPra, æ, } lèpre, ladrerie.
LEPræ, arum, }

LEProsus, a, um, ladre, lépreux.

C'est un mot certainement Oriental; soit qu'il vienne de לבן LeBaN, blanc; soit qu'il vienne de l'article AL, joint au mot ברדת BERerh, nom de la lèpre.

LIBanus, i, le Mont Liban, mot-à-mot, le mont blanc; 2°. arbre qui porte l'encens.

C-LIBanus, i, Gr. KLIBANOS, & KRIBANOS; 1°. four portatif; 2°. tourtiere; 3°. cuirasse.

C-LIBanarius, a, um, 1°. Fournier; 2°. Cuirassier.

Ici L changé en CL. En Oriental MI-LEBAN, un four à brique; LEBAN, faire cuire la brique au four.

De l'Or. להב, Lhab, Lheb, flamme, brillant, vinrent ces mots où Lhab se nasala en LAMP.

LAMPas, dis, } flambeau, torche;
LAMPada, æ, } 2°. météore en-flammé; 3°. l'éclat des Astres.

LAMPadias, æ, comète flamboyante.

LAMPyris, idis, ver luisant: en Grec LAMPyris.

De LAMP, brillant, vint le Celte LAMPR, poli, uni, glissant.

De-là le nom de la LAMPROIE, poisson long & glissant, & parsemé de taches brillantes: En Latin,

LAMPetra, æ, Lamproie.

En Gall. LAMPRAI.
En Bas-Br. LAMPREZ.
En Angl. LAMPREY, &c.

MOTS
où L a pris la place de la lettre N.

Nous avons vu dans les *Origines du Langage & de l'Ecriture,* pag. 223. que les lettres N, L & R se substituoient sans cesse les unes aux autres. Voici des mots où la lettre L a pris la place du N initial.

LILium,
Lis.

LILium, ii, lis; en Gr. LEIRION.

LILiaceus, a, um, lieu planté de lis.
LILietum, i, lieu plein de lis.
LILi-Asphodelus, i, le houblon sauvage.
LIRinus, a, um, de lis.
LIRinum, i, huile de lis.

Ce mot vient de l'Oriental נור, Nyr, lumiere; 2°. jour; 3°. blanc. Les Grecs ont conservé le R final en changeant N en L: les Latins ont changé & le R & le N en L.

LIRa,
Sillon.

De l'Orient. ניר, Nir, sillon, renouveller la terre, vint la famille suivante LIRA: mais ce mot venoit lui-même des radicaux Er, la terre, & N, renouveller.

LIRa, æ, sillon, espace de terre élevé entre deux raies dans un champ sillonné.

LIRæ,-arum, amusemens, badineries.

Liro, -are, sillonner.
Liratim, de hauteur en hauteur.

COMPOSÉS.

De-Liro, -are, sortir du sillon, ne pas labourer droit ; 2°. radoter, extravaguer.

De-Lirium, ii, rêverie de malade.

De-Liratio, onis ; De-Liramentum, i, rêverie, extravagance, égarement ; 2°. mot-à-mot, l'action de sortir de la raie en labourant.

Per-de-Lirus, a, um, tout-à-fait extravagant.

LYR,
Lyre.

Ce nom d'instrument est commun aux Latins & aux Grecs ; mais aucun Savant, ni chez eux, ni depuis eux, n'a pu parvenir jusqu'à son origine ; c'est que ce nom vint avec la lyre de chez les Orientaux, il tient au mot نیر, NIR, qui signifie comme Verbe, rendre des sons, & qui est comme nom celui des roseaux le plus ancien des instrumens.

Lyra, æ, lyre ; 2°. Constellation de treize étoiles ; 3°. sorte de poisson.

Lyricus, a, um, de lyre, lyrique.

Lyrica, orum, poésies lyriques.

Lyristes, æ, joueur de lyre.

Lyri-Cen, inis ; joueur de flûte.

MOTS LATINS-CELTES,
OU DÉRIVÉS DE LA LANGUE CELTIQUE.

M

LA Lettre M, la XIIIe. de l'Alphabet Oriental, pourroit être placée à la tête des Consonnes: sa prononciation est si douce, si mobile, si aisée, qu'elle est devenue le nom de la mobilité même, & celui du premier de tous les objets qui nous frappe dans l'enfance; du plus tendre & du plus utile, de celui auquel nous devons tout: le nom de la MERE, qui nous a mis au monde, & dont le sein nous procure une nourriture aussi abondante & aussi salutaire qu'agréable. C'est donc pour cet objet chéri que notre bouche commence à s'ouvrir; & le premier de nos mots, effet de l'épanchement de notre cœur, est celui de MA-MA.

Dès-lors, la lettre M servit chez tous les Peuples à désigner tout ce qui sert à la nourriture, & tout ce qui est grand.

Ce qui, joint à quelques Onomatopées, donne la raison de tous les mots en M, non-seulement pour la Langue Latine, mais aussi pour toutes les autres, comme on s'en assurera par notre Dictionnaire Comparatif des Langues, qui offre à cet égard des rapports aussi nombreux que frappans, & dont on ne sauroit se former aucune idée, quelque convaincu qu'on soit du rapport des Langues.

M,
Substitué à d'autres Lettres.

1.

M pour B.

1. Du primitif BAND, lien, prononcé MENT, vint cette Famille Latine dont on ne reconnoissoit plus l'origine, & que nous avons déja classée ci-dessus dans la famille AM.

A-MENT*um*, *i*, lien, courroie, bande de cuir, cordon de soulier, laniere, corde d'un arc; 2°. javelot, dard où étoit attachée une courroie pour le retirer après l'avoir lancé.

A-MENT*atus*, *a*, *um*, lié à une courroie.

A-MENTO, *as*, *are*, lier avec une courroie, sangler, garotter.

2. MUFF*ulæ*, *arum*, mitaines; 2°. mouf-

fles, sorte de gants fourrés : de *Bubalus* bufle, prononcé *mufle*.

2.
M pour N.

MAPPA, æ, serviette ou linge dont on couvre la table ; 2°. signal donné par un linge ; 3°. Tapis à mettre sur une table ; 4°. Carte de Géographie : de NAP, étendu.

3.
M pour H.

De HAR, guerre, on fit MARS, *tis*, Dieu de la guerre ; 2°. la Guerre ; 3°. la Planette Mars.

En ajoutant à ce nom l'Adverbe MA, extrêmement, très, on en fit :

MA-MERS, le grand Mars. Les Latins changerent ici MERS en VORS ; d'où :

MA-VORS, *ortis*, Mars, Dieu de la guerre.

MA-VORTIUS, *a, um*, de Mars ; 2°. belliqueux, courageux, vaillant.

4.
M pour W.

De WAD, WAS, eau, mot Theuton, &c. se forma le Latin MAD, humide, aqueux, d'où le *Gr.* METHY, vin ; & cette famille Latine :

MADOR, *oris*, moiteur, humidité.

MADEO, *es, ui, ere*, être mouillé, trempé, arrosé, humecté, baigné ; 2°. se mouiller, devenir moite.

MADESCO, *is, ere*, voyez Madeo.

MADENS, *tis*, mouillé, trempé, arrosé, baigné.

MADIDANS, *tis*, qui mouille.

MADIDE, avec humidité.

Madide madere, au *fig.* être ivre.

MADIDO, *as, are*, voyez Madesco.

MADIDUS, *a, um*, trempé, mouillé, humecté, arrosé, baigné, dégouttant ; 2°. ivre, qui a trop pris de vin.

MADULSA, æ, } yvre.
MADUSA, æ, }

BINOMES.

MADE-FACIO, *is, feci, factum, cere*, arroser, humecter, mouiller, tremper, rendre humide.

MADE-FIO, *is, factus sum, ieri*, être mouillé, se mouiller, être arrosé, trempé, humecté.

MADI-FICO, *as, are*, voyez Madefacio.

COMPOSÉS.

COM-MADEO, *es, dui, ere*, tremper, mouiller dans l'eau, être trempé, mouillé, humide.

DE-MADEO, *es, ui, ere,* } être ou devenir
DE-MADESCO, *is, scere,* } humide, moite, mouillé, trempé.

DI-MADEO, *es, dui, ere*, se fondre, se liquéfier, couler en eau, devenir liquide.

IM-MADEO, *es, ui, ere,* } être mouillé,
IM-MADESCO, *es, dui, scere,* } trempé, arrosé, humecté.

PER-MADE-FACIO, *is, cere*, mouiller tout-à-fait, tremper entierement.

PER MADEO, *es, dui, ere,* } être mouillé
PER-MADESCO, *cis, dui, cere,* } tout-à-fait, être trempé entierement ; 2°. s'enivrer.

PER-MADidus, a, um, fort mouillé, trempé tout-à-fait, abreuvé entiérement.

RE-MADeo, es, dui, dere, ramoitir, redevenir moite.

SEMI-MADidus, a, um, à demi-mouillé.

2.

Du Grec METHY, vin, se formerent ces mots :

AMETHYSTus, i, Amethyste, mot-à-mot, contre l'yvresse, parce qu'on croyoit que cette pierre la guérissoit ; 2°. sorte de raisin dont la liqueur étoit sans force.

AMETHYSTina, orum, habits de couleur d'Amethyste.

AMETHYSTIZon, tis, escarboucle tirant sur la couleur d'Amethyste.

M.

Mots formés par Onomatopée.

I.

MARTULus, i, } marteau de Chaudronnier.
MARculus, i, }

MARTIOLus, i, petit marteau.

2.

MICEO, es, ere, crier comme un chevreau, une chèvre, un bouc.

3.

MU. Cette particule n'est pas un mot qui se prononce, mais une espéce de mugissement, comme le murmure d'un chien qui commence à gronder, ou le ton plaintif & violent d'une personne qui ayant la bouche fermée ne peut faire sonner la lettre M, que Quintilien appelle *littera mugiens*.

Mu, perii, oh ! je suis perdu !

Neque Mu facere audent, ils n'osent dire mot, ils n'osent pas souffler. On se sert de la même particule pour faire peur, ou pour chasser un chien.

MUGIO, is, ivi, itum, ire, meugler, mugir, crier comme un bœuf.

Mugit malus procellis, le mât crie & claque par la violence de la tempête.

MUGitus, ûs, 2°. mugissement, meuglement ; 3° retentissement, bruit éclatant.

MUGiens, tis, qui mugit, qui meugle, mugissant.

MUGInor, aris, atus sum, ari, barguigner, biaiser, tâtonner, ne vouloir pas venir au point, reculer, fuir, chercher des défaites ; 2°. badiner ; 3°. murmurer.

MUGilo, as, avi, arum, are, braire comme un âne sauvage.

COMPOSÉS.

AD-MUGIO-ire, meugler après quelque chose, ou en répondant à un autre animal qui mugit.

AD-MUGitus, ûs, beuglement.

DE-MUGIO,-ire, meugler, remplir de mugissemens.

DE-MUGitus, a, um, qui retentit de mugissemens.

E-MUGIO, is, ivi ou ii, itum, ire, mugir, meugler, beugler, imiter le mugissement des bœufs.

EM-MUGIO,-ire, mugir, braire, retentir fortement.

RE-MUGIO,-ire, mugir, beugler, retentir fortement.

4.

Mus/o, -are, } parler bas, gronder
Muſſito, -are, } entre ſes dents, ſe taire, ne dire mot, garder le ſilence.

Muſſatio, onis ; Muſſitatio, onis, l'action de parler bas, de grommeler entre les dents.
Muſſitator, ris, grondeur, grommeleur.
Muſſitabundus, a, um, ſujet à murmurer entre ſes dents.
Sum-Musſo, as, are, voyez Murmuro.
Sum-Musſus, a, um, qui murmure.

5.

Mutus, a, um, } muet, qui ſe
Mutoſus, a, um, } taît.

Mutio, -ire, parler entre ſes dents, marmotter, parler bas.
Mutitio, onis, l'action de parler bas, de gronder entre ſes dents.
Muteſco, -ere, devenir muet.

COMPOSÉS.

De-Musſutus, a, um, diſſimulé, qu'on taît.
E-Mutio, -ire, gronder, grommeler.
Im-Mutio, -ire, grommeler, murmurer.
Im-Muteſco, -ere, ſe taire tout d'un coup, devenir muet.
Ob-Muteſco, cere, perdre l'uſage de la parole, n'avoir pas le mot à dire, n'être plus en uſage, être ſuranné.

6.

Musca, æ, mouche, inſecte ; 2°. fâcheux, importun ; 3°. paraſite.
Muscarium, ii, émouchoir ou chaſſe-mouche ; 2°. eſpéce de bouquet au haut de la tige de certaines plantes, dans lequel eſt renfermée la graine.

7.

Im-Musculus, i, &
Im-Musſulus, i, ou
Im-Mustulus, i, petit vautour ; aiglon.

8.

Murmur, is, bourdonnement, bruiſſement, bruit confus, l'action de gronder entre ſes dents, murmure.

Murmurillum, i ; Murmuratio, nis, murmure, plainte qu'on fait entre ſes dents.
Murmuro, -are, } marmotter, gron-
Murmuror, -ari, } der entre ſes dents,
Murmurillo, -are, } faire un bruit ſourd.
Murmurator, oris, plaignant, grondeur.

COMPOSÉS.

Ad-Murmuro, -are, gronder, faire un bruit ſourd & confus; 2°. applaudir.
Ad-Murmuratio, onis, bourdonnement, applaudiſſement.
Com-Murmuro, -are ; Com-Murmuror, -ari, chucheter, grogner, marmotter.
Com-Murmuratio, onis, gronderie, murmure.
De-Murmuro, -are, dire quelque choſe entre ſes dents, marmotter.
Im-Murmuro, -are, faire un bruit ſourd, murmurer.
Ob-Murmuro, -are, contredire en murmurant.
Re-Murmuro, -are, faire un doux murmure.

9.

De Mu, qui peint l'action de pouſſer le ſoufle avec force par le nez, ſe forma cette famille :

Mucus, ci, excrément qui ſort par les narines, morve.
Mucco, as, are, moucher.
Mucculentus, a, um, morveux, plein de morve.

Mucosus, a, um, morveux; 2°. muqueux.
Muger, a, um, voyez Mucosus.
Munctio, onis, l'action de se moucher.
Mungo, is, xi, ctum, gere, moucher.

COMPOSÉS.

E-Munctio, onis, 1°. l'action de se moucher; 2°. mouchure de chandelle; 3°. déniaisement.
E-Munctorium, ii, émonctoire 2°. mouchettes.
E-Mungo, is, nxi, nctum, ere, moucher; 2°. tirer par adresse.
Emungere argento senem, attraper de l'argent au bon homme.
Pre-Munctorium. ii, mouchoir de poche; 2°. mouchettes.

FAMILLE GRECQUE.

Myxa, æ, pituite qui tombe du nez, morve.
Myxæ, arum, sorte de prunes. fruit.
Myxria, orum, sorte de prunes.
Myxus, i, partie de la lampe qui porte le lumignon; 2° mouchure du lumignon; 3° champignon qui se forme au haut de la mêche, quand on ne la mouche pas.

MYST, Mystère.

De Mυ, ne dites mot, cachez, vinrent ces familles Greco-Latines:

1.

Mysta, æ, }
Mystes, æ, } celui qu'on initioit dans les Mystères du culte de quelque Divinité.

Mysterium, ii, Mystère, secret.
Mysteria, orum, Mystères, fêtes, cérémonies à l'honneur de quelque Divinité.

Myst-agogia, æ, initiation, mystagogie.
Myst-agogicus, a, um, mystagogique, mystique.
Mist-agogus, i, celui qui initioit aux mystères du culte de quelque Divinité, & qui faisoit voir aux étrangers les raretés du temple & son trésor.
Mystice, mystiquement.
Mysticus, a, um, mystique, mystérieux, secret.
Proto-Mysta, æ, premier Prêtre, Archiprêtre.

2.

1. Mya, æ, sorte de coquillage; 2°. Isle à la Côte de Carie.
2. Mya canthon, i, asperge sauvage, plante.
3. Mya chale, is, jeu de Colin-Maillard.
4. Myax, acis, sorte de poisson à coquille, moule.

M,
Mere.

M désignant l'idée de mere, se prononça Am & Ma: de-là divers mots.

I.

Ama, qui en Tartare, Suédois, Danois, Espagnol, &c. signifie mere: nourrice.
Amme, en Allemand, nourrice, grandmere.
Et ces mots Latins:

AMita, æ, tante, *mot-à-mot*, petite mere.

AMitini, orum; AMitinæ, arum, cousins-germains; cousines-germaines.

COMPOSÉS.

AB-AMita, æ, sœur du trisayeul.

AD-AMita, æ; PRO-AMita, æ, grande-tante.

II.

MAMma, æ, tetton, mamelle, sein; 2°. tette, tettin, pis des animaux; 3°. maman; 4°. maman tetton, nourrice; 5°. excroissance, tumeur qui s'éleve sur l'écorce des arbres & qui pousse des sions.

MAMilla, æ, petite mamelle : diminutif de *Mamma*.

MAMilliana, æ, figue longue.

MAMillare, is, mouchoir de cou, gorgerette, ce qui sert à couvrir la gorge des femmes.

MAMmosus, a, um, qui a beaucoup de sein, qui a de grosses mamelles, qui a les tettes grosses.

Mammosa pyra; poires de bon-chrétien ou de rateau.

Mammosum thus, encens femelle.

MAMmeatus, a, um, voyez *Mammosus*.

MAMmula, æ, voyez *Mamilla*.

III.

1. MATer, tris, mere, mere-nourrice; 2°. cep de vigne qui a plusieurs brins; 3°. tronc d'un arbre à l'égard des branches.

MATer-familias, mere de famille.

MATer-urbium, Métropole.

MATercula, æ, petite mere.

MATER-MATrima, æ, celle qui étant mere, a encore sa mere vivante.

MATernus, a, um, maternel, de mere.

MATertera, æ, sœur de la mere, tante maternelle.

2. MATResco, is, ere, devenir mere; 2°. ressembler à la mere.

MATricaria, æ, Matricaire, *plante*.

3. MATRI-MONium, ii, Mariage.

MATRI-MONialis, e, de mariage, matrimonial.

MATrix, icis, matrice; 2°. femelle qui nourrit ses petits; 3°. arbre qui produit des rejettons; 4°. portiere, femelle qu'on garde pour avoir des petits.

MATrimus, a, um, qui a encore sa mere.

MATri-SYLva, æ, chevrefeuil, arbrisseau.

4. MATRona, æ, surnom de Junon, sous la protection de laquelle étoient les meres de famille.

MATRona potens, femme de qualité, de distinction ; Dame.

MATRonalis, e, de mere de famille, de dame, de femme de qualité.

MATRonatus, ûs, état, condition des meres de famille, des dames, des femmes de qualité.

MATRalia, ium, Fêtes où l'on n'admettoit que les femmes de qualité.

MATRuelis, is, cousin ou cousine-germaine du côté maternel, frere ou sœur utérins.

5. MATRicula, æ, rôle, matricule.

COMPOSÉS.

AB-MATertera, æ, sœur de la trisayeule.

PRO-MATertera, æ, la sœur de la bisayeule.

BI-MATer, tris, qui a deux meres. Surnom donné par les Poëtes à Bacchus.

MAG,
Grand.

De M désignant la grandeur, vinrent toutes ces familles :

I.

1. MAGÈ, }
   MAGIS, } davantage, plus.

MAGIS ac Magis; Magis magisque, de plus en plus.

MAGIS, ac Magis lubet, j'aime beaucoup mieux.

2. MAGI-STER, tri, Maître, qui enseigne, qui instruit, qui montre, qui conduit, qui régle, &c. qui a ou qui est quelque chose de plus que d'autres en certaines choses, comme Régent, Précepteur, Gouverneur, Professeur.

MAGIsterium, ii, maîtrise, pouvoir d'un maître sur son disciple ; 2°. maîtrise dans un festin, pouvoir d'y régler toutes choses ; 3°. profession d'enseigner quelque science ; 4°. Magistrature ; 5°. l'art d'un maître, enseignement, instruction, précepte.

MAGIstra, æ, maîtresse, celle qui enseigne, gouvernante.

MAGIstratio, onis, maîtrise.

MAGIstratus, ûs, Magistrat, qui exerce une Magistrature, une Charge : 2°. Magistrature, Charge, Office.

MAGIstro, as, are, gouverner, régir.

PRO-MAGISter, tri, sous-maître.

II.

1. MAGNUS, a, um; MAJOR, MAXImus, grand, puissant, qui a beaucoup de crédit, relevé, qui a des qualités extraordinaires ; 2°. excellent, illustre.

Orig. Lat.

MAJOR natu quàm, plus âgé que.

MAGnè, grandement, beaucoup, fort, extrêmement.

MAGni, beaucoup, fort. On sous-entend pretii.

MAGnitas, atis, &

MAGnitudo, inis, grandeur, étendue.

Magnitudo æris alieni, multitude de dettes ; — fructuum, quantité, abondance de fruits.

MAGno, beaucoup, fort.

MAGnùm, adv. voyez Valdè.

PER-MAGnus, a, um, fort grand.

2. MAGnates, les Grands, les Magnats d'un pays.

MAGnalia, ium, grands faits, grandes actions, grandes choses ; 2°. magnifiques ouvrages.

MAGnarius, ii, marchand en gros, gros négociant, marchand en magasin.

COMPOSÉS.

1. MAGNI-DICus, a, um, qui dit de grandes choses, qui parle avec emphase, emphatique.

2. MAGNI-FACio, is, eci, ere, élever, estimer, priser beaucoup, faire grand cas.

3. MAGNI-FICus, a, um, magnifique, pompeux, splendide, sublime ; 2°. fastueux, vain.

MAGNI-FICus animus, grand cœur, esprit généreux.

MAGNI-Ficatio, onis, l'action de penser ou de parler magnifiquement d'une chose.

MAGNI-Ficè, adv. &

MAGNI-Ficenter, tiùs, tissimè, adv. magnifiquement, pompeusement.

MAGNI-Ficentia, æ, magnificence, pompe, sublimité.

MAGNI-Fico, as, avi, atum, are, élever

Xxx

ou exalter par des louanges, admirer en louant ou avec des louanges, reconnoître avec admiration.

4. Magni-loquus, a, um, qui a le style noble, grand, élevé, sublime, qui parle bien, beau parleur; 2°. qui se vante fort, fanfaron, hâbleur.

Magni-Loquentia, æ, sublimité dans le discours, style élevé, expression relevée, manière noble de s'exprimer; 2°. sublime.

5. Magni-pendo, is, ere, estimer, priser beaucoup, faire grand cas, faire beaucoup d'état.

6. Magn-operè, beaucoup, grandement, fort, extrêmement.

III.

Maxumus,
Maximus, a, um, } très-grand.

Maximitas, atis, grandeur excessive.

Maximè, adv. très-fort, beaucoup, grandement, extrêmement; 2°. principalement, sur-tout.

Maxim-Operè, adv. instamment, avec instance, très-fortement.

IV.

Mactus, a, um, considérable.

Macte, vocat. sing. Macti, plur. de l'ancien Mactus pour Magis auctus. Il s'emploie comme interjection exhortative : Ex. allons, ferme, courage : ou par applaudissement ; comme, voilà qui est bien, bon, c'est bien fait

Macta munera, présens considérables.

Mactea, æ, sorte de mets délicat des anciens.

V.

1. Magus, i, Mage, Savant, Docteur, Sage, Philosophe, chez les Perses & chez les Egyptiens; 2°. Magicien.

Maga, æ, magicienne.

Magia, æ, &
Magice, es, magie, l'art magique.

Magicus, a, um, magique, de magie, de magicien.

Magidophori, orum, ceux qui accompagnoient celui qui présidoit aux jeux d'exercices.

2. Magale, is,
Magalia, ium, } cabane, hutte, loge.
Mapalia, ium,

3. Magis, idis, grand plat, bassin ; en Gr. ΜΑΓΙΣ.

Magdaliæ, arum, lavures de mains.

Maginor, aris, ari, badiner, s'y prendre sur le tard ; voyez ci-dessus Muginor.

VI.

Maj-estas, atis, majesté ou élévation, grandeur, sublimité, rang élevé ; 2°. Déesse de la majesté.

Majestatem retinere, conserver son rang.

Maj-or, jus, oris, comparatif de Magnus ; plus grand.

Maj-ores, um, ceux qui ont vécu avant nous, nos prédécesseurs, ceux dont nous descendons, nos ancêtres.

Maj-usculus, a, um, majuscule, un peu plus grand.

VII.

1. Magma, atis, marc, le reste le plus grossier de la composition d'un parfum ; en Gr. ΜΑΓΜΑ.

Magmentum, i, ce qu'on ajoutoit comme par surcroît aux sacrifices ; 2°. mets que les payſans offroient à Janus, à Silvanus, &c.

MAgmentarius, a, um, qui concerne ce qu'on ajoutoit aux ſacrifices.

2. MAgudaris, idis, tige du laſerpitium, arbriſſeau; 2°. racine de cet arbriſſeau; 3°. ſa graine.

3. De MAI, grand, vint le nom du cochon à l'engrais.

MAialis, is, cochon, porc châtré.

4. De MAJor, vieux, ancien, vint:

MAius, ii, mois de Mai.

MAius, a, um, de Mai, du mois de Mai, qui eſt en Mai.

5. MÆsius, ii, V. MAJOR.

VIII.
MAC, combat, arme.

1°.

1. MAchæra, æ, épée, ſabre, coutelas, cimeterre; 2°. couperet de boucher.

MAchærium, ii, coûteau de Boucher, coûteau de cuiſine, courte épée, poignard.

2. MAcellarius, ii, boucher, chaircuitier.

MAcellarius, a, um, qui concerne ceux qui vendent de la chair ou du poiſſon.

MAcellaria taberna, étal de Boucher, boutique de Rôtiſſeur, de Chaircuitier; halle au poiſſon ou à la marée.

3. MAcellum, i, halle, marché, lieu où ſe vendent les denrées.

COMPOSÉS GRECS.

1. MAchæro-peus, i, qui fait des épées.

2. MAchæro-phorus, i, qui porte une épée, qui a une épée au côté.

3. Mucro, onis, pointe de quelque choſe que ce ſoit, 2°. épée.

Mucro defenſionis, forme d'une défenſe.

Mucronatus, a, um, pointu, fait en pointe.

4. DI-Machæ, arum, ſoldats qui combattoient à pied & à cheval, Dragons. De Di, deux.

5. DI-Mico, as, avi, cui, atum, are, combattre, en venir aux mains, quereller; 2°. diſputer, être en différend; 3°. courir riſque.

DI-Micatio, onis, combat, bataille, choc, rencontre; 2°. débat, diſpute, querelle.

2°.

MActo, as, avi, atum, are, aſſommer, tuer, égorger, immoler, ſacrifier; 2°. augmenter, accroître, combler.

MActare aliquem ultioni & gloriæ, ſacrifier quelqu'un à ſa vengeance & à ſa gloire; - honoribus, combler d'honneurs.

MActabilis, le, is, qu'on peut aſſommer ou tuer.

MActator, oris, meurtrier, aſſaſſin, qui tue, qui aſſomme.

MActatus, ûs, l'action d'immoler, de ſacrifier, d'égorger, d'aſſommer pour le ſacrifice.

MActatus, a, um, participe de Macto.

3°.

MActicus, a, um, qui a de grandes mâchoires & la bouche fort fendue.

MAC*tra*, æ, huche, maie, pétrain.

IX.

1. MAC*hina*, æ, machine, instrument par le moyen duquel on fait quelque chose ; 2°. adresse, artifice, finesse, invention, moyen pour faire réussir une chose.

MAC*hinas omnes adhibere ad*, se servir de toutes les adresses possibles, employer tous les artifices imaginables, mettre tout en œuvre pour.

MAC*hinalis*, m. f. le, n. is, machinal, de machine, qui concerne les machines.

MAC*hinalis scientia*, les méchaniques.

MAC*hinamentum*, i, machine, engin.

MAC*hinarius*, ii, Machiniste, Ingénieur.

MAC*hinarius*, a, um, de machine, qui concerne les machines.

MAC*hinatio*, onis, art de faire des machines ou une machine ; 2°. ressort, adresse, artifice, invention, finesse, moyen pour réussir.

MAC*hinator*, oris ; — *trix*, icis, Machiniste, ingénieur, qui fait, qui invente des machines ; 2°. inventeur, qui invente, qui machine, qui controuve.

MAC*hinator doli*, auteur d'une fourberie.

MAC*hinatum*, i, machine de guerre.

MAC*hinatus*, ûs, voyez *Machinatio*.

MAC*hinor*, aris, atus sum, ari, machiner, inventer, imaginer, former en son esprit, tramer, brasser, forger, projetter.

MAC*hinari alicui necem*, machiner la mort de quelqu'un.

MAC*hinosus*, a, um, fait avec artifice, ingénieusement trouvé, inventé avec industrie, industrieusement imaginé, formé avec esprit.

2. MEC*hanicus*, i, Ingénieur, Machiniste, qui fait travailler de la main & de l'esprit ; 2°. Artiste.

MEC*hanicus*, a, um, méchanique, où il faut des instrumens, des outils.

3. MAC*eria*, æ, &

MAC*eries*, ei, muraille d'enclos de jardin, de parc ; 2°. muraille de ville ; voy. *Secundæ*.

4. MAG*inium*, ii, sorte de maladie des bœufs, quand leur peau s'attache à leurs côtes, de sorte qu'ils ne peuvent plus se remuer.

5. De MAC, fort, vint :

MAC*ula*, æ, maille de réseau, ou de filet.

X.

Familles Greco-Latines.

1. MEG*abizi*, orum, Prêtres de Diane d'Ephèse, qui étoient eunuques ; 2°. Eunuques du Roi de Perse.

De BYZ, lin, BYZ*us*, habillé de lin.

MEGI-ST*anes*, num, les Grands, les Puissans.

3. MEG-ALE*sium*, ii, Temple de Cybele, *mot-à-mot*, de la grande Déesse.

MEG-ALE*sia*, orum, jeux & fêtes à Rome à l'honneur de Cybèle.

MEG-ALE*siacus*, a, um, qui concerne les fêtes de Cybèle.

MEG-ALE*nses ludi*, voyez *Megalesia*.

MEG-ALE*nsis purpura*, robe de pourpre qu'on portoit aux jeux de Cybèle.

4. MEGœra, æ, une des trois Furies ; 2°. querelle, envie.

5. MEG-Alium, ii, sorte de parfum précieux.

6. Tris-MEGiſtus, a, um, trois fois grand ; surnom de Mercure.

7. MAGNes, etis, &

MAGNes lapis, l'aimant, pierre qui attire le fer.

MAGnericus, a, um, qui concerne l'aimant.

8. MACHlis, is, animal particulier à la Scandinavie, qui a de la ressemblance avec l'élan.

9. MACRO chira, orum, habits à grandes manches.

MACRO-COLlum, i, grand papier, papier royal.

MACRO-COMus, a, um, qui a de longs cheveux, une longue chevelure.

MACRones, um, Peuples du Royaume de Pont.

10. HYPO-MOCHlium, ii, appui, ce qu'on met sous le levier pour le faire jouer ; 2°. orgueil.

XI.

DÉRIVÉS en MAS.

1. MASſa, æ, masse, bloc, gros morceau ; 2°. pâte.

MASſa auri, lingot d'or.-Coacti lactis, fromage ; 2°. Gueuse, grosse masse de fer.

MASſo, as, avi, atum, are, réduire en masse.

MASſula, æ, dimin. de Maſſa.

2. MAZO-NOmum, i, &

MAZO-NOmus, i, grand plat, grand bassin à servir les viandes.

3. MATricus, a, um, qui a de grandes ou de grosses mâchoires, chargé de ganaches.

4. MATta, æ, Natte ; en Or. מטה, un lit.

5. MATella, æ, &

MATellio, onis, pot-de-chambre, urinal.

Cibum in Matellam immittere, obliger un ingrat.

MATula, æ, pot-de-chambre, urinal.

6. MATeola, æ, petit farcloir.

7. De MAS, MES, étendu, nasalé en MENS, vint cette famille que les Espagnols prononcent en MES.

MENſa, æ, table ; 2°. bureau, comptoir ; 3°. ce qu'on sert sur la table ; 4°. ce qui servoit d'assiette ou de plat.

MENſula, æ, petite table, diminutif de Menſa.

MENſalis, le, qui concerne la table.

MENſarius, ii, MENſularius, ii, Banquier, Changeur.

XII.

De MAC, grand, gros, gras, vint par OPPOSITION :

I.

1. MACeo, es, cui, ere, devenir maigre, amaigrir.

Oſſa atque pellis eſt, ita curâ macet, il n'a que les os & la peau, tant le chagrin l'amaigrit.

MACies, ei, maigreur.

MACilentus, a, um, atténué de maigreur, décharné, qui n'a que la peau & les os.

Macesco, is, cui, cere, amaigrir, devenir maigre, perdre son embonpoint.

Macio, as, avi, atum, are, rendre maigre, faire devenir maigre.

Macior, eris, atus sum, ari, devenir maigre, amaigrir.

Macescat pour Macescat.

Macer, cra, crum; crior, cerrimus, maigre, mince.

Macellus, a, um, un peu maigre.

Macor, oris, maigreur.

Micor, oris, voyez Macror.

Macresco, is, crui, scere, devenir maigre, maigrir, amaigrir.

Macritas, atis, maigreur, stérilité de la terre, du sable, &c.

Macritudo, inis, maigreur.

Macro, as, are, amaigrir, rendre maigre.

COMPOSÉS.

E-Macero, as, avi, atum, are, amaigrir.

E-Macitas, atis, empressement, envie, passion, avidité d'acheter.

E-Macio, as, avi, atum, are, amaigrir, dessécher, épuiser, flétrir.

E-Macresco, is, crui, scere, &

E-Macror, aris, ari, maigrir, amaigrir, devenir maigre, perdre son embonpoint, se flétrir.

Per-Macer, cra, crum, fort maigre, qui est d'une grande maigreur.

Re-Macresco, is, ere, ramaigrir, redevenir maigre.

BINOME.

Amphi-Macer, cri; Amphi-Macrus, i, pied de vers composé d'une brève entre deux longues.

2.

Macero, as, avi, atum, are, macérer, faire tremper, faire rouir, amollir, attendrir, rendre souple dans quelque liqueur, par le moyen d'une liqueur; 2°. amaigrir, atténuer, affoiblir, rendre maigre.

Fame macerare aliquem, faire mourir quelqu'un de faim.

Macerare se, se mortifier, matter ou affliger son corps.

Maceratio, onis, macération.

Maceratus, a, um, part de Macero, amolli, attendri, rendu tendre par le moyen de quelque liqueur, qu'on a fait tremper dans une liqueur; 2°. macéré.

Maceresco, is, ere, s'amollir, s'attendrir, devenir tendre, s'humecter.

COMPOSÉS.

Per-Macero, as, avi, atum, are, éteindre, parlant de la chaux.

Præ-Macero, as, avi, atum, are, macérer auparavant.

3.
MIC, petit.

De Mag, grand, se forma par opposition le Grec Mikros, petit; d'où ces Composés:

Micro-Cosmus, i, le petit monde, l'homme.

Micro-Psychus, a, um, qui a l'ame basse, qui est sans courage, qui n'a pas de cœur, poltron; 2°. chiche, vilain.

Micro-Scopium, ii, Microscope, instrument d'Optique, qui grossit les objets.

Micro-Trogus, a, um, qui mange peu,

XIII.

BINOMES.

1. MACULa,

De MAG, grand, & de COLL, qui gâte, qui nuit, vint cette famille :

MAcuLa, æ, tache, filet ; 2°. ignominie, infamie, deshonneur ; 3°. marque.

Maculam effugere, éviter le deshonneur.

MAculo, as, avi, atum, are, tacher, faire des taches, salir, souiller.

MAcuLatio, onis, salissure, l'action de salir, de tacher.

MAculosus, a, um, 1°. plein de taches ; 2°. noirci, souillé, diffamé, déshonoré ; 3°. honteux, infâme ; 4°. tacheté, moucheté, marqueté.

COMPOSÉS.

Com-MAculo, as, avi, atum, are, gâter, salir, souiller, tacher.

E-MAculo, as, avi, atum, are, nettoyer, ôter les taches.

Im-MAculatus, a, um, qui est sans tache.

Im-MAculo, as, are, tacher, salir, faire une tache.

2. MAN-GON, habile à tromper.

De MAG, grand, habile, & de GAN, tromper, vint la famille Grecque, MAGGAN, prononcée MANG, & la famille Latine MANGON, qui désignerent également l'adresse à faire paroître bon ce qui ne l'est guères, à masquer les défauts d'un objet dont on veut se défaire ; de-là ces divers mots :

MAN-GoNis, au nomin. MANGO, celui qui déguise, ou qui pare ce qu'il vend pour s'en défaire avec plus d'avantage : un marchand de chevaux, d'esclaves, de friperies, un Maquignon.

MAN-GoNium, ii, adresse à farder, ruse de maquignon, d'un vil vendeur.

MAN-GoNizo, -are, farder, frelater, tromper pour mieux vendre, faire le maquignon.

MAN-GoNicus, a, um, de maquignon, d'entremetteur.

Familles Greco-Latines.

1. MA-STI Che.

Des primitifs, MA, extrêmement, & STiche, qui tient, adhérent, se forma le mot Grec-Latin :

MAsTiche, es, Gr. ΜΑΣΤΙΧΗ, gomme du Lentisque, elle est extrêmement gluante ; 2°. Mastic.

2. A-MYG-DALa.

A-MyG-DALa, æ, amande.

A-MyG-DAla, æ ; -Lum, i, amandier.

A-MyG-DAleus, a, um ; -Linus, a, um, d'amande ; d'amandier.

A-MyG-DAlites, æ, épurge, *plante*.

En Grec, A-MyG-DAlea ; de MAG, grand, fort, dur, prononcé Mug, Myg ; & de DAL, qui en Celte signifie enveloppe, *mot à-mot*, " fruit renfermé dans une envelop-" pe dure.

ME, moi,

De M, grand, vint le pronom de la premiere Personne, ME, moi ; la personne par excellence : ou plutôt, avec la même facilité qu'on disoit MA pour mere, on dit ME pour soi.

1. Met, Particule qui toute seule ne signifie rien ; & qui étant ajoutée aux Pronoms de la premiere & de la seconde personne, &c. signifie *même*.

Egomet, moi-même.

2. Me pour Mihi ; Accus. & Abl. d'*Ego*.

Mei, gen. d'*Ego*.

Me-Met ou *Memet*, moi-même.

Meptam ou *Mepte*, moi-même.

BINOMES.

Me-Opte *ingenio*, de moi-même, selon mon inclination.

Me-Cum, avec moi, en moi-même.

Me-Castor, par Castor ; jurement des femmes Romaines.

Mis pour Mei.

Min pour Mihine, est-ce à moi ?

Men pour Mene, qui, moi !

3. Mihi, Datif d'*Ego*, à moi.

Mihi *sum*, je ne dépends de personne, je suis maître de mes actions.

Mihimet, *ou* Mihipte, à moi-même.

4. Me-Herclè, & Me-Herculè, par Hercule, (serment :) mot-à-mot, Hercule qui me voyez : c'est une ellipse.

Medius *fidius*, adv. par Hercule, sorte de jurement particulier aux hommes, comme Ædepol & Ecastor, aux femmes.

5. Meus, *a*, *um*, mon, mien, ma mienne, qui est à moi.

MAD,
MAT, MOD, &c.
Etendue.

De MA, grand, se forma la famille MAD, MAT, MET, &c. désignant l'étendue, les êtres étendus, & tout ce qui y est relatif. De-là nombre de familles.

I.
MAT, matiere.

En Celte, MAT, MAD, MEATh, forêt, bois, vaste étendue d'arbres.

Materia, æ, matieres ; 2°. matériaux ; 3°. moyen, occasion, sujet ; 4°. Toute sorte de bois coupé, ouvragé ou non ouvragé.

Materialis, m. f. le, n. is, matériel.

Materialiter, adv. matériellement.

Materiandus, a, um, qu'il faut bâtir de charpente.

Materiarius, a, um, celui qui fournit le bois de la charpente

Materiarius, a, um, de Charpentier, de Menuisier ; de charpente, de charpenterie, de menuiserie.

Materiaria *fabrica*, métier de Charpentier ou de Menuisier ; 2°. attelier où ils travaillent.

Materiatio, onis, &

Materiatura, æ, charpente d'un bâtiment.

Materiatus, a, um, bâti de charpente.

Materiatæ *malè ædes*, maisons dont la charpente ne vaut rien.

Materies, ei, voyez Materia.

Materior, aris, atus sum, ari, faire provision de bois, de matériaux, de charpente ;

charpente ; 2°. faire du bois ; 3°. bâtir de charpente.

II.
MAD;
MED, MOD, mesure.

De MA, étendue, vint MAD, mesurer l'étendue.

En Orient. מוד *Mud*, à l'infinitif, mesurer.

De-là nombre de familles Latines qui se sont prononcées MATH, MOD, MED, MESS, MUSS, MENS, MET, &c. ce qui en avoit fait comme autant de branches dont on ne connoissoit plus le rapport.

I.

1. MATHE-MATica, æ, les Mathématiques.

MATHE-MATicus, a, um, de Mathématique.

MATHE-MATicus, i, Mathématicien ; 2°. Astrologue.

MATHEsis, is, étude, l'action d'apprendre ; ce qu'on apprend, point de doctrine où l'on s'attache ; 2°. Mathématique ; 3°. doctrine.

COMPOSÉS GRECS.

POLY-MATHes, tis, qui sait beaucoup, fort savant, plein d'érudition, rempli de sçavoir.

POLY-MATHia, æ, sçavoir profond, grande érudition, connoissance fort étendue.

2.
Noms de Mesures.

1. MEDimnum, i, &
MEDimnus, i, Mesure de six boisseaux.

Orig. Lat.

2. MODiolus, i, baril ; 2°. espèce de trépan ; 3°. moyeu de roue ; 4°. tasse ; 5°. canal ; 6°. corps d'une pompe ; 7°. soufflet d'une machine hydraulique ; 8°. caisse d'une machine à puiser de l'eau.

3. MODium, ii, } sorte de mesure,
MODius, ii,   } comme boisseau ;
2°. Muid.

MODius agri, mesure de terre de 120 pieds en tous sens.

MODialis, m. f. le, n. is, qui tient un muid ou un boisseau.

COMPOSÉS.

DECI-MODia, æ, vaisseau contenant dix muids.

SEMI-MODius, ii, demi-muid ; 2°. demi-boisseau.

SE MODialis, m. f. le, n. is, de demi-boisseau, de demi-muid.

SE-MODius, ii, demi-boisseau, ou demi-muid.

TRI-MODia, æ,   } mesure de trois
TRI-MODium, ii, } boisseaux, de
trois muids.

TRI-MODius, a, um, qui contient trois boisseaux ou trois muids.

3.

MESsio, onis, mesure, mesurage.

MENsio, onis, mesurage, l'action de mesurer ; 2°. mesure.

MENsor, oris, Mesureur ; 2°. Maréchal des Logis.

MENsura, æ, mesure ; 2°. étendue ; 3°. instrument à mesurer.

MENsurabilis, m. f. le, n. is, qu'on peut mesurer, mesurable.

Mensuraliter, adv. &
Mensuratim, adv. en mesurant, par mesure, avec mesure.
Mensus, a, um, part. de metior.
Mensurator, oris, voyez mensor.
Mensuro, as, are, voyez metior.
Mensuror, aris, atus sum, ari, être mesuré.

4.

Meta, æ, borne faite en pyramide; 2°. amas de quelque matiere que ce soit, fait en pyramide; 3°. mule, mulon; 4°. meule de dessus d'un moulin; 5°. borne, fin, terme, but.
Merula, æ, petit but, petite borne.

5.

1. Meto, as, avi, atum, are, &
Metior, tiris, mensus sum, tiri, mesurer, arpenter, compasser, prendre la mesure; 2°. juger, estimer, rapporter à une fin; 3°. être mesuré.
Metiendus, a, um, qu'il faut mesurer.
Metiens, tis, omn. gen. qui mesure.
Metitor, oris, mesureur, arpenteur, qui mesure.
Metatio, onis, alignement, mesure d'un plan.
Metator, oris, qui prend des alignemens ou des mesures d'un plan.
Metator castrorum, Maréchal de Camp, Maréchal des Logis.
Metatus, a, um, qui a mesuré; 2°. mesuré.
2. Metor, aris, atus sum, ari, mesurer, prendre des alignemens, tracer un plan, faire des dimensions.
Metari castra, tracer un camp.

Metari pedibus, mesurer avec les pieds.

3. Metreta, æ, &
Metretes, æ, sorte de grand vaisseau de mesure ancienne, contenant quarante-huit septiers; ce sont vingt-quatre pintes de Paris.
Metricè, adv. en vers.
Metricus, a, um, qui concerne les mesures; 2°. de vers, qui concerne les vers ou la Poésie.

4. Metrum, i, mesure; 2°. vers.

COMPOSÉS.

Ad-Metior, iris, ensus sum, iri, mesurer.
Ad-Mensus, a, um, mesuré, part.
Com-Metior, iris, ensus sum, iri, mesurer, compasser, ajuster, proportionner.
Com-Mensus, ûs, justesse, mesure, proportion, symmétrie, rapport.
De-Meto, as, avi, atum, are, mesurer, mettre des bornes, établir des limites.
De-Metior, iris, ensus ou etitus sum, iri, mesurer exactement, juste.
De-Metitus, a, um, part. de De-Metior.
De-Mensum, i, mesure de grain ou d'autre chose, qu'on donnoit chaque mois pour salaire; les gages d'un valet par mois pour son ordinaire.
Di-Metatio, onis, mesure, mesurage.
Di-Metiens, tis, omn. gen. qui mesure.
Di-Metiens linea, diamètre.
Di-Metior, iris, mensus sum, metiri, mesurer, compasser, prendre la mesure.
Di-Metor, aris, atus sum, ari, voyez Di-metior.
Di-Mensio, onis, dimension, mesure, l'action de mesurer.

Di-Mensor, *oris*, celui qui mesure, mesureur.

Di-Mensus, *a, um*, part. de *Dimetior*, qui a mesuré ; 2°. proportionné.

E-Metior, *iris, mensus sum, iri*, mesurer ; 2°. parcourir ; 3°. finir, parachever.

E-Mensus, *a, um*, part. d'*E-metior*, qui a mesuré ; 2°. qui a parcouru ; 3°. qu'on a mesuré ou parcouru.

Per-Metior, *iris, mensus sum, iri*, mesurer exactement.

Per-Mensus, *a, um*, part. de *Per-Metior*.

Per-Mensus *durum iter*, qui a passé par un chemin fort rude, qui a fait un rude, un incommode voyage.

Præ-Metior, *iris, mensus sum, iri*, mesurer par avance.

Præ-Metor, *aris, atus sum, ari*, mesurer auparavant, prendre les dimensions par avance.

Præ-Mensus, *a, um*, mesuré par avance.

Re-Metior, *iris, mensus sum, iri*, remesurer, repasser.

Re-Metiri *frumentum pecuniâ*, acheter du bled argent comptant, payer comptant le bled qu'on a acheté.

Re-Mensus, *a, um*, part. de *Re-metior*.

Re-Mensus *iter*, chemin par où l'on est passé ; 2°. qui a refait le même chemin.

Re-Mensum *mare*, mer qu'on a repassée.

NÉGATIFS.

1. Im-Metatus, *a, um*, qui n'est point borné, qui n'est point mesuré.

2. Im-Mensè ; *V.* Im-Mensùm.

Im-Mensitas, *atis*, immensité, grandeur sans mesure, étendue infinie.

Im-Mensùm, *adv.* sans mesure.

Im-Mensus, *a, um*, immense, qui est sans mesure, qui n'a point de bornes, qui est d'une étendue infinie, infini ;

2°. grand, vaste, excessif, énorme, démesuré, effroyable.

Composés Greco-Latins, de Metron, Mesure.

1. Sym-Metria, *æ*, symmétrie, proportion, convenance des parties.

2. Dia-Meter, *tri*, &
   Dia-Metros, *tri*, diamètre, ligne droite qui traverse une figure par le milieu en passant par le centre.

3. Prosi-Metricus, *a, um*, qui est en prose & en vers.

4. Semi-Metrum, *i*, demi-mesure.

5. Hexa-Meter, *tra, trum*, hexamètre, qui a six mesures.

6. Tetra-Metrum, *i*, vers de quatre pieds.

7. Tri-Meter, *tra, trum*, de trois mesures, qui a trois mesures.

6.

A-Mussis, mesure, régle, cordeau.

A-Mussim ; Ad-A-Mussim ; Ex A-Mussim, *adv.* à la ligne, au cordeau ; 2°. exactement, régulièrement.

A-Mussitus, & A-Mussitatus, *a, um*, bien dressé, tourné, rangé ; 2°. régulièrement fait ; 3°. tiré à quatre épingles, à la ligne, au cordeau.

III.
MED, MES,
Milieu.

De Mad, étendue, se forma le Celt. Meth, Metou, Meath, Mit, Mi, désignant le point de réunion, le milieu ; d'où le Grec Mesos, milieu, & le Latin Medius.

1.

1. Medium, *ii*, milieu, centre.

Medi-Tullium, *ii*, le milieu des choses.
Medius, *a*, *um*, qui est au milieu ; 2°. ambigu, douteux ; 3°. neutre, qui ne prend aucun parti.
Mediale, *is*, le milieu, le cœur.
Medialis, *m. f. le*, *n. is*, qui concerne le Midi, du Midi.
Mediè, *adv.* voyez *Moderatè* ; 2°. à demi, à moitié.
Medietas, *atis*, moitié, milieu.
Medianus, *a*, *um*, au milieu, entre-deux.

BINOMES.

2. Mediastinus, *i*, valet employé aux plus bas offices d'une maison, le valet des valets, qui sert les autres serviteurs, comme marmiton, frotteur, &c.

Medi-Astuticus, *i*, premier Magistrat des Peuples de la Campanie, en Italie ; de Med, Puissant, & Astu, Ville, Cité.

3. Mediatio, *onis*, médiation, entremise.

Mediator, *oris*, médiateur, entremetteur, arbitre.
Mediatrix, *icis*, médiatrice.

COMPOSÉS.

Di-Midium, *ii*, ce qui est coupé en deux, moitié.
Di-Midio, *are*, partager, séparer en deux.
Di-Midius, *a*, *um*, de moitié, demi.
Di-Midiatio, *onis*, séparation par moitié, partage.
Di-Midiatim, par la moitié, en coupant en deux.

Im-Mediatè, immédiatement, tout de suite, sans interruption.
Im-Mediatus, *a*, *um*, immédiat, prochain.
Inter-Medius, *a*, *um*, qui est au milieu, qui est entre deux.

2.

Mediocriculus, *a*, *um*, fort médiocre.
Mediocris, *cre*, *is*, médiocre ; ni trop grand, ni trop petit : moyen, qui tient le milieu entre le grand & le petit.
Non mediocre telum est ad, ce n'est pas un petit aiguillon pour.
Mediocria sponsalia, mariage entre personnes de moyen état.
Mediocritas, *atis*, médiocrité.
Mediocriter, *adv.* médiocrement, moyennement, avec médiocrité ; 2°. ni trop, ni trop peu.
Medioximè, *adv.* voyez *Mediocriter*.
Medioximi, *orum*, Dieux du moyen rang, demi-Dieux.
Medioximus, *a*, *um*, qui tient le milieu ; mitoyen, moyen, médiocre.
Medi-pontus, *i*, cable de pressoir ; 2°. pont de cordes.

3.

Medulla, *æ*, moelle ; 2°. cœur, entrailles ; 3°. cœur d'un arbre.
Medulla panis, mie de pain.
Medullis alicujus, ou *in Medullis alicujus hærere*, être extrêmement aimé de quelqu'un.
Medullaris, *m. f. re*, *n. is*, de moelle, qui concerne la moelle.
Medullatus, *a*, *um*, qui a de la moelle ; 2°. dont on a tiré de la moelle.

MEDullo, as, are, tirer de la moëlle.
MEDullosus, a, um, moëlleux, où il y a beaucoup de moëlle.
MEDullitùs, adv. du fond du cœur, intimément, cordialement, tendrement, passionément, jusqu'au fond des moëlles.
E-MEDullatus, a, um, part. de
E-MEDullo, as, avi, atum, are, tirer, ou ôter la moëlle.

4.

De MEsi, changé en MEri, milieu, vinrent :
MERI-DIES, *mot-à-mot*, milieu du jour, MI-DI, le Midi.
MERI-DIalis, e, méridional, du Midi.
MERI-DIanò, à Midi, en plein jour.
MERI-DIanus, a, um, du Midi.
MERI-DIatio, onis, Méridienne, sommeil de l'après-midi.
MERI-DIo, -are, } faire la méridienne.
MERI-DIor, -ari, }
ANTE-MERI-DIanus, a, um, qui est ou qui se fait avant midi.
SUB-MERI-DIanus, a, um, qui se fait, qui arrive vers le midi, d'environ le midi.

5.

MEse, es, corde du milieu des sept de la lyre, dédiée au Soleil ; 2°. a-mi-la-re.

DÉRIVÉS Greco-Latins.

1. MEsaræum, i, } Mésentere.
   MEsenterium, ii, }
2. MES-AULa, æ, vestibule, entre deux sales ou deux appartemens ; petite cour entre deux corps de logis.
3. MESO-LABium, ii, machine inventée pour trouver méchaniquement deux moyennes proportionnelles.
4. MESO-LEUCus, i, sorte de pierre précieuse ; 2°. sorte de plante.
5. MESO-MELas, æ, sorte de pierre précieuse.
6. MESS-URANema, atis, milieu du ciel.

IV.
MOD,
Moyen, Mesure.

De MAD, MET, mesure, prononcé MOD, vint une Famille Latine non moins étendue.

1.

MODus, i, mesure, régle. Ce mot s'est chargé d'un grand nombre d'acceptions, mais qui reviennent toutes à celle-ci.

1°. Cadence, proportion ; mesure des pas, des rapports.
2°. Quantité, mesure de prononciation.
3°. Mode en musique, mesure du chant.
4°. Mode en Grammaire, mesure des tems.
5°. Moyen, mesure des actions.
6°. Fin, terme, mesure jusqu'où on doit s'étendre.

BINOMES.

MODI-FICatio, onis, mesure qu'on

doit obſerver dans les vers ; 2°. modification.

MODI-FICator, oris, qui règle la meſure ou la maniere.

MODI-FICatus, a, um, changé de maniere, employé autrement.

MODI-FICatus cibus, aliment converti en nourriture.

MODI-FICatum verbum, mot employé figurément.

MODI-FICor, aris, atus ſum, ari, meſurer, régler.

2.

MODulus, i, meſure ; 2°. motet, chanſon, air, mode en muſique ; 3°. module, meſure qu'on prend pour régler les proportions d'un bâtiment.

MODulamen, inis, &

MODulamentum, i, harmonie, chant mélodieux.

MODulatè, adv. avec harmonie, mélodieuſement, harmonieuſement, avec meſure.

MODulatio, onis, modulation, l'action de chanter avec meſure ; 2°. chant harmonieux ; 3°. régle des meſures, des proportions ; arrangement harmonieux.

MODulator, oris, Chantre, Muſicien.

MODulatrix, icis, Chanteuſe, Muſicienne.

MODulatus, ûs, chant harmonieux, mélodie.

MODulatus, a, um, part. de

MODulor, aris, atus ſum, ari, chanter avec harmonie & de meſure.

MODulari orationem, prononcer un diſcours avec meſure ou cadence ; 2°. jouer un air ſur un chalumeau ; 3°. mettre des vers en chant ſur un chalumeau.

COMPOSÉS.

AD-MODulor, aris, atus ſum, ari, chanter avec, tenir ſa partie, accompagner un inſtrument.

COM-MODulatio, onis, juſteſſe, proportion, convenance, rapport qui ſe trouve dans les ouvrages d'Architecture.

COM-MODulè, adv. aſſez commodément, aſſez bien, paſſablement ; 2°. point trop mal.

PRÆ-MODulor, aris, atus ſum, ari, conduire par meſure.

NÉGATIF.

IM-MODulatus, a, um, qui eſt ſans meſure, ſans méthode, qui n'eſt point dans les régles.

3.

MOD-IMPERator, oris, Roi du feſtin, celui qui régloit la maniere de boire.

ADVERBE.

MODò, il n'y a qu'un moment, tout-à-l'heure, il n'y a pas long-tems ; 2°. à cette heure, à préſent, maintenant, dans le moment, préſentement ; 3°. dans un moment, tantôt ; 4°. pourvu ; 5°. quelquefois.

Paulùm modò ; modò non, tant ſoit peu, ſi peu que rien, peu s'en faut, à cela près ; 2°. pas moins ; 3°. pour ainſi dire.

COMPOSÉS.

1. A-MODò, bien-tôt, incontinent, inceſſamment.

POST-MODò, adv. &

POST-MODùm, adv. après, enſuite.

2. AD-MODÙM, extrêmement, très-fort, beaucoup, assez, tout-à-fait, assurément bien, du tout, environ, très, oui.

Admodùm nihil, tout-à-fait rien, rien du tout.

PRÆ-MODÙM, adv. excessivement, extrêmement.

PROPÉ-MODÙM, adv. presque, quasi.

3. EJUS-MODI, semblable, tel, de cette sorte, de cette façon, de cette manière.

EJUSCE-MODI, gen. voyez *Ejus-modi*.

EJUSDEM MODI, gen. de même façon, semblable, de même manière.

MOX, bientôt, incontinent ; 2°. ensuite, après.

Dum expecto, quàm mox veniat, pendant que j'attends, qu'il revienne au plutôt.

4.
MODic, peu étendu, médiocre.

MODICELLUS, a, um, médiocrement bon.

MODICÙM, adv. peu, guères, médiocrement.

MODICUM, i, peu de chose, peu.

MODICUS, a, um, modique, médiocre, petit, peu considérable ; 2°. modéré, réglé, retenu, modeste.

MODICÈ, adv. médiocrement, avec ou dans la médiocrité, peu, tant soit peu ; 2°. modérément, raisonnablement, là là, assez bien, passablement.

IM-MODICÈ, adv. démesurément, excessivement, trop, sans mesure, &c. Voyez *Im-moderaté*.

IM-MODICUS, a, um, excessif, trop grand, outré, sans retenue, &c. Voyez *Im-moderatus*.

PER-MODICÈ, adv. fort peu.

PER-MODICUS, a, um, très-modique ; fort peu considérable.

5.
MOD-EST,
Se tenir dans de justes bornes.

MODESTIA, æ, modestie, air modeste ; 2°. modération, retenue.

MODESTUS, a, um, modeste, qui a de la modestie ; 2°. modéré, réglé, retenu ; qui a de la modération, de la retenue.

MODESTÈ, adv. avec modération, modestie, retenue, mesure.

Modestè terram intueri, baisser la vue par modestie.

IM-MODESTIA, æ, immodestie, intempérance, indiscrétion ; 2°. désordre, licence trop grande. Voyez *Im-Moderatio*.

IM-MODESTÈ, adv. immodestement, sans modestie ; voyez *Im-moderaté*.

IM-MODESTUS, a, um, immodeste, qui est sans modestie, &c. Voyez *Im-moderatus*.

PER-MODESTÈ, très-modestement, avec beaucoup de modestie, avec bien de la retenue, avec grande modération.

PER-MODESTUS, a, um, fort modeste, très-modéré, fort retenu.

V.
MOD, mettre une mesure, régler, modérer.

1. MODERABILIS, le, is, modéré, où l'on peut garder de la modération, où l'on peut éviter l'excès.

MODERAMEN, inis, &
MODERAMENTUM, i, conduite, gouver-

nement, direction, commandement, maniement.

Moderans, tis, omn. gen. qui conduit, qui gouverne.

Moderanter, adv. &

Moderaté, iùs, iſſimé, adv. ou

Moderatim, adv. modérément, avec modération ; 2°. peu à peu.

Moderatio, onis, modération, retenue, meſure qu'on apporte ou qu'on garde dans les choſes.

Moderatio cœli, température de l'air.

Moderatio Machinarum, maniere de conſtruire les machines.

Moderator, oris, modérateur, gouverneur, conducteur, directeur, qui guide, qui régle.

Moderator temporum, politique.

Moderatrix, icis, modératrice, gouvernante, conductrice.

Moderatus, a, um, part. de

Modero, as, avi, atum, are, &

Moderor, aris, atus ſum, ari, modérer, conduire, gouverner, guider, régler ; 2°. tempérer, retenir, mettre des bornes ou un frein.

COMPOSÉS.

Ad-Moderor, aris, atus ſum, ari, ſe retenir, s'empêcher, ſe contraindre, ſe modérer.

Nequeo me riſu Ad-Moderarier, je ne ſaurois m'empêcher de rire.

E-Moderandus, a, um, qui peut être appaiſé, adouci, modéré.

Præ-Moderans, tis, omn. gen. qui règle par meſure.

NÉGATIFS.

Im-Moderantia, æ, voy. Im-Moderatio.

Im-Moderaté, adv. immodérément, ſans garder de meſure, ſans modération, démeſurément, outre meſure, ſans retenue, ſans régle, exceſſivement, avec excès.

Im-Moderatio, onis, déréglement, emportement, excès, manque de modération, défaut de retenue.

Im-Moderatum, i, l'infini.

Im-Moderatus, a, um, immodéré, déréglé, outré, exceſſif, qui ne garde point de meſure, qui eſt ſans modération, qui n'a point de retenue.

VI.

Com - Modus.

De Modus, meſure, moyen, & de Cum, avec, ſe forma la Famille Com-Mod, qui indique tout ce qui a la même meſure, qui s'applique, s'ajuſte, convient avec un autre objet.

De-là ces mots :

Com-Modum, i, avantage, gain, profit, utilité, aiſe, commodité, loiſir.

Com-Moda, orum, commodités, biens, richeſſes ; 2°. ſolde, paye de gens de guerre.

Com-Moditas, atis, commodité, convenance, conjoncture, ouverture ou occaſion favorable ; 2°. utilité, avantage, profit ; 3°. complaiſance, indulgence, condeſcendance, humeur commode, facilité.

Com-Modus, a, um, dior, diſſimus, avantageux, profitable, utile, favorable ; 2°. complaiſant, facile, d'humeur commode, plaiſante ou agréable, facétieuſe, accommodante, traitable ; 3°. propre, commode, bon, convenable.

Com-Modé, diùs, diſſimé, adv. bien,
fort

fort bien, fort à propos, fort juste, fort à point, d'une maniere propre, convenable ; 2°. commodément, à l'aise, aisément.

Com-Modùm, *adv.* tout à propos, à point nommé, au même instant, tout aussi-tôt, juste, justement, à tems.

Com-Modo, *as, avi, atum, are,* accommoder, assister, obliger, rendre un service, faire un plaisir ; 2°. prêter pour être rendu en même nature, donner la jouissance ; car prêter pour rendre en même valeur sans être la même chose, c'est *Mutuare*.

Com-Modito, *as, avi, atum, are,* prêter souvent, faire des prêts fréquens.

Com-Modatarius, *a, um,* celui à qui l'on a prêté quelque chose.

Com-Modatio, *onis,* prêt.

Com-Modator, *oris,* prêteur, qui a prêté.

Com-Modatum, *i,* prêt différent de *Mutuum.*

Com-Modatus, *a, um,* propre ou convenable ; 2°. prêté ou emprunté, *part.* de *Com-modo.*

COMPOSÉS.

Ac-com-Modatio, *onis,* convenance, proportion, conformité, appropriation, application, ajustement, rapport, disposition, justesse.

Ac-Com-Modatus, *a, um, part.* propre, convenable ; 2°. qui approche, qui ressemble, qui convient.

Ac-Com-Modaté, *adv.* d'une maniere convenable, propre, conforme, proportionnée ; 2°. à propos, d'une façon avenante, sortable, ajustée, appropriée.

Ac Com-Modaté *ad persuadendum,* d'une maniere à persuader.

Ac-Com-Modo, *as, avi, atum, are,* accommoder, approprier, appliquer, ajuster, assortir, faire rapporter, faire venir à propos, donner de la convenance, proportionner ; 2°. disposer, préparer ; 3°. prêter, accommoder quelqu'un de quelque chose.

Ac-Com-Modus, *a, um,* commode, propre, &c.

NÉGATIFS.

In-Com-Modatio, *onis,* voy. *Incommoditas.*

In-Com-Modé, *iùs, issimé, adv.* d'une maniere incommode, avec incommodité, mal à son aise ; 2°. mal-à-propos, à contre-tems, hors de tems, hors de saison.

In-Com-Moditas, *atis,* incommodité, importunité, dommage, perte, désavantage, inconvénient.

In Com-Modo, *as, avi, atum, are,* incommoder, causer du désavantage, du tort, &c.

In-Com-Modum, *i,* incommodité, peine, ennui, fâcherie, chagrin, préjudice, dommage, désavantage, tort, importunité.

In-Com-Modus, *a, um,* incommode, importun, fâcheux, ennuyeux, chagrinant, qui est à charge, désavantageux, dommageable, préjudiciable, qui fait de la peine ; 2°. qui arrive à contre-tems.

In-Com-Modesticus, *a, um,* mot inventé pour dire fâcheux.

Per-in-com-Modé, très-mal-à-propos, fort à contre-tems.

Per-In-Com-Modus, *a, um,* fort incommode.

VII.
MOS, MOR.

De Mod, maniere, usage, se forma la Famille Latine, Mos, Moris, par le changement du D en S & en R.

1. Mos, moris, coutume, mode, manière, façon, pratique, usage, habitude.

Mosculus, i, dimin. de Mos.
Mosilus, i, voyez Mosculus.
Mores, um, plur. de Mos.

2. Moralis, le, is, moral, de morale, qui concerne les mœurs.

Moralitas, atis, moralité, trait de morale; 2°. position, situation.
Moraliter, adv. moralement.
Moratus, a, um, dont les mœurs sont réglées.
Benè-Moratus, a, um, doué de bonnes mœurs, bien originé.
Benè-Morata civitas, Ville bien policée; 2°.—Fabula, Pièce de théâtre bien conduite, où toutes les convenances sont bien observées.

VIII.
MAD, MED,
méditer, étudier.

Le primitif MAT, mesurer, signifia également, apprendre, étudier, connoître : on ne connoît bien que ce qu'on a mesuré, ce dont on possède toutes les dimensions. De-là le Grec :

Mathé, connoissance, science.
Manthanô, étudier.
Meletaô, méditer.

(Ici L pour D.)

De-là ces Familles :

Meditamen, inis, & } V. Meditatio.
Meditamentum, i, }

Meditor, aris, atus sum, ari, méditer, faire réflexion, réfléchir, penser en soi-même, penser attentivement, s'appliquer à considérer, attacher son esprit, s'exercer, s'étudier, s'efforcer, se peiner; mot-à-mot, chercher la juste mesure.

Meditatè, adv. avec méditation, avec réflexion, après y avoir pensé, après une mûre réflexion.
Meditatio, onis, méditation, réflexion, forte attention à une chose; 2°. préparation à une chose.
Meditatus, a, um, part. de Meditor, médité, considéré attentivement, examiné à fonds; 2°. qui a médité, qui a fait réflexion; 3°. qui s'est préparé.

COMPOSÉS.

Com-Meditor, aris, atus sum, ari, méditer, penser avec attention, faire une profonde réflexion, réfléchir sérieusement.
Per-Meditatè, adv. fort attentivement, avec bien de l'attention.
Præ-Meditatè, adv. avec préméditation.
Præ-Meditatio, onis, préméditation, l'action de penser par avance, de prévoir.
Præ-Meditatorium, ii, lieu retiré propre à méditer.
Præ-Meditatus, a, um, prévu, part. de
Præ-Meditor, aris, atus sum, ari, préméditer, penser par avance, prévoir.

NÉGATIFS.

Im-Meditatè, sans réflexion, inconsidérément, sans y avoir pensé, avec précipitation.
Im-Meditatus, a, um, non prémédité; 2°. fait ou dit inconsidérément, sans réflexion, sans méditation; 3°. où l'on n'a point réfléchi.
Im-Præ-Meditatè, adv. inconsidérément, sans réflexion.

IX.
MED,
Médecin.

De MAD, connoître, étudier, vint le Latin :

MED-*icus*, *mot-à-mot*, le savant, celui qui connoît la science par excellence, celle de se bien porter, & qui posséde les grands secrets de la Nature à cet égard. Dans l'Orient, les Médecins n'ont d'autre nom que celui de SAGES, de Savans ; & en Europe, leur nom par excellence n'est-il pas celui de DOCTEURS, *mot-à-mot*, les Savans, les Sages ?

Il est vrai que dans l'origine les Médecins, les Docteurs réunissoient nombre de sciences, sur-tout celle de la Théologie & de la Morale. Médecin ou Prêtre étoit synonyme.

1. MEDicus, *i*, Médecinal.

Medicus circumforaneus, Charlatan.

MEDendus, *a, um*, à qui il faut donner des remédes, qu'il faut panser.

MEDendi ars, Médecine.

MEDendo ægrescit, les remédes irritent la maladie, la maladie s'aigrit contre les remédes.

MEDens, *tis, omn. gen.* qui remédie, qui donne des remédes, qui guérit.

MEDentia verba, paroles qui guérissent.

MEDeor, *eris, eri*, remédier, apporter du remède, donner des remédes ; panser, traiter, guérir.

MEDicinus, *a, um*, de médecine.

MEDico, *as, avi, atum, are*, mêler, mixtionner de quelque drogue.

MEDicare capillos, mettre de l'essence à ses cheveux ; —— *semina*, chaufourer le grain, faire tremper les semences dans quelque liqueur, pour les faire mieux germer, & en plus grande abondance.

MEDicor, *aris, atus sum, ari*, remédier, apporter du remède, panser, traiter, donner des remèdes, guérir.

MEDicus, *a, um*, médecinal.

2. MEDela, *æ*, remède, guérison, médicament, soulagement.

3. MEDitrina, *æ*, la Déesse de la Médecine.

MED-Itrinalia, *orum*, fêtes à l'honneur de la Déesse de la Médecine.

MEDica, *æ*, sainfoin, herbe fort bonne pour les chevaux.

4. MEDicabilis, *m. f. le, n.* qu'on peut guérir, à quoi l'on peut donner du remède, guérissable, à quoi l'on peut remédier ; 2°. médecinal, qui a la vertu de guérir.

MEDicabulum, *i*, lieu où l'on trouve du remède, du soulagement.

MEDicamen, *inis*, médicament, remède ; 2°. poison ; 3°. sang du poisson pourpre, qui sert à teindre ; 4°. fard.

MEDicamentarius, *ii*, Apothicaire, qui prépare des médicamens ; 2°. empoisonneur.

MEDicamentarius, *a, um*, qui concerne les médicamens ou les poisons.

MEDicamentaria ars, Apothicairerie.

MEDicamentosus, *a, um*, médecinal, qui a une vertu médecinale.

5. MEDicamentum, *i*, médicament, remède.

MEDicatio, *onis*, l'application d'un remède, l'action de le donner.

MEDicatus, a, um, mêlé, mixtionné de quelque drogue ; 2°. causé par un reméde ; médecinal.

MEDicatus somnus, sommeil causé par les remédes ; —— fons, fontaine médecinale.

MEDicata lana, laine teinte ; —— pocula, médecine, potion médecinale ; —— tela veneno, flèches empoisonnées.

6. MEDicina, æ, médecine, l'art de guérir ; 2°. reméde, médicament, médecine, potion médecinale ; 2°. poison.

MEDicinalis, m. f. le, n. is, qui concerne la médecine.

COMPOSÉS.

PRÆ-MEDicatus, a, um, qui a pris un purgatif, purgé par précaution.

RE-MEDium, ii, reméde ; 2°. moyen de remédier ou d'apporter reméde.

RE-MEDialis, m. f. le, n. is, qui remédie, qui guérit.

RE-MEDiatio, onis, reméde, guérison.

RE-MEDiatus, a, um, part. de

RE-MEDio, as, avi, atum, are, &

RE-MEDior, aris, ari, guérir, procurer la guérison, donner reméde, remédier.

NEGATIFS.

IM-MEDicabilis, le, irrémédiable, incurable, qui est sans reméde.

IM-MEDicatus, a, um, qu'on n'a point pansé, auquel on n'a point apporté de reméde, où l'on n'a point remédié.

IR-RE-MEDiabilis, m. f. le, n. is, à quoi l'on ne peut remédier, qui est sans reméde, incurable, où il n'y a point de reméde, irrémédiable.

MUT,

Du primitif MAT, MED, milieu, vint le Celte MAT, MET, MED, MUT, couper, partager en deux ; 2°. retrancher, moissonner, tuer ; 3°. tout instrument tranchant ; & de-là diverses familles.

En Or. מות Muth, mort, ce qui moissonne les hommes.

En Celt. MEDi, moissonner.

En Goth, MAITan, couper.

En Allemand, MEITZen, MUTZen, couper.

Et ces Familles Latines.

I.

MESsis, récolte, moisson.
MESsor, is, moissonneur.
MESsura, æ, sciage des bleds.
MESsorius, a, um, de moissonneur.

COMPOSÉS.

DE-METO,-ere, } cueillir, couper,
DI-METTO-,ere, } moissonner.

E-METO,-ere, faucher, recueillir.

PRÆ-MESium, ii ; PRÆ-MESsum, i, prémices de la moisson offerts à Cérès.

PRÆ-MESsus, a, um, moissonner le premier, par avance.

2.

1. MUTO,-are, altérer, rendre tout autre par la MUTilation.

MUTilus, a, um, tronqué, rogné, à qui on a coupé une partie.

MUTilo,-are, tronquer, retrancher une partie.

MUTilator, is, qui mutile, qui retranche.

MUTilatio, onis, retranchement d'un membre.

MUTicus, a, um, châtré, qui n'a point de barbe.

COMPOSÉS.

Ad-Mutilo, -are, tronquer, briser, estropier, tondre.

De-Mutilo, -are, couper, retrancher.

2. Muto, onis, porc châtré, d'où put venir dans le Latin-barbare le nom en général *de* tout animal châtré.

MAT, MIT,
mûr, doux.

De MA, nourriture bonne, excellente, vinrent diverses familles :
1°. MAT, bon-bon.
2°. Maturus, fruit qui a acquis la perfection, & qu'on peut manger.
3°. Mitis, doux, agréable ; mots employés au moral comme au physique.

I.

Mattea, æ ; Mattya, æ, bon-bons, friandises, mets délicats.

II.

Maturus, a, um, mûr, de saison.

Maturitas, atis, maturité ; 2°. fin, perfection, le plus haut point ; 3°. occasion, tems propre, saison commode.

Maturesco, -ere, mûrir, devenir mûr ; 2°. perfectionner, venir à sa perfection, s'achever.

Maturo, -are, faire mûrir, dépêcher, hâter, diligenter, faire promptement, s'empresser.

Maturaté, promptement, en diligence, de bonne-heure.

Maturatio, onis, hâte, diligence, empressement.

Maturè, iùs, issimè, mûrement, à tems, à propos ; 2°. de bonne heure, promptement, d'abord.

COMPOSÉS.

Ad-Maturo, -are, hâter, presser, avancer.

E-Maturesco, -ere, mûrir ; 2°. s'adoucir, se rallentir.

Per-Maturus, a, um, tout-à-fait mûr.

Per-Maturesco, -ere, venir à une entiere & parfaite maturité.

Præ-Maturus, a, um, mûr avant la saison, précoce ; 2°. prématuré, fait avant le tems.

Præ-Maturitas, atis, la qualité des primeurs, ou d'être précoce, maturité avant le tems.

Præ-Maturè, prématurément, avant le tems.

NEGATIFS.

Im-Maturus, a, um, qui n'est pas mûr, hors de saison ; 2°. prématuré, précipité.

Im-Maturitas, atis, trop grande hâte, précipitation ; 2°. âge trop peu avancé pour le mariage.

Im-Maturè, avant la saison, trop tôt, de trop bonne-heure, avec précipitation.

III.

De Maturè, signifiant de bonne-heure, vinrent le mot François Matin, & ces mots Latins.

Matuta, æ, l'Aurore, la Déesse du matin.

Matutinus, a, um, du matin, qui se fait le matin, de la matinée ; 2°. matinal, matineux, qui se lève de bon matin.

Matutinum, i, matin, matinée.

Matutinò, le matin, de bonne-heure, au matin.

IV.

MIT, doux, agréable.

1.

MIT*is*, *e*, *is*, doux, traitable; 2°. tranquille, qui n'est point agité; 3°. mûr, qui n'est point verd.

MIT*iùs*; MIT*iſſimè*, plus doucement, avec beaucoup de douceur.

MIT*iuſculus*, *a*, *um*, un peu plus doux.

MIT*eſco*,-*ere*, s'adoucir, s'appaiſer; 2°. mûrir, devenir mûr; 3°. s'apprivoiſer.

MIT*ilo*,-*are*, chanter comme un roſſignol, dont le chant est extrêmement doux.

BINOMES.

1. MITI-FICO·*are*, faire doux, adoucir, édulcorer, rendre doux; de *facio*.

MITI-FIC*us*, *a*, *um*, adouci, apprivoiſé, rendu fort doux.

MITI-FIC*atio*, *onis*, l'action d'adoucir, d'appaiſer, adouciſſement.

MITI-FIC*atus*, *a*, *um*, apprivoiſé; 2°. digéré.

2. MIT*igo*,-*are*, mot-à-mot faire doux; de *Ago*,-*ere*, faire. Ce Verbe ſignifie adoucir, calmer, faire mûrir, digérer.

MIT*iganter*, en adouciſſant.

MIT*igatio*, *onis*, adouciſſement, l'action d'appaiſer.

MIT*igativus*, *a*, *um*, qui adoucit.

MIT*igatorius*, *a*, *um*, qui ſert à calmer, à édulcorer, à adoucir.

COMPOSÉS.

COM-MIT*igo*,-*are*, adoucir, amollir, appaiſer, fléchir.

IM-MIT*is*, *e*, *i*; 1°. âpre, qui n'eſt pas mûr; 2°. cruel, barbare, inhumain;

DE-MIT*igo*,-*are*, adoucir, rendre traitable.

V.

MAT, doux, ſimple; 2°. qui contrefait le ſimple, fin, ruſé.

De MAT, bon, doux, ſe forma MAT, ſignifiant une douceur bête, imbécille; un ſimple : d'où,

MAT*æus*, *i*, ſimple, ſot, timbré, imbécille.

L'Ital. MATTO, fou.

2.

MAT, qui contrefait le ſimple, le niais, ruſé, fin; d'où matois.

MET,

crainte.

Du Celte MAT, foible, timide, ſans force, d'où le Grec MAT*aios*, lâche, pareſſeux, vain, vinrent ces familles.

MET*us*, *ûs*, crainte, peur, appréhenſion.

MET*uo*, *is*, *tui*, *ere*, craindre, appréhender, redouter.

MET*uens*, *tis*, omn. gen. craignant, qui craint, qui appréhende.

MET*uendus*, *a*, *um*, redoutable, à craindre, qu'il faut appréhender, qu'on doit redouter, dont on doit avoir peur.

MET*iculoſus*, *a*, *um*, craintif, timide, peureux.

COMPOSÉS.

PER-MET*uens*, *tis*, qui craint fort, qui appréhende extrêmement.

PER-MET*uo*, *is*, *ui*, *ere*, craindre fort;

appréhender extrêmement, redouter beaucoup.

Præ-Metuens, tis, omn. gen. qui craint par avance.

Præ-Metuo, is, ui, ere, craindre, appréhender par avance.

BINOMES.

De Fort, extrême, & de Metus, crainte, réunis & prononcés For-Mid vint cette Famille :

For-Mido,-are, craindre extrêmement, redouter.

For-Mido, inis, 1°. peur, frayeur; 2°. épouvantail ; 3°. lâcheté, foiblesse.

For-Midabilis, e, terrible, redoutable.

For-Midatio, onis, crainte.

For-Midamina, um, fantômes, spectres.

For-Midolosus, a, um, peureux, craintif.

For-Midolose, avec crainte.

COMPOSÉS.

Af-For-mido,-are, être fort effrayé.

In-For-Midatus, a, um, qui n'est pas craint.

Per-For-Mido,-are, redouter fort.

Per-For-Midabilis, e, très à craindre.

Præ-For-Mido,-are, craindre par avance.

Re-For-Mido,-are, craindre, avoir peur.

Re-For-Midatio, onis, crainte, peur.

MAL, MOL,
Grand.

De M, grand, & de AL, élevé, vinrent une multitude de familles en toute langue, qui désignerent la grandeur, l'élévation, la grosseur, la force.

I.

Mol, Masse ; Charge.

Moles, is, grande ou grosse masse, chose d'une grandeur démesurée ou d'un grand poids ; 2°. mole, jettée de pierre qu'on fait pour la sûreté d'un port, digue qu'on oppose à l'eau ; 3°. difficulté; grandeur d'entreprise.

Molimen, inis, &
Molimentum, i, effort, peine.

Molio, iris, ire, retarder, retenir.

Molior, iris, itus sum, iri, tâcher, faire effort, s'efforcer, agir avec effort ; 2°. remuer, mouvoir ; 3°. entreprendre, machiner, tramer ; 4°. préparer.

Molitio, onis, effort, grande entreprise.

Molitor, oris, Créateur, Auteur ; 2°. Inventeur, qui entreprend, entreprenant.

Molitus, a, um, part. de Molior, qui a entrepris, qui a tramé, machiné, brassé ; 2°. qui s'est efforcé, qui a tâché, qui a fait ses efforts.

COMPOSÉS.

A-Molitio, onis, éloignement, expulsion, débarrassement.

A-Molior, iris, itus sum, iri, ôter, éloigner, écarter ; 2°. réfuter.

A-Muletum, i, préservatif, charme, amulette, mot-à-mot, qui éloigne le mal.

Ad-Molior, iris, itus sum, iri, faire ses efforts, se donner de la peine, ne rien épargner pour venir à bout de quelque chose d'important.

Com-Molior, iris, molitus sum, iri,

machiner ; 2°. s'efforcer de chercher ou de trouver, d'inventer, d'imaginer.

De-Molio, *is*, *ivi*, *itum*, *ire*, &

De-Molior, *iris*, *itus sum*, *iri*, démolir, abattre, détruire, ruiner, renverser ; raser.

Demoliri culpam de se, faire voir qu'on n'est point en faute.

De-Molitio, *onis*, démolition, renversement, destruction, ruine.

De-Molitor, *oris*, démolisseur, qui démolit, qui abat, qui renverse.

De-Molitus, *a*, *um*, part. de *De-molior*.

E-Molior, *iris*, *itus sum*, *iri*, venir à bout ; 2°. jetter, pousser dehors, faire sortir, chasser, expulser ; 3°. agiter, émouvoir, exciter.

Im-Molitus, *a*, *um*, bâti, construit, élevé.

Ob-Moliendus, *a*, *um*, qu'il faut mettre devant.

Ob-Molior, *iris*, *itus sum*, *iri*, mettre devant avec effort, opposer quelque résistance, barricader, mettre une barriere.

Præ-Moliendus, *a*, *um*, qu'il faut préparer par avance.

Præ-Molior, *iris*, *itus sum*, *iri*, disposer, préparer par avance, faire des préparatifs.

Re-Molior, *iris*, *itus sum*, *iri*, repousser, remuer, ôter avec effort, déplacer, déranger à force.

Re-Molitus, *a*, *um*, part. de *Re-molior*.

2.

Molucrum, *i*, mole, masse de chair qui se forme dans le ventre des femmes au lieu d'un enfant.

Moliétus, *i*, perte de bétail, fausse portée des femelles.

3.

Molestia, *iæ*, mot-à-mot, action d'être à charge, ennui, chagrin, inquiétude, fâcherie, embarras, chagrin.

Molesto, *as*, *avi*, *atum*, *are*, chagriner, inquiéter, importuner, faire de la peine, causer du chagrin ; 2°. être incommode, importun, importuner.

Molestus, *a*, *um*, fâcheux, chagrinant, incommode, importun, qui fait de la peine, qui cause du chagrin, embarrassant.

Moleste, adv. avec chagrin, avec peine, avec difficulté.

Composés.

Per-Molestus, *a*, *um*, fort incommode, très-chagrinant, fort à charge.

Per-Moleste, adv. avec beaucoup d'incommodité, avec bien du chagrin, de la peine.

Præ-Molestia, *æ*, chagrin qui vient par avance, avant-coureur de chagrin.

Sub-Molestus, *a*, *um*, un peu fâcheux, chagrinant, dur ou sensible.

Sub-Moleste, adv. d'une maniere un peu fâcheuse, un peu pénible, un peu sensible, un peu dure.

II.

MOL,

Meule, Moulin.

Mol, désigna dans l'origine cette grosse pierre plate, avec laquelle on écrasoit le grain, d'abord à force de bras, ensuite avec le secours des animaux, aujourd'hui avec le secours ou du vent, ou
de

de l'eau, & qu'on appelle *Meule.*
En Gr. Mylé ; Mulé.
En All. Muhl ; en Angl. Mill.

I.

Mola, æ, 1°. meule de moulin ; 2°. mâchoire, elle broye les alimens ; 3°. dent mâcheliere ; 4°. rotule du genou ; 5°. meule à aiguiser ; 6°. gâteau sacré, fait de farine moulue.

Molaris, e, de meule, ou propre à moudre.

Molarius, a, um, de meule ou de moulin.

Molendinarius, a, um, qui concerne le moulin, de moulin.

Molinum, i, moulin, meule de moulin.

Molina, æ, moulin à eau, meule de moulin à eau.

Molo, is, ui, itum, ere, moudre, briser avec la meule.

Moletrina, æ, moulin.

Molile, is ; Monile, is, collier qu'on mettoit au cou des esclaves ou des animaux, pour leur faire tourner la meule ; 2°. collier en général, ornement de cou ; 3°. manivelle à tourner une meule à bras ; 4°. chaudiere.

Composés.

Com-Molo, is, molui, litum, ere, moudre, broyer, concasser.

Com-Molitus, a, um, moulu, broyé, concassé, *part.*

E-Molo,-ere, moudre, tirer de la farine des grains.

E-Molumentum, i, la mouture, farine que les grains ont fournie ;
2°. fruit qu'on retire d'une chose, bien, profit, gain.

2.

Mola, æ, gâteau sacré fait avec de la farine : en reconnoissance de la récolte des grains, les Payens se hâtoient de moudre du froment, & d'en faire des pains sacrés.

Composés.

Im-Molo,-are, offrir en sacrifice, sacrifier ; il ne se faisoit point de sacrifice sans ces gâteaux de farine.

Im-Molator, oris, Sacrificateur.

Im-Molatio, onis, sacrifice d'une victime.

3.

De *Mul,* moudre, vint.

A-Mylon, i, A-Mylum, i, amydon, fait avec le blé.

Mylœcus, i, sorte d'insecte qui mange la farine.

III.

Noms de divers objets.

1. Malus, i, mât d'un navire ; 2°. poutre.

2. Malo-Bathrum, i, feuille Indique, feuille d'une plante odoriférante des Indes.

3. Bu-Melia, æ, frêne de Macédoine, qui est très-grand, & croît très-lentement.

Melis, is, lance dont le bois est de frêne.

4. Molossus, i, dogue, gros & grand chien, mâtin ; 2°. pied de vers composé de trois syllabes longues, comme *Venatrix.*

5. Molocnthus, i,
Molonchus, i,
Molorthus, i, } sonde dont on se sert en mer, V. Bolis.

6. Pro-Mylea, æ, &
Pro-Mylius, ii, Divinités placées au-devant des môles des ports, auxquelles on adressoit ses vœux pour un heureux retour.

IV.

Mal, grosse masse, marteau.

1.

Malleus, i, marteau, maillet.

Malleator, oris, Forgeron, Artisan qui travaille du marteau.

Malleatus, a, um, forgé, plané, travaillé au marteau, battu à coups de marteau, martelé.

Malleolaris, m. f. re, n. is, de marcotte de vigne, de crossette.

Malleoli, orum, faisceaux de jonc soufrés & poissés, ou autres matieres, qu'on lançoit allumés sur les machines & sur les vaisseaux ennemis ; brûlots.

Malleolus, i, marcotte de vigne, crossette ; 2°. maladie de chevaux ; 3°. cheville du pied.

2.

Mulc, frapper avec une masse.

Mulco, as, avi, atum, are, châtier, punir, frapper par punition.

Mulcta, æ, voyez Multa.

Mulcto, as, avi, atum, are, châtier, punir, voyez Multo.

Mulctator, oris, voyez Adulator ; 2°. qui châtie.

Mulcatus, a, um, flatté ; 2°. châtié.

Multa, æ, amende, peine pécuniaire.

Multatio, onis, condamnation à l'amende, punition, châtiment.

Multatitius, a, um, d'amende, qui provient des amendes.

Multo, as, avi, atum, are, condamner à quelque peine, punir, châtier.

Multatus, a, um, châtié, puni.

Multatus exilio, condamné au bannissement, exilé.

Multata à fortunâ consilia, entreprises traversées par la fortune.

Multor, aris, atus sum, ari, châtier, punir : voyez Multo.

3.

Mulciber, bri, beris, Vulcain, le Dieu du feu ; 2°. feu.

V.

Grand nombre.

1. Mille ; Millia, ium, ibus, mille ou millier ; 2°. une infinité, un nombre indéfini.

Tot millia gentes, tant de milliers de nations. Æn. IX.

Tot millia hominum, tant de milliers d'hommes.

Miliarium, ii, sorte de vase haut & étroit.

Millia, ium, un mille, mille pas géométriques ou huit stades ; voyez Mille.

2. Miliare, is, &
Miliarium, ii, } un mille, mille pas géométriques, espace de chemin.

Milliare ad quintum Laodiceæ, à cinq milles de Laodicée.

Milliarius, a, um, de mille, de millier, qui pèse mille ; 2°. qui est composé de mille.

Millies, *adv.* mille fois, ou une infinité de fois.
Millesimus, *a*, *um*, millième.
Milli, pour *Mille*.
3. Mille-Peda, *æ*, insecte qui a plusieurs pieds, comme cloporte, chenille, &c.
4. Millus, *i*, collier de chien fait d'un gros cuir, & garni de pointes de fer.
5. Milvina, *æ*, sorte de flûte qui avoit le son fort aigu.

Famille Grecque.

Myrio-Phyllum, *i*, mille-feuille, Plante.
Myrias, *adis*, le nombre de dix mille, ou un nombre indéfini ; 2°. Miriade.
Myri-Archa, *æ*,
Myri-arches, *æ*, } qui commande à dix mille.
Myri-archus, *i*,

VI.

Multitude.

Mulgo, *as*, *are*, divulguer, publier : de la même famille que *Vulgus*.

Composés.

E-Mulgatio, *onis*, voyez *Promulgatio*.
Pro-Mulgatio, *onis*, promulgation, publication.
Pro-Mulgator, *oris*, &
Pro-Mulgatrix, *icis*, celui ou celle qui publie, qui divulgue.
Pro-Mulgatus, *a*, *um*, part. de
Pro-Mulgo, *as*, *avi*, *atum*, *are*, publier, divulguer, faire savoir par-tout, prôner.

VII.

MUL-T, abondance, nombre.
En Grec, Mala, beaucoup, en nombre très-fort.
Multus, *a*, *um*, nombreux, qui est en grande quantité.
Multus est in illâ re, il s'applique beaucoup à cela.
Multùm, *adv.* beaucoup, fort, grandement, extrêmement.
Multò, *adv.* beaucoup.
Multa, bien des choses, beaucoup, longtems.
Multitudo, *inis*, multitude, quantité, grande compagnie, grand nombre.
Multesimus, *a*, *um*, un d'entre plusieurs ; un seul de, parmi une multitude.
Multitia, *orum*, étoffes doubles en lices, & dont les fils sont fort fins & très-battus.

Binomes.

1. Mult-Angulus, *a*, *um*, qui a plusieurs angles ; polygone, terme de Géométrie.
2. Multi-Jugis, *ge*, *is*, & } joint en
Multi-Jugus, *a*, *um*, } grand nombre ; voyez *Multiplex*.
3. Multi-Modis, en plusieurs façons.
Mult-Modus, *a*, *um*, qui est de plusieurs façons, de différentes manieres.
4. Multi-Meter, *a*, *um*, qui a plusieurs mesures.
5. Mult-Opere, beaucoup, bien fort.
6. Multi-Potens, *tis*, qui peut beaucoup, qui a bien du pouvoir.

7. Per-Multi, tæ, ta, plusieurs, beaucoup ou quantité de.
Per-Multò, beaucoup plus.
Per-Multùm, beaucoup.

VIII.
MUL, Mulet,

de *Mal*, grand, ou plutôt de l'Orient. מלל *Mel*, mêler.

1. Mula, æ, mule, animal.
Mulus, i, mulet, animal.
 Mularis, m. f. re, n. is, de mulet, de mule.
 Mulinus, a, um, de mulet, de mule.
Mulio, onis, muletier; 2°. sorte de mouche qui tourmente les mulets.
 Mulio perpetuarius, voiturier qui conduit des mulets.
 Mulionicus, a, um, &
 Mulionius, a, um, de muletier.
 Mulo-Medicus, i, Maréchal, Médecin de mulets.
3. Mullus Barbatus, i, mulet, surmulet; poisson de mer.
 Mullulus Barbatulus, i, dimin. du précéd.

IX.
MAL, enveloppe.

1. Mallo, onis, pelure.
2. Melota, æ, vêtement fait de peaux de moutons avec la laine; 2°. Peau de mouton dont on n'a point ôté la laine; 2°. peau de quelque bête que ce soit, dont on n'a point ôté le poil; vêtement fait de ces peaux.
 Molestra, æ, peau de mouton avec laquelle les Anciens nettoyoient leurs casques.

BINOMES.

Amphi-Mallum, i, habit, manteau ou couverture dont les deux côtés sont velus : qui a du poil ou une fourrure dessus & dessous, ou dehors & dedans.
Mulleum-Calceamentum, i, &
Mulleus-Calceus, chaussure en maniere de brodequins, de couleur de pourpre, dont se servoient premierement les Rois d'Albe, & ensuite les enfans des Sénateurs Romains.

MAL, MEL,

Bon; 2°. jaune; 3°. rond.

De Bal, Soleil, prononcé Mal, se forma une famille qui réunit les diverses qualités du Soleil.

1.

1. Malum, i, toutes sortes de fruits jaunes & ronds, comme Bal, le Soleil; oranges, pêches, grenades, citrons; 2°. pommes.
 Malus, i, arbre fruitier; 2°. pommier.
 Mali-Fer, a, um, qui porte des fruits, des pommes.
 Mali-Corium, ii, écorce de grenades ou d'oranges.
3. Milium, ii, millet, grain jaune & brillant.
 Miliarius, ii, qui se nourrit de millet.
 Miliaria, æ, herbe qui étouffe le millet.

2.

Milvus, i, milan, oiseau de proie, qui doit son nom à sa couleur jaune ou rousse.

MILvinus, a, um, de milan.
MILvago, inis, espèce de poisson.

3.

MELior, us, exquis, délicieux, meilleur.

MELioro, -are, rendre meilleur.
MELioresco, -ere, devenir meilleur.
MELiùs, mieux.
MELiusculè, un peu mieux.
MELiusculus, a, um, un peu meilleur.

II.
MEL, miel, douceur.

1.

MEL, lis, miel, douceur; comme le miel est du plus beau jaune, il a pris le nom du soleil.

MELcuum, i, petit miel, petit cœur, terme de caresse; comme le miel étoit l'aliment par excellence, il a servi à désigner tout ce qui est bon, doux, délicieux.
MELleus, a, um, de miel.
MELlitus, a, um, emmiellé; 2°. doux comme du miel; 3°. doux, joli, charmant.
MELlillus, a, um; MELlitulus, a, um, plein de douceurs.
MELlitæ, arum, courtisannes, à cause de leurs douces caresses.
MELlina, æ, hydromel, boisson.
MELlinia, æ, douceur.
MELlinum, i, habit jaune, couleur de miel.
MELligo, inis, suc mielleux.
MELla, æ, eau de miel, c'est-à-dire, eau dans laquelle on fait tremper les gâteaux de cire après en avoir tiré le miel.

MELlarium, ii, lieu où l'on élève des mouches à miel; 2°. vase où l'on met du miel.
MELlarius, a, um, où l'on met le miel.
MELlatio, onis, récolte de miel.
MELliculum, i, mon cher cœur.

BINOMES.

MELli-Fer, a, um, qui produit le miel.
MELli-Ficium, ii; MELli-Ficatio, onis, l'action de faire le miel; 2°. industrie des abeilles, leur travail.
MELli-Fico, -are, faire du miel.
MELli-Fluus, a, um, d'où coule le miel.
MELli-Genus, a, um, qui a le goût, la nature du miel.
MELitt-urgus, i, qui tire le miel des ruches: de Urgeo, presser, exprimer.
MELitton, onis, ruche d'abeilles.

2.

MULsus, a, um, miellé, emmiellé, doucereux.
MULsum, i, vin miellé.
MULseus, a, um, où il y a du miel.
MULsi-Pultarium, ii, vase où l'on fait du vin miellé; binome formé de Pultarius, vase où l'on fait le potage, appellé Puls.

3.

1. MELitites, æ, vin miellé.
2. MELites, idis, mélisse, herbe d'un suc suave & mielleux: on dit aussi MELissa, æ.
3. MELites, æ,   } topaze & hya-
   MELi-chros, i, &   } cinthe, pierres
   MELi-chrysos, i,   } précieuses jaunes.
4. MELinum, i, ocre, terre jaune

pour les peintres ; 2°. huile de fleurs de coing.

4.
BINOMES.

Mel*i-Phyllum*, *i*, feuille de miel ; c'est-à-dire, mélisse, herbe douce à boire : de Phul*lon*, feuille en Grec : on dit aussi Meli*sso-phyllum*.

Meli-*Melum*, *i*, pomme douce comme du miel : du Grec Melon, pomme.

Meli-*Meli*, miel où l'on a trempé du coing : du Grec Melon, pomme, coing.

5.

1. Mul*vianum*, *i*, sorte de coing, parce qu'ils sont jaunes.
2. Mel*ilotos*, *i*, mélilot, herbe.
3. Mel*ones*, *um*, melons, fruit d'un beau jaune.

Melo-*Pepones*, *um*, melons ronds.

4. Mel*inus*, *a*, *um*, de coing ou de couleur de coing.
5. A-Mell*a*, *æ*, camomille ; 2°. marguerite ; ces plantes ont des fleurs jaunes & dorées.
6. Mel*is*, *is*, taisson ; 2°. blaireau ; 3°. chat sauvage ; 4°. fouine.

Mel*inus*, *a*, *um*, de chat sauvage, de blaireau, &c. voyez Melis.

Familles Greco-Latines.

Melos, os,
Melus, i,
Mele, *n. pl.*
Melodia, æ, } Binome formé de Mel, doux, suave, & de Od, chant ; 2°. poésie, ode, mot-à-mot, chanson délicieuse.

Melodus, *a*, *um*,
Melicus, *a*, *um*, } harmonieux, mélodieux, lyrique, qui concerne les poëmes, & les chansons.

III.
MIL, MULC,
Traire.

Du Prim. Mel, lait : doux comme lait, en Or. מלג & מלח Melch, Melg, tetter, boire du lait ; en Celte Milch, Milk, lait, vint cette famille :

Mulgeo, *es*, *xi*, *si*, *ctum*, *sum*, *ere*, traire le lait.

Mulctra, *æ* ; Mulctura, *æ*,
Mulctrum, *i*, Mulctus, *us*, } l'action de traire.

COMPOSÉS.

E-Mulgeo,-*ere*, épuiser à force de tirer le lait.

E-Mulctrale, *is*, vase où l'on met le lait tiré.

Im-Mulgeo, *es*, *si*, *xi*, *ctum*, *ere*, traire, tirer le lait dans.

2.

Mulcedo, *inis*, attrait, complaisance, flatterie, caresse.

Mulcendus, *a*, *um*, qu'il faut adoucir, appaiser, flatter, appprivoiser.

Mulcens, *tis*, *omn. gen.* qui adoucit, qui calme, qui apprivoise.

Mulceo, *es*, *si*, *sum*, *cere*, adoucir, appaiser, amadouer, calmer, rendre doux, flatter, apprivoiser, rendre calme.

Com-Mulceo,-*ere*, adoucir.

3.

Mulcator, *oris*, flatteur.
Mulcatus, *a*, *um*, flatté.

IV.
MUL, femme, beauté.

De l'Orient. מלוך *Meluk*, beauté, vint cette famille.

MULier, cris, femme.

MULierarius, a, um, qui fuit les ordres d'une femme.

MULiercula, æ, petite femme, femmelette ; 2°. pauvre, chétive femme ; 3°. pauvre malheureuse.

MULiebris, bre, de femme, qui concerne les femmes, qui leur convient.

MULiebriter, en femme, comme une femme, à la maniere des femmes.

MULiebrositas, atis, voyez *Mulierositas*.

MULierositas, atis, amour violent, passion déreglée pour le sexe.

MULierosus, a, um, qui est adonné aux femmes, qui a une grande attache, une extrême passion pour le sexe.

V.
MAL-Le,
Aimer mieux.

De MAL, mieux, joint à Volo, vouloir, souhaiter, vint un Verbe Latin qui paroît irrégulier & formé au hazard, parce qu'à la premiere personne, au lieu de dire MAL-VOLO, j'aime mieux, on a fait la syncope de Vo, & on ne dit plus que MALO.

C'est ce Verbe

MAL-LE, aimer mieux, préférer.

MAL-O, j'aime mieux, je préfere.

MA-VIS, tu aime mieux, *mot-à-mot*, tu veux plus fortement.

MA-VULT, il veut plus fortement : au Prét. MALUI.

COMPOSÉ.

PRÆ-MALO, lui, le, aimer beaucoup mieux, souhaiter plus fortement, préférer infiniment, au-delà.

VI.
MAL, MOL,
Mol, Doux.

De MAL, MEL, doux, sont venues ces familles.

1.
GREC-LATIN.

1. MALacus, a, um, mol.
MALacisso, -are, amollir.
MALagma, atis, cataplasme.

2. MALacia, æ, bonace, calme de la mer, lorsque la mer mollit, qu'elle s'adoucit, qu'elle devient molle, douce & agréable ; 2°. envie de femme grosse.

3. MALva, æ, } mauve, plante anodine, émolliente ;
MALache, es, } Oriental מלח.

MALachites, æ, pierre précieuse d'un verd de mauve.

3. MALtha, æ, cire amollie, fondue ; poix fondue, liquide ; bitume liquide ; en Or. מלח. 2°. Homme efféminé.

MALthacus, a, um ; MALthinus, a, um ; mou, délicat, efféminé.

MAltho,-are, poisser, cimenter.

2.

MOLLis, e, tendre; 2°. doux; 3°. lâche, sans vigueur, ployant.

MOLLiter, mollement.

MOLLitia, æ,
MOLLitudo, inis, } mollesse, délicatesse, flexibilité.
MOLLities, ei,

MOLLiculus, a, um,
MOLLicellus, a, um, } tendre, délicat,
MOLLiusculus, a, um, } un peu mou.
MOLLuscus, a, um,

MOLLesco,-ere, s'amollir, devenir mou.

MOLLIO-ire, amollir, énerver, adoucir.

MOLLimentum, i, adoucissement.

MOLLito,-are, amollir peu à peu.

MOLLicina, æ, habillement efféminé.

3.

MOLLugo, inis, Grateron, plante émolliente.

MOLLusca, æ, noix dont la coquille est tendre.

MOLLuscum, i, bosse tendre qui vient à l'érable propre aux ouvrages de menuiserie.

COMPOSÉS.

DE-MOLLio,-ire, ramollir, rendre flexible, lâche.

E-MOLLio,-ire, ramollir.

E-MOLLidus, a, um, mou.

PER-MOLLis, e, fort mou.

PRÆ-MOLLitus, a, um, adouci auparavant.

PRÆ-MOLLio,-ire, amollir d'avance.

RE-MOLLio,-ire, ramollir.

RE-MOLLesco,-ere, se ramollir, s'adoucir, se relâcher.

SUB-MOLLis, e, molasse.

MAL,

Mal : noirceur.

MAL est un mot de toute langue, qui désigne 1°. la douleur, le mal ; 2°. la noirceur ; d'où diverses familles.

En Arabe, מל MaL, être mal à son aise, être accablé d'ennui.

En Hébreu, אמל A-MaL, être languissant.

Grec MALakinó, être malade, être languissant.

En Celte, MAL, mal dans tous les sens.

De-là ces mots Latins.

1.

MALum, i, mal ; 2°. maladie ; 3°. disgrace, tourment, peine, malheur, affliction, chagrin, tort, dommage.

MALus, a, um, méchant, mauvais, qui n'est pas bon.

MALé, adv. mal ; 2°. à contre-tems, hors de propos ; 3°. malignement, malicieusement, misérablement ; 4°. fort, extrêmement.

MALitia, æ, malice, malignité, méchanceté ; 2°. finesse, ruse.

MALitiosè, iùs, issimè, adv. malicieusement, avec finesse.

MALitiosus, a, um, malicieux, malin ; 2°. capricieux, fourbe, rusé.

MALignè, adv. malicieusement, avec malignité ; 2°. avec avarice, avec épargne.

MALignitas, atis, malignité, malice ; 2°. avarice, chicheté, épargne trop grande.

MALignus, a, um, malin, malicieux, qui

qui a de la malice, plein de malignité; 2°. difficile, rude; 3°. avaricieux, chiche, trop épargnant.

BINOMES.

MALE-PRECOR, aris, -ari, maudire.

MALE-Sanus, a, um, fou.

MALE-Suadus, a, um, qui porte à de mauvaises actions, qui donne de mauvais conseils.

MALE-Vestitus, a, um, mal mis, mal vêtu.

MALE-Volens, tis, voyez Malevolus.

MALE-volentia, æ, malveillance, haine, mauvaise volonté, malignité.

MALE-volus, a, um, malveillant, qui a mauvaise volonté, qui veut du mal, qui hait.

2.
MEL, noir.

1. MELania, æ, noirceur, tache livide.

MELan-ION, ii, violette noire; d'ION, violette.

MELAM-PHYLlum, i, espèce de branche-ursine, plante.

MELAM-PODium, ii, ellébore noire, plante.

MEL-ANteria, æ, suc vitriolique, épaissi par la nature.

2. MEL-Anthium, ii, nielle, plante; d'anthos, fleur.

MELAN-urus, i, sorte de poisson qui a une tache noire sur la queue; 2°. sorte de serpent; d'oura, queue.

MELEAGRis, idis, poule de Guinée, pintade; 2°. poule d'Inde, oiseau de basse-cour.

AMPELO-MELæna, æ, brioine, plante

Orig. Lat.

à racine noire; d'Ampelos, vigne, cep de vigne, mot-à-mot, vigne noire.

3. De MAL, MEL, noir, & de LITH, pierre, devenu LIBD, vint cette famille:

MOLYBDOS, i, plomb, métal.

MOLIEDæna, æ, veine d'argent mêlée de plomb; 2°. grande persicaire, plante.

MOLYBDitis, idis, troisième sorte de litharge, qui n'est presque qu'une veine de plomb.

MOLYBDoïdes, idis, mine de plomb; sorte de pierre qui sert de crayon.

4. De MELAN, noir, prononcé MENAL, & de Aetos, Aigle, vint:

MENALAetos, i, espéce d'Aigle, Aigle noir.

MIL,
Combat.

MIL, signifie en Celte, bête; 2°. bête sauvage; 3°. chasse; 4°. combat, mêlée.

En Grec HA-MILLa, combat:

MOLos, Môlos, combat, tumulte, travail.

En Irl. & en Gall. MIL, soldat; MIL-WR, homme de combat, guerrier.

De-là ces Familles.

1.

MILes, itis, soldat; 2°. sergent; 3°. geolier; 4°. bedeau.

MILitia, æ, guerre, combat, profession des armes.

MILito, -are, porter les armes, aller à la guerre, être aux prises.

B 4

MILitarius, a, um; MILitaris, e, de la guerre, guerrier.

MILitariter, en homme de guerre, en soldat.

COMPOSÉS.

COM-MILes, itis, compagnon d'armes, camarade.

COM-MILito, onis, compagnon d'armes ou d'études.

COM-MILitia, æ, ligue offensive & défensive.

COM-MILitium, ii, campagnes faites au service.

COM-MILito, -are, servir dans le même Régiment, faire la guerre de concert.

PER-MILito, -are, servir, porter les armes.

PER-MILitatio, onis, service, tems de service dans les troupes.

2.

Du Grec A-MILLA, combat.

AI-MULLÓ, supplanter.

ÆMULus, i, ÆMULator, oris, concurrent, qui dispute le même prix, la possession du même objet, de la même beauté; 2°. rival de la même place, compétiteur ; 3°. envieux, jaloux.

Æ-MULus, a, um, qui dispute le prix, qui tâche d'égaler; 2°. rival, envieux; 3°. égal; pareil; 4°. contraire, nuisible.

Æ-MULatio, onis, concurrence; 2°. émulation, imitation; 3°. envie, jalousie; 4°. ardent dans la dispute.

Æ-MULor, -ari, entrer en concurrence, disputer le même prix; 2°. tâcher d'imiter, d'aller de pair ; 3°. porter envie, avoir de la jalousie.

Æ-MULatus, ûs, imitation, concurrence.

3.

O-MILLA, æ, jeu de noix à la fossette.

MAN,

Elévation.

Rien n'est plus frappant que la multitude de mots formés de la syllabe MAN, & qui peignent tous des objets qui semblent n'avoir aucun rapport entr'eux, tels que MAN, le Soleil; MON, la Lune; MAN, avertir, montrer; MAN, voile; MAN, MON, montagne; MAN, habitation; MAN, main; MAN, fortifier; MAN, bon; MAN, eau courante, &c.

C'est qu'ils sont tous liés par l'idée commune d'élévation, tous formés sur l'idée primitive de grandeur, d'excellence, d'admiration qu'offre le son M, le mot MA ou MAN. De-là vinrent diverses Familles :

I. MAN, MON, flambeau, signe : Soleil, Lune, Astres brillans.

II. MON, avertir, faire signe, éclairer par ses avis.

III. MON, digne d'être montré, remarquable.

IV. MON, seul, unité.

V. MAN, parfait en bonté.

VI. MAN, grand, parfait, haut, élevé.

VII. Mæn, fort.
VIII. Men, Mun, fortifier.
IX. Mun, charge.
X. Min, la couleur la plus éclatante.
XI. Men, esprit.
XII. Man, voile, ce qui sert à couvrir, à mettre par-dessus.
XIII. Man, petit.
XIV. Man, la main ; elle porte, montre, & est élevée.
XV. Man, habitation : demeure élevée.
XVI. Man, source assez abondante pour couler, pour surgir.
XVII. Man, homme, être par excellence.

I.

MAN, MON,

Flambeau : Signe.

Dans les anciennes Langues, Man, Mon, désignent le Soleil, la Lune ; (voy. *Hist. du Calend.*) De-là vinrent ces divers mots :

I.

1. Noms des mois.

Manacus - *Circulus*, cercle qui représente la ligne écliptique, divisée en douze parties pour les douze signes, par le moyen duquel on reconnoît l'accroissement des ombres chaque mois.

2. Menæus, *i*, cercle des mois dans un cadran solaire.

Meno-Logium, *ii*, calendrier, almanach.

3. Mensis, *is*, mois, *m. à-m.* révolution de la Lune.

Menstruum, *i*, provision de vivres pour un mois ; 2°. pension pour un mois.

Menstruus, *a*, *um*, d'un mois, de chaque mois, qui arrive tous les mois.

Menstrua, *orum*, voyez *Menses*.

Menstrualis, *m. f. le*, *n. is*, de tous les mois, qui se fait tous les mois.

Mensurnus, *a*, *um*, voyez *Menstruus*.

BINOMES.

Se-Mestris, *tre*, *is*, semestre de six mois, qui a six mois, qui dure six mois ; 2°. de quinze jours, qui a quinze jours, qui dure quinze jours, d'un demi-mois.

Semestris Luna, pleine Lune, la Lune au milieu de son cours.

Se-Mestrium, *ii*, semestre, l'espace de six mois.

Tri-Mestris, *m. f. tre*, *n. is*, de trois mois, qui a trois mois, qui vient en trois mois.

Inter-Menstruus, *a*, *um*, tems pendant lequel la Lune ne paroît point.

DÉRIVÉS Grecs-Latins.

Epi-Menia, *orum*, présens qu'on se fait à chaque nouvelle Lune.

Sym-Moniacum, *i*, &

Sym-Monium, *ii*, trèfle asphaltique, sorte de plante.

Menas, *adis*, Ménade, Prêtresse de Bacchus, primitivement du Soleil dont *Bacchus* fut un surnom.

Mænades, *dum*, les Ménades, sortes de Bacchantes.

2.

Nom de Diane ou de la Lune.

En Grec.

MUNICH*ia*, *æ*, surnom de Diane; de MƆN, flambeau, & NYC, la nuit; 2°. le Port d'Athènes consacré à Diane.

MUNYCH*ia*, *orum*, fêtes à Athènes, en l'honneur de Pallas ou de Diane.

MUNYCH*ion*, *ii*, dixième mois des Athéniens, qui a du rapport à notre mois de Mars, ainsi nommé des sacrifices qui s'y faisoient à Diane.

En Latin.

MIN-ERV*a*, *æ*, Minerve, Pallas, Déesse de la Sagesse, des Sciences & de la Guerre; 2°. sagesse, science, doctrine, métier, art, savoir-faire.

De MƆN, flambeau, & ERB, la nuit, en Oriental.

Minerva & *Munychia*, sont donc des mots, l'un Oriental, l'autre Grec, qui offrent exactement la même idée.

MIN-ERV*al*, *is*, &
MIN-ERV*ale*, *is*, honoraire, salaire de celui qui enseigne; 2°. présent qu'on fait, repas qu'on donne à celui qui enseigne; 3°. récompense d'un travail d'esprit.

MIN-ERV*ius*, *a*, *um*, d'Athènes.

3.

Nom de la monnoie, parce qu'elle sert de signe pour le Commerce, & qu'elle portoit l'empreinte du Soleil ou de la Lune.

MƆN*eta*, *æ*, monnoie, Hôtel de la monnoie, où l'on bat la monnoie; 2°. pièce de monnoie; 3°. surnom de Junon.

Moneta adulterina, fausse monnoie.

MƆN*etalis*, *m. f. le*, *n. is*, de la monnoie; qui concerne la monnoie.

MƆN*etarius*, *ii*, monnétaire, monnoyeur, faux-monnoyeur.

4.
Métal servant à la Monnoie.

MIN*era*, *æ*, &
MIN*eralia*, *ium*, mine, minieres.

MN*a*, *æ*, poids de cent dragmes Attiques.

5. Disque

Du Grec MÊNISK*os*, lunule, ornement qui a la forme du disque du Soleil, vint:

MEN*isci*, *orum*, ombelles qui se mettent autour de la tête des figures de Saints.

6. Lumiere.

MAN-E, *n. ind.* matinée, matin; mot-à-mot, il est jour, le jour arrive.

MANE-*Diei*, toute la matinée.

MANÈ, *adv.* au matin, du matin.

7. Mettre en lumiere.

MANI-FEST*arius*, *a*, *um*, voy. Ma*nifestus*.

Manifestarius fur, voleur pris sur le fait.

Manifestaria res est, c'est une chose notoire.

MANI-FEST*atio*, *onis*, manifestation, connoissance qu'on donne.

MANI-FESTÈ, *adv.* &
MANI-FESTÒ, *iùs*, *issimè*, *adv.* manifestement, clairement, évidemment, à découvert, en public.

MANI-Festo, as, avi, atum, are, manifester, découvrir, mettre en évidence, faire paroître, rendre évident, clair, manifeste.

MANI-Festus, a, um, part. manifeste, clair, évident, certain, assuré, notoire.

II.

MON, avertir, faire signe, éclairer par ses avis.

MONeo, es, nui, nitum, ere, avertir, donner avis, faire savoir, faire souvenir ; 2°. blâmer, reprendre.

MONui, prét. de Moneo.

MONumentum, i, monument, tout ce qui fait ressouvenir des choses passées ; 2°. sépulchre, tombeau, marque pour faire souvenir.

MONimentum, i, voyez Monumentum.

MONitio, onis, avis, avertissement, remontrance.

MONitor, oris, qui avertit, qui donne avis ou conseil ; Conseiller, Gouverneur, Précepteur ; qui fait souvenir ; 2°. souffleur de théâtre, de chaire.

MONitorius, a, um, qui donne des avertissemens, qui sert à avertir, qui présage, qui pronostique.

MONitum, i,
MONitus, ûs, } avertissement, avis.

MONitus, a, um, part. de Moneo.

COMPOSÉS.

AD-MONeo, es, ui, itum, ere, avertir, faire souvenir ; 2°. sommer, faire commandement de payer ; 3°. reprendre, remontrer, réprimander.

Admonemur multa, on nous donne bien des avis.

AD-MONitio, onis, avertissement, avis, instruction ; 2°. sommation, assignation, commandement de payer, ajournement ; 2°. remontrance, réprimande.

AD-MONitio morbi, pressentiment, avant-coureur de maladie ; 2°. ressentiment, reste de quelqu'incommodité.

AD-MONitor, oris, qui avertit, qui fait souvenir, qui conseille ; 2°. Sergent, Huissier, qui donne assignation.

AD-MONitum, i, &
AD-MONitus, ûs, voyez Ad-Monitio.

AD-MONitus, a, um, part. d'Ad-Moneo, instruit, averti ; 2°. repris ; 3°. assigné.

AD-MONui, prét. d'Ad-Moneo.

COM-MONeo, es, nui, nitum, ere, avertir, remontrer, faire souvenir, faire observer.

COM-MONitio, onis, avertissement, remontrance, avis, exhortation.

COM-MONitus, a, um, averti, part. de Com-Moneo.

E-MONeo, es, nui, nitum, ere, voyez Moneo.

PRÆ-MONeo, es, nui, nitum, nere, avertir auparavant ; 2°. prédire, présager, pronostiquer.

PRÆ-MONitor, oris, qui avertit auparavant ; 2°. qui pronostique.

PRÆ-MONitorius, a, um, qui donne avis par avance, qui avertit auparavant.

PRÆ-MONitum, i, &
PRÆ-MONitus, ûs, avis donné par avance, avertissement reçu auparavant ; 2°. prédiction, présage, pronostic.

PRÆ-MONitus, a, um, part. de Præmoneo, averti auparavant.

PRO-MONeo, es, nui, itum, nere, voyez Præ-Moneo.

SUB-MONeo, es, nui, nitum, nere, avertir secretement, à demi-mot, à mot couvert, sourdement ; faire favoir fous-main, fuggérer, donner à entendre ou à penfer.

BINOMES.

Com-Mone-Facio, *is*, *feci*, *factum*, *cere*, avertir, remontrer, faire fouvenir, remettre dans l'efprit.

Com-Mone-Fio, *is*, *factus fum*, *fieri*, être averti.

III.

MON, joint à ST, être digne d'être montré, remarquable.

Mon-Strabilis, *le*, *is*, remarquable, de remarque, confidérable, de confidération, illuftre, digne d'être connu, qui mérite d'être montré.

Monstratio, *onis*, l'action de montrer, d'enfeigner, d'indiquer, de défigner.

Monstrator, *oris*, qui enfeigne, qui inftruit, qui montre.

Monstratus, *ûs*, voyez *Monstratio*.

Monstratus, *a*, *um*, montré, enfeigné, indiqué, défigné.

Monstro, *as*, *avi*, *atum*, *are*, montrer, faire voir, enfeigner, indiquer, défigner, donner à connoître, expliquer.

Monstrosé, *adv*. monftrueufement, d'une façon monftrueufe.

Monstrosus, *a*, *um*, monftrueux.

Monstrum, *i*, monftre; 2°. prodige; 3°. chofe furprenante, incroyable, prodigieufe, effroyable à voir, indigne à ouir & à faire.

Monstruosus, *a*, *um*, monftrueux, laid à faire peur.

BINOMES.

Monstri-Fer, *a*, *um*, qui produit des monftres; 2°. monftrueux.

Monstri-Ficalis, *m. f. le*, *n. is*, monftrueux, qui paroît un monftre, furprenant, étonnant.

Monstri-Ficè, *adv*. d'une façon monftrueufe.

Monstri-Ficus, *a*, *um*, qui fait des prodiges; 2°. qui fait paroître monftrueux; 3°. furprenant, étonnant, prodigieux.

Monstri-Parus, *a*, *um*, qui enfante des monftres.

COMPOSÉS.

Com-Monstro, *as*, *avi*, *atum*, *are*, montrer, faire voir, découvrir, apprendre ou enfeigner.

Pro-Monstra, *orum*, prodiges.

De-Monstro, *as*, *avi*, *atum*, *are*, démontrer, prouver, faire voir clairement, mettre en évidence, développer, expliquer, expofer nettement; 2°. montrer, marquer, défigner, indiquer; 3°. enfeigner, apprendre.

De-Monstrantia, *æ*, indication, l'action de montrer, d'indiquer.

De-Monstratio, *onis*, démonftration, preuve évidente, raifonnement qui prouve, conviction.

De-Monstrativè, *adv*. d'une maniere démonftrative.

De-Monstrativus, *a*, *um*, démonftratif; qui fait voir évidemment, qui prouve clairement, convainquant.

De-Monstrator, *oris*, qui démontre, qui prouve.

Præ-Monstro, *as*, *avi*, *atum*, *are*, enfeigner, inftruire par avance; 2°. préfager, pronoftiquer, prédire, être un figne.

Præ-Monstrans, *tis*, *omn. gen.* qui

enseigne par avance ; 2°. qui présage, qui pronostique.

PRÆ-MONS*trator*, *oris*, qui donne des instructions sur ce qu'on doit faire.

PRÆ-MONS*tratum*, *i*, Prémontré, Ville de Picardie.

PRÆ-TER-MONS*tro*, *as*, *avi*, *atum*, *are*, montrer comme en passant.

IV.
Famille Greco-Latine.
MON, seul.

1. MON-*as*, *adis*, le nombre un, unité ; 2°. as, au jeu de cartes.

2. MON*achus*, *i*, Moine, Solitaire.

MON-AST*erium*, *ii*, maison de solitaire, maison religieuse, Monastere, Couvent.

MON-AUL*us*, *i*, simple flûte ; d'*Aula*, flûte.

3. MON-ARCH*a*, *æ*, Monarque, Roi.

MON-ARCH*ia*, *æ*, Monarchie, Royauté ; d'*Arch*, Chef.

4. MON-ED*ula*, *æ*, Corneille, ou Choucas, oiseau sujet à dérober, d'*Aeido*, chanter.

5. MON-ENTER*on*, *i*, l'intestin colon.

6. MON-ER*is*, *is*, Galiote ; d'*eris*, rame.

7. MON*ualus*, *i*, étoile luisante dans le cœur du Lion céleste.

8. MONO-CER*os*, *otis*, Licorne ; animal terrestre ; de *cer*, corne.

9. MONO-CHORD*um*, *i*, instrument de musique qui n'a qu'une corde ; trompette marine.

10. MONO-CHROM*ateus*, *a*, *um*, qui n'est que d'une couleur.

MONO-CHROM*atum*, *i*, &
MONO-CHROM*atus*, *i*, ou
MONO-CHROM*um*, *i*, dessin au crayon, lavis à l'encre de la Chine, à la plume ; 2°. grisaille, peinture qui n'est que d'une couleur, camayeu ; de *Chroma*, couleur.

11. MONO-COL*us*, *a*, *um*, qui n'a qu'un membre.

MONO-COL*i*, *orum*, peuples qui couroient sur une seule jambe.

MONO-CUL*um*, *i*, l'intestin cœcum ; de KOL, couper.

12. MONO-GRAMM*us*, *a*, *um*, qui est à simple trait ou d'un seul trait.

Monogramma pictura, chiffre, caractère ou figure où il n'y a que le trait sans ombre.

Monogrammi homines, gens secs & décharnés, squelettes ; de *gramma*, trait.

13. MONO-MACH*ia*, *æ*, duel, combat de seul à seul ; de *mach*, combat.

14. MONO-LOG*ia*, *æ*, monologue, soliloque.

MONO-LOG*ium*, *ii*, discours sur une seule matiere.

16. MONO-POD*ium*, *ii*, table qui n'a qu'un pied, soutenue sur un seul pied, guéridon.

15. MONO-POL*ium*, *ii*, monopole, privilége de vendre seul une chose, moyennant un tribut qu'on paye au Prince ; le lieu ou bureau destiné à vendre une chose qui paye des droits au Prince ; de *poleo*, administrer, régir.

17. MONO-PTER*us*, *a*, *um*, qui n'a qu'une aîle, entouré d'une aîle ; de *pteron*, aîle.

V.
MAN,
Parfait en bonté : apprivoisé.

I.

1. MANus, a, um, en vieux Latin, bon.
2. MANNa, æ, manne, suc doux & mielleux.
3. MAN-SUETus, a, um,
   MAN-SUEs, etis, } doux, traitable, paisible, apprivoisé : de SUETUS, accoutumé, fait à une chose ; & de MAN, bonté.

MAN-SUETudo, inis, douceur.
MAN-SUE-FAcio, -ere, adoucir, appaiser, rendre doux.
MAN-SUE-Fio, -eri ; MAN-SUEsco, -ere, s'adoucir, s'apprivoiser, s'appaiser.
MAN-SUETarius, ii, qui apprivoise.
MAN-SUETè, paisiblement, doucement.
IM-MAN-SUETUS, a, um, intraitable, qu'on ne peut apprivoiser.

2.

MANes, ium, les ames des morts, les ombres ; 2°. supplice, peine.

MANiæ, arum, loups-garoux, bêtes qui effrayent les enfans ; 2°. petites figures humaines faites de pâte, qui représentoient les Marmousets ou Dieux Lares.
MANius, a, um, qui effraye, qui fait peur.
MANia, æ, la Déesse des Lares ou des Marmousets ; 2°. fureur, rage.
MANiaticus, a, um ; MANiosus, a, um, furieux, enragé.

3.

1. IM-MANis, e, qui n'est pas bon, méchant, cruel, farouche, sauvage ; 2°. comme les Géans, disoit-on, dévoroient autrefois les hommes, ce nom a signifié, démesuré, énorme, très-grand.

IM-MANitas, atis, cruauté, méchanceté, barbarie ; 2°. énormité, excès, grandeur énorme.
IM-MANiter ; IM-MANè, inhumainement, barbarement ; 2°. démésurement, énormément.

2. SUM-MANus, i, le cruel, le dévoreur, le Dieu Pluton, mot-à-mot, le chef des mânes, des ombres.
SUM-MANo, -are, dévorer, engloutir, consumer.
SUM-MANale, is, sorte de gâteau en forme de roue, offert en sacrifice à Pluton.

VI.
MAN,
Grand.

Du primitif MAN, grand, nasalé en MAN, MON, MUN, dérivérent ces diverses Familles Latines.

1.

MUNDUS, i, Monde, Univers.
MUNDanus, a, um, qui est du monde, habitant du monde ; 2°. mondain, vain.
MUNDialis, m. f. le, n. is, voyez Mundanus.
MUNDi-TENens, tis, omn. gen. qui tient le monde en sa puissance.
INTER-MUNDium, ii, l'espace qui est entre les divers mondes.

2.

MONs, tis, mont, montagne ; 2°. monceau, grand amas.
MONTanus, a, um, de montagne ; 2°. montagnard, qui habite sur les montagnes ; 3°. montueux, plein de montagnes.
MONTosus, a, um ; MONTuosus, a, um, montueux ; 2°. plein de montagnes.

BINOMES.

1. MONTi-COLa, æ, qui habite les montagnes,

montagnes, montagnard.

2. Monti-Vagus, a, um, qui erre sur les montagnes.

3. Pro-Montorium, ii, Promontoire, terre qui avance en mer, pointe.

Promontorium flectere, doubler un cap ou le cap.

4. Septi-Montium, ii, jour de fête que les Romains célébroient tous les ans, après qu'ils eurent renfermé dans la ville la septiéme montagne.

Septi-Montiale sacrum, sacrifice ou solemnité qu'on faisoit au jour appellé *Septi-montium*.

Trans-Montanus, a, um, ultramontain, qui est au-delà des monts.

3.

De Man, élevé, parfait, bon, se forma le Celte :

MEN, agréable.

Or. מען, Nhœm.

A-Mœnus, a, um, agréable, beau, charmant, délicieux, divertissant : comp. *Amænior*, superl. *Amænissimus*.

A-Mœnitas, atis, beauté, agrément, plaisir, charme, douceur, délices.

A-Mœniter, adv. délicieusement, joliment ; voyez *Amœné*.

A-Mœno, as, avi, atum, are, ajuster, orner, enjoliver ; 2°. rendre agréable, divertissant, charmant.

In-a-Mœnus, a, um, qui est sans agrément, désagréable, qui n'a rien d'agréable.

A-Mœné, adv. agréablement, d'une maniere charmante, à plaisir.

Amœbæum, suppléez *Carmen*, Poëme Amébée, où deux Bergers récitent alternativement le même nombre de vers.

4

MO-MEN.

De Man, grand, considérable, vint le Latin :

Mo-Men, inis, } importance,
Mo-Mentum, i, } poids, force, utilité.

Mo-Mentosus, a, um, considérable, important.

Mo-Mento, dans le tems nécessaire pour une pesée ; de-là :

Mo-Mentum, i, une légere dose, un peu, en parlant de choses qui se pesent ; & 2°. en parlant de tems, un instant, un moment.

Mo-Mentaneus, a, um, qui ne dure qu'un instant, momentané.

5.

Mineo, -ui, s'élever, paroître en dehors.

Composés.

E-Mineo, es, ui, ere, avancer, paroître au-dessus, surpasser.

E-Minentia, æ, hauteur, saillie, rehaussement, excellence.

E-Minens, tis, & E-Minulus, a, um, qui avance en dehors, qui déborde, qui s'éléve.

Im-Mineo, -ere, menacer, être prêt à tomber dessus, approcher, épier le moment, être prêt à tomber, menacer ruine.

Im-Min:ntia, æ, penchant, menace.

Præ-E-Mineo, & Præ-Mineo, être au-dessus, avoir la prééminence.

Pro-Mineo, s'avancer, s'élever au-dessus.

Pro-Minentia, æ, saillie, avance.
Pro-Minulus, a, um, qui avance un peu en dehors.
Super-E-Mineo, -ere, surpasser.
Super-Im-Mineo, -ere, être prêt à tomber dessus.

6.

COM-MENDo, élever.

Com-Mendo, as, avi, atum, are, recommander, prier d'avoir soin, mettre sous la protection, confier; 2°. louer, faire l'éloge, rendre célèbre, recommandable; 3°. vanter le mérite.

Com-Mendabilis, m. f. le, n. is, louable, recommandable, digne d'estime, d'approbation, de louange, de recommandation; estimable.

Com-Mendatio, onis, recommandation, ou approbation, estime, louange, éloge, gloire, grandeur, éclat.

Com-Mendator, oris, &

Com-Mendatrix, icis, qui recommande, &c.

Com-Mendatus, a, um; -ior; -issimus, recommandé, loué, &c. Voyez Commendo.

Com-Mendatitius, a, um, qui recommande, de recommandation.

In-Com-Mendatus, a, um, qui est exposé aux insultes de tout le monde, que personne ne défend.

VII.

MAN, Fort.

De Man, Men, Min, grand, fort, dérivèrent ces Familles:

1.

Menta, æ, Mente, herbe dont l'odeur est forte & agréable.

Mentha, æ, voyez menta.

Mentastrum, i, mente sauvage, herbe.
Menthestrum, i, voyez mentastrum.

2.

Mentum, i, menton; 2°. larmier d'une corniche.

Mentum coronæ, petit rebord qui pend au larmier des corniches.

Mentigo, inis, espèce de dartre qui vient aux lèvres des chevaux & des agneaux, lorsqu'ils mangent des herbes couvertes de rosée.

Mentagra, æ, feu volage qui vient au visage, sorte de dartre qui commence au menton.

Sub-Mentum, i, le dessous du menton.

3.

Mantissa, æ, par-dessus, augmentation, surcroît qu'on donne par-dessus le poids & la mesure, trait, comble.

4.

MAN, broyer, briser les alimens.

1.

Mando, is, di, sum, dere, manger, mâcher.

Mandere frena, mâcher ou ronger son frein.

Mando, onis, grand mangeur.
Mandibula, æ, mâchoire.

2.

Manducatio, onis, manducation, l'action de manger.

Man Duces, is, voyez manducus.
Mand..co, onis, voyez mando.
Manduco, as, are, &
Manducor, aris, atus sum, ari, manger.
Man-Ducum, i, mets, chose à manger.
Man-Ducus, i, épouvantail, figure dont

on se servoit aux Comédies ; 2°. la bête par qui on fait-appréhender aux petits enfans d'être mangés.

3.

MANsum, i, morceau mâché, qu'on donne à manger à un autre.

MANsus, a, um, mâché, *part*.

COMPOSÉS.

Com-Mando, is, di, sum, ere, manger, dévorer.

Com-Man-ducatus, us, mastication.

Com-Man ducatus, a, um, *part*. de

Com-Man-duco, as, avi, atum, are, mâcher long-tems, garder dans sa bouche, comme on fait du tabac.

Præ-Mando, is, ere, mâcher auparavant.

Præ-Mansus, a, um, mâché auparavant.

Re-Mando, is, di, sum, dere, &

Super-Mando, is, di, sum, dere, manger après ou par-dessus.

VIII.
MŒN, MUN, fortifier.

I.

Mœne, is, muraille de ville.

Mœnia, ium, murailles, remparts.

Mœniana ædificia, orum, maisons dont le premier étage avance sur la rue, & occupe plus d'espace que n'en renferment les fondemens. (*Invention de mœnius*) ; 2°. balcons, galeries autour d'un bâtiment.

Mœnitus, a, um, fortifié, entouré de fortifications.

Munio, is, ivi, itum, ire, munir, fortifier, remparer, garnir de tout ce qui est nécessaire pour la conservation & pour la défense.

Munimen, inis, &

Munimentum, i, fortification, rempart, tout ce qui sert de défense, boulevard, retranchement.

Munitio, onis, fortification, rempart, retranchement, tout ce qui sert de défense, l'action de fortifier.

Munitiuncula, æ, petite fortification, *dimin*. de *munitio*.

Munito, as, avi, atum, are, avoir envie de fortifier ; 2°. manger aux festins des fêtes de Cérès.

Munitor, oris, qui travaille aux fortifications.

Munitorium, ii, fort, forteresse, fortin.

Munitus, a, um ; ior ; issimus, fortifié, muni, retranché, mis en état de défense, remparé.

COMPOSÉS.

Sum-Mœnium, ii, lieu près des remparts d'une ville ; de *sub*, sous.

Sum-Mœnianus, a, um, qui demeure ou qui se tient près des remparts, qui court le rempart.

Sum-Mœnianæ uxores, coureuses de remparts.

Ad-Mœnio, is, ivi, itum, ire, assiéger, escalader, passer par-dessus les murs.

Circum-Mœnitus, a, um, entouré de remparts, enclos de murailles.

Circum-Munio, is, ivi, itum, ire, fortifier à l'entour, munir, enclorre de retranchemens, environner de fortifications.

Circum-Munitio, onis, tous les dehors d'une place, tous les ouvrages qui servent à la fortifier, ou lignes, circonvallation, retranchement, palissade, parapet, & tous les ouvrages qui se font pour se mettre à couvert d'insulte.

Circum-Munitus, a, um, participe de *Circum-munio*, environné de fortifications, fortifié tout autour.

COM-MUNio, is, ivi, itum, ire, fortifier, munir.

COM-MUNitio, onis, fortification; 2°. apprêt, précaution, préparation.

E-MUNio, is, ivi, itum, ire, fortifier, remparer, munir, enclorre.

PER-MUNio, is, ivi, itum, ire, fortifier entierement, achever de fortifier.

PER-MUNitus, a, um, tout-à-fait fortifié, achevé de fortifier, très-fortifié.

PRÆ-MUNio, is, ivi, itum, ire, munir, fortifier par avance; 2°. faire en sorte, apporter tous ses soins.

PRÆ-MUNitio, onis, préparation.

RE-MUNio, is, ivi, itum, ire, fortifier de nouveau.

2}

A-MEN, אמן, amen; en Hébr. certainement, en vérité, chose sure.

IX.
MUN, Charge.

MUNus, eris, présent, don; 2°. magistrature, charge, office, emploi, fonction, devoir, tâche; 3°. spectacle qu'on donne.

MUNis, e, is, obligeant, officieux.

MUNia, orum, charge, emploi, fonction, office, devoir.

MUNia vitæ, devoirs de la vie. — Regis obire, remplir les fonctions de la Royauté.

MUNusculum, i, petit don, présent médiocre.

MUNerabundus, a, um, qui a l'air d'une personne qui fait des présens.

MUNeralis, m. f. le, n. is, qui concerne les présens.

MUNeralis lex, loi qui défendoit aux Avocats de prendre aucune chose pour plaider.

MUNerarius, ii, celui qui donnoit au peuple le spectacle des gladiateurs; 2°. des combats de bêtes farouches; 3°. celui qui fait voir les bêtes farouches pour de l'argent.

MUNerarius, a, um, qui fait des présens, libéral.

MUNeratio, onis, l'action de récompenser.

MUNerator, oris, qui fait des présens, qui récompense.

MUNeri-GERulus, a, um, qui porte des présens.

MUNero, as, avi, atum, are, &

MUNeror, aris, atus sum, ari, faire présent, ou récompenser.

COMPOSÉS.

RE-MUNeratio, onis, reconnoissance d'un bienfait.

RE-MUNerator, oris, qui reconnoît un bienfait, qui le récompense.

RE-MUNeratus, a, um, participe de

RE-MUNero, as, avi, atum, are, &

RE-MUNeror, aris, atus sum, ari, reconnoître un bienfait, récompenser un service.

IR-RE-MUNerabilis, m. f. le, n. is, qu'on ne veut pas récompenser, qui est au-delà de toute récompense.

BINOMES.

MUNI-cipium, ii, ville municipale, qui se gouvernoit selon ses loix & ses coutumes, & qui jouissoit du droit de Bourgeoisie Romaine.

MUNI-ceps, cipis, m. f. Bourgeois d'une Ville municipale, qui avoit droit de Bourgeoisie Romaine.

MUNI-ceps meus, mon concitoyen.

MUNI-CIPatim, adv. de Ville en Ville, à chaque Bourg ou Village.

Muni-cipalis, m. f. le, n. is, municipal, qui est d'une Ville ou qui concerne une Ville municipale; 2°. provincial.

Muni-cipaliter, adv. parmi les Bourgeois, entre les Bourgeois, d'une maniere bourgeoise.

Munio, onis, sorte de poësie.

NÉGATIFS.

Im-Munitas, atis, immunité, exemption.

Im-Munitus, a, um, qui n'est point muni ou fortifié, qui est sans défense, sans retranchemens.

Im-Munis, m. f. ne, n. is, exempt, franc, libre; 2°. oisif, qui ne fait rien; 3°. exempt d'impôts, de charges publiques.

[Im-Muni-Ficus, a, um, qui n'est pas libre.

2.

Com-Munis, e, is, commun, qui appartient à plusieurs, qui est autant à l'un qu'à l'autre, qui est à tous; 2°. ordinaire, vulgaire, trivial; 3°. immonde, impur; 4°. qui n'a été pris de personne.

Com-Munitas, atis, communauté, compagnie, liaison, union, société; 2°. droit ou justice entre Négocians & Correspondans.

Com-Munio, onis, association, liaison, union, société, communication, communauté, compagnie, participation mutuelle.

Com-Munitùs, adv. en commun, ensemble; 2°. en général, communément, ordinairement, pour l'ordinaire; 3°. également, autant l'un que l'autre; 4°. d'un commun accord, d'un consentement général, tout d'une voix, unanimement.

Com-Muniter, adv. voyez Communitùs.

Com-Mune, is, communauté, commune, Corps de Ville ou de Peuple.

Com-Municarius, a, um, voyez Communis.

Com-Municarius dies, jour auquel on sacrifioit à tous les Dieux.

Com-Municatio, onis, communication, conférence, consultation, participation, concession.

Com-Municatio civitatis, lettres ou concession de droit de bourgeoisie.

Com-Municator, oris, qui communique.

Com-Municatus, a, um, part. de

Com-Munico, as, avi, atum, are, communiquer, faire part, rendre participant, partager avec; 2°. traiter, parler d'affaires, s'entretenir, avoir commerce avec; 3°. rendre commun.

In-com-Munò, en commun.

NÉGATIFS.

1. In-com-Mun is, e, qui n'est point commun.

2. Ex-Com-Municatio, onis, excommunication.

Ex-Com-Municatus, a, um, part de

Ex-Com-Munico, as, are, excommunier, anathématiser.

X.

MIN, couleur la plus élevée; rouge; sang.

En Celte, Min, signifie feu, sang, rouge.

Minium, ii, Minium, vermillon, cinabre naturel.

En Grec, Miltos.

Minio, as, avi, atum, are, peindre avec du minium, rougir avec du vermillon.

Miniaceus, a, um, de minium, de vermillon.

Miniaria, æ, mine de vermillon, lieu d'où l'on tire le minium.

Miniarius, a, um, de vermillon, de minium.

Miniatulus, a, um, &

Miniatus, a, um, peint de vermillon, qui a mis du rouge.

Sub-Minia, æ, sorte d'habillement de serge rouge.

XI.
MENS, esprit.

De MAN, MEN, élevé, se formerent ces Familles:

1.

MENS, tis, ame, esprit, intelligence, entendement, sens; 2°. dessein, intention, pensée, sentiment, volonté, vouloir; 3°. mémoire, souvenir; 4°. inclination, penchant, mot-à-mot, ce qu'il y a de plus élevé dans l'homme.

NÉGATIFS.

1. A-MENS, entis, fou, insensé qui a perdu la raison ou le bon sens; 2°. troublé, égaré, étonné, interdit, tout hors de soi, qui ne se possède pas.

A-MENTia, æ, folie; égarement, aliénation d'esprit, manie; 2°. trouble, étonnement, surprise accablante, qui met hors de soi, fureur.

A-MENTer, adv. follement, d'une maniere insensée, extravagante; compar. Amentiùs, superl. Amentissimè.

2. DE-MENS, tis, tior, tissimus, insensé fou, furieux, qui est hors de sens, qui a peu d'esprit, extravagant.

DE-MENTia, æ, démence, folie, sottise, extravagance, inconsidération, égarement, imprudence.

DE-MENTio, is, ivi & tii, itum, ire, être en démence, hors de son bon sens, extravaguer, radoter.

DE-MENTo, as, avi, atum, are, faire perdre l'esprit, mettre en démence; 2°. faire devenir fou, abrutir, ensorceler.

DE-MENTer, adv. follement, sottement, étourdiment, sans raison, d'une maniere extravagante.

2.

MNE-MOSYNE, Mere des Muses, MNEMOSYNE.

C'est un mot Grec, plus connu par sa singularité que par son origine: il est formé du Grec MNEMÊ, mémoire, mot-à-mot, ce qui est dans l'esprit, & de SYN, avec; mot-à-mot, le moyen avec lequel une chose, un fait se transmet au souvenir, à la mémoire.

MNE-MOSYNum, i, gage d'amitié, marque de souvenir, un ressouvenir.

MNE-MONica, orum, règles pour former la mémoire artificielle.

HYPO-MNEMa, atis, Commentaire, Glose, interprétation.

3.

MEMINens, tis, qui se souvient, qui s'est souvenu.

MEMINI, nisti, nit, nisse, se souvenir, se ressouvenir, conserver la mémoire, faire mention.

MENTio, onis, mention, mémoire.

COMPOSÉS.

COM-MEMINi, nisse, il me souvient, j'ai souvenance, se ressouvenir.

COM-MINiscor, eris, mensus sum, nisci,

inventer, imaginer, trouver, feindre, controuver; 2°. penser, méditer, considérer, réfléchir, faire attention, réflexion; 3°. se remettre, se ressouvenir, rappeller dans sa mémoire, repasser dans son idée, se représenter.

COM-MENTUS, a, um, part. passif de
COM-MINIscor, imaginé, inventé, controuvé; part. act. qui a imaginé, inventé, controuvé, forgé, supposé, feint.

COM-MENTatio, onis, méditation, réflexion, considération, application d'esprit, contemplation; pensée; 2°. description, relation, mémoire, commentaire.

COM-MENTator, oris, discoureur, conteur, hâbleur.

COM-MENTatus, a, um, étudié, médité, &c. Voyez Commentor.

COM-MENTor, aris, atus sum, ari, méditer, penser, faire attention, réflexion; considérer, délibérer, réfléchir, attacher sa pensée, s'appliquer; 2°. traiter, agiter, composer, étudier, polir, repasser, gloser, expliquer, faire des commentaires sur, commenter, &c.

COM-MENTarium, ii, &
COM-MENTarius, ii, mémoire, registre, papier journal; 2°. archives, actes publics; 3°. instruction, ou commentaire, histoire, relation, journal; 4°. glose, interprétation, explication, ouvrages d'un Auteur.

COM-MENTariolum, i, dimin.

COM-MENTariensis, is, Caporal; Officier qui tenoit le rôle de ceux qui avoient été ou qui devoient aller en faction; 2°. Notaire, Greffier Géolier.

RE-MINIscendus, a, um, dont il faut se souvenir.

RE-MINIscentia, æ, réminiscence, ressouvenir; voyez Recordatio.

RE-MINIscor, eris, sci, se ressouvenir, rappeller dans sa mémoire, se remettre dans l'idée.

RE-MINIsci alicujus, se souvenir de quelqu'un.

RE-COM-MINIscor, eris, sci, se ressouvenir, se remettre dans l'esprit, rappeller dans sa mémoire, reprendre l'idée.

XII.
MAN,

voile; *Orig. Franç.* 691.

De MAN, voile, couverture, sont venus ces mots:

1.

MAN-TELum, i,
MAN-TELLum, i, } voile, couverture; 2°. manteau, capotte.

MENDicum, i, petit voile.
MENDicula, æ, mandille.

2.

De MAN, caché, & de TI, jour, vint, MAN-TIa, divination, *mot-à-mot*, art de mettre au jour les choses cachées.

MANTes, æ, Devin.
MANTeum, i, maison des Devins, lieu où l'on devine.
MANTia, æ, art de la divination.
MANTice, es, art de deviner, divination.
MANTiscinor, aris, ari, deviner.
AXINO-MANTia, æ, divination par la hache: du Grec AXINÊ, hache.
ERI-MANThus, i, Devin.

3.

MENINGes, um, meninges, les deux membranes qui enveloppent le cerveau; en Grec, Ménigges.

4.

MANDRa, æ, étable, lieu où l'on renferme le bétail ; 2°. quarré d'échiquier ou de damier ; 3°. caverne, antre, repaire, tanicre, retraite de bêtes sauvages, creux de rocher où se retire un Solitaire ; 4°. troupe de bêtes de charge ; 5°. chariot, voiture à porter de grands fardeaux, comme des blocs de marbre, &c.

MANDrita, æ, Hermite, Solitaire, Moine.

5.

MANTica, æ, malle, valise, sac, bourse ; 2°. besace, bissac.

MANTicula, æ, petit sac, gibeciere, bourse.

MANTicularia, orum ou ium, choses qu'on a à toute heure sous les mains, dont on se sert à chaque moment.

MANTicularius, ii, filou coupeur de bourses.

MANTiculor, filouté, à qui l'on a coupé la bourse ; 2°. dupé, fourbé.

MANTiculatus, a, um, part. de

MANTiculor, aris, atus sum, ari, filouter, couper des bourses ; 2°. duper, fourber.

MANTI-cinor, ari, filouter, dérober adroitement.

6.

MEND, mettre un voile sur la vérité, mentir.

1.

MENDax, acis, menteur, qui dit des mensonges, qui ment, qui fait des menteries ; 2°. Faux, plein de mensonges ; 3°. hableur, trompeur, qui en fait accroire.

MENDaciter, adv. faussement, en mentant.

MENDacium, ii, mensonge, menterie, fausseté, parole trompeuse, discours imposteur, déguisement.

MENDacio staturam adjuvare, paroître de plus grande taille par artifice, déguiser sa taille.

MENDaciunculum, i, petit mensonge.

MENDaci-Loquus, a, um, qui ne fait que mentir.

2.

MENTitio, onis, mensonge, menterie.

MENTiturus, a, um, qui mentira.

MENTitus, a, um, part. qui a menti, & pass. feint, déguisé, faux, forgé, contrefait.

MENTior, iris, itus sum, iri, mentir, dire un mensonge, dire une menterie ; 2°. contrefaire, faire semblant, feindre, dissimuler, déguiser ; 3°. avoir du rapport, ressembler.

COMPOSÉS.

COM-MENTum, i, fiction, fausseté, feinte, invention d'esprit, mensonge, (bourde,) artifice, chose controuvée, conte fait à plaisir, fable, imagination ; 2°. roman, historiette.

COM-MENTior, iri, feindre, inventer des faussetés, controuver.

COM-MENTitius, a, um, controuvé, faux, feint, inventé à plaisir, simulé, imaginaire.

COM-MENTor, oris, inventeur, qui invente, Auteur.

E-MENTior, iris, titus sum, iri, feindre, inventer, controuver, imaginer faussement ; 2°. déguiser, dissimuler, faire accroire.

E-MENTitus, a, um, part. d'E-Mentior.

E-MENTita auspicia, faux présages.

E-MENTité, adv. en déguisant, en feignant,

en diffimulant, en controuvant, en alléguant le faux.

7.

De MAN, voile, couvrir, (*Orig. Fr.* 692,) vint également cette Famille :

MENDA, æ, faute d'écriture ou d'impreffion ; 2°. défaut, difformité, imperfection.

MENDosé, adv. mal, fauffement, avec bien des fautes, fans correction, d'une maniere peu correcte, défectueuse, &c.

MENDofus, a, um, plein de fautes, fans correction ; 2°. vicieux, corrompu ; 3°. fautif ou plein de défauts, difforme.

MENDum, i, faute d'écriture ou d'impreffion, erreur, tache, défectuofité, défaut : voyez *Menda*.

COMPOSÉS.

E-MENDatio, onis, correction, amendement, réforme.

E-MENDator, oris, &

E-MENDatrix, icis, correcteur, correctrice, réformateur, qui corrige.

E-MENDO, as, avi, atum, are, corriger, réformer, régler, revoir, retoucher, ôter les défauts, rendre correct ou régulier.

E-MENDaté, adv. correctement, fans faute, jufte, poliment, purement.

E-MENDabilis, m. f. le, n. is, réparable, qu'on peut réparer, corriger.

IN E-MENDabilis, m. f. le, n. is, incorrigible, qu'on ne peut rectifier ; 2°. dont on ne peut fe corriger.

XIII.

MAN, petit.

1.

Les Latins ont changé ce mot primitif en MIN : de-là le Verbe Latin,

1. MINORO, -are, } rendre petit,
MINUO, -ere, } amenuifer, appetiffer ; 2°. décroître.

MINUS, moins.

MINUTio, onis, diminution ; on dit auffi MINORatio, onis,

MINUTUS, MINUTulus ; MINUfculus, a, um, menu, petit, affoibli, un peu plus petit.

MINUtim & MINUté ; MINUTatim, d'une maniere petite, mefquine, peu-à-peu, bien menu.

MINUTia, æ, & MINUties, ei, petit morceau, fraction.

MINUtal, is, capilotade, hachis, ragoût de viande hachée ou coupée par petits morceaux.

MINUTIloquium, difcours fuccinct.

MINor, plus petit, mineur : MINores, les defcendans.

MINimus, a, um ; MINerrimus, a, um, très-petit, le moindre.

MINimum, i, la moindre partie.

MINimùm, du moins, au moins.

MINimé, nullement, en aucune maniere.

MINA, æ, une des deux mamelles qui eft fans lait ; on fous-entend *Mamma*, c'eft-à-dire la petite mamelle, parce que celle où il n'y a point de lait eft la plus petite.

MINA ovis, brebis au ventre pelé, mot-à-mot, chétive brebis.

2. MÆNA, æ, anchois, petit poiffon de mer.

3. SEMI-MINIma, æ, double ou triple croche, en mufique.

COMPOSÉS.

COM-MINUO, -ere, diminuer, mettre en piéces.

DE-MINoratio & DI-MINUTIO, amoindriffement, dégradation, décroiffement.

De-Minuo & Di-Minuo, amoindrir, briser, déchoir, ôter.

Di-Minuo, is, nui, nutum, ere, diminuer, dégrader, ôter, retrancher, amoindrir ; 2°. casser, rompre, briser ; 3°. déchoir, rabaisser, dégrader.

Di-Minutio, onis, diminution, amoindrissement, retranchement, décroissement, dégradation ; 2°. aliénation.

Di-Minutivé, en diminuant, en diminution.

Di-Minutivus, a, um, diminutif.

Di-Minutus, a, um, amoindri ; déchu.

Im-Minuo, -ere, retrancher, diminuer, altérer.

Im-Minutio, onis, amoindrissement, retranchement.

Per-Minuo, amoindrir, diminuer.

Per-Minutus, très-menu, très-petit.

2.

MIN, chanter à voix basse.

Les Grecs disent Minuos, petit ; Minurizo, crier à voix basse, ou élever un petit cri ou chant ; Minuros, petit : les Latins disent :

Minurio, -ire, chanter à voix basse comme les petits oiseaux, gazouiller.

Minuritio, onis chant, gazouillement des petits oiseaux, cris des petits animaux en général.

Minarrio, roucouler comme les pigeons.

Mintro, -are, & Mintrio, -ire, crier comme une souris. Ces derniers peuvent être regardés comme des onomatopées.

3.

MANC, MANG, défaut, privation.

De-là Mangel, défaut, en Allemand.

Mancus, a, um, qui est défectueux, imparfait ; 2°. manchot, qui a perdu une main. Ce mot tient au François, Manque.

E-Manco, -are, estropier, rendre manchot.

XIV.

I. MAN, la main.

Du Celte Man, la main, vinrent nombre de Familles Latines.

1.

Manus, ûs, main ; 2°. écriture ; 3°. troupe, poignée ; 4°. pouvoir.

Manuda, æ, petite main.

Manualis, e, de la main, qu'on peut tenir à la main.

Manuarius, a, um, de la main, fait à la main.

Manico, -are, tenir par la main.

Manica, æ, ce qui garnit la main ; manche, mitaine.

Manicæ, arum, menottes, gantelets.

Manicatus ; Maniclatus, qui a des manches.

Manicula, æ, petit manche de la charrue.

2.

Manciolæ, arum, petites mains, menottes.

Manulea, æ, manche.

Manuleatus, i, qui a des manches ; 2°. qui se choie.

Manulearius, ii, Tailleur d'habits.

BINOMES.

Man-Ceps, ipis, 1°. qui prend avec la main ; 2°. Geolier ; 3°. Intendant ; 4°. partisan, Fermier général ; 5°. enchérisseur : de Cap, prendre.

Man-Cipatio, onis ; Mancipatus, ûs, aliénation de fonds.
Mancipatus, a, um, aliéné, asservi.
Mancipi, où l'on a le droit de propriété.
Mancipium, droit de propriété, esclave pris à la main, c'est à dire, fait prisonnier à la guerre, & réduit à l'esclavage, servitude ; 2°. effet mobilier.
Man-Cipo, as, ari, atum, are, aliéner.

COMPOSÉS.

E-Man-Cipo, -are, mettre hors de tutelle, émanciper ; 2°. réduire sous l'autorité, asservir.
E-Mancipatio, onis, émancipation.
Re-Man-Cipatus, a, um, part. de
Re-Man-Cipo, as, are, aliéner ; 2°. asservir de nouveau.

3.

A-Manuensis, is, secrétaire, écrivain, copiste.

ADVERBES.

Co-Minùs, de près, à bout portant ; 2°. incontinent, sur le champ, mot-à-mot, ce qu'on tient *avec la main*.
E-Minùs, de loin, mot-à-mot, ce qui est *loin de la main*.
Ici Minus pour Manus.

BINOMES en MANu.

1. Man-Stutor, protecteur, appui, qui soutient de la main, qui protége : de Manus & de Tutor, garder.
2. Manu-Pretium, ii, la façon qu'on paye, le prix d'un ouvrage.
3. Manu-Mitto, -ere, mettre en liberté.

Manu-Missus, affranchi, mis en liberté.
Manu-Missio, onis, affranchissement.
Manu-Factus, fait de la main, artificiel.
4. Manu-Balista, æ, arbalête.
5. Manu-Biæ, arum, dépouilles des ennemis, coups de foudre.
Manubialis, e, qui concerne les prises faites sur les ennemis.
Manubiarius, qui a part au butin.
6. Manubrium, ii, manche.
Manubriolum, i, petit manche.
Manuciolum, i, poignée, tas.
7. Man-Tile, is, essuiemain : de Tela, toile.

BINOMES en MANI.

1. Mani-Bula, æ, manivelle, travers du manche d'une charrue.
2. Mani-Ficus, fait de main.
3. Mani-Pulus, i, } poignée, fagot, gerbe, escouade, troupe.
   Mani-Plus, i, }
Mani-Plaris,
Mani-Pularis, } de la bande, de la troupe, simple soldat.
Mani-Pularius,
Mani-Pulatim, par poignées, par pelotons.

COMPOSÉS.

Com-Manipularis, is, Soldat de même compagnie, de même régiment, brigade ou chambrée ; camarade.
Com-Manipulatio, onis, même compagnie, société, troupe, assemblée, brigade.
Com-Manipulo, onis, voyez Commanipularis.

I I. MIN, conduire, mener.
1. Mino, -are, conduire à la main ; mener.

Com-Mino,-are, faire aller, mener, pousser devant.
Pro-Mino,-are, conduire, mener.

BINOMES.

Mini-ster, i, manœuvre, qui se tient debout, prêt à la main pour servir, serviteur, Ministre : de Man, la main, & de Sto, être debout.

Minister, a, um, qui sert à faire, l'instrument.

Ministra, æ, servante, fille de chambre.

Ministerium, ii, office, service, domestique, travail, emploi.

Ministro, are, manœuvrer, servir, fournir.

Minis-trator & Ministratrix, celui, celle qui sert.

Ministratorius, avec quoi l'on sert.

COMPOSÉS.

Ad-Manum, tout prêt, à la main.

Ad-Ministro,-are, avoir soin de quelque chose, ou conduire à la main; 2°. bailler, remettre de main à main.

Ad-Minister, i ; Ad-Ministra, æ, celui ou celle qui sert à quelqu'emploi, Officier, gouvernante.

Ad Ministratio, onis, Maniement, régie, gouvernement.

Ad-Ministrativus, ivi, qui concerne le Manége ou maniement des affaires.

Ad-Ministrator, Gouverneur, Officier; celui qui sert.

Com-Ministro,-are, aider, servir conjointement.

Præ-Minister, i ; Maître-d'hôtel, Valet-de-chambre.

Præ-Ministra, æ, Suivante, Femme-de-Chambre.

Præ-Ministro,-are, servir sur table, être attaché au service personnel de quelqu'un.

Sub-Ministro,-are, fournir, suppléer.

Sub-Ministratus, ûs ; Sub-Ministratio, onis, fourniture, assistance, service, l'action de fournir.

Sub-Ministrator, is, qui fournit, qui supplée.

III. MAN, signe de la main.
MENACES.

Minatio, onis ;-Naciæ, arum, Mina, æ, Minæ, arum, menaces.

Mino,-are ; Minito,-are, Minor,-ari, Minitor,-ari, menacer, promettre du mal ; 2°. s'élever, être élevé.

Minax, cis, menaçant, élevé : on dit aussi Minitabundus.

Minanter & Minaciter ; Minitabiliter, en menaçant.

COMPOSÉS.

Com-Minor,-ari, menacer fortement.

Com-Minatio, onis, bravade, menace.

E-Minor, & E-Minitor,-ari, menacer.

E-Minatio, onis, menace.

Inter-Mino,-are ; Inter-Minor,-ari, menacer, défendre en menaçant.

Inter-Minus & Inter-Minatus, menacé, ayant menacé.

IV. MAN-Do, donner pouvoir.

Mando, as, avi, atum, are, commander, donner ordre, charger, ordonner, donner charge, charger d'une commission ; 2°. envoyer.

Mandare æternitati, éterniser.

--Memoriæ, apprendre par cœur.

--Versibus, mettre ou décrire en vers.

Mandatus, a, um, part. de Mando.

Mandatum litteris publicis, écrit dans les registres publics.

Mandam pour Mandabo.

MANDator, is, qui apoſte un témoin, qui produit un délateur, qui engage à accuſer, inſtigateur; 2°. qui donne ordre, qui fait agir; 3°. celui qui au nom de l'Empereur faiſoit ceſſer le bruit dans le cirque ; 4°. qui annonce.
MANDatum, i, &
MANDatus, ûs, mandement, ordre, commandement, commiſſion, charge.

COMPOSÉS.

A-MANDatio, onis, éloignement, exil, rélégation, envoi en quelque lieu.
A-MANdo, as, avi, atum, are, éloigner, exiler, reléguer, bannir, chaſſer, envoyer en quelqu'endroit.
DE-MANDo, as, avi, atum, are, donner ordre, charge, commiſſion; charger, commettre, ordonner, commander, confier.
PRÆ-MANdo, as, avi, atum, are, donner ordre ou mander par avance; 2°. recommander fortement.
RE-MANdo, as, are, remander, mander de nouveau.

V. MEN-DUCo,

Puis MEN-DICo, tendre la main, mendier.

MEN-DICo, as, avi, atum, are, mendier, gueuſer, demander, l'aumône, chercher la charité.
MENDicor, aris, atus, ſum, ari, voyez Mendico.
MENDicula, æ, mandille.
MENDiculus, a, um, de gueux, de mendiant, de gueuſaille.
Exercitus collectus ex ruſticis mendiculis, régiment de gueuſaille ramaſſée à la campagne.
MENDiculus, i, diminutif de Mendicus.
MENDicum, i, petit voile.
MENDicus, i, mendiant, gueux, qui demande l'aumône.
MENDicus, a, um, de gueux, de mendiant ; 2°. foible, inutile, de peu de conſéquence.
MENDicans, tis, mendiant, qui mendie, qui demande l'aumône.
MENDicatio, onis, l'action de gueuſer, de mendier : 2°. le métier de gueux.
MENDicatus, a, um, part. de Mendico.
MENDicè, en mendiant, en gueuſant.
MENDici-Monium, ii, voyez Mendicatio.
MENDicitas, atis, mendicité.
MENDicabulum, i, le poſte où ſe met un gueux pour gueuſer, ſa niche ; 2°. gueux; métier de gueux, gueuſerie, pauvreté qui engage à mendier.
MENDiciter, adv. &
MENDicatus, voyez Mendicè.
E-MENDicatus, a, um, part. de
E-MENDico, as, avi, atum, are, mendier, rechercher par prieres, demander par aumônes.

XV.

MAN, habitation.

De MAN, élevé, vint MAN, habitation, demeure ; les lieux habités ſont toujours élevés : de-là cette Famille Latine.

MANeo, MANſi, ſum, MANere, demeurer, habiter, ſéjourner ; 2°. attendre, perſévérer ; 3°. continuer, durer.
MANſio, onis, demeure, ſéjour; 2°. auberge ; 3°. journée de chemin ; 4°. gîte, couchée.
MANſito, -are, ſéjourner ; 2°. demeurer ſouvent ; 3°. reſter de tems en tems.
MANſura, æ, chaumiere, chaumine.
MANſus, ûs, habitation, manoir.

MANTO, -are, demeurer, attendre, rester.

COMPOSÉS.

E-MANeo-ere, demeurer hors du camp, s'absenter de l'armée sans congé.

E-MANsor, is, fainéant, vagabond, soldat qui après avoir battu la campagne revient au quartier.

INTER-MANeo, -ere, demeurer entre ou au milieu.

OB-MANens, tis, qui dure long-temps.

PER-MANeo, -ere, demeurer, durer ; 2°. persister, persévérer, demeurer ferme.

PER-MANsio, onis, demeure continuelle.

RE-MANeo, -ere, demeurer, persévérer ; 2°. être ferme, constant.

RE-MANsio, onis, demeure, séjour en un lieu.

XVI.

MAN, eau, source assez abondante pour couler, pour surgir.

1.

MANO, -are, couler, découler, distiller, se répandre.

MANatio, onis, écoulement, flux.
MANalis, e, qui coule.
MANabilis, e, qui peut couler.
MANico, -are, couler fréquemment.

COMPOSÉS.

DE-MANO, -are, se répandre goutte à goutte.

DI-MANO, -are, s'épancher de toutes parts.

E-MANO, -are, découler, dégoutter, sortir ; 2°. tirer sa source, son origine, émaner.

E-MANatio, onis, émanation.

PER-MANO, -are,
PER-MANasco, -ere,
PER-MANesco, -ere,
} se répandre parmi, dans, se divulguer.

PER-MANanter, en s'écoulant, en se répandant parmi.

RE MANO, -are, refluer, couler de nouveau.

PRO-MANO, -are, se répandre, couler.

2.

MUND, propre.

De MON, eau, se forma la Famille suivante dont l'origine étoit inconnue.

MUNDus, a, um, net, propre, bien lavé ; 2°. qui a de la propreté ; ajusté.

MUNDatio, onis, purification, nettoyement.

MUNDator, oris &

MUNDatrix, icis, celui ou celle qui nettoye.

MUNDitia, æ, &

MUNDities, ei, netteté, propreté.

Munditias facere, nettoyer, rendre propre.

Munditiæ urbanæ, galanterie, politesse.

MUNDitians, antis, qui rend propre, qui nettoye.

MUNDO, as, avi, atum, are, nettoyer, laver ; purifier, rendre pur.

MUNDule, adv. un peu proprement ; 2°. en affectant la propreté, avec une propreté affectée.

MUNDulus, a, um, qui affecte la propreté ou qui est d'une propreté affectée, d'un ajustement guindé ; 2°. un peu propre.

MUNDandus, a, um, qu'il faut nettoyer.

MUNDina, æ, voyez Mundities.

Munditer, proprement, avec propreté, nettement.
Munde, *adv.* voyez *Munditer.*

COMPOSÉS.

E-Mundo, *as, avi, atum, are,* nettoyer, rendre net.
Im-Munditia, *æ,* &
Im-Mundities, *ei,* mal-propreté ; 2°. ordure, saleté, vilenie.
Im-Mundus, *a, um,* mal-propre, qui n'est point net, vilain, immonde.

XVII.

MAN joint un autre sens à tous ceux-là chez les Peuples du Nord ; il signifie homme, seul être élevé.

En le joignant au mot DRAK qui signifie *figure, portrait,* chez les mêmes Peuples, on en a fait ces dérivés.

1. Mandragor*a, æ,* } Mandragore,
Mandragor*as, æ,* } sorte de plante.

2. Mantichor*a, æ,* sorte de bête qui a la face humaine, animal fabuleux.

MAR.

De M, grand, & de AR, haut, escarpé, pointu, fort, se formerent nombre de Familles en MAR, relatives à la force, à tout ce qui est fort & piquant.

I.

MAR, le fort, le mâle.

MAR, prononcé aussi MAS, désigne en Latin, le fort, le mâle : de-là ces mots :

1. Mas, Maris, mâle, courageux, qui a de la vigueur.

Mares animi, courages, esprits mâles.

Masculus, *a, um,* mâle ; 2°. courageux, viril, qui a du courage.

Masculesco, *is, ere,* devenir mâle.

Masculinus, *a, um,* masculin ; voyez *Masculus.*

COMPOSÉS.

Com-Masculo, *as, are,* prendre un air mâle.

E-Masculo, *as, are,* efféminer, énerver, rendre efféminé ; 2°. faire eunuque.

E-Masculator, *oris,* qui efféminé, qui rend efféminé, qui énerve ; 2°. qui rend eunuque.

Re Masculatus, *a, um,* entrepris de nouveau, avec un courage mâle, *part.* de

Re-Masculo, *as, are,* encourager, faire reprendre courage.

2. Masculus, *i,* partie du tuyau qui s'emboîte dans une autre, partie d'une vis qui entre dans un écrou.

Mastus, *i,* ajutoir, ajutage, tuyau qu'on ajoute au bout des tuyaux des jets d'eau, pour faire faire à l'eau des figures différentes ; 2°. tour du robinet d'une fontaine ; 3°. sorte de plante.

Masculetum, *i,* treille de vigne.

MAR, mari.

De MAR, fort, d'où l'Orient. MaRI, fort, viril, 2°. mari, vint cette Famille :

Maritus, *i,* mari, époux d'une femme.

Maritus, *a, um,* de mari, de mariée, de mariage.

Marita, *æ,* femme mariée.

Maritalis, *is,* marital, de mariage, qui concerne le mariage.

Maritandus, *a, um,* qu'il faut marier,

MAR*itatus*, *a*, *um*, marié.
MAR*ito*, *as*, *avi*, *atum*, *are*, marier, accoupler.
COM-MAR*itus*, *i*, qui sert, qui tient lieu de mari; 2°. associé de la femme d'un autre.

2.

1. MAR*go*, *inis*, bord, rebord, bordure; 2°. marge; 3°. margelle de puits; 4°. frontiere; 5°. ourlet.
MAR*ginandus*, *a*, *um*, qui doit être bordé, qui doit avoir un bord.
MAR*ginatus*, *a*, *um*, qui a un bord, une bordure, une marge; 2°. qui est bordé.
MAR*gino*, *as*, *avi*, *atum*, *are*, border, mettre un bord ou une bordure.
E MAR*gino*, *as*, *avi*, *atum*, *are*, ôter les bords, enlever la bordure, le tour; 2°. rogner.

2. MAR*isca*, *æ*, sorte de figue insipide; 2°. tumeur semblable à une figue qui vient au fondement, fistule au fondement; 3°. hémorrhoïde enflée.

3. MAR*iscum*, *i*, &
MAR*iscus*, *i*, jonc-marin.

4. MAR*pesia cautes*, pierre de l'Isle de Paros.

5. MAR*ra*, *æ*, marre, instrument de vigneron.

6. MAR*rubium*, *ii*, plante utile contre la morsure des vipères.
MAR*sus*, *a*, *um*, d'enchanteur.

7. MER*o*, *onis*, sac plein de terre grasse, pour remplir des batardeaux; cabas, manequin destiné à cet usage.

FAMILLE GRECQUE.

1. MAR*athrum*, *i*, fenouil, *plante*.

MAR*athrites*, *æ*, vin de fenouil, fenouillette, sorte de liqueur.

2. MAR*supium*, *ii*, bourse, gibeciere.

En Grec MARSYPION.

II.

MAR, la vaste étendue des eaux, la Mer.

1.

MAR*e*, *is*, mer.
Mari terráque quærere, chercher par mer & par terre.
Mare cœlo miscere, faire grand bruit, grand fracas.
MAR*itimæ* Alpes, montagnes de Tende, Alpes maritimes dans la Ligurie & dans la Gaule Narbonnoise.
MAR*itimus*, *a*, *um*, maritime, de la mer.
MAR*inus*, *a*, *um*, marin, de mer.
MAR*ianus mulus*, crochets de crocheteur.

COMPOSÉS.

BI-MAR*is*, *e*, *is*, qui est entre deux mers, qui a deux mers autour de soi; baigné de deux mers.
PER-MAR*inus*, *a*, *um*, ce qui concerne la mer.
Permarini Lares, les Dieux Lares des navires.
SEMI-MAR*inus*, *a*, *um*, à demi-marin.
TRANS-MAR*inus*, *a*, *um*, qui est au-delà de la mer, par-delà de la mer, d'outremer.

2.

MER*g*, MER*s*,
plonger.

Du Celte, MER, grande eau, se forma cette Famille:

MER*go*, *is*, *si*, *sum*, *ere*, plonger, tremper

tremper ou enfoncer dans l'eau ; 2°. faire enfoncer, mettre à fond, couler bas, submerger.

MERGens, tis, qui se plonge.

MERsi, prét. de Mergo.

MERsio, onis, immersion, l'action de plonger.

MERsito, as, avi, atum, are, plonger souvent.

MERso, as, avi, atum, are, plonger, enfoncer dans l'eau.

MERGus, i, plongeon, oiseau ; 2°. provin ou marcotte de vigne.

COMPOSÉS.

DE-MERGO, is, si, sum, ere, plonger, enfoncer, submerger, mettre ou couler à fond, noyer, abîmer.

DE-MERsus, ûs, l'action de plonger, de couler à fond, de noyer, &c.; 2°. immersion, enfoncement dans quelque liqueur.

DI-MERGO, is, rsi, sum, gere, voyez Demergo.

E-MERGO, is, si, sum, gere, sortir d'où l'on étoit plongé ; 2°. se tirer, se retirer, se dégager, se débarrasser, se délivrer, échapper.

E-MERsus, ûs, sortie d'où l'on étoit plongé ; 2°. lever d'un astre.

E-MERsus, a, um, part. d'Emergo.

Emersa astra, astres qui se sont levés.

IM-MERsio, onis, immersion.

IM-MERsus, a, um, d'Immergo, plongé, enfoncé dans l'eau.

IM-MERGO, is, si, sum, gere, plonger, enfoncer dans une liqueur, submerger.

IM-MERsabilis, e, qu'on ne peut plonger, submerger ou faire enfoncer dans l'eau.

SUB-MERsio, onis, submersion.

SUB-MERsor, oris, qui submerge.

SUB-MERsus, a, um, partic. de Submergo.

SUB-MERGO, is, si, sum, gere, submerger, noyer, faire enfoncer au fond de l'eau, couler à fond.

3.

A-MAR, goût des eaux de la mer ; amer ; piquant.

1. A-MARus, a, um, amer ; 2°. fâcheux, sensible, douloureux, incommode, rude.

A-MARitas, atis, goût amer, amertume.

A-MARities, iei, ou

A-MARitudo, inis, &

A-MARor, oris, amertume, aigreur ; 2°. déplaisir, douleur, ressentiment.

A-MARè, amerement ; 2°. d'une maniere douloureuse, sensible.

A-MARùm pour Amaré.

A-MARulentia, æ, amertume ; 2°. sensibilité, déplaisir, malice, mauvaise humeur, amertume de cœur.

A-MARulentus, a, um, qui est fort amer ; 2°. qui a du chagrin, du déplaisir, du mécontentement, de la mauvaise humeur.

A-MARresco, is, ere, sentir l'amertume, la douleur ; 2°. être amer, sensible, douloureux.

A-MARico, as, are, causer de l'amertume, de l'aigreur, provoquer la colere.

A-MARE-Facio, is, ere, rendre amer, devenir amer.

2. A-MARacus, i, ou

A-MARacum, i, marjolaine, *plante*.

A-MARacinum, i, (sous-entendu Oleum ou Unguentum) huile ou essence de marjolaine.

A-MARacinus, a, um, de marjolaine.

Orig. Lat.

III.
MORS,
piquer.

De Mor, Mur, piquant, formé de Hor, pointu, vint cette Famille Latine.

Mordeo, Mo-Mordi, Morsum, Mordere, piquer, être piquant; 2°. mordre; 3°. chagriner, faire de la peine, toucher au vif; 4°. déchirer à coups de langue, critiquer.

Mordacitas, atis, âpreté piquante.

Mordaciter, avec une âpreté piquante.

Mordaculus, a, um, dimin. de

Mordax, acis, cior, issimus, mordicant, piquant, qui a une âpreté piquante; 2°. qui mord; 3°. mordant, piquant, satyrique, critique.

Mordicatio, onis, mordification, picotement, legere évasion.

Mordicativus, a, um, mordicant.

Mordico, as, are, picoter, faire des évasions, être mordicant.

Mordices, cum, dents de devant, les incisoires.

Mordicus, avec les dents, à belles dents; 2°. opiniâtrément, avec opiniâtreté, sans démordre, avec acharnement.

Mordicitùs, voyez Mordicùs.

Morsicans, antis, qui irrite par de petites morsures, qui pince, qui mord, qui picote.

Morsicatim, en mordillant.

Morsicatio, onis, picotement, fréquente & legere morsure ou piquûre.

Morsico, as, avi, arum, are, picoter, irriter par de légeres morsures, mordre souvent & légerement.

Morsi-Ficator, oris, qui picote, qui irrite par de légeres morsures.

Morsiuncula, æ, petite morsure.

Morsus, a, um, participe de Mordeo, mordu.

Morsus, ûs, morsure; 2°. critique, coup de dent; 3°. meurtrissure, marque qui reste après qu'on a été mordu.

COMPOSÉS.

Ad-Mordeo, es, momordi, sum, ere, entamer, ronger, mordre dedans, prendre avec les dents; 2°. ronger, manger le bien de quelqu'un.

Admordere aliquem, donner des coups de dents à quelqu'un, déchirer la réputation de quelqu'un.

Ad-Morsus, a, um, part. d'Admordeo, mordu, rongé, mangé, entamé.

Com-Mordeo, es, di, sum, dere, mordre.

Com-Morsus, a, um, part. de Commordeo, mordu.

De-Mordeo, es, mordi, morsum, dere, mordre, entamer, prendre avec les dents, ronger.

De-Morsico, as, are, mordre, ronger.

De-Morsus, a, um, part. de Demordeo, mordu, rongé.

Im-Morsus, a, um, qui a mordu dedans; voyez Jejunus.

Re-Mordeo, es, di y sum, dare, remordre; 2°. causer du remord, inquiéter; 3°. sentir des remords.

Re-Morsurus, a, um, qui remordra, qui rendra coup de dent pour coup de dent.

OBJETS PIQUANS.

1. Moretum, i, sorte de ragoût de

anciens, composé d'herbes, de lait, de fromage, de vin, de farine, &c.

2. Mor*iola*, *æ*, sorte de maigre boisson, piquette.

FAMILLE GRECQUE.

1. Myrmex, *ecis*, fourmi, insecte.
2. Myrmid*ones*, *um*, Mirmidons, Peuple.
3. Myr*meciæ*, *arum*, porreaux, verrues.
4. Myrmecias, *æ*, sorte de pierre précieuse.

Mirmecites, *æ*, sorte de pierre précieuse.

Mirmecium, *ii*, porreau, verrue qui démange; 2°. sorte d'araignée, *insecte*; 3°. espece d'ortie, *herbe*.

Mirme-Coleon, *onis*, petit insecte qui tue les fourmis.

IV.

MER, mérite.

Du primitif MAR, grand, vint la Famille:

Meritus, qui s'est élevé par sa conduite.

1.

Mer*itum*, *i*, mérite, ce qu'on mérite; 2°. récompense; 3°. bienfait, plaisir, bon office, service.

Merito meo nullo à me alienus est, je suis mal dans son esprit sans lui en avoir donné sujet, sans qu'il y ait de ma faute.

Ex merito pati, souffrir ce qu'on a mérité.

Mer*itus*, *a*, *um*, part. de *Mereor*, qui a mérité, qui est digne; 2°. mérité, dont on est digne.

Meritus invidiam virtutibus, qui s'est attiré l'envie par ses vertus.

Mer*entes*, *ium*, gens qui rendent service, servans, soldats qui reçoivent la solde.

Mereo, *es*, *rui*, *itum*, *ere*, &

Mereor, *eris*, *itus sum*, *eri*, mériter, gagner ou acquérir par son travail; 2°. être soldat, servir, porter les armes, être à la solde.

Mereri benè de aliquo, faire plaisir à quelqu'un, lui rendre de bons offices, le servir, l'obliger.

Mereri malè, désobliger, rendre de mauvais offices, desservir.

Mer*itissimè*, &

Mer*itissimò*, très-justement, avec toute sorte d'équité, avec toute la justice possible, avec très-grande raison, à fort bon titre.

Mer*itò*, avec raison, avec justice, justement, à bon droit.

Mer*ito*, *as*, *avi*, *atum*, *are*, mériter, gagner par son travail.

Mer*itorium*, *ii*, chambre de louage; 2°. maison, ou autre lieu qu'on loue pour s'y divertir.

Mer*itorius*, *a*, *um*, qu'on loue, qu'on tient à loyer.

2.

Mer*etrix*, *icis*, courtisanne, fille de mauvaise vie, prostituée, débauchée.

Mer*etricè*, à la maniere des courtisannes, en courtisanne, en coquette outrée.

Mer*etricium*, *ii*, prostitution, coquetterie outrée, profession de courtisanne, métier de fille débauchée.

Mer*etricius*, *a*, *um*, de courtisanne, de débauchée, de prostituée.

E 4 ij

MERETRICOR, aris, atus, sum, ari, hanter les lieux de débauche, de prostitution.

COMPOSÉS.

COM-MEREO, res, rui, ritum, ere, &
COM-MEREOR, reris, ritus sum, eri, mériter, se rendre digne; 2°. faire une faute, faillir, manquer, pécher.

COM-MERITUS, a, um, qui a desservi, offensé; 2°. qui est blâmable, coupable.

DE-MEREO, es, rui, ritum, ere, &
DE-MEREOR, eri, itus, sum, eri, gagner, mériter, se rendre digne, être digne; 2°. obtenir, acquérir, gagner les bonnes graces.

E-MEREO, es, rui, ritum, ere, &
E-MEREOR, eris, ritus sum, eri, mériter; 2°. gagner, obtenir, acquérir par ses services ou par ses actions.

E-MERITUS, a, um, part. d'*Emereor*.

Emeritum tempus suum habere, avoir servi son tems, avoir fait son tems de service.

Emerita stipendia libidinis, récompenses que mérite la débauche.

--*Arma*, armes victorieuses, qui ont terminé la guerre.

PER-MEREO, porter les armes, être dans le service, servir.

PRO-MERITUM, i, bon office, service, bienfait.

PRO-MERITUS, a, um, participe de *Promereor*.

PRO-MEREO, es, rui, ritum, rere, &
PRO-MEREOR, eris, itus sum, eri, mériter, être digne de.

Promerere Deos dextros marito, mériter que les Dieux favorisent son mari. - *De aliquo ut*, mériter que quelqu'un. - *Pœnam*, mériter d'être puni.

PRO-MERENDUS, a, um, qu'il faut mériter, dont on doit se rendre digne.

PRO-MERENS, tis, qui rend service, qui oblige.

SUB-MEREO, es, rui, ritum, ere, mériter un peu, n'être pas indigne.

NÉGATIFS.

IM-MERENS, tis, qui ne mérite pas, qui n'a pas mérité.

IM-MERENTER, sans l'avoir mérité.

IM-MERITUS, a, um, qui ne mérite pas; 2°. qui n'a pas mérité, qui n'est pas dû, dont on n'est pas digne.

IM-MERITISSIMÒ, &
IM-MERITÒ, sans l'avoir mérité, à tort, sans sujet, injustement.

IM-MERITUM, i, qu'on n'a pas mérité.

Immerito meo, sans que je l'aie mérité.

V.

MIR, étonnant.

De MAR, grand, étonnant, vint la Famille suivante en MIR, anciennement MEIR.

1. MIRUM, i, merveille, chose étonnante.

MIRUS, a, um, merveilleux, admirable, surprenant.

MIRO, as, are, &
MIROR, aris, atus sum, ari, admirer, être surpris d'admiration, s'étonner, avoir en admiration; 2°. imiter.

MIRATIO, onis, admiration, étonnement, surprise.

MIRATOR, oris, admirateur, qui admire.

MIRATRIX, icis, admiratrice.

MIRATURUS, a, um, qui admirera.

MIRATUS, ûs, voyez *Miratio*.

MIRATUS, a, um, qui a admiré.

MIRÈ, voyez *Mirabiliter*.

6. Mirabilis, le, is, admirable, merveilleux, surprenant.

Mirabilitas, atis, admiration.

Mirabiliter, admirablement, merveilleusement, d'une maniere surprenante.

Mirabundus, a, um, qui est dans l'admiration, qui admire avec surprise.

Miracula, æ, abandonnée, perdue, franche coureuse ; 2°. personne ridiculement contrefaite.

Miraculum, i, miracle, merveille, chose surprenante ; 2°. prodige ; 3°. monstre, chose monstrueuse.

Mirandus, a, um, qu'on doit admirer, admirable, merveilleux.

Mirans, tis, qui admire.

COMPOSÉS.

Ad-Mirabilis, le, is, admirable, surprenant, merveilleux, ravissant.

Ad-Mirabilior, ius, oris, comp.

Ad-Mirabilitas, atis, l'admirable, le surprenant, le merveilleux, l'excellence de quelque chose.

Ad-Mirabiliter, admirablement, merveilleusement, d'une maniere surprenante, à ravir, à merveille, en perfection.

Ad-Mirandus, a, um, admirable, surprenant.

Ad-Miratio, onis, admiration, surprise, étonnement.

Ad-Mirator, otis, m. admirateur, qui est surpris, étonné de l'excellence de quelque chose.

Ad-Miror, aris, atus sum, ari, admirer ; 2°. être étonné, surpris de l'excellence, de la singularité de quelque chose.

E-Miror, aris, atus sum, ari, V. Miror.

Per-Miré, fort admirablement.

Per-Mirus, a, um, très-admirable, très-surprenant.

VI.

MUR, masse de pierres.

Du Celte Mor, Mur, pierre, mur, vint cette Famille.

I.

Murus, i, mur, muraille, rempart ; 2°. chaussée ; 3°. ce qui sert de défense.

Muralis, le, de muraille.

Muratus, a, um, muré.

Muralium, ii, pariétaire, plante.

COMPOSÉS.

Ante-Murale, is, boulevard, rempart, avant-mur.

Pro-Murale, is, avant-mur, contre-mur.

Extra-Muranus, a, um, qui est hors des murs.

Inter-Muralis, m. le, f. qui est entre les murailles, qui y coule, qui y passe.

Intra-Muranus, a, um, qui est au-dedans des murailles.

En Ital. Mora, un tas de pierres.

Dans les Gloses d'Isidore,

Murices, pierres. Dans quelques Provinces Murgie, rocher.

Murge, tas de pierres.

En Gr. Murgos, rempart, haie.

VII.

MORa, qui a la force d'arrêter.

De Mur, rocher, haie, mur, vint :

I.

1. Mora, æ, retardement, délai, répi ; 2°. ce qui arrête, ligature ; 3°. tems qu'on s'arrête en quelqu'endroit ; 4°. détachement de troupes.

Moror, aris, atus sum, ari, demeurer, s'arrêter, séjourner, faire quelque séjour ; 2°. retarder, arrêter, empêcher ; 3°. tarder, s'amuser, demeurer du tems ; 4°. se soucier de ; 5°. faire attendre ; 6°. différer ; 7°. attendre.

Moramentum, i, retardement ; 2°. pause.

Morandus, a, um, qu'il faut retarder, arrêter.

Moratio, onis, retardement ; 2°. pause.

Morator, oris, qui retarde, qui arrête, qui empêche.

Moratorius, a, um, qui sert à retarder.

Moratim, en s'arrêtant, en s'amusant.

2. Murcia, æ, Déesse de l'oisiveté ; 2°. Murcie, Ville d'Espagne.

Murtia, æ, surnom de Vénus.

Murcidus, a, um, lâche, poltron, paresseux.

Murgino, as, are, voyez Moror.

Murgiso, onis, lent, lâche, paresseux.

3. Murciolum, i, semence du lentisque, arbre : elle est gluante ;

de Murcidus paresseux, qui tient comme glu.

COMPOSÉS.

Com-Moratio, onis, retardement, délai, lenteur ; 2°. demeure, domicile, résidence, habitation, séjour ; 3°. figure de Rhétorique ; lorsque l'Orateur s'arrête à dessein dans un endroit qu'il reprend ensuite.

Com-Moro, as, avi, atum, are, &

Com-Moror, aris, ari, s'arrêter, s'amuser, tarder, rester, s'amuser ou séjourner ; 2°. arrêter, retarder, amuser, retenir.

De-Moratio, onis, retardement, attente.

De-Moratus, a, um, part. de Demoror.

De-Moror, aris, atus sum, ari, demeurer, attendre, s'amuser, s'arrêter ; 2°. retenir, retarder.

Im-Moror, aris, atus sum, ari, demeurer, s'arrêter, séjourner en ou sur.

Re-Mora, æ, remore, petit poisson de mer ; 2°. retardement, ce qui arrête quelque chose.

Re-Morés, ium, oiseaux qui dans la science augurale empêchoient de passer outre à quelque entreprise.

Remoramen, inis, & Re-Moramentum, i, retardement, ce qui arrête quelque chose en chemin.

ReMorans, atis, qui arrête, qui retarde.

Re-Moror, aris, atus sum, ari, retarder, arrêter, retenir, causer du retardement ; 2°. tarder, s'arrêter.

. . 2.

De Mor qui retient, se forma cette Famille.

1. Memor, oris, qui se souvient, qui a mémoire de ; 2°. qui a de la mémoire.

Memorabilis, m. f. le, is, mémorable, digne de mémoire, qui mérite le souvenir.

Memorandus, a, um, mémorable ; 2°. dont on fait mention.

Memorans, tis, qui remet en mémoire, qui fait ressouvenir ou qui fait mention.

Memorator, oris, m. trix, cis, f. qui fait mention d'une chose, qui la remet en mémoire.

Memoratus, a, um, part. de Memoro.

Memoratissimus scriptor, écrivain très-célèbre.

MEMORatus, ûs, m. souvenir, mémoire.
Memoratu dignum, digne de mémoire.

2. MEMORia, æ, mémoire ; 2°. mémoire, souvenir, ressouvenir ; 3°. l'histoire des tems.

MEMORialis, le, is, qui concerne la mémoire ou le souvenir.

Memoriales libri, mémoires, mémoriaux, registres.

MEMORiola, æ, f. foible ou courte mémoire, peu heureuse.

MEMORiosus, a, um, voyez Memor.

MEMORiter, de mémoire, par cœur.

MEMORo, as, avi, atum, are, raconter, dire, faire mention, rapporter, parler de.

MEMORant, on dit.

COMPOSÉS.

COM-MEMORO, as, avi, atum, are, faire souvenir, remettre en mémoire, rappeller, faire revenir l'idée ; 2°. repasser dans son esprit, se représenter ; 3°. faire mention, raconter, rapporter, réciter, citer, alléguer ; 4°. louer, estimer, vanter, prôner, dire du bien.

COM-MEMORabilis, m. f. le, n. is, recommandable, digne de recommandation, de mémoire, de souvenir ; considérable, mémorable, remarquable, digne de remarque.

COM-MEMORamentum, i, voyez Com-Memoratio.

COM-MEMORandus, a, um, voyez Com-Memorabilis.

COM-MEMORatio, onis, récit, mention, citation, souvenir.

RE-MEMORatio, onis, ressouvenir.

RE-MEMORo, as, are, faire ressouvenir, remettre en mémoire.

RE-MEMORor, aris, ari, se ressouvenir.

NÉGATIFS.

IM-MEMORia, æ, défaut de mémoire.

IM-MEMOR, oris, omn. gen. qui a oublié, qui ne se souvient pas, qui a perdu la mémoire de.

IM-MEMORatio, onis, défaut de mention, silence sur une chose.

IM-MEMORatus, a, um, inoui, dont on n'a jamais oui parler, dont on n'a point fait mention.

IM-MEMORabilis, m. f. le, n. is, dont on ne doit point parler, qu'il ne faut pas dire ; 2°. qui ne veut rien dire, qui ne se souvient de rien, qui oublie tout.

3.
MOR, Folie.

De MAR, retenir avec force, lier, garotter, vint cette Famille Greco-Latine.

1. MORus, a, um, fou.

MORio, onis, bouffon, diseur de folies.

MORia, æ, folie, extravagance.

MORor, aris, atus sum, ari, faire des folies, des extravagances, être fou.

Moré, adv. follement, sottement.

MORO-LOGUS, a, um, qui dit des sottises, des impertinences.

Sermones Morologi, sots discours.

2. MOROsus, a, um, bizarre, bourru, capricieux, fantasque, d'humeur chagrine, de mauvaise humeur, difficile à contenter, qui est d'une exactitude chagrinante.

MOROsé, iùs, issimé, adv. par caprice, par fantaisie, par boutade, par bizarrerie, par mauvaise humeur, par entêtement ; 2°. d'un air chagrin, avec une exactitude sévère & chagrine.

MOROsissimé, d'une maniere fort opiniâtre ; 2°. avec d'extrêmes circonspections.

avec toutes les précautions possibles, avec l'exactitude la plus rigoureuse.

Morositas, atis, caprice, bizarrerie, fantaisie, boutade, mauvaise humeur, air chagrin, humeur difficile.

Sub-Morosus, a, um, un peu bizarre, incommode, difficile ou fâcheux.

Momar, is, fou.

Moracius, a, um, voyez Durus.

VIII.

MAR, fané, puant.

De Mar, fort, vigoureux, vint par opposition cette Famille :

1. Marcor, oris, corruption, pourriture; 2°. assoupissement léthargique, léthargie; 2°. paresse, peu de vigilance; 3°. lâcheté, poltronnerie.

Marceo, es, cui, ere, être flétri ou fané, se faner, se flétrir; 2°. être languissant, n'avoir plus de vigueur, manquer de forces, n'en pouvoir plus, être tout-à-fait abattu, languir.

Marcere ab annis, être cassé de vieillesse.

Marcescens, tis, omn. gen. qui n'a plus de vigueur, qui est sans force, languissant, qui n'en peut plus, tout-à-fait abattu; 2°. flétri, fané, qui se fane, qui se flétrit.

Marcescens stomachus onere cibi, estomac surchargé de viandes à n'en pouvoir plus.

Marcescibilis, m. f. le, n. is, aisé à se gâter, qui peut aisément se corrompre.

Marcesco, is, cui, cere, se flétrir, se faner, languir.

Marcescere otio, croupir dans l'oisiveté.

Marcens, tis, omn. gen. voyez Marcescens.

Marcidulus, a, um, dimin. de

Marcidus, a, um, flétri, fané; 2°. gâté, corrompu; 3°. abattu, languissant.

E-Marcesco, is, scere, se flétrir, se passer, se faner.

Im-Marcesco, is, cui, scere, se corrompre, se flétrir, se gâter, devenir fade.

Im-Marcescibilis, m. f. le, n. is, incorruptible, qui ne se flétrit point.

2. A-Murca, æ, lie, marc d'huile.

A-Murcarius, ii, de lie ou d'écume d'huile.

De l'Orient. מרה March, marc.

3. Aumarium, ii, lieux secrets, latrines, lieux en un endroit public.

Du Grec Amara, as, cloaque, égout.

MAR, Jour.
I.

Du primitif MAR, jour, brillant, éclat, vinrent ces diverses Familles.

1.

1. He-Meresius, a, um qui se fait en un jour.

Ephe-Meris, idis, journal, mémoire journalier.

Ephe-Merides mathematicæ, Ephémérides, almanach.

Ephe-Merum, i, sorte de plante.

2. Merenda, æ, goûter, collation, petit repas entre le dîner & le souper.

Merendarius, a, um, voyez Alumnus.

3. Marga, æ, marne, terre grasse & blanche, &c. dont on fume les terres.

Margaris, idis, espèce de petite dartre blanche & rouge, de la figure d'une perle.

4. Margarita, æ, perle.

Margaritarius, ii, Jouaillier.

Margariti-Fer, a, um, qui produit des perles.

Margariti-Fera cochlea, poisson à coquille, qu'on appelle la Mere aux perles.

Margaritum, i, voyez Margarita.

2.

Par la répétition de Mar.

1. Mar-Marites, is, fumeterre, plante.

Mar-Maritis, dis, sorte de plante.

2. Marmor, oris, marbre; 2°. mer, lorsqu'elle est calme.

Marmorarius, ii, Marbrier, qui travaille en marbre.

Marmoratio, onis, travail en marbre, ouvrage de marbre.

Marmoratum, i, statue.

Marmoratus, a, um, de marbre; couvert de marbre; 2°. écrit sur le marbre.

Marmorearius, ii, statuaire, qui travaille en marbre.

Marmoreus, a, um, de marbre; 2°. blanc & poli comme marbre.

Marmorea cervix, cou blanc comme le marbre.

Marmoro, as, are, orner, incruster de marbre.

Marmorosus, a, um, plein de marbre, abondant en marbre.

3. Marica, æ, Déesse, femme de Faunus.

4. Martyr, yris, Martyr, qui rend témoignage de sa foi en J. C. aux dépens de son sang.

Martyrium, ii, martyre, mort soufferte pour la foi.

Proto-Martyr, yris, premier Martyr.

5. A-Mar-anthus, i, amarante, passe-velours, fleur de couleur de pourpre, qui ne se flétrit point.

6. Morion, onis, sorte de pierre précieuse.

7. Morius, ii, sorte de poisson à écailles brillantes.

3.

Merum, i, vin pur.

Mero nocturno æstuare, passer la nuit à batailler à coups de verres.

Merus, a, um, pur, sans mélange, qui n'est point mixtionné, qu'on n'a point mélangé.

Meræ nugæ, pures bagatelles, véritables sottises.

Meracius, adv. comp. plus purement.

Meracius bibere, boire son vin tout pur.

Meraculus, a, um, pur.

Meracus, a, um, pur, sans mélange, qui n'est point mixtionné, qu'on n'a pas mélangé.

Meré, adv. purement, sans mélange.

Sub-Merus, a, um, presque tout pur, sans aucun mélange.

BINOMES.

Mero-Biba, æ,
Mero-Bibulus, a, um, } qui boit son vin pur.
Mero-Bibus, a, um,

4.

1. Murex, icis, pourpre, poisson à coquille duquel les Anciens tiroient la couleur de pourpre; 2°. la couleur de pourpre; 3°. pointe de rocher; 4°. chausse-trape, sorte de fer à quatre pointes.

Muria, æ, saumure faite avec un certain

poisson ; 2°. sauce qu'on faisoit avec cette saumure ; 3°. saumure.

Muriaticus, a, um, qui a trempé quelque tems dans la saumure.

Muricis, genit. de Murex.

Muries, ei, voyez Muria.

Mormyra, æ,
Mormyris, is, } sorte de poisson de mer.
Mormyrus, i,

2. Murtatum, i, sorte de cervelas.

3. Murthina, æ, hypocras ou autre boisson aromatique, & composée pour flatter le goût.

Murina, æ, eau clairette, rossoli, liqueur faite avec de l'eau-de-vie, &c. hypocras.

4. Murœna, æ, lamproie, poisson ; Gr. Muraina.

Murœnula, æ, chaîne d'or à mettre au cou ; dimin. de Murœna.

5.

1. Murra, æ, sorte de pierre dont les Anciens faisoient des tasses ; 2°. tasse faite de cette sorte de pierre.

Murrinus, a, um, fait de la pierre appellée Murra.

Murrina picta, tasses faites de la pierre appellée Murra, qu'on croit être la porcelaine.

Murreus, a, um, voyez Murrinus.

2. Murica, æ, tamaris, arbre ; en Gr. Myriké.

II.
MERC.

Du primitif MAR, jour, se forma le Celte MARC, marque ; 2°. marchandise à la marque du vendeur : de-là ces Familles qui tiennent à l'Orient. MUR, change, échange, troc.

1. Merx, cis, marchandises, toutes choses dont on peut faire du trafic ou commerce.

Merces, edis, prix, récompense, salaire, gages, appointemens, louage.

Mercabilis, &

Mercalis, m. f. le, n. is, dont on peut faire commerce ou marchandise, qu'on peut acheter ou vendre, qu'on peut trafiquer.

Mercans, tis, omn. gen. Marchand, Négociant, Trafiquant, qui négocie, qui trafique, qui fait marchandise, qui vend ou qui achete.

Mercatio, onis, marchandises, négoce, trafic, commerce.

Mercator, oris, Marchand.

Mercatorium, ii, marché, place où l'on vend.

Mercatorius, a, um, de marchand.

Mercatura, æ, marchandise, négoce, trafic, commerce.

Mercatus, a, um, qui a acheté ; 2°. acheté, qui a été vendu.

Mercatus, ûs, marché, place où l'on vend ; 2°. foire, gens qui composent le marché ; 3°. trafic, vente & achat.

Mercor, aris, atus sum, ari, acheter.

Mercedula, æ, petite récompense, foible salaire.

Mercenarius, a, um, fait en vue de récompense, qui se fait pour de l'argent, dont on attend le salaire.

Mercenarius, ii, mercenaire, gagne-denier, qui travaille pour de l'argent, qui va en journée, qui loue ses peines pour un prix ; 2°. valet à gages ; 3°. fermier, métayer, laboureur, vigneron.

Merci-Monium, ii, marchandises, denrée, tout ce qui entre en négoce.

2. Merc-Urius, ii, Mercure, Messager des Dieux, Dieu de l'Eloquence, des Belles-Lettres, des Arts, des Marchands, des Larrons & des grands chemins; 2°. l'une des sept planettes; 3°. monceau de pierres sur les grands chemins, auquel les passans en ajoutoient une à l'honneur de ce Dieu des chemins.

Mercurii dies, le mercredi.

Merc-uriales, ium, Congréganistes, Confrères de la Congrégation établie en l'honneur de Mercure; 2°. savans, doctes.

Merc-urialis, is, mercuriale, *plante*.

Merc-urialis, m. f. le, n. is, de Mercure, qui concerne Mercure.

COMPOSÉS.

Com-Mercium, ii, commerce, trafic, échange & débit de marchandise, correspondance, société, liaison, communication, intelligence, affaire.

Com-Mercor, aris, atus sum, ari, faire trafic ensemble, être associé pour le commerce.

E-Mercor, aris, atus sum, ari, acheter.

Præ-Mercator, oris, celui qui achete tout ce qu'il y a d'une marchandise pour la revendre ensuite seul; 2°. Marchand en gros.

Præ-Mercatus, a, um, part. de
Præ-Mercor, aris, atus sum, ari, acheter le premier ou par avance; 2°. acheter en gros; 3°. acheter tout ce qu'il y a d'une marchandise pour la revendre ensuite en détail, ou enlever le marché à un autre.

Pro-Mercalis, m. f. le, n. is, ce qu'on a de reste à vendre après sa provision faite; 2°. de revente.

Pro-Mercale aurum, or qu'on a à vendre.

Pro-Mercalium vestium officinas exercere, être fripier, tenir boutique de fripier, faire le métier de fripier.

Pro-Mercium, ii, profession de brocanteur, de fripier, de regratier, de revendeuse.

MARC,

De Marc, borne, frontiere, appellées ainsi, parce qu'elles sont des signes, des marques, vint la Famille suivante :

Marchio, onis, Marquis; 2°. autretrefois Commandant de Cavalerie préposé à la garde des frontieres.

Marchionatus, ûs, Marquisat.

Marchionissa, æ, Marquise.

MAR, noir.

Par opposition à Mar, jour, éclat, se forma Mart, Mer, &c. noir; 2°. fâcheux.

1. Martes, is, marte zibeline, animal.

2. Merula, æ, merle, oiseau; 2°. sorte de poisson.

Merulæ, arum, machines hydrauliques qui imitoient la voix humaine & le chant des oiseaux.

Mer-Ops, pis, oiseau qui mange les abeilles.

3. Morum, i, mûre, fruit du mûrier; 2°. muron, fruit des ronces, mûre sauvage qui croît sur les buissons.

Morus, i, mûrier, arbre.

4. Maurus, i, Maure, un Noir.

Morula, æ, petite Négresse.

5. Morychus, i, surnom de Bacchus en Sicile, *mot-à-mot*, le barbouillé, parce que dans les vendanges on le barbouilloit en effet avec du moût & des figues fraîches.

MŒR, tristesse.

De Mor, Maur, noir, vint cette Famille.

1.

Mœror, oris, affliction, fâcherie, tristesse, état de celui qui a du noir dans l'ame.

Mœrens, tis, omn. gen. qui est triste, affligé.

Mœreo, es, mœstus sum, rere, être triste, être affligé, s'attrister, s'affliger.

Mœro, as, are, affliger, rendre triste.

2.

Mœstè, tristement.

Mœsti-Ficus, a, um, qui rend triste.
Mœstiter, adv. voyez *Mœstè*.
Mœstitia, æ, &
Mœstitudo, inis, affliction, fâcherie, tristesse.
Mœsto, as, are, rendre triste, attrister.
Mœstus, a, um, triste, affligé; 2°. qui cause de la tristesse.
Mœstus amor, amour chagrin.
Mœsta vestis, habit de deuil.
Com-Mœreo, es, ere, s'affliger, s'attrister.

MOR, mort.

Du Celte MAR, MOR, noir, sans lumiere, vint la Famille suivante: voy. Orig. Franç. 712.

1.

Mors, Mortis, mort, décès, extinction.

Morior, reris, mortuus sum, mori, mourir; 2°. s'éteindre, se passer, se perdre.
Mortales, ium, les mortels, les humains, les hommes.
Mortalis, m. f. le, n. is, mortel, sujet à la mort; 2°. corruptible, périssable, qui passe; 3°. humain, qui concerne les hommes, fait par les hommes.
Mortalia facta, actions des hommes.
Mortalitas, atis, mortalité, condition sujette à la mort; 2°. hommes mortels, les mortels; 3°. mort.
Morticinus, a, um, de cadavre, de charogne.
Mortualis, m. f. le, n. is, &
Mortuarius, a, um, mortuaire, qui concerne les morts; 2°. vain, chimérique.
Mortuosus, a, um, de mort, de déterré, qui ressemble à un mort.
Mortuus, a, um, mort, qui est mort.

BINOMES.

Morti-Fer, a, um, voy. *Mortiferus*.
Morti-Ferè, adv. mortellement, à mort.
Morti-Ferè ægrotare, avoir une maladie mortelle. — *vulneratus*, blessé à mort.
Morti-Ferus, a, um, mortel, qui fait mourir, qui cause la mort.
Morti-Ficatio, onis, mortification.
Morti-Fico, as, are, mortifier.
Morti-Ficus, a, um, voyez *Morti-ferus*.

COMPOSÉS.

Com-Morior, reris, tuus sum, mori, mourir de compagnie, ensemble.
Com-Morientes, ium, sorte de liaison d'amitié entre les Egyptiens, qui engageoit les amis à ne pas se survivre l'un à l'autre.
Com-Mortalis, m. f. le, n. is, réellement mortel & sujet à corruption.
De-Morior, eris, mori, aimer éperduement; 2°. voy. *Morior*.

DE-Mortuus, a, um, part. de De-morior, mort, défunt.
E-Morior, reris, mortuus sum, mori, mourir.
E-Mori risu, mourir de rire.
E-Mortuus, a, um, mort, décédé; 2°. inutile, vain.
E-Mortualis dies, jour de la mort.
Im-Morior, reris, mortuus sum, mori, mourir dedans.
Im-Mortuus, a, um, qui n'est pas tout-à-fait étouffé ou éteint; 2°. mort dedans; 3°. mort sur.
In-E-Morior, eris, mori, mourir en, dans ou à.
Inter-Morior, eris, mortuus sum, mori, mourir en faisant quelque chose, mourir sur les entrefaites.
Inter-Mortuus, a, um, part. demi-mort; 2°. languissant; 3°. presque corrompu; 4°. mort sur les entrefaites.
Præ-Morior, reris, mortuus sum, ri, mourir avant le tems.
Præ-Mortuus, a, um, mort auparavant.
Semi-Mortuus, a, um, demi-mort.

NÉGATIFS.

Im-Mortalis, le, is, immortel, qui ne meurt point, qui n'est point sujet à la mort, qui vivra toujours, qui ne finira jamais.
Im-Mortalè, adv. voyez Im-mortaliter.
Im-Mortalitas, atis, immortalité.
Im-Mortaliter, adv. à jamais, toujours, sans finir, éternellement.

2.

Morbus, i, maladie, indisposition, incommodité.
Morbidus, a, um, malade, mal-sain; 2°. qui cause des maladies.
Morbi-Ficus, a, um, qui rend malade, qui cause des maladies.
Morbonia, æ, malencontre.
Morbosus, a, um, maladif, mal-sain, sujet à être malade.
Re-Morbesco, is, ere, retomber malade.

MAR, MER,
membre, portion.

De Mar, membre, portion, vinrent;

1.

Anti-Meria, figure de Rhétorique.
Homœo-Meria, æ, ressemblance, uniformité des parties.

2.

Tetra Morion, ii, quart de cercle : de Tetra, quatre, & Mar, portion; 2°. quadrat, sorte d'aspect de planettes.
Tri-Morion, voy. Dodrans.

3.
Membrum.

Du Gr. Mer, portion, membre; prononcé Me-Merum, Memrum, Membrum.
Membratim, membre à membre; 2°. par membres, par piéces; 2°. par parties, par articles, piéce à piéce; 3°. de point en point.
Membratura, æ, membrure, disposition des membres, forme des membres.
Membro, as, are, former les membres.
Membror, ari, recevoir la forme de ses membres.
Membrosus, a, um, membru, dont les membres sont forts & vigoureux, bien fourni de membres.

MEMBR*um*, *i*, membre, partie, piéce, morceau.

MEMBR*ana*, *æ*, membrane, peau déliée, qui enveloppe ; 2°. parchemin, vélin ; 3°. pellicule qui est entre l'écorce & le bois d'un arbre ; 4°. surface, superficie.

MEMBR*anaceus*, *a*, *um*, semblable à une membrane, à du parchemin, à du vélin, à une peau.

MEMBR*aneus*, *a*, *um*, fait de parchemin ou de vélin.

MEMBR*anula*, *æ*, petite membrane ; 2°. parchemin fort mince.

BI-MEMBR*is*, *bre*, *is*, qui est de deux natures.

4.

MAR, couper, mettre en piéces.

De MAR, MOR, piéce, membre, vinrent :

1. MORT*ariolum*, *i*, *n*. dimin. de
MORT*arium*, *ii*, mortier, vase qui sert à piler ; 2°. bassin où l'on fait le mortier avec la chaux & le sable ; 3°. mortier.

MORT*ariola*, *orum*, cavités de la mâchoire, où sont inférées les racines des dents.

2. MERG*es*, *itis*, main ou poignée du moissonneur, botte, gerbe ; 2°. faulx à scier les bleds clairs ; 3°. sillon.

3. MERG*a*, *æ*, faucille à scier ou seyer les bleds ; 2°. faulx à faucher les bleds clairs ; 3°. fourche avec quoi l'on met en mulon.

MIC.

De l'Or. GHE, lumiere, dont on fit N*e*GH*é*, briller, avoir de l'éclat, vint cette Famille Latine :

MIC*a*, *æ*, ce qui reluit ou brille dans le sable ; 2°. miette, petit morceau.

MIC*ula*, *æ*, petit morceau, *diminutif de* Mica.

MIC*o*, *as*, *cui*, *are*, briller, éclairer, reluire ; 2°. sauter, tressaillir.

MIC*ans*, *tis*, omn. gen. qui brille, qui éclate.

MIC*ans equus auribus*, cheval qui tient l'oreille droite, & qui la remue toujours.

COMPOSÉS.

E-MIC*o*, *as*, *cui*, *are*, briller, éclater, reluire ; 2°. tressaillir ; 3°. sortir, paroître, se montrer, se faire voir ; 2°. exceller.

INTER-MIC*o*, *as*, *cui*, *are*, reluire entre, briller parmi, éclater au milieu.

PRÆ-MIC*ans*, *tis*, omn. gen. voyez *Præ-Fulgens*.

PRO-MIC*o*, *as*, *are*, jetter au loin son éclat.

SUPER-MIC*o*, *as*, *cui*, *are*, briller plus, éclater davantage, reluire par-dessus.

MIGRo, changer de séjour.

Du primitif GER, גר, champ, pays, 2°. voyageur, & de MI, hors, se forma MI-GRO, abandonner un pays pour un autre.

MI-GR*o*, *as*, *avi*, *atum*, *are*, changer de séjour, aller demeurer ailleurs, quitter sa demeure, déloger, déménager ; 2°. transporter, porter ailleurs, se transplanter.

MIGR*atio*, *onis*, l'action de se transplanter ou d'aller demeurer ailleurs, délogement, déménagement, changement d'habitation, de séjour ou de demeure.

MIGR*atus*, *ûs*, transport d'un lieu à un autre.

COMPOSÉS.

AD-MIGRO, *as*, *avi*, *atum*, *are*, changer de demeure, déloger, se transplanter d'un lieu en un autre.

COM-MIGRO, *as*, *avi*, *atum*, *are*, changer de demeure, déloger, aller s'habituer ailleurs, déménager.

DI-MIGR*atio*, *onis*, changement de lieu, de demeure; départ.

DE-MIGRO, *as*, *avi*, *atum*, *are*, déloger, aller demeurer autre part, s'habituer ailleurs; changer de demeure, de lieu; 2°. mourir.

E-MIGRO, *as*, *avi*, *atum*, *are*, changer de demeure, d'habitation; sortir d'un lieu ou d'une place.

IM-MIGRO, *as*, *avi*, *atum*, *are*, changer de place ou de demeure, déloger, aller demeurer ou se retirer ailleurs.

PRÆ-MIGRO, *as*, *avi*, *atum*, *are*, déloger auparavant ou par avance.

RE-MIGRO, *as*, *avi*, *atum*, *are*, revenir dans sa premiere demeure, retourner dans son ancien poste.

SE-MIGRO, *as*, *avi*, *atum*, *are*, changer de demeure, aller demeurer ailleurs, se retirer d'avec ou d'auprès.

TRANS-MIGR*atio*, *onis*, transmigration, l'action d'aller demeurer ailleurs.

TRANS-MIGRO, *as*, *avi*, *atum*, *are*, changer de demeure, aller demeurer ailleurs.

MIS.

MES, MIS, signifie en Celte, les champs, la campagne, le dehors. De-là vint donc très-naturellement une très-belle & très-riche Famille Latine, dont l'origine étoit absolument inconnue, celle de *Mis-i*, j'ai envoyé aux champs, j'ai *mis* hors.

MI*tto*, *is*, *misi*, *missum*, *tere*, envoyer; 2°. congédier, licencier, laisser aller, donner congé; 3°. mander, faire savoir, écrire; 4°. jetter, lancer, darder; 5°. laisser, passer sous silence, taire; 6°. finir; 7°. abandonner, quitter, renoncer; 8°. cesser; 9°. produire, pousser; 10°. mettre, poser.

MIS*sa*, *æ*, le Sacrifice de la Messe, le souper du Seigneur, ainsi nommé de ce qu'on présente la nourriture sacrée devant l'Autel.

MIS*sale*, Missel.

MIS*sio*, *onis*, envoi, l'action d'envoyer; 2°. congé, licenciement; 3°. quartier.

MIS*sitius*, *a*, *um*, licencié, congédié, que l'on a renvoyé.

MIS*silis*, *e*, *is*, qu'on jette, qu'on lance, qu'on darde.

Mis*sile*, *is*, trait, flêche, dard, tout ce qui se lance; 2°. monnoie ou sportules, ou autres présens que les Empereurs jettoient parmi le peuple, pour lui faire des largesses.

MIS*sus*, *ûs*, l'action d'envoyer, de lancer, de darder; 2°. l'action de lâcher les bêtes dans l'arène du cirque; 3°. l'action de servir sur table; 4°. mets, plat, service.

MIS*sito*, -*are*, MIS*siculo*, -*are*, envoyer souvent, ou plusieurs fois.

COMPOSÉS.

AB-MIT*to*, -*ere*, envoyer, dépêcher.

AD-MIT*to*, -*ere*, admettre, recevoir, agréer, donner accès, introduire.

AD-MIS*fum*, *i*, crime, mauvaise action.

AD-MIS*fivus*, *a*, *um*, qu'on peut admettre.

AD-MIS*fio*, *onis*, entrée, réception, introduction.

AD-MIS*fionalis*, *is*, Huissier de chambre, qui laisse entrer.

AD-MIS*farius*, *a um*, débauché, qui se mêle avec des prostituées.

A-MIT*to*, -*ere*, envoyer dehors, loin de soi, laisser aller ; 2°. perdre quelque chose, se dessaisir de quelque chose.

A-MIS*fio*, *onis*, A-MIS*fus*, *ûs*, perte, dommage, l'action d'envoyer au loin.

ANTE-MIT*to*, -*ere*, envoyer devant.

ANTE-MIS*fus*, *a*, *um*, qui est à l'extrémité d'un champ, d'une terre.

CIRCUM-MIT*to*, -*ere*, envoyer de tous côtés.

COM-MIT*to*, -*ere*, envoyer avec, joindre ensemble ; 2°. confier ; 3°. préposer, commettre ; 4°. faire, opérer.

COM-MIS*fus*, *a*, *um*, confié, commis; 2°. joint, uni ; 3°. dévolu, confisqué ; 4°. tombé en aubaine ; 5°. commencé.

COM-MIS*fura*, *æ*, jointure, emboîtement, liaison, assemblage, union, nœud; 2°. pièce, lambeau.

COM-MIS*furalis*, *e*, où il y a des jointures.

COM-MIS*fio*, *onis*, représentation ; 2°. dispute d'émulation.

COM-MIS*fum*, *i*, crime, faute, péché commis, forfait ; 2°. saisie ; 3°. amende,

peine pécuniaire, confiscation de marchandise ; 4°. commise, terme d'inféodation.

DE-MIT*to*, -*ere*, baisser, abaisser, pencher, incliner, faire descendre; 2°. mettre ou jetter dedans, verser.

DE-MIS*fitius*, *a*, *um*, pendant, traînant à terre, qui pend sur les talons.

DE-MIS*fio*, *onis*, abaissement, enfoncement.

DE-MIS*sè*, *iùs*, *issimè*, bas, près de terre, terre-à-terre ; 2°. humblement, avec un air bas & soumis, d'une manière soumise, rempante.

DI-MIS*fio*, *onis*, renvoi, congé, licenciement ; 2°. envoi, dépêche.

DI-MIS*forius*, *a*, *um*, dimissoire, de renvoi.

DI-MIT*to*, *is*, *misi*, *missum*, *tere*, envoyer, dépêcher, députer, commander d'aller; 2°. congédier, renvoyer, licencier, donner congé, laisser aller, laisser échapper, laisser passer, laisser perdre ; 3°. quitter ; 4°. baisser, abaisser.

E-MIT*to*, -*ere*, renvoyer, mettre dehors, faire sortir ; 2°. décharger, lâcher, mettre en liberté, affranchir, donner congé, délivrer, laisser échapper; 3°. jetter, lancer; 4°. publier, donner au Public, mettre au jour, pousser, jetter au dehors.

E-MIS*fitius*, *a*, *um*, qu'on jette, qu'on répand, qu'on envoye çà & là.

E-MIS*fitiæ*, *arum*, décombres, vuidanges, ordures des bâtimens ; 2°. fadaises, niaiseries, sottises, pauvretés.

E-MIS*fio*, *onis*, envoi, liberté qu'on donne, élargissement, délivrance, l'action de lâcher ; 2°. décharge.

E-MIS*farius*, *ii*, surveillant, espion, celui qu'on envoye à la découverte, pour découvrir ;

découvrir ; aposté pour épier & pour faire rapport ; 2°. courier, facteur.

E-Misſarium, ii, canal, conduit, rigole, par où l'eau s'écoule ; 2°. écluſe, bonde d'un étang, jet-d'eau.

Im-Mitto, -ere, mettre dedans ; 2°. envoyer ; 3°. lancer ; 4°. jetter ; 5°. inſpirer ; 6°. apoſter.

Im-Misſio, onis, l'action de provigner la vigne, de faire des provins.

Im-Misſarius, ii, émiſſaire, eſpion, accuſateur ſuborné, faux témoin.

Im-Misſarium, ii, réſervoir d'eau.

Inter-Mitto, ere, diſcontinuer, ceſſer, interrompre.

Inter-Misſus, ûs ; Inter-Misſio, onis, diſcontinuation, relâche, ceſſe.

Intro-Mitto, -ere, faire entrer dedans, donner entrée, introduire.

Intro-Misſio, onis, l'action de faire entrer dedans, introduction.

O-Mitto, -ere, laiſſer-là, quitter, abandonner, ſe déſiſter, négliger, paſſer ſous ſilence.

O-Misſus, a, um, pareſſeux, négligent, indolent.

Per-Mitto, -ere, permettre, accorder ; 2°. envoyer ; 3°. ſouffrir, laiſſer faire ; 4°. rendre maître ; 5°. abandonner.

Per-Misſio, onis, permiſſion, congé.

Per-Misſû, par permiſſion.

Per-Misſum, i, congé, licence.

Imper-Misſus, a, um, défendu, qui n'eſt pas permis, de contrebande.

Post-Mitto, is, iſi, iſſum, tere, V. Poſt-habeo.

Præ-Mitto, -ere, envoyer devant ou par avance.

Præ-Misſa, orum, prémices.

Præter-Misſio, onis, omiſſion.

Præter-Misſus, a, um, participe de Præter-Mitto, omis, oublié, tû.

Præ-Mittendus, a, um, qu'il faut omettre.

Præter-Mitto, is, miſi, miſſum, tere, omettre, taire, paſſer ſous ſilence, ne rien dire, ne faire point mention, laiſſer paſſer ; 2°. négliger.

Pro-Mitto, -ere, jetter, lancer ; 2°. donner parole, engager ſa parole, s'obliger ; 3°. laiſſer croître en longueur, laiſſer pendre ; 4°. s'étendre ; 5°. faire profeſſion.

Pro-Misſus, a, um, long, qui pend, qu'on laiſſe pendre ; 2°. promis.

Pro-Misſum, i, promeſſe, ce que l'on promet.

Pro-Misſio, onis, promeſſe, l'action de promettre.

Pro-Misſor, oris, prometteur, qui promet.

Pro-Misſé, en long, en longueur, en laiſſant pendre.

Pro-Misſivus, a, um, qui concerne les promeſſes.

Composés de PRO-MITTO.

Ap-pro-Misſor, oris, caution, répondant, garant, celui qui s'oblige, ou qui s'engage pour un autre.

Ad-pro-Misſor, oris, caution, répondant, garant ; qui s'oblige, s'engage pour un autre, qui le cautionne.

Ad-pro-Mitto, is, miſi, miſſum, tere, cautionner, garantir, répondre, s'obliger, s'engager pour un autre.

Ap-pro-Mitto, is, iſi, iſſum, tere, cautionner, s'engager pour un autre.

Com-pro-Mitto, is, miſi, miſſum, tere, compromettre, paſſer un compromis, convenir d'arbitres pour en paſſer par leur jugement ;

2°. déposer, mettre en dépôt ; faire une gageure, un pari ; gager, parier.

COM-PRO-MIS*sarius*, *ii*, arbitre choisi.

COM-PRO-MIS*sum*, *i*, compromis, acte par lequel on soumet un différend au jugement d'arbitres ; 2°. dépôt, pari, gageure.

EX-PRO-MITTO, *is*, *isi*, *issum*, *tere*, se charger en son nom de la dette d'autrui, en faire sa propre affaire, en répondre.

EX-PRO-MIS*sor*, *oris*, qui se charge de la dette d'un autre, qui en fait sa propre affaire, qui l'assure, qui en répond.

RE-PRO-MIS*sio*, *onis*, promesse réciproque, engagement mutuel.

RE-PRO-MIS*sor*, *oris*, répondant, qui est caution, qui promet réciproquement.

RE-PRO-MIS*sus*, *a*, *um*, part. de

RE-PRO-MITTO, *is*, *misi*, *missum*, *tere*, promettre ; 2°. s'engager réciproquement, s'obliger mutuellement.

RE-MITTO, *-ere*, renvoyer, laisser aller ; 2°. pardonner, accorder ; 3°. débander, détendre, baisser ; 4°. rejetter, repousser ; 5°. se départir, se relâcher, abandonner ; 6°. adoucir, diminuer, amoindrir ; 7°. cesser, céder, donner relâche.

RE-MIS*sor*, *oris*, qui remet, qui pardonne.

RE-MIS*sa*, *æ* ; RE-MIS*sio*, *onis*, rémission, adoucissement de peine ; 2°. relâchement, repos après le travail ; 3°. rabais, remise.

RE-MIS*sarius*, *a*, *um*,
RE-MIS*sibilis*, *e*, *is*,   } qu'on peut ôter & remettre,
RE-MIS*sivus*, *a*, *um*,   qu'on peut relâcher.

IRRE-MIS*sibilis*, *le*, *is*, irrémissible.

SUB-MITTO, *-ere*, mettre, envoyer dessous ; 2°. soumettre, fléchir ; 3°. céder ; 4°. baisser, abaisser, diminuer le prix ; 5°. mettre à la place, substituer ; 6°. envoyer sous main, en secret ; 7°. apporter, suborner ; 8°. laisser croître.

SUB-MIS*sio*, *onis*, abaissement, humilité, bassesse.

SUB-MIS*sim*, SUB-MIS*sè*, bas, tout-bas, à voix basse ; 2°. avec soumission, humblement, d'une maniere soumise.

TRANS-MITTO, *-ere*, passer outre, traverser ; 2°. transporter ; 3°. percer d'outre en outre ; 4°. renvoyer ; 5°. passer sous silence.

TRANS-MIS*sus*, *ûs* ; TRANS-MIS*sio*, *onis*, trajet, passage d'un lieu à un autre.

MIS.

Du Celte MIS, fâcheux, infortuné, & qui indique privation, erreur, perte, vinrent ces mots :

MISERIA, *æ*, misere, malheur.

MISEREO, *es*, *ere*,

MISEREOR, *eris*, *sertus sum*, *eri*, &

MISERESCO, *is*, *ere*, avoir pitié, être touché de compassion.

Miserescat te mei, ayez pitié de moi.

MISERET, *miser*tum & *miseri*tum *est*, imperf.

Miseret me vicem tuam, j'en suis fâché pour l'amour de vous, je vous plains.

MISERABILI*ter*, adv. misérablement, malheureusement, pitoyablement, d'une maniere digne de compassion, à faire pitié.

MISERANDUS, *a*, *um*, V. *Miser*.

Miserandum in modum, voyez *Miserabiliter*.

MISERANTER, adv. avec compassion, pitoyablement.

MIseratio, *onis*, commisération ; pitié, compassion.

MIseratus, *a*, *um*, qui a plaint, qui a eu compassion, qui a été touché, qui a été ému de pitié.

MIserè, *adv.* malheureusement, misérablement ; 2°. éperduement, extrêmement.

MIserè *invidere*, haïr à la mort. — *Amare*, aimer à la folie.

MIsellus, *a*, *um*, misérable, pauvre, digne de compassion ; 2°. usé, qui ne vaut plus rien.

MIser, *a*, *um*, misérable, malheureux, digne de compassion, qui doit faire pitié.

MIserabilè, *adv.* voyez *Miserabiliter*.
MIserabilis, *m. f. le*, *n. is*, voyez *Miser*.
MIseriter, *adv.* voyez *Miserè*.
MIseritudo, *inis*, voyez *Miseria* & *Miseratio*.
MIseritus, *a*, *um*, &
MIsertus, *a*, *um*, qui a eu pitié, qui a été touché de compassion.

MIseror, *aris*, *atus sum*, *ari*, plaindre quelqu'un, avoir compassion de sa misere, être sensible à son infortune.

MIserùm, *adv.* chose déplorable ; 2°. voilà qui est pitoyable, ô malheur !

COMPOSÉS.

COM-MIseratio, *onis*, commisération, pitié, compassion, sentiment de miséricorde.

COM-MIserescit, (ce Verbe n'est employé qu'aux troisièmes personnes,) avoir compassion, être touché de pitié.

COM-MIseror, *aris*, *atus sum*, *ari*, prendre pitié, avoir compassion, entrer dans la peine, y prendre part.

IM-MIserabilis, *m. f. le*, *n. is*, qui ne doit point faire de pitié, indigne de compassion ; 2°. qui ne fait point de pitié.

MES, MIS,
Infortune, mal.

De MI désignant la bonté, & de la fugitive S désignant la privation, se forma la Famille MES, MIS, qui indique ce qui n'est pas bon, qui est mauvais, puant, corrompu : & qui a formé divers mots dont l'origine étoit inconnue.

1. La préposition initiale MIS qui indique dans nombre de Langues Celtiques le malheur, ce qui est mal, mauvais, puant.

ME-PHIT.

De MIS, mauvais, & de PHYSIS, souffle, exhalaison, vinrent ces mots :

MEPHIT*is*, *is*, puanteur, exhalaison puante qui s'élève des lieux où il y a des mines de soufre.

MEPHITicus, *a*, *um*, qui sent mauvais ; qui a une mauvaise odeur de soufre.

MES-PIL.

MESPIL*um*, *i*, néfle, *fruit*.
MESPIL*us*, *i*, neflier, *arbre*, mot qui existe dans presque toutes les Langues d'Europe.

Du Celte MES, pourri, corrompu, & de PIL, PEL, fruit rond.

M,
les Eaux.

L'agitation est le propre des eaux ; on les appella donc par onomatopée

Mu, Mi: de-là vinrent nombre de Familles qui ont pris des formes d'autant plus différentes, qu'on avoit moins d'idée de leur origine.

I.
MEo, aller, couler.

De *Me*, les eaux, vint:

1.
MEo, couler, aller.

MEO, *as*, *avi*, *atum*, *are*, aller, couler, se glisser ou passer d'un lieu à un autre.

MEABilis, *le*, par où l'on peut passer, dont le passage est facile; 2°. qui s'insinue, qui passe, qui coule aisément.

MEAns, *tis*, qui passe, passant, qui fait son chemin.

MEAtus, *ûs*, l'action ou la manière de marcher, allûre; 2°. cours; 3°. pore du corps, passage.

COMPOSÉS.

COM-MEO, *as*, *avi*, *atum*, *are*, aller & venir, passer & repasser.

COM-MEAtor, *oris*, qui va & qui vient, qui va de côté & d'autre.

COM-MEAtus, *ûs*, allée, venue, passage, voiture, transport; 2°. vivres, provisions de bouche, convoi pour une armée; 3°. congé, passe-port, sauf-conduit; 4°. troupes qu'on fait passer; 5°. passage, avenue, chemin pour passer.

DE-MEACulum, *i*, descente, en des lieux souterreins.

DE-MEO, *as*, *avi*, *atum*, *are*, descendre, découler.

IM-MEAns, *tis*, omn. gen. qui s'insinue dans, qui entre.

IM-MEO, *as*, *are*, entrer dedans, s'insinuer.

INTER-MEO, *as*, *avi*, *atum*, *are*, voyez *Inter-Fluo*.

PER-MEO, *as*, *avi*, *atum*, *are*, passer au travers, traverser, pénétrer.

PER-MEAbilis, *m. f. le*, *n. is*, au travers duquel on peut passer, pénétrable, qu'on peut traverser.

PER-MEAtio, *onis*, passage au travers, traversée.

PRÆTER-MEO, *eas*, *eavi*, *eatum*, *eare*, passer outre, aller au-devant.

RE-MEO, *as*, *avi*, *atum*, *are*, revenir, retourner.

RE-MEAculum, *i*, retour.

RE-MEAns, *tis*, omn. gen. qui revient, qui retourne.

RE-MEAtus, *ûs*, retour, revenue.

RE-MEAbilis, *m. f. le*, *n. is*, qui peut revenir.

IR-RE-MEAbilis, *m. f. le*, *n. is*, d'où l'on ne peut revenir.

SUBTER-MEO, *as*, *are*, aller ou passer par-dessous.

SUPER-MEO, *as*, *avi*, *atum*, *are*, couler après ou passer par-dessus.

TRANS-MEAtio, *onis*, passage au travers, l'action de passer au travers ou au-delà.

TRANS-MEO, *as*, *avi*, *atum*, *are*, passer au travers, aller au-delà.

2.
MÆander, *dri*, le Méandre, fleuve d'Asie, qui fait plusieurs tours & détours; 2°. entrelacement de la broderie; 3°. peinture ou gravure faite par des lignes qui vont en tournant.

MÆandratus, *a*, *um*, qui a quantité de tours & de détours, sinueux.

MÆandri, *orum*, tours & détours, sinuosité.

II.

MEIo, uriner.

MEIO, *is*, *minxi*, *mictum*, *meiere*, pisser, uriner, faire de l'eau, lâcher de l'eau.

MICTORIUS, *a*, *um*, qui fait pisser, diurétique.

MICTualis, *m. f. le*, *n. is*, qui concerne l'action de pisser.

MICTURIO, *is*, *ivi* & *ii*, *ire*, avoir envie de pisser.

MICTUS, *ûs*, l'action de pisser.

MINCTIO, *onis*, &

MINCTURA, *æ*, l'action de pisser.

MINGO, *is*, *xi*, *mictum*, *gere*, pisser.

COMPOSÉS.

CIRCUM-MINGO, *is*, *nxi*, *mictum*, *gere*, pisser tout autour, entourer en pissant.

COM-MINGO, *is*, *minxi*, *minctum*, *gere*, pisser dessus.

COM-MINCTUS, *a*, *um*, où l'on a pissé.

IN-MEIO, *is*, *minxi*, *mictum*, *meiere*, pisser dedans.

SUB-MEI-*ulus*, *a*, *um*, qui pisse sous soi, dans ses chausses, au lit; qui laisse aller son urine.

III.

MI, imiter.

De MI, eau, dans laquelle se peignent les objets, vint la famille MI, imiter, peindre les objets comme l'eau: de-là le Latin I-MI-*tor*, imiter, & cette Famille Greco-Latine:

MIMus, *i*, farceur, bâteleur, baladin, bouffon, comédien ; 2°. farce, piéce comique, batelage, vers bouffons ; 3°. tour d'adresse, piéce , tour, malice.

MIMulus, *i*, dimin. de

MIMA, *æ*, voyez Mimus.

2. MIMallioneus, *a*, *um*, qui concerne l'imitation de Bacchus, les cérémonies de ses Fêtes.; 2°. ceux qui se déguisent en enfans de Bacchus, avec des cornes & des pampres.

MIMallonides, *um*, sorte de Bacchantes; femmes qui imitoient Bacchus.

3. MIMarius, *a*, *um*, qui concerne les mimes, les bateleurs, les farceurs.

MIMesis, *is*, imitation des mœurs, éthopée, figure de Rhétorique.

MIMicè, *adv.* en farceur, en bateleur, en bouffon, en baladin.

MIMicus, *a*, *um*, de farce, de piéce comique, de bouffonnerie, de bâtelage; 2°. de farceur, de baladin, de bateleur, de bouffon.

BINOMES.

MIM-IAMbus, *i*, sorte de vers iambes, employés dans les piéces comiques, dans les farces.

MIMO-GRAPHus, *i*, Ecrivain de farces, de piéces comiques, de bouffonneries.

IV.

MISC, mélange.

En Celte MESG, MESK, MISC, signifie mêle, mélange: entre, parmi.

En Gr. MISGÓ; en Or. מזג, MAZG, mêler.

De-là cette Famille :

1. Misceo, *es*, *cui*, *ſtum*, *xtum*, *cere*, mêler, brouiller parmi, mixtionner, troubler.

Miscellus, *a*, *um* ; Miscellaneus, *a*, *um*, mêlé, mélangé, mixtionné.

Miscellanea, *orum*, divers spectacles entremêlés sans ordre ; 2°. salmigondis, mélanges.

Mistura, *æ*, mélange, mixtion.

Mistarius, *ii*, vase qui sert à mêler ce qu'on veut.

Mistim, en mêlant parmi, en entremêlant, pêle-mêle.

Mixtura, *æ*, mélange, brouillamini, pot-pourri.

Mixtus, *a*, *um* ; Mistus, *a*, *um*, mêlé, brouillé ensemble.

2. Migma, *atis*, mélange, comme le grain & la paille ensemble.

3. Mictyris, *idis*, mets de pauvres gens, espéce de bouillie faite avec des légumes.

Du Grec Mixtos, mêlé.

COMPOSÉS.

Ad-Misceo, *-ere*, mêler, confondre l'un dans l'autre, brouiller ensemble.

Ad-Mistura, *æ*, mélange, accouplement.

Ad-Misrio, *onis*, mixtion ; 2°. trouble, confusion.

Com-Misceo, *-ere*, mêler avec, ensemble.

Com Mistio, *onis*, } mélange ; 2°.
Com-Mixtio, *onis*, } conjonction des planettes.

Com-Mixtim, pêle-mêle.

Im-Misceo, *es*, *cui*, *miſtum*, *ere*, mêler, entremêler, mélanger.

Im-Mixtus, *a*, *um* ; Im-Mistus, *a*, *um*, mêlé, brouillé parmi.

Im-Mixtim, en mêlant.

Inter-Misceo, *-ere*, mêler parmi, confondre ensemble.

Per-Misceo, *-ere*, mêler parmi, brouiller, confondre.

Per Miscibilis, *e*, *is*, qu'on peut mêler.

Per Mistio, *onis*, mélange, mixtion.

Per-Mistim ; Per-Misté, confusément, pêle-mêle.

Per-Mistor, *oris*, mixtionneur, qui mêle.

Pro-Misceo, *-ere*, mêler confusément.

Pro-Miscim, ensemble, pêle-mêle.

Pro-Miscuè, en commun, sans distinction.

Pro-Miscuus, *a*, *um*, confus, pêle-mêle ; 2°. commun, mutuel, qui n'est pas individuel.

Im-Pro-Miscuus, *a*, *um*, qui n'est pas commun, extraordinaire.

Re-Misceo, *-ere*, mêler de nouveau, faire un nouveau mélange.

V.

MO, agitation, mouvement.

I.

1. Moveo, *es*, *movi*, *motum*, *vere*, mouvoir, donner le mouvement, agiter, remuer ; 2°. toucher, exciter, émouvoir, troubler ; 3°. partir, déloger, décamper, sortir d'un lieu ; 4°. causer, produire, procurer, provoquer.

Motus, *ûs*, mouvement, agitation, remuement ; 2°. vibration ; 3°. émeute, sédition, trouble, tumulte ; 4°. motif, cause, raison, sujet, ce qui porte à agir.

Motabilis, m. f. le, n. is, qu'on peut mouvoir.

2. Mota-Cilla, æ, hochequeue, petit oiseau.

3. Motacismus, i, fréquente répétition de l'M ; 2°. rencontre d'une voyelle après l'M.

Motatio, onis, voyez Motio.
Motator, oris, voyez Motor.
Motatus, ûs, &

4. Motio, onis, motion, mouvement, agitation.

Motio animi, passion, émotion, mouvement de l'ame.

Motiuncula, æ, petit mouvement, petite émotion.

Moto, as, avi, atum, are, mouvoir, agiter, remuer souvent.

Motor, oris, moteur, qui meut, qui agite, qui remue.

Motus, a, um, part. de *moveo*.

Movendus, a, um, qu'il faut remuer.

Movens, tis, omn. gen. remuant, qui meut, qui donne le mouvement, qui remue.

5. Com-Motaculum, i, verge, baguette que les Prêtres Flamines portoient à la main lorsqu'ils alloient sacrifier.

2.

Mobilis, le, is, mobile, qu'on peut mouvoir ou remuer ; 2°. changeant, inconstant, léger, qui change aisément.

Mobilitas, atis, facilité à se mouvoir ; 2°. inconstance, légereté.

Mobilitas linguæ, volubilité de la langue.

Mobiliter, adv. légerement, avec mouvement.

Mobilito, as, avi, atum, are, rendre mobile, donner du mouvement.

Im-Mobilis, m, f. le, n. is, immobile, qui ne se remue point.

COMPOSÉS.

Ad-Motio, onis, &
Ad-Motus, ûs, approche ; 2°. application.
Ad-Motus, a, um, approché, mis auprès ; 2°. ému ; 3°. offert, présenté.

A-Motio, onis, éloignement, exil, écart ; 2°. privation, retranchement.

A-Motus, a, um, renvoyé, chassé, banni ; 2°. ôté, retiré, part. de

A-Moveo, es, ovi, otum, ere, ôter, déplacer, remuer d'un lieu à un autre, emporter ; 2°. éloigner, écarter, détourner, distraire ; 3°. bannir, reléguer, exiler ; 4°. dérober.

Ad-Moveo, es, *movi, motum, ere*, approcher, appliquer, mettre sur, auprès ; 2°. émouvoir ; 3°. offrir, présenter, donner.

Admovere cruciatus, appliquer à la question. ---- *aurem*, prêter l'oreille.

Com-Motio, onis, agitation, émotion, inquiétude, mouvement, passion, sentiment, trouble.

Com-Motiuncula, æ, légere émotion, &c.
Com-Motus, a, um, part. de
Com-Moveo, es, *movi, motum, vere*, agiter, émouvoir, mouvoir, ébranler, remuer ; 2°. exciter, inciter, animer, irriter, toucher, pousser, presser ; 3°. troubler.

De-Moveo, -ere, remuer, déplacer, enlever, détourner ; 2°. priver, casser ; 3°. bannir, reléguer.

Di-Moveo, es, *movi, motum, vere*, remuer, déplacer, mouvoir, ôter d'une place, agiter, ébranler, porter ailleurs ;

2°. chasser, rejetter, écarter, éloigner; 3°. détourner.

E-Motus, a, um, part. de

E-Moveo, es, movi, motum, vere, faire sortir, chasser, mettre dehors, éloigner, renvoyer, bannir, faire retirer; 2°. remuer, ôter d'un lieu, émouvoir, ébranler, secouer.

Im-Motus, a, um, immobile, qui est sans mouvement, qui ne remue point; 2°. ferme, inébranlable.

Im-Motum animo sedet, il a pris une forte résolution, il est déterminé.

Ir-Re-Motus, a, um, voyez Im-Motus.

Ob-Moveo, es, ere, voyez Ad-Moveo.

Per-Motio, onis, mouvement, agitation, émotion violente.

Per-Motor, oris, moteur, qui agit fortement.

Per-Motus, a, um, part. de Per-moveo.

Per-Motus lacrymis, fort touché des larmes. — mente, qui a l'esprit troublé ou hors de son assiette, qui a perdu l'esprit, qui est hors de sens. — ventis, fort agité des vents.

Per-Moveo, es, movi, motum, vere, agiter fortement; 2°. émouvoir, toucher.

Pro-Motio, onis, promotion, élévation aux charges.

Pro-Motor, oris, celui qui pousse, qui avance; 2°. Promoteur.

Pro-Motus, a, um, part. de

Pro-Moveo, es, movi, motum, vere, pousser en avant, faire avancer; 2°. étendre; 3°. avancer en marchant; 4°. reculer, différer, remettre, retarder, prolonger, proroger; 5°. profiter, faire du progrès, gagner.

Re-Motio, onis, éloignement, l'action d'éloigner.

Remotio criminis, décharge d'un crime, l'action d'en justifier.

Re-Moveo, es, movi, motum, vere, remuer, ôter d'un lieu, déplacer, déranger; 2°. éloigner, chasser, mettre en dehors, repousser.

Re-Movere se suâ arte, renoncer à son état.

Re-Mosse, pour Re-Movisse; voyez Removeo.

Se-Movendus, a, um, qu'il faut éloigner, qu'on doit séparer.

Se-Moveo, es, movi, motum, vere, éloigner, séparer, écarter.

Se-Motus, a, um, part. de Se-moveo.

Sub-Motus, a, um, part. de

Sub-Moveo, es, movi, motum, vere, écarter, éloigner, faire retirer, faire faire place; 2°. diviser, séparer; 3°. bannir.

Submovetur illi, on lui fait faire place.

Sub-Motor, oris, qui fait faire place, qui écarte la foule, qui fait retirer le monde; 2°. Huissier de salle; 3°. Suisse de Paroisse.

Sub-Ad-Moveo, es, movi, motum, vere, approcher un peu.

Trans-Motus, a, um, part. de

Trans-Moveo, es, movi, motum, vere, transporter, transférer.

VI.

MUT, changement, révolution.

Muto, -are, changer, faire échange, rendre tout autre.

Mutito, -are, se régaler tour-à-tour; 2°. troquer souvent.

Mutabilis, e, sujet au changement, inconstant, variable.

Mutabilitas, is, légereté, inconstance.

Mutabiliter, avec inconstance.

Mutatio, onis, changement.

Mutatorius, a, um, de rechange, qui sert à changer.

Mutatorium,

Mutatorium, ii, habit dont on change, ornement de femme.
Mutuito,-are, changer, troquer souvent.
Mutuo,-are, } emprunter.
Mutuor,-ari, }
Mutuò,
Mutuè, } réciproquement, mutuellement.
Mutuiter,
Mutuùm,
Mutuum, ii, argent qu'on prête, qu'on emprunte ; 2°. le réciproque.
Mutuus, a, um, mutuel, réciproque.
Mutuatio, onis, emprunt.
Mutuatitius, a, um, qu'on prête, d'emprunt.
Mutuarius, a, um, mutuel, réciproque.

COMPOSÉS.

Com-Muto,-are, changer, attirer, diversifier, trafiquer.
Com-Mutatus, ûs ; Com-Mutatio, onis, révolution, altération, troc, mutation.
Com-Mutabilis, e, changeant, léger, variable ; 2°. dont on peut faire échange.
De-Muto,-are, changer, se dédire, faire changer.
De-Mutatio, onis, changement.
E-Muto,-are, changer.
Im-Muto,-are, devenir indifférent, changer.
Im-Mutatio, onis, changement.
Im-Mutabilis, e, immuable, inaltérable.
Im-Mutabilitas, atis, état immuable, immutabilité.
Im-Mutabiliter, constamment, d'une maniere inaltérable.
Per-Muto,-are, changer, troquer.
Per-Mutatio, onis, changement, échange.
Per-Mutabilis, e, qui peut être échangé.
Pro-Mutuum, ui, avance, argent avancé.

Pro Mutuus, a, um, avancé, dont on fait les avances.
Re-Muto,-are, rechanger.
Re-Mutator, oris, qui rechange.
Re-Mutatio, onis, rechange.
Sub-Muto,-are, donner en échange, troquer.
Trans-Muto,-are, faire passer d'une forme à une autre.
Trans-Mutatio, onis, changement.

VII.
MUC, moisissure.

Mucor, oris, chansissure, moisissure, mot-à-mot, effet de l'humidité ; voy. Orig. Fr. col. 724.
Mucedo, inis, voyez Mucor.
Muceo, es, ere, être moisi.
Mucesco, is, ere, chansir, moisir, se chansir, se moisir, devenir moisi.
Mucidè, adv. d'une maniere crasseuse, vilaine, mal-propre.
Mucidus, a, um, moisi, chansi.
E-Mucidus, a, um, moisi, chansi, rance.

VIII.

Mugil, is, } mulet, poisson de
Mugilis, is, } mer & d'eau douce.
Myxon, onis, sorte de poisson de l'espéce des mulets.

MU,
Doux, agréable, tendre.

De Mu, doux, agréable, tendre ; & Mew, oisiveté, repos, se formerent Mus, 1°. loisir ; 2°. divertissement : de-là diverses Familles.

I.
Musa, Muse,
Famille Greco-Latine.

Musa, æ, Muse, une des Divinités que les Poëtes faisoient présider aux sciences; on en compte ordinairement neuf; 2°. chant, chanson, air.

Musæ, arum, les Sciences, les Belles-Lettres, les Beaux-Arts.

Musæum, i, &

Museum, i, Académie, lieu où s'assemblent les Gens de Lettres; 2°. cabinet d'homme de Lettres; 3°. grotte artificielle.

Museus, a, um, qui concerne les Muses.

Musaicum opus, ouvrage à la mosaïque; voyez Musivum.

Musivarius artifex, ouvrier qui fait des ouvrages à la mosaïque.

Musivum, i, &

Musivus, a, um, qui est fait à la mosaïque ou par compartimens.

Musica, æ,
Musica, orum, } musique.

Musicarius, ii, Luthier, faiseur d'instrumens de musique.

Musicatus, a, um, mis en musique.

Musice, es, voyez Musica.

Musicè, adv. en Musicien.

Musicus, i, Musicien.

Musicus, a, um, de musique; qui concerne la musique, musical; 2°. qui concerne la Poésie.

Musicum studium, l'étude de la Poésie dramatique.

COMPOSÉ GREC.

A-Musia, æ, ignorance; mot-à-mot, sans connoissance, sans science.

II.
MUST, moût.

De Mu, jeune; 2°. tendre, délicat;
3°. doux, se formerent ces mots:

Mustum, i, moût, vin doux.

Mustus, a, um, frais, récent, nouveau.

Mustaceum, i, &

Mustaceus, i, sorte de gâteau pétri avec du vin doux, & qu'on faisoit cuire avec des feuilles de laurier dessous.

Mustarius, a, um, de moût, de vin doux ou nouveau.

Mustarius urceus, cruche à mettre du vin doux, cruche de pressoir.

Musteus, a, um, qui a la douceur du vin doux; 2°. frais, récent.

Mustulentus, a, um, qui a la douceur du vin doux; 2°. plein de vin doux.

III.
MU-SCAT.

De Mu, doux, & Cat, pointe, se formerent ces mots.

Raisin Mus-cat, vin Mus-cat.

Muscetum, i, rose muscade.

Muscatus, a, um, muscat.

Muscata nux, noix muscade.

Muscatella, æ, muscadelle, sorte de poire.

IV.
Muscus, i, mousse.

Muscus marinus, coraline, plante; 2°. mousse qui croît sur les rochers.

Muscidus, a, um, moussu, couvert de mousse, plein de mousse.

Muscor, aris, ari, se couvrir ou être couvert de mousse.

Muscosus, a, um, couvert de mousse, plein de mousse, moussu.

E-Musco, as, avi, atum, are, ôter la mousse des arbres.

MUS.

De Mu, se cacher, vinrent diverses Familles.

I.

1. Mus, Muris, rat, souris; 2°. martre zibeline.

Mus araneus, musaraigne, espéce de rat venimeux. — Marinus, tortue. —Africanus, panthere.

Musculus, i, petit rat; 2°. muscle; de Muó, mouvoir; 3°. sorte de petit poisson de mer, qui, dit-on, conduit la baleine.

Murinus, a, um, de rat ou de souris.

Murinum hordeum, avoine stérile, folle avoine.

Musculosus, a, um, plein de muscles.

Muricatim, en forme de chausse-trape.

Muricatus, a, um, fait en forme de chausse-trape.

Muri-Cidus, a, um, qui s'amuse à tuer des rats ou des souris 2°. lâche, poltron.

Mus-Cipula, æ, &

Mus-Cipulum, i, ratiere, souriciere.

Mus-Cerda, æ, crotte de rat ou de souris.

Mustri-Cola, æ, forme de soulier.

Mys, yos, rat de mer, sorte de poisson à coquille : c'est un mot Grec.

2. Musmon, ou Musimon, onis, sorte de bélier couvert de poil semblable à celui des chèvres.

Musimon, onis, âne, mulet, bidet, petit cheval.

3. Mustela, æ, belette; 2°. fouine; 3°. lamproie, poisson.

Mustelinus, a, um, de belette.

Mustellatus, a, um, de couleur de belette.

4. Mutilus, i, sorte de poisson à coquille, moule.

FAMILLE GRECQUE.

Myo-ctonus, i, racine d'aconit.

Myoparo, onis, brigantin, frégate légere.

Myophonum, i, voyez Myoctonur.

Myo-phonus, a, um, qui tue les mouches, les taupes & les souris.

Myops, opis, frelon, bourdon, guêpe, insecte.

My-ops, opis, qui a la vue courte, qui regarde de près.

Myos-ota, æ, &

Myosotis, idis, oreille de rat, plante.

Myos-urus, i, vermiculaire, plante.

MOTS LATINS VENUS DU GREC.

M

Maspetum, i, feuille du laserpitium, ou la tige.

En Gr. Maspeton.

Mastigeus, a, um, & } qui mérite

Mastigia, æ, } le fouet, les étrivieres, &c.

Du Gr. Maſtix, fouet.

Proto-Mastor, oris, premier Maître ; de Protos, premier.

Memecylos, i, le fruit de l'arboisier.

Pro-Mello, is, ere, prolonger, reculer, retarder.

Promellere litem, faire durer un procès, le prolonger.

Anti-Melon, *i*, mandragore, racine qui a quelque rapport à la figure humaine.

Semi-Metopium, *ii*, demi-métope, ou quart de métope; terme d'Architecture.

M I.

A-miantus, amiante, pierre incombustible & qui peut se filer.

Ho-Milia, *æ*, discours, entretien; 2°. homélie.

Misy, *yos*, sorte de truffe de la Cyrénaïque; 2°. sorte de minéral vitriolique, qui se trouve dans les mines de cuivre.

En Gr. ΜΙΣΥ, *Misy*.

M O.

Mœcha, *æ*, femme adultere, femme qui se conduit mal.

Mœchator, *oris*, adultere.
Mœchia, *æ*, adultere.
Mœchidius, *a*, *um*, adultérin.
Mœchile, *is*, &
Mœchi-nomium, *ii*, adultere.
Mœchisso, *as*, *avi*, *atum*, *are*, &
Mœchor, *aris*, *atus sum*, *ari*, commettre un adultere.
Mœchulus, *a*, *um*, dimin. de
Mœchus, *i*, adultere.
Mœchus, *a*, *um*, d'adultere.

Moly, herbe excellente pour servir de contrepoison.

Anthropo-Morphitæ, *arum*, Anthropomorphites, hérétiques qui disoient que Dieu avoit la figure d'homme.

Meta-Morphosis, *is*, & *eos*, Métamorphose, changement de figure, transformation.

A-Musium, *ii*, machine inventée pour connoître la différence des vents, & sçavoir précisément celui qui souffle.

Mustace, *aces*, laurier à grandes feuilles, *arbrisseau*.

M Y.

Myrabalanum, *i*, voyez *Myrobalanum*.
Myrapium, *ii*, sorte de poire.
Myro-Balanum, *i*, myrobolan, sorte de noix aromatique.
Myrica, *æ*, &
Myrice, *es*, tamarin, *arbrisseau*; 2°. bruyere; 3°. isle de la mer rouge.
Myrinus, *i*, mâle de la lamproie.
Myrinus, *a*, *um*, aromatique ou aromatisé, accommodé avec des aromates.
Myrinum vinum, hypocras, sorte de boisson.
Myro-Bractarius, *ii*, } parfumeur,
Miro-Brecharius, *ii*, } qui vend des parfums.
Myro-Polium, *ii*, boutique de Parfumeur.
Myrseneum, *i*, sorte de fenouil, *plante*.
Myrsine, *es*, myrte: *arbrisseau*.
Myrsinites, *æ*, sorte de pierre précieuse; 2°. vin où l'on a fait tremper des baies de myrte; 3°. espèce de tithymale : *plante*.
Myrrha, *æ*, arbrisseau d'où coule la myrrhe; 2°. myrrhe, gomme précieuse.
Myrrhatus, *a*, *um*, où il entre de la myrrhe; accommodé, parfumé avec de la myrrhe.

Myrrheus, a, um, de myrrhe.
Myrrhina, æ, Ville de l'Asie Mineure ; 2°. hypocras.
Myrrhinus, a, um, voyez *Myrrheus*.
Myrrhis, idis, forte de plante; 2°. cerfeuil musqué, *herbe*.
Myrrhites, æ, forte de pierre précieuse.
Murrhatus, a, um, où l'on a mêlé de la mirrhe ou des aromates.
Murrho-Bathrarius, ii, celui qui parfumoit les souliers des Dames.
Myrtus, i, myrte, *arbrisseau*.
Myrta, orum, graine ou baies de myrte.
Myrtaceus, a, um, de myrte.
Myrtaria, æ, forte de tithymale : *plante*.
Myrtatus, a, um, où il entre des baies de myrte.
Myrthea, æ, surnom de Vénus.
Myrtetum, i, lieu planté de myrtes.
Myrteus, a, um, de myrte.
Myrtidanum, i, voyez *Myrtites*.
Myrtillus, i, myrte sauvage.
Myrtinus, a, um, de myrte.
Myrtiolus, a, um, qui ressemble au myrte.
Myrtites, æ, vin de myrte.
Myrto-petalon, i, forte de plante.
Myrtosus, a, um, plein de myrte.
Myrtoum mare, partie de la mer Egée.
Myrtuosus, a, um, voyez *Myrtosus*.
Mystax, acis, moustache.
A-Mystis, idis, maniere de boire chez les Thraces, à longs traits.
A-Mystizô, boire à longs traits.
Mythus, i, fable, conte.
Mythologia, æ, discours fabuleux ; mythologie, l'histoire des Dieux de la Fable.
Mythologicus, a, um, mythologique, qui concerne les fables.
Mythologus, a, um, Mythologiste, qui conte des fables.

MOTS LATINS VENUS DE L'ORIENT.

M

MAmmona, æ, richesses; 2°. gain.

Mammoneus, a, um, qui concerne les richesses; 2°. avide d'argent.

Mataxa, æ, ficelle, menue corde; 2°. pelotte de fil; 3°. botte, faisceau, fagot, liasse.

De l'Or. מתג, frein, cordon.

Mataxatus, a, um, botté, mis en botte, en fagot, en faisceau, dont on a fait une bottelée.

Mausoleum, ei, Mausolée, tombeau magnifique de Mausole, Roi de Carie.

De l'Or. משל, Roi: voy. *Disc. Prél. des Orig. Lat. Part.* 1. p. LXI.

Mithra, æ, nom du Soleil chez les Perses; 2°. Prêtre du Soleil.

Mithrax, acis, sorte de pierre précieuse.

Mithridaticum antidotum, i, mithridate, contrepoison inventé par Mithridate, Roi de Pont.

Mitra, æ, coëffure efféminée & molle des Asiatiques.

Mitrula, æ; Mitella, æ, coëffure lascive & molle des Dames de Phrygie, écharpe qui soutient un bras blessé.

1. Moloch, Idole des Ammonites; de l'Or. מלך, Melech, Roi: cette Divinité étoit le Soleil, Roi physique du Monde.

2. Moloche, es, mauve, *herbe*.

Molochinarius, ii, Teinturier en couleur de fleur de mauve, qui tire sur le pourpre.

Molochinus, a, um, de couleur de fleur de mauve.

Molochites, æ, sorte de pierre précieuse.

A-Momum, i, arbrisseau dont le bois est odoriférant.

Mutulus, i, corbeau, modillon, pièce qui avance hors d'une muraille, & qui sert à soutenir quelque chose; 2°. espéce de modillon quarré dans la corniche de l'ordre dorique.

Ce mot doit venir de l'Oriental מוט Mut, מטיל Mutil, soutien, appui, tout ce qui a de la force pour soutenir.

MOTS LATINS-CELTES,
OU DÉRIVÉS DE LA LANGUE CELTIQUE.

N

LA lettre N, qui dans tous les Alphabets suit la lettre M, n'a pas eu cette place sans raison : désignant le fils, le nourrisson, le né, elle marche naturellement à la suite de M qui désigne la Mere.

Cette lettre se prononce du nez ; elle devint donc le nom de cette portion du corps humain & de ses facultés : & parce qu'elle a un son rentrant plutôt que sortant, elle est devenue naturellement le nom de la négation, de tout refus ; car par le refus, on garde, on empêche de sortir, on fait le contraire de l'action d'accorder.

De-là une autre signification très-étendue de la lettre N ; & par laquelle elle désigne l'intérieur, le dedans, tandis que E & S sont consacrés à l'extérieur, aux dehors.

Ce sont-là les grandes causes des mots en N.

On y peut ajouter la facilité qu'a cette lettre de se substituer à M, à L & à R.

Une chose digne de remarque, c'est que cette lettre n'a donné lieu à aucune Onomatopée : en effet, elle est par sa nature même absolument propre à l'homme : observation importante qui s'accorde avec tout ce que nous avons dit sur l'Origine des mots, & que n'avoient fait cependant aucun de ceux qui se sont le plus occupés de ces objets, & avec le plus de succès.

NAT, NAS,
né.

De N, désignant toute idée relative à la naissance, à la production, vinrent ces diverses Familles :

I.

1. NA-NUS, i, petit comme un enfant ; nain.

NANUS, a, um, qui est nain, pas plus haut qu'un enfant.

En Espagn. NINO, petit enfant.

En Or. NIN, & NUN, נִין, נִן, fils, enfant.

2. NÆNIA, æ,
NENIA, æ,
NENIÆ, arum,
} chanson à bercer les enfans, chanson destinée à les endormir ; 2°. fables,

contes ; chanfons, des bagatelles, des riens ; 3°. chanfon lugubre pour les funérailles, pour le dernier fommeil : 4°. Déeffe de ces chanfons.

NENIOfus, a, um, de contes, de fables, plein de chanfons à endormir.

NENIOR, atus fum, ari, endormir avec des contes, conter ; 2°. chanter aux funérailles ; 3°. charmer, enchanter.

II.

1. NATUS, i, G-NATUS, i, fils, enfant ; 2°. poulain.

NATA, æ ; G-NATA, æ, fille, enfant.

NATUS, a, um, né, iffu ; 2°. propre à.

NATUS fum, je naquis, je vins au monde.

NASCOR, NASCI, naître, provenir.

NASCENDUS, a, um, qui doit naître.

NASCITURUS, a, um, qui naîtra.

NASCENTIA, æ, nativité, naiffance.

NATU, d'âge.

NATU maximus, le plus âgé, l'aîné, mot à mot, le plus grand en âge.

Magno Natu, d'un grand âge.

PRO-G-NATUS, a, um, né, produit.

PRO-G-NATI, orum, les enfans d'une perfonne.

2. NATALIS, e, natal, de la naiffance.

NATALIS, is, jour de la naiffance, de la dédicace ; 2°. NOEL.

NATALES, ium, naiffance, extraction, race ; 2°. fête anniverfaire.

NATALITIUS, a, um, qui concerne la naiffance.

NATALITIA, orum, préfent fait au jour de la naiffance ; 2°. régal qu'on fait à quelqu'un le jour de fa fête.

NATIO, onis, Déeffe qui préfidoit aux accouchemens.

3. NATIO, onis, l'enfemble des defcendans ou de ceux qui font iffus d'un même pere & qui ne forment qu'un peuple.

NATIVITAS, atis, naiffance, nativité.

NATIVUS, a, um, né avec nous, naturel.

III.

NATURA, æ, principe de tout ce qui naît, l'enfemble de tout ce qui naît, la faculté génératrice ; 2°. effence de chaque être, vertu qui fait naître ; 3°. inclination naturelle, génie, inftinct, qualité.

NATURALIS, e ; NATURAHILIS, e, reçu de la nature, né, produit fuivant les règles de la nature ; 2°. qui n'eft point artificiel ; vrai, fincere.

NATURALE, is,   } parties naturel-
NATURALIA, ium, } les.

NATURALITER, par nature, d'après les mouvemens naturels.

NATURI-FICATUS, a, um, qui a pris nature, qui eft né.

Composés de NATURA.

EXTRA-NATURALIS, le, qui eft contre nature.

SUPER-NATURALIS, m. f. le, n. is, furnaturel.

SUPER-NATURALITER, adv. furnaturellement, d'une maniere furnaturelle.

TRI-NATUS, ûs, âge de trois ans.

Composés de NATUS.

AD-NASCOR, -ci, furnaître, croître auprès de quelque chofe, tenir à quelqu'un par la naiffance.

AG-NASCOR, -ci, naître contre, croître fur,

sur, auprès ; 2°. naître depuis le testament du pere.

AG-NATUS, a, um, surnuméraire, qui vient par surcroît.

AG-NATA, æ, parente du côté du pere.

AG-NATUS, i, parent du côté du pere.

AG-NATIO, onis, parenté du côté paternel ; 2°. naissance après le testament du pere ; 3°. croissance, excroissance contre, sur, auprès de quelque chose.

CIRCUM-NASCOR, sci, naître, croître autour.

COG-NATIO, onis, parenté du côté de la mere, proximité de sang ; 2°. liaison, union, sympathie.

COG-NATUS, a, um, parent du côté maternel, cousin-germain, proche, allié ; 2°. né avec, qui a du rapport, de la ressemblance, approchant ; 3°. contigu, voisin, de même pays.

DE-NASCOR, -sci, mourir, cesser d'être.

E-NASCOR, -sci, pousser, sortir de terre.

EXTRA-NATURALIS, qui est contre nature.

IN-NASCOR, -sci, croître dedans ; 2°. être naturel.

IN-NATUS, a, um, naturel, né avec, inné.

INTER-NASCOR, -sci, croître parmi, naître entre.

OB-NATUS, a, um, né autour.

RE-NASCOR, -sci, naître de nouveau, ressusciter.

SUB-NASCOR, -sci, pousser par-dessous ; 2°. croître à la place d'un autre.

SUPER-AD-NATA, æ, derniere tunique de l'œil, adhérente par-dehors à la cornée.

SUPER-NATUS, a, um, né ou cru depuis.

IV.

NEPOS, otis, petit-fils; fils du fils ou de la fille.

NEPTIS, is, petite-fille, fille du fils ou de la fille.

NEPOTES, um, descendans, postérité ; 2°. tendrons qui naissent tous les ans autour d'un cep, & qu'on coupe comme inutiles.

NEPOTULUS, i, dimin. de Nepos.

COMPOSÉS.

AT-NEPOS, otis, petit-fils de l'arriere-petit-fils, ou de l'arriere-petite-fille.

AT-NEPTIS, is, petite-fille de l'arriere-petite-fille ou de l'arriere-petit-fils.

PRO-NEPOS, otis, arriere-petit-fils.

PRO-NEPTIS, is, arriere-petite-fille.

TRI-NEPOS, otis, arriere-petit-fils du petit-fils, ou de la petite-fille.

TRI-NEPTIS, is, arriere-petite-fille du petit-fils, ou de la petite-fille.

2°. Au figuré.

NEPOS, otis, débauché, insensé, qui mange son bien en débauche.

NEPOTALIS, e, débauché.

NEPOTATUS, us, débauche, vie de débauché.

NEPOTINUS, a, um, de débauché.

NEPOTOR, atus sum, ari, vivre dans la débauche.

Les Grecs attachent également à ce mot NEP les idées d'enfance, d'étourderie, de folie.

V.

NU, Nourrir.

NUTRIO, is, ivi, itum, ire, nourrir ; 2°. conserver, entretenir, avoir soin de.

NUTRIMEN, inis, &

NUTRIMENTUM, i, nourriture, aliment.

NUTRIMENTORUM ejus locus, le lieu où il a été nourri.

NUTRIX, icis, nourrice, celle qui nourrit ; 2°. pépiniere ; 3°. celle qui entretient ou qui conserve ; 4°. tetton, mamelle.

NUTRICES, cum, mamelles, sein.

Nutricula, æ, petite nourrice.
Nutricator, oris, nourricier, celui qui nourrit.
Nutricis, gen. de Nutrix.
Nutricius, a, um, voyez Nutritius.
Nutrico, as, avi, atum, are,
Nutricor, aris, atus sum, ari, } nourrir ou être i.
Nutribilis, m. f. le, n. is, nourrissant.
Nutricatio, onis; Nutricatus, ûs, l'action de nourrir.
Nutritia, orum, nourritures, alimens ; 2°. salaire d'une nourrice.
Nutritium, ii, nourriture, aliment, soin de nourrir.
Nutritius, a, um, qui nourrit.
Nutritio sinu recipere, donner la mamelle, alaiter, donner à tetter ; donner le tetton.
Nutritius, ii, voyez Nutricator.
Nutritus, ûs, nourriture, l'action & le soin de nourrir.

COMPOSÉS.

Ad-Nutrio, is, ivi, itum, ire, nourrir, élever auprès.
E-Nutrio, is, ivi, itum, ire, nourrir, entretenir, faire subsister.
In-Nutrior, iris, tritus sum, triri, être nourri dans, élevé à.

VI.
NUP, mariage.

I.

Nuptus, ûs, mariage, ou l'action de marier une fille.
Nuptui filiam collocare, ou Nuptu locare, marier une fille, la donner en mariage.
Nuptus, a, um, qui convient à une mariée, de mariée.

Nuptus novus, nouveau marié.
Nupta verba, paroles, termes que la bienséance ne permet qu'aux femmes mariées.
Nupta, æ, mariée, épousée.
Nova Nupta, nouvelle mariée.
Nuptiæ, arum, noces, mariage.
Nuptialis, m. f. le, n. is, nuptial, de noces, de mariage.
Nuptialia dona, présens de noces.
Nuptialiter, adv. à la maniere des noces.
Nuptaïitius, a, um, voyez Nuptialis.
Nuptiator, oris, qui se mêle de faire des mariages.
Nuptorium, ii, lieu où l'on fait des noces.
Nupturus, a, um, qui se mariera, qui va être marié.
Nupturiens, tis, fille qui a envie d'être mariée.
Nupturio, is, rii, ire, avoir envie d'être marié.
Multi-Nubus, a, um, qui se marie plusieurs fois.

COMPOSÉS.

Con-Nubium, ii, mariage.
Con-Nubialis, e, de noces, nuptial, de fiançailles.
Con-Nubilis, e, qui est en âge d'être marié.
Con-Nubo, ere, se joindre avec ou ensemble.
De-Nubo, ere, prendre un mari ; 2°. s'attacher comme la vigne s'attache aux arbres.
E-Nubo, ere, se mésallier, prendre un mari de moindre naissance que la sienne.
E-Nuptio, onis, mésalliance, alliance inégale, mariage avec un homme d'un rang inférieur ; 2°. mariage d'un esclave hors de la maison de son maître.
In-Nuba, æ, qui n'a point été mariée.

In-Nubus, a, um, qui ne prend point de mari.

In-Nubo, -ere, prendre un mari ; 2°. entrer par le mariage dans une famille illustre.

Pro-Nuba, æ, surnom de Junon qui préside aux mariages.

Pro-Nubæ, arum, celles qui conduisoient la mariée au logis de son mari.

Pro-Nubi, orum, ceux qui conduisoient le marié.

Pro-Nubo, -are, présider aux noces.

Pro-Nubus, a, um, qui concerne la noce, qui préside au mariage, qui conduit le marié ou la mariée.

Re-Nubilo, are, dévoiler.

Re-Nubo, -ere, se remarier.

Sub-Nuba, æ, femme épousée en secondes noces.

NÉGATIFS.

1. A-Nubis, e, is, qui n'est pas encore dans l'âge de puberté ; 2°. qui est sans soin.

2. In-Nuptus, a, um, qui n'est point marié.

2.

De Nub, prononcé Nyb, & nasalé en Nymp, se forma ce mot :

Nympha, æ, nouvelle mariée ; 2°. bouton de rose qui commence à s'ouvrir ; 3°. petite abeille ; 4°. insecte dans l'état de Nymphe ou ensevelie dans la coque qu'elle a filée.

VII.
NAP,
fruit.

Napus, i, navet, racine.

Napa, æ, espèce de vin fait avec des navets.

Napina, æ, champ semé en navets.

NAP.

Napææ, arum, Nymphes des vallées.

VIII.
NUX, fruit en général.

1.

Nux, Nucis, noyer, arbre ; 2°. Noix, fruit du noyer.

Nux pontica--avellana, aveline, noisette, fruit du noisettier. -- *græca*, amande, fruit de l'amandier. --- *Aromatica*. -- *Unguentaria*. -- *Odorata* -- *Muscata*. --- *Myristica*, noix muscade. -- *Castanea*, châtaigne, fruit du châtaigner. -- *Pinea*, pomme de pin. -- *Persica*, brugnon, pêche, fruit du pêcher. Noix, sorte de pêche.

Nucula, æ, petite noix.

Nuculus, i, petit garçon qui joue encore aux noix ; 2°. petit Ganimede.

Nucalis, m. f. le, n. is, qui concerne les noix.

Nucamentum, i, fleur des noyers & des coudriers, ou plutôt ce qui précède le fruit & qui tombe, ayant la figure d'une queue de souris.

Nucetum, i, lieu planté de noyers.

Nuceus, a, um, de noix, de noyer.

Nauci, de zest de noix.

BINOMES.

Nuci-Frangibulum, i, casse-noix, ou dents avec quoi on casse des noix.

Nuci-Frangibulus, a, um, qui casse des noix.

Nuci-Persica, orum, pêches, brugnons, fruits.

Nuci-Prunum, i, fruit de prunier enté sur un noyer.

2.

Nucleus, i, amande, noyau, noix qui est dépouillée de sa coquille; 2°. forme de paveur; 2°. couche de maçon sur laquelle on pose les carreaux du plancher.

Nucleus allii, gousse d'ail.—*Acini*, pepin de raisin.—*Ferri*, acier.—*Olivæ*, noyau d'une olive.—*Pinguitudinis*, durillon de graisse.

Nuclei palmarum, noyaux de datte.

Nucleum amisi, j'ai perdu le meilleur.

Nucleatus, a, um, fruit qui est noué.

Nucleo, as, are, commencer à nouer son fruit.

NO.

Au figuré,
Fruits de l'ame, connoissance.

Du primitif No, fruit, production, se forma No, connoissance, conception de l'ame; d'où vinrent une multitude de familles en toute langue.

I.

Novi, j'ai connu.

Notus, connu: d'où se forment ces mots:

Nosco, is, novi, notum, cere, savoir, connoître, concevoir.

Noscibilis, m. f. le, n. is, reconnoissable, ou qu'on peut reconnoître.

Noscitabundus, a, um, comme s'il eût reconnu; 2°. plein du souvenir d'avoir connu, rempli de l'idée d'avoir vu autrefois.

Noscitans, tis, qui reconnoit.

Noscito, as, avi, atum, are, reconnoître.

Notio, onis, notion, idée, qu'on se forme, connoissance, intelligence; 2°. Jurisdiction; 3°. droit de connoître d'une affaire; 4°. sentiment, principe, axiome.

Notitia, æ; Notities, ei, connoissance, intelligence.

Notesco, is, tui, cere, être connu, devenir connu, venir à la connoissance.

Notus, a, um, part. de Nosco, connu; 2°. qui connoit.

Noti, orum, gens de notre connoissance; 2°. vents.

COMPOSÉS.

Ad-Notum est, c'est une chose connue.

Ag-Nitio, onis, aveu, confession, reconnoissance; 2°. notion, idée, marque, indice.

Ag-Nitus, a, um, part. d'Agnosco, connu, avoué, reconnu.

Ag-Nosco, scis, novi, nitum, scere, connoître, reconnoître; 2°. avouer, confesser.

Cog-Nitio, onis, connoissance, discernement, examen, intelligence, notion, pénétration, vue; 2°. reconnoissance; marque, signe.

Cog-Nosco, cis, novi, nitum, scere, connoître, avoir la connoissance, pénétrer; 2°. sçavoir, entendre, démêler, découvrir, discerner, appercevoir, voir, distinguer, reconnoître; 3°. juger, être juge; 4°. considérer, examiner, s'enquérir, prendre connoissance, s'informer, s'instruire, être instruit; 5°. apprendre; étudier; 6°. éprouver, expérimenter.

Cog-Nitus, a, um, ior, issimus, part. de Cognosco, connu, sçu; 2°. examiné, vu,

Cog-Nitivus, a, um, qui connoît.

Cog-Nitor, oris, procureur, agent, homme d'affaires ; 2°. Rapporteur, Juge qui rapporte aux autres l'état d'une affaire ; 3°. celui qui voit le procès sur un bureau, qui travaille de Commissaire.

Cognitor est proprement le Procureur d'une Partie présente ; & *Procurator*, celui d'une Partie absente.

Cog-Nitura, æ, charge, emploi, fonction d'un Commissaire, d'un Rapporteur ; examen d'une affaire sur le bureau ; 3°. l'état de Procureur, d'agent, d'homme d'affaires.

Ad-Cog-Nosco, is, novi, nitum, ere, reconnoître, avouer.

Dig-Nosco, cis, novi, notum, scere, connoître, démêler, discerner, distinguer ; faire distinction, différence.

Ig-Nosco, is, novi, notum, ere, connoître, savoir ; 2°. pardonner ; 3°. ne pas savoir, ne pas comprendre.

Ig-Noscens, tis, qui pardonne, qui oublie les fautes.

Ignoscentior animus, esprit plus porté à pardonner.

Ig-Noscentia, æ, pardon qu'on accorde.

Ig-Noscibilis, m. f. le, pardonnable, digne de pardon, qu'on peut aisément pardonner.

In-Cog-Nosco, is, ere, reconnoître.

In-Notesco, is, tui, scere, devenir célèbre, être connu, se faire connoître, acquérir de la réputation, se faire un nom ; 2°. venir à la connoissance, venir à être connu.

Inter-Nosco, is, novi, notum, cere, reconnoître entre, parmi ; discerner, distinguer, démêler, faire la différence ou la distinction.

Per-Notus, a, um, part. de Per-Nosco, fort connu.

Per-Nosco, is, novi, notum, scere, connoître parfaitement ou à fond.

Per-Notesco, is, tui, scere, venir à la connoissance, devenir public, venir à être connu.

Per-Cog-Nitus, a, um, part. de

Per-Cog-Nosco, is, gnovi, gnitum, gnoscere, connoître parfaitement.

Præ-Notio, onis, connoissance qu'on a par avance.

Præ-Nosco, is, novi, notum, scere, connoître par avance.

Re-Cog-Nitio, onis, revue, examen ; l'action de revoir, de repasser ; 2°. enquête.

Re-Cog-Nosco, is, novi, nitum, scere, reconnoître ; 2°. revoir, repasser, examiner, retoucher, corriger ; 3°. se remettre dans l'esprit, reprendre les premieres idées, rappeller dans la mémoire ; 4°. visiter ; 5°. faire la revue.

NÉGATIFS.

Ig-Notus, a, um, part. d'Ig-Nosco, inconnu, qu'on ne connoît pas, qu'on ne sait point, ignoré ; 2°. où l'on n'est point connu ; 3°. qui ignore.

In-Cog-Nitus, a, um, inconnu.

I. I.

NOM, nom.

De-là Nomen, Nom, parce qu'il sert à reconnoître les objets.

Nomen, inis, nom ; 2°. réputation, renommée, renom ; 3°. prétexte, cause, raison, sujet ; 4°. dette ; 5°. article d'un compte ou d'un mémoire.

Nominalis, m. f. le, n. is, qui concerne un nom, dérivé d'un nom.

Nominalis gentilitas, famille de même

nom, ceux d'une famille qui portent le même nom.

Nominaliter, *adv.* suivant le nom.

Nominatim, *adv.* par nom, nom par nom, chacun par son nom ; 2°. nommément, expressément, en particulier, particulierement, en détail.

Nominatio, *onis*, nomination, l'action de nommer ; 2°. dénomination, énumération, dénombrement ; figure de Rhétorique, qui exprime les choses par les noms qui leur sont propres ; 3°. nom.

Nominatio occulta, terme peu connu, obscur.

Nominativus, *i*, Nominatif, premier cas d'un nom.

Nominator, *oris*, celui qui nomme, qui a droit de nommer.

Nominatus, *a*, *um*, *part.* de Nomino, nommé ; 2°. fameux, célèbre, illustre, renommé, qui est en estime, qui a de la réputation, qui a du nom, estimé.

Nominatus, *ûs*, nom.

Nominito, *as*, *avi*, *atum*, *are*, nommer souvent.

Nomino, *as*, *avi*, *atum*, *are*, nommer, dire le nom, appeller par son nom.

BINOME GREC.

Onomato-Pæia, *æ*, Onomatopée, fiction de noms, l'action d'en faire.

COMPOSÉS.

Ag-Nomen, *inis*, surnom, nom de famille, ou nom qu'on s'est acquis par quelque action, ou par quelque aventure. 2°. Le troisième en ordre des noms ordinaires chez les Romains. *Ex.* Marcus, *prænomen*: Tullius, *nomen*: Cicero, *agnomen*.

Ag-Nomentum, *i*, sobriquet.

An-Nominatio, *onis*, allusion à un mot, jeu de paroles ; figure de Rhétorique.

Cog-Nomen, *inis*, &

Cog-Nomentum, *i*, surnom.

Cog-Nomino, *as*, *avi*, *atum*, *are*, surnommer, donner un surnom.

Cog-Nominis, *ne*, de même nom.

Cog-Nominatus, *a*, *um*, surnommé.

De-Nomino, *as*, *avi*, *atum*, *are*, nommer, donner un nom, dénommer.

De-Nominatio, *onis*, dénomination, métonymie, figure de Rhétorique.

De-Nominativus, *a*, *um*, dénominatif, dérivé.

Præ-Nomen, *-inis*, nom propre.

Pro-Nomen, *inis*, pronom, *mot-à-mot*, qui marche avant le nom, qui le précéde.

Trans-Nomino, *as*, *avi*, *atum*, *are*, changer de nom.

FAMILLE GRECQUE,

où N est précédé de G.

G-Noma, *æ*, sentence, mesure, équerre.

G-Nomon, *onis*, aiguille d'un cadran solaire.

G-Nomonica, *æ* ; G-Nomonice, *es*, gnomonique, science des cadrans.

G-Nostici, *orum*, (*m.-à-m.* les Savans,) les Gnostiques.

COMPOSÉS.

Pro-G-Nosis, *is*, prédiction.

Pro-G-Nostes, *æ*, devin, pronostiqueur.

Pro-G-Nosticon, *i* ; Pro-G-Nostica, *orum*, présages ; prédictions.

Pro-G-Nostico, *-are*, prédire, présager.

BINOMES.

D'Hydró, eau, se formerent ces mots :

HYDRO-G-NOMon, is, qui trouve les eaux avec la baguette.
HYDRO-G-NOMonice, es, connoissance des sources cachées.

BINOMES.

BINOMinis, e, } qui a deux
BINOMius, a, um, } noms, qui porte deux noms.
MULTI-NOMinis, m. f. ne, n. is, qui a plusieurs noms; 2°. qui a beaucoup de réputation, très-renommé.

PRIVATIFS.

1. IN-NOMinabilis, le, qu'on ne doit point nommer.
2. IG-NOMinia, æ, ignominie, deshonneur, disgrace, infamie, affront, ou reproche considérable.
IG-NOMiniatus, a, um, deshonoré, diffamé, perdu d'honneur, traité avec ignominie.
IG-NOMiniosus, a, um, ignominieux, honteux, deshonorable, infâme; 2°. noté d'infamie, perdu d'honneur.
IG-NOMines, um, gens sans réputation, sans naissance.

COMPOSÉS GRECS.

1. AN-ONYMus, a, um, anonyme, sans nom, dont le nom ne se dit pas; inconnu, qui ne se nomme point.
2. SYN-ONYma, orum, synonymes, mots qui signifient la même chose.
SYN-ONYMia, æ, signification commune à plusieurs mots; 2°. dénomination commune.
SYN-ONYMus, a, um, de même nom; 2°. synonyme, qui a la même signification.

3. HOM-ONYMus, a, um, homonyme, qui a différentes significations, équivoque.
4. MET-ONYMia, æ, métonymie, figure de Rhétorique, qui donne le nom de la cause à l'effet.

III.
NOR, pour NOS.

1.

DIG-NORatio, onis, marque que l'on fait pour reconnoître quelque chose.
DIG-NORator, oris, marqueur, celui qui fait une marque pour reconnoître quelque chose.
DIG-NORo, as, avi, atum, are, marquer, faire une marque pour reconnoître.

2.

IG-NORo, as, avi, atum, are, ignorer, ne savoir pas, ne pas reconnoître, n'avoir point de connoissance.
IG-NORans, tis; comp. Ignorantior, tiùs; voyez Ignarus.
IG-NORantia, æ, ignorance; 2°. incapacité, stupidité, bêtise.
IG-NORatio, onis, ignorance, défaut de connoissance, faute de science, manque de sçavoir.
IG-NORabilis, m. f. le, n. qu'on peut aisément ignorer; 2°. qu'on ne connoît point, ignoré.

3.

NORma, æ, équerre; 2°. régle, modéle.
NORMalis, m. f. le, n. fait à l'équerre ou avec l'équerre.
NORMaliter, adv. avec l'équerre, à l'équerre.

NORMatus, a, um, dressé à l'équerre, fait à l'équerre.

COMPOSÉS.

A-NORMis, me, déréglé, qui vit sans régle, dans le désordre.

AB-NORMis, m. f. me, n. sans ordre, sans régle, irrégulier, déréglé.

DE-NORMo, as, avi, atum, are, rendre irrégulier, inégal ; donner une figure irréguliere, faire sortir de la régle.

DE-NORMatus, a, um, irrégulier, qu'on a fait sortir de la régle.

E-NORMis, me, énorme, démesuré, d'une grandeur prodigieuse ; 2°. irrégulier, sans régle, sans mesure.

E-NORMitas, atis, énormité, grandeur démesurée ; 2°. irrégularité.

E-NORMiter, adv. démesurément, excessivement, prodigieusement, outre mesure, sans mesure, irrégulierement.

IN-E-NORMis, m. f. me, n. qui n'est point énorme, point démesuré.

IV.

NUMen, inis, Dieu, Divinité ; 2°. puissance, volonté divine, & les autres attributs de Dieu ; mot à mot, NU-MEN, le grand Esprit, celui qui connoît tout.

DÉRIVÉS GRECS.

1. NOEma, tis, figure de Rhétorique, par laquelle on fait entendre autre chose que ce qu'on dit.

2. NEUMa, æ, & atis, V. Modulatio.

3. DIA-Nœa, æ, entendement, figure qui désigne mieux le sens que les paroles.

A-DIA-NOEtus, a, um, inintelligible,

qu'on ne peut entendre ; 2°. mystique, qui a un sens caché.

4. ORTHO-P-Nœa, æ, sorte d'asthme, maladie où l'on a peine à respirer, à moins qu'on ne se tienne droit.

ORTHO-P-Noicus, a, um, qui est attaqué de cette maladie.

V.

NUMM, monnoie : elle est signe des valeurs.

NUMMus, i, piéce de monnoie, médaille, argent.

NUMMulus, i, petite piéce de monnoie.

NUMisma, atis, médaille ; 2°. piéce de monnoie.

NUMISMato-Graphia, æ, Histoire Métallique.

NUMMarius, a, um, de la monnoie, qui concerne la monnoie ; 2°. qui prend de l'argent.

NUMMatio, onis, abondance d'argent, amas d'argent, grandes sommes.

NUMMatus, a, um, qui a de l'argent, qui est en argent comptant, pécunieux.

NUMMatum benè marsupium, bourse bien garnie.

NUMMosus, a, um, qui a beaucoup d'or & d'argent, qui est pécunieux.

NUMMularius, a, um, de Banquier ; 2°. de Changeur ; 3°. qui concerne la Banque ou le Change.

NUMMulariolus, i, petit Banquier.

NUMMularius, ii, banquier, changeur.

NUMMularia, æ, sorte de plante.

MULTI-NUMMus, a, um, &

MULTI-NUMus, a, um, qui apporte, qui produit beaucoup d'argent, qui est fort lucratif,

V I.
NOT, note, signe.

Nota, æ, note, marque, remarque ; 2°. signe, témoignage ; 3°. tache, (naturelle ou accidentelle ;) 4°. flétrissure, marque d'ignominie ; 5°. abréviation, chiffre ; 6°. caractère ; 7°. sorte, manière ; 8°. espèce ; 9°. coin de la monnoie, empreinte; 10°. correction, répréhension, censure, réprimande.

Notaculum, i ; Notamen, inis, marque, note.

Notandus, a, um, remarquable, qu'il faut remarquer, à considérer.

Notans, tis, qui marque, qui désigne.

Notarius, ii, Secrétaire, écrivain, qui écrit sous quelqu'un, copiste ; 2°. Notaire ; 3°. qui écrit par abréviations ; 4°. qui écrit en chiffres.

Notatio, onis, marque, remarque, note, observation ; 2°. étymologie.

Notatio censoria, réprimande du censeur, la punition qu'il ordonnoit.

Notatorium, ii, note, marque.

Noto, as, avi, atum, are, marquer, faire une marque, noter ; 2°. désigner ; 3°. remarquer, observer ; 4°. blâmer, reprendre, taxer, censurer, critiquer ; 5°. flétrir, diffamer, deshonorer; 6°. écrire par abréviation.

Notor, oris, qui connoît, ou qui fait connoître quelqu'un.

Notoria, orum, déposition de témoin.

Notorium, ii, indice d'un crime ; 2°. registre du Greffe criminel.

Notorius, a, um, notoire, connu de tout le monde, ou qui fait connoître.

Notabilis, le, notable, remarquable, mémorable, recommandable, insigne, considérable, grand, extraordinaire, surprenant ; 2°. visible, qui se voit aisément, facile à remarquer ; 3°. blâmable, répréhensible, qui mérite d'être repris.

Notabilior cædes, un massacre plus surprenant.

Notabilitas, atis, excellence.

Notabiliter, adv. notablement, considérablement ; 2°. visiblement, évidemment.

Notabiliùs turbantes, qui excitoient un trouble extraordinaire.

BINOMES.

Noti-Fico, as, avi, atum, are, notifier, faire savoir, faire connoître, donner l'intelligence.

Noto-Plex, icis, qui a eu le fouet par la main du bourreau.

Proto-Notarius, ii, Protonotaire.

COMPOSÉS.

Ad-Noto, as, avi, atum, are, marquer, remarquer, observer ; 2°. faire des notes, des collections. V. Annoto.

Ad-Notator, oris, qui remarque, qui fait des notes, observe, examine ; 2°. qui écrit, qui collige ce qui se fait, ce qu'il apprend ; 3°. censeur.

Ad-Notamentum, i, &

Ad-Notatio, onis, note, marque, remarque, annotation, observation, collection ; 2°. rescrit.

Circum-Notatus, a, um, marqué tout autour.

De-Noto, *as, avi, atum, are*, marquer, dénoter, caractériser, noter.

De-Notatio, *onis*, caractérisation, marque.

In-Noto, *as, are*, inscrire ou faire une inscription.

Præ-Noto, *as, are*, cotter, marquer en tête, intituler, mettre une inscription.

Sub-Noto, *as, avi, atum, are*, remarquer tacitement ; 2°. reprendre ouvertement ; 3°. souscrire.

Subnotare libellis, répondre des requêtes.

VII.

NUMERus, nombre.

De No, connoître, & Mer, partie, vint cette Famille :

Numerus, *i*, nombre, beaucoup, quantité ; 2°. rang ; 3°. mesure, cadence ; 4°. nombre.

Numeri graves, vers héroïques.
—*Impares*, vers élégiaques.

Numero, *as, avi, atum, are*, compter, calculer, nombrer ; 2°. estimer, priser, tenir compte, compter entre, mettre au rang.

Numerosè, *iùs, issimè, adv.* avec nombre, par mesure, avec cadence, de mesure.

Numerosus, *a, um*, nombreux, qui est en grand nombre ; 2°. grand ; 3°. qui a de la cadence, cadencé.

Numerabilis, *le*, qu'on peut compter, qui peut être nombré.

Numeramen, *inis*, compte, calcul.

Numerandus, *a, um*, qu'il faut compter.

Numerarius, *ii*, Arithméticien, calculateur ; 2°. Officier de la Chambre des Comptes.

Numeratio, *onis*, compte, dénombrement, calcul, l'action de compter.

Numerato, en argent comptant.

Numerator, *oris*, calculateur, arithméticien.

Numeratus, *a, um, part.* de *numero*, compté, nombré, calculé.

Numero, à point, justement, à terme, comme il faut, à tems, à propos ; 2°. trop tôt.

Numero mihi in mentem fuit, je m'en suis souvenu bien à propos, fort à point.

Numeria, *æ*, Numérie ; Déesse des nombres ou de l'Arithmétique, que les femmes enceintes invoquoient pour être bientôt délivrées.

Numerius, *a, um*, qui est venu à terme ou sans peine.

Composés.

An-Numero, *as, avi, atum, are*, compter, nombrer ; 2°. délivrer comptant ; 3°. ajouter à, mettre au nombre ; 4°. faire le détail, le dénombrement.

Con Numero, *as, avi, atum, are*, compter, nombrer avec ou ensemble.

De-Numero, *-are*, compter.

Di-Numero, *as, avi, atum, are*, compter, calculer, nombrer.

Di-Numeratio, *onis*, dénombrement, énumération, détail.

E-Numero, *as, avi, atum, are*, dénombrer, détailler, raconter en détail ; 2°. compter, calculer, nombrer, supputer, faire le calcul.

E-Numeratio, *onis*, énumération, dénombrement, détail ; 2°. récapitulation, reprise des principales choses d'un discours.

Per-Numero, *as, avi, atum, are*, compter entierement.

Re-Numeratus, *a, um, part.* de

Re-Numero, *as, avi, atum, are*, recompteter, calculer de nouveau, supputer une seconde fois.

Super-Numerarius, a, um, surnuméraire.

Trans-Numero, as, avi, atum, are, compter au-delà.

NÉGATIFS.

In-Numerabilis, le, innombrable, dont on ne peut dire le nombre, qu'on ne peut nombrer.

In-Numerabilitas, atis, nombre infini, qu'on ne peut désigner; multitude innombrable.

In-Numerabiliter, adv. sans nombre, un nombre infini de fois.

In-Numerosus, a, um, & In-Numerus, a, um, innombrable, qu'on ne peut nombrer, dont on ne peut dire le nombre, qui est sans nombre.

VIII.

NUDus, nud, à découvert.

Nudatio, onis, nudité; 2°. l'action de se mettre nud ou de dépouiller nud.

Nudatus, a, um, part. de Nudo.

Nudè, adv. nuement, à nud; 2°. sans dissimulation.

Nudi-Pedalia, ium, sacrifices qui se faisoient à pieds nuds.

Nuditas, atis, défaut, manque d'éloquence; 2°. nudité.

Nudo, as, avi, atum, are, mettre à nud, dépouiller, découvrir, faire voir à nud; 2°. dénuer, dégarnir; 3°. exposer à la vue, mettre en évidence, faire connoître ce qui est caché.

COMPOSÉS.

Con-Nudo, as, avi, atum, are, dépouiller, découvrir, mettre tout nud.

De Nudo, as, avi, atum, are, dépouiller, mettre nud, ou à nud, découvrir, exposer, faire paroître; 2°. priver, dénuer.

De-Nudatio, onis, l'action de mettre nud, de dépouiller.

E-Nudo, as, avi, atum, are, dépouiller, mettre à nud; 2°. mettre en évidence, découvrir, exposer, faire voir nettement, &c.

Semi-Nudus, a, um, demi-nud.

IX.

NO-BIL, Noble, digne d'être connu.

De No, connu, & de Bil, capable, se forma cette Famille:

No-Bilis, le, ior, issimus, noble, gentilhomme; 2°. connu, fameux, célèbre, illustre, excellent, renommé, remarquable, éclatant, qui a de la réputation, qui a du nom.

No-Bilitas, atis, noblesse, grandeur, dignité, excellence, sublimité; 2°. noblesse, qualité de noble; 3°. nom.

No-Bilitatus, a, um, rendu illustre ou célèbre, devenu fameux, qui s'est fait connoître, qui s'est signalé.

No-Biliter, adv. noblement; 2°. excellemment, d'une manière éclatante ou illustre, avec réputation.

No-Bilito, as, avi, atum, are, rendre illustre, fameux ou célèbre; mettre en réputation, faire connoître, donner vogue.

COMPOSÉS.

Per-Nobilis, le, très-noble, fort excellent.

Per-Nobiliter, adv. très noblement.

PRÆ-NOBILIS, m. f. le, fort noble.

NÉGATIFS.

IG-NO-BILis, le, inconnu, peu connu, qui est sans réputation, qui n'est point en estime, dont on fait peu de cas, qui est sans noblesse, roturier, qui est de basse naissance.

IG-NOBILitas, atis, bassesse de naissance.

IG-NOBILiter, adv. avec bassesse, sans aucune élévation.

IN NOBILitatus, a, um, qui n'a point été annobli.

X.

Nos, tri, trûm, bis, nous, de nous, à nous.

NOSMET, &

NOSMETIPSI, nous-mêmes.

NOSTer, tra, trum, notre, qui est à nous, qui nous appartient; 2°. qui est de notre pays, de notre ville, de notre famille, de notre logis; 3°. qui nous est favorable; 4°. de notre rang.

NOSTras, atis, de notre pays.

NOBIS-cum pour cum nobis; d'Ego, avec nous, en nous-mêmes.

XI.

NUNC, le tems connu, sous les yeux, le présent.

NUNC, à présent, présentement, maintenant, à cette heure; 2°. pour lors, alors.

NUNC-UBI, adv. est-ce que jamais ? est-ce qu'en quelque endroit ?

NUNC,

Annoncer, faire connoître.

NUNCius, ii, messager, qui apporte quelque nouvelle, courier; 2°. message nouvelle, rapport; 3°. lettre de divorce.

NUNCium, ii, nouvelle.

NUNCius, a, um, qui annonce, qui rapporte ou qui apporte quelque nouvelle.

NUNCia, æ, messagere, celle qui annonce quelque chose, qui apporte une nouvelle.

Nuncia Junonis, Iris, arc-en ciel.

NUNCiatio, onis, l'action d'annoncer une chose, d'en porter la nouvelle.

NUNCiator, oris, qui annonce, qui apporte une nouvelle.

NUNCiatum, i, message; 2°. rapport.

NUNCiatus, a, um, part. de

NUNCio, as, avi, atum, are, annoncer, rapporter, apporter ou débiter une nouvelle.

COMPOSÉS.

AN-NUNtiatio, onis, annonce, message, annonciation.

AN-NUNciator, oris, celui qui annonce.

AN-NUNtio, as, avi, atum, are, annoncer, apprendre, mander, faire savoir, dire, porter une nouvelle; faire un message.

AN-NUNtius, ii, V. Nuntius.

DE-NUNtiatio, onis, dénonciation, déclaration, signification, avertissement, prédiction, intimation, ajournement, assignation.

DE-NUNtio, as, avi, atum, are, dénoncer, déclarer, faire savoir, signifier, exposer; 2°. assigner, ajourner; 3°. avertir, prédire.

IN-DE-NUNTiatus, a, um, qu'on n'a point annoncé, dont on n'a point averti, qu'on n'a pas déclaré.

E-NUNCiatio, onis, maxime ou proposition, par laquelle on assure ou l'on nie.

E-Nunciativus, a, um, déclaratif, expressif, en état d'être proposé ou prononcé.

E-Nunciator, oris, &

E-Nunciatrix, icis, qui déclare, qui expose, qui exprime, qui explique.

E-Nunciatum, i, proposition, axiome, dogme, maxime vraie ou fausse.

E-Nunciatus, a, um, part. de

E-Nuncio, as, avi, atum, are, expliquer, déclarer, exprimer, exposer, faire savoir, prononcer, dire, énoncer; 2°. découvrir, divulguer, publier, rendre public, révéler.

Inter-Nuncio, as, avi, atum, are, parlementer, porter la parole de part & d'autre.

Inter-Nuncius, ii, entremetteur, qui ménage une affaire entre deux personnes, qui s'entre-mêle d'une chose, qui traite un accommodement, qui porte la parole à l'un & à l'autre; 2°. trucheman, interprète; 3°. envoyé, messager.

Ob-Nuncians, tis, qui porte de mauvaises nouvelles; 2°. qui s'oppose à une loi.

Ob-Nunciatio, onis, l'action de porter de mauvaises nouvelles; 2°. opposition à une loi, protestation contre une résolution d'assemblée.

Ob-Nuncio, as, avi, atum, are, porter de mauvaises nouvelles; 2°. s'opposer à une loi, à une résolution d'assemblée publique, &c. protester contre.

Præ-Nuntius, ii, avant-coureur.

Præ-Nuntiativus, a, um, qui fait savoir par avance, qui annonce auparavant.

Præ-Nuntiator, oris, &

Præ-Nuntiatrix, icis, celui ou celle qui fait savoir par avance.

Præ-Nuntio, as, avi, atum, are, annoncer, faire savoir auparavant, porter une nouvelle par avance, prédire, pronostiquer, prophétiser, faire une prédiction.

Præ-Nuntius, a, um, qui annonce, qui fait savoir par avance, qui prédit, qui pronostique.

Pro-Nunciatio, onis, prononciation; 2°. proposition, maxime, sentence, axiome, aphorisme.

Pro-Nunciabilis, m. f. le, qu'on peut prononcer.

Pro-Nunciator, oris, qui raconte, qui récite, qui expose, qui fait le détail.

Pro-Nunciatum, i, axiome, maxime, sentence, aphorisme; 2°. le prononcé d'un arrêt.

Pro-Nunciatus, voy. Pronunciatio.

Pro-Nunciatus, a, um, part. de

Pro-Nuncio, as, avi, atum, are, prononcer; 2°. réciter, raconter, déclamer; 3°. juger, ordonner, décider, porter jugement; 4°. déclarer, dénoncer, faire savoir; 5°. promettre.

Re-Nuntiatio, onis, dénonciation, l'action de faire savoir; 2°. rapport, récit.

Re-Nuntiatus, a, um, part. de

Re-Nuntio, as, avi, atum, are, dénoncer, faire savoir, déclarer, rapporter, faire le rapport, donner la nouvelle, annoncer; 2°. abandonner.

Re-Nuntius, ii, qui rapporte des nouvelles.

De Nom, nom, & de Capere, prendre, se forma cette Famille:

Nun-Cupatio, onis, l'action de prononcer, de nommer, de réciter; nomination, déclaration, institution d'héritier de vive voix; 2°. dédicace, l'action de dédier.

Nun-Cupatus, a, um, part de

Nun-Cupo, as, avi, atum, are, dire;

nommer, déclarer de bouche ; 2°. raconter, rapporter.

Præ-Nun-Cupatus, a, um, nommé auparavant.

XII.

NOVus, nouveau, ce qui arrive sous les yeux, qui naît.

En Grec Neos, a, on.

Novus, a, um, nouveau, neuf.

Novo, -are, renouveller, innover ; être changé.

Novitas, atis, nouveauté, noblesse nouvelle.

Noviter, nouvellement, récemment.

Novitius, a, um, nouveau, novice ; élevé à une charge à laquelle on n'avoit pas droit par la naissance ; esclave qui n'avoit pas encore servi un an.

Novissimus, a, um, dernier, moindre : 2°. l'arriere garde.

Novissimè, dernierement, récemment.

Novatio, onis, renouvellement, changement d'obligation.

Novator, is, qui renouvelle, novateur ; 2°. usurpateur, qui change d'état.

Novellus, a, um, nouveau.

Novellaster, a, um, un peu trop nouveau.

Novellæ, arum, novelles ; Loix de Justinien, au nombre de 168, ajoutées aux anciennes.

Novello, are, planter une nouvelle vigne ; défricher un champ.

Novelletum, i, jeune plant, vigne nouvelle.

Novalis, e, qu'on laisse reposer un an, sans le renouveller, ou semer.

Novale, is, terre qu'on laisse reposer un an.

Composés.

E-Novo, -are, renouveller ; 2°. marquer, faire une marque pour se ressouvenir.

In-Novo, -are, renouveller, innover.

In-Novatio, onis, innovation ; renouvellement d'alliance.

Re-Novo, -are, recommencer, renouveller, faire revivre.

Re Novello, -are, renouveller.

Re-Novativus, a, um, qui renouvelle.

Re-Novamen, inis ; Re-Novatio, onis, renouvellement.

Binomes.

1. Nov-Acula, æ, rasoir ; 2°. toute sorte de couteaux ; 3°. coupeur de bourse.

De Novus & de Acus, mot-à-mot, couteau, instrument tranchant qui renouvelle la face, qui la rajeunit.

2. Nov-Erca, æ, belle-mere, marâtre, femme du pere.

Novercalis, m. f. le, n. de belle-mere, de marâtre.

De Novus & de Erc, patrimonial.

Famille Greco-Latine.

1. Neo-Menia, æ, nouvelle Lune.

De Men, Lune.

Neomeniæ, arum, fêtes à chaque nouvelle lune.

Neo-Menium, ii, nouvelle lune.

2. Neoterici, orum, modernes.

D'Etos, année, tems.

Neotericus, a, um, moderne, dont on ne s'est pas encore servi, nouveau, récent, qui n'est pas encore en usage.

Neotericè, adv. nouvellement, récemment; 2°. pour la premiere fois ; 3°. d'une maniere qui sent la nouveauté, d'une nouvelle façon.

ADVERBES.

Nu-Per, dernierement, il n'y a guères, il n'y a pas long-tems, depuis peu, il y a quelques jours, nouvellement.

Nu-Perus, a, um, qui est depuis peu de jours, récent, tout-à-fait nouveau.

Per-Nuper, il y a très-peu de tems.

Pro-Nuper, il n'y a pas fort long-tems, il y a très-peu, depuis fort peu de tems.

Nu-Dius, ii, le jour d'avant ce jour-ci.

Nudius tertius, il y a trois jours, avant-hier; c'est aujourd'hui le troisiéme jour.

Nudius quartus, quintus, sextus, tertius decimus, il y a quatre, cinq, six, treize jours; depuis quatre, cinq, six, treize jours.

XIII.

NOVem, neuf, la derniere des unités.

1.

1. Novem, neuf.

November, bris, mois de Novembre.
Novenarius, a, um de neuf, neuvieme.
Noven-Decies, dix-neuf fois.
Noven-Dialis, f. m. n. qui fait le neuvieme jour.
Novendiales feriæ, vacations, vacances qui durent neuf jours.
Novendiale sacrum, sacrifice qui se faisoit le neuvieme jour.
Noven Dium, ii, neuvaine, l'espace de neuf jours.
Noveni, æ, a, neuf.
Novies, adv. neuf fois.
Novi-Gentum, voyez Nonigentum.

2. Nonus, a, um, neuvieme.
Non-Ussis, is, piece de monnoie romaine valant neuf as.
Nona-Genarius, a, um, de quatre-vingt-dix, qui a quatre-vingt-dix.
Nona-Genarius, ii, qui a quatre-vingt-dix ans.
Nona-Gesimus, a, um, quatre-vingt-dixieme.
Nona-Gies, adv. quatre-vingt-dix fois.
Nona-Ginta, quatre-vingt-dix.
Nongecu-Plex, icis, qui peut être fait en quatre-vingt-dix manieres.
Non Genti, æ, a, neuf cens.
Non-Genti, orum, les neuf cens choisis pour recueillir les suffrages dans les assemblées du peuple Romain.
Nonin-Genti, æ, a, neuf cens.
Nonin-Genties, adv. neuf cens fois.

3. Nonæ, arum, nones, qui sont le septieme des mois de Mars, de Mai, de Juillet & d'Octobre, & le cinquiéme des autres mois.

4. Nonani, orum, soldats de la neuvieme légion.

Nonaria, æ, femme de commerce à Rome, à qui il étoit défendu d'ouvrir boutique avant l'heure de nones, ou avant trois heures après midi.

2.

De NOVem, neuf, & de DI, jour, se forma cette Famille:

Nun-Dinæ, arum, foires, marchés, qui se tenoient en certains tems, tous les neuf jours, chez les Romains.

Nun-Dinatio, onis, trafic, marchandise, négoce, vente, ou marché qu'on fait.

Nun-Dina, æ, Déesse qui présidoit aux

luſtrations qui ſe faiſoient pour un enfant mâle le neuvieme jour de ſa naiſſance, & pour une fille le huitieme.

Nun-Dinalis, m. f. ie, n. & Nun-Dinarius, a, um, de foires ou de marchés ; qui les concerne.

Nun-Dinator, oris, qui va aux foires, qui fréquente les foires, qui court les ventes, un brocanteur.

Nun-Dinium, ii, voyez Nundinæ ; 2°. tems de la création des Conſuls.

Nun-Dino, as, are ; Nun-Dinor, aris, atus ſum, ari, trafiquer, faire trafic, vendre & acheter, fréquenter les foires ; 2°. faire métier & marchandiſe, brocanter, acheter pour revendre.

Nun-Dinum, i, marché, foire, place publique.

COMPOSÉS.

Inter-Nundinium, ii, ⎰ l'eſpace de
Inter-Nundinum, i, ⎱ tems que durent les foires, l'eſpace de neuf jours.

Tri-Nun-Dino, & in trinundinum, à trois jours de marché, de neuf en neuf jours.

Tri-Nun-Dinum, i, trois jours de marché, qui ſe tenoit chaque neuvieme jour.

N.
Nez.

De N, qui ſe prononce du nez, vint le nom de cet organe, & de-là le nom des objets hauts, élevés, ſuperbes : d'où nombre de Familles.

1.

Nasum, i, ⎰ nez ; 2°. anſe ; 3°. raillerie,
Nasus, i, ⎱ moquerie ; 4°. diſcernement, goût.

Nasutulus, a, um, dimin. de

Nasutus, a, um, ior, iſſimus, qui a un grand nez; 2°. moqueur, railleur ; 3°. qui a du goût, du diſcernement.

Nasuté, adv. avec raffinement, en raffinant, en cherchant à pointiller, avec pointillerie ; 2°. en raillant.

Nasites, tis, enchifrenement.

De-Naso, -are, couper le nez.

2.

1. Nasturtium, ii, naſitor, creſſon alenois, plante.

2. Nasiterna, æ, grand vaſe à mettre de l'eau, fort ouvert par en-haut, & ayant trois anſes.

Nasiternatus, a, um, qui porte un de ces ſortes de vaſes.

3. Nasamonites, æ, pierre précieuſe, rouge comme du ſang, tachée de veines noires.

3.

S, ſe changeant ſans ceſſe en R, de Nas, nez, ſe formerent les mots ſuivans :

Naris, is, narine.

Nares, ium, narines ; 2°. regiſtre de fourneau.

4.

De N, nez, vint la famille Nid, flairer ; odeur, qui donna ces mots aux Latins.

Nidor, oris, forte odeur d'une choſe qui brûle.

Nidorosus, a, um, qui a l'odeur forte.

Et aux Grecs la famille,

Knisa, Knisſa, odeur, fumée agréable d'un ſacrifice.

II.
NAB, NAV,
fort, élevé.

Du primitif N A B, élevé, fort, d'où l'Orient.

l'Orient. נוף, *Nuph*, élever, vinrent ces diverses Familles.

1.

N**a**v**us**, *a*, *um*, 1° courageux, vigoureux; 2°. industrieux, adroit; 3°. qui s'employe avec affection, soigneux, vigilant, diligent.

N**a**v**o**, *as*, *avi*, *atum*, *are*, s'employer avec soin.

N**a**v**itas**, *atis*, voyez *Navities*.

N**a**v**iter**, *adv.*, adroitement; 2°. diligemment, soigneusement, avec vigilance; 3°. courageusement, avec vigueur, avec force, avec courage; 4°. entièrement, tout-à-fait.

N**a**v**ities**, *ei*, soin, diligence, exactitude, adresse.

N**a**v**é**, *adv.* voyez *Naviter*.

N, devenu GN.

G-N**a**v**us**, *a*, *um*, vigoureux, courageux; 2°. exact, soigneux, attaché, appliqué, diligent, vigilant.

G-N**a**v**o**, *as*, *are*, voyez *Navo*.

G-N**a**v**é**, *adv.* voyez *Gnaviter*.

G-N**a**v**itas**, *atis*, vigueur; 2°. exactitude, diligence, soin, application, attache; 3°. vigilance, empressement.

G-N**a**v**iter**, *adv.* vigoureusement; 2°. soigneusement, diligemment, exactement, avec attache, application, exactitude, vigilance ou empressement.

COMPOSÉS.

E-N**a**v**o**, *as*, *are*, s'employer avec soin, faire tous ses efforts, ne rien épargner pour réussir.

R**e**-N**a**v**o**, *as*, *are*, voyez *Renovo*.

R**e**navare operam, faire de nouveaux efforts.

NÉGATIFS.

I**g**-N**a**v**io**, *onis*, lâche, paresseux. Orig. Lat.

I**g**-N**a**v**io**, *is*, *ire*, rendre lâche, paresseux.

I**g**-N**a**v**itas**, *atis*, voyez *Ignavia*.

I**g**-N**a**v**iter**, *adv.* voyez *Ignavè*.

I**g**-N**a**v**us**, *a*, *um*, lâche, poltron, qui a l'ame basse, qui est sans courage, qui manque de cœur; 2°. fainéant, paresseux; 3°. qui rend lâche & paresseux, qui abat les forces.

I**g**-N**a**v**è**, lâchement, en poltron, en lâche.

I**g**-N**a**v**ia**, *æ*, lâcheté, bassesse d'ame, défaut de courage, manque de cœur, lâcheté, poltronnerie, fainéantise, indolence.

2.

1. N**a**b**is**, *is*, brebis sauvage.

Ce mot correspond au Grec N**i**b**ades**, chèvres qui paissent au haut des montagnes, sur les rochers, & tous viennent de N**ab**, N**eb**, élevé.

2. Prononcé N**eb**, il désigna les daims, les chevreuils qui grimpent sur les rochers; & de-là ces mots :

N**eb**r**is**, *idis*, peau de daim ou de chevreuil dont on se couvroit dans les fêtes de Bacchus.

N**eb**r**ites**, *æ*, sorte de pierre précieuse, consacrée à Bacchus.

3.

N**æ**v**us**, *i*, éminence sur la peau, tache.

De N**eb**, élevé, éminent, prononcé N**æv**, se forma cette Famille Latine :

N**æ**v**us**, *i*, signe, marque, tache naturelle sur le corps.

N**æ**v**ulus**, *i*, dimin. de *Nævus*.

Nævosus, a, um, plein de signes.
Nævolæ, arum, éminences qui paroissent au cou des chèvres.

III.
NEB, NUB, nuée.

1. Nebula, æ, nuée; 2°. brouillard, bruine; 3°. un rien.

Nebulosus, a, um, nébuleux; 2°. rempli de brouillards.

Nebulo, onis, fourbe, affronteur, fripon, qui en impose.

Nubes, is, ⎫ nue, nuage, nuée;
Nubis, is, ⎬ 2°. vapeur; 3°. cha-
Nubilum, i, ⎭ grin sombre, nuage de l'ame; 4°. multitude, foule.

Nubila, orum, nues, nuages, nuées; 2°. air sombre, tristesse.

Nubecula, æ, petite nuée.

Nubilar, aris; Nubilarium, ii, lieu couvert proche des aires, où les batteurs de bled peuvent se retirer lorsqu'ils sont surpris par la pluie.

Nubilo, -are; Nubilor, -ari, s'obscurcir, se couvrir de nuées.

Nubilito, -are, se couvrir de nuages.

Nubilus, a, um, nébuleux, couvert de nuées; 2°. sombre, obscur; 3°. qui a l'air sombre.

BINOMES.

Nubi-Fer, a, um, qui amene, qui attire les nuées.

Nubi-Fugus, a, um, qui chasse, qui dissipe les nuages.

Nubi-Genа, æ, engendré des nuées.

Nubi-Ger, a, um, couvert de nuées.

Nubi-Vagus, a, um, qui erre parmi les nuées.

COMPOSÉS.

A-Nubis, e, sans nuée.

Ad-Nubilo, -are, rendre le tems couvert, s'obscurcir.

Con-Nubilo, -are, couvrir de nuages.

In-Nubilo, are, couvrir de nuages.

In-Nubis, e; In-Nubilus, a, um, qui n'est point couvert de nuages, serein, sans brouillards.

Ob-Nubilo, -are, couvrir de nuages, obscurcir par des brouillards.

Ob-Nubilus, a, um, nébuleux, couvert de nuées.

Ob-Nubo, -ere, couvrir, voiler, envelopper.

Præ-Nubilus, a, um, fort sombre, très-obscur, chargé de nuages.

Sub-Nubilus, a, um, un peu obscur, nuageux.

IV.

NEB, se nasalant, devint NIMB; d'où ces mots:

Nimbus, i, ondée, pluie soudaine qui tombe avec impétuosité, lavasse; 2°. nuée noire, nuage épais; 3°. voile de femme.

Nimbosus, a, um, chargé de nuées, couvert de nuages; 2°. pluvieux, qui amene de la pluie en amassant des nuages.

Nimbatus, a, um, voilé, qui a un voile qui le cache.

V.
NIM,
trop.

De Nam, Nim, élevé, se forma cette Famille:

Nimis, ⎫ avec excès, excessi-
Nimiùm, adv. ⎬ vement, trop;
2°. grandement, beaucoup.

Nimiè, trop, excessivement, avec excès, sans mesure, outre mesure, sans modération, profusément.

Nimio, (il se met devant les comparatifs,) voyez Nimiè.

Nimius, a, um, excessif, trop grand, plus qu'il ne faut.

Nimius sol, soleil trop ardent, trop grand soleil.

Nimietas, atis, trop grande abondance, excès, superfluité, profusion.

Nimia, orum, superfluités.

Nimi-Opere, beaucoup trop, voyez Nimiè.

Præ-Nimis, adv. trop de beaucoup, excessivement, beaucoup trop.

VI.
NAT, NOT,
fesse ; dos.

Du primitif, NA, No, élevé, se formerent des mots Latins dont la racine étoit absolument inconnue.

1. Nates, is ; Nates, ium, fesses.

En Irl. Nad, fesses.

Cette Famille tient à celle de No, Not, dos.

En Irl. No, dos.

En Gr. Nôtos, & Noton, le dos, le derriere.

Nothés, paresseux ; mot-à-mot, qui passe sa vie accroupi sur les fesses, sur son derriere.

De-là l'Oriental נד, Nod, fuite : en fuyant on montre le dos.

נדד NaDD, fuir ; 2°. être errant, vagabond ; 3°. voyager ; 4°. s'agiter.

2. Natinatores, um, Marchands, Négocians, mot-à-mot, qui voyagent pour leur commerce ; 2°. séditieux ; mot-à-mot, qui s'agitent.

3. Notiæus, i, moëlle de l'épine du dos.

VII.
NIS,
effort.

De NAS, NES, fort, élevé, vint en Heb. נשה Nasé, faire tous ses efforts, tenter, essayer ; & cette Famille Latine :

Nisus, ûs, effort, contention.

Nisus, a, um, part. de Nitor, appuyé, fortifié, soutenu.

Nitor, eris, nisus, ou nixus sum, niti, faire effort, s'efforcer, tâcher ; 2°. s'appuyer, se fier, se confier.

Nitibundus, a, um, qui fait effort.

Nixus, ûs, effort, travail, douleur d'une femme pour accoucher ; 2°. effort, l'action de s'efforcer.

Nixæ, arum, efforts ou douleurs d'une femme en travail d'enfant.

Nixi Dii, orum, m. plur. &

Nixi, orum, Dieux qui présidoient au travail des femmes qui accouchoient.

Nixor, aris, ari, voyez Nitor.

Nixurio, is, ire, faire plusieurs efforts, vouloir s'efforcer.

Nixus, i, l'agenouillé, constellation céleste.

Composés.

Ad-Nitor, eris, nisus ou nixus sum, niti, s'appuyer à, sur, ou contre ; 2°. s'efforcer, tâcher de tout son pouvoir ; 3°. aider, secourir.

Adniti hastis, se poser sur ses armes.

Ad-Nisus, a, um, ou Ad-Nixus, qui a tâché, qui a fait ses efforts ; part.

Ad-Nisurus, a, um, qui s'efforcera.

An-Nisus, a, um, qui fait ses efforts; part. de

An-Nitor, eris, nixus ou nisus sum, ti, faire ses efforts.

An-Nixé, adv. avec effort, en s'efforçant.

An Nixus, a, um, voyez An-Nisus.

Con-Nitor, eris, nisus ou xus sum, niti, tâcher, essayer, tenter, s'efforcer; 2°. s'appuyer; 3°. enfanter; & parlant des animaux, mettre bas.

Con-Nixus, a, um, part. de Connitor, qui a fait ses efforts.

E-Nitor, eris, nisus ou nixus sum, niti, s'efforcer, faire effort, tâcher, prendre peine, se peiner, travailler, se donner du mouvement, employer tous ses soins, faire son possible.

E-Nixé, iùs, issimè, adv. &

E-Nixim adv. avec effort, avec force, avec vigueur, avec empressement.

E-Nixus, ûs, enfantement, accouchement, couche; 2°. effort.

E-Nixa, æ, accouchée.

Enixa partum, femelle qui a mis bas, qui a fait des petits.

In-Nitor, eris, nixus sum, niti, s'appuyer.

In-Nitens, tis, qui s'appuie dessus.

Ob-Nitor, eris, nixus sum, niti, faire effort ou se roidir contre, résister avec effort.

Obniti adversis, se roidir contre ses malheurs.

Ob-Nixé, adv. avec effort, en s'efforçant, avec instance, instamment, avec empressement.

Ob-Nixus, a, um, part. d'Obnitor.

Ob-Nixus opibus, qui s'appuie sur ses grands biens, qui se tient fort de ses richesses; 2°. attaché à ses intérêts, attentif à ses affaires.

Re-Nitens, tis, qui résiste, résistant.

Re-Nitor, eris, nixus sum, ti, résister.

Re-Nixus, ûs, résistance.

Sub-Nixus, a, um, appuyé, accoté, soutenu; 2°. qui se fie, qui se tient fort sûr.

Sub-Nixo esse animo, faire le fier, se tenir fier.

VIII.
NECS,
lien.

Du Celte Nech, Nes, liaison, connexion, proximité, voisinage, vint cette Famille:

Nexus, ûs, nœud qui lie; 2°. l'action de lier; 3°. lien, ligature; 4°. entrelacement, entortillement; 5°. voy. Nexum.

Nexum, i, n. obligation par laquelle celui qui ne pouvoit payer son créancier, s'engageoit de le servir pendant un an, comme son esclave.

Nexus, i, qui est en prison pour ses dettes, ou qui n'ayant pas de quoi satisfaire son créancier, étoit obligé de le servir pendant un an comme son esclave; 2°. esclave pour dette.

Necto, is, Nexui, Nexum, ctere, nouer, lier, attacher, joindre ensemble, engager, entrelacer l'un dans l'autre, assembler avec.

Nexio, onis, l'action de se lier, de nouer; 2°. nœud.

Nexo, as, are, voyez Necto.

Nexor, oris, qui lie, qui noue, qui entrelace.

Nexilis, m. f. le, qui peut se lier, qu'on peut nouer ou entrelacer.

Nectendus, a, um, qu'il faut nouer, lier.

COMPOSÉS.

AD-NECTO, *is, exui, exum, nectere*, attacher, lier, joindre ensemble, nouer, annexer.

AD-NEXUS, *a*, *um*, lié, attaché, joint ensemble, noué.

AN-NEXUS, *ûs*, proximité, contiguïté; 2°. lien, nœud, attache.

AN-NEXUS, *a*, *um*, attaché, lié, noué.

CIRCUM-NECTO, *is*, *xui*, *ctere*, nouer, attacher autour.

CON-NECTO, *is, nexi & nexui, nexum, ctere*, lier, joindre, attacher, faufiler ensemble ou avec.

CON-NEXIO, *onis*, voyez *Connexus*.

CON-NEXIVUS, *a*, *um*, qui joint, qui lie.

CON-NEXUM, *i*, connexion, conséquence.

CON-NEXUS, *ûs*, liaison, conjugaison, connexion, entrelacement.

CON-NEXUS, *a*, *um*, lié, attaché, joint : voyez *Connecto*.

IN-NEXUS, *a*, *um*, appuyé dessus.

IN-NECTO, *is, nexui, nexum, ctere*, lier avec, nouer ensemble, attacher à.

INTER-NECTO, *is, nexui, nectum, ctere*, bander, lier ensemble, entrelacer, joindre.

OB NECTO, *is*, *ere*, engager, obliger, lier.

OB-NEXATIO, *onis*, engagement, obligation.

PRO-NECTO, *is, nexui, nexum, ctere*, lier, nouer ensemble, tresser.

PROS-NESIUM, *ii*; PRO-NEXIUM, *ii*, amarre d'ancre.

SUB-NECTO, *is, nexui, nexum, ctere*, nouer par-dessous ; 2°. ajouter ; 3°. souscrire.

SUB-NEXUS, *a*, *um*, participe de *Subnecto*.

SUPER-AD-NEXUS, *a*, *um*, noué par-dessus.

IX.
NIC.

Du Celte NACH, NECH, sur, dessus, se forma la Famille Grecque NIKOS, victoire, *mot-à-mot*, supériorité dans un combat : de-là ces mots :

NICETERIA, *orum*, prix d'une victoire ; 2°. réjouissance pour une victoire.

EPI-NICIA, *orum*, festins, réjouissances & poésies, à l'occasion de quelque victoire.

AN-NICETUM, *i*, anis, plante ; il doit venir d'ανικητος, insurmontable, fort.

NICEROTIANUM, *i*, sorte de parfum.

N,
Nager.

De la liquide N, se forma le Grec NAÔ, couler ; 2°. habiter : de-là ces Familles Latines :

I.

1. NO, *as*, *avi*, *atum*, *are*, nager ; 2°. aller sur l'eau, voguer.

COMPOSÉS.

AD-NO, *as*, *avi*, *atum*, *are*, nager, aller à la nage vers ou jusqu'à un endroit ; approcher, aborder en nageant.

Adnare terræ, nager pour aller à terre. —— *Naves*, nager pour aller à bord.

E-NO, *as, avi, atum, are*, se sauver à la nage, se retirer, sortir.

IN-NO, *as, avi, atum, are*, nager dedans, flotter, voguer dessus.

RE-NO, *as, avi, atum, are*, retourner à la nage, renager.

TRA-No, *as, avi, atum, are*, passer à la nage.

2. NAïs, *idis*, Naïade, Nymphe des fontaines, des rivieres.

NAïcus, *a, um*, de Naïade.
NAïades, *um*, Naïades, au plur.

II.

NATO, *as, avi, atum, are*, nager; 2°. s'étendre, se pousser au loin; 3°. être incertain, chancelant.

COMPOSÉS.

AB-NATO, *as, avi, atum, are*, s'éloigner, se retirer, s'écarter en nageant, se sauver à la nage.
AD-NATO, *are*, voy. *Adno*.
DE-NATO, *are*, passer à la nage.
E-NATO, *as, avi, atum, are*, se sauver à la nage, s'échapper.
IN-NATO, *as, avi, atum, are*, surnager; 2°. nager dessus, flotter, voguer, aller en nageant.
OB NATO, *as, avi, atum, are*, nager devant ou à l'encontre.
PRÆ-NATO, *as, avi, atum, are*, nager devant; 2°. couler par devant, au long.
SUPER-NATO, *as, avi, atum, are*, surnager, flotter dessus, nager par-dessus.
SUPER-E-NATO, *as, avi, atum, are*, surnager, nager au-dessus.
SUB-NATO, *as, avi, atum, are*, nager dessous ou par-dessous.
TRANS-NATO, *as, avi, atum, are*, &
TRANS-No, *as, avi, atum, are*, passer à la nage.

PARTICIPES.

1. NANS, *tis*, nageant.
SUPER-NANS, *tis*, qui surnage.
2. NATANS, *tis*, nageant, qui nage.

SUPER-NATANS, *tis*, surnageant, qui surnage, qui flotte dessus.
SUBTER-NATANS, *tis*, qui nage par-dessous.

III.

1. NATatile, *is*, réservoir d'eau où les canards & les oies peuvent nager.
NATatilis, *m.f. le*, qui nage, qui peut nager.
NATatio, *onis*, la nage, l'action de nager.
NATatitius, *a, um*, voy. *Natatilis*.
NATator, *oris*, nageur.
NATatoria, *æ*, voy. *Piscina*.
NATatus, *us*, voy. *Natatio*.
NATabulum, *i*, voy. *Piscina*.
NATio, *onis*, l'action de nager.

2. NABILis, *le*, qu'on peut passer à la nage, où l'on peut nager ou naviger, navigable.
IN-NABILis, *m.f. le*, qu'on ne peut passer à la nage.

IV.

NAVis, *is*, navire, vaisseau, bâtiment de mer.
NAVia, *æ*, auge de bois, pièce de bois creusée pour servir de vase; 2°. canot, arbre creusé pour servir de bateau.
NAVigium, *ii*, navire, vaisseau; voyez *Navigatio*.
NAVigiolum, *i*, petit vaisseau.
NAVicula, *æ*, brigantin, galion, pinasse, flibot, frégaton, barques, &c. dimin. de *Navis*.
NAVicella, *æ*, nacelle, petit bateau.
NAVicularia, *æ*, métier de pilote, art de la navigation; 2°. manœuvre de la mer.
Naviculariam facere, être pilote.
NAVicularis, *m.f. re*, qu'on transporte par mer; voy. *Nauticus*.
NAVicularius, *ii*; NAVIculator, *oris*, matelot, pilote, maître d'un vaisseau.

Naviculor, aris, atus sum, ari; voy. Nauculer.

BINOME.

Navi-Thalamus, i, yacht, sorte de petit bâtiment propre à se promener sur mer, ou à faire une petite traversée ; 2°. le Bucentaure de Venise, sorte de bâtiment de mer.

V.

Nav-Igo, as, avi, atum, are, naviger, naviguer ; aller en mer, par mer ou sur mer ; faire une traversée.

Navigabilis, m. f. le, navigable, où l'on peut naviger ; 2°. qui porte bateau.

Navigatio, onis, navigation, course qu'on fait sur l'eau, temps qu'on y demeure ; 2°. Monçon, saison propre à naviger.

Navigator, oris, navigateur.

Navigatus, a, um, sur lequel on a navigué.

Naviger, a, um, qui porte des vaisseaux, où l'on peut naviguer.

Naviculor, aris, atus sum, ari, naviger, naviguer, aller sur mer.

COMPOSÉS.

Ad-Navigo, as, avi, atum, are, aller par bateau en quelque lieu.

Circum-Navigo, as, avi, atum, are, naviger tout autour.

E-Navigo, as, avi, atum, are, naviger, passer, trajetter, faire trajet, faire canal.

In-Navigo, as, avi, atum, are, naviguer, voguer dessus.

Per-Navigatio, onis, traversée de mer ; 2°. navigation le long d'une côte.

Per-Navigator, oris, qui fait une traversée de mer, qui navige le long d'une côte.

Per-Navigatus, a, um, parcouru en navigeant, part. de

Per-Navigo, as, are, faire une traversée ; 2°. naviguer le long ou autour d'une côte, courir toute une côte.

Præ-Navigatio, onis, navigation au-delà.

Præ-Navigo, as, avi, atum, are, naviger au-delà.

Re-Navigo, as, avi, atum, are, retourner, revenir par mer.

Sub-Navigo, as, avi, atum, are, naviguer ou faire route au-dessous, prendre sa route au-dessous.

Trans-Navigo, as, avi, atum, are, traverser de l'autre côté de la mer.

VI.

FAMILLES DIVERSES.

1. Navita, æ, matelot, nocher, batélier ; 2°. Caron, passeur aux Enfers.

Nauta, æ, matelot, marinier.

Nauticus, i, matelot, homme de mer, marin.

Nauticus, a, um, de matelot, de marine, de mer, de navire.

Nauticus panis, biscuit de mer.

Nautria, æ, femme qui fait le métier de pilote.

2. Naulum, i, nolis, fret, prix du loyer d'un vaisseau ; 2°. payement pour le transport d'une personne, ou pour celui de quelques marchandises ; 2°. naulage qu'on payoit à Caron dans les Enfers, suivant la créance des anciens Payens ; 3°. pièce de monnoie qu'on mettoit à cette intention dans la bouche des morts.

3. Navale, *is*, } havre, port; 2°.
Navalia, *ium*, } arſenal de marine; 3°. forme où l'on bâtit & où l'on radoube les vaiſſeaux.

Navalis, m. f. le n. naval, qui concerne la marine, la navigation, la mer; 2°. de mer, de navire.

BINOMES GRECS.

1. Nav-Archis, *idis*, Vaiſſeau Amiral.
Navarchus, *i*, Amiral, Chef d'Eſcadre, Patron ou Maître de navire, pilote : d'Arkhos, Chef.

2. Nav-Argus, *i*, le navire Argo, le vaiſſeau des Argonautes; 2°. conſtellation compoſée de ſoixante-trois étoiles.

3. Nau-Machia, *æ*, Naumachie, repréſentation d'un combat naval, qu'on donnoit par divertiſſement au Peuple Romain; 2°. canal rempli d'eau où ce combat ſe donnoit : de Makhé, combat.

Nau-Machiarii, *orum*, ceux qui combattoient aux ſpectacles de la Naumachie.

Nau-Machiarius, *a*, *um*, propre aux combats de la Naumachie.

4. De Pégó, conſtruire, vinrent ces mots :
Nau-Pegia, *æ*, } fabrique de vaiſ-
Nau-Pegica, *æ*, } ſeaux, l'art d'en bâtir.

Nau-Pegium, *ii*, forme, chantier, attelier où l'on bâtit des vaiſſeaux.

Nau-Pegus, *i*, charpentier de navire, maître de hache.

5. Nau-Phractum, *i*, ſabord de navire; 2°. armée navale, flote équipée en guerre : de Phractó, fortifier.

6. Nauto-Dicæ, *arum*, m. Intendans, Commiſſaires de Marine, Juges d'Amirauté : de Dik, Juge.

VII.

1.

1. Nanum, *i*, pot à l'eau.

2. Nau-Plius, *i*, eſpèce de polype; 2°. petit poiſſon qui ſe met dans une coquille formée comme un navire, & la fait voguer : de Nau, vaiſſeau.

3. Nau-Tilus, *i*, ſorte de poiſſon de mer qui imite dans ſa route un navire.

2.

A-*Nas*, *atis*, canard, cane : 2°. Fiſtule qui vient à l'anus.

Gr. Neſſa : Dor. Naſſa, canard.

Nesso-Trophium, *ii*, lieu où l'on nourrit des cannes : du grec Trépho, nourrir; & Neſſa, canard.

Nassa, *æ*, naſſe, inſtrument d'oſier propre à pêcher.

FAMILLE GRECO-LATINE.

Notus, *i*, en Grec Notos, le vent du Midi, le Sud.

Notus albus, le vent du Midi lorſqu'il amene la ſérénité. — *Procelloſus*, le vent du Midi lorſqu'il cauſe du mauvais temps.

Noto-Zephyrus, *i*, ſud-eſt, vent.

Notius, *a*, *um*, méridional, du midi, du ſud, auſtral.

Notius polus, pole antarctique.

Notia, *æ*, ſorte de pierre précieuſe qui tombe avec la pluie; voyez Ombria.

COMPOSÉ

COMPOSÉ GREC.

PERI-Næum, *i*, périnée, entrefeſſion.

VIII.
NEP,
NIP, NYMP, eau.

NIP eſt un nom primitif de l'eau, dont nous avons rapporté la famille dans nos *Origines Françoiſes*, col. 760.

De-là vinrent les Familles ſuivantes.

1.
NEP-TUN,
la grande Eau.

De NEP, eau, joint à TUN, vaſte, profond, ſe formèrent ces mots :

NEP-TUNus, *i*, qui, appliqué à l'eau, déſigna la grande Eau, la Mer ; & qui appliqué au Dieu de la Mer, ſignifia *mot-à-mot*, le Souverain des Eaux, Neptune.

NEP-TUNius, *a, um*, qui concerne Neptune.

Nep-tunia arva. --Prata, mer, campagne liquide.

NEP-TUNine, *es*, fils de Neptune.

NEP-TUNalia, *ium*, fêtes de Neptune.

2.
NIPTra, *orum*, bains.

3.
NIP, en ſe naſalant, forma ces mots :

NYMPHæ, *arum*, les Nymphes : *mot-à-mot*, les Déeſſes des eaux; elles en étoient regardées comme les Souveraines.

NYMPHæum, *i*, Temple dédié aux Nymphes ; 2°. bain; 3°. bâtiment où il y a des bains ; 4°. deux promontoires de Macédoine; 5°. rocher près d'Apollonie, d'où coulent des fontaines de bitume.

NYMPHarina, *æ*, ſorte de pierre précieuſe.

NYMPHea, *æ*, lys d'étang, nénuphar, fleur.

IX.
NAS, NOS,
Soulèvement de cœur.

NAS, NOS, eſt un mot primitif qui déſigna les ſoulèvemens de cœur, ſur-tout ceux que cauſe la mer: ainſi il tient à la famille No, NAU, relative aux eaux.

En Or. נוש, *Nos, Nosh*, être malade, incommodé.

En Grec. *Nosos*, maladie, dégoût; indiſpoſition.

En Baſque, NAsca, ſoulèvement de cœur, envie de vomir ; 2°. dégoût; 3°. abomination.

De-là cette famille Latine :

NAusea, *æ*, nauſée, envie de vomir, ſoulèvement de cœur, principalement celui que cauſe la mer.

NAuseabilis, *m. f. le, n.* qui peut exciter à vomir, qui peut ſoulever le cœur, donner des nauſées.

NAuseabundus, *a, um*, fort ſujet aux ſoulevemens de cœur, aux nauſées.

NAuseans, *tis*, qui a des envies de vomir.

NAuseator, *oris*, à qui la mer cauſe des envies de vomir.

NAuseo, *as, avi, atum, are*, avoir envie de vomir, avoir mal au cœur, ou des ſoulèvemens de cœur, principalement ſur mer; 2°. ſentir du dégoût, paroître dégoûté, ſentir de la répugnance, de l'a-

verfion ; ne fouffrir qu'avec peine ; méprifer, rejetter, dédaigner.

Nauseosus, a, um, qui fait foulever le cœur, qui excite au vomiffement, qui caufe des envies de vomir.

Nauseola, æ, petit mal de cœur.

Nausea, æ, eau croupie de la fentine d'un navire : 2°. forte de plante qui porte des baies noires, de laquelle fe fervent les corroyeurs ; 3°. eau dans laquelle on fait macérer les cuirs.

FAMILLES GRECO-LATINES.

Noso-Comia, æ, guérifon, cure.

Noso-Comium, ii, Hôpital, Hôtel-Dieu.

Noso-Comus, a, um, qui guérit, qui fait des cures; 2°. hofpitalier.

Noso-Comus, i, maître d'un hôpital : du Grec Komeó, avoir foin.

Noso-Dochium, ii, Hôpital, Hôtel-Dieu.

Noso-Gnomonice, es, pratique de connoître les maladies.

NAR,

Eau, Riviere.

Nar eft un mot primitif qui défigna l'eau courante, & devint le nom de plufieurs fleuves. De-là :

I.

1. Narica, æ,
Narita, æ,
Neritæ, arum,
} forte de poiffon à coquille.

2. Nereus, ei, Nerée, Dieu de la mer ; 2°. mer.

Nereis, idis, fille de Nerée, Nymphes de la mer ; Néréide : au plur. Nereïdes, dum.

3. Nerium, ii, laurier-rofe, arbriffeau : il croît au bord des eaux.

II.

Narro, -are, dire, conter, raconter. C'eft faire couler les paroles : on les a toujours comparées au flux des eaux.

Narrans, tis, qui raconte.

Narrabilis, e, qui peut être raconté.

Narratio, onis, narration, récit, action de raconter.

Narratus, ûs, même que Narratio.

Narratiuncula, æ, diminutif de Narratio.

Narrator, oris, qui raconte, qui narre.

COMPOSÉS.

De-Narro, -are, raconter.

E-Narratio, onis, narration, récit, rapport ; 2°. explication, expofition, interprétation.

E-Narratiùs, adv. en racontant plus au long.

E-Narrator, oris, voy. Narrator.

E-Narratus, ûs, voy. Enarratio.

E-Narro, as, avi, atum, are, dire, raconter, rapporter, réciter ; 2°. expliquer, interpréter, expofer.

Præ Narro, as, avi, atum, are, raconter auparavant.

Re-Narro, as, avi, atum, are, raconter de nouveau.

In-E-Narrabilis, le, qu'on ne peut raconter, inexplicable, admirable, inconcevable.

In-E-Narrabiliter, adv. d'une maniere qu'on ne peut raconter, d'une maniere inexplicable.

In-E-Narratus, a, um, qui n'a point été raconté, inouï.

III.

Gnaruris, e,
Gnarus, a, um,
} intelligent, fçavant, qui con-

noît, qui fçait; inftruit, expérimenté, entendu; 2°. fûr, affuré; 3°. connu.

GNARÉ, *adv.* doctement, fçavamment, avec connoiffance.

GNARitas, atis, connoiffance, expérience.

PERIG-NARus, a, um, fort ignorant.

PROG-NARé, *adv.* publiquement, en public, devant tout le monde, ouvertement.

PROG-NARiter, *adv.* avec vigueur, vigoureufement, avec force, courageufement, hardiment.

IG-NARus, a, um, Ignorant, qui ne fçait, ou qui ne connoit pas.

IV.

NAR, NER,

Du Primitif NAR, fort, vinrent ces Familles Latines.

1.

NERio, us, force, puiffance, violence; 2°. femme de Mars.

NERiene, es, femme de Mars.

NERvulus, i, dimin. de.

NERvus, i, nerf; 2°. force; 3°. effort; 4°. corde à boyau; 5°. le nerf par excellence; 6°. lien qu'on mettoit au cou & aux mains des criminels; 8°. entraves qu'on leur mettoit aux pieds, ceps.

NERvalis, is, forte de plante.

NERvatio, onis, l'action de fortifier les nerfs.

NERvator, oris, qui fortifie les nerfs.

NERviceus, a, um, de nerfs, fait de nerfs.

NERviceis funibus, avec des cordes d'arc.

NERvicus, a, um, qui a les nerfs attaqués.

NERvosé, *adv.* avec force, avec vigueur, d'une maniere énergique.

NERvositas, atis, force, vertu, vigueur.

NERvosus, a, um, nerveux, plein de nerfs; 2°. énergique, plein de force, de folidité, fort en raifonnement.

COMPOSÉS.

E-NERvis, ve, énervé, affoibli, qui n'a point de vigueur, qui eft fans force; 2°. languiffant, mou, lâche, efféminé, plein de molleffe, foible.

E-NERvo, as, avi, atum, are, énerver, affoiblir, amollir, rendre efféminé.

SUB-NERvo, as, avi, atum, are, couper les nerfs; 2°. énerver, affoiblir.

2.

NERvia, æ, corde à boyau.

NERvium, ii, voyez Nervia.

NERvinus, a, um: Nervini funes, cordes à boyau.

3. FAMILLES-GRECQUES.

1. NEURO-BATA, æ, } danfeur de cor-
NEURO-BATes, æ, } de, qui danfe fur la corde:
de NEUROS, corde, & BA, aller.

NEURicus, a, um, qui a les nerfs attaqués, qui fent des douleurs dans les nerfs.

2. NEURas, adis, forte de plante.

NEURis, idis, voyez Neuras.

3. NEURoïdes, is, laitue fauvage.

NEUROS-PASTUM, i, n. ronce, arbriffeau.

V.

NAR,

Fort.

Du primitif NAR, fort dans tous les fens, vinrent:

Nardus, *i*; **Nardum**, *i*, nard, arbrisseau aromatique.

En Grec **Nardos**.

En Oriental נרד, *nard*.

Nardinus, *a*, *um*, de nard, qui a l'odeur du nard.

Neris, *is*, espéce de nard de montagne.

2°.

La Famille Greco-Latine *Narthex*, boëte aux parfums ; d'où,

Narthex, *ecis*, férule, plante qui ressemble au fenouil.

En Grec ΝΑΡΘΗΞ.

Narthecium, *ii*, boite où l'on met des senteurs, des parfums ; cassolette.

Narthecia, voyez *Narthex*.

NA,
Maison.

De N, désignant l'intérieur, le dedans, se formerent le Grec **Naos**, Temple.

L'Irl. **Na**, dans : **Nead**, nid.

Le Bas-Br. **Nyth**, domicile ; 2°. nid.

Et cette Famille Latine :

Nidus, *i*, nid ; nichée, petits d'un nid ; 2°. portée, ventrée, les petits d'un animal.

Nidulus, *i*, petit nid.

Nidulor, *aris*, *atus sum*, *ari*, nicher, avoir ou faire son nid.

Nidamenta, *orum*, tout ce qui sert aux oiseaux à faire leur nid.

Nideo, *es*, *ere*, voyez *Renideo* ; 2°. témoigner sa joie par un léger battement d'ailes à l'arrivée de son pere ou de sa mere au nid.

BINOMES.

Nidi-Ficium, *ii*, construction d'un nid.

Nidi-Fico, *as*, *avi*, *atum*, *are*, bâtir son nid, faire son nid.

Nidi-Ficus, *a*, *um*, qui fait son nid.

In-Nidi-Fico, *as*, *avi*, *atum*, *are*, mettre dans un nid.

Inter-Nidi-Fico, *as*, *avi*, *atum*, *are*, faire son nid entre ou parmi.

2°. Grec-Latin.

Pro-Naon, *i*, } porche du Temple ;
Pro-Naos, *i*, } parvis.

Du Gr. **Naos**, Temple.

Pro-Naïa, *æ*, Minerve qu'on avoit coutume de placer au-devant des temples dans leur porche.

NAI,
Certainement, très-constant.

Næ, en Grec **Nai** : ces deux mots signifient, certainement, en vérité, il est constant.

Ils viennent donc de **Nai**, demeure ; ce qui est à demeure, constant, invariable.

Noffus, *i*, biere, cercueil de bois : de *No*, soit qu'il signifie demeure, maison, soit qu'il signifie navire.

NAD, NET,
Fil.

Nad, **Net**, signifie en Celte, fil, filet, tout ce qui est délié : 2°. un fil d'eau ; 3°. tordre du fil ; 4°. coudre, couture.

En Bas-Br. **Nados**, aiguille.

Neud, **Neut**, fil à coudre.

Neza, filer.

En Angl. **Net**, filet, rêts.

En Gr. **Nethó**, filer.

En Allem. **Nath**, couture.

De-là ces Familles.

I.

NETUM, *i*, fil.
NETUS, *a*, *um*, Filé.
NETIO, *onis*, filage.
NETORIUM, *ii*, fuseau.

NEO, *evi*, *etum*, *ere*, filer.

NETE, *es*, septieme & plus grosse corde d'une lyre, dédiée à Saturne; derniere ou plus grosse corde d'un instrument de musique à cordes; quatrieme d'un violon; septieme d'une viole; 2°. septieme en descendant.

COMPOSÉS.

PERNEO, *es*, *nevi*, *netum*, *nere*, achever de filer.
PER-NETUS, *a*, *um*, part. de Perneo.
PARA-NETE, *es*, la sixieme corne de la lyre, dédiée à Jupiter.
Paranete synemmenon, C sol ut fa — diazeugmenon, D la ré sol, — hyperbolæon, G ré sol ut.

II.

NATRIX, *icis*, serpent; 2°. plante fort puante.

Le serpent est appellé NAT, à cause de sa forme déliée.

En Celte, NATR,
Cornouaill. NADar, } serpent.

III.
NOD.

De NET, fil, vint la Famille NOD, nœud, lien.

En Or. נ-ע, HONAD, lier.

NODUS, *i*, nœud; 2°. difficulté, embarras.

Nodus Herculeus, nœud difficile à défaire, ou une très-grande difficulté.

NODULUS, *i*, dimin.
NODO, *as*, *avi*, *atum*, *are*, nouer, lier, attacher, faire un nœud.
NODATIO, *onis*, nœud, nodosité.
NODATOR, *oris*, qui noue.
NODATUS, *a*, *um*, noué.
NODOSUS, *a*, *um*, noueux, plein de nœuds, qui a plusieurs nœuds.
Nodosa chiragra — podagra, goutte nouée aux pieds ou aux mains.
NODIA, *æ*, Pariétaire, sorte de plante.

COMPOSÉS.

AB-NODO, *as*, *avi*, *atum*, *are*, couper les nœuds, les excroissances des arbres ou des plantes.
DE-NODO, *as*, *are*, dénouer.
E-NODO, *as*, *avi*, *atum*, *are*, ôter les nœuds; 2°. expliquer, exposer, développer, déclarer, interpréter, éclaircir, démêler, donner jour, rendre clair ou intelligible, lever les difficultés, ôter les obscurités, dénouer.
E-NODATÈ, *iùs*, *issimè*, clairement, évidemment, nettement, intelligiblement, tout au long.
E-NODATIO, *onis*, explication, exposition, déclaration; 2°. dénouement.
Enodatio nominum, étymologie des mots.
E-NODATOR, *oris*, expositeur, qui dénoue, qui explique, qui interprete, qui démêle.
E-NODIS, *de*, qui est sans nœuds, qui n'est point noueux, qui n'a point

de nœuds; 2°. clair, intelligible, sans difficulté; 3°. aisé, coulant, facile.

IN-E-NODabilis, le, qu'on ne peut dénouer, qu'on ne sçauroit démêler ou débrouiller, inexplicable.

INTER-NODium, ii, l'espace qui est entre deux nœuds; 2°. ce qui est entre les jointures.

RE-NODans, tis, qui renoue, qui relie, qui refait un nœud.

RE-NODatus, a, um, part. de.

RE-NODO, as, avi, atum, are, renouer, relier, rattacher avec un nœud, refaire un nœud.

SUB-NODO, as, avi, atum, are, nouer par-dessous.

TRI-NODis, de, qui a trois nœuds.

NEG,
Affaire.

Du Celte NEGes, affaire, occupation, commerce, vint cette Famille Latine :

NEGOTium, ii, affaire, occupation, emploi; 2°. négoce, commerce, trafic, marchandise.

NEGOTiator, oris, négociant, trafiquant, commerçant; 2°. homme d'affaire, intendant.

NEGOTiatrix, icis, marchande, celle qui commerce.

NEGOTiatus, a, um, part. de Negotior : commercé, trafiqué.

NEGOTI-NUMMius, a, um, négocié à prix d'argent, qui concerne le négoce d'argent.

NEGOTiolum, i, dimin. de Negotium.

NEGOTior, aris, atus sum, ari, commercer, négocier, trafiquer, exercer la marchandise, être marchand.

Negotiari animas, tuer ou assassiner des gens pour de l'argent, faire le métier d'assassin.

NEGOTiosus, a, um, occupé, embarrassé, plein d'affaires, qui a beaucoup d'affaires, où il y a bien des affaires.

NEGOTiatorius, a, um, qui sert au négoce, qui est employé au commerce.

NEGOTialis, m. f. le n. de négoce, qui concerne le négoce, d'affaires, qui concerne les affaires.

NEGOTians, tis, qui trafique, qui est marchand.

NEGOTiarius, a, um, voyez Negotiator.

NEGOTiatio, onis, négoce, commerce, trafic, marchandise; 2°. négociation.

NEM,
Forêt.

Du Celte LAM, LEM, forêt, bois, prononcé NAM, NEM, vinrent ces Familles.

1. En Latin.

NEMus, oris, bois, forêt.

Sus nemoris cultrix, une laie, sanglier qui demeure dans les forêts.

NEMoralis, m. f. le, n. NEMorensis, m. f. se, n. de bois, de forêt.

Nemorensis Rex, celui qui présidoit aux sacrifices qu'on faisoit à Diane dans les bois.

NEMorosus, a, um, plein de forêts, couvert de bois; 2°. rempli d'arbres, où les arbres sont fort épais.

NEMori-VAGus, a, um, qui court, qui erre dans les forêts.

NEMestrinus, i, Dieu des bois.

2. En Grec.

NEM signifia en Grec, forêt, arbre

fruitier ; 2°. pâturage ; 3°. action de conduire dans les pâturages ; 4°. conduite, gouvernement ; 5°. culture : de-là nombre de mots en NEM & en NOM, tels que ceux-ci, adoptés ensuite par les Latins.

1. NOMas, adis, qui est toujours parmi les troupeaux.

NOMades, dum, Nomades, peuples de la Scythie Européenne, qui ont pour maison leurs chariots, & campent toujours.

NOMæ, arum, ulcères corrosifs qui s'étendent toujours.

NOMia, æ, Palès, Déesse des Pasteurs.

2. NOMos, i, loi, regle, mesure ; 2°. Province ; 3°. gouvernement de Province.

ANTI-NOMia, æ, contrariété, opposition de loix.

BINOMES.

1. NOM-ARCHa, æ, Gouverneur, Chef d'une Contrée, d'une province.

NOM-ARCHia, æ, gouvernement d'une contrée, d'une province.

2. NOMO-MATHes, is, Etudiant en Droit.

3. NOMO-PHYlax, acis, protecteur des Loix.

NOMO-PHYLacia, æ, garde, défense des loix.

NOMO-PHYLacium, ii, chancellerie.

4. NOMO-Pœus, i, législateur, qui fait des loix.

NOMO-THEta, æ, législateur.

NOMO-THEsia, æ, traité des loix ; 2°. établissement de loi.

5. DEUTERO-NOMium, ii, seconde loi, Deutéronome.

6. ISO-NOMia, æ, égalité de droit.

7. NEMesis, is, Némésis, Déesse de la vengeance publique ; 2°. Fortune.

NEMesia, orum, fêtes à l'honneur de Némésis & des morts.

NEMesiacus, a, um, qui concerne ces Fêtes.

NI,

Eclat.

Du Celte NI, éclat, vivacité, se formerent ces Familles Latines.

I.

NI, cligner.

1.

NIvens, tis, qui cligne les yeux, qui clignote.

CON-NIveo, es, nivi & nixi, vere, & CON-NIvo, is, nivi & nixi, vere, clignoter, cligner les yeux, fermer & ouvrir souvent les paupieres ; 2°. dissimuler, être de connivence.

CON-NIventia, æ, clignement des yeux ; 2°. dissimulation, connivence.

IN-CON-NIvens, tis, &

IN-CON-NIvus, a, um, qui ne cligne point les yeux, qui ne ferme point les paupieres, qui ne clignote point.

2.

NICO, is, ere, faire signe de la main, menacer de la main, remuer la main.

NICTO, is, ere, avertir en aboyant, en japant sur les voies du gibier.

NICTaculus, i, chien qui fait la garde la nuit ; 2°. chien de chasse qui guette & aboie sur les voies du gibier.

3.

NICTO, *as, avi, atum, are,*
NICTOR, *aris, atus sum, ari,* } cligner les yeux ; 2°. clignoter ; 3°. s'efforcer.

NICTUS, *ûs,* voyez *Nictatio.*
AD-NICTO, *as, avi, atum, are,* clignoter, faire figne par un clin d'œil.
NICTATIO, *onis,* clignement des yeux.
NICTATOR, *oris,* qui clignote les yeux.

II.
NIT.

De LI, blanc, changé en NI, fe forma l'Oriental נתר, nitre ; d'où ces mots :

NITRUM, *i,* nitre, efpéce de falpêtre qu'on tire de la terre.

NITRARIA, *æ,* nitriere, mine de falpêtre, lieu d'où l'on tire du nitre.
NITRATUS, *a, um,* où l'on a mis du nitre.
NITROSUS, *a, um,* nitreux, plein de nitre.
AMMO-NITRUM, *i,* fable blanc, mêlé de nitre, propre à faire le verre.
APHRO-NITRUM, *i,* écume ou fleur de nitre ; *minéral falin.*

III.
NIT, NIX,
lumineux,

De LU, LY, lumiere, prononcé, NY, NI, vinrent les Familles fuivantes.

NET, NIT, propre, brillant : en Anglois NEAT ; en François NET.
NITOR, *oris,* lueur, clarté, fplendeur, brillant, politeffe, propreté, agrément.

NITELA, *æ*; NITEDULA, *æ,* éclat, brillant; 1°. rat des buiffons, infecte brillant, rouge.
NITELINUS, *a, um,* roux, éclatant, de la couleur du rat des buiffons.
NITELLA, *æ,* particule luifante dans du fable.
NITEO, *es, ui, tere ;* NITESCO, *is, tui, cere,* reluire, éclater, briller, être poli.
NITIDUS, *a, um,* brillant, luifant, clair, propre, poli ; honnête, civil.
NITIDO, *-are,* nettoyer, rendre blanc, luifant.
NITIDIUSCULUS, *a, um,* un peu plus propre.
NITIDIUSCULÉ, un peu plus nettement.
NITIDITAS, *tis,* propreté, bonne grace, air poli.
NITIDÉ, proprement, poliment.

COMPOSÉS.

E-NITEO, *-ere,* E-NITESCO, *-ere,* briller, reluire, fe diftinguer.
INTER-NITEO, *-ere,* reluire au milieu, éclater au travers.
PRÆ-NITEO, *-ere,* briller d'un grand éclat.
RE-NITENS, *tis,* refplendiffant, qui reluit.
RE-NIDENTIA, *æ,* éclat, brillant, fouris.
RE-NIDEO, *-ere ;* RE-NIDESCO, *-ere,* reluire, éclater, fourire.

IV.
NI, NYF, NEG, neige.

En Anglois, SNOW ; *Sch-*NE en Allemand ; en Grec NIPHAS ; SNEG en Pruffien & en Efclavon.

1. NIX, *vis,* neige, blancheur.
NIVOSUS, *a, um,* plein de neige, couvert de neige ; 2°. qui caufe de la neige, neigeux.

NIVEUS,

Niveus, a, um, de neige, blanc comme neige.

Nivatus, a, um, raffraîchi à la neige.

Nivalis, e, de neige, qui menace de neige.

Nivarius, a, um, qui sert à couler la neige autour d'un vase plein de vin qu'on veut raffraîchir.

2. Ningo, xi, gere, neiger : de Nic, nasalé.

Ningo, is, xi, ere, neiger, tomber de la neige.

Ninguis, is, neige.

Ningor, oris, tems de neige, grande chûte de neige.

Ninguidus, a, um, tout plein de neige.

3. Noegeum, i, sorte d'écharpe, de manteau bordé de pourpre ; mot-à-mot, éclatant.

NOX,
Nuit.

Dans toutes les Langues Celtiques, Nos, Noc, &c. désigne la nuit, le tems où le soleil est caché : de-là le Grec ΝΥΞ, *Nyx*, la nuit ; & ces Familles Latines :

I.

Nox, Noctis, nuit ; 2°. sommeil ; 3°. mort ; 4°. derniere faveur.

Nocticula, æ, dimin. de *Nox*.

Nocresco, is, ere, se faire nuit ; devenir obscur, sombre ; se couvrir de ténèbres.

Noctius, a, um, voyez *Nocturnus*.

Noctu, de nuit, la nuit, pendant la nuit.

Noctianus, a, um, qui fait la garde pendant la nuit.

Noctuabundus, a, um, qui va la nuit, qui marche toute la nuit.

Orig. Lat.

Nocturnus, i, Dieu de la nuit ; 2°. voleur de nuit.

Nocturnus, a, um, nocturne, de la nuit, qui se fait la nuit, de nuit ; 2°. de la mort, qui concerne la mort.

Noctua, æ, chouette, hibou, sorte d'oiseau de nuit.

Noctuas Athenas mittere, envoyer des hibous à Athènes. C'est comme si on disoit : envoyer des fleurs-de-Lys en France, ou (*prov.*) porter de l'eau à la riviere.

BINOMES.

Noct-Ambulus, a, um, qui se promene la nuit, qui va de nuit.

Nocti-Color, oris, sombre, obscur comme la nuit.

Nocti-Fer, a, um, qui amene la nuit.

Nocti-Luca, æ, lune qui éclaire la nuit ; 2°. flambeau, fallot, lanterne, &c.

Nocti-Fuga, æ, qui fuit la nuit.

Nocti-Vagus, a, um, coureur de nuit ; qui erre pendant la nuit.

Nocti-Vidus, a um, qui voit de nuit.

Noctu-Vigila, æ, surnom de Vénus ; qui passe les nuits sans dormir.

COMPOSÉS.

Ab-Nocto, as, avi, atum, are, découcher, passer la nuit hors de chez soi.

Per-Nox, Noctis, qui dure ou qui passe toute la nuit.

Per-Noctatio, onis, veille, l'action de passer la nuit à veiller.

Per-Noctator, oris, qui passe la nuit à veiller.

Per-Nocto, as, avi, atum, are, veiller toute la nuit, passer la nuit sans dormir.

Tri-Noct*ium*, *ii*, trois nuits, espace de trois nuits.

Tri-Noct*ialis*, *m. f. le, n.* de trois nuits, qui dure trois nuits.

FAMILLES GRECQUES.

Nyct*ages*, *um*, hérétiques qui condamnoient les vigiles & les prières qu'on faisoit la nuit.

Nyct*almus*, *i*, maladie qui fait croire qu'on voit des fantômes la nuit.

Nyct*elia*, *orum*, sacrifices qui se faisoient à Bacchus pendant la nuit.

Nyct*elius*, *ii*, surnom de Bacchus.

Nyctal-Op*ia*, *æ*, vice des yeux, qui voient plus clair la nuit que le jour, ou qui ne voient pas bien à la chandelle.

Nyctal-Op*s*, *Opis*, qui voit mieux la nuit que le jour, ou qui ne sçauroit voir à la chandelle, bien qu'il voye clair pendant le jour.

Nyctil-Op*s*, *opis*, sorte de plante qui reluit la nuit.

Nyctilo-Ch*us*, *i*, voleur de nuit.

Nyctep-Arch*us*, *i*, Chevalier du Guet, Commandant de la patrouille.

Nycter*is*, *idis*, sorte d'oiseau de nuit ; 2°. sorte de poisson.

Nycti-Cor*ax*, *acis*, corbeau de nuit, espéce de hibou.

Nycto - Phyl*acia*, *æ*, garde de nuit, guet, patrouille, ronde.

Nycto - Phyl*ax*, *acis*, garde de nuit, archer du guet, soldat qui fait la patrouille, qui fait la ronde.

Nycto - Strat*egus*, *i*, Chevalier du Guet, Commandant de la patrouille, de la ronde.

Epi-Nyct*is*, *idis*, petit ulcère qui vient au coin de l'œil, & qui flue continuellement, fistule lacrymale ; 2°. pustule qui vient à la cuisse ou au pied, & qui tourmente fort pendant la nuit.

II.

De Nux, nuit, vint Nugæ, contes à dormir debout: de-là cette Famille:

Nugæ, *arum*, badineries, bagatelles, vétilles, niaiseries, fadaises, sottises, amusemens folâtres, sornettes, bourdes.

Nug*acitas*, *atis*, badinage.

Nug*alis*, *m. f. le, n.* voyez Nugatorius.

Nug*amentum*, *i*, voyez Nugæ.

Nug*arium*, *ii*, ruelle, ou cercle de femmes, lieu où il se dit quantité de bagatelles, de badineries & de sottises ; 2°. toilette de femme.

Nug*ator*, *oris*, badin, qui dit des sottises, des bagatelles, des niaiseries, des vétilles, des fadaises, des folies. 2°. qui s'y amuse, folâtre, évaporé, vétilleur.

Nug*atoriè*, *adv.* d'une maniere badine, folâtre, en badinant, en évaporé, en badin.

Nug*atorius*, *a*, *um*, badin, folâtre, de sottises, de vétilles, de fadaises, de bagatelles, de badineries, de niaiseries ; d'évaporé, de badin, de folâtre, qui concerne la bagatelle & les amusemens inutiles.

Nug*atrix*, *icis*, badine, folâtre, évaporée.

Nug*ax*, *acis*, voyez Nugator.

Nugor, *aris*, *atus sum*, *ari*, badiner, folâtrer, faire l'évaporé, s'amuser à des bagatelles, dire des niaiseries, des sottises ; vétiller, s'occuper de vétilles.

BINOMES.

Nugi-Doli-Loqu*ides*, *is*, qui cherche à fourber, en difant des bagatelles : de *dolus* & de *loqui*.

Nugi-Ger, a, um, &
Nugi-Gerulus, a, um, porteur de bagatelles, de rogatons ; 2°. qui fe trompe foi-même.

Nugi-Parus, a, um, qui n'enfante, qui ne produit que des bagatelles.

Nugi-Perus, a, um, qui eft fourni, qui a toujours provifion de bagatelles.

Nugi-Vendus, a, um, vendeur de bagatelles, débiteur de fornettes, qui en donne à garder.

III.

Comme la nuit eft le tems de la triftefle, du fombre, du noir, & le fymbole de la mort, on en dériva d'autres Familles.

Nec, Noc, chagrin, tourment, peine d'efprit ; 2°. mort.

En Celte, Nechi, chagriner ; Nechus, trifte. Neichos, en Grec, débat, démêlé : Nag, en Anglois, vexer, molefter : Noise, en François & en Anglois, difpute, querelle : de-là Neca, en Celte, tourment.

1.

Noceo, es, cui, citum, ere, nuire, faire tort.

Nocens, tis, nuifible, malfaifant ; 2°. criminel.

Nocentia, æ, dommage, préjudice.

Nocenter, méchamment, malignement.

Nociturus, a, um, qui nuira.

Nocivus & Nocuus,   } coupable ; 2°.
Noxius & Noxiofus, } nuifible, dommageable ; 3°.
Noxialis & Noxalis, }
qui concerne un tort.

Noxa, æ ; Noxia, iæ, & Noxitudo, inis, dommage, tort, faute, crime volontaire, fupplice dû au crime ; 2°. maladie.

In-Noxius, a, um ; In-Nox, cis, qui ne nuit pas.

In-Nocuus, a, um ; In-Nocens, tis, qui ne fait point de mal, qui n'eft pas coupable, innocent.

In-Nocuè, fans nuire, fans faire du tort.

In-Nocentia, æ, innocence ; 2°. averfion pour le mal.

In-Nocenter, innocemment, fans malice.

Ob-Noxiè, d'une maniere fervile, fervilement, en tremblant, avec timidité, comme n'ofant fe montrer.

Non obnoxiè, ouvertement, tête levée.

Ob-Noxiosè, adv. impérieufement, avec hauteur, d'un air impérieux ; 2°. avec foumiffion.

Ob-Noxiofus, a, um, fort foumis, plein de foumiffion, tout dévoué.

Ob-Noxius, a, um, qui mérite quelque peine, coupable ; 2°. obligé, redevable ; 3°. expofé, fujet ; 4°. foumis, obéiffant, dévoué.

2.

Per-Nicies, ei, grand mal, perte, ruine totale : de *per*, particule d'augmentation, & de Nic.

Per-Niciofus & Per-Niciabilis, pernicieux.

Per-Nicialis, e, très-nuifible, funefte.

Per-Niciosè, funeftement, avec ruine entiere.

3.

Nequam, Nequior, Nequiffimus, méchant, inutile, pernicieux.

NEQualia, ium, perte, dommage.
NEQuities, ei, & NEQuitia, æ, malice, corruption, débauche, lâcheté.
NEQuiter, méchamment, avec malice.

4.

NEX, cis, massacre, carnage, mort.
NECo, -are, tuer, massacrer, faire mourir.
NEcator, oris, meurtrier, qui tue.

FAMILLE GRECQUE.

NECYa, orum, appareils funèbres.
NECY-DAlus, i, chrysalide, ver à soie dans sa coque.
NECRO-MANTa, æ, -Tes, æ, Necromancien, qui évoque les morts.
NECRO-MANTia, æ, Nécromancie, évocation des morts.
NECRO-MANTicus, a, um, qui concerne l'évocation des morts.

COMPOSÉS.

AB-NECO, -are, assassiner, tuer.
E-NECO, -are, tuer.
INTER-NECO, -are, massacrer.
INTER Necrio & INTER-NECio, carnage.
INTER-NECivus & INTER-NECinus, qui porte la mort.
INTER-NECivè, en massacrant.
INTER-NIcialis, e, mortel.
INTER NEcida, æ, assassin.
INTER-NIculus, i; INTER-NIculum, i, coupe-gorge; 2°. gargotte, petite auberge.
SEMI-NEX, cis, à demi-mort.

BINOME.
NECTAR.

De NEc, mort, & de TAR, préserver, vint cette Famille Greco-Latine:

NEC-TAR, aris, Nectar, boisson imaginaire des faux Dieux, qui les rendoit immortels, mot-à-mot, qui préserve de la mort; 2°. miel; 3°. douceur.

NECTAReus, a, um, de nectar.
NECTARea, æ, aunée, plante.
NECTARites, æ, vin d'aunée.

NOLA,
Cloche.

NOLA est une Ville de la Campanie en Italie, où l'on prétend qu'on inventa les cloches, ou plutôt les sonnettes, & que c'est de-là que sont venus ces mots:

NOLa, æ, sonnette, clochette.
NOLarium, ii, clocher.

NU,
faire signe.

De No, élevé, colline, se forma NECK, cou, qui subsiste en Anglois, & qui forma en François le mot NUQue: de-là:

En Celte, NIQ, hocher la tête.
En Theuton, NICKen.
En Gr. Νυκταζό.
En Or. נוט Nut, Nyt, hocher la tête, branler la tête.

De-là cette Famille Latine:

NUo, is, nui, ere, faire signe de la tête, vaciller, être ébranlé; 2°. être dans l'incertitude, être irrésolu.

NUto, as, avi, atum, are, faire signe par un remuement de tête; 2°. branler, chanceler, pancher.

NUtus, ûs, signe, mouvement qu'on fait de la tête pour marquer son consentement; 2°. volonté, fantaisie, caprice;

3°. poids naturel d'un corps qui se porte vers son centre ; 4°. chûte, mouvement d'un corps qui tombe.

Nutabilis, m. f. le, &

Nutabundus, a, um, chancelant.

Nutamen, inis, balancement, branle.

Nutans, tis, chancelant, qui chancele.

Nutatio, onis, balancement, branle, l'action de vaciller ou de baisser & de relever la tête, comme font ceux qui s'endorment sur un siége.

COMPOSÉS.

An-Nuo, is, nui, ere, faire signe de la tête que l'on consent ; accorder, consentir, approuver, promettre ; 2°. désigner, marquer par signes. 3°. favoriser, aider.

Ad-Nutùm, adv. au gré, au desir, à la volonté, selon l'envie, comme on veut : composé d'*Ad* & de *Nutus*. Ce sont proprement deux mots.

Con-Nuo, is, ere, faire signe avec la tête.

In-Nuo, is, nui, nutum, ere, faire de la tête ou des yeux un signe d'aveu, d'approbation ; témoigner, désigner par signes.

NÉGATIFS.

Ab-Nuo, is, abnui, utum, ere, branler, hocher, secouer, tourner, remuer la tête ; geste qui se fait en signe de refus ; 2°. désapprouver, rejetter, refuser, dénier, disconvenir, ne vouloir pas, ne pas tomber d'accord, ne permettre pas.

Ab-Nutivum, i, déni, déniement, refus.

Ab-Nuto, as, avi, atum, are, refuser souvent.

Re-Nuo, is, nui, nutum, ere, &

Re-Nuto, as, avi, atum, are, refuser.

Re-Nuens, tis, qui marque son refus par quelque signe.

Re-Nutus, ûs, refus marqué par quelque signe ; signe, ou geste qui marque un refus.

De Nu, cou, vint également :

Numellæ, arum, sorte de carcan qui servoit à attacher ceux à qui l'on donnoit la question ; 2°. collier pour les animaux de labour.

Numella versatilis, pilori, instrument de supplice.

N,
non, ne.

De N, son rentrant, se forma naturellement le Négatif Ne, Non : d'où ces Familles Latines.

I.

1. Ne, (conjonct. qui fait défense, qui gouverne le subjonctif seul ; mais Ne adv. gouverne l'indicatif & le subjonctif) non, ni, ne, pas ; 2°. pas même, de peur que, de crainte que, afin que, pour ne pas.

Ne, Conjonction interrogative qui se met après un mot, & gouverne l'indicatif, ou dans un doute le subjonct. (On met un accent aigu sur la syllabe à laquelle elle est jointe.) *Egóne ?* Est-ce moi ? *Estne hic ?* Est ce-là lui ? *Esíne, an non ?* Cela est-il ou non ? Cela est-il vrai ? cela est il faux ? *Rediéritne visé*, voyez s'il est revenu.

2. Nec, conjonct. ni, non, ne pas : on exprime le plus souvent cette conjonction par ces deux

derniers mots, *ne pas*, qu'on sépare par un Verbe.

NEC NE, ou non.

NEC NON, Et. Deux négations en Latin valent une affirmation, & on les exprime en François par une seule affirmation; Et, aussi bien que, aussi, &c.

NEC-UBI, *adv.* de peur qu'en quelque lieu, de crainte qu'en quelque rencontre; 2°. nulle part.

NEC-UNDE, *adv.* de peur qu'en quelque endroit, de crainte que d'aucune part.

3. NEQUE, *conjonct.* NI, *voy.* NEC.

NEQue-DUM, *adv.* point encore.

4. NEU, *conjonct.* ne.

NE-VE, *conjonct.* ou ne.

II.

1. NON, non, ne, ne pas, point, ne point, nullement.

Non est quòd metuas, il n'y a rien qui doive vous faire peur; il n'y a rien à craindre pour vous.

NON-DUM, *adv.* pas encore.

NON-NE, *adv.* n'y a-t-il pas?

NON-NIHIL, *adv.* un peu, quelque peu, tant soit peu.

NON-NULLUS, *a, um,* quelque.

NON-NUNQUàm, *adv.* quelquefois, par fois.

NON-NUSQUàm, *adv.* quelque part, en quelque lieu.

2. NUM, est-ce que? n'est-ce pas?

3. NUN-QUàm, jamais.

Nunquàm quicquam, nulle part au monde. --- *Non,* toujours, en tout tems, continuellement.

NUN-QUANDO, *adv.* est-ce que quelquefois ou quelque jour?

NUN-QUID, *adv.* &

NUN-QUIDNàm, *adv.* est-ce que? 2°. n'y a-t-il rien?

NUN-QUIS, *quæ, quod, quid,* y a-t-il quelqu'un? y auroit-il quelqu'un? n'y a-t-il personne? est-ce que quelqu'un?

NUSPIàm, *adv.* &

NUS-QUàm, *adv.* nulle part, en aucun lieu, en nul endroit.

Nusquam non, par-tout, en tous lieux.

Nusquàm gentium, en aucun endroit du monde.

4. NI, *conjonct.* SI (avec une négation) ou NE.

AN-NE, si, est-ce que, & quoi, savoir si, quoi donc?

COMPOSÉS.

I.

NE-UTer, *tra, trum, trius,* ni l'un ni l'autre, neutre.

Neuter anguis, serpent qui n'est ni mâle ni femelle; de *ne,* non, & *uter,* l'un & l'autre.

NE-UTRALis, *m. f. le, n.* neutre, qui est du genre neutre; 2°. qui tient le milieu, qui n'est ni d'un côté ni d'autre.

NE-UTRò, *adv.* ni d'un côté ni d'autre.

NE UTRobi, *adv.* &

NE-UTRobique, *adv.* ou

NE-UTR-UBI, *adv.* ni en ce lieu, ni en un autre.

NE-UTI-QUàm, *adv.* nullement, aucunement, en nulle façon, en aucune maniere, point du tout, en aucune sorte.

II.

NE-QUANDò, pour *Ne aliquandò,* de crainte qu'un jour; de peur qu'une fois.

Nequandò iratus tute aliò conferas, de crainte qu'un jour le dépit ne vous entraîne ailleurs.

NE-Quis, NE-Qua, NE-Quod, NE-Quid, que perfonne, que nul, qu'aucun ne, afin que perfonne ne, qu'on ne; pour *ne aliquis, aliqua, aliquod.*

NE-Quid, voyez *Nequis.*

NE-QUA-Quâm, adv. ne, non, nullement, en aucune maniere, point du tout.

NE-QUIC-Quâm, adv. en vain, inutilement.

III.

N-ULLUS, a, um, *nullius*, nul, aucun, perfonne; 2°. de nulle conféquence : de *N*, non, & de *ullus, a, um*, aucun.

NULLA-TENÙS, adv. (ce mot n'eft pas latin,) voyez *Nullomodò.*

NULL-IBI, adv. (avec repos,) nulle part, en nul lieu, en aucun endroit.

NULLO-MODÒ, nullement, aucunement, en aucune maniere.

NIN-GULUS, i, voyez *Nullus.*

IV.

N-EMO, *inis*, au lieu de *Ne Homo*, perfonne, nul, aucun ; 2°. homme de néant.

Nemo ex noftris, nul d'entre nous, perfonne de nous autres.

V.

De NE & de *cedo*, céder, fe formerent ces mots :

NE-CESSitas, atis, néceffité, obligation indifpenfable ; 2°. fatalité ; 3°. parenté, alliance, étroite amitié.

NE-CESSitudo, inis, néceffité ; 2°. alliance, intime amitié, étroite liaifon.

Neceffitudo contubernii, liaifon entre ceux qui demeurent enfemble.

NE-CESSaria, æ, parente, alliée ; 2°. amie intime, bonne amie.

NE-CESSarii, *orum*, parens, amis.

NE-CESSariò, adv. néceffairement, de néceffité, par néceffité, d'obligation, indifpenfablement.

NE-CESSarius, a, um, néceffaire ou d'obligation; 2°. qu'on ne peut éviter ni empêcher, dont on ne fçauroit fe paffer, indifpenfable.

NE-CESSe, néceffaire, qu'il faut.

Neceffe eft homini mori, il faut néceffairement que l'homme meure.

NE-CESSariè, adv. voyez *Neceffariò.*

NE-CESSum, voyez *Neceffe.*

PER-NECESSarius, a, um, très-néceffaire ; 2°. intime ami, fort uni d'amitié ; 3°. très-proche parent.

VI.
N E G.

De N, non, & AGO, faire, fe forma cette Famille :

NEGO, *-are*, refufer de faire, empêcher ; 2°. nier, défavouer.

NEGantia, *iæ*; NEGatio, *onis*, négation, action de nier.

NEGator, *oris*, celui qui nie.

NEGatrix, *icis*, celle qui nie.

NEGatorius, a, um, qui fert à nier, à refufer.

NEGativus, a, um, négatif.

NEGans, *antis*, qui nie.

NEGandus, a, um, qu'il faut nier.

NEGabundus, a, um, toujours prêt à dire non, à nier, à refufer.

NEGito, *-are*, nier fouvent.

COMPOSÉS.

AB-NEGO, as, avi, atum, are, refufer, ne vouloir pas accorder, convenir, accepter ; 2°. nier, dénier.

DE-NEGO, as, avi, atum, are, nier, foutenir ou affurer le contraire, contefter ;

2°. dénier, refuser, ne pas accorder; 3°. disconvenir, ne demeurer pas d'accord de.

SUB-NEGO, *as, avi, atum, are*, nier ou refuser en quelque maniere.

VII.
1.

NEG-LIGO, *is, glexi, glectum, gere*, négliger, être peu soigneux, avoir peu d'exactitude; 2°. se soucier peu.

NEG-LIGENTIA, *æ*, négligence, peu de soin, manque d'exactitude.

NEG-LIGENTER, *adv*. négligemment, avec négligence, sans se mettre en peine, sans se soucier, avec peu de soin, sans exactitude.

NEG-LECTIO, *onis*, peu de cas, d'estime, d'état, de considération qu'on fait de.

NEG-LECTURUS, *a, um*, qui négligera.

NEG-LECTUS, *ûs*, négligence, peu de soin; 2°. peu de cas, &c.

NEG-LECTUS, *a, um, part*. de *Negligo*.

NEG-LIGENS, *tis*, négligent, peu soigneux, peu exact, qui est sans soin, qui ne se met en peine de rien.

2.
NE-EST,
Jeûne.

Du négatif NE, & du verbe ESSE, manger, EST, il mange, vint le Grec,

N-ESTEUO, jeûner; d'où le Grec-Latin,

N-ESTES, *tis*, l'intestin jejunum.

3.

NE-PENTHES, *is*, plante qui servoit à chasser la mélancholie.

Du Grec *Né*, non, & *Penthés*, tristesse, deuil.

VIII.
NIGER,
Noir.

NIGER, qui signifie noir en Latin, a desorienté tous les Etymologistes; mais il seroit trop fastidieux de nous arrêter à leurs froides rêveries; qu'il nous suffise de connoître le vrai.

C'est un composé du Négatif NI, non, & du Celte GAR, GER, brillant, lumineux, formé de GÉ, Soleil: de-là:

NI-GER, *gra, grum*, noir, de couleur noire; 2°. sombre, obscur; 3°. méchant, mauvais, nuisible, dangereux.

NI-GELLUS, *a, um*, noirâtre, un peu noir, tirant sur le noir.

NI-GRAMEN, *inis*, noirceur.

NI-GRITIA, *æ*, &

NI-GRITIES, *ei*, ou,

NI-GRITUDO, *inis*, noirceur.

NI-GROR, *oris*, noirceur.

NI-GREDO, *inis*, noirceur.

NI-GRANS, *tis*, qui tire sur le noir; 2°. obscur, sombre, ténébreux.

NI-GRATUS, *a, um*, norci.

NI-GRICANS, *tis*, noirâtre, qui tire sur le noir, un peu noir.

NI-GRO, *as, avi, atum, are*, noircir, rendre noir; 2°. devenir noir.

NI-GRE-FIO, *is, factus sum, fieri*, être fait noir, noirci.

NI-GREO, *es, ere*, &

NI-GRESCO, *is, grui, cere*, devenir noir, noircir; 2°. devenir obscur, sombre, ténébreux.

COMPOSÉS.

DE-NI-GRO, *as, avi, atum, are*, noircir,

noircir, barbouiller, rendre noir, faire devenir noir ; 2°. diffamer, ternir la réputation.

INTER-NI-GR*ans*, *tis*, qui tire sur le noir, noirâtre.

OB-NI-GER, *gra*, *grum*, noirâtre, qui tire sur le noir.

PER-NI-GER, *gra*, *grum*, fort noir.

SUB-NI-GER, *gra*, *grum*, noirâtre, tirant sur le noir, tant soit peu noir.

IX.

De NI, non, & MIR*um*, surprenant, se forma :

NI-MIR*um*, certainement, sans doute, assurément; 2°. à savoir, c'est à savoir; *mot-à-mot*, ce n'est pas une chose fabuleuse, qu'il faille rejetter.

X.

De N, non, & VOLO, vouloir, se formèrent ces mots :

NOLens, *tis*, qui ne veut pas.

Nolente Senatu, malgré le Sénat.

NOLentia, *æ*, opposition à quelque chose, l'action de ne point vouloir.

NOLO, *non vis, non vult*, NOLUMUS, *non vultis*, NOLUNT, NOLUI, NOLLE, ne pas vouloir.

Nolo offensum te, je ne prétends pas vous choquer.

Nolo mentiare, je ne veux pas que vous mentiez.

Noli contendere, ne disputez pas.

Nolem dixisse, je voudrois ne l'avoir pas dit.

Non nolle, vouloir bien, ne pas empêcher.

NOLuntas, *tis*, voyez *Nolentia*.

NE-VOLO, NE-VIS, NE-VULT, NE-VELLE; voyez *Nolo*.

MOTS LATINS VENUS DU GREC.

N

NARC.

Du Grec Narké, engourdissement, assoupissement ; 2°. torpille, vinrent ces mots Grecs-Latins :

Nar-Cosis, is, engourdissement.

Nar-Coticus, a, um, assoupissant, qui engourdit.

Nar-Cissus, i, Narcisse, fleur qu'on regardoit comme propre à assoupir.

Nar-Cissinus, a, um, de Narcisse.

Nar-Cissites, æ, sorte de pierre précieuse.

NEPhr,
Rein.

Du Gr. Nephros, rein, se formerent ces mots :

Nephrites, is, premiere vertébre des reins.

Nephriticus, a, um, néphrétique, qui concerne les reins ; 2°. sujet aux douleurs néphrétiques; 3°. qui guérit les douleurs néphrétiques.

Nephritis, idis, néphrétique, colique, douleur dans les reins.

Peri-Nephra, orum, endroits voisins des reins qui sont chargés de graisse.

An-Eurisma, atis, anevrisme, tumeur causée par l'ouverture de la tunique intérieure d'une artère, & par la dilatation de la tunique supérieure.

An-Eurismus, i, dilatation d'artère.

An-Furiatus, a, um, qui cherche une réponse ou une excuse.

D'Eurus, large, dilaté.

MOTS LATINS VENUS DE L'ORIENT.

N

NAB, Pſalterion.

Nablium, ii, ⎫
Nablum, i, ⎬ pſalterion, inſtrument de muſique à corde ; en Gr.
Naula, æ, ⎭
    Nabla, Nablé & Naulé.

Nablio, onis ; Nabliſta, æ, qui joue du pſalterion.

Naulium, ii, air de pſalterion.

Nabliʒo, -are, jouer du pſalterion.

En Gr. *Nabliʒo*.

C'eſt l'Oriental נבל, *NaBL*, *NeBL*, luth, inſtrument à cordes.

Naca, æ, Nacca, æ, & Nacta, æ, *m*. foulon ; on doit avoir dit également Natta.

Ce mot tient au Grec *Nassó*, applanir, preſſer ; & à l'Orient. נכה, *Naké*, frapper, battre.

Nam, car.

Namque, car.

E-Nim, car.

Et-E-Nim, car.

Nempé, adv. aſſurément, ſans doute ; 2°. c'eſt-à-dire, c'eſt à ſçavoir, ſavoir.

Ces Conjonctions tiennent à l'Or. נאם, *Nam*, dire, parler : tout comme Car tient au Celte Car, dire, parler. Ces deux étymologies parfaitement correſpondantes s'appuient ainſi mutuellement & ſont une preuve ſans réplique de leur excellence.

De l'Or. נץ, *Nets*, épervier, faucon, ſe forma le Latin :

Nisus, i, aigle de mer.

De l'Oriental נער, *Nhor*, fils, enfant, vint cette Famille :

Nurus, ûs, belle-fille, femme du fils.

Ab-Nurus, ûs, femme du petit-fils.

Pro-Nurus, i, femme du petit-fils.

Nyssa, æ, lieu d'où partoient ceux qui couroient dans la lice ; 2°. Terme de la courſe, autour duquel il falloit tourner.

En Gr. ΝΥΣΣΑ.

Ces mots tiennent à l'Oriental נסע, *Nasho*, départ.

MOTS LATINS-CELTES,
OU DÉRIVÉS DE LA LANGUE CELTIQUE.

O

La lettre O ne suit pas immédiatement N dans les anciens Alphabets: X est entre deux dans l'Oriental & le Grec : les Latins rejetterent ces X à la fin de leur Alphabet & à la suite de l'U, qu'ils avoient déjà rejetté également à la suite de T.

Cette voyelle s'est prononcée O, HO, WO, GO; ce qui a souvent fait perdre de vue sa vraie valeur ; n'a-t-on pas cru que l'O oriental étoit toujours consonne, jamais voyelle ?

O se substitue souvent avec d'autres voyelles; il se change en œ, eu, a, i, u, de même que ces voyelles, se remplacent souvent par O. De *roine*, nous avons fait reine; & d'*hore*, heure; nous disons *moine*, tandis que nous disons *monachal*.

La forme primitive de l'O étoit celle d'un œil vu de face; elle varia ensuite prenant chez nous la forme de la prunelle ; & chez les Orientaux de l'Euphrate, celle de l'œil vu de profil.

Les significations des mots en O sont parfaitement conformes à sa figure.

Les mots en O désignent l'œil, & ses facultés, l'éclat, la vue, la lumiere, le Soleil œil du monde, & ce qui en a l'éclat & la couleur.

2°. Tout ce qui est rond comme l'œil ou le Soleil ; les cercles, le monde, un œuf.

3°. La bouche, qui prend la forme d'un O pour exprimer le son.

En y ajoutant quelques Onomatopées, on a la raison de tous les mots en O.

Cependant les Dictionnaires en offrent un grand nombre d'autres qui ne rentrent en aucune maniere dans ceux-là ; ce qui empêchoit d'appercevoir la vraie valeur de la lettre O; mais tous ces mots en O, dont on ne peut cependant rendre raison par cette lettre, sont tous étrangers à cette lettre ; ce sont des mots qui appartiennent à toute autre, & qui ne se sont chargés d'un O initial que par une suite de l'altération des Langues, & par la facilité avec laquelle cette voyelle, ainsi que toutes les autres, s'ajoute à la tête des mots.

On trouvera des détails plus étendus sur l'O dans nos *Origines du Langage & de l'Ecriture*, p. 313. & suiv.

O.

O, *interjection*; *o mi amice*, ô cher ami ! On dit dans tous les Dictionnaires, dans toutes les Grammaires, que cet O gouverne le Nominatif, l'Accusatif, le Vocatif.

C'est une façon de s'exprimer absolument contraire au vrai génie de la Langue Latine, & par laquelle à des idées nettes & vraies, on substitue un jargon qui ne dit rien, & qui brouille tout.

O ne gouverne rien parce qu'il ne peut rien gouverner : on trouvera dans nos Grammaires Latine & Françoise ce qui a induit tous les Grammairiens en erreur, & des principes plus satisfaisans, plus lumineux.

OH, *interject.* pour marquer l'admiration, la joie, &c. Oh, oh ! 2°. hola !

OHe ! *interject.* pour marquer le chagrin, le dégoût, &c. Oh, oh bien, hola, oh ça !

OHO, *interject.* pour marquer l'admiration ou la surprise quand on reconnoît quelqu'un ; ho ! ho, hé ! vous voilà !

ONOMATOPÉES.

I.

1. Ovis, *is*, brebis, *animal*.

En Gr. Oïs.

Oviaria, *æ*, troupeau de brebis.

Oviaticus, *a*, *um*, qui concerne les brebis.

Oviarium, *ii*, voyez Oviaria.

Ovile, *is*, bergerie, étable à brebis.

Ovilis, *m. f, le, n.* &

Ovillus, *a, um*, ou

Ovinus, *a, um*, de brebis.

Ovilia, *ium*, place à Rome, dans le champ de Mars, enfermée de barreaux, où le peuple Romain entroit l'un après l'autre pour donner sa voix lors de l'élection des Magistrats.

2. Opilio, *ionis*, berger.

D'Oïs, brebis, & de Syp, en Latin Sebum, graisse, suif, vinrent :

3. Oe-Sypum, *i*, surpoint, crasse qu'on tire de la laine avant de la laver. En Gr. οισυπη.

Oe-Syperus, *i*, toison qui n'a point été lavée, laine grasse.

En Gr. οισυπηρος.

4. Ovans, *tis*, celui qui recevoit l'honneur du petit triomphe, appellé Ovation, & qui entroit à Rome à pied ou à cheval, accompagné des Chevaliers & du Peuple qui le conduisoient au Capitole, où il sacrifioit une brebis ; 2°. plein de joie, triomphant de joie.

Ovo, *as, avi, atum, are*, triompher de

joie, être triomphant de joie ; 2º. triompher de.

Ovalis, m. f. le, n. qui concerne l'ovation ou le triomphe, où l'on entroit à Rome à pied ou à cheval.

Ovalis corona, couronne de myrthe que portoit celui à qui l'on accordoit l'ovation.

Ovatio, onis, ovation, petit triomphe que le Senat de Rome accordoit à ceux qui avoient remporté quelque léger avantage sur les ennemis ; 2º. le tems que les oiseaux pondent ; 3º. l'action de pondre, ponte.

Ovator, oris, voyez Ovans.

Ovatus, a, um, part. d'Ovo.

Ovatum aurum, le prix de la vente du butin fait sur les ennemis dans une occasion qui a mérité le petit triomphe.

Ovatus, ûs, cri de joie des vainqueurs, comme Mont-joie-Saint-Denis.

II.

Orco, as, avi, atum, are: Orcando fremere, crier comme le loup cervier.

III.

OD, Plaisir.

1.

D'O, cri d'admiration, de plaisir, vint cette Famille dont on avoit perdu totalement le fil.

En Celte ED, en Héb. חדה Hedé, plaisir, joie.

En Celte EDU, en Gr. ΗΔυς, Hédus, doux, agréable, flatteur.

En Or. עדן, HoDeN, Heden, plaisir, délices.

En Gr. EDONé, és, plaisir ; d'où, par contraste,

Le Gr. O-DUNé, és, douleur.

O-Diné, és, douleurs de l'enfantement.

De-là cette Famille Greco-Latine :

An-Odyna, orum, médicamens qui calment les douleurs.

An-Odynus, a, um, qui est sans douleurs.

Cette Famille OD, ED, tient à celle du Nord WIT, WISS, agréable, desirable, qui fait plaisir.

2.

Par opposition d'OD, plaisir, se forma cette Famille :

Odi & Odivi, isti, it, osum, odisse, avoir en haine, haïr ; ne pouvoir supporter, souffrir ou endurer.

Odium, ii, haine, aversion ; 2º. répugnance, dégoût ; 3º. ennui, fâcherie, importunité.

Odibilis, voyez Odiosus.

Odiens, tis, haïssant, qui hait.

Odiosus, a, um, ior, issimus, odieux, haïssable, qui se fait haïr, qu'on hait ; 2º. qui se rend importun, qui est fâcheux, fatiguant, insupportable.

Odiosé, adv. d'une maniere odieuse ou qui fait de la peine.

Osor, oris, qui hait, qui a de l'aversion ou de l'éloignement.

Osurus, a, um, qui doit haïr, voyez Odi.

Osus, a, um, qui a haï.

COMPOSÉS.

Ex-Osus, a, um, qui hait, qui a en aversion ; 2º. haï, odieux.

Per-Odiendus, a, um, très-haïssable, qu'on hait fortement.

Per-Odiosus, a, um, fort odieux, très-haïssable, très-fâcheux, très-chagrinant.

Per-Osus, a, um, qui hait beaucoup, qui a une forte aversion, qui a une haine violente.

Sub-Odiosus, a, um, un peu odieux ; 2°. un peu ennuyant.

O,

Nom de l'œil & de tout objet rond.

I.
ŒIL.

D'Ok, œil, les Latins firent Ocul-us.

Oculus, i, œil, plur. yeux, vue ; 2°. bourgeon, bouton de la vigne ou des arbres ; 3°. terme de caresse tendre.

Ocul.ssimus, a, um, qui est tout yeux ; 2°. qu'on aime comme ses yeux.

Oculitùs, adv. comme ses yeux.

Oculitùs amare, aimer comme ses yeux.

Ocularius, a, um, des yeux, de l'œil, oculaire.

Ocularius Medicus, Médecin oculiste.

Oculata, æ, sorte de poisson.

Oculatio, onis, l'action d'ôter les bourgeons superflus de la vigne ou d'ébourgeonner, ébourgeonnement.

Oculatus, a, um, qui a des yeux, qui voit clair, qui est clair-voyant.

Oculo, as, are, faire voir clair.

Oculosus, um, d'yeux.

Oculeus, a, um, plein d'yeux.

2. Ocellata, orum, petites boules qui avoient plusieurs petits trous avec lesquels les petites filles jouoient ; 2°. osselets.

Ocellatus, a, um, qui a plusieurs yeux, qui a des yeux, qui a plusieurs petits trous comme des yeux.

Ocellatæ nuces, noyaux de pêches.

3. Ocellus, i, terme de caresse tendre ; 2°. terme d'estime ; mon petit œil, au lieu de mon petit cœur.

Ocellus Italiæ, ce qu'il y a de plus agréable en Italie, ce qui en est l'œil, la lumière.

Ocelli, orum, petits yeux.

BINOMES.

Oculi-Crepida, æ, qui a les yeux pochés, qui a les yeux sujets à être meurtris de coups.

Oculi-Ferium, ii, montre de boutique, étalage.

Oculi-Ferius, a, um, qui frappe la vue.

Defi-Oculus, i, à qui il manque un œil, borgne : de defit.

Par-Oculus, a, um, qui a les yeux égaux.

COMPOSÉS.
1.

Ex-Oculasso, is, ere, &

Ex-Oculo, as, avi, atum, are, arracher les yeux.

Ex-Oculatio, onis, l'action d'enter en écusson, de greffer.

In-Oculator, oris, celui qui ente en écusson.

In-Oculo, as, avi, atum, are, enter en écusson.

2.

Pr-Ocul, adv. mot-à-mot, hors des yeux ; 2°. loin, de loin, au loin.

Procul esto, éloignez-vous.

Pr-Oculus, a, um, qui est né pendant l'absence de son pere.

II. O, Préposition.

De O, œil, se forma la Préposition Latine,

OB, devant, fous les yeux ; 2°. à l'occafion, au fujet ; 3°. pour.

Les Latins en firent une prépofition initiale qui entra dans une multitude de compofés où elle offre la même idée.

OB-JACEO, être devant, être étendu au-devant.

OB-AMBULO, fe promener devant, fous les yeux, dans tout le *cercle* que parcourent les yeux, tout-au-tour. De-là ;
2°. Tout autour.

OB-CALEO, être chaud tout autour.

OB-EO, faire le tour ;
3°. Entiérement, tout.

OB-BIBO, boire tout.

Cette prépofition s'eft changée en OC, OF, OP, &c. devant les mots qui commencent par C, F, P, &c.

OC-CASIO, OF-FERO, OP-PONO.

III. OP.

Famille Greco-Latine.

Les anciens Grecs difoient également ΟΚΚΟΣ, œil, mot confervé chez les Doriens. Mais les Ioniens changerent K en P, à la maniere Celtique & Ofque: de-là vint,

OΠοι, OPoi, les yeux.

OPs, OΨ, œil.

OPou, de l'œil.

OPTomai, voir.

Et ces mots :

1.

OPTice, es, l'Optique, partie des Mathématiques qui concerne la vue.

OPTicus, a, um, d'optique.

CAT-OPTRice, es, —— ca, æ, Catoptrique, fcience qui concerne les réflexions de la lumiere.

DI-OPTRa, æ, quart de cercle, inftrument de Géométrie pour prendre les hauteurs de loin.

DI-OPTRica, æ, Dioptrique, fcience de la réfraction de la lumiere ; 2°. perfpective.

SYN-OPSis, is, deffin, repréfentation d'un ouvrage, abrégé ; 2°. inventaire.

2.

Ajoutant au mot OP, œil, l'épithete *Thalmos*, brillant, lumineux, les Grecs en firent le mot ΟΦΘΑΛΜΟΣ, OPHThalmos, œil, *mot-à-mot*, le cercle brillant, lumineux. De-là :

2. OPH-THALMus, i, œil.

OPH-THALMia, æ, maladie des yeux.

OPH-THALMicus, i, Oculifte.

OPH-THALMicus, a, um, qui concerne les maladies des yeux.

EX-OPH-THALMia, æ, avancement, fortie des yeux en dehors.

OPH-THALMica, æ, forte de plante.

OPH-THALMius, ii, forte de pierre précieufe.

OPH-THALMias, æ, forte de poiffon.

TRI-OPH-THALMus, i, forte de pierre précieufe, qui repréfente trois yeux.

2. OPTetia, orum, ce qu'on donne pour avoir quelque chofe ; préfens que le mari fait à fa femme la premiere fois qu'il la voit.

3.

OPa, æ, trou où les poutres font appuyées par les bouts dans les murailles ; 2°. boulin de colombier ; 3°. trous qui reftent dans une muraille, à la place des piéces de bois qui foutenoient les échafauds.

Grec

Grec, Οπη ; Oriental, צפ.

METOPA, æ, espace qui est entre chaque triglyphe de la frise de l'ordre dorique ; 2°. cavité où sont posés les bouts des solives & des chevrons.

4.

D'OP', œil, face, vint OPISTHO, le dos, le derriere, après : *mot-à-mot*, ce qui est opposé à la face, à l'œil.

OPISTHO-GRAPHus, a, um, qui est écrit des deux côtés ; 2°. écrit par derriere, ou au dos.

OPISTHO-PHYLax, cis, omn. gen. qui garde, qui fait la garde en se tenant derriere, à la queue.

OPISTHO-TONUS, i, contraction de nerfs, qui fait renverser la tête en arriere.

OPISTHO-TONicus, a, um, qui a la tête renversée en arriere par une contraction de nerfs.

5.

D'OP', œil, soleil, vint OPSI, tard ; *mot-à-mot* œil fermé ; d'où,

OPSI-GAMium, ii, mariage dans un âge fort avancé.

OPSI-MATHes, is, omn. gen. qui apprend tard.

OPSI-MATHica, æ, érudition tardive.

IV. OS-Tendo, montrer.

D'O, œil, & de TENDO, tendre, exposer, se forma cette Famille :

OS-TENDO, is, di, sum, dere, mettre sous les yeux, montrer, faire voir, faire paroître, donner à connoître.

OS-TENTO, as, avi, atum, are, montrer, faire voir, présenter, offrir ; 2°. faire paroître, donner à connoître, découvrir ; 3°. faire parade, montre, gloire, tirer vanité ; 4°. vanter.

OS-TENSio, onis, marque, signe, apparence, déclaration, manifestation, apparition, montre.

OS-TENTrix, icis, qui montre, qui découvre.

OS-TENTum, i, prodige ; 2°. présage.

OS-TENTus, ûs, montre, parade ; 2°. l'action de montrer.

Ostentui esse, être montré ; 2°. servir de montre, de parade ; être pour la forme.

OS-TENsionalis, m. f. le, n. qui ne sert que pour la montre, pour la pompe.

OS-TENTatio, onis, ostentation, montre, vanterie, vaine gloire, vanité ; 2°. apparence extérieure, parade.

OS-TENTator, oris, &

OS-TENTatrix icis, celui ou celle qui se vante, qui fait vanité de, vanteur, fanfaron.

V. OT loisir.

De O, Soleil, vint l'Or. OT, tems ; d'où cette Famille :

OTium, ii, loisir, repos ; 2°. oisiveté, qui a du tems à soi.

OTiolum, i., un peu de loisir, un peu de tems de reste.

OTior, aris, atus sum, ari, se tenir de loisir, prendre du loisir, du repos.

OTiosè, adv. à loisir, sans affaire, de repos, dans l'oisiveté, sans rien faire ; 2°. négligemment, nonchalamment, mollement ; 3°. librement, tranquillement, sans embarras, sans importunité, avec liberté, avec tranquillité, à son aise, en repos ; 4°. sans souci, sans chagrin, sans se mettre en peine de rien ; 5°. lentement, peu-à-peu, sans se presser, à petits pas.

OTiositas, atis, oisiveté.

OTiosus, a um, oisif, qui demeure sans rien faire, qui est de loisir, qui est sans occupation, qui n'a rien à faire, qui se tient en repos, libre, tranquille, qui est sans souci, qui vit sans chagrin, qui ne se met en peine de rien, qui n'a point d'affaire ; 2°. inutile, superflu, vain.

IN-Otiosus, a, um, qui ne se donne point de relâche, qui n'est jamais en repos, qui est toujours en action.

II.
OR, lumiere.

D'O, œil, se forma l'Oriental OR, jour, lumiere, vue, soleil ; d'où vinrent ces diverses Familles :

1.

ORior, iris, ortus sum, iri, paroître au jour, se lever, se montrer, commencer d'être, naître, prendre naissance.

ORi ens, tis, l'Orient, le Levant, l'Est, la partie du ciel du côté où se leve le soleil.

ORi-ens, tis, omn. gen., naissant, qui se leve.

ORientalis, m. f. le n. Oriental, d'Orient, qui est à l'Orient, tourné vers l'Orient.

2.

ORigo, inis, origine, principe, naissance, race ; 2°. étymologie.

ORiginarius, a, um, originaire, qui tire son origine.

ORiginatio, onis, origine, étymologie.

ORiginitus, adv. originairement, d'origine.

ORiginalis, m. f. le n. original, d'origine, qui concerne l'origine.

ORiturus, a, um, qui naîtra, qui prendra naissance, qui sortira.

ORiundus, a, um, originaire, qui tire son origine, qui est descendu, né ou issu.

3.

ORtus, ûs, commencement, naissance, extraction, origine ; 2°. Orient, le lever des Astres.

COMPOSÉS.
1.

AB-Orior, eris ou iris, abortus & aborsus sum, iri, avorter, être avorté, naître avant terme.

AB-Ortio, is, ivi, ire, avorter, parlant des bêtes ; 2°. accoucher avant terme, faire une fausse-couche, parlant des femmes.

AB-Ortior, iri, le même qu'abortio.

AB-Ortivus, a, um, qui fait avorter ; 2°. avorton, né avant terme.

AB-Orto, as, avi, atum, are, le même qu'Abortio ; & quand on parle des bêtes, mettre bas avant terme.

AB-Ortio, onis, avortement, parlant des bêtes ; 2°. fausse-couche, parlant des femmes.

AD-Orior, iris, ou plutôt eris, ortus sum, iri, attaquer, assaillir, surprendre, se jetter dessus ; 2°. entreprendre, commencer, tâcher ou se mettre à faire.

Co-Orior, riris, ortus sum, riri, s'élever, s'exciter, s'émouvoir, se soulever.

Ex-Orior, reris & iris, ortus sum, riri, naître, sortir, prendre sa source, tirer son commencement ou son origine ; commencer à paroître, à se montrer, à se faire voir ; s'élever.

Ex-Oriens, tis, omn. gen. naissant, qui se leve.

IN-Orior, eris & iris, ortus sum, riri, naître dans, produire, procéder, venir de.

OB-Orior, iris, ortus sum, iri, se lever,

commencer à paroître, à se montrer ; 2°. naitre, survenir, arriver.

Sub-Oriens, tis, omn. gen. naissant, qui sort de dessous.

Sub-Orior, iris, ortus sum, iri, naître ou sortir de dessous, sourdre.

4

H Orsùm, de ce côté-ci.
De-Orsùm, en bas.

5.

Orditus, ûs, &
Ordium, ii, commencement.
Ordia, orum, commencemens, principes.
Ordiendus, a um, qu'il faut commencer.
Ordior, iris, sus sum, diri, ourdir, faire une trame ; 2°. commencer.
Orsa, orum, commencemens, entreprise.
Orsum, i, entreprise, dessein.
Orsus, ûs, commencement.
Orsus, a, um, part. d'Ordior.
Orsus in foro dicere, qui a commencé à parler au Barreau.

Composés.

Ex-Ordior, iris, orsus sum, diri, commencer.
Exordiri argutias, commencer à se piquotter.
Ex Ortus, ûs, lever du soleil, &c.
Ex-Ortivus, a um, qui concerne la naissance, le lever ; 2°. oriental, d'Orient.
Ex-Orsa, orum, Exorde, prélude, préface, commencement, entreprise.
Ex-Ordium, ii, exorde, commencement, entrée d'un discours, prologue, préface, préambule ; 2°. principe.
Red-Ordior, iris, rsus sum, diri, défaire un tissu, une trame, désourdir.

II. EUR, Est, Orient.

D'Or, Orient, prononcé, Eur, vint cette Famille :

Eurus, i, l'Est, côté d'où vient le jour ; 2°. vent d'Est.
Euro-Aquilo, onis, le nord est.
Euro-Auster, i ; Euro-Notus, i, le Sud-est.

III. OR, Automne.

D'Or, jour, Soleil, vint :

Hora, æ, saison, heure ; qui se joignant à Opos, suc, jus, liqueur, ou à Op, richesses, biens de la terre, forma cette Famille :
Op-Oro-Theca, æ, serre à mettre les fruits d'automne.
Op-Orice, es, sorte de remede fait avec les fruits d'automne.
Op-Orinus, a, um, d'automne, qui concerne l'automne.

IV. HOR, Horison.

Horizon, tis, horison, le cercle qui termine la vue, qui sépare ce qu'on voit de ce qu'on ne voit pas.

V. OR, AUR, Or.

D'Or, Soleil, prononcé Aur, vint la Famille Aurum, i, Or, métal couleur du Soleil, & qui en prit le nom.

Aurum, i, or ; 2°. tous les instrumens qui sont d'or.
Aurarius, a, ium, qui concerne l'or.
Aureus, a, um, d'or ; 2°. couleur d'or.
Aureolus, a, um, d'or, qui approche de l'or, qui vaut de l'or, précieux.
Auro, -are, dorer, couvrir d'or.

Aurosus, a, um; Aurulentus, a, um, qui abonde en or, opulent.

Auraria, æ, mine d'or; 2°. impôt sur les denrées.

Aurarius, ii, Orfèvre.

Auratura, æ, dorure.

Aureolus, i, petite monnoie d'or.

Aureus, i, monnoie d'or.

Auramentum, i, instrument propre à tirer ou à purger.

2. Couleur d'or.

Aurantia, um, des oranges.

Aurata, æ; Orata, æ, dorade, poisson de mer doré.

Auresco, -ere, jaunir, devenir blond.

Aurigo, inis, jaunisse, pâles couleurs.

Aurites, æ; Orites, æ, pierre précieuse, couleur d'or.

Auro, onis, herbe jaune qui croît au bord de la mer.

Aurora, æ, l'aube du jour que dorent les premiers rayons du Soleil encore sous l'horison.

COMPOSÉS.

De-Auro, -are, dorer.

In-Auro, -are, enrichir d'or.

In-Aurator, oris, Doreur.

Ob-Auratus, a, um, doré tout autour.

BINOMES.

Auri-Chalcum, i, ⎫ auripeau, de
Ori-Chalcum, i, ⎭ Aurum, & du Gr. Chalcos, airain, mot-à-mot, airain qui a la couleur d'or; c'est-à-dire, le cuivre jaune, le léton.

Auri-Comus, a, um, qui a les cheveux blonds; 2°. qui a les feuilles ou les branches d'or.

Auri-Faber, i; Auri-Fex, icis, (l'un de Faber, Forgeron, & l'autre de Facio,) ouvrier qui travaille en or, Orfèvre.

Auri-Ficina, æ, boutique d'Orfèvre.

Auri-Fer, a, um; Auri-Ger, a, um, qui produit, qui porte de l'or : de Gero, & de Fero.

Auri-Flamma, Etendard à flamme d'or, ou oriflamme.

Auri-Fluus, a, um, riviere qui roule de l'or.

Auri-Fodina, æ, mine d'or.

Auri-Fur, is, qui dérobe de l'or.

Auri-Gena, æ, Persée engendré par le moyen de l'or.

Auri-Pigmentum, i, arsenic, orpin; 2°. couleur jaune : de Pingo.

Auro-Clavatus, a, um, broché, brodé en or, piqué de clous d'or.

VI. ORN, orner.

De Hor, jour, éclat, d'où le Grec, Hôra, beauté, vint cette Famille:

Orno, as, avi, atum, are, mot-à-mot, rendre beau comme le jour, orner, ajuster, parer, embellir, accompagner d'ornemens; 2°. honorer; 3°. équiper, apprêter, préparer; 4°. illustrer, donner du lustre, du relief.

Ornandus, a, um, qu'il faut orner.

Ornatè, adv. avec ornement, avec grace, d'une maniere fleurie.

Ornator, oris, celui qui orne, qui a soin de parer.

Ornatrix, icis, Dame d'atour, Femme-de-chambre, celle qui a soin de parer ou d'ajuster.

Ornatus, ûs, ornement, ajustement, parure, embellissement, décoration; 2°. habillement, vêtement; graces, beautés, agrément; 3°. apprêt, appareil.

ORNAmentum, i, ornement, parure, embellissement, décoration, ajustement.

COMPOSÉS.

AD-ORNatus, a, um, orné, embelli; 2°. mis en ordre ; part. de

AD-ORNO, as, avi, atum, are, orner, parer, embellir, ajuster, accommoder, enrichir; 2°. préparer, disposer, apprêter, équiper, mettre en ordre ; 3°. Supposer, aposter, controuver, forger.

CIRCUM-ORNatus, a, um, paré tout autour.

EX-ORNO, as, avi, atum, are, orner, ajuster, parer, embellir.

Exornare se lepidis moribus, se rendre recommandable par ses belles manieres.

EX-ORNatio, onis, ornement, ajustement, parure, embellissement, décoration, l'action d'orner.

EX-ORNator, oris, qui orne, qui pare, qui donne la grace.

EX-ORNatus, a, um, embelli.

Exornatus comitatu, qui a un cortége honorable, qui a un équipage, un train magnifique.

IN-ORNaté, sans ornement, d'une maniere négligée.

IN-ORNatus, a, um, qui est sans ornement, qui est négligé, sans parure, sans ajustement.

PER-ORNaté, avec beaucoup d'agrémens ou d'ornemens.

PER-ORNatus, a, um, part. de

PER-ORNO, as, avi, atum, are, combler d'honneurs, faire de grands honneurs à.

SUB-ORNatus, a, um, part. de

SUB-ORNO, as, avi, atum, are, faire honneur, honorer ou louer en quelque façon ; 2°. suborner, corrompre.

SUB-ORNans, tis, subornant, qui suborne.

SUB-ORNator, oris, suborneur.

SUPER-AD-ORNatus, a, um, orné pardessus.

III.
OV, Œuf.

Ovum, i, œuf.

Ovatus, a, um, ovale, qui a la figure d'un œuf, fait comme un œuf ; 2°. frotté avec des œufs, où l'on a mêlé des œufs.

IV.
OB, OM,
ventre.

OB, prononcé aussi OM, est un mot primitif qui signifie ventre, tout corps gros & rond comme le ventre.

De-là l'Hébr. אוב, OB, AUB, ventre ; 2°. outre, vase à gros ventre ; 3°. divination par le ventre : d'où l'Italien UBBIa, préságe funeste. Et cette Famille Latine :

1. OBBa, vase à mettre du vin, ayant un gros ventre & le fond large, servant aux sacrifices ; 2°. tasse.

2. OMasum, i, boyaux, panse.

AB-OMasum, i, gros boyau, intestin.

3. OMen, inis, signifia dans le vieux Latin, au sens propre, ventre, intestins, boyaux, puisque,

4. ABD-OMen, inis, offre ces significations ; 1°. péritoine qui enveloppe les intestins ; 2°. panse des

animaux ; 3°. les inteſtins eux-mêmes.

Ce mot vient d'ABDO, cacher, & d'Omen, ventre.

5. OMEN, inis, ſignifie au ſens figuré, préſage, augure, pronoſtic, parce qu'on conſultoit dans cette vue les entrailles des animaux.

OMINO,-are, &
OMINOR,-ari, préſager, augurer, pronoſtiquer.
OMINATOR, oris, Augure, Devin.
OMINATUS, a, um, dont on tire quelque préſage.
OMINATE, en conſultant les Augures, avec préſage.
OMINOSUS, a, um, de mauvais préſage, de funeſte augure.

6. OB-OMINOR, ari, prédire malheur.

7. AB-OMINOR,-ari, mot à-mot, s'éloigner d'une choſe parce qu'elle a les préſages contr'elle, au figuré, déteſter, avoir en horreur.
AB-OMINATIO, onis, abomination, exécration.
AB-OMINABILIS, e ; -- nandus, a, um, déteſtable, abominable, dont il faut s'éloigner avec horreur.
AB-OMINOSUS, a, um, de mauvais augure, qui fait mal au cœur.

V.

O S, Bouche.

1.

Os, oris, bouche; 2°. gueule des animaux, bec des oiſeaux ; 3°. viſage ; 4°. embouchure d'un fleuve ; 5°. Langue, langage ; 6°. ouverture, entrée ; 7°. effronterie, impudence; 8°. préſence; 9°. pudeur, retenue; 10°. talent de chanter.
Oscillum, i, petite bouche; 2°. petite entrée, petite ouverture.
Osculum, i, baiſer de civilité; 2°. petite bouche.
Osculandus, a, um, qu'il faut baiſer.
Osculans, tis, baiſant, qui baiſe.
Osculatio, onis, l'action de baiſer.
Osculatus, a, um, qui a baiſé.
Osculor, aris, atus ſum, ari, baiſer, donner un baiſer.
Osculandus, a, um, qui veut baiſer, qui a envie de baiſer.

COMPOSÉS.

DE-Osculor,-ari, embraſſer.
Ex-Osculator, oris, &
Ex-Osculatrix, icis, grand baiſeur.
Ex-Osculatus, a, um, part. d'Exoſc ayant baiſé.
Ex-Osculor, aris, atus ſum, ari, baiſer tendrement, donner un baiſer tendre.
Ex-Osculatio, onis, l'action de baiſer tendrement, un baiſer tendre.
OB-Osculor, aris, atus ſum, ari, baiſer.

2.

Oscedo, inis, bâillement fréquent, envie de bâiller ; 2°. puanteur de bouche, mauvaiſe haleine ; 3°. ulcères qui viennent à la bouche aux petits enfans ; 4°. indiſpoſition qui fait bâiller ſouvent.
Oscitabundus, a, um, fainéant, négligent.
Oscitans, tis, bâillant, qui bâille ; 2°. fainéant, négligent, nonchalant.
Oscitanter, adv. négligemment.
Oscitatio, onis, bâillement, l'action de bâiller; 2°. négligence, nonchalance, fainéantiſe, action faite avec peu de ſoin.

Oscito, as, avi, atum, are, &
Oscitor, aris, atus sum, ari, bâiller;
2°. s'épanouir, s'ouvrir.

3.

Orea, æ, mors de bride, embouchure, frein.

4.

Ora, æ, la Déesse de la jeunesse; 2°. bord, extrémité de chaque chose; 3°. bornes, frontieres, limites, confins; 4°. pays, climats, contrée, région; 5°. rivage, côte; 6°. cable de l'ancre d'un navire.

Orarius, a, um, qui concerne les côtes, les rivages.

Orata, æ, voyez Aurata.

Oratim, adv. le long des côtes, en côtoyant.

Orificium, ii, orifice, ouverture.

5.

Oro, as, avi, atum, are, prier, demander avec prieres; 2°. plaider une cause.

Oraculum, i, Oracle, réponse.

Oramentum, i, priere, demande.

Oratio, onis, discours, langage; 2°. discours, plaidoyer, harangue, oraison, sermon.

Oratiuncula, æ, dimin. d'Oratio.

Orator, oris, Orateur; 2°. Ambassadeur, Envoyé ou Député pour demander quelque chose, Avocat, celui qui harangue ou qui plaide.

Oratoria, æ, l'art oratoire, Rhétorique.

Oratorié, adv. en Orateur, à la maniere des Orateurs, d'une maniere éloquente.

Oratorium, ii, oratoire, lieu pour prier.

Oratorius, a, um, oratoire, qui concerne l'orateur, d'orateur.

Oratrix, icis, celle qui prie, qui demande en priant.

Oratum, i, priere, instance, demande en priant.

Oratus, ûs, priere, instance.

Oratus, a, um, part. d'Oro.

Oramentum, i, priere, demande, supplication.

Orandus, a, um, qu'on doit prier.

Orans, tis, priant, qui prie.

Orarium, ii, mouchoir de poche, linge pour s'essuyer le visage.

6.

De Ad, vers, & Or, bouche, vint Ad-Oro, porter la main vers la bouche, *en signe d'hommage.*

Ad-Oro, as, avi, atum, are, adorer, honorer, révérer, avoir en vénération, respecter; 2°. saluer, faire une révérence, en inclinant le corps, & baisant la main; se prosterner, se jetter à genoux; 3°. supplier, prier avec instance; 4°. haranguer.

Ad-Oratio, onis, adoration, vénération, soumission, profond respect, salut, révérence, honneur, culte.

Ad-Orator, oris, adorateur.

Ex-Oro, as, avi, atum, are, prier instamment, conjurer, demander avec empressement, tâcher d'obtenir par des prieres réitérées; 2°. gagner ou obtenir par prieres, fléchir, toucher.

Ex-Oratio, onis, priere instante.

Ex-Orator, oris, qui obtient par ses instances, par ses prieres réitérées.

Ex-Orabulum, i, priere pour obtenir;

2°. l'endroit d'une harangue ou d'un plaidoyer où l'Orateur tâche de persuader & de gagner les Juges.

Ex-Orabilis, le, qui se laisse gagner facilement, qu'on peut fléchir aisément, qui céde aux prieres.

Exorabilis nulli, inexorable, que personne ne peut toucher.

In-ex-Orabilis, le, inexorable, qui ne se laisse point toucher par les prieres, de qui l'on ne peut rien obtenir, qu'on ne peut fléchir à force de prieres.

In-Orus, a, um, qui n'a point de bouche.

In-Oratus, a, um, qui n'a point été exposé, qu'on n'a point représenté, dont on n'a point parlé.

Per-Oro, as, avi, atum, are, achever, conclure, finir un discours.

Per-Oratio, onis, peroraison, épilogue, conclusion d'un discours.

Per-Oratus, a, um, part. de Peroro.

VI.

ORB, cercle.

Orbis, is, cercle, rond; 2°. globe; 3°. Monde; 4°. Univers; 5°. assiette ou tranchoir.

Orbita, æ, orniere; 2°. roue, orbite; 3°. petit moyeu de roue.

Orbicus, a, um, circulaire, qui se fait en rond.

Orbile, is, circonférence d'une roue.

Orbiculus, i, poulie; 2°. petit rond, petit cercle, petit globe.

Orbicularis, re, orbiculaire.

Orbiculatim, adv. en rond, en cercle, orbiculairement, en globe.

Orbiculatus, a, um, rond, arrondi, fait en globe ou en cercle.

Ex-Orbito, as, are, sortir hors des régles, ne garder pas de mesures.

OP, UP,

Haut.

Op, Hup, est une Onomatopée qui peint l'action de se lever, & qui est devenue le nom de tout ce qui s'élève; de tout ce qui est haut: de-là nombre de Familles en Sup, & celle-ci en Op.

I.

Ops, pis; Opis, is; Upis, is, en Etrusque, la terre, sur-tout la terre productrice, se couvrant de richesses, de biens; mot-à-mot, la grande Mere; 2°. la Déesse Ops qui couvre la terre de ses biens.

Opalia, ium, les fêtes de la Déesse Ops.

Opicus, a, um, mot-à-mot qui vit des fruits de la terre; 2°. barbare, grossier, paysan.

Opicé, grossierement, à la maniere des barbares.

Opi-Census, a, um, celui sur la terre de qui on a mis une imposition, qui est à la taille.

2.

Ops, opis, puissance, pouvoir; 2°. aide, secours.

Ope-Omni, de tout son pouvoir.

Opes, um, richesses, grands biens, revenus.

Opulesco, -ere, s'enrichir.

Opulens, tis; Opulentus, riche, puissant.

Opulentia, æ; Opulentitas, tis, richesse.

Opulento, -are, enrichir.

2.

Opus, mot-à-mot, culture de la terre: moyen de pourvoir à sa subsistance; travail, industrie: de-là:

Opus,

Opus, *eris*, moyen de se procurer les richesses, ouvrage, travail, industrie.

Opusculum, *i*, petit ouvrage.

Opus, *n. ind.* ce qui est nécessaire, dont on a besoin ; 2°. nécessité, besoin. Ce mot tient aux idées premieres de Op, fruits, productions de la terre, objets des premiers besoins des hommes.

BINOMES.

Opi-Fex, *icis*, qui fait un ouvrage, Artisan : de *Facio*.

Opi-Ficina, *æ*, attelier, boutique.

Opi-Ficium, *ii*, besogne d'un artisan, façon d'ouvrage.

Per-Opus, absolument nécessaire.

3.

Opera, *æ*, ce qu'on fait, ouvrage ; 2°. service, travail, occupation ; 3°. journée d'une personne de travail.

Opella, *æ*, petite peine, petite action.

Operæ, *arum*, gens de travail, manœuvres.

Operaria, *æ*, une ouvriere, femme de journée.

Operarius, *ii*, ouvrier, homme de peine.

Operarius, *a*, *um*, de travail ; 2°. qui concerne les ouvriers.

Operatio, *onis*, ouvrage ; 2°. action de sacrifier.

Operator, *oris*, auteur, créateur ; 2°. qui travaille.

Operatus, *a*, *um*, qui a travaillé ; 2°. qui a sacrifié, fait l'œuvre par excellence.

Operor, *-ari*, travailler, s'occuper ; 2°. sacrifier.

Operosè, avec peine, laborieusement.

Operositas, *atis*, travail pénible.

Operosus, *a*, *um*, pénible, laborieux, qui travaille beaucoup.

Operula, *æ*, petit ouvrage.

Co-Operor, *-ari*, travailler avec, se tourner en.

Co-Operator, *oris*, qui travaille avec.

4.

D'Ops vint le Grec,

Opson & Opsonium, denrées, vivres, d'où le Latin :

Opsonium, *ii* ; Obsonium, *ii*, biens de la terre, provisions, denrées ; 2°. mêts, ragoût, pitance ; 3°. étape.

Obsonator, *oris*, Pourvoyeur, Maitre-d'Hôtel ; 2°. Cuisinier.

Obsonatus, *ûs*, provision journaliere ; 2°. action d'aller à la provision.

Obsono, *-are* ; Obsonor, *-ari*, faire provision ; 2° acheter des vivres.

Obsonito, *-are*, aller souvent à la provision.

DÉRIVÉS GRECS.

Obso-Pœus, *i*, cuisinier.

Obso-Pola, *æ*, celui ou celle qui vend des denrées.

Obso-Polium, *ii*, marché où se vendent les denrées.

Ops-Artytici, *orum*, livres qui traitent de la cuisine.

DÉRIVÉS
d'OPS, secours.

D'Ops, secours, & des Verbes *Fero*, *Tuli*, *Porto*, relatifs à l'idée de porter, sont venus tous ces dérivés.

1.

Opi-Fer, *a*, *um*, qui porte du secours.

2.

Opi-Tulus, *i*, qui porte du secours,

OPI-TULOR, -ari, secourir, aider.

3.

1. OP-PORTet, uit, ere, *mot-à-mot*, il *est* nécessaire qu'on *apporte du secours* ; il faut, il convient, on doit.

2. OP-PORtunus, *a*, *um*, qui apporte du secours ; 2°. qui arrive à propos, qui vient selon notre désir ; 3°. commode, favorable.

OPPortunitas, *atis* ; OPPortunum, *i*, la conjoncture, l'occasion favorable ; 2°. avantage.

OPPortuné, dans le tems qu'il faut, à point nommé ; 2°. commodément.

PER-OPPortunus, *a*, *um*, qui se fait très-à-propos.

IN-OPPortunus, *a*, *um*, hors de propos, défavorable.

IN-OPPortuné, à contre-tems.

BINOMES.

OPPIDum, *i*.

1. De BET, maison, BIT, habitation, & d'OP, abondance, amas, vint :

OP-PIDum, *i*, ville, *mot à mot*, grand nombre d'habitations rassemblées en un lieu.

OP-PIDulum, *i*, petite ville, bicoque.
OP-PIDanus, *i*, Bourgeois, Citadin.
OP-PIDatim, de ville en ville.
OP-PIDò, extrémement, en abondance, beaucoup, très ; 2°. aussitôt.

2. OPIMus, de OP, biens, & de IM, grand, riche, qui a de grands biens ; 2°. qui a mangé beaucoup des fruits de la terre, qui est gras ; 3°. gras, fertile, qui rapporte.

OP-IMitas, *atis*, grande fortune, abondance de biens ; 2°. grand embonpoint.

OP-IMo, -are, rendre gras, engraisser.

OP-IMé, richement, grassement, largement.

PRÆ-OPimus, *a*, *um*, fort gras.

3. OPI-PARus, *a*, *um*, riche, qui a acquis de grands biens ; de PARO, acquérir.

OPI-Paré, splendidement, somptueusement.

4. OPTO, -are, c'est l'abrégé de OPPETO, demander du secours, chercher le bien. Ce mot signifie d'abord, demander par des vœux, désirer le secours, le bien ; & puis souhaiter, choisir, rechercher, aimer mieux.

OPtivus, *a*, *um*, qu'on a à choisir, qu'on a choisi.

OPtio, *onis*, choix, liberté de choisir ; 2°. aide, coadjuteur.

OPtionatus, *ûs*, la fonction d'aide.

OPtatio, *onis* ; OPtatum, *i*, souhait, désir.

OPtabilis, *e*, désirable.

OPtabiliter ; OPtatò, à souhait, au gré.

OPtumus, *a*, *um*, } ce qu'on a choisi, le mieux aimé, le meilleur, très-bon.
OPtimus, *a*, *um*, }

OPtimitas, *atis*, avantage, bien.

OPtimé, fort bien, parfaitement.

OPtimas, *atis* ; OPtimates, *um*, qui est de la meilleure qualité, des principaux d'un Etat ; 2°. les Grands.

COMPOSÉS.

AD-OPto, -are, choisir pour soi, élire, adopter ; 2°. s'approprier ; 3°. désirer, avoir envie ; 4°. enter.

AD-OPtatitius, *a*, *um*,
AD-OPtativus,   } adoptif, reçu
AD-OPtitius,   } par adoption.
AD-OPtivus,

AD-Optator, oris, qui a dopté.
AD-Optio, onis, adoption; 2°. ente, greffe.
Co-Opto,-are, associer, élire, agréger.
Co-Optatio, onis, élection, choix.
Ex-Opto,-are, souhaiter ardemment, attendre avec empressement.
Ex-Optabilis, e, désirable, souhaitable.
PER-Opto,-are, souhaiter fort.
PER-Optatò, tout à souhait.
PRÆ-Opto,-are, aimer mieux; 2°. souhaiter plutôt,
PRÆ-Optandus, a, um, qu'il faut plutôt desirer.

COPia, æ, Déesse de l'abondance.

De HOP, prononcé COP, vint cette Famille :

COPia, æ, abondance de quoi que ce soit; 2°. pouvoir, liberté de faire; 3°. expédient, ressource.
COPiæ, arum, biens, richesses, provisions, vivres; 2°. troupes, forces; 3°. commodité; 4°. matériaux.
COPiæ, arum, petite armée.
COPiosus, a, um, abondant, riche.
COPiosè, abondamment, richement.

NÉGATIFS.

IN-Ops, pis, sans bien, qui n'a pas, pauvre; mot composé de la Préposition négative IN.
IN-Opia, æ, indigence, besoin, nécessité.

O.

Mots étrangers à la lettre O, ou formés de sa réunion à des mots composés d'une consonne.

O-BOL,
obole.

De O, non, & de BAL, grand, se forma :

O-BOLus, i, Gr. OBOLOS, obole, poids de douze grains & sixième partie de la dragme. (C'étoit la moindre espèce de monnoie).
DI-OBOLaris, m. f. re,n. de deux oboles, du prix de deux oboles, ou de quatorze de nos deniers; 2°. de peu de valeur, du plus bas prix.

O C.

D'OC, grand, joint à AN, anneau, cercle, se forma le nom Grec-Latin de l'Océan qui environne la terre.

OCE-ANus, i, l'Océan, la mer; 2°. le Dieu de la mer; 3°. grand bassin d'eau qui étoit dans les bains publics à Rome.
OCE-ANitis, idis, &
OCE-ANus, a, um, de l'Océan, qui concerne l'Océan ou la mer.

OC,
Pointe, piquant.

De Q, tranchant, d'où Ac, pointe, se forma également Oc, pointu, piquant; d'où ces Familles :

I.

Occa, æ, herse de laboureur.
Occo, as, avi, atum, are, herser.
Occatio, onis, l'action de herser, hersage.
Occator, oris, herseur, celui qui herse; Divinité des anciens Romains.
Occatorius, a, um, qui concerne le hersage.
Occatus, a, um, part. d'Occo.

COMPOSÉS.

DE-Occatio, onis, hersage; 2°. roulement des terres labourées.

De-Occo, as, avi, atum, are, herser; 2°. rouler des terres labourées & ensemencées.

In-Occatus, a, um, hersé.

In-Occo, as, avi, atum, are, herser, couvrir de terre.

Peri-Ocha, æ, sommaire, argument, 2°. passage, trait; voyez *Periodus*.

II.

Ocris, is, montagne pleine de pointes.

Ocrea, æ, botte, bottine, guêtre.

Ocreatus, a, um, botté, qui porte des guêtres, des bottines ou des bottes.

III.

Oxys, dis, vinaigrier, vase à vinaigre.

Oxys, yos, alleluia, *plante*, sorte de jonc-marin piquant.

Oxys, yos, acide, aigre.

Oxalis, idis, oseille, herbe potagere.

Oxalme, es, saumure mêlée avec du vinaigre, ou saumure aigrie.

Ox-Artitia, æ, cuisine, art du cuisinier, d'apprêter à manger comme il faut.

2. Oxia, æ, sorte de bâtiment de mer fort bon voilier.

BINOMES.

1. Oxy-Acantha, æ, épine-vinette, ou berberis, *arbrisseau*.

Oxy Acanthus, i, aubépine, épine blanche, noble-épine, *arbrisseau*.

2. Oxy-Cedros, i, espèce de cédre. *arbre*.

3. Oxy-Gonus, i, angle aigu, terme de Géométrie.

4. Oxy-Lapathum, i, Patience, herbe potagere.

5. Oxy-Morum, i, fausse-pointe.

Oxy-Morus, a, um, celui de qui la pensée semble se contredire.

Oxy-Myrsine, es, brusc, mirthe sauvage, *arbrisseau*.

6. Oxy-Porum, i, sorte de sauce.

Oxy-Porus, a, um, qui pénètre promptement, qui est incisif.

Oxy-Poro-Pola, æ, qui vend des fruits confits au vinaigre.

7. Par-Oxismus, i, émotion, irritation.

OD,

Chemin, passage.

De D, porte, se formerent l'Orient.

עדה, Hodê, passer, traverser; 2°. jusques.

Le Bas-Br. Odé, passage, entrée.

Le Gr. Odos, chemin; d'où ces mots Grecs-Latins:

1. Odeum, i, petit théâtre entouré de colonnes & couvert en pointe.

Odo-Phylaces, um, archers du Grand-Prevôt, de la Maréchaussée.

Odo-Pæus, i, paveur.

2. Hodæ-Poricum, i, itinéraire, guide des routes.

COMPOSÉS.

Ex-Odium, ii, ce qui fait la fin de quelque chose.

Ex-Odus, i, sortie, issue; 2°. l'Exode, second Livre de Moyse, qui décrit la sortie des Israëlites de la servitude d'Egypte.

Meth-Odus, i, méthode, maniere, maxime, moyen.

Meth-odice, es, méthode, partie de la Grammaire qui apprend à parler correctement.

Meth-Odici, orum, Médecins méthodiques.

Meth-Odium, ii, tromperie, tricherie, fraude, fourberie; 2°. feinte, jeu, fiction; 3°. illusion; 4°. fort, charme; voyez *Transitus*.

Peri-Odus, i, période, tour de mots qui renferment un sens.

Peri-Odicus, a, um, périodique, qui revient en certain tems préfix; 2°. circulaire.

Syn-Odus, i, synode, assemblée, concile.

Syn-Odia, orum, conférence, pour-parler, abouchement.

Syn-Odicus, a, um, synodique, qui concerne l'assemblée.

Syn-Oditæ, arum, Cénobites, ceux qui vivent en communauté; 2°. Présidens des Synodes.

OD, OT, AUD,
Elévation, hauteur.

I.

Du Celte Od, Aud, élévation, hauteur, orgueil, vinrent ces mots Latins:

1.

Audax, acis, fier, hardi, courageux, intrépide, qui se met au-dessus de tout, qui ne craint rien; 2°. présomptueux, téméraire, entreprenant.

Audaculus, i, téméraire, présomptueux, trop hardi.

Audeo, Ausus sum, *dere*, oser, avoir la hardiesse, présumer, se mettre au-dessus de tout.

Audacter; Audaciter, fièrement, avec présomption, avec audace, hardiment, témérairement; 2°. effrontément, impudemment.

Audens, tis, qui ose, résolu, entreprenant.

Audacia, æ, } audace, présomption, hardiesse; 2°. intrépidité, courage.
Audacitas, atis, }

Audenter, témérairement.

Audentia, æ, courage, hardiesse.

Ausim, is, it, j'oserois.

Ausum, i, action hardie, tentative osée.

NÉGATIFS.

In-Audax, acis, qui n'est pas hardi; poltron, irrésolu.

In-Ausus, a, um, qui n'a osé tenter; 2°. qu'on n'a osé tenter.

2.

D'Od, élevé, se forma le Gr. Οιδαό, se bouffir, s'enfler: d'où,

Oidema, tis, tumeur contre nature, qui ne fait point de douleur.

En Gr. Οιδέμα.

3.

Cette Famille Grecque-Latine.

Oda, æ, ou Ode, es; Ode, sorte de poésie lyrique; *mot-à-mot*, chant sublime, très-élevé.

Ep-Os, i, Poëme épique; *mot-à-mot*, plus élevé que l'Ode.

Ep-Odos, i, poésie composée de deux vers inégaux.

Pros-Odia, æ, l'art de la mesure des vers, prosodie; 2°. un accent, la prononciation accentuée.

Pros-Odium, ii, Hymne qu'on chantoit aux Dieux avant l'entrée du chœur.

Pros-Odum, i, instrument de musique à cordes.

Par-Odia, æ, parodie, imitation de quelques vers.

4.

AL-AUDA, æ, Alouette, nom que les Romains empruntèrent des Gaulois ; il fut très-expressif ; formé de AL, s'élever, & AUD, chant, mot-à-mot, qui s'éléve en chantant ; ce qui caractérise cet oiseau.

II.
OD, OZ, OL.

D'OL, s'élever, exhaler, se forma une Famille en OL, OD, OZ, relative aux odeurs qui s'exhalent des corps.

1°. En OD.

ODOR, oris, odeur, senteur ; 2°. pressentiment, conjecture ; 3°. parfum ; 4°. puanteur de la bouche.

OLOR, oris, voyez Odor.

ODOramen, inis, &

ODORamentum, i, parfum, senteur.

ODORus, a, um, odoriférant, qui sent bon ; 2°. qui est de haut nez, qui évente bien.

Odora canum vis, le bon nez des chiens.

ODORES, um, voy. Odor.

ODORia, æ, Déesse des odeurs.

Odori-Fer, a, um, qui produit des odeurs, des parfums, des senteurs.

ODORi-SEQUUS, a, um, qui suit le vent ou l'odeur, qui évente.

ODORo, as, avi, atum, are, parfumer, rendre odoriférant, aromatiser, faire sentir bon, donner bonne odeur.

ODOROr, aris, atus sum, ari, sentir, flairer ; 2°. pressentir, sonder.

ODORans, tis, odorant, qui flaire, qui évent, qui prend le vent.

ODORarius, a, um, qui concerne les senteurs, les parfums ; 2°. odoriférant, qui a de l'odeur.

ODORatio, onis, le flairer, l'action de sentir, de flairer.

ODORatus, us, odorat, sens qui discerne les odeurs ; 2°. odeur, senteur.

ODORatus, a, um, odoriférant, qui a de l'odeur ; 2°. parfumé.

IN-ODORO, as, avi, atum, are, communiquer son odeur, se faire sentir, parfumer.

IN-ODORus, a, um, qui est sans odeur, qui n'a pas d'odeur, qui ne sent rien.

2°. En OL.

OLentia, æ, odeur.

OLentica, orum, lieux de mauvaise odeur, voieries, égouts.

OLenticetum, i, voyez Sterquilinium.

COMPOSÉS.

IN-OLens, tis, qui n'a point d'odeur.

IN-OLesco, is, ui ou evi, itum & etum, cere, croître par-dessus ; 2°. faire croître, augmenter ou confirmer.

OB-OLeo, es, lui, ere, &

OB-OLesco, is, lui, ere, sentir quelque mauvais goût ; 2°. se douter, avoir quelque pressentiment

PER-OLeo, es, lui, litum, lere, avoir une odeur forte.

SUB-OLeo, es, lui, litum, lere, sentir un peu, s'appercevoir de l'odeur ; 2°. avoir quelque pressentiment, avoir le vent, se douter.

3°. FAMILLE GRECQUE en OZ.

Oze, es, puanteur d'haleine.

Ozæna, æ, polype ; 2°. ulcere qui s'engendre dans le nez.

Ozænicis, is, sorte de nard, plante qui sent mauvais.

OFF.

De Fo, Feu, cuit au feu, vint cette Famille:

Offa, æ, masse de chair, ou de pâte pétrie en rond, morceau, andouillette, soupe, une trempée dans quelque liqueur que ce soit; hors celle qu'on fait dans le vin, qui est *Vipa*, une rôtie.

Ofella, æ, petite tranche de chair coupée mince, griblette, fricandeau.

Offula, æ, dimin. d'*Offa*.

Offla, æ, reste.

Offarius, ii, Cuisinier.

Offatim, adv. par petits morceaux, par petites tranches.

O L.

De Hel, Soleil, lumiere, se forma cette Famille:

Olor, oris, le Cygne, oiseau d'un blanc éblouissant.

Olorinus, a, um, de cygne.

Olori-Fer, a, um, qui porte des cygnes.

OMNis,
Tout.

Ce mot Latin semble être tout seul de sa bande, & n'appartenir à aucun mot de toute autre Langue; il n'est ni Grec, ni Oriental, ni d'aucune de nos Langues modernes. Cependant il n'est ni l'effet du hasard, ni de l'invention des Latins: ils le tinrent des Celtes; ils ne firent qu'en altérer légerement la prononciation, mais de maniere qu'on n'en avoit jamais pu retrouver l'origine.

Men, signifie la multitude, l'ensemble: il devint ainsi la marque du pluriel des Verbes Grecs pour la premiere personne. Es-Men, nous sommes.

Les Latins y ajoutant la terminaison *is* & l'initiale *o*, en firent Omenis, puis Omnis, l'ensemble, le tout: de-là cette Famille:

Omnis, m. f. ne, n. tout, chaque, chacun.

Omnes, tout le monde.

Omnia, toutes choses.

Omne, chose entiere.

Omninò, adv. tout-à-fait, entiérement, pleinement, en tout, seulement, enfin, en un mot; 2°. bref, pour faire court, pour abréger; 3°. en aucunes manieres.

Omni-Genus, a, um, de toutes sortes, de toutes manieres, de toutes façons, de tous genres.

Omni-Modé, adv. &

Omni-Modis, adv. de toutes façons, en toutes manieres, en toutes sortes.

Omni-Modus, a, um, qui est de toutes façons, de toutes manieres.

Omni-Color, is, qui est de toutes couleurs.

Omni-Canus, a, um, qui chante toute sorte de choses.

Omni-Carpus, a, um, qui prend tout, de tout côté.

ON,
Charge.

De N, fruit, se forma On, charge.

I.

Onus, eris, charge, fardeau, poids; 2°. commission, emploi.

Onustatus, a, um, &

Onustus, a, um, chargé, accablé.

Onerator, oris, chargeur.

Oneratus, a, um, part. de
Onero, as, avi, atum, are, charger.
Onerarius, a, um, de charge, propre à porter des fardeaux.
Onerariæ naves, bâtimens de charge.
Cymbula oneraria, bâtiment de mer.
Onerosus, a, um, chargeant, pesant, qui pése beaucoup, lourd, qui charge ; 2°. onéreux, qui est à charge, fâcheux, incommode.

COMPOSÉS.

Semi-Onustus, a, um, chargé à demi.
Co-Onero, as, avi, atum, are, charger.
De Onero, -are ; De-Onusto, -are, décharger.
De-Oneratio, onis, décharge, l'action d'ôter la charge, de décharger ; délestage.
Ex-Oneratio, onis, rabais, diminution du prix ; 2°. décharge, l'action de décharger.
Ex-Oneratus, a um, part. de
Ex-Onero, as, avi, atum, are, décharger, vuider, ôter la charge, soulager du fardeau ; 2°. délivrer, dégager, soulager.

2.

D'On, charge, se forma le Grec,
Onos, Ane, mot-à-mot, bête de somme, de charge.
Onager, gri, &
Onagrus, i, âne sauvage ; 2°. instrument de guerre à jetter des pierres.
Onagus, i, Anier.
Onco, as, are, braire, crier comme un âne.
Oniscus, i, cloporte ; 2°. chenille ; 3°. merlus, poisson.

Onitis, idis, origant, plante.
Onochiles, is, &
Onochilus, i, ou
Onoclea, æ, orcanette, plante.

COMPOSÉS.

Ono-Cephalus, a, um, qui a une tête d'âne.
Ono-Centaurus, i, demi-homme, & demi-âne.
Ono-Crotalus, i, oiseau aquatique, qui a le cri de l'âne.
Ono-Brychis, is, sain-foin.
Ono-Batis, is, femme montée sur un âne ; femme adultère condamnée à être promenée sur un âne par toute la Ville.

OP.

D'O, eau, liqueur, prononcé Ow, Op, vinrent ces mots appartenant au Grec Opos, suc.
Opium, ii, opium, suc tiré des têtes de pavots avant leur maturité.
Opo-Balsamum, i, baume, suc qui découle de l'arbrisseau nommé baume.
Opo-Balsamus, i, baume, arbrisseau.
Opo-Balsamatus, a, um, où l'on a mis du baume.
Met-Opium, ii, huile d'amandes amères.
Opo-Carpathum, i, suc vénéneux qui tue en faisant dormir.
Opo-Panax, acis, suc de la panacée, plante.

OPHIS,

Serpent.

Ophis est un mot Grec qui signifie serpent.

L'origine en a été absolument inconnue jusqu'ici : tout ce qu'on
a de

a de plus savant là-dessus, c'est la découverte qu'on a faite de ce mot dans la Langue Egyptienne, où HOPH signifie de même serpent, & on en a conclu que c'étoit un mot Egyptien : on ne pouvoit mieux faire dans ce tems où on n'avoit nulle idée du rapport & de l'origine des Langues ; mais ce mot tient à l'Hébr. אפעה, A-Phoe, vipere, & à l'Italien FISCHIARE, siffler comme un serpent. C'est donc un mot vraiment primitif, formé par onomatopée, & qui produisit le Verbe Oriental פעה, Phoe, siffler. On peut donc en dresser cette généalogie :

Fih, Phy, sifflement : *primitif*.

פעה, PHOE, PHUE, siffler.

אפעה, APHOÉ, vipere, serpent, en *Oriental*.

HOPH, serpent, en *Egyptien*.

OPHIS, serpent, en *Grec*.

FISCHIARE, siffler, en *Italien*.

OPHIACA, orum, Traités des serpens.

OPHITES, æ, sorte de marbre tacheté comme la peau des serpens.

OPHIO-GENÆ, arum, &

OPHIO-GENES, um, sorte de peuples voisins de l'Hellespont, & d'autres de l'Isle de Chypre, qui guérissoient les morsures des serpens par leur seul attouchement.

OPHIO-MACHUS, a, um, qui se bat contre les serpens.

OPHIO-CTONUS, a, um, qui tue les serpens.

OPHIO-O-CTONON, i, plante dite *Gratia-Dei*.

OPHIO-GENIUM, ii, voyez Ophioctonum.

Orig. Lat.

OPHI-UCHUS, i, serpentaire, Constellation composée de trente-sept étoiles ; de OCH, UCH, grand.

OPHIO-SCORODON, i, &

OPHIO-STAPHYLE, es, Caprier, arbrisseau.

OPHIO-STAPHYLOS, i, voyez Ampelomelæna.

OPHION, ii, sorte d'animal particulier à l'Isle de Sardaigne.

ORB, privé.

De ReB, RaP, RaPh, ravir, enlever, vint cette Famille :

1. ORBUS, a, um, privé d'une chose qui lui est chere, qui a perdu ce qu'il chérissoit ; 2°. orphelin ; 3°. qui a perdu ses enfans.

ORBITAS, atis, privation ou perte d'une chose qu'on chérit ; 2°. veuvage, viduité ; 3°. l'état d'orphelin.

Orbitas luminis, privation de la vue ;— recti, manque de logis.

ORBITUDO, inis, voyez Orbitas.

ORBO, as, avi, atum, are, priver, ôter, ravir.

Orbare se luce, se priver de la lumiere. —Equitatu ducem, défaire toute la cavalerie d'un Général.

ORBONA, æ, Orbonne, Déesse sous la protection de laquelle étoient les orphelins, les veuves, & ceux qui avoient perdu leurs enfans.

2. ORBatio, onis, privation.

ORBator, oris, qui prive quelqu'un de ses enfans, &c.

ORBatus, a, um, part. d'Orbo.

Orbatus progenie, qui a perdu ses enfans, privé de ses enfans.

Ex-ORBO, as, are, priver.

DÉRIVÉ GREC.

3. ORPHanus, i, orphelin, qui n'a

R 4

ni pere ni mere.

ORC.

D'ARc, ferrer, contraindre,
En Latin ARceo,
En Grec EIRGÓ, qui fait ORG dans ſes dérivés, vinrent ces divers mots:

1.

ORcus, i, l'enfer; 2°. ſon obſcurité; 3°. Pluton, Dieu des Enfers.

ORcinianus, a, um, voyez *Funebris*.
Orciniana ſporda, biere, cercueil.
ORcinus, a, um, qui concerne les enfers, la mort.
Orcinus libertus, Eſclave affranchi par le teſtament de ſon Maître.
ORcius, a, um; ORcivus, a, um, de ſépulcre, de tombeau.

2.

ORca, æ, grand vaſe: tonneau, poiſſon gros comme un tonneau, d'où:

ΟΡκυνος, *Orcynus*, baleine.
De-là ces mots Grecs-Latins:
ORca, æ, ſorte de grand poiſſon de mer ennemi de la baleine; 2°. boëte de toilette où l'on conſerve les agrémens du teint; 3°. ſorte de pierre précieuſe; 4°. cornet à jouer aux dés; 5°. vaiſſeau dans lequel on gardoit des figues, grand vaſe à deux anſes; 6°. jarre à huile.

ORcula, æ, petit vaiſſeau à mettre quelque liqueur.
ORcynus, i, Thon, gros poiſſon de mer.
ORchis, itis, groſſe olive; 2°. teſticule de chien, eſpéce de ſatyrion; 3°. ſorte de poiſſon.

3.

ORganum, i, toutes ſortes d'inſtrumens; 2°. inſtrument d'artiſan; 3°. machine; 4°. organe; 5°. inſtrument dont ſe ſervent les Arpenteurs.

ORganarius, ii; Facteur d'orgues, faiſeur d'inſtrumens de muſique, Lutier.
ORganicè, adv. par machines, par le moyen de quelque inſtrument.
ORganici, orum, joueurs d'inſtrumens.
ORganicus, a, um, organique, d'inſtrumens ou qui concerne les inſtrumens de muſique ou autres; 2°. mélodieux, harmonieux; 3°. organiſé, qui a des organes.
ORgia, orum, Orgies, les Fêtes de Bacchus, les Bacchanales qui ſe célébroient tous les trois ans.
ORgya, æ, ſorte de meſure, aune, braſſe, braſſée.

O-RD,

Arrangement, gouvernement.

Du primitif RaD, ReD, gouverner, régir, vint cette Famille:

1.

O-Rdo, inis, ordre, arrangement, diſpoſition; 2°. rangée; 3°. rang, état, condition, qualité; 4°. ſuite, enchaînement, liaiſon des choſes; 5°. régularité, régle, police.

ORdinatus, a, um, ordonné, diſpoſé par rang, mis par ordre; 2°. ordinaire, accoutumé; 3°. qui eſt du premier rang.
ORdinatè, adv. &
ORdinatim, adv. par ordre, par rang, avec ordre, de ſuite, dans un bel ordre, en bon état, d'une maniere bien ordonnée; 2°. par rangs.
ORdinatio, onis, ordonnance, arrangement, diſpoſition, ordre d'un plan; 2°. ordre, régle; 3°. gou-

vernement, administration ; 4°. Ordination, création de Magistrat, &c. promotion.

ORDinator, oris, ordonnateur, qui met en ordre, qui dispose, qui ordonne.

ORDinator litis, celui qui instruit un procès.

ORDinatus, a, um, part. de

ORDino, as, avi, atum, are, ordonner, arranger, ranger, disposer, mettre par ordre ou par rang ; 2°. créer ou établir un Magistrat, &c. donner une charge ; 3°. régler, policer.

COMPOSÉS.

INTER-ORDinium, ii, l'espace qui est entre deux rangs d'arbres.

EXTRA-ORDinarius, a, um, extraordinaire, qui n'est pas commun, qui est inusité.

PRÆ-ORDino, as, avi, atum, are, choisir, prédestiner.

IN-ORDinatè, irrégulierement, sans régle, sans ordre, confusément, d'une maniere déréglée.

IN ORDinatio, onis, désordre, confusion, déréglement, irrégularité.

IN-ORDinatus, a, um, qui n'est pas en ordre, qui est sans ordre, confus, qui n'est pas arrangé, qui est dans la confusion, qui est en désordre.

SUPER-ORDino, as, are, ranger.

2.

ORD, prononcé ORTH en Grec, produisit ces mots:

ORTH-AMPelos, i, sorte de vigne.

ORTHiax, acis, clamp, jumelle de mâts.

ORTHius, a, um, voyez Arduus.

ORTHO-Doxia, æ, opinion saine.

ORTHOE-PEIA, æ, énonciation châtiée.

ORTHO-GOnius, a, um, rectangle, qui est à angles droits.

ORTHO-GONus, i, angle droit, terme de Géométrie.

ORTHO-GRAPhia, æ, orthographe, maniere d'écrire correctement ; 2°. élévation géométrale, représentation d'un édifice sur un plan par des lignes horisontales.

ORTHO-GRAPhus, a, um, qui écrit correctement.

ORTHO-STATES, æ, jambe de force, pied-droit, pilier, pilastre, poteau, étaie, chaine de muraille qui se tient debout.

ORTHO-MASThica mala, sorte de pommes grosses comme des mammelles.

ORTHRA-GORiscus, i, pourceau de mer, grand poisson.

CAT-ORTHoma, atis, action droite, vertueuse.

CAT-ORTHosis, is, droiture d'esprit, inclination à la vertu.

OS, os.

De T, Ts, fort, dur, se forma l'Oriental OTS, & le Latin Os, os, d'où ces mots :

Os, Ossis, os, ossement.

Ossiculum, i, petit os, osselet.

Ossa, ium, noyaux de fruits.

Ossa orationis, ce qu'il y a de solide dans un discours.

Ossuarium, i, charnier.

Ossum, i, voyez os, oss's.

Ossuosus, a, um, plein d'os.

Ossuum, i, voyez os, ossis.

Osseus, a, um, d'os, fait d'os ; 2°. dur comme un os, semblable à un os.

Ossiculatim, adv. par le menu, en détail.

BINOMES.

Ossi-FRAGa, æ, &

Ossi-FRAGus, i, orfraie, sorte d'aigle ; de FRAngo, briser, rompre.

Ossi-Fragus, a, um, qui caffe les os.

Ossilago, inis, Déeffe qui avoit foin d'endurcir les os des enfans, de les rendre folides ; 2°. cartilage, terme d'Anatomie.

Ossi-Legus, a, um, qui ramaffe des os.

Osteo-Logia, æ, Oftéologie, Traité des os.

COMPOSÉS.

1. Ex-Os, ffis, qui eft fans os, qui n'a point d'os ; 2°. défoffé.

Ex-Osfis, fis, qui eft fans os.

Ex-Osfo, as, avi, atum, are, défoffer, ôter les arrêtes d'un poiffon ou les pierres d'un champ ; 2°. rompre les os, rouer de coups.

Ex-Osfatio, onis, défoffement, l'action de défoffer.

Ex-Osfatus, a, um, part. d'Exoffo.

Ex-Osfatim, adv. en défoffant.

2. Peri-Osta, æ, &

Peri-Osteum, i, périofte, membrane qui couvre les os.

OST, porte.

De S, ferrer, enfermer, renfermer, fe forma la Famille Celte Hus, porte, d'où ces Familles Latines :

1.

Ostium, ii, porte ; 2°. embouchure d'un fleuve.

Ostiolum, i, petite porte, petite entrée, guichet.

Ostiarium, ii, impôt fur chaque porte.

Ostiarius, ii, Portier, (à la porte de la rue,). Huiffier (à la porte de la chambre, &c.)

Ostiatim, adv. par porte, pour chaque porte, de porte en porte ; 2°. en détail.

2.

Ostrea, æ, huître, poiffon à écaille.

Ostrearia, æ, &

Ostrearium, ii, parc à huîtres.

Ostrearius, ii, écailler, celui qui vend des huîtres ; 2°. celui qui les pêche.

Ostrearius, a, um, qui concerne les huîtres.

Ostreatus, a, um, dur, raboteux comme l'écaille d'une huître, qui a du rapport à l'écaille d'une huître, devenu comme l'écaille d'une huître.

Ostreosus, a, um, abondant en huîtres.

Ostreum, i, voyez Oftrea.

Ostrifer, a, um, qui produit de ces petits poiffons à coquilles dont on tiroit la pourpre.

Ostrinus, a, um, de couleur de pourpre.

Ostrum, i, couleur de pourpre, pourpre.

3.

Ostracias, æ, forte de pierre précieufe, ou pierre qui polit comme la ponce.

Ostracina, orum, fuffrages des Athéniens écrits fur des coquilles ou petites écailles.

Ostracinda, æ, jeu de croix ou pile.

Ostracifmus, i, oftracifme, maniere de fuffrage qu'on donnoit à Athènes pour bannir quelque grand perfonnage ; on écrivoit fon nom fur des coquilles ou petites écailles qu'on appelloit *oftracon*, d'où eft venu *Oftracifmus*, que Cornelius Nepos écrit en Grec.

Ostracites, æ, voyez Oftracias.

Ostracium, ii, onyx, pierre précieufe.

MOTS LATINS VENUS DU GREC.

O

O-BELiæ, *arum*, sorte de petit pain rond consacré à Bacchus : de BEL, Soleil ; d'où le François OUBLIE.

O C.

SYN-OCHus, *i*, continuation : de Εχω, Ekhô, avoir, & *Syn*, avec.

OCI-MASTRum, *i*, basilic sauvage, *plante*.

OCIMum, *i*, basilic, *plante*. en Gr. ΩΚιμον.

OCYma, *tis*, chaise de poste, voiture légère, qui va vite.

OCYMum, *i*, voyez *Ocimum*.

OCYOR, *us*, *oris*, voyez *Ocior*. Gr. ΩΚυς.

OCHRa, *ræ*, ocre, sorte de terre jaune qui sert aux peintres.

OCHETEGRa, *æ*, aqueduc.

OCHTODæ, *arum*, ulcères dont les bords sont durs & enflés.

CAT-HOLicus, *a*, *um*, universel, général ; 2°. Catholique.

OELUROPus, *i*, piloselle, *plante*.

OESOPHAGus, *i*, œsophage, conduit de la bouche à l'estomach : en Grec ΟΙΣΟ-ΦΑΓος.

OESTRum, *i*, &

OESTRus, *i*, taon, sorte de grosse mouche qui désole les vaches ; 2°. fureur poétique, enthousiasme, emportement, rage : en Gr. ΟΙΣΤΡον.

OETum, *i*, sorte de plante d'Egypte.

De *O*, non, & de *Lego*, assembler, nombrer, entasser, vint :

OLIG-ARCHia, *æ*, oligarchie, gouvernement de peu de personnes, qui est entre les mains de peu de gens.

OMELYsis, *is*, farine d'orge crue. Ce mot est Grec ΩΜΗΛυσις.

Du Grec ΌΜ, épaule, le HUMerus des Latins, se forma cette Famille :

OMO-PLATæ, *arum*, omoplates.

Ex-OMis, *idis*, &

Ex-OMium, *ii*, corset de femme ; 2°. corps de jupe ou de robe.

AN-OMalia, *æ*, irrégularité, inégalité, disparité.

AN-OMalus, *a*, *um*, irrégulier, non conforme, dissemblable : d'*Omalos*, égal, applani.

D'*Omphalos*, nombril, vinrent ces mots :

Ex-OMPHALium, *ii*, vice de conformation du nombril, lorsqu'il sort en dehors.

OMPHILO-CARPon, *i*, sorte de plante.

ONix, *ichis*, amas de pus dans l'œil avec un phlegmon vers l'iris.

ONYX, *ychis*, onyx, sorte de pierre précieuse ; 2°. albâtre, sorte de marbre ; 3°. petit vase d'albâtre à mettre des parfums.

Onychinus, a, um, semblable à un ongle, de la couleur des ongles, qui concerne les ongles; 2°. de cornaline.

Ononis, is, arrête-bœuf. *plante.*
Ononium, ii, espéce d'ortie, *herbe.*
Onistis, is, sorte de plante vénéneuse.

OR.

Orch-Estra, æ, Ocheſtre, la plus basse partie du Théâtre, où parmi les Grecs se dansoient les balets, & à Rome le lieu où étoient placés les Sénateurs. C'étoit le même que le parterre de nos Théâtres: on donne à présent ce nom au lieu où la Symphonie eſt placée.

Oreon, i, renouée, *plante.*

Orexis, is, appétit, envie de manger; 2°. envie de vomir, vomissement.

Origanum, i, origan, *plante.*
Orobax, cis, pivoine, *plante.*
Orobia, æ, sorte d'encens.
Orobinus, a, um, de cerfeuil.
Orobites, tis, sorte de borax artificiel.
Orobitis, is, gazon, herbe verte; 2°. couleur verte.

A-Oristus, i, terme de Grammaire, aoriſte, *tems indéfini d'un Verbe.*

Di-Oryx, ygis, tranchée, fossé, canal, rigole.

Ex-Orcismus, i, exorcisme ou conjuration des esprits malins.
Ex-Orcista, æ, &
Ex-Orcistes, æ, exorciſte.

Ex-Orcizo, as, are, exorciser.

Ornix, igis, Gelinotte de bois, oiseau.

Ornithiæ, arum, sorte de vents septentrionaux qui ont coutume de durer pendant trente jours vers le commencement de Mars.

Ornitho-Boscium, ii, basse-cour; 2°. voliere.
Ornitho-Gale, es, &
Ornitho-Galum, i, sorte de plante.
Ornithon, onis, &
Ornitho-Trophium, ii, voliere, lieu où l'on nourrit des oiseaux.

Orphus, i, poisson de mer.

Orphidium, ii, sorte de petit poisson qui a du rapport au congre.

Orphi-Cardelus, i, sorte de pierre précieuse.

Ostrya, æ, &
Ostrys, yos, sorte d'arbre.

Osyris, dis, sorte de plante.

OUS.

De Ou, son de l'air agité, se forma par onomatopée le Grec Ous, otos, oreille, d'où ces mots:

A-Otus, a, um, qui eſt sans oreilles.
Ot-Acusta, æ, &
Ot-Acustes, æ, délateur, espion.

Otis, idis, outarde, *oiseau.*
Otites, æ, cantharide, sorte de mouche.
Otia, æ, sorte de poisson marin à coquille.
Otus, i, nom d'un géant; 2°. sorte d'oiseau de nuit.
Othona, æ, giroflier, *plante.*

MOTS LATINS VENUS DE L'ORIENT.

O

Octo, *indécl.* huit ; de l'Or. وَقْت, OuKT, tems prescrit, jour de fête.

Ogdoas, *adis*, le nombre de huit ; 2°. un huit, une huitaine.

Octans, *tis*, la huitiéme partie, le huitiéme.

Octonarius, *a, um*, de huit, qui a huit.

Octoni, *æ, a*, huit.

Octavò, *adv.* &

Octavùm, *adv.* pour la huitiéme fois.

Octavus, *a, um*, huitiéme.

Octavus decimus, le dix-huitiéme.

Octies, *adv.* huit fois.

Octavarii, *orum*, Commis de partisans qui levoient l'impôt du huitiéme.

Octonarii, *orum*, soldats de la huitiéme légion.

Octo-Genarius, *a, um*, de quatre-vingt, octogénaire, qui a quatre-vingt ans.

Octo-Geni, *æ, a*, quatre-vingt.

Octo-Gesimus, *a, um*, quatre-vingtiéme.

Octo-Gies, *adv.* quatre-vingt fois.

Octo-Ginta, quatre-vingt.

Octin-Genarius, *a, um*, de huit cens.

Octin-Gentesimus, *a, um*, le huit-centiéme.

Octin-Genti, *æ, a*, huit cens.

Octin-Genties, huit cens fois.

Duode-Octo-Ginta, *indécl.* soixante & dix-huit.

BINOMES.

Octu-Ssis, *is*, piéce de monnoie qui valoit huit as ; de *ass*, sou ; as.

October, *bris*, mois d'octobre.

October equus, cheval qu'on sacrifioit à Mars tous les ans au mois d'Octobre.

Octa-Chordon, *i*; Octa Chordos, *i*, qui a huit cordes, monté de huit cordes.

Octa-Edrum, *i*, Octaédre, terme de Géométrie.

Octa-Eteris, *idis*, l'espace de huit ans.

Oct-Angulus, *a, um*, qui a huit angles, octogone, terme de Géométrie.

Octo-Gonos ; Octo-Gonon, &

Octo-Gonus, *a, um*, octogone, qui a huit angles.

Octo-Juges, *um*, huit d'une bande, huit à huit.

Octo-Phoros, *i*, &

Octo-Phoron, *i*, qui est porté par huit hommes.

Octo-Phorum, *i*, litiere, palanquin porté par huit hommes.

Octa-Phorum, *i*, voyez *Octophorum*.

Octa-Podium, *ii*, sorte de voile que portoient les Empereurs.

Octi-Pes, *edis*, qui a huit pieds.

Octu-Plicatus, *a, um*, redoublé huit fois.

Octu-Plus, *a, um*, octuple, redoublé huit fois.

Octa-Stylon, *i*; Octa-Stylos, *i*, qui a huit colonnes de front.

De l'Or. עלם OLM, le tems passé, le siécle, longue durée, vint:

Oli*m*, *adv.* de tous les temps, qui s'exprime en François par Autrefois, au tems passé, il y a long-tems; il n'y a pas long-tems, dernierement, l'autre jour; maintenant, présentement, à présent; une fois; un jour, quelque jour, désormais, dorénavant; toujours, quelquefois, de tems en tems, en tout tems.

De l'Or. ענב, O*n*v, raisin, se forma cette Famille Greco-Latine:

O*mph*ax, *acis*, verjus en grappe.
O*mph*acium, *ii*, verjus, *fruit.*
O*mph*acinus, *a*, *um*, fait d'un fruit qui n'est pas encore mûr.

Du primitif אן A*n*, joint à l'article Oriental ת *th*, se forma T*h*-A*n*, תאן, figue, figuier; & ce mot prononcé O*n* & sans article, produisit celui-ci:

O*n*æ, *arum*, figues douces, *fruit.*

De l'Or. עב, עבה, עוב, O*b*, O*b*e, O*u*b, épais, épaissi, rendre épais, vinrent ces Familles:

O*p*aco, *as*, *avi*, *atum*, *are*, ombrager, couvrir de son ombre, faire ombre; 2°. obscurcir, rendre obscur.

O*p*acitas, *atis*, opacité, ombre, ombrage.

O*p*acus, *a*, *um*, *ior*, *issimus*, opaque, ombragé, où il y a de l'ombre, obscur, ténébreux, sombre, où l'on trouve de l'ombrage, épais, touffu.

I*n*-O*p*aco, -*are*, couvrir d'ombre, ombrager; 2°. rendre obscur, rendre opaque.

OP*h*.

De l'Orient. אפה A*phé*, mesure pour les solides, vint le Grec-Latin:

O*ph*a, *æ*, sorte de mesure pour le bled.
O*ph*ates, *æ*, espece de marbre.
O*r*nus, *i*, frêne sauvage, *arbre.*
O*r*neus, *a*, *um*, de frêne sauvage; de la même Famille que l'Oriental ארן A*r*n, nom de grands arbres.

MOTS

MOTS LATINS-CELTES,
OU DÉRIVÉS DE LA LANGUE CELTIQUE.

P

LA lettre P marche dans tous les Alphabets à la suite de l'O. Dans son origine, elle peignoit la bouche ouverte & vue de profil, comme nous l'avons vu dans l'*Origine du Langage & de l'Ecriture* : & parce qu'elle se prononce des lèvres, elle désigna naturellement la bouche & toutes ses opérations, sur-tout celles qui sont relatives à l'action de se repaître & à la parole.

Ce qui, joint à diverses onomatopées, donne la raison de tous les mots formés directement de la lettre P.

Car elle s'est jointe d'ailleurs à la tête de nombre d'autres mots, tels que AC, AL, AR, &c. pour en varier les significations ; quelquefois même comme article.

Observons encore que cette lettre s'est prononcée aussi souvent avec aspiration en PH, c'est-à-dire, comme un F prononcé en tirant l'air avec effort du fond de la poitrine, & par-là même avec une grande explosion ; ensorte que nous trouvons sans cesse les mots d'une même Famille écrits les uns par P, les autres par PH ou F.

ONOMATOPÉES.

1.

PROH ! oh ! ô !

PROX, *exclamation*, ah ! ah !

2.

PRURIO, *is*, *ivi*, *itum*, *ire*, démanger, sentir des démangeaisons ; 2°. avoir beaucoup envie, désirer ardemment ; 3°. piquer, avoir quelque chose de piquant.

PRURITUS, *ûs*, démangeaison.

PRURIGO, *inis*, démangeaison.

PRURIGINOSUS, *a*, *um*, qui sent des démangeaisons.

PER-PRURISCO, *is*, *rivi*, *cere*, sentir un grand chatouillement ou une grande démangeaison.

PEI, PI,
Frapper.

I.

PAI est une Onomatopée qui peint l'action de frapper, de battre, d'où se formèrent :

Le Grec Paió, frapper, battre :
Le Celt. Pwyo, qui a les mêmes significations : de-là :

1. Pæan, nom d'Apollon, ou du Soleil, parce qu'il frappe de ses rayons ; 2°. Hymne à l'honneur d'Apollon.

Pæantides, *um* ; Pæanites, *æ*, sorte de pierre précieuse.

Pæon, *onis*, pied de vers de quatre syllabes, dont une longue & trois brèves.

De Puvio. *ivi*, *ire*, frapper.

Op Puvia, *orum*, coups de fouet, coups d'étrivieres.

Op-Puvio, *is*, *ire*, donner les étrivieres, donner des coups de fouet.

2.

Ce mot se prononçant Piso, & Pinso devint chef de cette Famille :

1. Piso, *as*, *are*, & *is*, *ere*; & en se nasalant :

Pinso, *as*, *are*, frapper.

Pinso, *is*, *sui*, *sum*, *situm*, *pistum*, *ere*, piler dans un mortier.

En Grec Πτισω, Ptiso.

Pinsor, *oris*, qui bat au mortier, qui pile dans un mortier.

Pinsum, *i*, andouillette.

Pinsus, *a*, *um*,
Pisus, *a*, *um*, &
Pistus, *a*, *um*, &
Pinsitus, *a*, *um*, Part. de *Pinso*, *is*.

Pinsito, *as*, *avi*, *atum*, *are*, piler souvent dans un mortier.

2. Pindo, *is*, *ere*, Piler, broyer dans un mortier.

Pinsatio, *onis*, l'action de piler dans un mortier.

3. Pisto, *as*, *avi*, *atum*, *are*, piler.

Pistillum, *i*, pilon de mortier.

Pistillus, *i*, pilon.

Pistura, *æ*, l'action de piler.

Pistrinum, *i*, lieu où l'on piloit anciennement le bled ; 2°. moulin, ou boulangerie.

4. Pistrilla, *æ*, petit moulin à bras.

Pistrina, *æ*, moulin ; 2°. boulangerie.

5. Pistor, *oris*, boulanger, autrefois celui qui piloit le bled.

Pistor dulciarius, Pâtissier.

Pistrix, *icis*, boulangere ; 2°. grand poisson de mer ; 3°. constellation céleste, appellée la baleine.

Pistorius, *a*, *um*, de boulangerie, de Boulanger, ou de Pâtissier, de pâtisserie.

Pistorium opus, piéce de four, pâtisserie.

Pistrinarius, *ii*, Meûnier.

Pistrinarius, *a*, *um*, &

Pistrinensis, *m. f. se*, *n. is*, de moulin, qui concerne le moulin & la mouture, de Meûnier.

6. Pistacium, *ii*, pistache, espéce d'amande, *fruit*.

Pisum, *i*, pois, *légume*.

Pist-Olochia, *æ*, espéce d'aristoloche, *plante*.

Ptisana, *æ*, ptisane.

Ptisanarium, *ii*, coquemar où l'on fait de la ptisane.

II.

1. Pœna, *æ*, peine, punition, châtiment, supplice.

Pœnalis, *m. f. le*, *n. is*, pénal, qui concerne la peine, le châtiment.

Pœnarius, *a*, *um*, voyez *Pœnalis*.

Pœnator, *oris*, bourreau, exécuteur.

2. Punio, *is*, *ivi*, *itum*, *ire*, &

Punior, *iris*, *itus sum*, *iri*, punir, châtier.

Punitio, *onis*, punition, châtiment.

PUNITOR, *oris*, punisseur, qui punit.
PUNIENDUS, *a*, *um*, punissable, qu'on doit punir, digne d'être puni.
IM-PUNÈ, *iùs*, *issimè*, *adv.* impunément, sans être puni, sans danger, avec impunité.
IM-PUNIS, *m. f. ne*, *n. is*, voyez *Impunitus*.
IM-PUNITAS, *atis*, impunité.
IM-PUNITÈ, *adv.* voyez *Impunè*.
IM-PUNITUS, *a*, *um*, impuni, qu'on ne punit point.

3. PŒNITUDO, PŒNITENTIA, & PŒNITENTIA, *æ*, repentir, regret, douleur d'avoir fait; 2°. dégoût, mépris.
PŒNITET, *tebat*, *tuit*, *tere*, se repentir, avoir regret, faire de la peine.
PŒNITURUS, *a*, *um*, qui se repentira, qui aura regret.
PŒNIENDUS, *a*, *um*, dont on doit se repentir, dont on doit avoir du regret.
PŒNITENS, *tis*, *omn. gen.* qui se repent, qui a regret, qui a de la douleur, du déplaisir de.
IM-PŒNITENTIA, *æ*, impénitence.
IM-PŒNITENS, *tis*, impénitent, qui n'a point de repentir.
SUP-PŒNITET, *tuit*, *tere*, se repentir un peu, avoir quelques remords.

III.
PEI, POI.

De PAI, PEI, frapper, forger, vint le Grec POIEO, exécuter, faire: d'où cette Famille Grecque-Latine.

POEMA, *atis*, poëme, ouvrage de poésie.
POESIS, *is*, la Poésie, l'art poétique.
POETA, *æ*, Poëte.
POETICA, *æ*, &
POETICE, *es*, la poétique, l'art poétique.

POETICÈ, *adv.*, poétiquement, d'une maniere poétique, à la maniere des Poëtes, en Poëte.
POETICUS, *a*, *um*, de Poëte, poétique.
POETI-FICUS, *a*, *um*, qui fait devenir Poëte.
POETOR, *aris*, *ari*, faire des vers.
POETRIA, *æ*, &
POETRIDA, *æ*, femme qui fait des vers.

PAU,
Frayeur.

PAU est une onomatopée qui peint la peur, la frayeur, le cri qu'on pousse en éprouvant ces sentimens fâcheux.

Ce mot existe en Grec, mais dénaturé par l'insertion du T, naturelle à ce peuple.

PTOA, PTOIA, signifie chez eux peur; PTOEÓ, effrayer: de-là cette Famille Latine:

PAVOR, *oris*, peur, frayeur, épouvante, saisissement de crainte; 2°. Divinité qui présidoit à la frayeur.
PAVEO, *es*, *pavi*, *ere*, &
PAVESCO, *is*, *ere*, avoir peur, craindre, être épouvanté, appréhender, s'effrayer.
PAVENDUS, *a*, *um*, redoutable, qui doit faire peur, qu'il faut craindre, dont on doit être épouvanté.
PAVENS, *tis*, qui craint, qui a peur, qui est épouvanté.
PAVENTIA, *æ*, Déesse de la frayeur, de la peur.
PAVITATIO, *onis*, voyez *Pavor*.
PAVITO, *as*, *are*, avoir souvent peur, être sujet à avoir peur.
PAVITABUNDUS, *a*, *um*, voyez *Pavibundus*.
PAVITANS, *tis*, qui a peur, qui est effrayé.

PAVIBUNDUS, a, um, qui est plein de frayeur.
PAVIDÈ, adv. avec épouvante, avec frayeur.
PAVIDUS, a, um, ior, issimus, craintif, peureux, timide.

BINOMES.

OMNI-PAVUS, a, um, qui a peur de tout.
PAVE-FACTUS, a, um, épouvanté, à qui l'on a fait peur.
PAVE-FIO, is, ieri, être épouvanté, avoir peur.
EX-PAVE-FACIO, is, feci, factum, cere, faire peur, donner de l'épouvante, inspirer la terreur.
PER-PAVE-FACIO, is, feci, fictum, cere, faire une grande frayeur, épouvanter beaucoup, causer une peur extrême, intimider tout-à-fait, faire craindre au dernier point.

COMPOSÉS.

COM-PAVESCO, is, scere, avoir peur, s'effrayer, s'épouvanter.
EX-PAVEO, es, pavi, ere, &
EX-PAVESCO, is, pavi, scere, s'épouvanter, être saisi de peur, avoir frayeur, être épouvanté, s'effrayer.
EX-PAVIDUS, a, um, épouvanté, saisi de frayeur, effrayé, tremblant de crainte.
IM-PAVIDÈ, adv. avec intrépidité, hardiment, sans crainte, sans branler.
IM-PAVIDUS, a, um, intrépide, qui ne craint rien, qui ne branle pas.

PAV,
Paon.

1. PAVUS, i, &
PAVO, onis, paon, oiseau.
En Vald. PAU signifie coq.
2. PAVO-GALLUS, i, coq-d'Inde, oiseau de basse-cour.

PAVONACEUS, a, um, ou
PAVONICUS, a, um, &
PAVONINUS, a, um, ou
PAVONIUS, a, um, de paon.
PAVA, æ, femelle d'un paon.

PAU,
Paver.

PAVIO, is, ivi, itum, ire, battre la terre pour l'applanir; 2°. planchéier; 3°. couvrir, joncher; 4°. couvrir, garnir la terre; 5°. frapper.
PAVICULA, æ, &
PAVICULUM, i, hic, demoiselle de paveur, battre.
PAVIMENTATUS, a, um, pavé, carrelé.
PAVIMENTO, as, avi, atum, are, paver, carreler.
PAVIMENTUM, i, pavé, carreau à paver, plancher parqueté, parquetage.
OB-PAVIO, as, are, battre, frapper.
CIRCUM-PAVIO, is, ire, battre, applanir tout autour.
CIRCUM-PAVITUS, a, um, battu, applani tout autour.

PAUS,
Pause.

PAUSA, æ, pause, repos, arrêt, cessation.
PAUSO, as, avi, atum, are, faire une pause, faire alte, s'arrêter, cesser.
PAUSARIUS, ii, Comite de galere, Officier qui fait voguer la chiourme.
EX-PAUSATUS, a, um, part. de
EX-PAUSO, as, avi, atum, are, se délasser, se reposer, se rafraichir, reprendre haleine, se refaire.
IM-PAUSABILIS, m. f. le, n. is, qu'on ne peut fixer ou arrêter; 2°. qui ne se donne point de relâche.

IM-P*aus*abiliter, *adv.* sans cesse, à tout moment, sans aucune pause, sans relâche.

P*aus*ea, æ, &

P*aus*ia, æ, olive mûre, qui commence à noircir.

PI,
Cri des oiseaux.

Pi, Piul, Pi-pi, Onomatopée qui peint le cri de divers oiseaux.

Pi-Po, *are*, glousser comme la poule: crier comme l'épervier.

Pi Pio, *-ire*, } pioler, crier comme
Pi-Pilo, *are*, } les poussins & les pigeonneaux.

Pi-Pio, *onis*, pigeonneau.

Pi-Pulus, *i; -lum, i*, cri des poussins, des pigeonneaux; 2°. cri de gens qui se disputent, qui s'invectivent.

Pu-Pillo, *-are*, crier comme un paon.

Pusito, *-are*, crier comme un étourneau.

FAMILLES GRECQUES.

De P, bouche, prononcé Ph, se formerent les mots Grecs Ph*émi*, parler, & Ph*ôné*, voix, d'où ces binomes:

1. Anti-Ph*on*a, æ, Antienne, chant à deux chœurs.

Anti-Ph*on*arius, *ii, -ium, ii*, antiphonier, livre d'antiennes à l'usage de l'Eglise.

2. Blas-Ph*em*ator, *oris*, blasphémateur.

Blas-Ph*em*ia, æ, blasphême.

Blas-Ph*em*o, *-are*, blasphémer.

Blas-Ph*em*us, *i*, blasphémateur.

FA, PHA,
Parler. (*V. col.* 610.)

1.

Pro-Ph*et*a, æ, &

Pro-Ph*et*es, æ, premier Prêtre d'un Temple où se rendoient les oracles; Prophete.

Pro-Ph*et*is, *idis*, ou

Pro-Ph*et*issa, æ, Prophétesse.

Pro-Ph*et*ia, æ, prophétie, révélation.

Pro-Ph*et*icus, *a, um*, prophétique, de prophétie, de Prophete.

Pro-Ph*et*izo, *as, are*, &

Pro-Ph*et*o, *as, are*, prophétiser.

2.

Ph*on*ascus, *i*, celui qui enseigne à bien conduire la voix, Maître de musique ou à chanter.

Epi-Ph*on*ema, *atis*, acclamation, applaudissement; 2°. réflexion sentencieuse sur quelqu'endroit d'un discours, sur un passage d'un Auteur.

Eu-Ph*on*ia, æ, son agréable, belle assonnance, belle prononciation.

Sym-Ph*on*ia, æ, symphonie, accord de sons, concert.

Sym-Ph*on*iacus, *i*, Musicien.

Sym-Ph*on*iacus, *a, um*, de symphonie, de musique, de Musicien.

Sym-Ph*on*esis, *is*, union de deux syllabes sous un même son; 2°. consonnance.

Sym-Ph*on*ia, æ, &

Sym-Ph*on*iaca, æ, Jusquiame, plante.

Du Grec Ptuo, cracher, en Latin Spuo, vinrent ces dérivés.

Pt*ys*is, *is*, &

Pt*ys*ma, *atis*, crachement fréquent, salivation, flux de bouche.

Pt*ys*ma, *atis*, onction, l'action d'enduire avec du crachat pour faire couler.

Pt*y*is, *adis*, aspic, qui crache son venin.

Pt*y*isso, *as, are*, cracher, faire filer,

rejetter un filet de vin qu'on a pris pour y goûter.

De Ptuo, cracher, prononcé Phtuo, vinrent :

Phthisicus, a, um, phthisique, tombé en phthisie.

Phthisis, is, phthisie, desséchement de tout le corps causé par l'ulcération des poumons; 2°. maladie de l'œil, qui fait rétrécir l'œil.

Phthoë, es, exténuation de tout le corps, avec un peu de fièvre; 2°. crachement de sang.

Phthorium, ii, remede qui fait accoucher.

DICTIONNAIRE DE L'ENFANCE.

P

I.

1. Papæ, ha! onomatopée, qui exprime le cri des enfans.
2. Pappa, æ, } nourriture des en-
Papparium, ii, } fans, ce qu'on leur fait prendre après l'avoir mâché; bouillie.

Pap, en Allemand, en Italien, & dans beaucoup de Langues.

Pappas, æ, pere nourricier.

Pappo, -are, manger de la bouillie, de la panade.

3. Papa, cri d'un enfant qui demande à manger; 2°. nom de celui qui le nourrit, qui est son pere; 3°. nom du Pere spirituel des Chrétiens, du Chef de l'Eglise.

Papadia, æ, Prêtresse.

Papalis, e, Papal.

Pappatus, ûs, Papauté.

Papalethra, æ, tonsure des Clercs.

Pappus, i, aïeul, barbon, grandpere; 2°. coton du chardon, du seneçon; 3°. seneçon.

II.

En Celte, en Anglois, Pap désigne également la source de notre premiere nourriture, le sein, la mammelle : de-là :

1. Papilla, æ, mammelon, bouton, bout du teton; 2°. clef d'un robinet.

Ex-Papillo, -are, découvrir jusqu'au sein.

Ex-Papillatus, a, um, nud jusqu'au sein.

2. Papulo, -are, couvrir de bourgeons, de dartres.

Papula, æ, bouton; 2°. bube, bubon.

Papulentus, a, um; Papulosus, a, um, plein de dartres, de boutons.

III.

1. Pe-Panum, i, tarte, tourte, gâteau.

Pepo, onis, melon.

Pe-Plus, i, esule, plante.

Pe-Plion, ii, pourpier sauvage.

2. Pepsis, sis, coction, digestion; en Grec Peptô, cuire, digérer.

Peptica, arum, remedes digestifs.

3. Peplis, is; Peplos, i, pavot qui

contient une liqueur semblable au lait.

PA-PAver, *eris*, pavot.
PAPAverus, *a, um*, de pavot.
PAPAveratus, *a, um*, où on a mis du pavot ; 2°. couleur de pavot.

4. PI Per, *eris*, poivre.
PI-Peratus, *a, um*, poivré.
PIPeritis, *idis*; PEPeritis, *idis*, poivrette, *plante*.

IV.
PA, Pere.

Les Grecs & les Latins ajoutant à PA, le mot *Ter*, excellent, en firent ;

1.

1. PA-*ter, tris*, pere.
PA-TERnus, *a, um*, paternel, de pere.
PATRius, *a, um*, de pere, paternel ; 2°. de la patrie, qui concerne la patrie.
2. PATRinus, *i*, parrain.
PRO-PATer, *tris*, parrain.
3. PATRimus, *a, um*, qui a son pere vivant, qui a encore son pere.

PATRisso, *as, avi, atum, are*, avoir les manieres de son pere, tenir de son pere, l'imiter, lui ressembler dans ses mœurs.
PATRitus, *a, um*, qui vient de pere, qu'on tient de pere.
PATRI-Monium, *ii*, patrimoine, bien qu'on tient de pere & de mere.

4. PATRia, *æ*, patrie, pays natal.
PATRiè, *adv.* en pere, paternellement.
RE-PATRio, *as, avi, atum, are*, retourner dans sa patrie.

BINOMES.

PATRI-ARcha, *æ*, Patriarche : du Grec *Arkhé*, Chef.

PATRI-ARchalis, *e*, Patriarchal, de Patriarche.
PATRI-ARchatus, *ûs*, Patriarchat, qualité de Patriarche.
PATRI-ARchium, *ii*, palais de Patriarche.
PATRI-CIDa, *æ*, parricide, qui a tué son pere ou son meilleur ami : de *Cædo*, tuer.
PATR-ONYMicus, *a, um*, qui désigne le pere ou la patrie : du Grec *Onoma*, nom.

5. PATRuus, *i*, oncle paternel ou du côté du pere.
PATRuus, *a, um*, d'oncle paternel ; 2°. sévere.
PATRuissimus, (mot forgé par Plaute,) pour dire très-cher oncle ou oncle fâcheux ou sévere.
PATRuelis, *is*, enfant de l'oncle paternel ; 2°. cousin germain paternel.
PATRuelis, *le, is*, de cousin germain paternel, ou qui concerne les enfans de deux freres.
PRO-PATRuus, *i*, grand-oncle.
PATR-ADELphis, *idis*, sœur de pere, tante paternelle ; du Grec *Adelphé*, sœur.
PATR-ADELphus, *i*, frere de pere, oncle paternel : du Grec *Adelphos*, frere.

2.

1. PATRicii, *orum*, Patriciens, la race des premiers Sénateurs de Rome ; les premiers Nobles ou la premiere Noblesse, les Grands du Royaume ; 2°. les Dieux Janus, Saturne, le Génie, Pluton, Bacchus, le Soleil, la Lune & la Terre.
PATRicius, *a, um*, de Patricien, qui concerne les Patriciens, &c.
PATRicus, voyez *Paternus* & *Patricius*.
PATRiciè, *adv.* à la maniere des Patri-

ciens, des personnes nobles, des Gentils-hommes.

Patriciatus, ûs, dignité de Patrice, de Patricien ; 2°. qualité de Noble, de Gentilhomme.

Patricia, æ, femme de Sénateur.

Ex-Patricius, ii, qui a été Sénateur.

2. Patronus, i, patron, défenseur, protecteur, qui prend sous sa protection, qui soutient les intérêts, Avocat qui plaide pour.

Patrona, æ, patrone, protectrice, qui prend sous sa protection, avocate.

Patronalis, le, is, de patron, de protecteur.

Patronatus, ûs, voyez Patrocinium, droit d'un patron sur ses esclaves, son autorité sur ses affranchis.

Patro-Cinatio, onis, l'action de défendre, de servir de patron, de protecteur, d'avocat.

Patro-Cinator, oris, qui sert de protecteur & d'avocat.

Patro-Cinium, ii, défense, protection.

Patro-Cinor, aris, atus sum, ari, défendre, protéger, soutenir les intérêts, prendre la défense, mettre sous sa protection.

Com-Patronus, i, seigneur, maître, patron conjointement avec un autre.

3. Patrica, orum, mystères concernant le culte & les fêtes du Soleil.

4. A-Paturia, æ, nom de Vénus, de Minerve, de Cérès; mot-à-mot, hors de tutelle. On appelloit A-Paturies la fête où on étoit déclaré majeur. (*Voyez Histoire du Calendrier*, p. 348.) D'ailleurs cet âge est celui qu'exige le service de ces Déesses.

A-Paturum, i, Temple de Vénus.

5. Patro, as, avi, atum, are, faire, accomplir, achever, finir, terminer, commettre, exécuter ; 2°. consommer.

Patrans, tis, qui accomplit, qui fait.

Patratio, onis, accomplissement.

Patrator, oris, &

Patratrix, icis, celui ou celle qui fait, qui accomplit, qui met à exécution, qui consomme.

Patrandus, a, um, qu'il faut faire.

Ex-Patro, as, are, finir, achever, terminer ; 2°. déshériter ; 3°. consumer en débauches.

Per-Petro, as, avi, atum, are, faire, achever, finir, terminer, conclure.

V.

PA, Pâturage.

1. Pa-Bulum, i, lieu où l'on paît, pâture, fourrage, nourriture.

Pa-Bulosus, a, um, plein de fourrage.

Pa-Bularis & Pa-Bulatorius, qui concerne les pâturages.

Pa-Bulator, oris, fourrageur ; 2°. qui fait paître.

Pa-Bulatio, onis, pâture, fourrage.

Pa-Bulor, -ari, paître, fourrager.

2. Pasco, is, pavi, pastum, cere &

Pascor, eris, pastus sum, sci, paître, brouter ; 2°. faire paître, nourrir, repaître, mener paître, donner la pâture ; 3°. servir de pâture.

Pascito, as, avi, atum, are, paître souvent.

Pascuum, i, pâturage, pâcage, pâtis, pâture, lieu où l'on fait paître les bestiaux ; *plur.* pascua.

Pascuus, a, um, de pâturage, où il y a des pâtures, qui est propre à nourrir.

Pascualis,

PAscualis, *le*, qu'on fait paître.
PAscuarium, *ii*, ce qu'on donne pour avoir droit d'envoyer ſes beſtiaux dans des pâtures.
PAscalis, *e, is*, qu'on fait paître, qu'on peut mener paître.
PAscendus, *a, um*, qu'il faut faire paître, qu'il faut nourrir.
PAscens, *tis*, paiſſant, qui paît ; 2°. qui donne la pâture, qui mene paître.

3. PAstura, *æ*, pâture, ce que l'animal paît ; 2°. le lieu où il paît.
PAstus, *ûs*, pâture des animaux; 2°. l'action de paître.
PAstio, *onis*, l'action de paître ou de faire paître.
PAstor, *oris*, berger, pâtre, paſteur.
PAstoralis, *le, is*, ou
PAstoritius, *a, um*, &
PAstorius, *a, um*, paſtoral, de berger.
PAstrix, *icis*, bergere.

BINOMES.

4. PAsto-Phori, *orum*, Prêtres Egyptiens qui portoient le manteau de Vénus ou le pavillon de ſon lit de repos.
PAsto-Phorium, *ii*, lit nuptial; 2°. porche d'un temple; 3°. les lieux où couchoient ceux qui étoient prépoſés à la garde d'un temple, qui le deſſervoient; 4°. tabernacle; 5°. réfectoire; 6°. loge de berger.

COMPOSÉS.

Com-Pasco, *is, pavi, paſtum, ſcere*, mener paître avec ou enſemble.
Com-Pascuus *ager*, communes, pâturages, pâcages, pâtures, champs où tous les habitans d'un lieu ont droit d'envoyer paître leurs beſtiaux.
De-Pasco, *is, pavi, paſtum, ſcere,* &
De-Pascor, *eris, paſtus ſum, ſci,* paître,

brouter, manger, conſumer; 2°. faire paître; 3°. miner.
De-Pastio, *onis*, l'action de brouter, de paître.
De-Pastus, *a, um*, part. de Depaſcor; brouté, mangé.
Per-Pasco, *perpavi, perpaſtum,* voyez *Paſco.*
Per-Pastus, *a, um*, part. de Perpaſco; bien nourri.
Dis-Pescuus, *a, um*, qu'on a retiré de la pâture, à qui on a ôté la mangeaille.
Dis-Pesco, *is, ui, ſcere*, ſéparer, diviſer, partager à divers endroits; 2°. ramener, retirer les troupeaux du pâturage.
Im-Pasfcor, *eris, paſtus ſum, ſci*, paître en ou dans.
Im-Pesco, *is, ere*, faire paître le blé en herbe; 2°. mener dans un gras pâturage.

PA, prononcé PHA.

De PA, prononcé PHA, les Grecs firent:
Anthropo-Phagus, *i*, qui mange les hommes.
Anthropo-Phagia, *æ*, uſage de chair humaine.

VI.
PAN, Pain.

1. PAnis, *is*, le pain, *mot-à-mot*, la nourriture par excellence; 2°. ulcere large & plein de puſtules.
PAniculus, *i*, petit pain.
PAniceus, *a, um*, de pain.
PAniceus, *cei*, boulanger.
PAnicium, *ii*, choſe dont on ſe ſert au lieu de pain.
PAni-Cœtaria, *æ*, boulangerie.
PAni-Fex, *icis*, boulanger, boulangere.
PAni-Fica, *æ*, boulangere.

PANI-Ficina, æ, boulangerie, lieu où l'on pétrit, fournis.

PANI-Ficium, ii, toute forte d'ouvrage de boulangerie ; 2°. boulangerie, métier de boulanger, art de faire du pain.

PANI-Ficus, i, boulanger.

PANeta, æ, boulanger, boulangere.

PANariolum, i, corbeille à mettre le pain ; 2°. pannetiere de berger.

PANarium, i, armoire au pain, huche, lieu où l'on ferre le pain ; 2°. pannetiere.

PAN-Agrarium, ii, corbillon à pain béni.

A-PAN-Agium, ii, apanage, ce qu'on donne aux cadets des grandes Maisons, en fonds de terre, de la fucceffion de leur pere.

2. PANicum, ici, panic, forte de graine femblable au millet.

PANus, i, efpéce de tumeur ; voyez *Panucellium*.

PANicula, æ, & PANiculus, i, efpéce de panache que produifent les rofeaux, le millet, les amandiers, les coudriers, &c. dans lequel eft renfermée une femence ; dimin. de *Panus*.

3. PASTillus, i, paftille à manger ; 2°. à brûler ; 3°. trochifque.

PAStillico, -are, former en maniere de paftille, de pillule.

PAStillefco, -ere, fe former en maniere de paftille.

4. PAN-Da, æ, la Déeffe de la Paix ; de *dare*, donner, & *pan*, pain : m.-à-m. qui fait profpérer la culture.

VII.

PAN, le Pere univerfel, le Pere de la Nature ; 2°. la Nature elle-même.

PAN, anos, Pan, Dieu des bergers, qui préfide au bétail ; 2°. l'uni-vers, tout ; *mot-à-mot*, le Pere de tous.

PANes, um, Pans, Dieux des campagnes.

PANifcus, ici, Sylvain, demi-Dieu des bois.

PANicus, a, um, qui caufe de l'étonnement, de la furprife, de l'épouvante ; 2°. une frayeur qui faifit tout le monde, une armée entiere ; terreur panique.

BINOMES.

PAN-Aca, æ, efpéce de grand vafe qui contient beaucoup d'eau.

PAN-Ax, cis,
PAN-Aces, cis, } panacée, ou remede à tous maux ; 2°. fel.
PAN-Acea, æ,

PAN-Agrum, i, filet propre à tout.

PAN-Athenæa, orum, fêtes de Minerve.

PAN-Athenaicon, i, onguent.

PAN-Athenaïcus, a, um, des fêtes de Minerve.

PAN-Chrus, i, opale, *pierre précieufe*.

PAN-Deletia, æ, avis importun.

PAN-Decta, arum, pandectes, livres de queftions de Droit.

PAN-Egyricus, i, panégyrique, difcours fait en public à la louange de quelqu'un.

PAN-Egyricus, a, um, fait, dit, prononcé, récité en public à la louange de.

PAN-Egyris, is, fête qui fe célébroit avec une foire & des jeux tous les cinq ans à Athènes ; 2°. éloge public, panégyrique.

PAN-Egyrifta, æ, qui célebre des jeux publics, qui fait des affemblées publiques ; 2°. panégyrifte.

PAN-Eros, otis, forte de pierre précieufe qui rend les femmes fécondes.

PAN-Olethria, æ, perte univerfelle, entiere deftruction, ruine totale.

PAN-Omphæus, a, um, qui eft loué de tous, à qui toutes les langues rendent graces, & dont elles chantent les louanges, à qui toutes les prieres s'adreffent, qui fait tout ce qui fe dit.

PAN-OPLIA, æ, armure de pied en cap, complette.

PAN-ORMUS, i, port qui peut recevoir toutes fortes de bâtimens.

PAN-SELENE, es, &

PAN-SELENUS, i, pleine lune.

PAN-SELENUS, a, um, né en pleine lune.

PAN-URGIA, æ, efpieglerie, tour d'adreffe, fineffe, fubtilité, fourberie, furprife, métier de factoton, d'intrigant, de matois.

DIS-DIA-PASON, double octave.

PAN-THEON, i, temple de tous les Dieux à Rome, aujourd'hui Sainte-Marie de la Rotonde.

PAN-THEr, eris, rêts, filets à prendre des oifeaux.

PAN-THERA, æ, Panthere, bête farouche.

PAN-THERinus, a, um, de panthere; 2°. changeant, variable.

Pantherinæ menfæ, tables marbrées, marquetées, tachetées de diverfes couleurs.

PAN-THERium, ii, dimin. de Panther.

PAN-THERfis, idis, voyez Leæna.

PAN-THERum, i, voyez Panther.

PANTO-MIMA, æ, Comédienne ou Actrice qui exprime les chofes par fes geftes en danfant.

PANTO-MIMus, i, pantomime, Acteur qui repréfentoit toutes chofes par fes geftes; 2°. poëme.

PANTO-MIMicus, a, um, qui concerne les Acteurs qui repréfentent par leurs geftes.

VIII.

PECU, bétail.

1. PECu, le bétail.

PECua, uum, troupeaux, beftiaux.

PECuaria, orum, troupeaux, bétail; 2°. Impôts fur le bétail.

PECus, oris, troupe u de bêtes, bétail; 2°. brebis; 3° toute forte d'animaux qu'on nourrit; 4°. fot, ftupide, animal, bête, nigaud.

PECus, udis, troupeau de bêtes, toute bête qui pait & qui fe laiffe conduire; 2°. ftupide, bête, animal.

PECora, um, voyez Pecus.

PECorarius, ii, qui a foin du bétail, des troupeaux; 2°. qui prend à ferme du bétail, des troupeaux; 3°. Fermier.

PECuarius, ii, pâtre, berger, bouvier; 2°. Fermier du pied fourché, qui a affermé l'impôt fur le bétail; 3°. celui qui fait des nourritures de beftiaux.

PECuarius, a, um, de bétail, de troupeaux.

PECuaria, æ, la maniere d'élever le bétail, lieu où on le nourrit.

PECorinus, a, um, qui concerne le bétail, les troupeaux.

PECorofus, a, um, abondant en bétail.

PECulinus, a, um, de bête, de bétail.

2. PECUNIA, æ, argent monnoyé; 2° la Déeffe des richeffes.

Les troupeaux forment une branche confidérable de richeffes: & la monnoie en avoit l'empreinte.

PECuniæ, arum, biens, richeffes, opulence.

PECuniarie, par argent, moyennant de l'argent.

PECuniaris, re, is, ou

PECuniarius, a, um, d'argent monnoyé, qui concerne l'argent, pécuniaire.

PECuniofus, a, um; ior, iffimus, pécunieux, qui a beaucoup d'argent, riche en argent.

3. PECulium, ii, pécule, ce qu'on a amaffé par fon épargne, ce qu'on a acquis par fes foins, argent mis en réferve, ce qui appartient en propre.

T 4 ij

PEculiaris, re, is, particulier, propre, spécial.

PEculiariter, d'une maniere propre & particuliere, particulierement, plus spécialement.

PEculiariùs, adv. plus particulierement, plus spécialement.

PEculiatus, a, um, qui a amassé par son épargne, qui a acquis du bien par ses soins.

4) PEculio, as, avi, atum, are, piller, excroquer; 2°. priver de ce qu'on a épargné.

PEculiosus, a, um, qui est riche de son épargne, qui a acquis du bien par ses soins.

PEculatus, ûs, péculat, vol des deniers publics, concussion, pillerie sur le public.

PEculatio, onis, voyez Peculatus.

PEculator, oris, voleur de deniers publics, ou qui pille le public, concussionnaire.

PEculatorius, a, um, qui concerne le pécule, le bien qu'on a acquis par ses soins.

PEculor, aris, atus sum, ari, voler, divertir les deniers publics, piller le public, faire des concussions.

COMPOSÉS.

DE-PEculator, oris, qui vole, qui pille, qui ôte par violence.

DE-PEculatus, ûs, volerie, pillerie.

DE PEculor, aris, atus sum, ari, voler, piller, dérober, extorquer.

EX-PEculiatus, a, um, part. de

EX-PEculio, as, avi, atum, are, dévaliser, détrousser, laisser sans argent.

IX.

PO, nom de Fruits.

POMum, i, toute espéce de fruit bon à manger; 2°. pomme, fruit par excellence.

POMus, i, arbre fruitier; 2°. pommier.

POMosus, a, um, abondant en fruits.

POMona, æ, Déesse des fruits, Pomone.

POMi-Fer, a, um, qui produit des fruits, des pommes.

POMarius, ii, fruitier, marchand de fruits.

POMarium, ii, fruiterie, verger, allée en arbres fruitiers.

X.

PUL-Pa, æ; PUL-Pamen, inis; PUL-PAmentum, i, Partie la plus charnue des animaux, la plus délicate; 2°. chair des fruits; 3°. mets délicats, ragoût.

PULposus, a, um, charnu, dont la chair est ferme & délicate.

PUL-Po, -are, crier comme les vautours.

PO, boire.

1.

1. POTo, as, avi, potus sum, atum, & potum, are, boire.

POTus, a, um, bu, bue; 2°. qui a bu.

POTus, ûs, boire, boisson.

POTio, onis, l'action de boire; 2°. breuvage, potion.

POTiuncula, æ, petite boisson.

POTor, oris, buveur, biberon.

POTorius, a, um, qui sert à boire.

POTrix, cis, buveuse, qui aime à boire.

POTua, æ, Déesse de la boisson.

POTulentus, a, um, qui a bien bu.

POTina, æ, Déesse de la boisson; 2°. fontaine.

POTiono, -are, faire prendre un breuvage.

POTionatus, a, um, empoisonné.

POTito, are, boire souvent.

POTatio, onis, l'action de boire.

POTator, oris, buveur, yvrogne.

POTatus, ûs, boisson.

Composés.

Ap-Potus, a, um, qui a fait la débauche.
Circum-Poto, -are, boire à la ronde.
Circum-Potatio, onis, l'action de boire à la ronde.
Com-Poto, -are, boire en compagnie.
Com-Potor, oris, compagnon de bouteille.
Com-Potrix, cis, celle qui boit avec une autre.
Com-Potatio, is, festin où plusieurs boivent & se réjouissent ensemble.
E-Poto, -are; Ex-Poto, -are, avaler, boire tout.
E-Potus, a, um, avalé, bu tout entier.
Per-Poto, -are, boire à toute outrance.
Per-Potator, oris, maître buveur, yvrogne.
Per-Potatio, onis, débauche en boisson.
Re-Potatio, onis, ronde bachique.
Re-Pota, orum, renouvellement de noces.

2.

Poculum, i, verre, gobelet, tasse, coupe; vase où l'on boit; 2°. boisson, le boire, ce qu'on boit, breuvage.
Pocillator, oris, échanson. V. Pincerna.
Pocillum, i, petit vase propre à boire.
Poculentus, a, um, qui est bon à boire, buvable, qu'on peut boire.

Composés.

A-Poculo, as, are, se mettre à boire, s'enivrer.
Sym-Pota, æ, camarade de bouteille.
Sym-Potria, æ, femme qui boit dans un festin.
Sym-Posiacus, a, um, qui concerne un festin.
Sym-Posi-Archa, æ, &
Sym-Posi-Archus, i, celui qui dans un festin étoit élu pour modérateur.
Sym-Posi-Astes, æ, celui qui donne un festin, un grand repas, qui régale.
Sym-Posium, ii, voyez Convivium.

3.

Popina, æ, taverne, cabaret, gargote.
Popinalis, le, is, de cabaret, de gargote.
Popinaria, æ, cabaretière, gargotière.
Popinarius, ii, cabaretier, gargotier.
Popinatio, onis, débauche au cabaret.
Popinator, oris, voyez Popinarius.
Popino, onis, un pilier de cabaret, de taverne.
Popinor, aris, atus sum, ari, fréquenter les cabarets, être toujours au cabaret, gargoter.
Proproma, atis, voyez Propinatio; 2°. le premier coup qu'on buvoit dans les repas, qui étoit une liqueur composée de miel écumé & de vin.
Posca, æ, piquette, boite, eau passée sur le marc du raisin; 2°. oxicrat.

É-PUL,
Repas.

E-Pulum, i, festin, grand repas, régal; 2°. repas public qu'on donnoit dans les sacrifices solemnels, dans les dédicaces, dans les réjouissances publiques, dans les pompes funèbres.
E-Pulæ, arum, festin, régal, grand repas; 2°. mangeaille, pâture, nourriture.
E-Pularium, ii, maison de traiteur; 2°. salle où l'on mange.
E-Pulatio, onis, bonne chere, action de manger.
E-Pularis, re, is, de festin, de grand repas, de régal, de table; 2°. convié.

E-Pulatus, a, um, part. d'*Epulor*.

E-Pulo, onis, qui traite, qui fait un festin, qui donne un grand repas; 2°. convié.

Epulones, num, ceux qui avoient soin des repas qui se faisoient, & qu'on offroit aux Dieux dans les sacrifices publics.

Epulor, aris, atus sum, ari, faire festin, faire grande chere, être d'un régal, être d'un festin, être d'un grand repas, se régaler.

Sim-Pulum, i, &

Sim-Puvium, ii, petit vase dont on se servoit aux libations.

Sim-Pularius, a, um, voyez *Poculentus* & *Esculentus*.

Sim-Pulones, num, les amis de l'époux, qui le suivent dans toutes les démarches qu'il fait dans un festin.

Sim-Pulatrix, icis, femme qui s'employoit à faire les expiations.

Sim-Plona, æ, bonne commere.

AUTRES DERIVÉS.

1. Popa, æ, celui qui vendoit, & qui égorgeoit les victimes ou qui les assommoit.

Popanum, i, sorte de gâteau large & mince dont on faisoit oblation.

2. Pop-Pysma, atis, &

Pop-Pysmus, i, maniere de flatter les chevaux de la voix & de la main; 2°. certain ton qu'on forme lorsqu'on veut caresser un cheval.

Popeana, æ, Popeanum, i, Poppæanum, i, fard inventé par Poppée, femme de Néron.

PU, Petit.

I.

1. Pubes, is, } jeunesse; 2°. poil
Pubis, is, } folet.

Puber, is; Pubes, eris, à qui le poil folet pousse; 2°. qui croit avec vigueur; 3°. mûr; 4°. cotonné.

Pubertas, atis, poil folet qui paroît à douze ou quatorze ans, âge de puberté.

Pubeo,-ere; Pubesco,-ere, commencer à avoir du poil, mûrir, avoir l'âge de puberté.

Im-Pubes & Im-Pubis, } qui n'a pas
Im-Pubescens, tis, } encore de poil au menton; 2°. qui n'a pas l'âge de puberté.

Re-Pubero, as, are, &

Re Pubesco, is, ere, rajeunir, redevenir jeune, rentrer dans l'âge de puberté; 2°. reprendre sa premiere vigueur.

Pupula, æ, } poupée; 2°. petite
Pupilla, æ, } fille; 3°. la prunelle de l'œil; *mot-à-mot*, la petite-fille de l'œil: de Pup, Petit, & de Ill, l'œil en Grec. Dans cette Langue & en Or. un même mot signifie également fille & prunelle.

Pupa, æ, Poupée, petite fille, orpheline.

Pupillus, i, un pupille, un mineur, un orphelin.

Pupus, i, poupon, enfant.

Pupulus, i, petit poupon.

Pupillaris, e, de mineur, d'orphelin.

3. Pusus, i, petit garçon.

Pusa, æ, petite fille.

Pusilla, æ, petite fillette.

Pusillus, a, um, petit, bas, lâche.

Pusill-Animis, e, qui a l'esprit bas.

Pusillùm, peu, gueres.

Pusio, onis, petit garçon.

Pusiola, æ, petite fille.

Per-Pusillùm, très-peu, le moins du monde.

4. Puppis, is, poupe de Navire, parce qu'on y plaçoit les statues

des Dieux de la navigation sous la forme de marmousets ou de poupées, appellés par cette raison les Dieux *Pataïques*.

5. A-Pua, æ, loche, anchois.
Gr. A-Phué, petit poisson.

6. Pulex, icis, Puce, *mot-à-mot*, petit insecte piquant.

Pulicetum, i, lieu plein de puces.
Pulicosus, a, um, plein de puces.

7. Poledrus, i, petit poulain.
Pullus, i, petit d'un animal.
Pullinus, a, um, de cavale, de poulain.
Pullities, ei; Pullatio, onis, couvée.
Pullesco, -ere, éclore.
Pulleïaceus, i; Pullicenus, i, poulet.
Pullarius, ii, les Prêtres qui avoient soin des poulets sacrés.
Pullarius, a, um, de poulet.
Pullastra, æ, poularde, poulette.
Pullulus, i, petit rejetton qui croit au pied d'un arbre.

8. Pullulo, -are,
Pullulasco, -ere, } pousser des rejettons, pulluler.
Pullulesco, -ere,
Re-Pullulo, -are; Re-Pullulasco, -ere, pousser de nouveaux rejettons, de nouvelles feuilles.

9. Pumilio, onis,
Pumilius, ii,   } nain, petit homme; de
Pumilo, onis,   } Mil, animal.
Pumilus, i,

Putilus; Petilus, petit, poupon, ragot.
Pap-ilio, onis, papillon, mot à mot, petit animal aîlé.

10. Pustula, æ,   } pustule, bouton, feu sauvage, & éruption de
Pusula, æ,   } pustule, mot à mot,
Pustulatio, -onis, } petite brûlure: de *pu*, petit, & *ustula*, brûlure.

Pustulosus; Pustulatus, qui est malade du feu sacré.
Pustulesco, -ere, se couvrir de pustules.

FAMILLES GRECQUES.

Pædia, æ, éducation, instruction de la jeunesse, 2°. jeu.
Pæd-Agium, ii, &
Pæd-Agogium, ii, appartement des enfans ou des pages, le lieu qui leur est propre.
Pæd-Agogus, i, Précepteur qui conduit les enfans.
Pæd-Eros, otis, cerfeuil, herbe; 2°. espéce d'amethyste, pierre précieuse.
Pro-Pædeumata, tum, ou
Pro-Pædia, orum, Rudimens des sciences, premieres connoissances qu'il faut acquérir.
Ana-Pœstus, i, pied de vers latins composé de deux brèves suivies d'une longue.
Ana-Pæstum, i, vers anapeste.
Ana-Pæsticus, a, um, d'anapeste.

PAL.

Palaca, æ; Pallaca, æ, &
Palace, es: Pallace, es, ou
Pellex, icis, concubine.
En Or. פלגש Pellegs.
Pellicatus, ûs, état de concubine.
Pellicor, -ari, commettre adultere.
Pallacia, æ; & Pallacium, ii, concubinage.
Ces mots tiennent au Grec,
Pallaké, jeune fille; 2°. concubine.
Pallax, jeune homme.

II.

PAU, petit, peu.

1.

Paucus, a, um, peu.

PAUCI, æ, a, peu, petit nombre, petite quantité.
PAUCIENS, &
PAUCIES, adv. peu souvent, rarement.
PAUCILLATIM, adv. voyez Paulatim.
PAUCI-LOQUIUM, ii, peu de paroles, peu de mots.
PAUCITAS, atis, le peu, le petit nombre, la petite quantité.
PAUCULI, æ, a, fort peu, un fort petit nombre, une très-petite quantité.
PER-PAUCI, æ, a, très-peu, une fort petite quantité, un très-petit nombre.
PER-PAUCULI, æ, a, extrêmement peu, un extrêmement petit nombre.
PAUXILLUS, a, um, très-petit, très-peu.
PAUXILLISPER, adv. &
PAUXILLATIM, adv. peu à peu, petit à petit.
PAUXILLULI, æ, a, très-peu, un fort petit nombre, une très-petite quantité.
PAUXILLULUM, adv. très-peu, si peu que rien, le moins du monde.
PAUXILLUM, adv. un peu, fort peu.
PER-PAUXILLUM, adv. voyez Per-Paululum.

2.

PAULUM, adv. un peu, quelque peu, guères.
PAULUS, a, um, peu.
PAULATIM, adv. peu à peu, petit à petit.
PAULISPER, un peu de tems, pour un peu de tems; un moment, pour un moment.
PAULO, adv. peu, un peu.
PAULULUM, adv. un peu, tant soit peu, très-peu.
PAULULUS, a, um, très-peu, très-petit.
PER-PAULULUM, &,
PER-PAULUM, adv. très-peu, extrêmement peu.

3.

PAUPER, eris, ior, rimus, pauvre, indigent, nécessiteux.

PAUPER-CULUS, a, um, fort pauvre, pauvre misérable, pauvre malheureux.
PAUPERIES, ei, pauvreté, indigence.
PAUPERO, as, avi, atum, are, appauvrir, rendre pauvre.
PAUPERATUS, a, um, rendu pauvre, appauvri.

III.
PARV, Petit.

1.

PARVUS, a, um, petit; 2°. bas.
PARVITAS, atis, petitesse.
PARVÉ, adv. un peu.
PARVO, pour peu de chose, de peu de chose, avec peu.
PARVULUM, adv. peu, un peu, fort peu.
PARVULUS, i, petit enfant.
PARVULUS, a, um, fort petit, dès l'enfance, dès le bas âge, étant encore tout petit.
PARVI, peu.
Parvi refert, il importe peu, il est de peu de conséquence.
PARVI, orum, les petits enfans.

2.

PARÙM, adv. peu, un peu.
PARUM-PER, adv. un peu, quelque tems, un peu de tems, pour un moment, un moment.
PER-PARÙM, adv. &
PER-PARVULUM, adv. fort peu.
PER-PARVULUS, a, um, extrêmement petit, de la derniere petitesse.
PER-PARVUS, a, um, très-petit.

PI,
Bon, pieux.

De PI, sein, se forma PIUS, bon; 2°. pieux; en Grec ΗΠΙΟΣ E-pios, doux, bienfaisant; & de-là:

1. PIUS, a, um, bon, doux, honnête; 2°. innocent, fait à bonne intention;

intention; 3°. pieux, qui a de la piété, dévôt, religieux, qui a du respect pour ses parens, qui a de la tendresse pour ses enfans.

Pietas, *atis*, piété, dévotion, amour de Dieu ; 2°. tendresse naturelle, amour filial.

Pietati-Cultrix, *icis*, religieuse envers ses parens.

Piè, *adv.* pieusement, avec piété ; 2°. dévotement, religieusement ; 3°. avec humanité, bonté, douceur.

Pio, *as*, *avi*, *atum*, *are*, expier, purifier ; 2°. avoir de la piété.

Piabilis, *m. f. le*, *n. is* qu'on peut expier.

Piandus, *a*, *um*, qu'on doit expier, purifier.

Piatio, *onis*, expiation.

Piator, *oris*, *trix*, *icis*, qui fait des expiations.

Piamen, *inis*,

Piamentum, *i*, &

2. Piaculum, *i*, sacrifice expiatoire ; 2°. victime pour l'expiation ; 3°. crime, faute qu'il faut expier.

Piaculus, *a*, *um*, &

Piacularis, *m. f. le*, *n. is*, expiatoire, qui sert à expier, d'expiation.

Piacularia sacrificia, sacrifices d'expiation.

Piaculo, *as*, *are*, expier.

Composés.

Ex-Piabilis, *le*, *is*, expiable, qu'on peut expier.

Ex-Piatio, *onis*, expiation, satisfaction pour une faute, réparation.

Ex Piator, *oris*, qui expie.

Ex-Piatus, *ûs*, voyez *Expiatio*.

Ex-Piatus, *a*, *um*, *part.* d'*Expio*.

In-Ex Piabilis, *m. f. le*, *n. is*, inexpiable, qu'on ne peut expier ; 2°. qu'on ne

peut appaiser, implacable, irréconciliable.

Négatifs.

Im-Pius, *a*, *um*, impie, scélérat, dénaturé, qui n'a aucun sentiment de Religion, qui n'a point de piété.

Im-Pio, *as*, *avi*, *atum*, *are*, souiller, tacher d'un crime.

Impiare se erga Deos, se rendre criminel envers les Dieux, les offenser.

Im-Piatio, *onis*, action qui souille, qui tache.

Im-Piatus, *a*, *um*, *partic.*

Im-Piè, *adv.* avec impiété, d'une manière impie.

Im-Pietas, *atis*, impiété, irréligion, dureté envers ses parens.

POSco,

Demander.

De P, sein, prononcé Po, se forma cette Famille.

Posco, *is*, *popofci*, *citum*, *scere*, demander.

Poscens, *tis*, demandant, qui demande.

Posci-Nummius, *a*, *um*, qui demande de l'argent.

Composés.

Ad-Posco, *is*, *popofci*, *scere*, demander avec instance, exiger, requérir, prétendre.

De-Posco, *is*, *popofci*, *poscitum*, *scere*, demander avec instances.

Ex-Posco, *is*, *popofci*, *poscitum*, *scere*, demander avec instance, prier instamment, conjurer.

Ex-Postulatio, *onis*, demande ; 2°. plainte, accusation.

Ex-Postulator, *oris*, qui demande ; 2°. qui fait une plainte.

Ex-Postulo, *as*, *avi*, *atum*, *are*, demander avec inftance, prier, preffer inftamment, conjurer; 2°. fe plaindre, faire des plaintes.

Re-Posco, *is*, *popofci*, *pofcitum*, *fcere*, redemander; 2°. exiger.

Ir Re-Poscibilis, *m. f. le, n. is*, qu'on ne peut redemander.

PAC, PAG,
Pointu.

D'Ac, pointu, fe forma la Famille Pac, Pag, Pang, Pec, Pic, Pinc, Puc, Punc, qui préfente diverfes nuances de cette idée, de tout objet pointu ou élevé en pointe; 2°. de tout objet planté par un bout; 3°. de tout objet fixe, inhérent, arrêté.

I. PAC,
Planter.

Pago, *pe-pigi, actum, ere*, ajufter, attacher, arrêter avec des chevilles.

Pagmentum, *i*, affemblage de diverfes membrures.

Pactus, *a, um*, planté, arrêté, *part*. de Pago & de Pango.

Paxillus, *i*, pieu, échalas; 2°. cheville, piquet.

Pango, *is, panxi, pegi, pactum, ere*, planter, ficher.

Pango, *is, pepigi, pactum, ere*, joindre, unir avec des chevilles, lier; 2°. faire un traité; 3°. publier, chanter.

Mots
Compofés de Pago, Pango, Pingo, &c.

Ante-Pagmenta, *orum*, chambranle.

Ap-Pingo, *is, egi, actum, ere*, attacher, fixer, joindre.

Com-Pingo, *is, -ere*, enchâffer, empaqueter, attacher enfemble.

Com-Pactus, *a, um*, ramaffé; 2°. lié, uni, enveloppé, relié.

Com-Pactura, *æ*; Com-Pactio, *onis*, affemblage, union.

Com-Pactilis, *e*, uni enfemble; 2°. ramaffé.

Com-Pago, *inis*; Com-Pages, *is*, enchaînement, liaifon.

De-Pango, *-ere*, enfoncer, planter.

Ex-Pango, *is, xi, ctum, ere*, placer, pofer en place.

Im-Pingo, *-ere*, heurter, jetter contre, appliquer.

Im-Pactio, *onis*, choc, rencontre.

Im-Pactor, *oris*, qui choque contre.

Im-Pages, *um*, piéces d'affemblage, qui tiennent par des tenons, des chevilles, des mortaifes.

Op-Pango, *-ere*, attacher contre; 2°. être pendu à.

Re-Pingo, *-ere*, planter une feconde fois, rattacher, ficher de nouveau.

Sup-Pingor, *eris, pactus fum, gi*, attacher par deffous, planter en deffous.

Pro-Pago, *inis*, ce qui eft joint, lié; 2°. race, lignée; 3°. provin de vigne.

Pro-Pago, *-are*, provigner; 2°. étendre, multiplier.

Pro-Pagator, *oris*, celui qui accroît les bornes.

Pro-Pagatio, *onis*, provignement, multiplication, accroiffement.

Re-Pango, *-ere*, replanter.

Re-Pagulum, *i*, barre, barriere.

Re-Pagula, *orum*, barres, ce qu'on plante devant les portes.

Re-Pages, *is*, verrouil, barre qu'on met derriere une porte.

II. PAC, devenu PUnG,
Piquer.

Pungo, *is, nxi, pupugi, nctum, ere*,

piquer, aiguillonner, percer.

Punctus, ûs, piquûre.

Puncta, æ, estocade, coup.

Punctim, de pointe, d'estoc.

Punctio, onis, piquûre, pointe.

Punctum, i, point, douleur aigue, piquûre, point, but, suffrage

Puncto, adv. en un instant.

Punctiuncula, æ, petite piquûre.

Inter-Punctio, onis, &

Inter Punctum, i, ponctuation, distinction, par le moyen des points.

Inter-Punctus, a, um, part. de

Inter-Pungo, is, nxi, nctum, gere, ponctuer, distinguer par points.

Bugones, um, des abeilles, des guêpes, mot-à-mot, mouches piquantes.

Pugio, onis, poignard, dague.

Pugiunculus, i, petit poignard.

Pugillares, ium, &

Pugillaria, orum, tablettes de cire; on y peignoit sa pensée avec un petit poinçon.

III. PAC, devenu PInG,
Broder, peindre.

Pingo, is, nxi, pictum, gere, fixer, attacher des traits sur la toile avec des instrumens pointus, piquer une broderie, une tapisserie; 2°. peindre, dessiner; 3°. farder, embellir.

Pigmentum, i, fard, couleurs pour peindre.

Pigmentatus, a, um, coloré, fardé.

Pigmentarius, ii, qui vend des couleurs; 2°. Parfumeur, qui vend du rouge, du fard.

Pigmentarius, a, um, qui concerne les couleurs ou le fard.

Pictor, oris, peintre.

Pictum, i, peinture.

Pictura, æ, l'art de peindre, tableau.

Pictus, a, um; Picturatus, a, um, peint; 2°. brodé; 3°. embelli, ajusté.

BINOMES.

Acu-Pingo, -ere, broder, peindre à l'aiguille.

Acu-Pictor, oris, Brodeur.

Acu-Pictile, is, broderie.

COMPOSÉS.

Ap-Pingo, -ere, peindre auprès; ajouter à ce qui est peint.

De-Pingo, -ere, dépeindre, décrire, caractériser.

De-Pictus, a, um, brodé, dépeint.

Ex-Pingo, -ere, dépeindre, exprimer par des couleurs.

Per-Pictus, a, um, peint de tous côtés.

IV. PAC, devenu PASS.

Pac, s'est prononcé en Grec par deux ss & par deux tt; on a dit, *Pago, Pégo, Passo, Pesso, Patto, Petto, Pégnumi*, planter, ficher.

De-là cette Famille:

1. Pessulus, i, verrouil, pêne.

Op-Pessulatus, a, um, part. de

Op-Pessulo, as, avi, atum, are, fermer au verrouil.

Ob-Pessulatus, a, um, verrouillé, fermé au verrouil.

2. Pastinum, i, houe, instrument dont on se sert pour bécher la terre, pour la remuer.

Pastinatio, onis, remuement de la terre avec la houe.

Pastinator, oris, qui houe la terre, qui la remue avec la houe.

PASTINATUM, i, morceau de terre labourée avec la houe.
PASTINATUS, ûs, voyez Paſtinatio.
PASTINO, as, avi, atum, are, remuer la terre avec la houe.
RE-PASTINATIO, onis, ſeconde façon qu'on donne à la vigne.
RE-PASTINO, as, avi, atum, are, biner, donner une ſeconde façon à la vigne.

3. PASTINACA, æ, &
PASTINAGO, inis, panais, racine; 2°. eſpéce de raie vénéneuſe.

4. PASSERNICES, cum, ſorte de pierre à aiguiſer.

V. PAC, devenu PYC, PUG.

1. PYGA, æ, les feſſes, à cauſe de leur ſurface élevée & proéminente.
DE-PYGIS, e, qui n'a point de feſſes, aucunes hanches qui relévent.

2. PYG-ARGUS, i, aigle à queue blanche; 2°. eſpéce de chevreuil; d'ARGUS, blanc, & PYG, queue.

3. PUGNUS, i, le poing, la poignée, mot-à-mot, main fermée; en Grec PYGMÉ; d'où:

4. PYGMÆUS, i, pigmée; c'eſt-à-dire, homme gros comme le poing.

5. PUGILLUS, i, } poignée, plein la
PUGILLUM, i, } main.
PUGILIARIS, e, gros comme le poing. Comme les premiers hommes ſe battirent à coups de poing, on dériva de PUGNUS divers mots déſignant les combats.

6. PUGIL, ilis; PYCTA, æ, athlète, qui ſe bat à coups de poing.
PUGILATIO, onis, }
PUGILATUS, ûs,   } pugilat, combat à coups
PYCTALE, is,   } de poing.

PYCTACIUM, ii, tablette pour écrire; 2°. ſommaire, abrégé; 3°. liſte, table.
PUGILLATORIUS, a, um, qu'on frappe à coups de poing.
PUGILITE, comme ceux qui ſe battent à coups de poing.
PUGILLO, -are; PUGILLOR, -ari, ſe battre à coups de poing.

7. PUGNA, æ, bataille, combat : ils ſe faiſoient d'abord avec le poing.
PUGNAX, acis; de PUG, poing, & de AC, pointe; mot à mot, âpre au combat, qui ſe bat avec ardeur; 2°. violent; 3°. oppoſé.
PUGNACITAS, atis, ardeur à combattre.
PUGNACITER, opiniâtrément, avec feu.
PUGNO, -are, ſe battre à coups de poing; 2°. combattre; 3°. débattre; 4°. prétendre; 5°. réſiſter.
PUGNITÙS, à coups de poing, avec le poing.
PUGNATORIUS, a, um, qui ſert à combattre; 2°. propre au combat.
PUGNATOR, oris, combattant.
PUGNACULUM, i, champ de bataille.

COMPOSÉS.

AD-PUGNO, -are, combattre auprès; 2°. attaquer.
COM-PUGNO, -are, ſe battre, ſe quereller enſemble.
DE-PUGNO, -are, combattre, ſe quereller.
DE-PUGNATIO, onis, combat.
EX-PUGNO, -are, s'emparer après le combat, ſe rendre maître; 2°. dompter, vaincre; 3°. extorquer, tirer de force.
EX-PUGNASSO, -ere, contraindre à ſe rendre, ſurmonter.
EX-PUGNATIO, onis, priſe d'aſſaut.
EX-PUGNABILIS, e, qu'on peut prendre de force.
IN-EX-PUGNABILIS, e, qu'on ne ſauroit prendre de force.
EX-PUGNATOR, oris; EX-PUGNATRIX, icis, conquérant, preneur de Villes.

Im-Pugno, -are, attaquer, insulter ; 2°. contrarier, improuver.
Im-Pugnator, oris, qui attaque.
Im-Pugnatio, onis, assaut, insulte.
Op-Pugno, -are, attaquer, assaillir.
Op-Pugnatio, onis, attaque, assaut.
Op-Pugnator, oris, agresseur.
Op-Pugnatorius, ii, qui sert à attaquer.
Per-Pugnax, cis, hargneux, querelleur, entêté.
Pro-Pugno, -are, combattre pour la défense, mourir en combattant.
Pro-Pugnator, is, défenseur; 2°. qui protége.
Pro-Pugnatio, onis, défense, protection.
Pro-Pugnaculum, i, forteresse, lieu fortifié ; 2°. défense.
Re-Pugno, -are, résister, être opposé, contredire.
Re-Pugnax, cis, contrariant.
Re-Pugnatorius, a, um, qu'on emploie pour se défendre, avec quoi l'on résiste, l'on repousse.
Re-Pugnatio, onis; Re-Pugnantia, æ, contrariété, résistance, répugnance.
Re-Pugnanter, à regret, contre sa volonté.

Composés de PUNGo.

Com-Pungo, -ere, piquer, aiguillonner ; 2°. tourmenter.
Com-Punctus, a, um, marqueté, moucheté, couvert de taches.
Com-Punctio, onis, point, douleur piquante ; 2°. componction.
Ex-Pungo, -ere, piquer ; 2°. rayer, effacer, biffer ; 3°. casser, réformer; 4°. interdire, bannir, chasser.
Re-Pungo, -ere, repiquer, rendre piquûre pour piquûre.
Inter-Pungo, -ere, ponctuer, distinguer par points.

VI. PAC, devenu PEC, Peigne.

Pecten, inis, herse de laboureur, rateau de jardinier; 2°. peigne à peigner ; 3°. peigne de cardeur, de tisserand ; 4°. archet d'instrument de musique.
Pectinarius, ii, faiseur de peignes.
Pectinatim, en forme de dents de peigne.
Pectinatus, a, um, peigné ; 2°. fait comme les dents d'un peigne.
Pectino, -are, passer le fauchet sur ; 2°. herser.
Pecto, is, pexi, xui, pexum, pectitum, ere, peigner, carder ; 2°. serancer ; 3°. herser.
Pexus, a, um, peigné.
Pexatus, a, um, qui porte une étoffe qui a été peignée, cardée.
Pexitas, atis, le long poil d'une étoffe qui n'a pas été tondue.

Composés.

De-Pecto, is, ere, peigner.
De-Pector, oris, débrouilleur, solliciteur.
De-Pexus, a, um, peigné, paré ; 2°. traîné par les cheveux ; 3°. étrillé; 4°. usé, qui montre la corde.
Im-Pexus, a, um, qui n'est point peigné.
Op-Pecto, -ere, peigner avec soin.
Op-Pexus, us, l'action de peigner avec soin.
Pro-Pexus, a, um, bien peigné.
Re-Pecto, -ere, mêler des cheveux, qui étoient bien peignés ; 2°. peigner de nouveau.

VII. PAC, devenu PIGN, gage.

1. Pignus, oris, ce qui est fixé, arrêté pour servir de témoignage, de nantissement; 2°. enjeu, gageure, ôtage.
Pignero, -are, mettre en gage, hypothéquer.
Pigneror, -ari, prendre en gage, s'assurer.

Pigneratus, a, um, mis en gage, hypothéquer; 2°. qui a pris en gage.

Pignerator, oris, qui prend en gage, Fripier.

Pignerarium, ii, boutique de Fripier.

Pigneratio, onis, l'action d'hypothéquer.

Pigneratitius, a, um, hypothéqué, mis en gage; 2°. engagiste, chez qui on a mis en gage.

Op-Pignero, -are, engager, mettre en gage.

Re-Pignero, -are, retirer des gages, dégager ce qu'on a mis en gage.

2. Pica, æ, Pie, oiseau au bec pointu.

Picus, i; Picumnus, i, Griffon, oiseau chimérique, au bec pointu & crochu; 2°. Pivert, autre oiseau au bec pointu.

VIII. PAG, habitation.

De Pac, fixe, stable, vint Pag, habitation fixe, stable, où on a planté piquet: de-là:

1. Pagus, i, village, hameau, canton; en Égyptien, Bak.

Pagulus, i, petit village.

Pagatim, par village.

Pag-Archus, Juge de village: du Grec Archó, commander.

Paganicus, a, um; Paganus, a, um, de villageois, ceux qui ne sont pas soldats.

Paganus, i, paysan, homme exempt de porter les armes.

Paganicum, ici, revenu de la campagne.

Paganalia, orum, Fêtes de village à l'honneur de Cérès & de la Terre.

2. Pagina, æ, élévation platte, page d'un livre; 2°. espace entre deux échalas.

Paginula, æ; Pagella, æ, petite page.

IX. PAC, PAX, arrêter.

1.

3. Paciscor, eris, pactus sum, sci, mot-à-mot, rendre stable, fixer.

Pactio, onis, Pactus, ûs, accord, traité.

Pacta, æ, accordée, fiancée.

Pactilis, e, qui est fait de plusieurs choses.

Pactitius, a, um, dont on est convenu, sous des conventions.

Pactor, oris, entremetteur, médiateur.

Pactum, i, accord, traité, condition.

2.

Pace, ablatif de Pax, cis, la paix. La paix est une chose arrêtée, fixée.

Per-Paco, -are, appaiser entierement; pacifier tout-à-fait.

Pacalis, e, de paix.

Pacatè, paisiblement.

Pacator, oris, pacificateur.

Paco, -are, pacifier, calmer.

Pacio, is, ere, faire la paix.

BINOMES.

Paci-Fer, a, um, qui apporte la paix.

Paci-Fico, -are; Paci-Ficor, -ari, faire la paix: de Facio.

Paci-Ficus, a, um, paisible, qui aime la paix.

Paci-Ficator, oris, qui procure la paix.

Paci-Ficatio, onis, accord, traité de paix.

Paci-Ficatorius, a, um, qui concerne la paix.

Paci-Ficè, en paix, avec amitié.

Im-Pacatus, a, um, qui n'est point appaisé; 2°. qui ne peut rester en paix.

X. A-PEX,
Pointe.

A-Pex, Picis, pointe, cîme, sommet; 2°. crête des oiseaux; 3°. houpe qui est au haut des bonnets, les bonnets mêmes; 4°. le plus haut degré de perfection; 5°. accent qui marque la syllabe la plus élevée d'un mot.

A-Piculum, i; A-Piculus, i, c'est le diminutif de Apex.

A-Picatus, a, um, qui a une houpe, une crête, une pointe élevée.

A-Pixaho, is, boudin, saucisse, ainsi appellés de ce qu'ils sont faits en pointe.

DÉRIVÉS GRECS.

Para-Pechia, æ, habit de femme; 2°. habit qui avoit des bandes de pourpre de chaque côté.

Para-Pegma, atis, affiche, placard; 2°. instrument astronomique servant à connoître le lever & le coucher des astres; 3°. table d'airain qu'on affichoit en lieu public, sur laquelle on avoit gravé la figure du ciel, le lever & le coucher des astres; & marqué les saisons de l'année.

XI. PIX,
Poix.

Pix, Picis, de la poix, ainsi nommée de ce qu'elle s'attache.

Piceus, a, um; Picinus, a, um, de poix.
Pico, -are, enduire de poix.
Picatus, a, um, poissé.
Picaria, æ, lieu d'où l'on tire de la poix.
Picea, æ, l'arbre d'où découle la poix.
Piceariæ, arum, impôts qu'on levoit sur la poix.
Pic-aster, tri, pin d'où découle la poix.
Im-Pico, -are, enduire de poix, poisser.
Op-Pico, -are, brayer, enduire de poix.
Op-Picator, oris, calfateur, qui poisse, qui enduit de poix.
Op-Picatio, onis, l'action de poisser.

BINOMES GRECS.

Piss-Asphaltus, i, poix mêlée avec du bitume.
Piss-Elæon, i, huile de poix.
Pisso-Ceron, i, composé de gomme & de cire, dont les abeilles font une incrustation au dedans de leur ruche.

PIX, amer.
1°. Au sens propre.

Picridia, æ, ou Picridium, ii, & Picris, idis, sorte de chicorée sauvage.

Picro-Cholus, a, um, qui est fort bilieux, plein de bile amere.

2°. Au sens figuré.

Peccamen, inis,
Peccatum, i, &
Peccatus, ûs, péché, faute contre son devoir.

Pecco, as, avi, atum, are, pécher, faire une faute, manquer à son devoir.
Peccator, oris, pécheur.
Peccatrix, icis, pécheresse.
Im-Peccabilis, m. f. le, n. is, impeccable, qui ne fait jamais de faute, qui ne peut manquer, qui ne pêche point, qui est incapable de faillir.
Im-Peccantia, æ, impeccabilité.

XII. PIG, paresseux.

Piger, a, um, qui reste fixe, planté, qui s'arrête, paresseux, tardif; 2°. qui rend paresseux, qui dure long-tems; en Hébreu Pigger, languir, être las: Peger, un corps mort, sans vigueur.

Pigro, -are,
Pigror, -ari, être fainéant, nonchalant.
Pigritor, -ari,

PIGRESCO, -ere, devenir lent ou paresseux.
PIGREDO, inis,
PIGRITIA, æ, } paresse, lenteur.
PIGRITIES, ei,
PIGRÈ, iùs, gerrimè, lâchement, froidement.
IM-PIGER, a, um, alerte, qui n'est point paresseux.
IM-PIGRITAS, atis ; IM-PIGRITIA, æ., diligence.
IM-PIGRÈ, soigneusement, sans paresse.
RE-PIGRATUS, a, um, rendu paresseux.
E-PIGRI, orum, des chevilles, des cloux, tout instrument propre à ficher.

XIII. PING, lent, gras.

PINGUIS, e, lourd, pesant, lent, qui ne peut presque se remuer, qui reste fixé & comme planté à cause de son embonpoint ; 2°. excessivement gras, replet, qui ne peut se mouvoir tant il est pesant ; 3°. fécond, onctueux ; 4°. grossier.

PINGUIARIUS, ii, marchand de graisse, de suif.
PINGUE, is,
PINGUEDO, inis, } graisse : on dit aussi,
PINGUITUDO, is, PINGUITIES, iei.
PINGUE-FIO, -ieri ; PINGUESCO, -ere, s'engraisser, devenir gras.
PINGUE-FACIO, -ere, engraisser.
PINGUIARIUS, a, um, qui aime la graisse.
PINGUEDINEUS, a, um, graisseux.
PINGUITER, grassement ; 2°. grossiérement.
IM-PINGUO, -are, engraisser.
PRÆ-PINGUIS, e, fort gras.
SUB-PINGUIS, e, grasset, un peu gras.

XIV. PIG, PEC, s'arrêter.

PIGEO, -ere,   s'arrêter,
PIGET, guit, gitum est, ere, } se fixer sur le passé, en être fâché, chagrin, repentant.
PIGENDUS, a, um, dont on doit avoir regret.
PECTUS, oris, mot-à-mot, surface élevée, la poitrine, le sein, la gorge, l'estomac ; & au figuré, esprit, affection, courage.
PECTUSCULUM, i, diminutif.
PECTOROSUS, a, um, ior, issimus, qui a une poitrine fort large.
PECTORALIS, e, de la poitrine, pectoral.
PECTORALE, is, cuirasse, armure, habillement de la poitrine, poitral.
EX-PECTORO, -are, ôter de sa poitrine ; & au figuré, chasser de l'esprit, oublier.

PES,
Pied.

I.

PES, PEDIS, pied, de la même famille que PATTE ; c'est une Onomatopée, imitation du bruit qu'on fait en marchant, & qui forma également le François VA ; le Gr. BAO & BADÓ, & le Latin VADO. Les Grecs, au lieu de PES, pedis, prononcerent POUS, PODOS : les Peuples Theutons, FOT, FUSS, FOOT.

Les Orientaux dirent aussi בוא, BOA, BA, aller ; & פסע פשע, PHASO, PHASHO, marcher, traverser ; פזז, PHAZZ, être ferme sur ses pieds, raffermir, rassurer : ח-פז, c'HEPHAZ, se hâter, se dépêcher. Tous mots qui viennent de PA, PAS, PAT, PED, pied, & dont on faisoit venir au contraire celui-ci contre

contre toute raison, dans un tems où l'on n'avoit nuls principes sur l'étymologie.

1.

1. PES, PEDis, 1°. pied; 2°. queue des fruits; 3°. pied, *mesure*; 4°. pou, *vermine à plusieurs pieds*; 5°. tige; 6°. laquais.

PEDa, æ, pas, empreinte du pied, piste.
PEDalis, e; PEDaneus, a, um, d'un pied, qui a un pied de dimension.
PEDarius, ii, Chevalier Romain, qui n'opinoit qu'en se plaçant vers celui dont il adoptoit l'avis; c'étoit opiner du pied.
PEDatim, pas à pas.
PEDatura, æ, mesure par pas, l'espace de tant de pas.
PEDatus, ûs, fois, certaine mesure.
PEDema, tis, danse Lacédémonienne.
PED.-MONTanus, a, um, qui habite le pied des montagnes.
PEDe-PRESSim, à petits pas.

2.

PEDes, itis, qui va à pied, fantassin; 2°. pion aux échecs.
PEDester, tris, homme de pied, piéton.
PEDestris, e, qui concerne les gens de pied; 2°. qui est sur ses pieds.
PEDetentim, petit à petit, à petits pas.
PEDica, æ, mot-à-mot ce qui arrête les pieds, ce qui prend par les pieds, lacet, filet.
PEDianus, i, pièce de bois qui sert d'arbre de pressoir.

3.

PEDitatus, ûs, infanterie.
PEDo, onis, qui a de grands pieds, pied-plat.

SUB-PEDaneum, i, SUBTER-PEDaneum, ei, marche-pied, estrade.
PRO-PUS, podis, qui a de grands pieds.

4.

PEDes, um, poux.
PEDicosus; PEDiculosus, a, um, pouilleux.
PEDicularis, e; PEDicularius, a, um, qui concerne les poux.
PEDiculus, i, petit pied, queue des fruits; 2°. poux.

5.

2. PEDulis, e, qui sert à envelopper les pieds.
PEDule, is; PEDulis, is, chausson; marche-pied.
PEDulla, æ, chaussure.
PEDI-SEQuus, i; PEDI-SEQua, æ, valet de pied, femme de chambre; de *Sequor*.
PEDiolus, i, ou PETiolus, i, petit pied, queue des fruits.
PETasio, onis; PETaso, onis, jambon.
PETasunculus, i, petit jambon.

6. PÆT, mobile, louche.

De PA, aller, se mouvoir, se formèrent ces mots:

PÆTus, a, um, &
PÆTulus, a, um, qui a les yeux trop mobiles; 2°. qui par conséquent louche, regarde trop de côté; 3°. qui a un œil plus petit que l'autre.
SUB-PÆTulus, a, um, tant soit peu louche.

BINOMES.

ANTE-PEDES, um, honneur fait à ses amis, en marchant en cérémonie devant eux; 2°. ceux qui faisoient cet honneur à leurs amis; 3°. estafiers, valets de pieds qui marchent devant.

ANTI-PODes, um, ceux qui ont les pieds opposés aux nôtres, ceux qui habitent les points diamétralement opposés d'un méridien.

Auscari-PEDa, æ, sorte de vermisseau qui a plusieurs pieds; chenille.

BI-PEDis, e, qui a deux pieds; de BI-PES.

BI-PEDaneus; BI-PEDalis; & BI-PEDanus, qui a deux pieds.

CIRCUM-PEDes, um, valets de pied, estafiers.

CENTI-PEDa, æ, chenille; 2°. tout insecte à beaucoup de pieds.

CENTI-PES Piscis, scolopendre.

DECEM-PEDa, æ, perche de dix pieds, pour arpenter.

DECEM-PEDator, oris, Arpenteur.

HEXA-PEDa, æ, toise, mesure de six pieds.

LEVI-PES, PEDis, qui a le pied léger; 2°. qui va vite.

LONGI-PES, dis, qui a les pieds longs.

ÆRI-PES, dis, qui a les pieds de bronze; 2°. infatigable.

AERI-PES, dis, léger comme le vent, qui semble voler en l'air.

LORI-PES, dis, qui a les pieds tortus.

MULTI-PEDa, æ, cloporte, chenille.

MULTI-PES, dis, qui a plusieurs pieds.

SE-PEDes, um, insectes à six pieds.

TRI-PES, dis, qui a trois pieds.

TRI-PEDalis; TRI-PEDaneus, qui a trois pieds de dimension.

TRI-PUS, Podis, trépied, ce qui est soutenu sur trois pieds. 2°. Oracle d'Apollon, à cause du trépied de la Prêtresse.

TRI-PUDium, ii, danse, trépignement.

TRI-PUDio, -are, danser, trépigner.

SEPTEM-PEDalis, m. f. le, n. is, de sept pieds de dimension.

SEMI-PES, dis, demi-pied.

SEMI-PEDalis, e; —daneus, a, um, d'un demi-pied.

Autres Dérivés.

PO-MŒRium, ii, espace en dedans & en dehors des murs d'une ville, & dans lequel il n'étoit pas permis de bâtir. Les Etymologistes n'avoient pu trouver la vraie origine de ce mot; il est composé de POD, pied, & de MŒRium, mur, mot-à-mot, espace aux pieds d'un rempart.

PROSI-MURium, ii, espace où les Romains sacroient leurs Pontifes : ce mot paroît être une altération du précédent.

Composés.

COM-PEDes, um, & au singulier COM-PES, entraves, chaînes qu'on met aux pieds; 2°. ornement que les femmes portoient aux pieds; 3°. menottes; 4°. chausse-trapes.

COM-PEDio, -ire, empêtrer, mettre les fers aux pieds.

COM-PEDitus, a, um, enchaîné par les pieds, emPETré.

EX-PEDio, -ire, dépêtrer, dégager ses pieds; 2°. ôter d'embarras; 3°. achever, expédier; 3°. expliquer, exposer, étaler; 4°. apprêter, préparer.

EX-PEDité, sans embarras; 2°. au plutôt; 3°. nettement.

EX-PEDitio, onis, entreprise, campagne militaire; 2°. dénouement.

EX-PEDitionalis, e, d'expédition.

INDU-PEDio, -ire; IM-PEDio, -ire, empêcher, embarrasser les pieds, empêcher de marcher, mettre obstacle, empêchement.

IM-PEDitor, oris, qui met à quelqu'un des embarras entre les pieds pour empêcher de marcher, qui met obstacle.

IM-PEDitio, onis; IM-PEDimentum, i, obstacle, empêchement.

IM-PEDimenta, orum, bagages, équipages d'une armée.

IN-EX-PEDitus, a, um, brouillé, embarraffé.

INTER-PEDio, -ire, embarraffer, jetter quelque chofe entre les pieds.

INTER-PEDO, -are, faire caracoler un cheval, le tenir bien dans les talons ou avec les pieds.

PRÆ-PEDimentum, i, empêchement.

PRÆ-PEDio, -ire, empêcher, embarraffer.

PRO-PES, dis; PRO-PEDES, um, gros cordages qui fervent à la manœuvre de la grande voile, de la mifaine, & de la voile de beaupré.

RE-PEDO, -are, retourner fur fes pas, reprendre le chemin par où l'on eft venu.

RE-PEDandus, a, um, qui doit retourner fur fes pas.

I J.

PET, pourfuivre, rechercher.

PETO, is, ii, ivi, itum, ere, 1°. aller, fe transporter; 2°. rechercher, pourfuivre; 3°. briguer; 4°. attaquer, frapper; 5°. tirer, prendre; 6°. demander.

PETefco, -ere; PETeffo, -ere, demander avec inftance, avec ardeur.

PETitio, onis, ⎫ demande, l'action de demander; 2°. brigue; 3°.
PETitum, i, ⎬
PETitius, ûs, ⎭ botte, l'action de porter un coup.

PETitor, oris; PETitrix, çis, demandeur, demandereffe.

BINOMES.

COM-PITus, i, ⎫ carrefour, avenue,
COM-PITum, i, ⎭ place où aboutiffent plufieurs chemins: de CUM, avec & PETO, aller; mot-à-mot, l'endroit où plufieurs chemins fe rencontrent.

COM-PITalis, e, is; COM-PITalitius, a, um, de carrefour.

COM-PITalia, orum; COM-PITalitia, orum, Fêtes à l'honneur des Dieux des carrefours.

COMPOSÉS.

AP-PETO, is, ii, ivi, itum, ere, defirer fort, aimer beaucoup, demander avec empreffement; 2°. afpirer, prétendre à approcher, s'avancer.

AP-PETitus, ûs, ⎫ defir, envie, empreffement, appétit, envie
AP-PETitio, onis, ⎬ de manger, cupidité,
AP-PETentia, æ, ⎭ convoitife.

AP-PETibilis, e, defirable, fouhaitable.

AP-PETenter, avec empreffement.

COM-PETO, -ere, demander en même-tems, en concurrence; 2°. convenir, fe rapporter; 3°. échoir, arriver.

COM-PETens, tis, légitime, qui a droit de.

COM-PETenter, médiocrement, fuffifamment, proportionnément, très-bien.

COM-PETentia, æ, convenance, bonne manière, proportion, jufteffe.

COM-PETitor, oris; COM-PETitrix, icis, rival, concurrent, qui brigue la même chofe.

EX-PETO, -ere, defirer, rechercher, demander inftamment.

EX-PETeffo, is, ere; EX-PETifco, is, fcere, defirer ardemment, fouhaiter, demander avec inftances.

EX-PETibilis, e, defirable, fouhaitable.

IM-PETO, -ere, attaquer, affaillir.

IM-PETus, ûs, violence, demande véhémente, emportement; 2°. choc, attaque.

IM-PETuofus, a, um, violent, turbulent.

IM-PETuosè; IM-PETé, violemment, impétucufement.

IM-PETibilis, e, qu'on ne fauroit demander, honteux; infupportable; qu'on attaque en vain.

IM-PETRO, -are,
IM-PETRIO, -are, } obtenir ce qu'on a demandé.
IM-PETRASSO, -ere,

IM-PETRabilis, e, qu'on peut demander, qu'on obtiendra aisément.

IM-PETRatus, a, um; IM-PETRitus, a, um; chose demandée & obtenue.

IM-PETRitum, i, sorte de sacrifice dans la vue d'obtenir ce qu'on demande.

IM-PETRatio, onis, obtention, impétration.

IM-PETRatorius, a, um, qui sert à obtenir.

SUB-IM-PETRandus, a, um, qu'il faut tâcher d'obtenir.

OP-PETO, -ere, s'offrir à, rechercher, demander, s'exposer à, aller au-devant; 2°. mourir, souhaiter la mort.

PER-PETO, -ere, demander continuellement.

PRÆ-PETO, -ere, devancer, aller au-devant.

PRO-PITIO, -are, demander pour quelqu'un, lui être favorable, présenter une requête pour lui, le faire réussir.

PRO-PITIabilis, e; PRO-PITius, a, um, qui demande pour quelqu'un, qui aime à rendre service, favorable, facile, indulgent.

PRO-PITIatorius, a, um, qui sert à rendre favorable, ou propice, à nous faire obtenir, à engager quelqu'un à solliciter ou intercéder pour nous.

PRO-PITIatio, onis, sacrifice propitiatoire, offert pour se rendre le Ciel propice.

PRO-PITIator, oris, qui rend favorable ou propice, qui engage quelqu'un à solliciter pour nous.

PRO-PITIatorium, ii, la couverture de l'arche de l'alliance, qui expioit les péchés, type de Christ.

RE-PETO, -ere, redemander, reprendre, retourner, redire.

RE-PETentia, æ; RE-PETitio, onis, répétition, redite; 2°. l'action de redemander, de se ressouvenir.

RE-PETendus, a, um, qu'il faut redemander.

RE-PETundæ, arum, concussion, péculat, ce qu'on redemande à un Magistrat qui a pillé le peuple; ce qu'il lui faut redemander.

RE-PETitor, oris, qui redemande; 2°. qui enseigne.

SUP-PETO, -ere, demander en cachette, à fausses enseignes; demander ce qui n'est pas dû; fournir, suffire, être suffisant.

SUP-PETit, c'en est assez, il suffit.

SUP-PETior, -ari, secourir, aller à l'aide.

SUP-PETiæ, arum, aide, secours.

SUP-PEDito, -are; -tor, ari, mettre, étendre sous les pieds; 2°. fournir, être suffisant.

SUB-PEDitatio, onis, subvention.

PER-PET.

PER-PETO, -ere, demander continuellement, instamment.

PER-PETUO, -are, perpétuer, continuer sans relâche.

PER-PETUUS, a, um, perpétuel, continuel, sans interruption.

PER-PETUalis, e, &
PER-PETUarius, a, um, perpétuel.

PER-PETUitas, atis, continuité; 2°. perpétuité, durée perpétuelle.

PER-PETim; PER-PETuo; PER-PETuùm, perpétuellement, sans relâche, toujours.

COM-PER-PETUUS, a, um, co-éternel.

IM-PER-PETUus, a, um, qui n'est pas perpétuel, qui ne dure pas toujours.

FAMILLES GRECQUES.

1. PODema, atis, chaussure.

PODeris, is, robe longue qui descend jusqu'aux pieds.

POD-Ager, gra, grum, qui a la goutte

aux pieds, podagre : de *pod*, pied, & *æger*, malade.

POD-AGRO*sus*, *a*, *um*, &
POD-AGR*icus*, *a*, *um*, goutteux.

2. POLY-PUS, *podis*, polype, animal à plufieurs pieds ; 2°. excroiffance de chair ; 3°. fat, efcroc.

POLY-PO*sus*, *a*, *um*, polypeux.
POLY-PO*dium*, *ii*, plante à plufieurs tiges, polypode.
A-PUS, *odis*, oifeau fans pieds.
CALO-PO*dium*, *ii*, fabot ; 2°. forme à foulier.

3. PIST*is*, *is*, foi, fidélité.

PIST*icus*, *a*, *um*, loyal, qui n'eft pas altéré, ou falfifié ; voyez FIDES, col. 652.
A-PITH*ia*, *æ*, incrédulité, opiniâtreté : de PED, pied, inébranlable.

4. PYTT*Acium*, *ii*, chauffure fort ancienne.
ANTA-PO*dofis*, *is*, figure de Rhétorique, quand le milieu répond au commencement & à la fin.

FAMILLE ORIENTALE.

PASCH*a*, *æ*, &
PASCH*a*, *atis*, paffage, l'action de paffer ; 2°. paffage de l'Ange exterminateur des premiers-nés d'Egypte ; 3°. Pâque, le tems auquel les Juifs célébroient la mémoire de ce paffage de l'Ange, fans avoir tué leurs premiers-nés ; 4°. folemnité de la Pâque, l'immolation de l'Agneau, la Pâque, ou l'Agneau qu'on immoloit, l'Agneau Pafchal ; 5°. Pâque, Fête de la Réfurrection de N. S. J. C.

PASCH*alis*, *m. f. le*, *n. is*, pafchal, de Pâque.
PHASE, *es*, paffage.

III.
PAT, étendu.

1.

PAT*eo*, *ui*, *ere*, être étendu, être ouvert ; 2°. s'étendre ; 3°. être clair, découvert, fçu, publié ; 4°. être expofé, être fujet à.

PAT*et*, *uit*, *ere*, il eft clair, conftant, évident ; on fçait, on voit.

PAT*efco*, *ere*, s'ouvrir, fe découvrir, commencer à paroître.

PAT*ens*, *tis*, étendu, large, ouvert, expofé.

PAT*enter*, plus ouvertement, plus clairement.

PAT*entes*, *ium*, Lettres-Patentes qu'on montre, qu'on développe.

BINOMES.

PATE-FAC*io*, *eci*, *actum*, *ere*, faire paroître, manifefter, découvrir.

PATE-F*io*, *actus fum*, *ieri*, être découvert, être ouvert.

PATE-FACT*io*, *onis*, manifeftation, déclaration, action de découvrir, ouverture.

2.

PATUL*ico*, *as*, *are*, voyez PATEO.

PATULC*ius*, *ii*, furnom de Janus, lorfque fon Temple étoit ouvert pendant la guerre.

PATUL*us*, *a*, *um*, large, étendu ; 2°. touffu, épais ; 3°. ouvert.

COMPOSÉS.

INTER-PAT*eo*, *es*, *tui*, *ere*, être entr'ouvert, s'entr'ouvrir.

PERI-PATET*ici*, *orum*, les Péripatéticiens, les Sectateurs d'Ariftote, qui philofophoient en fe promenant.

PERI-PAT*us*, *i*, promenade, l'action de fe promener ; lieu où l'on fe promene ; difpute philofophique en fe promenant ;

promenade où Aristote enseignoit en se promenant.

Ex-Pato, *as*, *are*, se montrer en public.

3.

1. Petra, *æ*, pierre, roche, rocher, 2°. rocaille.

Petri-Cosus, *a*, *um*, voyez Petrosus; 2°. difficile, embarrassant, rude.

Petrosus, *a*, *um*, pierreux, plein de pierres, couvert de rochers.

Petr-Olæum, *ii*, bitume liquide qui coule de quelques rochers.

Petro-Selinum, *ii*, ache, persil sauvage; *herbes*.

Petro, *onis*, belier; 2°. paysan.

2. Petteumata, *um*, dez à jouer; c'est un mot Gr. formé de Pettos ou Pessos, caillou qui sert à jouer, jetton, dez.

Ce mot appartient à la Famille Petra, pierre.

4.

1. Petalium, *ii*, pommade faite de feuilles de nard, *mot-à-mot*, qui s'étend.

2. Petasites, *æ*, la grande bardane, *plante*.

3. Peri-Petasma, *atis*, tapisserie.

Peri-Peteia, *æ*, ou

Peri-Petia, *æ*, changement de fortune, variétés d'accidens, renversement d'état.

4. Patagium, *ii*, sorte d'ornement dont les Dames Romaines paroient leurs habits, bande d'étoffe chargée de têtes de clous d'or, qui faisoit le tour du col de l'habit, & dont les bouts pendoient sur l'estomac.

Patagiarius, *ii*, celui qui faisoit ou vendoit certains ornemens que portoient les Dames Romaines, appellés Patagium.

Patagiatus, *a*, *um*, qui est orné de ces sortes de parures.

Patagus, *i*, maladie qui laisse des taches sur le corps.

IV.

PAS, PAD, PAND,

Etendre.

1.

De Pad, large, plat, étendu, vint en se nasalant.

Pando, *is*, *pansum* & *passum*, *dere*, tendre, bander; 2°. étendre, déployer, ouvrir; 3°. découvrir, faire savoir.

Pando, *-are*, bander une chose jusqu'à ce qu'elle plie, la courber, la faire plier.

Pandor, *-ari*, s'affaisser, plier sous le faix.

Pandus, *a*, *um*, bandé, courbé, plié, enfoncé.

Pandatio, *onis*, courbure, courbement qui vient à force d'être tendu, bandé.

Pandiculor, *-ari*, s'étendre, s'allonger par lassitude, par envie de dormir.

Pandiculatio, *onis*, l'action de s'étendre, de s'allonger.

Pandicularis, *e*, qui s'étend, qui s'allonge; 2°. sacrifice qui s'étend à tous les Dieux.

Composés.

Dis-Pando, *-ere*, déployer, étaler, étendre.

Ex-Pando, *-ere*, étendre, déplier, épanouir.

Ex-Panditor, *-oris*, qui s'étend, qui se répand.

Præ-Pando, *-ere*, étendre au-devant.

Pro-Pandens, *tis*, qui est fort étendu; très-étalé.

Pro-Pansus, *a*, *um*, tendu au-devant, étendu devant.

Re-Pando, -ere, recourber, bander de nouveau, étendre, déployer, ouvrir de nouveau.

Re-Pandus, a, um, recourbé, cambré.

Re-Pandi-rostrus, a, um, qui a le bec recourbé.

2.

Pansa, æ, qui a les pieds étendus, larges.

Pantex, icis, ventre tendu, gros ventre, panse.

Pantices, cum, ventre, intestins.

3.

1. Passus, a, um, étendu, tendu.

Passæ, arum, raisins étendus au soleil qui les cuit; d'où Passerilles.

Passum, i, vin fait de raisins cuits au soleil.

2. Passus, ûs, pas, marche; faire un pas, c'est s'étendre en avant.

3. Passer, eris, sorte de poisson plat.

4. Passim, çà & là, de côté & d'autre, pêle-mêle, en désordre.

PES,

Tomber, mourir.

De Pass, marcher, les Grecs firent Peseo, tomber, mourir: E-Peson, je suis tombé: Pesos, cadavre: d'où cette Famille.

Pestis, is, peste, contagion, maladie, poison, mort; 2°. mal, malheur, rage, folie, furie, malice, vengeance.

Pestilens, tis, pestilent, pestilentiel, qui cause la peste, contagieux; 2°. mortel.

Pestilentia, æ, pestilence, peste, maladie contagieuse.

Pestilis, m. f. le, n. is, nuisible, pernicieux.

Pestilitas, atis, voyez Pestis.

Pestibilis, m. f. le, n. capable de donner la peste.

BINOMES.

Pesti-Ferus, a, um, &

Pesti-Fer, a, um, pestilentiel, qui cause la peste; 2°. pernicieux.

Pesti-Ferè, adv. pernicieusement.

Pesti-Nuntius, ii, qui annonce la peste, qui présage la peste.

3.

De Pat, étendu, dévelopé, se forma Pet, vol, action de déployer les aîles.

En Grec, Petomai, Petao, Ptaó, voler, de-là:

Petaminarius, ii; Petaurus, i, &

Petaur-Ista, æ; Petaur-Istarius, ii, voltigeur, danseur de corde.

Petaurum, i, machine pour les vols de théâtre; 2°. corde de voltigeur.

Præ-Pes, Petis, qui vole avec vitesse, fort vite & fort haut.

Pteroma, atis, aîle d'un Temple.

Pteron, i, masse d'un édifice plus grande qu'à l'ordinaire.

Pterotus, a, um, qui a des aîles, aîlé.

Pterygiæ, arum, nageoires de poissons; 2°. flammes de navires, pendans, banderolles; 3°. cocqs, girouettes de temple.

Pterygium, ii, petite membrane nerveuse qui s'étend du coin de l'œil jusques sur sa prunelle; 2°. excroissance de chair qui couvre la partie de l'ongle.

Pterygoma, atis, aîle d'un bâtiment.

Pterophorus, i, courier qui portoit des aîles à son b   ercure.

Di-Pterus, a, um, qui a deux aîles, qui a deux rangs de colonnes.

Peri-Pteros, -on, i, bâtiment entouré

de colonnes distantes du mur, de la largeur d'un entre-colonnement, ou qui a des aîles de tous côtés.

4.

PETulans, *antis*, qui éleve la voix, qui s'emporte; 2°. querelleur, insolent; 3°. lascif,

PETulantia, *æ*, emportement, insolence, effronterie; 2°. vivacité, pétulance.

PETulanter, insolemment, avec emportement.

PETulcus, *a*, *um*, qui frappe de ses cornes.

5.

PATago, *onis*, habitant de la Terre Magellanique; ces Peuples ont toujours été représentés comme des géans; 2°. espéce de monnoie ou de gros écu.

6.

PAT a signifié par oposition PETit, en Celte & en Oriental : de-là :

PATaïci, *orum*, petites images des Dioscures Phéniciens, qu'on mettoit à la poupe des vaisseaux; les Dieux Pataïques, *mot-à-mot* les marmousets.

PETilus, *a*, *um*, petit; 2°. mince, délié.

7.

PETasus, *i*, chapeau à large bords.

PETasatus, *a*, *um*, qui porte un chapeau à larges bords.

V.

PAT, noms de vases profonds.

1.

PATella, *æ*, vase de sacrifice, marmite, pot, jatte; 2°. rotule du genou; 3°. espéce de maladie d'arbres.

PATellarii, *orum*, les Dieux Lares auxquels on offroit ces sacrifices.

PATellarius, *ii*, Potier; 2°. de pot, de jatte.

PATellium, *ii*, grand gobelet, grande tasse.

PATena, *æ*; PATina, *æ*, calice, vase, plat creux, marmite.

PATinarium, *ii*, bœuf cuit au pot, étuvée.

PATinarius, *a*, *um*, cuit au pot, dans un plat; 2°. gourmand.

TRI-PATinum, *i*, service à trois plats.

PATera, *æ*, coupe, tasse.

PATiuncula, *æ*, casserole, petit pot.

2. Pieux.

1. PATibulum, *i*, } PoTence, PoTeau, Pilori.
PATibulus, *i*,

PATibulatus, *a*, *um*, pendu à une potence, mis au carcan.

2. PEDum, *i*, houlette; 2°. crosse de Prélat.

PEDo, -are, échalasser, appuyer avec de hauts bâtons.

PEDo-are, échalasser.

PEDamen, *inis*; PEDamentum, *i*, échalas.

PEDatio, *onis*, échalassement.

IM-PEDo, -are, mettre des échalas.

3. Boutons.

PETimen, *inis*, ébullition qui s'éleve sur le dos des chevaux, ulcère.

PETigo, *inis*, bouton qui s'éleve sur la peau.

DE-PETigo, *inis*, dartre vive.

DE-PETigosus, *a*, *um*, plein de dartres.

IM-PETigo, *inis*, feu volage, pustules qui s'élevent, gratelle,

VI.

S-PAT, étendue, espace.

S-PATium, *ii*, espace, étendue, grandeur;

grandeur ; 2°. longueur, largeur ; 3°. durée du tems ; 4°. lieu où l'on court ; 5°. éloignement d'un lieu à un autre ; 6°. promenade, lieu où l'on se promene, allée.

S-PAtior-ari, se promener, aller de côté & d'autre, s'étendre, se répandre.

S-PAtiator, oris, coureur, vagabond.

S-PAtiosus, a, um, gros, grand, long, large, ample, étendu, vaste, de longue durée.

S-PAtiositas, atis, largeur, grande étendue.

S-PAtiosè, iùs, sissimè, au large, amplement.

S-PAtiabundus, a, um, qui a toujours envie de courir.

Ex-S-PAtians, tis, qui s'étend, qui se répand, qui se met au large, qui prend le large, qui pousse sa course plus loin.

Ex-S-PAtiator, oris, coureur, rodeur, qui va de côté & d'autre, vagabond.

Ex-S-PAtio, as, are, &

Ex-S-PAtior, aris, atus sum, ari, s'étendre, se répandre, s'épandre ; 2°. se mettre au large, prendre le large, se détourner, faire un grand circuit, prendre de longs circuits, aller son chemin, pousser sa course plus loin ; 3°. occuper plus de place ; 4°. s'égayer par des digressions, faire des digressions.

2.

S-PAtha, æ, } instrument dont le
S-PAthula, æ, } bout est large & applati, espatule.

SPAthalium, ii, toilette tendue, garniture de toilette.

S-PAtalium, ii, brasselet, large & applati.

S-PAtulæ, arum, les omoplates ; la largeur des épaules.

Orig. Lat.

VII.

S-PAZ, arracher.

1.

S-PAsma, tis,   } convulsion, rétrécis-
S-PAsmus, i,   } sement des nerfs.

S-PAsmicus, a, um, qui concerne les convulsions.

S-PAsmosus, a, um, qui a des convulsions, sujet aux crampes.

S-PAticus, a, um, qui a la force d'attirer, d'arracher ; 2°. sujet aux mouvemens convulsifs.

2.

1. S-PAdo, onis, eunuque.

S-PAdo,-are, châtrer.

S PAdonatus, ûs, castration.

S-PAdonius, a, um, qui ne produit point, stérile.

2. S-PAdix, icis, branche arrachée avec son fruit.

3.

S-PAthula, æ, petit couteau ou poignard.

Semi-S-PAtha, æ ; Semi-S-PAthium, ii, couteau de chasse, petite épée.

VIII.

PAT, exposé ; qui pâtit.

PAssio, onis, passion, souffrance, martyre ; 2°. maladie ; mot-à-mot, ce à quoi on est exposé.

PAssivè, adv. passivement, en souffrant.

PAssivitas, atis, état de celui qui souffre un agent, état de patient ; 2°. confusion, désordre, lorsque tout est pêle-mêle.

PAssivus, a, um, passif.

PAssibilis, m. f. le, n. is, passible, qui peut souffrir.

Y 4

COMPOSÉS.

COM-PASSIO, *onis*, compassion, pitié.

COM-PASTICUS, *a*, *um*; *compasticæ deliciæ*, vaine gloire, vaine complaisance pour soi-même.

PER-PETIOR, *eris*, *peſſus ſum*, *peti*, souffrir, supporter, endurer; 2°. avoir de la condescendance.

PER-PESSIO, *onis*, souffrance, l'action d'endurer.

PER-PESSITIUS, *a*, *um*, qui a beaucoup souffert, accoutumé à souffrir.

PER-PESSUS, *ûs*, voyez *Perpessio*.

PER-PESSUS, *a*, *um*, de *Perpetior*, qui a souffert.

PRO-PASSIO, *onis*, premier mouvement des passions.

FAMILLE GRECQUE.

A-PATHIA, *æ*, apathie, sans passion, insensibilité morale.

ANTI-PATHIA, *æ*, antipathie, contrariété, opposition d'humeur, d'inclination, répugnance.

SYM-PATHIA, *æ*, sympathie, convenance naturelle, inclination naturelle.

SYM-PATHICUS, *a*, *um*, sympathique.

ANTI-PASTUS, *i*, pied de vers, composé de deux longues entre deux bréves; *Videns diſce*.

IX.
POS, PON,
Poser, placer.

De PES, pied, en Grec POUS, se forma POS, poser, chef d'une famille très-étendue.

1.

PONO, *Posui*, *Positum*, *Ponere*, poser, placer; 2°. planter, bâtir; 3°. proposer; 4°. employer; 5°. imposer, obliger, gager; 6°. quitter, cesser, mettre bas.

POSITUS, *ûs*, } exposition, élévation; 2°.
POSITURA, *æ*, } situation; 3°. plantation;
POSITIO, *onis*, } 4°. terme de Grammaire, le premier cas, la premiere personne.

POSITIVUS, *a*, *um*, positif, terme de Théologie & de Grammaire.

POSITOR, *oris*, fondateur.

POSTIS, *is*, poteau, jambage de porte.

POSTOMIS, *idis*, moraille.

COMPOSÉS.

AP-PONO, -*ere*, placer auprès, sur; 2°. ajouter, attirer, 3°. apprêter, appliquer.

AP-POSITUS, *ûs*, } application, ce qu'on
AP-POSITIO, *onis*, } a élevé auprès, mis à
AP-POSITUM, *i*, } part; épithète, allégation, rapport.

AP-POSITÉ, fort à propos, d'une maniere propre.

ANTE-PONO, -*ere*, mettre devant, présenter; 2°. faire plus de cas, préférer.

CIRCUM-POSITUS, mis autour.

CIRCUM-PONO, -*ere*, placer, ajuster autour.

COM-PONO, -*ere*, mettre ensemble, ordonner; 2°. enterrer; 3°. mettre d'accord; 4°. bâtir, édifier.

IN-COM-POSITUS, *a*, *um*, qui est en désordre, dérangé; 2°. qui n'a rien d'affecté, qui n'est pas composé.

IN-COM-POSITÉ, mal en ordre, sans ordre.

PRÆ-COM-POSITUS, *a*, *um*, composé auparavant.

RE-COM-PONO, -*ere*, raccommoder, rajuster.

DE-PONO, -*ere*, mettre bas, placer; 2°. quitter, se défaire; 3°. gager.

DE-POSITUM, *i*; DE-POSITIO, *onis*, l'action de quitter, d'abandonner; 2°. dépôt, gage, consignation.

DE-POSITARIUS, *ii*, celui qui est chargé d'un dépôt.

Dis-Pono, -ere, mettre en ordre, arranger.
Dis-Positus, ûs, } mettre en ordre, arranger, arrangement,
Dis-Positura, æ,
Dis-Positio, onis, } ordre, police.
Dis-Positor, oris, ordonnateur, qui arrange.
Dis-Posité, avec ordre, commodément.
Ex-Pono, -ere, étaler, mettre en exposition: 2°. abandonner; 3°. faire entendre; 4°. découvrir; 5°. renverser,
Ex-Positio, onis, explication, détail.
Ex-Positor, oris, interprète.
Ex-Posité, manifestement.
Ex-Posititius, a, um, abandonné.
Im-Pono, -ere, mettre dessus; 2°. prendre pour dupe, tromper.
Im-Positio, onis, } l'action d'appliquer, imposition.
Im-Positura, æ,
Im-Positus, ûs,
Im-Positor, oris, qui met dessus.
Im-Posititius; Im-Positivus, a, um, mis dessus, imposé.
In-Dis-Positus, a, um, dérangé, en désordre.
In-Dis-Posité, pêle-mêle, confusément.
Inter-Pono, -ere, inférer, faire entrer dedans; 2°. mettre entre, interposer.
Inter-Positio, onis; Inter-Positus, ûs, interposition, interligne, parenthèse.
Op-Pono, -ere, mettre devant.
Op-Positus, ûs; Op-Positio, onis, contrariété, l'action de se mettre au devant.
Post-Pono, -ere, se soucier moins.
Post-Positus, moins estimé.
Præ-Pono, -ere placer au-devant, préférer, faire plus de cas; 2° établir, charger.
Præ-Positio, onis, préposition.
Præ-Positura, æ, dignité d'Intendant, commission.
Præ-Positus, i, Président, Prevôt.

Præ-Positus, a, um; Præ-Positivus, a, um, mis devant, préféré.
Præ-Posita, orum, les prémices.
Præ-Positivus, a, um, qui peut être mis devant.
Pro-Pono, -ere, mettre devant les yeux; 2°. déclarer, faire savoir; 3°. offrir, afficher.
Pro-Positio, onis; Pro-Positum, i, sujet de discours, proposition, résolution tut.
Re-Pono, -ere, remettre poser de nouveau; 2°. répliquer, compter, s'assurer 3 entasser, mettre en réserve; 4°. quitter, mettre bas.
Re-Postus, Re-Positus, remis, replacé.
Re-Positorium, ii; Re-Postorium, ii, buffet, endroit où l'on serre.
Se-Pono, -ere, mettre à part, réserver.
Se-Positio, onis, réserve; engagement de quelque chose.
Super-Pono, -ere, mettre dessus.
Super-Positio, onis, abstinence.
Super-Positus, i, préposé
Sup-Pono, -ere, mettre dessous, substituer; 2°. exposer une fausseté; 3°. soumettre.
Sup-Positio, onis, l'action de mettre dessous, de supposer quelque chose.
Sup-Posititius, a, um, mis au lieu d'un autre, faux.
Sup-Postor, Sup-Postrix, qui substitue une chose pour une autre.
Sup-Postorium, ii, étaie, appui mis par-dessous.
Supra-Positus, a, um, mis ci-devant.
Trans-Pono, -ere, transposer, transporter.
Trans-Positus, transporté.

ADVERBE.

Ponè, derriere, par derriere.

PRÉPOSITION.

1. Post, après, ensuite.
Post-ea, après cela; de *Post*, après;

& de *Ea*, ces choses, cela.

POST-EA-QUAM, & POST-QUAM, après que.

2. POSTER-*die*, POSTRI-*die* & POSTRI-*duò*, le lendemain, le jour d'après; de *Dies* & de *Post*.

POSTRI-DUANUS, *a*, *um*, du lendemain, du jour d'après.

POST-*Antè*, POST-*Deindè*, voyez *Postea*.

POST-*Ibi*, après, ensuite.

POST-*Hac*, & POST-*Hæc*, désormais, dorénavant.

POST-*Hinc*, après cela.

POST-*Quàm*, *conjonct*. après que, depuis que.

POST-*Demùm*, & POSTREMÒ, enfin.

POSTREMÙM, pour la derniere fois.

POSTREMUS, POSTREM*or*, POSTREM*issimus*, le dernier; 2°. le plus vil.

POST-*Ideà*, POST-*Idem*, POST-*Illà*, POST-*Indè*, le même que *Posteà*.

POST-*Modò*, & POST-*Modùm*, après, ensuite.

3. POSTERUS, *a*, *um*, d'après, suivant.

POSTERI, les descendans.

POSTERIOR, le dernier de deux, qui vient après, le second.

POSTERIORA, *um*, les parties de derriere.

POSTERIÙS, après, ensuite.

4. POSTERIORITAS, *tis*, ce qui vient après.

POSTERITAS, *atis*, ceux qui viendront après nous, la postérité.

POSTERO, -*are*, différer au lendemain, être ou rendre inférieur.

5. IN POSTERÙM, désormais, dorénavant.

PRÆ-POSTERÈ, *adv.* sans ordre, de toute autre maniere qu'il ne faut, à contretems, tout à rebours, autrement qu'on ne doit.

PRÆ-POSTERUS, *a*, *um*, renversé; pris, fait, dit à rebours ou à contre-tems, hors de saison, sans ordre, de travers, autrement qu'il ne faut, hors de propos, d'une autre maniere qu'on ne doit.

6. POSTICUS, *a*, *um*, de derriere, qui se forme par derriere.

POSTICA, *æ*, le côté gauche, la main gauche; 2°. le septentrion, la partie septentrionale.

POSTICIUM, *ii*, le derriere d'un logis.

POSTICULA, *æ*, petite porte de derriere.

POSTICULUM, *i*, petit appartement, le derriere d'un logis.

POSTICUM, *i*, porte de derriere.

7. POSTILENA, *æ*, croupiere.

POSTILLA, *æ*, apostille.

X.

POT, haut, puissant.

I.

1. POT*is*, *e*; POT*ior*, *ius*, qui a du pouvoir, qui peut; 2°. haut, élevé; 3°. en pouvoir, qui est maître, 4°. qui jouit.

POT*issimus*, le plus élevé, le plus haut placé, le principal, le meilleur.

POT*issimè*; POT*issimùm*, principalement.

POT*iùs*, plutôt, préférablement.

2. POT-*Sum*, ensuite POS-*Sum*, POT*es*, POT*est*, POT*ui*, POSSE, mot-à-mot, je suis puissant, je suis haut, élevé.

POT-ENS, qui est élevé, qui est puissant, maître.

POT-ENT*ia*, *æ*, puissance, force, violence, mot à mot, existence élevée.

POT-EN*ter*, puissamment, suivant son pouvoir.

POT-ENT*atus*, *ûs*, puissance, souveraineté.

POT-ESTAS, *atis*, la qualité d'être élevé; pouvoir, empire, liberté de faire.

POT-ESTATES, *um*, les hommes haut élevés,

les grands, les magistrats, mot à mot, ceux qui sont élevés.

3. Potio, *ivi*, *itum*, *ire*, en vieux Latin Potior, Potitus sum, iri, être maître, Posséder, jouir.

Potitus, *ûs*; Potitio, *onis*, jouissance.
Potitor, *oris*, qui jouit.

4. Pothos, Cupidon, l'Amour, le desir, celui dont on jouit; 2°. jasmin.

Composés.

Ante-Potens, *tis*, qui a, qui peut plus qu'un autre, qui surpasse en crédit, en puissance.

Com-Potis, au nomin. Com-Pos, qui jouit, qui tient en sa puissance.
Com-Potio, *ire*, rendre possesseur.
Im-Potis, au nomin. Im-Pos, qui ne possède pas.
Im-Potens, *tis*, qui n'est pas puissant, qui ne sait pas commander, foible, impuissant, insupportable.
Im-Potentia, *æ*, manque de pouvoir, pauvreté, déréglement.
Im-Potenter, sans pouvoir, immodérément, insupportablement.
Omni-Potens, *tis*, qui peut tout, tout-puissant.
Omni-Potentia, *æ*, toute puissance.
Præ-Pos, *otis*; Præ-Potens, fort puissant.
Præ-Possum, être le maître, avoir le dessus.
Armi-Potens, *tis*, belliqueux, grand guerrier.
Viri-Potens, *tis*, fort, vigoureux.

2.

Possibilis, *e*, qui se peut, possible.
Possibilitas, *atis*, possibilité.
Possibiliter, d'une manière possible.
Im-Possibilis, *e*, qu'on ne peut faire.
Im-Possibilitas, *atis*, impossibilité.

3.

Pos-Sideo, *-ere*, } avoir en propriété,
Pos-Sido, *-ere*, } jouir : de Pos, élevé, & de Sedeo, s'asseoir.

Pos-Sessus, *ûs*; Pos-Sessio, *onis*, jouissance, biens, domaines.
Pos-Sessiuncula, *æ*, petit bien.
Pos-Sessivus, *a*, *um*, qui marque la possession.
Pos-Sessorius, *a*, *um*, qui concerne la possession.
Pos-Sessor, *oris*; Pos-Sestrix, *icis*, celui, celle qui possède.

4.

Pessimus, *a*, *um*, très-mauvais.
Pessùm, en bas, au fond.
Pessundo, *-are*, couler à fond, précipiter.
Pessimum, *i*, le plus mauvais, un grand dommage.
Pessimo, *-are*, affliger.
Pessimitas, *atis*, grande méchanceté.
Pessimè, très-mal;

de Pes, pied; bas, fond, & de-là :

2. Pejor, *jus*, *oris*, pire, plus mauvais, plus méchant.

Pejùs, *adv.* plus mal, pire.
Pejero, *as*, *avi*, *atum*, *are*, se parjurer, fausser son serment, jurer le contraire de ce qu'on sait ou de ce qu'on pense.
Pejoro, *as*, *avi*, *atum*, *are*, rendre pire, mettre en plus mauvais état, empirer.

II. PUT, approfondir, creuser.

Puto, *-are*, mot-à-mot, dans le sens physique, approfondir ; au sens figuré, approfondir une chose, creuser une idée, penser creux.

Com-Puto, -are, penser, s'imaginer; 2°. compter, calculer.

Com-Putatio, onis; Com-Putum, i, supputation, calcul.

Com Putator, oris, calculateur.

Com-Putabilis, e, qui peut être compté.

De-Puto, -are, penser, estimer, supputer; 2°. dédier, consacrer.

Dis Puto, -are, raisonner, discourir, disputer.

Dis-Putatio, onis, dissertation, raisonnement; 2°. démêlé, débat.

Dis-Putabilis, e, problématique.

Dis-Putator; Dis-Putatrix, qui discourt, qui dispute.

Ex-Puto, -are, penser, imaginer.

Ex-Putatio, onis, supputation.

Im-Puto, -are, attribuer, imputer; 2°. compter; 3°. imposer.

Im-Putatio, onis, imputation, reproche.

Im-Putator, oris, qui fait un reproche.

In-Ex-Putabilis, e, innombrable, qu'on ne sauroit compter.

Per-Puto, -are, raconter nuement, raconter succintement.

Re-Puto, -are, considérer, faire réflexion, compter, attribuer.

Re-Putatio, onis, considération, calcul.

Sup-Puto, -are, compter; 2°. s'imaginer.

Sup-Putatio, onis, calcul.

Sup-Putatorius, a, um, qui sert à compter.

III. PUT, élaguer.

Puto, -are, émonder, élaguer, couper les branches superflues, tailler.

Puta, æ, Déesse qui présidoit à la taille des arbres.

Putatio, onis, la taille des arbres.

Putator, oris, celui qui élague les arbres.

Putatorius, a, um qui sert à élaguer les arbres.

Putamen, inis, écaille de noix, ce qu'il faut casser, briser.

Composés.

Am-Puto, -are, couper, tailler tout autour, élaguer, tronquer.

Am-Putatio, onis, retranchement; de AM, autour.

Com-Puto, -are, tailler.

De-Puto, -are, couper, rogner.

Dis-Puto, -are, trancher.

Ex-Puto, -are, tailler, couper.

Ex Putatio, onis, l'action de tailler.

Im-Putatus, a, um, qui n'est point taillé.

Inter-Puto, as, avi, atum, are, élaguer, décharger les arbres des branches superflues, en couper par-ci par là.

Op-Puto, -are, élaguer les branches.

Op-Putatio, onis, l'action d'émonder, d'ébrancher.

Per-Puto, -are, tailler, émonder parfaitement.

Præ-Putium, ii, le prépuce.

Sup-Puto, -are, couper, tailler par-dessous.

IV.

Pul-Pitum, i, Théâtre sur lequel on joue la Comédie, échaffaud pour les baladins; 2°. chaire, lieu élevé d'où l'on parle en public; de Pol, Pul, haut, élevé, & de Pit, Put, colline, lieu élevé, place éminente.

V. PUT, POT, objets profonds.

Puteus, i, puits; en Anglois, Pit signifie un creux, une fosse; en Grec Buthos; en Flamand Put; en Allemand Pfutz, étang, eau profonde.

Putealis, is, couvercle de puits; 2°. place du change à Rome, qui tiroit son nom des puits qui y étoient.

PUTEALIS, is ; PUTEANUS, a, um, de puits.
PUTEARIUS, ii, ouvrier qui fait des puits.
PUTICULÆ, arum ; PUTICULI, orum, puits à Rome où l'on ensevelissoit le peuple.

2. PODEX, icis, l'anus, mot-à-mot, le plus profond.

3. PODIUM, ii, balustrade élevée, balcon ; 2°. place élevée, destinée aux gens en place à la Comédie ; 3°. autrefois montagne : en Siamois POD signifie une hauteur ; & en Talmoudique PADI, l'être le plus élevé, le Seigneur, Dieu.

POTERIUM, ii, coupe profonde, grande tasse.

4. POT-AMUS, binome Grec, qui signifie fleuve, mot-à-mot, eau profonde ; d'AM, eau ; & de POT.

HIPPO-POT-AMUS, i, hippopotame, mot-à-mot, cheval de riviere.

5. POTNIADES, um, (mot-à-mot, les choses élevées, sublimes ;) 2°. les Furies ; 3°. les quatre chevaux du Soleil, & même son équipage, à cause que son char est élevé.

6. PONS, tis, chemin élevé sur une riviere. C'est POT nasalé.

PONTICULUS, i, petit pont.
PONTANI, orum, les Mendians Romains, qui se tenoient sur le pont Sublicius.
PONTILIS, e, de pont.
DE-PONTANUS, sexagénaire, à qui étoit refusée l'entrée des ponts, par où on passoit pour donner son suffrage, parce qu'il ne leur étoit plus permis de le donner.
PONTATICUM, i, péage du pont, pontenage.
PONTO, onis, ponton, bac.

7. PONTI-FEX, cis, Pontife ; de POTN prononcé PONT, vénérable, sacré, mot-à-mot, celui qui fait, qui dirige les choses du Ciel, les choses sublimes.

PONTI-FICUS, a, um ; PONTI-FICALIS, du Pontificat.
PONTI-FICIUM, ii, l'autorité des Pontifes.
PONTI-FICATUS, ûs, dignité de Pontife.
PONTI-FICIA, orum, le Livre des cérémonies des Pontifes.

8. PONTUS, i, la Mer ; mot-à-mot, le grand objet, ce qu'il y a de plus considérable : ou la profondeur, eau profonde.

PONTICUS, a, um, de mer.
PONTUS-EUXINUS, la mer hospitaliere, ou le Pont-Euxin, la mer noire.

POMPA,

Pompe.

De PA, aller, & de POT, élevé, prononcé PONT, se forma cette Famille POM-PA, mot-à-mot, où l'on marche avec grand appareil, grand faste.

POMPA, æ, toute sorte de spectacles publics ; 2°. pompe, faste, parade, ostentation, grand appareil.

POMPABILITER, adv. avec pompe.
POMPALIS, m. f. le, n. is, de pompe, de parade, fastueux ; pompeux.
POMPATICÉ, adv. avec pompe, avec faste.
POMPATICUS, a, um, voyez Pompalis.
PRO-POMPEIA, æ, cortége qu'on fait dans une pompe solemnelle, l'action d'accompagner par honneur dans les marches solemnelles.
PRO-POMPE, es, cortége qu'on fait à quelqu'un qui s'en va, l'action de conduire par honneur une personne qui s'en va.
POMPonianum pyrum, i, sorte de grosses poires.

Pompilus, i, sorte de poisson semblable au thon.

PAL,
Pel, Pol, &c.

De Al, élevé, tige de Bal, Bel, Soleil, &c. se forma également Pal, nom relatif au Soleil & aux mêmes idées que Bal.

Mais comme Al désignoit également les aîles, les bras, Pal se revêtit aussi d'idées analogues à celles-ci ; de-là nombre de Familles en Pal.

I.
POL, Soleil : brillant.

1.

1. Pol, jurement des anciens qu'on rend *par Pollux* ; c'est, *mot-à-mot*, ô Soleil ! par le Soleil.

2. Pul-Cher, ra, um, beau, étincellant de gloire, précieux, excellent, lustré.

Ce mot, dont l'origine étoit absolument inconnue, & qui ne ressemble à aucun autre mot Latin, est un composé de deux mots Celtes, Latins, &c. de Pol, brillant, & de Car, Char, exquis, cheri, précieux, cher.

Il signifie donc *mot-à-mot*, celui qui excelle en éclat, en beauté.

Pul-Chellus, a, um, joli, mignon.
Pul-Chritudo, inis; Pul-Chritas, atis, beauté.
Pul-Chresco, ere, devenir beau, embellir.
Pul-Chré, iùs, errimè, bien, comme il faut, sagement, en perfection.

2.

Polio, -ire, rendre brillant, luisant, beau comme le Soleil ; 2°. polir, orner, retoucher ; 3°. unir ; 4°. labourer.

Polio, onis, Fourbisseur, polisseur d'armes.
Politio, onis, } polissure, le poli ; 2°. labourage.
Politura, æ,   }
Polities, ei, }
Politulus, a, um, assez brillant, assez poli.
Polité, avec un beau poli, poliment.
Politor, oris ; Pol-trix, icis, polisseur, polisseuse ; 2°. celui ou celle qui laboure.

COMPOSÉS.

De-Polio, -ire, polir ; achever.
De-Politio, onis, polissure.
Ex Polio, -ire, fourbir, polir, perfectionner.
Ex-Politio, onis, lustre, fourbissure, politesse, perfection.
Im-Politus, impoli, grossier, qui n'est pas achevé.
Im-Politia, æ, grossiéreté, mal-propreté.
Im-Polité, sans politesse.
Per-Polio, -ire, polir entiérement ; perfectionner.
Per-Politio, onis, l'action de polir.
Per-Politor, oris, qui achève de polir.
Re-Polio, -ire, repolir, nettoyer de nouveau.

3.

1. Pilates, æ, sorte de pierre très-blanche.

2. Pollen, inis, } fleur de farine ;
Pollis, inis,   } ainsi nommée à cause de sa blancheur.

Pollinarius, a, um, de fleur de farine.
Polenta,

POLenta, æ, farine de froment féchée au feu.
POLentarius, a, um, de farine.
POLLintio, onis, blutage de farine.
POLLinctor, oris, qui casse de la farine.

4.

PALea, æ, chaume, paille, ainsi nommée parce qu'elle est d'un jaune doré.

PALearium, ii, paillier, lieu où l'on serre la paille.

PALearius, a, um, empaillé, mêlé avec de la paille.

PALea, æ, barbe de cocq; elle est d'un beau rouge.

PALear, aris; PALearia, ium, fanon d'un bœuf, peau qui lui pend sous la gorge.

5.

PALAM, en public, au jour.
PRO-PALa, æ, qui étale ses marchandises sur des pieux pour les vendre.
PRO-PALo, are, étaler en public; 2°. publier.
PRO-PALam, en place publique, manifestement.

II.
PAL, PIL,

Paume, bale, corps ronds comme le Soleil.

1. PILa, æ, balon, boule, pelotte, bale à jouer; 2°. cellier; 3°. mannequin.
PILaris, e, de paume, qui concerne la paume.
PILarius, ii, joueur de gobelets.
PILi-CREPus, i, qui joue à la paume; de Crepo.

2. PILula, æ, petite boule; 2°. pilule.
3. PiLulæ, arum, bales de paume.
POLio, -ire, jouer à la paume.

4. PAL-PEBRa, æ; — Brum, i, paupiere.
PAL-PEBRo, -are, remuer souvent la paupiere, clignotter.
PAL-PEBRatio, onis, clignottement.
PAL-PEBRalis, e, -aris, e, qui concerne les paupieres;
de PAL, rond, élevé; & de vibro, agiter, mouvoir, prononcé vebro, & ici pebro.
IM-PAL-PEBRatio, onis, immobilité des paupieres qu'on ne peut fermer.

III.
PAL, POL, élevé.

1.

1. PALa, æ, arbre élevé; 2°. pommier; 3°. chaton, partie la plus élevée d'une bague.
2. PALatha, æ, cabas, panier de figues; 2°. masse de figues.
3°. POLosus, a, um, haut, élevé, sublime.
4. PALatium, ii, Palais, vaste hôtel: d'AT, maison.
PALatua, æ, Déesse du Mont Palatin.
PALatual, is, sacrifice sur le mont Palatin.
PALalia, æ, plante qui s'élève fort haut.
PALLacana, æ, ciboule, plante d'une odeur forte.

6 PAL-UMB, Ramier.

PAL-UMBa, æ; -bes, is; &
PALUMBus, i, pigeon ramier, ou qui se perche sur les branches d'arbres, sur la ramée. Ce nom vient donc de PAL, branche élevée.

PALUMBuius, i ; PALUMBula, æ, petit pigeon ramier.

PALUMBinus, a, um, de pigeon ramier.

2.

1. PALus, i, pieu, poteau, échalas.

PALaris, e, d'échalas.

PALatio, onis, enfoncement de pilotis.

PALo, -are, ramer, échalasser.

TRi-PALis, m. f. le, soutenu de trois échalas.

2. PALaria, orum, exercice qu'on faisoit faire aux soldats, & qui consistoit à courir autour d'un poteau ou piquet planté exprès ; 2°. le lieu même de cette course.

PALor, -ari, courir, tourner autour d'un poteau ; 2°. courir, aller çà & là en désordre.

PALitans, tis, qui court, qui s'égare çà & là.

PALatim, en courant de côté & d'autre.

DE-PALatio, onis, inégalité de l'ombre du stile d'un cadran ; 2°. traits qui marquent la déclinaison du soleil dans un cadran.

DIS-PALo, -are, errer çà & là, répandre de côté & d'autre.

3. PA-PILio, onis, tente, pavillon : de PAL, pieu.

4. PALANGarii, orum, crocheteurs qui transportent des fardeaux sur des rouleaux ou poteaux arrondis ; de PAL, rouleau, élevé, échalas, & de ANGarius, porteur public, crocheteur.

PALanga, æ, rouleau ou piquet de crocheteur.

PALango, -are, porter avec des rouleaux, des crochets, des palanches.

PALi-Urus, i, ronce, buisson, mot-à-mot, haute tige.

3.

1. PEL-AGus, i, la mer, la haute mer ; de PAL, grand, & AG, eau.

PELagius, a, um, —cus, a, um, marin.

PELagia, æ, pourpre, poisson de mer à coquille.

2. PHALæ, arum ; PHALarica, æ, voyez Falæ, &c.

PAL, profond.

PALus, dis, marais, étang, mot-à-mot, eau profonde ; de PAL, profond, & U, eau.

PALuster, tris,
PALustris, tris, } marécageux.
PALudosus, i,

PALudi-Fer, a, um, qui cause des marais.

PALudi-Cola, æ, qui demeure dans les marais, cultivateur de marais.

PALu, en François & en Languedocien, marais ; en Anglois & en Persan, POOL & POUL.

4

1. PELias, adis, lance, pique.

2. PILum, i, dard, javelot ; 2°. nom de chacune des dix Centuries des lanceurs de javelots, qui faisoient partie d'une Légion.

PILani, orum, les lanceurs de javelots.

PILatus, i, armé d'un javelot.

ANT-PILani, orum, ceux qui formoient la seconde ligne des armées Romaines ; c'étoient les plus braves Soldats, & les mieux armés.

3. PHALLus, i, lance de Priape.

PHALL-Agogia, orum, Fêtes de Priape.

PHALLU-PHORia, orum, Fêtes où l'on portoit en procession la lance de Priape.

4. PILa, æ, (i long), pilier, pilastre ; 2°. pile ; 3°. digue, môle, batardeau.

PILAtim, par piles, par piliers, fur des piles.
COM-PILO, -are, amaffer, élever en piles.
5. PILA, æ, (i bref), grand mortier, mortier à piler.
PILum, i, pilon.
PILumen, inis, ce qui fe rejette après avoir tamifé une chofe pilée.
PILumni, or.m, les pileurs, ceux qui piloient le bled dans des mortiers.
PILumnus, i, Divinité qui préfidoit à l'action de piler le bled.
OP-PILO, -are, mot-à-mot, piler devant, boucher, calfeutrer.
OP-PILatio, onis, l'action de boucher, d'étouper, de calfater; 2°. obftruction.

IV.
P A L, voile, enveloppe.

PAL, élevé, eft devenu la fource d'une multitude de mots qui défignent tout ce qui eft par-deffus, tout ce qui enveloppe, qui couvre, qui cache.

1.

1. PALLa, æ, manteau, voile.
PALlula, æ, petite robe.
PALlium, ii, manteau, couverture de laine.
PALliolum, i, mantelet, jupon.
PALlio, -are, couvrir, cacher, pallier.
PALlio, onis, faifeur de manteaux, tailleur.
PALliaftrum, i, mauvais manteau.
PALlia, orum, habits, hardes.
PALliatus, a, um, qui porte un manteau long.
PALliolor, -ari, être caché ou mafqué.
PALliolatus, a, um, qui porte un capuchon.
PALliolatim, en capuchon.
Ex-PALlio, -are, ôter le manteau.

Ex-PALliatus, à qui on a ôté le manteau.
OB-PALlio, -are, cacher fous un manteau.
2. PALLAS, dis, mot à mot, la Deeffe habillée en guerre.
PALladius, a, um, de Pallas.
PALladium, la ftatue de Pallas.
3. PALudamentum, i, cotte d'armes, hoqueton.
PALudatus, a, um, —mentatus, a, um, vêtu d'une cotte-d'armes, d'un hoqueton.

P E P Lum,

Voile, ce qui couvre.

De l'Or פלא, PLA, couvrir, cacher, voiler, avec l'article Pe, fe forma le mot PE-PLÔ, Grec & Latin, qui défigna d'abord tout ce qui fert à couvrir la nudité; 2°. une robe, un manteau : de-là :

PE-PLum, i, ou
PE-PLus, i, robe ou manteau d'étoffes à fleurs; voile de calice ou de femme avec la broderie; poele pour les morts; houffe de cheval; 2°. le voile d'Ifis, de Minerve.

2.

1. PELLis, is, peau, fourure, tente : en Allemand & en Anglois FELL; en Flamand VEL.
PELlio, onis, Pelletier, foureur.
PELliceus, a, um, de peau.
PELlitus, a, um, habillé de peau.
PELliculo, -are, couvrir de peau.
PELlicula, æ, petite peau, peau délicate.
DE-PELliculo, -are, peler, enlever la peau.
ERYSI-PELas, atis, érélipele; maladie.
TRI-PELlis, m. f. le, n. qui a trois peaux.

Sup-Pilo, as, avi, atum, are, filouter, dérober adroitement, sans qu'on s'en apperçoive.

De PEL, peau, prononcé PHEL, PHIL, vinrent ces mots :

PHELLANDrion, ii, filipendula, *plante*.

PHELlus, i, tambour ; 3° timbre d'horloge ; 3°. liége, *écorce d'arbre*.

PHILyra, æ, &

PHILura, æ, peau déliée, qui se trouve sous la premiere écorce des arbres, & principalement des tilleuls, de laquelle on se servoit pour écrire.

2. VELlus, eris, ⎫ toison, tondaille,
VELlimen, inis, ⎬ la peau & la laine, la peau & le poil, les feuilles des arbres ; c'est le même que le FELL des Allemands.

VELleus, a, um, ⎫
VELlereus, a, um ⎬ de laine, de toison.
VELlerosus, a, um. ⎭

3. VELlo, is, VULsi, VULsum, ere, arracher le poil, les cheveux, la toison, & en général tirer, arracher ; en Allemand FILLen, écorcher, ôter le poil.

VELlico, -are, arracher le poil, pincer, harceler, attaquer, critiquer.

VELlicatus, us ; VELlicatio, onis, pincement, agacement, coup de dent.

VULsura, æ, l'action d'arracher.

VULsus, a, um, arraché.

COMPOSÉS.

A-VELlo, -ere, détacher avec force, comme quand on arrache le poil de la barbe, les cheveux de quelqu'un.

A-VULsio, onis, l'action d'arracher.

A-VULsor, oris, arracheur.

CON-VELlo, -ere, arracher, tirer dehors, déraciner ; 2°. abattre, ébranler ; 3°. abolir, annuller.

CON-VULsio, onis ; CON-VULsa, orum, tressaillement, convulsion ; 2°. bouleversement.

DE-VELlo, -ere, tirer de force, arracher.

DI-VELlo, -ere, arracher, séparer de force, emporter.

DI-VULsio, onis, séparation, arrachement.

DI-VULsor, oris, arracheur.

E-VELlo, -ere, arracher, tirer dehors.

E-VULsio, onis, l'action d'arracher.

IN-DI-VULsus, a, um, inséparable ; 2°. qui n'est point séparé.

PER-VELlo, -ere, arracher, ébranler ; 2°. chagriner.

PRÆ-VELlo, -ere, arracher auparavant.

RE-VELlo, -ere, arracher, ôter de force.

RE-VULsio, onis, l'action d'arracher.

SUB-VULsus, a, um, arraché par-dessous.

3.

FOLium, ii, feuille, feuillage, guirlande ; c'est le même mot que PHEL, écorce d'arbre ; PHULlon, en Grec, chevelure des arbres.

FOLiatus, a, um ; FOLiosus, a, um, feuillu, couvert de feuilles.

FOLiatura, æ, feuillage des arbres.

FOLiaceus, a, um, fait de feuilles, fait en forme de feuilles.

FOLiatio, onis, l'action de pousser des feuilles.

A-PLUDa, æ, menues pailles, criblures. Ce mot dont on n'a donné que des étymologies ridicules, est le Celte *plous*, *plux*, *plouz*, paille, écorce, ce que l'on jette de l'enveloppe des fruits.

En Gr. *Phluos* & *Phlous*, écorce,

enveloppe, peau; en Esclavon, Polon. Boh. *Plewa*, paille; en Bret. *Plous*, paille, les criblures que le vent emporte; en Lang. *Pelous* est la première enveloppe de la noix.

4.

PILus, *i*, poil.

PILo*fus*, *a*, *um*, poileux.

COMPOSÉS.

Com-Pilo, -*are*, arracher le poil; 2°. arracher, extorquer, voler; 3°. compiler.

Com-Pil*ator*, *oris*, pillard.

Com-Pil*atio*, *onis*, pillage, larcin.

De-Pilo, -*are*, arracher le poil, tondre, piller.

De-Pilis, *e*, sans poil.

Ex-Pilo, -*are*, dérober, brigander.

Ex-Pil*atio*, *onis*, pillerie, brigandage.

Ex-Pil*ator*, *oris*, voleur, concussionnaire.

Im-Pilia, *ium*, chaussure, brodequins de poil foulé; 2°. rubans, cordons pour attacher les cheveux.

5.

Pileus, *i*, } bonnet, chapeau; ainsi
Pileum, *i*, } nommés de ce qu'ils sont faits de poils.

Pileolus; Pileolum, *i*, petit bonnet.

Pileatus, *a*, *um*, qui a un chapeau ou un bonnet sur la tête.

6.

Ca-Pillum, *i*, & Ca-Pillus, *i*, autrefois Cap-Pillus, *m. à m.*, poil de la tête; de Cap, tête, & de Pilus, cheveux, barbe, crinière.

Ca-Pillor, -*ari*, avoir des cheveux, des fibres, des filets; 2°. uriner par filamens.

Ca-Pillitium, *ii*, chevelure, fibres, filamens.

Ca-Pillatus, *a*, *um*, chevelu; plein de filets, filasseux.

Ca-Pillatura, *æ*, coëffure en tresse.

Ca-Pillaceus, *a*, *um*, chevelu, fibreux, fin, délié comme des cheveux.

Ca-Pillago, *inis*, & Ca-Pillamentum, *i*, chevelure, perruque, faux cheveux.

Ca-Pillare, *is*, coëffe de femme; pommade pour les cheveux.

Ca-Pillaris, *e*, qui concerne les cheveux, capillaire; herbe capillaire.

7.

Pluma, *æ*, plume dont les oiseaux sont couverts; 2°. poil folet, première barbe.

Plumula, *æ*, duvet, la plus petite plume.

Plumo, *as*, *avi*, *atum*, *are*, s'emplumer, se couvrir de plumes, commencer à avoir des plumes; 2°. broder.

Plumesco, *is*, *ere*, commencer à avoir des plumes, s'emplumer, se couvrir de plumes.

Plumans, *tis*, qui commence à avoir de la plume.

Plumeus, *a*, *um*, de plume.

Plumi-Ger, *a*, *um*, qui est couvert de plumes.

Plumosus, *a*, *um*, qui a beaucoup de plumes, fort couvert, ou très-garni de plumes.

Plumarius, *ii*, qui travaille en plumes; 2°. brodeur.

Plumarius, *a*, *um*, de brodeur, de broderie, de chose faite de plumes.

Plumatilis, *m. f. le*, *n. is*, qui est fait de plumes.

Plumatum, *i*, vêtement de plumes d'oiseau.

PLUMatus, a, um, part. de Plumo, couvert de plumes ; 2°. brodé.

COMPOSÉS.

PLUMI-PES, edis, pattu, qui a de la plume jusques sur les pieds.

RE-PLUMis, m. f. me, n. is, qui se remplume.

DE-PLUMis, e, plumé, sans plumes.

IM-PLUMis, m. f. me, n. is, qui n'a point de plumes, plumé ; 2°. qui n'a point de poil, pelé.

V.

PAL, main.

De PAL, main, descendirent ces mots :

1.

1. PALPo,-are ; PALPor,-ari, toucher doucement, caresser, flatter avec la main.

PALPum, i, caresse, flatterie.

PALPatio, onis ; —men, minis ; —mentum, i, attouchement, caresse de la main.

PALPator, oris, flatteur, patelin.

Ex-PALPo, -are, attraper par des caresses.

Ex-PALPonides nummorum, attrapeur d'écus.

SUP-PALPor, -ari, flatter, caresser, cajoller.

2. PALa, æ, pêle, instrument de bois & qui tient lieu de main.

BI-PALium, ii, pêle à deux mains, hoyau.

3. PALa-FREDus, i, Palefroi, cheval de main : de PAL, main, & VEREdus, i, cheval.

4. A-PILascus, cudis, monnoie prête à frapper : du Grec, A-PEILasco, menacer, être prêt à frapper.

2.

PALæstra, æ, lutte, mot-à-mot, combat de mains ; 2°. place où on lutte ; 3°. Académie d'exercices ; 4°. bon air, graces qui en sont l'effet ; 5°. Déesse fille de Minerve.

PALæstrita, æ, lutteur.

PALæstricus, i, Maître de lutte ou d'Académie.

PALæstricus, a, um, qui concerne la lutte.

PALæstricè, à la maniere des lutteurs.

A-PALæstrus, a, um, qui n'a aucune adresse à la lutte, qui ne sait point lutter.

3.

PALMula, æ, datte, 2°. partie platte d'un aviron ; 3°. petite main.

PALMum, i ; PALMus, i, palme, hauteur ou mesure de huit pouces.

PALMosus & PALMifer, abondant en palmiers.

PALMularius, a, um, rouge, écarlatte, couleur victorieuse pour orner le triomphe.

PALMeus, a, um, de palmier, de datte.

PALMetum, i, bois de palmiers.

PALMarium, ii, prix d'une victoire.

PALMarius, a, um, digne du prix ; 2°. qui est de la hauteur d'une palme.

PALMo, -are, lier la vigne aux échalas ; 2°. imprimer la marque de sa main, flatter de la main.

PALMito, -are, frapper souvent du plat de la main.

PALMitorium, ii, férule, coup du plat de la main.

PALMes, itis, branche de palmier, palme ; 2°. sarment, qui doit porter du raisin.

PALMatus, a, um, sur lequel on voit des palmes brodées, ou peintes, en signe de victoire ; 2°. où l'on a imprimé la marque de la paume de la main.

BINOMES.

PALMI-PRIMum vinum, vin de figue semblable au vin de palme.

PALMI-Pes, dis, d'un pied & d'une palme de dimension ; 2°. qui a les pieds palmés, comme les oiseaux de riviere.

PALMI-Pedalis, e, dont les pieds sont palmés.

DE-PALMO, -are, souffletter, appliquer un coup du plat de la main sur la joue.

4.

A-PELL, faire signe.

1. AP-PELlo, -are, faire signe de la main, appeller ; 2°. donner un nom ; 3° reclamer ; 4°. prendre à témoin ; 5°. solliciter ; 6°. sommer, citer, assigner, faire compliment.

AP-PELlatio, onis, l'action de faire venir par un signe de main, & puis l'action de faire venir d'une maniere quelconque, appel, nom d'une chose.

AP-PELlator, oris, appellant.

AP-PELlativus, a, um, appellatif.

AP-PELlatorius, a, um, qui concerne l'appel.

AUTRES COMPOSÉS.

COM-PELlo, are, appeller quelqu'un, lui adresser la parole, apostropher, reprendre, censurer.

COM-PELlatio, onis, blâme, réprimande, l'action d'adresser la parole à quelqu'un.

INTER-PELlo, as, avi, atum, are, interrompre, couper la parole, détourner, troubler, importuner ; 2°. sommer, interpeller ; 3°. prier.

INTER-PELlatio, onis, interruption, l'action d'interrompre.

INTER-PELlator, oris, -trix, icis, qui interrompt, qui importune, fâcheux, importun.

5.

PELL, éloigner, chasser.

1.

PELLo, is, pepuli, pulsum, ere, chasser, pousser, éloigner.

PELLonia, æ, Déesse qui repousse les ennemis.

COMPOSÉS.

A-PELles, is, qui pousse, qui chasse devant soi.

AP-PELlo, is, puli, pulsum, ere, pousser auprès, aborder, toucher, s'approcher de terre.

AS-PELlo, -ere, chasser, écarter, éloigner.

CIS-PELlo, -ere, chasser au delà.

COM-PELlo, ere, chasser, contraindre, presser, engager.

DE-PELlo, -ere, chasser d'un lieu, repousser, éloigner.

DIS-PELlo, ere, jetter çà & là, disperser.

EX-PELlo, -ere, mettre dehors, bannir.

IM-PELlo, -ere, pousser dedans, porter, repousser.

PER-PELlo, -ere, pousser, engager par force.

PRO-PELlo, -ere, pousser loin, repousser brusquement.

RE-PELlo, -ere, écarter, rejetter.

2.

PULSo, -are, } pousser, frapper, heurter, blesser. ; 2°. toucher des instrumens de musique.
PULSo, -are, }

PULSus, us, battement, agitation, pouls.

PULSatio, onis, choc, frappement.

PULSator, oris, frappeur ; 2°. qui joue de quelqu'instrument à cordes.

PULSabulum, i, archet, baguette pour des instrumens.

PULSuosus, a, um, plein d'agitation, qui cause des élancemens.

Composés.

Ap-Pulsus, a, um, part. d'*Appello*, abordé, amené, entré, poussé au port.

Ap-Pulsus, ûs, abord, arrivée.

Com-Pulso, -are, heurter contre quelque chose.

De-Pulsatio, onis ; De-Pulsio, onis, l'action de repousser, d'éloigner.

De-Pulso, -are, bannir, chasser.

De-Pulsor, oris, qui repousse, qui rejette.

De-Pulsum, i, conjuration, exorcisme pour détourner.

Ex-Pulsatus ; & Ex-Pulsus, mis dehors, chassé.

Ex-Pulsim, en renvoyant.

Ex-Pulso, -are, faire sortir, renvoyer.

Ex-Pulsor, oris ; Ex-Pultrix, icis, qui chasse, qui éloigne.

Im-Pulsio, onis ; Im-Pulsus, ûs, l'action de pousser, choc, induction, sollicitation.

Im-Pulsor, oris, qui excite, qui induit.

Pro-Pulsatio, onis, ⎫
Pro-Pulsio, onis, ⎬ l'action de repousser, de pousser devant soi.
Pro-Pulsus, ûs, ⎭

Pro-Pulsator, oris, qui repousse.

Pro-Pulso, -are, repousser.

Re-Pulsa, æ, refus, opposition.

Re-Pulsus, ûs, réfléchissement, réflexion, l'action de repousser.

Re-Pulso-are, repousser.

Re-Pulsator, oris, qui repousse.

Famille Grecque.

Cata-Pulta, æ, machine à lancer des javelots.

Cata-Pultarius, ii, Arbalêtrier.

Cata-Pultarium Pilum, matras d'une arbalête.

VI.
PAL,
Pâle.

Pallidus, a, um, qui n'est pas brillant, qui est blême.

Pallidulus, a, um, un peu blême, un peu blafard.

Pallor, oris, la pâleur.

Paleo, -ere ; Pallesco, -ere, pâlir, devenir blême.

Composés.

Ex-Palleo, -ere, ⎫
Ex-Pallesco, -ere, ⎬ blêmir, pâlir.

Im-Palleo, -ere ; Im-Pallesco, -ere, pâlir dessus.

Im-Pallidus, a, um, que rien ne fait pâlir.

Per-Pallidus, fort pâle.

Sub-Pallidus, a, um, un peu pâle.

Sub-Pallidè, d'une maniere un peu pâle.

Sub-Pallesco, -ere, pâlir un peu.

Ob-Palleo, -ere, devenir pâle.

PUL, noir.

Par opposition à Bel, , Pul, beau, brillant, Pull signifia triste, sombre, d'où le Grec Pelos, noir, & ces familles Latines.

1.

Pullus, a, um, brun, noirâtre ; 2°. couleur de deuil.

Pulligo, inis, couleur tannée, enfumée.

Pullatus, a, um, brun ; 2°. habillé de deuil ; 3°. homme toujours habillé de noir ; 4°. homme peu riche.

De-Pullatus, a, um, qui a quitté le deuil.

2.

Plumbum, i, plomb, sorte de métal ; 2°. bale de plomb ; 3°. tache de de couleur de plomb qui survient à l'œil.

PLUMBago, inis, veine d'argent mêlée de plomb ; 2°. couleur plombée de certaines perles ; 3°. grande versicaire, *plante* ; 4°. Plombagine, mine de plomb dont on fait des crayons.

PLUMBarius, ii, plombier.

PLUMBarius, a, um, de plombier, qui concerne le plomb.

PLUMBata, æ, bale de plomb.

PLUMBatio, onis, &

PLUMBatura, æ, soudure ; 2°. l'action de plomber.

PLUMBatus, a, um, part. de *Plumbo*.

PLUMBeus, a, um, de plomb, qui tient du plomb ; 2°. plombé, livide ; 3°. lourdaut, pesant, lourd, stupide ; 4°. qui rend pesant.

PLUMBosus, a, um, plein de plomb, où il y a beaucoup de plomb.

PLUMBO, as, avi, atum, are, plomber ; 2°. couvrir ou revêtir de plomb ; 3°. souder.

COMPOSÉS.

AP-PLUMBatura, æ, soudure.

AP-PLUMBO, as, avi, atum, are, souder, plomber, lier, joindre, attacher, arrêter avec du plomb.

IM-PLUMBO, as, avi, atum, are, souder ou plomber, mettre le plomb, sceller en plomb.

RE-PLUMBor, aris, atum sum, ari, se plier comme du plomb.

RE-PLUMBatio, onis, l'action de dessouder.

RE-PLUMBO, as, avi, atum, are, dessouder.

VII.

PEL, PUL,

Boue, poussiere.

1.

1. PELAMis, idis, jeune thon qui ne passe pas un an, *poisson de mer*. En Grec Πηλαμις, de *Pélon*, boue.

2. PEL-ARGus, i, cicogne, oiseau blanc qui se nourrit d'animaux qui vivent dans la vase, dans la fange : du Grec ARGos, blanc, & PELon, limon.

PEL-ARGicus, a, um, de cicogne.

2.

1. PULla, æ, terre légere & friable.

2. PULvis, veris, poudre, poussiere ; 2°. champ de bataille, lieu du combat, lice, carriere.

PULvero, as, avi, atum, are, casser les mottes de terre seche pour faire élever une poussiere, qui s'attachant aux raisins, les fasse mûrir ; 2°. rouler dans la poussiere, remplir de poudre ; 3°. être poudreux, plein de poussiere.

PULveratio, onis, l'action de casser les mottes de terre seche pour faire élever de la poussiere.

PULvereus, a, um, de poudre, de poussiere, plein de poussiere, poudreux.

PULverizatus, a, um, pulvérisé, mis en poudre.

PULverulentus, a, um, poudreux, plein de poussiere ou de poudre.

PULvisculum, i, &.

PULvisculus, i, poussiere fort menue, fort fine ; 2°. poudre à nettoyer les dents.

3. PULveraticum, i, largesse que faisoient faire les Généraux d'armée aux esclaves qui s'enrôloient.

4. PULvinulus, i, dimin. de

PULvinus, i, carreau, couche, planche de jardin ; 2°. terre élevée entre deux raies ; 3°. jettée de pierres, môle, digue qui couvre un port ; 4°. poulain, assemblage de piéces de charpente pour traîner des fardeaux.

PULVinitorius, ii, lit de gazon dans un jardin ; carreau, couche, planche de jardin.

PULVillus, i, petit coussin, petit oreiller.
PULVinar, aris, &
PULVinarium, ii, oreiller, coussin, traversin ; 2°. temple.
PULVinaris, m. f. re, n. is, de coussin, d'oreiller ; 2°. de petit lit.
PULVinatus, a, um, fait en forme de coussin, en maniere d'oreiller.

COMPOSÉS.

IM-PULVis, eris, où il n'y a point de poussiere.
DE-PULVero, as, are, mettre en poudre.
DIS-PULVero, as, avi, atum, are, mettre ou réduire en poudre, pulvériser ; 2°. égruger.
RE-PULVero, as, are, repoudrer, recouvrir de poudre.

PAN,
Etoffe, tissu.

BAN en Orient. PAN en Celte, signifie construire, fabriquer : en Gr. PENomai, travailler. PÊNos, anciennement PANos, tissu, toile : de-là cette famille.

PANNum, i, &
PANNus, i, drap, étoffe, linge ; 2°. chiffon, drapeau, lange.
PANNulus, i, dimin. de Pannus.
PANNicularius, a, um, qui concerne les étoffes légeres.
PANNiculus, i, étoffe légere, fine, déliée, mince ; 2°. chiffon, drapeau, guenillon, haillon, guenille.
PANNi-Ficus, i ; PANNarius, ii, Drapier ; 2°. ouvrier en drap.

PANNicularia, orum, hardes des prisonniers, ce qu'ils apportent dans les prisons ; celles de ceux qui sont exécutés à mort, qui appartiennent au bourreau ; voyez *Ventrale*.
PANNosi·as, atis, guenillerie.
PANNosus, a, um, couvert de guenilles, vêtu de haillons.
Pannosa fex, lie chancie, ou couverte d'une peau épaisse.
PANNuceus, a, um, &
PANNucius, a, um, couvert de guenillons, vêtu de haillons ; 2°. rapetacé, rapiécété ; 3°. flétri, ridé, plein de rides. *Mala pannucea*, pommes ridées, flétries.

PANucella, æ,
PANucellium, ii,
PANuclium, ii,
PANucula, æ,
PANuculum, i,
PANuela, æ,
PANuelium, ii,
PANula, æ,
PANulia, æ,
} Navette de Tisserand, bobine chargée, fuseau qui est plein ; quenouillée, quenouille chargée, 2°. bubon, tumeur.

PEN,
Face, élévation.

De P, PH, bouche, se forma PEN, en Or. PHEN, qui réunit ces diverses significations.

1°. Face ; 2°. aspect ; 3°. élévation ; d'où ; 4°. superficie ; 5°. profondeur ; 6°. intérieur : ce qui donna lieu à nombre de Familles.

I.
PEN, *adverbe*.

De PEN, face, aspect, se forma l'adv. Latin PEN-E, qui signifie presque ; *mot-à-mot* ce qui a déja l'aspect, l'apparence, qui effleure, mais qui n'est pas exactement la chose.

Penè, *adv.* presque, quasi.

Penissimè, *adv.* *Penissimè me perdidit*, il ne s'en est fallu presque rien qu'il ne m'ait perdu, il a failli à me perdre.

Pen-Insula, æ, péninsule, langue de terre qui avance en mer, presqu'isle.

Pen-Ultimus, a, um, pénultième, avant-dernier.

II.

PEN, préposition.

De ce même mot Pen, signifiant aspect, regard, se forma la préposition Latine,

Pen-es, en la disposition, au pouvoir, en la puissance, *mot-à-mot*, cela est regardant tel objet.

Pen-Es *te culpa est*, (mot-à-mot, cette faute est regardant vous), cette faute vous regarde, on ne peut s'en prendre qu'à vous.

III.

PEN, intérieur.

De Pen, intérieur, le dedans, vinrent ces diverses Familles.

I.

Penas, atis, logis, maison; 2o. famille.

Penaria, æ, ou
Penarium, ii, &
Penarius, ii, office, dépense, garde-manger, lieu où l'on serre les provisions d'une maison.

Penarius, a, um, qui concerne les provisions d'une maison, l'office, la dépense.

Penator, oris, celui qui porte la provision de bouche, pourvoyeur.

Penates, tium & tum, Dieux pénates, Dieux du foyer, Dieux domestiques, Dieux particuliers à chaque famille; 2°. logis, maison.

Penati-Fer, a, um, ou
Penati-Ger, a, um, qui emporte ses Dieux Pénates.

2.

1. Penitùs, *adv.* bien avant, jusqu'au fond, à fond, profondément, entièrement, tout-à-fait.

Penitus a, um, intérieur, qui est au dedans, au fond, dans le fond.

Penetrale, is, le lieu le plus retiré d'un édifice.

Penetralis, le, n. is, qui se fait au-dedans, dans l'intérieur de quelqu' édifice; 2°. intérieur, qui est au-dedans.

2. Penetrabilis, m. f. le, n. is, pénétrable, qu'on peut pénétrer; 2°. qu'on pénètre, qui perce, perçant; 3°. qu'on peut découvrir, qu'on peut pénétrer, où l'on peut pénétrer ou aller.

Penetraliùs, *adv.* plus avant, plus intimement, en pénétrant davantage.

Penetratio, onis, pénétration.

Penetrator, oris, qui pénètre, dont l'esprit est perçant.

Penetratus, a, um, part. de
Penetro, as, avi, atum, are. pénétrer; percer, entrer dedans, passer au-delà; 2°. toucher intérieurement.

Im-Penetrabilis, m. f. le, r. is, impénétrable, qu'on ne peut percer, où l'on ne peut entrer.

Im-Pen-trale, is, lieu où il n'est pas permis d'entrer.

3. Penis, is, la queue aux animaux.
Penitus, a, um, qui a une queue.

IV.

De Pen, élevé, qui s'élève, se formerent ces Familles.

I.

Penna, æ, grande plume d'oiseau;

2°. aîle ; 3°. crédit, autorité.

PENNula, æ, dimin. de Penna.

PENNatus, a, um, qui a des aîles, aîlé ; 2°. empenné.

BINOMES & COMPOSÉS.

PENNI-Ger, a, um, qui a des aîles, aîlé : 2°. empenné.

PENNI-Fico, as, are, donner des aîles.

PENNI-Pes, edis, omn. gen. qui a des aîles aux pieds ; 2°. surnom de Persée.

PENNI-Potens, tis, omn. gen. qui a l'aîle forte, qui a de bonnes aîles ; 2°. oiseau.

Dis-PENNO, is, ere, étendre les bras comme un oiseau les aîles.

BI-PENNIS, m. f. ne, n. is, qui a deux aîles.

2.

PINNa, æ, grosse plume d'oiseau ; 2°. nageoire de poisson ; 3°. créneau de muraille ; 4°. tente ou plumasseau pour les plaies ; 5°. aigrette qui se met sur un casque ; 6°. marche d'orgue ; 7°. nacre, sorte de coquillage de mer ; 8°. espece d'huitre.

PINNula, æ, petite plume.

PINNatus, a, um, aîlé, qui a des aîles, qui a de grosses plumes, ou des aîlerons, des nageoires ; 2°. crénelé, qui a des créneaux ; 3°. dentelé.

PINNaculum, i, pinacle, faîte.

BINOMES.

PINNI-Fer, a, um, &

PINNI-Ger, a, um, aîlé, qui a des aîles ou des aîlerons, des nageoires.

PINNI-Rapus, a, um, qui tâche d'emporter, d'arracher l'aigrette de dessus le casque de son adversaire.

PINNC-Phylax, acis, ou

PINNOTEREs, æ, sorte de petit poisson, qui vit avec la nacre dans sa coquille.

3.

PINUS, i, pin, arbre, 2°. chamepit, plante.

PINUS cava, Pinasse, sorte de bâtiment de mer.

PIN-Aster, tri, pin sauvage, arbre.

PINea, æ, voyez Pinus ; 2°. pomme de pin.

PINetum, i, lieu planté de pins, héronniere.

PINeus, a, um, de pin.

Pinei nuclei, des pignans, sorte d'amandes qui se trouvent dans les pommes de pin.

PINealis, is, la glande pinéale.

PINI-Fer, a, um, qui produit des pins.

4.

1. PENicillum, i, tente à mettre dans une plaie, plumasseau, 2°. pinceau.

PENicillus, i, pinceau ; 2°. tente pour les plaies ; 3°. drapeau, avec lequel on les essuie, compresse, brosse.

PENiculum, i, ou

PENiculus, i, voyez Penicillum & Penicillus ; 2°. torchon, brosse, vergette, décrottoire.

2. PENula, æ, manteau, casaque ; 2°. chape d'une machine, chapiteau d'alembic.

PENularium, ii, armoire à serrer les manteaux.

PENulatus, a, um, couvert d'un manteau, enveloppé d'une casaque.

PENiculamentum, i, vieux lambeau, guenillon.

V.

PEND, PENS,

tenir en suspens.

De PEN, élevé, se forma la famille

PEND, PENS, &c. qui désigna tout ce qui est en suspens, suspendre: examiner, peser, &c.

1.

PENDeo, es, pependi, pensum, dere, pendre d'en haut; 2°. être pendu, accroché ou suspendu; 3°. dépendre, être sujet; 4°. être en doute, en balance, en suspens.

PENDigo, inis, rideau, voile qu'on tiroit devant les statues.

PENDulus, a, um, qui pend, qui est pendu; 2°. qui est en suspens.

AP-PENDicula, æ, dépendance peu considérable, petit accessoire.

AP-PENDix, icis, le précédent est son diminutif; ce mot signifie tout ce qui est attaché à une chose, qui y pend, qui en dépend, accessoire, dépendance.

PENsus, a um, pendu, attaché.

PENsilis, e, qui pend, qui est élevé en haut.

COMPOSÉS.

ANTÈ-PENDulus, a, um, attaché, tiré, qui pend au-devant de quelque chose.

AP PENsus, a, um, qui est élevé en haut, attaché.

DE-PENDeo, -ere, être suspendu, pendre de, dépendre.

DE PENDulus, a, um, qui pend, qui est suspendu.

IM PENDeo, -ere, pancher dessus, être sur le point de tomber, menacer.

IM PENDulus, a, um, qui pend au-dessus.

INTER PENSivus, a, um, suspendu entre.

INTER-PENSiva, orum, potences pour soutenir.

INTER-PENDium, ii, équilibre.

PER-PENSilis, e, fort léger.

PER-PENSilitas, atis, légereté.

PRÆ-PENDeo, -ere, pendre au-devant.

PRO-PENDeo, -ere, pendre droit en bas; 2°. avoir de l'inclination, du penchant.

PRO-PENDulus, a, um, qui pend par devant.

PRO-PENsus, a, um, qui panche pour, enclin, qui a du penchant.

PRO-PENsio, onis; PRO-PENsitas, atis, penchant, pente, affection.

PRO-PENsè, avec penchant, avec inclination.

RETRÒ-PENDulus, a, um, qui pend par derriere.

SUPER-PENDeo, -ere, pancher ou être pendu au-dessus.

SUPER-IM-PENDens, tis, qui panche dessus, qui pend au-dessus.

2.

PENDO, is, pependi, pensum, ere, peser; 2°. examiner, considérer, priser; 3°. satisfaire à ce qu'on doit, payer, parce que l'argent se pesoit, sur-tout dans l'origine.

COMPOSÉS.

AP-PENDO, -ere, peser, donner au poids; 2°. examiner.

COM-PENDium, ii, épargne quelconque, intérêt, lucre; 2°. abrégé, raccourci.

COM-PENDiosus, a, um; COM-PENDiarius, a, um, abrégé, raccourci, qui épargne, qui ne dépense pas.

COM-PENDiaria, æ, chemin plus court, épargne; le contraire de IM-PENDium.

COM-PENDiariò, en raccourci.

COM-PENDi-Facio, -ere, épargner, faire plus court, ne pas dépenser.

DE-PENDO, -ere, peser; 2°. payer.

EX-PENDO, -ere, peser, payer, considérer.

IM-PENDO, -ere, dépenser, employer.

IM-PENDium, ii, dépense, frais.

IM PENDiosus, a, um, qui cause de la dépense.

Ia-Pendo, beaucoup, confidérablement.

Magni-Pendo, -ere, faire grand cas, eftimer.

Flocci-Pendo, -ere, n'eftimer en aucune maniere, méprifer.

Parvi-Pendo, -ere, prifer peu, faire peu de cas.

Dis-Pendo, -ere, dépenfer, employer, occuper.

Dis-Pendium, ii, dépenfe, défavantage, perte, change.

Dis-Pendiofus, a, um, dommageable, nuifible.

Per-Pendo, -ere, péfer, examiner avec foin.

Per-Pendiculum, i, plomb, pour mettre de niveau.

Per-Pendicularus, a, um, mis à-plomb.

Per-Pendiculator, oris, qui met à-plomb, qui nivelle.

Per-Pendiculariter, en droite ligne, de haut en bas.

Per-Pendicularis, e, qui eft à-plomb, nivellé.

Pro-Pendo, -ere, péfer, examiner.

Re-Pendo, -ere, récompenfer, payer de nouveau, rendre; mot-à-mot, *pefer de nouveau*.

3.

1. Pensus, a, um, (mot-à-mot, pefé,) eftimable, intéreffant.

Pensum, i, mot-à-mot, chofe pefée; 2°. tâche, befogne à faire, & qu'on avoit pefée; en particulier quenouillée; 3°. au figuré, *foin*, *fouci*.

2. Penso, -are, péfer, examiner de près; 2°. compenfer, réparer. De ce mot eft venu le verbe *penfer*, réfléchir.

Pensandus, a, um, qu'il faut péfer, examiner; 2°. qu'il faut récompenfer.

Pensans, tis, omn. gen. qui pefe; 2°. qui récompenfe; 3°. qui fait une compenfation; 4°. qui examine.

Pensatio, onis, compenfation; 2°. examen.

Pensator, oris, qui pefe; qui examine.

3. Pensito, -are, confidérer fouvent, compenfer, fuppléer; 2°. payer annuellement.

Pensitator, oris; Pensitatrix, icis, qui pefe, qui examine, qui fupplée.

Pensitatio, onis, payement annuel; 2°. réparation d'un tort; 3°. récompenfe.

Pensior, ius, plus cher, plus précieux.

4. Pensio, onis, le poids d'une chofe; 2°. payement; 3°. l'action de pefer.

Pensionarius, a, um, celui qui eft obligé de payer, penfionnaire.

Pensiancula, æ, petite penfion.

Pensiculo, -are, péfer, faire attention à.

Pensiculator, oris; Pensiculatrix, icis, qui péfe, qui examine.

Pensiculatio, onis, l'action de pefer, d'examiner.

Pensiculaté, avec examen, en pefant.

Pensator, oris, qui péfe, qui examine.

Pensatio, onis, examen, compenfation.

COMPOSÉS.

Com-Penso, -are, Contre-Peser, Com-Penser, égaler, remplacer.

Com-Pensatio, onis, récompenfe, dédommagement.

De-Pensus, a, um, pefé, payé.

Dis-Penso, -are, adminiftrer, départir, ménager.

Dis-Pensator, oris, Intendant, Tréforier.

Dis-Pensatio, onis, gouvernement, économat.

Ex-Pensa, æ; Ex-Pensum, i, dépenfe, fraix.

Ex-Penso, -are, dépenfer, mettre en dépenfe.

Im-Pensa, æ, dépenfe, fraix.

Im-Pensus, a, um, grand, extrême, exceffif; 2°. à charge.

IM-Pensé, avec dépense, 2°. beaucoup.
IM-Pensibilis, e, qu'on ne peut assez péser, examiner.
Per-Penso, -are, considérer avec soin.
Per-Pensatio, onis, examen fort exact.
Per-Pensé, en examinant attentivement.
Re-Pensus, a, um, pesé de nouveau.
Re-Penso, -are, payer, récompenser.
Super-Im-Pendor, -di, se donner pour, être employé pour, payer pour.
Des-Pensatus, a, um, dispensé.
In-Dis-Pensatus, a, um, immodéré.

4.

Pondus, eris, grandeur, élévation, importance, crédit ; 2°. poids, pesanteur, balance ; 3°. charge, fardeau ; 4°. peines, embarras ; 5°. grand nombre.
Pondusculum, i, contre-poids.
Pondo, indécl. poids d'une livre Romaine de douze onces.
Ponderitas, tis ; Ponderositas, tis, gravité, pesanteur.
Pondero, -are, peser ; 2°. examiner.
Ponderator, oris, qui pese.
Ponderatio, onis, action de peser ; 2° le prix, la plus grande hauteur de prix à laquelle une chose puisse monter.
Ponderosus, a, um, important, de poids, pesant.

BINOMES.

Assi-Pondium, ii, poids d'une livre Romaine, qui n'est que de douze onces ; une livre pesant.
Di-Pondium, ii, }
Di-Pondius, ii,   } une chose quelconque, qui pese deux livres ; 2°. poids de deux livres ; 3°. monnoie de deux livres de valeur ; 4°. mesure de deux pieds.
Du-Pondium, ii, }
Di-Pondiarius, a, um ; Du-Pondiarius, a, um, du poids de deux livres.

Tri-Pondium, ii, &
Tri-Pondo, indécl. le poids de trois livres, trois livres pesant.
Centum-Pondium, ii , poids de cent livres, quintal ; 2°. pésanteur sans nombre, indéfinie.
Æqui-Pondium, ii, contrepoids.

COMPOSÉS.

Com-Pondero, -are, contrebalancer.
De-Pondero, -are, peser.
Præ-Pondero, -are, peser avant ; 2°. examiner auparavant ; 3°. préférer ; 4°. peser davantage ; 5°. balancer avec.
Super-Pondero, -are, peser exactement.
Super-Pondium, ii, ce qu'on donne par-dessus, sur-poids, bon poids.

PAR,
Produire.

De Par, produire, vinrent diverses Familles.

I.

1. Par, Paris, une paire, un couple, une couple, deux.
Par, Paris, omn. gen. pareil, égal, qui n'est différent en rien, qui égale.
2. Pariatio, onis, quittance ; 2°. égalité qui se trouve entre la dépense & la recette d'un compte.
Pariator, oris, dont le compte est en bon état, comptable dont la dépense égale la recette.
3. Parilis, m. f. le, n. is, égal, pareil, semblable.
Parilitas, atis, égalité.
Pariliter, adv. également, avec égalité.
Pario, as, avi, atum, are, égaler la dépense de ses comptes à la recette.
Parissimus, a, um, pour Parissimus, superl. de Par.
Pariter, adv. ensemble, avec ; 2°. également, pareillement, semblablement.

Composés.

Com-Par*ilis, le, is*, égal, semblable, de même.

Dis-Par, *aris, omn. gen.* différent, dissemblable, divers, qui n'est point pareil; 2°. disproportionné, inégal.

Dis-Par*atio, onis*, différence, diversité; 2°. séparation.

Disparatio procreationis, différence de production.

Dis-Par*ilis, m. f. le, n.* voyez *Dispar*.

Dis-Par*atus, a, um, part.* de *Disparo*, séparé, divisé; 2°. contradictoire, contraire, opposé.

Dis-Par*ata, orum*, choses qui se distinguent entr'elles, qui sont différentes en quelque chose, sans être absolument opposées.

Dis-Par*iliter, adv.* différemment, diversement, d'une façon différente, d'une manière disproportionnée, inégale.

Dis-Par*atum, i*, proposition contradictoire; 2°. contradictoire, opposé.

Dis-Par*o, as, avi, atum, are*, diviser, séparer; 2°. découpler, désaccoupler, désappareiller; 3°. diversifier; 4°. être dissemblable.

Pro-Dis-Par*o, as, avi, atum, are*, dérégler.

Im-Par, *aris*, inégal, qui n'est point pareil ou proportionné; 2°. insuffisant, incapable, qui n'a pas la force.

Im-Par*ilitas, atis*, inégalité, diversité, variété; 2°. solécisme.

Im-Par*iter, adv.* inégalement, d'une manière inégale.

Sup-Par, *aris, omn. gen.* presqu'égal, contemporain.

II.

Par*ens, tis*, ayeul, pere, mere, ou autre parent supérieur de qui on tire son origine; 2°. fondateur, instituteur, auteur, inventeur; fondatrice.

Par*entalis, m. f. le, n. is*, de ses aïeuls, pere, mere, &c.

Par*entales dies*, jours des funérailles des aïeuls, pere, mere, &c.

Par*entela, æ*, parenté, famille.

Par*entes, um*, aïeuls.

Par*entalia, ium*, funérailles des aïeuls, pere, mere, &c. 2°. festins qui se faisoient aux funérailles des aïeuls, pere, mere, &c.

Par*ento, are ;-tor, ari*, rendre les derniers devoirs à ceux dont on tient le jour.

Pari Cidi *Quæstores*, Juges du Criminel à Rome.

Par*enti-*Cid*a, æ*, parricide: de *cædo*, tuer.

Famille Grecque.

PRA pour PAR.

Pr*axis, is*, pratique, action, usage, exercice.

Pr*actica, æ*, ou

Pr*actice, es*, pratique.

Pr*acticus, a, um*, qui consiste dans l'action, qui agit, actif, qui concerne l'action; 2°. pratique.

Pr*agmatica, æ*, Constitution.

Pragmatica Sanctio, Concordat.

Pr*agmaticum, i*, acte public, affaire d'Etat.

Pr*agmaticus, i*, répétiteur de Droit; 2°. praticien; 3°. solliciteur de procès.

IV.

PAR, mettre au monde.

1. Par*io, is, peperi, tum, itum, ere*, produire, engendrer, accoucher; 2°. causer, acquérir.

Par*tus*,

PARtus, a, um, né, mis au monde; 2°. acquis.

PARtio, onis,
PARtitudo, inis,
PARtus, ûs,
PARtura, æ,
} l'enfantement, les couches; 2°. l'action de mettre bas, de faire ses petits; 3°. l'enfant d'une femme; 4° la ventrée des animaux; 5°. la production des fruits, les fruits; 6°. la ponte des oiseaux.

PARtunda, æ, la Déesse de l'accouchement.

PARtumeius, a, um, qui accouche facilement.

PARturio, -ire, être en travail d'enfant; 2°. accoucher; 3°. produire, faire éclorre.

BINOMES.

Dei-PARa, æ, qui enfante un Dieu.
Puer-PERus, a, um, qui fait accoucher.
Puer-PERa, æ, une accouchée.
Puer PERium, ii, accouchement; 2°. l'enfant dont on est accouchée.

V.

POR, PUER, mis au monde.

1. Puer, i, enfant; 2°. petit garçon; 3°. fils; 4°. petit domestique; 5°. Page. On a dit aussi POR, is; POER, i; PUERus, i; PURus, i.

PUERulus, i, petit garçon.
PUERilis, e, d'enfant.
PUERilitas, atis, enfance; 2°. maniere enfantine; 3°. puérilité.
PUERiliter, puérilement, en enfant.
PUERsa, æ,
PUERtia, æ,
PUERitia, æ,
} enfance.

PUER-Aster, tri, qui commence à grandir.
PUERo, -are, devenir enfant.

2. Puellus, i, bambin; petit enfant.
3. Puella, æ, jeune fille. On a dit aussi : PUERa, Puerula, Puellula.

PUELlaris, e; PUELlatorius, a, um, de jeune fille.
PUELlo, -are, faire l'enfant.
PUELlasco, -ere, rajeunir, et devenir fille; 3°. être efféminé.
PUELlariter; PUELlatrie, à la maniere des jeunes filles.

VI.

PAR, former, acquérir.

PARo, -are, 1°. former, donner une maniere d'être; 2°. pré-PARer, disposer; 3°. acquérir.

PARatus, a, um, préparé; 2°. prêt; 3°. disposé; 4°. acquis.

PARatura, æ; PARatus ûs, action de faire, de former; 2°. préparatif, apprêt; 3°. ornement, PARure.

PARaté, avec préparation; 2°. promptement.

PARabilis, e, qu'on peut avoir aisément, aisé à acquérir.

PARiculum, i, minute, d'un acte, d'un contrat.

PARarium æs, double paie qu'on donnoit à un Cavalier qui avoit deux chevaux.

PARarius, ii, entremetteur, intrigant, courtier, agent de change, maquignon.

PARatorium, ii, étui de calice, toit de linge, toit de cuir.

PARor, oris, acquéreur, qui a acquis.

COMPOSÉS.

Ante-PARo, as, avi, atum, are, préparer, appareiller, apprêter, orner.

Ap-PARo, -are, appareiller, mettre en ordre, tenir prêt, ajuster.

Ap-PARatio, onis; Ap-PARatus, ûs, appareil, préparatif.

Ap-PARator, oris, qui a soin de l'appareil, des préparatifs, décorateur.

Com-Paro, -are, former, arranger avec ou ensemble; c'est-à-dire, comparer; 2°. apprêter, assortir; 3°. régler, établir; 4°. acquérir, acheter.

Com-Paratio, onis, similitude, comparaison, analogie, rapport; 2°. appareil; 3°. acquisition.

Com-Parativus, a, um; Com-Parabilis, e, comparable, qui a du rapport; c'est-à-dire, ce que l'on peut ajuster ensemble, analogue.

Com-Paraté, adv. par rapport, respectivement, en comparaison.

In-Com-Parabilis, e, sans égal, incomparable.

Im-Paratus, a, um, qui n'est pas prêt, dépourvu.

Præ-Paro, -are, apprêter disposer.

Præ-Paratio, onis; Præ-Paratus, ûs, préparation, apprêt.

Præ-Paratorius, a, um, préparatoire.

Præ-Parató, de dessein formé, après s'y être préparé.

Pro-Pero, -are, faire vite, hâter, précipiter.

Pro-Perus, a, um, qui se presse, qui se hâte.

Pro-Perantia, æ,
Pro-Peratio, onis, } hâte, empressement.
Pro-Peratus, ûs,

Pro-Peranter,
Pro-Peré,
Pro-Periter, } à la hâte : on dit aussi præpro-Peranter, avec trop de précipitation.
Pro-Perató,
Pro-Peratim,

Pro-Peratus, a, um, fait à la hâte.

Præ Pro-Perus, a, um, trop empressé.

Præ-Pro-Pero, -are, se hâter trop, faire trop à la hâte.

Præ-Pro-Peré, trop à la hâte.

Im-Pro-Pero, -are, se hâter d'aller, se presser d'entrer; 2°. reprocher, faire des reproches.

Im-Pro-Perus, a, um, qui ne se hâte pas, tardif.

Im-Pró-Peratus, a, um, fait à loisir; qui n'est point fait à la hâte.

Ap-Pro-Pero, -are, s'empresser de faire, s'avancer fort, se hâter.

Ap-Pro-Peratus, a, um, fait avec précipitation.

Re-Paro, -are, faire une seconde fois, former de nouveau, rajuster, réparer.

Re-Parator, oris, qui rétablit au premier état, restaurateur.

Re-Paratio, onis, rétablissement.

Re-Parabilis, e, qu'on peut refaire, réparer; 2°. qu'on peut r'avoir, recouvrer.

Ir-Re Parabilis, e, qu'on ne sauroit rétablir; 2°. qu'on ne peut recouvrer.

Se-Paro, -are, former, faire, ajuster à part, séparer; 2°. mettre en deux, diviser.

Se-Parator, oris, celui qui met à part.

Se-Paratio, onis, séparation.

Se-Paratim; Se-Paraté, à part, séparément.

Se-Parabilis, e, qu'on ne peut séparer.

In-Se-Parabilis, e, qu'on ne peut séparer.

In-Se-Parabiliter, inséparablement.

Vitu-Pero, -are; 1°. procurer des vices, des défauts; 2°. reprocher, blâmer, critiquer; c'est-à-dire; Parare-Vitium, trouver un défaut, préparer de la honte.

Vitu-Peratio, onis; Vitu-Perium, ii; blâme, reproche.

Vitu-Perator, oris; Vitu-Pero, onis, censeur, critique.

Vitu-Perabilis, e, blâmable, digne d'être repris.

BINOMES.

Per-Peràm, } mal fait, autrement
Per-Perè,   } qu'il ne faut ; 2°. fans y penfer ; 3°. en mauvaife part : mot compofé de Paro, je fais, je forme, & de la Prépofition Per, au-delà ; c'eft-à-dire, mal, à rebours.

Per-Perus, a, um, mal fait, mal bâti, bête, fot, ftupide.

Æqui-Paro, -are, rendre pareil, faire égal, comparer, faire conforme ; 2°. aller de pair.

Æqui-Paratio, onis, parallele, égalité.

Æqui-Parabilis, e, qu'on peut mettre en parallele.

Tem-Pero, -are, de Paro & de Tem ou Tym, qui fignifie feu, chaleur en Celtique, mot-à-mot, opérer par le moyen de la chaleur, ou du feu ; 2°. tremper les métaux & les allier, ce qui fe fait par le feu ; 3°. calmer, appaifer la chaleur ; 4°. modérer, tempérer ; 5°. arrêter, ménager, s'abftenir.

Tem-Peries, iei, degré de chaleur dans l'air & dans les corps, température ; 2°. tems, faifon ; 3°. tempérament, complexion ; 4°. modération, retenue.

Tem-Peramentum, i, état de la chaleur du corps, c'eft-à-dire, tempérament ; 2°. modération, retenue ; 3°. moyen.

Tem-Perantia, æ, l'action de modérer le feu des paffions, tempérance, frugalité.

Tem-Peratura, æ, trempe des métaux ; 2°. température, degré de chaleur de l'air ; 3°. préparation, proportion.

Tem-Peratio, onis, trempe des métaux ; 2°. alliage, mélange ; 3°. tempérament, conftitution.

Tem-Peranter ; Tem-Perate, avec retenue, avec modération.

Tem-Perator, oris, qui fait allier, mélanger, tremper les métaux.

VII.
PAR, PER, PRE,
Fruit.

Par qui fignifie produire, porter, fructifier, devint le nom de divers objets relatifs à ces idées ; & comme ces noms entroient fans ceffe dans le langage, ils s'altererent fans peine en Per, Pre, Pri, &c.

1.

Para-Disus, mot-à-mot, jardin délicieux, au fig. le Ciel, le Paradis, le féjour des Bienheureux.

Les Orientaux le prononcent *Ferdous*, de Fer, Ver, Var, Par, verger : & de Du, Dou, doux, délicieux.

Para-Diseus, a, um, de Paradis, qui concerne le Paradis.

2.

Peri-Stera, en Grec, colombe, oifeau de Vénus ; de Per, fécond, & de St, qui eft : on ne pouvoit mieux les défigner.

Peri-Stero-pullon, i, pigeonneau.
Peri-Stero-trophium, ii, colombier.
Peri-Stereon, onis, colombier.
Peri-Stereon, i, &
Peri-Stereos, i, verveine, *plante*.

3.

A-Prilis, is, mois d'Avril ; du mot

PERI, fruit, produire; parce que c'est le mois où la terre fait sortir de son sein les productions de toute espéce : aussi ce mois étoit-il consacré à Vénus appellée en Grec A-Phro-Dite, *mot-à-mot*, la Déesse des fruits & des productions.

4.

Pa-Pyrus, *i*, --- Rum, *i*, plante d'Egypte, qui venoit dans des lieux humides, & dont on faisoit des voiles, des cordes, du Papier, mot lui-même altéré de *Papyrus*; celui-ci est composé de l'article Or. P, & du primitif Pyr, Per, production.

Le *Papyrus*, par toutes ses propriétés, étoit pour l'Egypte une production par excellence.

Pa-Pyraceus, *a*, *um*, fait de l'arbrisseau d'Egypte appellé *Papyrus*.

Pa-Pyreus, *a*, *um*, de l'arbrisseau appellé *Papyrus*.

Pa-Pyri-Fer, *a*, *um*, qui porte, qui produit l'arbrisseau nommé *Papyrus*.

Pa-Pyrio, *onis*, lieu où croissent ces arbrisseaux appellés *Papyrus*.

5.

Pirus, *i*, poirier : *il désignoit dans l'origine un arbre fruitier en général.*

Pirum, *i*, poire.

Pyretum, *i*, lieu planté de poiriers.

6.

Iso-Pyrum, *i*, nom Grec d'une espéce d'haricot ; composé d'*Isos*, égal, & de Pyr, nom des plantes les plus utiles à l'homme.

7.

Porrum, *i*, --- Rus, *i*, porreau, *plante bonne à manger*.

Porrina, *æ*, planche ou couche de porreaux.

Porraceus, *a*, *um*, de porreau, porracé.

8.

Prunum, *i*, Prune, *fruit*.

Prunus, *i*, prunier, *arbre*.

Prunella, *æ*, prunelle, *fruit*.

Prunellum, *i*, pruneau, *fruit*.

Prunellus, *i*, petit prunier, prunier sauvage.

Prunetum, *i*, lieu planté de pruniers.

Pruneus, *a*, *um*, de prune, de prunier.

Pruneoli, *orum*, petits champignons.

9.

1. Pratum, *i*, pré, prairie, *mot-à-mot*, terrein productif.

Pratulum, *i*, petit pré.

Pratensis, *m. f. se*, *n. is*, de pré.

2. De *Pratum*, pré, couvert de verdure, se forma la Famille suivante, le nom même de la verdure en Latin & en Grec.

Prasina, *æ*, terre verte, cendre verte, couleur pour les Peintres.

Prasina factio, *onis*, la faction de la livrée verte aux courses du Cirque à Rome.

Prasinatus, *a*, *um*, habillé de verd, de couleur de porreau ; 2°. verdi, peint de verd.

Prasinianus, *a*, *um*, qui est de la faction de la livrée verte, ou qui la favorise.

Prasinus, *a*, *um*, verd de porreau, couleur de verd de porreau.

Prasius, *ii*, prime-émeraude, *pierre précieuse*.

Prasocurides, *dum*, vermisseaux qui mangent les porreaux ; du Grec *Praſon*, porreau, à cauſe de ſon beau verd.

Prasoïdes, *is*, ſorte de pierre précieuſe de couleur de verd de porreau.

10.

Famille Grecque.

De PHER, porter.

Ana-Phora, *æ*, anaphore, repriſe ou répétition de mots, figure de Rhéthorique ; 2°. aſcenſion oblique des ſignes ; 3°. ſecours ; 4°. élévation, enlevement en haut ; 5°. raport d'un crime ; 6°. reſpiration & évaporation des odeurs.

Ana-Phoricus, *a*, *um*, anaphorique.

Anaphoricum horologium, clepſidre, horloge d'eau, horloge d'hiver.

Adia-Phoria, *æ*, indifférence.

Epi Phora, *æ*, inflammation des yeux avec larmoyement, fluxion, cours des humeurs ſur quelque partie du corps.

Hexa-Phori, *orum*, ſix porteurs d'un même fardeau.

Hexa-Phorum, *i*, litiere portée par ſix hommes.

Meta-Phora, *æ*, métaphore ; *figure de Rhétorique*.

Prononcé POR.

Em-Porium, *ii*, foire, marché.

Em-Poreticus, *a*, *um*, de marché, de marchand.

VIII.

PARS, part, portion.

De Par, paire, ſe forma Pars, portion, part ; d'où ces dérivés.

1.

1. Paries, *etis*, mur, muraille, paroi ; elle ſert à ſéparer.

Parietinæ, *arum*, maſures, ruines, reſtes d'anciens murs ou murailles.

Parietaria, *æ*, pariétaire, *plante*.

2. Parca, *æ*, parque, deſtin, ſort, fortune, deſtinée ; *mot-à-mot*, la portion, le lot de chacun ; 2°. ſorte d'oiſeau.

Parca nubila, fâcheuſe deſtinée, malheureux ſort, deſtin peu favorable, mauvaiſe fortune.

Parcæ, *arum*, les trois Parques, *Clotho, Lacheſis, Atropos*.

2.

1. Pars, Partis, part, partie, portion, côté ; 2°. commiſſion, ordre, devoir, emploi, office ; 3°. rang, eſtime ; 4°. rôle, perſonnage.

Pars bona hominum, la plûpart des hommes, une bonne partie des hommes.

2. Partio, *is*, *ivi*, *itum*, *ire*, &

Partior, *iris*, *itus ſum*, *iri*, partir, partager, diviſer, diſtribuer par parties.

Partitè, *adv.* avec diſtribution, en diviſant, en faiſant une diviſion par parties.

Partitio, *onis*, partition, partage, diviſion ; 2°. l'action de faire les parts, de ſéparer par parties ou par lots, &c.

Partitò, *adv.* par parties, par portions.

Partitor, *oris*, celui qui fait les parts, qui partage, qui diſtribue, qui diviſe par portions.

Partim, *adv.* en partie, la plûpart, une partie.

Partim amicorum, une partie de mes amis.

Partiariò, *adv.* voy. *Partitè.*

Partiarius, *ii*, qui tient une ferme à moitié.

Partiarius, *a*, *um*, qui ſe partage par moitié.

3. Particula, *æ*, particule, parcelle,

petite portion, petite partie.

Particula auræ divinæ anima, l'ame est une petite partie du souffle divin.

Particularis, *m. f. re*, *n. is*, particulier, terme de Philosophie, qui n'est ni universel, ni singulier.

Particulatim, *adv.* par parties, par parcelles, en détail, par le menu, par piéces, par portions.

Particulo, *onis*, co-héritier.

Particus, ici, marchand de détail, qui vend en détail.

Partilis, *m. f. le*, *n. is*, divisible, qu'on peut partager.

BINOMES.

Parti-Ceps, *ipis*, participant, qui a part, à qui on a fait part, qui prend part, qui participe, qui partage avec, compagnon, compagne, complice, à qui l'on communique.

Particeps pudoris ac verecundiæ, qui a de la modestie.

Parti-Cipatio, *onis*, participation, part.

Parti-Cipialis, *m. f. le*, *n. is*, de participe.

Parti-Cipium, *ii*, participe d'un Verbe.

Parti-Cipo, *as*, *avi*, *atum*, *are*, faire ou rendre participant, communiquer, faire part; 2°. participer, entrer en participation, partager avec.

Com-Parti-Ceps, *cipis*, omn. gen. qui est participant, qui participe avec.

COMPOSÉS.

Com-Partior, *iris*, *titus sum*, *iri*, partager ensemble.

Dis-Partio; Dis-Partior; Dis-Pertio, *is*, *ivi*, *itum*, *ire*, &

Dis-Pertior, *iris*, *itus sum*, *iri*, distribuer, diviser, partager, partir, départir, donner partie à l'un, partie à l'autre.

Im-Partior, *iris*, *iri*, voy. Impertior.

Im-Pertio, *is*, *ivi*, *itum*, *ire*, &

Im-Pertior, *iris*, *itus sum*, communiquer, faire part, départir, procurer, octroyer.

Im-Pertitus, *a*, *um*, part. d'Impertior.

Multi-Partitus, *a*, *um*, divisé en plusieurs parties; 2°. partagé entre plusieurs.

Bi-Partitus, *a*, *um*, partagé en deux.

Inter-Partio, *is*, *ivi*, *itum*, *ire*, distribuer, diviser, partager entre.

Tri-Partitus, *a*, *um*, parti ou partagé en trois parties, divisé en trois parties.

Tri-Partitò, *adv.* en trois parts, en trois parties; 2°. par trois endroits.

Tri-Partitò aggredi, attaquer par trois endroits.

NÉGATIF.

Ex-Pers, *rtis*, qui n'a pas, qui manque, dénué, dépourvu, qui a perdu, qui est privé, qui n'a point de part, libre, exempt; 2°. qui est sans expérience, qui ne sçait rien.

3.

Portio, *onis*, portion, partie.

Portiuncula, *æ*, petite portion, petite partie; 2°. portiuncule, lieu en Italie.

Pro-Portio, *onis*, proportion.

Pro-Portionalis, *m. f. le*, *n. is*, proportionnel, analogique.

Pro-Portionalitas, *atis*, analogie.

Pro-Portionaliter, *adv.* proportionnellement, avec proportion.

Pro-Portionatus, *a*, *um*, proportionné, qui a de la proportion.

4.
PARC, épargne.

De PARS, part, & AGO, mettre, se forma cette Famille :

PARCO, *is*, *peperci* ou *parci*, *parsum* ou *parcitum*, *cere* ; mot-à-mot, mettre à part, en réserve, épargner, ménager : avoir des réserves, de la retenue ; en user avec modération ; 2°. pardonner ; 3°. s'abstenir.

PARCUS, *a*, *um*, épargnant, ménager, 2°. avare, mesquin, ladre.

PARCè, *adv.* avec épargne, frugalement, sobrement ; avec retenue, réserve ou modération ; 2°. mesquinement, chichement.

Parcè parcus, vilain, mesquin, ladre.

Parciùs dicere, parler plus sobrement, avec plus de réserve.

Parcissimè potestatem aquæ facere, ne donner que très-peu d'eau.

PARCendus, *a*, *um*, qu'il faut épargner, à qui il faut pardonner, dont il faut s'abstenir.

PARCens, *tis*, omn. gen. qui pardonne, qui épargne, qui s'abstient.

PARCI-Loquium, *ii*, réserve, retenue à parler.

PARCI-MONia, *æ*, épargne, ménage, économie 2°. réserve, retenue.

PARCI-PROMus, *a*, *um*, économe, épargnant, ménager.

PARCitas, *atis*, modération, &c. voyez Parcimonia.

COMPOSÉS.

1. DE-PARCUS, *a*, *um*, épargnant, avare.

TRI-PARCUS, *a*, *um*, très-chiche, fort épargnant.

PRÆ-PARCè, *adv.* très-mesquinement ; d'une maniere trop taquine ; avec trop d'épargne.

PRÆ-PARCUS, *a*, *um*, très-chiche, très-mesquin, avaricieux, avare.

2. COM-PARCO, *is*, *rsi*, *rsum*, *cere*, épargner, ménager, amasser en épargnant, retrancher par épargne.

IM-PERCO, *is*, *ere*, voy. Parco.

RE-PARCO, *is*, *si*, *ere*, épargner.

PARSI-MONia, *æ*, voy. Parcimonia.

PARSI-MONicus, *a*, *um*, voy. Parcus.

PARSus, *a*, *um*, part. de Parco.

NÉGATIFS.

De PER, POR, portion, partage, fruits, richesses, & de la privative Grecque A, se forma :

A-PORio, *-are*, appauvrir ; réduire dans le besoin, dénuer de tout ; 2°. douter, être embarrassé.

A-PORia, *æ*, perplexité, inquiétude, doute.

A-PORiatio, *onis*, pauvreté, besoin.

2.

De PER, richesses, & de PAU, peu, se forma cette Famille Latine.

PAU-PER, *eris*, *ior*, *imus*, pauvre, indigent, nécessiteux.

PAU-PERo, *-are*, appauvrir, rendre pauvre.

PAU-PERies, *ei* ; PAU-PERtas, *atis*, pauvreté, indigence ; 2°. dommage causé par les bêtes ; 3°. Déesse de la pauvreté.

PAU-PERculus, *a*, *um*, fort pauvre, misérable.

PAU-PERtinus, *a*, *um* ; PAU-PERus, *a*, *um*, indigent, pauvre.

DE-PAU-PERo, *-are*, réduire à l'indigence.

PAR, PER, VER,

Le travers, ce qui partage (85).

" PAR, de la même Famille que *BAR*,
" broche, désigna le travers, l'ac-
" tion de traverser, de se mettre
" à travers, de partager, percer,
" déchirer, &c. De-là nombre de
" Familles.

1.
PER, à travers.

PER devint une préposition Latine qui désigna les rapports relatifs à l'idée de traverser, d'être en travers.

PER *medios hostes*, à travers les ennemis.

PER *omnes dies*, à travers tous les jours, c'est-à-dire, tous les jours, chaque jour.

Elle signifia par extension, le raport de moyen & de cause.

PER *adoptionem pater*, pere par adoption.

Et un rapport d'époque, de tems, pendant lequel, à travers lequel arrive un événement.

PER *annonam caram*, pendant la cherté.

PER *noctem*, de nuit.

2.

1. PERa, æ,   } valise; elle se met à
   BERo, onis, } travers le cheval; sac, poche, besace.

PERula, æ, gibeciere, petit sac; 2°. petit ventre.

2. VERu, *indécl.* broche, dard, javelot.

VERuculum, i, petit dard.
VERutum, i, dard court & mince.
VERutus, a, um, armé de dards courts & légers.
VERvina, æ, dard long; sonde de Buraliste, de Commis.

II. PER, désignant une barre, un verrou, & s'associant avec *OB*, devant, sous les yeux, forma le verbe

O-PERio, *rui*, *pertum*, *ire*, fermer; 2°. couvrir; 3°. feindre, dissimuler, *mot-à-mot*, je mets la barre devant, *par conséquent* je ferme.

O-PERculo, *avi, atum, are*, couvrir; 2°. mettre un couvercle.

O-PERculatus, a, um, couvert, qui a un couvercle.

O-PERculum, i, couverture, couvercle.

O-PERimentum, i, enveloppe, tout ce qui sert à fermer, à couvrir.

O-PERta, orum, choses cachées.

O-PERtanea, eorum, sacrifices secrets.

O-PERtanei, orum, Dieux auxquels on sacrifioit en secret.

O-PERtaneus, a, um, qui se fait en cachette, à couvert.

O-PERtum, i, lieu secret, où l'on célébroit les mystères.

O-PERtorium, ii, couverture, tapis, couvercle.

O-PERtus, a, um, fermé, couvert, caché.

O-PERté, en cachette, couvertement.

O-PERior, *opertus sum*, *iri*, ou *operior*, verbe qu'on regarde comme déponent & qui signifie attendre; mais au sens propre il est passif & signifie *être barré*, être arrêté par une barriere: ce qui oblige à attendre.

AD-OPERio, *ire*, couvrir, cacher.

AD-O-PERus,

AD-OPERtus, a, um, couvert, voilé.
Co-o-PERio, -ire, couvrir; 2°. accabler.
Co-o-PERculum i; Co-o-PERimentum, i, couvercle, couverture.
DIS-co-OPERio, -ire, découvrir, ôter le couvercle.
DIS-co-OPERtus, a, um, découvert.

III. Le même PER désignant un verrou, une barre, & s'associant avec la Préposition *A*, qui désigne l'idée d'ôter, d'enlever, forma le verbe

A-PERio, ui, ertum, ire, qui signifie *mot-à-mot*, j'enléve la barriere; je l'ôte; *par conséquent*, j'ouvre; 2°. je découvre, je mets en évidence; 3°. éclaircir, expliquer, manifester, mettre au jour.
A-PERio, onis, ouverture, action d'ouvrir.
A-PERté, ouvertement, sans déguisement, publiquement.
A-PERtum, i, rase campagne, plaine, place publique.
A-PERtus, a, um, ouvert, débouché, nud; 2°. découvert, démasqué; 3°. clair, net, évident; 4°. franc, sincere; 5°. serein.
AD-APERio, ire, ouvrir, découvrir: 2°. donner de l'air, déchausser un arbre.
AD-APERtilis, e, qui s'ouvre, qu'on peut ouvrir.
AD-APERtus, a, um, ouvert, découvert, déchaussé par le pied.
IN-APERtus, a, um, qui n'est point ouvert.

II.

COM-PERio, -ire, apprendre, acquérir, trouver, découvrir.
COM-PERté, ouvertement, clairement.
COM-PERtus, a, um, certain, connu, sçu, découvert; 2°. convaincu.
RE-PERio, is, peri, pertum, ire, trouver, rencontrer.
Reperire causas, trouver des excuses, des prétextes, des raisons.
RE-PERtitius, a, um, trouvé, qu'on a trouvé ou qu'on trouve.
RE-PERtor, oris, inventeur, qui trouve, qui découvre le premier.
RE-PERtorium, ii, inventaire, répertoire, registre.
RE-PERtum, i, invention, chose qu'on a trouvée, trouvaille.
IN-COM-PERtus, a, um, qu'on n'a pas trouvé, dont on n'est pas assuré, qu'on ne connoit point, incertain, inconnu.
IR-RE-PERtus, a, um, qui n'a pas été trouvé.

III.

PERitus, a, um, savant, expérimenté: habile: *mot à-mot*, qui a passé par les épreuves, qui a une grande expérience.
PERitia, æ, savoir, science; 2°. habileté, intelligence; 3°. expérience, usage.
PERité, savamment, adroitement.
PER-PERitudo, inis, ignorance, impertinence, bêtise, stupidité, sottise.
PER-PERitus, a, um, très-habile, très-expérimenté.
OMNI-PERitus, a, um, qui sait tout, qui est instruit de tout, qui a connoissance de toutes choses, qui n'ignore rien.
IM-PERitus, a, um, ignorant, mal-habile, qui n'est point intelligent, qui n'a point d'expérience, grossier, butor.
IM-PERité, en ignorant, mal-habilement, grossierement, sans art, en homme mal instruit.

IM-PERitia, æ, inexpérience, ignorance, défaut d'intelligence, manque de connoissance, mal-habileté, bêtise, grossiéreté.

IV.

Ex-PErior, ertus sum, iri, mot à mot, être sorti des épreuves, être passé à travers ; avoir éprouvé ; 2°. éprouver, essayer, tenter, sonder ; 3°. faire une tentative.

Ex PErientia, æ, Ex-PERimentum, i, habileté acquise par l'épreuve, expérience ; 2°. épreuve, essai ; 3°. long usage.

Ex-PERs, tis, sans expérience, qui ne sait rien.

Ex-PERtor, oris, essayeur.

Ex-PERtio, onis, expérience, épreuve, essai.

Ex-PERtus, a, um, qui n'a point de part ; 2°. sans patrie, étranger. Ce mot est composé de PARs, PARtie.

IN-EX-PERtus, a, um, qu'on n'a pas essayé, tenté.

V.
PIR, tentative, piége.

De PER se forma le Grec PEIRA, tentative, effort ; piége, fourberie ; d'où ces mots Grecs-Latins.

1.

PIRata, æ, voleur sur mer, corsaire, pirate.

PIRatica, æ, piraterie.

PIRaticus, a, um, de pirate.

ARCHI-PIRata, æ, chef de pirates.

2.

CATA-PIRo, are, tenter extrêmement.

CATA-PIRater, is, sonde.

EM-PIRicus, i, Médecin empirique qui se conduit par la seule expérience.

EM-PIRicé, és, Médecine qui n'est fondée que sur l'expérience.

SYM-PERasma, atis, conclusion, épilogue.

VI.
POR, pore.

POROsitas, atis, porosité.

POROsus, a, um, poreux, plein de pores.

PORisma, atis, conséquence qui suit nécessairement de ce qui a été avancé, proposition qui emporte une conséquence nécessaire par ce qui a été démontré auparavant ; 2°. ouverture de l'esprit ; 3°. corollaire.

DIA-POResis, is, doute, figure de Rhétorique.

VII.
P E R-Eo.

De PER, à travers, & de Eo, aller, se formerent ces mots :

PER-Eo, ii, itum, ire, mot-à-mot, passer à travers, s'évanouir, périr, se perdre, être perdu ; 2°. mourir.

DE-PEReo, -ire, périr, être perdu ; 2°. languir ; 3°. aimer éperduement.

DIS-PEReo, is, rivi & rii, peritum, ire, se perdre, être perdu, périr, dépérir, se détruire, être détruit.

Disperii, je suis perdu, c'est fait de moi.

VIII.
P E R-D O.

PERDO, is, didi, ditum, dere, perdre, faire une perte ; 2°. gâter, corrompre, débaucher ; 3°. ruiner, détruire ; 4°. dissiper, dépenser, prodiguer.

PERDuaxint pour perduant ou perdant.

PERDitio, onis, perte, ruine, destruction.

PERDitor, oris, destructeur, qui renverse, qui ruine.

PERDendus, a, um, qu'il faut perdre, qu'on doit perdre.

COMPOSÉS.

DE-PERDO, is, didi, ditum, ere, perdre, faire une perte.

DIS-PERDO, is, didi, ditum, dere, perdre, ruiner, détruire, désoler, dissiper, consumer.

DIS-PERDitio, onis, destruction, désolation, ruine, perte, dégât.

IM-PERDitus, a, um, qui ne s'est pas perdu, qui est échappé d'un danger.

IX.
PAReo.

PAR-EO, ui, ere, paroître ; 2°. obéir ; 3°. s'assujettir.

COMPOSÉS.

AP-PAReo, es, rui, ritum, ere, apparoître, paroître, se montrer, se présenter à quelqu'un, être vu, se faire voir ; 2°. être évident, être manifeste.

AP-PARitio, onis, fonction, emploi d'appariteur ou de licteur ; présentation d'appariteur ou de licteur devant les Magistrats ; 2°. *dans les Auteurs Ecclésiastiques*, apparition.

AP-PARitor, oris, Huissier, Sergent, Porte-masse, Massier, Bedeau, Clerc, Hoqueton.

AP-PARitorium, ii, &

AP-PARitura, æ, voyez *Apparitio*.

COM-PAReo, es, rui, ere, paroître, comparoître, se faire voir, se montrer, se présenter ; 2°. subsister, être en nature.

2. PARens, tis, obéissant, qui obéit, qui s'assujettit.

IM-PARens, tis, omn. gen. désobéissant, qui refuse l'obéissance, qui ne veut point obéir.

IM-PARentia, æ, désobéissance, refus d'obéir, révolte, rébellion, indocilité.

XI.
PORTa, Porte.

PORTa, æ, porte ; défilé, gorge.

PORTula, æ, petite porte, dimin. de *Porta*.

PORTicus, ûs, portique, porche, galerie ouverte & soutenue de colonnes par un côté; 2°. ailes ou bas côtés d'une Eglise.

PORTicatio, onis, disposition d'un portique, d'une galerie ; 2°. espéce d'enceinte autour d'un tombeau.

PORTicula, æ, petite galerie.

XII.
PORT, porter.

PORTO, as, avi, atum, are, porter, transporter, voiturer.

PORTans, tis, omn. gen. qui porte.

PORTarius, ii, portier.

PORTatio, onis, &

PORTatus, ûs, port, transport, voiture; l'action de porter.

S-PORTa, æ, corbeille, panier, cabas.

S-PORTella, æ, petite corbeille, &c. 2°. ce qu'on servoit au dessert dans une corbeille.

COMPOSÉS.

AP-PORTO, as, avi, atum, are, apporter, amener, transporter, voiturer, charrier ; 2°. causer, être cause ; donner occasion, lieu, sujet.

AP-PORTatio, onis, apport, voiture, transport, charriot.

AS-PORTO, as, avi, atum, are, transporter, enlever, apporter, emmener, voiturer, charier, emporter d'un lieu à un autre.

As-Portandus, a, um, qu'on doit transporter d'un lieu à un autre.

As-Portatio, onis, transport d'un lieu à un autre, voiture, charriage.

Com-Portatio, onis, transport, voiture.

Com-Porto, as, avi, atum, are, porter, transporter, voiturer.

De-Porto, as, avi, atum, are, porter, voiturer, transporter, charrier, conduire, amener ; 2°. bannir, exiler, envoyer en exil.

De-Portatio, onis, charroi, port, transport, voiture ; 2°. bannissement perpétuel.

Ex-Portatus, a, um, part. de

Ex-Porto, as, avi, atum, are, porter dehors, transporter, emporter, enlever.

Im-Porto, as, avi, atum, are, transporter, voiturer, mettre dedans ; 2°. apporter, causer.

Im-Portabilis, m. f. le, n. is, qu'on ne peut porter.

Im-Portandus, a, um, qu'il faut transporter, voiturer.

Præ-Porto, as, avi, atum, are, porter devant.

Re-Porto, as, avi, atum, are, reporter; 2°. remporter, gagner, acquérir ; 3°. rapporter.

Sup-Porto, as, avi, atum, are, porter, transporter ou voiturer en cachette.

Trans-Portatio, onis, transport, l'action de transporter, ou de transférer.

Trans-Portatus, a, um, part. de

Trans-Porto, as, avi, atum, are, transporter, transférer, porter ou faire passer d'un lieu à un autre ; 2°. exiler, reléguer.

XIII.
PORTus, Port.

Portus, ûs, Port de mer, havre ; 2°. asyle, réfuge.

Portuosus, a, um, où il y a des ports, des havres en quantité.

Porthmeus, mei, batelier, passeur, soit dans une nacelle, soit dans un bac ; 2°. surnom de Caron.

Portitio, onis, port, transport, voiture.

Portito, as, avi, atum, are, porter.

Portitor, oris, batelier, passeur, soit dans une nacelle, soit dans un bac ; 2°. receveur d'un péage.

Portitor Orci, Charon ;--Ursæ, voyez Bootes.

Portorium, ii, passage, ce qu'on donne à un batelier pour passer; 2°. douane, ou impôt sur le passage, sur l'entrée, sur la sortie.

Portisculus, i, Comite de galère ; 2°. sa baguette.

Portumnus, i, Portumne, surnom de Mélicerte, devenu Dieu des ports.

Portumnalia, ium, fêtes & jeux qui se célébroient la nuit tous les cinq ans dans l'Isthme du Péloponèse, à l'honneur de Mélicerte, surnommé Palémon & Portumne.

NÉGATIFS.

1. Im-Portuosus, a, um, où il n'y a point de port, d'ancrage ou de mouillage pour les vaisseaux.

Im-Portunus, a, um, importun, incommode, fâcheux, fatiguant, qui vient à contre-tems, ennuyeux, insuportable, odieux.

Im-Portunitas, atis, importunité, maniere importune, contre-tems.

Im-Portuné, adv. mal-à-propos, à contre-tems, hors de tems & de saison;

d'une maniere fatiguante, importune, fâcheuse.

PER,
élevé.

De PER, pour FER, BER, porter, élever, vinrent ces dérivés.

1. PERNA, æ, jambe, parce qu'elles sont élevées; 2°. jambon; 3°. le pied d'un arbre; 4°. poisson à coquille, ainsi nommé à cause de sa forme.

Ex-PERNO, -are, couper les cuisses.

2. PERNIO, onis, engelure aux jambes, mule aux talons.

PERNiunculus, i, le même.

COM-PERNis, is, qui a les pieds tournés en dedans.

3. PERNix, icis, qui a les pieds légers, des jambes minces & grandes, qui peut bien courir.

PERNicitas, atis, vitesse.

PERNiciter, légerement, avec vitesse.

4. PERO, onis, guêtres, bottines, fourreaux de jambes.

5. PERTica, æ, perche, long bâton; 2°. perche, mesure d'Arpenteur.

PERTicalis, m. f. le, n. is, propre à faire des perches ou de longs bâtons.

PERGula, æ, balcon, galerie en saillie hors d'un bâtiment; 2°. échoppe, boutique adossée à un bâtiment; 3°. treille, berceau; 4°. école publique.

PERGulanus, a, um, de barreau, de treille ou de treillage.

SPAR.

De PAR, broche, pique, lance, vint la Famille Celtique:

SPAR, lance, trait, javelot:

En Angl. SPEAR; en Latin,

1. SPARum, i; ——rus, i, trait, javelot.

S-PARus, i, &
S-PARulus, i, sorte de poisson de mer.

S-PIR-ARCHus, i, Capitaine de la premiere compagnie des LANCEURS de JAVELOT d'une légion.

2. S-PARtum, i, jonc, plante à longue tige & sans feuilles, comme une PIQUE, dont on fait des cordes, des nattes: genêt.

S-PARtarium, ii, lieu planté de genêts.

S-PARteus, a, um, fait de jonc.

S-PARteolus, i, corde faite avec des brins de genêt.

S-PARteoli, orum, gens habillés d'étoffes & de souliers de corde, & qui servoient à Rome pour faire le guet & pour éteindre les incendies.

S-PARtarius, a, um, qui fait des cordes avec du genêt; 2°. sorte d'oiseau de proie.

AS-PER,
âpre, piquant.

De PER, broche, pointe, se formerent divers dérivés.

1.

As-PER, a, um, piquant, hérissé, raboteux, A-PRE; 2°. austère, sévere, rigoureux.

As-PERugo, inis; As-PERula, æ, grateron, herbe pointue.

As-PERO, -are, faire une pointe à; aiguiser; 2°. hérisser, rendre APRE, raboteux; 3°. aigrir, irriter, exagérer.

As-PERitas, atis, } le piquant, ce qui est
As-PRedo, inis, } piquant, inégal, ra-
As-PRitudo, inis, } boteux; 2°. APReté, aigreur; 3°. rudesse, dureté; 4°. impolitesse, mauvaise humeur.

As-PREtum, i, un lieu piquant, hérissé de ronces, de pointes.

As-PERè, d'un air piquant, avec rudesse, austérité.

COMPOSÉS.

Ex-As-Pero,-are, donner du tranchant, du piquant ; 2°. rendre raboteux, inégal ; 3°. aigrir, irriter.

Ex-As-Perator, oris; Ex-As-Peratrix, icis, qui rend piquant, rude ; 2°. qui irrite, qui aigrit.

Per-As-Per, a, um, fort rude.

Sub-As-Per, a, um, un peu rude.

2.

PORCus, Porc, Cochon.

Du même Per, pointu, vint le nom Latin du cochon, à cause de son museau pointu, dont il se sert pour sillonner la terre.

1. Porcus, i, cochon ; *Allemand*, Barch, Borch ; *vieux Grec* ΠΟΡΚΟϛ, PORKoς ; 2°. homme sale, glouton.

Porcellus, i ; Porculus, i, petit cochon.
Porca, æ, truie.
Porculena, æ, une petite truie.
Porc-Etra, æ, jeune truie, qui n'a porté qu'une fois ; de Et, Etos, un an.
Porcarius, a, um ; Porcinus, a, um, de cochon, de Porc.
Porcile, ilis, étable à cochons.

3. Porcarius, ii, porcher.
Porcinarius, ii, qui vend de la chair de cochon ; chaircuitier.
Porri-Cida, æ, couteau de chaircuitier.
Porculator, oris, engraisseur de cochons.
Porculatio, onis, engrais de cochons.

3. Porca, æ, sillon, parce que le porc fouit, creuse, laboure ; 2°. sillon de Vénus.

Porcitor, oris, qui sillonne.
Porculetum, i, sillon.

Im-Porco, -are, faire des sillons ; 2°. couvrir les semences.
Im-Porcatio, onis, l'action de faire des sillons ; 2°. les couvrailles.

4. Porcaster, ri, gros cochon.

5. Porcellata, æ, plante potagere, ainsi nommée, parce qu'elle est comme sillonnée.

6. Porcellana, æ, porcelaine, petite truie ; 2°. porcelaine, vase de belle terre, ainsi nommés, à cause que leur éclat ressemble à celui de coquillages imitant le sillon de Vénus.

3.

4. Perca, æ, Perche, poisson d'eau douce ; il doit son nom à ses nageoires garnies de piquans.

PHAL.

De la Famille Fal, Bal, sont venus ces mots.

1.

Phalæ, arum, tours de bois.
Phalangæ, arum, voyez Palangæ.
Phalanx, angis, phalange, corps d'infanterie Macédonienne, de huit, de seize, de vingt ou vingt-quatre mille hommes.
Phalangitæ, arum, fantassins, l'infanterie Macédonienne.
Phalangites, æ, plante médicinale contre la blessure des bêtes venimeuses.
Phalangium, ii, &
Phalangius, ii, tarentule, sorte d'araignée venimeuse.

2.

Phaleræ, arum, collier, ornemens que portoient les Chevaliers Romains ; 2°. caparaçons, ornemens de chevaux.

Ad populum phaleras, cherchez

vos dupes ailleurs, faites vos contes à d'autres ; à d'autres ; à d'autres.

PHALeratus, a, um, caparaçonné, bardé.
PHALero, as, avi, atum, are, caparaçonner, barder.

3. PHALaris, idis, forte de plante ; 2°. forte d'oifeau de riviere.

PHALeris, idis, forte d'oifeau aquatique.

PHAR.

De la Famille FAR, FER, porter, font venus :

1. PHARetra, æ, carquois, troufle à mettre des flèches.

PHARetratus, a, um, qui porte un carquois fur le dos.
PHARias, æ, forte de ferpent qui fait un fillon avec fa queue lorfqu'il marche.
PHARicum, i, forte de poifon, de Phar, plante.

2. PHARinx, gis, pharinx, le haut du gofier qui va à l'eftomac.

COMPOSÉS.

ANTI-PHERNa, æ, avantages qu'un mari fait à fa femme par contrat de mariage.

PARA-PHERNa, orum, biens paraphernaux, biens échus à une femme par fucceffion ou autrement, depuis fon mariage.

PARA-FERnalia, orum, biens de la femme, dot ; voyez Parapherna.

PERI-PHERia, æ, circonférence.

PERI-PHERoma, atis, fupplément, figure de Rhétorique, lorfqu'on ajoute à une phrafe un mot fuperflu.

AM-PHORa, æ, mot-à-mot, vafe à porter, vafe à deux anfes, vaifleau à mefurer.

AM-PHORalis, à pleins feaux.
ANA-PHORa, æ, anaphore, reprife ou répétition de mots.

CANE-PHORus, i, } celui, celle qui
CANE-PHORa, æ, } porte fur fa tête la corbeille facrée, canephore.

PARA-PHORum, i, efpéce d'alun, forte de minéral.

PHOS-PHORus, i, l'aftre de Vénus, l'étoile du matin ; 2°. un phofphore.

TETRA-PHORi, orum, porteurs qui portent à quatre.

De PHAR, plante, & de MAG, puiffance, vertu, fe forma cette Famille :

PHAR-MAcum, i, reméde, médicament.

PHAR-MACa, orum, remédes, médicamens.

PHAR-MACia, æ, pharmacie, purgation par les médicamens.

PHAR-MACus, i, empoifonneur.

PHAR-MACeutice, es, apothicairerie, partie de la Médecine qui regarde les remédes.

PHAR-MACeutria, æ, empoifonneufe.

PHAR-MACites, tis, omn. gen. qui entre dans la compofition des médicamens.

PHAR-MACodes, is, odeur des médicamens.

TRINOMES.

PHAR-MACO-Pœus, a, um, qui prépare les médicamens.

PHAR-MACO-POLa, æ, Médecin empirique ; Apothicaire qui prépare les médicamens, qui compofe les remédes, qui vend ; droguifte.

PHAR-MACO-POLium, ii, boutique d'Apothicaire, Apothicairerie.

TETRA-PHAR-MACum, i, emplâtre fait

avec de la cire, de la graisse, de la résine & de la poix; 2°. sorte de mets composé d'un faisan, d'un jambon, d'une tettine de truie qui alaite depuis deux jours, & d'un gâteau.

PHLE.

De Fol, Ful, briller, être plein de chaleur & de vie, se formèrent:

1. Phlebs, *bis*, veine.

Phlebicus, *a*, *um*, qui concerne les veines.

Phlebo-Rrhagia, *æ*, rupture de veines.

Phlebo-Tomia, *æ*, phlebotomie, l'art de saigner; 2°. saignée: de Tom, coupure.

Phlebo-Tomo, *as*, *are*, saigner, ouvrir la veine; tirer du sang.

Phlebo-Tomum, *i*, lancette.

Phlebo-Tomus, *i*, celui qui saigne.

2. Phlegon, *is*, un des chevaux du Soleil.

Phlegontis, *idis*, ou

Phlegontites, *æ*, sorte de pierre précieuse qui semble être enflammée.

Phlegeton, *ontis*, le Phlégéton, fleuve d'Enfer.

Phlegetonteus, *a*, *um*, ou

Phlegetontis, *idis*, du Phlégéton.

Phlegmone, *es*, tumeur enflammée.

3. Phlogium, *ii*, ou

Phlox, *ogis*, violette rougeâtre, *fleur*.

Phlyctæna, *æ*, pustule semblable à celle que cause la brûlure.

Phlegma, *atis*, flegme, pituite.

Phlegmaticus, *a*, *um*, flegmatique, pituiteux.

PHYL.

De Phol, Bol, œil, veiller sur, vinrent:

Phylaca, *æ*, prison.

Phylacista, *æ*, Geolier, Guichetier; 2°. manœuvre, ouvrier, qui attend sa paye devant la porte de celui qui le fait travailler.

Phylacterium, *ii*, tablette; 2°. philactere, parchemin où étoient écrits les Commandemens de Dieu, & que les Pharisiens portoient aux bras & sur le front; 3°. Croix que les Evêques portent pendue au col; 4°. ce qui sert à serrer quelque chose; 5°. amulette; 6°. caracteres ou billets superstitieux qu'on porte sur soi.

Phyll-Andrion, *ii*, sorte de plante; *mot Grec*.

Phyl-Anthes, *is*, sorte de plante qui pique.

Phyll-Anthion, *ii*, herbe qui sert à la teinture en pourpre.

PHO, PHŒN.

De Fo, feu, prononcé Foe, Fœn, Fan, &c. vinrent ces diverses Familles:

I.

1. Repo-Focilium, *ii*, couvre-feu; 2°. plaque, contre-cœur de cheminée.

2. Phœbas, *adis*, Prêtresse d'Apollon.

Phœbe, *es*, la Lune.

Phœ-Bus, *i*, le Soleil, Apollon, le Dieu des Poëtes, &c.

Phœbeus, *a*, *um*, du Soleil, d'Apollon.

3. Phœnissa, *æ*, Didon Phénicienne.

Phœnix, *icis*, le Phénix, oiseau fabuleux.

BINOMES.

Phœnico-Balanus, *i*, la datte du palmier d'Egypte, qui enyvre ceux qui en mangent.

Phœnico-Pterus, *i*, Flambant, grand oiseau qui a les ailes d'un rouge qui pa roit du feu, quand le Soleil donne deſſus.

PHŒNIC-URus, i, petit oiſeau qui a la queue rouge en été, & non pas en hyver, pendant lequel on le nomme Erithacus.

4. PHŒNICIAS, æ, vent du Sud, Sud-Eſt; 2°. ſorte de pierre précieuſe.

5. PHÆNOMENON, i, Phénomene.

6. PHŒNICeus, a, um, qui eſt d'une couleur rouge, éclatante.

PHENION, ii, Anemone, *fleur*.

PUNICO, as, are, rougir, devenir rouge comme écarlate.

PHANIAS, æ, celui qui veut paroître plus qu'il n'eſt.

Prononcé PEN, PIN.

De PHEN, lumineux, beau, prononcé PIN, vint le Celte PIN, beau, agréable; & le Latin,

A-PINæ, arum, jouets, bagatelles: mot, que faute de mieux, on tiroit de la ville d'*Apina*.

2.

1. PHANTaſia, æ, fantaiſie, imagination.

PHANTaſma, atis, fantôme, ſpectre, viſion.

PHANTaſticus, a, um, fantaſtique, imaginaire.

CALO-PHANTa, æ, railleur, moqueur; 2°. hypocrite, trompeur.

EPI-PHANIa, orum, la Fête de l'Epiphanie, la révélation de N. S. J. C. aux trois Mages, qui vinrent l'adorer.

HOLO-PHANTa, æ, grand menteur.

2. PHENGites, æ, ſorte de pierre de Cappadoce, tranſparente & blanche, & qui a la dureté du marbre.

3. PHASis, is, ou idis, le Phâſe, fleuve de la Colchide; 2°. riviere de la Taprobane; 3°. ville à l'embouchure du Phâſe; 4°. apparence, aſpect de la Lune; 5°. accuſation, dénonciation.

EM-PHASIS, is, emphaſe, *figure de Rhétorique*.

SYM-PHASIS, is, émerſion de pluſieurs aſtres, qui paroiſſent en même-tems.

PHASias, adis, ſurnom de Médée.

PHASiana, æ, faiſan, oiſeau.

PHASianarius, ii, qui a ſoin des faiſans, qui les éléve.

PHASianus, i, faiſan, oiſeau.

PHASma, atis, apparition, viſion.

PHAS-GANion, ii, plante dont les feuilles reſſemblent à un coutelas.

4. PHARus, i, Fanal de port de mer pour guider la nuit les vaiſſeaux; phare.

PHARos, i, iſle à l'une des embouchures du Nil, jointe à Alexandrie par un pont; 2°. tour bâtie dans cette Iſle, par l'ordre de Ptolomée-Philadelphe, pour poſer un fanal, qui a donné ſon nom de Phare à tous les autres fanaux des ports de mer; 3°. iſle de la mer Adriatique.

3.

De PHEN, prononcé PEN, PIN, luire, paroître, ſe forma cette Famille:

O-PINIO, onis, opinion, ſentiment, avis, penſée, jugement; 2°. eſtime, réputation, bruit, renommée; 3°. attente; 4°. ſoupçon.

O-PINATIO, onis, opinion, ſentiment; 3°. conſentement qu'on donne à une opinion probable.

O-PINATUS, ûs, voyez Opinio.

O-PINATUS, a, um, à qui l'on a penſé.

O-PINATOR, oris, qui dit ſon ſentiment

avec quelque doute ; 2°. qui est réservé à assurer.

Opinatores, commissaires des vivres d'une armée.

O-Pinabilis, m. f. le, n. is, qui consiste dans l'opinion, probable, qui n'est pas démonstratif.

O-Pinasus, a, um, qu'on peut mettre en doute, qui n'est pas évident ; dont l'opinion, l'idée n'est pas certaine.

O-Pinasissimus, a, um, qui est tout rempli de diverses opinions ; 2°. qui doute de tout.

O-Pinus, a, um, à quoi l'on s'attend ; on y ajoute toujours Nec.

O-Pinosus, a, um, plein de son opinion, opiniâtre, entêté.

O-Pino, as, are, &

O-Pinor, aris, atus sum, ari, juger, estimer, penser, croire, être d'avis.

O-Pinatò, adv. en y pensant.

Nec opinatò, sans y penser, sans qu'on s'y attendît, à l'improviste.

COMPOSÉS.

Ad-o-Pinor, aris, atus sum, ari, penser, estimer, avoir opinion, croire, être d'avis, s'imaginer faire réflexion.

In-o-Pinanter, adv. ou

In-o-Pinatè, adv. &

In-o-Pinatò, adv. sans qu'on y pense, sans y penser, au dépourvu, à l'improviste, lorsqu'on y pense ou qu'on s'y attend le moins, d'une manière imprévue, inopinée, soudainement, au pied-levé.

In-o-Pinatus, a, um, &

In-o-Pinus, a, um, inopiné, à quoi l'on ne s'attend pas, subit, imprévu, qui arrive à l'improviste, qui vient lorsqu'on y pense le moins.

In-o-Pinabilis, m. f. le, n. is, qu'on ne sauroit croire.

In-o-Pinans, tis, omn. gen. qui ne se doute de rien, qui ne s'y attend pas, qui pense le moins à.

Ex-O-Pinatò, adv. à l'impourvu, par surprise.

PHRAC.

De Phar, prononcé Phra, barriere, rempart, se formerent :

Cata-Phracia, æ, cuirasse, cotte de maille 2°. ; armure complette ; 3°. sorte de bandage.

Cata-Phractarius, a, um ; —— Crus, a, um, cuirassier ; 2°. armé de toutes piéces.

Acata-Phractarius, ii, armé d'une lance, d'une pique.

PHY.

De Phe, Fu, être, produire (col. 628) vinrent :

Phusis, prononcé Physis, is, la Nature.

Physica, orum, les choses naturelles.

Physica, æ, &

Physice, es, science des choses naturelles, Physique.

Physicé, adv. naturellement ; 2°. en Physicien, en Naturaliste ; 3°. physiquement.

Physiculatus, a, um, rendu naturel.

Physicus, i, Naturaliste instruit dans la science des choses naturelles, Physicien.

Physicus, a, um, naturel, physique.

BINOMES.

Physio-Gnomia, æ, Physionomie.

Physio-Gnomon, onis, physionomiste, qui se connoît en physionomie.

Physio-Logia, æ, étude ou traité des choses naturelles.

Phyt-Urgia, æ, soin de cultiver les plantes, culture des plantes.

PHYT-URGUS, *i*, qui cultive les plantes, botaniste; d'*Erg*, travailler.

2.

PHYSA, *æ*, sorte de poisson à coquille, qui croit dans le Nil.

PHYSETER, *eris*, sorte de grand poisson de mer.

PHYGETHLUM, *i*; -*thrum*, *i*, & PHYMA, *atis*, humeur, clou, panaris; *mot-à-mot*, mal d'aventure.

SYMPHYTUM, *i*, la grande consoude, *plante*.

P I.

Du Grec PINO, boire, & KERNO, verser dans une corne, se forma:

PIN-CERNA, *æ*, Echanson, qui verse à boire au Roi; Chef de Gobelet.

PISC.

Du Celte ISH, ISC, eau, & de l'initiale B, P, dans, vint la Famille FISH, PISC, poisson, *mot-à-mot*, qui vit dans l'eau.

PISCIS, *is*, poisson.

PISCES, *ium*, les poissons, douzieme Signe du Zodiaque.

PISCICULUS, *i*, petit poisson.

PISCATUS, *us*, pêche, l'action de pêcher; 2°. ce qu'on a pris à la pêche.

PISCARIA, *æ*, lieu où l'on pêche, où la pêche est bonne; 2°. marché au poisson; 3°. poissonnerie.

PISCARIUS, *ii*, marchand de poisson.

PISCARIUS, *a*, *um*, de poisson, qui sert à pêcher.

PISCATOR, *oris*, pêcheur.

PISCATRIX, *icis*, pêcheuse.

PISCOR, *aris*, *atus sum*, *ari*, pêcher.

PISCOSUS, *a*, *um*, poissonneux, plein de poisson, où il y a quantité de poisson, abondant en poisson.

PISCULENTUS, *a*, *um*, voyez *Piscosus*.

PISCATORIUS, *a*, *um*, de pêcheur; 2°. qui concerne la pêche & le poisson.

PISCATORIA NAVIS, barque de pêcheur.

PISCATORIUM FORUM, poissonnerie, marché au poisson.

PISCINA, *æ*, vivier, réservoir à mettre du poisson; 2°. citerne; 3°. réservoir pour se baigner, amas d'eau pour abreuver le bétail; 4°. grande cuve à mettre de l'eau, baignoire; 5°. Piscine.

PISCINALIS, m. f. le, n. is, qui concerne les viviers, les réservoirs.

PISCINARIUS, *ii*, qui a soin de nourrir du poisson dans des viviers.

EX-PISCOR, *aris*, *atus sum*, *ari*, chercher à prendre du poisson; 2°. s'enquérir, s'informer, s'enquêter, sonder, tirer des lumieres, tâcher d'apprendre; faire avouer, tirer les vers du nez.

PISTRIS, *is*, voyez *Pristis*; 2°. bâtiment de mer, long de quille & étroit de bouchin, fait sur le modele du corps d'un grand poisson; 3°. le monstre d'Andromede; *Constellation*.

P L pour F L,

Rouler.

PL, formé de liquides de même que FL, signifia également rouler, flotter, être en mouvement: de-là:

1. En Grec-Latin.

PLOUM, *i*, charrette.

PLOUS, *a*, *um*, char à deux roues.

PLOTA, *æ*, flexible.

2. En Latin.

PLAUSTRUM, *i*; PLOSTRUM, *i*, char, charriot; 2°. la *Constellation* du Charriot.

PLOSTELLUM, *i*, petit charriot.

PLAUSTRARIUS, *a*, *um*, cocher, charretier.

PLOXEMUS, i, &
PLOXIMUM, i, caffette, coffre.
PLOTA, æ, forte de rofeau.
SEMI-PLOTia, orum, fouliers de chaffe.

3. En Grec.

PLEO, flotter, naviger ; d'où en Grec-Latin :

CATA-PLUS, i, flotte de vaiffeaux marchands ; 2°. où il arrive fouvent des vaiffeaux ; 3°. fréquent abord de vaiffeaux.
A-PLUSTRE, is, &
A-PLUSTRA, orum, ou
A-PLUSTRIA, ium, flamme, banderolle qui flotte au haut des mâts.

P, ajouté à la tête des mots.

1.

D'ASK, ISK, (voy. col. 722.) force, puiffance, capacité, fe forma :

PASCeolus, i, bourfe de cuir.
BASCauda, æ, cuvette, vaiffeau à laver.
En Anglois BASKet.

2.

PLAC.

De LAC, attrait, charmes, careffes, vinrent :

1.

PLACO, as, avi, atum, are, appaifer, adoucir, calmer, fléchir ; 2°. rendre calme, tranquillifer.
PLACamen, inis, &
PLACamentum, i, ce qu'on fait pour appaifer, ce qui fléchit.
PLACaté, iùs, iffimè, adv. paifiblement, fans emportement, fans s'impatienter, avec douceur, fans s'emporter, fans émotion, patiemment, avec tranquillité.
PLACatio, onis, l'action d'appaifer, de fléchir.
PLACandus, a, um, qu'il faut appaifer, qu'on doit fléchir.
PLACabilis, m. f. le, n. is, facile à appaifer, qu'on peut adoucir.
PLACabilitas, atis, facilité à s'appaifer, à fe laiffer fléchir, douceur.
PLACabiliter, adv. d'une maniere qui appaife, qui fléchiffe.

COMPOSÉS.

COM-PLACO, as, avi, atum, are, adoucir, appaifer, calmer l'efprit.
IM-PLACatus, a, um, qu'on ne peut appaifer, affouvir ou contenter.
IM-PLACabiliter, adv. implacablement, irréconciliablement, d'une maniere à ne pas revenir.
IM-PLACabilis, m. f. le, implacable, qu'on ne peut appaifer, qu'on ne fauroit adoucir, irréconciliable.

II.

PLACeo, es, cui, citum, cere, plaire, agréer, être agréable.
PLACiditas, atis, naturel paifible, humeur douce, tranquillité.
PLACidus, a, um, paifible, doux, tranquille, qui eft fans émotion, fans emportement, fans agitation, celui qui n'eft point agité, point ému.
PLACidulus, a, um, dimin. de.
PLACendus, a, um, qui doit plaire.
PLACens, tis, omn. gen. qui plaît.
PLACentia, æ, défir de plaire ; envie d'être agréable.
PLACidé, iùs, adv. paifiblement, doucement, tranquillement, patiemment, fans émotion, fans emportement, fans bruit.
PLACita, orum, Déclarations, Ordon-

nances, Arrêts des Souverains ; 2°. maximes, sentimens, opinions.

2. PLACenta, æ, Gâteau.

PLACentinus, i, Pâtissier.

3. PLACito, as, avi, atum, are, plaire, voy. Placeo ; 2°. plaider, avoir un procès, le poursuivre.

PLACitum, i, Jurisdiction, Cour de Justice, assemblée de Juges, Barreau, Plaids.

PLACiturus, a, um, qui plaira.

PLACitus, a, um, qui a plu, part. de Placeo.

COMPOSÉS.

COM-PLACeo, es, ui, ou itus sum, ere : ce Verbe ne se trouve employé que dans les tems suivans : Complacet, complacebat, complacuit, complacere, complaire, agréer, revenir, être approuvé ou agréé, &c.

PER-PLACeo, es, cui, citum, cere, plaire beaucoup, agréer fort.

DIS-PLIcentia, æ, déplaisir, dégoût, chagrin.

DIS-PLIceo, es, cui, citum, ere, déplaire, être désagréable, n'agréer pas.

IM-PLACidus, a, um, farouche, cruel, obstiné, barbare, implacable, qu'on ne peut adoucir ou fléchir.

PLACitis, idis, espéce de tuthie.

III.

De LA, large, étendu, prononcé PLA, vinrent diverses Familles :

I.

PLAGa, æ, plage, côte, climat, pays, contrée, région, étendue de terre ; 2°. tapis, tapisserie, courte-pointe, tour de lit.

PLAGa, æ, plaie, coup qui blesse ; 2°. incision faite à un arbre pour enter.

PLAGatus, a, um, percé de plaies.

PLAGosus, a, um, qui se plait à faire des plaies, qui a toujours le coup levé ; 2°. maître foucteur ; 3°. couvert de plaies.

PLAGiarius, ii, qui vend ou qui achete une personne qu'il fait être de condition libre, qui recelle un esclave fugitif, qui lui fournit les moyens de fuir, ou lui conseille la fuite ; 2°. voleur d'esclaves ou de personnes libres ; 3°. plagiaire, qui pille les ouvrages d'autrui, qui se les attribue.

PLAGI-GER, a, um, ou

PLAGI-GERulus, a, um, voy. Plagipatida.

PLA-GIO, as, are, voy. Plagiarius.

PLAGI-PATida, æ, qui est souvent battu.

PLAGitum, i, vente ou achat, &c. voyez Plagiarius.

2.

1. PLAGula, æ, petit tapis ; 2°. petite feuille de papier ; 3°. voile de femme.

2. PLAGusia, æ, sorte de poisson à coquille.

3. PLAGæ, arum, rêts, filets, panneaux, toiles qui servent à prendre les bêtes sauvages.

SEMI-PLAGium, ii, petit filet.

3.

PLANus, a, um, ior, issimus, plain, uni, égal, qui n'est point raboteux ; 2°. plat ; 3°. plan qui a la superficie plane ; 4°. clair, manifeste, évident, net.

PLANula, æ, plane, instrument pour applanir le bois.

PLANus, i, affronteur, fourbe, imposteur, charlatan.

PLANidus, a, um, plain, uni.

PLANè, iùs, issimè, clairement, nettement, sans ambiguité : 2°. tout-à-fait, entierement ; 3°. certainement.

PLANarius, a, um, qui se fait en pleine campagne, ou sur le champ, sans déplacer.
PLANitas, atis, clarté, netteté.
PLANitia, æ, ou
PLANities, ei, &
PLANitudo, inis, surface unie; 2°. plaine ou raze campagne.

BINOMES.

PLANI-Pes, edis, acteur de farces, de petites comédies; 2°. sauteur.
PLANI-Pes, edis, plat-pied, qui a les pieds plats; 2°. plain-pied.
PLANI-Loquus, a, um, qui parle clairement, qui s'exprime nettement.

COMPOSÉS.

COM-PLANO, as, avi, atum, are, applanir, unir, égaler; 2°. raser; 3°. achever, polir.
EX-PLANO, as, avi, atum, are, applanir, égaler, unir, mettre à l'égalité; 2°. expliquer, éclaircir, exposer, mettre en son jour, développer, démêler, débrouiller, rendre intelligible, donner à entendre, interpréter.
EX-PLANabilis, m. f. le, n. is, clair, net, distinct, dégagé.
EX-PLANaté, clairement, distinctement, nettement, intelligiblement.
EX-PLANatio, onis, explication, interprétation, exposition, éclaircissement, manifestation.
EX-PLANator, oris, interprète, commentateur, expositeur, qui explique; 2°. devin.
EX-PLANatorius, a, um, qui explique, qui expose, qui met en son jour.
IN-EX-PLANabilis, m. f. le, qu'on ne peut applanir, débrouiller, démêler, débarrasser.
IN-EX-PLANatus, a um, embarrassé, embrouillé, empêché, qui n'est pas libre, raboteux, inégal, non applani.
IM-PLANator, oris, trompeur, fourbe, imposteur.
IM-PLANO, as, are, tromper, abuser.
DE-PLANO, as, are, applanir, unir, égaler, mettre de niveau.

4.

De LAN, pays, région, 2°. parcourir, voyager, &c. vinrent:
PLANeta, æ, Planète, mot-à-mot, étoile errante.
PLANetarius, ii, Astrologue.
PLANetes, æ, Planète.

5.

PLANTa, æ, plante des pieds; 2°. plante; 3°. plant, ce qui est propre à planter.
PLANTaris, m. f. re, n. is, qui concerne la plante des pieds.
PLANTarium, ii, pépinière; 2°. du plant, brin, branche qu'on coupe & qu'on replante, & qui revient de bouture; 3°. arbrisseau qu'on léve pour le replanter.
PLANTarius, a, um, qu'on coupe pour planter de bouture; 2°. qu'on léve pour planter.
PLANTatio, onis, l'action ou la saison de planter.
PLANTI-GER, a, um, qui produit des rejettons propres à planter.
PLANTO, as, avi, atum, are, planter.

COMPOSÉS.

COM-PLANTatus, a, um, rempli d'arbres, enté, planté.
DE-PLANTO, as, avi, atum, are, déplanter, arracher ou renverser ce qui étoit planté.
EX-PLANTO, as, avi, atum, are, déplanter, arracher.
SUP-PLANTatio, onis, tromperie, fourberie, trahison.

Sup-Planto, as - avi, atum, are, planter au-dessous ; 2°. donner le croc-en-jambe ; 3°. supplanter.

Trans-Plantor, aris, atus sum, ari, être transplanté.

Plantago, inis, Plantain, herbe.

6.

Platanus, i, plane, platane, arbre.

Platanetum, i, voy. Platanon.

Plataninus, a, um, de plane, de platane.

Platanista, æ, sorte de grand poisson qui se trouve dans le Gange.

Platanon, onis, lieu planté de planes.

Plataiea, æ, Pélican, oiseau.

Platea, æ, grande rue, grande place dans une ville ; 2°. Pélican, oiseau.

Platy-Cerotes, um, animaux qui ont les cornes fort ouvertes.

Platy-Ophthalmus, i, sorte de pierre précieuse.

Platy-Phyllum, i, sorte de chêne, qui a la feuille large ; 2°. espéce de tithy-male ; plante.

7.
PLUTeus.

De Platus, large, vint Pluteus, désignant des objets qui présentent une large surface, & dont l'étymologie étoit absolument inconnue.

Pluteum, i, &.

Pluteus, i, machine des Anciens, couverte de claies & de peaux de bœufs nouvellement écorchées, mises par-dessus, dont on se servoit pour aller à couvert à la sape des murailles. Claies couvertes de terre, madriers ou planches revêtues de fer-blanc, couvertes de terre, dont nous nous servons pour mettre à couvert les travailleurs aux sapes ; 2°. parapet ; 3°. appui, accoudoir, balustrade ; 4°. cloison ; 5°. guérite ; 6°. lambris de menuiserie autour d'une muraille ; 7°. pupitre ; 8°. tablette à mettre des livres ; 9°. chalit ; 10°. le côté, le bord d'un lit ; 11°. plate-bande, terme d'architecture.

Plutealis m. f. le, n. is, qui concerne la machine que les Anciens nommoient Pluteus.

8.

Plinthium, ii, plinthe ou quarreau sur quoi l'on a tracé une horloge horisontale ; 2°. le corps & la capsule de la catapulte ; 3°. bataillon quarré ; 4°. brique ; 5°. attelier où l'on fait la brique, tuilerie.

Plinthis, idis, brique quarrée ou morceau de terre de cinquante arpens en quarré ; 2°. plinthe, membre d'architecture quarré & plat, qui fait le fondement de la base des colonnes.

Plinthus, i, voyez Plinthis.

Plintho Phorus, a, um, porteur de brique.

Plinth-Urgia, æ, fabrique de la brique.

Plinth-Urgus, i, qui fait de la brique.

Di-Plinthius, a, um, qui a deux rangs de pierres ou de briques dans son épaisseur.

Tri-Plinthius, a, um, qui a trois rangs de briques, de pierre, &c. d'épaisseur.

9.

De La, étendue, se forma le Grec Plazô, donner de l'étendue, des formes, former ; & de-là :

Plasma, atis, formation, création ; 2°. sorte de breuvage qui rendoit la voix claire.

Plasmatura, æ, l'action de former.

Plasmo, as, are, former.

Pro-Plasma, atis, modèle.

PRO-PLASTice, es, l'art de modeler en terre ou en cire.

PROTO-PLASTus, a, um, qui a été modelé ou formé le premier, comme notre premier pere.

PLASTes, æ, Potier de terre, qui fait des ouvrages de terre ; 2°. Sculpteur.

PIASTica, æ, &

PLASTice, es, l'art de faire des ouvrages de terre à potier.

PLASTicus, a, um, qui concerne les ouvrages de terre à potier ; l'art de les faire.

COMPOSÉS.

CATa-PLASMa, atis, emplâtre.

CATa-PLASMo, -are, appliquer un emplâtre.

EM-PLASTrum, i, emplâtre ; 2°. terre, cire qu'on met à l'entour d'une ente en écuffon.

EM-PLASTro, as, avi, atum, are, enter en écuffon, écuffonner.

EM-PLASTratio, onis, ente en écuffon ; l'action d'enter en écuffon.

META-PLASMus, i, transformation ; *figure de Rhétorique.*

PARA-PLASMa, tis, marque qu'on fait dans un livre aux endroits remarquables.

ONOMATOPÉES en PL.

I.

PLANCtus, ûs, l'action de se frapper la poitrine ou quelqu'autre partie du corps dans une grande affliction ; 2°. gémiffemens, lamentations, cris, marque d'une douleur outrée ; deuil.

PLANGor, oris, grand bruit, retentiffement ; 2°. lamentation, gémiffement, cris accompagnés de coups qu'on se donne sur la poitrine.

PLANGuncula, æ, Poupée.

PLANGo, is, nxi, nctum, gere, battre, frapper ; 2°. se plaindre en gémiffant, déplorer avec des cris, faire des lamentations.

PLANGens, tis, omn. gen. qui frappe contre.

DE-PLANGo, is, nxi, nctum, gere, déplorer, plaindre, se lamenter.

II.

PLAUSus, ûs, battement des mains, des pieds ou des ailes, applaudiffement en frappant des mains ; 2°. l'action de careffer avec les mains.

PLAUDo, is, fi, fum, dere, battre des mains, des pieds ou des ailes, en signe d'approbation ou de joie, applaudir, donner des applaudiffemens.

PLAUDens, tis, omn. gen. qui bat des mains en signe d'approbation ou de joie.

PLAUsibilis, m. f. le, plaufible, agréable ; qui peut agréer, qui peut être agréablement reçu.

PLAUsor, oris, qui applaudit en battant des mains.

PLAUSus, a, um, part. de *Plaudo.*

PLAUTus, i, &

PLAUDus, i, clabaud, chien courant dont les oreilles sont plates, pendantes, longues & larges.

COMPOSÉS.

AP-PLAUDo, dis, fi, fum, ere, applaudir, faire des acclamations, louer, approuver en battant des mains, ou en frappant des pieds ; 2°. frapper la terre avec les pieds pour applaudir, ou pour faire avancer une boule.

AP-PLAUsor, oris, qui applaudit, qui approuve ; approbateur, flatteur.

AP-PLAUSus,

Ap-Plausus, ûs, applaudissement, approbation, louange, flatterie.

Ap-Plodo, is, si, sum, ere, le même qu'*Applaudo*.

Ap-Plausus, a, um, caressé, flatté avec la main; part. d'*Applaudo*.

Com-Plaudo, is, si, sum, dere, &

Com-Plodo, is, si, sum, dere, applaudir, approuver, battre ou frapper des mains en signe d'applaudissement.

Com-Plosus, a, um, part. de *Complodo*.

Dis-Plodo, is, plosi, plosum, dere, &

Dis-Plodor, eris, plosus sum, di, crever, éclater avec bruit; faire du bruit en crevant, en se rompant; 2°. rompre ou faire crever avec bruit.

Dis-Plosus, a, um, part. de *Displodor*; 2°. qui éclate, qui fait du bruit.

Ex-Plodo, is, si, sum, dere, chasser, rebuter; 2°. désapprouver, rejetter, faire fuir en battant des mains.

Ex Plosio, onis, l'action de chasser, de rebuter, de faire fuir en battant des mains.

Ex-Plosus, a, um, participe d'*Explodo*.

Sup-Plodo, is, si, sum, dere, frapper contre terre, battre du pied.

Sup-Plosio pedis, onis, battement de pied contre terre; l'action de frapper du pied contre terre.

III.

Ploro, as, avi, atum, are, pleurer, répandre des pleurs, verser des larmes en criant, déplorer.

Plorabilis, m.f. le, n. is, qu'on peut ou qu'on doit pleurer.

Plorabundus, a, um, éploré, tout pleurant, fondant en larmes.

Plorandus, a, um, qu'on doit pleurer.

Plorator, oris, pleureur.

Ploratrix, icis, pleureuse.

Ploratus, ûs, pleurs, larmes, l'action de pleurer.

Ploratus, a, um, part.

COMPOSÉS.

Ad-Ploro, as, avi, atum, are, pleurer avec ou après.

Ap-Ploro, as, avi, atum, are, pleurer proche, ou auprès, ou avec quelqu'un.

Com-Ploro, as, avi, atum, are, pleurer, gémir, se lamenter, faire des lamentations, se plaindre avec, déplorer ensemble.

Com-Ploratio, onis, &

Com-Ploratus, ûs, pleurs, lamentations de plusieurs ensemble, complainte, condoléance.

Com-Ploratus, a, um, plaint, part.

De-Ploro, -are, plaindre, regretter.

De-Plorandus, a, um, déplorable, qu'on doit plaindre, qui est à plaindre.

De-Ploratus, a, um, part. de *Deploro*; plaint, regretté, pleuré, qu'on a plaint; 2°. désespéré, perdu sans ressource, abandonné.

Im-Ploro, as, avi, atum, are, implorer, appeler à son secours, demander l'aide.

Im-Ploratio, onis, l'action d'implorer, d'appeller à son secours.

Im-Plorandus, a, um, qu'on doit implorer.

Im-Plorans, tis, omn. gen. qui implore, qui demande secours.

Op-Ploro, as, avi, atum, are, pleurer devant, importuner par ses larmes, étourdir de ses pleurs.

IV.

Ex-Ploro, as, avi, atum, are, mot-à-mot, tenter par ses larmes, éprouver, essayer, faire l'épreuve, l'expérience; sonder, examiner, visiter, rechercher; considérer, regarder de près, observer; 2°. connoître, découvrir; 3°. reconnoître, aller à la découverte.

Ex-Ploratus, a, um, certain, évident,

connu avec certitude, assuré, indubitable, dont on est sûr, reconnu, immanquable, éprouvé, à l'épreuve ; *part.*

Ex-Ploratò, &

Ex-Ploraté, *adv.* à fond, sûrement, avec sûreté, avec assurance, avec connoissance, avec certitude ; 2°. avec examen, avec précaution.

Ex-Ploratio, *onis*, recherche, examen ; précaution.

Ex-Plorato, *abl. abs.* avec connoissance, examen, après avoir examiné ; 2°. ayant été informé, ayant reconnu.

Ex-Plorator, *oris*, &

Ex-Ploratrix, *icis*, espion, qui observe, qui fait la guerre à l'œil, qui examine les démarches ou les mouvemens ; 2°. qui va à la découverte, batteur d'estrade, coureur, qui va reconnoître.

Ex-Ploratorius, *a*, *um*, d'espion ; 2°. propre à s'informer, à s'enquérir, à aller à la découverte.

In-Ex-Plorate, *adv.* sans avoir examiné, sans avoir pris ses mesures, au hazard, à l'aventure, sans sonder ce que c'est.

In-Ex-Plorato, *adv.* sans avoir envoyé à la découverte, sans avoir fait reconnoître le pays.

In-Ex-Ploratus, *a*, *um*, qu'on n'a point éprouvé, essayé, expérimenté, observé, reconnu, sondé ou découvert, ni recherché, dont on n'a point fait d'essai ou d'épreuve, dont on n'a point d'expérience.

PLE pour PEL.

De PEL, boule, cercle, pli, prononcé PLE, vinrent ces Familles :

I.

Plecto, *is*, *xi*, ou *xui*, *xum*, *ctere*, plier, entrelacer ; 2°. battre, frapper, punir, châtier.

Plectrum, *i*, archet d'instrument de musique à cordes ; 2°. instrument qui se touche avec l'archet.

Plecta, *æ*, lien d'osier, d'un scion d'arbre ou de quelque menue branche ; 2°. tasse à deux anses ; 3°. sorte de caractère.

Plectilis, *m. f. le*, *n. is*, qu'on plie, qu'on entrelace aisément.

COMPOSÉS.

Apo-Plexia, *æ*, apoplexie, maladie.

Para-Plegia, *æ*, paralysie sur quelque partie du corps.

Para-Plexia, *æ*, légere attaque d'apoplexie.

Per-Plexus, *a*, *um*, embarrassé, embrouillé, ambigu, douteux, plein de détours, difficile à comprendre.

Per-Plector, *eris*, *cti*, lier fortement, garroter.

Per-Plexabilis, *m. f. le*, embarrassé, embrouillé ; 2°. ambigu.

Per-Plexabiliter, &

Per-Plexé, ou

Per-Plexim, ambigument, avec ambiguité ; d'une maniere ambigue, embarrassée, embrouillée, qui jette dans le doute, qui met dans l'embarras.

Per-Plexio, *onis*, &

Per-Plexitas, *atis*, perplexité ou ambiguité.

Per-Plexor, *aris*, *atus sum*, *ari*, embarrasser, embrouiller, mettre dans l'embarras, jetter dans le doute.

II.

Plico, *as*, *avi* ou *cui*, *catum* ou *citum*, *are*, plier, plisser.

Plica, *æ*, pli.

Plicatilis, *m. f. le*, pliable, qui se peut plier ou entrelacer, qui se plie.

Plicatio, *onis*, &

Plicatura, *æ*, pliement, l'action de plier ou de plisser.

COMPOSÉS.

Ap-Plico, *as*, *avi*, ou *cui*, *atum*

ou *citum*, *are*, appliquer, mettre dessus; 2°. joindre, approcher, mettre auprès.

Ap-Plicatus, *a*, *um*, part. d'*Applico*, appliqué, mis dessus; 2°. occupé; 3°. abordé.

Ap-Plicatio, *onis*, application, attachement, attache.

Applicationis jus, droit qu'un Citoyen Romain avoit sur les biens d'un étranger, qui après s'être donné à lui, & mis sous sa protection, mouroit sans avoir fait testament.

Circum-Plico, *as*, *avi*, *atum*, *are*, entortiller, envelopper autour.

Com-Plico, *as*, *avi* ou *ui*, *atum*, ou *itum*, *are*, plier, envelopper, entrelacer.

Com-Plicatus, *a*, *um*, confus, embrouillé, obscur, embarrassé.

Dis-Plico, *as*, *cui* & *avi*, *itum* & *atum*, *are*, déplier, développer; 2°. disperser, étendre, étaler, éparpiller.

Ex-Plico, *as*, *avi* ou *cui*, *atum* ou *citum*, *are*, déplier, déployer, étendre, dérouler, développer, démêler; 2°. expédier; 3°. délivrer; 4°. expliquer, exposer, éclaircir, débrouiller, interpréter, rendre intelligible; 5°. étaler.

Ex-Plicatio, *onis*, l'action de déplier, de dérouler, d'étendre ce qui étoit plié ou roulé; 2°. explication, interprétation, exposition, éclaircissement.

Ex-Plicator, *oris*, &

Ex-Plicatrix, *icis*, qui explique, interprète.

Ex-Plicatus, *ûs*, voyez *Explicatio*.

Explicatus crurum, allongement de jambes, l'action de les étendre.

Ex-Plicatilis, *le*, aisé à expliquer, qu'on peut expliquer, expliquable.

Ex-Plicaté, clairement, distinctement, nettement, d'une manière aisée à entendre, intelligiblement, ouvertement.

In-ex-Plicabilis, *m. f. le*, *n.* inexplicable, qu'on ne peut expliquer, qu'on ne sauroit donner à entendre; 2°. dont on ne peut se débarrasser, ou se tirer.

In-ex-Plicabiliter, *adv.* *Inexplicabiliter congruunt cœtera*. les autres parties conviennent merveilleusement bien.

Im-Plicatio, *onis*, entortillement, entrelacement; 2°. embrouillement, embarras, brouillerie.

Im-Plicator, *oris*, brouillon, embrouilleur, qui embrouille, qui cause de la brouillerie.

Im-Plicatus, *a*, *um*, part. d'*Implico*.

Im-Plicifcor, *eris*, *fci*, être embarrassé.

Im-Plicaté, d'une manière embrouillée, embarrassée.

Inter-Plico, *as*, *avi*, *atum*, *are*, entrelacer.

Inter-Plicatio, *onis*, entrelacement.

Per-Plicatus, *a*, *um*, entortillé, entrelacé.

Re-Plico, *as*, *ui* & *avi*, *itum* & *atum*, *are*, réplier; 2°. repliquer; 3°. réfléchir; 4°. renvoyer; 5°. déplier.

Re-Plicatio, *onis*, révolution, repli autour; 2°. réplique, exclusion d'une exception.

III.

Ap-Plicitus, *a*, *um*, attaché, joint, joignant; qui est proche, élevé, bâti auprès, voisin.

Ex-Plicit, c'est fait, ici finit l'ouvrage; c'est ici la fin, l'ouvrage est achevé.

Ex-Plicitus, *a*, *um*, voyez *Explicatus*.

Explicitur liber, livre achevé ou fini.

Im-Plicité, d'une manière embrouillée, obscure, embarrassée.

Im-Pliciturus, *a*, *um*, qui entortillera, qui enveloppera.

Im-Plicitus, *a*, *um*, embarrassé, embrouillé, confus, obscur, enveloppé.

IM-PLICITO, as, avi, atum, are, &
IM-PLICO, as, avi ou cui, atum ou citum, are, entortiller, entrelacer; 2°. embrouiller, embarrasser, envelopper, engager.

IN-EX-PLICITUS, a, um, obscur, embrouillé, embarrassé, difficile à entendre.

RE-PLICTUS, a, um, pour Replicitus, part. de Replico.

IV.

AM-PLEXOR, aris, atus sum, ari; (on trouve Amplexo dans les anciens,) embrasser étroitement, serrer entre ses bras, &c. voyez Amplector.

Amplexari otium, se donner du bon tems

AM-PLECTOR, eris, xus sum, êli, (amplecto se trouve dans Plaute) embrasser, environner, tenir dans ses bras; 2°. s'adonner, s'appliquer, s'attacher, s'affectionner; 3°. contenir, comprendre, renfermer; 4°. aimer, favoriser, faire cas, estimer, s'intéresser, prendre part; 5°. gagner la faveur, se mettre dans les bonnes graces; 6°. recevoir, agréer, approuver.

AM-PLEXUS, ûs, embrassement, embrassade, caresse.

CIRCUM-PLEXUS, ûs, entortillement; 2°. embrassement.

CIRCUM-PLEXUS, a, um, part. de Circumplector, qui embrasse, qui entoure; 2°. environné, embrassé.

CIRCUM-PLECTO, is, ere, &

CIRCUM-PLECTOR, ris, plexus sum, ecti, embrasser, enclore, contenir.

COM-PLEX, icis, m. f. complice.

COM-PLEXIM, en embrassant.

COM-PLEXIO, onis, assemblage, jonction, union, liaison, concours de choses qui se joignent; 2°. conclusion, conséquence; 3°. embrassade, caresses.

COM-PLEXUS, ûs, embrassement, embrassade, accolade, caresse; 2°. circuit, enceinte, tour, circonférence.

COM-PLEXUS, a, um, qui embrasse, qui contient, &c. 2°. au passif, compris, embrassé.

COM-PLECTOR, eris, plexus sum, plecti, embrasser, comprendre, enclorre, contenir, renfermer, environner, sertir, enchâsser.

DE-PLEXUS, a, um, délié, déchaîné.

IM-PLEXUS, ûs, entortillement, entrelacement; 2°. embrouillement.

PRO-EPI-PLEXIS, is, l'action de se reprendre soi-même, de prévenir la critique d'autrui.

SUP-PLEX, icis, suppliant, qui supplie, qui présente une requête.

Supplex libellus, requête, placet.

SUP-PLICIUM, ii, prière publique, sacrifice, procession générale, ce qu'on offre en sacrifice; 2°. supplice, peine d'un crime.

SUP-PLICO, as, avi, atum, are, supplier, prier humblement, faire une humble prière; 2°. faire des prières publiques ou une procession générale.

SUP-PLICAMENTUM, i, &

SUP-PLICATIO, onis, prière publique.

SUP-PLICATOR, oris, suppliant.

SUP-PLICANS, tis, suppliant, qui supplie.

SUP-PLICUÈ, adv. &

SUP-PLICITER,

SUP-PLICITÙS, d'une manière humble, soumise; en suppliant, humblement.

GREC LATIN.

SYM-PLEGAS, adis, &

SYM-PLEGMA, tis, concours; 2°. embrassement, voy. Complexio.

V.

De PLEX, pli, & de SINE, sans, prononcé SIN, SIM, se forma cette Famille:

SIM-PLEx, *icis*, *plicior*, *plicissimus*, simple, qui n'est point composé, qui n'est pas double ; 2°. sincere.

SIM-PLARIS, *m. f. re*, &

SIM-PLARius, *a, um*, simple, qui est simple, qui n'est pas double.

SIM-PLus, *a, um*, simple, qui n'est point double ni composé.

SIM-PLuM, *i*, le simple.

SIM-PLICITas, *atis*, simplicité, sincérité, candeur, ingénuité, éloignement d'affectation ou de déguisement.

SIM PLICIter, *ciùs*, *adv.* d'une maniere simple, franche, sincere, sans déguisement, sans dissimulation, ouvertement, à la bonne foi, avec ingénuité, avec candeur, sans duplicité.

SIM-PLICITiùs, voy. *Simpliciter*.

SIM-PLICO, *as, are*, rendre simple.

SIM-PLò, *adv.* simplement, d'une seule maniere.

SIM-PLIcia, *ium*, simples, plantes.

SIM-PLUDiarius, *a, um*, qu'on ne célebre qu'avec de simples jeux, où l'on ne donne que de simples jeux.

PER-SIM-PLEx, *icis*, très-simple.

VI.

De Duo, deux, & PLEX, vint cette Famille :

Du PLEx, *icis*, double ; 2°. deux ; 3°. gros, épais ; 4°. fin, rusé, dissimulé.

Du-PLICO, *as, avi, atum, are*, doubler, redoubler, augmenter au double, accroitre de moitié.

Du-PLO, *as*, pour *Duplico*.

Du-PLARIS, *m. f. re*, double.

Du-PLus, *a, um*, double, deux fois autant.

Du-PLò, *adv.* deux fois plus, au double.

Du-PLICatio, *onis*, redoublement, réduplication ; 2°. réfléchissement, répercussion ; 3°. duplique.

Du-PLICatò, *adv.* au double.

Du-PLICatus, *a, um*, *part.* de *duplico*, redoublé, augmenté au double.

Du-PLICiter, doublement, de deux manieres, en deux façons.

Du-PLIO, *onis*, Double ; 2°. pistole.

Du-PLICarii, *orum*, soldats qui ont double paye.

COMPOSÉS.

AD-DU-PLICO, *as, avi, atum, are*, redoubler.

CON-DU-PLICO, *as, avi, atum, are*, augmenter, agrandir, redoubler, accroitre.

CON-DU-PLICatio, *onis*, augmentation, multiplication, embrassement, embrassade ; 2°. redoublement, répétition d'un même mot.

CON-DU-PLICabilis, *m. f. le, n.* qui se plie en deux.

DI-PLACium, *ii*, double, portion double.

DI-PLois, *idis*, habit de femme doublé, double.

DI-PLoma, *atis*, patentes, lettres-patentes, bulles du Pape, expéditions en parchemin de la Chancellerie.

VII.

TRI-PLEx, *icis*, triple, trois ; 2°. qui a trois feuillets.

Triplices Deæ, les trois Parques.

TRI-PLus, *a, um*, le triple, trois fois autant.

TRI-PLICatio, *onis*, l'action de tripler.

TRI-PLICiter, triplement, en trois façons, de trois manieres, de trois sortes.

TRI-PLICO, *as, avi, atum, are*, tripler.

TRI-PLICatus, *a, um*, *participe* de *triplico*, voy. *triplus*.

VIII.

1. MULTI-PLEx, *icis*, de plusieurs sortes.

MULTI-PLICO, *as, avi, atum, are*, multiplier, augmenter.

Multi-Plicatio, onis, multiplication, augmentation de quantité.

Multi-Pliciter, adv. en plusieurs façons, de plusieurs sortes.

Multi-Plicabilis, m. f. le, qui a plusieurs replis.

Septem-Plex, icis, multiplié jusqu'à sept.

Septem-Pliciter, sept fois autant, sept fois.

2. Decu-Plex, icis, &

Decem-Plex, icis, dix fois autant.

Decu-Plum, i, dix fois autant.

Decu-Plus, a, um, dix fois plus ou autant.

Decem-Plicatus, a, um, redoublé dix fois, multiplié par dix.

P, ajouté devant N.

De No, Neu, esprit, soufle, prononcé Pneu, se forma cette Famille :

Pneuma, atis, &

Pneumon, onis, poumon.

Pneumonia, æ, pulmonie, maladie du poumon.

Pneumonica, orum, remèdes pour la poitrine.

Pneumonicus, a, um, pulmonique.

Pneumaticus, a, um, pneumatique, qui agit, qui se meut par le moyen du vent.

Pneumatica organa, pompes aspirantes, machines pneumatiques.

Pnigeus, i, éteignoir ; 2°. espéce d'éteignoir renversé, qui dans la machine hydraulique des anciens empêchoit l'air de sortir.

Dys-Pnœa, æ, asthme, courte haleine, difficulté de respirer.

Peri-Pneumaticus morbus, &

Peri-Pneumonia, æ, la maladie du poumon.

Peri-Pneumonicus, a, um, pulmonique, qui est malade du poumon.

Pro-Pnigeum, i, entrée, ouverture d'une fournaise, d'un fourneau ; 2°. chambre chaude du bain, étuve où l'on alloit suer ; 3°. fourneau où l'on alloit prendre le charbon aussi-tôt qu'il étoit allumé, pour l'employer aux usages des bains.

De Pneumon, prononcé Peulmon, vinrent :

Pulmo, onis, poumon.

Pulmonaceus, a, um, qui ressemble au poumon.

Pulmonarius, a, um, pulmonique, qui est malade du poumon, ou atteint de pulmonie.

Pulmoneus, a, um, de poumon, semblable au poumon.

POL, PUL, PEL,
& par syncope, PLE,
multitude, élévation.

I.

De Pol, Pul, Pel, Ple, multitude, amas, élévation, vinrent nombre de Familles. En le prononçant Phul, le Grec Phulé, Phylé, Tribu, Peuple : d'où :

1.

Phyl-Archus, i, Chef du Peuple, Capitaine de cavalerie.

2.

En redoublant le P, ou la syllabe Pul, Pol, Po.

Populus, i, peuple ; 2°. populace ; 3°. foule, multitude ; 4°. essaim d'abeilles.

Popellus, i, populace, menu peuple.

Popularitas, atis, affection pour les compatriotes ou pour le peuple.

Populariter, adv. populairement, d'une

manière populaire, à la manière du peuple, qui plaît au peuple ; 2°. avec affabilité, sans hauteur, sans faste.

Populatim, adv. par tout le peuple, de peuple en peuple.

Popularia, ium, lieux d'où le peuple voyoit les spectacles ; 2°. sacrifices offerts par l'assemblée du peuple ; 3°. badineries, amusemens puériles.

Popularis, m. f. re, n. is, ior, issimus, populaire, du peuple, qui concerne le peuple ; 2°. qui aime, qui favorise le peuple, qui s'accommode à la portée ou au génie du peuple ; 3°. qui est d'un même pays ; 4°. bas, badin, puérile ; 5°. commun, vulgaire ; 6°. participant, consentant, complice.

Populi-Fugia, orum, fêtes des Romains, au mois de Juin, en mémoire du jour que les Gaulois sortirent de Rome.

Populi-Scitum, i, voy. Plebiscitum.

3.

Populus, i, f. peuplier, arbre fort élevé & qui se multiplie aisément le long des eaux.

Populetum, i, bois de peuplier.
Populeus, a, um, de peuplier.
Populi-Fer, a, um, qui porte ou qui produit des peupliers, où il croit des peupliers.
Populneus, a, um, &
Populnus, a, um, de peuplier.
Popula, æ, verrue fort élevée.

4.

Po-Pulatus, ûs ; — latio, onis, dégât, ravage, saccagement, mot à mot, immense butin ; population enlevée & transplantée.

Populator, oris, ou
Populatrix, icis, celui ou celle qui fait du dégât, qui ravage tout, qui saccage.

Populo, as, avi, atum, are, faire le dégât, ravager, saccager.
Populor, aris, atus sum, ari, faire le dégât, ravager, saccager.
Populabilis, m. f. le, is, qui peut être pillé, qu'on peut saccager ; sujet au pillage, à être pillé, à être saccagé, au dégât.
Populabundus, a, um, qui fait le dégât, qui ravage, qui saccage.
Populandus, a, um, qu'il faut ravager, qu'on doit saccager ; où il faut faire le dégât.
Populans, tis, qui fait le dégât, qui ravage, qui saccage.
De-Populatio, onis, dégât, pillage, ravage, désolation, saccagement.
De-Populator, oris, pilleur, destructeur, qui ravage, qui ruine, qui fait le dégât, qui saccage.
De-Populo, as, avi, atum, are, &
De-Populor, aris, atus sum, ari, piller, ravager, faire dégât, saccager, désoler, dépeupler, ruiner, fourrager.
Ex-Populatio, onis, dégât, désolation, ruine, ravage, dépeuplement.

5.

De Pol, multitude, vint :
En Grec, Polis, ville, cité : d'où :

Politia, æ, Police, manière de gouverner, gouvernement.

Politicus, a, um, politique, qui concerne la police, le gouvernement, la politique.

Terra-Polis, is, contrée de Syrie où il y avoit quatre villes ; 2°. partie d'Attique où il y avoit quatre villes.

6.

De Pol, multitude, vinrent également :

POLabrum, i, bande d'oies.
POLia, æ, haras de chevaux.

Et ces Composés Grecs.

POLY-MELus, a, um, qui a quantité de brebis, riche en bêtes à laine, qui a beaucoup de moutons.
POLY-MITaria, æ, brodeuse.
POLY-MITarius, ii, brodeur.
POLY-MITarius, a, um, de broderie; 2°. de couleur changeante.
POLY-MITus, a, um, tissu de fils qui font une couleur changeante; 2°. de brocard; 3°. brodé.
POLY-MNeia, æ, ou
POLY-MNia, æ; voy. *Polyhymnia*.
POLY-MYXus, a, um, qui a plusieurs lumignons.
POLI-SPASTOS, i, moufle à plusieurs poulies.

7.

AM PULla, bouteille, flacon, bocal, ballon de verre, *mot-à-mot*, vase rond & gros; 2°. ampoule, vessie pleine d'eau ou de pus.
AM-PULLaceus, a, um, en forme de bouteille; 2°. ampoulé.
AM-PULLarius, ii, faiseur de bouteilles, adj. de bouteille.
AM-PULLæ, arum, mots ampoulés, fanfaronades.
AM-PULLor, -ari, parler d'une manière ampoulée; 2°. se donner de grands airs.
AM-PULLagium, ii, fleur de grenadier.

8.

De CO, avec, & de PUL, unir, mettre ensemble, vinrent :

COPULa, æ, couple; 2°. lien, courroie.
CO-PULo, -are; Co-Pulor, -ari, assembler, lier, marier.
CO-PULatio, onis, accouplement, liaison.
Co-Pulaté; Co-Pulatim, conjointement, ensemble.
CO-PULo, -are, accoupler ensemble.

II.

1. PLEBS, PLEBis, *f*. la populace, le menu peuple.

PLEBanus, a, um, du peuple.
PLEBecula, æ, menu peuple, populace, petites gens.
PLEBeius, a, um, du peuple, de la populace, du vulgaire, du commun.
PLEBes, ei, ou is, voy. *Plebs*.
PLEBesco, is, ere, imiter le peuple, ou tomber dans la condition populaire.
PLEBI-COLa, æ, populaire, qui favorise le peuple, qui aime le peuple, qui tient son parti.
PLEBI-SCITum, i, ordonnance du peuple.
PLEBitas, atis, & PLEvitas, atis, condition basse, bassesse de naissance.

2. En redoublant *Pul*, on forma de *Pleb*, PU-BLIC, d'où vinrent :

PUBLICo, as, avi, atum, are, publier, faire sçavoir, mettre au jour, donner au public, rendre public; 2°. confisquer, ajuger au fisc.
PUBLICus, i, Edile du peuple.
PUBLICus, a, um, public, qui appartient au public, du public.
PUBLICa, æ, prostituée, femme publique.
PUBLICanus, a, um, publicain, partisan, fermier des impôts, maltotier; 2°. injuste, homme dur & sans conscience.
PUBLICatio, onis, confiscation, adjudication au fisc.
PUBLICatus, a, um, confisqué, prostitué.
PUBLICitus, adv. voy. *Publicé*.
PUBLICius, a, um, du peuple, populaire, qui concerne le public. Voy. *Publicus*.
PUBLICum, i, impôt, taille, subside, maltote,

maltôte, tribut; 2°. lieu public, libre à chacun.

PUBLI-COLA, æ, Publicola, nom d'homme; 2°. populaire, qui prend les intérêts du peuple.

III.

1. PLUS, PLURIS, plus, davantage, plus grande quantité.

PLUS. (pris adverbialement).

Plus trecenta vehicula amissa sunt, on a perdu plus de trois cens charriots.

PLUS PLUSQUE, de plus en plus.

PLUSCULA, æ, boucle, agrafe, fermoir.

PLUSCULÈ, un peu trop, un peu plus qu'il ne faut.

PLUSCULÙM, adv. un peu plus; 2°. un peu trop, un peu plus qu'il ne faut.

PLURALIS, m. f. le, pluriel ou plurier, de plusieurs, ou qui renferme plusieurs.

PLURALITER, adv. au plurier, au nombre pluriel.

PLURATIVUS, a, um, voy. Pluralis.

PLURES, m. f. ra ou ria, n. rium, plur. plusieurs, plus de, un plus grand nombre de, plus grande quantité de.

PLURIES, adv. plusieurs fois.

PLERIQUE, ræque, raque, la plûpart, la plus grande partie.

PLERUMQUÈ, adv. le plus souvent, la plûpart du tems, ordinairement, pour l'ordinaire.

PLURUSQUE, raque, rumque, la plûpart, la plus grande partie.

PLURIMUS, a, um, beaucoup; 2°. fort grand.

PLURIMI, beaucoup, fort grandement.

PLURIMÙM, adv. beaucoup ou le plus souvent, ordinairement, pour l'ordinaire; 2°. davantage.

PLUSCULUS, a, um, un peu plus de, le petit nombre.

COMPOSÉS.

COM-PLURES, m. f. ra ou ria, n. plur. rium,

plusieurs, grand nombre, quantité de gens, beaucoup de monde.

COM-PLURIES, adv. plusieurs fois, fréquemment, souvent, pour l'ordinaire.

COM-PLUSCULÈ, adv. quelquefois, assez souvent.

COM-PLUSCULI, orum, un petit nombre de, assez de, une quantité de, ou quelques-uns.

Complusculi dies, plusieurs jours, quelques jours.

PER-PLURES, m. f. ra, n. ium, pl. beaucoup plus, une bien plus grande quantité, un beaucoup plus grand nombre.

PER-PLURIMÙM, adv. extrêmement, tout-à-fait, très-fort, beaucoup.

Perplurimùm refert, il est d'une extrême conséquence.

2. PLUTUS, i, Plutus, le Dieu des richesses.

IV.

AM-PLUS, a, um, ample, vaste, étendu, large; 2°. élevé, illustre, excellent, magnifique.

AM-PLIÙS, plus, davantage, de surcroît.

AM-PLITUDO, inis, grandeur, étendue, espace; 2°. dignité, élévation.

AM-PLITIO, onis, ampliation, remise ou délai du jugement d'un procès.

AM-PLÈ, adv. amplement, largement, abondamment, avec profusion; 2°. noblement, splendidement, magnifiquement, richement, superbement, d'un grand air, &c.

AM-PLITER, amplement, plus; 2°. richement; 3°. honorablement.

AM PLIATUS, a, um, part. d'Amplio, remis, différé, renvoyé à une plus ample information.

AM-PLICÈ, adv. noblement, magnifiquement, richement.

AM-PLI-FICÈ, adv. voy. Amplicè.

AM-PLI-FICO, as, avi, atum, are & AM-PLIO, -are, amplifier, accroître, aggrandir, étendre, augmenter ; 2°. exagerer.

AM-PLI-Ficatio, onis, amplification, accroissement, augmentation, aggrandissement ; 2°. exagération.

AM-PLI-Ficator, oris, qui amplifie, étend, accroit, aggrandit ; 2°. amplificateur, exagérateur.

AM-PLI-Ficatus, a, um, part. accru, étendu, aggrandi ; 2°. orné, enrichi.

AM-PLI-Ficus, a, um, riche, splendide ; 2°. noble, magnifique.

AM-PLI-Vagus, a, um, qui s'étend au loin, d'une vaste étendue.

V.

COM-PLEO, es, plevi, pletum, ere, emplir, combler, remplir; 2°. achever, accomplir.

COM-PLEmentum, i, achevement, accomplissement, comble, perfection, supplément.

COM-PLEtorium, ii, Complies, la derniere des heures canoniales.

COM-PLEtus, a, um, complet, achevé, parfait, accompli ; 2°. plein, rempli, comblé.

IN-COM-PLEtus, a, um, incomplet, qui n'est point achevé, qui n'est point accompli.

AD-IM-PLEO, es, evi, etum, ere, remplir ; 2°. accomplir, achever.

Adimplere vicem, tenir lieu, être à la place, faire les fonctions.

DE-PLEO, es, evi, etum, ere, désemplir, vuider.

EX-PLEO, es, evi, pletum, plere, combler, remplir, rendre complet ; 2°. accomplir, parfaire, achever ; 3°. satisfaire, contenter, rassasier.

EX-PLEtio, onis, contentement, satisfaction ; 2°. accomplissement.

EX-PLEtus, a, um, part. d'expleo.

EX PLEbilis, m. f. le, qu'on peut satisfaire ; 2°. qu'on peut combler, qu'on peut remplir.

EX-PLEmentum, i, rassasiement, ce qui remplit ; 2°. ce qui satisfait ; 3°. supplément.

IM-PLEO, es, plevi, pletum, plere, emplir, remplir ; 2°. accomplir.

Fidem implere, tenir sa parole, s'acquitter de sa promesse.

IN-EX-PLEbilis, m. f. le, is. insatiable ; qu'on ne peut remplir, rassasier ou assouvir.

IN-EX-PLEtùm, adv. démesurément, d'une maniere outrée.

IN EX-PLEtus, a, um, qui n'a pas eu d'effet, qu'on n'a pas achevé, qui n'a pas été mis à exécution ; voy. Inexplebilis.

OP-PLEO, es, plevi, pletum, ere, emplir, remplir, couvrir.

RE PLEO, es, plevi, pletum, ere, emplir, remplir.

RE-PLEtus, a, um, part. de Repleo.

SUP-PLEO, es, plevi, pletum, plere, suppléer, parfaire, fournir de nouveau, remplir les places vuides, les remplacer, mettre à la place de ce qui manque, rendre complet.

SUP-PLEmentum, i, supplément, recrue; 2°. jet, jetton ou essaim de mouches à miel, nouvelle peuplade d'abeilles.

VI.

PLEnus, a, um, plein, rempli ; 2°. complet, achevé, accompli, parfait ; 3°. replet, gros & gras ; 4°. ample.

PLENè, iùs, issimè, adv. pleinement, entierement, tout-à-fait.

PLENitas, atis, &

PLENitudo, inis, plénitude, grosseur, amplitude.

AD-PLENum, adv. parfaitement.

SEMI-PLENus, a, um, demi-plein, qui est à moitié plein, à moitié rempli.

PLENI-LUNium, ii, pleine lune.

2. Pleo-Nasmus, i, pléonasme, superfluité de paroles.

3. Plethora, æ, &

Plethoriasis, is, plénitude des quatre humeurs.

Plethoricus, a, um, qui est plein d'humeurs.

Plethos, i, abondance d'humeurs.

Plethrum, i, mesure de cent pieds.

Plethynticon, i, figure de Rhétorique, lorsqu'on emploie un pluriel pour un singulier.

Plesmone, es, réplétion de boire & de manger.

POL,

De Pol, tourner, polir, réparer, se formerent ces mots:

1. Inter-Polis, le, raccommodé, réparé, rajusté, rétabli, repoli, renouvellé, qui a passé par les mains du fripier ou de la ravaudeuse.

Propolis, is, sorte de matiere gluante qu'on trouve à l'entrée des ruches des abeilles.

Inter-Polo, as, avi, atum, are, raccommoder, réparer, rajuster, rétablir, renouveller, repolir, ravauder; faire le métier de fripier, de ravaudeur ou de regrattier, rapetasser; 2°. refouler, repasser; 3°. entre-meler, mêler parmi.

Inter-Polatio, onis, l'action de renouveller, de raccommoder, de rajuster, de repolir, de rapetasser, de ravauder, de réparer; ravauderie, l'art du fripier.

Inter-Polator, oris, -trix, icis, fripier, ravaudeur, regrattier.

2. Polia, æ, sorte de pierre précieuse.

Polion, ii, sorte de plante odoriférante.

3. De Pol, pour Pal, trait, dard, lance, vint le Grec Polemos, guerre, d'où:

Polemicus, a, um, polémique, qui concerne la dispute.

Polemonia, æ, sauge des bois, plante excellente pour les blessures.

PRAnD,

Dîné.

I.

Les Latins se servent du mot Prandeo, pour désigner l'action de dîner. L'origine de ce mot se perdoit dans la nuit des tems, & on a fait de vains efforts pour la retrouver: rien n'étoit plus absurde que de le dériver du Grec Pro endion, avant le milieu du jour, puisque la syllabe di est étrangere à ce mot, dont la syllabe essentielle est Prand, le reste n'étant que des terminatifs.

C'est un mot nasalé pour Prad, action de manger, de paître, de brouter.

Il tient au Theut. Brot, pain; à l'Angl. Bread, à l'Or. פרות, Brout, aliment, prononcé Prad dans le Dialecte rude de l'Apennin.

Pran-Dium, ii, le dîner, le repas du milieu du jour.

Prandia nigris moris finire, avoir des mûres pour dessert à son dîner.

Prandiculum i, &

Prandiolum, i, petit dîner, petit repas, dimin. de Prandium.

Prandio-Patra, æ, gargotier.

Prandeo, es, di, sum, ere, dîner.

F 5 ij

Prandere olus, faire son diner de légumes, manger des légumes à dîner.

PRANSito, *as*, *are*, manger souvent à dîner.

PRANSor, *oris*, qui dine, qui est prié à dîner.

PRANSorius, *a*, *um*, qui concerne le dîner, dont on se sert à dîner.

COM-PRANDeo, *es*, *di*, *sum*, *ere*, dîner avec, ensemble.

COM-PRANSor, *oris*, qui mange avec un autre.

IM-PRANSus, *a*, *um*, qui n'a pas dîné.

PRAMNium, *ii*, sorte de pierre précieuse très-noire.

Pramnium vinum, *i*, vin de Smirne, qui est d'un rouge noir.

II.

De PRAD, nourriture, vint PRÆD, chasse, ce qu'on prend pour sa nourriture.

PRÆDA, *æ*, proie, prise faite à la chasse ; 2°. butin, dépouille des ennemis ; 3°. gibier.

PRÆDatum, *i*, butin, pillage.

PRÆDatio, *onis*, pillerie, brigandage, volerie, l'action de butiner.

PRÆDator, *oris*, pilleur, voleur, qui enleve tout ; corsaire, pirate, qui pille ; 2°. chasseur.

PRÆDatrix, *icis*, celle qui pille, qui vole, qui pirate.

PRÆDabundus, *a*, *um*, qui ne fait que piller, ou qui vient pour piller.

PRÆDaceus, *a*, *um*, qui provient du butin.

PRÆDatitius, *a*, *um*, qui provient du butin.

PRÆDatorius, *a*, *um*, de voleur, de pilleur, de pirate.

PRÆDo, *onis*, voleur, brigand, pirate, corsaire, écumeur de mer, forban.

PRÆDonulus, *i*, dimin. de *Prædo*.

PRÆDonius, *a*, *um*, de voleur, de brigand, de corsaire, de pirate.

PRÆDor, *aris*, *atus sum*, *ari*, voler, piller, butiner, pirater, écumer la mer, courir le bon bord, faire le cours.

III.

PRUT, PRYT.

De PROT, PRUT, nourriture, & de TAN, lieu, place, vint le mot Grec

PRYTANeion, lieu, hôtel où les Athéniens entretenoient aux dépens de la République ceux qui lui avoient rendu de grands services ; 2°. & où les Magistrats s'assembloient pour rendre la justice.

PRYTANia, *æ*, l'argent des consignations à Athènes, qui étoit en dépôt dans le Pritanée.

PRYTANis, *is*, l'un des Magistrats qui commencerent à gouverner le peuple d'Athènes, après la mort du Roi Codrus.

PRYMNesium, *ii*, amarre d'ancre ; voyez *Tonsilla*.

PRÆ.

De POR, face, tête, prononcé PR, les Latins, firent PRÆ & PRO, chefs d'un grand nombre de Familles.

I.

PRÆ, *prép.* qui signifie devant ; 2°. plus, au-dessous de ; 3°. en comparaison.

Dans les Langues du Nord, PRÆ, supériorité, préférence : de-là :

PRÆ-SERTIm, sur-tout, principalement.

PRÆTer, *prépos.* Elle se rend en françois par excepté, à l'exception, hors, hormis, au long, le long, auprès, proche, joignant, au-delà, contre, devant, en-

préfence, à la vue, outre, plus, par-deſſus, au-deſſus, enſuite, dorénavant, déſormais.

Præterquam, adv. hormis, hors, excepté, ſi ce n'eſt, à l'exception ; 2°. outre que.

Præter, adv. outre, excepté que.

Præter-Propter, adv. plus ou moins, environ ; 2°. pour autre choſe que pour.

2.

Prætor, oris, Préteur, Magiſtrat Romain qui avoit le commandement d'une armée ; 2°. Sénateur choiſi pour rendre la juſtice dans Rome ; mot-à-mot, qui marche à la tête.

Pro-Prætor, oris, celui qui étoit envoyé dans une province, avec pouvoir de Préteur ; 2°. Lieutenant du Préteur, Propréteur.

Prætura, æ, préture, la dignité de Préteur.

Prætorius, a, um, Prétorien, de Préteur, qui concerne les Préteurs.

Prætorianus, a, um, qui concerne les Préteurs.

Prætorium, ii, Prétoire, lieu où le Préteur rendoit la Juſtice ; 2°. tente d'un Général ; 3°. Palais magnifique bâti à la campagne.

Prætoriolum, i, dimin. de Prætorium.

Prætoritius, a, um, voyez Prætorianus.

Prætoria, æ, le vaiſſeau amiral.

3.

Præbeo, es, bui, bitum, bere, bailler, donner, fournir, livrer.

Præbitor, oris, pourvoyeur, celui qui fournit, entrepreneur de fournitures.

Præbitio, onis, fourniture.

Præbenda, orum, fourniture de tout ce qui étoit néceſſaire aux Magiſtrats qui alloient dans les provinces remplir les charges, &c.

Præbenda, æ, Prébende, Canonicat.

Præbia, orum, amulettes, préſervatifs qu'on pendoit au cou des enfans.

4.

Præmium, ii, prix, récompenſe ; 2°. ſalaire, loyer, gages ; 3°. proie butin ; 4°. argent monnoyé.

Præmiator, oris, voleur ; 2°. qui récompenſe, qui donne un prix.

Præmiator, oris, voyez Prædo.

Præmiatrix, icis, voyez Prædatrix.

Præmior, aris, atus ſum, ari, gagner, faire un gain.

5.

Præs, prædis, caution, répondant.

Com-Præs, ædis, certificateur de caution.

Prædes, ium, biens hypothéqués à un cautionnement.

Prædium, ii, héritage, fonds de terre, domaine, maiſon de campagne.

Prædiolum, i, petit héritage, petit fonds de terre.

Prædiator, oris, intelligent en matieres d'héritages ou de fonds de terre.

Prædiatorius, a, um, qui concerne les fonds de terre, les héritages.

Prædiatus, a, um, riche en fonds de terre.

6.

1. Pretium, ii, prix, valeur ; 2°. mérite, récompenſe, ſalaire.

Pretioſe, adv. richement, avec bien de la dépenſe, d'une maniere excellente, exquiſe, précieuſement, à grand prix, cherement.

Pretioſitas, atis, excellence, qualité précieuſe.

Pretioſus, a, um, ior, iſſimus, précieux,

de prix, de valeur, qui coûte beaucoup, cher; 2°. excellent, exquis.

COMPOSÉS.

Ap-Precio, as, avi, atum, are, priser, apprécier, mettre le prix, évaluer, estimer.

De-Pretio, as, avi, atum, are, dépriser, diminuer de prix, rabaisser de prix.

2. Inter-Pres, etis, interprête, truchement, celui qui explique; 2°. traducteur.

Inter-Pretor, aris, atus sum, ari, interpréter, expliquer, donner l'explication; 2°. entendre, prendre en bonne ou mauvaise part.

Inter-Pretamentum, i, &

Inter-Pretatio, onis, interprétation, traduction, éclaircissement, explication; 2°. jugement, conjecture.

Inter-Pretabilis, m. f. le, n. is, qu'on ne peut interpréter.

3. Presbia, æ, intercession.

7.

1. Primus, a, um, premier; 2°. principal, le plus considérable, le plus apparent.

Primæ, arum, le premier rang.

Primitiæ, arum, les prémices.

Primitius, a, um, premier, principal.

Primitivus, a, um, qui vient des premiers, hâtif, précoce; 2°. primitif.

Primùm, adv. premierement, en premier lieu, d'abord, du commencement, au commencement.

Primiter, adv.

Primitùs, adv. ou

Primò, adv. &

Pri-Modùm, adv. premierement, d'abord, du commencement, en premier lieu.

Primulùm, adv. tout présentement, tout-à-l'heure, tout maintenant; 2°. dès le commencement.

Primulo diluculo, dès la petite pointe du jour, sitôt que le jour a commencé à paroitre.

Primani, orum, les soldats de la premiere légion.

Primarius, a, um, qui est des premiers, des plus considérables, des plus apparens, des plus illustres, du premier rang.

Primas, atis, voyez Primarius.

Primates, um, les premiers d'une ville; 2°. Primats, Prélats au-dessus des Archevêques.

Primatus, ûs, primauté, premier rang; 2°. Primatie.

Primor, inusité; voyez Primoris.

Primores, rum, les premiers, les principaux, les plus apparens.

Primoris, gen. primorem, acc. primori, abl. premier.

BINOMES.

Prim-Ordium, ii, commencement, origine.

Prim-Ordialis, m. f. le, n. is, primordial, original.

Prim-Ordialis, is, prime-vere, fleur.

Primi-Para, æ, qui enfante, qui accouche, qui met bas pour la premiere fois, parlant des animaux.

Primi-Pilus, i, Capitaine ou Centurion de la premiere des dix compagnies.

Primi-Pilaris, is, qui a été Capitaine ou Centurion de la premiere des dix compagnies ou centuries des lanceurs de javelots d'une légion.

Primi-Pilum, i, étape, ration qui se fournit aux soldats.

Primi-Potens, tis, omn. gen. le premier en pouvoir, le plus puissant.

COMPOSÉS.

AP-Primus, a, um, du premier ordre, du plus haut rang.
AP-Primè; COM-Primis, adv. fort bien, parfaitement, tout-à-fait.
IM-Primis, adv. en premier lieu, premierement, sur-tout.
Decem Primi, orum, les dix premiers Décurions.

2. Prior, ius, oris; compar. premier; 2°. précédent, qui précede, de devant, d'auparavant, antérieur, qui est devant; 3°. plus excellent, qui surpasse, qui excelle; 4°. préférable, à préférer.
Prior, oris, Prieur, dignité d'Eglise.
Prioratus, ûs; primauté, prérogative, prééminence; 2°. Prieuré.
Priorissa, æ, dignité de couvent de filles.
Priorsùm, adv. en avant, par-devant.
Priùs, adv. auparavant, avant, devant; 2°. plutôt que.
Priusquàm, adv. avant de, devant que.
Pridem, adv. il y a long-tems.

3. Priscus, a, um, ancien, vieux, qui est du tems passé.
Priscè, adv. à la façon des Anciens, à l'antique, à la vieille mode, comme au tems passé, à l'ancienne maniere.
Pristinalis, m. f. le, n. &
Pristinus, a, um, qu'on a eu autrefois, qui a été auparavant, d'autrefois; 2°. précédent.
Pristinè, adv. la veille, le jour précédent.

FAMILLES GRECQUES.

Archi-Presbyter, eri, Archi-Prêtre.
Archi-Presbyteratus, ûs, archiprêtrise.
Prot-Agonistes, æ, qui joue le premier rôle dans une piéce de théâtre.

Proto-Comium, ii, auvent.

8.

De Præ, tête, puissance, vint Priv, être en sa propre puissance, ne dépendre que de soi; d'où:
Privo, as, avi, atum, are, priver, dépouiller, frustrer de quelque chose.
Privum, i, ce qui est propre ou particulier à chacun.
Privus, a, um, voyez Singulus; 2°. voyez Privatus.
Privatio, onis, privation.
Privandus, a, um, qu'il faut priver, à qui l'on doit ôter.
Privantia, ium, sorte de contraires, appellés en Logique privatifs.
Privativus, a, um, privatif, qui marque, qui signifie privation.
Privatus, a, um, privé, propre, particulier, qui concerne les particuliers; 2°. qui mene une vie privée, qui est sans charge.
Privatè, adv. ou
Privatim, adv. privément, en particulier, en personne privée; 2°. séparément, en particulier, à part, spécialement, expressément.
Privi-Legiarius, a, um, privilégié, qui a un privilége.
Privi-Legium, loi particuliere pour ou contre quelqu'un; 2°. privilége, exemption, immunité, prérogative.

PREC.

Du primitif Brac, genou, vint la Famille Prec, priere, mot-à-mot, action de s'agenouiller, de se prosterner.
Preces, cum, prieres, supplications.
Precatio, onis, priere, supplication, l'action de prier.

PRECATOR, *oris*, intercesseur, qui prie pour un autre.

PRECATRIX, *icis*, celle qui intercede, qui prie pour un autre.

PRECATURUS, *a*, *um*, qui priera.

PRECATUS, *us*, voyez Precatio.

PRECATORIUS, *a*, *um*, qui concerne les prieres.

PRECOR, *aris*, *atus sum*, *ari*, prier, supplier.

PRECANDUS, *a*, *um*, qu'il faut prier, à qui l'on doit adresser des prieres.

PRECANS, *tis*, *omn. gen.* priant, qui prie, qui fait des prieres.

PRECANTER, *adv.* voyez Precariò.

PRECARIA, *æ*, don de son bien à l'Eglise, avec réserve de sa jouissance sa vie durant.

PRECARIÒ, *adv.* par prieres, en priant; 2°. à titre de précaire, par emprunt.

Precariò quasi regnare, régner comme par emprunt.

PRECARIUM, *ii*, précaire, titre de précaire; 2°. oratoire.

PRECARIUS, *a*, *um*, obtenu ou qu'on obtient par prieres, par emprunt, emprunté; 2°. précaire, qu'on tient à titre de précaire.

COMPOSÉS.

AD-PRECATUS, *a*, *um*, qui a prié, invoqué, *part.* de

AD-PRECOR, *aris*, *atus sum*, *ari*, prier instamment, invoquer.

AP-PRECOR, *aris*, *atus sum*, *ari*, prier avec instance, invoquer.

AP-PRECATUS, *a*, *um*, qui a prié, qui a invoqué.

COM-PRECATIO, *onis*, prieres publiques, prieres faites en commun.

COM-PRECOR, *aris*, *atus sum*, *ari*, prier en commun, faire des prieres publiques.

DE-PRECATIO, *onis*, supplication, instante priere, supplique; 2°. conjuration;

3°. refus honnête, excuse de ne pouvoir faire.

Deprecationes diræ, imprécations, malédictions.

DE-PRECOR, *aris*, *atus sum*, *ari*, prier instamment, supplier, conjurer, solliciter; 2°. refuser honnêtement, s'excuser de faire une chose, s'en défendre.

DE-PRECATORIUS, *a*, *um*, de supplication, &c.

DE-PRECATRIX, *icis*, médiatrice, avocate.

DE-PRECATOR, *oris*, intercesseur, Avocat défenseur.

DE PRECABUNDUS, *a*, *um*, suppliant.

IND-E PRECABILIS, *m. f. le*, *n. is*, qu'on ne peut obtenir ou émouvoir par prieres.

IM PRECOR, *aris*, *atus sum*, *ari*, faire des imprécations, maudire, donner des malédictions, souhaiter du mal à; 2°. prier pour.

IM-PRECATIO, *onis*, imprécation.

PROC.

De PRECOR, prier, prononcé PROC, se formerent ces mots:

PROCACITAS, *atis*, insolence, impudence, effronterie.

PROCACITER, *ciùs*, *cissimè*, *adv.* insolemment, impudemment, effrontément.

PROCAX, *acis*, *m. t-à-mot*, qui demande avec trop de hauteur: insolent, effronté; 2°. impudent, sans retenue.

PROCOR, *aris*, *atus sum*, *ari*, flater, caresser; 2°. faire l'amour, dire des douceurs, cajoler.

PROCUS, *i*, qui recherche en mariage; Amant.

PREM, PRES.

ONOMATOPÉE.

PREMO, *is*, *pressi*, *pressum*, *mere*, presser, fouler; 2°. être contraire, poursuivre;

fuivre ; 3°. cacher, diffimuler ; 4°. enfouir, coucher en terre ; 5°. arrêter ; 6°. appuyer, infifter, opprimer, accabler, perfécuter.

PREMELLO, is, ere, faire un procès, pourfuivre en Juftice.

PRESſo,-are, preffer.

PRESſio, onis, l'action de preffer.

PRESſura, æ ; PRESſus, ûs, l'action de preffer, d'exprimer le fuc ; 2°. la compreffion de l'air ; 3°. douleur.

PRESſé ; PRESſulé, adv. briévement, fuccinctement, d'un ftyle coupé, concis, ferré.

PRESſim, en ferrant fortement, étroitement.

PRESſorium, ii, preffe, calendre.

PRESſorius, a, um, de preffoir.

AP-PRIMO-ere, preffer, ferrer contre.

COMPOSÉS.

COM-PRIMO ,-ere, preffer, ferrer, fouler, éteindre ; 2°. cacher, tenir fecret, faire difparoître, fupprimer ; 3°. appaifer, modérer, retenir, arrêter.

COM-PRESſus, ûs ; COMPRESſio, onis, embraffement étroit, embraffade fort tendre ; 2°. compreffion, étreinte, preffurage.

COM-PRESſiuncula, æ, légere compreffion.

COM-PRESſé, iùs, iſſimé, d'une maniere ferrée, concife.

DE-PRIMO-ere, abaiffer, enfoncer, mettre en bas, humilier, accabler.

DE-PRESſor, oris, celui qui abaiffe.

DE-PRESſitas, atis ; DE-PRESſio, onis, enfoncement, profondeur, abaiffement.

EX-PRIMO,-ere, preffer, tirer le fuc, le faire fortir en le preffant, mettre à la preffe, preffurer ; 2°. arracher, extorquer, obtenir par force ; 3°. repréfenter, faire le portrait, contrefaire, dépeindre, tirer au naturel ; 4°. prononcer, exprimer ; 5°. dire, décrire, raconter ; 6°. graver, imprimer, faire une empreinte ; 7°. traduire, interpréter ; 8°. élever ; 9°. faire entendre.

EX-PRESſo,-are, mettre à la preffe, tirer le fuc.

EX-PRESſus, ûs ; EX-PRESſio, onis, l'action de preffer, d'exprimer le fuc, de faire fortir en preffant ; 2°. impulfion, l'action de pouffer en haut, élévation, hauteur.

EX-PRESſim, en termes exprès, formels, nommément.

EX-PRESſé, clairement, intelligiblement, diftinctement ; 2°. avec juftefle, poliment, élégamment.

IM-PRIMO,-ere, empreindre, graver, marquer.

IM-PRESſio, onis, impreffion, l'action d'imprimer ; 2°. attaque, effort, infulte, impétuofité.

IM-PRESſé, exactement, foigneufement.

INTER-PREMO,-ere, preffer entre, étrangler.

OP-PRIMO, -ere, fouler, preffer, accabler ; 2°. prévenir, furprendre, faifir au dépourvu.

OP-PRESſor, oris, qui opprime.

OP-PRESſio, onis, l'action d'opprimer.

OP-PRESſiuncula, æ, l'action d'embraffer étroitement.

PER-PREMO,-ere ; PER-PRIMO,-ere, fouler extrêmement, preffer fort.

RE-PRIMO,-ere, arrêter, retenir, forcer à fe contenir.

RE-PRESſor, oris, qui arrête, qui retient.

RE-PRESſio, onis, l'action de réprimer, d'arrêter.

SUP-PRIMO,-ere, retenir, cacher, celer, tenir fecret, diffimuler, ne pas faire paroître ; 2°. arrêter, refferrer.

Orig. Lat.

Sup-Pressus, a, um, bas, profond; 2°. retardé; 3°. caché, retenu; 4°. rampant, peu noble; 5°. coulé à fond.

Sup-Pressor, oris, plagiaire.

Sup-Pressiùs, plus à couvert, plus secrettement.

Sup-Pressio, onis, étouffement, oppression, cochemar; 2°. suppression, rétention; 3°. l'action de retenir ce qui ne nous appartient pas.

PRO.

De Por, tête, se forma :

Pro, Préposition Latine qui signifie, 1°. devant, en présence ; 2°. en considération ; 3°. à proportion ; 4°. pour : de-là diverses Familles.

1.

1. Pro-Quàm, à proportion, selon, voy. Prout.

Pro-Ut, adv. selon que, comme.

2. Proœmium, ii, exorde, commencement d'un discours ; 2°. prélude d'un musicien.

Proœmior, aris, atus sum, ari, faire l'exorde ou le commencement d'un discours.

3. Prora, æ, proue, avant d'un vaisseau, cap.

Proreta, æ, &

Proreus, i, timonier, matelot, qui fait son quart à tenir la manuelle de la barre du gouvernail.

4. Prosa, æ, prose : *mot-à-mot*, qui va en avant, qui ne revient point sur ses pas, comme la poésie.

Prosaïcus, a, um, qui est en prose ; 2°. prosaïque, qui ressemble à la prose.

Pr-Orsùm, adv. tout droit, directement; 2°. voy. Prorsùs.

Rursùm prorsùm, çà & là, de côté & d'autre, d'allée & de venue.

Pr. Orsùs, adv. entierement, du tout, tout-à-fait, généralement, directement.

Composés Grecs.

Pros-Eucha, æ, Synagogue des Juifs, Temple; 2°. lieu où ils s'assemblent pour prier ; 3°. gargotte, lieu où les pauvres se retiroient ; 4°. celui où ils étoient attirés par l'aumône qu'ils y trouvoient plus facilement ; 5°. priere à Dieu.

Pros-Eucricum, i, hymne, priere à Dieu.

Prosopo-Pœia, æ, prosopopée, introduction de personne qu'on fait parler dans un discours convenablement à son caractere.

2.

1. Probatica, æ ; *Piscina probatica*, piscine, réservoir qui étoit à Jérusalem près de la porte Probatique, par où entroient les moutons, dans l'eau de laquelle les Prêtres lavoient ceux des animaux qui devoient être immolés.

2. Probo, as, avi, atum, are, prouver, apporter des preuves, faire voir, démontrer ; 2°. approuver, donner son approbation, trouver bon ; 3°. éprouver, essayer, examiner, expérimenter, faire l'expérience, vérifier.

Probator, oris; approbateur, celui qui approuve, qui donne son approbation ; 2°. examinateur.

Probatrix, icis, celle qui approuve.

Probatio, onis, preuve, raison pour prouver ; 2°. essai, expérience, épreuve, vérification, examen ; 3°. approbation, l'action d'approuver.

PROBatorius, a, um, qui concerne la preuve ou l'essai, l'examen, l'expérience, l'épreuve, la vérification, l'approbation.

PROBabilis, m. f. le, probable, vraisemblable, qu'on peut prouver.

Probabilis Orator, Orateur passable.

PROBabilitas, atis, probabilité, vraisemblance.

PROBabiliter, adv. probablement, vraisemblablement.

PROBandus, a, um, dont il faut faire preuve, qu'il faut prouver.

3. PROBus, a, um, ior, issimus, bon, qui n'est point défectueux, qui n'a pas de défauts; 2°. honnête, de probité, de bien.

PROBitas, atis, probité, honnêteté, vie honnête, droiture.

PROBiter, adv. voy. Probè.

PROBè, adv. bien, honnêtement, en honnête homme.

Probè decipere, tromper galamment.

PROBissimè, adv. très-bien, fort bien.

NÉGATIFS.

IM-PROBus, a, um, méchant, scélérat, vicieux; 2°. mauvais, corrompu, gâté, défectueux, qui ne vaut rien; 3°. rude, fâcheux, cruel, violent; 4°. qui n'est pas propre, qui ne convient pas; 5°. impudent, effronté.

IM-PROBulus, i, dim.

IM-PROBo,-are, désapprouver, désavouer.

IM-PROBitas, atis, méchanceté, scélératesse.

IM-PROBè, méchamment, en scélérat.

IM-PROBatio, onis, désaveu, action de désapprouver.

IM-PROBabilis, e, qu'on ne sauroit prouver, qui n'est pas probable.

COMPOSÉS.

AP-PROBO, as, avi, atum, are, approuver, agréer, consentir, ratifier, autoriser, trouver bon, donner son approbation; 2°. prouver fortement, assurer par des preuves, faire voir.

AP-PROBus, a, um, très-sage, très-honnête, très-bon, de très-bonnes mœurs.

AP-PROBè, adv. très-bien, parfaitement, excellemment, en honnête homme.

AP-PROBatio, onis, approbation, consentement, agrément, ratification, aveu; 2°. preuve, assurance, raisonnement.

AP-PROBator, oris, approbateur, qui approuve, qui agrée, qui consent, qui autorise.

AP-PROBatus, a, um, part. approuvé, agréé, consenti, ratifié.

RE-PROBus, a, um, qui est à rejetter, qui n'est pas de mise, qui n'est pas recevable; 2°. réprouvé, rejetté.

COM-PROBO, as, avi, atum, are, approuver, agréer, trouver bon, allouer; 2°. appuyer, confirmer, établir, prouver, soutenir; 3°. vérifier.

COM-PROBatio, onis, approbation; 2°. épreuve.

COM-PROBator, oris, approbateur; 2°. qui éprouve.

RE-PROBatio, onis, réprobation; l'action de rejetter, d'improuver.

RE-PROBatus, a, um, part. de

RE-PROBO, as, avi, atum, are, improuver, rejetter.

3.

PROBrum, i, honte, deshonneur, infamie, ignominie; 2°. action honteuse, pleine d'infamie; adultere; 3°. injures, reproches injurieux, diffamans.

PROBRO*sus*, *a*, *um*, *ior*, *issimus*, honteux, infâme, deshonorable, plein d'infamie, couvert d'ignominie, diffamé.

AP-PROBR*amentum*, *i*, opprobre, deshonneur, infamie, affront, ignominie, honte.

EX-PROBR*ator*, *oris*, &

EX-PROBR*atrix*, *icis*, qui fait des reproches.

EX-PROBR*o*, *as*, *avi*, *atum*, *are*, reprocher, faire des reproches, blâmer.

EX-PROBR*atilis*, *m. f. le*, *n. is*, reprochable, qu'on peut reprocher.

EX-PROBR*atio*, *onis*, reproche, blâme.

IM-PROBR*o*, *are*, désapprouver, désavouer, blâmer.

OP-PROBR*ium*, *ii*, opprobre, infamie, deshonneur; 2°. reproche.

OP-PROBR*o*, *as*, *avi*, *atum*, *are*, reprocher, faire des reproches; 2°. deshonnorer, diffamer, couvrir d'opprobres.

OP-PROBR*amentum*, *i*, voy. Opprobrium.

OP-PROBR*atio*, *onis*, reproche, l'action de faire des reproches.

OP-PROBR*iosus*, *a*, *um*, qui fait honte, qui deshonore, qui diffame; 2°. plein de reproches.

4.
PROIL.

1. PRÆL*ium*, PROÏL*ium*, combat, est un mot Latin qui paroît entierement Grec, de PRO en avant, & ELÓ, se porter : de-là ces mots :

PROÏL*ium*, *ii*, &

PRÆL*ium*, *ii*, bataille, combat, mêlée.

PRÆL*iator*, *oris*, combattant; 2°. qui aime les combats.

PRÆL*iatus*, *a*, *um*, qui a combattu.

PRÆL*io*, *as*, *are*, pour

PRÆL*ior*, *aris*, *atus sum*, *ari*, combattre, donner bataille, livrer combat; 2°. disputer avec chaleur.

PRÆL*ians*, *tis*, omn. gen. combattant, qui combat.

PRÆL*iaris*, *m. f. re*, *n. is*, de combat, qui concerne le combat.

2. PRÆL*um*, *i*, &

PREL*um*, *i*, pressoir, presse, calendre, arbre d'un pressoir, presse d'imprimeur.

3. De PRO, en avant, & OL, qui s'accroît, vinrent :

PR-OL*es*, *is*, race, lignée; 2°. enfans, petits.

PR-OL*etarius*, *a*, *um*, de pauvre ou de basse condition.

Proletarii, les pauvres gens de Rome, qui ne fournissoient à la République que des enfans pour la guerre.

Proletarius sermo, maniere de parler basse & populaire.

IM-PR-OL*es*, *is*, omn. gen. &

IM-PR-OL*is*, *m. f. le*, *n. is*, ou

IM-PR-OL*us*, *a*, *um*, qui n'a point d'enfans, & à cause de cela n'est pas encore enregistré au rôle des Bourgeois.

5.

1. PROM*o*, *is*, *prompsi*, *promptum*, *mere*, mettre, tirer dehors, aveindre; 2°. faire éclorre, exposer au jour, faire voir, découvrir, donner à connoître.

PROM*to*, *as*, *are*, voyez Promo.

PROM*tus*, *ûs*, sortie, issue; 2°. promptitude.

In promtu res est, cela est évident, la chose est claire.

PROM*tus*, *a*, *um*, tiré, mis dehors; 2°. qui est tout prêt, tout disposé, qui est à la main, clair, manifeste, évident; 3°. facile, aisé; 4°. ouvert.

PROM*tè*, *iùs*, *issimè*, promptement, prestement ; 2°. de bon cœur ; 3°. facilement.

COMPOSÉS.

DE PROMO, *is*, *prompsi*, *promptum*, *mere*, tirer, prendre ou puiser d'un endroit.

EX-PROMO, *is*, *prompsi*, *promptum*, *mere*, tirer ou mettre dehors; 2°. faire paroître, découvrir, mettre au jour, mettre en évidence, manifester, faire voir, produire, montrer ; 3°. alléguer, citer, déclarer, raconter, rapporter.

SUP-PROMO, *is*, *prompsi*, *promptum*, *mere*, tirer dehors.

IM-PROMTus, *a*, *um*, lent, qui n'est point prompt.

1. PROMUS, *i*, &

2. PROMUS-*condus*, Maitre-d'Hôtel, Célerier, Dépensier.

Promus librorum, Bibliothécaire.

PROMtuarium, *ii*, office, dépense, garde-manger, réservoir, cellier, cave.

PROMtuarius, *a*, *um*, qui concerne l'office, la dépense, le garde-manger.

SUP-PROMUS, *i*, Maitre-d'Hôtel, celui qui a soin de la dépense.

6.

1. PRONus, *a*, *um*, penchant, qui penche, courbé en devant, qui va en pente ; 2°. porté, enclin, qui a du penchant, dont l'inclination est portée à ; 3°. aisé, facile.

PRONitas, *atis*, penchant, pente, inclination.

PRONiùs, *adv.* avec plus ou trop de penchant ou de pente.

1. PRO-ELEUsis, *is*, procession solemnelle.

3. IM-PROSPer, *a*, *um*, qui n'a pas un heureux succès, malheureux, qui réussit mal.

IM-PROSPerè, *adv.* avec peu de succès, malheureusement.

7.

PROPÈ, *prépos.* près, auprès, proche.

PROPÈ, *adv.* de près ; 2°. presque, quasi.

PROPior, *m. f. ius*, *n. oris*, qui est plus proche, plus prochain, plus voisin, qui approche plus.

PROPiùs, *adv.* plus près, plus proche, de plus près.

PROPE-DIem, *adv.* au premier jour, dans peu, bien-tôt.

2. AP-PROPero, *as*, *avi*, *atum*, *are*, se hâter, se presser, faire diligence, s'avancer fort, s'empresser.

AP-PROPERatus, *a*, *um*, hâté, fait à la hâte, où il y a de la précipitation.

IM-PROPERatus, *a*, *um*, qui n'est point fait à la hâte, qui n'est point précipité, fait à loisir.

IM-PROPERium, *ii*, reproche.

IM-PROPERO, *as*, *avi*, *atum*, *are*, reprocher, faire des reproches ; 2°. se hâter d'entrer, se presser d'aller.

IM-PROPERus, *a*, *um*, lent, tardif, qui ne se hâte pas.

3. PRO-PINQuus, *a*, *um*, proche, qui n'est pas éloigné, prochain, voisin ; 2°. parent, proche ; 3°. qui a du rapport, de la ressemblance, qui approche de.

PRO-PINQuitas, *atis*, proximité, voisinage ; 2°. parenté, proximité de sang, alliance.

PRO-PINQuo, *as*, *avi*, *atum*, *are*, approcher, être proche.

PRO-PINQuè, *adv.* proche, près, auprès.

PRO-PINQuissimus, *a*, *um*, très proche.

AP-PRO-PINQuatio, *onis*, approche, proximité, voisinage.

Ap-Pro-Pinquo, as, avi, atum, are, approcher, être proche, s'avancer.
Ap-Propio, voyez *Appropinquo*.

4. Proximus, a, um, le plus près, le plus proche; 2°. le premier d'après, qui a la seconde place; 3°. le premier & le dernier; 4°. semblable, qui approche fort, ressemblant, le prochain.

Proximitas, atis, proximité, voisinage; 2°. parenté; 3°. ressemblance.

Proximiùs, adv. plus proche, plus près.

Proximò, adv. voyez *Proximè*.

Proximo, as, avi, atum, are, être auprès, être près, être proche.

Proximans, tis, omn. gen. qui est auprès, qui est près, qui est proche, tout proche.

Proximè, adv. fort près, très-proche; 2°. depuis peu, tout fraichement, dernierement; 3°. premierement.

Proximior, m. f. ius, n. oris, voyez *Propior*.

8.

Proprium, ii, le propre, ce qui est particulier à.

Proprius, a, um, propre, particulier à; 2°. ce qui appartient en propre; 3°. dont on jouit toujours, dont on est toujours en possession, qui ne peut être ôté.

Propriassit, pour *Proprium fecerit*, qu'il se soit approprié, ou rendu propre.

Propriè, adv. proprement, d'une maniere propre, d'une façon particuliere, particulierement, en particulier; 3°. convenablement, d'une maniere convenable.

Proprietas, atis, propriété, qualité propre ou particuliere.

Proprietarius, ii, l'propriétaire.

Im-Propriè, adv. improprement.

Im-Proprium, ii, Impropriété.

Im-Proprius, a, um, impropre, qui n'est pas propre, qui ne convient pas.

9.

Proprium, adv. Voyez *Propriè*.

Propter, prépos. Elle s'exprime en françois par pour, à cause, en considération, pour l'amour de, par un motif de; 2°. auprès, proche, tout proche, près, joignant.

Proptereà, adv. c'est pourquoi, c'est pour cela, par cette raison, à cause de cela.

Pro-Porrò, adv. voyez *Prætereà*.

P ajouté devant R.

De l'Orient. רע *Rho*, mauvais, qui n'est pas droit, les Grecs firent *Rhaibos*, courbe, tortu, & les Latins P-ravus, tortu, malfait; au physique & au moral: de-là:

Pravus, a, um, difforme, mal conformé, mal-fait; 2°. méchant, mauvais, vicieux, malin, corrompu; 3°. déréglé.

Pravitas, atis, difformité, vice de conformation, conformation vicieuse; 2°. méchanceté, malice.

Pravè, adv. méchamment, contre la raison, contre les régles, malicieusement, malignement.

De-Pravatio, onis, dépravation, corruption, altération.

De-Pravator, oris, corrupteur.

De-Pravo, as, avi, atum, are, dépraver, gâter, altérer, débaucher, corrompre; 2°. défigurer, rendre difforme.

In-De-Pravatus, a, um, qui n'est pas corrompu, qui n'est point gâté.

P ajouté devant O.

Du primitif Or, Ur, feu, vint Pur,

Pyr, feu, qui fut la source de diverses Familles.

1.

Pyra, æ, bucher sur lequel on brûloit les morts.

Pyralis, e, de bucher.

Pyrale, is, poële, chambre à fourneau.

Pyrio, -are, faire chauffer.

Pyrites, æ, pierre à feu.

Pyritis, is, pierre infernale, qui brûle.

Pyralis, is, insecte ailé qu'on prétendoit vivre dans le feu.

Cato-Pyrites, pierre précieuse.

Pyraclosis, is, travail au feu, occupation continuelle à l'entour du feu.

Pyræmon, onis, enclume.

Pyrame, æ, sorte de larme d'arbre, la gomme ammoniac.

Famille Grec.

Pyrantes, is, ver luisant, insecte.

Pyri-Lampis, idis, ver luisant, insecte.

Pyren, enis, f. pierre précieuse, qui a la figure d'un noyau d'olive.

Pyrethrum, i, pyretre, sorte de plante.

Pyriaterium, ii, étuve.

Pyro-Mantes, æ, qui devine par le moyen du feu.

Pyro-Mantia, æ, divination par le moyen du feu.

Pyr-Opus, i, escarboucle, mot-à-mot, face en feu.

Pyrrho-Pœcilus, i, sorte de marbre de la Thébaïde.

Pyro-Phorus, i, réchaud, chaufferette; 2°. brasier.

Pyro-Technia, æ, l'art du feu.

Pyruntes, um, truites, poissons.

A-Pyrina, orum, des grenades.

A-Pyrinus, i, dont le noyau n'est pas dur.

A-Pyrothos, i, escarboucle à l'épreuve du feu.

2.

En répétant Pur.

Pur-Pura, æ, mot-à-mot, rouge, rouge comme le feu.

1. Pourpre; 2°. le poisson qui donnoit le pourpre; 3°. étoffe teinte en pourpre, 4°. habit de pourpre; 5°. magistrature, Magistrats qui étoient habillés de pourpre.

Pur-Puro, -are, éclater comme le pourpre.

Pur-Purans, tis, qui devient de couleur de pourpre; 2°. plein de sang, ensanglanté.

Pur-Puratus, a, um, vêtu de pourpre.

Pur-Pureus, a, um, de pourpre; 2°. vêtu de pourpre; 3°. éclatant; 4°. beau.

Pur-Purarius, a, um, qui concerne la couleur de pourpre.

Pur-Purarius, ii, teinturier en pourpre.

Pur-Purati, les Grands qui portoient la robe de pourpre.

Pur-Purissum, i, rouge, vermillon, carmin.

Pur-Purissatus, a, um, fardé, qui a du rouge, du carmin.

Pur-Purasco, -ere, devenir de couleur de pourpre.

Famille Grecque,

Où Pur-Pur se prononce Por-Phyr.

Por-Phyra, æ. Voyez Purpura.

Por-Phyreticus, a, um, qui est de porphyre.

Porphyreticum marmor, porphyre, sorte de marbre.

Por-Phyreus, a, um, voyez Purpurarius.

Por-Phyreutica, æ, l'art de pêcher les poissons pourpres.

Por-Phyriacus, a, um, &

Por-Phyricus, a, um, de pourpre.

Por Phyrium, ii, pourpre, petit poisson.
Por-Phyrites, æ, porphyre, forte de marbre.
Por-Phyrio, onis, oiseau qui a le bec & les jambes rouges.
Portulaca, æ, pourpier, *plante*.

PUR, prononcé PRU.

Pruna, æ, braise du feu, charbons allumés.
Prunosus, a, um, plein de braise ardente; 2°. abondant en prunes, plein de prunes.
Pruina, æ, gelée blanche.
Pruinosus, a, um, couvert de gelée blanche, sujet à la gelée blanche : de Pur, éclatant, brillant.

3.

De Pur, feu, se forma Purus, mot-à-mot, qui a passé par le feu : au figuré, purifié ; de-là :

Purus, a, um, purifié, pur, sans tache; 2°. serein, clair; 3°. propre; 4°. simple, sans ornement; 5°. absolu, sans condition.
Puro, -are ; &
Purgo, -are, nettoyer, purifier, purger ; 2°. excuser, justifier.
Puré, iùs, issimè, purement, avec choix; 2°. avec intégrité; 3°. proprement; 4°. sans mélange.
Purissimè, purement.
Puritia, æ, pureté.

BINOMES.

Puri-Fico, -are, purifier, expier.
Puri-Ficatio, onis, purification, expiation.
Puri-Menstruò, abstinence d'une chose pendant un mois.

NÉGATIFS.

Im-Puré, adv. d'une maniere impure, déshonnête, sale, vilaine.
Im-Puritas, atis, &
Im-Puritia, æ, impureté, impudicité, ordure, saleté, vilenie, malpropreté.
Im-Puro, as, avi, atum, are, rendre impur, corrompre, gâter.
Im-Purus, a, um, impur, corrompu, gâté, sale, &c.
Im-Puratus, a, um, rendu impur, souillé, corrompu, sali.

COMPOSÉS.

Sup-Puratio, onis, apostume, suppuration, écoulement de matiere.
Sup-Puratorius, a, um, qui sert à faire supputer, suppuratif.
Sup-Puratum, i, voyez Suppuratio.
Sup-Puraturus, a, um, qui suppurera, qui jettera du pus, qui apostumera.
Sup-Puratus, a, um, qui suppure, qui est en apostume.
Sup-Puro, as, avi, atum, are, suppurer.

DÉRIVÉS DE PURGO.

Purgabilis, e, aisé à nettoyer.
Purgamen, inis, - mentum, i, ordure; immondice.
Purgatio, onis, purgation, médecine; 2°. excuse, justification; 3°. purification.
Purgativus, a, um, qui purge, purgatif.
Purgator, oris, qui nettoye, cureur.
Purgatorius, a, um, qui sert à purger, à nettoyer.
Purgito, -are, purger souvent.

COMPOSÉS.

Circum-Purgo, as, avi, atum, are, nettoyer autour.

Ex-Purgatio

Ex-Purgatio, onis, excuse, justification.

Ex-Purgo, as, avi, atum, are, émonder, nettoyer; 2°. disculper, excuser, justifier, purger; 3°. châtier, corriger, rendre correct, retoucher, revoir, ôter le superflu.

Inter-Purgatio, onis, l'action d'émonder.

Inter-Purgo, as, avi, atum, are, émonder, nettoyer, purger les arbres de leurs branches superflues.

Per-Purgatio, onis, bonne purgation.

Per-Purgo, as, avi, atum, are, purger parfaitement, nettoyer entierement.

Re-Purgans, tis, qui nettoye, qui ôte les ordures.

Re-Purgatio, onis, nettoyement, l'action de nettoyer.

Re-Purgatus, a, um, part. de

Re-Purgo, as, avi, atum, are, nettoyer les ordures.

A-PUD,
Chez.

A-Pud est une préposition Latine, qui signifie, 1°. chez, en la maison; 2°. auprès, proche; 3°. devant.

Ce mot vient donc du primitif Bud, Bod, maison, demeure, case; d'où l'Anglois

A-Bode, demeure.

Dans la prononciation Allamanique P est sans cesse pour B. On en pourroit rapporter des centaines d'exemples.

Au lieu de l'Anglois Bedd *lit*, on dit Pet dans ce dialecte.

Orig. Lat.

PUM,
Ponce.

De Pu, petit, léger, vint le nom de la pierre ponce; Pumice, à l'Abl. pierre légere & friable.

Pumex, icis, pierre ponce.

Pumico, as, avi, atum, are, poncer, polir avec la ponce.

Pumicosus, a, um, plein de pierre ponce, où il y a beaucoup de pierre ponce; 2°. semblable à une pierre ponce.

Pumicatio, onis, l'action de polir avec la ponce.

Pumicator, oris, polisseur, qui polit avec la ponce.

Pumicatus, a, um, poncé, poli avec la ponce.

Pumiceus, a, um, de pierre ponce, comme la ponce.

Pumicei oculi, des yeux secs qui ne peuvent jetter des larmes.

Re-Pumicatio, onis, l'action de repasser la ponce pour polir; 2°. ébourgeonnement.

Re-Pumico, as, are, repolir avec la pierre ponce, repasser la ponce sur.

PU, PUT, FET,
Sentir mauvais, se pourrir.

En Grec Putho, pourrir: c'est une Onomatopée qui a produit ces Familles.

I.

1. Bubino, -are, salir.
2. Pus, puris, pus.

Purulentus, a, um, purulent, plein de pus.

Purulentia, æ, pus, purulence.

Purulentè, avec du pus.

H 5

2. Putco, *es, ui, ere*, sentir mauvais, puer.

Putis, *e* ; Putidus, *a, um*, puant, qui jette une mauvaise odeur ; 2°. plein d'affectation, tout ce qui est désagréable à l'oreille.

Putidulus, *a, um*, qui sent un peu mauvais.

Putidiusculus, *a, um*, trop affecté, trop libre, trop hardi.

Putidè, *adv.* puamment ; 2°. d'une manière trop affectée, ou désagréable dans les discours.

Putesce-ere ; Putisco,-ere, devenir puant.

3. Putor, *oris*, puanteur, infection.

Putreo, *es, ui, ere*, se pourrir, être pourri.

Putredo, *inis*, corruption, pourriture.

Putresco,-ere, se pourrir, se corrompre.

Putridus, *a, um*, pourri, corrompu.

Putris, *e*, qui se putréfie ; 2°. qui s'en va en poudre ; 3°. lascif, obscène.

Putruosus, *a, um*, plein de pourriture ; 2°. fort puant.

COMPOSÉS.

Putre-Facio,-ere, faire pourrir, corrompre, réduire en poudre.

Putre-Factio, *onis*, corruption, pourriture.

Im-Putribilis, *e*, qui ne pourrit point.

Com-Putresco, *ere* ; Im-Putresco, *ere*, se pourrir, se gâter.

Ex-Putresco, *ere*, s'en aller en pourriture, se gâter.

II.

1. Pædor, *oris*, saleté, ordure, crasse, puanteur.

2. Pæminosus, *a, um*, } puant ; 2°.
Peminosus, *a, um*, } sale, crasseux.

Pædidus, *a, um*, sale, vilain, puant.

Pedor, *oris*, mauvaise odeur, puanteur.
Peditus, *us* ; Peditum, *i*, vent puant.
Pedo, *is, pepedi, ere* ; Sup-Pedo & Sup-Pello,-*ere*, laisser échapper un vent puant.

Op-Pedo, *is, ere*, se moquer, insulter ou contredire.

III.

Fetco, *es, ere*, sentir mauvais, être puant. On a dit aussi Foed. *Voyez* col. 683.

Fetor, *oris*, puanteur, infection.
Fetidus, *a, um*, puant, qui sent mauvais.
Fetiditas, *tis*, puanteur, mauvaise odeur.
Fetido,-*are*, faire sentir mauvais, rendre puant, infecter.
Fetidenter, puamment, avec infection.
Feturinæ, *arum*, endroits qui sentent mauvais, égouts, cloaques.

IV.

1. Putus, *a, um*, } pur, épuré,
Putissimus, *a, um*, } parfait.

2. Pudeo, *es, ui, itum, ere*, } avoir
Pudesco, *is, ui, itum, cere*, } honte, être honteux.

Pudor, *oris*, honte, pudeur, pudicité.
Pudicus, *a, um*, { pudique, honnête,
Pudibundus, *a, um*, { qui a une honte honnête, de la pudeur ; 2°. qui cause de la pudeur.

Pudicè, avec pudeur, avec honte.
Pudicitia, *æ*, pudicité, honte honnête.
Pude-Factus, *a, um*, devenu, rendu honteux.

Pudenter, avec honte, modestement.

NÉGATIFS.

Im-Pudicus, *a, um*, lascif, impudique.

Im-Pudicitia, *æ*, lasciveté, impudicité.

IM-PUDicé, mal-honnêtement, honteusement.
IM-PUDicatus, a, um, qu'on a rendu impudique.
IM-PUDens, tis, effronté.
IM-PUDenter, effrontément, sans honte.
IM-PUDentia, æ, effronterie, impertinence.
IM-PUDentiusculus, a, um, un peu effronté.

2. DE-PUDet, uit, ere, avoir perdu toute honte, être très-effronté, sans pudeur.
DIS-PUDet-ere, avoir grande honte, être confus.
PRO-PUDium, ii, honte, deshonneur, infamie.
PRO-PUDiosus, a, um, sans honte, sans honneur.

3. RE-PUDio,-are, rejetter, renvoyer son épouse, la déshonorer, la couvrir d'infamie, la prostituer.
RE-PUDium, ii; RE-PUDiatio, onis, divorce, l'action de rejetter, de refuter, séparation de l'homme & de la femme.
RE-PUDiosus, a, um, qui doit être couvert de honte, digne d'être répudié, rejetté, déclaré infâme.
SUP-PUDet, duit, dere, avoir quelque honte, être un peu honteux.
SUB-IM-PUDens, tis, un peu impudent.

V.

FAMILLE GRECQUE.

PUT, prononcé PYTH.

De PUT, puanteur, vint le nom du serpent né dans le limon du Déluge, & qu'Apollon tua : d'où cette Famille :

PYThon, onis, serpent Python.
PYThones, um, esprits de divination qui s'emparent de certaines personnes & les font prophétiser ; 2°. personnes qui étoient possédées de ces esprits.
PYThonici, orum, voy. Pythones.
PYThonicus, a, um, de Python ; 2°. de l'Oracle d'Apollon.
PYThonissa, æ, Pythonisse, Prêtresse d'Apollon Pythien exterminateur du serpent.
PYThia, æ, la Pythonisse, *Prêtresse d'Apollon*.
PYThia, orum, jeux Pythiens à l'honneur d'Apollon, pour avoir tué le serpent Python.
PYThicum, i, poëme qu'on chantoit à l'honneur d'Apollon.
PYThicus, a, um, qui concerne le serpent Python ou les jeux Pythiens.
PYThii, orum, ceux qui alloient à Delphes consulter l'Oracle d'Apollon.
PYThonices, is, le vainqueur aux jeux Pythiens.
PYThium, ii, temple, autel d'Apollon Pythien à Délos ou à Delphes.
PYThius, ii, surnom d'Apollon, à cause de la défaite du Serpent Python.
PYThius, a, um, Pythien, d'Apollon Pythien.
PYTH-AULA, æ, ou
PYTH-AULes, æ, joueur de flûte, qui jouoit des airs faits à l'honneur d'Apollon Pythien.
PYTHO-MANtes, æ, m. f. Prêtre ou Prêtresse d'Apollon Pythien.
PYTHO-MANtia, æ, Oracle d'Apollon Pythien.

MOTS LATINS VENUS DU GREC.

P

Du Grec PAlin, derechef, vinrent ces composés :

PALIM-BACCHius, ii, pied de vers, composé de deux longues & d'une brève.

PALIM-PISSA, æ, poix qu'on fait fondre une seconde fois.

PALIM-PSESTus, i, tablette à écrire, peau préparée, ardoise sur quoi l'on peut écrire après avoir effacé.

PALIN-GENEsia, æ, résurrection.

PALIN-ODIa, æ, palinodie, désaveu, rétractation de ce qu'on a dit.

PALIN-LOGIa, æ, figure de Rhétorique, lorsque le mot qui finit un vers commence le suivant.

PALI-LOGIa, æ, répétition.

PALIN-URus, a, um, qui pisse deux fois.

PAR,

De la préposition Grecque PARA, se formèrent ces composés :

PARA-CELeusticon, i, trompette, cor, instrument pour appeller quelqu'un.

PARA-CENTerium, ii, aiguille d'Oculiste propre à abaisser les cataractes des yeux.

PARA-CENTesis, is, paracentèse, ponction qu'on fait au ventre d'un hydropique, pour en évacuer les eaux.

PAR-ÆNEsis, is, exhortation, persuasion.

PAR-ÆNeticus, a, um, qui exhorte, qui persuade.

PARÆTONium, ii, sorte de couleur blanche qui vient d'Egypte.

PAR-AGium, ii, portion des cadets dans un fief qu'ils ont à partager avec leur aîné, ou également dans une succession.

PAR-AGoge, es, addition de syllabe à la fin d'un mot, comme Amarier pour Amari ; 2°. voyez Ded.&tio.

PAR-AGogia, orum, canaux par où coulent les eaux.

PAR-AGogicus, a, um, adoucissant, lénitif.

PAR-ALLage, es, &

PAR-ALLaxis, is, différence entre le vrai lieu, & le lieu apparent d'un astre.

PARALLELE-PIPEDum, i, parallélépipède, espéce de prisme, figure solide dont les faces sont parallèles les unes aux autres.

PARALLELISMus, i, parallélisme, situation de deux lignes ou surfaces parallèles.

PARALLELO-GRAMmus, a, um, dont les lignes sont parallèles ; 2°. parallélogramme.

PARALLELOS, m. f. on, n. i, &

PARALLELus, a, um, parallèle, également distant l'un de l'autre, qui est à distance & suite égale.

PARA-LIPomena, orum, omissions, choses oubliées, passées sous silence.

PAR-ALius, ii, espéce de tithymale maritime, plante.

PARA-LOGISMus, i, paralogisme, faux raisonnement, conclusion mal tirée.

PAR-ALos, i, navire sacré des Athéniens, qui ne servoit à autre chose qu'à porter ceux qu'on envoyoit à Delphes sacrifier à Apollon.

PARA-LYSIS, eos, ou is, paralysie, maladie.

PARA-LYTICUS, a, um, paralytique.

PARA-MESE, es, la cinquieme corde de la lyre, qui étoit dédiée à Mars, B fa si mi.

PARA-MESUS, i, le doigt annulaire.

PARACITES, æ, espéce d'amétiste, pierre précieuse.

PARA-NYMPHUS, i, paranymphe, celui qui autrefois conduisoit par honneur l'épousée & assistoit à ses noces; aujourd'hui celui qui préconise les Licenciés qui vont passer Docteurs en Théologie.

PAR-AUXESIS, is, augmentation, amplification, exagération.

PARDUS, i, léopard, mâle de la panthere, animal farouche.

PARDALIS, is, panthere, bête farouche.

PARDALIANCHES, is, espéce d'aconit, plante.

PARDALIOS, ii, sorte de pierre précieuse.

PARDALIUM, ii, sorte de pommade de bonne odeur.

PAREAS, æ, sorte de serpent qui ne fait point de mal.

PAREC-BASIS, is, voyez Digressio.

PARECTASIS, is, extension, alongement d'un mot par une lettre ou par une syllabe qu'on y insere.

PARECTATUS, a, um, qui commence à entrer dans l'âge de puberté, à qui la barbe commence à pousser, à pointiller.

PAR-EDRUS, i, assesseur; 2°. démon familier, esprit folet; 3°. Bidet; 4°. héros mis au rang des Dieux.

PAREGMENON, i, dérivation d'un mot d'un autre mot.

PARELCON, tis, extension d'un mot, par une syllabe qu'on y ajoute.

PARELICIA, æ, âge qui commence à baisser.

PAR-ELION, ii, parélie, image du Soleil qui se forme dans une nuée épaisse.

PAR-ELIPSIS, is, omission d'une consonne lorsqu'elle est double.

PAREN-CHIRESIS, is, entreprise au delà de ses forces.

PAREN-CHYMA, atis, substance charnue qui est entre les vaisseaux; 2°. substance propre à chaque viscère.

PAREN-THESIS, is, parenthèse, interposition.

PARFORI, orum, chevaux de carrosse qu'on met à la volée; 2°. chevaux que montent les postillons de chaise.

PAREPH-IPPIUS, ii, qui tourmente trop un cheval, qui ne sait pas le monter, le mener.

PARESIS, is, relâchement.

PARETHONIUM, ii, sorte de couleur faite avec l'écume de la mer & du limon.

PARRHASIS, is, grande Ourse, constellation du pole arctique.

PAR-HYPATE, es, seconde corde des sept de la lyre, qui étoit dédiée à Mercure.

Parhypate hypaton, C sol ut fa; -meson, F ut fa.

PARILEMA, atis, voyez Palmes.

PAR-ODONTIDES, um, enflûres des gencives.

PARŒMIA, æ, proverbe qui convient aux choses & aux tems.

PAROMŒON, i, lorsque plusieurs mots différens commencent par les mêmes letres.

PAROMO-LOGIA, æ, aveu qu'on fait de quelque chose, dont on tire de fortes conséquences contre son adversaire.

PAR-ONOMASIA, æ, jeu de mots.

PAR-ONOMUS, a, um, voyez Analogus.

PAR-ONYCHIA, æ, sorte de plante; 2°. sorte d'abcès qui vient à la racine des ongles.

PAR-ONYMIA, æ, légere imitation.

PAR-ONYMIUM, ii, voyez Cognomen.

PAR-ONYMUM, i, un dérivé.

PAR-OPSIS, idis, plat.

Par-Otides, *um*, boucles d'oreilles.
Par-Otis, *idis*, oreillons, tumeur qui vient autour des oreilles.
Par-Otium, *ii*, pendant d'oreille.
Parthenium, *ii*, pariétaire, *herbe*.
Parulis, *idis*, abcès aux gencives.

P E.

Pelecinus, *i*, sorte d'oiseau.
Pelechinus, *i*, ou
Pelecinum, *i*, &
Pelecinus, *i*, sorte de plante qui vient dans les bleds.
Pelecynon, *i*, sorte de cadran horizontal.
Pelica, *æ*, sorte de vase propre à boire.
Pelicanus, *i*, Pélican, *oiseau*; 2°. sorte de vaisseau de Chymiste; de *Pel*, *Fal*, couper.
Peloris, *idis*, sorte de poisson de mer à coquille; 2°. sorte d'oiseau: du Grec *Pelôr*, grand.

Famille Greco-Latine.

Pelta, *æ*, sorte de petit bouclier échancré.
Peltasta, *æ*, &
Peltastes, *æ*, soldat armé de cette sorte de bouclier.
Peltatus, *a*, *um*, &
Pelti-Fer, *a*, *um*, armé d'un petit bouclier échancré.
Pro-Pempticum, *i*, un adieu, piéce de poésie à l'honneur d'une personne qui s'en va, qui part.

Penia, *æ*, Déesse de la pauvreté.
Penuria, *æ*, besoin, disette, manque de; du Grec, *Penia*, pauvreté.
Penés, pauvre.
Penomai, travailler, être pauvre.
Du Grec, Peskos, toison, peau de brebis, se forma:
Pescia, *orum*, bonnets faits de peau d'agneau.

PH.

Phæax, *acis*, qui est de l'isle de Corfou; 2°. voluptueux, qui aime les plaisirs.
Phæcasiatus, *a*, *um*, chaussé à la grecque, d'un soulier blanc.
Phæcasium, *ii*, &
Phæcasius, *ii*, sorte de soulier blanc à la grecque, dont on chaussoit les Divinités, & que portoient les Sacrificateurs; 2°. chaussure de paysan.

PHIL.

Du Grec Philos, ami, vinrent ces dérivés :

Philus, *i*, amant.
Philtrum, *i*, philtre, breuvage qui inspire l'amour.
Phil-Adelphia, *æ*, Philadelphie, Ville de Lydie; 2°. amitié fraternelle.
Phil-Anthropia, *æ*, humanité, amour pour les hommes.
Phil-Anthropium, *ii*, libéralité, magnificence.
Phil-Anthropos, *i*, bardane, *plante*.
Phil-Anthropus, *i*, grateron, *plante*.
Phil-Archæus, *a*, *um*, amateur de l'antiquité.
Phil-Archia, *æ*, avidité de commander.
Phil-Arete, *es*, amour pour la vertu.
Phil-Argyria, *æ*, amour pour l'argent.
Phil-Autia, *æ*, amour-propre, amour de soi-même.
Phil-Etærius, *a*, *um*, qui aime ses amis.
Phil-Etaria, *æ*, ou
Phil-Etærium, *ii*, le basilic sauvage, *plante*.
Philo-Græcus, *a*, *um*, qui aime le Grec, la langue Grecque, qui affecte les manieres de parler grecques.
Philo-Logia, *æ*, Philologie, amour pour les Belles-Lettres, pour l'étude.

PHILO-LOGUS, a, um, qui aime les Belles-Lettres, l'étude.
PHILO-MELA, æ, rossignol, oiseau.
PHILO-MUSUS, a, um, qui aime les Muses.
PHILO-SOPHUS, i, Philosophe ; 2°. amateur de la sagesse.
PHILO-SOPHUS, a, um, voyez Philosophicus.
PHILO-SOPHIA, æ, Philosophie, 2°. amour pour la sagesse.
PHILO-SOPHICUS, a, um, philosophique, de Philosophie, de Philosophe.
PHILO-SOPHOR, aris, atus sum, ari, philosopher, parler de Philosophie, discourir en Philosophe.
PHILO-SOPHASTER, tri, mauvais Philosophe, prétendu Philosophe.
PHILO-SOPHatiuncula, æ, petit raisonnement philosophique.
PHILO-SOPHema, atis, raisonnement philosophique.
PHILO-STORGIA, æ, excès d'indulgence des parens à l'égard de leurs enfans.
PHILO-TECHNUS, a, um, qui aime les arts.
PHILO-THEORUS, a, um, adonné à la spéculation, spéculatif.
PHYTEUMA, atis, plante qui fait aimer ; 2°. Campanula Cervicarta, Plante.
PHIDITIA, orum, soupers publics des Lacédémoniens.
PHIMUS, i, cornet à jouer aux dés.
PHIMOSIS, is, resserrement de l'ouverture du prépuce, qui empêche le gland de pouvoir être découvert ; 2°. obstruction dans les muscles, nœud qui s'y fait par quelque accident.
PHOCA, æ, veau marin.
PAM-PHOLYX, ygos, la tuthie ; 2°. fleur de la calamine, qui s'attache comme la suie aux voûtes des fournaises où l'on fait le cuivre jaune ; 3° airain ; 4°. bouteille que l'air fait sur l'eau agitée.
PHYCIS, is, sorte de poisson qui est blanc

en tout autre tems qu'au printems, pendant lequel il est de plusieurs couleurs.

PL, PO.

PLEURA, æ, pleure, membrane qui enveloppe toutes les parties contenues dans la poitrine.
PLEURITICUS, a, um, qui a une pleurésie, une douleur de côté.
PLEURITHIDES, dum ; & PLINTIDES, dum, registres qui se levent & qui se baissent pour donner le vent ou pour l'ôter aux tuyaux d'orgues.
PLEURITIS, idis, pleurésie, inflammation de la pleure, maladie.
ANTA-POCHA, æ, contre-lettre.
POGONIA, æ, &
POGONIAS, æ, comète barbue ou chevelue.
PRO-POLA, æ, brocanteur, revendeur, courtier.

POLUS, i, pole ; 2°. étoile polaire ; 3°. ciel.
   Polus arcticus, pole arctique ou du Septentrion.
   —antarcticus, pole antarctique ou du Midi.
POLARIS, m. f. re, n. polaire, du pole.
PRISTIS, is, scie, grand poisson de mer, qui est garni de dents des deux côtés, à la maniere d'un peigne ; 2°. nom d'un des vaisseaux d'Énée ; 3°. gondole, vase à boire.

PHR.

Du Primitif BAR, PHAR, parler, prononcé PHRA, vint cette Famille Greco-Latine :

1. PHRASIS, is, tour qu'on donne aux paroles, maniere de s'exprimer, élocution, style, phrase.

ANTI-PHRA*sis*, *is*, antiphrase, contre-vérité.

PARA-PHRA*sis*, *is*, paraphrase : explication d'une chose d'une maniere plus étendue.

PARA-PHRAS*tes*, *æ*, paraphraste, qui fait des paraphrases.

PERI PHRA*sis*, *is*, périphrase, circonlocution, détour de paroles.

PERI-PHRAS*ticus*, *a*, *um*, qui se dit avec circonlocution.

META-PHRA*sis*, *is*, passage à un autre genre d'oraison ; 2°. interprétation.

META-PHRAS*tes*, *is*, Interprete.

2. PHREN*es*, *is*, diaphragme.

PHRONE*sis*, *is*, prudence, sagesse ; 2°. sentiment, sensation.

EU-PHROS*yna*, *æ*, &

EU-PHROS*yne*, *es*, une des trois Graces ; 2°. gaieté, belle humeur.

EU-PHROS*ynum*, *i*, buglose, *herbe*.

PHRENE*sis*, *is*, frénésie.

PHRENE*ticus*, *a*, *um*, frénétique.

PHRENE*tizo*, *as*, *are*, tomber en frénésie.

PHRENI*tis*, *idis*, frénésie.

DIA PHRAG*ma*, *atis*, diaphragme, membrane musculeuse qui sépare l'estomac des intestins ; (en Grec, qui fait une séparation entre deux choses.)

3. PHRYG*ius*, *a*, *um*, Phrygien, qui est de Phrygie ; 2°. brodé.

PHRYG*ianus*, *a*, *um*, on

PHRYG*iatus*, *a*, *um*, brodé, qui est en broderie.

PHRYG*io*, *onis*, brodeur.

PHRYG*ioneus*, *a*, *um*, de brodeur.

PHRYX*ea vellera*, la Toison d'or.

PHRYX*ianus*, *a*, *um*, couvert de poil, frisé comme une toison.

PHTHIRI*acus*, *a*, *um*, qui est attaqué de la maladie pédiculaire.

PHTHIRI*asis*, *is*, la maladie pédiculaire, lorsque la chair engendre quantité de poux ; 2°. espéce de galle farineuse qui survient aux paupieres.

PHTHIRO-*ctonum*, *i*, herbe aux poux.

PS.

PSEC*as*, *adis*, goutte, légere aspersion ; 2°. coëffure.

PSEG*ma*, *atis*, raclure d'airain ; 2°. verd de gris ; 3°. goutte ; 4°. miette, petit morceau.

PERI-PSEG*ma*, *atis*, limaille ; 2°. victime qu'on offroit chaque année en expiation ; 3°. balayures.

PSEN, *enis*, moucheron qui pique les figues ; 2°. vermisseau qui s'engendre dans les figuiers sauvages.

PSEPH*us*, *i*, petite boule de joueur de gobelets ; 2°. caillou dont on se servoit pour donner son suffrage par la voie du scrutin.

PSEPH*isma*, *atis*, arrêt, ordonnance, décret.

PSEPHO PÆCT*es*, *æ*, voy. *Præstigiator*.

PSEPHO-PHOR*us*, *a*, *um*, qui donne son suffrage.

PSETT*a*, *æ*, sole, poisson de mer.

PSIL*a*, *æ*, tapis velu d'un côté.

PSILO-CITHAR*ista*, *æ*, *m. f.* qui joue des instrumens de musique à cordes sans accompagnement de voix.

PSILOTHR*um*, *i*, dépilatoire ; 2°. coulevrée blanche, *plante*.

PERI-PSIM*a*, *atis*, le milieu de la plante du pied.

PSIMMYT*hium*, *ii*, &

PSIMYT*hus*, *i*, céruse, blanc d'Espagne.

PSITT*a*, *æ*, Plie, poisson de mer.

PSITTAC*us*, *i*, perroquet, *oiseau*.

PSITTAC*inus*, *a*, *um*, de perroquet.

PSYCHO-

PSYCHO-MANTEUM, &
PSYCHO-MANTIUM, ii, lieu où l'on évoquoit les mânes des morts.
PSYCHO-TROPHUM, i, bétoine, *plante*.
PSYCHRO-LUTA, æ, &
PSYCHRO-LUTES, æ, qui se baigne dans l'eau froide.
PSYLLA, æ, puce, *insecte*.
PSYLLION, ii, herbe aux puces, *plante*.
PSYTHIA, æ, sorte de vigne.
PSYTHIUM, ii, vin cuit avec du raisin de cette vigne.

PT.

PTARMUS, i, éternuement.
PTARMICA, æ, pirette, plante qui fait éternuer.

De DEK, DOK, prendre, recevoir, (colonne 524,) se forma le Grec PTOKHOS, pauvre, *mot-à-mot*, celui qui reçoit, à qui l'on donne : de-là ces mots.

PTOCHIA, æ, ou
PTOCHIUM, ii, &
PTOCHO-DOCHIUM, ii, Hôpital.
PTOCHO-TROPHIA, æ, nourriture des pauvres, l'action de les nourrir.
PTOCHO-TROPHITA, æ, m. f. Econome d'un Hôpital, qui le gouverne.
PTOCHO-TROPHIUM, ii, Hôpital où l'on nourrit les pauvres.
PTOCHO-PETUS, a, um, qui rend pauvre.

SYM-PTOMA, tis, symptôme, disposition contre nature qui suit la maladie.
SYM-PTOMASIS, is, étrécissement ; 2°. obstruction du conduit par où les esprits visuels sont portés du cerveau à l'œil.
SYM-PTOMATICUS, a, um, qui tient du symptôme, qui concerne les symptômes.
PTYNX, gis, sorte d'oiseau de proie.

PY.

PYANEPSIUM, ii, mois des Athéniens, qui répond en quelque façon à notre mois d'Octobre.
PYCNO-COMON, i, sorte de plante.
PYCNO-TICUS, a, um, qui condense, qui épaissit.
PYCNO-STYLUS, a, um, entouré de colonnes si pressées, que les entrecolonnemens n'ont qu'un diamètre & demi de chaque colonne.
PYCO-LAMPAS, adis, ver luisant, *insecte*.
PYLA, æ, porte, pas, détroit entre des montagnes ; 2°. pilastre, colonne, pilier fait de pierres quarrées, jambe de force, jambage.
ÆOLI-PYLA, æ, Eolipyle, boule d'airain creuse, qui a un petit trou, par où on la remplit d'eau ; & cette eau étant échauffée par le feu, il sort par le trou un très-grand vent avec beaucoup de bruit.
PRO-PYLÆUM, i, parvis, place devant un Temple ou autre grand édifice ; 2°. avant-propos d'un livre.
PYLORUS, i, Pilore, l'orifice droit du ventricule inférieur, par lequel les excrémens se rendent dans l'intestin.
PYRRHICA, æ, la pyrrhique, danse de gens armés, de combattans soit à pied, soit à cheval.
PYRRHICHARIUS, a, um, qui danse à la Pyrrhique.
PYRRHICHIUS, ii, pied de vers composé de deux syllabes brèves, comme *bona*.
PYSTIS, is, renom, renommée, bruit.

MOTS LATINS VENUS DE L'ORIENT.

P

PAMPINus, Pampre, feuille de vigne.

Nous avons ici un exemple des mots où L, N & R, se substituent sans cesse l'un à l'autre. Les François ont changé en R dans *Pampre* le N de *Pampinus*, qui avoit pris lui-même la place de L, ce mot venant du Grec *Ampelos*, ou de l'Orien. AmPel, vigne, précédé de l'article Or. P.

PAMPINus, i, pampre, jeune bourgeon de l'année qui a des feuilles; 2°. filets des sêches & des polypes, *poissons de mer*; 2°. feuille de vigne.

PAMPINarium, ii, jeune branche de vigne qui porte des feuilles.

PAMPINo, as, avi, atum, are, ébourgeonner la vigne, ôter les jeunes branches superflues.

PAMPINosus, a, um, plein de pampre.

PAMPINeus, a, um, de pampre.

Pampineus odor, odeur vineuse.

PAMPINaceus, a, um, qui ressemble au pampre.

PAMPINarius, a, um, qui a du pampre; 2°. de pampre.

PAMPINatio, onis, ébourgeonnement de la vigne.

PAMPINator, oris, qui ébourgeonne la vigne.

PAMPINatus, a, um, ébourgeonné; 2°. orné, couvert, entouré de pampre.

PARM, Espéce de bouclier.

Scutum est le nom latin des boucliers, & il vient de *cutis*, peau; PARma, nom d'une espéce de boucliers, en sera donc le nom Oriental, puisque Suidas l'attribue aux Carthaginois: « Les Carthaginois, dit-il, » appellent PARMes les boucliers » faits de peau. « Ce mot vient donc de l'Or. פר PaR, bœuf, *mot-à-mot*, bouclier fait de peau de bœuf, de cuir.

PARma, æ, petit bouclier; 2°. Parme, ville de Lombardie.

PARmatus, a, um, qui porte un petit bouclier.

PARmula, æ, dim. de *Parma*.

PARmularius, ii, celui qui faisoit, qui portoit ou qui avoit de ces petits boucliers appellés *Parma*.

Du primitif PER, fruit, vinrent sans doute ces mots:

1. PERsea, æ, sorte d'arbre qui ne porte du fruit qu'en Egypte.
2. PERsica, æ, pêcher, *Arbre*.

PERsicum, i, pêche, fruit.

Persica mala, des pêches.

PERsicus, i, pêcher, arbre.

3. PERsicaria, æ, persicaire, *plante*.

P S.

De l'Oriental צלל, Tsall, chanter, prononcé Pfal, vinrent :

PsaLlo, *is, li, lere*, jouer de quelque instrument de musique à cordes ; 2°. chanter.

PsaLmus, *i*, pseaume, cantique ; 2°. l'action de psalmodier.

PsaLma, *tis*, jeu des instrumens de musique à cordes.

PsaLmeli, *orum*, graduel de la Messe de l'Office Ambrosien.

PsaLmista, *æ*, Psalmiste, qui compose des pseaumes.

PsaLm-Odia, *æ*, psalmodie, chant des pseaumes.

PsaLm-Odus, *a, um*, PsaLm-canus &
PsaLmi-cen, *inis*, qui chante des pseaumes.

PsaLlenda, *orum*, graduel, trait.

PsaLterium, *ii*, psaltérion, instrument de musique à cordes ; 2°. pseautier, livre des pseaumes.

PsaLtes, *æ*, qui joue du psaltérion ou de la harpe.

PsaLtria, *æ*, celle qui joue des instrumens de musique à cordes.

PsaLtrius, *ii*, joueur d'instrumens de musique à cordes.

Proto-PsaLtes, *æ*, Grand-Chantre.

Sym-PsaLma, *tis*, accord, union de voix.

De l'Or. צוד, Tsud, tendre des piéges ; prononcé Pseud, se forma cette famille Grecque.

Pseud-Anchusa, *æ*, orcanette bâtarde, *plante*.

Pseud-Apostolus, faux-Apôtre.

Pseudo Bunium, *ii*, navet bâtard, *plante*.

Pseudo-Dipterus, *a, um*, qui n'a point le second rang de colonnes en dedans ; 2°. qui a une fausse aile.

Pseudo-Logia, *æ*, menterie, fausseté qu'on débite.

Pseudo-Logus, *a, um*, menteur, qui dit des faussetés.

Pseudomenos, *i*, sophisme.

Pseudo-Nardus, *i*, lavande, *plante*.

Pseudo-Propheta, *æ*, &
Pseudo-Prophete, *es*, Faux-Prophete.

Pseudo-Thyrum, *i*, fausse-porte, porte de derriere.

Pseudo-Urbanus, *a, um*, qui a les beautés & les commodités qui se trouvent à la Ville.

P Y R.

De l'Or. עצרם YRM, Yram, construit avec harmonie, avec une adresse merveilleuse, & de l'article Or. P, vint.

Pyramis, *idis*, pyramide.

Pyramides, *um*, les pyramides d'Egypte.

Pyramidatus, *a, um*, pyramidal, fait en forme de pyramide.

Pyrgus, *i*, cornet à jouer aux dez : Gr. Πυργος.

MOTS LATINS-CELTES,
OU DÉRIVÉS DE LA LANGUE CELTIQUE.

Q

LA Lettre Q, que les Latins durent à l'Alphabet primitif, ne conserva chez eux qu'un très-petit nombre de ses mots : le C lui en enleva la meilleure partie.

Ceux qui lui restèrent peuvent se distribuer en trois classes.

1°. Les mots qui désignent la force unitive, l'union, & que les Latins multiplièrent singuliérement.

2°. Ceux qui désignent la force en général, la puissance.

3°. Un très-petit nombre d'autres mots qui n'appartiennent pas même tous à cette Lettre.

I.
Mots qui désignent la force unitive.

1.

Qui, *quæ, quod, quid,* gen. *cujus,* qui, lequel, quelqu'un.

Quis, anciennement *quips, quæ, quid?* Qui? interrogatif.

Quisquis, quiconque.

Quisque, chaque, chacun.

Quisquam ; Quispiam, quelqu'un.

Quisnam, qui est-ce qui?

Composés.

1. Quic-Quam, quelque chose.

Quic-Quid ; Quid-Quid, tout ce que.

Quid-Que, chaque chose.

Qui-Cumque, qui que ce soit, quiconque.

Qui-Cum, Quo-Cum, avec qui.

2. Qui-Dam, *quædam, quoddam,* quelqu'un.

Quid-Piam, Quippiam, quelque chose.

Quidditas, *atis,* essence d'une chose.

Qui-Libet, quelque ce puisse être.

Qui-Vis, qui vous voudrez, qui que ce soit.

3. Quoi ; Cui, à qui.

Queis ; Quibus, auxquels.

Cujas ; Cujatis, de quel pays, de quel parti?

Cujus, *a, um,* de qui? à qui?

Quojus, même que *Cujus.*

Cui-Cui-Modi, de quelque manière que ce soit.

2.

Quâ, par où, en tant que.

Qua-Qua, quelque part que ce soit.

Qua-Qua-Versum, -sùs, de toutes parts.

Qua Cunque, de quel côté que ce soit.

Circum-Qua-Que, de toutes parts.

Qua-Libet, par-tout où l'on veut.

Qua-Tenus, jusques où, jusqu'à quel

point ; 2°. puisque ; 3°. tant que, en tant que.
QUA-TENùs, parce que.
QUA-Dam-TENùs, &
QUA-Dan-TENùs, en partie, un peu.
QUAM-QUAM, quoique.
QUA-Propter, c'est pourquoi.
QUA-Re, pourquoi, mot-à-mot, par quelle chose.
QUA-si, comme, presque, près de.

3.

Quò, où, en quel lieu ; 2°. afin que ; 3°. à cause de quoi ; 4°. d'autant plus.
Quo-Quo, en quelque lieu que ce soit.
Quo-Cunque, par-tout où ce puisse être.
Quo-Que, &, pareillement.
Quo-Quo-Versùs, -sum, de tous côtés.
Quo-Minus, que ne.
Quo-Modò, comment.
Quo-Modo-cunque, de quelque façon que ce soit.
Quo-Modo-nam, mais comment.
Quoquo-Modò, en toutes manières.
Quo-Dam-Modò, en quelque façon.
Quo-Circà, c'est pourquoi.
Quo Ad, autant que.
Quo-Ad-usque, jusqu'à ce que.
Ad-Quò, jusqu'où.
Quonàm, où, en quel lieu.
Quondàm, autrefois ; 2°. quelque jour.
Quoniam, puisque ; 2°. parce que.
Quopiàm ; Quoquàm, en quelque part.
Quo-Vis, où il vous plaira.
Quovifcunque, par-tout où vous voudrez.
Quo-ufpiam, par-tout où.
Quo-ufque, jusques à quand.
Qu-Orfus ; Qu-Orsùm, vers quel lieu, pourquoi.
Qu-Orsum-nam, de quel côté, d'où vient ?

4.

Qui, comment ?
Qui-Potè, comment se peut-il ?
Qui-Dem, à la vérité, certainement ; 2°. même.
Quid-ni, pourquoi non ?
Qui-Dum, pourquoi donc ?
Quin, que ne, de plus ; 2°. au contraire.
Quin-Imò, au contraire.
Quin-Etiam, & même, plus, bien plus.
Quin-Potiùs, que ne, plutôt.
Quippe, car, certes.
Quippi-ni, pourquoi non ?
Quia, parce que.
Quia-Nam, pourquoi.
Quia-Ne, est-ce à cause ?

5.

Qualis, e, quel, que.
Qualitas, atis, propriété, nature.
Qualiter, comme, de même que.
Qualis-Qualis ; Qualis-Cunque, quel qu'il soit.
Qualis-Libet, quel qu'il vous plaira.
Qualiter-Cunque; Qualiter-Qualiter, de quelque façon que ce soit.

6.

Quam, que.
Quam-diu ; Quan-diu, combien de tems ; 2°. tandis, durant.
Quam-Dudùm, qu'il y a long-tems.
Quam-Libet, quelque, si.
Quem-Ad-Modum, comme, ainsi.
Quam-Ob-Rem, à cause de quoi, pour quelle chose ?
Quam-Plures ; ium, quantité, beaucoup de, plusieurs.
Quam-plurimo, abl. absf. beaucoup, extrêmement, fort, très.
Quam-Plurimus, a, um ; quantité, beaucoup de.
Quam-Pridem, adv. combien y a-t-il de tems ?

QUAM-PRIMùm, *adv.* au plutôt, le plutôt qu'il se pourra, qu'il sera possible.

PER-QUAM; beaucoup, très-bien.

PRÆ-QUAM, outre ce que.

PRO-QUAM, à proportion.

SUPER-QUAM, outre que.

7.

QUANdo, quand, lorsque.

EC-QUANDò, & quand?

QUANDO-QUE, quelquefois.

QUANDO-QUIDEM, puisque.

QUANDO-CUNQUE, toutes les fois que.

8.

QUANTus, a, um, quel, combien grand, autant qu'on veut.

QUANTulus, a, um, combien peu.

QUANTilius, a, um, quelque peu.

QUANTitas, tis, quantité, mesure; 2°. prix.

QUANTus-Vis,   ⎫
QUANTus-Libet,   ⎪ si grand qu'on
QUANTulus-Libet,   ⎬ voudra, quelque petit qu'il soit,
QUANTus-Cunque,   ⎪ quelque peu qu'on
QUANTulus-Cunque,   ⎭ voudra.

9.

QUANTum, autant que.

IN-QUANTum; IN-QUANTum-CUNQUE, tout autant que.

QUANTò, plus, combien.

QUANTillò,   ⎫
QUANTulùm,   ⎬ combien peu.
QUANTillùm,   ⎭

QUANTum-Vis, autant qu'on voudra.

QUANTum-Cunque, tout autant que.

QUANTulum-Cunque, quelque peu que ce soit.

QUANT-Ociùs, combien plus vîte.

QUANTO-Pené, jusqu'à quel point.

10.

QUOT, combien.

QUOT-QUOT, autant qu'il y en a.

QUOTus, a, um; QUOTumus, a, um, le quantieme.

QUOTeni, æ, a, combien.

QUOTus-Vis, tant qu'il vous plaira.

QUOTus-QUISQUE, combien y a-t-il?

QUOTus-CUNQUE, qui que ce puisse être.

QUOT-DIEBUS, *adv.* &

QUOT-DIES, *adv.* tous les jours, chaque jour.

QUOTI-DIano, *adv.* jour par jour, voyez Quotidié.

QUOTI-DIanus, a, um, de chaque jour, qui se fait, qui se passe chaque jour; quotidien, familier, ordinaire, dont on se sert ordinairement.

QUOTI-DIé, *adv.* chaque jour; tous les jours.

QUOT-MENSIBUS, *adv.* tous les mois, chaque mois.

QUOTU-PLEX, icis, omn. gen. de combien d'espéces, de combien de manieres.

QUOTies, combien de fois; 2° toutes les fois que.

QUOTies-CUNQUE, chaque fois que.

QUOT-LIBet, tant qu'il vous plaira.

COMPOSÉS.

En EC.

EC-QUID, est-ce que?

EC-QUIS, æ, od, id; EC-QUISNam,-QUÆnam, quodnam., qui? lequel?

En SI.

SI-QUA, si de la maniere.

SI-QUANDO, si quelquefois.

SI-QUID, si quelque chose.

SI-QUIDEM, puisque; 2°. si toutefois; 3°. car.

SI-QUIS, qua, quid, ou quod, si quelque, si quelqu'un.

En ALI.

ALI-QUIS, qua, quod, quelqu'un; quelque.

ALI-Quá, par quelqu'endroit, de quelque lieu.
ALI-QUAM-MULTI, plusieurs, bon nombre, quantité.
ALI-QUAM-MULTùm, beaucoup, assez.
ALI-QUAM-PLURES, le même qu'ALI-Quam-Multi.
ALI-QUANDÒ, quelquefois; 2°. enfin, un jour; 3°. autrefois.
ALI-QUAN-Diù; quelque tems, pendant, durant quelque tems.
ALI-QUANTILLùm, le même qu'ALI-Quantulum.
ALI-QUANTISPer, pour un moment, pour un peu de tems.
ALI-QUANTÒ, un peu, quelque peu.
ALI-QUANTùm, un peu, quelque peu.
ALI-QUANTulùm, tant soit peu, si peu que rien, quelque peu.
ALI-QUANTUS, a, um, qui est en petite quantité, en petit nombre, peu considérable.
ALI-QUA-TENùs, jusqu'à certaine quantité, mesure, en quelque façon.
ALI-QUID, quelque chose, un peu, quelque.
ALI-QUISPiam, quapiam, quodpiam, quel, quelque, voyez ALI-quis.
ALI-Quò, en quelque lieu, quelque part.
ALI-QUO-MULTùm, assez éloigné, considérablement loin.
ALI-QU-ORSùm, adv. le même qu'ALI-Orsum, vers quelque endroit.
ALI-QUOT, ind. quelques, quelques-uns.
ALI-QUOT-FARiàm. quelquefois, par fois; 2°. en quelques endroits.
ALI-QUOTies, quelquefois, en certains tems, de tems en tems.
ALI-QUO-VERSùm, de côté & d'autre; par-ci par-là.
ALI-QUO-usque, jusqu'à certain tems ou lieu.

QUE,
Force,

Du primitif QUE, force, puissance, vinrent ces Familles.

1.

QUEO, is, ivi, itum, ire, être capable de, pouvoir.
QUIENS, tis, pouvant.
QUITUS, a, um, qui a pu.
QUIREM, je pourrois.
NE-QUEO, -ire, ne pouvoir, être dans l'impuissance.
KAIA, æ, quai, digue.

2.

QUIES, tis, repos, oisiveté; 2°. paix; 3°. sommeil; 4°. calme.
QUIETUS, a, um, paisible, calme, serein.
QUIETÈ, en repos, en paix, sans bruit.
QUIESCO, -cere, se reposer, demeurer tranquille; 2°. permettre 3°. se taire; 4°. dormir.
QUIETalis, is; QUIETalus, i, le séjour des manes, le lieu du repos.

COMPOSÉS.

AC-QUIESCO, -ere, avoir quelque relâche, s'appuyer; 2°. au figuré, mourir.
CON-QUIESCO, -ere, se reposer, se donner du relâche.
IN-QUIES, tis, agitation, chagrin.
IN-QUIETudo, inis; IN-QUIETatio, onis, trouble, inquiétude.
IN-QUIES, tis, } inquiet, remuant;
IN-QUIETUS, a, um, } agité, turbulent.
IN-QUIETatus, a, um, } sans repos, troublé, inquiété.
IN-QUIETO, -are, agiter, troubler.
INTER-QUIESCO, -ere, se reposer par intervalles, prendre du repos, se donner du relâche.
PER-QUIESCO, -ere, se reposer fort.
RE-QUIES, ei, -etis, }
RE-QUIETIO, onis, } repos, relâche.
RE-QUIETudo, inis, }

RE-QUIESCO, -ere, prendre du repos.
IR-RE-QUIES, tis; IR-RE-QUIETUS, a, um, qui ne se donne aucun repos ; 2°. impatient, turbulent ; 3°. continuel.
IR-RE-QUIEtilis, e, is, qui ne donne point de repos.
TRANS-QUIETUS, a, um, très en repos, fort tranquille.

3.

De TRAN, TRANS, au-de-là, & de quies, repos, se forma la famille Tran-Qui-llus, mot-à-mot, celui qui jouit d'un repos au-delà de tout ce qui se peut dire, du repos le plus parfait.
TRAN-QUILlo, as, avi, atum, are, tranquilliser, calmer, appaiser, mettre en paix ou en repos.
TRAN-QUILlitas, atis, tranquillité, calme, repos ; 2°. bonace.
TRAN-QUILlum, i, tems calme, sérénité, bonace.
TRAN-QUILlus, a, um, ior, issimus, tranquille, calme, qui n'est point ému, qui est sans agitation, paisible, qui est en repos, qui n'est point dans le trouble.
TRAN-QUILle, illiùs, illissimè, adv. tranquillement, paisiblement, sans émotion, sans trouble.
TRAN-QUILlo, abl. abs. dans un tems calme, tranquille.
TRAN-QUILla, æ, Alcyon, oiseau.
DE-TRAN-QUILlo, -are, calmer.

4.
QUERC.

De CAR, force, (col. 439) vint cette Famille :
1. QUERcus, ûs, chêne, le plus dur des arbres.

QUERnus, a, um,
QUERneus, a, um,
QUERceus, a, um,
QUERcicus, a, um,
QUERcinus, a, um,
QUERculanus, a, um,
QUERQUETulanus, a, um,
QUERcetum, i, chenaye.
} de chêne, qui préside aux chênes.

2. QUIRis, itis, demi-pique, javelot, dard.

QUERQUEDUla, æ, cercelle.
C'est le nom d'un oiseau de rivière, & qui plonge : il est d'origine Grecque. On donne dans cette langue le nom de Kerkis, Kerkos, Kerkethalis, à divers oiseaux hauts sur jambes.

QUER.

De l'Orient. קור Qur, froid, vint cette famille Latine.
QUER-QUERa, æ, frisson.
QUER-QUERus, a, um ; QUERCERus, a, um, qui fait frissonner.

QUER pour KER,
Rond.

De QUER, rond, ville, se forma :
1. QUIR-INus, i, Romulus, mot-à-mot, le Soleil, Dieu de la Ville.
QUIRinalis, e, qui concerne Romulus.
QUIRites, um, ium, Bourgeois, Citoyens Romains.
2. QUERarium, ii, flan, tarte, dariole, espéce de pâtisserie.

QUAT,
Quatre, Carré.

Du primitif CAT, lien, ce qui renferme, cadre, se forma la famille,
QUATuor,

QUATUOR, quatre, (*voyez* Origines Franç. col 231. où on voit aussi les diverses prononciations de ce mot.)

QUATER, quatre fois.
QUATERNI, æ, a, quatre à quatre.
QUATERNIO, par quatre : un cayer.
QUATRIDUO, pendant quatre jours.
QUATRIDUUM, quatre jours.
QUARTARIUM, ii, un quarteron, un quart.
QUARTARIUS, ii, une quarte, *adj*. qui contient le quart, qui pese le quart.
QUARTATA verba, mots prononcés d'un ton languissant.
QUARTO, -are, partager en quatre; 2°. prendre le quart; 3°. donner la quatrième façon.
QUARTÒ, QUARTUM, quatriémement, pour la quatrieme fois.
QUARTUS, a, um, quatrième.
QUARTANA, æ, fiévre quarte.
QUARTANUS, i, soldat de la quatrième Légion ; 2°. Ecolier de quatrième.
QUARTALLUM, i, bière pour porter les morts composée de quatre ais.
QUATERNARIUS, a, um, au nombre de quatre.

QUATER-DENI, æ, a, quarante.

QUATER-decies, quarante fois.
QUATER-centies, quatre cent fois.

2.

QUADRA, æ, un quartier, la quatrieme partie.

QUADRULA, æ, table, assiette quarrée; 2°. tailloir, listeau, tranchoir ; 3°. tout ce qui se coupe par morceaux, par piéces.
QUADRUS, a, um; QUADRARIUS, a, um, quarré.
QUADRUM, i, quarré, quadre.

Orig. Lat.

QUADRO, -are, équarrir, rendre quarré; 2°. convenir, quadrer.
CON-QUADRO, -are, rendre quarré.
QUADRATUM, i, quarré.
QUADRATIO, onis, figure quarrée.
QUADRATURA, æ, quadrature.
QUADRATARIUS, a, um, équarisseur, tailleur de pierres.

3.

QUADRINI, æ, a, quatre.

QUADRINUS, a, um, de quatre.
QUADRANS, tis, quadrat, quatrième partie, quarteron ; 2°. petite monnoie valant la quatrième partie d'un sol.
QUADRANTARIA, æ, celle qui tâche de gagner un quadrat.
QUADRANTARIUS, a, um, qui ne coûte que la quatriéme partie d'un sol.
QUADRANTAL, is, cube ; 2°. mesure de quarante-huit septiers.
QUADRANTALIS, e, large, haut, long de trois pouces, ou de la quatriéme partie d'un pied.

4.

QUADRU-PLUS, a, um, qui est quadruple ou quatre fois autant.

QUADRU-PLEX, icis, quadruple ; qui est quatre fois autant, quatre ou de quatre sortes.
QUADRU-PLICO, as, avi, atum, are, augmenter au quadruple, multiplier par quatre, quadrupler.
QUADRU-PLICATIO, onis, l'action de quadrupler, de multiplier par quatre.
QUADRU-PLICATÒ, *adv*. au quadruple, quatre fois autant.
QUADRU-PLUM, i, le quadruple, quatre fois autant.
QUADRU-PLOR, aris, atus sum, ari, être délateur, faire la profession de dénonciateur, pour avoir le quart des biens confisqués sur un accusé ; 2°. condamner au quadruple.

K 5

QUADRU-PLATor, oris, délateur, dénonciateur, qui accusoit pour avoir la quatriéme partie des biens confisqués sur l'accusé.

QUADRI-DENS, tis, à, ou qui a quatre dents ou fourchons.

QUADRI-FARIam, adv. &

QUADRI-FARIter, adv. divisé en quatre parties.

QUADRI-FIDUS, a, um, fendu en quatre.

Quadrifidus solis labor, les quatre saisons de l'année, que le soleil parcourt.

QUADRI-FLUus, a, um, qui coule par quatre canaux.

QUADRI-FLUViatus, a, um, qui a quatre veines, qui vont en serpentant comme des fleuves.

QUADRI-FLUVIum, ii, quatre veines qui vont en serpentant comme les fleuves.

QUADRI-FORis, m. f. re, n. is, qui a quatre portes ou entrées.

Quadrifores valvæ, portes à deux battans brisés.

QUADRI-FORMis, m. f. me, n. is, qui a quatre formes.

QUADRI-GEMInus, a, um, voy. *Quadruplex*.

Quadrigemina cornua, quatre petites cornes.

QUADRI-JUGes, gum, attelage de quatre chevaux de front, quatre chevaux de front.

QUADRI-JUGis, m. f. ge, n. &

QUADRI-JUGus, a, um, qui est attelé de quatre chevaux.

QUADRI-LATErus, a, um, qui a quatre côtés.

QUADRI-LIBris, m. f. bre, n. de quatre livres, qui pese quatre livres, du poids de quatre livres.

QUADRI-LINGuis, m. f. gue, n. de quatre langues, qui a quatre langues.

QUADRI-LUSTris, m. f. tre, n. de quatre lustres, qui a quatre lustres, c'est-à-dire, vingt ans.

QUADRI-MANus, a, um, qui a quatre mains.

QUADRI-MEMBris, m. f. bre, n. qui a quatre membres.

QUADRI-MENSis, m. f. se, n. ou

QUADRI-MENstruus, a, um, &

QUADRI-MEStris, m. f. tre, n. de quatre mois, qui a quatre mois.

QUADRI-MODis, m. f. de, n. &

QUADRI-MODus, a, um, qui est de quatre manieres, de quatre façons.

QUADRI-NOCtium, ii, l'espace de quatre nuits.

QUADRI-NODis, m. f. de, n. de quatre nœuds, qui a quatre nœuds.

QUADRI-PARTilis, m. f. le, n. qui se partage en quatre.

QUADRI-PARTitio, onis, partage en quatre.

QUADRI-PARTitus, a, um, partagé en quatre.

QUADRI-PLICatus, a, um, quadruple, multiplié quatre fois.

QUADRI-REMis, m. f. me, n. qui a quatre rangs de rames ou quatre bancs de rameurs.

QUADRI-VIALis, m. f. le, n. de carrefour.

QUADRI-Vium, ii, carrefour, endroit où aboutissent quatre rues.

S.

QUADRU-Pes, edis, bête à quatre pieds.

QUADRU-PEDans, tis, omn. gen. qui va à quatre pieds.

QUATRI-DUAnus, a, um, de quatre jours, qui dure quatre jours.

QUADRUM-VIRi, orum, &

QUATUOR-VIRi, orum, Quadrumvirs, sorte de Magistrats à Rome, qui étoient quatre.

6.

QUATuor-DEcim, quatorze.
QUATuor-DEcies, quatorze fois.
QUATri-DUanus, a, um, de quatre.
QUARTus-DEcimus, a, um, quatorzieme.
QUARTA-DEcimanus, i, Soldat de la quatorzieme légion.
DUoDE-QUADRA-GENi, æ, a, trente-huit.
DUoDE-QUADRA-GEsimus, a, um, trente-huitieme.
DUoDE-QUADRA-GINta, trente-huit.
PETO-RITum, i, charriot à quatre roues; de PETOR, quatre en Celte, & de ROT, roue.

7.

QUADragintà,
QUADrageni, æ, a, } quarante.

QUADRAGies, quarante fois.
QUADRAGesimus, a, um, quarantieme.
QUADRAGenarius, a, um, de quarante; 2°. fait depuis quarante ans.
QUADRAGesima, æ, quarantaine; 2°. Carême.
QUADRAGesimalis, e, de Carême.

8.

QUADrin-geni, æ, a,
QUADrin-genteni, æ, a, } quatre cens;
QUADrin-genti, æ, a, } de CENTum, cent, prononcé GENT.

QUADRIN-gentesimus, a, um, quatre centiéme.
QUADRIN-genties, quatre cent fois.
QUADRIN-GENTU-PLus, a, um, quatre cent fois autant.
[QUADRIMus, a, um; QUADRIMulus, a, um, qui a quatre ans.
QUADRIMatus, ûs, âge de quatre ans.

BINOMES.

QUADR-Iga, æ, char, carrosse attelé de quatre chevaux : d'*Ago*, conduire.
QUADR-Igula, æ, petit attelage.
QUADR-Igatus, a, um, où on voit un char attelé de quatre chevaux.
QUADR-Igarius, ii, celui qui conduit un char à quatre chevaux.
QUADR-Igarius, a, um, qui concerne un attelage de quatre chevaux de front.

FAMILLE GRECQUE.

De QUATR, prononcé à la grecque TATR, TETR, les Grecs firent ces mots:

TETRans, tis, quart de cercle; 2°. quart, quatriéme partie; 3°. quartier; 4°. endroit où des lignes croisées se coupent.
TETARTæus, a, um, voyez *Quartanus* & *Quatriduanus*.
TETRA-CHoRDus, a, um, monté de quatre cordes; 2°. qui a 4 tons ou quatre jeux.
TETRA-CHoRDum, i, l'accord de quatre tons de suite; 2°. instrument de musique monté de quatre cordes.
TETRA-COLum, i, qui a quatre membres ou quatre vers.
TETR-ARCHa, æ, Tétrarque, Seigneur qui jouissoit de la quatrieme partie d'un pays.
TETR-ARCHia, æ, Tétrarchie, Seigneurie d'un quart de pays.
TETRA-DORus, a, um, qui a quatre palmes de dimension.
TETRA-DRACHMa, æ, &
TETRA-DRACHMum, i, monnoie.
TETRA-EDRon, i, Tétraedre, corps dont la surface est de quatre triangles égaux & équilatéraux.
TETRA-TERICus, a, um, qui se fait tous les quatre ans.
TETRA-GONum, i, quadrat, aspect quarré.

TETRA-GONUS, a, um, qui a quatre angles.
TETRA-GRAMMATON, i, le nom de Dieu en quatre lettres.
TETRA-LOGIA, æ, quatre Tragédies qu'on donnoit aux Fêtes de Bacchus.
TETRA-GNATHIUM, ii, ou
TETRA-GNATHIUS, ii, espéce d'araignée.

QUINQ.
Cinq.

Du primitif HAM, union, assemblage, les Orientaux firent חמש, *Hems*, cinq, nom des doigts de la main unis entr'eux. Les Latins le prononçant en *c'hems*, en firent QUINQUE, cinq; d'où cette Famille:

QUINUS, a, um,
QUINI, æ, a, } cinq.
QUINQUE,

QUINARIUS, a, um, de cinq.
QUINARIUS, ii, piéce de cinq sols.
QUINTUS, a, um, cinquieme.
QUINTÒ; QUINTÙM, pour la cinquieme fois, cinquiémement.
QUINTILIS, is, le cinquiéme mois, Juillet.
QUINQUIES, cinq fois.
QUINTANUS, a, um, du cinquieme ordre.
QUINTANUS, i, Soldat de la cinquieme legion; 2°. Ecolier de cinquieme.
QUINTANIS, de cinq en cinq.
QUINTARIUS, a, um, chaque cinquieme.
QUINTALE, is, quintal.

QUINQUAGINTÀ,
QUINQUAGENI, æ, a, } cinquante.

QUINQUAGESIMUS, a, um, cinquantieme.
QUINQUAGENARIUS, a, um, de cinquante.
QUINQUAGESIÈS; QUINQUAGIES, cinquante fois.

QUIN-GENI, æ, a,
QUIN-GENTI, æ, a, } cinq cens.
QUIN-CENTI, æ, a,

QUIN-GENARIUS, a, um, qui pese cinq cens livres.
QUIN-GENTESIMUS, a, um, cinq centiéme.
QUIN-GENTIES, cinq cent fois.
QUINC-UNX, cis, arrangement, disposition, plan en échiquier; 2°. cinq onces; 3°. sorte de mesure pour les liquides, contenant vingt cuillerées.
QUINC-UNCIALIS, m. f. le, n. qui a cinq pouces; 2°. d'échiquier, en échiquier.
Quincuncialis ordinum ratio, la maniere d'arranger ou de disposer en échiquier.
QUINCU-PEDAL, alis, mesure de cinq pieds.
QUINCU-PLEX, icis, omn. gen. divisé en cinq.
QUINQUE-FOLIUM, ii, quintefeuille, plante.
QUINQUE-LIBRALIS, m. f. le, n. de cinq livres, qui pese cinq livres, du poids de cinq livres.
QUINQUE-MESTRIS, m. f. tre, n. de cinq mois, qui a cinq mois.
QUINQUE-PARTITÒ, adv. en cinq parties.
QUINQUE-PARTITUS, a, um, &
QUINQUE-PERTITUS, a, um, partagé en cinq, ou en cinq parties.
QUINQUE PRIMI, orum, les cinq premiers.
QUINQUE-REMIS, m. f. me, n. qui a cinq rangs de rames ou cinq bancs de galères.
QUINQUI-PLICO, as, are, multiplier par cinq.
QUINTU-PLICOR, aris, ari, être prorogé pour cinq ans.
QUINQUertio, onis, Athlete qui s'e-

xerce aux cinq sortes de jeux en usage dans la Grèce.

QUINQUERTIUM, ii, les cinq Jeux publics de la Grèce.

QUIMATUS, ûs, l'âge de cinq ans.

QUINI-DENI, æ, a, &

QUIN-DENI, æ, a, quinze.

QUIN DECIÈS, adv. quinze fois.

QUIN-DECIM, omn. gen. quinze.

QUIN-DECIM-VIRATUS, ûs, la dignité, la charge de quinze Magistrats, le conseil des Quinze.

QUIN-DECIM-VIRI, orum, les quinze Magistrats.

QUINTA-DECIMANUS, i, &

QUINTA-DECI-MANUS, i, Soldat de la quinziéme légion.

QUINTUS-DECI-mus, a, um, quinzieme.

DUODE-QUINQUA-GENI, æ, a, quarante-huit.

DUODE QUINQUA-GESimus, a, um, quarante-huitieme.

DUO-QUINQUA-GINTA, ind. quarante-huit.

<hr>

FAMILLE GRECQUE.

QUIN, prononcé PENT, cinq.

PENTACONT-ARCHus, i, Officier, Capitaine de cinquante hommes.

PENTA-DACTYLOS, i, ou

PENTA-DACTYLUM, i, quinte-feuille, plante.

PENTA-ETERIS, is, l'espace de cinq ans.

PENTA-GONUS, a, um, pentagone, qui a cinq angles.

PENTA-METER, tra, trum, qui a cinq mesures ou cinq pieds, vers pentamettre.

PENTE-COSTE, es, Pentecôte, mot-à-mot, espace de cinquante jours.

PENT-ERIS, is, voy. Quinqueremis.

PENTHE-MIMERIS, idis, sorte de cesure de vers, lorsqu'après deux pieds il reste une syllabe qu'on fait longue; c'est la cé-

sure du vers pentametre.

PENTA-PHYLLUM, i, quinte-feuille; plante.

PENTA-TEUCHON, i, &

PENTA-TEUCHus, i, le Pentateuque, les cinq Livres de Moïse.

PENT-ATHLUS, i, Athlète qui s'exerçoit aux cinq sortes de combats des jeux publics de la Grèce.

QUER, se plaindre,

Onomatopée.

QUEROR, eris, questus sum, queri, }
QUERITO, -are, } se plaindre;
QUIRITO, -are, } déplorer, crier
QUIRITOR, -ari, } au secours, implorer l'aide publique.

QUIRRITO, -are, grogner, gronder.

QUERELA, æ,
QUERIMONIA, æ,
QUIRITATIO, onis, } plainte, lamentation, complainte.
QUIRITATUS, ûs,
QUESTUS, ûs,

QUERELANS, tis; QUERIBUNDUS, a, um, plaintif.

COMPOSÉS.

CON-QUEROR, -i, se plaindre ensemble.

CON-QUESTUS, ûs; CON-QUESTIO, onis, plainte.

DE-QUEROR, -i, se plaindre fort.

INTER-QUEROR, -i, se plaindre à l'occasion de.

INTER-QUESTUS, a, um, qui se plaint à l'occasion de.

PRÆ-QUESTUS, a, um, qui s'est plaint auparavant.

<hr>

De l'Orient. קוש QUS, bale de blé; criblures, balayeures, vint:

QUIS-QUILIÆ, arum, haillons, guenilles, 2°. la lie du peuple, la canaille; 3°. balayeures d'une maison ; 4°. bois qui tombe des arbres morts.

Quis-Quilium, ii, arbrisseau qui porte la graine d'écarlate.

In-Quio, dis-je, je dis.
In-Quimus, disons-nous.
In-Quam, disois-je.
In-Quies, diras-tu.
In-Que, Inquito, dites, parlez.

Ce Verbe irrégulier, & qui n'est employé que dans les phrases conséquentes, & jamais dans les phrases indicatives, est donc un abrégé de ces deux mots *Hinc Aio*, là-dessus je dis, j'affirme.

Aussi n'a-t-on jamais pu trouver aucune origine de ce Verbe : il n'en a point d'autre, & on n'avoit garde de la soupçonner.

De S privatif, & de CAL, beau, brillant, se forma :

S-Qualor, oris, } saleté, crasse ;
S-Qualitas, tis, } 2°. grossiereté ; 3°. deuil,
S-Qualitudo, inis, } tristesse.

S-Qualeo, -ere, être sale, crasseux, être vêtu mal-proprement.
S-Qualus, a, um ; S-Qualidus, a, um, sale ; 2°. bas, vil ; 3°. inculte.
S-Qualidè, mal-proprement, sans grace.

SQUAM, Ecaille.

L'origine de ce mot Latin est impossible à trouver en regardant son orthographe comme la primitive : elle est très-belle, en supposant qu'on a négligé à la longue un L qui précédoit le M, & qu'on prononça dans les commencemens *Squalma*, ou même *Squala*. Dès-lors ce mot tient au primitif *Cal*, *Schale*, *Schel*, *Schild*, qui tous signifient couvrir & écaille.

Scaliger, Ménage, Ferrari, &c. mettoient ici, à leur ordinaire, la charrue devant les bœufs ; ils faisoient de *Squama*, le primitif. Wachter a fort bien vû qu'ils se trompoient en cela ; mais il ne pensoit guères que ces mots étoient cependant de la même famille, que *Squama* n'en étoit qu'une altération. De-là cette famille Latine ;

S-Quama, æ, écaille.
S-Quamula, æ, petite écaille.
S-Quameus, a, um, qui a des écailles.
S-Quamatus, a, um, couvert d'écailles.
S-Quamosus, a um, plein d'écailles.
S-Quamatim, en forme d'écailles.
S-Quamifer, a, um ; S-Quamiger, a, um, porteur d'écailles, écaillé.
De-Squamo, -are, ôter les écailles.
De-Squamatio, onis, action d'écailler.

Mots

omis sous la Lettre C.

Kermes, graine d'écarlate.
Keiri, violier. *Voyez* Car, col. 423.
Kurie, Seigneur, vocatif de Kurios. *Voyez* col. 430.
Pro-Questor, oris, Lieutenant du Questeur : qui en remplit la place. Pro-Questeur.
An-Quisitus, a, um, poursuivi avec soin, criminellement.
Anquisitè, tiùs, exactement, avec soin, en toute diligence, *voy.* col. 436.
Quum, *voyez* Cum, col. 341.

MOTS LATINS-CELTES,
OU DÉRIVÉS DE LA LANGUE CELTIQUE.

R

LA Lettre R placée dans notre alphabet & dans les alphabets Latin & Oriental entre le Q & le S, peint un son roulant, rude, difficile à prononcer : aussi a-t-elle été consacrée à désigner les objets roulans, rudes, escarpés, pointus ; & son caractere primitif en Hébreu ר, en Ethiopien ረ, fut parfaitement assorti à ces idées : il peint le Nés qui forme un avancement remarquable, & qui le rendit propre à désigner les caps, les promontoires.

R fut également propre à peindre les objets fluides & coulans, & ceux qui sont élevés.

En joignant à ces dérivés une multitude d'onomatopées, dans lesquelles abonde cette Lettre, on a la cause des mots qu'elle offre dans la langue Latine.

On peut voir d'ailleurs ce que nous en avons dit dans l'*Orig. du Lang. & de l'Ecrit.* p. 341 & suiv. & dans nos *Orig. Franç.* Ce qui nous dispense d'entrer ici dans de plus grands détails.

ONOMATOPÉ'ES.
I.
Cris des Animaux.

1. RACCO, *as*, *are*, crier comme les tigres.

RANCO, *as*, *are*, crier comme un tigre.
RICTO, *as*, *are*, crier comme les léopards.

2. RANA, *æ*, grenouille ; 2°. tumeur qui vient au bœuf sous la langue.

RANetum, *i*, grenouillere, lieu où il y a des grenouilles.

RANunculus, *i*, petite grenouille ; 2°. Reroncule, *fleur* ; 3°. grenouillette, *plante*.

3. RURILULO, *as*, *avi*, *arum*, *are*, crier comme une chouette.

4. RUDOR, *oris*, &

RUDitus, *ûs*, le braire d'un âne ; 2°. le rugissement d'un lion.

RUDO, *is*, *ere*, braire comme un âne ; 2°. rugir comme un lion.

RUDens, *tis*, *omn. gen.* qui rugit ; 2°. qui brait.

5. RUGIO, *is*, *ii* ou *ivi*, *itum*, *ire*, rugir comme un lion.

Rugitus, ûs, rugissement d'un lion.
Ir-Rugio, is, ire, rugir fortement.

II.
Cris humains.

1.

2. Ravio, is, ire, s'enrouer à force de crier, crier jusqu'à s'enrouer; Ravit, il parle enroué.
Ravis, is, enrouement, voix enrouée.
Vox rava, voix enrouée.
Raucedo, voyez Raucitas.
Ravilla, æ, voix enrouée.
Rauceo, es, ere, s'enrouer.
Rauci-Sonus, a, um, qui a un ton enroué.
Raucitas, atis, enrouement.
Raucor, aris, raucus sum, ari, être enroué.
Raucus, a, um, enroué.
Rausurus, a, um, qui s'enrouera.

COMPOSÉS.

Ir-Raucesco, is, cui, cere, &
Ir-Raucio, is, ire, s'enrouer, devenir enroué.
Ob-Raucatus, a, um, enroué, devenu enroué.
Sub-Raucus, a, um, un peu enroué.

2. Rhonchus, i, ronflement.
Rhonchi-Sonus, a, um, qui imite le son d'un homme qui ronfle.
Rhonchisso, as, avi, atum, are, ronfler.

2.
RI, Ris.

Rido, is, ere, &
Rideo, es, si, sum, dere, rire.
Ridere alicui, rire à quelqu'un, lui faire bon visage.
Risus, ûs, le Dieu des ris.
Risus, ûs, le ris, le rire, l'action de rire; 2°. moquerie, risée.
Risio, onis, le ris, le rire.
Risor, oris, rieur, railleur, moqueur, bouffon, plaisant, facétieux.
Ridens, tis, omn. gen. riant, qui rit.
Ridendus, a, um, dont on doit rire.
Ridibundus, a, um, tout riant.

COMPOSÉS.

Ar-Risio, onis, ris, souris, bon visage.
Ar-Risor, oris, qui sourit, qui aborde, qui reçoit, qui accueille gracieusement, qui fait bon visage, qui voit de bon œil; 2°. qui applaudit, qui favorise.
Ar-Rideo, es, si, sum, ere, rire, sourire, faire bon visage, complaire, applaudir à; 2°. plaire, agréer.
Cor-Rideo, es, isi, sum, dere, rire avec d'autres.
De-Risus, ûs, moquerie, risée.
De-Risor, oris, rieur, moqueur.
De-Risorius, a, um, digne de risée.
Ir-Risio, onis, dérision, moquerie, raillerie, l'action de se moquer.
Ir-Risor, oris, gausseur, moqueur, railleur, qui tourne en ridicule, qui fait des railleries de; 2°. critique.
Ir-Risus, ûs, voyez Irrisio.
Ir-Risus, a, um, part. d'Irrideo, méprisé, moqué.
Ir-Rido, is, ere, &
Ir-Rideo, es, si, sum, dere, se moquer, se railler, faire des railleries de, tourner en ridicule.
Ob-Risio, onis, moquerie, risée.
Per-Risor, oris, grand rieur.
Sub-Ridens, tis, omn. gen. souriant, qui sourit.
Sub-Rideo, es, si, sum, dere, sourire.

RIDicul.

Ridiculum, i, raillerie, plaisanterie, mot pour rire.

Ridicula,

Ridicula, orum, ridiculités, choses ridicules.

Ridicularius, a, um, ridicule.

Ridiculus, a, um, plaisant, bouffon, qui fait rire, facétieux ; 2°. ridicule, qui sert de risée, risible, digne de risée.

Ridiculosus, a, um, losior, losissimus, plein de ridicule.

Ridiculè, adv. ridiculement, d'une maniere ridicule ; 2°. d'une maniere plaisante.

COMPOSÉS.

Ir-Ridiculum, i, moquerie, raillerie, dérision.

Ir-Ridiculè, adv. de mauvaise grace, sans grace.

Per-Ridiculè, adv. fort ridiculement, d'une maniere très-ridicule.

Per-Ridiculus, a, um, très-ridicule, fort risible.

Sub-Ridiculè, adv. d'une maniere un peu ridicule.

RIM, Fente.

Rima, æ, fente, crevasse ; 2°. gersure ; 3°. jour, ouverture à faire quelque chose ; 4°. moyen d'échapper, échappatoire.

Rimula, æ, dimin. de Rima.

Rimor, aris, atus sum, ari, rechercher soigneusement, fureter, examiner.

Rimosus, a, um, plein de crevasses, de fentes, de gersures.

Rimator oris, qui cherche avec soin, fureteur.

Rimatim, adv. en cherchant avec soin.

Rimabundus, a, um, voyez Cogitabundus.

Di-Rimo, is, remi, remptum, rimere, diviser, désunir, séparer, détacher ; 2°. rompre, interrompre, différer, discontinuer ; 3°. terminer, vuider, finir, décider.

Di-Remptio, onis, &
Di-Remptus, ûs, division, désunion, séparation, dissolution.

Di-Remptus, a, um, part. de Dirimo.

3.

RIX, Dispute.

Rixa, æ, contestation, débat, différend, dispute, querelle.

Rixo, as, avi, atum, are, &
Rixor, aris, atus sum, ari, contester, disputer, quereller, être en dispute, en débat, en différend, en querelle.

Rixatio, onis, voyez Rixa.

Rixator, oris, querelleur, qui aime à contester.

Rixatrix, icis, querelleuse, qui se plaît à contester.

Rixatus, a, um, qui a disputé, contesté, querellé, qui a eu différend, dispute.

Rixosus, a, um, querelleur, qui se plaît à contester, qui aime à disputer.

4.

Rictum, i, &
Rictura, æ, ou
Rictus, ûs, lévres, ouverture de la bouche.

Rictus ad aures dehiscens, bouche fendue jusqu'aux oreilles.

Ringor, eris, gi, rechigner, froncer le nez ou le sourcil, en témoignant son chagrin, se rider le visage de dépit.

Sub-Ringor, eris, gi, se fâcher un peu, faire le fâché.

5.

Ructus, ûs, rot, rapport.

Ructo, as, avi, atum, are, &
Ructor, aris, atus sum, ari, roter, faire un rot ; 2°. avoir des rapports.

Ructito, as, avi, atum, are, roter souvent, ne faire que roter.

Orig. Lat.

Ructatio, onis, l'action de roter.
Ructritatio, onis, l'action de roter souvent.
Ructans, tis, omn. gen. rotant, qui rote.
Ructator, oris, roteur, qui rote.
Ructatrix, icis, plante qui fait roter.
Ructatus, a, um, qu'on rejette en rotant.
Ructuosus, a, um, qui fait roter, qui cause des rapports.
E-Rugo, is, gi, ctum, gere, &
E-Ructo, as, avi, atum, are, exhaler, pousser, jetter dehors, répandre en l'air ; 2°. roter, faire un rot.
E-Ructatio, onis, exhalaison ; 2°. rot.
Ir-Ructo, as, avi, atum, are, roter, faire un rot.
Ob-Ructo, as, are, roter au nez.

6.
ROD, Ronger.

Rodo, is, si, sum, dere, ronger ; 2°. médire, parler désavantageusement, donner des coups de dent.
Rosio, onis, tranchée, déchirement qu'on ressent intérieurement.

COMPOSÉS.

Ar-Rodo, is, si, sum, dere, ronger tout à l'entour, manger, piller, escroquer.
Ab-Rodo, is, abrosi, osum, ere, ronger, couper en rongeant.
Ar-Rosor, oris, qui ronge tout autour ; 2°. Parasite, écornifleur, escroqueur ; qui ronge quelqu'un, en lui diminuant insensiblement son bien, par adresse ou autrement.
Circum-Rodo, is, si, sum, dere, ronger tout autour.
Cor-Rodo, is, rosi, rosum, dere, ronger, corroder.
Cor-Rosus, a, um, prét. de Corrodo,

mangé tout autour ou corrodé.
De-Rodo, -ere, ronger.
E-Rodo, is, rosi, rosum, dere, ronger, brouter, manger en rongeant.
E-Rosio, onis, Erosion.
Ob-Rodo, is, si, sum, dere, ronger tout autour.
Per-Rodo, is, si, sum, dere, ronger entièrement, ou tout-à-fait.
Præ-Rodo, is, si, sum, dere, ronger par le bout.

7.
RUM, bruit.

1. Rumbus, i, rumb de vent, l'un des trente-deux vents.
2. Rumor, oris, rumeur, bruit qui court, nouvelle qu'on répand.
Rumusculus, i, petit bruit, dimin. de Rumor.
Rumito, as, are, faire souvent courir des bruits.
Rumi-Fero, as, avi, atum, are, &
Rumi-Fico, as, avi, atum, are, répandre ou faire courir un bruit.
Ad-Rumo, as, avi, atum, are, murmurer, gronder, faire un bruit sourd.
3. Ruma, æ, Rumis, is &
Rumen, inis, mamelle, tetton, tette, pis ; 2°. jabot d'oiseau ; 3°. le haut du ventricule des animaux qui ruminent.
Rumia, æ, Déesse qui présidoit aux enfans à la mamelle.
Ruminus, a, um, de mamelle, de tetton, de tette, de pis.
Ruminus ficus, voyez Ruminalis.
Sub-Rumo, as, avi, atum, are, faire tetter.
Sub-Rumus, a um, qui tette encore, qui est à la mamelle, qui est encore sous la mere.
4. Rumino, as, avi, atum, are, ru-

miner, remâcher une seconde fois ce qu'on a avalé.

RUMINOR, aris, atus sum, ari, réfléchir, repasser dans son esprit, ruminer.

RUMINATIO, onis, l'action de ruminer, de remâcher ce qu'on a avalé; 2°. réflexion.

RUMINATOR, oris, &

RUMINATRIX, icis, celui ou celle qui rumine.

RUMINALIS, m. f. le, n. is, qui rumine, qui remâche une seconde fois ce qu'il a avalé.

5. RUNCOR, oris, éternuement.

S.

1°. RAD, racler.

1. RADula, æ, racloir, racloire, ratissoire.

RADulanus, a, um, qui a ôté ou enlevé avec la ratissoire, ou le racloir.

2. RALLA, æ, &

RALLUM, i, instrument de fer avec lequel les laboureurs nettoyent le soc de la charrue; 2°. racloir, curette.

RALLUS, a, um, qui est fait d'étoffe claire & transparente.

3. RULLA, æ, &

RULLUM, i, curette, instrument qui sert à nettoyer le coutre de la charrue.

4. RUTRum, i, bêche, hoyau, mare, pic, houe, instrumens propres à remuer la terre; 2°. truelle; 3°. rabot, instrument de Maçon, de Vinaigrier ou de Boueur, perche entée dans le milieu d'un chanteau de fond de tonneau, qui sert à remuer la chaux qu'on éteint, le mortier qui s'en fait ensuite, & qui sert à remuer les lies de vin, & à évacuer les boues.

RUTABRUM, i voy. Rastrum.

RUTABULUM, i, fourgon de boulanger.

RUTELLUM, i, pelle de bois; 2°. racloir de mesureur.

RUTLUS, i, barre de derriere une porte.

2°.

RADO, is, si, sum, dere, racler, ratisser, ôter en raclant; 2°. raser.

RADendus, a, um, qu'il faut racler ou raser.

RADens, tis, raclant, qui racle, qui rase.

RASURA, æ, &

RASUS, ûs, l'action de racler, de ratisser, de raboter, de polir en raclant, d'unir en ratissant: raclement.

RASAMENTUM, i, raclure, ratissure, ce qui a été enlevé en raclant.

RASOR, oris, joueur d'instrumens de musique à cordes, racleur.

RASORIUS, a, um, qui sert à raser.

RASorius culter, rasoir.

RASILIS, m. f. le, raclé, ratissé, poli en raclant, ou à force de racler, uni en ratissant, raboté; 2°. qui se polit, qui se ratisse aisément.

RASITO, as, avi, atum, are, raser souvent.

RASTELLUM, i, dim. de

RASTRUM, i, hoyau; 2°. rateau.

RESIS, is, poix sèche & dure, qu'on réduit en poudre pour s'en servir dans les remédes.

COR-RAGO, inis, bourrache ou buglose, herbe.

COMPOSÉS.

AB-RADO, is, abrasi, asum, dere, raser, racler, ratisser, retrancher, couper, tondre, arracher; 2°. excroquer, extorquer.

AB-RASUS, a, um, part. d'Abrado, rasé, tondu de près.

AD-RADO, is, si, sum, ere, raser, racler, raper, ratisser.

CIRCUM-RADO, is, si, sum, dere, ratisser, racler, raser tout autour.

Circum-Rasus, a, um, ratiffé, raclé, rafé tout autour.

Cor-Rado, is, fi, fum, dere, amaffer comme on peut, ramaffer de tous côtés avec peine.

De Rado, -dere, racler, nettoyer, effacer.

E-Rado, is, fi, fum, dere, racler, ratiffer, rafer; 2°. effacer en raclant.

Inter-Rado, is, fi, fum, dere, racler les arbres pour en ôter la mouffe; 2°. limer, polir, rendre poli.

Inter-Rasilis, m.f. le, n. is, limé, poli, uni, bruni.

Præ-Rado, is, fi, fum, dere, racler, ratiffer fort ou par devant.

Præter-Rado, is, fi, fum dere, racler en paffant.

Semi-Rasus, a, um, à demi-rafé.

Super-Rado, is, fi, fum, dere, racler par-deffus.

Ir-Rasus, a, um, qui n'eft point rafé ou ratiffé.

Irrafa clava, maffue pleine de nœuds, qui n'eft point polie.

9.
RUG, ride.

Ruga, æ, ride; 2°. pli.

Rugo, as, avi, atum, are, faire des rides, avoir des plis, être ridé ou chiffonné.

Rugofus, a, um, plein de rides.

Rugatus, a, um, ridé, qui a des rides.

Ruginofus, a, um, plein de rides.

Cor-Rugo, -are, froncer, pliffer, rider.

Cor-Rugatio, onis, état rude, froncé, ridé.

E-Rugo, -are, défroncer, dérider.

E-Rugatio, l'action de défroncer, de dérider.

Ir-Rugo, as, avi, atum, are, rider, faire des rides; 2°. froncer, faire froncer.

10.

1. Ruta, æ, rue, *plante*.

Rutatus, a, um, où l'on a mêlé ou mis de la rue.

2. Rutella, æ, tarentule, infecte venimeux; 2°. vers qui ronge les arbres.

3. Rudens, tis, cable, cordage, amarre; 3°. le rudens, nom d'une Comédie de Plaute.

Rudentatio, onis, rudenture, corde dont on remplit les canelures d'une colonne, terme d'Architecture.

Rudenti-Sibilus, i, bruit que font les manœuvres d'un navire dans le tems du fervice.

RUSC, brufc.

Ruscum, i, &

Ruscus, i, brufc, myrte fauvage, *arbriffeau*; le petit houx.

Ruscarius, a, um, de brufc, de petit houx.

RUSP.

Ruspor, aris, atus fum, ari, fureter; 2°. chercher avec foin.

RA,
Vue, œil.

RA eft un mot primitif qui défigna l'œil, l'action de voir, de prévoir, d'avoir l'œil fur un objet, de l'infpecter, de le diriger, & toutes les idées relatives à celles-là: d'où une multitude de grandes Familles, prononcées en RA, RE, Ro, RU.

I.

RADI, radieux, rayon.

Radius, ii, rayon, baguette, verge dont les Géomètres se servent pour tracer ; 2°. raie de roue ; 3°. navette de Tisserand ; 4°. racloire de mesureur ; 5°. petit focile, os du bras qui va de l'épaule au coude ; 6°. ergot de coq ; 7°. piquant venimeux qui se trouve sur la queue d'un poisson semblable à la raie ; 8°. sorte d'olive longue.

Radio, as, avi, atum, are, jetter des rayons, rayonner, être rayonnant, briller, éclater de lumiere.

Radior, aris, atus sum, ari, être rendu rayonnant, éclater, briller.

Radiosus, a, um, plein de rayons, qui jette des rayons.

Radians, tis, rayonnant, qui jette des rayons, reluisant, éclatant, tout brillant de lumiere.

Radiatio, onis, &

Radiatus, ûs, l'éclat des rayons.

Radiatus, a, um, part. de Radio, qui a des rayons ; 2°. fait en maniere de rayons ; 3°. qui a des rais.

Radiolus, i, petite olive longue.

COMPOSÉS.

Di-Radio, as, avi, atum, are, disposer, ranger en forme de rayon, dresser par rayons.

Di-Radiatio, onis, disposition, arrangement, ordonnance en forme de raies ou de rayons.

Di-Radiotes, æ, surnom d'Apollon.

Ir-Radio, as, avi, atum, are, éclairer de ses rayons.

Irradiare salibus mensam, égayer un repas par ses bons mots.

Ob-Radio, as, -are, briller autour.

Præ-Radians, tis, qui jette quantité de rayons, ou qui en jette davantage.

Præ-Radio, as, avi, atum, are, reluire, briller, resplendir, éclater davantage, jetter plus de rayons.

II.

RA-RUs, que la lumiere traverse.

Rarus, a, um, 1°. peu épais, peu serré, qui n'est pas condensé, clair semé, planté de loin à loin ; 2°. rare, qui ne se trouve pas souvent, peu commun, qui n'est pas ordinaire, extraordinaire.

Raritas, atis, &

Raritudo, inis, rareté, qualité des choses qui ne sont point condensées ; 2°. petit nombre.

Raresco, is, ere, devenir plus clair, moins dru, en parlant du grain ; 2°. devenir plus clair, moins épais, en parlant d'un nuage ; 3°. s'éclaircir, devenir moins serré, en parlant des rangs d'une armée.

Raré, iùs, issimè, adv. loin à loin, clair, peu dru ; 2°. rarement, peu souvent, trop clair.

Rarenter, adv. voy. Raró.

Raró, adv. rarement, peu souvent, peu fréquemment.

Per-Raró, adv. très-rarement, fort peu souvent.

Per-Rarus, a, um, qui est très-mince, très-délié, très-clair-semé, très-peu serré ou pressé ; 2°. très-rare, qui arrive très-rarement ou fort peu souvent.

BINOMES.

Rare-Fio, is, factus sum, fieri, se raréfier, se dilater, s'étendre davantage, s'éclaircir ou devenir moins épais.

RARE-Facio, is, feci, factum, cere, raréfier, étendre davantage, donner plus d'étendue, éclaircir, rendre clair ce qui étoit épais, dilater.

RARE-Factio, onis, raréfaction, terme de Physique.

RARE-Factivus, a, um, raréfactif, qui a la vertu de raréfier.

Rari-Pilus, a, um, qui a peu de poil.

III.

1. RAIa, raie.

RAIa, raie, poisson de mer, *mot-à-mot*, la lune. Ce poisson porte à-peu-près le même nom chez tous les Peuples de l'Europe : c'est que ce nom est primitif & Oriental, formé sur la figure de son objet : la raie est platte & ronde, approchant de la figure d'un œil : c'est ce que signifie l'Orien. רהא Rhoé, Rhae; aussi ce poisson s'appelle en Bas-Breton *Rae, Rahe*, précisément du même nom que la Lune. On l'appelle aussi :

Rei-Lata, æ, &

Reiva, æ, raie.

2.
AP-RIC.

A-Pricus, a, um, exposé au Soleil & aux Vents.

A-Pricor, aris, atus sum, ari, s'exposer au soleil, s'y chauffer, s'y tenir à l'abri.

A-Pricatio, onis, exposition au soleil, à l'abri.

A-Pricitas, atis, beau tems, sérénité de l'air, beau jour, air doux & serein.

Cette Famille doit venir de F-ri, F-ric, le Soleil, nom Egyptien, & du Nord, formé de Re, Ri, Soleil; & d'où vint l'A-Phrique, *mot-à-mot*, le Midi, le pays du Soleil à midi.

IV.

RE, chose, objet qu'on voit, ce qui est sensible.

1. Res, *rei*, chose; 2°. affaire; 3°. utilité; 4°. intérêt, bien, biens de fortune; 5°. héritage, patrimoine; 6°. dépense.

Recellula, æ, petite chose.

Realis, m. f. le, n. is, réel.

Realitas, atis, réalité.

Realiter, adv. réellement.

Reapse, adv. &

Re-Ipsa, effectivement, en effet.

Reque-Apse, pour *Reapse*.

Re-Vera, adv. à la vérité, véritablement, en effet, effectivement, à dire le vrai.

2. Res-Publica; Rei-Publicæ, République, *mot-à-mot*, la chose publique.

3. Reipus, i, douaire qu'on donne à une veuve en l'épousant.

4. Reus, i, défendeur en justice; 2°. accusé; 3°. coupable; 4°. caution, répondant.

Reatus, ûs, l'état d'un criminel, la condition d'un accusé.

V.

R E G, qui gouverne.

1.

Rex, Regis, Roi; 2°. grand Seigneur, riche; 3°. Gouverneur.

Rex pueritiæ, Gouverneur d'un enfant.

Regina, æ, Reine ; 2°. Dame, Maîtresse ; 3°. femme d'un homme riche ou puissant.

Regulus, i, petit Roi, roitelet ; 2°. roitelet, *oiseau*.

Pro-Rex, *egis*, Vice-Roi.

Inter-Rex, *egis*, Magistrat qu'on créoit de cinq jours en cinq jours, jusqu'à ce que l'élection des Consuls fût faite ; 2°. le Régent du Royaume pendant un interregne.

Regalis, *m. f.* le, *n.* is, royal, de Roi.

Regalia, *ium*, la Fête des Rois, les Rois ; 2°. la Régale, droits de Régale ; 3°. auspices très-favorables.

Regius, *a*, *um*, Royal, de Roi.

Morbus regius, jaunisse, pâles couleurs.

Via regia, grand chemin.

Ales regia, Aigle, *oiseau*.

Regi-Ficus, *a*, *um*, royal, de Roi.

Regia, æ, Palais, Cour d'un Roi, Maison royale.

Regiè, *adv.* en Roi, royalement, à la royale.

Regilla, æ, habillement royal, forte d'habit de femme.

Regi-Fugium, *ii*, Fête célébrée à Rome tous les ans le six des Calendes de Mars, en mémoire de la délivrance, disoit-on, de la domination royale. (Voyez Hist. du Calendr.)

Regaliter, *adv.* royalement, en Roi.

Regi-Ficè, *adv.* voy. *Regiè*.

Regaliolus, *i*, Roitelet, *oiseau*.

2.

Regnum, *i*, royaume ; 2°. royauté, regne, dignité royale ; 3°. lieu où l'on est en crédit, en autorité, où l'on domine ; 4°. ce qu'on possède, les possessions de chacun, ses terres.

Regno, *as*, *avi*, *atum*, *are*, régner, être Roi ; 2°. gouverner, commander en Roi ; avoir une autorité royale.

Regnatus, *a*, *um*, où régne un Roi, qui est gouverné, qui est commandé.

Regnandus, *a*, *um*, où l'on doit régner.

Regnator, *oris*, qui régne, qui commande en Roi ; 2°. possesseur ; 3°. Gouverneur.

Regnatrix, *icis*, celle qui régne, celle qui jouit de la royauté.

Con-Regno, *as*, *are*, régner avec, ou ensemble.

Inter-Regnum, *i*, interregne, tems depuis la mort d'un Roi, jusqu'à l'élection d'un autre.

3.

REC, RIG,

Gouverner, régir.

1. Rego, *is*, *rexi*, *rectum*, *gere*, régir, gouverner, conduire, modérer.

Regito, *as*, *are*, conduire, gouverner ordinairement.

Regentes, *ium*, Régens, Gouverneurs, Maîtres, Administrateurs.

Regendus, *a*, *um*, qu'il faut gouverner, conduire.

Regendum juvenem suscipere, se charger de la conduite d'un jeune homme.

Regimen, *inis*, Gouvernement, conduite.

Registrum, *i*, &

Register, *tri*, registre.

Registrarius, *ii*, celui qui tient un registre, qui tient un livre de compte.

Registro, *as*, *are*, enregistrer, mettre sur le registre.

Regulo, *as*, *are*, régler.

2. Regula, æ, régle ; 2°. régle à régler ; 3°. panier d'osier long à mettre des olives pour les presser & en tirer l'huile ; 4°. chevron.

REGULARIS, *m. f. re, n. is*, régulier, qui est dans la régle, ou selon les régles.

Regulare æs, de l'airain en lames ou en feuilles.

REGULARITER, *adv.* régulierement, dans les régles, selon les régles, juste, exactement, dans l'ordre.

REGULATIM, *adv.* avec régularité, par régle, en régle.

IR-REGULARITAS, *atis*, irrégularité.

3. REGIO, *onis*, région, contrée, pays; 2°. situation.

Regiones cæli quatuor, les quatre parties du ciel.

REGIONALITER, *adv.* &

REGIONATIM, *adv.* par contrées, par pays, par quartiers.

REGIONARIUS, *a, um*, qui concerne les contrées, les pays, les quartiers.

REX *Aciculum, i*, barre, ou verrouil de porte.

Du Celte RUG, RHWIG, canal, fossé, se forma :

AR RUGA, *æ*, ou

AR-RUGIA, *æ*, conduit, canal dans les mines pour écouler les eaux ; 2°. galeries, chemins, allées des mines.

4.

RECT, droit, dresser.

RECTÀ, *adv.* tout droit,

RECTÈ, *tiùs, tissimè*, *adv.* droit, en droite ligne, tout droit ; 2°. à propos, bien, comme il faut.

RIGA, *æ*, raie, ligne droite, régle.

COMPOSÉS.

AR-RECTARIA, *orum*, jambages, côtés d'une porte, d'une fenêtre, &c ; 2°. montans d'une machine, dé-

gré d'une échelle.

AR-RECTARIUS, *a, um* qui est planté droit ; posé debout ; 2°. qui aide à dresser, à monter, à poser droit.

AR-RECTUS, *a, um*, part. d'*Arrigo*, dressé, droit, élévé ; 2°. attentif, porté, enclin, encouragé, éveillé.

AR-RIGO, *is, rexi, rectum, ere*, dresser, lever tout droit, hausser, relever.

AR-RIGO, *as, are*, mettre ordre à ses affaires, disposer de ses biens pendant une maladie.

COR-RECTIO, *onis*, diminution de défauts, correction ; figure de Rhétorique quand on rétracte une chose qu'on vient de dire, & qu'on en dit une meilleure.

COR-RECTOR, *oris*, correcteur, qui corrige, qui rectifie.

COR-RECTUS, *a, um*, corrigé, réparé, redressé, rectifié ; 2°. correct, exact, juste, poli.

COR-RIGO, *is, rexi, rectum, igere*, redresser ce qui est courbé ou tortu, relever ce qui panche ; 2°. corriger, reprendre, réprimander, remettre en meilleur état.

IN-CORRECTUS, *a, um*, qui n'est pas corrigé.

RE-COR-RIGO, *is, rexi, rectum, gere*, recorriger, réformer une seconde fois.

DI-RECTARII, *orum*, voleurs de maisons qui s'introduisent par les fenêtres, par-dessus les murs, ou par la couverture.

DI-RECTÈ, *iùs, issimè*, *adv.* directement,

tement, droit, suivant l'ordre naturel, naturellement.

Di-Rectò, adv. V. *Directè*.

Di-Rectura, æ, alignement.

Di-Rectus, a, um, part. de *Dirigo*, droit, a lligné, tiré en droite ligne, qui est en ligne droite; 2°. ingénu, naïf, naturel; 3°. qui est en rang; 4°. simple, sans ambiguité; 5°. pendard, qui mérite la corde, pendu; 6°. roide, dur, austere, qui ne plie point; 7°. direct, sans circonstance; 8°. réglé.

Di-Rectà, adv. &
Die-Rectè, adv. ou
Die-Rectò, adv. tout droit, tout-d'un coup, d'un plein saut; 2°. à la malheure, au diable.

Di-Rectio, onis, alignement, direction, situation en droite ligne; 2°. conduite, visée.

Die-Rectus, a, um, pendu, attaché; 2°. pendard.

Dirigendus, a, um, qu'il faut régler, diriger, dresser.

Di-Rigo, is, rexi, rectum, rigere, dresser, régler, conduire, ordonner; disposer, pointer, viser; tirer à la ligne, au cordeau; poser au niveau, pousser en ligne droite, tirer droit, diriger; 2°. redresser, rendre droit.

E-Rectio, onis, l'action de dresser, de faire tenir droit, érection.

E-Rectus, a, um, part. d'*Erigo*, droit, dressé, qui se tient debout ou droit; 2°. qui va la tête levée; 3°. courageux, hardi, ferme, résolu, déterminé, intrépide; 3°. vif, éveillé, prompt, attentif, toujours prêt, gai, alerte.

E-Rigo, is, rexi, rectum, rigere, dresser, mettre debout, faire tenir droit, lever, élever, hausser, mettre sur un pied.

In-Di-Rectus, a, um, qui n'est pas bien réglé, qui n'est pas assez composé, déréglé, indiscret.

Per-Go, is, perrexi, perrectum, gere, aller droit devant soi, marcher toujours, s'avancer, poursuivre son chemin, continuer d'aller; 2°. continuer, persévérer, poursuivre, passer sous silence, omettre.

Per-Gens, tis, qui va toujours, qui continue.

Per-Rictus, a, um, éveillé, vigilant.

Sub-E-Rigo, is, rexi, rectum, gere, lever, élever, susciter.

Sub Rigens, tis, dressant, levant en haut.

Sub-Rigo, is, rexi, rectum, gere, dresser ou lever tant soit peu.

Su-Rgo, is, rexi, rectum, gere, se lever ou se relever, se rétablir; 2°. croître; 3°. s'élever; 4°. sourdre; 5°. devenir grand, se gonfler, s'enfler, s'élever, paroître.

Surgitur, on se léve.

Sur-Rectus, a, um, dressé, droit, levé droit.

EX-PERG.

Ex-Pergo, is, rexi, rectum, gere, interrompre le sommeil d'un autre, l'éveiller, le réveiller.

Ex-Per-Rectus, a, um, part. d'*Expergo*.

Ex-Pergisco, is, ere, &
Ex-Pergiscor, ceris, rrectus sum, gisci, s'éveiller, se réveiller; 2°. s'animer, s'exciter.

Ex-Pergitè, adv. avec vigilance, soigneusement.

Ex-Pergitus, a, um, qui ayant bien dormi, s'éveille de soi-même, qui est réveillé.

BINOMES.

Ex-Perge-Facio, *is*, *feci*, *factum*, *cere*, éveiller, réveiller; 2°. allarmer, exciter, remuer; 3°. rafraîchir ou renouveller la mémoire, faire revenir dans l'esprit, faire revivre l'idée, rappeller le souvenir.

Ex-Perge-Fio, *is*, *factus sum*, *ieri*, s'éveiller, se réveiller après avoir assez dormi, être éveillé.

Ex-Pergi-Fico, *as*, *avi*, *atum*, *are*, éveiller, réveiller; 2°. exciter, animer.

Ex-Pergi-Ficus, *a*, *um*, qui réveille, qui excite, qui anime.

In-Ex-Perrectus, *a*, *um*, qui n'est pas éveillé, qu'on ne peut éveiller.

§.

Rat, considération, raison, qui dirige.

1. Ratio, *onis*, 1°. considération, soin, égard; 2°. raison, le bon sens, ce qui distingue l'homme de la bête; 3°. raison, cause, motif, sujet, prétexte; 4°. moyen, maniere, façon, méthode, conduite, coutume, procédé; 5°. compte, calcul, supputation; 6°. affaire; 7°. régle, mesure, proportion; 8°. raison qu'on apporte, qu'on rend; 9°. dessein, résolution, pensée, sentiment, opinion.

Ratiuncula, *æ*, foible raison; 2°. petit compte.

Rationalis, m. f. *le*, n. *is*, raisonnable, conforme à la raison; 2°. qui a de la raison.

Rationalis, *is*, Maître des Comptes; 2°. Receveur, Trésorier.

Rationalia, *ium*, livres de comptes, registres.

Rationalitas, *atis*, rationalité, terme de Philosophie.

Rationaliter, adv. en raisonnant, par le raisonnement, par le moyen de la raison, d'une maniere raisonnable.

Rationabilis, m. f. *le*, n. *is*, raisonnable, conforme à la raison.

Rationabiliter, adv. raisonnablement, avec raison, conformément à la raison, suivant la raison ou le bon sens.

Rationale, *is*, le rational du Grand-Prêtre des Juifs.

Rationarium, *ii*, compte, livre de compte, registre.

Rationarius, *a*, *um*, de compte, qui concerne les comptes.

2. Ratio-Cinatio, *onis*, raisonnement.

Ratio-Cinium, *ii*, compte, calcul; 2°. raisonnement.

Rationator, *oris*, voyez Ratiocinator.

Ratio-Cinator, *oris*, qui raisonne juste; 2°. qui entend bien à faire un compte.

Ratio-Cinor, *aris*, *atus sum*, *ari*, compter, calculer, supputer, faire un compte; 2°. raisonner, se servir du raisonnement.

Ratio-Cinandus, *a*, *um*, dont il faut raisonner.

Ratio-Cinativus, *a*, *um*, où l'on employe le raisonnement, où l'on se sert du raisonnement.

3. Ratus, *a*, *um*, *ior*, *tissimus*, part. de *Reor*, persuadé, qui a pensé, qui a cru, qui s'est imaginé, qui s'est mis dans l'esprit; 2°. arrêté, déterminé, réglé, résolu; 3° assuré, constant; 4°. approuvé, confirmé, ratifié.

Reor, reris, ratus sum, reri, croire, penser, s'imaginer.
Rati-Habitio, onis, ratification.
Ir-Ritus, a, um, annullé, cassé, aboli, rendu nul, mis au néant; 2°. vain, inutile, sans effet, qui ne sert de rien.
Ir-Rationabilis, m.f. le n. is, &
Ir-Rationalis, m. f. le, n. is, déraisonnable, qui n'a point de raison, qui est sans raison.

4.
IR-RIT.

De RAT, persuasion, en le combinant avec la préposition In, devenue Ir, & changeant selon l'usage l'A radical en I, se forma cette Famille:

Ir-Rito, as, avi, atum, are, exciter, provoquer, animer, émouvoir, mot-à-mot, persuader quelqu'un de choses qui l'animent contre un autre; 2°. irriter, aigrir, mettre en colere, mot-à-mot, animer contre soi.

Ir-Ritabilis, e, qui se met aisément en colere, qui prend feu au moindre mot, fort sensible.

Ir-Ritabilitas, tis, facilité, promptitude à se mettre en colere.

Ir-Ritamen, inis, ce qui irrite, qui provoque la colere; 2°. aiguillon, motif.

Ir-Ritatio, onis, desir; 3°. l'action d'exciter; 3°. d'irriter.

Ir-Ritator, oris, qui excite, qui agace; 2°. qui irrite.

Pro-Rito, as, avi, atum, are, exciter, inviter; 2°. provoquer, irriter.

VI.
RO, RU, rouge,
couleur du Soleil.

1.

1. Rubrus, a, um, &
Ruber, bra, brum, rouge.
Ruber crine, qui a les cheveux roux, rousseau.
Rubellus, a, um, clairet, peu rouge.
Rubedo, inis, &.
Rubor, oris, m. rougeur.
Rubens, entis, omn. gen. rouge, qui rougit.
Rubeo, es, bui, bere, devenir rouge, être rouge, rougir; 2°. rougir de honte.
Rubesco, is, bui, cere. Voyez Rubeo.
Rubicundus, a, um, rubicond, rouge.
Rubicundulus, a, um, un peu rouge.
Rubidus, a, um, rougeâtre.
Rube-Factus, a, um, part. de Rubefacio, rougi, rendu rouge.
Rube-Facio, is, feci, factum, cere, rougir, rendre rouge.

2. Rubigo, inis, rouille des métaux; 2°. rouille des bleds; 3°. Déesse qui présidoit à la rouille des bleds.
Rubiginis, gen. de Rubigo.
Rubigino, as, are, rouiller, couvrir de rouille.
Rubiginosus, a, um, plein de rouille, tout rouillé.
Rubigalia, orum, n. plur. Voyez Roligalia.

3. Rubrico, as, are, rougir, rendre rouge.
Rubrica, æ, f. sorte de terre rouge;

2°. terre grasse dont on fait la brique; 3°. vermillon, rouge pour le visage; 4°. loi, ; 3°. rubrique.

RUBRICATUS, a, um, peint de cette terre rouge, de vermillon.

RUBRICETA, æ, vermillon, rouge pour le visage.

RUBRICOSUS, a, um, abondant en terre rouge.

RUBELLA, æ, raisin rouge ; 2°. vigne rouge.

COMPOSÉS.

E-RUBEO, es, bui, ere, &

E-RUBESCO, is, bui, scere, rougir, devenir rouge, soit de honte, soit par pudeur ; 2°. être honteux, avoir honte.

IR-RUBEO, es, bui, ere, &

IR-RUBESCO, is, bui, cere, devenir rouge, rougir, être rouge.

SUB-RUBEO, es, bui, bere, être un peu rouge, rougir un peu.

SUB-RUBER, bra, brum, ou

SUB-RUBEUS, a, um, &

SUB-RUBICUNDUS, a, um, rougeâtre, tirant sur le rouge, un peu rouge.

4. E-RYTHRÆUS, a, um, d'Erythrée, de la Mer rouge.

Erythræum mare, le golfe Arabique, la mer rouge.

E-RYTHRINUS, i, rouget, *poisson*.

E-RYTHRODANUS, i, la garence, *plante*.

5. RUFEO, es, ere, &

RUFESCO, is, ere, roussir, devenir roux.

RUFO, as, avi, arum, are, faire roussir, rendre roux, faire devenir roux.

RUFUS, a, um, roux, rousseau.

RUFULUS, a, um, un peu roux, qui tire sur le roux, roussâtre.

IR-RUFATUS, a, um, rendu roux.

SUB-RUFUS, a, um, roussâtre, tirant sur le roux, un peu roux.

RUFULI, orum, Tribuns ou Capitaines des Soldats Romains qui étoient nommés par les Consuls.

6. RUSSUS, a, um, &

RUSSEUS, a, um, roux.

RUSSULUS, a, um, &.

RUSSEOLUS, a, um, un peu roux, tirant sur le roux, roussâtre.

RUSSATUS, a, um, teint en jaune doré ; 2°. roux.

7. RUTILO, as, avi, atum, are, donner l'éclat de l'or, rendre brillant comme de l'or; 2°. briller, être éclatant comme de l'or, avoir l'éclat, le brillant de l'or.

RUTILESCO, ere, is, devenir roux.

RUTILUS, a, um, éclatant comme de l'or, ou qui est d'un roux ardent.

RUTILATUS, a, um, d'un jaune doré.

SUB-RUTILUS, a, um, qui est d'un roux un peu ardent.

SUPER-RUTILO, as, are, briller par-dessus.

8. OB-RUSSUM, i, &

OB-RIZUM, i, or épuré au dernier degré par le feu.

OB-RIZUS, a, um, purgé au feu, affiné.

OB-RYZA, æ, &

OB-RUSSA, æ, pierre de touche ; 2°. régle pour connoître la bonté ou le carat de l'or, le titre de l'argent; 2°. copelle, incartation, incart, départ, ciment.

2.

1. ROSA, æ, rose, fleur; 2°. terme de caresses tendres ; 3°. rosier, *arbrisseau*; 4°. huile rosat.

ROSACEUS, a, um, de roses, fait de roses.

ROSARIUS, a, um, de rose.

Rosatus, a, um, où l'on a mêlé des roses.
Roseus, a, um, qui est semblable aux roses.
Rosea Dea, l'aurore.
Rosulentus, a, um, plein de roses, où il y a beaucoup de roses.
Rosum, i, onguent rosat.
Rosetum, i, lieu planté de rosiers.
Rosarium, ii. Voyez Rosetum; 2°. le Rosaire.

2. Ros-Marus, i, veau marin, *poisson*.

3. Ros-Marinum, i, ou
Ros-Marinus, i, &
Ros-Maris, is, Romarin, *arbrisseau*.

3. Rhodia, æ, sorte de racine qui a l'odeur de rose.
Rhodinus, a, um, de roses; 2°. de couleur de roses; 3°. de Rhodes.
Rhodites, æ, sorte de pierre précieuse.
Rhodo-Daphne, es, &
Rhodo-Dendros, i, laurier-rose, *arbrisseau*.
Rhodo-Meli, *indecl.* miel rosat.
Rhodora, æ, sorte de plante.

3.

1. Ravus, a, um, jaune roux, rousseau, roux.
Ravastellus, a, um, *dimin.* de Ravus, un peu roux, jaunâtre.
Raviscellus, a, um, ou
Ravistellus, a, um, un peu roux, jaunâtre, voyez Ravastellus.
Ravillus, a, um, qui a les yeux d'un jaune roux.
Ravidus, a, um, d'un roux obscur, d'un jaune roux.

2. Rauca, æ, petit ver qui gâte la racine du chêne & celle du bled.

3. Raudus, i, airain, cuivre, *métal*.
Rauduscullum, i, petite somme, peu d'argent.

Rauduſculus, a, um, de bronze.
Ruduſculum, i, cuivre en masse; 2°. monnoie de cuivre; 3°. vase de pierre creusée grossierement.
Rodus, eris, masse, poids.

4. Ribes, ium, groseilles rouges, *fruit*.
Ribesium, ii, groseiller, *arbrisseau*.

5. Robus, i, sorte de froment de couleur jaune.
Robus, a, um, voyez Rufus.
Robigo, inis, rouille.
Robigus, i, Dieu qui présidoit à la rouille des blés.
Robigalia, ium, fêtes à l'honneur du Dieu Robigus, pour le prier de garantir les blés de la rouille. On la célébroit le vingt-six Mars, le septieme des Calendes d'Avril.
Robeus, a, um, voyez Rubeus.

6. Rubelliana vitis, vigne qui porte du raisin rouge.
Rubellio, onis, rouget, *poisson de mer*; 2°. Gorge-rouge, *oiseau*.
Rubia, æ, la garance, plante qui sert à la teinture.
Rubrus, i, rouget, *poisson de mer*.
Rubeta, æ, grenouille venimeuse qui se tient dans les buissons; espéce de crapaud, *insecte*.

7. Rubus, i, buisson.
Rubus idæus, framboisier, *arbrisseau*:
— caninus, églantier, rosier sauvage.
Rubetum, i, lieu couvert de buissons, de ronces.
Rubeus, a, um, de ronces, de buissons.

RAB,

Grandeur.

RAB est un mot primitif, qui désigna la grandeur, la force; 2°. la multitude, le nombre ; de-là vinrent diverses Familles.

I.

RAB, rage, excès d'emportement.
RABia, æ, &
RABies, ei, rage ; 2°. fureur, transport furieux, emportement.
RABio, is, ire, être enragé ; 2°. être en fureur.
RABo, is, ere, être enragé, devenir furieux, être transporté de fureur.
RABiosus, a, um, enragé ; 2°. furieux, transporté de rage, qui est dans un emportement violent, qui est furieux.
RABiosulus, a, um, qui ressent un peu la rage, qui tient de la fureur.
RABidus, a, um, enragé, qui a la rage ; 2°. furieux, transporté de fureur, forcené.
RABidè, adv. avec rage, avec fureur, comme un enragé.
RABiosè, adv. avec rage, avec fureur, en enragé, comme un enragé, avec un emportement violent.
RABula, æ, Avocat mordant & satyrique, criailleur, grand brailleur ; Avocat braillard.
PRÆ-RABidus, a, um, qui est dans une grande rage.

II.
ROB, Force, &c.

1. ROBur, oris, force, fermeté, vigueur ; 2°. dureté ; 3°. cachot ; 4°. bâton avec lequel on donne la bastonnade ; 5°. chêne, le rouvre, le plus dur & le plus grand des arbres.
ROBurneus, a, um, de rouvre, de chêne.
ROBorarium, ii, parc, garenne fermée avec des planches de chêne.
ROBoreus, a, um, de bois de chêne, de rouvre.

2. ROBoro, as, avi, atum, arre, fortifier, donner des forces.
ROBorosus, a, um, qui a la goutte.
ROBustus, a, um, robuste, fort, ferme, vigoureux ; 1°. voyez Roburneus.
ROBusteus, a, um, voyez Roburneus.
COR-ROBoro, as, avi, atum, are, affermir, fortifier, rendre plus fort, établir.
IR-ROBoro, as, avi, atum, are, affermir, fortifier, établir.
OB-ROBoratio, onis, froideur des membres, causée par la goutte ou la paralysie.

III.
RAB, Nombre.

Ce mot prononcé RAF, RATH, & devenu RITH dans les composés, s'unit à MATh, MET, connoissance ; d'où se formerent :

A-RITh METica, æ ; A-RITh-METice, es, Arithmétique, art de compter : mot-à-mot, science des nombres.
A-RITh-METicus, a, um, qui concerne l'Arithmétique ; mots dont l'origine étoit absolument inconnue au-delà des Grecs.

RAC, RAG, ROG, RIG, RUG, Sur.

Du Celte RAC, REG, sur, dessus, d'où le Theut. RAGen, prédominer, être au-dessus, vinrent diverses Familles :

I.

RACemus, i, grappe de raisin ; 2°. baie d'arbrisseau.
RACematio, onis, l'action de pousser, de

porter des grappes; 2°. l'action de cueillir des grappes.

Racemarius, ii, croffette, branche de vigne où l'on a laiffé en taillant un peu de bois de l'année précédente.

Racematus, a, um, qui a ou qui porte des grappes.

Racemosus, a, um, ior, iffimus, abondant en grappes, plein de grappes, qui a beaucoup de grappes.

Racemi-Fer, a, um, qui porte des grappes.

2.

Racana, æ, vêtement de peu de valeur; 2°. forte de chauffure.

Reche-Dipna, orum, habit qu'on portoit aux lieux d'exercice, aux Académies; 2°. robe de feftin : du Grec *Deipnon*, repas.

3.

Rica, æ, forte de voile des femmes Romaines, *mot-à-mot*, ce qu'on met par-deffus la tête; 2°. forte d'écharpe de femme, qui étoit de couleur de pourpre, & avoit des franges.

Ricula, æ, dim. de Rica.

Riciniatus, a, ium, couvert d'une forte de robe que portoient les femmes Romaines.

Ricinium, ii, forte de robe que portoient les femmes Romaines; 2°. aiguille de tête, poinçon de cheveux,

Ricinus, i, f. arbriffeau nommé *Palma Chrifti*; 2°. grande catapuce.

Ricinus, i, m. tique, tiquet, petit infecte qui tourmente le bétail & les chiens qui font dans les bois; 2°. partie cartilagineufe du poumon.

A Runcus, i, barbe de chévre: en Grec Hruggos.

4.

Rogum, i, &

Rogus, i, bucher, pile de bois fur laquelle les Anciens brûloient les corps morts.

Rogalis, m. f. le, is, de bûcher, qui concerne le bûcher, où l'on brûloit les corps morts.

5.

Au figuré

Ar-Rogans, tis, arrogant, fuperbe, altier, impérieux, hautain, préfomptueux, infolent, fier, orgueilleux, fuffifant, qui s'en fait accroire, qui fait l'homme d'importance, qui a des manieres hautes, qui prend des airs de hauteur.

Ar-Rogantia, æ, arrogance, hauteur, fierté, fuperbe, infolence, préfomption, fuffifance, orgueil, air impérieux, maniere hautaine, humeur altiere, façon méprifante & dédaigneufe.

Ar-Roganter, tiùs, tiffimè, adv. arrogamment, infolemment, avec hauteur; & les autres fens d'*Arrogantia*.

RAQ, RAC,

Couper, déchirer.

Rac, Racc, fignifie en toute Langue couper, déchirer: de-là,

Le Gr. Ragó, Rêgó, Regnumi, &c. Rakóó, &c. déchirer, brifer, rompre.

Le Saxon Raca, rateau, farcloir, inftrument à emporter, rompre les mauvaifes herbes, d'où le Theuton Rechen, farcloir.

Ce mot RAC donna diverses Familles aux Latins.

I.
Famille Grecque-Latine.

1. RHACion, *ii*, &

RHAComa, *tis*, habit fait de toutes sortes de morceaux ramassés.

RHAGades, *dum*, &

RHAGadia, *orum*, crevasses, fentes qui se font aux pieds ou aux mains.

RHAGes, *um*, bout des doigts.

RHAGma, *tis*, rupture.

RHEGma, *tis*, fracture, rupture, solution de continuité.

RHEGium, *ii*, rupture.

2. RHAGion, *ii*, sorte d'araignée.

RHAGoïdes, *is*, *omn. gen.* qui a la figure d'un grain de raisin.

RHAGois, *idis*, tunique uvée de l'œil.

3. RHA-RAGra, *æ*, rasoir; de *Rag*, couper, en répétant la syllabe RHA RAG.

4. CATa-RACta, *æ*, --RACtes, *æ*, cascade, chûte, saut d'une riviere, cataracte; 2°. écluse, bonde d'un étang; 3°. eau coagulée entre l'uvée & le cristallin qui empêche de voir; 4°. herse de porte; 5°. oiseau fabuleux dont les yeux sont, dit-on, couleur de feu, les plumes blanches, & qui a des dents.

5. RACa, &

RAcha, léger d'esprit, évaporé, fou, imbécille, sans cervelle, *termes d'indignation*.

II.
R AnC.

De RAC, mauvais, gâté, qui ne vaut rien, vint, en se nasalant, la famille suivante.

RANCor, *oris*, odeur de rance, de relant, de moisi.

RANCens, *tis*, puant, infecté; qui sent le relant, le moisi, le pourri.

RANCidé, *adv.* d'une maniere dégoutante, désagréable, sale, puante, vilaine, à faire mal au cœur.

RANCidus, *a*, *um*. rance, qui sent le relant, puant, gâté, corrompu, infecté; 2°. désagréable, dégoûtant, désobligeant, qui fait mal au cœur.

RANCidulus, *a*, *um*, qui est un peu rance, qui a un petit goût de relant.

PRÆ-RANCidus, *a*, *um*, fort moisi, fort rance, suranné.

SUB-RANCidus, *a*, *um*, un peu rance, qui sent le vieux.

III.

Du même RAC, nasalé en RANC, RUNC, vint cette Famille :

1. RUNCo, *as*, *avi*, *atum*, *are*, arracher, sarcler les mauvaises herbes ; 2°. dépiler, ôter le poil.

RUNCatio, *onis*, action d'arracher les mauvaises herbes, sarclage.

RUNCator, *oris*, -Catrix, *icis*, qui arrache les mauvaises herbes : sarcleur, sarcleuse.

RUNCo, *onis*, sarcloir.

2. RUNCino, *as*, *avi*, *atum*, *are*, polir le bois avec le rabot, enlever ses inégalités.

RUNCina, *æ*, rabot, varlope; 2°. instrument de sarclage; 3°. Roncine, Déesse des sarcleurs.

RUNCaster, *tri*, rateau, sarcloir.

3. AVER-RUNCO, -*are*, émonder les arbres, élaguer, ôter le bois inutile de la vigne; 2°. détourner un malheur, une tempête ; en garantir, en préserver.

AVER-RUNCasso, *is*, *ere*, voyez *Averrunco*.

AVER-RUNCus, *i*, Dieu qui détournoit les malheurs.

AVER-

Aver-Runc*andæ iræ*, en sous-entendant *gratiâ*, pour détourner la colere, pour l'appaiser.

RAD, RAPH.

De R, Ra, terre, se formerent divers radicaux qui désignent des objets que la terre produit ou nourrit dans son sein.

I.

Radix, *icis*, racine.

Radicula, *æ*, petite racine ; 2°. herbe au foulon, *plante*.

Radicesco, *is*, *ere*, s'enraciner, prendre racine, pousser des racines.

Radicor, *aris*, *atus sum*, *ari*, prendre racine, ou pousser des racines.

Radicatus, *a*, *um*, qui a racine, ou qui a pris racine.

Radicosus, *a*, *um*, qui a beaucoup de racines, plein de racines, qui pousse beaucoup de racines.

Radicitùs, *adv.* avec la racine, jusqu'à la racine ; 2°. entierement.

Composés.

E-Radicatio, *onis*, déracinement, l'action de déraciner, d'arracher jusqu'à la racine.

E-Radicator, *oris*, arracheur.

E-Radicatus, *a*, *um*, part. d'*Eradico*, déraciné, arraché jusqu'à la racine ; 2°. exterminé, perdu sans ressource, abimé.

E-Radico, *as*, *avi*, *atum*, *are*, arracher jusqu'à la racine, déraciner ; 2° exterminer, abimer, perdre sans ressource.

E-Radicitùs, *adv.* jusqu'à la racine, entierement, tout-à-fait.

II.

Rha-Barb*arum*, *i*, rhubarbe, racine médecinale.

Rhacoma, *tis*, &
Rheon, *onis*, ou
Rheu-Barbarum, *i*, Rhubarbe.

III.

Rapa, *æ*, &
Rapum, *i*, rave, racine.
Rapulum, *i*, petite rave.
Rapistrum, *i*, grosse rave ronde, rave douce ; 2°. Thaspi, *plante*.
Rapacia, *orum*, feuilles de raves, verd de raves.
Rapicius, *a*, *um*, de rave.
Rapina, *æ*, carreau, couche, planche semée de raves, champ de raves.
Raphanus, *i*, raifort, grosse rave.
Raphaninus, *a*, *um*, de rave, de raifort.
Raphanitis, *idis*, espéce de glaïeul.
Rhaphinus, *i*, raifort, *plante*.
Rhaphanitis, *idis*, espéce d'iris, *plante*.
Rhiza, *æ*, sorte de plante qui ne produit point de fleur ; 2°. voy. *Radix*.

RAM,

Elevé.

I.

Ramus, *i*, branche d'arbre, rameau ; 2°. bras de riviere.

Ramus montis, petite montagne qui fait partie d'une plus grande.

Ramusculus, *i*, dimin. de *Ramus*.

Ramulus, *i*, petite branche, rameau, ramille.

Ramale, *is*, petite branche d'arbre.

Rameus, *a*, *um*, de branches, de rameaux, de ramilles.

Ramosus, *a*, *um*, qui a beaucoup de branches, branchu.

Cornua ramosa cervi, le bois d'un cerf, les cornes d'un cerf.

Ramuosus, *a*, *um*, fait en forme de branches.

Ramularius, *ii*, curateur, tuteur onéraire.

RAMices, cum, rameaux, ou petites veines du poumon.
RAMex, icis, descente de boyaux dans les bourses, hergne; 2°. rameau, petite branche coupée.
RAMicosus, a, um, qui a une descente de boyaux, une hergne.
RAMentum, i, raclure, ratissure.
RAMentosus, a, um, plein de raclures, de ratissures.

2.

1. REMus, i, rame, aviron.
Remi corporis, les bras : — alarum, les ailes.
REMex, igis, rameur, qui tire à la rame, forçat, galérien.
REMigatio, onis, l'action de tirer à la rame.
REMI-Gator, oris, voy Remex.
REMulco, as, are, remorquer, touer, termes de marine.
REMulcus, i, l'action de remorquer ou de touer; 2°. amarre, cable qui sert à remorquer, à touer.
DECI-REMIS, is, galiote qui a dix rangs de rames.
REMunculus, i, barque de pêcheur.
REMeligo, inis, Remore, poisson.
REMilgo, inis, petit poisson de mer.

2. AD-REMigo, as, avi, atum, are, aller à la rame, ramer vers quelqu'endroit.
E-REMigatus, a, um, part. de
E-REMigo, as, avi, atum, are, naviguer dans un bâtiment de bas bord.
SUB-REMigo, as, avi, atum, are, ramer ou nager par-dessous.

3. REMigium, ii, l'action de ramer, l'agitation des rames, leur mouvement, les rames d'une galere.
REMigo, as, avi, atum, are, ramer, tirer à la rame, tirer à l'aviron.

REMigero, as, are, voy. Remigro.
REMI-PES, edis, à qui les rames servent de pieds.
TRI-REMIS, is, galere à trois bancs.

3.

A-ROMa, atis, odeur forte & agréable, aromate, parfum.
A-ROMatarius, ii, parfumeur, épicier, droguiste.
A-ROMatarius, a, um, aromatique, odoriférant.
A-ROMatites, æ, hypocras, vin, liqueurs; 2°. pierre précieuse qui a une odeur de myrrhe.
A-ROMatizo, as, are, donner bonne odeur, sentir bon, être parfumé.

4.

ROM, RUN,

Lance, dard.

Du primitif ROM, élevé, 2°. lancer, jetter, d'où le vieux François RONCON, RANCON, espéce d'arme pointue, se formerent divers mots en ROM & RUN.

1.

1. RHOMPHæa, æ, espadon, espéce d'épée qu'on tient à deux mains; 2°. épée de longueur.
RHOMPHæa is, m. f. le, n. is, qui concerne une épée à deux mains.

2. RUMex, icis, espéce de dard; 2°. oseille.

3. RUMpi, orum, longs sarmens qu'on fait monter & passer d'arbre en arbre, bois de treilles : du même mot ROM, s'élever, de-là :
RUMPO-TINEtum, i, lieu planté de petits arbres qui servent à supporter la vigne,

vignoble, où la vigne est soutenue par des arbrisseaux en maniere de treille.

Rumpo-Tinetus, a, um, qui sert à soutenir la vigne.

Rumpo-Tinz arbor, &

Rumpo-Tinum arbustum, petit arbre qu'on plante de distance en distance, pour servir à soutenir la vigne.

2.

Runa, æ, dard, javelot.

Runo, -are, se battre avec cette espéce de dard.

Runatus, a, um, armé du dard appellé runa.

3.

A-Rundo, inis, canne, roseau; 2°. chalumeau, pipe; 3°. bâton, échalas, ligne de pêcheur; 4°. flèche, trait, dard.

A-Rundineus, a, um, de roseaux.

A-Rundinosus, a, um, plein de roseaux.

A-Rundinaceus, a, um, semblable aux roseaux.

A-Rundinetum, i, lieu où il croît des roseaux.

A-Rundi-Fer, is, qui porte des cannes.

A-Rundulatio, onis, étayement de branches d'arbres; 2°. l'action d'échalasser une vigne.

RAN.

Randuscula, orum, mot employé par Varron & qui désigne, 1°. les rues d'une ville; 2°. ses faux-bourgs.

Dans le premier sens il tient au primitif Rad, chemin, course; & dans le second, à l'Allem. Rand, bord, lisiere d'une forêt, &c. formé également du même mot Rad, ou du mot Ran, courir.

RAP,
Ravir, enlever.

1.

Rapio, is, pui, ptum, pere, ravir; voler, prendre de force, enlever, emporter par violence; 2°. entraîner avec impétuosité.

Rapo, onis, &

Rapax, acis, cior, issimus, ravisseur, ravissant, qui ravit, qui entraîne, qui emporte, qui enléve.

Rapa-Cida, æ, &

Rapa-Cides, æ, voleur, filou, fripon.

Rapacitas, atis, penchant à dérober; inclination à prendre, à voler.

Rapina, æ, rapine, ce qu'on enléve de force, proie, butin; 2°. volerie, larcin, pillage.

Rapinator, oris, voy. Raptor.

Rapto, as, avi, atum, are, traîner, entraîner, tirer par force, ravir avec violence, arracher, enlever ou prendre par force.

Raptio, onis, enlevement, ravissement, rapt.

Raptum, i, rapine, volerie, pillerie, proie, larcin, butin.

Rapto : de ou ex rapto vivere, vivre de rapine, de proie, de volerie, de pillerie.

Raptura, æ, pour Captura.

Raptus, ûs, voyez Raptio.

Raptus nervorum, crampe.

Raptor, oris, ravisseur, qui ravit, qui s'empare, qui se rend maître par violence.

Raptrix, icis, celle qui ravit, qui enléve par force.

Raptorius, a, um, qui sert à enlever.

Raptim, adv. à la hâte, avec précipitation, fort vite, comme à la dérobée.

Composés.

Ab-Reptus, a, um, part. d'Abripio;

emporté, arraché, ôté.

AR-Ripio, is, abripui, eptum, ere, arracher, ravir, ôter, enlever, emporter, prendre de force & par violence.

AD-Repto, voy. Repto.

AR-Reptus, a, um, part. d'*Arripio*, emporté.

AR-Repto, as, are, voyez *Adrepto*.

AR-Ripio, is, pui, reptum, ere, empoigner, saisir, prendre de force, ravir, enlever, s'attribuer par violence, emmener violemment ; 2°. entendre, concevoir, comprendre d'abord.

COR-Reptor, oris, censeur, celui qui reprend.

COR-Reptus, a, um, pris, saisi, enlevé ; 2°. repris ; 3°. abrégé, raccourci ; 4°. fait bref ou breve.

COR-Ripio, is, pui, reptum, ripere, prendre, saisir, empoigner ; 2°. corriger, reprendre, réprimander ; 3°. diminuer, modérer, réprimer.

DI-Reptio, onis, pillage, pillerie, saccagement, sac, vol, ravage.

DI-Reptor, oris, voleur, brigand, pillard, celui qui ravage, qui saccage, qui met à sac.

DI-Reptus, ûs, voy. *Direptio*.

DI-Reptus, a, um, part. de *Diripio*, mis à sac ; 2°. déchiré, haché, déchiqueté.

DI-Ripio, is, pui, reptum, ripere, voler, ravir, piller, saccager, mettre à sac, arracher, enlever, ôter par force, ravager.

E-Reptio, onis, enlevement, ravissement ; l'action d'ôter, d'arracher avec violence ou par force.

E-Repto, as, are, voy. *Erepo*.

E-Reptor, oris, ravisseur, voleur, qui arrache, qui ôte, qui enléve, qui ravit avec violence, qui prend de force.

E-Reptus, a, um, part. d'*Eripio*,

Ereptus fato, mort, enlevé par la mort : —fluctibus, sauvé du naufrage.

E Ripio, is, pui, reptum, ripere, ôter, ravir, arracher, enlever de force, prendre avec violence.

IN-DI-Reptus, a, um, qui n'a point été saccagé ou ravagé.

IR-Ripio, is, ere, emporter dedans.

OB-Reptio, onis, l'action de s'élever par adresse, de parvenir adroitement, de se couler, de se fourrer, de se glisser insensiblement.

OB-Reptitius, a, um, obreptice, obtenu par surprise, terme de Droit.

OB-Repto, as, avi ; atum, are, voyez *Obrepo*.

OB-Reptus, a, um, part. d'*Obrepo*.

PRÆ-Ripio, is, pui, reptum, pere, ôter, enlever, prendre de force ; 2°. prévenir.

PRO-Ripio, is, pui, reptum, pere, retirer, tirer hors avec effort, arracher ; 2°. enlever par force, emmener avec violence, entraîner.

SUB-Ripio, is, pui, reptum, pere, prendre à la dérobée, dérober secrettement, prendre, soustraire, ou emporter en cachette, attraper ou surprendre adroitement.

Subripere aliquid spatii, se dérober quelques momens.

SU-Rpo, is, ere, voyez *Surripio*.

SU-Rptus, a, um, voyez *Surreptus*.

SU-Rpuit, & SU-Rpuerat, pour SUR-Ripuit & SUR-Ripuerat ; voyez *Surripio* ou *Subripio*.

2.

RAPidè, rapidement, avec rapidité, avec véhémence, avec impétuosité.

RAPiditas, atis, rapidité.

RAPidus, a, um, ior, issimus, rapide, qui va avec vitesse, dont le cours est rapide, qui va vite ; 2°. violent ; 3°. véhément, impétueux.

PRÆ-RApidus, a, um, très-rapide, fort vîte, fort soudain.
PRÆ-REPtus, a, um, part. de Præripio, arraché, ôté, ravi.

3.

REPens, tis, subit, soudain, auquel on ne s'attend pas, à quoi l'on n'est point préparé, qui surprend, inopiné, imprévu.
REpenté, adv. &
REPentinò, adv. soudainement, soudain, subitement, tout-à-coup, tout d'un-coup.
REPentinus, a, um, soudain, subit, qui arrive tout-à-coup.
DE-REpenté, adv. &
DE-REPentinò, adv. tout-à-coup, tout-d'un-coup, subitement, soudain, soudainement, sur le champ, tout aussi-tôt.

RAT.

Du Celte RAT, passage, se forma le Latin :
RAtis, is, radeau, train de bois ; 2°. bâtiment de mer.
RAtariæ, arum, voyez Ratiariæ.
RAtes, voyez Ratis.
RAtiariæ, arum, radeaux, trains de bois.
RAtiarius, ii, celui qui fait des radeaux.

R E, désignant le mouvement.

1.

RE, Préposition initiale.

De R, qui désigne le mouvement, l'allée, la venue, on fit la préposition initiale ou inséparable RE, qui sert à former une multitude de mots composés, tous offrant l'idée de procéder en sens contraire, le retour, la réitération, l'action de repousser, celle de retirer : comme dans ces exemples.

RE-VEnti, retourner.
RE-ITerare, réitérer.
RE-PEllere, repousser.
RE-VElare, retirer le voile, révéler.
RE-SIGnare, retirer le cachet, décacheter.

Lorsque le mot auquel on l'unit, commence par une voyelle, ou on supprime la voyelle de RE, comme dans R-URsus, derechef, ou on y ajoute la lettre D, REDIre, revenir.

Cette Préposition s'est transmise à notre Langue avec les mots qui en sont composés.

Voici quelques-uns des mots Latins qui en sont formés, & dont l'origine étoit difficile à connoître.

RECENS,
Frais, nouveau.

1. Du Celte CAN, CAIN, brillant, qui a tout son lustre, les Grecs firent KAINOS, nouveau ; & les Latins,
RECENS, tis, tior, tissimus, récent, nouveau, qui est depuis peu ; 2°. frais, qui a toute sa fraîcheur, tout son éclat ; 3°. qui n'est point fatigué, qui n'est point las.
RECéns, adv. récemment, nouvellement, fraîchement, depuis peu.
RECentatus, a, um, part. de
RECentor, aris, atus sum, ari, être renouvellé, être fait de nouveau, repa-

roître, renaître, se renouveller; 2°. rafraichir.

2. De *Re* & de *Cap*, action de prendre, main, vinrent :

RE-CIPROCUS, *a*, *um*, qui va & qui vient, qui retourne d'où il est venu ; 2°. réciproque, mutuel.

RE-CIPROCANS, *tis*, qui renvoie ; 2°. qui retourne, qui rebrousse.

RE-CIPROCATIO, *onis*, retour au même endroit.

RE-CIPROCO, *as*, *avi*, *atum*, *are*, renvoyer, faire retourner sur ses pas ou d'où l'on vient.

3. De *Pal*, pilier, pal.

R-EPLUM, *i*, châssis d'un panneau, rebord ; 2°. corniche de dessus le traversant ; 3°. pilier, poteau sur lequel se ferment les deux battans d'une porte.

4. De *Tro*, marche, pas.

RE-TRÒ, par derriere, derriere, en arriere, à rebours.

RE-TRORSÙM, adv. &

RE-TRORSÙS, adv. en arriere, à reculons, à rebours, à contre-poil ; 2°. derriere, par derriere.

RE-TRORSUS, *a*, *um*, retiré en arriere.

5. De *Re* & de *Orsus*, commencement.

R-URSÙM, &

R-URSÙS, de nouveau, une autre fois, encore une fois, voy. *Retrò*.

II.

RU, se précipiter.

RUO, *is*, *rui*, *ruitum* ou *rutum*, *ere*, tomber en ruine, menacer ruine ; 2°. tomber, descendre avec violence, se précipiter avec impétuosité, se jetter ; 3°. renverser, ruiner, abattre, démolir, jetter par terre ; 4°. faillir, faire une faute ; 5°. voy. *Eruo*.

RUENS, *tis*, qui tombe en ruine ; 2°. qui va en décadence ; 3°. qui tombe, tombant ; 4°. qui se jette en foule, qui se précipite en foule.

RUITURUS, *a*, *um*, qui tombera.

RUINA, *æ*, ruine, chûte, renversement, débris ; 2°. malheur, désastre, perte.

RUINA CŒLI, orage, tempête, ouragan.

RUINOSUS, *a*, *um*, qui tombe en ruine, qui va en décadence, qui menace ruine.

RUTUBA, *æ*, renversement, ruine, bouleversement.

COMPOSÉS.

AD-RUO, *is*, *ere*, couvrir de terre, enterrer avec la charrue.

COR-RUO, *is*, *rui*, *rutum*, *ere*, choir, tomber en ruine ensemble ; 2°. faillir, tomber dans l'erreur ; 3°. mettre ensemble, amasser, assembler, entasser ; 4°. détruire.

DE-RUO, -*ere*, jetter en bas, renverser.

DI-RUO, *is*, *rui*, *rutum*, *ere*, abattre, jetter à bas, renverser, ruiner, raser, démolir, jetter par terre, détruire.

E-RUO, *is*, *rui*, *rutum*, *ere*, déterrer, tirer de dessous terre, tirer dehors, arracher ; 2°. ruiner, renverser, abattre, démolir.

INTER-RUO, *is*, *ere*, se jetter entre.

IR-RUO, *is*, *rui*, *rutum*, *ere*, se jetter avec furie, se ruer avec impétuosité, se lancer avec violence, s'élancer avec ardeur sur ou dans, fondre sur.

OB-RUO, *is*, *rui*, *rutum*, *ere*, couvrir, cacher, enterrer, ensouir ; 2°. accabler, opprimer, oppresser, charger.

AD-OB-RUO, *is*, *ui*, *utum*, *ere*, couvrir

de terre, enterrer, cacher de terre ; 2°. réchauffer le pied des arbres.

CIRCUM-OB-RUO, is, brui, brutum, ruere, couvrir de tous côtés.

SUPER-OB-RUO, is, rui, rutum, ruere, accabler en couvrant ou chargeant par-dessus.

IN OB-RUTUS, a, um, qui n'a point été accablé ni englouti.

PRO-RUO, is, rui, rutum, ruere, renverser ou jetter par terre, faire tomber, culbuter.

SUB-RUO, is, rui, rutum, ere, abattre, jetter par terre, mettre c'en-dessus-dessous, bouleverser, renverser, sapper, détruire.

Subruere Reges muneribus, vaincre les Rois à force de présens.

SEMI-RUTUS, a, um, à demi-renversé, à moitié démoli, presque abattu.

III.

REN, is, rein, *les liqueurs du corps s'y filtrent*.

RENES, num, les reins.

RENUNCULI, orum, petits reins.

RENALE, is, ceinture.

RENALIS, m. f. le, n. qui concerne les reins, des reins.

SUB-RENALIS, m. f. le, n. qui est sous les reins, autour des reins, qui occupe les reins.

IV.

RESINA, æ, résine, *suc gommeux ; il découle des arbres*.

RESINACEUS, a, um, de résine, semblable à la résine.

RESINATUS, a, um, enduit ou mêlé de résine.

RESINOSUS, a, um, résineux, plein de résine.

V.

RIV, eau courante.

RIVUS, i, ruisseau, courant d'eau.

RIVULUS, i, petit ruisseau, petit courant d'eau.

RIVINUS, a, um, ou

RIVALIS, m. f. le, n. is, qui habite les ruisseaux, les eaux courantes ; 2°. rival, qui recherche la même chose qu'un autre en même tems.

RIVALES, ium, ceux qui ont droit d'usage dans un même ruisseau.

RIVALITAS, atis, rivalité, concurrence, émulation, jalousie entre deux rivaux.

COMPOSÉS.

COR-RIVATIO, onis, écoulement d'eaux qui vont se rendre en un même lieu par un conduit.

COR-RIVALIS, m. f. le, n. is, rival, concurrent ; 2°. qui demeure sur un même rivage.

COR-RIVALITAS, atis, concurrence, même prétention.

COR-RIVOR, aris, atus sum, ari, s'écouler, faire couler par plusieurs ruisseaux dans un même canal.

DE-RIVATIO, onis, conduite, dérivation.

DE-RIVO, are, amener, tirer ; 2°. détourner.

DI-RIVO, as, are, conduire, mener.

DI-RIBITIO, onis, distribution des bulletins dans une assemblée où l'on doit donner son suffrage.

DI-RIBITOR, oris, distributeur des bulletins pour les suffrages dans les assemblées, dans les jugemens ; 2°. écuyer tranchant, celui qui sert ou qui présente ce qu'il y a sur table.

DI-RIBITORIUM, ii, bureau où l'on payoit les Soldats, place d'armes où l'on leur faisoit faire montre.

DI-RIBITUS, a, um, part. de *Diribeo* ; distribué, divisé, partagé.

DI-RIBEO, es, bui, bitum, bere, distribuer, diviser, donner à chacun.

VI.
RIP, rive.

RIPa, æ, bord, rive, rivage; 2°. côte.

RIPula, æ, dimin. de Ripa.

RIParius, a, um, qui se tient sur le bord des rivieres; 2°. qui concerne la côte; 3°. riverain, qui habite sur le bord d'une riviere.

RIParienses, ium, garde-côtes, Soldats que les Romains tenoient sur les frontieres pour les garder.

PRÆ-RIPium, ii, lieu voisin des bords des rivieres.

PRÆ-RIPia, orum, rivage des fleuves.

VII.
RIG, arroser.

RIGo, as, avi, atum, are, arroser.

RIGuum, ui, rigole, canal qui arrose.

RIGatorium, ii, arrosoir.

RIGatio, onis, arrosement.

RIGator, oris, arroseur, qui arrose.

RIGatrix, icis, celle qui arrose.

RIGuus, a, um, qui arrose par ses eaux; 3°. arrosé d'eau de source.

COMPOSÉS.

CIRCUM-RIGuus, a, um, arrosé tout autour, entouré d'eau.

E-RIGuo, as, are, faire écouler.

IR-RIGo, as, avi, atum, are, arroser.

IR-RIGatio, onis, arrosement, l'action d'arroser.

IR-RIGuus, a, um, qui arrose; 2°. qui est arrosé.

IN-IR-RIGuus, a, um, qui n'est point arrosé.

SUB-RIGo, as, avi, atum, are, arroser un peu.

SUB-RIGuus, a, um, tant soit peu arrosé.

VIII.
RHE, course, flux.

Du Verbe RHEÓ, couler, vinrent ces dérivés au sens propre & physique.

1. RHEuma, tis, rhume.

RHEumaticus, a, um, qui est attaqué d'un rhume, d'un catarre, d'une fluxion.

RHEumatismus, i, rhumatisme, fluxion, catarre.

AMPHIR-RHEusis, is, tambour, treuil, rouleau, fusée, sur quoi se dévide la corde d'une machine à lever des fardeaux.

DIAR-RHœa, æ, diarrhée, cours de ventre. (Ce mot est écrit en Grec dans Ciceron.)

CATA-RRhus, i, rhume, fluxion.

2. RHOMBus, i, rouet à filer, dévidoir; 2°. Turbot, poisson de mer; 3°. espece de roue dont se servoient les Magiciens pour leurs maléfices; 4°. voy. Tornus & Trochus.

RHOMBoides, is, poisson semblable au turbot.

RHOMBoides, is, rhomboïde, de figure à quatre côtés paralleles & inégaux.

RHOMBulus, i, le carreau du jeu de cartes.

3. RHYTHMus, i, nombre, cadence, proportion du mouvement.

RHYTHMici, orum, ceux qui observent certaines cadences dans leurs discours.

EU-RYTHMia, æ, régularité.

A-RYTHMus, a, um, qui ne garde point de mesures.

4. RHYTHon, i, &

RHYTium, i, vase à boire fait en figure de corne, qui tenoit deux conges,

conges, & étoit percé par les deux bouts.

5. RHEDa, æ, carrosse, calèche, char, chariot à l'usage des Gaulois.

RHEDarius, ii, cocher.

RHEDarius, a, um, qui concerne un carrosse, un char, &c.

1. De RHEó, couler, vint, au sens figuré, la Famille suivante, relative au flux des paroles.

RHEtor, oris, Rhéteur, Professeur de Rhétorique.

RHEtoricus, a, um, Rhétoricien, de Rhétorique.

RHEtorica, orum, préceptes de Rhétorique.

RHEtorica, æ, &

RHEtorice, es, Rhétorique, l'art de bien dire.

RHEtoricè, adv. en Rhétoricien, selon les régles de la Rhétorique.

RHEtorici, orum, Livres écrits sur la Rhétorique.

RHEtorico, as, are, professer la Rhétorique.

RHEtoricor, aris, ari, parler selon les régles de la Rhétorique.

RHEtorisso, as, are, parler en Rhéteur, selon l'art de la Rhétorique, faire le Rhétoricien.

PAR-RHEsia, æ, liberté de dire, de parler.

ANTHI-RRHEtica, orum, Livres qui répondent à ce qu'on a écrit contre nous; apologie.

IX.
ROT, roue.

1. Rota, æ, roue; 2°. sorte de supplice chez les Grecs; 3°. espéce de chèvre sauvage; 4°. sorte de poisson de mer.

Rotula, æ, petite roue, rotule.

Roto, as, avi, atum, are, tourner en rond comme une roue; 2°. faire la roue; 3°. faire pirouetter.

Rotatus, ûs, tournoiement en rond, l'action de tourner comme une roue.

Rotatio, onis, tour de roue; 2°. tournoiement.

Rotator, oris, qui fait tourner en rond, émouleur, gagne-petit.

Rotans, tis, qui tourne comme une roue.

Rotarius, ii, charron.

Rotatim, adv. en tournant comme une roue.

Rotabilis, m. f. le n. is, où les voitures peuvent rouler.

Rotalis, m. f. le, n. is, de roue, qui concerne les roues, qui a des roues.

SUB-ROTatus, a, um, posé ou monté sur deux roues.

2. ROTundus, a, um, rond, de figure ronde.

Rotundè, adv. rondement, en rond, en rondeur; 2°. justement, avec justice, d'une maniere juste.

Rotunditas, atis, rondeur.

Rotundo, as, avi, atum, are, arrondir, donner une figure ronde, faire rond.

Rotundatio, onis, arrondissement, l'action d'arrondir.

Rotundatus, a, um, part. de Rotundo.

COMPOSÉS.

COR-ROTundo, as, avi, atum, are, arrondir.

COR-ROTundor, aris, atus sum, ari, être arrondi, devenir rond, se faire rond, s'arrondir, se former en rond.

SEMI-ROTundus, a, um, à demi-rond.

SUB-ROTundus, a, um, un peu rond, presque rond.

X.
ROS, rosée.

Ros, roris, rosée.

Roro, *as*, *avi*, *atum*, *are*, arroser, baigner, mouiller, tremper.

Rorans, *tis*, qui tombe comme de la rosée, qui dégoutte comme une rosée, d'où il tombe une rosée.

Roratio, *onis*, rosée, petite pluie froide qui fait couler la vigne lorsqu'elle est en fleur ; 2°. voyez *Ros*.

Roratus, *a*, *um*, *part. de Ror*.

Rorata pruina, gelée blanche qui s'est étendue, qui est fort menue.

Roralis, *m. f. le*, *n.* de rosée, semblable à la rosée.

Roramentum, *i*, poudre d'or, limaille d'or.

Rorarii, *orum*, archers armés à la légere, qui commencent le combat par une grêle de flèches.

Rorarius, *a*, *um*, qui concerne cette soldatesque.

Roridus, *a*, *um*, voyez *Roratus*.

Rorulentus, *a*, *um*, arrosé, baigné, mouillé, trempé de rosée.

Roscidus, *a*, *um*, plein de rosée ; 2°. fait de rosée.

BINOMES.

Rori-Fer, *a*, *um*, &

Rori-Ficus, *a*, *um*, qui apporte, qui donne, qui cause de la rosée.

Rori-Fluus, *a*, *um*, d'où coule la rosée.

COMPOSÉS.

Circum-Roro, *as*, *are*, être baigné tout autour d'une rosée.

Ir-Roro, *as*, *avi*, *atum*, *are*, arroser légerement, ou de rosée.

Ir-Rorat, *imperf.* il bruine, il fait de la bruine, il fait de la rosée.

Ir-Roratus, *a*, *um*, part. d'*Irroro*.

Ir-Roresco, *is*, *ere*, être mouillé de la rosée.

REST.

De l'Or. רשת, Resthe, *filet*, vinrent.

Restis, *is*, corde, cordage, cable, funin.

Resticula, *æ*, &

Resticulus, *i*, ficelle, petite corde.

Resticularius, *ii*, cordier.

Restiarius, *ii*, &

Restio, *onis*, cordier ; 2°. qui vend des cordes ; 3°. pendu.

Restio, *is*, *ivi*, *itum*, *ire*, être en état d'être semé tous les ans.

Restibilis, *m. f. le*, *n. is.* qui rapporte tous les ans.

RET.

Rad, Rath, est un mot primitif qui signifie lien. Il forma l'Hébreu רתם, Ratham, lier ; רתק, Rathaq, enchaîner.

Et le Gall. Rhwyd, filets, rêts, panneau.

Comme le *TH* se change sans cesse en F, les Celtes en firent également *Rhaff*, corde, lien : en Theuton Reif, lien, bande, nœud ; tandis que ceux-ci dirent au figuré, Rat, lien du mariage.

Retæ, *arum*, arbres sur les bords ou dans le lit des rivieres qui en empêchent la navigation ; 2°. quantité de roseaux, de joncs qui ont le même effet.

Retandus, *a*, *um*, du lit duquel il faut ôter les arbres, les roseaux, &c.

Reto, *as*, *avi*, *atum*, *are*, nettoyer le lit d'une riviere des arbres, des joncs, &c. qui empêchent la navigation.

Retis, *is*, voyez *Rete*.

RETIOLUM, i, dimin. de Rete.
RETICULUM, i, &
RETICULUS, i, dimin. de Rete ; 2°. raquette ; 3°. coëffe à réseau ; 4°. réseau, sorte de sac fait en forme de rêts.
RETICULATUS, a um, fait en forme de réseau, de rets.
RETICULARIS membrana, æ, rétine, membrane réticulaire.
RETIARIUS, ii, gladiateur qui portoit un rêts, dont il tâchoit d'envelopper son adversaire, qui avoit l'épée à la main.
RETIACULUM, i, dimin. de Rete ; 2°. gradin d'autel.
RETINA, æ, rétine de l'œil.

COMPOSÉS.

CIRCUM-RETIO, is, ivi, itum, ire, embrasser, envelopper, engager dans des filets.
CIRCUM-RETITUS, a, um, enfermé, pris dans les filets.
IR-RETIO, is, ivi, itum, ire, envelopper dans des rêts, engager dans des filets ; 2°. surprendre, attraper, embarrasser.
Irretire illecebris, engager par des caresses.
IR-RETITUS, a, um, pris, attrapé, part. d'Irretio.
OB-RETIO, is, ivi, itum, ire, envelopper dans des filets.

RIG,
froid.

Du Celte, RHE, RHEW, gelée, froid, se forma le Latin RIG, roide de froid ; d'où ces mots :
RIGEO, es, gui, gere, être roide de froid, s'endurcir par le froid ; 2°. être fort dur.
RIGESCO, is, ere, s'endurcir, devenir dur ; 2°. devenir roide.
RIGENS, tis, roide de froid ; 2°. dur.

Rigens bruma, hiver fort froid.
RIGentissimus, a, um, très-roide de froid, très-endurci par le froid.
RIGOR, oris, grand froid, froideur piquante, froid âpre ; 2°. frisson ; 3°. roideur, inflexibilité.
RIGoratus, a, um, endurci, devenu plus dur.
RIGidus, a, um, roide de froid ; 2°. glacé, gelé ; 3°. roide, dressé, hérissé ; 4°. dur, endurci ; 5°. rigide, austere, sévere, rigoureux, inflexible, qui ne plie point ; 6°. cruel.
RIGidé, adv. durement ; 2°. avec roideur, avec force.
RIGiditas, atis, dureté.
RIGidor, aris, atus sum, ari, devenir dur, s'endurcir.
DI-RIGEO, es, gui, gere, devenir roide, se dresser de frayeur.
OB-RIGO, as, are, &
OB-RIGEO, es, gui, gere, ou
OB-RIGESCO, es, gui, cere, devenir roide de froid, roidir de froid, être roide de froid.
Obrigere nive, être resserré, durci par la neige.
PRÆ-RIGEO, es, gui, ere, s'endurcir beaucoup.

RIT,
Rits.

Du primitif RAD, RAT, dominer, établir, prescrire ; en Anglo-Saxon, RÆDAN, prescrire, RÆD, loi, constitution ; en Theuton, RAT, conseil ; RATen, régir, conseiller, se forma cette Famille Latine qui se prononçoit dans l'origine REIT.
RITUS, ûs, cérémonie, coutume,

maniere, *mot-à-mot*, usages prescrits par la loi.

Ritualis, *m. f. le, n. is*, qui concerne les coutumes, les usages.

Rituales libri, Rituels, Livres qui concernoient les cérémonies sacrées.

Rité, *adv.* bien, comme il faut, dans les formes.

Rites, *i*, voyez *Ritus*.

ROG,

Entretien, paye; 2°. demande.

Roga, *æ*, paye, salaire; 2°. aumône.

Rogo, *as, avi, atum, are*, demander avec instance; 2°. supplier; 3°. emprunter; 4°. s'informer, interroger.

Ces mots qui tiennent essentiellement à la subsistance, se sont formés sur l'Orient. רע, Roh, *Rog*, qui désigne la nourriture, l'entretien, la pâture, & qui ont formé également le Grec OPEΓω, *Oregó*, désirer: de-là cette Famille étendue.

Rogalia, *ium*, jours auxquels on faisoit des aumônes publiques, jours de paie, jours où l'on fait montre aux Soldats.

Rogator, *oris*, &

Rogatrix, *icis*, celui ou celle qui prie, qui supplie, qui demande avec prieres, qui donne sa requête, qui présente une supplique; 2°. mendiant, gueux, ou gueuse.

Rogatum, *i*, interrogation, demande civile qu'on fait à quelqu'un.

Rogatus, *ûs*, voyez *Rogatio*.

Rogatio, *onis*, priere, demande avec priere, supplication, requête, supplique; 2°. demande du consentement du peuple à la vérification d'une loi.

Rogatiuncula, *æ, dimin.* de *Rogatio*.

Rogamentum, *i*, voyez *Rogatio*.

Rogandus, *a, um*, qu'il faut prier.

Rogito, *as, avi, atum, are*, prier souvent ou avec instance; 2°. demander, s'enquérir, s'informer, s'enquêter, interroger avec civilité.

Rogitatio, *onis*, fréquente priere; 2°. instante priere.

Rogatorium, *ii*, hôpital, Hôtel-Dieu, maison de Charité.

COMPOSÉS.

Ab-Rogo, *as, avi, atum, are*, abroger, annuller, casser, abolir, supprimer, éteindre, anéantir, priver, déposer, ôter, déposséder, chasser, faire perdre.

Ab-Rogatio, *onis*, abrogation, annullation, cassation, abolissement, suppression; 2°. déposition.

Ar-Rogo, *as, avi, atum, are*, demander au Peuple ou au Prince le pouvoir d'adopter une personne qui est hors de tutelle, & qui dépend de soi-même; adopter de cette maniere; 2°. s'attribuer, s'arroger, usurper, prétendre à, s'appliquer, se faire un mérite, présumer, s'en faire accroire, prendre avantage; 3°. prier instamment, conjurer, demander avec instance.

Ar-Rogatio, *onis*, adoption d'un fils de famille, avec le consentement du Peuple ou du Prince.

Cor-Rogo, *as, avi, atum, are*, demander en priant, amasser en demandant de tous côtés, mendier, faire des sollicitations.

De-Rogator, *oris*, qui déroge, médisant.

De-Rogatio, *onis*, infraction d'une partie de la Loi.

De-Rogito, *-are*, prier avec instance.

De-Rogo, *-are*, déroger, aller contre la Loi.

Ex-Rogo, *as*, *avi*, *atum*, *are*, déroger à une Loi ancienne par une nouvelle.

E-Rogo, *as*, *avi*, *atum*, *are*, distribuer, dépenser.

E-Rogatio, *onis*, distribution, largesse.

E-Rogatorius, *a*, *um*, qu'on distribue.

E-Rogito, *as*, *are*, interroger sur quelque chose, s'enquêter, s'informer.

Inter-Rogo, *as*, *avi*, *atum*, *are*, interroger, faire des questions, questionner, demander, s'enquérir, s'enquêter.

Inter-Rogans, *tis*, interrogeant, questionnant.

Inter-Rogatio, *onis*, interrogation, question qu'on fait, demande.

Inter-Rogativè, *adv.* par une interrogation, en interrogeant, par demandes ou par questions.

Inter-Rogatiuncula, *æ*, petite interrogation.

Inter-Rogatorius, *a*, *um*, qui concerne l'interrogation, l'interrogatoire.

Ir-Rogo, *as*, *avi*, *atum*, *are*, imposer, enjoindre, ordonner; 2°. demander l'établissement ou la ratification de; 3°. accorder.

Ir-Rogassit, pour *Irrogat*.

Ir-Rogatio, *onis*, imposition, l'action d'imposer, condamnation, injonction.

Ob-Rogo, *as*, *avi*, *atum*, *are*, demander l'établissement d'une loi qui en abroge une autre; 2°. interrompre avec importunité.

Per-Rogo, *as*, *avi*, *atum*, *are*, demander.

Præ-Rogo, *as*, *avi*, *atum*, *are*, demander à quelqu'un son suffrage avant de le demander aux autres; 2°. payer par avance, d'avance, avant l'échéance, avant le tems.

Præ-Rogativa, *æ*, prérogative, privilége, avantage; 2°. arrhes, gage, assurance, marque.

Præ-Rogativus, *a*, *um*, qui a une prérogative; 2°. qui a l'avantage de donner son suffrage le premier.

Præ-Rogatus, *a*, *um*, à qui l'on a demandé le suffrage le premier; 2°. qui a payé d'avance.

Pro-Rogatio, *onis*, prorogation; 2°. délai, remise.

Pro-Rogativus, *a*, *um*, qu'on peut proroger.

Pro-Rogator, *oris*, qui proroge, qui diffère, qui remet.

Pro-Rogo, *as*, *avi*, *atum*, *are*, proroger, prolonger, différer, remettre.

Sub-Rogo, *as*, *avi*, *atum*, *are*, subroger, substituer, mettre à la place.

Super-E-Rogo, *as*, *are*, donner par dessus, en outre.

ROST,

De l'Or. רֹאשׁ, *Ras*, *Rosh*, tête, pointe, nez, se forma cette Famille:

Rostrum, *i*, bec d'oiseau; 2°. groin, 3°. mufle, museau d'animal; 4°. éperon, poulaine, cap, avantage de navire ou de galere; 5°. pointe courbée.

Rostellum, *i*, petit bec; 2°. museau pointu.

Rostra, *orum*, la tribune aux harangues, d'où l'on haranguoit le peuple à Rome: (elle étoit ornée des éperons de navires ou de galeres, qu'on avoit pris sur les Antiates.)

Rostralis, *m. f. le*, *n. is*, d'éperon de navire, de bec d'oiseau.

Rostrans, *tis*, qui coupe, qui pique, qui fend avec son bec, la pointe.

Rostro, *as*, *are*, fendre, ouvrir, piquer avec le bec.

Rostratula, æ. &

Rostrula, æ, bécasse, oiseau.

Rostratus, a, um, qui a un bec; 2°. qui a un éperon.

Sub-Rostranus, i, ou

Sub-Rostrarius, ii, un oisif, un nouvelliste.

RUP,

Fracassé, escarpé.

De ce primitif dérivèrent ces Familles.

I. RUP,

Roche.

Rupes, is, roche, rocher.

Rupex, icis, qui ressemble à un rocher par sa stupidité.

Rupico, onis, voyez Rupex.

Rupina, æ, écore, falaise, pilon, roche escarpée.

II. RUP, RUmP,

rompre,

Rumpo, is, rupi, ruptum, pere, rompre, briser, fracasser, mettre en piéces, mettre par morceaux.

Ruptio, onis, rupture.

Ruptor, oris, qui rompt, infracteur, violateur.

Rumentum, i, voyez Abruptio.

COMPOSÉS.

Ab-Rumpo, is, upi, uptum, ere, rompre, arracher, séparer, emporter, couper, détacher, casser tout-d'un-coup; briser avec violence, désunir, interrompre, laisser, quitter, se désister, ôter, violer, contrevenir, cesser.

Ab-Ruptum, i, précipice, abîme, extrémité, pointe escarpée, écore, escarpe, falaise, ravine.

Ab-Ruptus, a, um, part. d'Abrumpo, roide, haut, escarpé, de difficile accès; 2°. rompu, fendu, brisé, interrompu, coupé.

Ab-Rupté, adv. brusquement, tout-d'un-coup, sans préparation, à l'improviste, sur le champ, sans préambule, sans cérémonie.

Ab-Ruptio, onis, rupture, séparation, désunion, divorce, fracture.

In-Ab-Ruptus, a, um, qui ne peut se rompre.

Cor-Ruptio, onis, corruption, altération, désordre, dérangement, ruine, dépravation.

Cor-Ruptor, oris, &

Cor-Ruptrix, icis, corrupteur, suborneur, séducteur.

Cor-Ruptela, æ, corruption.

Cor-Ruptibilis, m. f. le, corruptible.

Cor-Rupté, iùs, issimè, adv. d'une maniere dépravée, contrefaite, artificieuse, peu droite, peu régulière, peu sincere.

In-Cor-Rupté, adv. purement, sans corruption, avec intégrité, sincerement, sans se laisser corrompre.

In-Cor-Ruptela, æ, état de pureté, qui n'est point sujet à la corruption.

In-Cor-Ruptibilis, m. f. le, incorruptible, qui n'est point sujet à la corruption, qui ne se peut corrompre.

In-Cor-Ruptus, a, um, non corrompu, intégre, qui ne s'est point laissé corrompre; 2°. qu'on ne peut corrompre, incorruptible; 3°. qui n'est pas sujet à se corrompre.

Præ-Cor-Rumpo, is, rupi, ruptum, pere, corrompre par avance.

Præ-Cor-Ruptus, a, um, part. de Præcorrumpo.

Di-Ruptio, onis, rupture, fracassement.

De-Rumpo, rompre.

Di-Rumpo, is, rupi, ruptum, mpere, brifer, caffer, mettre en piéces, rompre ; 2°. interrompre, troubler, faire ceffer ; 3°. crever de dépit, &c.

Dis-Rumpo, *is, rupi, ruptum, mpere*, brifer, fracaffer, rompre, mettre en piéces ou en morceaux.

Difrumpi, crever de rage, enrager de dépit.

Dis-Ruptio, *onis*, rupture.

Dis-Ruptus, *a, um*, efcarpé.

E-Ruptio, *onis*, fortie, faillie, éruption avec impétuofité, effort pour fortir ; 2°. irruption.

E-Rumpo, *is, rupi, ruptum, pere*, fortir avec impétuofité, faillir avec violence, s'élancer, fe jetter dehors avec effort ; 2°. faire une fortie, faire une irruption ; 3°. paroître, éclater, fe faire voir, fe produire, fe montrer, fe manifefter tout-à-coup ; 4°. aboutir, fe terminer.

Inter-Ruptio, *onis*, interruption, difcontinuation.

Inter-Ruptor, *oris*, qui interrompt.

Inter-Rupte, *adv.* d'une maniere interrompue, avec interruption.

Inter-Rumpo, *is, rupi, ruptum, pere*, rompre par le milieu, caffer par la moitié, brifer en deux ; 2°. interrompre, troubler, couper chemin.

Inter-Rumpens, *tis*, qui interrompt.

Intro-Ruptio, *onis*, entrée avec violence, irruption, entrée de force, l'action de fe jetter dedans avec impétuofité.

Intro-Rumpo, *is, rupi, ruptum, ere*, entrer dedans avec violence, fe jetter dedans avec impétuofité, entrer de force.

Ir-Ruptio, *onis*, irruption, entrée foudaine & imprévue des ennemis dans un pays avec dégât & ravage.

Ir-Rumpo, *is, rupi, ruptum, pere*, entrer dedans avec impétuofité, fe jetter dans ou fur avec effort, faire irruption.

Ir-Rumpens, *tis*, qui entre dedans avec impétuofité.

Ir-Ruptus, *a, um*, qui n'eft point fujet à fe rompre, qui ne fe rompt point, indiffoluble.

Ob-Rumpo, *is, rupi, ruptum, pere*, rompre.

Per-Rumpo, *is, rupi, ruptum, pere*, brifer entierement, rompre tout-à-fait, fracaffer ; 2°. faire irruption, entrer avec violence, forcer.

Per-Ruptus, *a, um, part.* de *Perrumpo*, efcarpé, qui eft enfoncé ; 2°. forcé, où l'on eft entré de force, où l'on a fait irruption.

Præ-Rumpo, *is, rupi, ruptum, pere*, rompre, corrompre.

Præ-Rupte, *adv.* d'une maniere efcarpée, en écore.

Præ-Ruptus, *a, um, ior, iffimus, part.* de *Præruмpo*, efcarpé, qui eft en écore, taillé à pic, coupé à plomb.

Pro-Rumpo, *is, rupi, ruptum, pere*, fortir avec violence, fe répandre avec impétuofité, faillir ; 2°. fe jetter impétueufement, enfoncer, forcer, rompre avec effort ; 3°. pouffer avec impétuofité, en brifant ce qui fe trouve au-devant.

Pro-Ruptores, *rum*, Chevaux-Légers, cavalerie légere.

Sub-Ruptus, *a, um*, rompu par-deffous.

RU,
champ.

De R, défignant la terre, vinrent nombre de Familles.

I.
Rus, champs.

1. Rus, *ruris*, champs, campagne ; 2°. maifon de campagne ; 3°. impoliteffe, groffiéreté, rufticité.

Rusculum, *i*, *dimin.* de Rus.

Ruri, *ium*, champs, terres incultes.

Rura & Cæsa, *orum*, *n. plur.* effets mobiliers, biens meubles, les choses qu'on peut emporter.

Ruro, *as*, *avi*, *atum*, *are*, &

Ruror, *aris*, *atus sum*, *ari*, demeurer ou passer le tems à la campagne.

Rusticor, *aris*, *atus sum*, *ari*, passer le tems à la campagne, demeurer aux champs.

Ru-Sticus, *a*, *um*, rustique, des champs, de la campagne, champêtre, qui concerne la campagne, les champs ; 2°. grossier, impoli, rustre, qui a des manieres de paysan.

Ru-Sticanus, *a*, *um*, de paysan, de villageois, qui sent la campagne, qui tient du paysan ; 2°. champêtre, de village.

2. Ru-Sticus, *i*, paysan, villageois.

Ru-Stica, *æ*, paysanne, villageoise.

Ru-Sticulus, *a*, *um*, un peu rustique, un peu grossier, qui tient du paysan.

Ru-Sticulus, *i*, petit paysan.

Ru-Sticitas, *atis*, rusticité, grossiereté, maniere d'agir qui tient du paysan, manieres grossieres.

Ru-Sticatus, *us*, voyez *Rusticatio*.

Ru-Sticatio, *onis*, culture des terres, agriculture, labourage ; 2°. demeure, séjour à la campagne.

Ru-Sticarius, *a*, *um*, voyez *Ruscarius*.

Ru-Sticatim, *adv.* en paysan, d'une maniere rustique.

Ru-Sticé, *adv.* rustiquement, grossierement, d'une maniere rustique, grossiere ; en paysan, à la maniere des paysans.

Rusticiùs dici videtur, cela semble dit plus grossierement.

Ru-Stica vinaria, *orum*, les Calendes de Septembre, jour auquel le premier vin nouveau entroit dans la ville.

Sub-Ru-Sticus, *a*, *um*, un peu grossier, un peu rustique, qui sent un peu le village, le villageois, le paysan.

Sub-Ru-Sticé, *adv.* d'une maniere un peu grossiere, un peu rustique, qui sent un peu le village, le paysan ; un peu rustiquement.

3. Ruralis, *le*, *is*, de la campagne, de campagne, rural.

Rurestris, *m. f.* tre, *neut.* is, voyez *Rusticanus*.

Ruratio, *onis*, voyez *Rusticatio*.

Ruri-Cola, *æ*, qui cultive la terre, qui laboure, laboureur.

Ruri-Gena, *æ*, *m. f.* né aux champs, à la campagne.

Ruri, *adv.* aux champs, à la campagne.

Ru-Sticula, *æ*, bécasse, oiseau.

Ru-Sticula minor, bécassine, oiseau.

II. RUD,

grossier.

1. Rudero, *as*, *avi*, *atum*, *are*, hourder, maçonner grossiérement, ou faire un ouvrage de maçonnerie avec des démolitions, des platras.

Rudus, *eris*, décombres de bâtimens, démolitions, platras ; 2°. platras battus qu'on mêle avec de la chaux & du sable pour faire du mortier dont on faisoit des planchers, &c. 2°. pierre brute.

Rudera, *rum*, décombres, démolitions, platras, gravois.

Ruderatio, *onis*, hourdage, maçonnerie grossiere qui se fait avec des démolitions, des platras.

Ruderator, *oris*, batteur de platras ; 2°. maçon qui hourde, qui fait une maçonnerie grossiere, ou qui employe des démolitions, des platras.

E-Rudero, *as*, *are*, enlever ou ôter les décombres.

Rudetum,

RUDetum, i, lieu plein de décombres, rempli de démolitions, de platras.

RUSTarius, a, um, qui sert à essarter les buissons.

RUDerarium, ii, crible.

RUDerarius, a, um, qui sert à cribler.

2. RUDis, is, de, rude, qui n'est pas poli, brute, raboteux ; 2°. qui n'est pas cultivé ; 3°. grossier, impoli, qui est sans politesse ; 4°. qui est sans expérience, ignorant, qui ne sçait encore rien, neuf.

RUIDUS, a, um, rude, âpre (d'autres lisent Ravidus).

RUDenter, adv. grossièrement, rustiquement.

RUDitas, atis, grossièreté, rusticité, impolitesse ; 2°. défaut d'expérience, ignorance ; 3°. manque de culture.

RUDis, is, baguette brute, qui n'étoit point polie, dont se servoient les Gladiateurs dans leurs exercices. (*Elle leur servoit de fleuret*).

RUDiarius, ii, Gladiateur à qui l'on avoit donné une baguette pour marque de sa liberté & du congé de se retirer ; 2°. faiseur de cribles ; 3°. sorte de tailleur d'habits de guerre.

RUDicula, æ, espatule ou spatule de bois.

COR-RUDa, æ, &

COR-RUDago, inis, asperge sauvage.

III. RUD,

Dégrossir, polir.

RUDimentum, i, instruction ; 2°. commencement, élément d'un art, d'une science ; 3°. coup d'essai, apprentissage ; 4°. ébauche ; 5°. rudiment.

COMPOSÉS.

E-RUDio, is, ivi, itum, ire, instruire,

enseigner, faire apprendre.

E-RUDitio, onis, érudition, capacité, doctrine, savoir.

E-RUDitrix, icis, maîtresse, qui instruit ; qui enseigne, qui montre.

E-RUDitulus, a, um, demi-savant, qui a quelque érudition.

E-RUDitus, a, um, part. d'Erudio, instruit, enseigné, à qui l'on a appris, qu'on a formé ; 2°. informé ; 3°. docte, habile, plein d'érudition, savant, bon connoisseur.

E-RUDité, tiùs, tissimè, adv. doctement ; savamment, avec érudition.

PER-E-RUDitus, a, um, très-savant, qui a beaucoup d'érudition, plein de savoir.

IN-E-RUDitio, onis, ignorance, manque d'érudition, défaut de science.

IN-E-RUDitus, a, um, ignorant, qui n'a aucune teinture des Belles-Lettres, malhabile, sans étude, sans capacité, qui n'a aucune érudition.

IN-E-RUDité, adv. en ignorant, avec ou par ignorance.

IV. REP,

ramper.

REPO, is, repsi, reptum, pere, ramper, se traîner, se glisser en rampant ; 2°. s'étendre en rampant.

REPto, as, avi, atum, are, ramper, se trainer en rampant ; 2°. se promener doucement.

REPtilis, m. f. le, n. is, reptile, qui rampe, qui se traine.

REPtitius, a, um, qui s'éleve peu à peu, comme en rampant.

REPtatio, onis, &

REPtatus, ûs, l'action de ramper, de se trainer.

REPtatus, a, um, part. de Repto ; sur quoi l'on s'est traîné, où l'on a rampé.

REPtabundus, a, um, qui va en rampant, en se traînant.

COMPOSÉS.

AD-Repo, is, psi, ptum, pere, ramper, grimper, se traîner vers quelque lieu.

AD-Reptans, tis, qui rampe, qui va en rampant.

COR-Repo, is, epsi, eptum, pere, ramper, se traîner, se glisser, se couler vers, s'insinuer.

Correpere in dumeta, se glisser dans les buissons.

DE-Repo, is, psi, ptum, pere, grimper, gravir, monter en se traînant.

DI-Repo, is, psi, ptum, pere, se couler, se glisser.

E-Repo, is, repsi, reptum, pere, se traîner, sortir en rampant; 2°. grimper, ramper.

IR-Repto, as, avi, atum, are; &

IR-Repo, is, psi, ptum, pere, se traîner, se glisser, se couler, s'insinuer dedans en se glissant; 2°. se répandre, s'étendre peu à peu, s'introduire imperceptiblement, se fourrer par adresse dans.

INTRO-Repo, is, ere, se glisser, se couler dedans.

OB-Repo, is, psi, ptum, pere, ramper, se traîner, se glisser, se couler doucement; 2°. se fourrer adroitement, s'insinuer par adresse; arriver subitement, survenir sans qu'on y pense, sans qu'on s'en apperçoive, surprendre, tromper.

PER-Repto, as, avi, atum, are; &

PER-Repo, is, psi, ptum, pere, se couler, se glisser, se traîner ou s'insinuer en rampant, grimper, gravir.

PER-Reptatio, onis, l'action de se couler, de se glisser, de s'insinuer, de se traîner en rampant.

PRO-Repens, tis, rampant, qui rampe.

PRO-Repo, is, psi, ptum, pere, ramper, se traîner en rampant; 2°. sortir dehors.

SUB-Repo, is, psi, ptum, pere, se couler sans être vu, se glisser à la dérobée, se traîner sans qu'on s'en apperçoive, venir peu à peu, ou insensiblement, s'insinuer doucement.

SUB-Reptito, as, avi, atum, are, se glisser, se couler souvent à la dérobée ou insensiblement.

SUB-Reptus, a, um, part. de Subrepto ou de Subripio.

SUB-Repens, tis, qui se traîne, qui se glisse insensiblement.

SUB-Reptio, onis, l'action de se glisser, de se couler insensiblement, de se traîner, de se dérober.

SUB-Reptitius, a, um, qui se fait secrettement, fait à la dérobée, dérobé; 2°. supposé; 3°. surpris adroitement; 4°. subreptice.

MOTS LATINS VENUS DU GREC.

R

RHABDO-Mantia, æ, divination par le moyen des baguettes.

RHAB-Duchus, i, voyez Lictor.

RHACinus, i, sorte de poisson de mer.

RHADine, es, fille délicate, douillette.

RHAMnus, i, nerprun, espèce d'arbrisseau; 2°. ronce épineuse.

RHAMnusia, æ, Déesse de la vengeance.

RHAMnusis, dis, voyez Rhamnusia.

RHIna, æ, Ange, poisson de mer; &

peau est comme une lime; de-là son nom.

RHINO-CEROS, *otis*, Rhinoceros, animal qui a la peau à l'épreuve du mousquet, & une corne sur le nez; 2°. sorte de vase à bec.

RHŒAS, *adis*, sorte de pavot; 2°. erosion de la caruncule du grand angle de l'œil.

RHŒTES, *is*, vin de Grenade.

RHOPHETUM, *i*, œuf mollet, à la coque; en Grec, *Rophêton*, Ρόφητον, mot-à-mot, qu'on peut avaler.

RHYPARO-GRAPHUS, *i*, peinture de grotesque & de chose de peu d'attention; 2°. écrivain de bagatelles.

RISCUS, *i*, armoire, tablettes ménagées dans l'enfoncement d'un mur; 2°. malle; en Grec, RISKOS.

MOTS LATINS VENUS DE L'ORIENT.

R

A-RTEria.

NOTRE mot Artère, en Latin ARTeria, est venu du Grec ARTéria. Mais quelle étoit l'origine de celui-ci? C'est ce qu'on n'a point sçu; car il étoit ridicule de le faire venir des mots *aer*, air, & *téréo*, conserver; comme si les artères étoient destinées à être le réceptacle de l'air. Disons plutôt que c'est un mot Oriental, formé du primitif רהט, *Ret*, canal: les artères sont en effet les canaux dans lesquels coule le sang. Les Grecs ajoutant un *A* à la tête de ce mot, & le faisant suivre de leur terminaison ERIA, en formerent le mot A-RETéria, qui se métamorphosa aisément en A-RTéria, changement léger qui déroutoit cependant les Etymologistes.

A-RTeria, *æ*, artère; vaisseaux qui portent le sang dans tout le corps.

A-RTeriacus, *a*, *um*; — *rialis*, *e*, d'artères.

A-RTeriace, *es*, reméde pour le mal des artères.

MOTS LATINS-CELTES,
OU DÉRIVÉS DE LA LANGUE CELTIQUE.

S

LA lettre S est dans tous les Alphabets placée entre T & S, lettres auxquelles elle s'est sans cesse substituée.

Les mots Latins qui commencent par cette lettre, sont très-nombreux, & cependant il y en a très-peu qui lui appartiennent, & dans lesquels cette lettre soit radicale ou primitive.

Elle a été ajoutée insensiblement dans la plûpart, ou pour les modifier, ou pour en adoucir la prononciation.

Ainsi elle a été ajoutée par ces motifs à une foule de mots qui commençoient par C ou par P.

Dans un grand nombre d'autres mots, S a pris la place de l'aspiration; ainsi on a dit SE pour HE; SAC pour HAC: SAT pour HAT, &c.

Souvent elle a remplacé la lettre Z marquant le mouvement, la lettre X marquant l'idée de cercle, d'enceinte, de ceinture; la lettre SCH; la lettre D ou T.

Tout autant de causes qui ont chargé cette lettre d'une multitude de mots qui lui sont réellement étrangers.

Quant aux mots qui sont formés de cette lettre, ils se rapportent à l'une ou l'autre de ces trois classes.

1°. Mots formés par Onomatopée.

2°. Mots relatifs au son sifflant & fugitif de cette lettre.

3°. Mots où S sert à modifier des mots en AM, AV, &c.

ONOMATOPÉES.

I.

SERRA, æ, scie; 2°. sorte de poisson de mer; 3°. certaine maniere de ranger des troupes.

SERRula, æ, petite scie.

SERRatura, æ, sciage.

SERRati, orum, piéces de monnoie qui portoient la figure d'une scie.

SERRatim, adv. en maniere de scie.

SERRatorius, a, um, qui sert à scier.

SERRO, as, avi, atum, are, scier.

SERRitula, æ, Létoine, ou mélilot, plante.

SERRata, æ, germandrée, plante.

CON-SERRatus, a, um, dentelé, qui a des dents.

II.
SIB il.

SIBilo, as, avi, atum, are, siffler; 2°. faire des sifflemens; 3°. se moquer en sifflant.

SIBilator, oris, siffleur.

SIBilatus, ûs, sifflement, l'action de siffler.

SIBilum, i, &

SIBilus, i, l'action de siffler, sifflement, sifflet, coup de siffler.

SIBilus, a, um, sifflant, qui siffle.

AS-SIBilo, as, are, siffler.

AD-SIBilo, as, avi, atum, are, siffler fort; 3°. siffler auprès, répondre avec un doux murmure.

EX-SIBilo, as, avi, atum, are, siffler, huer, se moquer par des coups de siffler. (Ciceron s'en sert au passif seulement).

EX-SIBilatio, onis, sifflement, huée qu'on fait à quelqu'un.

IN-SIBilo, as, avi, atum, are, souffler dedans.

SUBulo, onis, joueur de flûte; 2°. daguet, jeune cerf.

III.
SIN Gult.

SINGultus, ûs, sanglot, hoquet.

Singultus gallinæ, gloussement d'une poule, qui mene ses poussins.

SINGultio, is, ire, sanglotter; 2°. glousser.

SINGulto, as, are, sanglotter, pousser des sanglots.

SINGultiens, tis, voyez Singultans; 2°. qui glousse.

SINGultans, tis, sanglottant, poussant des sanglots; 2°. qui a le hoquet.

SINGultatus, a, um, part. de Singulto.

SINGultim, adv. en sanglottant, en poussant des sanglots.

IV. SIR, chant.

SIRen, enis, Sirene, monstre marin, moitié femme de la ceinture en haut, & moitié poisson de la ceinture en bas; 2°. petit insecte qui se trouve dans les ruches des abeilles; 3°. sorte d'oiseau des Indes.

SIRenus, a, um, qui concerne les sirenes, de sirenes; 2°. qui attire, qui charme comme les sirenes.

V. SITT.

SITTα, SITTε, en Gr. cri des bergers pour faire hâter leur troupeau.

Gall. SITTO, SITTA, hâter.

Lat. CITŎ, promptement.

All. CITieren, hâter.

De-là sans doute le Latin:

SITI-CEN, inis, joueur de flûte.

En Or. שׂיד sit, inciter, exciter, persuader, faire avancer, hâter.

VI. SONus.

SONus, i, &

SONus, ûs, son, bruit, éclat; 2°. ton, prononciation, accent, parole.

SONitus, ûs, son, bruit.

SONor, oris, son éclatant, grand bruit.

SONorus, a, um, sonore, résonnant, qui rend un son clair, plein de son, bruyant, éclatant.

SONoritas, atis, brillant, ou force du son.

SONorè, adv. avec bruit, d'une maniere rétentissante, éclatante, sonore, résonnante.

SONivius, a, um, ou

SONivus, a, um, qui fait du bruit, qui retentit, qui éclate.

SONans, tis, &

Sonax, acis, fonant, qui rend un fon.
Sonans nil mortale, qui n'a aucun rapport à la voix d'un homme.
Sonabilis, m. f. le, n. is, qui rend un fon, qui réfonne.
Sonandus, a, um, qu'on doit faire fonner; 2°. qu'il faut louer hautement.
Soni-Pes, edis, coureur, cheval.
Multi-Sonorus, a, um; &
Multi-Sonus, a, um, qui rend un grand fon, qui fait beaucoup de bruit.
Semi-Sonans, tis, qui fonne à demi.
Semi-Sonarius, a, um, qui fait fonner l'une contre l'autre les trois perles qui compofoient un pendant d'oreille.
Sono, as, ui, itum, are, & Sono, is, ere, rendre un fon, fonner, réfonner; 2°. fignifier.

COMPOSÉS.

As-Sono, as, ui, itum, are, retentir, réfonner, répondre à la voix.
Circum-Sono, as, ui, itum, are, réfonner, retentir à l'entour.
Con-Sonans, tis, confonne.
Con-Sonantia, æ, confonance, accord; 2°. harmonie, fimphonie, conjonction des fons.
Con-Sonans, tis, qui réfonne, qui retentit.
Con Sonantiffimè, adv. très-harmonieufement, d'un accord parfait, avec beaucoup de mefure, de proportion, d'une très-grande juftesse.
Con-Sono, as, nui, nitum, nare, réfonner, retentir; 2°. être d'accord, convenir.
Con-Sonus, a, um, qui réfonne, qui retentit, qui répond; 2°. qui s'accorde avec, qui eft d'accord ou conforme, proportionné, afforti, bienféant, convenable.
Confóna vox, lingua, fon de voix convenable au difcours.
Con-Sonè, adv. avec confonance, avec accord.

Exi-Sonus, a, um, égal, pareil, femblable, qui a les mêmes proportions.
Ex-Sono, as, nui, itum, are, réfonner, retentir.
In-Sono, as, avi, & ui, atum & itum, are, fonner, rendre un fon, réfonner, retentir.
Inter-Sono, as, nui, are, retentir entre.
Ob-Sonus, a, um, qui fait un mauvais fon.
Per-Sono, as, ui, itum, are, retentir fortement, réfonner fort haut, faire grand bruit.
Per-Sonus, a, um, retentiffant, réfonnant, qui réfonne fort haut, qui retentit fortement.
Per-Sona, æ, mafque, parce que la voix réfonne à travers; 2°. perfonne, perfonnage, caractere, charge, dignité, fonction.
Per-Sonæ, arum, marmoufets de Sculpteurs.
Per-Sonalis, m. f. le n. is, perfonnel.
Per-Sonalitas, atis, perfonalité.
Per-Sonaliter, adv. perfonnellement.
Per-Sonatus, a, um, mafqué; 2°. apparent, faux, trompeur; 3°. qui fait le perfonnage, qui joue le rôle.
Per-Sonatus, ûs, perfonat, dignité dans l'Eglife.
Re-Sono, as, nui, nitum, nare, réfonner, retentir, rendre un fon.
Re-Sonus, a, um, retentiffant.
Re-Sonans, tis, réfonnant, retentiffant.
Re-Sonantia, æ, retentiffement.
Re-Sonabilis, m. f. le, n. is, qui rend, qui renvoye les fons, qui réfonne, qui retentit.

NÉGATIFS.

Ab-Sonus, a, um, difcordant, qui n'eft pas d'accord, qui n'a point de fon, qui fonne mal; 2°. qui ne convient pas, qui eft contre la bienféance & la vraifemblance.

Absonum fidei, qui n'est pas croyable.

Absoné, *adv.* d'une mauvaise maniere.

Ds-Sono, *as, ui, itum, are,* ne retentir point, ne résonner point, être sourd; 2°. n'être pas d'accord, être dissonant ou discordant.

Dis-Sonans, *tis,* qui ne retentit, qui ne résonne point, sourd; 2°. dissonant, discordant.

Dis-Sonus, *a, um,* discordant, dissonant, qui n'est pas d'accord; 2°. différent, contraire, opposé, divers, dissemblable.

In-Sonus, *a, um,* qui ne sonne point, qui est sans son, qui ne rend point de son, qui ne résonne point, qui ne retentit pas.

In-Con-Sonantia, *æ,* discordance, mauvais accord.

VII. SORD,
Ordure.

Du primitif Sor, puer; 2°. balayer; 3°. se détourner, en Or. סור, & en Gr. Sairó, balayer, mots formés par Onomatopée, vint cette Famille:

Sordes, *ium, s, pl.* de *Sordis* (inusité au nomin.) ordure, saleté, crasse; 2°. avarice sordide, vilenie; 3°. déshonneur, infamie; 4°. mal-propreté; 5°. canaille.

Sorditudo, *inis,* saleté, crasse, ordure, mal-propreté.

Sordeo, *es, dui, dere,* être sale, être plein d'ordure; 2°. être méprisé; 3°. paroître méprisable, déplaire.

Sordesco, *is, cere,* devenir sale, se salir.

Sordido, *as, are,* salir, rendre vilain ou crasseux.

Sordidus, *a, um, ior, issimus,* sale, crasseux, plein d'ordure, mal-propre; 2°. avare, vilain; 3°. vil, bas, sordide; 4°. rampant; 5°. mal-poli.

Sordidulus, *a, um,* dimin. de

Sordidatus, *a, um, part.* de *Sordido,* mal-propre, négligé.

Sordidé, *adv.* d'une maniere sordide, vilainement, avec avarice.

Ex-Sordesco, *is, dui, scere,* se profaner, être profané, s'avilir, devenir vil ou sale.

Ob-Sordeo, *es, ui, ere,* &

Ob-Sordesco, *is, ui, scere,* devenir tout sale, tout vilain.

VIII. SPIR.

1. Spiro, *as, avi, atum, are,* respirer, prendre haleine; 2°. souffler, sentir, jetter ou exhaler quelque senteur ou odeur; 3°. aspirer, désirer.

Spirans, *tis,* qui respire, qui est animé, qui jouit de la vie; 2°. qui souffle; 3°. qui exhale une odeur.

Spiritus, *ûs,* haleine, souffle, vent, respiration; 2°. esprits vitaux ou animaux du corps; 3°. esprit; 4°. odeur; 5°. exhalaison, vapeur; 6°. vent; 7°. son.

Spiritualis, *m. f. le, n. is,* spirituel, de l'esprit.

Spiritualitas, *tis,* spiritualité.

Spiritualiter, *adv.* spirituellement.

Spiritalis, *m. f. le, n. is,* qu'on fait agir ou mouvoir par le moyen du vent, pneumatique; 2°. spirituel.

Spirabilis, *m. f. le, n. is,* qu'on respire, qu'on peut respirer.

Spiratio, *onis,* respiration, l'action de respirer ou de souffler, ou d'exhaler; 2°. spiration, procession du Saint-Esprit, terme de Théologie.

Spirator, *oris,* qui respire ou qui souffle.

2. Spiramen, inis, &
Spiramentum, i foupirail, conduit, ouverture par où l'air entre & fort ; 2°. tuyau de cheminée.

Spiraculum, i, foupirail, ouverture pour la liberté de l'air dans un lieu.

Spiraculum vitæ, fouffle de la vie, refpiration.

3. Spira, æ, tour, entortillement en ligne fpirale; 2°. forte d'ornement de femme ; 3°. bafe d'une colonne; 4°. petit pain; 5°. gâteau.

Spiræ, arum, replis d'un ferpent.

COMPOSÉS.

A-Spiro, as, avi, atum, are, fouffler, venter, faire du vent ; 2°. afpirer, tâcher d'arriver, s'efforcer de, prétendre à ; 3°. pénétrer, entrer ; 4°. favorifer, feconder, aider ; 5°. infpirer ; 6°. refpirer, prendre haleine.

A-Spiramen, inis, haleine, fouffle, refpiration.

A-Spiratio, onis, afpiration, refpiration, attraction de l'air en refpirant ; 2°. afpiration en la prononciation d'une lettre, prononciation afpirée.

Con-Spiro, as, avi, atum, are, confpirer, s'unir, s'acorder, fe liguer, fe joindre ; 2°. conjurer.

Confpirare fe, s'entortiller, (comme font les ferpens).

Confpirare ad defectionem, méditer une révolte.

Con-Spiratus, a, um, part. pour Confpirans.

Con-Spirati, orum, confpirateurs.

Con-Spiratio, onis, &

Con-Spiratus, ûs, confpiration, conjuration, cabale, complot, ligue, union, accord, liaifon.

Con-Spirate, adv. unanimement, d'un commun accord.

Con-Spirans, tis, qui confpire.

Ex-Spiro, as, avi, atum, are, exhaler, jetter des vapeurs, pouffer des exhalaifons; 2°. pouffer le dernier fouffle, rendre l'ame, mourir.

Ex-Spirans, tis, qui jette, qui pouffe, qui fouffle dehors, qui exhale ; 2°. expirant.

Ex-Spiratio, onis, exhalaifon de la terre, vapeur de l'eau.

Ex-Spiraturus, a, um, qui mourra ; 2°. qui exhalera.

Exfpiraturus ad primos Auftros, qui mourra aux premiers vents chauds.

In-Spiro, as, avi, atum, are, faire entrer en foufflant, fouffler dedans ; 2°. infpirer ; 3°. afpirer, marquer d'une afpiration.

In-Spiratio, onis, infpiration.

In-Spiramentum, i, l'action de fouffler dedans.

In-Spiratus, a, um, part.

Inter-Spiratio, onis, refpiration, l'action de prendre haleine ou de refpirer.

Inter-Spiro, as, avi, atum, are, refpirer, prendre haleine ; 2°. prendre air, avoir de l'air, avoir une ouverture par où l'air puiffe entrer.

Pro-Spiro, as, avi, atum, are, avoir bonne haleine, refpirer avec facilité.

Re-Spiro, as, avi, atum, are, refpirer, prendre haleine ; 2°. fe remettre, revenir à foi, fe raffurer, être foulagé.

Re-Spiramen, inis, &

Re-Spiramentum, i, canal de la refpiration, conduit par où l'on refpire, évent, foupirail.

Re-Spiratio, onis, &

Re-Spiratus, ûs, refpiration, l'action de refpirer ; 2°. paufe pour prendre haleine.

In-Re-Spirabilis, m. f. le, n. is, où l'on ne peut refpirer.

IX. SU-SPIR.

Su-Spirium, ii, soupir ; 2°. asthme, difficulté de respirer, courte-haleine ; 3°. pousse.

Su-Spiro, as, avi, atum, are, soupirer, jetter des soupirs, pousser des soupirs ; 2°. exhaler, pousser des vapeurs ou des exhalaisons ; 3°. aspirer, desirer ardemment, souhaiter avec passion.
Su-Spirandus, a, um, qu'on doit regretter, pour qui l'on doit soupirer, qui sera regretté.
Suspiranda domus, famille qui sera regrettée.
Su-Spirans, tis, soupirant.
Suspirantes curæ, soins qui font soupirer.
Su-Spiratio, onis, &
Su-Spiratus, ûs, l'action de soupirer, soupir.
Su-Spiriosè, adv. avec difficulté de respirer.
Su-Spiriosus, a, um, asthmatique, qui a peine à respirer, qui a la courte haleine, poussif, qui a une difficulté de respiration.
Su-Spiritus, ûs, voyez Suspiratus.
Ad-Suspiro, as, avi, atum, are, soupirer avec ou après.

X. SPU.

Sputum, i, &
Sputus, ûs, crachat.
Sputisma, atis, crachat, ce qu'on rejette après avoir lavé sa bouche, ou après avoir gouté quelque liqueur.
Spuo, is, ui, utum, ere, cracher, crachoter ; 2°. vomir, rejetter.
Sputo, as, avi, atum, are, cracher souvent, ne faire que cracher.
Sputator, oris, grand cracheur, qui ne fait que cracher, qui vomit, qui rejette.
Sputatilicus, a, um, digne qu'on crache

dessus ; (mot burlesque forgé par Sisenna.)

COMPOSÉS.

Ad-Spuo, is, pui, putum, püere, cracher sur ou contre.
Con-Spuo, is, pui, utum, ere, cracher dessus, couvrir de crachats.
Con-Sputator, oris, qui crache sur quelque chose.
Con-Sputo, as, avi, atum, are, cracher dessus, couvrir de crachats.
Con-Sputus, a, um, part. de Conspuo, couvert, sali de crachats, sur quoi l'on a craché.
Con-Sputatus, a, um, couvert de crachats.
De-Spuo, -ere, cracher, rejetter, haïr.
Ex-Spuo, is, ui, utum, uere, cracher, rejetter en crachant ou en vomissant.
Ex-Sputio, onis, crachement.
In-Spuo, is, ui, utum, ere, &
In-Sputo, as, avi, atum, are, cracher dessus, sur ou dans.
Inspuere oculis, cracher aux yeux.
Re-Spuo, is, ui, utum, uere, cracher dessus ; 2° rejetter avec dédain, repousser avec mépris, refuser dédaigneusement ; mépriser, dédaigner, ne faire aucun cas de.
Re-Spuens, tis, qui rejette avec mépris.

XI. SPUM.

Spuma, æ, écume, bave.
Argenti spuma, litarge.
Spumas agere, écumer, jetter de l'écume.
Spumatorium, ii, écumoire.
Spumo, as, avi, atum, are, écumer, jetter de l'écume, baver, être couvert d'écume ou de bave.
Spumatus, ûs, l'action d'écumer, de jetter de l'écume ou de la bave.

Spumabundus, a, um, plein d'écume ou de bave.

Spumans, tis, omn. gen. écumant, bavant, qui écume, qui bave.

Spumesco, is, cere, écumer, devenir plein d'écume ou de bave, se couvrir d'écume, se tourner en écume.

Spumeus, a, um, &

Spumidus, a, um, écumeux, plein d'écume ou de bave, ou qui ressemble à de l'écume, à de la bave.

Spumosus, a, um, écumeux, plein d'écume, couvert d'écume, baveux.

Spumi-Fer, a, um, &

Spumi-Ger, a, um, qui jette de l'écume.

Spumi-Gena, æ, engendré d'écume.

De-Spumo, -are, écumer, ôter l'écume; 2°. écumer, jetter de l'écume.

Ex-Spumo, as, avi, atum, are, écumer, jetter de l'écume, sortir en forme d'écume, suppurer, jetter du pus, suinter.

In-Spumo, as, are, écumer dessus.

XII ST.

1.

Sternuo, is, nui, nutum, nuere, éternuer.

Sternutamentum, i, &

Sternutatio, onis, éternuement; 2°. ce qui fait éternuer.

Sternuto, as, avi, atum, are, éternuer souvent, ne faire qu'éternuer.

2.

Sterto, is, tui, tere, dormir; 2°. ronfler en dormant.

Stertere totis præcordiis, dormir de tout son cœur.

Stertens, tis, ronflant, dormant.

Stertera, æ, femme à demi-saoule, qui ronfle en dormant.

De-Sterto, is, tui, ere, cesser de ronfler, ne ronfler plus.

3.

1. Stlopus, i, bruit qui se fait en frappant exprès sur une joue enflée.

2. Strepo, is, pui, pitum, pere, faire du bruit; 2°. murmurer; 3°. sonner, retentir.

Strepito, as, avi, atum, are, faire bien du bruit.

Strepitans, tis, qui fait du bruit.

Strepitus, ûs, &

Strepitus, i, bruit, éclat, fracas; 2°. son d'instrumens de musique.

COMPOSÉS.

A-Strepo, is, pui, pitum, pere, faire du bruit.

Circum-Strepitus, a, um, poussé avec bruit.

Circum-Strepo, is, ui, itum, ere, exciter, faire du bruit autour.

Con-Strepo, is, ui, itum, ere, faire du bruit, du fracas, du vacarme; étourdir, rompre la tête & les oreilles à tout le monde.

Constrepere exemplis, fatiguer, étourdir de ses citations.

In-Strepo, is, ui, itum, ere, faire souvent du bruit.

Instrepere dentibus, faire craquer ses dents.

Inter-Strepo, is, ui, itum, ere, faire du bruit entre ou parmi.

Ob-Strepens, tis, bruyant, qui fait du bruit.

Ob-Strepito, as, are, faire souvent du bruit.

Ob-Strepo, is, ui, itum, ere, faire du bruit; 2°. murmurer contre; 3°. étourdir, importuner.

Per-Strepo, is, ui, itum, ere, faire grand bruit.

Sub-Strepo, is, ere, faire quelque bruit; 2°. dire en murmurant.

4.

STRIDor, oris, bruit aigre, perçant, qui perce les oreilles, aigu; 2°. grincement.

STRIDeo, es, ui, ere, &

STRIDo, is, di, ere, bruire, faire un bruit aigre, perçant; 2°. pétiller, faire des pétillemens; 3°. craquer.

STRIDens, tis, bruyant, qui fait un bruit aigre, perçant.

STRIDulus, a, um, qui fait un bruit aigre, aigu, perçant, qui perce les oreilles, qui craque ou qui pétille, qui fait des pétillemens.

CIRCUM-STRIDeo, es, di, ere, &

CIRCUM-STRIDo, is, di, ere, voy. Circumstrepo.

IN-STRIDens, tis, qui fait un bruit aigu, un sifflement, un pétillement.

XIII. SUC, SUG.

SUGo, is, xi, ctum, gere, sucer, tirer le suc, tetter.

Succus, i, suc, humeur des corps, suc des plantes, sève des arbres; 2°. force, vigueur.

Succosus, a, um, plein de suc, succulent.

Succulentus, a, um, voy. Succosus.

Suctus, us, sucement, l'action de sucer.

Ex-Succus, a, um, &

Ex-Suctus, a, um, qui est sans suc, sans humeur; aride; 2°. sec.

Ex-Sugo, is, xi, ctum, gere, sucer, attirer en suçant.

IN-Succatus, a, um, part. de

IN-Succo, as, avi, atum, are, faire tremper dans quelque liqueur, imprégner d'un suc.

Succinum, i, ambre jaune, succin, sorte de bitume.

Succinus, a, um, d'ambre jaune.

XIV. SUSURR.

Su-SURRum, i, &

Su-SURRus, i, bruit que l'on fait en parlant bas; 2°. petit murmure, bruit sourd.

Su-SURRus, a, um, qui fait un léger murmure, un petit bruit sourd.

Se-SURRus, us, parler agréable.

Su-SURRamen, inis, &

Su-SURRatio, onis, l'action de parler bas à l'oreille; 2°. bruit qui court sourdement, ce qui ne se dit qu'à l'oreille.

Su-SURRo, as, avi, atum, are, parler bas, à l'oreille; 2°. murmurer, parler tout bas.

Con-Su-SURRo, as, avi, atum, are, chucheter, se parler à l'oreille.

In-Su-SURRatio, onis, l'action de dire bas à l'oreille.

In-Su-SURRo, as, avi, atum, are, act. & n. faire un petit bruit sourd, un doux murmure.

In-Su-SURRans, tis, qui parle tout bas à l'oreille.

MOTS
Où H s'est adouci en S.

I.
SAC, sacré.

De l'Oriental חג, H A G, chag, fête, solemnité, sacrifice, offrande, d'où le Grec *HAGios*, saint, se forma cette Famille Latine, par l'adoucissement de *ch* en S.

SAcrum, i, fête, solemnité; 2°. sacrifice; 3°. cérémonie de Religion, mystères; 4°. la Religion elle-même; 5°. droit sacré; 6°. Temple.

SAcer, cra, crum, sacré, consacré; 2°.

Q s ij

abominable, exécrable, détestable, méchant.

Sacra, orum, sacrifices, cérémonies sacrées; 2°. Religion; 3°. droits sacrés; 4°. temples; 5°. hymnes; 6°. mystères; 7°. solemnités, fêtes, voy. Sacrum & Sacer.

Sacris, m. f. cre, n. is, propre aux sacrifices.

Sacrima, æ, oblation des premiers raisins & du vin nouveau à Bacchus.

Sacratio, onis, consécration, sacre, l'action de consacrer, de sacrer.

Sacrator, oris, qui sacre, qui consacre.

Sacratus, a, um, part. de Sacro.

Sacrarium, ii, sacristie, lieu dans un temple où l'on serroit les choses sacrées, ce qui servoit aux sacrifices; 2°. chapelle, oratoire, sanctuaire.

Sacrista, æ, Sacristain, Trésorier d'Eglise; 2°. Infirmier.

Sacri-Starium, i, trésorerie, ou Dignité de trésorier d'Eglise, office de sacristain ou d'Infirmier.

Sacri-Sta, æ, sacristie.

Sacro, as, avi, atum, are, consacrer, dédier, vouer, sacrer; 2°. maudire, donner au diable, proscrire, déclarer maudit, excommunier; 3°. immortaliser.

Sacellum, i, chapelle qui étoit ouverte par en haut; 2°. voy. Ærarium.

Sacellanus, i, chapelain.

Sacellarius ii, sacristain.

Sacramen, inis, &

Sacramentum, i, serment, jurement; 2°. consignation, dépôt d'argent que les plaideurs mettoient entre les mains du Pontife; 3°. gageure avec consignation en main tierce.

Sacramenta, orum, soldats, troupes, milice; 2°. Sacremens.

Sacramentalis, m. f. le, is, sacramental, qui concerne le sacrement, le jurement, le serment; de sacrement.

BINOMES.

Sacer-Dos, otis, Prêtre, Prêtresse.

Sacer-Dotissa, æ, Prêtresse.

Sacer-Dotula, æ, petite Prêtresse.

Sacer-Dotium, ii, Sacerdoce, dignité de la Prêtrise.

Sacer-Dotalis, m. f. le, is, sacerdotal, de Prêtre, qui concerne les Prêtres.

Sacri-Cola, æ, m. f. Sacrificateur, Prêtre.

Sacri-Fer, a, um, qui porte les choses sacrées.

Sacri-Ficulus, i, &

Sacri-Ficus, i, Sacrificateur, Prêtre.

Sacri-Ficus, a, um, de sacrifice, qui concerne les sacrifices.

Sacri-Ficium, ii, sacrifice.

Sacri-Fico, as, avi, atum, are, sacrifier, faire un sacrifice, offrir en sacrifice.

Sacri-Ficalis, m. f. le, is, de sacrifices, qui concerne les sacrifices.

Sacri-Ficans, tis, sacrifiant, qui sacrifie.

Sacri-Ficatio, onis, &

Sacri-Ficatus, us, l'action de sacrifier, de faire un sacrifice.

Sacri-Ficatus, a, um, part. de Sacrifico.

Ex-Sacri-Fico, as, are, voy. Sacrifico.

Sacri-Legium, ii, sacrilége, violement des choses sacrées.

Sacri-Legur, a, um, Sacrilége, qui viole les choses sacrées, violateur ou profanateur des choses saintes, qui les profane.

COMPOSÉS.

Con-Secrator, oris, celui qui consacre, qui fait la cérémonie de la dédicace.

Con-Secratus, a, um, part. de

Con-Secro, as, avi, atum, are, consacrer, dédier, dévouer, canoniser, mettre au nombre des Saints; 2°. maudire, donner sa malédiction

Con-Secratio, onis, consécration, dédicace d'un Temple ou d'une Eglise.

De-Sacro, -are, dédier.

Ex-Secror, aris, atus sum, ari, charger de malédictions, maudire, faire des imprécations, avoir en exécration, détester, regarder comme abominable, avoir en horreur, en abomination.

Ex-Secratus, a, um, détesté, maudit, qui est en exécration, qu'on a en abomination.

Ex-Secratio, onis, exécration, abomination ; 2°. imprécation, malédiction.

Ex-Secrans, tis, qui fait des imprécations, qui maudit, qui donne des malédictions.

Ex-Secrandus, a, um, haï, détesté ; 2°. exécrable, abominable.

Ex-Secrabilis, is, exécrable, détestable, abominable.

Ex-Secrabilitas, atis, abomination, chose exécrable.

Ex-Secrabiliter, d'une maniere détestable, abominable, exécrable.

Ob-Secratio, onis, supplication, priere très-humble, très-instante ; 2°. priere que le Pontife entonnoit dans le Capitole, & que le peuple continuoit.

Ob-Secro, as, avi, atum, are, demander comme une grace, supplier très-humblement, conjurer instamment, prier affectueusement, & comme nous dirions, pour l'amour de Dieu.

Ex-Ob-Secro, as, avi, atum, are, conjurer, supplier, prier instamment.

Re-Secro, as, avi, atum, are, reitérer les prieres qu'on a déja faites, ou plutôt faire des prieres contraires à celles qu'on a déja faites.

II.
SAL, pour HAL.

La lettre L qui désigne l'élévation, la hauteur, la profondeur, a produit une multitude de dérivés en HAL, relatifs à ces idées, qui se prononçant SAL en Latin, y ont produit ces Familles.

1. SAL, sauter.

De HAL, sauter, en Grec HALLOmai, vinrent :

1.

Saltus, ûs, saut, bond, l'action de sauter ; 2°. bois, forêts ; 3°. défilé, détroit, pas de montagne, passage resserré, étroit, &c.

Saltura, æ, danse, disent les Dictionnaires ; mais dans l'endroit de Plaute où ce mot se trouve, il paroit signifier le salage, la salaison.

Salto, as, avi, atum, are, danser, sauter.

Saltatio, onis, danse.

Saltatiuncula, æ, danse basse, danse par bas.

Saltatus, ûs, danse.

Saltatus, a, um, participe de Salto, dansé ou représenté en dansant.

Saltator, oris, danseur, sauteur.

Saltatrix, icis, danseuse, sauteuse.

Saltatricula, æ, petite danseuse ou sauteuse.

Saltuatim, par sauts, par bonds, en sautant, en dansant.

Saltuosus, a, um, couvert de bois ou de forêts, rempli de forêts.

Saltuares, ium, isles flottantes.

Saltuarius, ii, garde-bois, garde-vente ; 2°. Gruyer, Verdier, Officier qui a soin des forêts.

Saltatorié, adv. en danseur, en sauteur ; en dansant, en sautant.

Saltatorius, a, um, de danse, de la danse, qui concerne la danse.

De-Salto, -are, danser.

Saltem, du moins, au moins, pour le moins.

De SALT, faut, pas, démarche: *mot-à-mot*, encore ce pas, ce pas sans plus.

2.

1. SALio, *is*, *ii*, *saltum*, *ire*, sauter, bondir; 2°. saillir, couvrir, cacher; 3°. jaillir, rejaillir.

SAliens, *tis*, sautant, bondissant, jaillissant, qui saute, qui saillit, saillant.

SAlientes, *ium*, bouts des tuyaux des fontaines par où l'eau sort; 2°. jets d'eau.

2. SAlius, *a*, *um*, Salien, qui concerne les Prêtres de Mars.

SAliaris, *re*, *is*, des Saliens, qui concerne les Saliens: *Prêtres de Mars*; 2°. magnifique, somptueux, exquis.

SAliatus, *ûs*, dignité de Prêtre de Mars.

SAli-Sub-Sulus, *i*, qui dansoit au son des instrumens dans les jeux sacrés.

SAli-Ciprius, *ii*, qui monte sur des échasses, sur une borne, sur un pieu, sur quelque pierre ou quelque montée.

IN-SILia, *ium*, pédales, marches des Tisserands.

COMPOSÉS

Où SAL devient SIL.

AB-SILio, *is*, *ivi*, ou *ui*, *ultum*, *ire*, s'en aller en sautant, faire un saut en arrière, se retirer au plus vite.

AS-SILio, *is*, *lui* ou *lii*, *ultum*, *lire*, saillir, sauter contre ou dessus, s'élancer, se jetter sur; 2°. accourir, se transporter aisément.

CON-SILio, *is*, *lui & livi*, *sultum*, *ire*, assaillir, attaquer, insulter, se jetter sur.

CON-SILior, *aris*, *atus sum*, *ari*, être pressé, foulé chez le Foulon.

DE-SILio, *is*, *lui & lii*, *sultum*, *lire*, sauter, faire un saut, sauter en bas, descendre légèrement, promptement.

DIS-SILio, *is*, *lui & ivi*, *sultum*, *lire*, sauter çà & là, se briser, crever, éclater, se fendre, s'entr'ouvrir, se séparer par éclats.

EX-SILio, *is*, *lii* ou *lui*, *sultum*, *silire*, tressaillir, sauter, bondir, sortir en bondissant, ou avec précipitation.

IN-SILio, *is*, *lui* ou *lii*, *sultum*, *ire*, sauter dans ou sur; 2°. se jetter dessus; 3°. saillir, couvrir.

PRÆ-SILio, *is*, *lui*, *sultum*, *lire*, sauter.

PRO-SILio, *is*, *lui* ou *lii* ou *livi*, *sultum*, *lire*, saillir dehors en sautant, sauter hors, se jetter en sautant.

RE-SILio, *is*, *lii* ou *lui* ou *livi*, *sultum*, *lire*, rejaillir, rebondir; 2°. sauter en arrière, reculer, se retirer; 3°. se dédire.

SUB-SILio, *is* ou *lui*, *sultum*, *lire*, sauter, tressaillir.

SUPER-SILio, *is*, *ire*, sauter dessus ou par-dessus.

3.

COMPOSÉS

Où SAL se change en SUL.

BI-SULtor, *oris*, qui venge doublement; deux fois vengeur, surnom de Mars.

AS-SULto, *as*, *avi*, *atum*, *are*, assaillir, attaquer, se jetter dessus, se ruer sur, insulter.

AS-SULtus, *ûs*, attaque, assaut, insulte.

AS-SULtans, *tis*, assaillant, attaquant, qui saute sur.

DE-SULtor, *oris*, qui voltige sur un cheval; 2°. cavalier qui saute d'un cheval sur un autre.

DE SULtura, *æ*, l'art de voltiger sur un cheval; 2°. l'adresse de sauter de dessus un cheval.

DE-SULtorius, *a*, *um*, qui sert à voltiger, &c.; 2°. inconstant.

DIS-SULto, *as*, *avi*, *atum*, *are*, s'écarter, se briser, se casser, se mettre en place, se rompre ; 2°. sauter en bas ; 3°. se séparer, se désunir avec violence.

Ex-Sulto, as, avi, atum, are, sauter, bondir, caprioler, gambader, faire des sauts, des bonds, des caprioles, des gambades ; 2°. tressaillir de joie, être transporté de plaisir.

Ex-Sultantia, æ, élancement ; 2°. insulte.

Ex-Sultatio, onis, tressaillement de joie, gambade, saut, &c.

Ex-Sultans, tis, joyeux, ravi, transporté de joie ; voyez Exsultabundus.

Ex-Sultabundus, a, um, qui saute, qui danse, qui gambade, qui fait des gambades, sautant, dansant, gambadant, bondissant, capriolant ; 2°. qui fait des caprioles, des bonds ; 3°. qui bondit.

Ex-Sultanter, adv. &

Ex-Sultantiùs, d'un style trop enjoué.

Ex-Sultim, adv. en sautant, en bondissant, en capriolant, en gambadant ; 2°. en faisant des bonds, des sauts, des caprioles, des gambades ; 3°. en dansant de joie.

In-Sultatorius, a, um, qui insulte.

In-Sulto, as, avi, atum, are, sauter dessus ou sur ; 2°. insulter, faire insulte.

In-Sultans, tis, sautant, bondissant sur.

In-Sultatio, onis, insulte.

In-Sultatoriè, adv. avec insulte, en faisant insulte.

In-Sultura, æ, l'action de sauter ; 2°. insulte.

As-Sultim, par bonds, par sauts, en sautant.

Per-Sulto, as, avi, atum, are, sauter, bondir, faire des bonds ; 2°. faire des courses, des irruptions.

Præ-Sul, ulis, le premier des Saliens ou Prêtres de Mars qui conduisoit les autres en dansant ; 2°. Evêque.

Præ-Sulatus, ûs, Prélature.

Præ-Sultator, oris, &

Præ-Sultor, oris, celui qui mene le branle, la danse ; 2°. celui qui danse le premier.

Præ-Sultura, æ, l'action de mener le branle ou la danse, de danser le premier, d'aller devant en dansant, de sauter ou de danser devant.

Præ-Sulto, as, avi, atum, are, aller devant en dansant ; 2°. mener le branle, la danse ; sauter devant.

Re-Sulto, as, avi, atum, are, résonner, retentir ; 3°. rejaillir, rebondir.

Sub-Sultim, adv. en sautillant.

Sub-Sulto, as, avi, atum, are, sautiller, faire de petits sauts.

Sub-Sultus, ûs, petit saut.

Tran-Sulto, as, avi, atum, are, sauter d'un endroit à un autre.

4.

Con-Sul, ulis, Consul, souverain Magistrat Romain, sous la République : mot-à-mot, celui qui conduit la danse, qui saute à la tête.

Ex-Con-Sul, is, &

Ex-Con-Sularis, is, consulaire, qui a été Consul.

Pro-Con-Sul, ulis, Proconsul, dignité dans la République Romaine.

Pro-Con-Sularis, m. f. re, is, de Proconsul.

Pro-Con-Sulatus, ûs, proconsulat, charge ou dignité de Proconsul.

Con-Sulo, is, lui, ultum, lere, consulter, demander ou prendre conseil ou avis ; 2°. délibérer, prendre des mesures, aviser, donner ordre, pourvoir, avoir soin, veiller, prendre garde.

Con-Sularis, m. f. re, is, consulaire, de Consul.

Con-Sulatus, ûs, consulat, dignité de Consul, tems du consulat.

Con-Sulto, as, avi, atum, are, consulter, demander conseil, prendre avis ;

2°. aviser, délibérer, tenir conseil.

Con-Sultum, i, &

Con-Sulta, orum, Ordonnance, Arrêt, Délibération, Résolution.

Con-Sultatio, onis, consultation, conseil, avis, délibération ; 2°. sur quoi on délibere.

Con-Sultor, oris, qui demande conseil, qui consulte ; 2°. qui conseille, qui donne conseil.

Con-Sultus, a, um, part. de Consulo, qui a été consulté, à qui on a demandé avis, de qui on a pris conseil ; 2°. sur quoi on a délibéré, qui a été agité, débattu, mis en délibération ; 3°. savant, habile, entendu, intelligent, connoisseur.

Con-Sulté, iùs, issimè, adv. prudemment, mûrement, judicieusement, sagement, après y avoir pensé, avec délibération, jugement, sagesse.

Con-Sulto, adv. expressément, de propos délibéré, avec réflexion, exprès ; de dessein formé, prémédité, avec préméditation.

Con-Sulto, abl. abs.

Consulto opus est, priusquàm incipias, il faut penser, avant que d'entreprendre.

In-Con-Sulté, adv. &

In-Con-Sulto, adv. sans préméditation, sans prendre conseil.

Inconsultiùs procedere, avancer avec trop de précipitation, trop inconsidérément.

In-Con-Sultus, a, um, inconsidéré, qui agit sans prendre conseil, qu'on n'a pas consulté ; voy. Inconsideratus.

In-Con-Sultus, ûs, insçu.

Inconsultu meo, à mon insçu, sans ma participation, sans m'en avoir parlé.

Con-Silium, ii, conseil, avis ; 2°. délibération, projet, résolution, dessein, entreprise, sentiment ; 3°. assemblée, compagnie qui délibere, qui tient conseil.

Con-Silio, as, avi, atum, are, conseiller ; 2°. consulter, donner ou prendre conseil.

Con-Silians, tis, ou

Con-Siliarius, a, um, qui conseille, qui donne conseil.

Con-Siliarius, ii, ou

Con-Siliator, oris, &

Con-Siliatrix, icis, qui est du conseil, conseiller, qui conseille.

Con-Siliosus, a, um, plein de conseils.

I I.

De SAL, élevé, vint l'Or. סלע, SeLo, rocher, & le Lat.

Silex, icis, caillou ; 2°. moilon.

Siliceus, a, um, de caillou ; 2°. dur comme un caillou, impitoyable, inflexible, inexorable, insensible.

Silicarius, ii, carrier, qui tire du moilon des carrieres.

2.

De HAL, HEL, HIL, long, prononcé SEL, SIL, se forma le Latin, SILIQ, cosse, gousse, enveloppe longue & étroite des grains dans diverses plantes. De-là :

Siliqua, æ, cosse, gousse, ce qui enveloppe les grains ; 2°. fenu grec, senegré, plante ; 3°. carouge, fruit de carouge ; 4°. carcobe, arbre ; 5°. voy. Ceraunia.

Silicula, æ, petite cosse de légumes.

Siliquor, aris, atus sum, ari, pousser des cosses, des gousses ; 2°. se couvrir d'une cosse, d'une gousse, d'une enveloppe.

Siliquosus, a, um, qui a des gousses, des cosses ; qui en est garni.

Siligo, inis, froment le plus excellent ; fleur de farine de froment. De SELIGO.

Siliginarius, a, um, qui concerne la farine du pur froment.

Siliginarius pistor, boulanger de petit pain.

Siligineus,

SILigineus, a, um, de fleur de farine, de froment.
SILicia, æ, fenugrec, fenegré, plante.
SILiquaſtrum, i, poivrette, plante.

III. SAL, ſaule.

De HAL, ſaule en Celte, en Grec, &c. vinrent:
SALix, icis, ſaule, arbre.
SALicetum, i, &
SALiĉtum, i, ſauſſaie, lieu planté de ſaules.
SALiĉtarius, a, um, de ſaule.
Saliĉtarius lupus, houblon, plante.
SALigneus, a, um, &
SALignus, a, um, de ſaule, qui concerne le ſaule.
SALicaſtrum, i, lambruche qui croît parmi les ſaules.

AUTRES MOTS en SAL.

1.
1. SALamandra, æ, Salamandre, animal.
2. SALiunca, æ, lavande, herbe; 2°. nard.
3. SALpix, icis, trompette.
SALpiſta, æ, trompette.
4. SAL-Puga, æ, &
SAL-Pyga, æ, fourmi vénéneuſe, ſerpent qui cherche les fondrieres.

2.
1. SILo, onis, qui a les ſourcils gros & fort avancés; 2°. qui a le nez retrouſſé.
SILus, a, um, qui a un petit nez retrouſſé, camus, au nez retrouſſé.
SILenus, a, um, voy. Simus.
2. SILena, æ, camuzon, terme de careſſes dont les anciens ſe ſervoient à l'égard de leurs maîtreſſes camardes.
3. SILenus, i, Silene, nourricier de Bacchus; 2°. le Dieu des ſciences ſecrettes.
SILeni, orum, les Silenes, eſpéce de Satyros ſuivans Bacchus; Peuple de l'Inde.
4. SILli, orum, vers ſatyriques, ſatyres en vers, lardons.

SILLO-GRAPhus, i, Ecrivain ſatyrique, Poëte ſatyrique.

IV. HAL, SAL, ſalut, ſanté.

De HAL, porter, vint SAL, l'état où on ſe porte bien.

1.
1. SALus, utis, Déeſſe de la ſanté; 2°. ſanté; 3°. ſalut, bon jour qu'on ſouhaite; 4°. conſervation, bon état.
SALvus, a, um, ſain, qui eſt en ſanté, qui ſe porte bien; 2°. conſervé entier, qui eſt en bon état; 3°. ſauvé.
SALvo, as, avi, atum, are, ſauver, (d'autres liſent ſervo dans Cic. & dans Quintilien).
SALveo, es, ere, être ſain, être en bonne ſanté, ſe porter bien.
2. SALvia, æ, Sauge, Plante.
SALvio, as, avi, atum, are, faire prendre un breuvage fait avec de la ſauge.
SALviatum, i, breuvage de ſauge.
3. SALvatio, onis, ſalut, l'action de ſauver.
SALvator, oris, ſauveur, qui ſauve.
SALvé, adv. ſainement, avec ſanté.
SALutatio, onis, ſalutation, ſalut, révérence, l'action de ſaluer.
SALutator, oris, qui ſalue, qui fait la révérence.
SALutaris, m. f. re, is, ſalutaire, utile à la ſanté; 2°. avantageux, profitable, utile; 3°. qui apporte de la conſolation.
SALutariter, adv. ſalutairement, avantageuſement, utilement.
SALuti-Fer, a, um, &
SALuti-Ger, a, um, ſalutaire, qui apporte le ſalut ou la ſanté.
SALuti-GErulus, a, um, qui va ſaluer de la part de quelqu'un.
4. SALuber, m. bris, f. bre, &
SALubris, m. f. bre, is, brior, berrimus, ſalubre, ſain, qui contribue à la ſanté; 2°. ſalutaire.

Salubritas, atis, bonté de l'air, faine température, santé.

Salubritas dictionis, pureté du discours.

Salubriter, briùs, berrimè, adv. sainement, utilement pour sa santé; 2°. utilement, avantageusement.

In-Salubris, m. f. bre, is, qui n'est pas sain, mal-sain, nuisible à la santé.

2.

Saluto, as, avi, atum, are, saluer, faire la révérence, souhaiter le bon jour, mot-à-mot; souhaiter le salut une bonne santé; 2°. conserver.

Salutans, tis, qui salue, qui fait la révérence.

Salutatius, a, um, qui concerne les salutations, les révérences, les saluts.

Salutatrix, icis, celle qui salue, qui fait la révérence, qui souhaite le bon jour, faiseuse de révérences.

Salutatorium, ii, charge d'Huissier de chambre ou de Maître des cérémonies.

COMPOSÉS.

Con-Saluto, as, avi, atum, are, s'entre-saluer.

Con-Salutatio, onis, salut réciproque, l'action de s'entre-saluer.

Ob-Saluto, as, avi, atum, are, se présenter, venir au-devant pour saluer.

Per-Salutatio, onis, salut, bon jour.

Per-Saluto, as, avi, atum, are, saluer souvent ou avec exactitude.

Re-Saluto, as, avi, atum, are, resaluer, rendre le salut, saluer celui de qui on a été salué, ou saluer une seconde fois.

Re-Salutatus, a, um, à qui on rend le salut, qu'on a resalué, part.

Re Salutatio, onis, salut réitéré, ou celui qu'on rend.

V.

De Hel, brillant, nom du Soleil, prononcé Sel, vinrent ces mots:

Selene, es, Lune.

Seleniacus, a, um, lunatique.

Selenites, æ, sorte de pierre précieuse, qui portoit la figure d'une lune.

Selenitium, ii, sorte de lierre.

Selago, inis, herbe semblable à la bruyere.

v 1.

SAL, la mer, le sel.

De Hal, mer, en Grec Hals, se formerent ces Familles Latines.

1.

Salum, i, la mer.

Salor, oris, couleur des eaux de la mer; entre le verd & le bleu.

Salacia, æ, Déesse de la mer; 2°. reflux de l'Ebe, descendant de la marée.

Salsi-Potens, tis, le puissant Dieu des mers.

2.

Salax, acis, 1°. de la mer, marin, salin; 2°. lubrique, lascif; 3°. qui irrite, qui porte à la lasciveté.

Salacitas, atis, inclination à la débauche.

Salaconia, æ, disposition à la volupté, mollesse.

Salacon, onis, voluptueux; 2°. vain; ambitieux.

3.

Sal, alis, sel; 2°. mer; 3°. fine raillerie, pointe d'esprit, plaisanterie; 4°. sagesse; 5°. tache dans une pierre précieuse.

Salio, is, ii ou ivi, itum, ire, &

Sallio, is, ivi, itum, ire, ou

Sallo, is, si, sum, ere, saler.

Salina, æ, lieu où l'on fait le sel, saline;

2°. falière, ; 3°. bon mot, plaisanterie.
SALINUM, i, falière.
SALillum, i, petite falière,
SALarius, ii, marchand de sel.
SALarius, a, um ; —— aris, e, de sel, qui concerne le sel.

Au figuré & au simple.

SALſus, a, um, salé; 2°. agréable, plein de sel, dit avec esprit.
SALSÈ, avec sel, avec esprit.
PER-SALſus, a, um, très-salé, très-spirituel, plein d'esprit.
PER-SALSÈ, très-spirituellement.
PRÆ-SALſus, a, um, fort salé; 2°. salé auparavant.
SUB-SALſus, a, um, un peu salé.
IN-SULſus, a, um, qui n'est pas salé, fade, sans goût; 2°. sot, niais, sans esprit.
IN-SULſitas, atis, sottise, fatuité.
IN-SULSÈ, sottement, sans esprit.
SUB-IN-SULſus, a, um, un peu sot.

3.

1. SALſura, æ, salage, salaison.
SALſugo, inis, saumure, liqueur salée.
SALſugia, æ, marinade.
SALſitudo, inis, }
SALſilago, onis, } salure, saumure, liqueur salée.
SALſedo, inis, }
SALſamentum, i, chair ou poisson salé.
SALſamentarius, ii, Chaircuitier.
SALſamentarius, a, um, qui concerne les viandes salées.
SALitura, æ, salage, salaison.
SALitor, oris, commis de Gabelle, SAUnier.
SALinarius, ii, } qui fait le sel, qui le
SALinator, is, } vend.
SALinarius, a, um, de sel, de mine de sel.
2. SALinæ, arum, salines.
SALar, aris, ce qui est en saumure, poisson salé ; 2°. saumon ; 3°. truite saumonée.
SALMO, onis, saumon.
SALPA, æ, merluche.

BINOMES.

SALI-FODina, æ, mine de sel.
SALIN-Acius, a, um, &
SALIN-Acidus, a, um, ou
SALIM-Acidus, a, um, salin, acide, aigre, salé, saumache.
SAL-NITrum, i, &
SALO-NITrum, i, sel-nître, salpêtre.
SAL-GAMA, orum, fruits confits au vinaigre, à l'eau-de-vie, ou à sec.
SAL-GAMarius, ii, Confiseur : du Celt. GAM, fruits, raisins.
SAL-Arium, ii, salaire, appointemens, soldes, gages.
SALariarius, a, um, salarié, qui reçoit des appointemens, une solde, un salaire.

SALiva, æ, salive ; 2°. goût des viandes.
SALivo, as, avi, atum, are, jetter de la salive, baver, écumer.
SALivosus, a, um, plein de salive.
SALivatus, a, um, imbu de salive.
SALivatio, onis, salivation.
SALivarius, a, um, de salive, qui ressemble à la salive.
SALivare, is, embouchure, mors de bride.
SALivarius, ii, Médecin d'animaux.
SALivatum, i, médecine pour les animaux.

FAMILLE GRECQUE.

SIALON, i, salive.
SIALO-Chus, i, qui crache en parlant.
SIALus, i, cochon engraissé.

VII.

HeM, SUM,
prendre.

Du primitif HAM, HEM, prendre,

qui fit HAM*us*, hameçon ; le Theuton HAMM, portion, lot , le Bas-Breton , HEM*er*, prife, fe forma le vieux Latin *Emo*, qui fignifioit prendre, enlever , la même chofe que *tollo*, comme on voit dans FESTUS , au mot AB-EM*o*.

Les Latins changeant enfuite EMO , HEMO, en SUM , donnerent lieu à cette Famille :

SUM*o*, *is*, *fumfi* ou *fumpfi*, *fumtum*, ou *fumptum*, *mere*, prendre, 2°. emprunter ; 3°. choifir ; 4°. entreprendre ; s'attribuer , préfumer, s'avantager , s'arroger ; 5°. employer, dépenfer.

SUM*endus* , *a* , *um*, qu'il faut prendre.

SUM*ptio*, *onis*, emprunt, ce qu'on emprunte, l'action d'emprunter; 2°. prife, ce qu'on prend à chaque fois.

SUM*ptito* , *as* , *avi* , *atum* , *are* , prendre fouvent ou fréquemment.

COMPOSÉS.

AS-SUM*o*, *is*, *pfi*, *ptum*, *ere* , prendre, attirer à foi, s'attribuer , s'approprier, fe donner, s'emparer ; 2°. Inférer, conclure.

AS-SUM*ptivus*, *a*, *um*, affomptif, terme de Rhétorique ; ce qu'on employe dans un argument par induction.

Affumptiva pars, feconde propofition ou la mineure d'un fyllogifme.

AS-SUM*ptio*, *onis*, recueil de quelque chofe.

RE-AS-SUM*o*, *is*, *fumfi*, *fumtum*, *mere*, reprendre, prendre une feconde fois.

AB-SUM*o*, *is*, *fumfi*, *fumptum*, *ere*, confumer, employer, ufer, dépenfer, diffiper entierement, abolir.

AB-SUM*or*, *eris*, *mtus fui*, *tum effe*, *mi*, paffif d'*Abfumo*, être confumé, périr, mourir.

AB-SUM*tio*, *onis*, confomption, engloutiffement.

AB-SUM*tus*, *a*, *um*, part. d'*Abfumo*.

AB-SUM*edo*, *inis*, dégât, dépenfe, confomption des chofes qui fe mangent.

CON-SUM*o*, *is*, *fumpfi*, *fumptum*, *mere*, confumer, ruiner, ufer, détruire, anéantir, diffiper ; 2°. employer, paffer.

CON-SUM*tio*, *onis*, confomption, diffipation , dégât, deftruction , ruine ; 2°. confomption, forte de maladie.

CON-SUM*ptor*, *oris*, qui confume, qui ruine, qui détruit, deftructeur.

CON-SUMM*atio*, *onis*, confommation, perfection, accompliffement, achevement, derniere main.

CON-SUMM*o*, *as*, *avi*, *atum*, *are*, confommer, achever, finir, terminer, accomplir, perfectionner.

IN-CON-SUMM*atio*, *onis*, imperfection.

In inconfummatione erunt, ils n'auront point une vie heureufe.

IN-CON-SUM*atus*, *a*, *um*, qui n'eft point achevé, imparfait.

PRÆ-CON-SUM*o*, *is*, *fumfi*, *fumptum*, *ere*, confumer auparavant.

DE-SUM*o*, *is*, *fumpfi*, *fumptum*, *mere*, prendre, tirer, choifir, trier, cueillir.

IN-SUM*o*, *is*, *pfi*, *ptum*, *mere*, prendre ; 2°. employer, confumer, dépenfer.

PRÆ-SUM*o*, *is*, *mfi*, *tum*, *mere*, prendre devant ou auparavant ; 2°. préfumer, s'attendre à.

PRÆ-SUM*ptio*, *onis*, anticipation ; avance, préfomption, préoccupation ; 2°. l'action de prévenir, de répondre par avance ; figure de Rhétorique ; 3°. Conjecture.

PRÆ-SUM*ptum*, *i*, préfomption, conjecture.

PRÆ-SUM*ptivus*, *a*, *um*, préfomptif.

PRÆ-SUMPTuoſus, a, um, préſomptueux.
PRÆ-SUMPtor, oris, préſomptueux ; 2°. uſurpateur.
PRÆ-SUMPtè, préciſément, avec préciſion.
RE-SUMO, is, ſumpſi, ſumptum, mere, reprendre.
TRAN-SUMO, is, ſumſi, ſumtum, mere, prendre de la main d'un autre.
TRAN-SUMTio, onis, métalepſe, figure de Rhétorique.

VIII.
HAN, HEN, SEN,
vieux.

De HAN, révolution, cercle, année, ſe forma HAN, HEN, chargé d'années, vieux, en Celtique, &c.

Et ce mot ſe changeant en SEN produiſit cette Famille Latine.

SENex, is, vieux, ſur ſon déclin, ancien, lent.
SENeo, -ere, être vieux, être lent.
SENeſco, -ere, vieillir, devenir vieux, ſe rallentir ; languir.
SENium, ii, } vieilleſſe, ennui, cha-
SENectus, utis, } grin ; 2°. vieillard.
SENecta, æ, }
SENior, oris, plus vieux, vieillard.
SENiores, um, peres, ancêtres ; 2°. les Sénateurs, mot-à-mot, les vieillards.
SENilis, e, de vieillard.
SENiliter, en vieillard.
SENiculus, a, um, vieillard, petit vieillard, petite vieille.
SENectus, a, um, vieux, vieilli.
SENecio, onis, vieillard endormi.
SENatus, ûs, aſſemblée des vieillards, Sénat.
SENatulus, i, } diminutifs.
SENatulum, i, }
SENaculum, i, le palais, lieu où s'aſſembloit le Sénat.

SENator, oris, Sénateur.
SENatorius, a, um, de Sénateur.
SENatus-Conſultum, arrêt du Sénat.
CON-SENeſco, is, nui, ſcere, vieillir ; baiſſer, déchoir.
IN-SENeſco, -ere, devenir vieux, languir.
PER-SENex & PER-SENilis, très-vieux, chargé d'années.

IX.
HARP, SARP,
tailler.

De HARP, griffe, ſerpe, tout inſtrument tranchant, vint :

SARo, is, pſi, ptum, pere, tailler la vigne, uſer de la ſerpette.
SARPta, æ, vigne taillée.

X.
SART, réparer, approprier.

Du Celte HARDD, beau, propre, orné ; net, approprié, &c. & dont la Famille eſt nombreuſe vinrent divers mots Latins relatifs aux mêmes idées, & dont l'origine étoit abſolument inconnue.

SARcio, is, ſi, tum, cire, raccommoder, rajuſter, refaire, réparer, ravauder, rapetaſſer, rapiéceter ; 2°. récompenſer.
SARſura, æ, ravaudage, métier de ravaudeur, de ravaudeuſe, de tailleur, de couturiere, qui raccommode.
SARtura, æ, l'action de refaire, de réparer, de rétablir, de raccommoder, raccommodage ; 2°. ſarclage, l'action de ſarcler.
SARtus, a, um, part. de Sarcio ; rétabli, refait, recouſu, remis en bon état.
SARtor, oris, ſarcleur ; 2°. ravaudeur, raccommodeur.

SARTRIX, *icis*, ravaudeuſe, couturiere, qui raccommode.
SARTÉ, *adv.* voyez *Integrè*.
RE-SARCIO, *is*, *ſi*, *tum*, *cire*, raccommoder, rajuſter ; 2°. réparer des pertes.
SARDO, *as*, *are*, voyez *Intelligo*.
2. SARRIO, *is*, *ivi*, *itum*, *ire*, ſarcler.
SARRITIO, *onis*, ſarclage, l'action de ſarcler.
SARRITOR, *oris*, ſarcleur.
SARRITURA, *æ*, tems de ſarcler.
SARCULATIO, *onis*, ſarclage, l'action de ſarcler.
SARCULO, *as*, *avi*, *atum*, *are*, ſarcler.
SARCULUM, *i*, &
SARCULUS, *i*, ſarcloir.
CON-SARRIO, *is*, *ivi*, *itum*, *ire*, ſarcler arracher les mauvaiſes herbes qui croiſſent dans les bleds.
CON-SARRITIO, *onis*, ſarclure, l'action de ſarcler.
CON-SARRITOR, *oris*, ſarcleur.
RE-SARRIO, *is*, *ivi*, *itum*, *ire*, reſarcler, ſarcler une ſeconde fois.

XI.

HAT, HAD, SAT,
ſemence.

Du Celte HAD, HAT, ſemence, HADU, ſemer, prononcé SAT, dériverent ces Familles :

1.

SATA, *orum*, grains ſemés, moiſſons, fruits pendans par les racines : termes d'uſage dans le Palais.
SATIO, *onis*, ſemailles, l'action de ſemer ou de planter.
SATUS, *ûs*, ſemailles, l'action de ſemer, celle de planter ; 2°. génération, action d'engendrer, de produire ; 3°. ſemence.
SATUS, *a*, *um*, part. de *Sero*, engendré ; 2°. produit.

SATOR, *oris*, qui ſeme, qui plante ; 2°. créateur, auteur, pere.
SATORIUS, *a*, *um*, qui concerne les ſemailles & ceux qui ſement, dont on ſe ſert pour ſemer.
SATIVUS, *a*, *um*, qui ſeme, qu'on ſeme, cultivé.
IU-SATIVUS, *a*, *um*, qui croit naturellement ; 2°. qui vient ſans être ſemé.

2.

SAT, aſſez ſuffiſamment, autant qu'il faut.
SATIS, *adv.* aſſez, ſuffiſamment, autant qu'il faut.
SATIUS, *adv.*, mieux, plus avantageux, plus à propos, plus utile, voy. *Satior*.
SATIOR, *m. f. ius*, *oris*, plus commode, plus propre, plus avantageux, plus à propos, qui eſt mieux, qui vient mieux, qui vaut mieux, plus utile.
SATIS-FACTIO, *onis*, ſatisfaction, excuſe.
SATIS-FACTORIUS, *a*, *um*, ſatisfactoire, qui expie les péchés.
SATIS-FIO, *is*, *factus ſum*, *fieri*, être ſatisfait ; recevoir les excuſes, les ſatisfactions.
SATIS-FACIENS, *tis*, qui ſatisfait, qui fait ſatisfaction.
SATIS-FACIO, *is*, *feci*, *factum*, *cere*, ſatisfaire, donner ſatisfaction, faire raiſon, contenter, payer.

3.

3. SATIO, *as*, *avi*, *atum*, *are*, raſſaſier, ſaouler, remplir de viandes, donner à manger ſuffiſamment, aſſouvir, contenter ; 2°. dégouter, ennuyer, laſſer.
SATIAS, *atis*, &
SATIES, *ei*, ou
SATIETAS, *atis*, ſatiété, raſſaſiement, réplétion, dégoût.
SATIABILIS, *m.f. le n. is*, qu'on peut raſſaſier.

SATianter, adv. à suffisance, suffisamment, pour le rassasier.

SATiaté, adv. en abondance, à satisfaction, à souhait.

SATin? pour satisne? est-ce assez? en est-ce assez?

COMPOSÉS.

Ex-SATio, as, avi, atum, are, assouvir, saouler, remplir, rassasier.

In-SATiabilis, m. f. le, n. is, insatiable, qu'on ne peut contenter, qu'on ne sauroit rassasier ou assouvir; 2°. qui ne dégoûte point, dont on ne se lasse jamais.

In-SATiabilitas, atis, avidité insatiable, insatiabilité.

In-SATiabiliter, adv. sans pouvoir être assouvi, sans qu'on se puisse rassasier, avec une avidité insatiable.

In-SATiatus, a, um, voyez Insatiabilis.

In-SATietas, atis, voy. Insatiabilitas.

4.

SATur, ra, rum, rior, saoul, rassasié, rempli; 2°. fertile, abondant.

SATuro, as, avi, atum, are, saouler, rassasier, remplir, assouvir; 2°. dégoûter, ennuyer, lasser.

SATuritas, atis, rassasiement, réplétion, plénitude de viandes; 2°. superfluité, excrément; 3°. abondance, fertilité.

SATura, æ, plat rempli de divers mets; 2°. ragoût; 3°. -orum, le plur. de Satur.

SATuratio, onis, rassasiement, réplétion; l'action de saouler, de rassasier.

SATullatus, a, um, part. de

SATullo, as, are, voy. Saturo.

SATullus, a, um, saoulé, rassasié, rempli.

Ex-SATuratus, a, um, rempli, satisfait, assouvi, part. de

Ex-SATuro, as, avi, atum, are, assouvir, remplir, rassasier, saouler.

Ob-SATuro, as, avi, atum, are, saouler, remplir, regorger, rassasier, jusqu'au dégoût.

In-SATurabilis, m. f. le, n. is, insatiable; qu'on ne sauroit saouler.

In-Ex-SATurabilis, m. f. le, n. is, insatiable, qu'on ne peut rassasier ou assouvir.

In-Ex-SATuratus, a, um, qui n'est point rassasié.

In-SATurabiliter, insatiablement.

5.

SATyra, æ, 1°. mélange de diverses choses; 2°. satyre, pièce en vers ou en prose, qui reprend les vices.

SATyricus, a, um, de la satyre, satyrique, qui concerne la satyre.

SATyrion, ii, n. Satyrion, plante bulbeuse.

SATyron, i, & Satyri, orum, Satyre; pièce ou Poëme satyrique.

SATyrus, i, Satyre.

SATureia, æ, &

SATureia, orum, Sarriette, plante.

6.

SATurnus, ni, Saturne, l'un des Dieux du Paganisme; 2°. une des sept Planettes.

Saturni filia, fièvre quarte; 2°. Junon.

SATurnalia, ium, ou orum, les Saturnales, les fêtes de Saturne, qu'on célébroit à Rome en Décembre.

SATurnalitius, a, um, des Saturnales, qui concerne les Saturnales.

SATurninus, a, um, &

SATurnius, a, um, de Saturne, qui concerne Saturne.

7.

SAT-Ago, is, egi, gere, être actif, empressé, soigneux, diligent; avoir de l'empressement, prendre du soin, se donner du mouvement, s'empresser, s'entremettre.

SAT-AGITO, *as*, *avi*, *atum*, *are*, prendre beaucoup de soin, se donner beaucoup de mouvement, être fort soigneux, avoir bien de l'empressement, s'empresser, s'agiter extrêmement.

SAT-AGens, *tis*, actif, empressé, diligent, soigneux, qui s'entremet.

SAT-AGeus, *i*, affairé, empressé, qui est toujours en action, homme qui se donne de grands mouvemens, qui fait l'empêché, qui n'est jamais en repos, qui s'agite continuellement.

XII.
SE, pour HE,
1. Verbe.

De HE, est, on fit HEIM, je suis; H s'adoucissant ensuite en S, HEIM devint SUM, à l'indicatif, SEIM, puis SIM au Subjonctif : de-là :

SUM, *es*, *est*, *fui*, *esse*, je suis, tu es, il est, j'ai été, être ; 2°. avoir ; 3°. valoir ; 4°. causer, être cause. Ce Verbe s'emploie avec le nominatif des pronoms possessifs.

AD-SUM, *ades*, *adfui*, *adesse*, être présent, paroître, se trouver, se faire voir, se montrer ; 2°. assister, servir, aider, secourir, favoriser, défendre ; 3°. arriver, venir, approcher, être près.

PER-SUM, *fui*, *esse*, être fort, très, beaucoup, extrêmement.

PRO-SUM*ia*, *æ*, petit bâtiment de mer propre à aller à la découverte.

2. Conjonction.

HEI, signifiant, par ellipse, lors même que cela seroit, si, quand même, devint en vieux Latin SEI, ensuite :

1. SI, si, bien que, quand même.
2. NI-SI, sinon, si ce n'est, excepté, horsmis.
3. SIN, que si, mais si.
4. SEU, } soit, ou, ou bien.
   SIVE,
5. SODes, pour SI AUDes, si vous osez.
6. SIC ; SIce, ainsi, de la sorte.
   SIC-UBI, si en quelque lieu, si en quelque endroit.
7. SED, mais.
   SED-ENIM, cependant, toutefois, néanmoins.

3. Pronom.

SE, Accusatif & Ablatif du Pronom *sui*, soi.

SEmet, soi-même.

SUI, *sibi*, *se*, Pronom de la troisième Personne au singulier & au pluriel, de soi, à soi, soi.

SUImet, *sibimet*, *semet*, &

SUImetipsius, *sibimetipsi*, *semetipsum*, de soi-même, à soi-même, soi-même.

SUus, *a*, *um*, Pronom, son, sa, sien, sienne, qui est à soi, qui est à lui.

SUs, *sa*, *sum*, pour *suus*, *sua*, *suum*.

SUusmet, *suamet*, *suummet*, son même, sa même, son propre, sa propre.

SUamet, pour *sua ipsa*.

SUamet-vi, de sa propre force, par sa propre poids.

SUApté, de soi-même.

SUapté sponte, de son propre mouvement.

SUopté, de son propre.

SUopté ingenio, de son propre génie.

4. Adverbe.

SEM-PER, toujours, à jamais.

SEMP-ITERnus, *a*, *um*, éternel, sans fin.

SEMP-ITERnò,

SEMP-Iternò ; — né, à jamais, éternellement.

Cet Adverbe, dont on ne connoissoit point l'origine, est composé de SUM ou SEM qui désigne l'existence, & de PER qui marque la perfection, la plénitude, ce à quoi il n'y a rien à ajouter.

Quant à ITernus, il vient de ŒT, ÆT, qui désigne le tems, la durée.

5. Nom.

De MI, moitié, précédé de l'Article HE, les Grecs firent HEMI, la moitié, demi.

Et de HE-MI, prononcé SEMI, se formerent :

SEMis, *indécl.* demi, moitié.
SEMI-Ssis, *se*, *is*, de la moitié.
SEMI-Ssarius, *a*, *um*, héritier pour moitié.
SEM-ones, *um*, demi-Dieux, Héros divinisés.

6. SES-QUI.

SEMIS se joignant à QUE, ET, désigna *& la moitié*, & se prononça par syncope SES, d'où SESQUI.

SES-QUI-CYAThus, *mot-à-mot*, un verre & demi.
SES-QUI-DIGITus, un doigt & demi.
SES-C-UNCia, *æ*, une once & demie.

7.
SIMILa.
Fleur de Farine, &c.

SIMILa, est une altération du Grec SEMI-DALis, qui désigne également la fleur de farine du blé.

Ce nom étoit très-bien choisi, de *semi*, demi, & DAL, brûlé, parce que dans le commencement on torrifioit le grain afin de pouvoir le moudre ou le broyer. La fleur de la farine étoit ainsi celle que le feu avoit moins altérée.

SIMILa, *æ*, fleur de farine, de froment.
SIMILagineus, *a*, *um*, de fleur de farine de froment.
SIMILago, *inis*, fleur de farine de froment.

XIII.
SED pour HED.

Du primitif HED, siége, prononcé SED, se forma cette Famille :

SEDes, *is*, siége ; 2°. demeure, domicile, habitation, maison, séjour, lieu, place, poste ; 3°. siége, derriere, fondement ; 4°. tombeau.

SEDeo, *es*, *sedi*, *sessum*, *dere*, s'asseoir, être assis ; 2°. être, demeurer ; 3°. s'arrêter ; 4°. être perché ; 5°. demeurer oisif, être paresseux ; 6°. être séant ; 7°. être enraciné ; 8°. camper, être campé.

SEDens, *tis*, qui est assis.
SEDentarius, *a*, *um*, qui se fait étant assis ; 2°. qui est assis en travaillant, qui travaille étant assis, qui est ordinairement assis, sédentaire.
SEDile, *is*, siége, chaise, fauteuil, banc.
Sedile avium, juchoir.
SEDecula, *æ*, &
SEDicula, *æ*, petit siége.
SEDularium, *ii*, coussin, oreiller, quarreau, strapontin.
SEDum, *i*, joubarbe, *plante*.

2.

SEDulus, a, um, soigneux, diligent, exact, attaché, assidu.
SEDulitas, atis, soin, diligence, exactitude, assiduité, attachement, attache.
SEDulè, adv. &
SEDulò, adv. soigneusement, exactement, diligemment, assidûment, avec attachement, avec attache.

3.

SED en SEL, SOL.

SELLa, æ; — Lula, æ, siége, chaise, sellette.
SELLaris, e, de chaise, de siége.
SELLularius, a, um, qui travaille assis.
SELLaria, æ, salle d'assemblée, salle pleine de siéges.
SELLariola, æ, cabaret.
SELLarioli, orum, qui passent la journée au cabaret.
Bis-SELLium, ii, canapé, siége pour deux personnes.
Sub-SELLium, ii, banc, siége.
Ad-SELLatus, a, um, assis; 2°. à la selle.
Ad-SELLo; As-SELLo, -are, aller à la selle.
SELI-Quastrum, i, siége.
SOLium, ii, siége élevé, Trône.
SOLiaris, e, de trône, qui concerne le trône.

4. SED en SESS.

SESSus, ûs, &
SESSio, onis, l'action de s'asseoir ou d'être assis, lieu où l'on s'assied, ou propre à s'asseoir; 2°. séance, session (parlant d'un Conseil ou autre grande assemblée).
Sessiones, les assises.
SESSitatio, onis, l'action de s'asseoir & se rasseoir.
SESSitator, oris, qui s'assied & se rassied souvent.
SESSibulum, i, siége.
SESSor, oris, qui est assis; 2°. cavalier.
SESSorium, ii, chaise à porteur.
SESSito, as, avi, atum, are, s'asseoir, se rasseoir souvent.
SESSilis, le, is, propre à s'asseoir, où l'on peut s'asseoir; 2°. qui est assis.
SESSimonium, ii, salle de conseil, lieu où l'on tient assemblée.

Composés.

Es-SEDum, i, &
Es-SEDa, æ, chariot de guerre dont se servoient les Gaulois, caisson.
Es-SEDarius, ii, celui qui conduisoit ce chariot.
Ad-SIDelæ, arum, tables sur lesquelles les Prêtres Flamines sacrifioient étant assis.
As-SESSio, onis, séjour, demeure auprès de quelqu'un, assistance en jugement, l'action d'être assis auprès d'un autre.
As-SESSor, oris, Assesseur, premier Conseiller, celui qui juge en l'absence du Président, qui est assis auprès de lui; assistant au Conseil.
As-SESSorium, ii, le lieu où juge l'Assesseur.
As-SESSorius, a, um, ce qui concerne un Assesseur.
As-SESSura, æ, droit d'être assis auprès du Juge & de juger avec lui, & pour lui en son absence; Charge d'Assesseur.
As-SESStrix, icis, celle qui assiste, garde d'accouchée, sevreuse, gouvernante d'enfans.
As-SISa, æ, &
As-SISia, æ, Assises, séance d'un Juge supérieur dans le siége d'un subalterne; 2°. séance pour écouter les plaintes des

Officiers inférieurs, ou celles qu'on fait d'eux ; 3°. us & coutumes d'un pays.

As-Sideo, es, sedi, sessum, dere, être assis ou placé auprès ; 2°. être ou demeurer auprès ; 3°. consoler ; 4°. assiéger.

As-Siduus, a, um, assidu, continuel, perpétuel ; 2°. régulier, exact, soigneux, diligent, attaché, empressé ; 3°. riche, opulent, aisé, accommodé, pécunieux.

As-Siduitas, atis, assiduité, attache, attachement, soin empressé, empressement, continuité à faire une chose, exercice continuel ; 2°. compagnie continuelle.

As-Siduò, adv. &

As-Siduè, issimè, adv. assiduement, incessamment, continuellement, journellement, perpétuellement, très-fréquemment, fort souvent, presque toujours, avec constance.

Circum-Sedeo, es, sedi, sessum, dere, assiéger, être assis autour.

Circum-Sideo, es, sedi, sessum, dere, &
Circum-Sido, is, ere, assiéger, bloquer, investir, tenir assiégé.

Circum-Sessio, onis, blocus, siége de ville.

Con-Sedeo, es, ere, &
Con-Sideo, es, sedi, sessum, dere, s'asseoir, être assis auprès, avec ou contre ; 2°. s'arrêter, séjourner, demeurer, se reposer ; 3°. camper.

Ubi ira consedit, quand sa colere fut appaisée.

Con-Sessus, ûs, compagnie, assemblée, cercle de personnes assises, pour voir quelques spectacles ; 2°. séance des Juges.

Con-Sessio, onis, séance commune à plusieurs.

Con-Sessor, oris, qui est assis avec, contre ou auprès d'un autre ; 2°. Assesseur.

De-Sideo, es, sedi, sidere, être oisif, paresseux, se tenir sans rien faire, ne s'occuper à rien, demeurer dans l'oisiveté ; 2°. être au bassin, se mettre sur la chaise percée ; 3°. aller à la selle ; 4°. s'asseoir.

De-Ses, sidis, paresseux, nonchalant, fainéant, oisif, lent, qui ne fait rien, négligent.

De-Sides, um, voyez Deses.

De-Sidia, æ, &

De-Sidies, ei, oisiveté, fainéantise, nonchalance, paresse, lenteur, négligence.

De-Sidiosè, adv. nonchalamment.

De-Sidiosus, a, um, ior, issimus, paresseux, oisif, qui se tient sans rien faire, nonchalant, négligent, qui demeure dans l'oisiveté, qui vit dans la fainéantise, qui n'a rien à faire.

In-De-Ses, idis, qui n'est point oisif, qui n'est point paresseux.

Dis-Sideo, es, sedi, sessum, dere, différer, ne s'accorder, ne convenir pas ; être en différend, en dispute, en débat ; avoir contestation ou querelle.

Dis-Sidens, tis, différent, contraire, opposé, éloigné.

Dis-Sidium, ii, dissension, discorde, division, divorce, différend, dispute, débat, querelle, contestation ; 2°. éloignement, séparation, départ.

Dis-Sidentia, æ, antipathie, contrariété, opposition.

In-Sidens, tis, qui est assis, porté sur.

Insidens cura, soin continuel.

In-Sideo, es, edi, sessum, dere, être assis dessus, être gravé ; 2°. occuper, s'être emparé ; 3°. être en embuscade, être posté ; 4°. se jucher, se percher.

In-Sidiæ, arum, embûches, embuscades, piéges, surprise, tromperie.

IN-SIDIOR, aris, atus sum, ari, dresser des embûches ou des piéges, se mettre en embuscade, épier, guetter, chercher à surprendre.

IN-SIDIator, oris, qui est en embuscade, qui dresse des embûches, qui tend des piéges, qui est au guet.

IN-SIDIanter, adv. en dressant des embûches, en tendant des piéges, en épiant, par surprise, en se mettant en embuscade.

IN-SIDIosus, a, um, qui dresse des embûches, qui tend des piéges, qui cherche à surprendre, qui tâche à tromper, qui épie, qui guette.

Insidiosa itinera, chemins dangereux; 2°. chemins où il y a des embûches.

IN-SIDIosé, adv. avec dessein de surprendre, en dressant des embûches, en tendant des piéges, avec tromperie, par surprise.

6.

SIDO, is, sedi & sidi, dere, aller à fond, couler bas; 2°. se déposer, faire un dépôt; 3°. s'affaisser, s'écrouler, prendre coup; 4°. s'asseoir, se poser, se percher.

SIDens, tis, qui s'affaisse, qui s'écroule.

COMPOSÉS.

As-SIDO, is, sedi, sessum, dere, s'asseoir, être assis ou placé auprès.

CON-SIDo, is, sedi ou sidi, sessum, dere, s'asseoir, être assis, se placer, se reposer; 2°. demeurer, s'arrêter, séjourner, s'établir; 3°. s'enfoncer, s'abaisser, s'affaisser, crouler, s'écrouler, s'ébouler, s'abimer; 4°. se ralentir, s'appaiser, se calmer, se tranquilliser, se rasseoir.

DE SIDO, is, sedi, sidere, s'abaisser, s'affaisser, s'enfoncer.

IN-SIDO, is, sedi, sessum, dere, s'asseoir dessus, se reposer, poser sur; 2°. s'affaisser, s'enfoncer.

IN-SESSor, oris, guetteur de chemins, voleur qui guette les passans.

OB-SIDO, is, sedi, dere, former un siége; aller faire un siége.

OB-SES, idis, otage, qui est donné en ôtage; 2°. gage, assurance.

OB-SIDeo, es, sedi, sessum, dere, tenir assiégé, tenir le siége devant; 2°. occuper, tenir investi ou environné; 3°. tenir, s'emparer; 3°. être assis, s'asseoir autour.

OB-SIDes, um, voyez Obses.

OB-SIDiæ, arum, voyez Insidiæ.

OB-SIDianus, a, um, qui est noir, luisant & transparent.

OB-SIDianus, i, pierre noire & luisante, peut-être le jais ou jaïet.

OB-SIDior, aris, atus sum, ari, voyez Insidior.

OB-SIDio, onis, siége, l'action d'assiéger.

OB-SIDionalis, le, is, qui concerne un siége, de siége.

OB-SIDium, ii, siége, l'action d'assiéger; 2°. ôtage.

OB-SESsio, onis, siége, l'action d'assiéger.

OB-SESsor, oris, qui assiége, qui tient assiégé.

OB-SESsus, a, um, part. d'Obsideo, assiégé; 2°. pressé, accablé.

PER-SIDeo, es, sedi, sessum, dere, &

PER-SIDo, is, ere, s'arrêter ou demeurer long-tems en, sur.

PER-SEDeo, es, sedi, sessum, dere, être toujours assis.

PRÆ-SIDeo, es, sedi, sessum, dere, présider; 2°. aider de son secours, tenir sous sa protection, veiller à la conservation; 3°. gouverner, avoir l'intendance, être chargé de la conduite, être pourvu du gouvernement, posséder une autorité absolue ; 4°. garder, avoir la garde, être en garnison.

PRÆ-SIDium, ii, garnison ; 2°. citadelle, forteresse, fort, lieu où il y a garnison ; 3°. appui, soutien, aide, secours, défense, protection, asyle, réfuge, sauve-garde, escorte, 4°. corps-de-garde.

PRÆ-SIDalis, le, is, qui concerne celui qui préside, qui gouverne.

PRÆ-SIDatus, ûs, voy. *Præsidiatus*.

PRÆ-SIDialis curia, Présidial.

PRÆ-SIDiarius, a, um, de garnison, qui sert pour la défense.

PRÆ-SIDiatus, ûs, dignité de celui qui préside ou qui gouverne, présidence.

PRO-SEDa, æ, fille débauchée, courtisanne, coureuse.

RE-SIDeo, es, sedi, dere, s'asseoir, être assis ; 2°. s'enfoncer, s'affaisser ; 3°. résider, demeurer, rester ; 4°. s'appaiser, se calmer, s'arrêter.

RE-SIDuum, i, reste, résidu, restant, ce qui reste.

RE-SIDuus, a, um, restant, qui reste, demeuré de reste.

RE-SIDo, is, sedi, dere, se rasseoir, déposer sa lie ; 2°. s'appaiser, se calmer.

RE-SIDia, æ, voyez *Ignavia*.

RE-SEs, idis, oisif, fainéant, paresseux, qui croupit dans l'oisiveté ; 2°. croupi, croupissant.

SUB-SEssa, æ, embuscade.

SUB-SEssor, oris, qui est en embuscade, qui dresse des embûches, qui tend des piéges.

SUB-SEDeo, es, ere, &c.

SUB-SIDeo, es, sedi, sessum, sidere, s'arrêter, demeurer ; 2°. guetter, épier, dresser des embûches, tendre des piéges ; 3°. aller au fond, faire un dépôt, laisser des résidences, déposer.

SUB-SIDens, tis, qui s'arrête.

SUB-SIDo, dis, sedi, dere, aller au fond, s'abaisser, s'affaisser, déposer ou tomber au fond ; s'enfoncer ; 2°. s'arrêter, rester, demeurer.

SUB-SIDium, ii, secours, aide ; 2°. troupes qui viennent au secours ; 3°. recours ; 4°. subside, impôt, maltôte.

Subsidia, orum, corps de réserve.

SUB-SIDiarius, a, um, auxiliaire, subsidiaire, qui vient, qui va ou qui est envoyé au secours.

SUB-SIDior, aris, atus sum, ari, secourir.

SUPER-IN-SIDeo, es, ere, être fortement imprimé ou gravé.

SUPER-SEDeo, es, sessi, sessum, dere, surseoir, cesser de faire, discontinuer, se désister, remettre ; 2°. s'asseoir dessus.

SUPER-SEDendus, a, um, qu'il faut discontinuer, qu'on doit surseoir, cesser.

SUPER-SEDens, tis, qui surseoit, qui discontinue ; 2°. qui est assis dessus, perché dessus.

SUPRA-SEDens, entis, qui est assis dessus.

6.

SEDo, as, avi, atum, are, appaiser, calmer, tranquilliser, redonner la paix, le repos, adoucir.

SEDamen, inis, &

SEDatio, onis, tranquillité, calme qu'on donne à l'esprit ; 2°. l'action d'appaiser, de calmer, de tranquilliser.

SEDator, oris, qui appaise, qui calme, qui tranquillise.

SEDaté, tiùs, adv. paisiblement, tranquillement, sans s'émouvoir, sans se troubler, sans s'altérer, sans passion, sans trouble, posément.

IN-SEDabiliter, adv. sans pouvoir être appaisé.

IN-SEDatus, a, um, agité, ému, inquiet, qui ne se peut tenir en repos, turbulent.

RE-SEDa, æ, plante qui résout les apostumes & appaise les inflammations.

RE-SEDO, as, avi, atum, are, appaiser, calmer.

SEDimen, inis, &

SEDimentum, i, sédiment, dépôt d'une liqueur; 2°. affaissement; 3°. lie.

XIV.

HER devenu SER.

De RE, flux, flux de bouche, langage, les Grecs firent EIRÓ, parler: & d'EIR, prononcé SER, les Latins firent:

SERMO, onis, langue, langage qu'on parle; 2°. parole, conversation, entretien, discours; 3°. bruit.

SERMunculus, i, diminutif de Sermo.

SERMO-CINatio, onis, entretien, conversation; 2°. figure de Rhétorique, qui fait parler selon le caractere ou en termes convenables aux choses & aux personnes.

SERMO-CINium, ii, conversation, entretien, discours.

SERMO-CINor, aris, atus sum, ari, discourir, s'entretenir; 2°. avoir une conversation, un entretien, une conférence; 3°. conférer.

SERMONor, aris, ari, voyez Sermocinor.

SERMO-CINator, oris, &

SERMO-CINatrix, icis, qui discourt, qui fait un raisonnement.

CON-SERMonor, aris, atus sum, ari, voy. Sermocinor.

COMPOSÉS.

As-SERO, is, rui, sertum, rere, assurer, affirmer, soutenir; 2°. attribuer, approprier; 3°. affranchir, préserver, garantir; 4°. appliquer, attacher, adonner; 5°. dire.

As-SERTio, onis, affirmation, conclusion; 2°. affranchissement, délivrance de servitude, manumission.

As-SERTor, oris, libérateur, sauveur, protecteur, défenseur.

DIS-SERO, is, rui, sertum, rere, disputer, discourir, s'entretenir, traiter, raisonner, parler de.

DIS-SERTO, as, avi, atum, are, discourir, parler, s'entretenir, traiter, raisonner de.

DIS-SERTio, onis, &

DIS-SERTatio, onis, dissertation, traité, discours, dispute.

DIS-SERTator, oris, qui discourt, qui fait une dissertation.

DIS-SERTabundus, a, um, qui discourt, qui traite de quelque chose.

E-DIS-SERO, is, rui, sertum, rere, dire, faire entendre, développer, expliquer, exposer.

XV.

SERP, ramper.

Du prim. HER, terre, se forma HERP, ramper; d'où:

1. SERPO, is, psi, ptum, pere, ramper, s'avancer, s'étendre en rampant, se traîner sur le ventre; 2°. se répandre, se glisser, s'écouler, s'avancer peu à peu, gagner.

2. SERPens, tis, serpent.

SERPens, tis, adj. qui rampe, qui se traîne sur le ventre, reptile, qui s'avance ou s'étend en rampant.

Serpentes bestiæ, reptiles.

Serpentinus, a, um, de serpent, serpentin.

Serpenti-Gena, æ, engendré d'un serpent.

Serpenti-Ger, a, um, qui porte des serpens.

Serper-Aster, tri, écornifleur qui s'insinue & qui s'introduit à la table ou dans la maison d'autrui.

Serperastra, orum, bandes, liens, ou éclisses qu'on attachoit aux genoux des enfans, qui commençoient à marcher, pour leur tenir les jambes droites.

In-Serpo, is, psi, ptum, pere, entrer doucement, se couler, se glisser, se traîner dedans, s'insinuer.

Pro-Serpens, tis, rampant, qui rampe.

Pro-Serpo, is, psi, ptum, pere, ramper, se traîner en rampant ; 2°. s'étendre en rampant.

3. Du Grec ΕΡΠΥΛΛΟΝ.

Serpyllum, i, serpolet, plante, mot-à-mot plante qui rampe.

Serpylli-Fer, a, um, qui porte du serpolet, où il croît du serpolet.

XVI.
SEX, pour HEX.

Du primitif Hex, six, vint cette Famille :

1. Sex, six.

Sextus, a, um, sixième.

Sexiès, adv. six fois ; 2°. pour la sixième fois.

Sextùm, adv. pour la sixième fois.

Sex-Ennalis, m. f. le, n. is, qui revient, qui se fait, qui arrive tous les six ans.

2. Sex-Decim, seize.

Sextus-Decimus, a, um, seizième.

Sex-Decies, adv. seize fois.

3. Sexa-Ginta, soixante.

Sexa-Genarius, a, um, de soixante, qui a soixante ; 2°. sexagénaire, qui a soixante ans.

Sexa-Geni, æ, a, soixante.

Sexa-Gesimus, a, um, soixantième.

Sex-Agies, adv. soixante fois.

Duode-Sexagesimus, a, um, cinquante-huitième.

4. Sex-Centi, æ, a, six cens ; 2°. une infinité, un nombre indéfini.

Sex-Centiés, adv. six cens fois.

Sex-Cenarius, a, um, de six cens.

Sex-Ceni, æ, a, &

Sex-Centeni, æ, a, six cens.

Sex-Centesimus, a, um, le six-centième, le six cent.

Sex-Cento-Plagus, a, um, qui a reçu des blessures sans nombre, qui est tout percé de coups.

5. Sextans, tis, sextant, piéce de monnoie de cuivre pesant deux onces, la sixième partie de l'as : voyez As : 2°. la sixième partie d'un total ; 3°. poids de deux onces.

Sextarius, ii, sextier, mesure Romaine qui contenoit notre chopine de Paris & le poids de seize onces & demie d'eau, sixième partie du conge Romain.

Sextula, æ, la sixième partie d'une once ; un gros, vingt-quatre grains, quatre scrupules, la soixante-douzième partie de la livre Romaine, qui est de douze onces ; 2°. la soixante-douzième.

Sextantalis, m. f. le, n. is, de deux onces ; 2°. du poids de deux onces ; 3°. qui a deux pouces de dimension, qui a un sixième, d'un sixième.

Sextantalis as, l'as, réduit de douze onces à deux au tems des besoins de la République Romaine, pendant la premiere guerre Punique.

Sextantarius, a, um, de deux onces, qui pese deux onces, du poids de deux onces.

SEX-Unx, uncis, six onces.
SEX-Signani, orum, les soldats de la sixième légion.
SEXTILIS, is, le mois d'Août, le sixième mois de l'année, quand on la commençoit au mois de Mars.
SEX-TRITium, ii, lieu à quelques milles de Rome, où l'on jettoit les corps de ceux que les Césars faisoient mourir.

6. SENI, æ, a, six en nombre.
SENarius, a, um, de six, qui a six, composé de six.
SENarioli, orum, vers de six pieds.
SENio, onis, le six des dés, six en nombre.
SENecio, onis, seneçon, herbe.

FAMILLE GRECQUE.

HEX-Eres, galere à six rames.
HEX-Agonus, a, um, qui a six angles.

SES-TERtius,

Sesterce.

Nom d'une monnoie Romaine qui se prononçoit dans l'origine Semis-Tertius, par où l'on vouloit indiquer qu'elle étoit composée de deux as & de la moitié d'un troisieme : ce qui faisoit le quart du tout, du denier, valant dix as.

SES-TERtius, ii, sesterce, monnoie d'argent, valant deux as & demi ; 2°. la quatrieme partie du denier Romain.
SES-TERtiolum, i, petit sesterce, piéce de monnoie Romaine.
SES-TERtiarius, a, um, qui distribue des sesterces.
SES-TERtium, ii, espéce de voile ou de couverture; 2°. espéce de hoyau, de houe

3°. fourches patibulaires qui étoient à trois milles & demi de la ville.

XVII.

SEPT.

Du primitif HEPT, sept, vint cette Famille, par le changement de H en S.

1. SEPTem, sept.
SEPTimus, a, um, septiéme.
SEPTeni, æ, a, sept en nombre.
SEPTenarius, a, um, de sept, qui a sept, qui contient sept.
SEPTenus, a, um, de sept, septiéme.
SEPTiès, adv. sept fois.
SEPTimùm, adv. pour la septiéme fois.

2. SEPTimana, æ, Semaine.
SEPTimanus, a, um, qui est le septieme en ordre.
Septimanæ Nonæ, les Nones qui arrivent le sept du mois.
SEPTimani, orum, soldats de la septiéme légion.
SEPTu-Plus, a, um, septuple, sept fois autant.

3. SEPTEM-Decim, dix-sept.
SEPTEN-Decim, voy. Septem-decim.
SEPTimus-Decimus, a, um, dix-septiéme.
SEPTUA-Ginta, soixante-dix.
SEPTUA-Geni, æ, a, soixante-dix.
SEPTUA-Genus, a, um, soixante & dixieme.
SEPTUA-Gies, adv. soixante & dix fois.
SEPTUA-Genarius, a, um, de soixante-dix ans, qui a soixante-dix ans, septuagénaire.

4. SEPTIN-Genti, æ, a, sept cens.
SEPTIN-Genarius, a, um, de sept cens.
SEPTIN-Gentesimus, a, um, sept-centieme.

DÉRIVÉS.

1. SEPTEN-Trio, onis, du mot TRIO, bœuf;

bœuf; mot-à-mot, les sept bœufs. Pole arctique, Nord, Septentrion; 2°. bise, vent du Nord; 3°. grande Ourse, Constellation composée de sept étoiles fort apparentes, & de cinquante-six en tout; 4°. Pays Septentrionaux, pays du Nord.

Septentrio minor, petite Ourse; Constellation composée de sept étoiles fort apparentes, & de vingt en tout. Le chariot.

Septen-Trional*is circulus*, le cercle Arctique.

Septen-Trion*alis*, m. f. le n. *is*, &
Septen-Trion*arius*, *a*, *um*, septentrional, du septentrion, du Nord.

2. September, *bris*, le mois de septembre.

Septembris, *bre*, de septembre.

3. Septu-Ennis, *ne*, n. *is*, de sept ans, qui a sept ans.

4. Septem-Atrus, *uum*, les sept jours de Fêtes consacrés à Minerve, ou aux autres Déesses.

FAMILLE GRECQUE.

Hebd-Om*as*, *adis*, semaine.
Hebd-Omada, *æ*, semaine.
Hept-Eres, *is*, galere à sept rames.

FAMILLE ORIENTALE & Grecque.

6. De Hes, Ses, six, vint l'Or. & le Grec Souson, fleur de lys à six feuilles; d'où

Susinus, *a*, *um*, de lys.

XVIII.
SET,
délié.

Du primitif Hed, Het, désignant tout ce qui est délié, mince, terminé en pointe, & prononcé Set, vinrent:

1.

Seta, *æ*, soie, poil long & rude des animaux; 2°. brosses, vergettes; 3°. pinceau.

Setarium, *ii*; -*atium*, *ii*, tamis, sac.
Setosus, *a*, *um*, garni de soies.
Seti-Ger, *a*, *um*, couvert de soies.
Bi-Seta, *æ*, petite truie de six mois.

2.

De Seta, objet délié, soie, fil, se forma cette famille;

Sutor, *oris*, Cordonnier.

Sutorius, *a*, *um*, de Cordonnier, qui concerne le Cordonnier.

Sutorium atramentum, l'encre dont les Cordonniers se servent pour les souliers.

Sutura, *æ*, couture; 2°. suture.

Suterna, *æ*, couture; 2°. ouvrage cousu.

Sutela, *æ*, fourberie.

Sutilis, le, n. *is*, cousu.

Sutilis cymba, barque de diverses piéces jointes ensemble.

Sutrina, *æ*, métier de cordonnier; 2°. boutique de cordonnier.

Sutrinum, *i*, boutique de cordonnier.
Sutrinus, *a*, *um*, de cordonnier.
Sutrium, *ii*, lieu où on coud, où l'on travaille en couture.

Sutelo-Captio-Trica, *æ*, sophiste, pointilleux.

Con-Sutilis, m. f. le, n. *is*, qu'on peut coudre avec ou ensemble.

2°. Subula, *æ*, alêne, (instrument de cordonnier, de bourrelier.)

Sululæ, andouillettes de bois de cerf.

Subularis, m. f. re, n. *is*, d'alêne, qui concerne une alêne; 2°. de cordonnier.

Subulare filum, fil gros, ligneul, chégros.

Subulo, *as*, *are*, coudre avec une alêne, 2°. jouer de la flûte; 3°. siffler.

De-Subulo, *as*, *-are*, coudre avec une alêne.

COMPOSÉS.

As-Suo, *is*, *sui*, *sutum*, *ere*, coudre une chose à une autre, mettre une piece, rapiécer, rapiéceter.

As-Sumentum, *i*, piéce, morceau d'étoffe propre à rapiécer un habit.

Circum-Suo, *is*, *sui*, *sutum*, *suere*, coudre à l'entour, border; 2°. rapiécer, rapetasser.

Circum-Sutus, *a*, *um*, cousu.

Con-Suo, *is*, *sui*, *sutum*, *uere*, coudre avec ou ensemble.

Incon-Sutilis, *m. f. le n. is*, qui est sans couture.

Dis-Suo, *is*, *sui*, *sutum* *ere*, découdre, séparer, détacher petit à petit.

In-Suo, *is*, *sui*, *sutum*, *ere*, coudre dedans, joindre à.

Ob-Sutus, *a*, *um*, cousu tout autour.

Per-Suo, *is*, *ere*, achever de coudre.

Præ-Suo, *is*, *ui*, *utum*, *ere*, coudre par devant.

Re-Suo, *-ere*, recoudre.

Sub-Suo, *is*, *sui*, *sutum*, *ere*, coudre par-dessous.

Tran-Suo, *is*, *sui*, *sutum*, *suere*, percer avec une aiguille, coudre au travers.

2.

2. E-xuo, *is*, *xui*, *xutum*, *ere*, Déshabiller, dépouiller, dévêtir, ôter les habits; 2°. se délivrer, se débarrasser, abandonner, quitter.

E-Xuviæ, *arum*, dépouilles, butin; 2°. peaux des animaux.

Exuviæ capitis, cheveux, chevelure.

E-Xuvium, *ii*, dépouille, habillement, vêtement.

Subucula, *æ*, chemise; 2°. sorte de gâteau dont on faisoit oblation.

Subuculatus, *a*, *um*, vêtu d'une chemise.

Subuculum, *i*, gâteau pour les oblations, fait de fleur de froment, d'huile & de miel.

XVIII.
HID, SID.

De Hid, vue, se forma Sidus, astre, Constellation; d'où cette Famille:

Sidus, *eris*, Constellation, signe céleste, planette, astre, étoile; 2°. climat; 3°. saison; 4°. voyez *Sideratio*.

Sideralis, *m. f. le n. is*, des astres, qui concerne les astres.

Sideratus, *a*, *um*, &

Sidereus, *a*, *um*, des astres, des étoiles; 2°. qui s'éleve jusqu'aux astres; 3°. divin.

Sideratio, *onis*, maladie des arbres causée par une mauvaise influence.

Sideror, *aris*, *atus sum*, *ari*, être frappé de quelque mauvaise influence; être gelé, bruiné, niellé, gresillé, frappé d'un mauvais vent, rouillé.

Sideritis, *idis*, pariétaire, herbe.

Siderites, *æ*, sorte de diamant.

COMPOSÉS.

Con Sidero, *as*, *avi*, *atum*, *are*, considérer, peser, examiner, réfléchir, méditer; faire attention, réflexion; prendre garde, prendre en considération; 2°. estimer, priser, 3°. voir, regarder.

Con-Siderantia, *æ*, considération, attention, égard, circonspection, réflexion.

Con-Sideratio, *onis*, considération, attention, égard, circonspection, réflexion, prudence, méditation.

Con-Siderator, *oris*, qui considére, qui cherche, &c. 2°. rêveur, songeur, visionnaire, qui court après ses fantaisies, qui s'occupe de ses visions.

Con-Siderate, *ius*, *issimè*, *adv.* prudemment, judicieusement, mûrement, sagement ; avec circonspection, précaution, attention, &c.

Præ-Sideratio, *onis*, avancement des saisons, lorsqu'elles arrivent avant leur temps.

Præ-Sidero, *as*, *are*, devancer le temps de la saison.

In-Con-Siderans, *tis*, voyez *Inconsideratus*.

In-Con-Siderantia, *æ*, inconsidération, manque de réflexion, imprudence, défaut de circonspection, faute de considération, indiscrétion

In-Con-Siderate, *adv.* inconsidérément, imprudemment, sans circonspection ou réflexion, avec imprudence, à l'étourdie, en étourdi, en imprudent, sans réfléchir, étourdiment.

In-Con-Sideratio, *onis*, voyez *inconsiderantia*.

In-Con-Sideratus, *a*, *um*, inconsidéré, imprudent, étourdi, indiscret, malavisé, mal appris, qui agit sans réfléchir, qui manque de circonspection, qui ne fait point de réflexion, qui n'est point circonspect, qui va à l'étourdie.

De-Siderium, *ii*, desir, souhait, envie, passion.

De-Siderabilis, *le*, *is*, desirable, souhaitable.

De-Sideratio, *onis*, desir, souhait, appetit, envie.

De-Sidero, *as*, *avi*, *atum*, *are*, desirer, souhaiter, avoir envie d'avoir, de-

mander; 2°. trouver de manque, trouver à dire, avoir besoin.

XIX.

1. HOL, SOL.

De Hel, Hol, lumiere, se forma Sol, nom du soleil, principe de la lumiere.

1. Sol, Solis; 2°. jour.

Solanus, *a*, *um*, &

Solaris, *e*; --*rius*, *a*, *um*, solaire, du soleil.

Solarium, *ii*, lieu exposé au soleil, au haut de la maison, & où l'on prenoit ses repas.

Solatus, *a*, *um*, malade d'avoir été au soleil ; 2°. gâté par l'ardeur du soleil.

Soli-Fer, *a*, *um*, qui porte le soleil.

Soli-Gena, *æ*, engendré du soleil.

2. Sol-Stitium, *ii*, solstice, tems où les jours sont les plus longs & les plus courts; mot-à-mot, arrêt du soleil dans sa course.

Sol-Stitialis, *e*, qui concerne le solstice.

3. Sol-Sequia, *æ*; -*Quium*, *ii*, tournesol ; mot-à-mot, qui suit le soleil.

COMPOSÉS.

In-Solo, *as*, *avi*, *atum*, *are*, faire sécher au soleil, cuire au soleil.

In-Solatio, *onis*, action d'exposer au soleil pour sécher, cuire, &c.

In Solatus, *a*, *um*, exposé au soleil, qui voit le soleil.

Sub-Solanus, *i*, Est, vent de l'Orient équinoxial.

4 Para Selena, *æ*, apparence d'une lune en face de la véritable.

2. Hol, Sol, tout.

Hol, en Celte, en Grec, &c, signifioit tout ; de-là,

Holo-Sericus, *a*, *um*, tout de soie.

Les Osques en firent SOLL, tout; & de-là le vieux Latin;

SOLLUS, *a*, *um*, tout.

SOLOX, *ocis*, qui n'est point tondu; qui a tout son poil, toute sa laine; 2°. laine grasse.

SOLI-PUGA, *æ*, &

SOLI-PUNGA, *æ*, fourmi venimeuse, mot-à-mot, tout aiguillon.

2. SOLLI-CURIUS, *a*, *um*, curieux en toutes choses. Delà encore cette famille:

SOLLI-CITO, *as*, *avi*, *atum*, *are*, remuer tout, remuer ciel & terre, mettre tout en mouvement, faire les plus vives instances, en un mot, solliciter, presser; 2°. tâcher, s'efforcer; 3°. tourmenter, inquiéter, ne point laisser de repos.

SOLLI-CITATIO, *onis*, sollicitation, poursuite.

SOLLI-CITATOR, *oris*, qui sollicite, qui poursuit.

SOLLI-CITÉ; -*itò*, avec soin, soigneusement.

SOLLI-CITUDO, *inis*, chagrin, peine d'esprit, soin chagrinant, inquiétude.

3. SOL-ENNIS.

SOL-ENNIS, *e*, signifie ce qui se fait tous les ans.

Ce mot vient donc de SOLERE, avoir coutume, & de *ann*, année, devenu *enn* dans les composés.

J'aimerois donc tout aussi-bien puiser dans la même origine, la famille suivante que nous puisions dans l'Oriental dans nos *Origines Franç.*, col. 1029.

SOL-EMNIS, *e*, solemnel, de fête, célebre.

SOL-EMNITAS, *atis*, solemnité, fête publique & religieuse qui se célebre chaque année à pareil jour.

SOLEMNITER, -*ıùs*, solemnellement, avec solemnité.

4. SOL, seul.

De SOL, tout, ou de SE OLL sans aucun autre, se forma cette Famille;

SOLUS, *a*, *um*, *ius*, *i*, seul.

SOLÙM,
SOLÙM-MODÒ, } seulement.

PRÆ-SOLUS, *a*, *um*, unique, tout-à-fait seul.

SOLO, -*are*, rendre seul, solitaire, désert; désoler, ravager.

SOLITARIUS, *a*, *um*, qui se plaît à être seul.

SOLITUDO, *inis*, endroit désert, inhabité; solitude; 2°. abandon.

SOLINUM, *i*, repas où l'on est seul.

BINOMES.

SOLI-LOQUUS, *a*, *um*, qui parle seul.
SOLI-LOQUIUM, *ii*, monologue.
SOLI-VAGUS, *a*, *um*, qui va seul.

COMPOSÉS.

DE-SOLO, -*are*, rendre désert, inhabité, ravager, ruiner, désoler.

DE-SOLATIO, *onis*, ravage, ruine, désolation.

DE-SOLATORIUS, *a*, *um*, qui est désolant, qui sert à désoler.

PER-SOLUS, *a*, *um*, unique, tout seul.

PRÆ-SOLUS, *a*, *um*, tout-à-fait seul.

6. SOL, consoler.

De SOLUS, seul, on forma SOLOR, être avec celui qui est seul, abandonné, éperdu; lui tenir compagnie, prendre part à sa disgrace, le consoler; de-là cette belle Famille;

SOLOR, *aris*, *atus*, *sum*, *ari*, consoler.

Solator, oris, confolateur.
Solatio, onis ;-tium, ii ;-men,-inis, confolation, foulagement.
Solatiolum, i, léger fujet de confolation.

COMPOSÉS.

Con-Solo, as, are, &
Con-Solor, aris, atus fum, ari, confoler, être confolé.
Con-Solator, oris, confolateur.
Con-Solatio, onis, -tiolum, i, confolation.
Con-Solatorius, a, um, de confolation.
Con-Solabilis, e, confolable.
In-Con-Solabilis, e, qu'on ne peut confoler, inconfolable.

XX
HOR, SOR,
Sœur.

Le Celte Har, Hor, beauté, devint naturellement le nom des perfonnes du fexe; de-là :

Le Corn. Hor, } fœur.
Le Bas-Br. Hoer, }

Hoer-Ec, belle-fœur.
Hoar, Chwaer, grace, ris.
Les Latins en firent :

1.

Soror, oris, fœur; 2°, qui eft femblable.
Sorores, Parques ou Mufes.
Sorores arbores, arbres qui fe reffemblent fort.
Sororians, tis, qui s'enfle à l'envi.
Sororians virgo, fille qui fe rengorge.
Sorori-Cida, æ, qui tue fa fœur.
Sororio, as, avi, atum, are, s'enfler à l'envi ou de compagnie.
Sororius, a, um, de la fœur, qui concerne la fœur.

2.

Sobrina, æ, coufine iffue de germaine
Sobrinus, i, coufin-germain ; ce font les enfans de deux fœurs : ici B inféré.
Con-Sobrina, æ, coufine-germaine du côté maternel.
Cor-Sobrinus, i, coufin-germain du côté maternel.

3. Élevé.

De Hor, élevé, vint le vieux Lat.
Surus, i, pal, piquet, pieu ; de-là :
Sura, æ, os poftérieur de la jambe, petit focile ; 2°. jambe ; 3°. gras de la jambe ; 4°. brodequin, bottine.

XXI.
HOR, SORS,
Sort.

De l'Or. Hor, Urim, les forts, vint cette Famille Latine.

Sors, tis, fort : il fert de lumiere dans le doute & dans l'impoffibilité de fe décider autrement ; hazard, deftinée, fatalité ; 2°. fort, état, condition ; 3°. principal, fort principal ; 4°. arrêt du deftin.
Sorticula, æ, dim. de Sors.
Sortior, tiris, itus fum, iri, jetter ; tirer au fort, échoir à ; 2°. difpenfer, diftribuer au fort.
Sorté, adv. au hazard, au fort, à l'aventure, à la blanque, tirant au fort, par le fort ; 2°. par un arrêt du deftin ; 3°. par le fort, en tirant au fort.
Sortes, ium, oracles, réponfes des faux Dieux ; 2°. fortiléges, charmes, divinations ; 3°. billets, balottes, (tout

& ce qui fervoit à tirer au fort.)

SORTitus, ûs, fort, l'action de tirer au fort.

[SORTitio, onis, l'action de jetter, de tirer au fort ; 2°., écheance par le fort.

SORTitò, adv. par fort, ayant tiré au fort ; 2°. fuivant l'ordre de la deftinée, par un effet du hazard.

[SORTitor, oris, qui tire au fort.

SORTI-LEGium, ii, n. fortilège, divination par le fort.

SORTI-LEGus, i, devin, forcier, qui devine par les forts.

COMPOSÉS.

CON-SORTium, ii, fociété, affociation, liaifon, affinité, participation, communauté.

[CON-SORTio, onis, affociation.

CON-SORTitio, onis, l'action de tirer au fort avec.

CON-SORS, tis, participant, compagnon, affocié.

[CON-SORTitor, oris, qui tire au fort avec.

DIS-SORTio, onis, partage de biens au fort entre cohéritiers.

EX-SORS, tis, à qui rien n'échoit, qui n'eft point participant, & qui n'a point de part ; 2°. fingulier, extraordinaire, rare, tout particulier, hors du commun.

EX SORTium, ii, blanque, privation de part ou de lot.

IN-SORTitus, a, um, qui n'eft point échu par fort, qui n'a point été tiré au fort.

SUB-SORTior, iris, itus sum, iri, dépon. tirer au fort, élire par le fort à la place de quelqu'un.

SUB-SORTitio, onis, l'élection d'un fujet au fort pour remplir une place vacante.

SUB-SORTitus, a, um, élu ou tiré au fort pour remplir la place d'un autre.

XXII.

SUB, SUP, pour HUP, &c.

De HUB, cri pour s'élever vinrent SUB, fous & SUP fur.

I.

1. SUB, prépofit. 1°. fous ; 2°. aux environs, vers.

DE-SUB, de deffus.

2. SUBTER, prépofit. fous, deffous, au-deffous.

SUBTER, adv. au-deffous, deffous, par-deffous.

SUBTÙS, adv. deffous, par-deffous, au-deffous.

3. SUPParum, i, &

SUPParus, i, mante ou voile de femme ; 2°. voile de perroquet ou bonnette, foit maillée, foit d'étai, terme de marine.

SUPinitas, atis, l'attitude d'être couché à la renverfe ou fur le dos ; 2°. négligence, nonchalance, indolence, groffiereté, ftupidité.

SUPinus, a, um, renverfé en arriere, couché fur le dos, mis le ventre en haut, jetté à l'envers ; 2°. qui va en penchant, qui eft fur un penchant ; 3°. négligent, nonchalant, pareffeux, indolent ; 4°. qui va à reculons, qui rétrograde.

SUPino, as, avi, atum, are, renverfer en arriere, coucher fur le dos ou à la renverfe, mettre le ventre en haut, jetter à l'envers.

SUPinatus, a um, renverfé ou retourné fur le dos ou en arriere, jetté à l'envers, couché le ventre en haut.

SUPinè, adv. négligemment, nonchalamment.

Supinum, i, n. le supin d'un verbe.
Re-Supino, as, avi, atum, are, renverser sur le dos, coucher le ventre en haut ; 2°. renverser, retrousser.
Re-Supinus, a, um, renversé sur le dos, couché le ventre en haut ; 2°. mou, efféminé.
Re-Supinandus, a, um, qu'il faut renverser sur le dos, qu'on doit coucher le ventre en haut.

5. Su-Pellecticarius, ii, valet-de-chambre ; 2°. valet de garderobe.
Su-Pellecticarius, a, um, qui concerne la toilette, les habits, le garde-meuble, les meubles.
Su-Pellex, lectilis, meubles d'une maison, hardes, fourniture d'un ménage, les choses nécessaires.

Sub Urra, nom d'un quartier de Rome, le quartier des courtisannes à Rome.
Su-Burranus, a, um, qui est du quartier des courtisannes.
On voit par les anciens qu'il s'appelloit dans l'origine *Pagus Sucusanus*, parce qu'on y avoit tenu des troupes pendant long tems pour le garantir des courses des ennemis : ce qu'exprimoit ce nom formé de *succurrit*.

7°. Subscus, udis, queue d'aronde, sorte de tenon pour emboîter.
Subscus ferrea, crampon, main de fer, harpon, crochet : de CUD, frapper.
De-Subitò, adv. d'abord, incontinent, soudain, soudainement, subitement, tout-d'un-coup, tout-à-coup : de EO, itum, aller.
Per-Subitum, adv. très-soudainement, fort subitement.
Per-Sub-Tilis, le, is, fort mince, fort délié, fort menu ; 2°. très-subtil.

2.

1. Super, a, um, &
Superus, a, um, d'en-haut, qui est en-haut.
2. Super, préposit. sur, dessus, par-dessus ; 2°. au-delà.
Suprà, préposition, sur, dessus, au-dessus, par-dessus ; 2°. au-delà, au-dessus.
Suprà, adv. ci-dessus, ci-devant ; 2°. dessus.
Suprà quæ sunt, ce qui est au-dessus, ce qui vaut mieux.
Super-Nè, adv. d'en-haut, par en-haut.
De Super, adv. dessus, par-dessus, au-dessus ; 2°. de dessus, de haut, d'en haut.
De-Super-Nè, adv. de dessus, d'en-haut.
De-In-Super, adv. dessus, de dessus, d'en-haut.
In-Super, prépos. qui gouverne l'accus. sur, dessus, au-dessus, par-dessus.
In-Super, adv. outre, de plus, davantage, après cela.

4. Supera, orum, le ciel.
Superi, orum, Dieux, puissances de la terre.
Superamentum, i, reste, ce qui reste, restant, surplus.
Superatio, onis, l'action de vaincre, de surmonter, désavantage d'être vaincu.
Superator, oris, &
Superatrix, icis, celui, ou celle qui surmonte, qui a surmonté, qui a surpassé.

5. Superior, ius, oris, plus haut, plus élevé, plus exhaussé ; 2°. supérieur, plus relevé, plus éminent, qui est d'un rang plus élevé, qui a quelque avantage au-dessus, qui surpasse.

SUPERiùs, *adv.* au-dessus, plus haut, auparavant.

Supero, *as, avi, atum, are*, surpasser, vaincre, traverser, monter plus haut.

Superatio, *onis*, action de surmonter, de vaincre ; 2°. desavantage d'être vaincu.

Superator, *oris*, vainqueur, qui surpasse.

Superatrix, *icis*, femme victorieuse.

Superabilis, *e*, surmontable, non invincible.

Supernas, *atis*, qui croit sur un lieu haut, sur une montagne.

Supernus, *a, um*, d'en-haut.

Supremus, a, um, très haut, le plus haut, 2°. le dernier; 3°. très-grand, suprême, souverain.

Supremus sol, soleil couchant.

Supremum dicere, donner congé, licencier, renvoyer à la maison, marquer la levée de l'audience ou de l'assemblée.

Suprema, orum, fin de la vie ; 2°. mort, derniers devoirs, funérailles ; 3°. derniere volonté.

Supremò, *adv.* &

Supremùm, *adv.* la derniere fois, pour la derniere fois.

Superbia, æ, superbe, arrogance, fierté, hauteur, orgueil.

Superbus, *a, um, ior, issimus*, superbe, orgueilleux, fier, hautain, altier, arrogant, insolent ; 2°. Noble, illustre, grand ; 2°. injuste.

Superbio, *is, ivi, itum, ire*, s'énorgueillir, s'enfler d'orgueil.

Superbè, *iùs, issimè, adv.* superbement, arrogamment, orgueilleusement, fierement, avec hauteur.

Superbi-Ficus, *a, um*, qui rend superbe, qui rend fier ; qui donne de la fierté, de l'orgueil.

Superbi-Loquentia, *æ*, &

Superbi-Loquium, *ii*, maniere de parler arrogante, pleine de hauteur, d'orgueil, de fierté ; gasconade, vanterie.

In-Superabilis, *e*, invincible, inaccessible.

Pro-Supero, *as, are*, être surabondant.

3.

HUP, chûte, prononcé Sop, a produit,

Sopor, *oris*, sommeil, assoupissement, état où on ne peut se tenir debout ; 2°. boisson qui assoupit.

Sopio, *is, ivi, itum, ire*, assoupir, endormir, engourdir.

Soporo, *as, avi, atum, are*, assoupir, endormir.

Soporatus, *a, um* ; Sopitus, *a, um*, assoupi, endormi.

Soporus, *a, um* ; — ri — Fer, *a, um*, qui assoupit, qui endort.

Con-Sopio, -ire, assoupir, faire dormir.

De-Sopio, -ire, réveiller, tirer du sommeil.

In-Sopitus, *a, um*, qui n'est pas endormi.

4.

HUP, chûte, fit le Grec Hup-nos, sommeil, qui devint le Latin

Somnus, *i*, sommeil, dormir ; 2°. Dieu du sommeil.

Somnium, *ii*, songe, rêve, vision en dormant ; 2°. rêverie, imagination, fantaisie, vision.

Somnians, *tis*, songeant, rêvant, qui songe, qui rêve.

Somniator, *oris*, songeur, rêveur ; 2°. interprète de songes.

Somnio, *as, avi, atum, are*, songer, rêver, avoir des songes, voir en songe.

Somniosus, *a, um*, qui ne fait que rêver, qui est sujet à rêver, qui a souvent des songes.

Somniculosus,

SOMNiculosus, a, um, assoupi, endormi, qui ne fait que dormir.
SOMNiculosè, adv. négligemment, nonchalamment, en endormi, comme en dormant.
SOMNolentus, a, um, voy. Somniculosus.
SOMNorinus, a, um, qu'on voit en songe.
SOMNurnæ, arum, songes, ce qu'on voit en songe.
SOMNurnus, a, um, vu en songe.
SOMNI-Fer, a, um, &
SOMNI-Ficus, a, um, qui assoupit, qui endort, qui fait dormir, qui a la vertu d'endormir, assoupissant.
SEMI-SOMNis, m. f. ne, n. is, &
SEMI-SOMNus, a, um, à demi-endormi.

COMPOSÉS.

CON-SOMNio, as, avi, & atus sum, atum, are, songer, avoir des visions, des imaginations.
CON-SOMNiatio, onis, rêverie, vision, imagination.
IN-SOMNiosus, a, um, qui rêve beaucoup, grand rêveur, qui est tourmenté de songes.
DE-SOMNis, e, réveillé.
EX-SOMNis, m. f. ne, n. is, qui ne dort point, qui veille toujours, vigilant, éveillé; 2°. qui a des insomnies.
IN-SOMNia, æ, insomnie.
IN-SOMNia, orum, songes, rêves.
IN-SOMNis, m. f. ne, n. qui ne dort point.
Insomnem ducere noctem, passer une nuit sans dormir.

XXIII.
SULC, Sillon.

De la même famille que le Grec HELKÓ, tirer; 2°. déchirer, fendre, vint celle-ci.

SULCus, i, sillon, raie, fente, tranchée, ou fosse tirée droite pour planter de la vigne ou des arbres; 2°. sillage d'un navire; 3°. chaque façon qu'on donne à la terre.
SULCamen, inis, &
SULCulus, i, petit sillon, petite fosse tirée droite, petite tranchée pour planter des arbres.
SULCo, as, avi, atum, are, sillonner, faire des sillons, labourer par sillons, mener ou tirer un sillon.
SULCatim, adv. par sillons, par rayons, en sillonnant, en faisant des sillons.
SULCatio, onis, le labourage par sillons, l'action de sillonner.
SULCator, oris, qui fait des sillons.
SUB-SULCus, i, sillon fait près-à-près, en sorte que la terre labourée paroit presqu'unie.
BI-SULCus, a, um, fourchu, fendu en deux pointes.
DIS-SULCus, i, porc à qui les soies se partagent sur la tête.
RE-SULCo, as, are, recommencer à faire des sillons.
TRI-SULCus, a, um, qui a trois pointes.

XXIV.

Du Gr. HURAX, souris, vint:
SOREX, icis, souris, *insecte*.
SORicetum, i, trou ou nid de souris.
SORicinus, a, um, de souris.
Soricia næniæ, cris de souris.
SORiculatus, a, um, qui est de plusieurs couleurs.

XXV.
SUS.

Du prim. HUS, cochon, vint cette Famille:
SUS, Suis, cochon, porc, pourceau; 2°. truie, coche.
SUE, suem, sues, voy. Sus, suis.
SUArium, ii, toit ou étable à cochons.
SUArius, ii, porcher, gardeur de cochons,

Suarius, a, um, de cochon, de porc, de pourceau.

Suatim, adv. comme les cochons, à la maniere des pourceaux ; 2°. d'une maniere douce, agréable.

Suera, æ, chair de porc.

Suffres, rum, morceaux de porc ou de lard.

Suila, æ, chair de porc ; du cochon, du lard.

Suile, is, étable à cochons, toît à porcs.

Suillus, a, um, de cochon, de porc, de pourceau.

Suinus, a, um, de cochon, de porc, de pourceau.

Sumen, inis, tettine de truie qui alaite depuis deux jours.

Suminata, æ, truie qui a cochonné depuis peu.

Su-Bulcus, i, porcher, gardeur de cochons.

Sucula, æ, jeune truie, animal ; 2°. truie, rouleau autour duquel se roule le cable d'une machine à presser ou à enlever ; 3°. treuil, de moulinet, de cabestan ; 4°. sorte de robe de dessous.

Suculæ, arum, les Hyades, étoiles au front du taureau ; m.-à-m. les porcelets.

Suc-Cerda, æ, fiente de pourceau.

MOTS.

Composés de la préposition inséparable SE.

SE est une préposition initiale ou inséparable, qui signifie; 1°. sans; 2°. hors, à part & qui s'est unie à ces mots :

I.

1. SE, SED, SINE, sans.
SED TED, sans toi.

2. SE-Orsus, -sum ; -se ; SE-Orsim, Sor-sum, à part, en particulier, séparément.

3. SE-RI, sérieux.

De SE, sans, & RI, rire, se formerent :

SE-Rius, a, um, sérieux, grave.

SE-Ria, orum, choses sérieuses.

SE-Rió, adv. sérieusement, dans le sérieux, tout de bon, sans rire, raillerie à part.

SE-Riola, æ, fem. dimin. de Seria.

II.

De SE, sans, & de BRU, liquide, vint cette Famille :

So-Brius, a, um, sobre, retenu, modéré, tempérant dans le boire, le manger, &c. 2°. qui est dans son bon sens.

So-Brio, as, are, voy. Vigilo.

So-Brié adv. sobrement, avec sobriété ; 2°. modérément, prudemment.

So-Brie-Factus, a, um, rendu sobre, modéré.

So-Briétas, atis, sobriété, modération, retenue, tempérance dans le boire, le manger, &c.

III.

De SE, à part, & de IT, action d'aller, vint cette Famille :

Sed-Itio, onis, mot-à-mot, action d'aller à part, de se séparer ; 2°. sédition, émeute, émotion populaire, mutinerie,

Seditio maris, tempête, tourmente, orage, gros tems, tems de mer.

Sed-Itiosè, adv séditieusement, en séditieux, en mutin.

Sed-Itiosus, a, um, séditieux, mutin, brouillon, qui excite une sédition.

Seditiosa disserere, semer des discours, tenir des propos séditieux.

IV.

De SE, fans & AUR, oreille, vinrent :

S-URDUS, a, um, fourd, qui entend dur, qui ne rend point de fon, qui ne réfonne pas, qui ne fe laiffe point fléchir, inflexible : *furda herba*, plante qui rend fourd.

S-URDafter, tra, trum, fourdaut, qui a l'oreille dure, qui eft un peu fourd, qui entend un peu dur.

SURDItas, atis, furdité, dureté d'oreille.

S-URDé, adv. fourdement.

Ex-S-URDatus, a, um, part. de

Ex-S-URDo, as, avi, atum, are, rendre fourd, faire devenir fourd, ôter l'ouïe, faire perdre l'ouïe ; 2°. rompre la tête, étourdir.

OB-SURD.fco, is, dui, fcere, devenir fourd, faire le fourd, feindre de ne pas entendre, faire la fourde oreille, ne vouloir pas écouter, fermer les oreilles.

SUB-SURDus, a, um, un peu ou à demi-fourd, qui n'a pas un fon affez clair.

AB-SURDum, i, fottife, impertinence.

AB-SURDus, a, um, fot, abfurde, impertinent, ridicule, extravagant.

AB-SURDé, adv. abfurdement, fottement, impertinemment, ridiculement, mal-à-propos, hors de raifon, hors de faifon.

V.

SE-PEL, enfevelir.

De PAL, élevé, & de la négation SE, fe forma SE-PELire, mot-à-mot, mettre non-en-haut, mettre en bas, coucher dans la terre ; en un mot enfevelir.

Les Hébr. firent de la même manière שׁ-פֵל, S-PAL, abattu, couché par terre, humilié ; 2°. humble ; 3°. bas, rampant.

SE-PULCrum, i, Sépulcre, tombeau.

SE-PULCRetum, i, cimetiere, lieu de fépulture, où l'on enterre.

SE-PULTura, æ, fépulture, dernier devoir qu'on rend aux morts, funérailles, cérémonies de l'enterrement ; 2°. lieu où l'on enfevelit, où l'on met en terre.

SE-PULCralis, le, is, de fépulcre, de tombeau.

SE-PELibilis, le, is, qu'on peut enfevelir, qu'on peut cacher.

SE-PELiendus, a, um, qu'il faut enfevelir.

SE-PELio, is, livi, pultum, lire, enfevelir.

CON-SE-PELio, is, livi, pultum, lire, enfevelir avec ou enfemble.

IN-SE-PULTus, a, um, qui n'eft point enfeveli, à qui l'on n'a point donné la fépulture, qu'on n'a point enterré.

PRÆ-SE-PELio, is, ivi, pultum, lire, enfevelir auparavant.

VI.

SE-VER, févere.

On s'eft beaucoup tourmenté pour découvrir l'étymologie de ce mot, & on n'a pas cru à ceux qui avoient apperçu la vraie : tout cela devoit être, lorfqu'on procédoit fans principes & fans vues.

SE-VERUS, eft inconteftablement un compofé de VERus & de la négation SE, fans, mais non de VERus, dans fon acception ordinaire de *vrai*, acception figurée métaphorique qui n'a pu conduire à ce dérivé ; mais dans fon fens propre, de net, clair, tranfparent, en parlant de l'eau.

Se-Verus, est donc *mot-à-mot*, qui est dépouillé de sa clarté, de sa netteté, de sa transparence, qui s'est troublé, qui a changé d'état naturel.

Tel est celui qui à la vue d'une action change de couleur, prend un ton imposant, sévere, rude, chagrin : il s'est troublé comme l'eau ; il n'est plus dans le vrai, dans le limpide.

Se-Verus, *a*, *um*, *ior*, *issimus*, Sévere, rigoureux, austere, exact, rude, âpre, triste, chagrin, grave.

Se-Veritudo, *inis*, &
Se-Veritas, *atis*, sévérité, rigueur.
Se-Veriter. &
Se-Vere, *iùs*, *issimè*, *adv.* sévérement, rigoureusement, sans quartier, sans miséricorde, à la rigueur.
Per-Severus, *a*, *um*, très-sévere, fort rigoureux.

VII.
S-PERN, SPRET.

De Præ, estime, considération, & de la négation S, se forma cette Famille.

Sperno, *is*, *sprevi*, *spretum*, *nere*, mépriser, dédaigner, faire mépris, ne tenir compte, avoir du mépris, rejetter avec dédain : voy. Separo.
Spernax, *acis*, méprisant, dédaigneux, qui méprise, qui a du mépris.
Spernendus, *a*, *um*, qu'on doit mépriser, méprisable.
Spretus, *a*, *um*, méprisé, *participe de* Sperno.
Sprevi, prétérit de Sperno.
Spretio, *onis*, mépris, dédain.
Spretor, *oris*, qui méprise, méprisant, dédaigneux.
Spretus, *ûs*, mépris, dédain.

COMPOSÉS.

As-Pernor, *aris*, *atus sum*, *ari*, dép. mépriser, avoir du mépris, dédaigner, rebuter, rejetter ; 2°. négliger.
As-Pernor, *aris*, *atus sum*, *ari* ; *pass.* &
Ex-Spernor, *-ari*, être méprisé, dédaigné, &c.
As-Pernanter, *adv.* avec mépris, dédaigneusement.
As-Pernatio, *onis*, mépris, dédain.
As-Pernatus, *a*, *um*, qui a méprisé, dédaigné, rejetté.
As-Pernabilis, *le*, *is*, méprisable, à mépriser : dont on doit faire peu d'estime, peu de cas, bien peu d'état ; digne de mépris.
As-Pernamentum, *i*, mépris, dédain.
As-Pernandus, *a*, *um* ; voyez Aspernabilis.
Co-as-Pernor, *aris*, *atus sum*, *ari*, mépriser, dédaigner, regarder avec mépris, rejetter, rebuter.
In-Con-S-Pretus, *a*, *um*, qu'on ne désapprouve pas.

VIII.

De S, négatif & de *Pi*, boire, en Gr. *pió*, vint :
Spionia, *æ*, vigne sauvage,
Spionicus, *a*, *um*, de vigne sauvage.

IX.
S-CÆ,

Qui n'est pas bon, gauche.

Du Gr. Khaos, & Khaios, bon, illustre : & Khaó, prendre, se forma le Gr. S-kaios, *a*, *on*, mot dont on ignoroit l'origine, qui signifie *mot-à-*

mot, non-bon, méchant, cruel : & qui appliqué à une des deux mains, désigna la GAUCHE, mot-à-mot, la main qui n'est pas la bonne, dont on ne se sert pas pour prendre : de-là ces mots latins.

S-Cæva, æ, Gaucher.

S-Cævus, a, um, gauche ; 2°. malheureux, méchant, mal-avisé, pervers.

S-Cævitas, atis, méchanceté, perversité, malheur.

Ob-Scævo, as, avi, atum, are, porter malheur, causer un mauvais succès, attirer une fâcheuse réussite, faire mal réussir, être de mauvais augure ; 2°. manger avec avidité.

Mots
à la tête desquels S a été ajoutée.

I.

SCÆNa, Tente, Scène.

De l'Or. שכן, SKEN, habitant, SKAN, habiter, vint le Gr. SKHNH, habitation, tente, scene, & cette Famille :

Scæna, æ, &

Scena, æ, scène d'un théâtre ; 2°. proprement une ramée, branches d'arbres dont on couvroit les premiers théâtres où l'on a représenté ; 3°. piéce de théâtre ; 4°. sujet de piéce de théâtre.

Scena ductilis, décoration de théâtre ; chassis qui vont & qui viennent.

Scenoma, tis, tente.

Scenicè, adv. d'une maniere théâtrale, qui convient au théâtre.

Scenicus, a, um, de théâtre.

Scenalis, le, is, de la scene, qui concerne le théâtre.

Scene-Factoria ars, Scene-Factoriæ Artis, métier de tapissier, de faiseur de tentes.

Sceno-Pegia, æ, &

Sceno-Pegia, orum, la fête des tabernacles chez les Juifs ; 2°. élévation de tentes, de feuillées, de ramées.

Scio-Graphia, æ, voyez *Scenographia*.

Sceno-Graphia, æ, représentation entiere d'un édifice, dessein d'un bâtiment, plan élevé, crayon de la façade d'un bâtiment & du retour de ses côtés.

Sceno-Graphus, i, peintre de décorations de théâtre ; 2°. qui trace le crayon de la façade d'un bâtiment, & du retour de ses côtés.

Sceno-Graphicus, a, um, qui concerne la scénographie.

Epi Scenus, a, um, qui est sur la scène.

Para-Scenium, ii, côtés & derriere du théâtre.

Pro-Scenium, ii, le devant de la scène, le théâtre ou le devant du théâtre, l'avant-scene.

Post-Scenium, ii, le derriere du théâtre ou ce qui se passe derriere la scène.

Sy-Scenia, orum, repas publics des Lacédémoniens.

II.

S-CAL,

1.

De CAL, jambe, (col. 304.) vint

Scelo-Turbe, es, foiblesse de jambes, paralysie de jambes ; 2°. scorbut.

Peri-Scelis, idis, jarretiere ; 2°. ornement de jambe : mot-à-mot, autour de la jambe.

2.

De S-Calmus, cheville où s'attache la rame, (*col.* 307.) vinrent;

Decem-Scalmus, *a*, *um*, qui a dix bancs de rameurs; (proprement) qui a dix chevilles où l'on attache, & contre quoi s'appuie la rame, l'aviron.

Inter Scalmium, *ii*, l'espace qui est entre deux rames ou rameurs.

3.
S-CAL.

Du Grec CAL, beau, symétrique, vint:

S-Calenus, *a*, *um*, triangle dont les trois côtés sont inégaux, irréguliers; *m.-à-m.* non régulier.

4.

De CAL, pierre, caillou; 2°. dureté; endurcissement, vinrent:

1°. Le Grec ΣΚΛΗΡΟΣ *scléros*, dur, d'où;

Scleriasis, *is*, tumeur dure dans la paupiere, avec rougeur & douleur.

Scleroma, *tis*, dureté, tumeur dure.

2°. au figuré ou moral.

Scelus, *eris*, grande méchanceté, grand crime; 2°. scélérat, pendard.

Scelero, *onis*, scélérat.
Scelerositas, *atis*, scélératerie.
Scelerosus, *a*, *um*, &
Scelerus, *a*, *um*, voyez Sceleratus.
Scelestè, *adv.* Voyez Sceleratè.
Scelestus, *a*, *um*, voyez Sceleratus.
Scelerate, *ius*, *issimè*, *adv.* en scélérat, méchamment.
Sceleratus, *a*, *um*; *ior*, *issimus*, *part.* de *scelero*, scélérat qui a commis de grands crimes, capable de toutes sortes de méchancetés; 2°. criminel; 3°. nuisible, qui nuit; 4°. pollué, profané.

Scelero, *as*, *are*, polluer, profaner, souiller.

Con-Scelero, *as*, *avi*, *atum*, *are*, souiller, profaner.

Con-Sceleratus, *a*, *um*, *tior*, *tissimus*, scélérat, plein de méchanceté.

III.
S-CAN.

1. S-Can-Dal, scandale.

De Dal rameau, & Cam, courbe, les Grecs firent S-Can-Dalon, qui désignoit au physique une branche ou morceau de bois courbe qui servoit à soutenir les piéges tendus aux animaux, de-là au figuré:

Scandalum, *i*, scandale.
Scandalizo, *as*, *are*, scandaliser.

2. De Scando, escalader, monter, vint;

Scandulaca, *æ*, liseron, plante qui s'éleve.

3. S-CŒN
jonc, corde.

De Can, canne, mesure, se forma cette famille Grecque & latine;

Schœnos, *ni*, jonc odorant; 2°. espace de terre de soixante, ou de quarante stades; 3°. corde dont se servent les danseurs de corde.

Schœnum, *i*, &
Schœnus, *i*, jonc, *plante*; 2°. pommade, parfum liquide fait avec des racines de jonc.

Schœnium, *ii*, corde faite de jonc; 2°. harmonie de la flûte.

Schœnismus, *i*, sorte de mesure de terre

2°. torture qu'on donne en étendant le corps avec des cordes ; 3°. estrapade, sorte d'ancien supplice de guerre.

Schœno-Bates, tæ, danseur & danseuse de corde.

Scheno Batica, æ, métier de danseur de corde.

Schœno-Baticus, a, um, de danseur de corde.

2. Schoici, orum, vers dont les lettres assemblées de la droite à la gauche, ou de la gauche à la droite, font les mêmes mots & le même sens.

3. Squinancia, æ, squinancie, maladie de gorge.

Du Grec ΣΚΟΙΝ<small>ος</small>, jonc; corde de jonc.
Squin-Anthum, i, &
Squin-Anthus, i, jonc aromatique, plante; du Grec ΣΚΟΙΝ<small>ος</small>, de jonc.

IV.
S-CAP.

1. S-Cop, roche.

De Cap, élevé, se formerent ces mots:

Scopulus, i, rocher, roche, écueil, brisant ; 2°. blanc auquel on tire, but, (voyez ci-dessus, col. 205).

Scopulosus, a, um, plein de rochers, rempli d'écueils, couvert de rochers, de brisans.

Scopelismus, i, crime de celui qui jettoit des pierres dans le champ de quelqu'un.

Scopelisso, as, are, jetter des pierres dans le champ de son ami.

2. De Scapula, épaule, se formerent :
Inter-Scapilium, ii, &
Inter-Scaplium, ii, ou
Inter-Scapulum, i, l'entre-deux des épaules, l'espace d'entre les épaules (*voyez colonne* 129).

S-CEPT, S-CIP,
bâton, sceptre.

Du primitif Cap, main, se formerent Sceptrum, & Scipio, qui tous deux désignent des bâtons qu'on tient en main & dont le premier est également Grec & Hébr.

Sceptrum, i, sceptre ; 2°. royaume, royauté.

Sceptri-Fer, a, um, qui porte un sceptre.

Sceptratus, i, un Philippe d'or, monnoie.

Scept-uchus, ou Sceptr-uchus, a, um, qui tient un sceptre.

Scipio, onis, bâton, canne propre à s'appuyer ; 2°. pieu.

V.
S-CAT,

Du Celte, Catt, percer, trouer, sourdre, vint cette Famille :

Scatebro, as, are, &
Scateo, es, tui, tere, sourdre, couler ; 2°. abonder, avoir ou être en abondance, être abondant, être rempli.

Scatens, tis, qui sourd, qui coule en sortant de terre, qui coule de source, qui pousse une source.

Scatebrosus, a, um, plein de sources ; abondant en sources.

Scatebra, æ, source d'eau.

Scaturigo, inis, source.

Scatu-rex, icis, plein de sources, abondant en sources, où il y a beaucoup de sources.

Scatu-Riginosus, a, um, plein de sources, abondant en sources, où il se trouve quantité de sources.

Scat-urio, *is*, *ire*, fourdre, pouffer une fource, couler en fortant de terre.
Præ-Scateo, *es*, *ui*, *ere*, regorger, être trop plein.

VI.
OBS-CEN,
fale, immonde.

De Cœn*um*, *i*, boue, fe forma cette Famille :

Obs-Cen*us*, *a*, *um*, ou
Obs-Cœn*us*, *a*, *um*, obfcene, fale, vilain, contraire à la pudeur ; 2°. immonde ; 3°. de mauvais augure, de fâcheux préfage ; qui porte malheur.
Obs-Cen*a*, *orum*, parties de la génération.
Obs-Cené, *adv.* avec obfcénité, d'une maniere fale, vilaine, contraire à la pudeur.
Obs-Cen*itas*, *tis*, obfcénité, faleté, ordure qui bleffe la pudeur.
Obs-Cen*um*, *i*, cul.
Sub-Obs-Cené, *adv.* d'une maniere un peu fale, un peu obfcene, un peu contraire à l'honnêteté.
Sub-Obs-Cen*us*, *a*, *um*, un peu fale, un peu vilain, un peu obfcene, un peu déshonnête ou contraire à la pudeur.

VII.
S-CHOL, école.

Du primitif Col, travail, fe forma le Grec S-Kholé, repos, oifiveté, loifir ; 2°. école ; 3°. étude : l'étude étant un abandon du travail de la terre : de-là cette Famille :

Schol*a*, *æ*, école, académie, collége, falle d'exercice, lieu où l'on enfeignoit les fciences & les arts.

Schol*arium*, *ii*, école, falle d'exercices.
Schol*aris*, *is*, écolier, étudiant qui fait fes exercices ; 2°. cadet dans une compagnie. Voyez Scholarius.
Schol*after*, *tri*, écolier, étudiant.
Schol*afterium*, *ii*, école, lieu où l'on fe repofe, repofoir.
Schol*afticus*, *a*, *um*, d'école, qui concerne les exercices qui fe font dans les écoles ou dans les académies, ou que l'on fait pour s'exercer, par maniere d'exercice.
Schol*afticus*, *i*, , déclamateur, qui exerce fon éloquence fur quelques fujets ; 2°. Avocat qui plaide ; 3°. écolier.
Schol*arius*, *ii*, Garde de la Manche ; 2°. Garde-du-Corps d'un Prince ; 3°. foldat vétéran ou furnuméraire. Voyez Scholaris, *is*.
Schol-Arch*a*, *æ*, ou
Schol-Arch*es*, *æ*, Profeffeur d'une fcience ; 2°. Chef d'Académie, Maître d'exercice ; 3°. Principal de collége, Maître d'école.
Pro-Schol*ium*, *ii*, place devant une école publique.
Pro-Schol*us*, *i*, fous-maître.
Schol*ium*, *ii*, fcholie, notes ou obfervations courtes, petit commentaire.
Schol*iaftes*, *æ*, fcholiafte, commentateur, faifeur de notes, de commentaires.

VIII.
S-COR,

De Cor, Cor*ium*, cuir, vint cette Famille :

Scord*ifcarius*, *a*, *um*. Voyez *Ephippiarius* ; 2°. Fourreur.
Scord*ifcum*, *i*, &
Scord*ifcus*, *i*; voyez *Ephippium*.
Scort*um*, *i*, cuir, peau ; 2°. femme ou fille débauchée.

Scort*eus*,

Scorteus, a, um, de cuir, fait de cuir ou de peaux.
Scortea, æ, &
Scorteum, i, manteau ou casaque de cuir préparé pour la pluie ; 2°. carquois.
Scortor, aris, atus sum, ari, fréquenter des filles ou femmes débauchées, leur être attaché.
Scortans, tis, impudique, débauché envers les femmes.
Scortator, oris, qui est adonné aux femmes, débauché à l'égard des femmes.
Scortatus, ûs, débauché avec les femmes.
Scrotum, i, bourses, peau extérieure qui enveloppe les testicules.

IX.
S-CUR.

De Hur, lumiere, prononcé Cur, se formerent :

Obs-Curus, a, um, ior, issimus, obscur, sombre, ténébreux, qui n'est point éclairé ; 2°. qui n'est pas clair ; difficile à entendre, à discerner ; embarrassé ; 3°. caché, dissimulé, couvert ; 4°. de basse naissance, qui est sans nom dans le monde ; 5°. noir.
Ob-Scuro, as, avi, atum, are, obscurcir, ternir, rendre obscur, effacer l'éclat, couvrir de ténèbres, offusquer, embrouiller ; 2°. cacher, voiler, empêcher de voir ou de discerner, tenir caché.
Ob-Scuré, adv. obscurément, avec obscurité, d'une maniere obscure ; 2°. sans qu'on s'en apperçoive, à petit bruit, tout doucement, sans faire semblant, en dissimulant.
Ob-Scuritas, atis, obscurité ; 2°. difficulté, doute, embarras ; 3°. basse naissance.
Ob-Scuratio, onis, obscurcissement, obscurité.
Ob-Scuratus, a, um, part. d'Obscuro.
Ob-Scurans, tis, obscurcissant, qui obscurcit.
In-Ob-Scuro, as, avi, atum, are, obscurcir, cacher dans l'obscurité.

X.
S-ET.

Du Grec Hetos, année, vinrent ;
S-Etanius, a, um, de l'année ; Gr. ΣΗΤΑΝΙΟΣ.
Setanius panis, pain fait du blé de l'année.
S-Etanium, ii, sorte d'oignon.
S-Etania, æ, sorte de nefle.

XI.
S-M.

De l'Or. צמר, blanc, 2°. laine, mot dérivé de Mar, blanc, lumiere, vint ;
Samera, æ, semence de l'orme, sa graine ; elle est blanche & douce.
2. S-Maragdus, i, émeraude, pierre précieuse d'un beau verd.
S-Maragdinus, a, um, de couleur d'émeraude, d'un verd d'émeraude.
S-Maragdites, æ, sorte de marbre ou de pierre précieuse qui tient de l'émeraude.
S-Maris, idis, petit poisson de mer.

Autres.

Smectis, is, terre à dégraisser, à ôter les taches.
Smecticus, a, um, qui nettoie, détersif, qui déterge, qui ôte les taches.
Smegma, atis, savon ou remede détersif.
Smegmaticus, a, um, qui a une qualité détersive.

SMILAX, acis, if, arbre; 2°. lizeron, herbe.
SMIRIS, idis, émeril, *pierre minérale.*
SMYRNIUM, ii, veche, *herbe;* 2°. maceron, *plante.*
SMYRUS, i, sorte de poisson, le mâle de la lamproie.

XII.

De PARS, part vint S-PARS, jetter çà & là, en Gr. S-PEIRÔ.

S-PARGO, is, si, sum, gere, répandre, semer, jetter çà & là ; 2°. faire courir, répandre dans le monde.

SPARSIO, onis, l'action de répandre, de jetter çà & là; arrosement.

SPARSURUS, a, um, qui répandra.

SPARSUS, a, um, part. de *Spargo*, répandu, jetté.

SPARSIM, adv. çà & là, par-ci, par-là, de côté & d'autre.

SPARGENDUS, a, um, qu'il faut répandre.

SPARGENS, tis, qui répand.

En Gr. SPOR.

SPORADES venæ, rameaux de la veine cave, qui viennent jusqu'à la peau.

COMPOSÉS.

1. A-SPERGO, is, si, sum, gere, arroser, humecter, mouiller; jetter quelque liqueur, la faire rejaillir dessus; 2°. saupoudrer, assaisonner, mêler, répandre ; 3°. tacher, noircir, souiller, gâter, diffamer ; 4°. railler, attaquer de paroles, tourner en ridicule ; 5°. asperger, faire aspersion.

A-SPERSIO, onis, aspersion, arrosement, éclaboussure.

A-SPERSUS, ûs, voyez *Aspersio.*

A-SPERSUS, a, um, part. d'*Aspergo*, aspersé.

A-SPERGILLUM, i, aspersoir, goupillon.

A-SPERGO, inis, aspersion, arrosement; pluie poussée par le vent contre quelque chose.

CIRCUM-SPERGO, is, rsi, rsum, gere; répandre, jetter autour.

CON-SPERGO, is, rsi, rsum, gere, arroser, répandre, épancher, verser dessus.

CON-SPERSUS, a, um, arrosé, humecté, saupoudré.

DIS-PERSUS, a, um, part. de *dispergo*, répandu, semé, dissipé.

DIS-PERGO, is, si, sum, gere, disperser, épandre, répandre, éparpiller, semer çà & là.

DIS-PERSUS, ûs, dispersion, dissipation.

DIS-PERSÈ, adv. parci par-là, çà & là.

DIS-PERSIM, adv. séparement, en divers endroits.

EX-PERSUS, a, um, baigné, mouillé, arrosé.

EX-PERTUS, a, um, arrosé, baigné, mouillé.

EX-SPERGO, is, ere, voyez *Aspergo.*

IN-SPERGO, is, si, sum, gere, répandre dessus, saupoudrer, mêler parmi.

IN-SPERSIO, onis, &

IN-SPERSUS, ûs, inspersion, l'action de répandre dessus ou sur.

IN-SPERGENDUS, a, um, qu'il faut répandre dessus, sur.

INTER SPERSUS, a, um, moucheté, tacheté, marqueté ; 2°. répandu entre, parsemé.

PER-SPERGO, is, si, sum, gere, arroser, saupoudrer.

PRÆ-SPARGENS, tis, qui répand devant.

PRO-SPERGO, is, si, sum, gere, voyez *Aspergo.*

RE-SPERGO, is, si, sum, gere, arroser.

RE-SPERSIO, onis, &

RE-SPERSUS, ûs, arrosement.

SUPER-SPARGO, is, si, sum, gere, ou

SUPER-SPERGO, is, si, sum, gere, jetter ou répandre dessus, saupoudrer.

2. A-Sparagus, *i*, asperge.

A-Sparagia, *æ*, plant d'asperges.

SPUR, illégitime.

De la même Famille S-Parsus, vague, qui n'apartient pas à la masse, en Gr. Sporas, vague, qui n'est pas du troupeau, vint sans doute ce mot;

Spurius, *a*, *um*, bâtard, qui n'est pas légitime ou de qui l'on ne connoît pas le pere, enfant supposé.

XIII.
S-PEC.

De Pac, Pec, Pic, forme, figure, précédé de S, vint une Famille très-étendue.

1.

Species, *ei*, forme, figure; 2°. espéce sous le genre; 3°. image, représentation; 4°. mine, air d'une personne, physionomie, ressemblance; 5°. beauté; 6° apparence, ombre, prétexte; 7°. vue, aspect; 8°. fantôme, spectre, vision nocturne; 9°. qualité.

Species, *erum*, épiceries; 2°. épices qu'on donnoit aux Juges.

Speci-Fico, *as*, *are*, spécifier.

Speci-Ficus, *a*, *um*, spécifique.

Speci-Legium, voyez Spicilegium (1808).

Speciatim, *adv.* spécialement, particulierement, en particulier, à part.

Speciatus, *a*, *um*, miré, vu dans un miroir.

Specialis, *le*, *is*, spécial, particulier.

Specialitas, *atis*, spécialité, état propre.

Specialiter, *adv.* spécialement, particulierement.

Speciarius, *a*, *um*, voyez Specialis.

Specimen, *inis*, preuve, marque, témoignage, montre, échantillon; 2°. exemple, modele, image; 3°. essai, épreuve, projet.

Specio, *is*, *ere*, voyez Aspicio.

Spicio, *is*, *ere*, &

Specito; *as*, *are*, voyez Specto.

Speciositas, *atis*, beauté, voyez Forma.

Speciosus, *a*, *um*, beau; 2°. considérable, remarquable, spécieux, de belle apparence, probable, apparent; 3°. pompeux, magnifique, gracieux, qui a bonne mine, qui a grand air.

Speciosè, *siùs*, *sissimè*, *adv.* pompeusement, magnifiquement, avec bonne grace.

2.

Specto, *as*, *avi*, *atum*, *are*, voir, regarder, considérer contempler, être spectateur; 2°. examiner; 3°. juger, porter jugement; 4°. être tourné, situé vers; être du côté de; 5°. avoir égard, faire considération; 9°. regarder avec estime, avoir de la considération, faire cas, estimer, faire estime, faire état; 7°. avoir en vue, tendre, avoir pour but; éprouver, faire essai ou épreuve; 8°. prendre garde.

Spectandus, *a*, *um*, qu'il faut voir; à voir, qui mérite d'être vû; digne d'être regardé.

Spectans, *tis*, qui regarde.

Spectatio, *onis*, l'action de regarder.

Spectatus, *ûs*, regard, vue.

Spectatus, *a*, *um*, part. de specto; vu; 2°. éprouvé; 3°. remarquable, considérable.

Spectatissimè, *adv.* avec un très-grand éclat.

Spectativus, *a*, *um*, spéculatif, contemplatif.

SPECTator, oris, &
SPECTatrix, icis, spectateur, spectatrice, qui regarde, qui contemple; 2°. qui examine.

SPECTaculum, i, spectacle, jeux publics; 2°. amphithéâtre, lieu d'où l'on regardoit les spectacles.

SPECTamen, inis, ce qui fait connoître, ce qui découvre.

SPECTabilis, m. f. le n. is, visible, qu'on peut voir; 2°. beau, qui mérite d'être vu, digne d'être regardé, qui fait plaisir à voir; 3°. considérable, remarquable, à voir, à remarquer.

SPECTabundus, a, um, qui a soin de regarder, qui regarde par tout.

SPECTio, onis, inspection dans la science augurale.

SPECtile, is, &
SPECTile, is, la chair du ventre du cochon autour du nombril.

SPECTrum, i, spectre, fantôme.

SPECTus, ûs, voyez Aspectus.

SPECus, ûs, &

SPELæum, i, ou

SPELunca, æ, caverne, antre, grotte; 2°. conduit souterrain; 3°. mine.

3.

SPECium, ii, &

SPECillum, i, sonde de chirurgien; 2°. petit instrument à distiller quelque chose dans les yeux; 3°. lunette.

SPECulum, i, miroir.

SPECularium, ii, voy. Specularis lapis.

SPECularius, ii, vitrier, lunetier, faiseur de chassis.

SPECullatus, a, um, fait en maniere de miroir, aussi luisant qu'un miroir, clair comme un miroir.

SPECula, æ, béfroi, donjon, échauguette, guérite.

Esse in speculis, être en sentinelle; 2°. être aux aguets.

SPECulor, aris, atus sum, ari, être en sentinelle, être en vedette, battre l'estrade, faire le métier d'espion; 2°. voir, regarder, considérer, contempler, observer, examiner; 3°. épier, être au guet, espionner.

SPECulatorium, ii, voy. Specula.

SPECulatorius, a, um, qui sert à découvrir, à la découverte.

SPECulatio, onis, lieu où l'on est en sentinelle.

SPECulator, oris, spéculateur, contemplateur, qui contemple, qui considere; 2°. sentinelle, vedette, coureur, batteur d'estrade, espion.

SPECulatrix, icis, celle qui considere, qui contemple.

SPECulatus, ûs, l'action d'épier d'un lieu élevé; 2°. métier d'espion.

SPECulatus, a, um, qui considere, qui examine, qui épie, part.

SPECulabundus, a, um, qui regarde d'un lieu élevé pour découvrir; 2°. attaché à regarder.

SPECulamen, inis, vue.

SPECulandus, a, um, qu'il faut épier, observer.

SPECularis, m. f. re, n. is, qui concerne les béfrois, les échauguettes; 2°. transparent, au travers duquel on peut voir, qui sert à découvrir.

PER-SPECulatus, a, um, part. de

PER-SPECulor, aris, atus sum, ari, considérer de près, regarder avec attention.

PRO-SPECulor, aris, atus sum, ari, épier ou regarder de loin.

COMPOSÉS.

A-SPECto, as, avi, atum, are, regarder, considérer, envisager, contempler, jetter la vue souvent sur, attacher les yeux sur; 2°. être vis-à-vis, être en face, être à l'opposite de.

A-Spectus, ûs, aspect, vue, regard, faculté visuelle.

A-Spicio, is, pexi, pectum, cere, voir, regarder, considérer, contempler, envisager, appercevoir, jetter les yeux, tourner la vue sur; 2°. avoir égard, prendre garde; 3°. aider, secourir, favoriser, donner du secours.

A-Spicuus, a, um, visible.

A-Spectabilis, m. f. le, is, visible, sensible à la vue, qu'on peut voir; 2°. qui mérite d'être vu, digne d'être regardé, qu'on doit envisager.

Circum-Ad-Spicio, voy. Circumspicio.

Circum-Specto, as, avi, atum, are, regarder de tous côtés, tourner les yeux de toutes parts; 2°. envisager de près & de tous biais.

Circum-Spicio, is, spexi, spectum, cere, regarder tout autour, jetter les yeux de tous côtés, tourner la vue de toutes parts; 2°. voir, examiner, considérer, peser, regarder de près, prendre bien garde; faire attention, réflexion; éplucher, réfléchir, avoir égard.

Circum-Spectus, ûs, regards jettés de tous côtés; 2°. considération, vue.

Circum-Spectus, a, um, part. de Circumspicio, circonspect, avisé, sage, judicieux, prudent, réservé, modeste, qui a de la circonspection, qui est attentif, qui fait réflexion, qui prend garde à tout; 2°. regardé, observé, remarqué, examiné, pesé, sondé, &c.

Circum-Specte, iùs, issimè, adv. avec circonspection.

Circum-Spectio, onis, circonspection, attention, considération, réserve, réflexion, modestie, prudence, sagesse, retenue, prévoyance, modération.

Circum-Spectatrix, icis, curieuse, qui regarde de tous côtés.

Circum-Spicientia, æ, voy. Circumspectio.

Con-Spectus, ûs, aspect, œillade, regard, coup-d'œil.

In conspectum alicujus venire, se dare, se présenter à quelqu'un, paroître devant lui, venir en sa présence.

Con-Spectus, a, um, vu, regardé, qui paroît; 2°. considérable, distingué, remarquable, apparent, illustre.

Con-Spicio, is, pexi, pectum, picere, voir, appercevoir, regarder, envisager, considérer; 2°. prendre garde, faire réflexion, remarquer, découvrir.

Con-Spico, as, avi, atum, are, &

Con-Spicor, aris, atus sum, ari, voir, regarder.

Con-Spicabundus, a, um, qui est tout-à-fait agréable à voir.

Con-Spicatus, a, um, vu, apperçu, découvert; 2°. qui a vu, qui a apperçu.

Con-Siciendus, a, um, qui est à voir, qui mérite d'être regardé.

Con-Spicuus, a, um, visible, qu'on voit, qui tombe sous la vue, qui est vû; 2°. considérable, illustre, remarquable, distingué, apparent, éclatant; 3°. élevé, grand.

In-Con-Spicuus, a, um, qui n'est point remarquable, qui n'a rien d'éclatant.

Con-Spicilium, ii, &

Con-Spicillum, i, échauguette, lieu d'où l'on peut regarder ce qui se passe, sans être vu; jalousie; 2°. lunette ou lunettes, lorgnette, loupe, &c.

Con-Spicillo, onis, espion, observateur.

De-Specto,-are, regarder de haut, de loin; 2°. regarder avec mépris.

De-Spectus, ûs, } mépris dédain; 2°.
De-Spectio, onis, } vue, regard.

De-Spectatio, onis, balcon, vue d'une maison.

De-Spicio,-ere, regarder de haut, de loin; 2°. mépriser.

De-Spicor,-ari, mépriser.

De-Spicatio, onis, } mépris, dédain.
De-Spicatus, ûs, }

De-Spicatus, *ior*, *issimus*, méprisé, méprisable.

De-Spiciens, *tis*, qui regarde de haut, de loin : méprisant.

De-Spicientia, *æ*, mépris, dédain.

In-De-Spectus, *a*, *um*, qui n'a point été vu.

Di-Spicio, *is*, *spexi*, *spectum*, *picere*, regarder, voir ou tourner la vue de tous côtés, épier, observer ; 2°. considérer, examiner, faire réflexion sur, penser attentivement à ; peser, agir mûrement ou avec circonspection.

Ex-Specto, *as*, *avi*, *atum*, *are*, attendre, espérer, desirer, souhaiter.

Ex-Spectans, *tis*, qui attend ou qui desire.

Ex-Spectatio, *onis*, attente, espérance.

Ex-Spectatus, *a*, *um*, part.

Ex-Spectabilis, *le*, *is*, qu'on peut attendre, espérer ou souhaiter; souhaitable, desirable.

Ante-x-pectatum, plutôt qu'on espéroit, sans qu'on s'y attendît.

Ante-ex-pectatum, contre toute attente, inespérément.

In-ex-Spectatus, *a*, *um*, qu'on n'attendoit pas, qui n'étoit pas attendu.

In-Speciatus, *a*, *um*, qui n'est point spécifié.

In-Speciosus, *a*, *um*, qui n'est pas beau, qui manque d'agrément.

In-Specto, *as*, *avi*, *atum*, *are*, voir, regarder, considérer.

In-Spector, *oris*, Inspecteur, Contrôleur, Visiteur, Examinateur, celui qui considere, qui contemple, qui regarde, de qui le devoir est de visiter, d'examiner, &c. comme les Officiers d'une Communauté.

In-Spectatio, *onis*, vue, l'action de regarder.

In-Spectio, *onis*, inspection, vue, considération, contemplation, l'action de considérer pour connoitre, spéculation.

In-Spectus, *ûs*, vue, regard.

In-Spectus, *a*, *um*, vu, considéré, examiné, visité, contrôlé.

In-Spicio, *is*, *pexi*, *pectum*, *ere*, regarder, voir, examiner, observer, sonder, éprouver, considérer, visiter, contrôler.

Intro-Spectus, *a*, *um*, part. de

Intro-Spicio, *is*, *spexi*, *spectum*, *cere*, regarder dedans ou examiner à fond, considérer dans l'intérieur, sonder, pénétrer.

Per-Specto, *as*, *avi*, *atum*, *are*, considérer attentivement, examiner de près, regarder avec soin.

Per-Spectus, *a*, *um*, part. de *Perspicio*.

Per-Specté, &

Per-Spectim, avec connoissance, après avoir examiné.

Per-Spicio, *is*, *spexi*, *spectum*, *cere*, voir clairement, connoitre parfaitement, considérer attentivement, comprendre nettement.

Per-Spicacia, *æ*, &

Per-Spicacitas, *atis*, voyez *Perspicientia*.

Per-Spicax, *acis*, qui a la vue perçante; 2°. clairvoyant, éclairé, intelligent.

Per-Spicientia, *æ*, connoissance claire, nette, parfaite; pénétration d'esprit.

Per-Spicibilis, *le*, qu'on peut voir aisément, qui peut être vu facilement; exposé à la vue.

Per-Spicuitas, *atis*, clarté, évidence.

Per-Spicuus, *a*, *um*, transparent; 2°. clair, évident, manifeste.

Per-Spicué, *adv.* clairement, évidemment, nettement, manifestement.

Im-Per-Spectiùs, *adv.* avec trop peu de prévoyance, trop imprudemment.

Im-Per-Spicuus, *a*, *um*, qui n'est pas clair, qui n'est point évident, qu'on ne discerne pas.

Pro-Spectus, *ûs*, vue, considération, examen.

PRO-SPECTO, as, avi, atum, are, voir, regarder, avoir la vue dessus, considérer ; 2°. examiner.

PRO-SPECTANS, is, qui regarde.

PRO-SPECTATOR, oris, protecteur, gardien.

PRO-SPICIO, is, spexi, spectum, cere, voir, regarder, considérer, avoir la vue sur ; 2°. prévoir ; 3°. pourvoir, prévenir.

PRO-SPICTUS, a, um, part. de Prospicio, vu, regardé, considéré ; 2°. à quoi l'on a songé.

PRO-SPECTOR, oris, qui considere, qui examine.

PRO-SPICIENTIA, æ, prévoyance, circonspection, précaution.

PRO-SPICIENTER, adv. avec prévoyance, avec circonspection, avec précaution, avec attention.

PRO-SPICE, adv. voyez Prospicienter.

PRO-SPICUUS, a, um, qu'on voit de loin ; 2°. remarquable, à considérer.

RE-SPECTUS, ûs, aspect, regard, vue ; 2°. respect, égard, considération ; 3°. rapport.

RE-SPECTIO, onis, voyez Respectus.

RE SPECTO, as, avi, atum, are, jetter la vue sur, tourner les yeux vers.

RE SPICIO, is, pexi, pectum, cere, regarder, jetter la vue sur, tourner les yeux vers ; 2°. regarder en pitié ; 3°. considérer, faire réflexion ; 4°. avoir égard à, avoir de la considération pour.

SUPER-SPICIO, is, ere, voir par dessus.

SU-SPECTUS, ûs, l'action de regarder en haut ; 2°. admiration, estime ; 3°. hauteur.

SU-SPECTO, as, avi, atum, are, soupçonner.

SU-SPECTATUS, a, um, part. de Suspecto.

SU-SPECTANS, tis, qui regarde souvent en haut.

SU-SPECTIO, onis, soupçon.

SU-SPECTO, abl. abs. avec soupçon.

SU-SPPICO, as, are, &

SU-SPICOR, aris, atus sum, ari, soupçonner, se méfier, se défier, entrer en défiance, avoir des soupçons ; 2°. conjecturer, faire des conjectures.

SU SPICIO, onis, soupçon, défiance, méfiance ; 2°. conjecture.

SU-SPICIO, is, pexi, pectum, cere, regarder en haut ; 2°. admirer, regarder avec admiration ; 3°. soupçonner, tenir pour suspect ; avoir de la méfiance, du soupçon ; se méfier, se défier, croire suspect.

SU-SPICANS, tis, &

SU SPICAX, acis, soupçonneux, défiant, méfiant.

SU-SPICIOSÈ, ius, d'une maniere soupçonneuse, avec soupçon, par soupçon, sous un soupçon, par conjecture.

SU-SPICIOSUS, a, um ; sissimus, soupçonneux, défiant, méfiant ; 2°. suspect, qui fait soupçonner, qui cause des soupçons.

IN-SU-SPICABILIS, le, is, qu'on ne peut soupçonner.

TRAN-SPECTUS, ûs, vue au travers, l'action de voir à travers.

TRAN-SPICIO, is, pexi, pectum, cere, voir au travers ou à travers.

ARU-SPEX, icis, devin, celui qui visitoit les entrailles des victimes, pour en tirer des augures, (voy. col. 118.)

ARU SPICINA, æ, science des aruspices.

ARU-SPICIO, is, ire, deviner, prédire l'avenir, par l'inspection des entrailles des victimes.

ARU-SPICIUM, ii, divination des aruspices.

EXTI-SPEX, icis, sacrificateur, devin, qui considéroit les entrailles des victimes pour juger de l'avenir.

EXTI-SPICIUM, ii, &

EXTI-SPICINA, æ, inspection des entrailles des victimes. D'Exta, entrailles.

RED-AU-SPICO, as, avi, atum, are, &

Red-Au-Spicor, aris, atus sum, ari, prendre de nouveau les auspices.

Famille Grecque.
SC, pour SP.

1. Sceptici, orum, philosophes sceptiques, qui examinoient tout & ne décidoient rien ; 2°. pyrrhoniens.

Scepticus, a, um, sceptique, spéculatif.

Cata-Scopus, i, espion.

Cata-Scopium, ii, brigantin pour aller à la découverte.

2. Scopus, i, blanc, but auquel on vise ; 2°. fin qu'on se propose ; 3°. rafle ou grappe de raisin. (Ciceron ne s'est servi de ce mot qu'en l'écrivant en Grec Scopos.)

Scopio, onis, rafle ou grappe de raisin.

Scopa-Regia, millefeuille, *herbe au Charpentier.*

Metopo-Scopus, i, qui juge par la physionomie.

3. Helio-Scopium, ii, instrument propre à regarder le Soleil.

Helio-Scopius, a, um, qui regarde le soleil.

Helio-Scopius, ii, voyez *Heliotropium.*

Epi-Scopus, i, intendant, inspecteur, surveillant qui a le soin de, qui veille à, qui est chargé, qui a la garde de, gardien, qui fait le guet, garde qui est commis pour garder. 2°. Evêque.

Epi-Scopatus, ûs, Evêché, 2°. Episcopat.

Epi-Scopius, a, um, d'espion, de surveillant ; qui sert à faire la garde, à reconnoître ; de découverte, de guet.

XIV.
S-P H E N.

De Funda, fronde, en Gr. Sphendoné, vint,

Cestro-Sphendona, æ, machine à lancer des javelots.

XV.
S-P I C.

De Pic, pointe, précédé de S, vint cette Famille.

S-Picum, i, &
S-Picus, i, ou
S-Pica, æ, épi ; 2°. gousse d'ail.

S-Piceus, a, um, d'épi, qui concerne les épis.

S-Picatus, a, um, qui porte, qui a des épis.

S-Pici-Fer, a, um, qui porte, qui produit des épis.

S-Pici-Legium, ii, l'action de glaner, de recueillir des épis que les moissonneurs ont laissés ; glanage ; 2°. spicilége.

S-Pici-Legus, a, um, glaneur, glaneuse, qui glane, qui ramasse.

S-Pico, as, avi, atum, are, disposer, façonner en forme d'épi.

S-Picor, aris, atus sum, ari, se former en épi, épier, pousser en épi.

S-Piculum, i, javelot, dard ; 2°. pointe d'une fléche, d'une lance, d'une halebarde ; 3°. aiguillon d'une abeille.

S-Piculo, as, avi, atum, are. Voyez *Acumino.*

S-Piculator, oris, soldat armé de javelot, de dard, &c.

S-Piculatus, a, um. Voyez *Acuminatus.*

In-Spico, as, avi, atum, are, faire une pointe en maniere d'épi, rendre pointu comme un épi.

CU-SPIS,
pointe.

De Cusus, forgé, & de Spic, pointe, on forma ;

Cu-Spis,

Cu-Spis, *idis*, pointe d'une arme, bout pointu, arme pointue ; 2°. broche ; 3°. sarbacane.
Cu-Spido,-*are*, aiguiser, rendre pointu.
Cu-Spidatim, en pointe.
Tri-Cu-Spis, *idis*, qui a trois pointes.

XVI.
AS-PIL.

De Pel, Pil, feu, & de S, vint :
As-Pilates, *æ*, pierre précieuse couleur de feu qu'on trouve, dit-on, en Arabie dans les nids de certains oiseaux.

XVII.
S-PIN.

De Pen, pointe, & de S, se forma cette Famille ;
S-Pina, *æ*, épine ; 2°. pointe, piquant ; dard de hérisson, de porc-épi ; 3°. arrête de poisson ; 4°. endroit épineux, difficile, fâcheux.
S-Pinula, *æ*, dimin. de *Spina*.
S-Pinu pour S-Pinus.
S-Pinetum, *i*, lieu plein de broussailles, de buissons ; épineux, couvert de haliers ; 2°. Epinoy, *Ville de Flandres*.
S-Pineus, *a*, *um*, d'épine.
S-Pinosus, *a*, *um*, épineux, plein d'épines ; 2°. difficile, plein de difficultés, rempli d'embarras, embarrassé ; 2°. rude, mal poli.
S-Pini-Ger, *a*, *um*, &
S-Pini-Fer, *a*, *um*, qui porte des épines.
S-Pini-Gena, *æ*, né d'une épine, dans les épines.
De Spino,-*are*, ôter des épines.
Re-Spino, *as*, *are*, ôter les épines.
S-Pinularium, *ii*, étui ; 2°. pelote, peloton à épingles.

S-Pinularius, *ii*, épinglier, faiseur d'épingles.
S-Pinus, *i*, prunier sauvage.
S-Pinachium, *ii*, &
S-Pinacia, *æ*, épinars, *plante*.

XVIII.
S-P.

De Pen, brillant, 2°. visage, vinrent ces mots.
1. Spinther, *is*, brasselet que les femmes portoient au haut du bras & qui brilloit : en Gr. Spinther, étincelle, brillant.
2. De l'Or. Pen, face, & Tur, singe, vinrent ;
Spin-Turnicium, *ii*, face de guenon, visage de singe.
3. Spintharis, *is*, & Spinturnix, *icis*, oiseau de mauvais augure ; 2°. sorte d'oiseau hideux à voir ; 3°. singe, *animal*.

XIX.
SPISS,
épais.

De Pod, Pid, grand, élevé, se formèrent le Gr. S-Pidés, vaste, épais, & cette Famille ;
Spissus, *a*, *um*, *sior*, *sissimus*, resserré, condensé, dur, solide, ferme ; 2°. épais, dru, serré, qui est près à près ; 4°. lent, tardif, pesant.
Spisso, *as*, *avi*, *atum*, *are*, resserrer, condenser, épaissir ; 2°. faire cailler ou coaguler ; 3°. redoubler.
Spissesco, *is*, *ere*, s'épaissir, se boucher, devenir moins liquide.
Spissitas, *atis*, &
Spissitudo, *inis*, solidité, épaisseur.
Spissamentum, *i*, ce qui sert à épaissir

ou à rendre une liqueur moins liquide ; 2°. bouchon.

Spissatio, onis, épaississement ; 2°. l'action de boucher.

Spissé, ìùs, adv. épais, dru, près à près ; 2°. avec difficulté, avec peine.

Spissi-Gradissimus, a, um, qui marche fort pésamment.

Con-Spisso, as, are, épaissir, rendre épais.

Con-Spissatus, a, um, part.

Ex-Spisso, as, avi, atum, are, épaissir, rendre épais, coaguler, faire cailler, faire prendre.

Ex-Pisso, as, are, épaissir, rendre épais.

In-Spisso, as, avi, atum, are, épaissir, rendre épais.

Per-Spissé, adv. &

Per-Spissì, adv. fort lentement, fort tard ; 2°. très-rarement.

Per-Spisso, as, are, rendre fort épais.

Spithama, æ, empan, mesure de toute l'étendue de la main, depuis le bout du pouce jusqu'à celui du petit doigt ; 2°. palme : en Grec Spithamê.

XX.
S-P Lend.

De Pal, Pel, Pl, éclat, brillant, vinrent :

S-Plendor, oris, splendeur, lustre, éclat, lueur brillante ; 2°. magnificence, pompe ; 3°. beauté ; 4°. bravoure, air galant, grand air.

S-Plendo, es, d..., dere, &

S-Plendesco, is, dui, cere, reluire, resplendir, briller, éclater, devenir brillant ; avoir de l'éclat, du brillant ; 2°. devenir luisant.

S-Plendido, as, are, rendre éclatant, brillant, reluisant.

S-Plendidus, a, um ; dior, dissimus, brillant, éclatant, luisant, reluisant, resplendissant ; qui a de l'éclat.

S-Plendidè, iùs, adv. splendidement, avec éclat, magnifiquement, avec honneur.

S-Plendens, tis, resplendissant, reluisant ; 2°. célebre, illustre, renommé.

Exs-Plendeo, es, dui, ere, &

Exs-Plendesco, es, dui, scere, briller, éclater, reluire.

Res-Plendeo, es, dui, dere, reluire, briller, éclater.

Res-Plendescens, tis, resplendissant, brillant, luisant, éclatant.

XXI.
S-P O L.

De P'el, Pol, peau, & de S, vinrent:

Spolium, ii, dépouille ; 2°. peau de bête écorchée.

Spolia, orum, dépouilles, butin ; 2°. peaux de bêtes écorchées.

Spoliarium, ii, chambre où l'on se dépouilloit, & où on laissoit ses habits avant d'entrer dans le bain ; 2°. lieu où l'on dépouilloit les gladiateurs qui avoient été tués sur l'arene ; 3°. endroit à être dévalisé, coupe-gorge.

Spolio, as, ai, atum, are, dépouiller ; 2°. voler, détrousser, dévaliser, ôter, enlever, ravir, priver, déposséder, dénuer, délabrer.

Spoliatio, onis, dépouillement, volerie, pillerie ; 2°. privation d'une chose qu'on possédoit.

Spoliator, oris, voleur, qui dépouille.

Spoliatrix, icis, celle qui dépouille.

Spoliatus, a, um, dépouillé ; 2°. privé ; 3°. volé, pillé.

Spoliarius, ii, receleur.

Spoliandus, a, um, qu'il faut dépouiller.

COMPOSÉS.

Di-Spoliatulum, i, garderobe, pillage,

De-Spolio, are, dépouiller, piller.
Di-Spolio, as, avi, atum, are, dépouiller, dévaliser.
Di-Spolio, is, ivi, itum, ire, dépouiller, écorcher.
Ex-Spolio, as, avi, atum, are, dépouiller, ôter, ravir, enlever, priver, spolier.
In-Spoliatus, a, um, qui n'est ou qui n'a point été dévalisé.

XXII.

S-PON.

De Von, Pon, eau, liqueur, & de S, vinrent diverses Familles.

1.

Spongia, æ, éponge.
Spongiæ, arum, racines d'asperges entortillées ensemble.
Spongiola, æ, petite boule spongieuse qui se forme sur les églantiers.
Spongiolæ, arum, dimin. de spongia.
Spongiosus, a, um, spongieux, qui ressemble à une éponge.

2.

Spondeum, i, vase qui servoit aux libations ou pour les sacrifices.
Spondæus, i, m. &
Spondeus, i, spondée, pied de vers composé de deux syllabes longues, & employé dans les poésies sacrées.
Spondiaceus, a, um, de spondée.
Di-Spondeus, i, double spondée, pied de vers, composé de quatre longues, comme oratores.
Spond-Aules, æ, joueur de flûte qui accompagnoit certains vers qu'on chantoit pendant les sacrifices.
Spondilia, orum, &
Spondialia, ium, ou
Spondalia, orum, &

Spondaulia, orum, vers qu'on chantoit durant les sacrifices.

3.

Sponsio, onis, promesse, engagement de parole; 2°. gageure, pari.
Sponsum, i, &
Sponsus, ûs, obligation, promesse.
Sponso, as, are, fiancer, faire promesse de mariage.
Sponsor, oris, caution, répondant.
Spondeo, es, sp-pondi, sum, dere, promettre, accorder, fiancer; 2°. répondre pour un autre, être sa caution.
Spondens, tis, répondant, qui promet.
Sponsus, i, accordé, fiancé, promis en mariage; 2°. marié, époux.
Sponsus, a, um, partic. de spondeo.
Sponsa est mihi, elle m'a été promise en mariage, c'est mon accordée.
Sponsa, æ, accordée, fiancée, promise en mariage.
Sponsa cuique sua est, chacun a sa marotte.
Sponsalia, orum, ou ium, accordailles, fiançailles, promesses de mariage.
Sponsalis, le, is, d'accordailles, de fiançailles, de promesses de mariage.

COMPOSES.

Con-Sponsor, oris, qui est caution avec un autre, certificateur de caution; 2°. celui qui demande le serment de sa partie; 3°. conspirateur, conjuré.
Con-Sponsus, a, um, qui est réciproquement obligé par serment.
Consponsa factio, ligue où l'on s'est promis avec serment une foi mutuelle.
Con-Spondeo, spopondi, sponsum, dere, se promettre une foi mutuelle, s'engager la foi l'un à l'autre.

DE-SPONDeo, ere, fiancer, promettre en mariage; 2°. s'engager; 3°. *despondere animum*, perdre courage.
DE-SPONSus, a, um, accordé, promis.
DE-SPONSio, onis, fiançailles.
DE-SPONSatus, a, um, promis en mariage.
DE-SPONSatio, onis, promesse de mariage.

4.

RE-SPONDeo, es, di, sum, dere, répondre, faire ou rendre réponse, répartir; 2°. correspondre; 3°. ressembler, être semblable; 4°. être situé vis-à-vis, être à l'opposite: 5°. réussir, avoir un bon succès; 6°. déclarer.
RE-SPONDens, tis, qui répond, répondant.
RE-SPONSo, as, avi, atum, are, répondre; 2°. contredire, s'opposer, résister.
RE-SPONSito, as, avi, atum, are, répondre souvent.
RE-SPONSivè, adv. en forme de réponse, par maniere de réponse.
RE-SPONSum, i, RE-SPONSio, onis, réponse, repartie, réplique.
RE-SPONSor, ris, répondant, caution, garant; 2°. Avocat-Consultant.
RE-SPONSoriale, is, livre de répons.
RE-SPONSorius, a, um, qui répond.
RE-SPONSalis, is, Procureur, celui qui parle pour un autre; voy. *Apocrisiarius*.

5.

SPONs, tis, &
SPONtis, génitif de l'inusité *Spons*.
Spontis suæ homo, homme qui ne dépend de personne, qui est maître de ses actions, qui est à soi.
SPONté, abl. volontairement, librement, sans contrainte, de plein gré, du propre mouvement, de la pure volonté; 2°. de l'aveu, du consentement, avec l'agrément.
SPONtaneè, adv. voyez *sponté*.
SPONtaneitas, atis, spontanéité, qualité d'une action faite volontairement & sans contrainte. Terme de Théologie.
SPONtaneus, a, um, volontaire, libre, qui est fait de plein gré, qui est sans contrainte, qui n'est point forcé.
SPONtalis, m. f. le n. is; voyez *spontaneus*.
SPONtinus, a, um, voyez *spontaneus*.

XXIII.
S-P U R C.

De *Porcus*, & de S, vint cette famille;
SPURCO, as, avi, atum, are, salir, gâter, souiller, corrompre, infecter.
SPURCus, a, um, cissimus, sale, plein d'ordures, qui n'est pas net; 2°. infâme, honteux, déshonnête.
SPURCamen, inis, &
SPURCitia, æ, ou
SPURCities, ei, saleté, ordure, immondice, mal-propreté; 2°. déshonnêteté.
SPURCè, superl. *spurcissimè*, adv. salement, vilainement, honteusement.
SPURCI-Dicus, a, um, qui dit des saletés.
SPURCI-Ficus, a, um, qui fait des saletés, des ordures.
SPURCI-Loquium, ii, discours sale, entretien plein de saletés.
CON-SPURCO, as, avi, atum, are, salir, gâter, tacher avec.

S A B,
sable.

De *Zab*, *Sab*, mobile, sans consistance, mot primitif qui tire sa force de la valeur qu'a la lettre Z, se forma le mot suivant dont l'origine avoit toujours échappé aux recherches des Savants.

SABulum, i, sable, sablon; 2°. sorte d'instrument de musique à vent.

SABulo, onis, gros sable, gravier.

SABulosus, a, um, sablonneux, plein de sable.

SABuletum, i, n. sablonniere; 2°. terre sablonneuse.

SABurra, æ, gros sable, gravier, dont on leste un navire pour le tenir en estive, lest; 2°. cailloux que les grues prennent pour s'appesantir contre la force du vent lorsqu'elles passent la mer.

SABurralis, m. f. le n. is, de leste, de gros sable, de gravier, de petits cailloux, qui concerne le lest.

SABurratus, a, um, lesté, chargé de gros sable, de gravier, de petits cailloux; 2°. plein, rempli, saoul.

SABurro, as, avi, atum, are, charger de gros sable, de gravier, de petits cailloux pour tenir en estive.

SACC,
sac.

SAC, est un mot primitif conservé dans presque toutes les langues. Voici les mots que le Latin en a dérivés.

1. SAccus, i, sac; 2°. chausse.

SAccellus, i, } sachet, petit sac.
SAcculus, i, }

SAccinus, a, um, fait de sacs.

SAccarius, a, um, de sacs, qui concerne les sacs.

SAccaria, æ, marchandise de sacs.

SAccarius, ii, porteur de sacs, porte-faix; 2°. faiseur, vendeur de sacs.

SAcco, -are, couler par la chausse.

SAccularius, ii, pilleur public; 2°. coupeur de bourses.

SAcci-Perio, onis; SAcci-Perium, i, grande bourse.

BI-SAccium, ii, besace, bissac.

SIcaria, æ, besace.

SIcelium, ii, l'herbe aux puces.

2. Soccus, i, brodequin, chaussure basse dont on se servoit à Rome, & qui étoit celle des Comédiens.

Socculus, i, dimin.

Soccatus, a, um, qui porte des brodequins.

3. SAGulum, i, &

SAGum, i, saie, hoqueton, habit de guerre que portoient les Romains.

Ad saga ire, prendre les armes, l'habit de guerre, endosser le harnois.

SAGenula, æ, dimin. de Sagena.

SAGestre, is, grosse capote.

SAGarius, ii, qui fait des saies, des sasaques pour la guerre, ou qui les vend.

SAGatus, a, um, qui porte une saie.

SAGulatus, a, um, vêtu d'une saie, d'un hoqueton, d'un habit de guerre.

SAGaria, æ, marchandise, négoce de saies.

SAGma, tis, selle, bât, paneau; 2°. fourreau.

SAGmarius, a, um, de sel; 2°. de somme.

SAGI-FARCIarius, ii, qui fait des saies, des hoquetons, ou qui les double.

4. SAcus, i, nid de pigeon, boulin de colombier.

5. SAGena, æ, seine, sorte de filet propre à prendre du poisson.

SAGenarius, a, um, qui concerne une seine, de seine.

SAGeneus, i, &

SAGENO-Bolus, i, qui jette une seine, qui pêche avec la seine.

6. De SAC, précédé de A, & devenu le Grec, Ascos, sac, vinrent :

Ascolia, orum, fête de Bacchus, dans laquelle on sautoit d'un pied sur une Outre enflée.

Ascoliasmus, i, jeu sur un pied, à cloche-pied.

Asco-Pera, æ, outre, vase de cuir; 2°. sac de cuir, gibecière : d'Asc, sac, & Pera, valise, besace, poche.

S-AC.

D'AC, AQ, pointu, tranchant, se formerent nombre de Familles en SAG, SEC, SEQ, & relatives à ces idées.

I.
SAGitt.

1. SAGitta, æ, flèche, trait d'arbalète : 2°. sorte de plante; 3°. bout d'un rejetton de vigne; 4°. la flèche, Constellation composée de cinq étoiles.

SAGitto, as, avi, atum, are, tirer de l'arc, de l'arbalète, percer à coups de traits, d'un coup de flèche.

SAGittans, tis, qui tire de l'arc, qui perce à coups de flèches.

SAGittator, oris, &

SAGittarius, ii, archer, qui tire de l'arc, arbalétrier; 2°. le Sagittaire, neuvieme signe du Zodiaque, qui a trente-quatre étoiles; 3°. monnoie ancienne de Perse.

SAGittarius, a, um, de flèche, qui concerne les flèches, propre à faire des flèches.

SAGITTI-Fer, a, um, qui porte des flèches.

Pecus sagittifera, le porte-épic.

SAGITTI-Potens, tis, le Sagittaire, signe du Zodiaque.

2. SAGaris, idis, hache d'armes des Amazones.

SAGarinus, a, um, qui porte une hache d'armes.

II.
SAG, au figuré.

SAGus, i ; SAGa, æ, devin, devineresse, qui pénètre l'avenir.

SAGus, a, um, de devin.

SAGio, ire, avoir du discernement, pénétrer, prédire.

SAGana, æ, fameuse sorciere.

SAGacio, onis, ce qu'éprouvoient les sorciers avant de prédire; une affreuse palpitation, un tremblement.

SAGax, cis, qui a le sentiment bon, le nez fin, qui devine, qui dit d'avance, qui dit bien.

SAGacitas, atis, la qualité de dire des choses fines, piquantes : pénétration, subtilité.

SAGaciter, avec pénétration, avec délicatesse.

PRÆ-SAGus, a, um, qui pronostique, qui dit d'avance, qui a des pressentimens.

PRÆ-SAGium, ii, présage, pronostic.

PRÆ-SAGitio, onis, pressentiment, prédiction.

PRÆ-SAGio, ire, } prédire, présager ; 2°.
PRÆ-SAGior, iri, } pronostiquer, pressentir.

III.
SAUC, blesser.

SAC, signifiant en primit. blesser, tailler, couper; en Isl. SAKA, blesser, nuire ; en Tart. SAKI, massacre, coupure, &c. les Latins en firent Soc, puis SAUC, d'où cette Famille :

SAUCIO, *as, avi, atum, are*, blesser, faire une blessure, une plaie.

SAUCIUS, *a, um*, blessé, qui a reçu une blessure.

SAUCIATIO, *onis*, blessure, l'action de blesser.

CON-SAUCIATUS, *a, um*, blessé.

CON-SAUCIO, *as, avi, atum, are*, blesser.

IV.

SEC, couper.

1. SECO, *as, ui, ectum, are*, couper, rogner, fendre, terminer, finir.

SECALE, *is*, seigle, sorte de blé, parce qu'on le moissonne.

SECALITIUS, *a, um*, de seigle.

SECAMENTUM, *i*, copeau, retaille.

SECARIUS, *a, um*, qui concerne les copeaux, les retailles.

SECATIO, *onis*, l'action de couper, de rogner, de scier.

SECIVUM, *ii*, SECIVUS on dit aussi SE-
PANIS, { *vium, ii*, sorte
SECIUM, *ii*, SECIVUM, *i*, de gâteau coupé dans les sacrifices.

SECIÙS, moins: on dit aussi SEQUIÙS.

SECTILIS, *e*, qui se peut fendre,
SECTIVUS, *a, um*, { scier ou couper; fendu, scié, fait de pièces de rapport.

SECTIO, *onis*, coupure, entaille, division, encan de biens confisqués, partage de butin, pillage.

SECTOR, *oris*, scieur, fendeur, tailleur, qui tranche, qui confisque, enchérisseur.

SECTRIX, *cis*, celle qui achete des biens confisqués ou mis à l'encan.

SEQUIOR, *ius, oris*, moindre, moins avantageux.

SECTURA, *æ*, coupure, entaille; l'action de tailler, de scier, taille, sciage.

SECESPITA, *æ*, couteau à manche pour les sacrifices; hache, doloire de cuivre.

2. SECULA, *æ*, faucille.

SICA, *æ*, poignard, bayonnette.

SICULA, *æ*, petit poignard.

SICARIUS, *ii*, coupe-jaret.

SICILIS, *is*, fer de hallebarde.

SICILICES, *cum*, fers de pertuisanes.

SICILATUS, *a, um*, d'un poignard.

SICILIO, *-ire*, faucher le regain des prés.

SICILIMENTUM, *i*, regain des prés, seconde herbe fauchée.

3. SICLUS, *i*, 1°. pièce de métal coupée du poids d'une once; 2°. pièce de monnoie Juive, pesant quatre dragmes attiques; 3°. la quatrième partie de l'once chez les Grecs, & chez les Romains deux gros & deux dragmes.

SICILICUM, *i*, & SICILICUS, *i*, la quatrième partie d'une once, deux gros & deux dragmes.

SEMI-SICILICUS, *i*, un gros, huitième partie d'une once.

4. SECULUM, *i*, siècle, l'espace de cent ans, maniere de couper le tems; 2°. tems, saison; 3°. l'espace de trente, de cinquante, de cent-vingt ou de mille ans.

SECULARIS, *e*, séculaire, qui se fait de siècle en siècle.

5. SECUS, séparément, autrement, à contresens, mal.

EXTRIN-SECUS, *a, um*, de dehors.

EXTRIN-SECÙS, adv. au dehors, en dehors, par dehors, à l'extérieur, extérieurement, sur la superficie.

SEQUESTER, *tri, & tris*, dépositaire d'une chose mise à part; séquestre, médiateur, entremetteur, solliciteur.

SEQUESTER, *ra, um*, qui est mis en dépôt, en séquestre, déposé séparément.

SEQUESTRÒ, à part, séparément, en particulier.

SEQuestrum, i, séquestre, dépôt, arbitrage.
SEQuestro, -are, mettre à l'écart, séparer, séquestrer.
SEQuestrarius, a, um, qui concerne un dépôt.
SEQuestratio, onis, l'action de mettre en dépôt.
SEQuestratorium, ii, lieu où l'on met en dépôt
SEQuestro-Positus, a, um, mis en séquestre.

6. SECus, ûs, } le sexe, mot-à-mot
SEXus, ûs, } moitié.
SEXualis, e, de sexe, du sexe féminin.

7. SECuris, is, coignée, hache.
SECuricula, æ, petite hache; 2°. queue d'aronde.
SECuriclatus, a, um, fait en queue d'aronde, d'hirondelle.
SECuri-Fer, a, um, } qui porte une coi-
SECuri-Ger, a, um, } gnée.
SECures, um, Magistratures auxquelles étoit attaché le droit de faire porter devant soi les faisceaux de verges liées autour de la hache.
SECuridaca, æ, fève de loup, plante.

8. SEGmen, inis, } rognure, copeau.
SEGmentum, i, }
SEGmenta, orum, colliers, braslelets faits de pierres taillées ou de pièces de métaux.
SEGmentatus, a, um, fait de diverses pièces, qui est de diverses couleurs, qui porte un habit de morceaux de plusieurs couleurs.

9. SEGes, etis, moisson; 2°. blés sur pied, grains qui sont encore sur terre; 3°. terre labourée, ensemencée ou non ensemencée; 4°. abondance.
AM-SEGetes, is, moissons ou champs qui bordent le chemin.
IN-SIcium, ii, boudin, cervelas fait de viandes hachées.

COMPOSÉS.

As-SECor, -ari, démembrer, mettre en pièces.
CON-SEco, -are, hacher, déchiqueter.
CON-SEctio, onis, coupe, taille.
IR-RE-SEctus, a, um, qui n'a pas été rogné.
DE-SEco, -are, couper, scier.
DE-SEctor, oris, faucheur, scieur, moissonneur.
DE-SEctio, onis, taille, fauchage, sciage.
DIS-SEco, -are, dépecer, découper, anatomiser.
DIS-SEctio, onis, dissection, découpure.
EX-SEco, -are, couper, retrancher.
EX-SEctor, oris, qui taille.
EX-SEctio, onis, retranchement, entaille, hoche.
IN-SEco, -are, diviser, scier.
IN-SEcabilis, e, indivisible, qu'on ne peut couper.
IN-SEctum, i, insecte, animal dont les parties du corps coupées & séparées, ont encore du mouvement.
IN-SEctura, æ, incision.
IN-SEctiones, um, récits, discours interrompus, libelles diffamatoires : ce mot tient à SEquor, suivre.
IN-SEcendus, a, um, qu'on doit dire.
INTER-SEco, -are, entrecouper, graver, imprimer.
INTER-SEctio, onis, entrecoupure, intersection.
INTER-SEcivus, a, um, entrecoupé, voy. Arcifinius.
OC-SEco, -are, couper bien, être tranchant.
PER-SEco, -are, couper tout-à-fait, retrancher en coupant.
PER-SEcatio, onis, l'action de retrancher.
PER-SEcator, oris, qui retranche, qui coupe entièrement.
PRÆ-SEco, -are, couper auparavant; 2°. rogner

2°. rogner en devant, par le bout.
PRÆ-SEGmen, inis, rognure.
PRÆ-SECa, æ, chou, espéce de choux, ainsi nommés parce qu'on les coupe une fois, afin qu'ils recroissent plus tendres.
PRO-SECO,-are, trancher, couper.
PRO-SECtus, ûs, l'action de couper.
PRO-SECtum, i,
PRO-SIcies, ei, } partie des entrailles qu'on coupoit dans les sacrifices.
PRO-SIcium, ii,
RE-SECO,-are, rogner, tailler; 2°. ôter.
RE-SECatio, is,
RE-SECtio, is, } retranchement, l'action de couper.
RE-SECtor, oris, qui coupe, qui retranche.
RE-SEX, cis, le maître brin qu'on laisse en taillant la vigne.
RE-SEGmen, inis, rognure.
SUB-SECO,-are, couper un peu; 2°. couper par-dessous.
SUB-SECivus, a, um, qu'on a de reste, qu'on ménage.

V.

SEQ, suivre;

SEcor; SEQuor, cutus sum, qui, suivre, aller après; 2°. imiter, prendre pour modele; 3°. rechercher.

Ce verbe est proprement le passif de SECO, & signifioit autre fois être séparé, coupé, comme celui qui vient après ou le second, est séparé de celui qui vient avant ou du premier.

SEQuax, cis, qui suit facilement; 2°. vigoureux; 3°. flexible, sectateur, qui suit.
SEQuela, æ,
SEQuentia, æ, } conséquence, ce qui est à la suite.
SEcutio, onis, imitation.
SEcutor, oris,
SEQuator, oris, } Gladiateur qui suivoit ou remplaçoit celui qui avoit été tué.
SEctor,-ari, poursuivre, donner la chasse,

aller après, accompagner, faire cortége, imiter, rechercher.
SECta, æ,
SECtatio, onis, } secte, parti, faction, classe de gens qui suivent des hommes séparés des autres.
SECtator, oris, suivant, courtisan; 2°. sectateur, partisan, qui est de la secte, de la faction.
SECtarius, a, um, qui conduit, qui guide en marchant à la tête.

COMPOSÉS.

AD-SEQuor,-qui, atteindre, joindre, arriver à, égaler, obtenir, venir à bout.
AS-SEQuor, i, être suivi, être connu, passif.
AS-SECtor,-ari, dép. accompagner, imiter, suivre.
AS-SECtor,-ari, pass. être suivi, être imité.
AS-SECtator, oris, qui fait cortége, qui suit.
AS SECtatio, onis, cortége, convoi.
AS-SECla, æ, qui est de la suite, suivant.
CON-SEQuor,-i, aller après, venir ensuite; 2°. acquérir, gagner; 3°. venir à bout de ses prétentions; 4°. imiter.
CON-SEQuentia, æ, suite, enchaînement des choses.
CON-SEQuenter, par conséquent, par une suite.
CON-SEQuax, cis,
CON-SECtarius, a, um, } qui s'ensuit d'une chose.
CON-SECtatio, onis, poursuite, affectation, étude.
CON-SECtarium, ii, corollaire tiré d'une proposition.
CON-SECtaneus, a, um, qui suit l'opinion d'un autre.
IN-CON-SEQuens, tis, qu'on ne peut pas conclure de ce qui précede, qui ne s'ensuit pas, qui est mal conclu, qui ne s'accorde pas avec ce qui a précédé, qu'on ne peut pas inférer.
INCON-SEQuentia, æ, défaut.

Per-In-Con-Sequens, tis, qui ne s'ensuit aucunement, dont la conséquence est entièrement nulle.

Ex-Sequor, cutus sum, qui, faire suivre, accompagner; 2°. poursuivre; 3°. raconter de suite; 4°. venger; 5°. exécuter, effectuer.

Ex-Secutio, onis; Ex-Sequutio, onis; exécution.

Ex-Secutor, oris, qui met à exécution, qui effectue.

Ex-Sequior, -ari, faire les funérailles.

Ex Sequiæ, arum, obseques, funérailles, convoi.

Ex-Sequialis, e; Ex-Sequiarius, a, um, de funérailles, d'enterrement.

In-Sequor, -i, poursuivre, courir après, persécuter; dire, raconter.

In-Seque, dites, poursuivez.

In-Sequenter d'une maniere qui ne s'ensuit pas.

In-Secendus, a, um, qu'on doit dire.

It-Secutor, oris, persécuteur.

In-Sector, -ari; In Secto, -are, courir après, persécuter, tourmenter.

In-Sectator, oris, persécuteur.

In-Sectatio, onis, poursuite injurieuse, outrage.

In-Sectanter, en persécutant, outrageusement.

Ob-Sequor, -i, obéir, être complaisant, suivre la volonté des autres, avoir de la condescendance, faire sa cour, être indulgent, se soumettre.

Ob-Sequens, tis, obéissant, soumis; 2°. complaisant, condescendant, qui fait tout ce qu'on veut.

Ob-Sequium, ii, obéissance, condescendance, service.

Ob-Sequiosus, a, um, plein d'obéissance, obligeant.

Ob-Sequela, æ, complaisance.

Ob-Sequibilis, e, soumis, obéissant.

Ob-Sequentia, æ, complaisance, obéissance.

Ob-Sequenter, avec complaisance; volontiers.

In-ob-Sequens, tis, désobéissant, qui n'obéit pas, qui refuse d'obéir.

Per-Sequor, -i, poursuivre, presser vivement; 2°. persécuter; 3°. continuer; 4°. faire, exécuter.

Per-Sequax, cis; Per-Sequens, tis, qui poursuit.

Per-Sequiter, par conséquent, certainement.

Per-Sequutio, onis; Per-Secutio, onis, poursuite, persécution.

Per-Secutor, oris, persécuteur, qui poursuit.

Per-Sector, -ari, éplucher de près, examiner pièce à pièce.

Pro-Sequor, -i, reconduire, accompagner par honneur, aller de près, poursuivre, continuer de.

Re-Sequor, -i, faire une chose après une autre.

Sub-Sequor, -i, suivre de près; 2°. imiter, suivre l'exemple.

Sub-Sequens, tis, suivant, qui suit.

Sub-Sequor, eris, cutus sum qui, suivre de près, aller après; 2°. imiter, suivre l'exemple, seconder, prendre le parti.

V I I.

1. Secùs, auprès, le long, suivant.

2. Secundus, a, um, second, deuxieme, qui suit; 2°. favorable, avantageux; 3°. heureux, qui réussit.

Ce mot est Binome, il est composé de Sec, qui suit; & de Unus, un, ou le premier.

Secundùm, auprès, proche, joignant; suivant.

Secundò, secondement, en second lieu.

Secundo, -are, faire suivre, faire prospérer, obéir.

OB-Secundo, -are, acquiescer, être complaisant ; 2°. aider, être favorable.

Secundæ, arum ; Secundinæ, arum, l'arriere-faix, fecondine.

Secundani, orum, foldats de la feconde légion ; 2°. habitans de la Principauté d'O-range.

Secundarium, ii, la farine dont on a tiré la fleur.

Secundarius, a, um, du fecond ordre, qui joue les feconds rôles.

SÆ,
impétueux, cruel.

De ZA, ZAE, émotion, trouble, agitation, fe forma le mot Sævus, relatif à l'impétuofité, l'émotion, la violence, & d'où vint cette Famille dont l'origine avoit toujours été inconnue.

Sævus, a, um ; ior, issimus ; 1°. violent, impétueux, extrême ; 2°. grand, puiſſant, redoutable ; 3°. cruel, inhumain, dur.

Sævio, is, ii, itum, ire, exercer fa cruauté, fe montrer cruel, traiter avec inhumanité ; 2°. être furieux, en fureur ou en furie, s'emporter avec fureur.

Sævitas, atis, &

Sævitia, æ, ou

Sævities, ei, cruauté, inhumanité, rigueur.

Sævitia maris, tempête, orage, gros tems, tems de mer.

Sæviter, iùs, issimè, adv. cruellement, inhumainement.

Sævi-Dictum, i, paroles piquantes, mot outrageant.

Sævi-Dicus, a, um, qui s'emporte de paroles, qui dit des paroles outrageantes.

Di-Sævio, -ire, s'emporter.

Ex-Sævio, is, ii, itum, ire, s'adoucir, s'appaifer, fe calmer, ceſſer d'être en furie, devenir plus doux.

Ob-Sævio, is, ii, ire, être cruel, ufer de cruauté envers.

Re-Sævio, is, ire, rentrer en fureur, redevenir furieux.

SAG,
Grand, gros.

SAG, eſt un mot primitif formé de HAG, HOC, qui défigne la hauteur, l'élévation, la groſſeur.

En Orient. שׂגא SaGA, augmenter, croître.

En Grec SAGó, porter.

En Irl. SECH, bœuf, bufle : de-là ces Familles Latines :

I.

Sagimen, inis, &

Sagina, æ, ou

Saginamentum i, viande qui engraiſſe, ce qui fert à engraiſſer ; 2°. engrais ; 3°. graiſſe, embonpoint, fuperflu.

Saginarium, ii, lieu où l'on engraiſſe des animaux, mue à mettre de la volaille.

Saginatio, onis, engrais, l'action d'engraiſſer, de tenir en mue ou à l'engrais.

Sagimino, as, are, &

Sagino, as, avi, atum, are, engraiſſer, tenir en mue, mettre à l'engrais.

Sagmen, inis, verveine, plante.

Sagda, æ, forte de pierre précieuſe d'un verd de porreau, qui attire le bois comme l'aimant attire le fer.

Sagapenum, i, fuc épaiſſi de l'arbriſſeau nommé ferule.

II.

Saxum, i, rocher, roche, groſſe

pierre brute & dure, caillou, pierre à feu.

SAxulum, i, petit rocher.
SAxetum, i, lieu plein de rochers, de cailloux.
SAxeus, a, um, de rocher, de caillou, de pierre.
SAxofitas, atis, dureté de caillou, de rocher, de roche.
SAxofus, a, um, plein de rochers, de roches, de cailloux; pierreux, couvert de rochers; 2°. qui croit parmi les rochers.
SAxatilis, is, espéce de goujon, petit poisson de mer.
SAxatilis, le, is, &
SAxetanus, a, um, qui vit parmi les rochers, autour des rochers.
SAxatilis imber, nuée de pierres.
SAxi-Fer, a, um, qui produit des rochers, des cailloux.
SAxi-Ficus, a, um, qui change en rocher.
SAxi-Fragus, a, um, qui rompt, qui brise les rochers, les roches.
SAxi-Fraga, æ, ou
SAxi-Fragum, i, le saxifrage, plante.
SAxi-Genus, a, um, qui produit des cailloux.

SAM,
Elevé.

Du primit. SAM, élevé, 2°. terminé en pointe élevée, vinrent;

I.

1. SAMiatus, a, um, part. de
SAMio, as, avi, atum, are, fourbir, aiguiser, polir.
2°. le nom de l'Isle de SAMos dont le terrein est élevé : & de-là :
SAMium, ii, pot de terre de Samos.
SAMiolum, i, petit vase de terre de Samos.
SAMius, a, um, de terre de Samos.
SAMiolus, a, um, de terre de Samos.

II.

SUMM, somme.

SUMMa, æ, somme, somme d'argent; 2°. l'essentiel, le principal, l'important, point, nœud, but essentiel, fin principale; 3°. suprême autorité, souverain commandement.
SUMMatim, adv. sommairement, en abrégé.
SUMMatus, ûs, souveraine autorité, souveraineté, principauté.
SUMMé, adv. grandement, extrêmement, beaucoup, tout autant qu'il est possible; 2°. par haut, au haut.
SUMMitas, atis, haut, sommet, cime.
SUMMum, acc. abs. au plus, tout au plus, pour le plus.
SUMMo, abl. abs. à la fin.
SUMMula, æ, dimin. de Summa.
SUMM-Opere, abl. grandement, considérablement, extrêmement, beaucoup, fort.
SUMMarium, ii, sommaire, abregé.
SUMMarius, a, um, Voyez Nummarius.
SUMMas, atis, principal, qui est des premiers, qui est de qualité.
SUMPtus, ûs, dépense, frais qu'on fait.
SUMPtuarius, a, um, qui concerne la dépense.
SUMPtuosé, iùs, adv. somptueusement, avec beaucoup de dépense, fastueusement.
Sumptuosiùs se jactare, se vanter à outrance.
SUMPtuosus, a, um, sior, sissimus, somptueux, qui fait beaucoup de dépense; 2°. d'une grande dépense, qui coute beaucoup.

SUMPTI-FACIO, is, feci, factum, cere, dépenser, faire dépense.
AD-SUMMAM, adv. ou
AD-SUMMUM, enfin, bref, pour conclusion, pour faire court; 2°. au plus, tout au plus.

SA, SAN,
Sain.

Du primit. SA, SAU, SAN, bon, beau, bien, qui subsiste encore en Irlandois, se forma cette Famille Latine.

SANUS, a, um; ior, issimus, sain, qui est en santé, qui se porte bien; 2°. de bon sens, qui est en son bon sens; 3°. qui est en bon état.

SANO, as, avi, atum, are, guérir, rendre sain, remettre, rétablir en santé, rendre la santé.

SANESCO, is, ere, guérir, revenir en santé.

SANitas, atis, santé; 2°. bon sens.

SANitudo, inis, santé.

SANatio, onis, guérison, cure.

SANabilis, le, is, qu'on peut guérir, qui peut être guéri, guérissable, qui n'est point incurable.

SANé, adv. certainement, certes, assurément, sans doute.

CON-SANasco, is, nui, scere, &

CON-SANESCO, is, nui, scere, guérir, se guérir, être en convalescence, se remettre, se refaire, se rétablir.

CON-SANO, as, avi, atum, are, guérir.

CON-SANor, aris, atus sum, ari, se guérir, être guéri.

PER-SANatio, onis, entière ou parfaite guérison.

PER-SANator, oris, qui guérit parfaitement.

PRÆ-SANasco, is, cere, être guéri le premier ou auparavant.

PRÆ-SANESCO, is, ere, voyez Præsanasco.

PRÆ-SANO, as, avi, atum, are, guérir auparavant.

RE-SANESCO, is, nui, cere, rentrer en son bon sens.

RE-SANO, as, are, reguérir, guérir de nouveau.

NÉGATIFS.

1. IN-SANabilis, le, is, incurable, qu'on ne peut guérir, à quoi il n'y a point de remède.

2. IN-SANUS, a, um, fou, insensé, furieux, qui est hors de sens, extravagant, visionnaire, fanatique, emporté de fureur; 2°. extrême, excessif, outré, démesuré, exorbitant.

IN-SANia, æ, folie, fureur, emportement, phrénésie, rêverie, sottise.

IN-SANitas, atis, maladie d'esprit, aliénation de jugement, folie, extravagance, vision, fanatisme, emportement outré.

IN-SANio, is, ivi, itum, ire, devenir fou, faire le fou, faire des folies; être fou, extravaguer, s'emporter de fureur, faire des extravagances; être extravagant, rêver; ne sçavoir ni ce qu'on dit, ni ce qu'on fait.

IN-SANé, adv. follement, furieusement, à la folie, extrêmement, démesurément; d'une manière outrée, emportée, déréglée ou extravagante.

VE-SANUS, a, um, extravagant, fou, insensé, furieux, enragé; 2°. cruel.

VE-SANia, æ, folie, extravagance, emportement furieux, rage.

VE-SANio, is, ivi, ire, être dans des emportemens furieux, ne se posséder pas.

SOS-PES,

Garantir.

Du primitif SA, So, sauvé, garanti, retiré du danger, & de PES, pied, se forma cette Famille :

Sos-Pes, itis, sain & sauf, échappé ou sauvé d'un danger, qui n'a point été endommagé.

Sos-Pito, as, avi, atum, are, conserver sain & sauf, préserver de malheur, tirer du péril, délivrer de danger.

Sos-Pitas, atis, bonne santé.

Sos-Pitator, oris, trix, icis, sauveur, qui tire du péril, qui préserve de danger.

Sos-Pita, æ, celle qui sauve d'un péril, qui a préservé d'un danger.

Sos Pitalis, m. f. le, n. is, qui sauve, qui tire d'un péril, qui préserve d'un danger.

Soter, eris, sauveur, conservateur, qui a préservé, qui a délivré.

Soteria, orum, vœux qu'on faisoit, ou sacrifices qu'on offroit pour la santé de quelqu'un ; poëme sur le rétablissement de la santé d'une personne ; présens qu'on envoyoit à ses amis rétablis d'une maladie.

A-Sotia, æ, luxe, prodigalité, intempérance, débauche.

A-Sotium, ii, lieu de plaisir.

A-Sotus, a, um, prodigue, débauché, dissipateur, dépensier.

SAN, SENT,

Piquant.

San, est un primitif qui désigne les idées relatives à pointu, piquant, aigu, &c.

En Or. שָׁנַן San, aiguiser, rendre pointu.

En Groenland, Sanich, couteau.

En Gr. Sannion, pique, broche, lance ; 2°. javelot persan.

Sainó, agiter sa lance ; 2°. caresser.

D'où au propre en latin Sentis, buisson ;

& au figuré, Sanna, railleur.

Sentis, is, buisson épineux.

Sentis canis, églantier, arbrisseau.

Sentes, ium, buissons épineux.

Senticetum, i, lieu plein de buissons épineux.

Senticosus, a, um, plein de buissons épineux.

Senticosa verba, paroles piquantes.

Sanna, æ, moquerie, raillerie piquante, risée.

Sannio, onis, &

Sannius, ii, railleur piquant, moqueur, qui se moque par des grimaces ou des gestes de dérision ; 2°. bouffon, plaisant.

Sub-Sannator, oris, moqueur, qui se rit.

Sub-Sanno, as, avi, atum, are, se moquer avec insulte.

SAND,

Du Grec Sanis, planche, ais, & de Deó lier, se forma.

San-Dalion, San-Dalon, d'où :

Sandalium, ii, sandale, sorte de chaussure, pantoufle, escarpin.

Sandalo-Theca, æ, lieu où l'on serre les sandales.

Sandalarium, ii, lieu où l'on vendoit des sandales à Rome.

Sandali-Gerulus, a, um, qui porte des sandales à ses pieds.

Sandalis, is, &

Sandalides, dum, sorte de palmier.

SANDA-PILA, æ, biere, cercueil de bois.
SANDA-Pilarius, ii, &
SANDA-PILO, onis, foſſoyeur, celui qui enterre les morts.

SAP, SAV.

Du primitif ZA, couler, prononcé SA, vinrent nombre de mots en SAV, SAP, SOP, SUP, &c. relatifs aux liquides, à l'action de couler, &c.

1. SAPA, æ, féve, ſuc, vin épaiſſi & cuit à l'évaporation des deux tiers.
2. SAPuum, i, boiſſon épaiſſe ; 2°. fromage pourri & réduit en ſuc.
3. SAP-PINum ; SAPPium, ſorte de pin, d'où découle la poix : de SAP, ſuc viſqueux, réſineux, & de PIN, arbre pointu.
SAPINUS, i, ſapin.
SAPinetum, i, lieu couvert de pins réſineux.
SAPinea, æ, bas du tronc du ſapin.
SAP-Pinus, a, um, de ſapin ; ici le double P remet ſur les traces de l'origine primitive.
SAPineus, a, um ; SAPinius, a, um, de ſapin.
4. SAPO, onis, ſuc épaiſſi fait avec un mélange de ſel alkali & d'huile.
SAPonaceus, a, um, dont les ſucs ſont déterſifs, ſavonneux.
SAPonalis, is, plante déterſive, ſavonneuſe.
5. SABaia, æ, liqueur épaiſſe qu'on nomme biere, faite d'un ſuc de grains.
SABaiarius, ii, braſſeur.
SABina, æ, on diſoit autrefois SABBINA, le pin au ſuc viſqueux.
6. SIPyna, æ, javelot, pique de ſapin, &c.
7. SEBum, i, SEVum, i, ſuif, graiſſe d'animal fondue.
SEBosus, a, um, & SEVoſus, a, um, plein de ſuif.

SEBO, -are ; SEVO, -are, enduire de ſuif, faire des chandelles.
SEBaceus, a, um, fait de ſuif.
ZOPiſſa, æ, réſine, goudron.
SEPia, æ, féche, poiſſon qui rend un ſuc noir ; 2°. encre.
SEPiola, æ, petite féche ; 2°. gouttes de ce ſuc noir.
8. SIPHo, & SIPHon, onis, ſiphon, tuyau pour tirer les liqueurs d'un tuyau, pour tirer les liqueurs d'un vaſe.
SIPHunculus, i, petit ſiphon, petite ſeringue.
9. SIPO, & SUPO, as, are, vieux Verbe Latin inuſité, d'où ſont venus :
IN-SIPO, -are, verſer dedans, répandre une liqueur dans une autre.
OB-SIPO, -are, répandre devant, tout autour.
DIS-SIPO, -are, répandre, verſer ça & là, éparpiller, diſſiper.
DIS-SIPatio, onis, profuſion ; 2°. diſſolution, ſéparation ; 3°. conſomption, prodigalité.
DIS-SIPabilis, e, facile à diſſiper.
PRO SAPia, æ ; PRO-SAPies, iei, race, lignée, famille ; mot-à-mot, diſperſé.

SAP,

Saveur, goût.

Du Celte, SAFn, bouche, le même que l'Héb. שפה, SAPhé, lévre, vint :
SAFR, SAWR, ſaveur, goût, odeur, parfum ; qui, ſe prononçant SAP, produiſit cette Famille.

I.

SAPio, is, ivi, ui, ere, ſentir, avoir du goût ; 2°. goûter, tâter, flairer; 3°. être un homme de goût, être sage, prudent.

SApor, oris, saveur, goût.

SAporus, a, um, savoureux, qui a de la saveur, du goût.

SAporatus, a, um, à qui l'on a donné du goût.

SApidus, a, um, qui a de la saveur.

SApidè, avec goût.

Con-Sipio, -ere, avoir du goût, de la prudence.

Præ-Sipio, -ere, goûter auparavant.

Re-Sipio, -ere, sentir, avoir de l'odeur.

Re-Sipisco, -ere, redevenir sage; 2°. prendre courage.

Re-Sipiscentia, æ, l'action de redevenir sage, de se corriger, résipiscence.

2.

SApi-Ens, tis, qui a bon goût, sage, judicieux.

SApi-Entia, æ, prudence, sagesse, bon sens.

SApienter, sagement, judicieusement.

SApienti-Potens, tis, qui excelle en sagesse.

Per-SApiens, tis, fort sage.

Per-SApienter, très-sagement.

3.

De-Sipio, -ere, être hors de sens, extravaguer, n'être pas sage.

De-Sipientia, æ, folie, extravagance.

In-Sipio, -ere, être fade, sans goût.

In-Sipidus, a, um, insipide, sans saveur.

In-Sipiens, tis, insensé, ridicule, extravagant.

In-Sipientia, æ, folie, fatuité.

In-Sipienter, avec impertinence, follement, en insensé.

Sub-Sipio, -ere, avoir peu de goût, goûter mal.

Ne-Sapius, a, um, qui a perdu le goût; 2°. blasé; 3°. qui est sans goût, stupide.

De Sap, prononcé Sab, vint;

In-Subidus, a, um, inconsidéré, qui agit en étourdi, sans réflexion.

In-Subidè, inconsidérément, sans réflexion.

4.

FAMILLE GRECQUE
En SOPH.

1. Sophia, æ, sagesse.

Sophus, i, sage.

Sophos, adv. fort bien, très-bien, c'est fort bien dit, c'est très-bien imaginé, fort bien pensé.

Sophisma, atis, sophisme, argument captieux.

Sophismaticus, a, um, qui concerne les sophismes, ou qui se plait aux sophismes.

Sophista, æ, &

Sophistes, æ, Sophiste.

Anti-Sophista, æ, ou

Anti-Sophistes, æ, antisophiste, qui dispute contre les Sophistes.

2. A-Sophia, æ, sottise, ignorance.

3. Sophistice, adv. d'une manière captieuse, & qui cherche à éblouir.

Sophisticus, a, um, sophistique, captieux, qui tient du sophisme.

4. Sophronicus, a, um, sage, prudent.

Sophronistæ, arum, dix censeurs des mœurs de la jeunesse en chaque Tribu d'Athènes.

Sophrosyne, es, tempérance, sobriété.

Sophronisterium, ii, maison de correction.

Sophronisteres, um, les deux dernières dents qui poussent vers l'âge de vingt ans.

SÆP-E,

Souvent.

Du primitif SAB, SAP, amas, hauteur, se forma l'Oriental שׂף, Sapho, multitude, & le Latin,

SÆP,

Sæpè, iùs, issimè, souvent, fréquemment.

Sæpe-Numerò, adv. voy. Sæpè.
Sæpiculè, adv. assez souvent.
Sæpissimus, a, um, très-fréquent.
Sæpiusculè adv. un peu plus souvent.
Per-Sæpè, adv. très-fréquemment, fort souvent.

SAR, SER,
Lier, serrer.

De Sar, Ser, qui en Celte & en Or. signifie serrer, lier, &c. vinrent diverses Familles.

I.
SARC, paquet.

De la même Famille que le Gr. Sarcané, corbeille, panier d'osiers liés, entrelacés, vint celle-ci :

Sarcina, æ, paquet, sac de hardes ; 2°. au fig. chagrin.
Sarcinæ, hardes, bagage.
Sarcinas colligere, plier bagage, faire son paquet.
Sarcinarius, a, um, de bagage.
Sarcinas, tis, voy. Sarcina.
Sarcinator, oris, ravaudeur, tailleur, qui raccommode des hardes.
Sarcinatrix, icis, ravaudeuse, couturière, qui raccommode.
Sarcinatus, a, um, qui porte un paquet de hardes, qui a un havresac sur le dos, chargé de bagage.
Sarcino, as, are, charger d'un paquet de hardes.
Sarcinosus, a, um, chargé d'embonpoint.
Sarcinulæ, arum, petites menues hardes.
Con-Sarcinator, oris, emballeur.
Consarcinator litium, semeur de discorde,
boute-feu, qui fomente la division.
Con-Sarcinatrix, icis, emballeuse.
Con-Sarcino, as, avi, atum, are, empaqueter, mettre en paquet, joindre ensemble.
Consarcinare verba, enchâsser, insérer, coudre des mots.
De-Sarcino, -are, décharger, soulager.
Sub-Sarcinatus, a, um, qui cache un paquet qu'il porte ; 2°. un peu chargé.

II.

Serræ, arum, passages étroits, défilés, gorges.

III.

Servus, a, um, sujet à quelque redevance, assujetti à une servitude ; 2°. qui est dans la dépendance ; 3°. servile, né pour la servitude.
Servus, i, esclave, serviteur, valet.
Servulus, i, malheureux valet, petit laquais.
Serva, æ, servante, esclave.
Servula, æ, petite esclave.
Servientes, um, les courtisans.
Servilla, orum, troupe d'esclaves.
Servilis, e, is, d'esclave, bas, rampant.
Serviliter, d'une manière servile, en esclave.
Serviria, orum, esclaves, laquais.
Servitium, ii, } esclavage, condi-
Servitus, utis, } tion de domestique, de
Servitudo, inis, } valet, service.
Servi-Tritius, a, um, usé, blanchi au service.

COMPOSÉS.

As-Servio, -ire, faire service, s'assujettir, s'abaisser, se soumettre.
Con-Servus, i, } compagnon d'escla-
Con-Serva, æ, } vage, de service.
Con-Servilis, e, qui concerne les esclaves.

Con-Servitium, ii, servitude commune, même esclavage.
De-Servio, ire, servir, faire service, obliger.
In-Servio, -ire, servir ; 2°. être utile, favoriser, s'employer pour, ménager, rechercher.
Ob-Servio, -ire, s'intéresser pour quelqu'un, lui rendre service.
Præ-Servio, -ire, rendre beaucoup de services.
Sub-Servio, -ire, seconder, servir, aider, favoriser, être un instrument pour faire quelque chose.

IV.

Servo, -are, garder ; 2°. observer ; 3°. sauver, délivrer ; 4°. considérer, regarder ; 5°. retenir ; 6°. avoir l'œil.
Servator, oris, } libérateur, libératrice ; 2°. sauveur ; 2°. conservateur, conservatrice.
Servabilis, e, is, qu'on peut garder, qui est de garde.
Servaculum, i, ancre d'un navire, la soute.

COMPOSÉS.

As-Servo, -are, défendre, être de défense, faire la garde ; 2°. conserver, préserver ; 3°. observer, avoir l'œil sur, veiller à la conduite, épier.
As-Servatio, onis, défense, protection, sauve-garde.
Con-Servo, -are, défendre, garder, garantir.
Con-Servatio, onis, garde, défense, protection.
Con-Servator, oris, } défenseur, protecteur, protectrice.
Con-Servatrix, icis, }
In-Servo, -are, garder dans.

Ob-Servo, -are, remarquer, faire des observations ; 2°. prendre garde, regarder de près ; 3°. considérer, avoir des égards, respecter ; 4°. garder, être observateur.
Ob-Servito, -are, remarquer fréquemment ; 2°. éplucher, examiner de près, exactement.
Ob-Servabilis, e, is, remarquable, qui est à observer ; 2°. dont on peut se donner de garde.
Ob-Servans, tis, exact, ponctuel ; 2°. qui considere ; 3°. qui a des égards, du respect, de bonnes manieres.
Ob-Servantia, æ, considération, égard, respect ; 2°. mœurs, usages, coutumes, observance.
Ob-Servatus, ûs, } remarque, expérience ; 2°. précaution, circonspection, l'action de prendre garde ; 3°. régime de vivre ; 4°. considération, égard, attention.
Ob-Servatio, onis, }
Ob-Servator, oris, qui prend garde, qui remarque ; 2°. qui suit exactement une observance.
Ob-Servatorius, a, um, où l'on fait des observations d'astronomie ; observatoire.
Ob-Servatè, judicieusement, avec retenue & modération.
In-Ob-Servabilis, le, is, qu'on ne peut observer, qu'on ne sçauroit remarquer, imperceptible.
In Ob Servantia, æ, inadvertance, défaut ou manque d'observation.
In-Ob-Servatus, a, um, qui n'est point observé, qu'on n'observe pas, qu'on n'a pas remarqué, à quoi l'on n'a pas pris garde.
Re-Servo, -are, réserver, garder pour l'avenir, conserver pour un autre tems.

V.

Sero, is, serui, sertum, rere, approcher, mettre auprès.

Series, *ei*, suite, train, continuité, enchaînement, ordre des choses qui se suivent, liste.

Serior, *aris*, *ari*, mettre par ordre, arranger de suite.

Seria, *æ*, vaisseau de terre long où l'on mettoit du vin, de l'huile, &c. 2°. saloir.

Sertus *a*, *um*, part. de Sero, serui.

Sertum, *i*, bouquet, guirlande, chapeau ou couronne de fleurs, feston.

Sertula campana, *æ*, melilot, plante.

Serta, *æ*, voyez Restis ou Funiculus.

Serilla, *orum*, cordages, cables.

COMPOSÉS.

Con-Sero, *is*, *rui*, *sertum*, *rere*, mêler, joindre ensemble, entre-mêler, entrelacer.

Con-Sertor, *oris*, combattant, athlete, gladiateur.

Con-Serté, l'un dans l'autre, d'une maniere entrelacée, en maniere de tissu, avec liaison.

De-Sero, *is*, *rui*, *sertum*, *rere*, laisser à l'abandon, abandonner, quitter, négliger, faire peu de cas.

De-Sertio, *onis*, désertion, abandonnement, délaissement.

De-Sertor, *oris*, qui abandonne, qui délaisse; 2°. déserteur, transfuge, rendu, rénégat, qui tourne casaque, qui fait faux-bond, qui quitte le parti de sa Religion ou de son Prince, &c. 3°. fugitif, banni, exilé.

De-Sertum, *i*, désert, solitude, lieu inhabité.

De-Sertus, *a*, *um*, part. de Desero, abandonné, délaissé; 2°. désert, solitaire, inhabité, inculte, qui est en friche: (on sous-entend *locus* dans ces significations.

In-De-Sertus, *a*, *um*, qu'on n'a point abandonné, qu'on n'a point quitté.

In-Sero, *is*, *rui*, *sertum*, *rere*, insérer, mettre dedans, fourrer, mêler parmi, enclaver.

In-Sero, *as*, *avi*, *atum*, *are*, mettre, engager dedans; 2°. encastiller; 3°. sertir; 4°. enclaver.

In-Sertatio, *onis*, l'action de mettre dedans, d'engager ensemble.

In-Sertatus, *a*, *um*, mis, engagé dedans.

In-Sertus, *a*, *um*, mis, fourré, fiché ou engagé dedans; 2°. mêlé parmi, inséré.

In-Sertum, *i*, maçonnerie faite en liaison; 2°. greffe, ente.

In Sertim, adv. au travers.

In-Sertivus, *a*, *um*, mêlé, mélangé.

Inter Sero, *is*, *rui*, *sertum*, *rere*, insérer, mêler parmi, entremêler ou enclaver.

Inter-Sertus, *a*, *um*, part. d'*Intersero*, *rui*, enclavé, engagé, enfermé.

VI.

SIRP, jonc, lien.

De Ser, lien, enchaîner, vint la Famille Sirp, jonc, lien; elle tient au Grec Eiró, lier, nouer.

Scirpus, *i*, jonc.

Scirpiculus, *i*, petit jonc.

Scirpo, *as*, *are*, &.

Sirpo, *as*, *avi*, *atum*, *are*, relier, cercler, lier avec des cercles; 2°. natter ou tresser avec du jonc.

Sirpea, *æ*, panier ou claie d'osier.

Scirpea, *æ*, panier de jonc.

Scirpetum, *i*, lieu où il y a quantité de jonc, où il croît du jonc.

Scirpeus, *a*, *um*, de jonc.

Scirpices, *cum*, instrument qu'on faisoit tirer par des bœufs, pour arracher des joncs qui croissoient dans les prés.

Surpiculus, *i*, &

Sirpicula, *æ*, petit panier de jonc ou

d'ofier; 2°. petite ferpe, ferpette.

Scirpicula, æ, nasse de jonc; 2°. petite faucille.

Scirpiculum, i, panier de jonc.

VII.

Sera, æ, ferrure, cadenas; 2°. verrouil, barre de porte.

Serarius, ii, ferrurier.

Sero, as, are, voyez Obsero.

Seratus a, um, part. de Sero.

Ab-Sero, as, avi, atum, are, enfermer, s'enfermer.

Ob-Seratus, a, um, part. de

Ob-Sero, as, avi, atum, are, fermer à la clef ou au verrouil, verrouiller.

Præ-Sero, as, avi, atum, are, clorre, fermer.

Re-Sero, as, avi, atum, are, ouvrir, faire ouverture; 2°. découvrir, déclarer, donner intelligence, expliquer.

Re-Serans, tis, omn. gen. qui ouvre, &c.

Re-Seratus, a, um, ouvert.

SchA R.

De Schar, Scar, qui en Celte signifie couper, tondre, & qui forma le Gr. Χυράω, rafer, vint:

An-xur, uris, qui n'a pas encore été rafé.

S-CI,

Science, vue, connoissance.

Du primitif Ge, lumiere, vue, d'où נגה, N-Ge, briller, & שכיה S-kie, peinture, image, pensée, pénétration, se forma Sci, connoissance, vue, science; en Anglois, Shew, apparence, couleur: montrer, faire voir; to-See, voir; Sight, vue, &c. De-là:

Scio, scis, ivi, itum, ire, savoir,

être informé, être instruit.

Quod sciam, que je sçache.

Scin, pour Scisne, sçavez-vous?

Scior, sciuntur, sciri, pass. être sçu, être connu.

Scientia, æ, science, connoissance, doctrine, érudition, sçavoir, talent, habileté.

Sciens, tis, tior, tissimus, qui sçait, qui connoit, qui est instruit, habile.

Scienter, iùs, tissimè, adv. sçavamment; en homme sçavant, entendu; en personne habile, intelligente; doctement; avec érudition, capacité, sçavoir; 2°. le sçachant, à son escient, exprès.

Scibilis, le, is, qu'on peut sçavoir.

Scibitur, on sçaura.

Sciolus, a, um, qui sçait peu de choses, demi sçavant.

Sci-Licet, adv. justement, sans doute, c'est cela, vous y êtes, cela est ainsi, c'est bien dit, oui-dà, vraiment oui; 2°. c'est-à-dire, je veux dire, c'est à sçavoir.

Scrus, a, um, &

Scitus, a, um, part. de Scio, établi, réglé, ordonné; 2°. adroit, capable, habile, intelligent; qui a de l'esprit, de la connoissance, de l'intelligence; 3°. gentil, joli, mignon; poli; 4°. judicieux, qui est à propos, c'est fort bien fait.

Scitè, tiùs, tissimè, adv. adroitement, avec habileté, intelligence, esprit, grace, justesse; sçavamment; en homme d'esprit, en homme habile, en homme d'intelligence, en personne intelligente.

Scitor, aris, atus sum, ari, voy. Sciscitor.

Scitulus, a, um, poli, gentil, mignon.

Scitum, i, ordonnance, déclaration, édit; 2°. chose dite avec esprit.

Scisco, is, ivi, itum, cere, sçavoir,

établir, ordonner; 3°. donner sa voix, son suffrage.

Sciscitatio, onis, demande, enquête, information, interrogation.

Sciscitatus, a, um, part. de

Sciscito, as, avi, atum, are, &

Sciscitor, aris, atus sum, ari, demander, s'enquérir, s'informer, s'enquêter, interroger, questionner.

Scitamenta, orum, mets délicats, viandes choisies.

Scitamentum, i, expression choisie; grace, politesse du discours.

Scitans, tis, qui demande, qui interroge, qui s'enquête, qui s'enquiert, qui s'informe.

Scitatus, a, um, part. de Scitor.

COMPOSÉS.

Ad-Scio, is, ivi, itum, ire, faire venir, tirer d'ailleurs; 2°. admettre, recevoir, agréer, approuver; 3°. ajouter, mettre au nombre, associer, introduire.

Ad-Scisco, cis, ere, le même qu'Adscio.

Adsiscere sibi nomen, prendre le nom.

A-Scisco, is, scivi, itum, cere, s'attribuer, s'appliquer, s'arroger; 2°. prendre, admettre, recevoir, approuver, vérifier; mettre en usage, en pratique; 3°. attirer ou appeler à soi; 4°. introduire; 5°. associer.

Ad-Scititius, &

Ad-Scitus, a, um, part. d'Adscio & d'Adscisco, ajouté, pris ou tiré.

A-Scititius, a, um, ou

A-Scitus, a, um, part. d'Ascisco, ajouté, postiche, pris d'ailleurs, étranger, introduit, reçu, admis.

Ad-Scititius, &

Ad-Scitus, a, um, part. d'Adscio, & d'Adscisco, ajouté, pris ou tiré d'ailleurs.

Con-Sciscendus, a, um, à quoi il faut se résoudre, se condamner.

Con-Scius, a, um, qui sçait en soi-même, complice, témoin, participant, confident; 3°. coupable.

Con-Scisco, is, ivi, itum, scere, juger, ordonner, arrêter, résoudre d'un commun accord, donner un Arrêt; 2°. procurer; 3°. amasser, contracter.

Con-Scientia æ, conscience, lumiere intérieure, témoignage ou connoissance de la raison sur ce qui se passe en nous; 2°. connoissance, participation, ou complicité d'une action; 3°. souvenir, réflexion; 4°. scrupule.

Con Scio, -ire, se sentir coupable.

In-Con-Scius a, um, qui ne sçait rien d'un dessein.

Inconsciis Saguntinis, à l'insçu des Sagontins.

Per-Scienter, adv. avec beaucoup d'habileté, en homme très-intelligent.

Præ-Scius, a, um, qui sçait l'avenir, qui a connoissance de ce qui doit arriver.

Præ-Scientia, æ, préscience, connoissance des choses futures.

Præ-Scio, scis, ivi, itum, scire, &

Præ-Scisco, is, ivi, itum, cere, sçavoir auparavant, par avance; 2°. ordonner par avance.

Præ-Scitum, i, préscience, connoissance de ce qui doit arriver.

Præ-Scitus, a, um, prét. de Præscio.

Im-Præ-Scientia, æ, manque de prévoyance, défaut de connoissance de l'avenir.

Re-Scio, is, ivi, itum, ire, &

Re-Scisco, is, ere, sçavoir, apprendre, être averti, découvrir.

Multi-Scius, a, um, qui sçait beaucoup, très-sçavant.

In-Scius, a, um, qui ne sçait pas, qui est ignorant, qui n'a pas de connoissance; 2°. qui entend peu.

IN-Sciens, tis, qui ne sçait pas; 2°. imprudent, fou.
IN-Scienter, adv. en ignorant, en homme peu intelligent, d'une manière peu entendue; 2°. sans sçavoir, sans réflexion, sans y penser, imprudemment.
IN-Scientia, æ, ignorance; 2°. incapacité.
IN-Scité, adv. en ignorant, en homme peu intelligent, d'une maniere peu entendue ou grossiere, sans politesse, sans art.
IN-Scitia, æ, ignorance, faute de sçavoir, incapacité, insuffisance.
IN-Scitus, a, um, ignorant, sot, impertinent, ridicule, fat; 2°. grossier, impoli, qui est sans politesse, qui n'a point de grace; 3°. inconnu.
NE-Scius, a, um, qui ne sçait, qui ne connoît pas; 2°. inconnu.
NE-Scio, is, ivi, itum, ire, ne sçavoir pas, ignorer; 2°. n'entendre pas, n'être pas instruit.
NE-Scienter, adv. faute de sçavoir, par ignorance, manque de connoître.
NIQUI-Scivit; centurie où donnoient leur suffrage ceux qui n'avoient pu le donner dans la leur.

II.

SCIa, ombre, absence de lumiere.
Sciather, is, Sciathera, æ, &
Sciatheras, æ, aiguille, style, broche d'un cadran solaire.
Sciathericon horologium, cadran solaire.
Sciothericon horologium, cadran solaire.
Sciadium, ii, parasol.
Scia-Graphia, æ, ébauche, dessein, premier crayon, premier trait.
Scia-Mataia, æ, escrime, combat feint.
Sci-Urus, i, écureuil, petit animal; du Grec oura, queue.

Sciadeus, i, ombre, poisson de mer noirâtre.
Sciæna, æ, sorte de poisson de mer, femelle du sciadeus.
Scim Podium, ii, lit de repos, canapé.
Sciaticus, a, um, qui a la goutte sciatique.
A-Scius, a, um, qui est sans ombre.
Peri-Scii, orum, peuples situés sous les zones froides.
Peri-Scius, a, um, qui a l'ombre autour de soi, ce qui ne convient qu'aux peuples situés sous les zones froides.

SEM,

SIM, SIGN.

Du primitif SEM, nom, signe, marque, modele, vinrent ces diverses Familles:

I.

1. Semiotica, æ, partie de la Médecine qui recherche les causes de la maladie par leurs symptômes passés & présens.
2. Para-Semato-Graphia, æ, traité des armoiries, livre de blason.
3. E-Ximius, a, um, qui n'a point de semblable, excellent, rare, merveilleux.
E-Ximiè, parfaitement, avec excès.
4. E Xemplar, is, &
E-Xemplare, is, ou
E-Xemplarium, ii, original, modele; 2°. patron, plan; 3°. régle; 4°. exemplaire, copie.
E-Xemplum, i, exemple, modele; 2°. échantillon, essai, montre; voy. exemplar; 2°. peine, châtiment exemplaire; 3°. raisonnement par similitude, preuve par exemple, parabole.

II. SIM, prononcé SIG, SIGn.

Signum, i, marque ; 2°. signal ; 3°. prestige ; 4°. prodige ; 5°. cornette, enseigne ; 6°. signe du Zodiaque ; 7°. sceau, cachet ; 8°. statue ; 9°. enseigne de maison.

Signo, -are, imprimer, empreindre, graver ; 2°. signifier, exprimer, faire connoître, désigner ; 3°. battre monnoie.

Signinum, i, mortier, plâtre, ce qui sert à faire des statues appellées *signa*.

Signinus, a, um, qui est fait à chaux & à ciment.

Signaculum, i, cachet, sceau.

Signanter, ouvertement, d'une maniere éclatante.

Signarius, ii, enseigne, porte-drapeau.

Signatura, æ, apposition du sceau, du cachet ; 2°. le scellé, le scel.

Signatio, onis, empreinte du cachet, l'action de cacheter.

Signator, oris, scelleur, qui met le sceau ; 2°. témoin qui signe un acte ; 3°. graveur, cizeleur, sculpteur.

Signatorius, a, um, qui sert à sceller, à cacheter.

Signaté, évidemment, distinctement.

BINOMES.

Signi-Fex, *eis*, } sculpteur, faiseur
Signi-Ficus, *i*, } de statues : de Signum & de Facio.

Signi-Fer, i, enseigne, cornette, porte-étendard.

Signi-Fer, a, um, qui porte un drapeau, une banniere ; 2°. orné de figures de relief.

Signi-Fico, -are, avoir une signification ; 2°. faire savoir, donner à connoître ; 3°. faire signe.

Signi-Ficatus, ûs, signe d'une chose qui doit arriver, ce qui fait connoître, juger.

Signi-Ficabilis, e, is, } expressif, signi-
Signi-Ficativus, a, um, } ficatif.

Signi-Ficatio, onis, énergie ; 2°. marque, témoignage, indice ; 3°. avertissement, l'action de faire savoir.

Signi-Ficantia, æ, expression forte, vive, énergique.

Signi-Ficanter, d'une maniere qui exprime avec force.

COMPOSÉS.

Ad-Signi-Fico, -are, montrer, faire savoir, connoître.

Ad-Signo, -are, soussigner, souscrire ; 2°. attribuer, assigner.

Ante-Signanus, i, soldat qui est à la garde de l'étendard, qui marche devant pour le défendre ; 2°. le plus habile, celui qui excelle.

Ante-Signani, orum, enfans perdus.

As-Signo, -are, distribuer, départir, partager, fixer, attribuer, approprier ; 2°. sceller, cacheter.

As-Signatio, onis, distribution, département, partage.

As-Signi-Fico, -are, faire à savoir, déclarer à.

Circum-Signo, -are, tracer, marquer, faire une marque autour.

Con-Signo, -are, signer, parapher, cacheter, contre-sceller ; 2°. autoriser ; 3°. consigner, déposer.

Con-Signatio, onis, signature, seing, paraphe, écrit ; 2°. signé, sceau, impression de cachet.

Con-Signanter, expressément, avec énergie.

De-Signo, -are, former une idée, faire un modele ; 2°. tracer un plan, un crayon, dessiner, esquisser ; 3°. marquer, destiner, élire, choisir ; 4°. montrer, faire connoître ; 5°. résoudre, projetter, fixer ; 6°. entreprendre.

De-Signator, oris, dessinateur, Ingénieur, Architecte, Auteur; 2°. Maréchal-des-logis, celui qui marque à chacun la place qu'il doit avoir; 3°. Maitre des cérémonies, celui qui préside aux pompes funèbres; 4°. crieur public.

DE-SIGNATIO, onis, dessin, idée, modele, plan, ordonnance; 2°. note, signe, arrangement, ordre.

DE-SIGNATÉ, par ordre, avec arrangement.

EX-SIGNO,-are, cacheter, sceller.

IN-SIGNE, is, marque naturelle; 2°. signal; 3°. enseigne, guidon, drapeau, bannière, pavillon de vaisseau.

IN-SIGNIA, ium, marques, ornemens, témoignages; 2°. devises, armoiries.

IN-SIGNIS, e, is, considérable, illustre, remarquable, signalé, mémorable, grand.

IN-SIGNITER, } considérablement, avec
IN-SIGNITÈ,   } beaucoup d'éclat.

IN-SIGNIO,-ire, rendre remarquable, illustrer, signaler.

IN-SIGNITUS, a, um, marqué; 2°. éclatant, considérable.

IN-SIGNITA, orum, meurtrissures, contusions.

OB SIGNO,-are, fermer d'un cachet, cacheter, sceller, signer, mettre son seing, le sceau.

OB-SIGNATOR, oris, Scelleur, Garde-des-Sceaux, celui qui cachete, qui appose le sceau.

PER-SIGNO,-are, cacheter, sceller.

PER SIGNATOR, oris, scelleur, celui qui scelle.

PRÆ-SIGNIS, e, is, fort remarquable, très-considérable.

PRÆ-SIGNO,-are, faire une marque auparavant.

PRÆ-SIGNI-FICO,-are, présager, signifier auparavant, pronostiquer, faire connoître par avance.

RE-SIGNO,-are, décacheter, ouvrir, rompre le cachet, lever le sceau; 2°. rendre, restituer; 3°. découvrir, dévoiler, déclarer; 4°. fermer; 5°. biffer, rayer.

SUB-SIGNO,-are, apposer son seing, sceller; 2°. hypothéquer, engager.

SUB-SIGNATIO, onis, souscription, l'action de soussigner.

SUB SIGNANUS, i, soldat qui servoit sous une autre enseigne que l'aigle Romaine, comme les légionnaires.

III.

SIGILLUM, i, cachet, sceau; 2°. petite figure de relief; c'est un diminutif de SIGNUM.

SIGILLO,-are, fermer, cacheter; 2°. ciseler, graver, tailler de petites figures en bosse, en relief.

SIGILLATOR, oris, celui qui scelle, qui cachete, qui met le sceau.

SIGILLATIM, séparément, en particulier, à part.

SIGILLARIS, e, is, qui concerne les statues, les automates, les petites figures en relief; 2°. qui concerne les cachets, les sceaux; 3°. ce qui sert à cacheter, à sceller.

SIGILLARIA, ium, petites figures ou marmousets qu'on s'envoyoit l'un à l'autre par présent aux deux jours qui suivoient les saturnales; 2°. ces deux jours eux-mêmes ajoutés aux saturnales en faveur des esclaves; 3°. rue où l'on vendoit les marmousets ou automates susdits.

OB-SIGILLO,-are, cacheter, sceller, 2°. tenir secret.

IV.

1. SIMius, ii,   } singe; 2°. qui a un
   SIMIA, æ,   } visage de singe; 3°.
   SIMIOLUS, i,   } imitateur, personne qui en contrefait une autre.

2. SIMILIS, e, is, qui est de même, pareil, semblable.

SIMilaris

Similaris, e, is, similaire, homogène.
Similitas, atis, ressemblance, similitude.
Similiter, pareillement, de même manière, tout de même, semblablement.
Similitudo, inis, ressemblance, rapport, comparaison.
Simillimè, tout de la même manière.
Similo,-are, ressembler, être semblable.
Simul, } en même-tems, ensemble, en
Simitu, } lieu semblable, au même-tems, d'abord, aussi-tôt.
Similamen, inis, }
Simulamen, inis, } image, ressemblance, représentation.
Simulamentum, i, }
Simulté, }
Simulter, } de même, pareillement.

V.

Simulo-are, feindre, faire semblant, déguiser; 2°. contrefaire, imiter, représenter.
Simulatus, a, um, rendu semblable; 2°. qui a pris la ressemblance de; 3°. contrefait, déguisé.
Simulator, oris, qui déguise, qui dissimule, qui fait semblant, fourbe.
Simulatrix, is, dissimulée; 2°. sorciere.
Simultas, atis, haine dissimulée, couverte; rancune, inimitié cachée.
Simulatio, onis, déguisement, feinte, faux semblant, 2°. prétexte. 3°. ressemblance.
Simulatè, d'une maniere artificieuse, avec déguisement, par artifice.
Simulacrum, i, } statue, image vaine,
Simulachrum, i, } ressemblance.

COMPOSÉS.

Ab-Similis, e, différent, qui ne ressemble point.
As-Similis, e, is, qui a bien du rapport, très-conforme, tout pareil.
As-Similiter, tout de même, semblablement.

As-Similo,-are, rendre semblable ou conforme; 2°. être semblable, pareil; 3°. avoir du rapport; 4°. comparer, mettre en parallele, égaler.
As-Similatio, onis, ressemblance, représentation.
As-Simulo,-are, faire semblant, déguiser, feindre; 2°. contrefaire, imiter, 3°. représenter, ressembler.
As-Simulatio, onis, feinte, déguisement, contrefaction, fausse apparence.
As-Similatus, a, um, } feint, dissimu-
As-Simulatus, a, um, } lé; 2°. contrefait, faux; 3°. qui ressemble.
Con-Similis, e, is, égal, pareil, ressemblant, fort approchant.
Con-Similiter, } avec rapport, avec une
Con-Simillimè, } extrême ressemblance.
Dis-Similis, e, is, différent, dissemblable, qui ne ressemble en rien.
Dis-Similiter, différemment, diversement.
Dis-Similaris, e, is, qui n'est pas de même espéce.
Dis-Similitudo, inis, diversité, contrariété, opposition.
Dis-Simulo,-are, dissimuler, feindre, ne faire pas semblant de; 2°. déguiser, parler contre son sentiment, cacher sa pensée.
Dis-Simulantia, æ, } déguisement de
Dis-Simulamentum, i, } la pensée, feinte, détour.
Dis-Simulatio, onis, la qualité de déguiser, de dissimuler, dissimulation; 2°. ironie, raillerie; 3°. négligence, nonchalance, manque de soin.
Dis-Simulanter, } sans faire semblant
Dis-Simulatim, } de rien, en dissimulant; 2°. ironiquement.
Dis-Simulator, oris, caché, qui feint, qui déguise sa pensée, qui fait semblant.
Dis-Simulabilis, e, is, qu'on peut dissimuler.

IN-DIS-SIMilis, e, is, qui n'a pas de différence, qui n'est pas différent.
IN-DIS-SIMulabilis, e, is, qu'on ne sçauroit déguiser.
IN-DIS-SIMulatus, a, um, qu'on n'a point dissimulé.
IN-SIMul, tout-à-la fois, ensemble.
IN-SIMulo,-are, feindre, faire semblant; 2°. accuser, faire des reproches.
IN-SIMulatio, onis, accusation, reproche.
IN-SIMulator, oris, accusateur, censeur.
OB-SIMulatus, a, um, tout dissimulé.
PER-SIMilis, e, très-semblable.
SUB-SIMilis, e, is, qui ressemble un peu.
SUB-SIMiliter, avec quelque sorte de ressemblance.

SEM,
Semence.

Du primitif Tse, fleur, plante, production, se forma l'Or. זמע Tsemh, germe, production, germer, &c.
D'où vinrent ces mots :

SEMen, inis, semence, graine, pepin ; 2°. marcotte ; 3°. plante avec sa racine ; 4°. greffe pour enter ; 5°. sorte de froment ; 6°. origine, source, cause ; 7°. race, postérité.

Semen belli, l'auteur de la guerre.

SEMentis, is, semaille, l'action de semer : 2°. les semailles, le tems qu'on seme ; 3°. la semence qui a été jettée en terre ; 4°. moisson.

SEMinatio, onis, l'action de semer.
SEMinator, oris, semeur, qui seme ; 2°. auteur.
SEMinium, ii, semence.
SEMino, as, avi, atum, are, semer, ensemencer, engendrer.

SEMinarium, ii, pépiniere ; 2°. source, origine ; 3°. séminaire.
SEMinarius, a, um, qui sert de pépiniere, qui concerne les semences.
SEMentivus, a, um, qui concerne les semailles, voy. Sementinus.
SEMentinus, a, um, des semailles, qui concerne les semailles.
SEMinalis, m. f. le, n. is, qui se seme, que l'on seme, propre à être semé.
SEMentaturus, a, um, qui produira de la semence, de la graine.
SEMenticus, a, um, bon ou propre à semer.
SEMENTI-Fer, a, um, qui porte de la semence, de la graine.

COMPOSÉS.

CON-SEMinalis, le, is, &
CON-SEMineus, a, um, planté ou semé de choses différentes.
DIS-SEMino, as, avi, atum, are, semer çà & là ; 2°. divulguer, publier.
DIS-SEMinatio, onis, l'action de semer, de répandre ou de faire courir le bruit.
DIS-SEMinator, oris, qui seme, qui ensemence ; 2°. qui répand, qui fait courir le bruit, qui publie, qui divulgue.
IN-SEMino, as, avi, atum, are, ensemencer ; 2°. être cause de la production, causer, produire, faire naître, engendrer.
IN-SEMinatus, a, um, ensemencé, qu'on a semé, dans lequel on a semé.
INTER-SEMinatus, a, um, semé entre.
PRÆ-SEMinatio, onis, première semaille, ce qu'on a semé le premier ou auparavant.
PRO-SEMinatus, a, um, répandu, part. de
PRO-SEMino, as, avi, atum, are, répandre ou semer de tous côtés.
RE-SEMinatio, onis, l'action de semer de nouveau.

RE-SEMino, as, avi, atum, are, semer de nouveau.

SUPER-SEMino, as, avi, atum, are, semer par-dessus.

SEN,
Tranquille, lent.

Du Celte SEN, tranquille, lent, prononcé SEGN, vint cette famille.

SEGNis, e, lent, paresseux, lâche, mou; 2°. stérile.

SEGNitas, atis, lenteur, paresse.

SEGNitia, æ, négligence, indolence; 2°. stérilité.

SEGNiter, d'une maniere lente.

PER-SEGNis; PRÆ-SEGNis, e, très-lent, très-lâche.

SENSus,
Sens.

Du Celt. SYN, sens, opinion, en Or. ܙܡ ZEM, penser, concevoir, se formerent ces mots:

SENSum, i, ce qu'on sent:

SENSurus, a, um, qui sentira.

SENSus, ûs, sens, sentiment; 2°. sens, raison; 3°. pensée, conception de l'esprit; 4°. avis, sentiment opinion; 5°. sens, signification.

SENSa, orum, sentimens, pensées.

SENSaté, adv. d'une maniere sensée, prudemment.

SENSatio, onis, sensation, sentiment de l'ame, à l'occasion des impressions que les objets font sur le corps.

SENSatus, a, um, sensé, avisé, prudent.

SENSiculus, i, petite pensée, sens foible.

SENSibilis, m. f. le, n. is, sensible, qui tombe sous les sens.

SENSilis, e, is, qui tombe sous les sens.

SENTio, is, si, sum, tire, sentir, avoir le sentiment; 2°. être d'avis, penser, juger être d'opinion, d'un sentiment; 3°. connoître, s'appercevoir, se douter, découvrir; 4°. se ressentir; 5°. éprouver, expérimenter.

SENTisco, is, ere. sentir, s'appercevoir, se douter, découvrir.

SENSim, adv. peu à peu.

SENSitivus, a, um, sensitif.

SENSualia, ium, les choses sensibles.

SENSI-Fer, a, um, qui cause, qui produit le sentiment.

SENSI-Ficus, a, um, qui rend sensible.

SENSualis, m. f. le, n. is, sensuel, qui accorde tout à ses sens; 2°. doué de sens, qui a du sens; 3°. qui a des sens.

SENSualitas, tis, sensualité, attachement aux plaisirs des sens; 2°. faculté sensuelle; 3°. l'action de jouir des sens.

SENTentia, æ, sentiment, avis, jugement, opinion, pensée, résolution; 2°. sentence, maxime, beau mot; 3°. voix, suffrage.

SENTentiola, æ, dimin. de Sententia.

SENTentialiter, adv. par sentence, par Arrêt.

SENTentiosé, adv. par sentences, d'une maniere sentencieuse, sententieusement.

SENTentiosus, a, um, sentencieux, plein de sentences, de maximes, de moralités.

COMPOSÉS.

AB-SENtio, is, ire, penser différemment, être d'une autre opinion.

AS-SENsio, onis, consentement, approbation, aveu, agrément, accord.

AS-SENsor, oris, qui consent, qui approuve, qui est de même avis, qui a la même pensée, qui est dans le même sentiment.

AS-SENsus, ûs, consentement, aveu, approbation, agrément, accord, acquiescement; 2°. penchant, inclination, affection.

AS-SENsus, a, um, part. d'assentior, consenti, suivi; 2°. qui a consenti.

As-Sentio, is, sensi, sum, tire, ou

As-Sentior, iris, sensus sum, iri, consentir, accorder, être de l'avis, déférer au sentiment, se rendre à l'opinion, approuver la pensée, suivre l'idée, acquiescer à, donner dans le sens de.

Sub-As-Sentiens, tis, qui est presque d'accord.

As-Sentatio, onis, condescendance, complaisance, flatterie; 2°. excès de bonté, de douceur.

As-Sentatiuncula, æ, mignardise, caresses, flatteries, complimens.

As-Sentator, oris, complaisant, flatteur.

As-Sentatoriè, adv. avec complaisance, par flatterie.

As-Sentatrix, icis, complaisante, flatteuse.

As-Sentor, aris, atus sum, ari, condescendre, complaire, être complaisant, agréer par complaisance, flatter, approuver tout.

Con-Sensio, onis, &

Con-Sensus, ûs, consentement, accord, union, liaison, ligue, conspiration, complot, cabale.

Con-Sentiens, tis, qui s'accorde, qui est d'accord, consentant.

Con-Sentio, is, sensi, sensum, tire, consentir, convenir, être d'accord, concorder, être de même avis, avoir la même opinion, entrer dans le même sentiment, être d'intelligence.

Con-Sentaneus, a, um, convenable, qui a du rapport, conforme, propre, bienséant, raisonnable.

Consentaneus personæ & tempori, convenable au tems & à la personne.

Dis-Sentio, is, nsi, nsum, tire, être de sentiment opposé, avoir une autre opinion, ne s'accorder pas, ne point convenir; 2°. être en mésintelligence.

Dis-Sensio, onis, &

Dis-Sensus, ûs, dissension, discorde, division, mésintelligence; 2°. débat, différend, dispute, diversité d'avis, éloignement d'opinions, partage de sentimens.

Dis-Sentaneus, a, um, qui est de sentiment différent, d'avis contraire, qui ne s'accorde pas.

Ex-Sensus, a, um, insensé, qui est hors du sens, qui a perdu la raison, qui radote, qui rêve.

In-Sensibilis, m. f. le, n. is, &

In-Sensilis, m. f. le, n. is, insensible, qui ne tombe pas sous les sens, qu'on ne sauroit appercevoir.

In-Sensatus, a, um, qui n'est pas bien sensé, qui n'a pas de sens, qui a perdu le sens, extravagant, hors de sens, insensé.

Per-Sentio, is, si, sum, tire, sentir vivement, ressentir; 2°. s'appercevoir.

Per-Sentisco, is, ere, s'appercevoir, avoir un pressentiment, se douter, commencer à avoir quelque connoissance de, pressentir.

Præ-Sensio, onis, pressentiment.

Præ-Sensus, a, um, qui a été prévu, part. de Præsentio.

Præ-Sentio, onis, pressentiment.

Præ-Sentio, tis, sensi, sensum, tire, &

Præ-Sentisco, is, sensi, sensum, scere, avoir des pressentimens, se douter de.

Sub-Sentio, is, si, sum, tire, s'apercevoir, se douter, avoir quelque pressentiment.

SEP,

Haie.

De ס, cercle, ceinture, d'où l'Or. סב Sab, contour.

1. Seps, sepis, espèce d'aspic, petit serpent dangereux.

2. Seps; Sæpes, is, &

Sepes, is, haie.

Septio, onis, clôture.
Sæpimentum, i,
Sepimen, inis, &
Sepimentum, i, clôture faite avec des haies.
Septum, i, &
Septa, orum, clos, enclos, parc, clôture, cloison; 2°. bergerie, 3°. place palissadée, où le peuple de Rome s'assembloit; 4°. digue, levée, chaussée.
Septuosè, adv. obscurément, d'une maniere embarrassée.
Septuosus, a, um, obscur, embarrassé.
Sepio, is, psi, ptum, pire, enclorre, enfermer, environner, entourer, fermer.
Siparium, ii, ce qu'on jette au-devant; toile, rideau qui est devant le théâtre.
Siparum, i, voile de perroquet.

COMPOSÉS.

Circum-Sepio, is, sepsi, septum, pire, entourer, enfermer, environner, enclorre d'une haie.
Con-Sepio, is, psi, ptum, pire, &
Con Septo, as, are, enfermer de haies, clorre avec des haies; entourer, environner de palissades; palissader.
Con-Septum, i, clos, enclos, parc, lieu fermé de haies, &c.
Dis Sepio, is, psi, ptum, pire, finir, terminer, séparer; 2°. abattre, renverser, rompre; 3°. fendre, entr'ouvrir.
Dissepit aër colles, l'horison termine les collines.
Dis-Sepum, i, clôture, ce qui enclôt; 2°. diaphragme.
Dis-Sipium, ii, &
Dis-Sepimentum, i, la peau, la membrane, & tout ce qui sépare une partie d'avec une autre.
Inter-Sepio, is, sepsi, septum, ire, enclorre, environner, enfermer, entourer, boucher.

In-Septus, a, um, qui n'est point enclos, qui n'est point bâti.
Ob-Sepio, is, ivi ou psi, septum, ire, fermer l'entrée, boucher le passage, environner ou clorre de haies, &c.
Præ Sepio, is, pivi ou sepsi, ptum, pire, entourer, fortifier autour, clorre.
Præ-Sepia, æ, &
Præ-Sepis, is,
Præ-Sepium, ii, ou
Præ-Sepe, is, mangeoire; 2°. étable; 3°. table, lieu où l'on mange réglément; 4°. étoile fixe dans la poitrine du Cancer; 5°. crèche.

SER,
Semer.

De l'Or. צ, Tse, fleur, plante, production, se formerent זרע, Zaro, semer; זרה, Zare, répandre; d'où vint cette Famille Latine:

Sero, is, sevi, satum, rere, ensemencer, semer; 2°. planter; 3°. exciter, faire naître.
Serendus, a, um, qu'il faut semer, ensemencer, planter.
As-Sero, is, sevi, situm, ere, semer, planter, enter auprès.
Ad-Seror, sereris, situs sum, seri, être semé, être planté auprès.
Ad-Situs, part. d'Adsero, planté, situé auprès; appuyé, étayé, soutenu.
Circum-Sero, is, sevi, situm, rere, semer autour.
Con-Sero, is, sevi, situm, rere, planter, semer, ensemencer avec ou ensemble.
Con-Sitio, onis, l'action de planter, de greffer, plantage.
Con-Sitor, oris, celui qui plante ou qui greffe, planteur.
Con Situra, æ, l'action, la maniere ou le tems & la saison de planter; plantage.

De-Sero, *is*, *fevi*, *fitum*, *rere*, femer, planter.

Dis-Sero, *is*, *fevi*, *fitum*, *rere*, parfemer, femer de côté & d'autre, placer çà & là.

Dis-Situs, *a*, *um*, éloigné, diftant; 2°. répandu, épandu, diffus.

In-Sero, *is*, *fevi*, *fitum*, *rere*, femer, planter, greffer, enter; 2°. imprimer, empreindre, marquer, graver.

In-Sitio, *onis*, l'action d'enter, de greffer.

In-Sititius, *a*, *um*, transplanté, étranger, qui n'est pas naturel.

Inter-Sero, *is*, *fevi*, *fitum*, *ere*, planter entre, femer parmi.

Inter-Serens, *tis*, qui entremêle; 2°. qui feme parmi.

Ob-Sero, *is*, *fevi*, *fitum*, *rere*, enfemencer, femer, planter.

Ob-Situs, *a*, *um*, part. d'*Obfero*, *is*, couvert, tout plein, rempli.

Præ-Sero, *is*, *fevi*, *fatum*, *ere*, femer devant ou auparavant.

Pro-Sero, *is*, *rere*, femer.

Re-Sero, *is*, *fatum*, *rere*, refemer, femer de nouveau, planter.

Sub-Sero, *is*, *fevi*, *fatum*, *rere*, femer après, furfemer; 2°. planter ou femer deffous.

Sub-Situs, *a*, *um*, qui eft au-deffous.

Tran-Sero, *is*, *ere*, enter.

Tran-Sertus, *a*, *um*, enté.

SERen,

Du primitif Zer, Ser, brillant, vinrent:

1. Sereno, *as*, *avi*, *atum*, *are*, caufer la férénité, rendre ferein; 2°. tranquillifer, calmer, appaifer, radoucir.

Serenum, *i*, tems ferein, beau tems.

Serenus, *a*, *um*, ferein, qui eft fans nuages; 2°. calme, tranquille.

Serenitas, *atis*, férénité, beau tems, tems ferein; 2°. tranquillité, douceur de tempérament.

Serenator, *oris*, furnom de Jupiter; 2°. qui rend l'air ferein.

Con-Sereno, *as*, *are*, faire beau tems.

Dis-Serenat, *avit*, *are*, faire beau tems, faire un tems clair & ferein.

In-Serenus, *a*, *um*, qui caufe des brouillards.

2. Serum, *i*, lait clair, petit lait, ce qu'il y a de féreux dans le lait, férofité.

Serarius, *a*, *um*, de petit lait.

Seresco, *is*, *ere*, fe fécher, devenir fec, perdre fon humidité; fondre en petit lait, fe tourner en lait clair.

3. Serus, *a*, *um*; *rior*, *riffimus*, tardif, qui vient tard, qui arrive tard.

Serum, *i*, foir.

Serò, *iùs*, *iffimè*, *adv.* au foir, fur le foir; 2°. tard.

Seriùs ocyùs, tôt ou tard.

Seriffimè & Seriùs, voyez Serò.

Serotinus, *a*, *um*, tardif, d'arriere faifon, du foir.

4. Sericum, *i*, étoffe de foie.

Sericus, *a*, *um*, de foie.

Serica, *æ*, (fous-entendant) *Veflis*, habit ou vêtement de foie.

Sericaria, *æ*, ouvriere en foie.

Sericarius, *ii*, ouvrier en foie.

Sericatus, *a*, *um*, couvert, habillé ou vêtu de foie.

Sub-Sericus, *a*, *um*, qui eft moitié foie, tiffu de foie.

SICC,

Sec.

Du Celte Seh, fec, en Or. צח Tsec'h, vint cette Famille :

Siccus, a, um, cior, cissimus, sec, qui n'est point humide; 2°. qui n'est point ivrogne.

In sicco, à sec, en un lieu sec, hors de l'eau.

Sicculus, a, um, un peu sec.

Sicco, as, avi, atum, are, sécher, dessécher, faire sécher.

Siccitas, atis, &

Siccitudo, inis, sécheresse; 2°. manière sèche.

Siccatio, onis, dessèchement, l'action de sécher, de dessécher.

Siccatus, a, um, séché, desséché.

Siccè, adv. séchement; 2°. d'une manière sèche.

Siccesco, is, ere, se sécher, se dessécher, devenir sec.

Sicci-Ficus, a, um, qui fait sécher, qui dessèche.

Siccabilis, le, is, qu'on peut sécher, dessécher.

Siccaneus, a, um, &

Siccanus, a, um, sec de sa nature, naturellement sec.

Sicc-Oculus, a, um, qui a les yeux secs, qui ne pleure point, qui n'est pas pleureux.

COMPOSÉS.

As-Sicco, as, avi, atum, are, sécher, dessécher, faire sécher.

Ad-Sicco, as, avi, atum, are, dessécher, faire sécher.

As-Siccesco, is, ere, sécher, devenir sec.

De-Sicco, as, avi, atum, are, sécher, dessécher.

De-Siccatio, onis, dessèchement.

Ex-Sicco, as, avi, atum, are, sécher, dessécher, rendre sec, tarir.

Ex-Siccatio, onis, dessèchement.

Ex-Siccatus, a, um, part. d'*Exsicco*.

Ex-Siccesco, is, ere, devenir sec, se sécher.

In-Siccatus, a, um, part. de

In-Sicco, as, avi, atum, are, dessécher, sécher, rendre sec.

Per-Siccus, a, um, très-sec.

Præ-Sicco, as, are, dessécher.

SIL,
Forêt.

De l'Or. צל, *Tsel, Zel*, ombrage, d'où אשל, *Asel*, forêt, vinrent ces Familles Latines.

I.

Silva, æ, forêt, grand bois; 2°. multitude, abondance, grand nombre; 3°. silve, pièce de Poésie.

Silvula, æ, bois, petite forêt, bocage, bosquet.

Silvesco, is, ere, pousser trop de bois; jetter une forêt de bois.

Silvestris, tre, is, de forêt, de bois; 2°. sauvage; 3°. rustique, champêtre.

Silvaticus, a, um, de forêt, de bois; 2°. sauvage.

Silvosus, a, um, plein de forêts, abondant en bois, où il y a quantité de forêts.

Silvanus, i, Silvain, Dieu des maisons de campagne, des pâtures & du bétail. On lui attribue l'invention des bornes, qui marquent les limites.

Silvi-Cola, æ, &

Silvi-Cultrix, icis, celui ou celle qui habite les forêts, qui aime les bois.

Silvi-Fragus, a, um, qui abat les forêts.

Silvi-Ger, a, um, couvert de forêts, de bois.

II.

A-Sylus, i; -lum, i, asile, réfuge dans le bois sacré, retraite où on n'a rien à craindre.

A-Sylii, æ, droit d'afile.
A-Syla, æ, forte de plante.

III.

Siler, eris, ofier.

SIL,
Calme; 2°. filence.

Le fens propre de Sileo, c'eft, 1°. être calme, tranquille, fans action; 2°. le fens figuré, c'eft garder le filence, fe taire, ne faire point de bruit : en Or. שלה.

Sileo, es, lui, lere; 1°. être calme, tranquille, fans action; 2°. fe taire, garder le filence, ne dire mot, ne parler point, paffer fous filence.

Silet luna, la lune eft en décours, ne luit point.

Silent Jura, on eft en vacances.

Silesco, is, cere, s'appaifer, fe calmer, fe tranquillifer, devenir calme, tranquille, voyez Sileo.

Silentium, ii, filence, repos, tranquillité, folitude.

Silendus, a, um, qu'il faut taire, qu'on doit paffer fous filence, dont on ne doit point parler.

Silentiò, adv. fans dire mot, prenant patience, fans s'émouvoir, fans branler.

Silentiofus, a, um, où regne un grand filence; 2°. taciturne.

Silentiarius, ii, Officier qui fait faire filence; 2°. Secrétaire.

Silens, tis, qui fe tait, qui ne dit mot, qui garde le filence; 2°. qui n'agit pas, qui n'avance pas, qui demeure inutile, oifif, fans action.

Silentes, tum, les morts.

Con-Sileo, es, ere, &

Con-Silesco, is, ere, fe taire, ne dire mot, garder le filence.

SIM,
Camus.

Simus eft le Gr. Simos, qui fignifie camus, retrouffé, qui a les narines ferrées : ces mots font de la même Famille que Sil.

Simus, a, um, camus, camard, qui a le nez retrouffé.

Simulus, a, um, qui a le nez un peu camus & retrouffé.

Simo, as, are, rendre camus; 2°. voyez Deprimo.

Re-Simus, a, um, camus; 2°. crochu.

Sub-Simus, a, um, un peu camus, un peu camard.

Sima, æ, gueule droite, partie concave de la cimaife.

SIN.

1. Sinus, i, &
Sinum, i, pot à beurre, pot au lait.

2. Sinus, ûs, fein; 2°. golfe; 3°. pli, repli, tortuofité, finuofité; 4°. pan d'une robe, d'un manteau; 5°. voile d'un navire; 6°. concavité; 7°. finus, poche d'ulcère; 8°. abime, gouffre.

Sinuo, as, avi, atum, are, courber, faire des plis & replis comme un ferpent, aller en ferpentant.

Sinuamen, inis, &
Sinuatio, onis, ou
Sinuatus, ûs, finuofité.

Sinuofus, a, um, qui a des finuofités; plein de détours, qui fait plufieurs plis, tortueux, courbé, qui fe recourbe, qui a des plis & replis; 2°. embarraffé, plein d'embarras. Voy. Sinuofus.

Sinuatus, a, um, part. de Sinuo.

Sinuosè, adv. par des détours, obfcurément.

Sin-Aphia,

SIN-Aphia, æ, conjonction de la lune avec une planete ou avec quelque astre.

Ex-Sinuo, as, are, épanouir, ouvrir son sein, développer, découvrir, tirer de son sein.

In-Sinuatio, onis, insinuation.

In-Sinuatus, a, um, part. de

In-Sinuo, as, avi, atum, are, insinuer; 2°. faire entrer, glisser dedans; 3°. mettre entre les mains.

SIN ISTer.

De Sin, cœur, & Est, qui est, vint Sin-Istra, la main du cœur, c'est-à-dire la gauche.

Sin-Istra, æ, la gauche, main gauche; 2°. côté gauche.

A sinistrá & Sinistrá, à gauche, du côté gauche, à la main gauche.

Sin-Ister, stra, strum, gauche, qui est à la gauche, qui est du côté gauche; 2°. de bon augure, d'heureux présage, favorable, heureux; 3°. de mauvais augure, funeste, fatal, malheureux.

Sin-Ister, adv. en mauvaise part.

Sini-Steritas, atis, malignité, sévérité trop grande, dureté, perfidie.

Sin-Istro, as, are, tourner à gauche; 2°. mener du côté gauche; 3°. être gaucher.

Sin-Istr-orsùm, adv. &

Sini-Strorsùs, adv. à gauche, à la main gauche, du côté gauche, vers la gauche.

SIT.

De Ci, lieu, place, ci, vint cette Famille.

1.

Situs, a, um, situé, placé; 2°. qui git, enterré.

Situs, ûs, situation, assiette, position.

Sitivé, adv. quant à la situation, eu égard à l'assiette.

COMPOSÉS.

In-Situm, i, greffe, ente, branche ou rejetton d'arbre qu'on greffe, qu'on ente sur un sauvageon.

In-Sitor, oris, celui qui ente ou qui greffe.

In-Situs, ûs, l'action d'enter ou de greffer.

In-Situs, a, um, part. d'Insero, enté, greffé; 2°. naturel, qu'on tient de la nature.

Insitus urbi civis, homme à qui l'on a donné le droit de bourgeoisie.

In-Sitivus, a, um, enté, greffé, adopté, agrégé; 2°. illégitime; 3°. qui sert à enter, à greffer.

2.

Situs, ûs, relent, mauvaise odeur des choses humides & enfermées, qu'on ne change pas de situation : odeur de moisi; 2°. moisissure; 3°. ordure, crasse.

SIV,

Permettre.

Si, désigne en Latin l'idée de permettre, de laisser faire.

Sivi, j'ai permis.

Sino, je permets.

Ce Verbe tient donc au Verbe Sit, qu'il soit, à la conjonction Si, en Grec ΕΙ, & par-là même au verbe Grec ΕΑΩ, qui signifie également permettre.

Sino, is, sivi, situm, nere, laisser faire, permettre, donner liberté de faire.

Sine, Imperat. voyez Sino.

Sine te hoc exorem, permettez que j'obtienne de vous cette grace.
Siturus, a, um, qui permettra.
De-Sino, is, ivi & fii, fitum, nere, ceffer, s'arrêter, finir; difcontinuer, fe paffer, fe terminer.
De-Sinatio, onis, befoin, indigence.
De-Sinator, oris, qui eft dans le befoin.
In-De-Sinenter, adv. continuellement, fans ceffe, inceffamment, fans difcontinuation.

SOL,

Sol; 2°. ferme.

Du Celt. Sol, terrein qui foutient, folidité, fe formerent ces diverfes Familles.

1.

Solum, i, fol, terre, terrain, fonds de terre; 2°. deffous du pied, plante du pied; 3°. femelle du foulier; 4°. pavé.
Solarium, ii, rente fonciere affignée fur un fonds de terre; 2°. taille réelle.

2.

Solidus, a, um, folide, ferme, dur; 2°. maffif; 3°. entier; 4°. ftable, affuré, réel, vrai.
Solidor, aris, atus fum, ari, être entier, être conclu; 2°. être foudé, arrêté.
Solido, as, avi, atum, are, affermir, rendre folide; 2°. confolider; 3°. fouder, arrêter.
Solidefco, is, ere, devenir folide, ferme, s'endurcir, fe confolider.
Soliditas, atis, folidité, fermeté.
Solidé, entierement, parfaitement, tout-à-fait.
Solidatio, onis, l'action de rendre folide, affermiffement.
Solidi-Pes, edis, qui n'a pas le pied fourchu.

3.

Solidum, i; Soldum, i, folde, paye, falaire.
Solidurius; Soldurius, ii, brave, dévoué au fervice d'un grand.
Solidus, i; Soldus, i, monnoie, piéce de monnoie qui ne fait pas partie d'une autre.

Composés.

Con-Solido, -- are, réunir, joindre ce qui étoit déjuni, confolider.
Con-Solidatio, onis, réunion de propriété.
Con-Solidatus, a, um, confolidé, réuni; 2°. clos, arrêté, foudé.
Con-Solida, æ, grande confoude, herbe.
In-Solido; -dûm, pour le tout; folidairement, avec folidité.
In-Solidus, a, um, qui n'eft pas folide, ferme, ftable.
Per-Solido, -are, rendre très-folide; 2°. endurcir, durcir fort.

4.

De Ex, hors, & Sol, terre, vinrent:
Exul, lis, banni, exilé.
Exulo, -are, être relégué, banni.
Exulatio, onis, &
Exilium, ii, banniffement, relégation.

5.

Solea, æ, femelle, fandale; 2°. inftrument à faire de l'huile, preffe; 3°. tout poiffon plat, fole, limande, carrelet, &c.
Solearis, e, qui concerne les fandales.
Soleatus, a, um, qui porte des fandales.
Solearius, ii, favetier, faifeur de fandales.

6.

Sili-Cernius, ii, qui marche le corps

à moitié courbé contre terre, vieillard, décrépit.

SILI-CERN*um*, *ii*, vieillard décrépit; 2°. festin de funérailles.

Les Etymologistes ont très-bien vu qu'ici CERN venoit de CERN, regarder; mais ils n'ont su que faire de SIL; ils n'ont pas vu que c'étoit une altération de SOL, terre, sol : SILI-CERN*ius*, mot-à-mot, qui ne voit plus que la terre.

7.

De-là vint encore l'Or. סלל, SaLL, chemin battu, & cette Famille Latine :

SOLEO, *es*, *ui*, & *itus sum*, *ere*, faire la même chose tous les jours, passer tous les jours par le même chemin; 2°. avoir coutume, faire à son ordinaire.

SOLITO, -*are*, avoir souvent coutume.

SOLITUS, *a*, *um*, qui a coutume; 2°. ordinaire, accoutumé.

SOLITò, à l'ordinaire.

AS-SOLET, c'est la coutume; il est fort en mode.

IN-SOLens, *tis*, qui n'est pas accoutumé, qui n'a pas l'habitude; 2°. extraordinaire; 3°. inusité, incommode; 4°. immodéré, insolent.

IN-SOLentia, *æ*, inaccoutumance, défaut d'habitude, nouveauté; 2°. excès, manière extraordinaire; 3°. insolence, arrogance, hauteur.

IN-SOLenter, contre l'ordinaire, contre l'usage; 2°. avec insolence.

IN-SOLefco, -*ere*, devenir insolent.

IN-SOLitus, *a*, *um*, qui n'est pas accoutumé.

PER-SOLeo, -*ere*, être fort accoutumé, faire souvent.

OB-SOLE-Factus, qui n'est plus à la mode, qui n'est plus en vigueur, affoibli, vieilli.

OB-SOLetus, *a*, *um*, qui est hors d'usage, qui n'est plus à la mode; 2°. qui est usé, mal-propre, souillé, taché.

OB-SOLetè, d'une maniere hors d'usage; à la vieille mode.

OB-SOLeo, } devenir hors d'usage,
OB-SOLe-Fio, } n'être plus à la mode,
OB-SOLefco, } n'être plus en vigueur, vieillir.

8.

SUL-PHUR, soufre.

Du prim. SOL, terre, & de PHUR, feu, dut venir :

SUL-PHur, *is*, soufre.

SUL-PHureus, *a*, *um*, de soufre.

SUL-PHurosus, *a*, *um*, sulfuré, soufreux.

SUL-PHuro, -*are*, soufrer, donner le goût ou l'odeur du soufre.

SUL-PHuratum, *i*, allumette, vapeur soufreuse.

SUL-PHuratio, *onis*, l'action de soufrer.

SUL-PHurarius, *ii*, qui tire le soufre & le prépare : faiseur d'allumettes.

SUL-PHuraria, *æ*, soufriere, mine de soufre.

9.

IN-SULa, *æ*, Isle.

IN SULaris, *re*; -Lensis, *e*, Insulaire, d'une isle, qui concerne les isles.

IN-SULo, *as*, *are*, isoler, s'isoler, devenir isle.

IN-SULosus, *a*, *um*, plein d'isles.

IN-SULarius, *ii*, Concierge d'une maison.

IN-SULatus, *a*, *um*, isolé, devenu isle.

PEN INSULa, *æ*, Presqu'isle.

SOLV.

SOLVO, *is*, *vi*, *solutum*, *vere*, délier, dénouer, lâcher, détacher; 2°.

payer, s'acquitter, satisfaire; 3°. lever l'ancre, partir; 4°. soudre, résoudre ou lever la difficulté; 5°. dissoudre, faire fondre; 6°. amollir, rendre mou; 7°. dégager, délivrer, ouvrir.

Solutio, onis, l'action de dénouer, de délier, de détacher, de lâcher; déliement, dénouement; 2°. dissolution; 3°. paiement; 4°. dévoiement, relâchement.

Soluté, adv. librement, sans contrainte, sans se gêner; d'une maniere libre, qui n'est point contrainte, point gênée.

Solutilis, le, is, qui se défait aisément, qui s'ouvre facilement, qui se délie avec facilité; aisé à dénouer, à détacher.

Solubilis, e, is, soluble, qui se dissout aisément; 2°. qui dissout facilement.

Solvendus, a, um, qu'il faut payer; 2°. qu'on doit délier, dénouer, lâcher, détacher.

Solvendo esse, être solvable, être bon.

COMPOSÉS.

Ab-Solvo, is, absolvi, solutum, ere, absoudre, délier, dégager, rendre libre, délivrer, décharger, exempter; 2°. parfaire, mettre dans la perfection, finir, terminer, achever, mettre la derniere main, accomplir; 3°. détacher, dépêcher, renvoyer, expédier; 4°. acquitter, payer, satisfaire.

Ab-Solutio, onis, absolution, délivrance, rémission, abolition, décharge, dégagement, déliement; 2°. accomplissement, perfection, achevement, derniere main.

Ab-Solutorium, ii, remede souverain, qui guérit absolument.

Ab-Solutorius, a, um, ce qui sert à la décharge, à la rémission; 2°. ce qui avance ou produit la guérison d'un mal.

Ab-Soluté, adv. parfaitement, absolument, entierement.

Absoluté doctus, vraiment sçavant.

Red-Ab-Solvo, is, vi, solutum, vere, absoudre une seconde fois.

Dis-Solvo, is, vi, solutum, vere, délier, détacher, dissoudre, résoudre, désunir, séparer; 2°. débarrasser.

Dis-Solvens, tis, dissolvant, terme de Chymie.

Dis-Solutio, onis, dissolution, division, séparation.

Dis-Soluté, adv. d'une maniere nonchalante, relâchée, négligente, molle, lâche; sans regles, sans mesures, avec indulgence, sans se soucier de rien.

Dis-Solubilis, le, is, qui se peut dissoudre, dissoluble; qui se dissout, qui se résout avec quelque difficulté.

Ex-Solvo, is, vi, solutum, vere, délier, dénouer, détacher; 2°. dissoudre, rompre l'union; 3°. délivrer, dégager, tirer de.

Ex-Solutio, onis, paiement entier.

Per-Solvo, is, vi, solutum, vere, achever de payer, payer entierement, acquitter tout-à-fait, satisfaire à.

Per-Solvendus, a, um, qu'il faut payer entierement.

Por-Soluta, æ, sorte de plante.

Præ-Solutus, a, um, payé d'avance.

Re-Solvo, is, vi, solutum, vere, délier, dénouer, détacher; 2°. ouvrir; 3°. découvrir, déclarer; 4°. résoudre, dissoudre, faire fondre.

Re-Solutio, onis, résolution, dénouement, explication; 2°. l'action de délier, de lâcher.

Re-Solubilis, le, is, qu'on peut résoudre, dissoudre.

Re-Soluturus, a, um, qui payera.

Re-Solutoria sacra, les mysteres des Débraillés : cérémonies sacrées, desquelles il étoit défendu d'approcher ayant rien d'attaché sur soi.

IN-SOLUTUS, a, um, qui n'est pas payé ou qui n'est pas délié.

IN-SOLUBILIS, le, is, qu'on ne peut payer ; 2°. indissoluble, qu'on ne peut délier.

IN-SOLUBILITER, adv. d'une maniere indissoluble.

IN-DIS-SOLUBILIS, le, is, indissoluble, dont on ne peut rompre l'union, qu'on ne peut défaire.

IN-DIS-SOLUTUS, a, um, qu'on n'a point défuni, dont on n'a point rompu les nœuds ; voyez *Indissolubilis*.

IR-RE-SOLUBILIS, le, is, indissoluble, qu'on ne peut délier, dénouer ou défunir.

IR-RE-SOLUTUS, a, um, qui a toujours été bandé ou tendu, qu'on n'a point relâché.

SPE,
Espoir.

De PH, face, vue, 2°. pénétrant, vint S-PE, l'espoir, l'espérance, ce qu'on voit d'heureux en avant, dans l'avenir.

1. SPES, ei, espérance, attente.

SPECula, æ, foible espérance, léger espoir.

SPERO, -are, prévoir, voir dans l'avenir, attendre, craindre, espérer, croire.

SPERabilis, e, qu'on peut espérer.

SPERatus, i, } l'époux, le fiancé ; la fian-
SPERata, æ, } cée, celui, celle qu'on espere.

2. PRO-SPER, a, um, } m.-à-m. qui
PRO-SPERus, a, um, } voit en avant, c'est-à-dire qui est heureux en prospérité ; 2°. favorable, propice, ce qu'on voit avec plaisir.

PROS-PERitas, atis, prospérité, fortune bonne & heureuse, bonheur.

PROS-PERO, as, avi, atum, are, favoriser, faire prospérer, faire réussir, donner ou procurer un bon succès, rendre heureux.

PROS-PEROR, aris, atus sum, ari, prospérer, réussir en tout.

PROS-PERatus, a, um, qui a prospéré, qui a réussi heureusement.

PROS-PERé, iùs, errimé, adv. heureusement, avec bonheur, avec prospérité.

NÉGATIFS.

EX-IN-SPERatò, contre son espérance ou son attente ; inopinément.

IN-SPERabilis, e, qu'on ne sauroit espérer.

IN-SPERatus, a, um, à quoi l'on ne s'attendoit pas, inespéré.

IN-SPERans, is, qui n'espere, ne prévoit pas.

EX-SPES, ei, qui ne prévoit, n'attend, n'espere pas.

DE-SPERO, are, avoir perdu tout espoir, n'avoir point d'espérance.

DE-SPERabilis, e, } dont on doit dé-
DE-SPERandus, a, um, } sespérer.

DE-SPERaté, } sans espérance, en dé-
DE-SPERanter, } sespéré.

DE-SPERatus, a, um, furieux, au désespoir, perdu.

DE-SPERatio, onis, désespoir.

SU, SUS, SUR,
Haut.

SU, SUS, est un mot Celte qui désigne l'élévation, & qui a formé divers dérivés. Il paroît tenir à HUS, cri : nous disons Sus ! Sus ! debout, debout ! De-là ces Familles :

SUS, haut.

Sus deque, haut & bas, en haut & en bas, c'en-deſſus-deſſous.

Sus-que-De-que, adv. c'en-deſſus-deſſous.

Sur-Sum, en haut.

De-Sursùm, adv. voyez Deſuper.

Ex-Su-Scito, as, avi, atum, are, éveiller, réveiller; 2°. rendre attentif; 3°. ranimer, encourager, faire prendre courage, émouvoir, exciter; 4°. tirer d'aſſoupiſſement.

Ex-Sus-Citatio, onis, l'action de réveiller l'attention, de rendre attentif.

Re-Sus-Cito, as, avi, atum, are, réveiller, exciter de nouveau, reſſuſciter.

II.

Sur-Go, is, rexi, rectum, gere, ſe lever, ſe relever; 2°. s'élever, croître; 3°. devenir grand, ſe gonfler, s'enfler, paroître; 4°. ſourdre.

COMPOSÉS.

As-Surgo, is, rexi, rectum, gere, ſe lever, ſe relever; 2°. s'élever; 3°. croître; 4°. céder; 5°. s'enfler.

Con-Surgo, is, rrexi, rrectum, gere, ſe lever avec ou enſemble; 2°. s'élever, croître, monter; 3°. ſe ſoulever.

Con-Surrectio, onis, l'action de ſe lever par civilité.

Con-Surrexi, prét. de Conſurgo.

De-Surgo, is, rexi, rectum, gere, s'élever.

Ex-Surgo, is, rexi, rectum, gere, ſe lever, ſe relever; 2°. ſe réveiller, ſe ranimer; prendre courage, reprendre cœur, revenir d'un abattement, ſe rétablir.

Re-Sur-Rectio, onis, réſurrection.

Ri-Surgo, is, rexi, rectum, gere, ſe relever, ſe rétablir, ſe remettre ſur pied, revenir en ſon premier état; 2°. recroître, repouſſer, croître de nouveau.

2.

Sur-Culus, i, rejetton, ſion, petite branche de l'année; 2°. greffe, branche qu'on prend pour enter.

Sur-Culo, as, avi, atum, are, émonder, couper les rejettons ſuperflus.

Sur-Culaceus, a, um, ſemblable à un ſion, à un rejetton, à une petite branche.

Sur-Cularis, m. f. re, n. is, &

Sur-Cularius, a, um, de rejettons, de ſions, de petites branches.

Sur-Culoſus, a, um, qui a beaucoup de rejettons, où il y a quantité de ſions.

Sur-Culoſé, adv. par rejettons, par ſions.

Ex-Sur-Culo, as, avi, atum, are, tailler, émonder, élaguer les arbres.

SURR.

Du vieux Emo, prendre, précédé de Sus, Sur, en haut, s'étoient formés ces vieux mots:

Surr-imo, is, ere, voyez Sumo.

Surr-Empſit, pour Suſtulit & Uſurpavit.

Surr-Emit, pour Sumpſit & Surſum emit.

SU.

Su, ſignifie feu en Celte & dans la plupart des langues: de-là nombre de Familles, voyez Sua 381.

1. Suaſum, i, couleur de ſuie de cheminée; brun enfumé, foncé, minime.

Suaſus, a, um, de couleur de ſuie de

cheminée, minime, brun enfumé, foncé.

In-Suasum, i, couleur enfumée.

2. Sudes, is, pieu; 2°. long bâton, brûlé par le bout pour l'endurcir & ensuite l'amenuiser; 3°. sorte de poisson.

Sudiculum, i, sorte de fouet; 2°. dimin. de Sudeo.

3. Subo, as, avi, atum, are, être en chaleur.

Subans, tis, omn. gen. qui est en chaleur, en amour.

Subatio, onis, &

Subatus, us, chaleur, l'ardeur des femelles pour le mâle.

Subidus, a, um, pressé des aiguillons d'amour, aiguillonné par l'amour.

Sudo, as, avi, atum, are, suer; 2°. travailler avec effort, peiner beaucoup; 3°. tomber ou couler par gouttes, comme la sueur.

Sudor, oris, sueur; 2°. effort, travail pénible; 3°. perte extraordinaire.

Sudatio, onis, l'action de suer; 2°. lieu où l'on sue dans les bains.

Sudator, oris, qui sue aisément, sujet à suer.

Sudatrix, icis, celle qui sue aisément.

Sudatorium, ii, lieu dans les bains où l'on suoit, étuve pour faire suer.

Sudatorius, a, um, qui sert à faire suer.

Sudabundus, a, um, qui est tout en sueur.

Sudariolum, i, petit mouchoir.

Sudarium, ii, mouchoir de poche; 2°. frottoir.

Sudi-Ficus, a, um, qui fait suer.

COMPOSÉS.

As-Sudesco, is, ere, s'essuyer, se sécher, se dessécher.

As-Sudo, as, are, voy. Sudo.

Circum-Sudo, as, avi, atum, are, suer de tous côtés.

Con-Sudo, as, avi, atum, are, être tout en sueur, suer de tous côtés.

De-Sudo, as, avi, atum, are, suer de peine & de travail, travailler beaucoup, faire des efforts.

De-Sudasco, is, ere, travailler beaucoup, prendre bien de la peine.

De-Sudatio, onis, travail pénible, fatiguant; 2°. l'action de suer.

Ex-Sudatus, a, um, participe de

Ex-Sudo, as, avi, atum, are, dégoûter de sueur; 2°. jetter, pousser, rendre une liqueur goutte à goutte, comme en suant.

In-Sudo, as, avi, atum, are, suer, se donner de la peine, se peiner jusqu'à la sueur.

Per-Sudo, as, avi, atum, are, percer de sueur, suer au travers.

Præ-Sudo, as, avi, atum, are, suer auparavant ou travailler beaucoup, peiner fort; prendre bien de la peine.

5. Sudum, i, beau-temps.

Sudus, a, um, serein, clair, beau, sec, sans pluie.

Sudis, is, sorte de poisson.

SUA, SUE.

De שוה, Sue, utilité, être utile, doivent être venus:

I.

Suada, æ, Déesse de la persuasion ou de l'éloquence.

Suadela, æ, persuasion, le bien dire.

Suadeo, es, si, sum, dere, persuader quelque chose à quelqu'un.

Suadens, tis, persuadant, qui persuade.

Suadus, a, um, persuasif, qui persuade.

Suadibilis, le, is, qui se laisse persuader, docile.

Suadi-Ludius, a, um, qui conseille le jeu.

SUAsus, ûs, &
SUAsio, onis, persuasion; 2°. conseil, avis.
SUAsor, oris, qui persuade, qui conseille, qui invite, qui exhorte.
SUAsorius, a, um, qui sert, qui est propre à persuader; persuasif.

COMPOSÉS.

CON-SUAdeo, es, asi, asum, ere, persuader, insinuer, porter à.
CON-SUAsor, oris, qui se joint à un autre pour persuader.
DIS-SUAdeo, es, asi, asum, dere, dissuader, déconseiller.
DIS-SUAsor, oris, qui dissuade, qui déconseille.
DIS-SUAsio, onis, dissuasion, conseil ou avis contraire.
PER-SUAdeo, es, si, sum, dere, persuader.
PER-SUAsus, sûs, &
PER-SUAsio, onis, persuasion.
PER-SUAsor, oris, celui qui persuade.
PER-SUAsorius, a, um, persuasif, qui a la force de persuader.
PER-SUAstrix, icis, celle qui persuade.
PER-SUAsibilè, adv. voyez Persuabiliter.
PER-SUAsibilis, le, is, qu'on peut persuader.
PER-SUAsibiliter, adv. d'une maniere persuasive ou propre à persuader.

SUAvis,
Doux.

Du Celt. CHWA, respiration douce, parfum, vinrent:
SUAvis, ve, is, doux, charmant, agréable, suave.
SUAvè, agréablement.
SUAvitudo, inis, &
SUAvitas, atis, douceur, agrément.
SUAviter, adv. avec douceur, avec agrément.

SUAVI-Dicus, a, um, &
SUAVI-Loquens, tis, qui parle agréablement, qui a le parler agréable.
SUAVI-Loquentia, æ, parler agréable, douceur de langage.
SUAVI-LoQuus, voy. suaviloquens.
IN-SUAvis, ve, is, désagréable, qui est sans agrément, de mauvais goût.
IN-SUAviter, adv. désagréablement, d'une maniere dégoûtante.
SUAvio, as, are, &
SUAvior, aris, atus sum, ari, baiser tendrement.
DIS-SUAvior, aris, atus sum, ari, baiser amoureusement, tendrement.
SUAvio, onis, baiseur.
SUAvium, ii, baiser tendre.
SUAviolum, i, petit baiser tendre.
SUAviatio, onis, baiser tendre, l'action de baiser tendrement.
SAvillum, i, sorte de gâteau; 2°. petit baiser.
SAvium, ii, voy. Suavium.

SUBER,
Liége.

Ce nom est certainement venu de l'Orient avec son usage. Cette matiere est si légere qu'elle surnage & fait surnager les objets auxquels on l'applique; c'est donc l'Oriental צוף Tsuph nager, surnager. De-là:
SUBeries, ei, &
SUBer, eris, liége, arbre.
SUBereus, a, um, de liége.

SU-ET,
Coutume, usage.

De l'Or. שוה, Sue, utile, dont on use, vint cette Famille Latine:
SUEo, es, ere, &
SUEsco, is, suevi, suetum, cere,
avoir

avoir coutume, être accoutumé, être dans l'habitude.

As-Sue-Fio, *is*, *factus sum*, *ieri*, ou

As-Suesco, *is*, *evi*, *etum*, *scere*, s'habituer, se faire, se former à; prendre l'habitude, la coutume.

As-Sue-Facio, *is*, *feci*, *factum*, *facere*, habituer, accoutumer, prendre la coutume, insinuer l'habitude, instruire à, faire à une chose, y former.

As-Suetudo, *inis*, coutume, habitude, accoutumance.

As-Suetus, *a*, *um*, part. d'*Assuesco*, accoutumé, habitué, fait, formé, instruit; 2°. pratiqué, usité, ordinaire.

As-Sue-Factus, *a*, *um*, accoutumé, fait à quelque chose, habitué, instruit, formé.

Con-Suetudo, *inis*, coutume, accoutumance, habitude, pratique, usage, façon, maniere, mode; 2°. commerce, fréquentation, familiarité, entretien, conversation, engagement, attachement, attache.

Con-Suesco, *is*, *suevi*, & *suetus sum*, *suetum*, *scere*, s'habituer, se faire, s'accoutumer, se former à.

Con-Sue-Facio, *is*, *feci*, *factum*, *cere*, accoutumer, habituer, former à.

Con-Suetus, *a*, *um*, part. de *consuesco*, qui est ou qui a accoutumé; 2°. ordinaire, fréquent, familier, usité, en usage.

In-Con-Suetus, *a*, *um*, qui n'est pas ordinaire, qui n'est pas accoutumé, qu'on n'a pas accoutumé, à qui l'on n'est pas fait.

In-Suesco, *is*, *suevi*, *etum*, *cere*, s'accoutumer, s'habituer, prendre l'habitude; 2°. accoutumer, faire prendre l'habitude.

In-Sue-Factus, *a*, *um*, accoutumé, qui est fait ou habitué à.

De-Suero, *es*, *suevi*, *ere*, ou

De-Suesco, *is*, *suevi*, *suetum*, *scere*, perdre l'habitude, se deshabituer, se désaccoutumer.

De-Suetudo, *inis*, désaccoutumance.

De-Suetus, *a*, *um*, part. de *Desuesco*, désaccoutumé, qui a perdu l'habitude; 2°. hors d'usage, qui n'est plus à la mode.

De-Sue-Factus, *a*, *um*, désaccoutumé, qui a perdu l'habitude, deshabitué.

De-Sue-Fio, *is*, *factus sum*, *fieri*, perdre l'habitude.

In-As-Suetus, *a*, *um*, qui n'est pas accoutumé.

In-Suetudo, *inis*, inaccoutumance, manque d'habitude.

In-Suetus, *a*, *um*, part. d'*Insuesco*, qui n'est pas accoutumé, qui n'est pas habitué, qui n'est pas fait à; 2°. extraordinaire, non accoutumé.

In-Sueté, *adv.* contre la coutume, contre l'ordinaire.

S T.

S T est dans toute langue un cri, un son par lequel, 1°. on fait qu'on s'arrête; & 2°. on impose silence: de-là, une multitude de Familles:

I.

St, paix, silence, taisez-vous.

Sto, *as*, *steti*, *atum*, *are*, être debout, être sur ses pieds, se tenir droit; 2°. demeurer dans son sentiment, persister dans son opinion; 3°. être en belle passe, être en bonne posture, faire bonne figure; 4°. être arrêté, conclu; 5°. demeurer, s'arrêter; 6°. subsister, se soutenir, durer; 7°. coûter; 8°. ne couler point,

Orig. Lat.

Statur, on est debout ; 2°. on ne fait rien; 3°. on s'arrête, on en demeure-là.

Status, a, um, arrêté, déterminé, fixé, conclu, résolu, réglé.

Status, ûs, état, situation, posture, contenance; 2°. nœud, point principal, fonds, ce qu'il y a de plus considérable.

Statura, æ, stature, hauteur d'un corps ou d'un arbre.

Stator, oris, Huissier, Sergent, Bedeau, Hoqueton, qui est de service auprès de quelqu'un, Garde de la Manche du Roi.

Statim, adv. aussi-tôt, sur le champ, incontinent, dans le moment, sur l'heure, d'abord, à l'instant ; 2°. d'une maniere ferme, assurée, sans bouger, sans branler, sans interruption.

Statim ut, aussi-tôt que.

Statio, onis, poste ; 2°. lieu où l'on fait le guet, où l'on est sentinelle.

Statiuncula, æ, dimin.

Stationalis, le, is, qui s'arrête, qui demeure ferme, qui est fixe.

Stationarius, a, um, qui est en garnison. Stationarii milites, garnison.

Stativa, orum, camp, campement, retranchement, lignes.

Staticulum, i, sorte de char suspendu, comme une litiere.

Staticulus, i, sorte de danse mêlée de pauses, de pas & de sauts, comme la sarabande.

Staticulus, a, um, qui ne se donne pas beaucoup de mouvement, qui gesticule peu.

Statu Liber, a, um, à qui l'on a donné la liberté par testament.

2.

Stata, æ, ou
Statanus, i, &
Statilinus, i, Dieu sous la protection duquel étoient les enfans qui commençoient à marcher.

Statina, æ, Déesse sous la protection de laquelle étoient les enfans qui commençoient à marcher.

Statana vina, orum, sorte de vins voisins de ceux de Salerne.

Statarius, a, um, qui demeure en place, qui ne quitte point son poste, qui ne lâche point le pied ; 2°. qui demeure tranquille, qui ne se donne point de mouvement, qui s'agite peu, qui ne se remue guères, mal ému.

Stativus, a, um, qui s'arrête en un endroit, qui demeure ferme en un lieu.

Stativæ aquæ, eaux dormantes.

Stasimus, a, um, voyez Stans & Stabilis.

Stamen, inis, fil qui sert de chaîne au tisserand ; 2°. fil qu'on tire d'une quenouille en filant ; 3°. chaîne montée sur un métier.

Stamina, um, filets, filamens des feuilles; veines du bois ; 2°. cordes d'un instrument de musique.

Stamina fatalia, trame de nos jours.

Stamineus, a, um, plein de filamens, de filets ; 2°. de fil ; 3°. de chaîne de tisserand, &c.

Sta-Peda, æ, &
Stapes, edis, ou
Staphia, æ, étrier.

COMPOSÉS.

Ante-Sto, as, steti, statum, are, être devant ou plus avancé ; 2°. exceller, surpasser.

Anti-Stes, tis, le premier, celui qui est au-dessus des autres ; premier Prêtre d'un temple d'Idole ; 2°. Prélat, Evêque, Abbé, Prieur, Curé.

Anti-Stita, æ, Prêtresse des Idoles; 2°. Abbesse, Prieure.

ANTI-STitor, oris, voyez Antiſtor.
ANTI-STO, as, are, voyez Anteſto.
ANTI-STor, oris, prépoſé ou qui préſide à la conduite, qui a l'intendance ſur quelque choſe ; Intendant.
AB STit, pour AB-STitit, il s'eſt éloigné ; prét. d'Abſiſto, ou d'Abſto.
AB-STO, as, ſtiti, itum, are, être abſent, n'être pas dans un lieu, ſe tenir loin, être écarté, être éloigné.
AB-STAntia, æ, diſtance, éloignement, ſéparation.
A-STO, as, aſtiti, aſtitum, aſtare, être debout, ſe tenir auprès, ſe préſenter, être préſent, s'arrêter ; 2°. réſiſter ; 3°. aſſiſter.
A-STAns, tis, qui eſt aſſiſtant, préſent ; 2°. droit, qui ſe tient debout.
SUPER-AD-STO, as, are, être ou ſe tenir au-deſſus, paroître au-deſſus.
SUPER-EXTO, as, are, ſurpaſſer, paſſer les autres.
CIR-CUM-STAtio, onis, corps de garde, troupe rangée autour.
CIRCUM-STAntia, æ, environnement, circonférence, circuit, contour ; 2°. circonſtance, particularité.
CIRCUM-STAns, tis, qui eſt autour, qui environne.
PRO-STItuo, is, tui, tutum, ere, proſtituer, abandonner à tous venans.
PRO-STItuta, æ, proſtituée.
CON STO, as, ſtiti, ſtatum ou ſtitum, are, être enſemble, être debout avec un autre ; 2°. être, exiſter, ſubſiſter ; 3°. être compoſé ; 4°. être conſtant, demeurer ferme, perſiſter, perſévérer ; 5°. coûter ; 6°. s'arrêter, ſéjourner, faire alte ; 7°. s'accorder, être d'accord ; 8°. être viſible, remarquable ; paroître.
CON-STAt, imperſ. il eſt évident, conſtant, manifeſte, clair, ſûr, &c.
CON-STAns, tis, tior, tiſſimus, conſtant, ferme.
CON-STAntia, æ, conſtance, fermeté, aſſurance, réſolution, courage, intrépidité ; 2°. ſtabilité, durée, perſévérance ; 3°. égalité d'ame, d'eſprit ; ordre, conduite égale ; 4°. opiniâtreté.
CON-STAnter, tiùs, tiſſimè, adv. conſtamment, réſolument, avec fermeté, intrépidité ; d'une réſolution inébranlable, fermement ; 2°. également, réglément, 3°. opiniâtrément.
CON-STAturus, a, um, qui coûtera.
IN-CON-STans, tis, inconſtant, léger, volage, changeant, qui n'eſt point ferme, bizarre ; 2°. incertain, ſujet à changement.
IN CON-STAnter, adv. avec inconſtance, légèrement, à la volée, avec légereté, inconſtamment.
IN-CON-STAntia, æ, inconſtance, légéreté, changement, inégalité d'eſprit, peu de fermeté.
DI-STO, as, ſtiti, ſtitum & ſtatum, are, être différent, différer ; 2°. être diſtant, éloigné.
DI-STAns, tis, diſtant, éloigné, ſéparé ; 2°.différent.
DI-STAntia, æ, diſtance, éloignement, intervalle ; 2°. diverſité, différence, diſproportion.
DI-STIto, as, are, être différent.
DI-STItium, ii, lieu, place.
EXTO, as, are, voyez Exſto.
EX-STO, as, ſtiti, ſtitum, are, être, paroître, ſubſiſter, reſter.
EX-STAns, tis, éminent, élevé.
EX STAntia, æ, élévation, éminence, avance ; 2°. relief, boſſe.
EX-STAturus, a, um, qui doit être fait, compoſé.
IN-STO, as, ſtiti, ſtitum, are, preſſer vivement, pourſuivre de près, être prêt à fondre ſur ; 2°. être proche, s'approcher ; 3°. inſiſter.
IN-STAns, tis, qui eſt ſur le point d'arriver ; 2°. preſſant, qui preſſe, qui s'appro-

che, qui est près, qui est présent, instant.

IN-STANter, adv. avec instance, d'une maniere pressante, instamment, avec empressement.

IN-STANtia, æ, véhémence, force, ardeur; 2°. nécessité pressante.

IN-STIto, as, are, résister, faire ferme, tenir ferme.

IN-STItio, onis, l'action de s'arrêter en chemin.

IN-STIta, æ, bord, bordure; 2°. bandelette, ruban que les femmes mettent autour de leur tête; 3°. sangle de lit de repos ou de chaise.

IN-STItor, oris, facteur, commissionnaire, courtier; 2°. regrattier.

Institor eloquentiæ, qui fait trafic d'éloquence.

IN-STItorius, a, um, qui concerne les facteurs, les commissionnaires, les factoreries, les comptoirs des marchands.

IN-STIgo, as, avi, atum, are, exciter, inciter, pousser, porter, animer, encourager.

IN-STIgatio, onis, instigation, impulsion, incitation.

IN-STIgans, tis, qui excite, incite, pousse, porte, anime.

IN-STIgator, oris; -trix, icis, qui excite, qui incite, qui anime.

IN-STIgatus, ûs, voyez *Instigatio*.

IN-STINctus, a, um, poussé, animé, excité; part. de

IN-STINguo, is, nxi, nctum, guere, voy. *Instigo*.

IN-STINctor, oris, instigateur, qui pousse, qui excite, qui porte, qui incite, qui anime.

IN-STINctus, ûs, instinct, inspiration, mouvement qui porte à.

Instinctu divino, par une inspiration de Dieu, par un mouvement divin.

IN-STar, à la façon, à la maniere, comme, autant, de même, environ; 2°. modele.

Ad instar scoparum, en maniere de balai.

INTER-STo, as, are, voyez *Intersisto*.

INTER-STItio, onis, &

INTER-STItium, ii, espace, intervalle, interstice, distance qui est entre deux, l'entre-deux.

OB-STo, as, stiti, statum ou stitum, are, être situé devant, être vis-à-vis, être à l'opposite; 2°. s'opposer, empêcher, traverser, nuire, contrebarrer, être un obstacle.

Obstatur, on s'oppose, on empêche.

OB-STans, tis, qui met obstacle, qui arrête, qui empêche, qui s'oppose, qui barre.

OB-STANtia, æ, obstacle, empêchement.

OB-STANtia, orum, ce qui s'oppose; 2°. obstruction.

OB-STAturus, a, um, qui s'opposera.

OB-STAculum, i, obstacle, empêchement, barriere, barricade, opposition, résistance, retardement.

PER-STo, as, stiti, stitum, are, persister, persévérer, demeurer ferme, être constant.

PRÆ-STo, as, stiti, stitum ou statum, stare, être debout, devant; 2°. exceller, tenir le premier rang, primer, avoir le dessus, surpasser, l'emporter, valoir mieux; 3°. donner, fournir, livrer; 4°. faire, exécuter, agir; 5°. donner parole, assurer, répondre, garantir, être garant, engager sa parole; 6°. représenter, être un autre, être un second, tenir lieu.

PRÆ-STAna, æ, Déesse de l'excellence.

PRÆ-STans, tis, ior, issimus, excellent, éminent, accompli, qui surpasse.

PRÆ-STANtia, æ, excellence, élévation, prééminence, grand art.

PRÆ-STAbilis, le, is, excellent, avantageux, meilleur.

Præ-Stat, *stabat*, *stitit*, *stare*, il est plus à propos, il sied mieux, il est plus avantageux, il vaut mieux.

Præ-Sto *sum*, *es*, *fui*, *esse*, être présent, se trouver à propos; 2°. être prêt.

Præ-Stes, *itis*, voyez Præses.

Præ-Statio, *onis*, fourniture; l'action de fournir, de donner, de livrer.

Præ-Staturus, *a*, *um*, qui fournira, qui donnera, qui livrera.

Præ-Stitor, *oris*, qui fournit, qui livre, qui donne.

Præ-Stigia, *æ*, &

Præ Stigiæ, *arum*, charmes, enchantemens, prestiges, illusions, fascinations; 2°. tour de main, subtilités; 3°. fourberies, tromperies.

Præ-Stigiator, *oris*, enchanteur, sorcier; 2°. joueur de gobelets, imposteur, fourbe, qui en impose.

Præ-Stigiatrix, *icis*, enchanteresse, sorciere; 2°. joueuse de gobelets.

Præ-Stigiosus, *a*, *um*, plein d'illusion; 2°. trompeur.

Pro-Sto, *as*, *stiti*, *stitum*, *stare*, saillir, avoir de la saillie, s'avancer en dehors; 2°. se prostituer, s'abandonner à tous venans, être prostitué; 3°. être à vendre, être vénal, être exposé en vente.

Pro-Stans, *tis*, saillant, qui s'avance en dehors, qui paroît en dehors; 2°. qui est à vendre.

Pro-Stibilis, *le*, *is*, méprisable, vil, prostitué.

Pro-Stibula, *æ*, prostituée.

Pro-Stibulum, *i*, lieu de prostitution.

Pro-Stituo, *-ere*, prostituer.

Re-Sto, *as*, *stiti*, *stitum*, *stare*, rester, être de reste; 2°. s'arrêter, demeurer; 3°. résister.

Re-Standus, *a*, *um*, qui doit rester, s'arrêter, résister.

Re-Stans, *is*, qui reste, qui est demeuré; 2°. qui résiste.

Re-Stito, *as*, *avi*, *atum*, *are*, s'arrêter ou s'amuser en chemin.

Re-Stitrix, *icis*, celle qui s'arrête en quelque lieu.

Re-Stitator, *oris*, celui qui s'arrête, qui s'amuse en chemin.

Sub-Sto, *as*, *stiti*, *stitum*, *stare*, tenir bon, tenir ferme, être constant, se soutenir, ne se point contredire; 2°. être, exister, avoir de la réalité.

Sub-Stantia, *æ*, substance; 2°. biens, richesses, fonds.

Sub-Stantialis, *le*, *is*, substantiel.

Sub-Stantialiter, *adv.* substantiellement.

Sub-Stantivè, *adv.* substantivement.

Sub-Stantivum, *i*, substantif.

Sub-Stantivus, *a*, *um*, substantiel.

Super-Sub-Stantialis, *le*, *is*, qui surpasse toute autre substance ou nourriture, qui est la nourriture la plus essentielle.

Trans-Sub-Stantiatio, *onis*, transsubstantiation, changement d'une substance en une autre.

Super-Sto, *as*, *are*, se tenir au-dessus, être debout sur.

Super-Stans, *tis*, qui est debout sur, qui se tient dessus, au-dessus.

Super Stes, *stitis*, qui est encore en vie, qui est resté en vie, survivant, qui survit, qui a survécu; 2°. témoin.

Super-Stito, *as*, *are*, rester, demeurer, être de reste.

Super-Stitio, *onis*, superstition, culte superstitieux, indiscret, outré, fausse dévotion.

Super-Stitiosè, *adv.* superstitieusement; 2°. scrupuleusement.

Super-Stitiosus, *a*, *um*, superstitieux.

3.

Statuo, *is*, *tui*, *tutum*, *tuere*, mettre, poser, établir, dresser, ériger; 2°. ordonner, statuer; 3°. faire dessein, arrêter, résoudre, prescrire, déterminer; 4°. soutenir, prétendre que; 5°. faire confifter; 6°. offrir, dédier; 7°. affigner, établir, propofer.

STATutio, onis, l'action de pofer, de placer, de mettre en place.

STATutum, i, Ordonnance, Arrêt, Réglement.

STATutus, a, um, ordonné; 2°. prefcrit; 3°. droit, part. de Statuo.

STATua, æ, ftatue.

STATuncula, æ; STATunculum, i, &

STATunculus, i, petite ftatue; 2°. cachet.

STATuarius, a, um, qui concerne les ftatues.

STATuaria, æ, art ou profeffion de Sculpteur.

STATuarius, ii; Sculpteur, qui fait les ftatues.

STATumen, inis, échalas, perche de treille; 2°. premiere couche; 3°. foutrait, couche, litiere; 4°. travail de maréchal; 5°. varangue de navire.

STATuminatio, onis, pofition des premiers lits de blocage qu'on met dans les fondations; 2°. action d'échalaffer, de mettre des échalas.

STATumino, as, avi, atum, are, échalaffer, mettre en échalas, mettre des échalas; 2°. pofer les premiers lits de blocage; 3°. hourder.

SUPER-STATumino, as, are, hourder par-deffus.

COMPOSÉS.

A-STITuo, tui, tutum, ere, mettre auprès; 2°. ranger, difpofer, mettre en ordre.

AD-STITuo, is, tui, tutum, ere, mettre, placer auprès; 2°. ranger, difpofer, mettre en ordre.

CON-STITuo, is, tui, tutum, ere, établir, mettre, pofer, placer, pofter; 2°. ranger, difpofer; 3°. régler, ordonner; 4°. conftituer; 5°. affigner, marquer, prefcrire; 6°. déterminer; 7°. réfoudre, décider, finir, terminer; 8°. prendre réfolution, fe réfoudre; 9°. donner parole, promettre, s'engager, convenir; 10°. impofer.

CON STITus, ûs, état pareil.

CON-STITuta, orum, Statuts, Réglemens; Ordonnances, Déclarations, Conftitutions.

CON-STITutio, onis, établiffement, inftitution, voyez Conftituta.

CON-STITutum, i, jour dont les parties font convenues pour comparoître en juftice.

CON-STITutitius, a, um, voyez Conftitutorius.

CON-STITutò, adv. à jour nommé, au tems prefcrit.

CON-STITutor, oris, qui a établi, qui a réglé.

CON-STITutorius, a, um, intenté contre celui qui a manqué de payer comme il l'avoit promis.

CON-STITutus, a, um, part. de Conftituo.

Conftitutus benè de rebus domefticis, homme qui eft bien dans fes affaires, qui les a bien faites.

DE-STITuo, is, tui, tutum, ere, abandonner, quitter, délaiffer, tromper, manquer de parole, fruftrer; 2°. rejetter, méprifer; 3°. deftituer, dénuer, priver; 4°. ficher, enfoncer, planter.

Deftitui fpe, être déchu de fes efpérances.

DE-STITutio, onis, abandonnement, abandon, délaiffement; 2°. tromperie, infidélité, manque de parole.

DE-STITutus, a, um, part. de Deftituo.

IN-STITuo, is, tui, tutum, ere, inftituer, établir, régler, ordonner; 2°. inftituer, former, dreffer; 3°. bâtir, conftruire; 4°. propofer, délibérer, réfoudre; 5°. commencer.

IN-STITUTUM, *i*, coutume, maniere ou façon d'agir, habitude, ou train de vie qu'on a pris ; 2°. deſſein qu'on s'eſt propoſé ; 3°. loi, maxime, méthode, précepte, inſtruction.

IN-STITUTIO, *onis*, inſtruction, éducation, enſeignement, conduite, direction.

Inſtitutio operis, entrepriſe d'un ouvrage.

IN-STITUTOR, *oris*, précepteur, Maitre qui a ſoin d'inſtruire ; 2°. Gouverneur.

IN-STITRIX, *icis*, celle qui fait les affaires de ſa maîtreſſe, ſa confidente; 2°. entremetteuſe.

OB-STITUS, *a*, *um*, oblique, qui eſt de travers, (*i* long).

OB-STITUS, *a*, *um*, (*i* bref), frappé du feu du ciel.

OB-STITA, *orum*, (*ſupple* loca) lieux frappés du tonnerre.

PRÆ-STITUO, *is*, *tui*, *tutum*, *ere*, déſigner, déterminer, fixer, marquer par avance, régler.

RE-STITUO, *is*, *tui*, *tutum*, *tuere*, reſtituer, rendre ; 2°. remettre, rétablir, refaire ; 3°. pardonner.

RE-STITUENDUS, *a*, *um*, qu'il faut rendre, qu'on doit reſtituer.

RE-STITUTIO, *onis*, rétabliſſement ; 2°. réhabilitation, réparation ; 3°. reſtitution.

RE-STITUTOR, *oris*, celui qui rétablit; qui remet au premier état.

RE-STITUTORIUS, *a*, *um*, qui ſert à rétablir, qui concerne le rétabliſſement ou la reſtitution.

RE-STITUTRIX, *icis*, celle qui rend, qui reſtitue, qui rétablit.

SUB-STITUO, *is*, *tui*, *tutum*, *tuere*, ſubſtituer, mettre à la place.

SUB-STITUTIO, *onis*, ſubſtitution.

SUB-STITUTUS, *a*, *um*, ſubſtitué, *part.* de *Subſtituo*.

4.

SISTO, *is*, *ſtiti*, *ſtatum*, *ſtere*, arrêter, retenir, comparoître ; 2°. ajourner, aſſigner, donner aſſignation, faire appeller en Juſtice ; 3°. repréſenter, faire trouver à l'aſſignation ; 4°. ſubſiſter ; 5°. ſoutenir.

AB-SISTO, *is*, *abſtiti*, *ere*, ceſſer, ſe déſiſter, ſe déporter ; 2°. s'éloigner, ſe retirer, ſe tenir loin, n'approcher pas, ſe détacher, ſe retirer en arriere, s'en aller, s'écarter.

AS-SISTO, *is*, *aſtiti*, *aſtitum*, *ere*, être ; 2°. ſe tenir auprès ou devant ; 3°. aſſiſter, être préſent, être ſpectateur ; 4°. paroître, ſe préſenter ; 4°. aſſiſter, défendre, protéger, ſoutenir.

AS-SISTENS, *tis*, aſſiſtant, qui aſſiſte, auditeur, ſpectateur ; 2°. étant venu, ayant paru.

AS-SISTRIX, *icis*, celle qui aſſiſte auprès, qui eſt toujours avec ; voyez *Aſſeſtrix*.

CIRCUM-SISTO, *is*, *mſtiti*, *ſtitum*, *ſiſteré*, entourer, inveſtir, environner, envelopper, ſe mettre autour.

CON-SISTO, *is*, *nſtiti*, *nſtitum*, *ſiſtere*, s'arrêter, ſéjourner, demeurer ferme, tenir bon, tenir tête, réſiſter, ſoutenir ; 2°. conſiſter ; 3°. ſe ſoutenir, ſe tenir debout, être ferme.

DE-SISTO-ere, ceſſer, interrompre ; 2°. demeurer, s'arrêter.

E-XISTO, *is*, *exſtiti*, *ſtitum*, *ſtere*, exiſter, être, avoir exiſtence, ſubſiſter ; 2°. paroître, ſe montrer, ſe préſenter ; 3°. devenir ; 4°. ſortir, tirer ſon origine.

E-XISTENTIA, *æ*, exiſtence.

IN-SISTO, *is*, *ſtiti*, *ſtitum*, *ſtere*, ſe tenir ou s'arrêter à, se soutenir sur, s'appuyer dessus ; 3°. s'arrêter, demeurer ferme, n'avancer pas ; 2°. insister, presser, poursuivre, continuer, persister.

In-Sistendus, a, um, sur lequel il faut s'arrêter.

In-Sistens, tis, qui s'arrête, qui demeure ferme.

Inter-Sisto, is, stiti, stitum, stere, s'arrêter au milieu.

Ob-Sisto, is, stiti, stitum, sistere, aller contre, s'opposer, résister, contredire ; 2°. se mettre au-devant, se présenter en face.

Per-Sisto, is, stiti, stitum, stere, voyez Persevero.

Pro-Sistens, tis, qui s'arrête devant.

Re-Sisto, is, restiti, restitum, tere, s'arrêter, demeurer derriere ; 2°. résister, s'opposer, tenir tête.

Re-Sistens, tis, qui résiste.

Resistens oratio, discours rude, qui ne coule pas.

Re-Sistentia, æ, résistance.

Sub-Sisto, is, stiti, stitum, stere, résister, faire face, faire ferme, tenir bon, attendre de pied ferme ; 2°. s'arrêter, demeurer, faire alte ; 3°. suffire ; 4°. subsister, se soutenir.

Sub-Sistentia, æ, subsistance, l'action de se soutenir.

5.

Stabilis, le, is, stable, ferme, solide ; 2°. assuré, certain ; 3°. constant, immuable.

Stabilio, is, ivi, itum, ire, affermir, rendre solide ; 2°. soutenir, appuyer.

Stabilimen, inis, &

Stabilimentum, i, appui, soutien ; ce qui sert à soutenir, à appuyer.

Stabilitor, oris, qui affermit, qui rend stable, qui soutient.

Stabilitus, a, um, part. de Stabilio.

Stabilitas, atis, stabilité, solidité, fermeté, immutabilité ; 2°. constance.

Stabiliter, adv. solidement, immuablement, d'une maniere ferme, stable, constante, inébranlable.

Con-Stabilio, is, livi, litum, ire, assurer, affermir, établir.

Constabilire rem suam, faire bien ses affaires, établir sa maison.

Con-Stabilitus, a, um, assuré, affermi, établi.

In-Stabilis, le, is, qui n'est pas stable, qui n'est pas ferme ; 2°. inconstant, léger, volage, qui n'a point de fermeté ou de stabilité, sur lequel on ne peut s'assurer, variable.

In-Stabilitas, atis, instabilité, peu de fermeté, inconstance, légereté, humeur volage.

Per-Stabilis, le, is, fort stable, qui est de longue durée.

6.

Stabula, orum, &

Stabulum, i, étable, écurie ; 2°. hôtellerie ; nid des oiseaux communs, aire des grands oiseaux ; 3°. taniere, &c.

Stabulatio, onis, demeure dans l'étable, dans l'écurie.

Stabulo, as, are, &

Stabulor, aris, atus sum, ari, être dans l'étable, demeurer à l'écurie ; 2°. être dans son fort, dans sa bauge, dans son repaire, dans sa taniere, dans son terrier, dans son nid, &c.

Stabulans, tis, qui loge, qui habite, qui demeure ; 2°. qui est dans son fort ou sa taniere.

Stabularius, ii, hôtellier, hôte, qui loge les passans ; 2°. palfrenier, valet d'écurie, valet d'étable.

Con-Stabulatio, onis, demeure dans l'étable pendant l'hiver.

Con-Stabulo,

Con Stabulo, as, avi, atum, are, demeurer ou mettre dans l'étable pendant l'hiver.

2. Stale, is, tente ; 2°. écurie.

Stallus, i, chaire élevée : siége d'honneur.

Stalis, is, fondement, anus.

7.

Stagno, as, avi, atum, are, inonder, noyer, mettre sous l'eau, submerger, couvrir d'eau, se déborder, former une espéce d'étang ; 2°. abreuver.

Stagnum, i, étang.

Stagnatus, a, um, part.

Stagnatio, onis, débordement, inondation ; 2°. séparation de métaux.

Stagninus, a, um, d'étangs.

Stagnans, tis, couvert d'eau, inondé, submergé, où il y a beaucoup d'eau arrêtée, où l'eau arrêtée forme une espéce d'étang.

Stagnosus, a, um, plein d'étangs.

Con-Stagno, as, are, se déborder, inonder avec.

Re-Stagno, as, avi, atum, are, se déborder.

Re-Stagnans, tis, qui se déborde, qui sort de son lit.

Re-Stagnatio, onis, débordement.

Super-Stagno, as, avi, atum, are, se déborder, inonder, couvrir d'eau, faire des mares d'eau en se débordant.

8.

1. Stacta, æ, &

Stacte, es, liqueur qui sort de l'arbre de myrte, stacté.

Stactes, is, fleur de la myrte.

Stacteus, a, um, qui concerne l'odeur de la myrte.

Stagonias, æ, encens mâle.

Stathmus, i, sorte de mesure de chemin chez les Perses.

2. Stadium, ii, stade, espace de vingt-cinq-pas géométriques ; 2°. lieu où se faisoient les exercices de la course, la carriere des jeux de la course.

Stadiasmus, i, mesure par stades.

Stadiatus, a, um, à qui l'on a donné la longueur d'un stade.

Stadialis, le, is, d'un stade ; de cent vingt-cinq pas géométriques, ou de six cens vingt-cinq pieds.

Stadiata-Porticus, portique où l'on s'exerçoit comme dans le stade.

Stadio-Dromus, i, qui s'exerce à la course, coureur.

3. Stachys, yos, sauge de montagne.

Stagma, tis, distillation.

Stalagma, tis, voyez Unguentum, Succus.

Stalagmias, æ, vitriol qu'on fait distiller.

Stalaginum, i, &

Stalagmium, ii, pendant d'oreille rond.

Stalagmus, i, voyez Homuncio.

Staphis, idis, herbe aux poux.

5. A-Staphis, idis, raisin cuit ou séché au soleil.

Staphyle, es, luette ; voyez Vitis alba.

Staphylinus, i, voyez Pastina.

Staphylo-Bolium, ii, foulerie, lieu où l'on foule la vendange.

Staphylo-Dendros, i, sorte d'arbre qui portoit des gousses pleines d'amandes.

Peri Staphilini, orum, muscles péristaphilins, qui sont à la luette.

9.

Stater, eris, statère, piéce de monnoie qui pesoit quatre dragmes attiques, & valoit environ vingt-cinq ou trente sols de France.

Orig. Lat.

STATERA, æ, romaine, peson, instrument qui sert à péser, différent de la balance.

STATICA, æ, statique, la science des poids.

STATICE, es, sorte de plante qui a sept tiges ; 2°. science qui traite des poids, statique.

2. STEA-Tites, æ, sorte de pierre précieuse.

STEATO-CELE, es, sorte de hergne ou de tumeur qui vient aux bourses, & qui est pleine d'une matiere qui ressemble au suif.

STEAToma, tis, tane, bouton qui s'eleve sur la peau, & qui est plein d'une matiere graisseuse, qui ressemble à du suif.

STEGANO-GRAphia, æ, art d'écrire en chiffres, d'une maniere à cacher ce qu'on écrit.

3. STEMma, atis, arbre généalogique ; 2°. noblesse tirée de ses ancêtres ; 3°. action glorieuse, belle ; 4°. images, portraits de ses ancêtres, qu'on plaçoit dans une salle ; 5°. inscription ; 6°. couronne, guirlande, chapeau de fleurs.

4. STENO-Coriasis, is, maladie des chevaux, espece de suffusion.

STENO-GRAphia, æ, traité de la subtilité.

STEREO-BATA, æ massif de maçonnerie pour soutenir quelque chose de moins massif ; 2°. base.

5. STEREO-METRia, æ, mesure des corps solides.

AB-STErium, ou AB-SISTRium, ii, monastere, couvent.

10.

1. STELLa, æ, étoile, constellation.

STELLans, tis, étoilé, semé d'étoiles ; 2°. brillant ; 3°. bourgeonné.

STELLaris, e, d'étoile.

STELLatus, a, um, étoilé, parsemé d'étoiles.

STELLI-Fer, a, um, &

STELLI-Ger, a, um, qui est couvert d'étoiles.

STELLo, -are, briller comme les étoiles ; 2°. orner d'étoiles.

CON-STELLatio, onis, constellation, assemblage de quelques étoiles, leur figure, leur situation.

Constellatio Principis, l'horoscope du Prince.

CON-STELLatus, a, um, orné, garni d'étoiles.

Constellati balthei, baudriers ornés d'étoiles en broderie.

2. STELLio, onis, lézar tacheté d'étoiles.

STELLaria, æ, pied-de-lion, plante.

3. STELLatura, æ, marque qu'on donnoit aux soldats Romains pour se faire fournir l'étape ; 2°. friponnerie des Officiers qui s'approprioient une partie de la paye ou de l'étape de leurs soldats.

STELLionatus, ûs, stellionat, crime de ceux qui vendoient le bien des autres, comme s'il leur appartenoit à eux-mêmes.

4. STELa, æ, pilier, colonne à inscription pour avertir les passans.

STELE, es, chaîne de pierres de taille dans un mur.

STELis, is, espéce de glu ou de gui.

11.

STIPes, itis, pieu ; 2°. tronc d'arbre, ou souche ; 3°. stupide, bête, qui n'a pas plus d'esprit qu'une bûche.

STIPatio, onis, cortége, suite, troupe qui accompagne, qui fait cortege, qui suit ; 2°. foule, presse ; 3°. entassement.

STIPator, oris, qui accompagne, qui est de la suite.

Stipator corporis, Garde-du-Corps.

STIP.ans, tis, qui accompagne, qui fait cortége.

STIPo, as, avi, atum, are, épaissir, rendre épais; 1°. boucher; 3°. remplir, entasser; 4°. entourer, environner, accompagner en foule, faire cortége.

STIPatus, a, um, part. de Stipo.

CIRCUM-STIPo, as, avi, atum, are, &

CON-STIPo, as, avi, atum, are, serrer, presser, resserrer, épaissir, boucher.

OB-STIPo, as, avi, atum, are, boucher.

OB-STIPus, a, um, qui a la tête baissée ou panchée de côté; 2°. qui est torticolis, roide comme un pieu.

RE-STIPo, as, are, répaissir, épaissir de nouveau; 2°. entourer de nouveau.

12.

STIPula, æ, paille, chaume, tuyau du bled; 2°. chalumeau.

STIPulatio, onis, stipulation, promesse de.

STIPulatiuncula, æ, diminutif de Stipulatio.

STIPulator, oris, stipulation, celui qui stipule, qui promet de faire ce qu'on demande de lui.

STIPulatus, ûs, voyez Stipulatio.

STIPulor, aris, atus sum, ari, stipuler, promettre de faire ce qu'on demande de soi; 2°. exiger promesse.

STIPulatus, a, um, qui a stipulé.

STIPulans, tis, qui stipule.

STIPularis, re, is, de paille, de chaume.

COMPOSÉS.

A-STIPulor, aris, atus sum, ari, être de même avis, avoir le même sentiment, consentir, accorder, convenir avec quelqu'un.

A-STIPulatus, a, um, consenti, accordé, dont on est convenu.

A STIPulatus, ûs, attestation, cautionnement, voyez Astipulatio.

A-STIPulatio, onis, accord, union de sentiment, conformité, pensée conforme; 2°. consentement, suffrage; 3°. attestation, témoignage, cautionnement, garantie.

A-STIPulator, oris, qui est de même sentiment, qui s'accorde; 2°. garant, répondant, caution, qui cautionne, qui répond, qui s'oblige pour un autre; 3°. recors.

IN-STIPulatus, a, um, stipulé, dont on est convenu, promis.

IN-STIPulor, aris, atus sum, ari, stipuler, promettre, se porter fort pour, convenir, demeurer d'accord.

RE-STIPulatio, onis, stipulation réciproque.

RE STIPulor, aris, atus sum, ari, stipuler réciproquement.

13.

STIRPS, pis, tronc d'arbre; 2°. souche; 3°. plante qui a racine; 4°. commencement, origine, source, principe, fondement, cause.

STIRPatus, a, um, &

STIRPesco, is, ere, jetter, pousser des racines, prendre racine.

STIRPitùs, adv. dès la racine, jusqu'à la racine; 2°. entièrement, tout-à-fait.

CON-STIRPo, as, are, planter.

EX-STIRPatio, onis, déracinement, l'action d'arracher jusqu'à la racine, de déraciner; 2°. extirpation; 3°. abolition.

EX-STIRPatus, a, um, part. de

EX-STIRPo, as, avi, atum, are, déraciner, arracher jusqu'à la racine; 2°. extirper, abolir, détruire, ôter tout-à-fait.

EX-STIRPator, oris, extirpateur, qui déracine, qui arrache jusqu'à la racine.

DICTIONNAIRE ÉTYMOLOG.

In-Ex-Stirpabilis, le, is, qu'on ne peut arracher ni déraciner.

In-Ex-Stirpatus, a, um, qu'on n'a pu arracher ou qu'on n'a point arraché, qui n'a pas été déraciné.

14.

1. Stoebe, es, plante arborescente, épineuse.

2. Stoechas, adis, sorte de plante odoriférante.

3. Stoicida, æ, &
Stoicus, i, Stoïcien, Philosophe de la secte de Zénon.

Stoicus, a, um, Stoïcien, stoïque, de stoïcien.

Stoici, orum, Stoïciens, sectateurs de Zénon.

Stoicé, adv, en Stoïcien, en stoïque, à la façon des Stoïciens.

4. Præ-Stolatio, onis, attente.

Præ-Stolo, as, are, &

Præ-Stolor, aris, atus sum, ari, attendre, être dans l'attente.

Præ-Stolans, tis, qui attend, qui est dans l'attente.

15.

Stoliditas, tis, voyez Fatuitas.

Stolidé, dius, dissimé, adv. sottement, en sot, en fat, en étourdi, à l'étourdie, impertinemment.

Stultus, a, um, fou, extravagant, fort impertinent.

Stultissima persona, très-sot personnage, personnage fort ridicule.

Stultesco, is, ere, devenir fou.

Stultitia, æ, folie, extravagance, sottise, impertinence.

Stulté, adv. follement, sottement, impertinemment, en fou, comme un fou, en sot, en étourdi, à l'étourdie, avec imprudence, avec légereté.

Stulti-Loquus, a, um, diseur d'impertinences, conteur de fadaises, sot discoureur.

Stulti-Loquentia, æ, &

Stulti-Loquium, ii, folies, sottises, impertinences, discours ridicule, fadaises, entretien impertinent.

Stulti-Vidus, a, um, qui fait voir sa folie, sa sottise en regardant.

Stulti-Videntia, æ, l'action de regarder sottement.

16.

Studeo, es, dui, dere, étudier, s'appliquer à l'étude; 2°. s'étudier, tâcher; 3°. affectionner, favoriser; 4°. souhaiter, désirer.

Studium, ii, étude, application, exercice du corps ou de l'esprit; 2°. affection, passion, desir, zele, attache, attachement, amitié, bienveillance; 3°. soin, empressement.

Studiosus, a, um; ior, issimus, studieux, qui aime l'étude, attaché à l'étude, qui s'applique aux Belles-Lettres; 2°. qui aime, qui affectionne, qui favorise, qui est zélé; 3°. sçavant, plein d'érudition; 4°. qui souhaite, qui desire, qui recherche avec passion.

Studiosé, ius, issimé, adv. avec affection, avec attache, avec grand soin, avec application, avec attention.

Per-Studiosé, adv. avec bien de l'attache, avec beaucoup de soin, avec une extrême attention.

Per-Studiosus, a, um, fort attaché, très-porté, fort passionné, extrêmement enclin.

In-Studiosus, a, um, qui néglige d'étudier, qui n'est pas studieux.

17

STUP, être arrêté d'étonnement.

Stupidus, a, um, étonné, hébété, interdit.

STUPOR, oris, insensibilité, faute d'entendement.

STUPiditas, atis, sottise, bêtise.

STUPeo, ui, ere, } s'étonner, être étour-
STUPesco, -ere, } di, voir avec étonnement.

STUPefio, -ieri, s'étonner, être surpris.

A-STUPeo, -ere, être surpris, être ravi d'admiration.

IN-STUPens, tis, engourdi.

OB-STUPeo, -ere, } s'étonner, demeu-
OB-STUPesco, -ere, } rer surpris, devenir
OB-STUPefio, ieri, } hébété.

OB-STUPefacio, -ere, étonner, rendre interdit.

OB-STUPidus, a, um, hébété, interdit, stupide.

STUPa, æ, étoupe, tout ce qui sert à boucher.

STUParius, a, um, } d'étoupe.
STUPeus, a, um, }

18.

STUPrum, i, l'action de déshonorer, de corrompre une fille ou une veuve : (à l'égard d'une femme qui a son mari, c'est *adulterium*).

STUPratio, onis, l'action de ravir l'honneur à une fille ou à une femme.

STUPrator, oris, qui ravit l'honneur d'une fille ou d'une femme ; corrupteur.

STUPratus, a, um, part. de

STUPro, as, avi, atum, are, ravir l'honneur d'une fille ou d'une femme.

STUProsus, a, um, qui est enclin à la débauche des femmes.

CON-STUPrator, oris, corrupteur, qui corrompt, qui débauche.

CON-STUPratus, a, um, part. de

CON-STUPro, as, avi, atum, are, corrompre, débaucher.

19.

STYLO-BATa, æ, &

STYLO-BATes, æ, piédestal continu pour soutenir plusieurs colonnes.

EPI-STYLium, ii, architrave, épistile ; poitrail, sablière.

EU-STYLus, a, um, bâtiment dont les colonnes sont disposées avec agrément entre elles, & bien proportionnées, & la distance des entrecolonnemens de deux diamètres & un quart.

HEXA-STYLus, a, um, qui a six colonnes ; 2°. six rangs de colonnes.

PERI-STYLium, ii, &

PERI-STYLum, i, péristile, bâtiment dont tout le tour dedans œuvre est soutenu par des colonnes qui forment une galerie.

PRO-STYLus, a, um, qui a des colonnes par devant.

AMPHI-PRO-STYLus, i, qui a deux porches, deux portes, deux faces pareilles.

SY-STYLus, a, um, où il y a des colonnes éloignées les unes des autres de deux fois leur épaisseur.

TETRA-STYLus, a, um, qui a quatre colonnes de front.

STYMMA, tis, marc, résidence, sédiment, féces.

PRO-STYPa, orum, bas-reliefs.

STYPteria, æ, ou

STYPterium, ii, alun ; 2°. métal ; 3°. médicament astringent.

STYPticus, a, um, styptique, astringent, qui resserre.

ST

Ajoûté à la tête des mots.

1. De ST, & de LATus, large, se forma :

ST-LATa, æ, brigantin, galiote, bâtiment de course ; *mot-à-mot*, plus large que profond.

ST-LATarius, a, um, qui concerne un navire de corsaire ; qui est apporté par un pirate.

Stlataria purpura, habit de caution.
St-Latarius, ii, capitaine, patron de navire, corsaire ; 2°. flatteur, moqueur, railleur ; 3°. qui porte des armes.

2. De St, & de Lumbus, reins.

St-Lembus, a, um, lent, pesant, tardif, *mot-à-mot*, qui a les reins foibles.

COMPOSÉS.

1.

1. A-st, mais, certainement, *mot-à-mot*, cela *est* ainsi, fixe, arrêté.
2. A-Stu, la ville.
AST en Celte signifie habitation, Station. Ainsi les Grecs appelloient Athènes, & les Romains Rome, Ville, comme la ville, par excellence.
3. A-Stu, ind. } 1°. civilité, politesse,
A-Stus, us, } manieres de Ville ; 2°. ruse, fourberie, A Stuce.

A-Stus, a, um,
A-Stulus, a, um, } poli, fin, rusé.
A-Sturus, a, um,

A-Stutulus, a, um, un peu rusé, finet.
A-Stutia, æ, ruse, malice.
A-Stcismus, i, politesse, bon ton.
Astuté, finement, adroitement.
Per-A-Stuté, très-adroitement.

4. Isthmus, i, isthme, langue de terre, qui joint une isle au continent. Gr. ΙΣΘΜΙΣ

Isthmiacus, a, um, qui concerne un isthme.

2.

1. Aster, i, muguet, fleur qui a la figure d'une étoile, after.

Aster atticus, i, espargoutte, plante.
Asteria, æ ; -rias, æ, oiseau dont le plumage est étoilé, sorte de héron, de lanier ; 2°. Raie bouclée, poisson ; 3°. pierre précieuse.
Astericum, i, pariétaire, plante.
Asteriscus, i, astérique, étoile qui sert de marque.

2. Astrum, i, astre, constellation, étoile.
Astricus, a, um, astral, qui concerne les astres.
Astri-Fer, a, um, } étoilé.
Astri-Ger, a, um, }
Astro-Labium, ii, astrolabe, instrument d'astronomie.
Astro-Logia, æ, astrologie.
Astro-Nomus, i, astronome.
Astro-Nomia, æ, astronomie.
Astroites, æ, astroite, pierre précieuse.
Hex-Asteron, i, les Pléiades, constellation de six étoiles.

3.

Cata-Sta, æ, pilori, échelle d'échafaud ; 2°. entrave de bois pour mettre aux pieds des esclaves ; 3°. lieu fermé de barreaux, où l'on exposoit nuds les esclaves à vendre.

Cata-Stus, i, esclave.
Para-Stades, dum, pierres qui font les jambages d'une porte.
Para-Stas, adis, ce qui fait les jambages d'une porte ; 2°. lieu du péristile.
Para-Stata, æ, pilier, pilastre, pieddroit, jambe de force, poteau.
Para-Stica, æ, pilastre.
Para-Stichis, is, table d'un livre.
Soli-Stitium, i, le bon augure que tiroient les Romains, de ce que des poulets qu'ils avoient fait jeûner laissoient tomber de leur bec quelques grains de ceux qu'on leur présentoit, en les prenant avec trop d'avidité.
Sy-Stitium, ii, lieu où mangeoient en commun les Lacédémoniens.

4.

Cu-Stos, gardien, binome de Sto, se tenir, & de Cum, avec.

Cu-Stos, dis, garde, surveillant, qui prend garde, *mot-à-mot*, qui se tient avec quelqu'un pour le protéger.

Cu-Stodia, æ; Cu-Stoditio, onis, conservation, garde.
Cu-Stodiæ, arum, Corps-de-Garde, sentinelle, garnison, prison, prisonnier.
Cu-Stodio, -ire, veiller à la conservation, garder, avoir soin; 2°. observer, épier, éclairer les démarches.
Cu-Stodìtè, iùs, issimè, en se donnant de garde, avec retenue, précaution, d'une maniere réservée.
In-Cu-Stoditus, a, um, qui n'est point gardé; 2° qu'on n'observe pas; 3°. qui n'est pas sur ses gardes.
Sub-Cu-Stos, dis, sous gardien.

5.

De-Stino, as, avi, atum, are, destiner, désigner, marquer, assigner, fixer, choisir; 2°. déterminer, résoudre, arrêter, projetter, former le dessein, délibérer; 3°. réserver, préparer; 4°. affermir, attacher; 5°. acheter; 6°. viser.
De-Stinatè, adv. avec intention, de propos délibéré.
De-Stinatio, onis, destination, dessein, détermination, délibération, projet, résolution.

6.

Ob-Stetrico, as, are, &
Ob-Stetricor, aris, ari, accoucher les femmes, faire le métier de Sage-Femme.
Ob-Stetrix, cis, Sage-Femme, accoucheuse.
Ob-Stetricium, ii, métier de Sage-Femme.
Ob-Stetricius, a, um, de Sage-Femme, qui concerne les Sages-Femmes.

7.

Ob-Stino, as, avi, atum, are, s'opiniâtrer, s'obstiner, s'attacher opiniâtrément à; être ferme dans sa résolution, attaché à son sens ou à son opinion, inflexible, inébranlable.
Ob-Stinatè, adv. obstinément, opiniâtrément.
Ob-Stinatio, onis, obstination, opiniâtreté; 2° fermeté, constance inébranlable.
Ob-Stinatus, a, um, part. d'Obstino.
Præ-Stino, as, avi, atum, are, acheter.

8.

1. Extaris, re, is, qui sert à faire cuire des tripes, à les mettre.
Inte-Stina, orum, entrailles, intestins.
Inte-Stinum, i, intestin, boyau.
Inte-Stinus, a, um, intestin.
2. Extasis, is, extase.

9.

Anti-Stichon, i, changement d'une lettre pour une autre; par ex. olli, pour illi.
Di-Stichum, i, distique, épigramme de deux vers.
Distichum hordeum, Scourgeon, espéce d'orge, dont les rangs de grains sont doubles.
Hexa-Stichus, a, um, qui a six rangs de grains.
Tetra-Stichus, i, rangée de quatre colonnes.
Tetra-Stichon, i, quatrain, épigramme de quatre vers.

10.

Anti-Para-Stasis, is, figure de Rhétorique, quand l'accusé apporte des raisons pour prouver qu'il devroit plutôt être loué que blâmé, s'il étoit vrai qu'il eût fait ce qu'on lui oppose.

ANTI-PERI-Stasis, *is*, antipéristase, augmentation de l'activité & des forces d'une chose par l'approche de son contraire.

APO-Stasia, *æ*, apostasie, révolte.

APO-Stata, *æ*, apostat, déserteur.

APO-Stato, *as*, *avi*, *atum*, *are*, apostasier, déserter.

HYPO-Stasis, *is*, dépôt, sédiment, féces qui tombent au fond d'une liqueur ; 2°. suppôt, subsistance, personnalité ; 3°. force, présence d'esprit.

HYPO-Staticus, *a*, *um*, hypostatique.

ILO-Stasis, *is*, équilibre, égalité de poids.

PRO-Stasis, *is*, action de prendre la défense.

PRO-Stasia, *æ*, prééminence.

PROTO-Stasia, *æ*, premier poste, première station.

PRO-States, *æ*, Général, Chef, Capitaine, Patron, Lieutenant.

PROTO-States, *i*, voyez *Antesignanus*.

SY-Stema, *atis*, système, supposition, hypothèse de certain état d'une chose.

HOLO-Steon, *i*, sorte de chiendent qui croît dans les prés.

11.

1. APO-Stolus, *i*, Apôtre, Envoyé.

APO-Stolatus, *ûs*, Apostolat, dignité d'Apôtre.

APO-Stolicus, *a*, *um*, Apostolique.

APO-Stolium, *ii*, Temple, Eglise sous l'invocation d'un Apôtre.

2. EPI-Stola, *æ*, lettre ; 2°. épître.

EPI-Stolaris, *re*, *is*, &

EPI-Stolicus, *a*, *um*, épistolaire, de lettre.

EPI-Stolium, *ii*, billet, petite lettre.

3. SISTOLE, *es*, sistole, sorte de mouvement de cœur.

PERI-Sistole, *es*, perisistole, repos de cœur entre la dilatation & la contraction.

SY-Stole, *es*, figure qui fait breve une syllabe longue ; 2°. contraction, resserrement des ventricules du cœur ; 3°. contraction du pouls.

12.

IN-Stauro, *as*, *avi*, *atum*, *are*, renouveller, rétablir, reprendre, recommencer ou refaire de nouveau ; 2°. disposer, préparer ; 3°. raccommoder, réparer.

IN-Staurratio, *onis*, renouvellement, rentrée, l'action de recommencer ou de reprendre une chose interrompue.

IN-Stauratitius dies, jour ajouté à la solemnité ou à la célébration des jeux du Cirque, à l'honneur de Jupiter.

IN-Staurativus, *a*, *um*, &

IN-Stauratus, *a*, *um*, renouvellé, rétabli, qu'on reprend, qu'on recommence de nouveau.

PRÆ-Stauro, *as*, *are*, renouveller, recommencer.

RE-Stauratus, *a*, *um*, part. de

RE-Stauro, *as*, *avi*, *atum*, *are*, rétablir, rebâtir, refaire, remettre sur pied.

RE-Stauratio, *onis*, rétablissement.

RE-Staurator, *oris*, restaurateur, qui rétablit.

STEPh.

STEPHane, *es*, couronne, bourrelet, ou cercle qui est entre la prunelle & le blanc de l'œil ; 2°. couronnement qui entoure le haut de quelque ouvrage, ou qui le ferme.

STEPHanus, *i*, Etienne, nom d'homme, (propr. couronné.)

STEPHaniæa, *æ*, suture coronale ou du devant du crâne.

STEPHanitus, *a*, *um*, lié, ajusté, accommodé en manière de couronne.

STEPHanoma, *atis*, ce qu'on emploie à faire

faire des guirlandes, des chapeaux de fleurs.

Stephano-Melis, itis, argentine, plante.

Stephano-Phoria, æ, l'action de porter une couronne, une guirlande, un chapeau de fleurs.

Stephano-Phorus, a, um, qui porte une guirlande, un chapeau de fleurs.

Stephano-Plocus, a, um, &

Stephano-Pocus, a, um, qui fait des couronnes, des guirlandes, des chapeaux de fleurs.

Stephano-Pola, æ, &

Stephano-Polis, is, qui vend des couronnes, des guirlandes, des chapeaux de fleurs; 2°. ville de Transilvanie.

STER.

1. Sterno, is, stravi, stratum, nere, étendre ou jetter par terre; 2°. joncher; 3°. coucher de son long; 4°. renverser, mettre bas.

Sternere locum saxis, paver un lieu.

Sternax, acis, qui jette par terre, qui renverse; 2°. qui bronche en marchant, parlant d'un cheval.

Strator, oris, qui renverse.

2. Strena, æ, étrenne, présent qu'on fait au premier jour de l'an. Voyez Hist. du Calendr. p. 273.

3. Strages, is, carnage, tuerie, massacre, meurtre de plusieurs; 2°. renversement, ruine, grand abattis que cause un orage, dégât.

4. Stragulum, i, couverture de lit, courtepointe; 2°. housse de cheval.

Stragula, æ, sorte d'habit que les anciens portoient de jour, dont ils se faisoient une couverture la nuit.

Stragulata vestis, habit qui sert de couverture la nuit.

Ob-Stragulum, i, couverture, ce qui couvre.

5. Stratum, i, couverture, courtepointe,

housse; 2°. tapis qu'on étend; 3°. plate forme, assemblage de sablieres posées sur un mur pour soutenir les chevrons d'une couverture.

Strataria, orum, lits.

Strata, orum, pavés, carreaux, cailloux, pierres dont on a pavé.

Stratura, æ, l'action de paver ou le soin de faire paver, intendance du pavé, des chaussées, ou entreprise du pavé.

Stratus, ûs, litiere, ce qu'on étend pour se coucher dessus.

Stratus, a, um, couché, étendu; 2°. pavé, renversé, mis par terre, abattu, jetté à bas.

In-Stragulum, i, &

In-Stratum, i, ou

In-Stratura, æ, l'action de paver les chemins.

6. Stramen, inis, &

Stramentum, i, paille, chaume dont on fait la litiere aux animaux.

In stramentis quies erat, il couchoit sur la paille.

Stramentitius, &

Stramineus, a, um, de paille, de chaume.

Stramineæ casæ, maisons couvertes de chaume.

Sub-Stramen, inis, litiere, tout ce qu'on met sous les animaux pour se coucher dessus.

Sub-Stratus, ûs, l'action d'étendre dessous.

Sub-Stratus, a, um, étendu dessous, mis dessous.

COMPOSÉS.

A-Sterno, is, astravi, astratum, nere, coucher ou étendre auprès.

Ad-Sterno, is, stravi, stratum, nere, coucher, étendre auprès.

Con-Sterno, is, stravi, stratum, nere, couvrir, paver, faire litiere, répandre dessus, joncher, mettre dessus.

Con-Stratus, *a*, *um*, part. de *Conſterno*, couvert, pavé; 2°. jonché, répandu deſſus.

Con-Sterno, *as*, *avi*, *atum*, *are*, conſterner, abattre, accabler, effrayer, alarmer, épouvanter, troubler.

Con-Sternatio, *onis*, conſternation, abattement, accablement, terreur, frayeur, épouvante, effort; 2°. ſédition, trouble, tumulte, déſordre, murmure.

De-Sterno, -*ere*, ôter la ſelle.

Di-Sterno, *is*, *ere*, deſſeller, ôter la ſelle.

Ex-Sterno, & ſes dérivés. Voyez *Externo*.

In-Sterno, *is*, *ſtravi*, *ſtratum*, *nere*, étendre par-deſſus.

In-Stratus, *a*, *um*, part. d'*Inſterno*.

Inſtratus pelle leonis, couvert ou enharnaché d'une peau de lion.

Inter-Sterno, *is*, *ſtravi*, *ſtratum*, *nere*, coucher, étendre entre deux.

Inter-Stratus, *a*, *um*, part. d'*Interſterno*.

Ob-Sterno, *is*, *ere*, voyez *Sterno*.

Per-Stratus, *a*, *um*, pavé, part. de *Perſterno*.

Per-Sterno, *is*, *ere*, paver entierement ou tout-à-fait.

Præ-Sterno, *is*, *ſtravi*, *ſtratum*, *nere*, étendre devant; 2°. préparer.

Pro-Sterno, *is*, *ſtravi*, *ſtratum*, *nere*, abattre, renverſer, mettre bas, jetter par terre, terraſſer, étendre ou coucher par terre; 2°. proſtituer.

Pro-Stratus, *a*, *um*, participe de *Proſterno*.

Proſtratus ſiti, abattu par la ſoif.

Sub-Sternens, *tis*, étendant deſſous.

Sub-Sterno, *is*, *ſtravi*, *ſtratum*, *nere*, étendre ou mettre deſſous; 2°. ſoumettre.

Super-Sterno, *is*, *ſtravi*, *ſtratum*, *nere*, étendre deſſus ou par deſſus.

Super-Stratus, *a*, *um*, part. de *Superſterno*.

STI.

1. Stibadium, *ii*, lit fait d'herbes ou de joncs, ſur lequel les Anciens ſe mettoient à table.

Stibium, *ii*, antimoine, ſorte de minéral; 2°. fard noir, ou antimoine préparé pour ſervir de fard.

Stibinus, *a*, *um*, d'antimoine ou de fard.

Stigmo, *as*, *avi*, *are*, marquer avec un fer chaud.

Stigmoſus, *a*, *um*, voyez *Stigmaticus*.

Stigmatias, *æ*, eſclave qui eſt marqué avec un fer chaud.

Stigmaticus, *a*, *um*, marqué avec un fer chaud.

Stirillum, *i*, barbe de chèvre.

3. Stica, *æ*, gouſſe; 2°. eſpéce de raiſin fort doux.

4. Stilus, *i*, aiguille de tablette, poinçon avec lequel on écrivoit ſur un enduit de cire, ſtylet; 2°. aiguille, ſtyle d'un cadran; 3°. tige d'une plante; 4°. ſtyle, maniere d'écrire; 5°. fréquent exercice de la compoſition.

5. Stinetum, *i*, latirion plante.

6. Stiria, *æ*, goutte d'eau qui tombe, qui pend; 2°. roupie.

Stiriaticus, *a*, *um*, de roupie ou de goutte d'eau qui pend, qui tombe.

Stiricidium, *ii*, gouttiere.

7. Stiva, *æ*, manche de la charrue.

Stivarius, *ii*, qui tient le manche de la charrue.

Striblita, *æ*, voy. *Scriblita*.

Striblitarius, *ii*, pâtiſſier.

STILL.

Stilla, *æ*, goutte qui tombe.

Stillo, *as*, *avi*, *atum*, *are*, dégoutter, tomber goutte à goutte, ſortir ou couler par goute, diſtiller.

Stillans, *tis*, voyez *Stillo*.

Stillatus, a, um, part.
Stillatio, onis, &
Stillatus, ûs, dégouttement, l'action de dégoutter, distillation.
Stilli-Cidium, ii, gouttiere, 2°. larmier, auvent, ou l'extrémité d'un toit qui avance par dessus l'entablement, pour rejetter les eaux de la pluie ; 3°. épaisseur du feuillage des arbres, capable de mettre à couvert de la pluie.
Stillarium, ii, auvent; 2°. la bonne mesure, à l'égard de liqueurs.
Stillatitius, a, um, qui dégoutte, qui tombe goutte à goutte, qui sort par goutte, qui distille.
Stillosus, a, um, plein de gouttes.
Stillatim, adv. goutte à goutte.

COMPOSÉS.

De-Stillo, as, avi, atum, are, distiller, couler, tomber goutte à goutte.
De-Stillatio, onis, fluxion, distillation, flux d'humeurs, catarre.
Di-Stillarius, ii, voyez Distillator.
Di-Stillatio, onis, distillation, débordement du cerveau, fluxion.
Di-Stillator, oris, distillateur.
Di-Stillo, as, avi, atum, are, distiller, degoutter, couler, tomber goutte à goutte.
Ex-Stillo, as, avi, atum, are, dégoutter, distiller, tomber goutte à goutte.
Exstillare se lacrymis, se fondre en larmes.
In-Stillatio, onis, l'action de faire distiller goutte à goutte sur.
In-Stillatus, a, um, part. de
In-Stillo, as, avi, atum, are, faire tomber dedans ; 2°. distiller goutte à goutte sur, faire dégoutter, instiller, répandre.
Per-Stillo, as, avi, atum, are, distiller, dégoutter, découler.

Re-Stillo, as, are, redistiller, retomber goutte à goutte.
Sub-Stillum, i, difficulté d'uriner ; 2°. bruine avant ou après la pluie.
Sub-Stillus, a, um, qui dégoutte ou qui tombe goutte à goutte.

STIM.

Stimulus, i, aiguillon, pointe ; 2°. ce qui excite, qui anime.
Stimulos alicui admovere, encourager quelqu'un, l'animer, l'exciter.
Stimulo, as, avi, atum, are, piquer, aiguillonner, donner de l'aiguillon ; approcher, faire sentir l'éperon ; 2°. animer, exciter, pousser, inciter, émouvoir ; 3°. tourmenter, faire de la peine.
Stimulatio, onis, aiguillonnement, incitation.
Stimulator, oris, &
Stimulatrix, icis, celui ou celle qui aiguillonne, qui excite, qui pousse, qui anime ; boute-feu.
Stimulatus, ûs, voyez Stimulatio.
Stimulatus, a, um, part. de Stimulo.
Stimuleus, a, um, qui a des pointes, qui pique.
Stimulosus, a, um, plein d'aiguillons.
Stimula, æ, Déesse qui excite au plaisir.
Ex-Stimulatus, a, um, part. de
Ex-Stimulo, as, avi, atum, are, aiguillonner, animer, exciter, encourager, inciter, porter, pousser, presser, irriter, piquer.
Ex-Stimulatio, onis, éguillonnement, instigation.
Ex-Stimulator, oris, qui encourage, qui excite, qui pousse, qui anime, qui loue ; instigateur.
In-Stimulo, as, avi, atum, are, aiguillonner, exciter, inciter, porter, pousser, animer.
Per-Stimulo, as, avi, atum, are, animer ou exciter fortement, aiguillonner.

STIP.

STIPS, *stipis*, la plus petite monnoie des Romains, qui dans les premiers temps, fut d'une once de cuivre, & pour cela nommée *Stips uncialis*; 2°. profit, avantage, utilité, revenu.

STIPendium, *ii*, solde, paye, appointement de gens de guerre; 2°. tems qu'on est obligé au service.

STIPendior, *aris, atus sum, ari*, servir à ses dépens, porter les armes à ses frais.

STIPendialis, *le, is*, qui concerne la solde ou les impôts.

STIPendiarium, *ii*, taille, impôt, tribut ordinaire.

STIPendiarius, *a, um*, tributaire, qui paie tout, qui paie la taille.

STIPendiosus, *a, um*, soudoyé, qui est à la solde, qui reçoit paie pour porter les armes.

STOM.

STOMachus, *i*, estomac, le commencement ou l'extrémité de l'œsophage; 2°. orifice du ventricule; 3°. ventricule; 4°. colère, emportement, indignation, mauvaise humeur, dépit, humeur chagrine; 5°. esprit, goût; 6°. manière, fantaisie, humeur.

STOMachor, *aris, atus, sum, ari*, s'estomaquer, se dépiter, être fâché, être indigné, se fâcher, s'impatienter, se metre en colere ou de mauvaise humeur.

STOMachans, *tis*, qui se dépite, qui est indigné, qui s'estomaque.

STOMachalundus, *a, um*, voy. *Indignabundus*.

STOMachosus *a, um*, dit ou écrit avec colére, avec indignation; 2°. qui s'estomaque aisément, qui se fâche pour peu de chose, qui se met facilement en colere, sujet à se dépiter, à se fâcher.

STOMachosè, *adv.* en s'estomaquant, en se dépitant, en se fâchant, avec indignation, avec dépit, avec colere.

STOMachicus, *a, um*, sujet aux maux d'estomac; 2°. stomachique, qui remédie aux maux d'estomac.

STOMaticus, *a, um*, propre à guérir les inflammations, & les ulcères de la bouche; 2°. qui a des ulcères dans la bouche des inflammations à la luette.

CACO-STOMachus, *a, um*, qui a mauvais estomac.

CACO-STOMia, *æ*, médisance.

EPI-STOMium, *ii*, robinet, canelle, fontaine de tonneau, cheville du robinet; 2°. registre d'orgue.

ANA-STOMosis, *is*, ouverture ou dilatation, ou relâchement de l'orifice des vaisseaux; 2°. jonction des veines & des artères, anastomose.

STOMacace, *es*, scorbut, maladie qui après avoir ulcéré toute la bouche, fait tomber les dents.

STOMoma, *tis*, fer qu'on a acéré; 2°. écaille mince & friable, qui s'enléve de dessus le fer rouge qu'on forge.

STOR

STORAX, *acis*, storax, gomme d'arbre odoriférante.

STORea, *æ*, natte, tout ce qu'on étend par terre.

STOReo, *as, avi, atum, are*, natter, faire de la natte.

STR

STRABO, *onis*; STRABonus, *a, um*, ou STRABus, *a, um*, louche, qui a les yeux de travers.

1. STRAPO, *onis*, qui a l'haleine mauvaise.

3. Strebula, æ, partie des chairs offertes en sacrifice.
Stribiligo, inis, &
Stribligo, inis, solécisme.
4. Strangulo, as, avi, atum, are, étrangler, suffoquer, étouffer.
Strangulare arcâ divitias, tenir son argent enfermé dans son coffre sans y toucher.
Strangulans, tis, étranglant, qui étrangle, qui suffoque.
Strangulatio, onis, voy. Strangulatus.
Strangulator, oris, &
Strangulatrix, icis, celui ou celle qui étrangle.
Strangulatus, ûs, étranglement, suffocation.
Strangulatus, a, um, part.
Ob-Strangulatus, a, um, bouché.
5. Strenuus, a, um, courageux, vigilant, brave, vigoureux; 2°. diligent, prompt, adroit, agile.
Strenuo, as, are, se montrer courageux.
Strenuitas, atis, valeur, vigueur, courage, force; 2°. agilité, adresse.
Strenua, æ, Déesse de la vigueur.
Strenuè, adv. courageusement, avec vigueur, avec force, vivement; 2°. avec adresse, avec vitesse, précipitamment, en diligence, promptement.
In-Strenuus, a, um, qui n'a pas de courage, qui est sans courage; qui n'est pas courageux; 2°. négligent, paresseux.
6. Stranguria, æ, difficulté d'uriner, rétention d'urine, maladie.
7. Strepsi-Ceros, otis, sorte de chevreuil qui a le bois droit & cannelé.
8. Styriba, æ, couverture de livre.
9. Strobilus, i, pomme de pin; 2°. tête d'artichaud.
Strobus, i, sorte d'arbre odoriférant; 2°. ville de Macédoine.

10. Stroma, atis, voyez Stragulum.
Cata-Stroma, atis, tillac; 2°. tapis de pied.
Peri-Stroma, atis, tapisserie.
11. Strombus, i, la grande conque marine tortillée.

STRAT.

Strat-Egus, i, commandant, général, généralissime.
Du Gr. Stratos, armée, & Ago, conduire.
Stratiota, æ, &
Stratiotes, æ, soldat.
Stratilax, acis, cadet, jeune soldat.
Stratioticus, a, um, militaire, de soldat, destiné à la guerre.
Strat-Egia, æ, commandement de gens de guerre.
Strat-Ageum, i, Arsenal où l'on mettoit les dépouilles des ennemis; 2°. salle du conseil de guerre.
Strat-Agema, atis, stratagême, ruse de guerre.
Proto-Strator, oris, Général d'armée; 2°. celui qui met le Roi à cheval.
Stratiotis, idis, mille-feuille, plante.

STRIC, STRing.

1.
Stringo, is, nxi, strictum, gere, serrer fort, cueillir, arracher; 2°. dégaîner; 3°. blesser légèrement; 4°. toucher légèrement en passant, effleurer; 5°. raser le bord, côtoyer.
Stringor, oris, resserrement par le froid, frissonnement, claquement de dents.
Stringo-Tenium, ii, sorte d'instrument de Maréchal, boutoir.

STRICTUS, a, um, retiré, racourci.
STRICTÈ, iùs, iſſimè, exactement; 2°. étroitement.
STRICTIM, d'une maniere ſerrée, conciſe, briévement.
STRICTOR, oris, qui cueille avec la main.
STRICTIVUS, a, um, cueilli avec la main, qu'on cueille à la main.
STRICTURA, æ, paillette qui ſort du fer rouge qu'on forge; 2°. mine de fer; 3°. fonte, liquéfaction.

BINOMES.

STRICTA-billæ, arum, celles qui marchent en traînant les pieds.
STRICTI Pellæ, arum, celles qui déridoient la peau; de *pellis*.
STRICTI-Vellæ, arum, celles qui dépiloient les ſourcils; de *vello*.

2.

STRIGOSUS, a, um, élancé, maigre, qui a la peau ſerrée ſur les os, haraſſé, qui n'en peut plus.
STRIGO, onis, homme reſſerré, ramaſſé, rablu.
STRIGA, æ, ſillon, couche ou rangée, élévation de terre très-ſerrée; 2°. rang d'eſcadron, rangée de chevaux.
STRIGarium, ii, académie ou manége pour dreſſer des chevaux.
STRIGatus, a, um, ſillonné, labouré par ſillons.
STRIGO,-are, s'arrêter en marchant, à tout bout de champ.

3.

STRIGIL, is, } frottoir, éponge, étrille
STRIGILIS, is, } avec quoi on ſe racloit le corps aux bains; ce qui ſervoit à s'eſſuyer.
STRIGILO,-are, } étriller, racler, frotter,
STRIGILLO,-are, } nettoyer.

STRIGILECULA, æ, petite étrille ou frottoir.
STRIGIUM, ii, mauvais petit manteau.
STRIGMENTUM, i, ordures qu'on emporte de deſſus la peau en raclant ou en frottant; toute ſorte de raclure.

COMPOSÉS.

AB-STRINGO, ere, délier, deſſerrer, lâcher, détacher.
A-STRINGO,-ere, ſerrer, lier, attacher, preſſer; 2°. engager, contraindre.
A-STRICTORIUS, a, um, aſtringent, qui reſſerre.
A-STRICTIO, onis, vertu aſtringente.
A-STRICTÈ, d'une maniere étroite, contrainte.
CON-STRINGO,-ere, lier, preſſer; 2°. contraindre, captiver, dompter, modérer.
DE-STRINGO,-ere, couper, cueillir; 2°. racler, frotter, étriller; 3°. ôter, diminuer.
DI-STRINGO,-ere, ſerrer, lier étroitement; 2°. effleurer, égratigner, entamer, piquer; 3°. cueillir; 4°. racler, frotter, étriller; 5°. critiquer, cenſurer; 6°. occuper, embaraſſer; 7°. harceler, inquiéter; 8°. lier, engager.
DI-STRICTIO, onis, domaine, territoire, reſſort d'une Cour de Juſtice, Juriſdiction.
DI-STRICTIM, } étroitement, rigoureu-
DI-STRICTÈ, } ſement, d'une maniere fort ſerrée.
IN-DI-STRICTUS, a, um, qui n'a reçu aucune bleſſure.
EX-STRINGO,-ere, étreindre, reſſerrer.
IN-STRINGO,-ere, ſerrer étroitement, garroter.
INTER-STRINGO,-ere, ſerrer, preſſer entre.
OB-STRINGO,-ere, ſerrer étroitement, engager, lier.
OB-STRICTUS, ûs, reſſerrement, rétréciſſement.

OB-STRIGILLO,-are, critiquer, censurer, contredire.

OB-STRIGILLATOR, oris, critique, censeur.

OB-STRIGILLATIO, onis, critique, réprimande, censure.

OB-STRIGILLUS, i, soulier.

OB-STRIGILLUM, i, oreille de soulier; 2°. châton de bague.

PER-STRINGO,-ere, lier fortement, serrer; 2°. dire en peu de mots, toucher en passant, effleurer.

PRÆ-STRINGO,-ere, serrer fort, éblouir, émousser.

RE-STRINGO,-ere, lier étroitement; 2°. réprimer, arrêter; 3°. lâcher, délier, détacher.

RE-STRICTIO, onis, contrainte.

RE-STRICTUS, a, um, très-exact, rigoureux, sévere; 2°. serré, chiche, avare.

RE-STRICTÉ, } étroitement, à la rigueur, avec la derniere
RE-STRICTIM, } exactitude.

SUB-STRINGO,-ere, resserrer, restreindre; 2°. trousser en fagot; 3°. réprimer.

STROPh.

STOPHUS, i, anneau ou lien avec quoi l'aviron s'attache à sa cheville; 2°. tranchées, colique, douleur de ventre autour du nombril.

STROPHE, es, strophe.

TETRA-STROPHUS, a, um, qui a quatre strophes.

STROPHA, æ, finesse, ruse, tour d'adresse, de subtilité.

STROPHIUM, ii, gorgerette; 2°. couronne, chapeau de fleurs, à l'usage des Prêtres.

STROPHIOLUM, i, espèce de petite couronne de fleurs entortillées, à l'usage des Prêtres.

STROPHIARIUS, ii, faiseur de mouchoirs ou tours de col ou de certaines gorgerettes, pour soutenir le sein.

STRUPPUS, voyez Stroppus.

STROPPUS, i, espèce de couronne que les Prêtres portoient.

STROPHOSUS, a, um, sujet à la colique, aux tranchées.

ANTI-STROPHE, es, antistrophe, figure de Rhétorique, lorsqu'on retombe souvent sur les mêmes mots.

APO-STROPHA, æ; -e, es, apostrophe, figure de Rhétorique, par laquelle on adresse son discours à quelqu'objet.

APO-STROPHUS, i, petit trait courbe qui marque le retranchement d'une voyelle; 2°. figure de Rhétorique par laquelle un Acteur se tourne vers le peuple, &c.

CATA-STROPHE, es, renversement, chûte, catastrophe.

STRU.

STRUO, is, struxi, structum, ere, bâtir, construire; 2°. machiner, brasser, dresser, arranger.

STRUES, is, monceau, tas, pile, amas; 2°. sorte de gâteau fait avec de la farine, du miel & de l'huile, dont on faisoit oblation.

STRUIX, icis, construction, voyez Strues.

STRUCTUS, a, um, part. de Struo, bâti; 2°. rangé en bataille.

STRUCTILIS, le, is, qui est composé de plusieurs piéces.

STRUCTOR, oris, Architecte, Maçon, Charpentier, celui qui travaille à la maçonnerie ou à la charpenterie; 2°. Maître-d'Hôtel; 3°. Ecuyer-tranchant, celui qui coupe les viandes à la table des Grands.

STRUCTURA, æ, structure, bâtiment, construction; 2°. maçonnerie, charpente; 3°. arrangement; 4°. tournure de vers.

Structuræ ærariæ, mines de cuivre.

STRUCTUM, i, massif,

STRU-FERetarius, ii, &
STRU-FERtarius, ii, celui qui faisoit oblation de deux sortes de gâteaux, sous des arbres frappés de la foudre, ou pour quelques autres expiations.

COMPOSÉS.

A-STRUO, is, xi, ctum, ere, bâtir auprès, appuyer un bâtiment contre, construire joignant; 2°. attribuer, donner: 3°. se représenter, se former, imaginer; 4°. ajouter, augmenter, accroître; affirmer, assurer.

CIRCUM-STRUO, is, xi, ctum, ere, bâtir autour.

CON-STRUCtus, a, um, part. de

CON-STRUO, is, xi, ctum, ere, construire, bâtir, édifier, élever ou faire un bâtiment; 2°. arranger, ranger, disposer, ajuster, accommoder; 3°. amasser, assembler, accumuler, entasser.

CON-STRUCTIO, onis, construction, bâtiment, édifice.

DE-STRUO, is, struxi, structum, ere, détruire, démolir, renverser, abattre; 2°. réfuter.

DE-STRUCTIO, onis, destruction.

DE-STRUCTIVus, a, um, qui détruit.

DI-STRUO, is, xi, ctum, ruere, bâtir à l'écart ou çà & là, en divers endroits.

EX-STRUCTIO, onis, construction, bâtiment, l'action de bâtir.

EX-STRUCTOR, oris, bâtisseur, qui fait bâtir, qui bâtit.

EX-STRUCTUS, a, um, part. de

EX-STRUO, is, struxi, structum, ere, bâtir, construire, élever un bâtiment.

IN-STRUCTUS, us, ornement, appareil, fourniture, équipage, pompe; 2°. disposition, arrangement.

IN-STRUCTUS, a, um, instruit, habile, adroit; 2°. disposé, muni, part. d'Instruo.

IN-STRUens, tis, qui prépare.

IN-STRUendus, a, um, qu'il faut préparer.

IN-STRUCTIO, onis, arrangement, l'action de ranger, d'arranger, de mettre en ordre; 2°. équipage, garniture; 3°. l'action de construire, de bâtir, construction.

IN-STRUCTOR, oris, qui arrange, qui met en ordre; qui apprête, qui prépare, qui ajuste, qui équipe.

IN-STRUCTURA, æ, construction, bâtiment, arrangement, ordonnance,

IN-STRUCTIUS, adv. avec plus d'appareil, de pompe, de soin, d'arrangement.

IN-STRUmentum, i, meubles, tout ce qui sert à meubler une maison; 2°. instrument, outil pour le travail; 3°. appareil, attirail, équipage; 4°. moyen, tout ce qui sert à quelque chose; 5°. pièce d'un procès.

INTER-STRUCTIO, onis, assemblage, liaison, emboîtement, emboîture.

INTER-STRUO, is, xi, ctum, ere, assembler, joindre, emboîter, enclaver.

OB-STRUCTIO, onis, déguisement, dissimulation, l'action de cacher, de dissimuler.

OB-STRUCTUS, a, um, part. d'Obstruo, bouché, fermé.

OB-STRUO, is, xi, ctum, ere, boucher, fermer, obscurcir, ôter le jour.

PRÆ-STRUCtim, adv. par ordre, en ordre

PRÆ-STRUCTUS, a, um, part. de

PRÆ-STRUO, is, xi, ctum, ere, bâtir devant ou auparavant; 2°. boucher, fermer; 3°. préparer auparavant.

SUB-STRUCTIO, onis, fondement d'un bâtiment.

SUB-STRUCTOR, oris, qui pose des fondemens.

SUB-STRUCTUS, a, um, part. de

SUB-STRUO, *is*, *xi*, *ctum*, *ere*, poser des fondemens.
SUPER-STRUCTUS, *e*, *um*, bâti dessus.

MOTS
Où S a pris la place de D ou T.
SANC-T,
Saint.

De l'Or. דם ThaM, parfait, prononcé SANC, par le changement de T en S, & de M en NC, se formerent ces mots:

SANCIO, *is*, *xi*, *citum*, *cire*, établir, ordonner, régler, dédier, confirmer, ratifier.
SANCITUS, *a*, *um*; SANCTUS, *a*, *um*, dédié, ordonné, rendu sacré, inviolable, saint; 2°. saint, sacré, vénérable, respectueux.
SANCTATUS, *a*, *um*, saint, pieux.
SANCTUS, *ûs*; SANCTIO, *onis*, ordonnance, affermissement.
SANCTOR, *oris*, qui établit une loi.
SANCTITAS, *atis*, }
SANCTITUDO, *inis*, } sainteté.
SANCTIMONIA, *æ*, }
SANCUS, *i*, Dieu des Sabins.
SANCTUARIUM, *ii*, lieu où l'on serre les choses sacrées.
SANCTÈ, avec piété, inviolablement, avec vénération.
SANCTI-Fico, *-are*, rendre saint.
SANCTI-Ficatio, *onis*, la sanctification.
SANCTI-Ficator, *oris*, celui qui rend saint.
SANCTI-Ficus, *a*, *um*, qui sanctifie.
SANCTI-Ficium, *ii*, chose sainte, sanctuaire.
SANCTI-Loquus, *a*, *um*, qui parle des choses saintes.
SANCTIMONIALIS, *e*, *is*, &
SACRO-SANCTUS, *a*, *um*, saint, qu'on ne peut violer impunément.
AM-SANCTÆ valles, vallées qui sont saintes dans toute leur étendue.

Orig. Lat.

SANG.
Sang.

De l'Orient. דם DaM, sang, se forma par le changement de D en S & de M en NG cette famille Latine:

1.

SANGUIS, *inis*, sang; 2°. parenté, 3°. race, lignée; 4°. vie; 5°. force, vigueur.
SANGUEN, *inis*, sang.
SANGUINOSUS, *a*, *um*, sanguin, abondant en sang.
SANGUINEUS, *a*, *um*, de sang; 2°. sanglant.
SANGUINO, *-are*, saigner, jetter du sang; 2°. ensanglanter.
SANGUINOLENTUS, *a*, *um*, sanglant, couvert de sang.
SANGUICULUS, *i*, sang fricassé, boudin.
SANGUI-Lentus, *a*, *um*, teint de sang, sanguinolent.
SANGUINALIS, *e*, *is*, de sang, qui concerne le sang.
SANGUINARIA, *æ*, la renouée, plante, ainsi nommée à cause de sa couleur de sang.
SANGUINARIUS, *a*, *um*, qui se plaît au sang, qui voit le carnage avec plaisir.
SANGUINATIO, *onis*, l'action de saigner, saignement.
SANGUINETUM, *i*, lieu où il y a beaucoup de cornouillers sauvages, dont les fruits sont rouges comme le sang.
SANGUISUGA, *æ*, sangsue, insecte aquatique: de *sugo*.
SANGUISORBA, *æ*, pimpinelle, plante au fruit rouge.

COMPOSÉS.

CON-SANGUIS, *e*, *is*; CON-SANGUINEUS, *a*, *um*, qui est de même sang, issu de même race; 2°. allié, confédéré; 3°. semblable.

Con-Sanguinitas, atis, parenté, proximité de sang.

Ex-Anguis, e, is ;. Ex-Sanguis, e, is, qui n'a point de sang; 2°. pâle, glacé de peur, défait; 3°. sec, maigre.

Ex-Sanguinatus, a, um, qui n'a plus de sang, qui manque d'humeur, privé de l'humide radical.

Ex-Sanio, -are, tirer le sang corrompu, faire saigner une plaie.

2.

Sanda-Raca, æ, sandaraque, espéce d'arsenic minéral d'un rouge orangé fort vif; 2°. d'un rouge orangé qui se fait avec de la céruse brûlée.

Sanda-Raceus, a, um, de sandaraque, de couleur de sandaraque.

Sanda-Racha, æ, petite joubarbe, plante qui croît sur les murailles; 2°. voyez Sandaraca.

Sanda-Rachatus, a, um, où l'on a mêlé de la sandaraque; 2°. peint avec de la sandaraque.

Sanda-Rachinus, a, um, &

Sanda-Racinus, a, um, de couleur de sandaraque.

Sandyx, icis, rouge de couleur orangée fait avec de la céruse brûlée; 2°. minium, vermillon commun.

Santena, æ, borax, soudure de l'or.

SOC,
Associé.

De Duo, deux, on fit Jug, union, & Soc, qui peignit la même idée; d'où vinrent :

1.

Socius, ii, compagnon, camarade; 2°. allié, confédéré, associé.

Socia, æ, compagne, femme.

Socius, a, um, qui concerne les alliés, les confédérés, les associés; 2°. qui aide, qui soulage, qui favorise, commode.

Socio, as, avi, atum, are, allier, joindre, unir, confédérer, associer.

Sociandus, a, um, qu'il faut allier, joindre.

Socians, tis, qui allie, qui joint, qui marie.

Societas, atis, société, alliance, confédération, association, union.

Sociabilis, m. f. le, n. is, sociable; qu'on peut allier ou unir ensemble.

Socialis, m. f. le, n. is, qui concerne les confédérés, les alliés; 2°. conjugal.

Socialitas, atis, union entre associés.

Socialiter, adv. selon les régles de la société, de la maniere que des associés doivent se traiter, en fidele confédéré.

Sociator, oris, &

Sociatrix, icis, qui associe, qui allie, qui joint, qui unit.

Sociatus, a, um, part. de Socio : joint, allié; 2°. commun.

Sociennus, i, &

Socienus, i, compagnon, camarade.

Soci-Fraudus, a, um, &

Socio-Fraudus, a, um, qui trompe son associé.

COMPOSÉS.

As-Socio, as, avi, atum, are, joindre, associer, accompagner, mettre ou attacher ensemble.

Con-Sociatio, onis, association, société, liaison, union, alliance.

Con-Sociatus, a, um, part. de

Con-Socio, as, avi, atum, are, associer, allier, joindre, unir.

Dis-Sociatio, onis, antipathie.

Dis-Sociatus, a, um, part. de

Dis-Socio, as, avi, atum, are, désunir, diviser, séparer, mettre la division.

Dis-Sociabilis, le, is, incompatible, infaillible, qu'on ne peut unir.
In-Dis-Sociabilis, le, is, qu'on ne peut désunir.
In-Sociabilis, le, is, &
In-Socialis, le, is, qu'on ne peut joindre, qu'on ne sçauroit allier, inalliable; 2°. qui n'est pas sociable, incompatible, qu'on ne peut unir, avec qui on ne peut avoir de commerce ou de liaison.

2.

Socer, eri, &
Socerus, i, beau-pere, pere du mari ou de la femme à l'égard de la femme ou du mari.
Socrus, ûs, belle-mere, mere du mar ou de la femme à l'égard de la femme ou du mari.
Ab-Socer, eri, grand-pere du beau-pere; à l'égard du mari, c'est le bisaïeul de sa femme; à l'égard de la femme, c'est le bisaïeul de son mari.
Con-Socer, ceri, le pere du mari, & le pere de la femme. (Deux peres sont Consoceri, quand le fils de l'un a épousé la fille de l'autre.)
Con-Socrus, ûs, la mere du mari, & la mere de la femme.
Pro-Socer, ceri, le pere du beau-pere à l'égard du gendre ou de la bru.
Pro-Socrus, ûs, la mere de la belle-mere à l'égard du gendre ou de la bru.

MOTS LATINS VENUS DU GREC.

S

Sabana, æ, habit de ceux qu'on venoit de baptiser.
Sabanum, i, frottoir, linge pour essuyer; 2°. voyez Sudarium.
Sabarium, ii, porche, parvis du temple; 2°. voyez Sabanum.
Sacis, is, clistere, lavement.
Sacodios, ii, pierre précieuse de couleur d'hyacinthe.
Sacoma, atis, contrepoids.
Du Grec Mar, division, partage, & de Sam, Sem, chemin, se forma ce mot :
Sa-Mardacus, i, chemin fourchu.
Sampsuchum, i, &
Sampsuchus, i, ou
Sampsychus, i, marjolaine, plante.
Sampsuchinus, a, um, de marjolaine.

Du Grec Sark, chair, vinrent :
Sarcia, æ, graisse, excès d'embonpoint.
Sarcimen, inis, &
Sarcimentum, i, couture; 2°. excroissance de chair.
Sarcosis, is, mole, excroissance de chair; 2°. génération de chair.
Sarcoticus, a, um, qui fait revivre les chairs.
Sarco-Graphia, æ, description des membres, des parties charnues.
Sarcoma, atis, excroissance de chair dans le nez.
Sarc-Omphalon, i, excroissance de chair au nombril.
Sarco-Phagus, i, cercueil fait d'une pierre qui consumoit les chairs; 2°. mangeur de chair.

SARCO-COLLA, æ, gomme d'arbre, qui referme les plaies.

SARCO-CELE, es, farcocele, voyez *Ramex*.

SARCAfmus, i, infulte de paroles, raillerie piquante.

SARDA, æ, cornaline, pierre précieufe; 2°. fardine, poiffon de mer.

SARDina, æ, &

SARDinia, æ, fardine, poiffon de mer.

SARD-ACHates, æ, forte d'agathe, pierre précieufe.

SARD-ONychus, i, &

SARD-ONyx, ychis, fardoine, pierre précieufe.

SARD-ONYCHatus, a, um, orné ou enrichi de fardoines.

SARGus, i, efpéce de muge, poiffon.

SARI, forte d'arbriffeau qui croit dans le Nil.

SARIO, onis, truite faumonée, forte de poiffon.

SARISSa, æ, pique Macédonienne qui étoit fort longue.

SARRacum, i, charrette, voiture pour les fardeaux pefans.

A-SARotium, i, plancher fort noir & fec: 2°. plancher à la mofaïque, de pièces de rapport.

A-SARoticus, a, um, de marqueterie, de pièces de rapport.

A-SARum, i, nard fauvage.

SAURion, ii, efpece de moutarde.

SAURites, æ, pierre précieufe, qui fe trouve dans le ventre d'un lézard verd.

SAURO-Ctonus, a, um, qui tue les lézards.

A-SBESTinum, i, lin incombuftible.

A-SBESTinus, a, um, incombuftible.

A-SBESTOS, i, pierre qui une fois allumée ne peut plus s'éteindre.

S C.

SCAMMonea, æ, &

SCAMMonia, æ, Scammonée, plante.

SCAMMonium, ii, fuc épaiffi, tiré par incifion de la fcammonée. Gr. SKAMMONIA; -on.

SCANDIX, icis, herbe femblable au cerfeuil: de même en Grec.

SCAPTenfula, æ, &

SCAPTefula, æ, mine de métal.

SCAZON, tis, vers de fix pieds, dont le pénultieme eft un iambe, & le dernier un fpondée.

SCARAbæus, i, efcarbot, infecte.

SCARabæus lucanus, cerf-volant, *infecte*. Grec ΣΚΑΡαβιυς.

SCARus, i, forte de poiffon qui rumine; Grec ΣΚΑΡυς.

SCAurus, a, um, qui a les talons fort gros. Grec ΣΚαυρυς.

PARA-SCEVE, es, voy. *Apparatus*; 2°. veille, jour qui précéde une fête.

SCHEMA, æ, habit, air, maniere; 2°. pofture.

Huc proceffi cum fervili fchemá, je fuis venu déguifé en efclave, avec un habit d'efclave; Grec SKHÉma.

SCHEMA, atis, forme, figure, modele; 2°. figure de Rhétorique, ornement du difcours.

SCHEMatifmus, i, maniere figurée de parler, d'écrire ou de faire des geftes.

SCHEMatium, ii, maniere de danfer.

SCHEMATO-Pœia, æ, l'art de compofer fon gefte.

PRO-SCHEMatifmus, i, retranchement d'une fyllabe, d'un mot. Exemple, *Egon* pour *Egone*.

SCHEfis, is, habitude étrangere du corps; 2°. affection, paffion; figure de Rhétorique.

SCHEticus, a, um, voyez *Relativus*.

SCHINus, i, lentifque, arbre d'où découle le maftic: Grec SKHINOS.

SCILLA, æ, squille, oignon marin, *plante bulbeuse* : en Grec SKILLα.
SCILLINUS, a, um, ou
SCILLITES, tis, &
SCILLITICUS, a, um, de squille, d'oignon marin.
Scillites acetum, vinaigre.
SCINCUS, i, espéce de crocodille qui vit sur terre, & qui sert à plusieurs usages dans la médecine : en Grec ΣΚΙΓΓος.
SCINDapsus, i, m. sorte d'instrument de musique monté de quatre cordes de léton, qu'on touchoit avec une plume.
SCINDapsus, i, f. sorte de plante.
Ces deux mots vinrent du Gr. ΣΚΙΝΔΑΨΙΣ.
SCIRaphia, æ, le jeu de Dames, &c. du Grec SKIRapheia.
SCIRaphium, ii, Académie de jeu, lieu où l'on s'assemble pour jouer.
SCIROMA, atis, &
SCIRRHoma, tis, squirre, dureté sans douleur : du Grec SKIRRoma.
SCLIROS, i, rétine de l'œil.
SCOLecium, ii, grain d'écarlate, qui se change en très-peu de tems en vermisseau : du Grec ΣΚΩΛΗΚιον.
SCOLecia, æ, sorte de verd-de-gris ; 2°. vermisseau : du Grec Skólex.
SCOLopax, acis, bécasse, oiseau ; 2°. sorte de poisson de mer : en Grec ΣΚΟΛΟΠαξ.
SCOLopendra, æ, scolopendre, insecte venimeux qui a huit pieds ; 2°. sorte de poisson de mer : en Grec SKOLopendra.
SCOLopendrium, ii, cétérac, plante.
SCOLymus, i, chardonnerette, chardon sauvage, plante : du Grec SKOLYmos.
SCOMber, bri, ou
SCOMbrus, bri, maquereau, *poisson de mer* : en Grec SKOMBROS.
SCOPæus, ei, nain : en Grec SKOPaios.
SCOMMA, atis, raillerie, moquerie, brocard, gausserie : en Grec ΣΚΩΜΜα.
SCOPeuma, tis, sorte de danse ; 2°. geste de poser la main au-dessus des yeux pour mieux voir : du Grec SKOPeó, considérer.

SCOPtes, tis, voyez *Cavillator* : en Grec ΣΚΩΠτης, moqueur, railleur.
SCOPTula, orum, omoplates.
SCORDium, ii, sorte de plante.
SCORodium, ii, &
SCORodon, i, ail, *plante bulbeuse*.
SCORPæna, æ, Grec & Latin, sorte de poisson.
SCOTia, æ, partie creusée du pied d'une colonne.
SCOTodinos, i, &
SCOToma, tis, vertige, avec offuscation de la vue.
SCYBalum, i, voyez *Quisquiliæ* ou *Rudus*.
SCYLAX, acis, petit chien, voyez *Catulus*.
SCYLLA, æ, rocher dans le détroit appellé le Fare de Messine à la côte de Calabre ; 2°. rocher dans la mer dangereux aux Pilotes.
Evitatâ Charybdi incidere in Scyllam, un péril évité, tomber dans un autre ; 2°. sorte de poisson : du Grec SKYLLó, tourmenter, être funeste.
SCYMnus, i, lieu où l'on prend le poisson Scylla.
SCYMnus, i, lionceau ; 2°. le petit d'une bête sauvage.
SCYMnus, a, um, cruel comme son pere.
SCYPhus, i, tasse, gobelet.
SCYRicum, i, sorte de couleur bleue.
SCYTala, æ, &
SCYTale, es, sorte de serpent ; 2°. musaraigne, espéce de rat venimeux ; 3°. le livre rouge, le tableau où l'on écrivoit les noms des criminels ; 4°. rouleau autour duquel les Lacédémoniens tortilloient une bande de parchemin sur laquelle ils écrivoient en secret : du Grec SKYTalé.
SCYTHismus, i, imitation des mœurs des Scythes.

SCYTHISSO, *as*, *are*, imiter les mœurs des Scythes, boire à toute outrance.
SCYTHIUS, *a*, *um*, de Scythie.
SCYTHICA, *æ*, &
SCYTHICE, *es*, réglisse, *plante*.
SCYTHICA *mustela*, martre zibeline.

S E.

HELIO-SELINUM, *i*, ache de marais ; d'HEL, marais ; & de SELINUM, ache, persil.
SE-PLASIARIUS, *ii*, parfumeur; 2°. efféminé, délicat.
SE-PLASIA, *æ*; -SIARIUM, *ii*, place à Capoue où étoient logés les parfumeurs ; métier de parfumeur.
Du Grec PLASIS, art de composer, de faire des mixtions, du fard, &c.
SERIPHIUM, *ii*, absinthe de mer : en Gr. ΣΕΡΙΦΙον.
SERIS, *is*, sorte de chicorée, plante.
SESAMA, *æ*, en Gr. *Sésamé* ; &
SESAMUM, *i*, sésame, jugioline, bled d'Inde ou de Turquie.
SESAMINUS, *a*, *um*, de bled d'Inde.
SESAMIS, *idis*, &
SESAMIUM, *ii*, gâteau fait avec de la farine de bled d'Inde & du miel : en Gr. *Sésamion*.
SESAMOIDES, *is*, espéce de plante qui ressemble au sésame.
SESAMINA, *num*, &
SESAMOIDEA, *orum*, petits osselets des articles des doigts des pieds & des mains.
SESELIS, *is*, plante, espéce de fenouil.

S I.

SIAGONITÆ, *arum*, muscles de la mâchoire. Gr. ΣΙΑΓΩΝ.
SI-CINNIUM, *ii*, sorte de danse ancienne, accompagnée de chant : du Gr. SEIÓ, se mouvoir ; & KINEO, s'agiter, se mouvoir.
SI-CINNISTA, *æ*, celui qui dansoit cette danse, & qui s'accompagnoit du chant.
SIGMA, *atis*, lit fait en forme de demi-cercle pour se mettre à table à la maniere des anciens.
SIGMOIDES, *dum*, les trois valvules du cœur à l'entrée de l'artere du poumon ; 2°. cartilages de l'âpre artere, termes d'Anatomie.
SIGMOIDES, *is*, qui représente la lettre C, qui a la figure d'un C.
SILPHIUM, *ii*, arbrisseau qui produit le laser : en Gr. ΣΙΑΦΙΟΝ.
SILANUS, *i*, tuyau de fontaine par où l'eau sort : de l'Or. SIL, flux, action de couler.
SILURUS, *i*, sorte de grand poisson fort semblable à l'esturgeon, en Gr. ΣΙΛ-υρος.
SINARE, *es*, &
SINAPIUM, *ii*,
SINAPIS, *is*,
SINAPE, *is*, &
SINAPI, *ind.* senevé, graine de moutarde ; 2°. moutarde.
SINAPINUS, *a*, *um*, de moutarde, de senevé.
SINAPIZO, *as*, *are*, assaisonner avec de la moutarde ; 2°. appliquer un cataplasme de moutarde.
SINAPISINUS, *i*, cataplasme fait avec de la graine de moutarde ; 2°. effet de ce cataplasme sur la peau ; 3°. sorte de torture.
SINAPE-DOCHOS, *i*, moutardier, vase à mettre de la moutarde.
SINOPHIA, *æ*, matiere plâtreuse, humeur coagulée dans les articles des goutteux.
SINOPICUS, *a*, *um* ; de sinope, de couleur d'une certaine terre rouge.
SINOPIS, *idis*, sinope, sorte de terre rouge.
APO-SIOPESIS, *is*, réticence ; 2°. interruption.

SIRINGina, æ, rétention d'urine.
SIRPe, is, plante qui produit le laser.
LA-SER, eris, benjoin, ou *assa fœtida*.
LA-SERPitium, ii, arbre dont on le tire.
LA-SERPiti-Fer, a, um, qui porte le benjoin.
LA-SERPitianus, a, um, où on a mis du benjoin.
SIRus, i, & SYRus, i, fosse profonde & préparée pour y mettre du bled & l'y conserver sous terre, dont l'usage est en quelques pays, où l'on seme par dessus. En Gr. SIROS; SEIROS.

SIS Trum.

De *Seiô*, mouvoir, agiter, se forma le Grec SEISTRON, & le Latin,
SISTRum, i, sistre, instrument de musique des Egyptiens.
SISTratus, a, um, qui tient un sistre à la main.
SISTRatus, ûs, le jeu de sistre.

SIS.

SIsara, æ, bruiere, plante arborescente.
SIsarra, æ, brebis qui a plus d'un an.
SIsaron, i, ou
SIsarum, i, &
SIser, eris, chervi, plante.
SIsymbrium, ii, couronne de feuilles qu'on mettoit sur la tête des mariés; 2°. sorte d'ornement de femme.
SIsyphida, æ, ambitieux, qui recherche les honneurs : de Sisyphe.
SIsyra, æ, habit de peau de chèvre.
SIsyrinchium, ii, sorte de plante bulbeuse.
SIttyba, æ, vélin, parchemin, veau dont on couvre les livres : du Grec ΣΙΤΤΥΒ, habit de peau.

SO.

SOlœcismus, i, faute contre la construction grammaticale.
SOlœco-Phanes, is, qui paroît un solécisme.
SOlœcum, i, voyez *Solœcismus*.
SOlœcus, a, um, qui est contre la construction grammaticale. De la ville de Soles, où on parloit mal le Grec.
SOlia, æ, buglose, herbe.
SOranus, i, surnom de Pluton. De SOROS, tombeau.
SOrites, æ, argument qui consiste en plusieurs propositions, entassées les unes sur les autres.
SOry, os, sorte de fossile minéral vitriolique.

SP.

Du Gr. SPAÓ, extraire, & AGEIRÓ, entasser, se formerent ces mots :
SP-Agiria, æ, spagirique, art de séparer le pur de l'impur.
SPagiricus, a, um, spagirique, qui concerne la séparation du pur d'avec l'impur.
SPagirista, æ, &
SPagirus, i, spagiriste, spagirique, qui exerce la médecine spargirique.
SParganium, ii, sorte de plante ; 2°. voy. *Fasciola*. Du Grec *Sparganon*, bande.
SPathe, es, palmier, en Gr. ΣΠΑΘΗ.
SPathalium, ii, petite branche de palmier, où il y a des dattes ; 2°. garniture de toilette ; 3°. sorte d'ornement de femme.

Du Gr. Pous, pied, se formerent ces mots Grecs-Latins :
SPeusticus, a, um, fait à la hâte.
SPudastes, æ, fauteur qui embrasse les intérêts de quelqu'un.

SPH.

SPHAGe, es, creux de l'estomac ou celui qui est sous le nœud de la gorge.

SPHAGITIdes, dum, veines jugulaires, de la gorge.

SPHEniscus, i, scalene, figure dont les côtés sont inégaux.

SPHENOÏS, idis, l'os sphénoïde, situé entre le têt & l'os de la joue.

SPHINCTer, eris, muscle qui sert à fermer un orifice.

SPHINX, gis, Sphinx, monstre fabuleux.

SPHRAGIS, idis, terre sigillée de Lemnos; 2°. cachet; 3°. chaton de bague; 4°. pierre précieuse verte qui n'est pas transparente.

APO-SPHRAGisma, atis, cachet, sceau; 2°. empreinte d'un cachet.

Du Gr. ΣΠΛΗΝ, SPLEN, rate, vint cette Famille:

SPLEN, SPlenis, rate.

SPLEnicus, a, um, de la rate.

SPLENEticus, a, um, qui a des vapeurs de rate, ratier.

SPLENium, ii, plumaceau à mettre sur une plaie.

SPLENiatus, a, um, qui a un plumaceau sur une plaie.

SPLENitis, is, rameau supérieur de la veine porte.

SPLENDona, æ, espadon.

Du Gr. ΣΠΟΔος, SPODOS, cendres, vint:

SPODium, ii, tutie, suie minérale qui s'attache aux voûtes des fournaises où l'on fond la calamine avec le cuivre rouge pour faire le cuivre jaune; 2°. noir d'ivoire, ivoire brûlé.

Du Grec SPONDylos, vinrent:

SPONDyle, yles, petit ver qui ronge la racine de la vigne.

SPONDylis, is, sorte de serpent.

SPONDylium, ii, &
SPONDylum, i, sorte de plante.

SPONDylus, i, sorte de poisson à coquille; 2°. chair de l'huître; 3°. petit os.

S Q.

SQUALus, i, chien de mer, poisson.

SQUARus, i, chien de mer, poisson. En Gr. ΣΚΑΡΟΣ.

SQUATina, æ, ange, poisson de mer.

SQUATORaia, æ, &

SQUATRaca, æ, espèce de grande raie, poisson de mer.

SQUilla, æ, petite squille, poisson; 2°. oignon marin, herbe; en Gr. ΣΚΙΛΛΑ.

SQUIRRus, i, squirre; Gr. SKIRROS.

S Y.

SYCON, i, figue, fruit.

SYCE, es, figue, fruit; 2°. fic, maladie.

SYCites, æ, surnom de Bacchus; 2°. vin fait avec des figues sèches; 3°. sorte de pierre précieuse.

Bu-SYCON, i, figue fort grosse, mais fade & de peu de goût.

SYCO-PHANTIsso, as, are, &

SYCO-PHANTor, aris, atus sum, ari, calomnier, forger des calomnies, être calomniateur.

SYCO-PHanta, æ, calomniateur.

SYCO-PHantia, æ, calomnie.

SYCO-PHantiosè, adv. en calomniateur, à la manière des calomniateurs.

SYCO-MORus, i, sycomore, arbre.

SYCO-MORum, i, fruit de sycomore.

MONO-SYLLa, æ, la luisante des Hiades.

SYM-BOIa, æ, écot.

SYM-BOLicè, adv. figurément, allégoriquement.

SYM-BOLicus, a, um, symbolique, figuré, allégorique; 2°. conjectural.

SYM-BOLum, i, &

SYM-BOLus,

SYM-BOLUS, i, écot ; 2°. arrhes, marque, anneau qu'on donnoit pour gage de sa parole.

PROTO-SYM-BOLUS, i, premier Président.

SYN-AGOGA, æ, synagogue, congrégation, assemblée religieuse des Juifs ; 2°. lieu de cette assemblée.

SYNA-LŒPHA, æ, ou

SYNA-LŒphe, es ; &

SYNA-LYPHA, æ, collision, rencontre des voyelles, césure.

SYN-Anche es, squinancie, maladie.

SYN-ARTHROsis, is, synarthrose, articulation ferme des os.

SYN-ATHROesmus, i, figure de Rhétorique, qui assemble plusieurs termes dans une phrase.

SYN-Axis, is, collecte, assemblée pour prier, pour entendre la parole de Dieu, & pour participer aux Sacremens ; 2°. célébration des sacrés Mystères ; 3°. la sainte Eucharistie ; 4. union avec Dieu.

SYN-Axaria, orum, abrégé des vies des Saints qu'on lisoit dans les Eglises.

SYN-EPHEBI, orum, jeunes gens du même âge.

SYRIACUM, i, sorte de couleur ; 2°. racine d'angélique.

SYRINX, gis, Syrinx, nom d'une Nymphe changée en roseau ; 2°. caverne ; 3°. seringue.

SYRINGA, æ, fistule, sorte d'ulcere qui coule toujours, difficile à guérir ; 2°. seringue ; 3°. ratelier ; 4°. fosse tirée en long.

SYRINgium, ii, fistule, sorte d'ulcere ; 2°. trou du moyeu d'une roue.

SYRINgites, æ, sorte de pierre précieuse.

SYRites, æ, sorte de pierre précieuse.

SYRtites, æ, sorte de pierre précieuse.

SYRius, ii, pierre qui s'engendre dans la vessie du loup.

SYRIscum, i, &

SYRIscus, i, cabas à mettre des figues.

SYRMA, atis, longue queue d'une robe ; style tragique.

SYRMAticus, a, um, qui a une longue queue.

SYRMATO-PHORUS, a, um, qui porte la queue d'une robe.

MOTS LATINS VENUS DE L'ORIENT.

S

SACCHARUM, i, sucre.

SACCHARITES panis, massepain.

De l'Or. סבכא & שבכא, SaBeKA, & Shabeka, instrument de musique, les Latins firent :

SAMBUCUS, i, sureau, arbre ; 2°. joueur de harpe.

SAMBUCA, æ, instrument de musique à cordes ; 2°. pont de cordes, machine de guerre.

SAMBUCIarius, ii, &

SAMBUCI-Cen, inis, joueur de harpe.

SAMBU-Cina, æ, &

SAMBU-CISTRIA, æ, joueuse de harpe.

SAMBUCetum, i, lieu planté de sureaux.

SAMBUCeus, a, um, de sureau.

De l'Or. עצם, OTSAM, os, vint ce mot Latin :

Sampsa, æ, noyaux d'olive, marc d'olives.

Para-Sanga, æ, parasange, mesure Persanne pour les chemins, contenant trente stades.

SAN, pus.

De l'Or. שחן, SHaN, ulcère, inflammation, vinrent :

Sanies, iei, pus, sanie, sang corrompu.
Saniosus, a, um, plein de sang corrompu.

De l'Or. שפר, SaPhaR, beau, brillant, vinrent :

Sapphirus, i, saphir, pierre précieuse.
Sapphiratus, a, um, orné de saphirs.
Sapphirinus, a, um, de saphir.
Sapinos, i, sorte de jaspe ou d'améthyste. Pierre précieuse.
Sarcion, ii, défaut dans les pierres précieuses.
Sarcites, æ, sorte de pierre précieuse.
Sara-Bala, orum, vêtement, mot Or. pur.

De l'Orient. צור, TSor, Tyr, prononcé Sor & Sar, vint :

Sarranus, a, um, de Tyr ; 2°. de couleur de pourpre.

De l'Or. כרם, CaRM, vigne, vinrent :

Sarmentum, i, sarment, bois de la vigne.
Sarmentis silvescere, pousser quantité de bois ou beaucoup de brins de sarment.
Sarmentitius, a, um, de sarment.
Sarmentosus, a, um, qui a poussé beaucoup de sarment ; 2°. qui pousse des brins des branches, en forme de sarment.

Satan, &
Satanas, æ, Satan, le Diable, ennemi qui dresse des embûches ; en Or. ennemi, adversaire.

De l'Or. שרת, SaRT, servir, 2°. poêle, vint :

Sartago, inis, poêle à frire, à fricasser.

Sarus, i, période de trente jours, le mois Babylonien.

Save, plaine ou lieu uni.

De l'Or. Shah, Roi, & טלל, TaLL, ombrager, mettre à couvert, garantir, se formèrent ces mots, dont l'origine étoit absolument inconnue.

Sa-Telles, itis, Garde d'un Prince ; 2°. satellite ; 3°. ministre de la fureur de quelqu'un.

Sa-Tellitium, ii, compagnie des Gardes d'un Prince ; 2°. service auprès d'un Prince en qualité de Garde.

Sacæa, orum, le carnaval des Babyloniens, qui duroit cinq jours, pendant lesquels les Esclaves prenoient la place des Maîtres ; la fête des Rois.

Schaccus, i, le jeu des échecs.

De l'Or. עקרב, HoQRaB, scorpion, vint cette Famille :

Scorpio, onis, scorpion, petit animal venimeux ; 2°. machine de guerre pour lancer des pierres ou des dards ; 3°. le huitième signe du zodiaque, composé de vingt-neuf étoiles ; 4°. sorte de poisson ; 5°. monceau de pierres entassées pour servir de bornes ; 6°. sorte de plante ; 7°. espèce de fouet composé de plusieurs cordes garnies de fers tranchans, ou plombées ; 8°. trait d'arbalète; 9°. manière d'ajuster les cheveux des enfans; 10°. aube-épine, arbriſſeau : Gr. SKoRPios.

SCORPionius, a, um, de ſcorpion.

SCORPionius, ii, ſorte de concombre, fruit.

SCORPites, æ, ſorte de pierre précieuſe.

SCORPiurum, i, ſorte de plante.

SCORPius, ii, voyez Scorpio.

SCORPius, ii, maniere de ſerrer les bouts de ſes cheveux dans une bourſe; 2°. ornement de la chevelure des enfans.

SCURR,
Bouffon.

De l'Or. שקר, SKaR, tromper, ſe maſquer, ſe forma cette Famille Latine :

SCURRa, æ, bouffon, plaiſant de comédie, Jean-farine ; 2°. Garde-moulin.

SCURRula, æ, petit bouffon.

SCURRans, tis, qui bouffonne, qui fait le bouffon, qui dit des bouffonneries, qui plaiſante, qui fait le plaiſant.

SCURRilis, le, is; de bouffon, de plaiſant.

SCURRilitas, atis, bouffonnerie, baſſeſſe.

SCURRiliter, adv. en bouffon, en plaiſant, d'une manière bouffonne.

SCURRor, aris, atus ſum, ari, bouffonner, plaiſanter.

TRI-SCURRia, orum, bouffonneries, grandes badineries.

SEMita,
Sentier.

De l'Or. שמט SeMT, chemin, vinrent :

1. SEMita, æ, chemin étroit, ruelle.

SEMitarius, a, um, qui fréquente les ruelles, les chemins détournés.

SEMitatim, par les petites rues.

SEMitatus, a, um, diviſé en petites rues, en allées.

2. SENTina, æ, ſentine, égout, cloaque.

SENTinator, oris, celui qui a ſoin de la ſentine, du fond de cale d'un vaiſſeau.

SENTino, as, avi, atum, are, vuider la ſentine ; 2°. travailler à ſe tirer d'affaire.

De l'Or. שרף, SaRP, SaRaP, feu, lumiere, vinrent :

SERAPHim, les Séraphins, les enflammés.

SERAPHis, idis, ſerpent qui vit dans le Nil.

SERAPias, adis, ſorte de plante. Voy. Orchis.

SERAPis, is, ou idis, le Bœuf Apis, Dieu des Egyptiens.

SYBYLLa, æ, Sibylle, Propheteſſe.

SIBYLLinus, a, um, de Sibylle, qui concerne les Sibylles.

De l'Or. שכר, SaKaR, boiſſon, vint,

SICERa, æ, biere, cervoiſe.

De l'Or. סדין, SaDIN, étoffe de lin, toile, vint,

SINDon, onis, ſuaire, drap dans lequel on enſevelit un mort.

S I n G u L,
Chacun.

De l'Or. סגל, SeGuL, ſingulier, propre, ſe formerent ;

SINGuli, æ, a, chacun en particulier; 2°. ſeul ; 3°. ſingulier.

H 6 ij

SINGULUS, a, um, voy. Singuli.
SINGULARIUS, a, um, &
SINGULARIS, re, is, seul, unique, propre, particulier; 2°. singulier, extraordinaire, considérable, remarquable, rare, excellent, qui excelle.
SINGULARIS, is, singulier; 2°. nombre singulier.
SINGULARITER, adv. singulierement, particulierement, d'une façon particuliere; 2°. au nombre singulier.
SINGULARIÆ, arum, lettres initiales posées seules pour chaque mot.
SINGULARII, orum, Notaires, Référendaires; 2°. Marchands de bled, Receveurs des dixmes.
SINGULATIM, adv. en particulier, à part, un à un.
SINGILLATIM, adv. en particulier.

SIT, bled.

De l'Or. שדה, SADI, champ, vint cette Famille Grecque.

1.

SITOS, i, voyez, Frumentum.
SITONES, æ, qui a soin de faire des achats de bleds; 2°. Général des vivres.
SITONICUM, i, grenier, grange.
SITONIA, æ, soin de l'achat de la provision de bled.
SITANION, ii, froment qu'on seme en Mars ou en Avril; 2°. voyez Cingulum.
SITANIUS, a, um, qui concerne le froment qui se seme en Mars ou en Avril.
SIT-ARCHA, æ, Intendant de police sur les vivres.
SIT-ARCHIA, æ, intendance de la police sur les vivres; 2°. sac, poche; 3°. provision annuelle de bled donnée par mois.
SIT-ARCHUS, i, voyez Sitarcha.
SITARCIA, æ, sac, poche; 2°. voyez Sitarchia.
SIT-AGONUS, a, um, qui porte des vivres, qui mene un convoi.
SITI-COMIA, æ, Intendant de la police sur les vivres; 2°. fourniture annuelle de vivres aux veuves & aux orphelins.
SITO-CAPELUS, i, marchand de bled, blatier.
SIT-ODIA, æ, disette de bled.
SITO-DOSIA, æ, largesse de bled.
SITO-DOTES, is, qui fait largesse de bled.
SITO-LOGUS, a, um, qui ramasse, qui recueille du bled.
SITO-METRA, æ, m. mesureur de bled; 2°. celui qui distribue la provision annuelle de bled.
SITO-METRIUM ii, mesure de quatre boisseaux, qu'on donnoit à chaque esclave par mois.
SITO-PHYLACES, um, vingt Magistrats d'Athènes, qui avoient l'intendance de la police sur le bled & sur la farine.
SITO-STASIUS, ii, magistrat qui met le taux au bled, & préside à la vente qui s'en fait.

2.

PARA-SITA, æ, écornifleuse.
PARA-SITANS, tis, qui fait le métier de parasite, d'écornifleur.
PARA-SITASTER, tri, écornifleur qui ne sçait pas encore son métier.
PARA-SITATIO, onis, métier de parasite, écorniflerie.
PARA-SITICUS, a, um, de parasite, d'écornifleur.
PARA-SITOR, aris, atus sum, ari, faire le métier de parasite, d'écornifleur.
PARA-SITUS, i, parasite, écornifleur.
Parasitus Apollinis, bouffon de theâtre.
SUP-PARA-SITOR, aris, atus sum, ari, flatter, faire le complaisant, imiter les parasites, faire le chien couchant.

SON.

SONS, tis, coupable, qui nuit.

SONTICUS, a, um, nuisible, offensant.
IN-SONS, tis, innocent, qui n'est pas coupable.
Il tient au Grec SINÓ, nuire, & à l'Or. שנא SANA, haïr, être odieux.

SPHÆR.

De l'Or. שפר, SaPhaR, rond, vint cette Famille :

SPHÆRA, æ, sphere, globe.

SPHÆRula, æ, pomme de chandelier.

SPHÆRicus, a, um, sphérique, de figure ronde.

SPHÆRoides, is, spherique, de figure ronde.

SPHÆRista, æ, joueur de paume, paumier.

SPHÆRisterium, ii, jeu de paume.

SPHÆRo-Machia, æ, le jeu, l'exercice de la paume.

SPHÆRita, æ, sorte de gâteau.

De l'Or. ספן, SaPhaN, ais, planche, cloison, vint :

SPONDA, æ, bois de lit, bord d'un lit.

SIT,
Soif.

De l'Or. שתה ShaThE, boire, se forma cette Famille :

SITIS, is, soif, envie de boire; 2°. ardeur, desir ardent, passion extrême; 3°. sécheresse, aridité.

SITio, tis, tivi, titum, tire, avoir soif, être altéré; 2°. être aride, sec, tari; 3°. desirer passionnément, ardemment, souhaiter avec ardeur; rechercher avec avidité, empressement.

SITibundus, a, um, qui a toujours soif, très-altéré.

SITiculosus, a, um, qui excite la soif, qui altere; 2°. sec, aride.

SITiens, tis, qui a soif, altéré; 2°. qui desire, qui souhaite.

SITitor, oris, qui desire avec ardeur, qui souhaite passionnément.

SITienter, adv. ardemment, avec un extrême desir.

SITientia, ium, lieux secs, arides.

SITula, æ, vase où l'on mettoit les bulletins pour tirer au sort; 2°. seau à puiser.

SITulus, i, seau à puiser.

SITella, æ, urne où l'on jettoit les balottes, qui servoient à marquer les suffrages.

SORB,
Boire, absorber.

De l'Or. شرب, ShaRB, boire, avoir soif, vinrent ces mots :

1. SORBum, i, corme, fruit de cormier, qui étant acide, excite la soif.

SORBus. i, cormier, arbre.

SORBium, ii, vin des cormes.

2. SORBeo, es, bui, ptum, bere, avaler, humer; 2°. engloutir, abîmer, absorber.

SORBilis, m. f. le, n. is, qui s'avale, qu'on peut avaler, qu'on hume.

SORBillans, tis, qui avale peu à peu, qui avale à petits traits.

SORBillum, i, breuvage qu'on avale, bouillon.

SORBitio, onis, l'action d'avaler un breuvage, ce qu'on donne à boire.

SORBitiuncula, æ, petit breuvage, petit bouillon.

AB-SORBeo, bes, alsorbui & absorpsi, ptum, ere, absorber, engloutir, avaler, dévorer, consumer, abîmer, emporter, ruiner, ronger; 2°. boire.

Hunc absorbuit æstus gloriæ, il s'est laissé emporter par le desir de la gloire.

AB-SORPTUS, *a*, *um*, part. d'*Absorbeo*, englouti, abîmé.

EX-SORBEO, *es*, *lui*, *ptum*, *bere*, avaler, humer, boire tout d'un coup & tout entier, (gober.)

OB-SORBEO, *es*, *lui*, ou *psi*, *ptum*, *bere*. avaler, humer.

PER-SORBENS, *tis*, qui avale tout.

PER-SORBEO, *es*, *ere*, avaler tout.

RE-SORBEO, *es*, *lui*, *bere*, ravaler, avaler de nouveau.

CON-SUS,

Nom de Neptune.

Les Commentateurs, les Savans, ont cherché en vain jusques ici l'origine de ce nom donné au Dieu des Mers ; & toutes les étymologies qu'on en a données, n'ont pas même l'ombre de la vraisemblance. Elle n'est cependant pas difficile à trouver : il est incontestable que les fêtes du Dieu Consus, les Consuales, se célébroient à l'honneur de Neptune Equestre, ou le Cavalier, & que les chevaux, ce jour-là, se reposoient & étoient couronnés de fleurs : il est certain encore que ces fêtes étoient venues de l'Arcadie, où elles étoient appellées *Hippocraties*, fête du cheval redoutable, affermi, inébranlable : & enfin que le cheval étoit le symbole de Neptune. Le nom de CON-SUS est donc parfaitement relatif à ces idées : ce sont deux mots Orientaux, סוס-כן : *Cun*, ferme, inébranlable, & *Sus*, cheval. Le nom Grec en est exactement la traduction : les Latins ont conservé le nom Oriental en entier ; ce qui en avoit fait perdre l'origine ; & elle reparoît ici d'une manière que cet accord rend incontestable.

MOTS LATINS-CELTES,
OU DÉRIVÉS DE LA LANGUE CELTIQUE.

T

La lettre T fut placée la derniere dans l'Alphabet primitif, parce qu'elle désignoit la perfection dans tous les sens : & alors elle suivoit immédiatement S comme elle fait encore dans notre Alphabet ; & si elle n'est cependant pas la derniere dans celui-ci, c'est qu'insensiblement on a rejetté à sa suite des lettres qui la précédoient & qui faisoient place à d'autres, ou des lettres qu'on inventoit pour distinguer des sons qui étoient auparavant désignés par une même lettre.

Si la lettre T fut choisie pour exprimer la perfection, l'excellence, la grandeur, ce fut à cause du son élevé & retentissant qui la caractérise : aussi la plûpart des mots qu'elle présente sont relatifs à l'idée de grandeur, d'étendue, d'excellence, de perfection, au physique & au figuré.

Si on ajoute à ces mots nombre d'onomatopées ; ceux où le T article s'est uni à des mots qui commençoient par une voyelle ; quelques autres où T a pris la place du S & du F : si on observe de plus qu'on a confondu de très-bonne-heure avec T, le *Th*, lettre relative au sein, on connoîtra l'origine de tous les mots Latins qui commencent par la lettre T, & par conséquent encore celle des mots dérivés de ceux-ci.

ONOMATOPÉES.
I.

1. TARATAN-TARA, mot forgé pour exprimer le son de la trompette, ses fanfares.

2. TAX, son des coups de fouet.

3. TAT, ah!
TATÆ, ah!
TALItrum, i, taloche, coup, chiquenaude.

4. TERA, æ, pigeon ramier, oiseau.
TITIæ aves, pigeons ramiers, dont les Augures considéroient le vol.
TETRINNio, is, ire, crier comme les canards.
TERRAO, onis, sorte de grand oiseau.

5. Du Gr. TETTIX, cigale, vinrent :
TETTIGO-METRA, æ, espèce de coque pleine d'œufs de cigales, dans laquelle ils se couvent.

Tittigonia, æ, petite cigale ; 2°. cigale femelle qui ne chante point.

6. Trisso, as, avi, atum, are, crier comme l'hirondelle.

Truculo, as, avi, atum, are, chanter comme les grives.

7. Titillatio, onis, &
Titiliatûs, us, chatouillement.
Titillo, as, avi, atum, are, chatouiller.

8. Titi-Vilitium, ii, &
Titi-Villisium, ii, bourre qui se fait entre deux étoffes, dont l'une double l'autre ; 2°. rien, zest, fétu.

9. Titubatio, onis, chancellement, hésitation, manque de fermeté.
Titubatus, a, um, part. de
Titubo, as, avi, atum, are, chanceler ; 2°. hésiter, bégayer.
Titubantia, æ, bégayement.
Titubans, tis, chancelant, qui chancele, qui hésite.
Titubanter, adv. en chancelant, en hésitant.
Sub-Titubo, as, are, chanceler, hésiter un peu.

10. Tu, Tu, cri du hibou.

11. Tur-Tur, uris, tourterelle, oiseau.

12. Tympanum, i, tambour; 2°. tympan, le dedans d'un fronton ; 3°. panneau ; 4°. roue dentelée ou grande roue creuse, dans laquelle un homme marche pour la faire tourner & pour élever par son moyen des fardeaux pesans ; 5°. roue d'un tournebroche qu'un chien fait tourner ; 6°. roue creuse pour élever de l'eau ; 7°. vaisseau renversé pour les horloges d'eau.

Tympanizo, as, avi, atum, are, battre le tambour, battre la caisse ; 2°. jouer du tambour de basque.

Tympano-Triba, æ, tambour, celui qui bat la caisse.

Tympanistria, æ, femme qui bat du tambour, ou qui joue du tambour de basque.

Tympanites, tæ, hydropisie, maladie.

Tympaniticus, a, um, voyez Tympanicus.

Tympanicus, a, um, hydropique.

II.

Tin-Tinnio, is, ire, &
Tin-Tino, as, are, ou
Tinnio, is, nii, itum, ire, rendre un son aigu comme celui des métaux qu'on fait sonner ; 2°. tinter.

Tin-Tinulo, as, are, ramager comme l'oiseau appelé *Mérops*.

Tinnulus, a, um, qui a un son clair & aigu.

Tinnitus, ûs, son clair & aigu des métaux ; tintement.

Tinnimentum, i, son aigu des métaux sonnans.

Tin-Tinnabulum, i, clochette, sonnette.

Tin-Tinniculus, i, l'esclave qui fouettoit les autres.

Tinnunculus, i, crecerelle, oiseau.

Tinunculus, i, sorte d'épervier, oiseau de proie.

Ob-Tinnio, is, ire, tinter autour.

Re-Tinnio, is, ire ; voyez Tinnio.

III.

1. Tono, as, nui, nitum, nare, tonner; 2°. faire grand bruit, faire du tintamarre.

Tono, is, ere, &
Tonesco, is, escere, voyez Tono, as.
Tonus, i, ton.

Tonarium,

Tonarium, ii, sifflet pour donner le ton.
2. Tonans, tis, Jupiter; 2°. qui tonne, qui retentit.
Tonatio, onis, bruit du tonnerre.
Tonitrus, ûs,
Tonitrum, ui,
Tonitru, indécl.   } tonnerre.
Tonitrua, uum,
Tonitralis, le, is, de tonnerre, qui concerne le tonnerre.
Tonitrualis, le, is, qui fait tonner, tonnant.

COMPOSÉS.

At-Tono, as, nui, itum, are, étonner, épouvanter, effrayer, surprendre, rendre tout interdit, éperdu.
At-Tonité, adv. avec étonnement, surprise, admiration.
At-Tonitus, a, um, éperdu, interdit, surpris, étourdi; 2°. qui a perdu le sentiment par une apoplexie.
Circum-Tono, as, nui, nitum, are, tonner autour, faire un grand bruit.
In-Tono, as, nui, natum ou nitum, are, tonner, faire un bruit de tonnerre.
In-Tonatus, a, um, part. d'Intono, qui est élevé avec bruit, qui a fait un bruit de tonnerre.
Pro-Tono, as, nui, nitum, nare, tonner.
Re-Tono, as, are, retentir.
Super-In-Tono, as, nui, nitum, nare, tonner d'en-haut.
Dia-Tonus, i, deux tons qui se suivent; 2°. pierre qui s'étend dans les deux murs qui forment un coin.
Syn-Tonia, æ, continuité de même son, tenue.
3. Ph-Thongus, i, un ton de voix ou d'instrumens.
Di-ph-Thongus, i, diphthongue, prononciation de deux voyelles dans une seule & même syllabe.

Orig. Lat.

IV.

1. Traulus, i; - Lotes, æ, bègue, qui bégaie.
2. Trit, bruit d'un petit pet.
3. Tri-Pudio, as, avi, atum, are, danser en trépignant; 2°. trépigner.
Tri-Pudium, ii, danse en trépignant; 2°. trépignement.
4. Triumphus, i, triomphe.
Triumpho, as, avi, atum, are, triompher, recevoir les honneurs du triomphe; 2°. être ravi, être transporté de joie.
Triumphatus, ûs, triomphe, l'action de triompher.
Triumphatus, a, um, dont on a triomphé.
Triumphans, tis, triomphant.
Triumphator, oris, triomphateur, qui triomphe.
Triumphalia, ium, honneurs du triomphe.
Triumphalis, le, is, triomphal, de triomphe.

V.

Tussis, is, toux.
Per-Tussis, is, toux continuelle.
Tussedo, inis, toux.
Tussicula, æ, petite toux.
Tussio, is, ivi, itum, ire, tousser, avoir la toux.
Ex-Tusso, is, ivi, itum; ire, jetter en toussant.
Tussilago, inis, pas-d'âne, plante.

VI. TAC,

Toucher; tact.

1. Tactio, onis, l'action de toucher, attouchement, toucher.
Tacturus, a, um, qui touchera.
Tactus, ûs, tact, toucher, attouchement.

TActus, a, um, part. de Tango.
TActilis, le, is, qu'on peut toucher, qui est l'objet du toucher.
TAgo, is, &
TAngo, is, tetigi, tactum, gere, toucher, manier; 2°. émouvoir, agiter; 3°. railler, piquer, se moquer; 4°. se dérober; 5°. duper, filouter, tromper, attraper.

2. TActica, orum, l'art de mettre des troupes en bataille.

TActica, æ, (suppl. Ars.) l'art de ranger une armée.

TActicus, i, qui possede l'art militaire; Officier qui met des troupes en bataille, qui fait faire des évolutions, Maréchal de bataille ou de camp.

3. TAges, is; TAgax, acis, filou, qui dérobe adroitement.

COMPOSÉS.

At-Tingo, is, tigi, tactum, ngere, toucher, manier, atteindre, arriver à; 2°. regarder, appartenir, concerner, avoir du rapport.
At-Tigo, is, ere, voyez Attingo.
At-Tiguus, a, um, contigu.
At-Tactus, ûs, attouchement, toucher.
At-Tactus, a, um, part. d'Attingo, touché, pris avec la main.
Con-Tactus, ûs, attouchement, toucher.
Con-Tactus, a, um, part. de Contingo, touché, manié; 2°. taché, sali, gâté, barbouillé.
Con-Tages, is, contagion.
Con-Tagio, onis, communication, mélange, conjonction, commerce intime, attouchement, sympathie; 2°. venin, peste, infection, maladie qui se communique, mal contagieux.
Con-Tagium, ii, attouchement, toucher; 2°. mal contagieux, maladie pestilentielle qui se communique; 3°. fréquentation, commerce, communication, habitude, familiarité.

Con-Tagiosus, a, um, contagieux.

Con-Tingo, is, tigi, tactum, gere, toucher, atteindre; 2°. être contigu, voisin, &c.; 3°. arriver, parvenir; 4°. teindre, peindre, colorer, oindre, frotter.

Con-Tingit, il arrive, il est ordinaire.

Con-Tingens, tis, contigu, joignant, proche, voisin, qui touche; 2°. contingent.

Con-Tiguus, a, um, contigu, proche, joignant, qui se touche.

Ob-Tingit, obtigit, obtingere, échoir, arriver.

Per-Tingo, is, tigi, tactum, gere, s'étendre jusqu'à.

Præ-Tactus, a, um, touché auparavant.

2. In-Tactilis, le, is, qui ne peut être touché, qu'on ne sauroit toucher, qui ne tombe point sous le sens du toucher.

In-Tactus, a, um, à quoi l'on n'a pas touché; 2°. entier, qui n'a point été endommagé.

3. In-Teger, gra, grum, entier, qui a toutes ses parties, dont on n'a rien ôté, à quoi l'on n'a pas touché; 2°. sain, qui n'est point gâté ou corrompu; 3°. point profané, point souillé, point déshonoré; 4°. qui n'a senti aucune disgrace de la fortune, florissant; 5°. intégre, irréprochable; 6°. qui n'est point obéré.

In-Tegellus, a, um, pur, sans corruption.

In-Tegritas, atis, intégrité, droiture,

probité, innocence, sincérité, franchise, candeur.

Integritas corporis, santé entiere, vigueur ou force de corps.

— *Sermonis*, pureté du langage.

In-Tegro, *as, avi, atum, are*, renouveller, recommencer, réparer, rétablir, redonner des forces.

In-Tegrasco, *is, ere*, se renouveller, se rétablir, recommencer, revenir.

In-Tegratio, *onis*, renouvellement, rétablissement, réparation.

In-Tegrator, *oris*, rénovateur, restaurateur, qui renouvelle.

In-Tegratus, *a, um, part.* d'*Integro*, renouvellé, recommencé.

In-Tegrò, *adv.* avec intégrité, sans attache, avec droiture, avec justice, en homme de bien ; d'une maniere juste, équitable, irréprochable.

Composés.

De-In-Tegrò, *adv.* derechef, encore, tout de nouveau.

De-In-Tegro, *as, avi, atum, are*, flétrir, diffamer, déshonorer ; 2°. diminuer, amoindrir.

Per-In-Teger, *gra, grum*, très-entier, très-accompli.

Red-In-Teger, *gra, grum*, renouvellé.

Red-In-Tegratio, *onis*, renouvellement.

Red-In-Tegratus, *a, um, part.* de

Red-In-Tegro, *as, avi, atum, are*, renouveller ; 2°. recommencer.

Ad-Teger, *gra, grum*, usé, diminué, à quoi on a touché, qui n'est point dans son entier ; 2°. corrompu, gâté.

Ad-Tegro, *as, avi, atum, are*, diminuer, user, amoindrir ; 2°. corrompre, gâter.

At-Teger, *gra, grum*, diminué, réduit à moins.

At-Tegro, *as, avi, atum, are*, diminuer, réduire à moins.

VII.

Taxo, *as, avi, atum, are*, taxer, mettre un prix, apprécier, estimer, mettre le taux ; 2°. reprendre, censurer, blâmer ; 3°. toucher.

Taxatio, *onis*, taxe, imposition ; 2°. appréciation, estimation.

Taxator, *oris*, qui taxe, qui injurie.

Re-Taxo, *as, avi, atum, are*, blâmer, taxer, critiquer à son tour, rendre critique pour critique.

Taxillus, *i*, morceau de bois, &c. long, qui a six ou huit faces marquées de chiffres, avec lequel on joue aux dés ; 2°. toton.

Taxim, *adv.* voyez *Paulatim* & *Sensim*.

Pros-Taxis, *is*, édit, commandement, jussion, mandement, ordre.

Syn-Tagma, *tis*, secours annuel d'argent qu'on reçoit des alliés pour fournir aux dépenses de la guerre ; 2°. livre, ouvrage travaillé avec grand soin ; 3°. ordre, arrangement, disposition d'une armée divisée en plusieurs corps ; voyez *Structura* & *Ordinatio*.

Syn-Taxis, *is*, construction ; 2°. ordonnance ; 3°. salaire, gages, appointemens annuels ; 4°. montre ou revue de troupes.

VIII.

Tremo, *is, mui, mere*, trembler, craindre, appréhender, redouter.

Tremisco, *cis, cere*, trembler.

Tremor, *oris*, tremblement.

Tremendus, *a, um*, redoutable, qu'on doit craindre.

Tremens, *tis*, tremblant.

Tremebundus, *a, um*, tremblant.

Tremulus, *a, um*, tremblant, qui tremble ; 2°. qui fait trembler ; 3°. où l'on fait des tremblemens.

Treme-Facio, *is, feci, factum, cere*,

faire trembler ; 2°. ébranler.

TREME-FACTUS, a, um, part. de Tremefacio.

COMPOSÉS.

AD-TREMO, is, ui, ere, trembler, tressaillir, être ébranlé.

AT-TREMO, is, ui, ere, trembler, tressaillir, être ébranlé à l'occasion de quelque chose.

CIRCUM-TREMO, is, mui, mitum, mere, trembler autour.

CON-TREMISCO, is, ere, &

CON-TREMO, is, ui, ere, trembler, frissonner; 2°. craindre, avoir peur.

IN-TREMISCO, is, mui, cere, &

IN-TREMO, is, mui, ere, trembler, frémir, avoir peur.

IX.

TREPIDO, as, avi, atum, are, trembler; 2°. s'allarmer, prendre l'épouvante, être saisi de crainte, s'épouvanter, être épouvanté ou effrayé; 3°. palpiter; 4°. se hâter ; 5°. être en émotion ou en trouble.

TREPIDANTER, tiùs, tissimè, en tremblant, avec tremblement, d'une maniere craintive.

TREPIDARIUS, a, um, voyez Tolutarius.

TREPIDATIO, onis, tremblement, alarme, crainte, épouvante.

TREPIDÈ, adv. en tremblant, avec tremblement, avec épouvante.

TREPIDUS, a, um, tremblant, alarmé, épouvanté, qui a pris l'alarme, l'épouvante ; 2°. saisi de crainte, de frayeur.

TREPIDULUS, a, um, un peu tremblant.

COMPOSÉS.

AT-TREPIDO, as, avi, atum, are, marcher à petits pas, comme les vieillards ou les enfans lorsqu'ils veulent se hâter, ou avec crainte, en tremblant, avoir le marcher chancelant, peu assuré.

AT-TREPIDATÈ, adv. à la maniere que les enfans & les vieillards marchent.

IN-TREPIDÈ, adv. d'un air intrépide, hardiment, avec intrépidité.

IN-TREPIDUS, a, um, intrépide, hardi, qui ne s'épouvante de rien, à qui rien ne fait peur, qui est sans crainte.

PRÆ-TREPIDANS, tis, qui craint par avance, qui tremble fort, qui a grande peur.

PRÆ-TREPIDUS, a, um, qui craint extrêmement ; 2°. qui tremble par avance.

PER-TREPIDUS, a, um, tout tremblant.

X.

TRO, pied : marche : (1108).

1.

1. TRUO, -are, (vieux Lat.) remuer, mouvoir.

AMP-TRUO, ANDRUO, -are, aller.

RED-AMP-TRUO, &

RED-ANDRUO, as, are, revenir, retourner.

Du celte TRO, pied.

2. TRUA, æ, grande cuillere percée, espéce d'écumoire propre à remuer ce qu'on fait cuire dans un pot.

3. TRULLA, æ, petite écumoire, petite cuillere ; 2°. truelle ; 3°. réchaud, chaufferette ; 4°. vase propre à boire, qui avoit un manche ; 5°. vase servant à boire ; 6°. pot de chambre ; 7°. bassin de chaise percée.

TRULLEUM, i, voyez Malluvium.

TRULLISSATIO, onis, crépi, enduit, l'action d'enduire, de crépir.

TRULLISSO, as, avi, atum, are, crépir, enduire.

TRULlus, i, grand sallon du palais de l'Empereur à Constantinople, où se tint le sixieme Concile Général.

4. TRUTina, æ, balance, trébuchet; 2°. examen, jugement.

TRUTinatus, a, um, part. de

TRUTinor, aris, atus sum, ari, peser ou examiner avec soin.

2.

De TRO, pied, course, vint le Grec DROM, course; d'où cette Famille:

DROMas, adis, dromadaire, espéce de chameau qui va très-vîte; 2°. nom d'un chien; 3°. espéce de poisson de la classe des cancres.

AMPHI-DROMia, æ, fête qui se faisoit chez une accouchée le cinquieme jour.

CATA-DROMUS, i, lice, carriere; 2°. corde sur laquelle on danse; 3°. machine à lever des fardeaux.

EN-DROMis, idis, manteau pour la course, redingotte.

EN-DROMides, um, chaussure de coureur.

EPI-DROMus, i ;-DROME, es, corde pour ouvrir & fermer les filets; 2°. voile de misaine; 3°. cordes d'un hamac.

HEMERO-DROMus, i, coureur, courier à pied, qui court tout un jour.

HIPPO-DROMus, i, course de chevaux.

PARA-DROMis, idis, allée où s'exerçoient les Lutteurs.

PERI-DROMIS, idis, promenade autour du cirque.

PRO-DROMus, i, avant-coureur; 2°. porche d'un temple.

PRO-DROMus, a, um, qui précéde; 2°. précoce, hâtif.

XI.

TUDes, itis, maillet, mailloche.

TUDicula, æ, machine pour écraser les olives lorsqu'on veut en tirer l'huile.

TUDiculo, as, avi, atum, are, imprimer, graver; 2°. agir, tourmenter.

TUDitans, tis, qui agite, qui bat souvent; 2°. qui fait quelque chose avec agitation, en se tourmentant.

TUNDO, dis, tutudi, tunsum & tusum, dere, battre, frapper, donner plusieurs coups, ou des coups réitérés; 2°. broyer, piler, mettre en poudre.

Tundere aures, étourdir, rompre les oreilles, ennuyer par ses discours, rebattre la même chose.

TUNSus, a, um, part. de Tundo.

COMPOSÉS.

CON-TUNDO, is, tudi, tusum, ndere, piler, broyer, écraser, écacher, briser, concasser, froisser; 2°. dompter, réprimer, rabattre.

CON-TUSus, a, um, part. de Contundo, dissipé, renversé, détruit; 2°. abattu.

CON-TUSio, onis, contusion, meurtrissure.

EX-TUNDO, is, tudi, tusum, ndere, faire sortir de force; 2°. tirer ou obtenir de force, extorquer; 3°. graver.

OB-TUNDO, is, tudi, tusum, dere, émousser, rebrousser, ôter la pointe ou le tranchant; 2°. étourdir.

OB-Tusé, adv. pesamment, lourdement, d'une maniere grossiere, sans esprit, sans vivacité.

OB-Tusus, a, um, prét. d'Obtundo, émoussé, dont la pointe ou le taillant est rebroussé, obtus.

OB-TUNSus, a, um, voyez Obtusus.

PER-TUNDO, is, tudi, tusum, dere, percer, trouer, faire un trou; 2°. rompre en frappant dessus; 3°. creuser, caver.

PER-TUSus, a, um, percé, part. de Pertundo.

RE-TUNDO, is, tudi, tusum, dere, émousser, reboucher; 2°. arrêter, réprimer, dissiper.

Re-Tusio, onis, émoussement, l'action d'émousser.

Sub-Tundo, is, tudi, tusum, dere, frapper ou battre légerement.

Sub-Tusus, a, um, part. de Subtundo.

XII.

1. Typus, i, type, moule, modele, forme, figure.

De la même Famille que Tap, Top; en Or. טפ & טפּ Tap, & Thap.

Arche-Typum, i, & .

Arche-Typus, i, original, modele.

Ec-Typus, a, um, de relief, taillé en bosse.

Pro-Typum, i, moule.

Cata-Typosis, is, copie, imitation.

Hypo-Typosis, is, description vive.

A-Typus, i, sans forme, ou qui a des formes désagréables; laid; 2°. begue.

2°. Typo-Graphia, æ, Imprimerie.

Typo-Graphium, ii, Imprimerie, lieu où l'on imprime.

Typo-Graphus, i, Imprimeur.

Typo-Theta, æ, Directeur d'Imprimerie.

T
Ajouté.

T est un article Oriental & Celte qui s'incorpora souvent avec les mots qu'il précédoit : de-là ceux-ci.

I.

Tacitus, a, um, part. de taceo, qui ne dit mot; 2°. qu'on passe sous silence; 3°. secret, caché.

Ce mot est composé de l'arr. T, de la négative A, & de l'adjectif Citus, a, um, qui se meut, mot-à-mot, ce celui qui ne se meut pas, qui ne fait pas le moindre bruit, le moindre mouvement, pas même du bout des lèvres.

Taceo, es, cui, citum, cere, se taire, ne dire mot.

Tacitum, i, secret.

Taciturnitas, atis, taciturnité, silence, exactitude à garder le secret.

Taciturnus, a, um, ior, issimus, taciturne, qui ne dit mot, silencieux; 2°. calme; 3°. qui ne fait point de bruit, où il ne s'en fait point.

Taciturna ripa, côte qui est à l'abri.

Taciturnulus, a, um, dimin. de Taciturus, a, um, qui se taira.

Tacité, adv. &

Tacito, adv. tacitement sans dire mot, en se taisant.

COMPOSÉS.

At-Taceo, es, cui, citum, ere, se taire avec les autres.

Con-Ticeo, es, cui, ere, &

Con-Ticesco, is, scere, se taire, garder le silence, demeurer tout court sans parler.

Con-Ticinium, ii, le temps le plus calme de la nuit.

Ob-Ticentia, æ, réticence, figure de Rhétorique.

Ob-Ticeo, es, cui, cere, se taire, ne dire mot.

Re-Ticeo, es, cui, cere, céler.

Re-Ticendus, a, um, dont il faut se taire.

Re-Ticentia, æ, silence qu'on garde sur une chose qu'on devroit dire; 2°. réticence, Fig. de Rhétorique.

Sub-Ticeo, es, ere, &

Sub-Ticesco, is, ere, se taire un peu, se taire après.

II.
TEM.

De l'art. T, & du mot Grec METHU, liqueur, formé de ME, liqueur, fluide, vinrent :

TE-METum, i, vin.
  TE-MULentia, æ, yvresse.
  TE-MULentus, a, um, yvre.
  TE-MULenter, adv. en homme yvre.

III.
TEMP.

Du primitif EMP, & de l'art. T, vinrent :

TEM-pus, oris, temps; 2°. saison; siécle; 3°. mauvais temps, calamité; 4°. temps de verbe; 5°. Tempe.
  TEMPora, rum, tempes de la tête; 2°. mauvais tems, malheurs, calamités; 3°. occasions, momens favorables.
  TEMPoralis, m. f. le, n. is qui ne dure qu'un tems, qui n'est que pour un tems; 2°. changeant, variable, inconstant, léger, sujet à changer; 3°. de la tempe, des tempes.
  TEMPoraneus, a, um, voy. Tempestivus.
  TEMPorarié, adv. pour un tems.
  TEMPorarius, a, um, qui ne dure qu'un tems, qui n'est que pour un tems, qui ne doit pas toujours durer; 2°. changeant, inconstant, léger, variable, sujet au changement.
  TEMPore, abl. abs. à temps, à propos, dans le tems, au tems qu'il faut. Voy. Tempus.
  TEMPori, adv. à tems, à propos, dans le tems, ou au tems qu'il faut; 2°. de bonne-heure : voy. Tempus.
  TEMPorius, adv. plutôt.
  Temporius redire, revenir plutôt, de meilleure heure.
  TEMPerius, adv. plutôt, de meilleure heure.

COMPOSÉS.

Ex-TEMPoralis, le, is, qui est sans préméditation, qui n'est point médité, qui se fait ou se dit sur le champ, sans préparation.
  Ex-TEMPoralitas, atis, facilité de faire ou de dire sur le champ, l'action de faire des in-promptu.
  Ex-TEMPoraneus, a, um, voy. Extemporalis.
  In-TEMPoralis, m. f. le, n. is, éternel.
  In-TEMPoraliter, adv. voy. Intempestivé.

2. TEMPestas, atis, tems, saison; 2°. tempête, orage, ouragan, tourmente, gros tems, tems de mer, mauvais tems; 3°. adversité, disgrace, malheur.
  TEMPestivitas, atis, saison commode, tems propre.
  TEMPestivus, a, um, fait dans le tems qu'il faut, qui arrive dans sa saison, fait à propos.
  TEMPestus pour Tempestivus.
  TEMPestivé, adv. à tems, à propos, en tems & lieu, en saison propre au tems, ou dans le tems qu'il faut.
  TEMPestuosé, adv. avec orage, d'une maniere orageuse.
  TEMPestuosus, a, um, orageux, sujet aux tempêtes.
  In-TEMPestas, atis, intempérie, mauvaise disposition de l'air.
  In-TEMPestus, a, um, qui est sans bruit, ou l'on n'entend pas de bruit.
  In-TEMPestivitas, atis, contre-tems, tems hors de saison.
  In-TEMPestivus, a, um, qui arrive à contre-tems, qui vient mal-à-propos, qui

est hors de saison, qui se fait hors de propos, importun, qui se présente dans un tems incommode; 2°. de mauvais augure.

IN-TEMPestivè, adv. hors de saison, mal-à-propos, à contre-tems, hors de propos.

III.

TERMinus, i, le Dieu Terme, le Dieu qui présidoit aux bornes, aux limites; 2°. terme, bornes, limites; 3°. bout, fin, extrémité.

Du prim. ERM, borne.

TERMo, onis, voy. Terminus.

TERMino, as, avi, atum, are, terminer, borner, limiter, donner ou mettre des bornes; 2°. achever, finir.

TERMinatio, onis, fin, conclusion, manière de terminer, terminaison.

TERMinalis, m. f. le, n. is, qui concerne les bornes, les limites.

TERMinalia, ium, les fêtes du Dieu Terminus.

TERMes, itis, branche d'arbre avec les feuilles & les fruits; 2°. ver qui carie les bois, & qui s'engendre dans la chair.

COMPOSÉS.

AM-TERMinis, ne, is, &

AM-TERMinus, a, um, voisin, limitrophe, frontiere, qui est sur les confins.

AM-TERMini, orum, voisins des frontieres d'une province.

CON-TERMino, as, avi, atum, are, borner, limiter, border, être frontiere ou limitrophe, &c.

CON-TERMinus, a, um, proche, voisin, contigu, qui confine, qui borne, qui borde, qui est frontiere, limitrophe.

CON-TERMinatio, onis, limite, frontiere.

DE-TERMino, -are, borner, limiter.

DE-TERMinatio, onis, borne, bout; 2°. conclusion.

PRÆ-DE-TERMinatio, onis, prédétermination.

DIS-TERMino, as, avi, atum, are, borner, limiter, terminer, séparer.

DIS-TERMinatio, onis, bornes, limites.

DIS-TERMinator, oris, qui borne, qui limite, qui sépare.

DIS-TERMinus, a, um, divisé, séparé.

PRO-TERMino, as, avi, atum, are, étendre, accroître.

IN-DE-TERMinatè, adv. indéterminément.

IN-DE-TERMinatus, a, um, indéterminé.

EX-TERMino, as, avi, atum, are, exterminer, abolir, détruire; 2°. bannir, chasser, exiler; 3°. défigurer.

EX-TERMinatio, onis, l'action d'exterminer.

EX-TERMinator, oris, exterminateur, destructeur, qui chasse ou fait sortir hors d'un lieu.

EX-TERMinium, ii, l'action d'exterminer, d'abolir.

IN-EX-TERMinabilis, m. f. le, n. is, immortel.

IV.

D'R, terre, (voyez col. 65.) vinrent:

CON-TERRaneus, a, um, qui est de même pays, compatriote.

SUB-TERRnus, a, um, &

SUB-TERRenus, a, um, ou

SUB-TERRaneus, a, um, souterrain, qui est sous terre.

SUB-TERRatorium, ii, houe, hoyau, outils à remuer la terre.

V.

1. Du prim. SAR, serrer, cacher, se forma l'Or. ATSAR, ASAR, trésor, coffre où l'on renferme son argent: de-là, avec l'art. T,

THESAURus,

THESAURUS, *i*, trésor; 2°. richesses cachées; 3°. gâteau de mouches à miel.

Thesauri maxillarum, les creux des joues.

THESAURARIUS, *a*, *um*, qui concerne un trésor.

THESAURIZO, *as*, *are*, thésauriser, amasser des trésors.

2. TACA, *æ*, pierre qui sert de limite à un champ.

De T, art. & Oc, haut; d'où le Celt. Tuc, butte, motte, élévation.

3. De l'Or. PAZ, or pur, & de l'art. T vint :

TO-PAZIUM, *ii*, &

TO-PAZIUS, *ii*, topaze, sorte de pierre précieuse de couleur d'or.

4. De l'Or. סך Sek, Suk, tente, tabernacle, lieu couvert, en Etrusque SEK, temple, en Grec ΣΗΚος, SEKOS, joint à l'article Or. Te, se formerent :

TI-SQUA, *orum*, lieux à la campagne, consacrés à quelque Divinité; 2°. lieux destinés à prendre les augures.

2°. TESQUOR, *oris*, *m*. ordure, saleté : mot-à-mot, ce qu'il faut cacher, couvrir.

THERM.

Du primit. OR, chaleur, précédé de l'art. Th, se forma le Grec THER, chaleur; & Th-ERM, bains chauds, dont les Latins firent FERV, par le changement de TH en F : de THER vinrent ces mots Grecs-Latins :

1.

THERMÆ, *arum*, thermes, étuves, bains.

THERMULÆ, *arum*, diminutif de Thermæ.

THERME-FACIO, *is*, *feci*, *factum*, *cere*; faire chauffer les bains ou les étuves.

THERMO-CLINIUM, *ii*, bassinoire.

THERMO-DOTES, *æ*, celui qui donnoit de l'eau chaude dans les bains.

THERMO-POTO, *as*, *are*, boire chaud.

THERMO-POLA, *æ*, traiteur; 2°. vendeur de caffé.

THERMO-POLIUM, *ii*, logis de traiteur, cabaret; 2°. caffé.

THERMO-PYLÆ, *arum*, les Thermopyles, passage, défilé, détroit dans la Grèce, fameux par la résistance des Lacédémoniens, sous la conduite de Léonidas.

THERMO-SPODIUM, *ii*, chaufferette, réchaud.

THERISTRUM, *i*, habit d'été fort léger; 2°. voile que portoient en été principalement les femmes d'Egypte.

ANTHRACITES, *æ*, espèce de sanguine, pierre précieuse.

ANTHRAX, *cis*, escarboucle, pierre précieuse.

2.

TORREO, *es*, *rui*, *tostum*, *rere*, rôtir, faire rôtir; 2°. brûler, faire brûler.

Tostus, *a*, *um*, part. de Torreo.

TORRESCO, *is*, *ere*, être rôti, grillé, brûlé.

TORRENS, *tis*, *tior*, *rissimus*, ardent, brûlant, qui rôtit, qui brûle; 2°. violent, impétueux, précipité, véhément, qui va avec rapidité, qui coule avec impétuosité.

TORRENS, *tis*, torrent.

TORRIS, *is*, tison allumé.

TORROR, *oris*, dessèchement.

TORRidus, a, um, brûlé, desséché, tari par les ardeurs du soleil; 2°. qui brûle, qui rôtit, brûlant.

TORRE-FACIO, is, feci, factum, cere, rôtir, faire rôtir.

TORRE-FACtio, onis, torréfaction: terme de Chymiste, action de faire sécher quelque chose sur une plaque.

TORRE-FACtus, a, um, rôti.

COMPOSÉS.

EX-TORREO, es, ere, voy. Torreo.

EX-TORRidus, a, um, voyez Torridus.

EX-TORRE-FACIO, is, ere, voyez Torrefacio.

RE-TORResco, is, ere, devenir aride; être brûlé d'ardeur, de sécheresse.

RE-TORRidé, adv. avec une extrême sécheresse.

RE-TORRidus, a, um, brûlé par les ardeurs du soleil, grillé.

RE-Tostus, a, um, recuit.

T substitué à S.

TORP, engourdir.

L'origine de ce mot a toujours échapé aux Etymologistes: dans l'engourdissement, on sent comme un feu qui cause des démangeaisons dans toute la partie engourdie, comme si on étoit piqué, mordu par des fourmis. C'est donc l'Or. שרף Sarp, prononcé même en Orient. Tarp, & qui signifie brûler, cuire.

TORPeo, es, pui, pere, être engourdi; 2°. être languissant.

TORPesco, is, ere, s'engourdir, devenir engourdi; 2°. devenir languissant.

TORPoro, as, avi, atum, are, engourdir.

TORPor, oris, engourdissement.

TORPedo, inis, engourdissement; 2°. torpille, poisson.

TORPidus, a, um, engourdi ou languissant.

TORRidé, adv. avec engourdissement, d'une maniere engourdie ou languissante.

TORPens, tis, qui est engourdi; 2°. croupissant.

OB-TORPEO, es, pui, pere, &

OB-TORPesco, is, pui, cere, s'engourdir, devenir engourdi, être engourdi.

T.

1. THAU, la derniere lettre de l'alphabet Hébreu.

TAUTO-GRAMMaton, i, vers dont tous les mots commencent par un T.

TAUTO-LOGia, æ, répétition de la même chose en d'autres termes.

2. THETA, le Th, lettre de l'alphabet Grec qui désigne le sein nourricier; 2°. marque de condamnation; 3°. note dont on marquoit les fautes.

3. THETis, dis, TETHis, yos, Tethis, la Déesse de la mer, la femme de l'Océan; 2°. la mer, mot-à-mot, l'eau nourriciere.

4. TETHya, æ, espéce de coquillage de mer.

5. TITHonis, is, aurore.

6. TITHYmalus, i, Tithymale, plante; mot-à-mot, plein de lait.

T, Grandeur.

T désignant la grandeur, & se modifiant en Ti, Tu, &c. produit nombre de familles.

I.

TU, TUI, TIBI, TE, pronom, toi, vous.

Tu-Ipſe pour Tu & Ipſe.

Tu-Met, Tui-Met, Tibi-Met ou Tu-Met ipſe: Tui-Met ipſius, Tibi-Met ipſi, vous-mêlne, toi-même; il n'y a que tu & ipſe qui ſe déclinent.

Tute-Ipſe, toi-même, vous-même.

Tute-Met, toi-même, vous-même.

Tuus, a, um, tien, vôtre.

Tu-Opte, de ton propre.

Te-Cum pour Cum te, avec toi, avec vous.

Ted pour Te.

Te-Digno-Loquides, is, qui dit des choſes dignes de vous.

.2

Ta-Ta, Papa, Tata.

At-Ta, pere, en Celte, en Grec; 2°. nom donné aux vieillards par honneur, à Rome.

3.

Æs-Timo, as, avi, atum, are, eſtimer, priſer, évaluer, apprécier, taxer, juger de la valeur, mettre à prix; 2°. conſidérer, examiner, juger, reconnoître; 3°. avoir de l'eſtime, faire cas, avoir bonne opinion, honorer.

Æs-Timatio, onis, eſtimation, appréciation, évaluation, prix, valeur, priſée, taux, taxation.

Æs-Timator, oris, eſtimateur, appréciateur, priſeur, qui juge de la valeur d'une choſe, qui y met le prix, qui la taxe; 2°. qui a de l'eſtime ou de la conſidération pour quelqu'un, qui en fait cas.

Æs-Timatus, a, um, eſtimé, priſé.

Æs-Timium, ii, voyez Æſtimatio.

Æs-Timabilis, le, is, eſtimable, digne d'eſtime, à eſtimer.

Æs-Timatorius, a, um, qui concerne la priſée.

Co-Æs-Timo, as, avi, atum, are, eſtimer autant, faire autant de cas.

Ex-Is-Timo, as, avi, atum, are, eſtimer, croire, penſer, s'imaginer, ſe perſuader, être d'avis, juger, porter ſon jugement.

Ex-Is-Timans, tis, qui penſe, qui juge, qui s'imagine.

Ex-Is-Timatio, onis, ſentiment, penſée, eſtime, avis, opinion; jugement, réputation, renom, renommée, honneur; 2°. mauvaiſe eſtime, mépris.

Ex-Is-Timator, oris, connoiſſeur, qui ſait juger du prix, eſtimateur.

In-Æs-Timabilis, le, is, qui n'eſt d'aucun prix, de nulle valeur; 2°. ineſtimable, qu'on ne peut aſſez eſtimer.

In-Æs-Timatus, a, um, qui n'a aucune valeur.

4.

Timeo, es, ui, ere, mot à-mot, regarder comme fort au-deſſus de ſoi, reſpecter, craindre, appréhender; 2°. avoir peur de quelqu'un; 3°. avoir de l'averſion, de la frayeur.

Timeſcens, tis, &

Timens, tis, craignant, qui craint, qui a peur, qui appréhende.

Timendus, a, um, qu'on doit craindre, qu'il faut appréhender, à craindre, dont on doit avoir peur.

Timor, oris, crainte, appréhenſion, peur.

Timoratus, a, um, homme de bien, craignant Dieu, qui a la conſcience timorée.

Timidus, a, um, timide, craintif, qui craint, qui manque de courage, qui appréhende, qui a peur.

Timiditas, atis, timidité, manque de courage.

Timidè, ius, iſſimè, adv. avec crainte,

avec appréhension, en crainte, avec timidité.

TIME-FACTUS, *a*, *um*, épouvanté, effrayé, intimidé, à qui l'on fait peur.

COMPOSÉS.

EX-TIMEO, *es*, *ui*, *ere*, &
EX-TIMESCO, *is*, *mui*, *scere*, appréhender, craindre, avoir grande peur, redouter.

PER-TIMEO, *es*, *mui*, *ere*, &
PER-TIMESCO, *is*, *mui*, *cere*, craindre fort, appréhender extrêmement.

PRÆ-TIMEO, *es*, *mui*, *mere*, &
PRÆ-TIMESCO, *is*, *ere*, craindre fort.

SUB-TIMEO, *es*, *mui*, *mere*, craindre un peu, être à demi-effrayé.

PRO-TIMESIS, *is*, préférence; 2°. retrait lignager.

5. TEM-ER.

De TIMEO, crainte, & ER, grand, vint TEM-ERUS, téméraire, mot-à-mot, plus grand que la crainte, au-dessus de toute crainte; de-là :

TEM-ERUS, *a*, *um*, &
TEM-ERARIUS, *a*, *um*, téméraire, imprudent, inconsidéré, mal avisé, indiscret.

TEM-ERITUDO, *inis*, &
TEM-ERITAS, *tis*, témérité, inconsidération, imprudence, indiscrétion.

TEM-ERITER, *adv.* &
TEM-ERÈ, *adv.* témérairement, inconsidérément, sans discrétion, imprudemment, indiscrètement; 2°. fortuitement, par hazard, sans dessein; 3°. sans sujet, sans raison.

6.

TIARA, *æ*, &
TIARAS, *æ*, tiare, ornement de tête à l'usage des Rois & des Prêtres de Perse; 2°. sorte de bonnet en usage chez les Phrygiens, d'où pendoit de chaque côté de quoi couvrir les joues.

TIARATUS, *a*, *um*, qui porte une tiare sur la tête.

2. TIBIA, *æ*, os du devant de la jambe; 2°. flûte.

TIBIALIS, *le*, *is*, de flûte; 2°. propre à faire des flûtes.

TIBI-CEN, *inis*, joueur de flûte; 2°. étaie, étançon.

TIBI-CINA, *æ*, joueuse de flûte.

TIBIALIA, *ium*, bas, chaussettes.

TIBI-CIDA, *æ*, qui donne des coups sur les os des jambes.

TIBERIUM, *ii*, sorte de marbre gris tacheté.

7.

1. TUEOR, *eris*, *tuitus sum*, *eri*, voir, regarder; 2°. défendre, garder, protéger, conserver, veiller à la conservation, maintenir; 3°. entretenir; 4°. être conservé, gardé.

TUENS, *tis*, qui regarde, regardant; 2°. qui défend, qui garde, qui protège, qui veille à la conservation, qui maintient, qui conserve, qui entretient.

CIRCUM-TUEOR, *eris*, *tuitus sum*, *eri*, défendre, garder tout autour.

CON-TUEOR, *eris*, *tutus* & *tuitus sum*, *eri*, regarder, voir, envisager.

CON-TUITUS, *ûs*, regard, vue, coup-d'œil, aspect.

IN-TUENS, *tis*, qui regarde.

IN-TUEOR, *eris*, *itus sum*, *eri*, voir, regarder, considérer.

IN-Tuitus, ûs, vue, coup-d'œil, regard, aspect.
IN-Tuor, eris, tutus & tuitus sum, tui, voyez Intueor.
OB-Tueor, eris, itus sum, eri, envisager fixement, regarder attentivement.
OB-Tuitus, ûs, voyez Obtutus.
OB-Tutùm, adv. voyez Actutùm.
OB-Tutus, ûs, vue, regard.
OMNI-Tuens, tis, qui voit tout ; parlant du soleil.

2. Tuitio, onis, défense, conservation, protection, garde.
Tutè, ius, issimè, adv. sûrement, en assurance, avec ou en sûreté.

3. Tutor, oris, défenseur, protecteur ; 2°. tuteur, chargé de tutelle.
Tutò, adv. voyez Tutè.
Tuto, as, avi, atum, are, &
Tutor, aris, atus sum, ari, défendre, protéger, conserver, maintenir, garantir, préserver.
Tutaculum, i, &
Tutamen, inis, ou
Tutamentum, i, refuge, défense, ce qui sert comme de rempart ou d'asyle.
Tutator, oris, défenseur, protecteur.
Tutela, æ, défense, protection ; 2°. tutelle, charge de tuteur ; 3°. figure d'une Divinité placée à la poupe d'un navire sous la protection de laquelle il étoit.
Tutelaris, re, is, de tutelle, qui concerne les tutelles ; 2°. tutélaire.
Tutelarius, ii, gardien, qui a la garde, à qui l'on a commis le soin, chargé de la garde. Voyez Ædituus.
Tutelina, æ, Déesse protectrice des fruits de la terre.

5. Tutus, a, um, ior, issimus, sûr, où l'on est en assurance, en sûreté ; où l'on n'a rien à craindre ; 2°. qui est à l'abri, à couvert, sans danger, hors de risque, en assurance, en sûreté, qui n'a rien à craindre. Voyez Securus.
Tuto esse, ou in tuto esse, être en sûreté, ou en assurance, n'avoir rien à craindre.

COMPOSÉS.

CON-Tutor, oris, curateur, contuteur ; tuteur avec un autre.
PRO-Tutor, oris, subrogé-tuteur.
PRO-Tutela, æ, fonction du subrogé-tuteur.
IN-Tutus, a, um, mal assuré, qui n'est pas en sûreté ou en assurance ; 2°. qui n'est point gardé, où l'on ne fait point de garde.

8.

De Tu, vue, vint le Gr.-Lat.
THEA-TRUM, m.-à-m. lieux où on expose à la vue.
THEAtrum, i, théâtre ; 2°. spectateurs de ce qui se passe sur le théâtre ; 3°. lieu où une chose est exposée à la vue, où elle paroit publiquement ; 4°. spectacle.
THEAtralis, le, is, &
THEAtricus, a, um, théâtral, de théâtre.
THEAtridium, ii, petit théâtre.
AMPHI-THEAtrum, i, amphithéâtre, lieu environné d'échaffauds pour voir les jeux ou autres spectacles.
AMPHI-THEAtralis, le, is, de l'amphithéâtre.
AMPHI-THEAtricus, a, um, des environs de l'amphithéâtre.

9.

De Tu, vue, vinrent : TUM, TUNC, alors, m.-à-m. dans ce tems qu'on

a fous les yeux, qu'on confidere.
1. TUM, adv. alors, pour lors; 2°. de plus, enfin, enfuite, au refte, Quid tum inde? au refte, que concluez-vous de-là? qu'eft-ce que cela fait? qu'en arrivera-t-il?

TUM, conj. &, non-feulement, mais auffi.

2. TUNC, adv. alors, pour lors.
Tunc temporis, en ce temps-là.
Ex-TUNC, de là, en avant, depuis ce tems-là, dorénavant.

10.

De T, grand, vinrent encore:
1. TAOS, i, pierre précieufe : (*du même nom que le paon.*

TAXUS, i, if, arbre, en Grec, TAXOS.

TAXeus, a, um, d'if.

3. TOTUS, a, um, ius, tout ou entier; 2°. tout autant.

Tot, tant, autant.

Toti, dat. fing. ou nom. plur. de Totus.

TOTIDem, autant, tout autant de.

TOTIes, adv. autant de fois, tant de fois.

4. Du Grec THUmos, courage, efprit, penfée, vinrent:

AU-TUMO, as, avi, atum, are, croire, s'imaginer, avoir dans l'efprit; 2°. raconter, dire, rapporter.

EN-THOUfiafmos, i, enthoufiafme, fureur poétique, efprit exalté.

5. TODILLUS, a, um, mince, menu, grêle.

11.

Noms d'odeurs agréables.

1. THYA, æ, thye, arbre odoriférant, mot-à-mot, odeur précieufe, agréable.

THYINUS, a, um, de Thye.

Thyina ligna, bois de Thye, bois odoriférant, bois ondé, rayé ou veiné.

2. THYMum, i, thym, plante.

THYMinus, a, um, de thym.

THYMofus, a, um, abondant en thym, plein de thym, où l'on a mis du thym.

THYMites, æ, vin de thym, où l'on a mis du thym.

THYMora, æ, farriette, plante.

Bi-THYMum, i, miel de deux fortes de thym, blanc & noir.

3. THUS, uris, encens.

THUSculum, i, petit grain d'encens, larme d'encens.

THURibulum, i, encenfoir, caffolette.

THUReus, a, um, d'encens, qui concerne l'encens.

THURarius, ii, vendeur d'encens.

THURarius, ii, rue de Rome où fe vendoient les parfums.

THURI-CREMus, a, um, qui brûle de l'encens, où l'on brûle de l'encens.

THURI-Fer, a, um, qui porte, qui produit de l'encens.

THURI-FERArius, ii, Thuriféraire, qui porte l'encenfoir,

THURI-LEGus, a, um, qui recueille l'encens.

4. THYMa, atis, facrifice; 2°. victime; 3°. petite apoftume.

THYMiama, atis, parfum, paftille à brûler.

THYMIAMATerium, ii, &

THYMIATerium, ii, encenfoir, caffolette.

PRO-THYMA, tis, la réduction en fumée qui fe faifoit de l'encens, du froment, de l'orge & des autres prémices, avant de commencer un facrifice.

5. THYiæ, arum, Prêtreffes de Bacchus.

THYSIAS, adis, Bacchante, suivante de Bacchus; 2°. cri des Bacchantes.

THYADES, um, Prêtresses de Bacchus.

THYASUS, i, danse à l'honneur de Bacchus.

6. THYITES, æ, pierre très-dure, dont on fait des mortiers.

TAB, TAP,
Etendre, couvrir.

Du primitif T, désignant ce qui est grand, étendu, se formèrent diverses Familles en TAB, TUB, &c.

I.

1. TABULA, æ, ais, planche, dosse, cartelle; 2°. tableau; 3°. affiche, placard; 4°. tablette enduite de cire, sur laquelle on écrivoit; 5°. plaque, feuille; 6°. damier, tric-trac.

TABELLA, æ, tableau, tablette sur laquelle les Juges écrivoient leur avis ou le peuple son suffrage; 2°. part ou quartier de gâteau.

TABELLÆ, arum, tablettes, feuilles d'ivoire ou de bois enduites de cire, sur lesquelles on écrivoit; 3°. lettres.

TABULATUM, i, plancher; 2°. étage.

TABULATUS, a, um, planchéié, couvert de planches.

TABULATA, orum, branches basses des arbres, qui forment une espèce de plancher.

TABULATOR, oris, qui planchéie.

TABULINUM, i, balcon, galerie faite avec des planches.

2. TABELLARIUS, ii, courier, messager, postillon, porteur de lettres; 2°. receveur d'impôts, commis d'une recette.

TABELLARIUS, a, um, qui concerne les tablettes, les lettres.

Navis tabellaria, vaisseau d'avis, paquebot.

TABELLIO, onis, Tabellion, Notaire.

TABULÆ, arum, registre, papier-journal; 2°. titres, papiers ou piéces d'un procès; 3°. testament.

TABULARIUM, ii, archives du tréor des chartes, lieu où sont conservés les registres publics; 2°. étude de Notaire, Greffe de Greffier.

TABULARIUS, ii, Notaire, Greffier; 2°. Receveur des deniers publics; voyez Ratiocinator.

TABULARIS, re, is, propre à faire des tablettes ou des tableaux; qui les concerne.

TABLINUM, i, cabinet, lieu entouré de tableaux ou garni de tableaux, cabinet de peintures, trésor de chartes.

TABULARIA, ium, les brodoquins, sorte de torture.

CON-TABULATIO, onis, plancher, cloison.

CON-TABULATUS, a, um, part. de

CON-TABULO, as, avi, atum, are, faire un plancher, planchéier.

3. TABERNA, æ, boutique, échoppe, loge faite avec des planches; voyez Officina; 2°. hôtellerie, auberge, cabaret, taverne.

TABERNULA, æ, dimin. de Taberna.

TABERNACULUM, i, tente, pavillon.

TABERNARIUS, ii, qui tient boutique, marchand en boutique; 2°. aubergiste, hôtellier, cabaretier.

TABERNARIUS, a, um, qui concerne les auberges, les hôtelleries, les cabarets.

CON-TUBERNIUM, ii, compagnie de dix hommes logés sous une même hutte, dans une même baraque; la hutte, la baraque commune; 2°. compagnie, société de gens qui mangent & sont logés ensemble.

Con-Tubernalis, le, is, qui loge sous la même tente, en même chambre, en même maison, qui est de même chambre ; 2°. confrere, camarade, collégue, compagnon, associé, domestique, hôte.

2.

1. Tapes, etis ; Pete, is, &
Tapetium, ii, ou Tapetum, i, tapisserie, tapis, couverture de lit, courte-pointe, housse.
Amphi-Tapa, æ, voyez Amphimallum.
2. Tapalla, æ, le Roi du festin.
Tapalla, æ, loi qu'imposoit le Roi du festin.
3. Ceno-Taphium, ii, tombeau vuide, mausolée, cénotaphe.
Epi-Taphius, a, um, funébre, de funérailles.
In epitaphio (sous-ent. sermone) dans un éloge funébre.
Epi-Taphium, ii, discours funebre ; épitaphe.

3.

1. Tabanus, i, taon, *grosse mouche qui pique.*
2. Tuber, eris, truffe, fruit qui croît en terre ; 2°. bosse, tumeur.
Tuberculum, i, petite tumeur.
Tubero, as, are, voyez Tumeo.
Ex-Tubero, as, avi, atum, are, enfler.
Ex-Tuberans, tis, dont la superficie est convexe.
Ex-Tuberatio, onis, enflure, élevure, tumeur.
Pro-Tubero, as, avi, atum, are, bourgeonner, boutonner, pousser des boutons, jetter des bourgeons.
Tuburcinatus, a, um, part. de
Tuburcinor, aris, atus sum, ari, manger à la hâte ou goulument : *mot-à-mot*, enfler ses joues par de gros morceaux.

4.

1. Tubus, i, tuyau.
Tubulus, i, petit tuyau, canal.
Tubulatio, onis, l'action de faire un tuyau, de creuser en maniere de canal.
Tubulatus, a, um, fait en forme de tuyau, creusé en maniere de canal.
2. Tuba, æ, trompette ; 2°. trompe d'une pompe ou de quelque machine hydraulique.
Tubi-Cen, inis, trompette, qui sonne de la trompette.
Tubi-Lustrium, ii, &
Tubi-Lustrum, i, fête des Romains, où l'on jettoit de l'eau lustrale sur les trompettes pour les purifier.
3. Tophus, i, &
Tofus, i, tuf, sorte de pierre tendre & poreuse.
Tofaceus, a, um, }
Tophaceus, a, um, }
Tophicius, a, um, } de tuf, qui
Tophinus, a, um, } ressemble au tuf.
Tofinus, a, um, }

4. De Tap, bas, & Oc, haut, vint le mot :
Tap-Ocon, i, conservé par Festus & qui exprime l'écriture qui va du haut en bas, ou perpendiculairement, à la maniere des Chinois, & des figures hiéroglyphiques des Egyptiens sur plusieurs monumens.

T Æ.

Du Prim. Dei, Di, lumiere, se forma le Grec Daïó, brûler ; daïs, daïdos, torche, flambeau ; d'où cette Famille Latine :
Teda, æ, &
Tæda, æ, bois gommeux, dont on
se

se sert pour s'éclairer, torche, flambeau; 2°. noces, mariage; 3°. hyménée, épithalame, chanson nuptiale; 4°. arbre dont on tire de la poix.

TÆDI-Ger, *a, um,*
TÆDI-Fer, *a, um,* } qui porte un flambeau ou une torche.
TÆDI-Fer, *a, um,*

TITIO, *onis,* tison.

TÆ-DET.

De Dau, Deu, Du, noir, sombre, & de sa répétition, vint cette Famille Latine:

TÆDium, *ii,* ennui, dégoût.

TÆDulus, *a, um,* voyez *Fastidiosus*.

TÆDet, *debat, duit, dere,* s'ennuyer, être ennuyé, avoir de la répugnance.

TÆDio, *as, are,* voyez *Tædet*.

TÆDiosus, *a, um,* voyez *Fastidiosus*.

DIS-TÆDet, *duit, tæsum est, dere,* s'ennuyer, se dégoûter, se lasser.

PER-TÆDEscit, *ere,* &

PER-TÆDet, *duit, sum est, dere,* s'ennuyer fort, être fort ennuyé ou très-rebuté.

TaL,

Grandeur.

De la réunion de T, grand, & de AL, EL, OL, élevé, vinrent une foule de Familles relatives aux mêmes idées.

1.

1. TALis, *e,* tel, pareil, de telle sorte.

TALis-Cunque, *lecunque,* tel que ce puisse être.

TALiter, tellement, de telle manière.

2. TALio, *onis,* la peine du talion, action de rendre la pareille.

Re-TALio, *as, are,* réparer le tort qu'on a fait.

3. TAL, tailler, couper, donner la forme en taillant, rendre *tel.*

TALea, *æ;* — *Leola, æ,* branche d'arbre taillée par les deux bouts pour la planter; 2°. taille; 3°. instrument de guerre.

IN-TALio, *as, are,* tailler, former en taillant.

IN-TER-TALio, *are;* — *Leo, -ere,* enter, entretailler.

4. TALus, *i,* talon; 2°. osselet; 3°. dé à jouer.

TALarius, *a, um,* qui concerne les dés.

TALari, *orum;* — *Lares, ium,* articulations des doigts des pieds.

TALaris, *e,* du talon.

TALaria, *ium,* talonnières de Mercure; ailes aux pieds; 2°. goutte qui commence aux talons.

TALi-Pedo, *as, are,* chanceler.

TALentum, *i,* talent, grosse somme d'argent.

2.

1 THALLus, *i,* tige d'oignon; 2°. branche d'olivier avec les feuilles & le fruit.

THALIctrum, *i,* sorte de plante.

THALLO-PHORi, *orum,* ceux qui aux Panathénées d'Athènes portoient des branches d'olivier avec la feuille & le fruit.

THALysia, *orum,* fêtes à Athènes à l'honneur de Cérès, après que tous les grains étoient serrés.

2. THALamæ, *arum,* émonctoires du cerveau qui donnent dans le nez.

3. TI-TULus, *i,* titre; 2°. inscription; 3°. prétexte.

DE-TITULO, *-are,* deshonorer.

IN-TITULO, *as*, *are*, intituler, donner un titre.

PARA-TITLA, *orum*, expositions sommaires des titres ; 2°. conférence.

3.

De TAL, grand, vint le Grec THAL-ASS*a*, la mer, *mot-à-mot*, la grande eau ; delà :

THALASSU-EG*us*, *i*, matelot.

THALASSI-ARCHI, *æ*, Amiral.

THALASSI-ARCHIA, *æ*, Amirauté, charge d'Amiral.

THALASSICUS, *a*, *um*, &

THALASSINUS, *a*, *um*, de couleur de verd de mer.

THALASSIUS, *a*, *um*, maritime, marin, de mer.

THALASSO-CRATOR, *oris*, amiral.

THALASSO-METRA, *æ*, pilote.

THALASSO-MELI, *itos*, sorte de médecine.

DI-THALASSUS, *a*, *um*, baigné de deux mers.

ARCHI-THALASSIA, *æ*, Amirauté.

ARCHI-THALASSUS, *i*, Amiral.

THALAMITA, *æ*, &

THALAMIUS, *ii*, rameur, forçat qui est vers la proue du bâtiment de bas-bord.

THALAMIA, *æ*, ville de Thessalie ; 2°. trou par où l'on fait passer une rame, sabord, terme de marine.

THALA-MEG*us*, *i*, sorte de navire Égyptien.

TE-THALAssomenum *vinum*, vin mêlé avec de l'eau de mer.

4.

THALAMUS, *i*, chambre à coucher, chambre du lit ; 2°. lit nuptial ; 3°. mariage ; 4°. ruche d'abeilles ; 5°. cavité de l'œil.

Thalamum eumdem inire, se marier ensemble.

THALAMENTRIA, *æ*, femme de chambre.

AMPHI-TALAM*us*, *i*, petite chambre à côté du lit, dans laquelle est un autre lit pour coucher un domestique ; 2°. lit dont le chevet est adossé au chevet d'un autre.

ANTI-THALAM*us*, *i*, antichambre où l'on faisoit coucher les domestiques qui étoient de garde.

EPI-THALAM*ium*, *ii*, épithalame, chant nuptial.

THALAME-POL*us*, *a*, *um*, voy. *Cubicularius.*

THALASSIO, *onis*, &

THALASSIUS, *ii*, Hyménée, le Dieu qui présidoit aux noces ; 2°. épithalame, chanson nuptiale.

THALASSUS, *i*, voy. *Thalassio.*

5.

TUL, TOL, élever, porter.

1. TULI, *prét.* de *Fero*, j'ai porté, j'ai élevé.

TE-TULI, pour TULI, voy. *Fero.*

AT-TULO, pour *Affero.*

OB-TULI, *prét.* d'*Offero.*

POS-TULI, *prét.* de *Postfero.*

PRÆ-TULI, *prét.* de *Præ-Fero.*

2. TOLLO, *is*, SUS-TULI, SUB-LATUM, TOLLERE, enlever en haut, élever ; 2°. emporter, ôter ; 3°. prolonger.

AT-TOLLO, *is*, *tollere*, lever, élever, enlever, emporter, hausser, relever, ôter ; 2°. on a dit aussi :

ABS-TOLLO, AD-TOLLO ; CON-TOLLO, *ere*, transporter ; porter en un même endroit.

DE-TOLLO, -*ere*, poser, mettre à terre.

EX-TOLLO, *is*, *tuli*, *elatum*, *tollere*, élever, élever en haut ; 2°. relever, aggrandir.

EX-TOLLENTIA, *æ*, l'action d'élever, voy. *Superbia.*

IN-TOLLO, -*ere*, porter dedans.

PER-TOLLO, -ere, souffrir beaucoup.
PRÆ-TOLLO, -ere, élever de préférence.
PRO-TOLLO, is, sustuli, sublatum, lere, lever, élever; 2°. différer, remettre, prolonger.
SUPER-AT-TOLLO, is, ere, élever au-dessus ou par-dessus.
SUPER-EX-TOLLOR, tolleris, tolli, être élevé au-dessus.
SUS-TOLLO, -ere, élever, ôter, abolir.
RE-TOLLO, -ere, relever de terre, reporter, rapporter.
TRANS-TOLLO, -ere, porter d'un lieu dans un autre; 2°. traduire.

6.

TOLERO, -are, soulever, supporter, tenir en haut; 2°. souffrir, porter patiemment; 3°. entretenir; 4°. soulager.
TOLERATIO, onis, } patience à supporter,
TOLERATUS, ûs, } à souffrir.
TOLERANTIA, æ, }
TOLERANTER, patiemment.
TOLERABILIS, e, supportable, complaisant, indulgent.
TOLERABILITER, d'une manière supportable, passablement.

COMPOSÉS.

IN-TOLERANTIA, æ, impatience, disposition à ne pouvoir rien souffrir; 2°. intolérance.
IN-TOLERANS, tis, qui ne peut souffrir.
IN-TOLERANTER, impatiemment.
IN-TOLERANDUS, a, um; IN-TOLERABILIS, e, insupportable.
IN-TOLERABILITER, d'une manière insupportable.
PER-TOLERO, -are, endurer, supporter jusqu'à la fin.
PER-TOLERATIO, onis, souffrance jusqu'à la fin.

7. POS-TUL.

De PHO, parole, voix, prononcé Po, & de TOL, TUL, élever, vint POSTUL, action d'élever la voix: de-là,
POS-TULATIO, onis, prière, demande, requête, réquisition, placet, supplique; 2°. plainte.
POS-TULATUM, i, demande, requête, réquisition, réquisitoire; 2°. accusation.
POS-TULATUS, ûs, demande, requête, placet.
POS-TULO, as, avi, atum, are, demander avec instance; 2°. postuler; 3°. accuser.
POS-TULATITIUS, a, um, qui est demandé avec prière, avec instance.
POS-TULATOR, oris, qui demande.
POS-TULATORIUS, a, um, qui demande; qui sert à demander.
POS-TULATRIX, icis, celle qui demande.

8.

TOLUTIM, l'amble, l'entrepas.
TOLUTARIS, e, —tarius, a, um, d'amble; qui va l'amble.
TOLUTI-LOQUENTIA, æ, volubilité de langue.

9.

TELLUS, uris, n. la terre, sur-tout la terre cultivée, & par excellence.
TELLURUS, i, Dieu de la Terre.

10.

TOLLO, onis, celui qui tire de l'eau d'un puits.
TELO, onis, &
TOLLENO, is; — LONO, is; — LONUS, i, guindal, vindas, cabestan; machine pour élever des fardeaux.
TULLIUS, ii, éjaculation de sang, jaillissement violent de sang.

11.

1. TELONIUM, ii, } impôt, Taille qu'on
TELONEUM, ei, } lève; 2°. exaction
TELONIA, æ, } des impôts; 3°. Bureau de la Douane.

DICTIONNAIRE ETYMOLOG.

2. Tho*lus*, *i*, lieu le plus élevé d'un édifice, voute, coupole, dôme.

12.

1. Te*la*, *æ*, toile, tissu.

S-Ta*lices*, *um*, des toiles, des rêts, des panneaux tendus.

2. Ta*lla*, *æ*, peau intérieure qui couvre l'oignon.

3. Ti*lia*, *æ*, peau déliée entre le bois & l'écorce des arbres.

4. Ti*lia*, *æ*, tilleul, arbre qui dut son nom à sa peau déliée qui servoit à tracer des caractères.

Ti*liaceus*, *a*, *um*, de tilleul.

COMPOSÉS.

Sub-Ti*lis*, *e*, *mot-à-mot*, ce dont le tissu est d'une telle finesse, qu'on n'en apperçoit pas les fils; délié, mince; 2°. fin, ingénieux, délicat.

Sub-Ti*litas*, *atis*, finesse, délicatesse, la qualité d'avoir une taille fine, svelte.

Sub-Ti*liter*, finement, d'une maniere fine, déliée.

In-Sub-Ti*lis*, *e*, qui n'est pas délié, dont le tissu, la trame est grossiere.

In-Sub-Ti*liter*, grossiérement, sans adresse.

13.

1. Te*lum*, *i*, dard, javelot, flèche, trait: en Or. שלט, *Til*, *Teil*.

Te*li-Fer*, *a*, *um*, qui porte des javelots.

Te*lis*, *is*, fenugrec, ainsi nommé à cause de ses pointes.

2. Pro-Te*lum*, *i*, avant-train, effort sans interruption pour s'élever, pour monter.

Pro-Te*lo*, -*are*, chasser loin; prolonger, tirer en avant, continuer, troubler, exclure.

3. At-Te*llamentum*, *i*, attelage, train équipage; de-là, *atteler*, *attelier*.

14.

S-Ty*lus*, S-Ti*lus*, *i*, tige qui monte fort haut; 2°. aiguille, poinçon avec lequel on écrivoit sur des tablettes enduites de cire; 3°. au figuré, la maniere d'écrire, le style.

S-Ty*lo*-Ba*ta*, *æ*; S-Ty*lo*-Ba*tes*, *æ*, pied-d'estal, élevé pour soutenir des colonnes.

2. S-To*lo*, *onis*, rejetton qui pousse au pied d'un arbre, souche, bête.

3. S-To*la*, *æ*, robe traînante, robe fort grande, étole.

S-To*latus*, *a*, *um*, vêtu d'une longue robe qui va jusqu'aux talons.

4. S-Te*la*, *æ*, pierre haute, élevée, colonne.

S-Te*le*, *es*, chaîne de pierres élevées.

S-Te*lis*, *is*, glu.

15.

1. Te*le*-Sco*pium*, *ii*, lunette avec laquelle on voit les objets les plus éloignés: du Grec *Téle*, au loin, dans une vaste étendue.

2. Te*lamon*, *onis*, figure saillante & élevée qui soutient les corniches & les consoles.

3. Te*linum*, *i*, sorte de parfum fort estimé.

Te*li*-Car*dius*, *ii*, sorte de pierre précieuse.

4. De Te*l*, fin, extrémité, vinrent ces mots Grecs-Latins.

Te*l*-Iam*bus*, *i*, vers qui finit par un iambe.

Homœo-Te*leutus*, *a*, *um*, qui finit

de même, qui a une même terminaison, une même fin.

5. Tu-Tulus, i, touffe de cheveux sur le sommet de la tête, liée à un ruban de couleur de pourpre.

Tu-Tulatus, a, um, qui porte une touffe de cheveux au sommet de la tête.

16.

1. A-Tlantes, um, termes ou figures humaines qui servent de support en architecture : de Tel, qui soutient.

2. At-Telabus, i, Gr. Attelabos, sauterelle qui n'a pas encore des aîles : mot-à-mot, qui ne peut s'élever.

3. A-Tellanus, i, comédien, farceur, bouffon.

A-Tellanæ Fabulæ, Atellanes, Comédies ou Farces qu'on jouoit dans l'ancienne Rome.

Ce nom ne vient point du Bourg d'Atella, comme on a cru ; mais du mot primitif Tel, sauter, danser, jouer ; d'où l'Oriental He-Tal, jouer, faire des farces.

4. At-Tilus, i, poisson du Pô qui parvient à une énorme grandeur.

17.

Athleta, æ, athlète, qui combat dans les jeux publics : de Tal, soutenir.

Athletica, æ, ; — ce, es, l'art, la profession d'Athlète.

Athleticè, comme un Athlète, en Athlète, vigoureusement.

Athleticus, a, um, qui concerne les Athlètes.

Athlotheta, æ ; — thetes, æ, celui qui donne les prix des jeux ; qui en est le juge.

18. TILL.

Du Celt. Tel, Til, arracher, d'où teiller le chanvre, vint le Grec Tilló, arracher ; d'où,

Para-Tilmus, i, dépilation, punition des pauvres convaincus d'adultere.

19.

An-Tilia, æ, machine ou pompe à tirer de l'eau ; 2°. supplice, châtiment qui consistoit à être obligé de tirer de l'eau, de travailler à la pompe.

An-Tlo, changé en

An-Clo, as, are, tirer en haut, puiser ; élever ; 2°. vuider avec la pompe ; 3°. servir ; 4°. dérober.

An-Clabris, is, table à côté de l'Autel qui servoit à poser les vases & les instrumens des sacrifices.

An-Clabra, orum, vases qui servoient dans les sacrifices.

20. Metall, métal.

De l'Or. מ-טל M-Tal, métal, mot-à-mot, ce qu'on tire hors ; 2°. frapper, forger, battre le fer ; 3°. mis en lingot, en barre, vint cette Famille Greco-Latine.

Metallum, i, métal, mine, miniere de métaux.

Metallicus, i, mineur, qui travaille aux mines des métaux.

Metallicus, a, um, de métal, métallique ; 2°. minéral.

Metalli-Fer, a, um, qui produit du métal.

Tri-Metallum, i, vase fait de l'alliage de trois métaux, fait de trois métaux.

TAM, grand.

1.

Tham, en Or. תם, est un radical qui

signifie justice, vérité, perfection. Les Grecs en formerent ces mots:

1. THEM*is*, *is*, ou *idis*, *iflis*, Thémis, la Déesse de la Justice; 2°. la Justice.

2. E-Tymo-Log*ia*, *æ*, &
E-Tym*on*, *i*, étymologie, *mot-à-mot*, mot véritable: conformité des mots avec leurs objets.

E-Tymo-Log*icus*, *a*, *um*, étymologique.

2.

Tum*eo*, *es*, *mui*, *mere*, être enflé, bouffi, gonflé; s'enfler, se gonfler; 2°. s'enorgueillir, devenir superbe.

Tum*esco*, *is*, *cere*, s'enfler, se gonfler, devenir enflé; 2°. s'enorgueillir, s'enfler d'orgueil.

Tum*ens*, *tis*, enflé, gonflé, qui s'enfle, qui se gonfle.

Tum*or*, *oris*, enflure, tumeur, orgueil, enflure de cœur.

Tum*idus*, *a*, *um*, enflé, bouffi, gonflé; 2°. enorgueilli, bouffi d'orgueil.

Tum*idè*, adv. avec enflure.

Tum*idulus*, *a*, *um*, quelque peu enflé.

Tume-Facio, *is*, *feci*, *factum*, *cere*, faire enfler, faire gonfler, enfler.

Tume-Factus, *a*, *um*, part. de *Tumefacio*.

COMPOSÉS.

De-Tum*eo*, *es*, *ui*, *ere*, &
De-Tum*esco*, *is*, *mui*, *scere*, désenfler, devenir moins élevé, s'abaisser, se rasseoir.

Detumescunt odia, les inimitiés s'appaisent.

Ex-Tum*eo*, *es*, *mui*, *ere*; &
Ex-Tum*esco*, *is*, *mui*, *scere*, enfler, s'enfler, s'élever, grossir, devenir enflé, devenir gros, se gonfler.

Ex-Tum*idus*, *a*, *um*, enflé, gonflé; élevé, plein de bosses.

In-Tum*eo*, *es*, *mui*, *ere*, &
In-Tum*esco*, *is*, *mui*, *cere*, s'enfler, se gonfler, devenir gonflé; 2°. s'enorgueillir, être bouffi d'orgueil; 3°. être fort indigné; 4°. s'emporter.

Ob-Tum*eo*, *es*, *mui*, *mere*, &
Ob-Tum*esco*, *is*, *mui*, *cere*, enfler, devenir enflé, s'enfler.

Præ-Tum*idus*, *a*, *um*, fort enflé.

Pro-Tum*idus*, *a*, *um*, plein.

3.

Con-Tum*ax*, *acis*, opiniâtre, qui résiste avec mépris, rébelle, désobéissant, obstiné, revêche; 2°. arrogant, enflé d'orgueil, audacieux, hautain; 3°. ferme, constant, inébranlable.

Con-Tum*acia*, *æ*, opiniâtreté, résistance opiniâtre, désobéissance, obstination, contradiction, aheurtement; 2°. fierté, arrogance, audace, suffisance, hauteur; 3°. constance, résolution, fermeté.

Con-Tum*aciter*, adv. avec opiniâtreté, &c. Voyez *Contumacia*.

Per-Con-Tum*ax*, *cis*, fort opiniâtre, fort têtu, qui abonde fort en son sens, qui n'en veut point démordre, fort attaché à son sentiment.

Per-Tum*acitas*, *atis*, sotte fierté, enflure d'orgueil.

4.

1. Tum*ulus*, *i*, éminence, hauteur, tertre, lieu élevé; 2°. sépulcre, tombeau.

Tum*ulosus*, *a*, *um*, plein d'éminences, rempli de hauteurs.

Tum*ulo*, *as*, *avi*, *atum*, *are*, enterrer, mettre au tombeau.

Tum*ulatio*, *onis*, enterrement, l'action de mettre au tombeau.

Tum*ulatus*, *a*, *um*, part. de

At-Tum*ulo*, *as*, *avi*, *atum*, *are*, enterrer,

ensevelir auprès, mettre dans un tombeau joignant.

CIRCUM-TUMulatus, a, um, part. de Circum-tumulo, enterré autour.

CON-TUMulo, as, avi, atum, are, enterrer, mettre au tombeau, au sépulcre, en terre.

IN TUMulatus, a, um, qui n'a point été enterré, qu'on n'a point mis en terre.

2. TYMBus, i, tombeau, sépulchre, bucher.

5.

TUMultus, ûs, tumulte, trouble, bruit, tintamarre, émeute, sédition, remuement séditieux.

Tumultus cæci, séditions qui se trament sourdement.

TUMulti, pour Tumultus.

TUMultuatio, onis, tumulte.

TUMultuo, as, avi, atum, are, &

TUMultuor, aris, atus sum, ari, faire du tumulte, exciter du trouble; 2°. tempêter, faire un grand bruit, faire du vacarme, du tintamare, s'emporter; 2°. se remuer séditieusement, se révolter.

TUMultuarius, a, um, fait à la hâte, tumultueusement, avec précipitation.

TUMultuosè, iùs, issimè, adv. tumultueusement, avec trouble, avec bruit, en désordre.

TUMultuosus, a, um, ior, issimus, tumultueux, plein de trouble; 2°. séditieux, mutin, qui excite du tumulte.

TUMultuariè, adv. voyez Tumultuosè.

PER-TUMultuosè, adv. fort tumultueusement, avec grand tumulte.

PER-TUMultuosus, a, um, fort tumultueux.

6.

TEMPlum, i, Temple, Eglise, lieu consacré à la Divinité; 2°. espace de terre découvert, où les Augures contemploient le vol des oiseaux, après l'avoir consacré par certaines paroles; 3°. piéce de bois qui se met en travers sur les chevrons d'un toît.

CON-TEMPlo, as, avi, atum, are, &

CON-TEMPlor, aris, atus sum, ari, contempler, considérer, spéculer, méditer ou regarder, envisager.

CON-TEMPlatio, onis, contemplation, considération, méditation, attention, réflexion, spéculation, vue.

CON-TEMPlatus, ûs, contemplation.

CON-TEMPlator, oris, &

CON-TEMPlatrix, icis, contemplateur, qui contemple, qui considere, spéculateur.

EX-TEMPlò, adv. sur le champ, incontinent, aussi-tôt, d'abord, soudain, tout-à-coup, incessamment, sur l'heure, dans le moment.

7.

De TAM, couleur de feu, rouge, vinrent:

TAMarice, es; -- rix, icis, tamarisc, arbrisseau à écorce rouge & à fleurs purpurines.

TAMinia, æ, raisin des bois, de couleur rougeâtre: & peut-être aussi

TAMus, i, sorte de plante.

TAM,

Fumier; 2°. infection.

TAM désigna par opposition tout ce qu'il y a de plus infect, de plus vil, de plus odieux, le fumier, l'infection, la peste, la langueur.

En Irl. TAMh, peste, fléau, calamité.

De-là une famille nombreuse.

1.

AD-TAMino, as, avi, atum, are, &
AT-TAMino, - are, flétrir, déshonorer, gâter.

Con-TAMino,-are, salir, tacher, corrompre.

Con - TAMinatio, onis, tache, salissure.

In-TAMinatus, a, um, pur, sans tache, sans déshonneur.

In-AT-TAMinatus, a, um, qui n'est point souillé.

2. Prononcé TEM.

TEMero-are, souiller, salir, violer, profaner.

TEMerator, oris, corrupteur, profanateur.

Con-TEMero, -are, souiller, profaner. Ici les Latins firent comme nous faisons, lorsque nous adoucissons la voyelle dans le simple & que nous lui laissons toute sa force dans les composés, par exemple, sel, des-saller.

2.

TEMNo, is, si, tum, nere, mépriser, dédaigner.

TEMTor, oris, qui méprise.

COMPOSÉS.

Con-TEMNo, is, tempsi, temptum, nere, mépriser, dédaigner, avoir du mépris pour, ne faire point de cas, ne tenir compte de, négliger, rejetter, se soucier peu.

Con-TEMPtus, ûs, mépris, dédain.

Con-TEMPtio, onis, mépris, dédain.

Con-TEMPtor, oris, &

Con-TEMPtrix, icis, qui méprise, qui dédaigne, qui fait peu de cas, qui ne tient compte, qui ne fait aucun cas, altier.

Con-TEMPtibilis, le, is, méprisable, digne de mépris.

Con-TEMPtim, adv. avec mépris, avec dédain, d'un air méprisant, dédaigneux; 2°. fierement.

Con-TEMPtiùs, adv. d'un air insultant; 2°. négligemment, sans aucun égard, nonchalamment.

Con-TUMelia, æ, affront, outrage, injure outrée ou atroce, mépris outrageant; 2°. choc, effort.

Con-TUMeliosè, iùs, issimè, adv. outrageusement; 2°. d'une maniere insultante, injurieuse au dernier point ; 3°. avec affront.

Con-TUMeliosus, a, um, outrageux, outrageant, insultant, injurieux à outrance.

3.

1. DAMnum, i, Dommage, tort.

DAMnosus, a, um, nuisible, désavantageux, qui se fait tort.

DAMnosè, d'une maniere dommageable.

DAMno, are, blâmer, rejetter, condamner à une peine.

DAMnatio, onis, condamnation.

DAMnas, atis, condamné, obligé.

DAMnatorius, a, um, de condamnation.

Con-DEMno,-are, condamner, rendre sentence contre.

Con-DEMnatio, onis, condamnation.

Con-DEMnator, oris, accusateur.

In-DEMnatus, a, um, qui n'a pas été condamné.

In-DEMnis, e, qui n'a reçu aucun dommage.

In-DEMnitas, atis, dédommagement.

PRÆ-DAMno,-are, condamner par avance.

2. TAMa, æ, mal, maladie en général; 2°. enflures de jambes.

3. ZAMia, æ, perte, dommage.

ZAMiæ, arum, les pommes de pin,

qui s'ouvrant sur l'arbre, gâtent & font pourrir les autres si on ne les ôte.

4.
TAB, pour TAM.

TAM, prononcé TAB & DAB, produisit d'autres Familles.

En Or. דאב, *DAB*, langueur, tristesse,

Et en Latin, ces mots :

TABes, *is*, phthysie, langueur qui dessèche, maladie de consomption ; 2°. pus.

TABum, *i*, pus.

TABitudo, *inis*, voyez *Tabes*.

TABeo, *es*, *bui*, *bere*, être en langueur, sécher de langueur, devenir étique, se consumer.

TABens, *tis*, qui est en langueur, qui sèche de langueur, qui se consume.

TABesco, *is*, *bui*, *cere*, sécher de langueur, devenir sec ou languissant, se consumer.

TABidulus, *a*, *um*, dim. de

TABidus, *a*, *um*, qui corrompt, qui consume ; 2°. qui a perdu sa vigueur, qui sèche de langueur.

BINOMES.

TABE-FACIO, *is*, *cere*, faire sécher ou tomber en langueur.

TABE-FACTUS, *a*, *um*, rendu languissant ; part. de

TABE-FIO, *is*, *fieri*, voyez *Tabeo*.

TABI-FICabilis, *le*, *is*, &

TABI-FICus, *a*, *um*, qui consume, qui dessèche, qui fait sécher, qui rend sec & languissant, qui fait tomber en langueur ; 2°. infecté, pestilentiel.

TABI-FLuus, *a*, *um*, &

Orig. Lat.

TABE-FLuens, *tis*, qui regorge d'humeurs corrompues.

COMPOSÉS.

CON-TABeo, *es*, *bui*, *bere*, &

CON-TABesco, *is*, *bui*, *scere*, maigrir, devenir étique, tomber en langueur, perdre son embonpoint, sécher, avoir la maladie de consomption.

DIS-TABesco, *is*, *ere*, se dissoudre, se fondre.

EX-TABesco, *is*, *bui*, *scere*, sécher, devenir sec ou étique ; 2°. vieillir, se passer, se dissiper, se détruire.

IN-TABesco, *is*, *bui*, *cere*, sécher, devenir sec ; 2°. se fondre, se liquéfier.

TAM,
TOM, TOND.

Du Celte TAM, couper, pièce, morceau, se formèrent les Familles.

1.

1. TOMus, *i*, tome.

TOMacella, *æ*, ou

TOMacina, *æ*,

TOMaclum, *i*, &

TOMaculum, *i*, saucisse, cervelas, saucisson, mortadelle.

COMPOSÉS.

A-TOMus, *i*, atome ; m. à m. qu'on ne peut partager.

ANA-TOMe, *es*, &

ANA-TOMia, *æ*, anatomie, dissection, ou examen des parties d'un corps.

ANA-TOMicus, *i*, anatomiste, qui fait ou qui enseigne l'anatomie.

ANA-TOMicus, *a*, *um*, anatomique.

EPI-TOMa, *æ*, &

EPI-TOMe, *es*, épitome, abrégé.

PROTO-TOMI, *orum*, proeles, broccoli, jets, petites branches de choux en fleur.
PROTO-TOMUS, *a*, *um*, ce qu'on coupe le premier aux plantes.

2.

TMESIS, *is*, section, division, séparation, incision; 2°. figure de Rhétorique qui divise des mots composés.
TOMEX, *icis*; & TOMIX, *icis*, corde de jonc.
TOMENTUM, *i*, bourre.
Tomentum circense, matelas de paille d'avoine, où de feuilles de joncs, &c.

3.

TONDEO, *es*, *totondi*, *tonsum*, *dere*, tondre, raser.
TONSITO, *as*, *avi*, *atum*, *are*, tondre souvent.
TONSIO, *onis*, action de tondre, tonte des brebis.
TONSOR, *oris*, barbier.
TONSTRIX, *icis*, barbière.
TONSTRICULA, *æ*, petite barbière.
TONSTRINA, *æ*, boutique de barbier.
TONSURA, *æ*, &
TONSUS, *ûs*, l'action de tondre, de raser; 2°. tonsure.
TONSORIUM, *ii*, boutique de barbier.
TONSORIUS, *a*, *um*, de barbier.
Tonsorius culter, rasoir.
TONSILIS, *le*, *is*, qu'on tond, qu'on peut tondre.
TONSILLA, *æ*, pieu ferré par le bout, qu'on enfonce en terre sur le rivage pour y amarrer des barques.
TONSILLÆ, *arum*, amigdales, glandes à l'entrée de la gorge.
TONSA, *æ*, ou plutôt
TONSÆ, *arum*, aviron, rame.

COMPOSÉS.

AT-TONDEO, *es*, *di*, *sum*, *ere*, tondre, raser, couper tout autour.
AT-TONSUS, *a*, *um*, part. d'*Attondeo*, tondu, rasé, taillé tout autour, brouté.
AD-TONSUS, *a*, *um*, rasé, tondu; 2°. brouté.
CIRCUM-TONDEO, *es*, *ere*, tondre tout autour, couper les cheveux en rond.
CIRCUM-TONSUS, *a*, *um*, part. de *Circumtondeo*, tondu tout autour, qui a les cheveux coupés en rond.
DE-TONDEO, *-ere*, raser, tailler.
IN-TONSUS, *a*, *um*, qui n'a point été tondu; 2°. à qui l'on n'a point coupé les cheveux; 3°. qui ne se fait jamais raser, ni couper les cheveux; 4°. sévère, rébarbatif.
IN-DE-TONSUS, *a*, *um*, qu'on n'a point rasé, à qui on n'a pas coupé les cheveux, qui n'a point été tondu.
IN-TONDEO, *es*, *di*, *sum*, *dere*, tondre tout autour.
PRÆ-TONDEO, *es*, *ere*, tondre auparavant.
RE-TONDEO, *es*, *di*, *sum*, *dere*, retondre, tondre encore une fois.

TAN, TEN.

De TAN, vaste, étendu; 2°. possession, vinrent une multitude de Familles.

1.

TAN, pays, étendue en terrain.

FAMILLE GRECQUE.

De TAN, prononcé TEN, puis TN, se forma le Grec.
E-THNOS, famille; 2°. nation, peuple; 3°. race; 4°. sexe.
O-THNEIOS, étranger, mot-à-mot, qui n'est pas de la famille.
O, est souvent négatif à la tête des mots. Delà, par la transposition de *N*, se forma,
NOTHUS, *i*, en Grec NOTHOS, ou bâtard,

fils naturel ; 2°. qui n'est pas de la meilleure espéce ; 3°. qui est étranger.

Nothia, orum, portion des biens paternels qui appartenoit aux bâtards.

Les Etymologistes ne connoissant point l'origine du mot Othnéios, s'imaginerent qu'il étoit une altération du mot Nothos. C'étoit aller à rebours, suivant leur coutume ; & substituer une obscurité à une autre.

E-Thnicus, a, um, payen, gentil.

E Thn-Archa, æ; -ches, æ, Prince d'une Nation.

2.

1. Teneo, es, nui, tentum, nere, tenir; 2°. jouir, posséder, avoir, occuper, être maître; 3°. retenir, réprimer, arrêter, retarder; 4°. s'empêcher de; 5°. garder, conserver, maintenir, soutenir; 6°. concevoir, comprendre, entendre, sçavoir; 7°. convaincre; 8°. se convaincre.

Tenax, acis; cior, cissimus, qui tient fortement; 2°. constant, qui dure, stable, ferme ; 3°. opiniâtre, obstiné ; 4°. avare, chiche, tenant, trop épargnant, ou taquin ; 5°. rétif, tenace ; 9°. gluant, visqueux, qui s'attache fortement.

Tenacia, æ, opiniâtreté.

Tenacitas, tis, force à tenir quelque chose; 2°. avarice, chicheté, mesquinerie, trop grande attache au bien.

Tenaciter, adv. obstinément, avec opiniâtreté.

Tenacitudo, inis, voyez Tenacitas.

Tenor, oris, teneur, suite, ordre, continuité, continuation ; 2°. air, ton, maniere ; 3°. accent.

Tenitæ, arum, Parques.

Tenus, ûs, lacs, lacet, collet, filet.

2. Tenus, prép. jusqu'à, jusques à.

Ea-Tenus, adv. jusques-là, jusqu'à ce que ; 2°. tandis que, pendant que, tant que, aussi long-tems que ; 3°. cependant, pendant ce tems-là ; 4°. seulement.

Illa-Tenus, adv. jusques-là.

Illac-Tenus, adv. jusques, jusqu'à cet endroit-là.

Pro-Tenus, adv. fort loin.

Pro-Tinam, adv. &

Pro-Tinus, adv. au plutôt, incontinent ; sur l'heure, dans le moment, à l'heure même, immédiatement après, de suite ; 2°. d'abord, dès le commencement, aussi tôt ; voyez Ideo.

3. Tenesmus, i, épreintes, continuelle envie d'aller à la selle, sans qu'il sorte rien ou très-peu de chose.

4. Omni-Tenens, tis, qui tient tout sous sa puissance.

COMPOSÉS.

Abs-Temius, a, um, &

Abs-Tenius, a, um, qui s'abstient de boire du vin ; sobre, frugal dans l'usage du vin.

Abstemium prandium, dîner, repas sans vin.

Abs-Tineo, es, nui, tentum, nere, s'abstenir, se retenir, se tenir ; s'empêcher, se donner de garde, abandonner, se désister, se priver, se modérer, s'éloigner, quitter, laisser.

Abs-Tinens, tis, tempéré, retenu, modéré, qui s'abstient, qui se retient, qui s'empêche de faire une chose.

Abs-Tinendus, a, um, dont on doit s'abstenir ou faire abstenir ; qu'il faut se refuser ou refuser aux autres.

Abs-Tinentia, æ, abstinence, modération, retenue, réserve ; 2°. diette, sobriété ; 3°. intégrité, disposition à ne faire tort à personne.

ABS-TINenter, *adv.* modérément, avec retenue, avec réserve, avec abstinence.

ABS-TENTio, *onis*, retenue, privation.

ABS-TENTUS, *a, um, part.* d'*Abstineo*, retenu, empêché; 2°. séparé, retranché, excommunié.

AT-TINeo, *es, tinui, tentum, tinere*, tenir, retenir, arrêter.

CON-TINeo, *es, nui, tentum, nere*, Contenir, tenir, renfermer, embrasser, comprendre; 2°. retenir, modérer, réprimer, arrêter, fixer, borner, empêcher; 3°. entretenir, conserver, cacher, dissimuler; 4°. consister.

CON-TINentia, *æ*, continence, modération, retenue, tempérance; 2°. voisinage, proximité.

Continentia militum, soumission des soldats.

CON-TINens, *tis*, contigu, voisin, proche, qui se touche, tenant; 2°. continu, continuel; 3°. continent, qui s'abstient, qui se retient, qui se modere, retenu.

CON-TINens, *tis*, continent, terre ferme.

CON-TINentia, *orum*, points principaux d'une matiere disputée.

CON-TINenter, *adv.* continuellement, incessamment, sans relâche, perpétuellement; 2°. tout de suite, sans interruption; 3°. modérément, avec retenue.

IN-CON-TINens, *tis*, incontinent, débordé, qui ne se retient point, qui ne se modere pas, qui n'est pas maître de ses passions, adonné à ses plaisirs, voluptueux.

IN-CON-TINentia, *æ*, incontinence, intempérance, défaut de modération, manque de retenue, déréglement, débordement.

IN-CON-TINenter, *adv.* sans retenue, sans modération, sans pouvoir se modérer, sans se retenir, excessivement, avec excès.

CON-TENTUS, *a, um, part.* de *Contineo*, contenu, compris; 2°. content, satisfait.

CON-TINuo, *as, avi, atum, are*, continuer, durer, persévérer, ne point cesser.

Continuare agros, joindre une terre à une autre.

CON-TINuatio, *onis*, continuation, suite, ordre, enchaînement, enchaînure, continuité.

CON-TINuitas, *atis*, continuité, connexion, connexité, liaison, jonction, suite, union.

CON-TINuus, *a, um*, continu, continuel, qui dure, qui ne cesse point; 2°. contigu.

Continuus Principis, qui accompagne toujours le Prince.

CON-TINuatus, *a, um*, continué, continu, joint.

CON-TINué, *adv.* continuellement, incessamment, toujours, sans cesse; 2°. de suite, tout de suite.

CON-TINuò, *adv.* incontinent, aussi-tôt, d'abord, sur l'heure, sur le champ, dans un moment.

DE-TINeo, *-ere*, tenir, arrêter.

DIS-TINeo, *es, nui, tentum, nere*, occuper, embarrasser, tenir occupé, retenir, détenir en des occupations, arrêter; 2°. empêcher, mettre un obstacle, détourner, apporter un empêchement.

OB-TINeo, *es, nui, tentum, nere*, avoir, tenir, occuper, posséder; 2°. conserver, venir à bout, gagner, acquérir.

PER-TINeo, *es, nui, nere*, s'étendre, se répandre; 2°. convenir, regarder, toucher, concerner, appartenir, tendre, se rapporter ou servir à.

Per-Tinens, tis, appartenant, qui concerne; 2°. qui s'étend, qui se répand.

Per-Tinax, acis; ior, issimus, opiniâtre, obstiné, entêté, têtu, aheurté; 2°. constant, ferme, résolu, inébranlable, inflexible.

Per-Tinacia, æ, opiniâtreté, obstination, entêtement; 2°. constance, fermeté, résolution, persévérance.

Per-Tinaciter, iùs, issimè, adv. opiniâtrément, obstinément, avec entêtement; 2°. constamment.

Re-Tinaculum, i, tout ce qui sert à retenir, à arrêter.

Retinacula navis, amarres d'un navire.

Re-Tineo, es, nui, tentum, nere, tenir, retenir; 2°. arrêter, retarder; 3°. garder, conserver, maintenir.

Re-Tinentia, æ, voyez Memoria.

Re-Tinens, tis, qui retient, &c.

Re-Tinendus, a, um, qu'il faut retenir.

Re-Tentio, onis, l'action de retenir, d'arrêter; 2°. suspension de jugement; 3°. rétention.

Sus-Tineo, es, nui, tentum, nere, soutenir, porter, supporter, servir de soutien; 2°. endurer, souffrir; 3°. entretenir, nourrir; 4°. conserver; 5°. protéger, défendre, être le soutien, servir d'appui, répondre à, ne pas démentir; 6°. arrêter.

Sus-Tinentia, æ, soutien, appui, support.

Sis-Tento, as, are, voyez Ostento.

Subs-Tento, as, avi, atum, are, réparer, faire des réparations, radouber, donner le radoub, terme de Marine.

Sus-Tento, as, avi, atum, are, supporter, porter, soutenir; 2°. endurer; 3°. souffrir; 4°. entretenir; 5°. nourrir, conserver; 6°. différer, remettre, surseoir.

Sus-Tentaculum, i, soutien.

Sus-Tentatio, onis, délai; 2°. soutien; voyez Nutritio.

Sus-Tentator, oris, celui qui soutient.

Sus-Tentatum est, on soutint, on tint bon, on fit ferme.

Sus-Tentatus, ûs, l'action e soutenir.

3.

De Tan, contenir, lier, vinrent:

1. Tæna, æ, &,

Tænia, æ, bande, bandelette, ruban, galon; 2°. sorte de poisson de mer; 3°. banc de roche qu'on voit sous l'eau; 4°. ver long & plat qui s'engendre dans le corps humain; 5°. plate-bande de l'ordre dorique.

Tæniaca, æ, morceau de viande, de pain, de gâteau, &c. qui est long & peu large.

Tæniola, æ, dim. de Tænia, petite bandelette.

Ex-Tæniatus, a, um, dénoué, délié; 2°. qui est sans ruban, sans bandelette, sans aiguillette.

2. Temo, onis, timon, flèche de char, &c. 2°. traverse, pièce de bois traversante.

4.

Tina, æ, sorte de vase à mettre du vin.

Tinia, orum, vaisseaux à mettre le vin.

Tangomenæ & Tingomenæ, arum, ceux qui boivent à tire-larigot.

A-Tanuvium, ii, vase dont on se servoit dans les sacrifices.

Tiniaria, æ, sorte de plante.

5.

Tinea, æ, teigne ou tigne, petit ver qui ronge la laine, le papier, le bois, &c. 2°. sorte de vers qui marquent la froideur des fontaines ; 3°. vers qui gâtent les ruches des abeilles ; 4°. vers qui s'engendrent à l'extrémité de l'intestin rectum.

Tineo, as, avi, atum, are, être rongé par les vers.

Tineosus, a, um, plein de teignes ou tignes.

6.

Tunica, æ, tunique, vêtement sans manches, qui servoit de chemise aux Romains ; 2°. petite peau qui couvre une apostume, un abscès ; 3°. membrane de l'œil ; 4°. peau déliée qui est entre l'écorce des arbres & le bois ; 5°. chemise soufrée.

Tunicella, æ, ou

Tunicula, æ, dimin.

Tunico, as, avi, atum, are, vêtir d'une tunique ; couvrir d'une peau mince, d'une membrane.

Tunicatus, a, um, part. de Tunico.

Tunicatum cœpe, oignon qui a sa peau.

7.

Te-Tanus, i, contraction, rétrécissement de nerfs qui tiennent le corps roide.

Te-Tanus, a, um, qui a les nerfs retirés, rétrécis, & qui ne peut se courber.

Te-Tanothrum, i, médicament qui déride, qui unit le cuir, la peau.

II.

Tento, as, avi, atum, are, tenter, essayer, éprouver, expérimenter ; 2°. attaquer ; 3°. tenter, tâcher de gagner ou d'attirer ; 4°. sonder ; 5°. rechercher ; 6°. tâter.

Tentabundus, a, um, qui essaye, qui tente, qui éprouve de tous côtés.

Tentamen, inis, &

Tentamentum, i, ou

Tentatio, onis, essai, épreuve, expérience, tentative, entreprise.

Tentator, oris, tentateur, qui tente.

COMPOSÉS.

At-Tento, as, avi, atum, are, tenter, essayer, faire une entreprise, une tentative ; entreprendre, faire ; 2°. commencer, mettre à l'épreuve, éprouver, sonder ; 3°. attaquer, assaillir, attenter.

At-Tentatus, a, um, part. d'Attento, entrepris, sur quoi l'on a fait une tentative.

Ex-Tento, as, avi, atum, are, essayer ; 2°. faire voir.

In-Tento, as, avi, atum, are, étendre ; 2°. menacer 3°. intenter.

In-Tentator, oris, qui ne tente point.

In-Tentatus, a, um, non éprouvé ou essayé, non mis en usage ; 2°. dont on a menacé.

Ob-Tento, as, avi, atum, are, posséder, obtenir.

Per-Tento, as, avi, atum, are, essayer, tenter, sonder, éprouver, pressentir.

Præ-Tento, as, avi, atum, are, tendre sa main au-devant, tâtonner, tâter auparavant ; 2°. essayer, éprouver, sonder, tenter auparavant ; 3°. examiner, considérer auparavant.

Præ-Tentatus, a, um, essayé auparavant, ou qu'on a déjà examiné.

Præ-Tentatus, ûs, l'action d'essayer, d'examiner, &c. auparavant.

Re-Tento, as, avi, atum, are, retenir, arrêter ; 2°. essayer de nouveau, tenter une seconde fois, tâcher encore.

Re-Tentatus, a, um, part. de Retento,

Sub-Tento, *as, avi, atum, are*, tenter un peu, sonder.

III.

1. Tendo, *is, tetendi, tensum* ou *tentum, dere*, tendre, étendre, bander; 2°. aller, prendre son chemin; 3°. dresser des tentes, des pavillons; 4°. tâcher, s'efforcer, faire ses efforts; 5°. présenter; 6°. lever en haut; 7°. s'étendre; 8°. avoir pour but.

Tendicula, *æ*, piége, lacs, filet; 2°. perche propre à étendre quelque chose dessus.

Tendiculæ literarum, détours captieux de mots.

Tendor, *oris*, voy. *Extensio*.

Tendo, *onis*, tendon.

Tensus, *a, um, part.* de *Tendo*.

Tensio, *onis*, &

Tensura, *æ*, l'action de dresser les tentes, de tendre les pavillons.

2. Tensa, *æ*, brancard ou chariot sur lequel on portoit les statues des Dieux aux jeux du Cirque.

3. Tentorium, *ii*, tente, pavillon.

Tentoriolum, *i*, petit pavillon, petite tente.

Tentorius, *a, um*, qui concerne les tentes, les pavillons.

Tenti-Pellium, *ii*, reméde pour dérider, pour ôter les rides.

FAMILLE GRECQUE.

Toni, *orum*, cordages des balistes, parce qu'on les tend avec force.

Cata-Tonus, *a, um*, qui est fort tendu; 2°. tendant en bas, peu élevé.

Homo-Tonus, *a, um*, bandé, tendu également.

Peri-Tonæum, *i*, péritoine, membrane qui enveloppe les parties internes du bas-ventre.

At-Tendo, *is, di, ntum, dere*, être attentif, s'appliquer, prendre garde, donner ses soins, faire réflexion.

At-Tentio, *onis*, attention, application, réflexion, soin, contention d'esprit.

At-Tentus, *a, um, part.* d'*Attendo*, attentif, appliqué, attaché, soigneux, qui prend garde.

At-Tenté, *iùs, issimé, adv.* attentivement, soigneusement, avec application, exactement.

Con-Tendo, *is, di, nsum*, ou *tum, dere*, bander, roidir, tendre, étendre; 2°. s'efforcer, tâcher, faire effort, employer ses forces; 3°. soutenir, prétendre; 4°. assurer, affirmer; 5°. débattre, disputer.

Con-Tentio, *onis*, contention, effort, ardeur, véhémence; 2°. comparaison, parallele; 3°. contestation, débat, différend, dispute.

Con-Tentus, *a, um, part.* de *Contendo*, bandé, roide, tendu.

Contentus arcus, arc bandé.

Con-Tensus, *a, um*, bandé, tendu.

Con-Tenté, *iùs, issimé, adv.* &

Con-Tentim, *adv.* avec effort, violence, contention; en s'efforçant.

Con-Tentiosus, *a, um*, contentieux, propre pour la dispute; 2°. opiniâtre, querelleur.

Con-Tentiosé, *adv.* avec dispute, avec effort, contentieusement.

In-Con-Tentus, *a, um*, qui n'est pas bandé, qui est lâche, qui n'est pas tendu.

De-Tendo, -*ere*, détendre.

De-Tentio, *onis*, détention.

Dis-Tendo, *is, di, sum* & *tum, dere*, tendre, bander; 2°. étendre, élargir, dilater, ouvrir; 3°. emplir.

DIS-TENTIO, onis, extension.

Distentio nervorum, convulsion qui fait roidir les nerfs.

DIS-TENTUS, a, um, comp. ior, superl. issimus, part. de Distendo, tendu, étendu, bandé, &c. & de Distineo, détenu, retenu, &c.

DIS-TENTO, as, avi, atum, are, emplir, remplir.

DIS-TENNO, is, ere, étendre, écarter, élargir, dilater.

EX-TENDO, is, di, sum & tum, dere, étendre, élargir, allonger, aggrandir.

EX-TENSIO, onis, extension, l'action d'étendre.

EX-TENTUS, a, um, part. d'Extendo, étendu ; 2°. grand, long.

EX-TENSUS, a, um, part. d'Extendo.

EX-TENSIVUS, a, um, qui étend.

SUPER-EX-TENDO, is, dere, s'étendre dessus ou par-dessus.

IN-TENDO, is, di, sum & tum, dere, tendre, bander ; 2°. étendre, déplier ; 3°. tourner vers, porter ses pas, prendre son chemin, dresser sa route vers ; 4°. prétendre, tâcher, s'efforcer, faire ses efforts ; 5°. présenter ; 6°. s'appliquer, s'attacher, considérer attentivement ; 7°. augmenter, accroître ; 8°. intenter.

IN-TENDens, tis, qui s'efforce, qui s'étend.

IN-TENDendus, a, um, qu'il faut étendre.

IN-TENSIO, onis ; voy. Intentio.

IN-TENSIVÈ, adv. avec plus de degrés, d'une maniere plus forte.

IN-TENSIVUS, a, um, qui a plus de degrés de chaud, de froid, &c.

IN-TENSUS, a, um ; voy. Intentus.

IN-TENTUS, ûs, extension, l'action d'étendre, tension.

IN-TENTUS, a, um, ior, issimus, tendu, bandé, roidi ; 2°. attentif, attaché, appliqué, occupé.

IN-TENTATIO, onis, l'action d'étendre.

Intentatio digitorum, l'action de menacer avec les doigts.

IN-TENTÈ, adv. attentivement, avec application, soigneusement.

IN-TENTIO, onis, l'action de s'étendre ou de se roidir ; 2°. application, contention, effort, attention, forte considération ; 3°. intention, volonté, but, fin, projet, dessein qu'on se propose ; 4°. action en jugement.

OB-TENDO, is, di, tum, & rarement sum, dere, tendre au-devant, mettre devant ; 2°. couvrir, voiler, chercher un prétexte pour couvrir.

OBS-TENDO, is, ere, opposer, mettre au-devant.

OBS-TINEO, es, ere ; voy. Obstendo.

PER-TENDO, is, di, sum, dere, étendre ; 2°. aller droit vers ou à ; 3°. comparer, faire comparaison ; 4°. achever, finir, terminer.

POR-TENDO, is, di, sum ou tum, dere, présager, prédire, pronostiquer, marquer l'avenir.

POR-TENTI-FICUS, a, um, qui fait des prodiges, qui a des effets surprenans.

POR-TENTOSUS, a, um, prodigieux, ce qui est contre l'ordre de la nature, monstrueux, surprenant, extraordinaire, étrange.

POR-TENTUM, i, prodige, chose surprenante, qui est contre l'ordre de la nature, monstre, effet prodigieux, présage.

PRÆ-TENDO, is, di, sum & tentum, dere, tendre devant, mettre au-devant ; 2°. prétexter, couvrir d'un prétexte,

prétexte, alléguer pour excuſe ; 3°. prétendre.

Præ-Tentus, a, um, part. de Prætendo, étendu, déployé par devant, bordé.

Præ-Tenta, orum, les grandes gardes ; voy. Caſtra.

Pro-Tendo, is, di, ſum & tum, dere, tendre, étendre, allonger ; 2°. différer, remettre, proroger, prolonger.

Pro-Tendens, tis, allongeant, étendant, qui étend.

Pro-Tensus, a, um, &

Pro-Tentus, a, um, participe de Protendo.

Re-Tendo, is, di, ſum, dere, débander, détendre, lâcher.

Re-Tentus, a, um, part. de Retineo & de Retendo.

Sub-Tendo, is, di, ſum & tum, dere, étendre deſſous.

Sub-Tentus, a, um, part. de Subtento.

Subtenti loris lecti, lits de ſangle ou branles, lits de vaiſſeaux.

Sus-Tendo, is, dere, tendre, dreſſer.

Suſtendere alicui inſidias, dreſſer des embûches, tendre des piéges à quelqu'un.

TAN,

Grand, élevé.

De Tan, grand, élevé, fort, vinrent divers mots.

1.

1. Thunnus, i, thon, gros poiſſon de mer.

Thynnarius, a, um, de thon. Ce mot eſt également Grec & Oriental, dans le ſens de gros poiſſon.

2. At-Tinæ, arum, monceau de pierres.

En Grec Thin, monceau, amas.

2.

1. Tam, adv. il s'exprime en François par autant, auſſi, ſi fort, tellement, ſi, d'autant plus, tant, cependant.

Tam-Etſi, encore que, bien que, quoique, encore bien que.

Tamen, cependant, néanmoins, toutefois, ſi eſt-ce que, pourtant.

Tamdè, adv. voyez Tàm.

Tam-Diù, voyez Tandiù.

Tan-Dem, adv. enfin.

Tan-Diù, adv. autant de temps, pendant, tandis, tant.

Tandiù dum, tandiù quàm, tandis que, tant que.

Tan-Quam, comme, comme ſi, de même que ſi.

2. Tantus, a, um, ſi grand, ſi avantageux, ſi conſidérable, ſi cher, ſi illuſtre, de ſi grande importance.

Tantus-Dem, adem, umdem, autant, le même.

Tantùm, ſeulement ; 2°. tant, ſi fort ; 3°. autant, excepté.

In-Tantùm, adv. autant, tant, ſi fort.

Tantum-Modò, adv. ſeulement.

Tanti, ſi grand, ſi fort, ſi avantageux, ſi conſidérable, ſi cher.

Tant-Idem, autant, tout autant, égal.

Tantum-Dem, gen. Tantidem.

Tanto, abl. abſ. tant.

Tantò, adv. autant, d'autant.

Quinquies tantò, cinq fois autant.

Tantò magis, d'autant plus.

Tant-Operè, adv. tant, tellement, ſi fort, ſi ardemment.

Tantulus, a, um, ſi petit.

Tantillus, a, um, ſi petit.

Tantiſper, adv. un peu, pendant un peu de temps, un moment.

Tantiſperdùm, pendant que, juſqu'à ce que.

Tantulo, abl. à ſi bas prix.

Tantulo vænire, être vendu ſi peu,

TANtulùm, adv. tant soit peu.
TANtillulùm, adv. si peu que rien.
TANtillùm, adv. tant soit peu.

3. As-THENes, is, invalide, hors d'état de servir.

As-THENia, as, manque de force, impuissance. D'A privatif, & TAN, fort.

3.

TENuis, nue, is, nuior, issimus, délié, mince, menu, clair; 2°. subtil, fin, léger; 3°. peu considérable, de peu de conséquence, simple, qui n'a rien d'élevé; 4°. modique.

TENuiculus, a, um, dimin.

TENuitas, atis, petitesse, délicatesse, subtilité; 2°. foiblesse; 3°. maigreur; 4°. indigence, pauvreté; 5°. simplicité.

TENuiter, iùs, issimè, adv. petitement, foiblement, subtilement, délicatement, d'une maniere déliée.

TENuatio, onis, l'action de rendre clair, plus délié, plus mince, moins épais.

TENuo, as, avi, atum, are, amenuiser, amoindrir, affoiblir; rendre plus petit, plus mince, plus délié; diminuer; 2°. amaigrir, atténuer, exténuer.

COMPOSÉS.

AT-TENuo, as, avi, atum, are, atténuer, exténuer, affoiblir, amoindrir, diminuer, amaigrir, rendre plus petit.

AT-TENuatio, onis, diminution, affoiblissement.

AT-TENuatus, a, um, affoibli, amoindri, amaigri; 2°. simple, bas, rampant, petit, peu élevé; part.

AT-TENuatè, iùs, issimè, adv. d'une maniere simple, concise.

IN-AT-TENuatus, a, um, qui n'est point exténué, diminué ou affoibli.

Ex-TENuo, as, avi, atum, are, amenuiser, rendre délié, effiler, rendre mince; 2°. diminuer, affoiblir, exténuer, amoindrir, faire plus petit; 3°. étrécir, rétrécir.

Ex-TENuator, oris, qui amoindrit, qui diminue, qui fait plus petit, qui affoiblit.

Ex-TENuatio, onis, amoindrissement, diminution, affoiblissement, exténuation; figure de Rhétorique.

Ex-TENuissimè, adv. très-peu.

PER-TENuis, m. f. nue, n. is, fort mince, très-délié; 2°. fort léger, très-petit.

PRÆ-TENuis, m. f. nue, n. is, fort menu, très-délié, extrêmement mince, fort petit, fort étroit.

SUB-TENuis, m. f. nue, n. is, un peu ou assez délié.

SUB-TER-TENuo, as, avi, atum, are, user, rendre mince, ou affoiblir par dessous.

4.

TENer, a, um, ior, rimus, tendre, qui n'est pas dur, délicat; 2°. jeune; 3°. flexible; 4°. efféminé, douillet, voluptueux.

TENellus, a, um, fort tendre, très-délicat, très-jeune, très-petit.

TENellulus, a, um, tout-à-fait tendre, d'une extrême délicatesse, tout jeune, tout petit.

TENerasco, is, ere, &

TENeresco, is, ere, s'attendrir, s'amollir, ramollir.

TENeritudo, inis, &

TENeritas, atis, tendreté; 2°. tendresse, délicatesse.

TENeriter, adv. &

TENerè adv. d'une maniere tendre, délicate.

TENerrimè, adv. très-délicatement, avec beaucoup de délicatesse.

PRÆ-TENer, era, erum, fort tendre.

TAN.

TAN est un mot primitif qui désigne le feu, la lumiere, & qui se prononçant TEN, TING, ZIN, SCIN, ZEN, forma diverses familles dont on ne reconnoissoit plus les rapports & l'origine.

1.

TEN, feu, s'associant avec le Prim. BRE, BRECH, rompre, emporter, forma cette famille.

TENe-BRÆ, arum, ténébres, obscurité; mot-à-mot, lumiere emportée, ravie.

TENebro, -are, } couvrir de ténébres;
TENebrio, -are, } mot-à-mot, ôter le feu.

TENebrosus, a, um, obscur, sombre, noir.
TENebrarius, a, um, obscur, qui est dans l'obscurité.
TENebricus, a, um; TENebricosus, a, um, plein de ténébres, rempli d'obscurité; 2°. caché, qu'on dérobe à la connoissance, où l'on recherche l'obscurité.
TENebrosè, adv. obscurément, nuitamment.
TENebresco, -ere, se couvrir de ténébres.
TENebrio, onis, qui fuit la lumiere, qui recherche l'obscurité.
CON-TENebro, as, -are, } être couvert de
CON-TENebror, -ari, } ténébres.
CON-TENebrasco, is, -ere; CON-TENebresco, is, -scere, se faire nuit, s'obscurcir.
EX-TENebro, -are, tirer des ténébres, éclaircir.
OB-TENebro, -are, couvrir de ténébres.

2.

1. SCIN-Tilla, æ, étincelle.
SCIN-Tillula, æ, petite étincelle.
SCIN-Tillo, -are, étinceller, pétiller.
SCIN-Tillatio, onis, étincellement, pétillement.

2. S-TINGUO, is, nxi, nctum, guere, } étouffer le feu, éteindre;
EX-TINGUO, is, nxi, nctum, guere, } 2°. abolir, détruire, supprimer, 3°. amortir.
EXS-TINGUO, is, nxi, nctum, ere, }

EXS-TINCtor, oris, qui éteint, qui étouffe; 2°. destructeur, qui ruine, qui met fin.
EXS-TINCtus, ûs, l'action d'éteindre; 2°. mort, extinction de la vie.
INTER-STINGUO, -ere, éteindre; 2°. étouffer; 3°. diviser.
EXS-TINCtio, onis, anéantissement, ruine entiere.
IN-EXS-TINCtus, a, um; IN-EXS-TINGuibilis, e, is, qui ne s'éteint point, inextinguible.
PRÆ-STINGUO, is, nxi, nctum, guere, éteindre, étouffer, obscurcir, effacer.
RES-TINGUO, -ere, éteindre, étancher, calmer, arrêter.
RE-STINCtio, onis, étanchement de la soif.
IRRE-STINCtus, a, um, qui n'est pas éteint.

3.

TINGO, is, nxi, nctum, gere, teindre, mettre en teinture; 2°. tremper, baigner, mouiller, abreuver; 3°. donner la trempe.
TINGens, tis, teignant, qui teint.
TINGui, être baptisé.
TINCtura, æ, teinture.
TINCtus, ûs, voyez TINCtura.
TINCtus, a, um, teint, mis en teinture; 2°. qui a une teinture. Voyez Tingo.
TINCtus veneno, empoisonné.
TINCturus, a, um, qui teindra.
TINCtilis, le, is, qui sert à teindre, dont on teint.
TINCA, æ, tanche, poisson d'eau douce.

COMPOSÉS.

DIS-TINGUO, *is, nxi, nctum, guere,* distinguer, démêler, discerner, mettre de la différence ; 2°. diviser, séparer ; 3°. diversifier, varier, entremêler ; 4°. marqueter, moucheter, tacheter, parsemer.

DI-STINCTIO, *onis,* distinction, différence, diversité ; 2°. division, séparation.

DIS-TINCTUS, *ûs,* diversité, variété.

DIS-TINCTÉ, *adv.* &

DIS-TINCTIM, *adv.* distinctement, clairement, nettement ; 2°. séparément, à part ; en particulier.

Distinctius dicendum, il faut parler plus clairement, plus distinctement.

IN-DIS-TINCTÉ, *adv.* indistinctement, confusément, sans distinction, sans ordre, pêle-mêle.

IN-DIS-TINCTUS, *a, um,* confus, qui est sans ordre, qui n'est pas distingué.

IN-TINGO, *is, nxi, nctum, gere,* saucer, tremper dans la sauce ; 2°. teindre.

IN-TINCTIO, *onis,* teinture.

IN-TINCTOR, *oris,* teinturier.

IN-TINCTUS, *ûs,* sauce, assaisonnement.

INTER-TINGO, *is, nxi, nctum, gere,* marqueter, tacheter, moucheter, parsemer.

PRÆ-TINCTUS, *a, um,* trempé avant, teint auparavant, frotté de poison.

RE-TINGO, *is, nxi, nctum, gere,* donner une seconde trempe ; 2°. reteindre, donner une seconde teinture, repasser en teinture.

4.

STAMNUM, *i,* étain.
STANNEUM, *i,* étain, métal.
STAMNEUS, *a, um,* &
STANNEUS, *a, um,* d'étain.
STAMNARIUS, *ii,* potier d'étain.
STAGNATOR, *oris,* potier d'étain.
STAGNATUM, *i,* vase étamé ou étaimé.
STAMNIATUS, *a, um,* voy. *amphoralis.*
STAMNIUM, *ii,* voy. *Cadus.*
STIMMI, *indécl.* antimoine.

TAR, piquer.

De TAR, qui en Celte signifie piquer, percer, &c. vint,

1. TARantula, *æ,* tarentule, espèce d'araignée dont l'aiguillon est venimeux.

TARMES, *itis,* petit ver qui mouline le bois.

2. AN-TRUM, *i,* antre, caverne, grotte.

AN-TRÆ, *arum,* intervalles entre les arbres.

3. BARA-THRUM, *i,* creux dont on ne voit pas le fond, trou, abîme ; 2°. creux du ventre ; 3°. femme qui engloutit comme un gouffre les biens de ses amans ; 4°. grand mangeur, gourmand ; 5°. ouverture, trou profond où les Athéniens précipitoient les criminels.

Du Grec THRÓma, trou, & de BARus, profond.

2. TAR, prononcé TER.

TEREBRA, *æ,* tariere ou tériere, instrument qui sert à percer ; 2°. trépan, instrument de Chirurgien.

TEREBELLA, *æ,* &
TEREBELLUM, *i,* foret, vrille, perçoir, trépan.

TEREBRO, *as, avi, atum, are,* percer avec la tariere 2°. trépaner ; 3°. percer le cœur de compassion.

TEREBRATIO, *onis,* &
TEREBRATUS, *ûs,* l'action de percer avec la tariere ; 2°. l'action de trépaner.

TEREDO, *inis,* ver qui carie le bois, qui

le perce ; 2°. ver qui ronge les étoffes ; 3°. ciron.

Ex-Terebra, æ, tariere, outil à percer le bois.

Ex-Terebratio, onis, l'action de percer le bois.

Ex-Terebro, as, avi, atum, are, percer le bois avec la tariere ; 2°. fureter, fouiller, chercher par-tout ; 3°. tirer de force, extorquer.

Per-Terebrator, oris, qui perce d'outre en outre avec la tariere.

Per-Terebratus, a, um, part. de

Per-Terebro, as, avi, atum, are, percer d'outre en outre, avec la tariere.

TAR,
TER, TOR, TRO,
Force.

Tar désigna la force, la violence, la rigueur, la grandeur en tems, en nombre, &c. de-là diverses Familles très-nombreuses.

I.

1. Tero, is, trivi, tritum, rere, broyer, piler, frotter ; 2°. user en frottant ; 3°. perdre.

Termentarium, ii, linge qu'on porte jusqu'à ce qu'il soit usé.

Termentum, i, voy. Detrimentum.

Tritor, oris, broyeur, qui broye.

Tritor stimulorum, gâteur de verges, garnement qui se fait souvent fouetter.

Trituro, as, avi, atum, are, battre le bled ; 2°. broyer.

Tritus, ûs, broyement, l'action de broyer.

Tritura, æ, l'action de battre le bled ; 2°. l'action de broyer, broyement.

2. Triticum, i, froment.

Triticeus, a, um, de froment, qui concerne le froment.

COMPOSÉS.

At-Tero, is, trivi, tritum, terere, frotter contre, user en frottant ; 2°. concasser, briser, mettre en morceaux, piler, broyer ; 3°. détruire, ruiner, épuiser, consumer ; 4°. écraser, froisser, fouler aux pieds, gâter, chiffonner ; 5°. gourmander, traiter avec hauteur, rabaisser.

At-Trita, orum, écorchures, foulures.

At-Tritio, onis, attrition, terme de Théologie.

At-Tritus, ûs, frottement d'une chose contre une autre, froissement.

Con-Tero, is, trivi, tritum, rere, broyer, piler, concasser, écraser, moudre, user, consommer, employer, gâter, perdre.

Con-Tritus, a, um, part. de Contero ; broyé, pilé, écrasé ; 2°. usé, commun, vulgaire, ordinaire ; 3°. contrit, mortifié.

Con-Tritor, oris, qui use, qui porte, qui se sert de quelque chose que ce soit.

Con-Tritio, onis, contrition.

De-Tero, rere, froisser, broyer, gâter.

De-Trimentum, i, dommage, désavantage, perte, préjudice, détriment.

De-Trimentosus, a, um, dommageable.

Dis-Tero, is, trivi, tritum, rere, broyer, piler, écraser.

Ex-Tero, is, trivi, tritum, terere, broyer, briser, casser, froisser, amenuiser, rendre mince, faire délié, hacher.

In-Tero, is, trivi, tritum, rere, broyer dedans, émier parmi.

In-Trimentum, i, voy. Intritum.

In-Trita, æ, sorte de mets pilé des Anciens, composé d'œufs, de fromage, d'ail, d'huile, &c. 2°. mortier, chaux

& ciment mêlés avec de l'eau ; 3°. terre graffe pétrie avec les mains, dont on entoure une greffe qu'on vient d'enter; 4°. terre graffe pétrie & propre à former des tuiles, des briques, &c.

IN-TRITUM, i, forte de mets pilé, battu, broyé ou haché comme aumelette, hachis, falmigondi, capilotade, mélange de plufieurs chofes pour faire un ragoût.

IN-TRITUS, a, um, part. d'Intero, battu, mêlé, haché ou émié dedans.

INTER-TRIGO, inis, bleffure ou écorchure, qui fe fait par le frottement d'une partie contre l'autre.

INTER-TRIMENTUM, i, &

INTER-TRITURA, æ, perte, dommage, déchet.

OB-TERO, is, trivi, tritum, rere, broyer, piler, écacher, écrafer, fouler aux pieds; 2°. détruire, anéantir, diminuer, affoiblir.

OB-TRITUS, ûs, l'action de broyer, de piler, d'écrafer.

PER-TERO, is, trivi, tritum, rere, ufer en frottant.

PER-TRITUS, a, um, part. de Pertero, bien broyé.

PRÆ-TERO, is, trivi, tritum, rere, broyer, piler, frotter auparavant ou fortement.

PRO-TERO, is, trivi, tritum, rere, fouler aux pieds, écrafer, écacher ; 2°. méprifer fort, détruire.

PRO-TRITUS, a, um, part. de Protero, foulé aux pieds.

PRO-TRIMENTUM, i, andouillette.

RE-TERO, is, ere, rebroyer, repiler; 2°. repolir.

RE TRIMENTUM, i, lie ; 2°. fcorie.

SUB-TERO, is, trivi, tritum, rere, broyer, menu ou fin.

SUB-TRITUS, a, um, ufé par-deffous.

2.

TRIO, en vieux Latin, bœuf, mot-à-mot, celui qui fillonne la terre.

TRIONES, num, étoiles de la grande Ourfe, Conftellation ; mot-à-mot, les bœufs.

3.

TRIBULA, æ, efpéce de traîneau dont on fe fervoit pour faire fortir le grain de l'épi avant l'ufage des fléaux.

TRIBULUM, i, voy. Tribula.

TRIBULO, as, avi, atum, are, faire fortir le grain de l'épi avec le traîneau.

TRIVOLUM, i, voy. Tribula.

TRIBULARIUM, ii, lieu où les laboureurs ferroient leurs inftrumens.

TRIBULATIO, onis, tribulation, déplaifir, douleur, affliction, tourment.

TRIBULUS, i, forte de fruit, forte de plante qui pique, chardon; 2°. chauffe trape; voy. Murex.

CON-TRIBULO, as, avi, atum, are, brifer, rompre ; 2°. tourmenter, affliger, inquiéter.

CON-TRIBULATUS, a, um, part. de Contribulo.

FAMILLE GRECQUE.

DIA-TRIBA, æ, Académie, lieu de conférence, auditoire de Collége, école, fecte ; 2°. affemblée de gens fçavans ; 3°. conférence, exercice d'efprit, differtation.

Diatriba Ariftotelis, école d'Ariftote, fecte Péripatéticienne.

PARA-TRIBA, æ, difpute.

PARA-TRIMMA, tis, écorchure entre les feffes, entre les cuiffes.

STRI.

De TRI, fillon, fe forma cette Famille :

S-TRIA, æ, le plein qui eft entre les

cavités des colonnes cannelées, ou à sillons.

S-Triatura, æ, cavité des colonnes cannelées.

S-Trio, as, avi, atum, are, canneler, faire des cannelures; 2°. sillonner, faire des raies; 3°. revirer, quand les bœufs sont au bout d'une raie.

S-Triatus, a, um, cannelé, qui a des canelures.

S-Trix, igis, sorte d'oiseau de nuit; 2°. spectre, fantôme.

S-Truma, æ, &

S-Trumæ, arum, écrouelles, maladie; 2°. bosse des bossus.

Struma civitatis, perte, honte, opprobre d'une ville.

S-Trumaticus, a, um, qui a les écrouelles.

S-Trumosus, a, um, qui a les écrouelles; 2°. qui est bossu.

S-Trumea, æ, sorte de plante.

Ob-Strundo, is, ere, engloutir, dévorer.

II.

Tardus, a, um, ior, issimus, lent, pesant, lourd, tardif.

Tardo, as, avi, atum, are, tarder, retarder, causer du retardement, apporter du délai, arrêter; 2°. tarder, s'amuser, s'arrêter.

Tardeo, es, ere, &

Tardesco, is, ere, devenir lent.

Tardor, oris, ou

Tarditas, atis ;-ties, ei, &

Tarditudo, inis, lenteur; 2°. retardement, délai.

Tardé, ius, issimé, adv. tard ou lentement.

Tardiusculé, adv. un peu tard, un peu lentement, avec quelque lenteur.

Tardiusculus, a, um, un peu lent.

Tardi-Gemulus, a, um, qui se plaint tard.

Tardi-Gradus, a, um, qui marche lentement, lent à marcher.

Tardi-Loquus, a, um, lent à parler, qui parle lentement, qui a le parler lent.

Tardi-Pes, Pedis, voyez Tardigradus.

Re-Tardatio, onis, retardement.

Re-Tardatus, a, um, part. de

Re-Tardo, as, avi, atum, are, retarder, arrêter, retenir, amuser.

Sub-Tardus, a, um, un peu tardif, un peu lent.

III.

1. Taurus, i, taureau; 2°. le taureau, douzieme signe du Zodiaque, constellation composée de cinquante-deux étoiles; 3°. sorte d'oiseau; 4°. sorte d'escarbot, insecte; 5°. racine d'arbre; 6°. entrefesson.

Taura, æ, vache stérile.

Taureus, a, um, de taureau.

Taurinus, a, um, de taureau; 2°. de Turin.

Taurea, æ, nerf de bœuf; 2°. sorte d'escourgée faite de cuir de bœuf.

Binomes.

Tauri-Cornis, ne, is, qui a des cornes de taureau.

Tauri-Fer, a, um, qui produit des taureaux.

Tauri-Formis, me, is, qui a la figure ou la forme d'un taureau.

Tauri-Genus, a, um, engendré d'un taureau.

Tauro-Boliatus, a, um, qui a sacrifié des taureaux à Cybele.

2. Taurii, orum, &

Taurilia, ium, jeux & sacrifices qu'on faisoit à Rome à l'honneur des Dieux infernaux.

IV.

Turgeo, es, ere, être enflé.
Turgesco, is, ere, s'enfler, devenir enflé.
Turgens, tis, qui s'enfle.
Turgidè, adv. avec enflure
Turgidulus, a, um, un peu enflé.
Turgidus, a, um, enflé, gonflé, front armé de cornes.
De-Turgeo, es, rsi, gere, se défenfler.
In-Turgesco, is, ere, voyez Intumesco.
Ob-Turgeo, es, gere, &
Ob-Turgesco, is, ere, enfler, devenir enflé, s'enfler.

V.

1. Tursio, & Tyrsio, onis, marsouin, pourceau de mer, grand poisson.
2°. Turio, onis, tendron, extrémité des branches d'arbres.
3. Turunda, æ, masse de pâte qu'on fait avaler aux volailles qu'on veut engraisser ; 2°. tente de charpie.
4. Turda, æ, grive, oiseau.
Turdulus, i, petite grive.
Turdus, i, grive, oiseau ; 2°. sorte de poisson.

VI.

1. S-Truthea mala, orum, coings, fruit.
S-Truthio-Mela, orum, coings, coignasses, fruits.
Struthium, ii, l'herbe au foulon.
Callis-Truthia, en Grec Καλλιστρυθια, espèce de figues les plus froides.
2. S-Truthos, i, voyez Passer.
3. Struthio-Camelus, i, autruche, oiseau.
S-Truthio-Camelinus, a, um, d'autruche.
4. S-Turio, onis, esturgeon, poisson.
5. S-Turnus, i, étourneau, sansonnet, oiseau.

VII.

1.

1. Turris, is, tour.
Turritus, a, um, qui a des tours, où il y a des tours, chargé ou garni de tours.
Turricula, æ, cornet à jouer aux dés ; 2°. tourelle, petite tour.
Turri-Fer, a, um, &
Turri-Ger, a, um, qui porte une tour ou des tours.

2.

Tyrannus, i, mot-à-mot, le Seigneur de la tour, du château : Roi ; 2°. tyran.
Tyrannis, idis, tyrannie.
Tyrannicus, a, um, tyrannique, de tyran.
Tyrannicè, adv. tyranniquement, en tyran.
Tyranni-Cidium, ii, meurtre d'un tyran.
Tyranno-Ctonus, a, um, qui a tué un tyran, meurtrier d'un tyran.

3.

Tityrus, i, le plus fort bélier d'un troupeau, mot-à-mot, le fort ; 2°. Ministre des Dieux ; 3°. sorte de petit oiseau ; 4°. nom d'homme.

4.

Tyrus, i, Tyr, isle & ville de la côte de Phénicie, parce qu'elle étoit bâtie sur un roc ; 2°. écarlate, pourpre.
Tyros, voyez Tyrus.
Tyrius, a, um, de Tyr ; 2°. de couleur de pourpre.
Tyri-Amethystus, i, couleur d'améthyste purpurine.

TYRI-ANTHINUS, a, um, de couleur de pourpre violette.

GREC-LATIN.

AT-TARAGUS, i, croute de dessus, au pain; en Grec ΑΤΤΑΡΑΓΗ, *Attaragoi*, croutes vives qui se détachent du pain en le coupant.

TASC.

Du Celte TAS, TES, TESC, chaleur, vint :

TASCONIUM, ii, terre grasse, blanche, qui soutient le plus grand feu, propre par conséquent à faire des creusets.

TEG.

De T, force, protection, abri, réfuge, vint TEG, qui signifia couvrir, mettre à couvert, servir d'asyle, d'abri, de-là :

I.

1. TEGO, is, xi, ctum, ere, couvrir, cacher, céler.

TEGMEN, inis,
TEGIMEN, inis,
TEGUMEN, inis,
TEGMENTUM, i,
TEGUMENTUM, i,
} couverture; 2°. ombrage; 3°. prétexte.

TRGILLUM, i, mante, couverture, capot.
TEGES, etis, natte de paille ou de jonc.
TEGETICULA, æ, petite natte.
TEGULA, æ; TEGULUM, i, tout ce qui sert à couvrir les maisons, cannes, roseaux; 2°. tables de plomb ou de cuivre.
TEGULO, -are, faire de la tuile, couvrir de tuile.
TEGULARIUS, ii, tuilier, qui fait de la tuile.
TEGULARIUS, a, um, qui concerne la tuile.
TEGULARIUM, ii, tuilerie, lieu où se fait la tuile.
TEGULANEUS, a, um, qui sert à couvrir les maisons; 2°. de tuile.

2. TECTUM, i, couverture de maison, toit, maison.
TECTORIUM, ii, enduit, crépi.
TECTORIOLUM, ii, petit enduit de muraille.
TECTORIUS, a, um, qui concerne l'enduit, le crépi.
TECTOR, oris, qui enduit les murailles, qui peint les murs.
TECTÉ, en termes couverts, en secret.

COMPOSÉS.

AT-TEGIÆ, arum, cabanes, échopes, maisonnettes.
CON-TEGO, is, xi, ctum, ere, couvrir, voiler, envelopper.
SUPER-CON-TEGO, -ere, clorre, couvrir par-dessus.
DE-TEGO, -ere, découvrir, lever le voile; divulguer, déclarer.
DE-TECTIO, onis, découverte.
DE-TECTOR, oris, qui découvre, qui a découvert.
IN-TEGO, -ere, couvrir, enduire.
IN-TEGUMENTUM, i, couverture, enveloppe, ce qui sert à envelopper; 2°. prétexte, voile.
OB-TEGO, -ere, couvrir, cacher.
PER-TEGO, -ere, couvrir entièrement.
PRÆ-TEGO, -ere, couvrir par-devant.
PRO-TEGO, -ere, couvrir, faire des balcons, des galeries, protéger, défendre, couvrir de son crédit, pallier, excuser.
PRO-TECTA, orum, balcons, galeries couvertes.
PRO-TECTUS, ûs, couverture.
PRO-TECTIO, onis, sauve-garde, protection.

PRO-TECTOR, *oris* ; *trix*, *icis*, protecteur, protectrice.

RE-TEGO,-*ere*, découvrir, mettre en évidence.

SUB-TEGO,-*ere*, couvrir, cacher un peu.

SUB-TEGmen, *inis* ; SUB-TEMen, *inis*, tissu, trame.

SUB-TEGulanus, *a*, *um*, qui est sous les tuiles.

2.

TOGA, *æ*, robe longue que portoient les Romains en tems de paix ; 2°. gens de robe ; 3°. sorte de robe des femmes du commun à Rome ; 4°. la paix.

TOGula, *æ*, dim. de *Toga*.

TOGatarius, *ii*, qui fait des pièces de théâtre dont les Acteurs sont habillés de grandes robes à la Romaine.

TOGulus, *a*, *um*, dim. de

TOGatus, *a*, *um*, vêtu d'une robe longue à la Romaine.

EPI-TOGium, *ii*, surtout, manteau, casaque, capote, capot.

3.

1. TUGurium, *ii*, cabane, chaumiere, maisonnette.

2. ARCHI-TECTA, *æ*, -*Tus*, *i*, &

ARCHI-TECTO, *onis* ; -TON, *onis* ; -TOR, *oris*, Architecte : mot-à-mot, qui préside aux édifices.

ARCHI-TECTatio, *onis* ; -TECTio, *onis*, conduite d'un Architecte dans son ouvrage.

ARCHI-TECTonice, *es*, architecture.

ARCHI-TECTura, *æ*, architecture, maniere de bâtir ; 2°. ouvrage, pièce d'architecture.

ARCHI-TECTOR, *aris*, *atus sum*, *ari*, bâtir, construire, élever un bâtiment.

ARCHI-TECTonicus, *a*, *um*, qui concerne l'Architecture.

4. STEG.

TEG se faisant précéder de S, forma cette Famille.

En Gr. STEGA, un toit.

STEGen, couvrir.

En Allem. STEIGen, monter ; de-là :

STEGA, *æ*, tillac.

STEGnus, *a*, *um*, construit en échaffaud, en balcon.

DI-STEGia, *æ*, double toit ; 2°. double étage ; 3°. salle à manger.

DI-STEGus, *a*, *um*, qui a double étage.

TRI-STEGA, *arum*, trois étages.

PRÆ-STEGA, *æ* ; -*Gium*, *ii*, balcon ouvert, galerie élevée.

II.

TEXO, *is*, *xui* ou *xi*, *textum*, *xere*, faire un tissu, tresser, tresser.

TEXtor, *oris*, tisserand ; 2°. tissutier, rubanier ; 3°. ouvrier en soie, sérandinier.

TEXtrix, *icis*, celle qui fait de la toile ; 2°. tresseuse, tresseuse.

TEXtrina, *æ*, métier, ou profession de tisserand.

TEXtrinum, *i*, métier, ouvroir de tisserand ; 2°. lieu où il travaille.

TEXtrinus, *a*, *um*, voyez *Textilis*.

TEXtile, *is*, tissu.

TEXtilis, *le*, *is*, tissu, tressé, tressé, entrelacé.

TEXtorius, *a*, *um*, de tisserand.

TEXtura, *æ*, &

TEXus, *ûs*, tissure, tissu.

TIXum, *i*, tissu, tissure.

TIXus, *ûs*, texte.

TEXTI VILitium, *ii*, espèce de bourre, qui, à l'user, tombe d'une étoffe, telle qu'il s'en trouve ordinairement entre le dessus & la doublure d'un habit ; 2°. un rien, un zest.

COMPOSÉS.

At-Texo, *is*, *xui*, *textum*, *xere*, joindre, lier, attacher avec, faire un tissu.

Circum-Texo, *is*, *xui*, *textum*, *xere*, entrelacer, faire un tissu autour, border d'un tissu.

Circum-Textum, *i*, habit bordé d'un tissu.

Circum-Textura, *æ*, bordure tissue autour.

Circum-Textus, *a*, *um*, part. de *Circumtexo*, tissu autour, bordé d'un tissu.

Con-Texo, *is*, *xui*, *xtum*, *xere*, ourdir, faire un tissu, joindre, lier ensemble.

Con-Textus, *a*, *um*, tissu, ourdi, entrelassé, cousu, assemblé.

Con-Textio, *onis*, voyez *Contextus*.

Con-Textus, *ûs*, tissu, tissure, entrelassement, enchaînure, enchaînement.

Contextu uno, tout d'une suite, sans interruption.

Con-Textura, *æ*, composition, contexture, arrangement.

Con-Texté, adv. &

Con-Textim, adv. tout d'une suite, avec liaison, avec enchaînement, sans interruption.

De-Texo, *-ere*, faire une tissu ; 2°. ôter une toile de dessus le métier.

De-Textus, *a*, *um*, tissu, fait, fini.

E-Texo, *is*, *xui*, *xtum*, *xere*, détordre, détortiller ; 2°. dépétrer, débarrasser.

Ex-Texo, *is*, *xui*, *textum*, *ere*, défaire un tissu, effiler, mettre en charpie.

In-Texo, *is*, *xui*, *textum*, *xere*, faire un tissu, brocher, entrelacer, entremêler ; 2°. introduire, faire parler dans un dialogue.

In-Textus, *ûs*, tissu.

In-Textus, *a*, *um*, part. d'*Intexo*.

Inter-Texo, *is*, *xui*, *textum*, *xere*, faire un tissu, brocher ; entrelasser, entortiller, mêler entre ou parmi.

Inter-Textus, *a*, *um*, part. tissu, broché, entrelassé, entortillé.

Ob-Texo, *is*, *xui*, *textum*, *xere*, faire un tissu tout autour.

Per-Texo, *is*, *xui*, *textum*, *xere*, achever un tissu ; 2°. finir ce qu'on a commencé.

Præ-Texo, *is*, *xui*, *textum*, *xere*, faire un tissu pardevant ; 2°. broder ; 3°. ébaucher, commencer ; 4°. pallier, prétexter, couvrir d'un prétexte, voiler.

Præ-Texens, *tis*, qui borde.

Præ-Textus, *ûs*, prétexte, couleur, fausse raison qu'on allègue pour couvrir la véritable.

Præ-Textus, *a*, *um*, couvert ; 2°. dédié.

Præ-Textum, *i*, ornement.

Præ-Texta, *æ*, la prétexte, sorte de robe longue bordée de pourpre, que portoient les enfans de qualité à Rome, jusqu'à l'âge de dix-sept ans, & dont les Prêtres, les Magistrats & les Sénateurs Romains étoient revêtus, lorsqu'ils assistoient aux jeux publics ; 2°. pièce de Théâtre, Comédie, Tragédie.

Prætexta palla, habit de deuil.

Præ-Textatus, *a*, *um*, vêtu de la robe longue bordée de pourpre qu'on appelloit la Prétexte.

Prætextata ætas, ou *Prætextati anni*, l'enfance jusqu'à dix-sept ans.

Præ-Textaté, adv. en enfant, en badin, en folâtre.

Re-Texo, *is*, *xui*, *textum*, *xere*, désourdir, défaire un tissu ; 2°. recommencer refaire, raccommoder ; 3°. détruire ruiner.

Sub-Texo, *is*, *xui*, *textum*, *xere*, faire un tissu, ajouter, joindre ou mettre en suite ; 2°. couvrir.

O 6 ij

Syn-Tecticus, a, um, qui est en langueur, dont les forces sont épuisées.
Syn-Texis, is, abattement de forces, épuisement, langueur.

III.

1. Techna, æ, fourberie, tromperie, mot-à-mot, chose tissue, ourdie.
Technici, orum, ceux qui ont écrit des préceptes des arts.
Techno-Phyon, i, arsenal de fourberies.
Technosus, a, um, artificieux, plein de fourberies.

COMPOSÉS.

Cata-Technus, a, um, qui travaille avec soin.
Caco-Technia, æ, mauvais art.
Con-Tichnor, aris, atus sum, ari, tramer, former, inventer, méditer, imaginer ou machiner une fourberie.
A-Tecium, ii, médicament pour empêcher de concevoir.

2. Tuca, orum, bisques, assaisonnemens ou garnitures de potages.
Tucetum, i, espèce de sausse fort épaisse; 2°. pièce de bœuf qui se conservoit long-tems dans cette sorte d'assaisonnement.
Ticho-Bates, æ, qui monte par-dessus un mur pour dérober.
Teuchites, æ, sorte de jonc odoriférant.

3. Acro-Stichis, idis; -ichia, orum, acrostiches, vers dont les premieres lettres jointes ensemble, font un sens suivi, ou forment un nom.

IV.

Tignum, i, poutre, solive, pilotis, tout gros bois de charpente; 2°. perche, échalas.
Tigillum, i, soliveau, chevron.
Tigno, as, are, construire ou couvrir de charpente.

Tignarius, a, um, de charpente, de charpenterie, de charpentier.
Inter-Tignium, ii, entrevoux de solives ou de poteaux de cloison; l'espace qui est entre deux solives ou deux poteaux d'une cloison.
Con-Tignatus, a, um, part. de
Con-Tigno, as, avi, atum, are, assembler des pièces de bois ou des ais, faire un plancher; 2°. asseoir, poser des planches, des solives, pour faire un plancher, une cloison, &c.
Con-Tignatio, onis, assemblage de planches, charpente d'une maison.
Con-Tignum, i, pièce de viande, qui est un assemblage de côtes, comme un quarré de mouton, &c.

T E P idus,
Tiéde.

Dans nos Origines Françoises, nous avons vu que le Latin Tepidus, dont nous avons fait Tiepde, puis Tiéde, tenoit au mot Arabe Daphi, échauffer; mais c'est également le Celte Dapar, Daphar, cuire, qui tient ainsi au Latin Dapes, mets.

En Gall. Daif, action de brûler.
Deifio, brûler, rôtir, hâler; 2°. faire des éclairs.
Deifir, chaleur, vîtesse, promptitude.

Tipeo, es, pui, pere, être tiéde, être un peu chaud.
Tepens, tis, tiéde, un peu chaud.
Tepesco, is, pui, cere, tiédir, devenir un peu ou moins chaud.
Tepor, oris, tiédeur, chaleur modérée ou tempérée.
Teporatus, a, um, part. de Teporo, verbe

inufité, tiéde, tiédi, tant foit peu échauffé.

Tepido, as, avi, atum, are, rendre tiéde, échauffer un peu, faire tiédir.

Tepidus, a, um, tiede, un peu chaud, ou tiédi; 2°. chaud; 3°. indifférent, réfroidi, qui n'a plus fa premiere ardeur, qui a perdu fon premier feu, dont la paffion eft ralentie.

Tepidulus, a, um, dimin.

Tepidarium, ii, bain d'eau tiéde, dans les bains publics.

Tepidè, adv. tant foit peu chaudement.

Tepidulè, adv. dimin.

Tepe-Fio, is, factus fum, fieri, &

Tepe-Facio, is, feci, factum, cere, faire tiédir, échauffer un peu.

COMPOSÉS.

Ex-Tepesco, is, ere, fe réfroidir.

Ex-Tepidus, a, um, réfroidi.

In-Tepeo, es, pui, ere, &

In-Tepesco, is, pui, cere, tiédir, s'attiédir, devenir tiéde, commencer à fe réfroidir ou à s'échauffer.

Præ-Tepeo, es, pui, pere, &

Præ-Tepesco, is, pui, cere, être tiéde, s'attiédir, fe réfroidir, devenir tiéde, fe rallentir auparavant.

Sub-Tepidè, adv. un peu tiédement, avec quelque forte de tiédeur.

TER,

Tre, Tra, étendu.

De Ter, étendue, vinrent nombre de Familles en Ter & en Tr.

I.

Tergus, oris, peau, cuir des animaux.

Tergum, i, le dos; 2°. le derriere; 3°. bouclier de cuir.

Terginus, a, um, du dos.

Terginum, i, courroie de cuir cru, dont on fouettoit les efclaves.

Tergoro, as, avi, atum, are, fe vautrer, fe rouler fur le dos; 2°. changer de peau.

Tergorans, tis, qui fe vautre, qui fe roule fur le dos.

BINOMES.

Tergi-Versor, aris, atus fum, ari, chercher des détours pour ne fe pas rendre à la raifon, ufer de fupercherie pour éviter de faire ce qu'on doit, n'agir pas de bonne foi, n'aller pas droit, biaifer; 2°. être lent, tirer en longueur, reculer à faire; 3°. fe défifter.

Tergi-Versatio, onis, conduite peu fincere, détours cherchés pour ne pas fe rendre à la raifon, chicane, fuite pour éviter de faire ce qu'on doit; 2°. retardement.

Tergi-Versanter, adv. en agiffant contre fes fentimens, malgré lui, en reculant, en refufant de faire.

II.

Trahea, æ, - ha, æ, traîneau.

Trahax, acis, qui tire tout à foi.

Traho, is, traxi, ctum, here, tirer ou attirer, entraîner; 2°. traîner ou tirer en longueur, prolonger; 3°. prendre, contracter; 4°. fuccer.

Tractus, ûs, l'action de tirer, de traîner; 2°. contrée, pays; 3°. traînée; 4°. l'action de dériver; 5°. trait.

Tractilis, ie, is, qu'on peut tirer, traîner.

Tractim, adv. tout-à-fait, tout de fuite, fans interruption.

Tractitius, a, um, qu'on tire, qu'on traîne.

Tractorius, a, um, qui fert à tirer ou à traîner.

Composés.

ABS-TRAHO, *is*, *axi*, *actum*, *ere*, ôter, arracher, séparer, tirer, entraîner, enlever, emmener de force ; 2°. retirer, détacher, diviser, délivrer.

ABS-TRACTUS, *a*, *um*, *part*. d'*Abstraho*, ôté, arraché, enlevé.

AT-TRAHO, *is*, *xi*, *ctum*, *here*, attirer, tirer à soi.

AT-TRACTIO, *onis*, attraction.

CON-TRAHO, *is*, *traxi*, *tractum*, *here*, étrécir, serrer, resserrer, accourcir, retirer, abréger ; 2°. contracter, passer contrat, transiger ; 3°. gagner, amasser, acquérir ; 4°. attirer ; 5°. assembler.

OB-TRECTO, *as*, *avi*, *atum*, *are*, être jaloux, avoir de l'envie ; 2°. parler avec jalousie, avec envie ; médire, parler mal de ; 3°. blâmer, condamner, désapprouver.

OB-TRECTATUS, *ûs*, voyez *Obtrectatio*.

OB-TRECTATIO, *onis*, jalousie, envie, chagrin causé par le bonheur d'un autre qu'on envie ; 2°. médisance, calomnie.

OB-TRECTATOR, *oris*, jaloux, envieux, chagrin du bonheur d'autrui ; 2°. médisant, calomniateur.

OB-TRECTANS, *tis*, voyez *Obtrectator*.

PER-TRACTABILIS, *le*, *is*, qu'on peut manier ou tourner aisément, fort maniable.

PER-TRACTATÉ, d'une maniere commune ou ordinaire.

PER-TRACTATIO, *onis*, administration, maniement ; 2°. fréquent passage par les mains.

PER-TRACTATUS, *a*, *um*, *part*. de

PER-TRACTO, *as*, *avi*, *atum*, *are*, manier souvent, toucher fréquemment.

RE-TRACTO, *as*, *avi*, *atum*, *are*, retoucher, raccommoder, remanier ; 2°. rétracter, révoquer.

RE-TRECTO, *as*, *are*, voyez *Retracto*.

RE-TRACTATIO, *onis*, rétractation, l'action de se dédire ; 2°. l'action de retoucher son ouvrage.

RE-TRACTANS, *tis*, qui retouche, qui revoit, voyez *Retrectans*.

RE-TRECTANS, *tis*, rétif.

IN-TRACTABILIS, *le*, *is*, intraitable, qu'on ne peut adoucir ou ménager ; 2°. qu'on ne peut manier ; 3°. rude, âpre, intolérable, insupportable.

IN-TRACTATUS, *a*, *um*, indompté, qui n'est pas dompté ou dressé.

III.

TRACTO, *as*, *avi*, *arum*, *are*, manier, toucher ou frotter doucement ; 2°. traiter ; 3°. avoir le maniement, la conduite.

TRACTATIO, *onis*, maniement, l'action de se servir, l'usage d'une chose ; 2g. traitement.

TRACTATOR, *oris*, &

TRACTATRIX, *icis*, celui ou celle qui manie, qui frotte, qui touche doucement.

TRACTATUS, *ûs*, maniement, l'action de manier, de toucher ; 2°. traité, discours qui traite ; 3°. voyez *Tractatio*.

TRACTATUS, *a*, *um*, *part*. de *Tracto*, qui a été traité, dont on a parlé.

TRACTANDUS, *a*, *um*, qu'on doit traiter, qu'on doit ménager.

TRACTABILIS, *le*, *is*, maniable, qu'on peut toucher, manier ; 2°. traitable, d'une humeur aisée, accommodant, qui est d'un commerce facile, d'un naturel doux, qui a les manieres commodes, avec qui l'on trouve de la facilité.

TRACTABILITAS, *atis*, facilité à être manié, à être mis en œuvre.

TRACTA, *orum*, laine filée, qu'on entortille autour d'un fuseau.

TRACTA, *æ*, &

TRACTA, *orum*, morceau de pâte étendu.

COMPOSÉS.

At-Trecto, *as, avi, atum, are*, toucher souvent, manier, tâtonner, tâter ; 2°. usurper, entreprendre sur.

At-Trectatio, *onis*, ou

At-Trectatus, *ûs*, attouchement, maniement.

Con-Trecto, *as, avi, atum, are*, toucher, manier souvent, raisonner, avoir toujours dans les mains ; 2°. traiter, discourir, parler de.

Con-Trectatio, *onis*, attouchement, maniement fréquent.

De-Trecto, *-are*, refuser d'obéir ; 2°. médire, calomnier.

De-Trectatio, *onis*, refus de faire, médisance, calomnie.

Con-Tractus, *a, um* ; *part.* de *Contraho*.

Con-Tractio, *onis*, contraction, rétrécissement, retirement, resserrement.

Contractio frontis, refrognement, froncement du sourcil.

Con-Tractiuncula, *æ, dimin.* de *Contractio*.

Contractiuncula quædam animi, petit resserrement de cœur, petit chagrin.

Con-Tractus, *ûs*, contrat, marché, accord ; 2°. retraite d'une colonne qui va en diminuant par en haut.

Con-Tracté, *adv.* par contraction, d'une maniere pressée, serrée.

De-Traho, *-ere*, arracher, rabattre, médire.

De-Tractor, *oris* ; **De-Trectator**, *oris*, médisant, désobéissant.

De-Tractio, *onis*, enlèvement ; 2°. retranchement.

Præ-Con-Trecto, *as, avi, atum, are*, manier ou toucher auparavant.

Dis-Traho, *is, xi, ctum, here*, démembrer, mettre en piéces, déchirer, écarteler, séparer avec violence, arracher, diviser par force ; 2°. partir, partager ; 3°. distraire, détourner, divertir, emporter ; 4°. aliéner, désunir.

Dis-Tractio, *onis*, division forcée, séparation violente, arrachement ; 2°. détachement, aliénation, désunion.

Ex-Traho, *is, traxi, tractum, here*, attirer, tirer, arracher, faire sortir ; 2°. prolonger, différer, tirer en longueur.

In-Traho, *is, xi, ctum, here*, tirer, traîner après soi ; 2°. faire injure.

Inter-Traho, *is, xi, ctum, here*, tirer du milieu.

Per-Traho, *is, xi, tractum, here*, attirer par force ; 2°. tirer en longueur, prolonger.

Pro-Traho, *is, traxi, tractum, here*, tirer hors, traîner, entraîner, emmener par force ; 2°. différer, tirer en longueur, prolonger ; 3°. exagérer.

Pro-Tractus, *ûs*, portrait.

Re-Traho, *is, xi, ctum, here*, retirer, tirer en arriere ; 2°. ramener, faire revenir, faire retourner ; 3°. détourner.

Re-Tractus, *a, um*, *part.* de *Retraho*.

Retractus ex fugâ, qu'on a attrapé dans la fuite.

Re-Tractio, *onis*, retraite des degrés, paillier de repos d'un escalier, que les Anciens faisoient de sept en sept ou de neuf en neuf marches.

Sub-Traho, *is, traxi, tractum, here*, soustraire, ôter, enlever, dérober, prendre en cachette ou à la dérobée, supprimer.

IV.

1. **Truncus**, *i*, tronc ; 2°. stupide, bûche.

Truncus columnæ, fût, corps, vif d'une colonne.

Trunculus, i, tronçon, darne, plutôt que dalle, (du mot Celtique darn, partie.)

Truncus, a, um, voyez Mutilus.

Trunculi, orum, tronçons, extrémités des membres des animaux bonnes a manger, petite oie.

Trunculatus, a, um, tronçonné; 2°. qui porte un tronçon.

Trunco, as, avi, atum, are, tronquer, couper, rogner par le bout.

Composés.

Con-Trunco, as, avi, atum, are, rogner, diminuer, retrancher, tronçonner.

De-Trunco, as, avi, atum, are, couper, trancher, tailler, tronquer.

De-Truncatio, onis, l'action de trancher, de couper.

Dis-Trunco, as, avi, atum, are, couper en piéces, trancher par morceaux.

Ob-Trunco, as, avi, atum, are, couper la tête, décapiter, couper le col.

Ob-Truncatio, onis, taille, action de tailler.

Ob-Truncator, oris, celui qui taille.

Præ-Trunco, as, avi, atum, are, couper, rogner par devant.

2. Truo, onis, homme qui a un très-grand nez; 2°. voyez Onocrotalus.

3. Trudes, is, croc, perche ferrée par le bout.

V.

I.

1. Ter, trois fois.

Ter ternus, trois fois trois.

Ter quater, trois fois quatre.

Terni, æ, a, trois.

Ternus, a, um, du nombre de trois.

Ternarius, a, um, de trois ou qui a trois pieds.

Ternio, onis, le nombre de trois.

2. Tertius, a, um, troisieme.

Tertiò, adv. pour la troisieme fois, troisiemement.

Tertiùm. adv. troisiemement, pour la troisieme fois.

Tertio, as, avi, atum, are, tiercer, donner la troisieme façon, façonner pour la troisieme fois.

Tertiatio, onis, troisieme façon, troisieme labour qu'on donne à la terre, troisieme ferre qu'on donne à un marc.

Tertiatus, a, um, part. de Tertio.

Tertianus, a, um, du troisieme ordre; 2°. de la troisieme classe.

Tertiana, æ, fièvre tierce.

Tertiani, orum, Soldats de la troisieme légion; 2°. écoliers de troisieme.

Tertiarium, ii, tiers, troisieme partie; 2°. chose dont une partie est le tiers du total; 3°. poids de quatre onces, ou tiers de la livre Romaine.

Tertiarius, a, um, qui fait le troisieme rôle, qui est le troisieme en ordre, où il y a la troisieme partie de quelque chose; 2°. qui contient un nombre, & la troisieme partie de ce nombre.

Terti-Ceps, cipitis, qui a trois têtes, trois sommets.

3. Ter-Uncius, ii, petite piéce de monnoie de la quatrieme partie de l'as Romain.

Terni-Deni, æ, a, treize.

Tertius Decimus, a, um, treizieme.

2.

1. Tres, tria, trium, tribus, trois.

Treis, pour tres, Trois.

Trinus, a, um, trois.

Trias, adis, Trinité, nombre de trois.

2. Tre-Decies, treize fois.

Tre-Decim, treize.

Tre-Decimus, a, um, treizieme.

Duode-

Duode-Tricies, *adv.* vingt-huit fois.
Duode-Trigesimus, *a*, *um*, vingt-huitieme.
Duode-Triginta, *adv.* vingt-huit.
Tri-Cies, trente fois.
3. Tricesimus, *a*, *um*, trentieme.
Tricesies, trente fois.
Trigesimus, *a*, *um*, trentieme.
Triginta, trente.
Tri-Cenarius, *a*, *um*, de trente, qui a trente.
4. Trem-Issis, *is*, &
Trem-Issius, *ii*, troisieme partie de l'as.
Triarii, *orum*, corps de réserve, troisieme corps de troupes, composé des soldats les plus expérimentés ; 2°. ceux qui portoient les étendards, les drapeaux, les enseignes, les guidons, les cornettes.
Tri-Bacca, *œ*, pendant d'oreille composé de trois perles.
Tri-Brachus, *i*, &
Tri-Brachys, *yos*, tribraque, pied de vers composé de trois syllabes breves.
Tri-Chrus, *i*, sorte de pierre précieuse de trois couleurs.
5. Tri-Fariàm, ou Tri-Fariè, *adv.* de trois façons, de trois sortes, en trois manieres ; 2°. en trois parties, ou par trois endroits.
Tri-Farius, *a*, *um*, de trois sortes, de trois façons, qui est de trois manieres ; 2°. divisé en trois parties.
Tri-Fati-Dicus, *a*, *um*, très-grand Prophete, ou Devin.
Tri-Faux, *aucis*, qui a trois gosiers, trois embouchures, trois entrées.
Tri-Fer, *a*, *um*, &
Tri-Ferus, *a*, *um*, qui porte trois fois l'an.
Tri-Fidus, *a*, *um*, fendu, divisé, ou partagé en trois.

Trifida flamma, foudre.
Tri-Folium, *ii*, trefle, herbe.
Tri-Formis, *me*, *is*, qui a trois formes ou trois figures.
Tri-Fur, *uris*, grand voleur, maître larron.
Tri-Furci-Fer, *a*, *um*, grand pendard, vrai traîne-potence.
Tri-Furcus, *a*, *um*, qui a trois fourchons, trois pointes.

3.
Tr-Iga, *œ*, attelage de trois chevaux de front.
Tr-Igarium, *ii*, place à Rome, voisine du Champ de Mars, où se faisoient les courses des chariots attelés de trois chevaux de front ; 2°. course de chariots attelés de trois chevaux de front.
Tr-Igarius, *ii*, celui qui conduit un chariot attelé de trois chevaux de front.
Trimulus, *a*, *um*, &
Trimus, *a*, *um*, qui a trois ans.

4.
1. Triens, *tis*, troisieme partie d'un total, le tiers ; 2°. piéce de monnoie de la valeur de la troisieme partie de l'as Romain ; 3°. quatre onces ; 4°. le tiers du pied géométrique ; 5°. vase contenant quatre fois le cyathus.
Triental, *alis*, vase contenant la troisieme partie du sextier Romain.
Trientalis, *le*, *is*, de quatre pouces, qui a quatre pouces ; 2°. de quatre onces, qui pese quatre onces.
Trientarius, *a*, *um*, de la troisieme partie d'un total.
Trieres, *rum*, &
Trieris, *is*, vaisseau, flotte ; 2°. voyez Triremis.
Trier-Archus, *i*, Général des galeres ; 2°. Capitaine de galere.

TRI-BOLUM, *i*, monnoie valant trois oboles.

Triboli homo, homme de néant.

TRI-ETERICUS, *a*, *um*, &

TRI-ETERIDES, *um*, qui se fait ou qui arrive tous les trois ans, triennal, de trois ans en trois ans.

TRI-ETERIS, *idis*, espace de trois ans.

2. TRIQUETRA, *æ*, &

TRIQUETRUM, *i*, triangle.

TRIQUETRUS, *a*, *um*, triangulaire ; 2°. qui est de Sicile, Sicilien.

TRIT-ENNATÆ, *arum*, commémorations des morts, qui se faisoient le troisieme & le neuvieme jour.

TRIS-PASTUS, *a*, *um*, qui a trois poulies ou trois moufles.

3. TRIT-AVIA, *æ*, grand-mere du trisaïeul ou de la trisaïeule.

TRIT-AVUS, *i*, le grand-pere du trisaïeul ou de la trisaïeule.

VI.

1.

1. TRANS, *prép. qui gouv. l'acc.* au-delà, par-delà.

TRANSTRA, *orum*, poutres traversantes d'une muraille ; 2°. bancs de galeres sur lesquels sont assis les forçats.

TRANSTILLUM, *i*, petit soliveau.

TRANS-ACTIO, *onis*, transaction, convention, contrat d'accord.

TRANS-ACTOR, *oris*, qui transige.

TRANS-ACTUM *est*, c'en est fait, c'est une chose conclue & arrêtée.

TRANS-ACTUS, *a*, *um*, *part.* de *Transigo*, passé, achevé.

TRANS-AD-ACTUS, *a*, *um*, *part.* de

TRANS-AD-IGO, *is*, *degi*, *dactum*, *gere*, passer d'outre en outre, percer de part en part.

TRANS-IGO, *is*, *egi*, *actum*, *gere*, percer tout outre, d'outre en outre, de part en part ; transpercer ; 2°. finir, achever, terminer, dépêcher, expédier ; 2°. transiger, contracter, traiter.

Transigere controversiam, vuider, terminer un différent.

TRANS-AB-EO, *bis*, *bii*, *bitum*, *ire*, aller au-delà.

PER-TRANS-EO, *is*, *ivi*, *itum*, *ire*, passer outre ou au-delà.

PER-TRANS-LUCIDUS, *a*, *um*, fort transparent.

2. TRAVIO, *as*, *are*, passer.

2.

EX-TRA, hors, outre, au dehors ; 2°. hormis, excepté.

EX-TRARIUS, *a*, *um*, extérieur ; 2°. étranger à une chose.

EX-TRANEUS, *a*, *um*, étranger, extérieur, qui est hors.

EX TRANEO, *-are*, déshériter.

EX-TERNO, *as*, *avi*, *atum*, *are*, faire perdre le sens, aliéner l'esprit, rendre insensé, renverser la cervelle, faire devenir fou ; 2°. épouvanter, effaroucher, faire prendre l'épouvante ; 3°. déshériter ou traiter comme un étranger.

EX-TER, *i*,
EX-TERUS, *a*, *um*, } de dehors, étranger.
EX-TERRIS, *is*,

EX-TERNUS, *a*, *um*, extérieur, de dehors.

EX-TIMUS, *a*, *um*, très-éloigné, le plus reculé.

EX-TERIOR, *oris*, qui est au-dehors.

3.

CON-TRA, contre ; 2°. vis-à-vis, à l'opposite.

CON-TRA, *adv.* au contraire ; 2°. autrement.

E-CON-TRA, *adv.* &

E-CON-TRARIO, *adv.* à l'opposite, contre, vis-à-vis.

CON-TRARIO, *adv.* au contraire.

CON-TRARIUS, *a*, *um*, contraire, opposé, qui répugne.

Con-Trarié, adv. d'une maniere contraire, opposée, avec contrainte.

Con-Trarietas, atis, contrariété, contradiction, opposition.

4.

Trabs, bis, poutre; 2°. grosse solive; 3°. poitrail de maison; 4°. toit d'une maison; 5°. vaisseau, navire, bâtiment de mer.

Trabecula, æ, petite poutre; 2°. solive.

Trabucchus, i, machine à lancer de grosses pierres.

Trabalis, le, is, de poutre, qui ressemble à une poutre, qui concerne une poutre.

Trabarium, ii, bateau ou barque de pêcheur; 2°. canot, pirogue de Sauvage, fait d'un seul arbre creusé.

Trabicæ, arum, vaisseaux légers, frégates.

Trabes, is, &

Trabea, æ, sorte de robe.

Trabeatus, a, um, vêtu d'une de ces sortes de robes.

5.

De Tro, à travers, se forma le mot Tross, trousse, qui est commun à la plûpart des Langues d'Europe, & venu des anciens Celtes: les Latins en firent,

Trossulus, i, Cavalier, Chevalier: mot-à-mot, qui est en travers, qui porte en trousse.

Les Latins qui n'avoient nulle idée de l'origine de leur Langue, imaginerent que leurs Chevaliers durent ce nom à la gloire dont ils s'étoient couverts en prenant, sans le secours de l'Infanterie, une ville appellée *Tressulum*: c'étoit une étymologie à la Grecque, & qui n'est pas même dans l'analogie de la Langue Latine.

Ce mot se prit ensuite dans un mauvais sens, pour désigner des personnes gâtées par l'aisance, & qui poussoient trop loin les commodités de la vie.

Trossulus pour le masculin, &

Trossula, æ, pour le féminin, désignerent ainsi des personnes qui ont le plus grand soin d'elles-mêmes, qui se délicatent trop, un petit-maître, une petite-maîtresse.

6. TER.

De In-Ter & Lego, savoir choisir le meilleur entre tous, & prononcé *Intel-Lec*, se forma cette Famille.

Intel-Lectus, us, entendement; 2°. intelligence, connoissance, capacité, portée de l'esprit; 3°. signification, sens; 4°. sentiment, perception.

Intel-Lectualitas, atis, l'intellectualité.

Intel-Ligibilis, le, is, intelligible, aisé à entendre.

Intel-Ligo, is, lexi, lectum, gere, entendre, concevoir, comprendre, pénétrer, connoître, voir.

Intel-Lectus, a, um, part. d'Intelligo.

Intel-Lexes pour Intellexisses.

Intel-Ligens, tis, savant, sage, docte, connoisseur, intelligent, entendu, habile, qui se connoit en.

Intel-Lectio, onis, l'action de l'entendement; 2°. sinecdoche, figure de Rhétorique, qui emploie le tout pour la partie, la partie pour le tout; un nombre certain pour un incertain, & la manière dont une chose est composée pour la chose même.

INTEL-Lectualis, le, is, intellectuel.

INTEL-Ligentia, æ, entendement, faculté d'entendre ; 2°. intelligence, capacité, habileté, portée d'esprit, pénétration, bon goût, connoissance ; 3°. prudence, sagesse.

INTEL-Ligenter, adv. en habile homme, avec intelligence, avec habileté, en personne intelligente ou capable ; 2°. intelligiblement.

SUB-INTEL-Ligo, is, lexi, lectum, ligere, avoir quelque intelligence ; entendre tant soit peu, 2°. sous-entendre.

IN-INTEL-LIGIbilis, le, is, inintelligible, qui ne se peut concevoir ; qu'on ne peut comprendre.

7.

1. TRACHEA, æ, trachée-artère, âpre artère, artère du poumon.

2. TRAMA, æ, trame ou treme ; 2°. sottises, bagatelles.

TRAMES, itis, sentier, petit chemin étroit.

TRAMO-Sericus, a, um, dont la trame est de soie.

8.

TRICOR, aris, atus sum, ari, tracasser, vétiller, s'embarrasser de rien, être toujours embarrassé, perdre le tems en bagatelles.

TRICO, as, avi, atum, are, s'embarrasser, voyez Tricor.

TRICÆ, arum, cheveux ; 2°. filets que les oiseaux s'entortillent autour des pieds, ce qui les empêche de marcher ; 3°. bagatelles, niaiseries, amusemens de rien, sornettes.

TRICO, onis, tracasseur, qui s'embarrasse dans ce qu'il fait, vétilleur, querelleur, acariâtre, chicaneur, voyez Cinædus.

COMPOSÉS.

IN-TRICO, as, avi, atum, are, ou
IN-TRICOR, aris, embarrasser, embrouiller, empêtrer.

IN-Tricaté, adv. d'une manière embarrassée, embrouillée.

INTRICATURA, æ, embarras.

IN-Tricatus, a, um, difficile à démêler, part.

EX-TRICO, as, avi, atum, are, démêler, débrouiller, développer ; 2°. défricher ; 3°. débarrasser, délivrer, dégager, dépêtrer, tirer d'affaire.

EX-Tricabilis, le, is, qu'on peut démêler, débrouiller, dont on peut se débarrasser, se dégager.

IN-EX-Tricatus, a, um, qu'on n'a point démêlé, qui n'est point débrouillé.

IN-EX-Tricabilis, le, is, dont on ne peut sortir, se tirer ou se débarrasser ; 2°. dont on ne sauroit se débarrasser ou venir à bout.

IN-EX-Tricabiliter, adv. d'une manière embrouillée à ne s'en pouvoir démêler, d'une manière embarrassée à n'en pouvoir sortir.

3. RE-TRICES, um, canaux hors de la ville, dont on tiroit de l'eau pour arroser les prés & les jardins.

POLY-THRIX, trichis, politric, l'une des plantes capillaires.

POLY-TRIX, trichis, sorte de pierre précieuse.

POLY-TRICHA, æ, ou
POLY-TRICHE, es, &
POLY-TRICHON, i, voyez Polythrix.

4. MAS-TRUCA, æ, vêtement fait de peaux de bêtes sauvages avec le poil, tels que sont ceux des Iroquois & des Lapons, Groenlandois, &c. qui en hyver mettent le poil en dedans, & en été le mettent en dehors.

MAS-TRUCATUS, a, um, qui porte de

ces sortes d'habits, qui sont fort puants : ceux des Iroquois sont faits de peau de castor, ceux des Groenlandois sont faits de peau de veau marin.

De MAS, grand, long, & Trich, poil; mots Grecs.

5. CALLI-THRIX, idis, Grec Καλλιθριξ, espèce de singe d'Ethiopie, mot-à-mot, qui a un beau poil.

CALLI-TRICHA, æ; CALLI-TRICHE, es, ou CALLI-TRICHUM, i, Grec Καλλιθριξ, capillaire, plante.

VII.

(1. TRIBUTIO, onis, distribution, partage.

TRIBUTOR, oris, distributeur, qui distribue.

TRIBUTARIUS, a, um, tributaire, qui paye tribut.

TRIBUTIM, adv. par tribus, en tribus.

TRIBUTUS, a, um, part. de Tribuo.

Tributa comitia, assemblée des tribus, des quartiers.

TRIBUO, is, bui, butum, buere, donner, accorder, bailler, octroyer, attribuer ; 2°. diviser, partager ; 3°. avoir des égards.

Tribuere sibi nimium, s'en faire trop accroire.

TRIBUTORIUS, a, um, qui concerne le tribut; où il s'agit de distribution.

TRIBUTUM, i, tribut, impôt, subside, taille.

TRIBUTUS, ûs, voyez Tributum.

TRIBUTURUS, a, um, qui donnera, qui accordera.

2. TRIBUNAL, alis, Tribunal, siége de Juges ; 2°. marches d'un autel.

TRIBUNALIA, ium, bancs de gazon rangés les uns au-dessus des autres, pour faire couler l'eau en cascade.

TRIBUARIUS, a, um, qui concerne une tribu, un quartier.

TRIBULIS, is, tribulaire, qui est de la même tribu, du même quartier.

CON-TRIBULIS, le, is, qui est de même tribu.

3. TRIBUNUS, i, Tribun du peuple.

TRIBUNATUS, ûs, dignité de Tribun.

TRIBUNITIUS, a, um, de Tribun.

COMPOSÉS.

AT-TRIBUO, is, bui, butum, ere, attribuer, donner la commission, imputer ; 2°. assigner, départir.

AT-TRIBUTIO, onis, attribution, assignation, paiement, appointement, arrérages.

AT-TRIBUTUM, i, attribut.

Attributa Dei, attributs de Dieu, terme de Théologie.

AT-TRIBUTUS, a, um, part. d'Attribuo, départi ; 2°. celui sur lequel on a donné une assignation ; 3°. confié, donné en garde.

CON-TRIBUO, is, bui, butum, ere, contribuer, fournir, apporter, donner, assigner, attribuer ; 2°. mettre au nombre, ranger parmi.

CON-TRIBUTIO, onis, contribution.

DIS-TRIBUO, is, bui, butum, ere, distribuer, diviser, départir, partager.

DIS-TRIBUTIO, onis, distribution, division, partage.

DIS-TRIBUTOR, oris, distributeur.

DIS-TRIBUTUS, a, um, part. de Distribuo.

DIS-TRIBUTÉ, adv. &

DIS-TRIBUTIM, adv. avec ordre, distinctement, dans une juste distribution, en partageant, en divisant.

Distributiùs tractare, traiter avec plus d'ordre.

IN-TRIBUO, is, bui, butum, ere, contribuer.

IN-TRIBUTIO, onis, contribution.

PER-TRIBUO, is, bui, butum, ere, donner entièrement, tout-à-fait, hautement.

RE-TRIBUO, is, bui; butum, buere, rendre compte, récompenser, donner en récompense.

RE-TRIBUTIO, onis, récompense, salaire, rétribution.

RE-TRIBUTUS, a, um, participe de Retribuo.

TER, DIR,
Féroce.

DE TER, fort, force, se forma le Grec THERA, bête féroce, prononcé en Latin FERA ; de-là nombre de mots en DIR, TER, TR, qui désignent la férocité, la cruauté, la noirceur.

1.

1. DIRÆ, arum, exécrations, imprécations ; 2°. furies.

DIRI-tas, atis, dureté, cruauté, naturel pervers.

DIRUS, a, um, cruel, barbare ; dur, sauvage, affreux ; 2°. funeste.

2. TÆ-TER, TE-TER, ra, rum, noir, sombre, obscur ; 2°. infect, corrompu ; 3°. cruel, rude, qui fait horreur.

TE-TRÈ, cruellement.

TE-TRICÈ, d'un air sombre.

TE-TRICUS, a, um, qui a l'air sombre, chagrin.

TE-TRICITAS, atis, humeur noire, chagrin.

TE-TRO, are, infecter, empuantir.

3. TRUX, cis, cruel, affreux, farouche.

TRUCULENTUS, a, um, cruel.

TRUCULENTIA, æ, cruauté.

PER-TRUX, ucis, fort cruel, très-farouche.

TRUCULENTER, cruellement.

TRUCIDO,-are, massacrer, tuer.

TRUCIDATIO, onis, carnage, tuerie.

CON-TRUCIDO,-are, assommer, égorger, tuer.

2.

1. TORVUS, a, um, qui a le regard affreux ou menaçant ; 2°. qui regarde de travers.

TORVÙM, adv. ou TORVA, &

TORVÈ, adv. de travers.

TORVINUS, a, um, voyez Torvus.

TORVITAS, atis, regard de travers ou menaçant ; 2°. rigueur, sévérité excessive.

TORVITER, adv. avec un regard menaçant ou en regardant de travers.

2. PRO-TERVIA, æ, ou

PRO-TERVITAS, atis, effronterie, impudence, insolence.

PRO-TERVITER, adv. voyez Protervé.

PRO-TERVUS, a, um, effronté, impudent, insolent, arrogant, audacieux.

PRO-TERVÈ, adv. effrontément, insolemment, audacieusement, impudemment.

3. DE-TER, tra, trum, mauvais, méchant.

DE-TERIOR, us, oris ; DE-TERRIMUS, a, um, pire, le pire, plus méchant, le plus méchant.

DE-TERIÆ, arum, truies maigres & malades.

3.

A-TER, a, um, noir, funeste, triste, obscur.

A-TROR, oris ; A-TRITAS, atis, noirceur, couleur noire.

A-TRAMEN, inis, noirceur.

A-TRAMENTUM, i, encre, teinture, liqueur noire.

A-TRAMENTARIUM, ii, écritoire, encrier.

A-TRAMENTARIUS, a, um, d'encre, qui concerne l'encre.

A-Tratus, a, um, noirci, vêtu de deuil.
A-Trebaticæ vestes, habits couleur de feuille morte.
A-Tricolor, oris, de couleur noire.
A-Tricapilla, æ, oiseau noir, de l'espèce des ortolans.
Ob-a-Ter, a, um; &
Sub-a-Ter, a, um, noirâtre.
Semi-a-Tratus, a, um, à demi-noir.
Trebaciter, adv. voyez Pervicaciter.

4.

A-Trox, cis, cruel, horrible, dur; 2°. outrageant, féroce; 3°. cru, qui n'est pas mûr.
A-Trocia, æ; A-Trocitas, atis, cruauté, énormité, dureté.
A-Trociter, inhumainement, outrageusement.

5.

Turpo, as, avi, atum, are, rendre laid ou difforme; 2°. salir, souiller, gâter, diffamer, deshonorer.
Turpis, pe, is; ior, issimus, déshonnête, vilain, honteux, sale.
Turpe est, c'est une chose honteuse, il est bien honteux, il est déshonnête.
Turpitudo, inis, difformité, laideur; 2°. honte, déshonneur, infamie; 3°. saleté, déshonnêteté.
Turpiter, adv. honteusement, vilainement.
Turpé, adv. vilainement, honteusement, voyez Turpis.
Turpiculus, a, um, un peu déshonnête, un peu vilain, un peu honteux; 2°. un peu difforme, un peu laid, un peu mal-fait.
Turpi-Ficatus, a, um, devenu laid ou difforme; 2°. rendu ou devenu déshonnête, honteux ou vilain.

Turpi-Loquor, eris, qui, dire des choses déshonnêtes, honteuses.
Turpi-Lucri-Cupidus, a, um, avide d'un gain honteux.
De-Turpo, as, avi, atum, are, salir, gâter, rendre difforme ou honteux, défigurer.
Per-Turpis, pe, is, très-honteux, fort vilain.
Sub-Turpis, pe, is, un peu honteux, un peu sale.
Sub-Turpiculus, a, um, tant soit peu sale ou honteux.

6.

Terror, oris, terreur, effroi, épouvante, frayeur, grande peur.
Territio, onis, voy. Terror.
Terriculum, i, épouvantail.
Terricula, æ, menace effrayante.
Terriculamentum, i, chose qui effraye.
Terreo, es, rui, ritum, rere, effrayer; épouvanter, causer de la frayeur, faire peur, jetter dans l'épouvante, donner de la terreur, intimider fort.
Territo, as, avi, atum, are, effrayer, épouvanter, intimider, &c.
Terri-Fico, as, avi, atum, are, effrayer, épouvanter, faire peur, jetter l'épouvante, causer la terreur, mettre la frayeur dans l'esprit.
Terri-Ficus, a, um, terrible, effrayant, effroyable, épouvantable, qui met la peur dans l'ame, qui épouvante, qui effraye.

COMPOSÉS.

Abs-Terreo, es, ui, itum, ere, épouvanter, faire peur, donner de la crainte, intimider, détourner, éloigner, écarter, chasser, mettre en fuite, repousser, empêcher, étonner.
Abs-Territus, a, um, épouvanté, détourné de faire une chose par crainte.

Con-Terreo, es, rui, ritum, ere, épouvanter, faire peur, effrayer.

Con-Territus, a, um, participe de Conterreo.

De-Terreo, ere, épouvanter, intimider.

Ex-Terreo, es, rui, ritum, rere, épouvanter, effrayer, étonner fort, donner de la frayeur, faire prendre l'épouvante.

Ex-Terricineus, a, um, né avant terme par une frayeur de sa mere.

In-Territus, a, um, intrépide, qui ne s'épouvante de rien, que rien n'étonne.

Per-Terreo, es, rui, ritum, rere, faire beaucoup de frayeur, causer une grande peur, épouvanter fort, intimider extrêmement, jetter dans une extrême épouvante, mettre la terreur dans l'esprit, effrayer au dernier point.

Per-Territus, a, um, part. de Perterreo, épouvanté, effrayé.

Per-Terri-Crepus, a, um, qui fait un bruit épouvantable.

Per-Terre-Facio, is, ere, voyez Perterreo.

Per-Terre-Factus, a, um, qu'on a fort épouvanté, très-intimidé.

Im-Per-Territus, a, um, intrépide, qui ne s'épouvante de rien.

Pro-Terreo, es, rui, ritum, rere, épouvanter, faire peur, effrayer.

Pro-Territus, a, part. de Proterreo.

Sub-Terreo, es, rui, ritum, rere, effrayer un peu, causer quelque appréhension.

7.

Trudo, is, si, sum, dere, pousser avec violence, entraîner.

Trusans, tis, qui pousse souvent, avec violence.

Trusatilis, le, is, qu'on tourne à bras, qu'on fait tourner à force de bras.

COMPOSÉS.

Abs-Trudo, is, si, sum, ere, cacher, couvrir, enfoncer; 2°. dissimuler, déguiser.

Abs-Trusus, a, um, part. d'Abstrudo, couvert, obscur, mal-aisé, difficile à comprendre.

Con-Trudo, is, trusi, sum, dere, pousser avec violence, cogner, enfoncer, repousser.

Con-Trusus, a, um, part. de Contrudo, cogné, poussé avec violence.

De-Trudo, is, si, sum, dere, chasser, faire sortir, pousser, jetter, mettre dehors avec violence, avec effort; 2°. différer, remettre.

Ex-Trudo, is, trusi, trusum, dere, chasser, faire sortir, mettre dehors, renvoyer; 2°. faire partir, renvoyer, dépécher.

In-Trudo, is, si, sum, dere, fourrer, pousser dedans.

Ob-Trudo, is, si, sum, dere, vouloir forcer à prendre, vouloir faire accepter malgré qu'on en ait, vouloir faire prendre malgré soi; 2°. pousser avec violence.

Pro-Trudo, is, si, sum, dere, pousser en avant.

Re-Trudo, is, si, sum, dere, repousser, pousser en arriere.

Ex-Trundo, is, ere, repousser avec les mains.

§. TRI-ST.

Du Celte Tru, qui désigne tout ce qui est fâcheux, sinistre, & de St, être, vinrent :

Tristis, te, is, ior, issimus, triste, chagrin, morne, mélancolique, funeste, lugubre; 2°. sombre, qui est sans éclat; 3°. qui rend triste; 4°. amer; 5°. cruel, sévere; 6°. fâché, en colere.

Tristitia,

TRISTITIA, æ; —ties, ei, &
TRISTITUDO, inis, tristesse, chagrin, ennui.
TRISTIÙS, adv. plus tristement.
TRISTICULUS, a, um, un peu triste.
TRISTI-FICUS, a, um, qui rend triste, qui cause de la tristesse, qui fait du chagrin.
TRISTIMONIA, æ, &
TRISTIMONIUM, ii, voyez Tristitia.
TRISTÈ, adv. tristement.
TRISTOR, aris, ari, voyez Mœreo.
CON-TRISTO, as, avi, atum, are, contrister, attrister, affliger, causer du chagrin, rendre triste.
PER-TRISTIS, te, is, fort triste, très-chagrin.
SUB-TRISTIS, te, is, un peu triste, mélancolique ou chagrin.

9.

1. TURBO, as, avi, atum, are, troubler, brouiller, causer du trouble, exciter de la confusion, mettre en désordre; 2°. rendre trouble; 3°. remuer, faire des mouvemens séditieux.

Turbatum est, il y a eu du trouble, du bruit.

TURBA, æ, troupe, multitude.
TURBELLA, æ, dimin. de Turba.
TURBATIO, onis, voyez Turbamentum.
TURBATUM, i, trouble, émeute.
TURBAMENTUM, i, trouble, émeute, sédition, mouvement populaire, remuement séditieux.
TURBATÈ, adv. avec trouble; en désordre, avec confusion.
TURBATOR, oris, brouillon, mutin, séditieux, perturbateur, qui cause du trouble, esprit remuant.
TURBATRIX, icis, brouillonne, celle qui cause du trouble.

TURBIDUS, a, um; dior, issimus, trouble, qui n'est point clair, obscur; 2°. brouillon, remuant, séditieux, turbulent; 3°. troublé, ému; 4°. qui va avec précipitation.
TURBIDÈ, adv. avec trouble, avec confusion.
TURBIDULUS, a, um, un peu troublé.
TURBULENTÈ, adv. &
TURBULENTER, adv. turbulemment, avec trouble.
TURBULENTO, as, are, voyez Turbo.
TURBULENTUS, a, um; tior, issimus, trouble, qui n'est pas clair; 2°. trouble, qui est dans le trouble, qui est dans l'agitation, en désordre, dans l'embarras; 3°. turbulent, brouillon, remuant, séditieux.

2. TURBO, inis, tourbillon de vent, révolin; 2°. sabot, toupie; 3°. tout ce qui a la figure de toupie; 4°. gouffre, abîme dont l'eau va en tournant; 5°. pivot; 4°. entortillement d'un serpent.
TURBINEUS, a, um, qui tourne en rond, en maniere de tourbillon.
TURBINATIO, onis, figure d'une toupie, d'une poire.
TURBINATUS, a, um, qui va en pointe comme une toupie, comme une poire, qui en a la figure.

3. TURMA, æ, compagnie de cavalerie ou de chevaux légers; 2°. escadron; 3°. foule, multitude.
TURMALE, is, voyez Bellicum.
TURMALIS, le, is, qui est de la même compagnie de cavalerie, du même escadron, qui escadronne avec.
TURMATIM, adv. par compagnie de cavalerie, par escadrons.

COMPOSÉS.

CON-TURBO, as, avi, atum, are, troubler, agiter, alarmer, inquiéter, étonner, effrayer, épouvanter, causer du trouble; 2°. faire banqueroute, mettre ses affaires en désordre; 3°. brouiller, gâter, renverser, détruire, confondre, déranger.

Con-Turbatio, onis, trouble, inquiétude, agitation.

Conturbationes oculorum, éblouissement de vue, espéce de brouillards qui paroissent devant les yeux.

Con-Turbator, oris, banqueroutier, dissipateur, celui qui a mis le désordre dans ses affaires; 2°. domestique qui ferre la mule.

Conturbator aper, sanglier qui ravage la campagne.

De-Turbo, as, avi, atum, are, renverser, abattre, jetter à bas; 2°. chasser, jetter, pousser, mettre dehors, faire sortir de force, ou avec violence.

Dis-Turbo, as, avi, atum, are, abattre, détruire, démolir, renverser, ruiner; 2°. brouiller, troubler, confondre, déranger; 3°. déconcerter, empêcher.

Dis-Turbator, oris, destructeur.

Dis-Turbatus, a, um, part.

Dis-Turbatio, onis, destruction, renversement, démolition, ruine.

Ex-Turbo, as, avi, atum, are, abattre, renverser; 2°. chasser, mettre dehors, rejetter avec violence; 3°. troubler, inquiéter.

In-Turbatus, a, um, qui n'est point troublé, point ému, qui est tranquille, que rien n'agite, nullement agité.

In-Turbidus, a, um, qui n'est point troublé.

Inter-Turbatio, onis, trouble ou agitation intérieure, qui paroît au-dehors; 2°. l'action d'être détourné de ce qu'on fait.

Inter-Turbo, as, avi, atum, are, troubler au-dedans, intérieurement, mettre le trouble entre, causer la dissension; 2°. interrompre, détourner.

Ob-Turbator, oris, qui trouble de tous côtés; 2°. criailleur.

Ob-Turbo, as, avi, atum, are, troubler, interrompre; 2°. renverser.

Per-Turbo, as, avi, atum, are, troubler, agiter, jetter dans le trouble, mettre en confusion, causer du désordre; 2°. renverser, jetter par terre confusément.

Per-Turbatio, onis, trouble, désordre, confusion, agitation, renversement.

Per-Turbator, oris, &

Per-Turbatrix, icis, celui ou celle qui cause du trouble, qui met de la confusion, qui fait du désordre; perturbateur ou perturbatrice.

Per-Turbatus, a, um, qui est dans le trouble, qui est en désordre, confus, confondu.

Per-Turbaté, adv. confusément, sans ordre.

Imper-Turbatus, a, um, qui ne se trouble, qui ne s'émeut de rien; qui ne se démonte point.

Pro-Turbo, as, avi, atum, are, chasser, repousser.

TERG.

Du Celte TER, nettoyer, purifier, vint cette Famille:

Tergeo, si, sum, ere, &

Tergo, is, si, sum, gere, essuyer, nettoyer, fourbir, curer, écurer, torcher.

Tersus, ûs, nettoyement.

COMPOSÉS

Abs-Tergeo, es, si, sum, gere, &

Abs-Tergo, is, si, sum, gere, essuyer, torcher, nettoyer, laver;

2°. diffiper, effacer, ôter, éloigner.

ABS-TERGens, tis, abfterfif, déterfif, qui déterge, &c.

ABS-TERSio, onis, nettoyement.

ABS-TERSor, oris, celui qui nettoye, qui effuie.

ABS-TERSus, a, um, part. d'*Abftergo*, effuyé.

ABS-TERti, pour *abfterfifti*, tu as effuyé.

ABS-TERSivus a, um, le même qu'*abftergens*.

DE-TERGeo,-ere ; &

DE-TERGo,-gere, nettoyer, effuyer.

EX-TERGeo, es, rfi, rfum, gere, &

EX-TERGo, is, rfi, rfum, gere, effuyer, nettoyer, (torcher.)

EX-TERfio, onis, &

EX-TERfus, ûs, effuiement, l'action d'effuyer, de nettoyer en effuyant.

PER-TERGeo, es, fi, fum, gere, &

PER-TERGo, is, fi, fum, gere, effuyer, nettoyer bien.

PER-TERfi, prétérit de *Pertergeo* & *Pertergo*.

PRÆS-TERGo, is, fi, fum, gere, nettoyer bien.

S-TERC.

STERQUILinium, ii, fumier, le lieu où l'on amaffe le fumier.

STERcus, oris, fumier ; 2°. fiente d'animaux ; 3°. excrémens humains.

Stercus curiæ, excrément du Sénat, de la Cour.

STERcoro, as, avi, atum, are, fumer, engraiffer avec du fumier ; 2°. fervir de fumier, engraiffer comme le fumier.

STERcorans, tis, qui fume, qui engraiffe avec du fumier.

STERcorarium, ii, tas de fumier.

STERcoratio, onis, engraiffement de la terre par le fumier ; l'action de fumer les terres.

STERcoratus, a, um, fumé, engraiffé par le fumier.

STERcorarius, a, um, qui concerne le fumier.

STERcoreus, a, um, de fumier ; 2°. puant, infect.

STERcorofus, a, um, plein de fumier, où il y a beaucoup de fumier ; 2°. fumé.

DE-STERcoro,-are, ôter les ordures.

EX-STERcoratus, a, um ; part. de

EX-STERcoro, as, avi, atum, are, ôter, ou enlever le fumier, curer un privé, vuider un aifément.

S-TER.

Du Celte TIR fec, qui ne raporte rien, fe formerent le Grec

STEIROS, ftérile, & cette Famille :

S-TERilis, le, is, ftérile, qui n'eft point fécond, qui ne rapporte rien, qui ne produit rien, qui ne peut avoir d'enfans ; 2°. infructueux, inutile, dont il ne revient aucun avantage.

S-TERilitas, atis, ftérilité.

S-TERiliter, adverbe, d'une maniere ftérile.

S-TERILE-FAcio, is, feci, factum, ere, rendre ftérile.

S-TERilefco, is, ere, devenir ftérile.

TETh.

De TETh, élévation, rondeur, boffe, vinrent ces mots :

TESTa, æ, vafe de terre cuite ; 2°. poiffon à coquille ; 3°. brique ; 4°. tuile ; 5°. ciment ; 6°. têt de pot, teffon ; 7°. lampe de terre ; 8°. coquille, coque, écaille; 9°. forte de petit bâtiment de mer fort léger; 10. esquille, fragment d'os.

Testu, ind. vase de terre cuite, sous lequel on fait cuire quelque chose; 2°. cloche; 3°. moufle.

Testum, i, tuile; les tuiles étoient en forme de goutieres, de canal; 2°. vase de terre.

Testula, æ, dimin. de *Testa*, ostracisme, (petite coquille où les Grecs écrivoient le nom de quelque Grand qu'ils vouloient condamner à un exil de dix ans, sans le priver du revenu de ses biens.)

Testaceus, a, um, de terre cuite; 2°. de poisson à coquille, à écaille.

Testuaceus, a, um, cuit sous la cloche; 2°. travaillé sous la moufle.

2. Testudo, inis, tortue, animal amphibie; 2°. écaille de tortue; 3°. voûte; 4°. instrument de musique qui avoit la figure d'une tortue, luth; 5°. tortue militaire, lorsque les soldats joignoient leurs boucliers au-dessus de leurs têtes; 6°. salon, vestibule.

Testudineus, a, um, de tortue, d'écaille de tortue.

Testudinatum, i, dôme.

Testudinatus, a, um, ou

Testudineatus, a, um, &

Testudineus, a, um, voûté, fait en voûte ou en arcade.

TOR, TRo,

Jour.

Du prim. Or, œil, cercle, prononcé Tor & Tro, vinrent ces diverses Familles:

1.

Torno, as, avi, atum, are, tourner, faire au tour; 2°. faire tourner, agiter en rond.

Tornus, i, tour, machine sur quoi l'on fait les ouvrages au tour.

Tornatilis, le, is, tourné, fait au tour.

Tornatura, æ, moulure.

Tordile, is, semence de seseli.

De-Torno, -are, travailler au tour.

2.

1. Torus, i, moulure relevée en rond dans les bases des colonnes, voyez *Tori*; 2°. lit.

Toral, alis, couverture de lit.

Torulus, i, petit cordon, cordonnet; 2°. aubour des arbres; 3°. sorte de coëffe à réseau, dont les femmes enveloppoient leurs cheveux.

Tori, orum, muscles; 2°. grosses souches de vignes; 3°. moignon de chair entre les muscles; 4°. cordes dont est composée une plus grosse; 5°. rameaux de veines, voyez *Torus*.

2. Toreuma, tis, vase d'or ou d'argent ciselé.

Toreuta, &

Toreutes, æ, ciseleur, graveur, tourneur.

Toreutice, es, ciselure, gravure; 2°. art de tourner au tour.

COMPOSÉS.

Dia-Tretarius, ii, tourneur, metteur en œuvre.

Dia-Tretus, a, um, tourné, fait au tour.

Dia-Tretum, i, coupe, tasse de crystal ou d'autre matiere, en laquelle étoient serties ou enchâssées quantité de pierreries.

Pro-Trepticus, a, um, instructif.

3. Troja, æ, tournois, carrousel.

Trojam ludere, faire un tournois ; 2°. voy. *Scropha*.

4. TERES , *etis* , rond & long , cylindrique.

3.

De TOR , tour , se forma THYR, THUR , porte , d'où vint cette Famille :

1. OB-THURO , &

OB-TURO , *as* , *avi* , *atum* , *are* , boucher , bondonner , tamponner , mettre un bondon, fermer l'entrée ou le passage.

OB-TURA*mentum* , *i* , bouchon , bondon, tampon , bonde.

PRÆ-OB-TURO , *as* , *avi* , *atum* , *are* , boucher auparavant ou par-devant.

RE-TURO , *as* , *avi*, *atum*, *are* , ouvrir.

2. THYROMA , *tis* , battant de porte.

DIA-THYRUM , *i* , portiere , contre-porte avec son loquet ; 2°. barriere qu'on met devant la porte des Hôtels.

HYPER-THYRIS , *idis*, &

HYPER-THYRON , *i*, frise, espéce d'architrave qui est au-dessus d'une porte.

HYPO-THYRUM , *i* , ouverture , vuide d'une porte , d'une fenêtre ; 2°. cavité.

PRO-THYRIS , *idis* , console.

PRO-THYRUM , *i* , barriere qu'on met devant les Hôtels & les Palais ; 2°. petite place devant une maison de particulier.

3. HOLO-THUR*ia* , *æ*, sorte de coquillage de mer.

4. A-TR*ium*.

De DAR , DOR, porte, prononcé TR, vint en Or. עדר, O-DR, & חצר, He-Tsar , place devant la porte d'une maison ; 2°. vestibule : & cette Famille Latine :

A-TR*ium* , *ii* , place qui étoit devant une porte ; 2°. entrée d'une maison, porche ; 3°. vestibule, salle d'entrée ; 4°. ce qu'on voit d'une maison, quand la porte est ouverte.

A-TR*iolum*, *i*, petite place devant la porte d'une maison, petite salle, petit vestibule.

A-TR*iarius* , *ii* ;-*ensis* , *is* , portier, huissier ; 2°. celui qui avoit soin des objets renfermés dans la salle des Ancêtres, dans le vestibule.

A-TR*iarius* , *a* , *um*, qui concerne l'entrée.

A-TRI-LIC*ium*, *ii* , endroit où travaille le tisserand.

5.

1. TROPÆI , *orum*, vents de mer qui soufflent sur la terre , qui reviennent dans les mêmes saisons.

TROPÆUS , *a*, *um*, qui a soin de réveiller quelqu'un à qui le sommeil est nuisible ; 2°. celui qui après avoir frappé quelqu'un par jeu , se tourne d'un autre côté pour faire croire que ce n'est pas lui.

2. TROPICI , *orum* , tropiques de la Sphere, cercles paralleles à l'Equateur.

Tropicus *cancri*, tropique du cancer ou d'été , qui est vers le septentrion ;

—*Capricorni*, tropique du capricorne, qui est vers le midi, & qui est celui d'hiver.

TROPICUM , *i* , voy. *Conversio* & *Mutatio*.

TROPIS , *is* , sentine d'un bâtiment de mer ; 2°. vin de valets , petit vin, vin dégoûtant.

3. TROPUS , *i* , trope, figure de Rhétorique.

TROPICUS , *a*, *um*, figuré.

TROPO-LOG*ia* , *æ* , discours allégorique pour la réformation des mœurs.

4. TROPæum, i;-Phæum, i, trophée mot-à-mot, monument en mémoire de ce que l'ennemi a tourné le dos : ou retour triomphant.

TROPæo-PHORUS, a, um, qui porte des trophées.

5. A-TROPia, æ, mauvaise constitution, tempérament mal disposé, mot-à-mot, mal tourné.

A-TROPus, a, um, inexorable, que rien ne peut fléchir.

A-TROPos, i, une des trois Parques ; mot-à-mot, l'inexorable, l'inflexible.

6.

1. TROCHus, i, sabot, toupie ; 2°. espéce de roue, avec laquelle les enfans jouoient.

TROCHulus, i, dim. de Trochus.

TROCHilus, i, roitelet, petit oiseau ; 2°. scotie, ornement d'architecture creusé comme un demi-canal ; 3°. nacelle.

PERI-TROCHium, ii, roue qui sert à tirer de l'eau d'un puits.

TROCHum, i, espéce de chaise.

2. TROCHLEa, æ, poulie, moufle.

3. TROCHæus, i, trochée, pied de vers composé d'une longue & d'une bréve.

TROCHaïcus, a, um, de trochée, qui concerne un trochée.

TROCHiscus, i, trochisque, petite masse ronde & plate d'une composition médecinale.

7.

1. TORCular, aris ; -lare, is, pressoir ; 2°. lieu où est le pressoir, appellé du même nom que la machine qu'il contient.

TORcularium, ii, pressoir.

TORcularius, ii, celui qui conduit le pressoir.

TORcularius, a, um, de pressoir, qui concerne le pressoir.

TORculum, i, voyez Torcular.

TORculus, a, um, de pressoir.

2. TORMentum, i, tourment, torture, gêne, supplice, peine ; 2°. machine de guerre pour lancer des pierres ; 3°. cable ; 4°. l'action de battre les grains.

TORMina, num, dyssenterie ; 2°. tranchées, douleurs aiguës dans les intestins.

TORMinalis, le, is, qui cause des tranchées.

TORMinosus, a, um, sujet à la dyssenterie ou aux tranchées.

3. TORQues, is, &

TORQuis, is, collier.

TORQuatus, a, um, qui a un collier, qui porte un collier.

4. TORTa, æ, tourte, gâteau ; 2°. hare ou hart, lien de bois fait avec une menue branche qu'on tord.

TORTè, adv. de travers ; 2°. d'une maniere embarrassée.

TORTilis, le, is, tortillé ou fait au tour.

TORTula, æ, petite tourte, dimin. de Torta.

8.

TORQueo, es, si, tum, quere, tordre ; 2°. darder, lancer ; 3°. entraîner, rouler ; 4°. tourmenter.

TORTus, a, um, part. de Torqueo, tordu, tortillé ; 2°. entortillé ; 3°. frisé ; 4°. réfrogné, défiguré.

TORTus, ûs, tortuosité, pli & repli.

TORTuosus, a, um, tortueux, qui ne va pas droit, qui va de travers ou en tournant ; 2°. embrouillé, embarrassé,

TORTUM, i, corde.
TORTURA, æ, torture.
TORTIVUS, a, um, de pressurage ou tiré à la presse.
TORTOR, oris, bourreau, questionnaire, qui donne la torture.
TORSIO, onis, tranchée, douleurs des intestins.

COMPOSÉS.

ABS-TORQUEO, es, torsi, tortum, quere, arracher, ôter par force.

CIRCUM-TORQUEO, es, rsi, rtum, quere, tordre, tourner autour.

CON-TORQUEO, es, rsi, rtum, quere, tourner ou faire tourner, tordre, rouler, mouvoir en rond, imprimer un mouvement circulaire.

CON-TORTUS, a, um, tors, tortu, tortillé, entortillé, recourbé, crochu ; 2°. embarrassé, embrouillé, tiré, forcé, outré, peu naturel, gêné ; 3°. lancé, dardé, jetté, poussé, porté avec effort ; 4°. détourné.

CON-TORTULUS, a, um, forcé, embarrassé, confus, embrouillé, outré, gêné, détourné, tiré, peu naturel.

CON-TORSIO, onis, mouvement pour pousser, allonger, porter un coup, une botte ; ou pour lancer quelque chose, la jetter avec violence.

CON-TORTOR, oris, qui donne un tour forcé ; qui interprète, qui tourne malicieusement en un autre sens que le naturel.

CON-TORTÈ, ius, issimè, adv. obscurément, d'une maniere embarrassée, embrouillée, forcée, outrée, tirée, gênée, peu naturelle.

DIS-TORTIO, onis, contorsion, grimace ; 2°. tortuosité.

DIS-TORQUEO, es, si, sum & tum, quere, tourner, tordre.

DIS-TORTUS, a, um, part. de Distorqueo.

EX-TORQUEO, es, torsi, tortum, quere, tordre ou se donner une entorse ; 2°. extorquer, ôter ou arracher de force, enlever d'entre les mains.

EX-TORSIO, onis, extorsion.

EX-TORTOR, oris, voleur, usurpateur, qui extorque.

EX-TORTUS, a, um, part. d'Extorqueo, arraché, enlevé ; 2°. tourmenté, qui est dans les supplices.

IN-TORQUEO, es, si, sum & tum, quere, tordre, tourner de travers ; 2°. lancer, darder.

OB-TORQUEO, es, si, tum, quere, tordre, tourner avec effort.

OB-TORTUS, a, um, part. d'Obtorqueo, tortu, tors, tourné, entortillé.

PER-TORQUEO, es, si, tum, quere, tourner de travers ; 2°. tourmenter fort.

PRÆ-TORQUEO, es, si tum, quere, tordre fort.

PRÆ-TORTUS, a, um, part. de Prætorqueo.

RE-TORQUEO, es, si, tum, quere, retordre, tordre ; 2°. rejetter, repousser, renvoyer, rétorquer.

RE-TORTUS, a, um, part. de Retorqueo, tortu, retourné en arriere, renversé.

IR-RE-TORTUS, a, um, ferme.

MOTS LATINS VENUS DU GREC.

T

1. Talpa, æ, taupe; du Grec Thalpein, creuſer.

TE.

1. Teco-Lithus, i, pierre qui rompt celle qui eſt dans la veſſie; du Grec Téko-Lithos, qui fond les pierres.
2. Telephium, ii, pourpier ſauvage. En Grec Teléphion.

Tephrias, æ, marbre cendré.

Tephritis, idis, ſorte de pierre précieuſe.

Du Grec Tephra, cendres.

4. Terpsi-Chore, es, Terpſichore, l'une des neuf Muſes.

TH.

1. Thapsus, i, ſorte de bois couleur de buis.

Thapsia, æ, férule, plante.

2. A-Thara, æ, Gr. A-ΘAPα, bouillie.

A-Theroma, atis, abſcès, tumeur remplie de pus.

3. Theca, æ, étui, gaine, coffret, caſſette, écrin, tout ce qui ſert à ſerrer quelque choſe de peu de volume 2°. balle du grain.

Theca calamaria, caſſe d'écritoire.

Myro-Thecium, ii, vaſe ou boîte à mettre des parfums; 2°. ornemens du diſcours.

Hypo-Theca, æ, hypotheque, gage.
Hypo-Thecarius, a, um, qui a hypotheque, hypothécaire.
Pinaco-Theca, æ, cabinet de tableaux.
Apo-Thecarius, ii, marchand, qui tient magaſin ou boutique.

4. Thedo, onis, ſorte de poiſſon.

Thelyp-Teris, is, fougere femelle, plante.
The-Oenia, orum, Bacchanales, fêtes de Bacchus.

Du verbe The-ô, poſer, mettre ſous les yeux, vinrent:

1. Thema, tis, matiere d'un diſcours, ſujet qu'on entreprend de traiter, propoſition qu'on veut établir ou prouver, argument d'une diſpute; 2°. horoſcope, 3°. poſition.

Ana-Thema, atis, don, offrande, préſent qu'on ſuſpend dans les temples, ſoit à l'occaſion d'un vœu, ſoit des dépouilles des ennemis. (e long).

Ana-Thema, atis, anathême, exécration, déteſtation, excommunication, banniſſement de la ſociété; 2°. ſentence d'excommunication donnée contre quelqu'un; celui contre qui la ſentence eſt donnée. (e bref).

Syn-Thema, atis, enſeigne qu'on donne ſur le champ à une armée rangée en bataille; 2°. marque qu'on donnoit aux ſentinelles, au lieu du mot dont on ſe ſert à préſent, le mot du guet; 3°. marque qui ſervoit de lettres de recommandation,

dation, calumet des peuples septentrionaux de l'Amérique ; 4°. marque qu'on donnoit aux couriers publics pour se faire donner des chevaux ; 5°. sauf-conduit, passeport ; 6°. sentence énigmatique & mystérieuse ; 7°. selle à tous chevaux pour courir la poste ; 8°. arrangement d'épis.

2. THESIS, *is*, sorte de déclamation des anciens Rhéteurs ; 2°. position ; 3°. thèse ; 4°. problême, proposition,

ANTI-META-BOLE, *es*, ou
ANTI-META-LEPSIS, *is*, &
ANTI-META-THESIS, *is*, figure de Rhétorique, quand les mêmes mots se répétent dans un autre sens. Exemple
Non ut edam vivo, sed ut vivam edo, je ne vis pas pour manger, mais je mange pour vivre.
APO-THESIS, *is*, choix, triage d'une chose pour la renfermer, la serrer.
ANTI-THESIS, *is*, ou
ANTI-THETON, *i*, antithèse, figure de Rhétorique, opposition.
HYPO-THESIS, *is*, définition, cause ; maxime ; 2°. hypothèse, supposition.
HYPO-THETICUS, *a, um*, voyez *Suppositius, Conditionalis*.
META-THESIS, *is*, transposition de lettres.
PROEC-THESIS, *is*, exposition d'une question.
PROS-THESIS, *is*, addition, apposition, figure de Rhétorique, par laquelle on augmente une lettre au commencement d'un mot, comme *Gnatus* pour *Natus*.
PRO-THESIS, *is*, petit autel à côté d'un grand, crédence.
SYN-THESIS, *is*, amas de plusieurs vases mis ensemble, pile de vaisselle ; 2°. robe de festin ; 3°. garde-robe, ce que quelqu'un a d'habits de réserve.
SYN-THESIS, *is*, synthèse, figure de Rhétorique opposée à l'analyse.

SYN-CATA-THESIS, *is*, approbation, consentement.

3. AMPHI-THETUM, *i*, grand vase à boire, dont les anciens se servoient en débauches ; d'où vient le proverbe,
Ex amphitheto bibisti, pour dire, vous n'avez pas mal bu.
EPI-THETUM, *i*, épithete.
EPI-TITHIDES, *dum*, couronnement, ce qui termine le haut d'un ouvrage.
POLY-SYN-DETON, *i*, ou
POLY-SYN-THETON, *i*, discours où il y a quantité de conjonctions, où les conjonctions sont fréquentes.
HYPO-THENUSA, *æ*, hypoténuse, le plus grand côté d'un triangle, la ligne soutendante de l'angle droit ou obtus, la base d'un triangle rectangle.
EX-UTH-ENISMUS, *i*, figure de Rhétorique par laquelle on met un objet au-dessous du rien, on le déprime entièrement ; de Ex privatif, Ou non, & En, un, quelque.

De Di, jour, lumiere, vint en Gr. Theos, Dieu, & de là,

THEO-GONIA, *æ*, généalogie des Dieux ; Poëme d'Hésiode.
THEO-LOGUS, *i*, Théologien, qui traite des choses qui concernent la Divinité.
THEO-LOGIA, *æ*, Théologie, science qui traite de la Divinité.
THEO-LOGICÈ, *adv.* théologiquement, en Théologien.
THEO-LOGICUS, *a, um*, théologique, qui concerne la théologie, qui traite de la Divinité.
THEO-PHANIA, *æ*, apparition de Dieu.
THEOTICUS, *a, um*, divin.
THEO-TIMUS, *i*, Théotime, ami de Dieu.

THE-ORetica, æ, &
THE-ORetice, es, théorie ou contemplation d'un art.
THE-ORia, æ, voyez Theoretica.
THE-ORema, atis, théorême, démonstration de la vérité d'une proposition qui s'arrête à la spéculation ; 2°. proposition dont il faut démontrer la vérité, contemplation, spéculation.
ARCHI-THE-ORus, i, Intendant des spectacles.
EN-THEATus, a, um, &
EN-THEus, a, um, inspiré d'en haut, rempli de l'esprit de Dieu.
APO-THEosis, is, apothéose, déification.

THER.

THERA-PEUTice, es, méthode de guérir les maladies.
THERA-PEUta, æ, médecin; 2°. sauveur; 3°. moine, prêtre.
DIPH-THERa, æ, parchemin, peau d'animal, préparée pour pouvoir écrire; 2°. peau de la chèvre Amalthée, sur laquelle Jupiter écrivoit les affaires humaines ; 3°. couverture d'un livre; 4°. cape, manteau fait de peaux.
THERates, æ, chasseur.
THER-ARChus, i, grand-veneur.
THEReutice, es, art de la chasse, vénerie.
THERIaca, æ, &
THERIace, es, thériaque.
THERIoma, atis, fistule, sorte d'ulcere.
THERIONARChe, es, sorte d'arbrisseau.

THES.

THESMO-PHORia, orum, les fêtes de Cérès.
THESMO-THETæ, arum, sorte de Magistrats à Athènes.

THIASus, i, troupe de gens qui dansent ; 2°. danse qu'on dansoit aux fêtes de Bacchus ou à son honneur.
THIASitas, atis, voy. Sodalitas.
THLASPI, ind. &
THLASPis, is, senevé sauvage, plante.
THOMIX, icis, cable, corde de gros chanvre; 2°. voy. Pulvillus.
THORax, acis, poitrine, estomac; 2°. cuirasse ; 3°. toute sorte de vêtement qui couvre l'estomac.
THORaca, æ, voy. Thorax.
THORacium, ii, hune de mât; 2°. voy. Propugnaculum.
THORacida, æ, buste.
THORacatus, a, um, cuirassé, couvert d'une cuirasse.

THR.

1. THRASO, onis, audacieux, téméraire, insolent.
2. THRENi, orum, plaintes, lamentations.
THREN-Odia, æ, chant plaintif.
3. THRIDacias, æ, &
THRIDax, acis, mandragore femelle, plante.
4. THRIPS, ipis, ver qui mouline le bois.
5. THRONus, i, thrône.
6. THROS, eis, loup cervier, animal à quatre pieds.
7. THRYALLis, idis, espéce de bouillon ; plante dont les feuilles peuvent servir de méche dans les lampes.

THY.

THYMallus, i, sorte de poisson.
PRO-THYmé, adv. gaiment, joyeusement.
PRO-THYMia, æ, gaieté, joie.
THY-MELe, es, tribune où étoient placés les joueurs d'instrumens & les musiciens du théâtre des anciens; Orchestre.

THY-MELicus, a, um, qui concerne la scène.

THY-MELici, orum, musique & joueurs d'instrumens du théâtre des Anciens.

EN-THYMEma, atis, enthyméme, syllogisme imparfait, qui manque de mineure ou de majeure.

THYMion, ii, cors aux pieds.

THYMnus, i, thon, grand poisson de mer.

THYMus, i, verrue, cors, porreau, en quelque endroit que ce soit.

THYMium, ii, voy. Thymus.

THYNus, i, anneau, bague.

Du Grec TIPhos, marais, étang, vint :

TIPula, æ, &

TIPulla, æ, insecte qui a six pieds, & qui court sur l'eau des fontaines, espéce d'araignée.

TO.

1. Tocos, i, usure.

Tocullio, onis, usurier.

ANA-Tocismus, i, renouvellement d'usure.

2. Toxicum, i, poison.

Toxillus, i, archer, arbalêtrier.

De l'article T, & du mot Op, lieu, place, vint le Grec Topos, lieu, d'où se formerent :

Top-ARCHa, æ, gouverneur d'une contrée.

Top-ARCHia, æ, gouvernement d'une contrée.

Topo-GRAphia, æ, topographie, ou description d'un lieu.

Topo-THESia, æ, plan, description ou disposition d'un lieu.

Topica, orum, les topiques, livres qui traitent de l'art de former les argumens de la Dialectique.

Torice, es, la partie de la Logique qui concerne les diverses manieres de former les argumens.

Topicus, a, um, local, de lieu, qui concerne le lieu.

Topia, orum, paysages au burin ou au ciseau ; 2°. diverses figures que les jardiniers font représenter à des arbrisseaux en les taillant.

Topiaria, æ, l'art du jardinier qui fait représenter à des arbrisseaux diverses figures, selon qu'il les taille.

Topiarius, ii, jardinier, qui sçait tailler les arbrisseaux de maniere à leur faire représenter diverses sortes de figures.

Topiarius, a, um, qui concerne les ouvrages du jardinier qui taille les arbrisseaux

TR.

1. TRACHelus, i, milieu du mât du navire ; 2°. grand-hunier, grand mât de hune ; 3°. petit hunier, mât de hune d'avant ; 4°. gorge ; 5°. entaille, qui est à chaque bout des rouleaux des machines, & qui sert à les tenir en état.

2. TRAGula, æ, espéce de grand dard, demi-pique, hallebarde : 2°. filet, rets de pêcheur.

HYPO-TRACHelium, ii, haut d'une colonne, retraite, rétrécissement, diminution, ceinture d'une colonne ; 2°. endroit le plus menu d'une colonne, qui touche au chapiteau ; 3° endroit du chapiteau des colonnes toscanes & doriques, qui est entre l'échine & l'astragale, & qu'on nomme collier, gorge, gorgerin, frise du chapiteau.

3. TRAGos, i, 1°. bouc, voy. Hircus ; 2°. sorte de plante maritime ; 3°. & de froment ; 4°. sorte d'éponge ; 5°.

sorte de coquille de très mauvaise odeur.

TRAGus, i, gouffet, puanteur des aisselles, bouquin.

TRAGO-PAn, is, &

TRAGO-PANis, adis, sorte d'oiseau qui a des cornes.

TRAGO-POGon, onis, barbe de bouc, plante.

TRAG-ELAPhus, i, animal qui tient du cerf & du bouc.

TRAG-ORIGanum, i, &

TRAG-ORIGanus, i, espéce d'origan, qui ressemble au serpolet sauvage.

TRAGum, i, sorte de ptisanne faite avec du froment; voy. *Verriculum*.

TRAG-ACANThe, es, arbrisseau épineux, d'où découle par incision la gomme adragant.

TRAG-ACANTHum, i, gomme adragant.

TRAGion, ii, sorte de plante.

TRAG-ŒDia.

Il est incontestable que le mot TRAGÉDIE vient du Grec, du mot *ôdé* chant, & d'un autre mot prononcé ici TRAG : mais quel est ce mot ? c'est ce dont les Etymologistes ne conviennent pas. La plupart croient que c'est le mot *Tragos*, bouc, parce qu'un bouc étoit la récompense du Poëte qui remportoit la victoire : mais étoit-il plutôt la récompense du Poëte tragique que du comique, que du lyrique? c'est ce dont on ne s'est pas mis en peine. J'aimerois mieux le tirer de *ThReo* qui signifie parler de grandes choses, d'un ton haut & élevé, & d'*Ago*, conduire, agir ; ainsi TR-AG-ŒDia signifieroit *mot-à-mot*, chant conduit, dirigé sur de grands objets.

TRAG-ŒDia, æ, tragédie.

TRAG-ŒDiæ, arum, grand bruit, forte rumeur, tintamarre, vacarme.

TRAG-ŒDus, i, Auteur, Acteur de Tragédie.

TRAGicè, adv. tragiquement, d'une maniere tragique.

TRAGI-COMædia, æ, Tragi-Comédie.

TRAGicus, i, Poëte ; 2°. Acteur de Tragédie.

TRAGicus, a, um, Tragique, de Tragédie.

PARA-TRAG-ŒDio, as, are, enfler, exagérer, grossir.

TRAPes, etis, &

TRAPetes, um, ou

TRAPetum, i, &

TRAPetus, i, meule de pressoir à olives.

TRAPezita, æ, changeur, banquier.

TRAPezium, ii, trapeze, figure quarrée dont les côtés sont inégaux.

TRAPEZO-PHORum, i, pied ou chassis de table.

TRE, TRI.

TRECHE-DIPNa, orum, robe de cérémonie des Romains ; 2°. robe des Parasites Grec.

TRIPhonicus, i, vent du nord-est.

TRICHias, æ, m. adis, f. sorte de poisson de mer, qui se tient entre les rochers.

TRICHO-MANes, is, politric, une des plantes capillaires.

TRIMMA, atis, voy. *Veterator*.

TRIORCHes, is, émerillon, sorte d'oiseau de proie ; 2°. sorte de plante ; 3°. voyez *Buteo*.

TRICHItis, idis, sorte d'alun.

TRIPOLium, ii, le turbit, forte de plante maritime.

TRISSago, inis, germandrée, plante.

TRIS-IPPIum, ii, marque qui se trouve à la joue des excellens chevaux.

TRITHALes, is, petite joubarbe, forte de plante.

TRITON, onis, demi-Dieu marin; 2°. triton, forte de monstre marin; 3°. marais d'Afrique.

TRITONia, æ, voyez Tritonis.

TRITONiacus, a, um, de triton, qui concerne les tritons.

TRITONis, idis, Pallas ou Minerve, Déesse des sciences & de la guerre, ainsi appellée, dit-on, parce qu'elle parut la premiere fois aux hommes dans l'Afrique auprès d'un marais appellé Triton.

De TROPhos, nourriture, vinrent.

BREPho - TROPhium, ii, hôpital pour les enfans trouvés.

A TROPhia, æ, maladie qui empêche que la nourriture répare les forces, consomption.

A-TROPha, orum, membres qui ne prennent pas de la nourriture.

A-TROPhus, a, um, éthique, en consomption.

TRUTTa, æ, truite, du Grec TRÔKtos, exquis, bon à manger.

TRYBlium, ii, voyez Catinus.

TRYGinum, i, forte de couleur faite avec de la lie de vin cuite.

TYRO-TARICHus, i, forte de ragoût fait avec de la viande salée & du fromage.

EPI TYRum, i, olives confites dans l'huile & le vinaigre avec du fenouil, &c.

MOTS LATINS VENUS DE L'ORIENT.

T

DE l'Or. DOR-DOROth, habitation éternelle, se forma cette Famille.

TARTARus, i, l'enfer, le tartare.

TARTARinus, a, um, voyez Tartareus.

TARTARum, i, tartre, lie du vin qui s'attache autour des tonneaux.

TARTARa, orum, l'enfer, le tartare.

TARTAREus, a, um, de l'enfer, horrible, effroyable.

De l'Or. חתכש ThAKSh, vint le Lat.

TAXO, onis, & le François TAISSON, qui tous désignent le même animal.

TERAPHim, ind. images, statues qui rendoient des oracles aux Juifs.

TEREBINTHinus, a, um, qui concerne le térébinthe.

TEREBINTHus, i, térébinthe, arbre résineux, qui produit la pistache.

Ce mot doit venir de l'article Or. T; du mot ערב hORB, herb, agréable, & de בטן BeTeN, noisette, fruit rond, à ventre; mot-à-mot, arbre qui produit une noisette agréable, douce, &c.

De l'Or. צר Tsar, prononcé TEssar, vint cette Famille: (Voyez Orig. Franç. col. 565. & suiv.)

TESSERa, æ, dé à jouer; 2°. mot du

guet tracé sur un morceau de métal ou de bois ; 3°. certaine marque qu'on montroit pour faire voir qu'on avoit droit de quelque chose, méreau ; 4°. taille.

TESSERula, æ, petite piéce quarrée pour la marqueterie ; 2°. *diminutif de Tessera*.

TESSERatus, a, um, marqueté, bigarré, fait par petits carreaux, échiqueté.

TESSERarius, a, um, de dés à jouer ou de méreaux.

TESSERarius, ii, celui qui prend ou qui donne le mot du guet, Officier qui a le mot.

TESSELla, æ, petite pierre quarrée pour les ouvrages de marqueterie.

TESSELlo, as, avi, atum, are, marqueter, faire des ouvrages de piéces de rapport, faire de la marqueterie.

TESTis.

De l'Orient. שׁהד SED, témoin, les Latins firent, en y ajoutant l'art. Or. TE, & leur terminaison *is*, le mot TE-STis, qui signifie exactement la même chose, témoin, & dont on avoit en vain cherché l'origine ; de-là cette nombreuse Famille :

1. TESTis, is, 2°. témoin ; 3°. testicule.

TESTimonium, ii, témoignage, déposition, déclaration, certificat ; 2°. preuve ; 3°. signe.

TESTimonialis, le, is, qui concerne le témoignage.

TESTor, aris, atus sum, ari, témoigner, porter ou rendre témoignage, assurer, certifier, déclarer, mettre en évidence, donner des marques, faire voir des preuves, faire paroître, marquer, être un signe, prouver ; 2°. prendre à témoin ;

appeller en témoignage ; 3°. tester, faire testament.

TESTatio, onis, témoignage, déposition.

TESTator, oris, testateur, qui a fait testament.

TESTatrix, icis, testatrice, celle qui a fait testament.

TESTato, adv. après avoir testé ou fait un testament en présence de témoins.

TESTatim, adv. voyez Minutim.

TESTabilis, le, is, qui peut déposer, qui a droit de porter témoignage, qui peut être reçu pour témoin ; 2°. qui peut tester, qui est en droit de faire testament.

TESTiculor, aris, atus sum, ari, produire des témoins.

TESTI-Ficatio, onis, témoignage, déclaration.

TESTI-Ficor, aris, atus sum, ari, témoigner, rendre ou porter témoignage, certifier, assurer, déclarer ; 2°. prendre à témoin.

2. TESTamentum, i, testament, ordonnance de derniere volonté.

TESTamentarius, a, um, testamentaire, de testament, qui concerne les testamens.

TESTamentarius, ii, qui suppose un testament ; 2°. Notaire qui reçoit un testament.

3. TESTiculus, i, testicule.

COMPOSÉS.

AN-TESTor, aris, atus sum, ari, prendre ou demander acte d'une chose, prendre quelqu'un à témoin, faire ressouvenir.

AT-TESTor, aris, atus sum, ari, attester, prendre à témoin, appeller en témoignage ; 2°. rendre ou porter témoignage, assurer, déposer, témoigner.

AT-TESTatio, onis, attestation, témoignage.

Attestationes, (en terme d'Astrologie,) aspects.

At-Testator, oris, qui rend témoignage, qui témoigne, qui assure.

At-Testatus, a, um, attesté, pris à témoin, qui a rendu, porté témoignage, prouvé par témoins.

Con-Tester, aris, atus sum, ari, prendre à témoins, prendre acte, faire enquête pour le civil; faire informer, ou informer pour le criminel; 2°. protester, faire ses protestations; déposer ou affirmer.

Con-Testatio, onis, affirmation, déposition de témoins; 2°. l'action de prendre à témoins; 3°. information, enquête; 4°. attestation, témoignage.

Con-Testatus, a, um, qui est connu, reconnu, prouvé, établi ou avéré par témoins; 2°. intenté.

Con-Testatò, adv. par affirmation, par témoins ouis; 2°. par témoignage, enquête ou information; 3°. par attestation ou certificat.

In At-Testatus, a, um, qu'on n'a point pris à témoin.

Ob-Tester, aris, atus sum, ari, conjurer par quelque chose qu'on estime, prier instamment, implorer.

Ob-Testatio, onis, instance, priere instante; 2°. soumission.

Pro-Testor, aris, atus sum, ari, protester.

Pro-Testans, is, Protestant.

Pro-Testatio, onis, protestation.

Pro-Testator, oris, protestant, qui proteste.

NÉGATIFS.

De-Testor, ari, abhorrer, fuir, attester.

De-Testatio, onis, exécration.

De-Testator, oris, qui fait serment.

De-Testabilis, e, abominable.

In-Testabilis, le, is, détestable; 2°. qui ne peut être reçu pour témoin, incapable de porter témoignage; 3°. incapable de faire testament.

In-Testato, abl. abs. ou

Ab-In-Testato, sans avoir fait testament, sans avoir testé.

In-Testatus, a, um, qui n'a point fait de testament, qui n'a point testé; 2°. qu'on n'a point convaincu par témoins.

Thyrsus, i, tige de plante.

Voyez Orig. Franç. col. 1120.

Thyrsi-Ger, a, um, qui porte un thyrse.

TIG

De l'Or. דגל Digel, rapide, vint:

1. Tigris, le Tigre, fleuve rapide de l'Orient.

2. Tigris, is, tigre, animal féroce, & extrêmement agile à la course.

Tigrinus, a, um, de tigre; 2°. tacheté, marqueté, moucheté comme la peau d'un tigre.

T I Ro, apprentif.

Ce mot s'écrivoit anciennement par un y, Tyro; les Etymologistes ont cru que c'étoit une faute, & ils avoient tort. Ce mot vient de l'Or. תיר Tyr, chercher, rechercher, approfondir; de-là:

Tiro, onis, nouveau soldat; 2°. apprentif, novice, celui qui fait son apprentissage.

Tiro exercitús, armée de gens sans expérience.

Tirunculus, i, jeune apprentif, jeune novice.

Tiruncula, æ, jeune apprentisse, jeune novice.

TIRO-CINium, ii, apprentissage, noviciat; 2°. nouvelles levées; 3°. coup d'essai.

De l'Oriental טוב TUB, bon, se forma le Gr. ENTYBon, & le Latin,

IN-TUBum, i, &

IN-TUBus, i, chicorée, herbe.

IN-TUBaceus, a, um, de chicorée.

IN-TYBum, i, chicorée, herbe.

TYPHon, onis, tourbillon de vent, ouragan. *Voy. Orig. Franç. col.* 1120.

TYPHonicus ventus ou Euro Aquilo, Nord-Est, vent entre le Levant & le Nord.

MOTS LATINS-CELTES,

OU DÉRIVÉS DE LA LANGUE CELTIQUE.

U

LA lettre U a éprouvé de grandes révolutions. Dans l'Alphabet primitif, elle occupoit la sixieme place & se prononçoit U & Ou; mais comme les Orientaux ne sçavent ce que c'est que de commencer un mot par une voyelle simple, ils donnoient à celle-ci le son de F, de V, de W. Les Occidentaux qui séparoient ces divers sons, réservèrent pour la sixieme lettre le son & la forme du F, & inventant le caractère U pour le son de cette lettre en voyelle franche, ils le rejetterent à la fin de l'Alphabet, immédiatement après la lettre T.

Cependant cet U se prononçant tantôt U, tantôt V, on distingua ces deux sons par deux caractères différens qu'on mit néanmoins dans le même rang alphabétique & que nous avons cru devoir distinguer de la même maniere que I & J.

La lettre U fut le caractère distinctif & naturel de tout ce qui est humide, de l'eau de la pluie, des ondes.

Si à cela on joint quelques onomatopées ;

Quelques mots où la lettre U sert de négation, le *ou* des Grecs qui signifie *non* ;

Plusieurs où elle a pris la place de quelques autres voyelles, &c;

On aura à peu près la cause de tous les mots Latins.

I.

MOTS formés par onomatopée.

1. ULULA, æ, chat-huant, hibou, sorte d'oiseau.

ULulatus,

ULULATUS, *ûs*, hurlement, cri lamentable.

U*lulatum tollere*, pousser un hurlement, un grand cri.

ULULO, *as, avi, atum, are*, hurler, faire des hurlemens, pousser des cris lamentables, faire de grands cris.

EX-ULULO, *as, avi, atum, are*, hurler, faire des hurlemens.

2. UPUPA, *æ*, hupe, oiseau; 2°. pince de fer, dont le bout est de la figure du bec d'une hupe.

Du Grec HUS, prononcé HYS, en Latin SUS, cochon, les Grecs formerent,

HUSTRIX, *icis*, prononcé HYSTRIX, *icis*, &

HISTRIX, *icis*, porc-épi, hérisson.

HYÆNA, *æ*, hyene, bête féroce ; 2°. espéce de grand poisson.

HYÆNIA, *æ*, sorte de pierre précieuse.

U,
Eau.

Du prim. U, HU, eau, humide, vinrent ces diverses Familles :

1.

ULIGO, *inis*, humidité naturelle d'une terre.

ULVA, *æ*, sorte de plante qui croit dans les marais.

Steriles ulvæ, méchantes herbes.

ULIGINOSUS, *a, um*, marécageux, naturellement humide.

2.

UDUS, *a, um*, humide, moite ; 2°. mouillé, humecté ; 3°. qui a bien bû.

Udum gaudium, joie mêlée de larmes.

IN-UDO, *as, are*, mouiller, baigner.

2. UNDA, *æ*, onde, vague, lame, flot, houle ; 2°. eau ; 3°. grande foule, multitude ; 4°. Cymaise.

UNDULA, *æ*, cymaise.

UNDO, *as, avi, atum, are*, inonder, couvrir de vagues, faire nager dans les flots ; 2°. faire des vagues, s'élever par vagues, être enflé de vagues ; 3°. ondoyer, faire des ondes ; 4°. bouillir ; 5°. abonder.

UNDABUNDUS, *a, um*, ondoyant, qui fait des ondes.

UNDATIM, adv. par ondes.

UNDOSUS, *a, um*, enflé de vagues, dont la houle est grossie, dont les flots sont élevés.

UNDI-SONUS, *a, um*, qui fait retentir ses vagues.

Undisoni Dii, les Dieux marins.

UNDULATUS, *a, um*, ondé, à ondes, qui est par ondes, tabisé.

COMPOSÉS.

EX-UNDO, *as, avi, atum, are*, se déborder, se répandre, inonder, s'épancher.

EX-UNDANS, *tis*, qui déborde, qui inonde.

EX-UNDATIO, *onis*, débordement, inondation, épanchement.

IN UNDATUS, *a, um*, part. de

IN-UNDO, *as, avi, atum, are*, inonder, couvrir d'eau, se déborder, se répandre.

IN-UNDATIO, *onis*, inondation, débordement d'eaux.

IN-UNDATOR, *oris*, celui qui inonde.

SUPER-IN-UNDATIO, *onis*, débordement ou inondation par-dessus.

INTER-UNDATUS, *a, um*, ondé, qui a des

ondes, tabité; passé à la calendre.

OB-UNDatio, onis, débordement, inondation.

OB-UNDo, as, avi, atum, are, se déborder.

RED-UNDo, es, avi, atum, are, déborder, être plein, regorger, avoir trop grande abondance; 2°. être superflu; 3°. être trop diffus, s'étendre trop.

RED-UNDanter, adv. avec excès, excessivement, trop abondamment, avec superfluité, plus qu'il ne faut.

RED-UNDantia, æ, &

RED-UNDatio, onis, excès, superfluité, trop grande abondance, plénitude.

3.

UVor, oris, moiteur, humidité.

UVesco, ere, devenir humide.

UVidus, a, um; — dulus, a, um, humide, mouillé, moite.

PER-UVidus, a, um, très humide.

SUB-UVidus, a, um, un peu humide.

4.

PL-Uvia, æ, pluie; mot-à-mot, eau qui tombe d'en haut.

PL-Uvius, a, um, de pluie.

PL-Uvialis, e; — Viatilis, e, qui concerne la pluie; 2°. qui cause de la pluie.

PL-Uvile, is, habillement pour garantir de la pluie, cape, parapluie, &c.

PL-Uviosus, a, um, pluvieux, chargé de pluie.

PL-Uo, is, ere, pleuvoir.

PL-Uitur, il pleut.

COMPOSÉS.

1. AD-PLuo, -ere, pleuvoir.

AP-PLuo, -ere, pleuvoir dessus, auprès.

AP-PLutus, a, um, lancé d'en-haut comme la pluie.

AP-PLuda, æ, criblure que le vent enleve comme la pluie.

COM-PLuo, -ere, pleuvoir dessus.

COM-PLutus, a, um, mouillé de la pluie.

COM-PLuvius, a, um, qui reçoit l'eau de pluie.

COM-PLuvium, ii, gouttiere, citerne.

COM-PLuviatus, a, um, fait en maniere de gouttiere.

DE-PLuo, -ere, tomber de la pluie.

IM-PLuo, -ere, pleuvoir sur, dedans.

PER-PLuo, pleuvoir dedans, recevoir la pluie.

RE-PLuo, pleuvoir de nouveau, surabonder.

RE-PLuens, tis, surabondant.

2. DIS-PLuvium, ii, cour à découvert, exposée à la pluie.

DIS-PLuviatus, a, um, qui rejette la pluie des deux côtés.

3. IM-PLuvia, æ, habillement dont se servoient les Sacrificateurs pour se garantir de la pluie.

IM-PLuvium, ii, gouttiere, gargouille; 2°. cour où tombe l'eau des toits.

IM-PLuviatus, a, um, fait comme un toit à quatre pans; 2°. de couleur tannée.

5. URC, URN,
Cruche.

D'UR, eau, se formerent ces mots qui désignent des vases à eau.

1. URceolus, i, dimin. de

URceus, i, cruche, coquemar, pot à l'eau; 2°. vase.

URceolaris, m. f. re, n. is, de cruche, de coquemar.

2. URna, æ, urne, cruche, vase; 2°. urne d'où l'on tiroit les balotes ou bulletins, lorsqu'on tiroit au fort ou que les Juges donnoient leur avis par scrutin; 3°. le fort; 4°. urne, où l'on renfermoit les cendres des morts, lorsqu'on brû-

loit les corps; 5°. mesure pour les choses liquides, qui contenoit quatre fois le conge.

Urnalis, m. f. le, n. is, qui contient l'urne ou la mesure de quatre fois le conge.

Urnarium, ii, buffet, table où l'on mettoit les pots & les verres.

Urnarius, ii, potier de terre, voyez Aquarius.

6.

Urina, æ, urine.

Urinator, oris, plongeur.

Urinor, aris, atus sum, ari, plonger, nager entre deux eaux, faire le plongeon.

In-Urino, as, avi, atum, are, faire le plongeon, se plonger dans l'eau, aller sous l'eau.

Urinalis, m. f. le, n. is d'urine.

Ureteres, um, uretere, deux canaux étroits par où l'urine est portée des reins dans la vessie.

Uro-Pygium, ii, croupion.

Mots composés de la négation OU, écrite U.

I. ULTus,
Vengeance.

De la négation U, prononcée *ou*, non, & de LAT, prononcé LET dans les composés, & qui signifie supporté, se forma U-LTus, vengeance : *mot-à-mot*, traitement qu'on ne supporte pas, qu'on repousse : de-là cette Famille.

Ultus, ûs, vengeance.

Ulciscor, eris, ultus sum, sci, venger, punir; 2°. se venger, avoir sa revanche, rendre la pareille.

Ultio, onis, vengeance.

Ultor, oris, vengeur, qui venge; 2°. qui sert à la vengeance.

Ultrix, icis, vengeresse, qui venge.
Ultricia tela, traits vengeurs, armes vengeresses.

Ultus, a, um, part. d'Ulciscor, qui a vengé, qui s'est vengé; 2°. vengé, qu'on a vengé, dont on s'est vengé.

In-Ultus, a, um, impuni, dont on n'a point pris vengeance, qu'on n'a point vengé, qui n'a point été vengé; 2°. qui ne s'est point vengé.

In-Ulté, adv. sans se venger, sans s'être vengé, impunément.

II. UMBRa, ombre.

Du négatif O, U, & de MERa, jour, se forma cette Famille :

Umbra, æ, ombre, ombrage; 2°. figure, représentation; 3°. apparence; 4°. ombre, poisson de mer; 5°. ombre, ame d'un mort; 6°. spectre, esprit; 7°. celui qui sans être invité à un festin, y est introduit par un convié.

Ne umbram quidem vidit, il n'en sçait quoi que ce soit, il n'en a pas la moindre teinture.

Umbraculum, i, ombrage, lieu ombragé, qui est à l'ombre, feuillée; 2°. école; 3°. parasol.

Umbella, æ, parasol.

Umbro, as, avi, atum, are, ombrager, faire ou donner de l'ombre, mettre à couvert.

Umbrare forum velis, couvrir le marché de bannes ou de voiles.

Umbraticus, a, um &

Umbratilis, m. f. le n. is, qui se fait à l'ombre, qui se passe en particulier, hors de la vue du monde, dans un lieu renfermé, qui ne se fait pas en public.

Umbri-Fer, a, um, qui porte de l'ombre, qui donne de l'ombrage, du couvert.

UMBRO*sus*, *a*, *um*, *ior*, *issimus*, où il y a de l'ombre, qui donne du couvert, qui a, qui fait de l'ombre, ombrageux; 2°. ombreux.

UMBRA*ti-Cola*, *æ*, *m. f.* qui aime l'ombre, qui cherche l'ombrage, qui se plait à l'ombre.

COMPOSÉS.

AD-UMBRO, *as*, *avi*, *atum*, *are*, mettre à l'ombre, à couvert, à l'abri; 2°. faire le premier trait d'un dessein, l'ébaucher, l'esquisser, le croquer, le crayonner ou l'ombrer grossierement.

AD-UMBR*atio*, *onis*, premier trait, simple idée, léger crayon, essai, ébauche, esquisse de ce qu'on veut représenter; 2°. voile, feinte, couverture, imitation, déguisement.

AD-UMBRA*tus*, *a*, *um*, *part.* d'*Adumbro*, obscur, confus, grossier, superficiel; 2°. tracé au premier crayon.

AD-UMBR*amentum*, *i*, ombrage, couvert; 2°. couverture, enveloppe.

AD-UMBR*atim*, *adv.* d'une maniere obscure, rude & grossiere.

IN-UMBRO, *as*, *avi*, *atum*, *are*, ombrager, couvrir d'ombre, faire de l'ombre; 2°. obscurcir.

IN-UMBR*ans*, *tis*, qui couvre d'ombre.

Inumbrante vesperâ, sur le soir.

IN-UMBR*atio*, *onis*, entente, disposition des ombres en peinture.

IN-UMBR*ator*, *oris*, Peintre.

OB-UMBRO, *as*, *avi*, *atum*, *are*, ombrager, faire de l'ombrage, couvrir de son ombre; 2°. obscurcir, offusquer, couvrir; 3°. protéger, défendre, mettre à l'abri.

OB-UMBR*atio*, *onis*, ombre.

Vicissitudinis obumbratio, ombre du mouvement circulaire.

PER-UMBR*ans*, *tis*, obscurcissant, qui couvre d'obscurité, qui remplit de ténébres.

U B.

D'UBER, abondant, fertile, (*col.* 161.) se forma

IN-UBER, *eris*, (de tout genre), maigre, stérile.

Du Primit. Hou, ce, là, vinrent ces mots:

1.

UBI, où; 2°. après que; 3°. quand, lorsque.

UBI-UBI; UBI-CUNQUE, en quelque lieu que ce soit, quelque part que ce puisse être.

UBI-NAM, où? en quel lieu?

UBI-QUA-QUE, en quelque lieu que ce soit.

UBI-QUE, partout, en tous lieux.

UBI-VIS, partout où vous voudrez, où il vous plaira.

2.

UN-DE, d'où, de quel lieu? dont, de qui?

UNDE-CUN-QUE; UNDE-LIBET, de quelque endroit, de quelque part que ce soit.

UNDI-QUE, de tous côtés, de toutes parts.

UNDI-QUE-VERSùM, de toutes parts.

UNDE-QUAQUE, de toutes parts, de tous côtés.

U D.

Du même mot que le Celte HOUS, HOUZ, HOUZEAU, nom de chaussure, vint le Latin UDO, qu'on prononçoit *oudo*.

UDO, *onis*, chausson de laine, 2° escarpin.

U L C.

Du Prim. OLC, dommage, mal, &c.

exiſtant en Irl. & qui fit le Grec ΈΛΚΟΣ, *Helcos*, ulcère, 2°. plaie, bleſſure, vint cette Famille :

Hulcus, *eris*,
Ulcus, *eris*,   } ulcère.
Ulcera, *re, ris*,

Ulcusculum, *i*, petit ulcere.
Ulcerosus, *a, um*, tout ulcéré ; 2°. écorché.
Ulcero, -*are*, bleſſer, ulcerer.
Ulceratio, *onis*, formation d'ulcere.
Ex-Ulcero, *as, avi, atum, are*, ulcérer, cauſer des ulcères ; 2°. aigrir, irriter, envenimer.
Ex-Ulceratio, *onis*, ulcération, ulcere qui ſe forme.
Ex-Ulcerator, *oris*, &
Ex-Ulceratrix, *icis*, qui ulcere.
Ex-Ulceratorius, *a, um*, qui ulcere, qui cauſe, qui fait des ulcères.
Red-Ulcero, *as, avi, atum, are*, ulcérer, aigrir de nouveau, renouveller une plaie.
Semi-Ulcus, *ceris*, plaie qui tient de l'ulcere.

Du Celte Ul, gros, & Pic, qui pique, qui a une ſaveur forte, vint le Latin,

Ul-Picum, *i*, ſorte de gros ail, *plante* ; mot employé par Columelle.

ULT.

De Ol, Ul, élevé, extrême, ſe forma cette Famille.

1. Ultimus, *a, um*, le dernier, le plus reculé, l'extrême.
Ultimò, *adv.* enfin, en dernier lieu.
Ultimùm, *adv.* pour la derniere fois.
Ante-Pen-Ultimus, *a, um*, antépénultiéme.

2. Uls, Ultis, & Ul-Tra, *Prép.*

de-là, de delà, au-delà, par-delà, outre, plus loin.
Ul-Tra, *adv.* de l'autre côté, plus avant, outre, au-delà ; 2°. de plus, davantage, outre cela.
Ul-Tratus, *a, um*, qui eſt au-delà, qui eſt de l'autre côté.
Ul-Terior, *m. f. ius, n. oris*, qui eſt plus avant, qui eſt au-delà ; 2°. qui vient après ou encore.
Ul-Teriùs, *adv.* au-delà, plus avant, plus loin, plus outre, davantage, encore.

UMB.

Du Primit. M, Am, mont, élévation, vinrent les mots ſuivans qui déſignent un milieu relevé en boſſe, comme un monticule au milieu d'une plaine.

1. Umbo, *onis*, boſſe, milieu élevé d'un bouclier ; 2°. bouclier ; 3°. cabochon, partie la plus éminente du diamant, ou de quelqu'autre choſe.

2. Umbilicus, *i*, nombril, milieu de quelque choſe que ce ſoit ; 2°. boſſette, eſpéce de bouton dont on ſe ſervoit pour fermer des tablettes ; 3°. petite boule qui ſe mettoit au bout du cylindre ſur lequel on rouloit des livres, comme on roule aujourd'hui des cartes & des eſtampes ; 4°. charon de bague ; 5°. petit cercle qu'on fait pour connoître les vents.

En Gr. Omphalos.

Umbilicatus, *a, um*, qui a un nombril ; 2°. fait en forme de nombril.

UN.

Du Primitif E, exiſtence, En, l'être,

vint le Grec EN, un, & cette Famille Latine.

I.

UNUS, a, um, un, une.

ULLUS, a, um, ullius, quelqu'un, quelque.

UNUM, i, une seule chose.

Unum illud curo, je ne me mets en peine, je ne me soucie que de cela seul.

UNA, adv. ensemble, de compagnie, à la fois.

UNITAS, atis, unité, union de plusieurs choses, qui composent un tout ; 2°. union, concorde, grande liaison.

UNITER, adv. ensemble, en un.

UNITUS, a, um, uni, réduit à l'unité.

UNICUS, a, um, unique, seul, singulier, tout particulier; 2°. considérable, excellent, choisi.

UNICÉ, adv. uniquement.

BINOMES.

UNI-COLOR, oris, qui est tout d'une couleur, qui n'est que d'une couleur.

UNI-CORNIS, m. f. ne, n. is, qui n'a qu'une corne.

UNI-CORNIS, is, m. licorne, animal.

UNI-CALAMUS, a, um, qui n'a qu'un tuyau.

UNI-CAULIS, m. f. le n. is, qui n'a qu'une tige.

UNI-FORMIS, m. f. me, n, is, uniforme.

UNI-GENA, æ, m. f. unique, seul, engendré, seul produit.

UNI-GENITUS, i, fils unique.

UNI-JUGUS, a, um, qui n'est attaché qu'à une seule perche traversante.

UNI-MANUS, a, um, qui n'a qu'une main.

UNI-STIRPIS, m. f. pe, n. is, qui n'a qu'un tronc, qu'une souche, qu'une racine.

UNIUS-MODI, uniforme, de la même manière.

UN-OCULUS, a, um, qui n'a qu'un œil.

COMPOSÉS.

AD-UNUM, chacun, tout le monde, tous généralement, jusqu'au dernier, sans exception.

AD-UNO, as, avi, a um, are, assembler, réunir, joindre, mettre en un.

AD-UNATIO, onis, assemblage, réunion.

AD-UNATUS, a, um, part. d'Aduno, amassé, réuni, mis en un.

CO-AD-UNATUS, a, um, joint ensemble, tenant l'un à l'autre, part. de

CO-AD-UNO, as, are, joindre ensemble, faire tenir l'un à l'autre.

RE AD-UNATIO, onis, réunion en un.

IN-UNIO, is, ire, unir en un.

IN-UNI-VERSUM, généralement, en général.

II.

1. UN-ANIMUS, a, um, &

UN-ANIMIS, me, is, qui est de même sentiment, unanime, qui n'a qu'un même esprit, qu'une même volonté; qui s'accorde en tout avec.

UN-ANIMITAS, atis, union intime de cœur, d'esprit, de volontés, de sentimens.

UN-ANIMITER, adv. unanimement, avec une union intime.

2. UNI-VERSUS, a, um, universel, général; 2°. tous sans exception.

In universum, voyez universè.

UNI-VERSI, æ, a, tous en général, sans exception.

UNI-VERSALIS, m. f. le, n. is, universel, général.

UNI-VERSÈ, adv. universellement, généralement, en général.

UNI-VERSitas, atis, universalité, totalité, généralité, toute l'étendue.

Universitas rerum, assemblage de toutes choses, monde, univers.

3. UNUS QUISQUE, UNAquæque, UNumquodque, UNiuscujusque, UNicuique, chacun, chaque.

4. UN-QUAM, jamais, en aucun lieu, en aucun tems.

Unquàm gentium, en tout le monde, en toute la terre.

III.

5. UN-DECim, onze, *mot-à-mot*, dix & un.

UN-DECies, *adv.* onze fois.

UN-DECimus, *a*, *um*, onzième.

UN-DECI-Remis, *is*, galere à onze bancs, à onze rangs de rames.

UN-DEni, *æ*, *a*, onze de rang ou à la fois, les onze.

UN-DEceni, *æ*, *a*, onze à la fois, ou selon d'autres, quatre-vingt-dix-neuf.

IV.

UN-DE, à la tête des noms de nombre, signifie *moins un*, dont on a ôté un : ainsi :

UNDE-VIGinti, dix-neuf.

UNDE-VIceni, *æ*, les dix-neuf.

UNDE-VICesimani, *orum*, soldats de la dix-neuvieme légion, la dix-neuvième légion.

UNDE-VICesimus, *a*, *um*, &

UNDE-VIGesimus, *a*, *um*, dix-neuvieme.

UNDE-TRIGesimus, *a*, *um*, vingt-neuvième.

UNDE-TRIGinta, vingt-neuf.

UNDE-QUADRagies, trente-neuf fois.

UNDE-CENTum, quatre-vingt-dix-neuf.

UNDE-CENTesimus, *a*, *um*, quatre-vingt-dix-neuvieme.

V.

D'UNus, un, & EDO, manger, se forma le mot suivant, nom d'un fruit ou pomme dont on ne pouvoit manger qu'une seule, dit PLINE lui-même.

UN-EDO, *onis*, *f.* fruit de l'arboisier.

UN-EDO, *onis*, *m.* arboisier, *arbre*.

VI.

UNcia, *æ*, once, douzieme partie de l'as Romain & de la livre Romaine, & la seizieme de la nôtre ; 2°. pouce, douzieme partie du pied de Roi ; 3°. douzieme partie d'un tout, d'un total, un douzieme.

UNciola, *æ*, moindre partie d'un tout, petite part, petite miette, un petit brin, tant soit peu de quelque chose, si peu que rien ; 2°. douzieme partie d'un héritage.

UNcialis, *le*, *is*, d'une once, du poids d'une once ; 2°. qui pese une once ; 3°. d'un douze, d'un douzieme ; 4°. d'un pouce, qui a un pouce de dimension.

UNciarius, *a*, *um*, voyez *Uncialis*.

UNciatim, *adv.* once à once, par onces ; 2°. par douzieme.

SEMI-UNcia, *æ*, &

SEM-UNcia, *æ*, demi-once ; 2°. la vingt-quatrieme partie d'un tout.

SEM-UNcialis, *le*, *is*, &

SEM-UNciarius, *a*, *um*, de demi-once, d'un vingt-quatrieme.

DE-UNX, *cis*, onze douziemes de la livre de douze onces ; 2°. onze onces ; 3°. sorte de mesure d'environ trois demi-septiers ; voyez *As*.

TRI-UNcis, *ce*, *is*, de trois onces.

SEPT-UNcialis, *le*, *is*, de sept onces.

SEPT-UNX, *uncis*, sept onces.

UNG.

De OGG, crochu, prononcé ONG, UNG, vinrent ces Familles.

1.

UNCUS, *i*, croc, crochet.
UNCUS, *a*, *um*, crochu.
 UNCINUS, *i*, crochet.
 UNCINATUS, *a*, *um*, crochu, qui a un crochet, fait en forme de crochet.
UNGUSTUS, *i*, crosse, bâton crochu par le bout.
AD-UNCITAS, *atis*, courbure, figure crochue.
AD-UNCO, *as*, *avi*, *atum*, *are*, courber, rendre crochu.
AD-UNCUS, *a*, *um*, crochu, courbé, ou recourbé en crochet.
IN-UNCATUS, *a*, *um*, part. de
IN-UNCO, *as*, *avi*, *atum*, *are*, accrocher, prendre avec des crochets, saisir avec des grapins, aramber.
OB-UNCATUS, *a*, *um*, crochu.
OB-UNCUS, *a*, *um*, crochu.

2.

UNGUIS, *is*, ongle; 2°. corne du pied des animaux; 3°. taie qui vient sur l'œil; 4°. bout blanc des feuilles de roses par où elles sont attachées; 5°. griffes.
 UNGUICULUS, *i*, petit ongle, onglet.
 UNGULA, *æ*, corne du pied des animaux.
 UNGULATUS, *a*, *um*, qui a des ongles, qui a de la corne aux pieds.
AD-UNGUEM, parfaitement, sur le bout du doigt.
EX-UNGULO, *as*, *avi*, *atum*, *are*, arracher les ongles, dessoler; 2°. s'arracher les ongles, se dessoler, être dessolé.
RED-UNCUS, *a*, *um*, crochu.

UNGO.

Ce mot doit s'être prononcé dans l'origine UGGO, & s'être formé de U, eau, liqueur, & *ago*, conduire.

1. UNGO, *is*, *nxi*, *nctum*, *gere*, oindre, frotter de quelque liqueur onctueuse, parfumer d'essences, graisser.
UNGUO pour UNGO.
 UNCTITO, *as*, *avi*, *atum*, *are*, oindre souvent.
 UNCTIO, *onis*, onction, l'action d'oindre.
 UNCTUS, *ûs*, voyez *Unctura*.
 UNCTURA, *æ*, onction; action d'oindre.
 UNCTUS, *a*, *um*; *ior*, *issimus*, part.
 UNCTOR, *oris*, parfumeur, qui parfume, qui oint, qui graisse.
 UNCTORIUS, *a*, *um*, qui sert à parfumer; dont on se sert pour oindre, pour graisser.
 UNCTUARIUM, *ii*, lieu dans les bains où se faisoient les onctions.
 UNCTUM, *i*, saindoux; il y en a qui prétendent qu'il faut lire dans Columelle, *vinum* & non pas *unctum*.
 UNCTIUSCULUS, *a*, *um*, un peu plus oint, plus graissé.

2. UNGUEDO, *inis*, &
UNGUEN, *inis*, toute liqueur qui sert à oindre, parfum liquide, essence ou huile de senteur; 2°. graisse à graisser.
 UNGUENTUM, *i*, parfum liquide, essence ou huile de senteur, pomade.
 UNGUENTARIA, *æ*, l'art, la profession, le métier de parfumeur; 2°. parfumeuse, celle qui fait des fards.
 UNGUENTARIUM, *ii*, impôt sur les parfums liquides.
 UNGUENTARIUS, *ii*, parfumeur.
 UNGUENTARIUS, *a*, *um*, qui concerne les parfums liquides, les essences, les huiles de senteur, les pomades.

Unguentaria

Unguentaria taberna, boutique de parfumeur.

Unguentatus, *a, um*, parfumé d'essences, frotté de pomades.

Unguinosus, *a, um, sior*, onctueux, gras.

COMPOSÉS.

Ax Ungia, *æ*, graisse, suif, sain-doux, vieux-oing.

Ax-Ungiarius, *a, um*, qui vend du sain-doux, du vieux-oing, &c. ou qui concerne la graisse, &c.

Ex-Ungo, *is, nxi, nctum, gere*, oindre, frotter d'une liqueur onctueuse.

Ex-Unctio, *onis*, l'action d'oindre, onction.

Ex-Unctus, *a, um, part.* d'*Exungo*.

In-Ungo, *is, xi, ctum, gere*, oindre, faire une onction.

In-Unctio, *onis*, onction.

In-Unctor, *oris*, barbier, baigneur, celui qui oint, qui fait des onctions.

Super-In-Ungo, *is, xi, ctum, gere*, oindre par-dessus.

Super-In-Unctus, *a, um, part.*

Ob-Ungo, *is, ere*, oindre, frotter par-dessus ou tout autour.

Per-Unctio, *onis*, onction entiere de tout ou par tout le corps.

Per-Unctus, *a, um, part.* de

Per-Ungo, *is, xi, nctum, gere*, oindre par-tout ou tout-à-fait.

Re-Ungo, *is, xi, nctum, gere*, oindre de nouveau, faire de nouvelles frictions.

Re-Unctor, *oris*, celui qui fait des frictions, qui applique des remedes topiques, garçon Chirurgien ou de baigneur.

Super-Unctus, *a, um*, oint par-dessus, part. de

Super-Ungo, *is, xi, ctum, gere*, oindre par-dessus.

U P

Upilio, *onis*, berger, *voyez* Opilio, col. 1322.

Orig. Lat.

UR,
Feu.

Du prim. Or, feu, lumiere, soleil, vint la Famille Latine Ur, brûler.

1.

Uro, *is, ussi, ustum, rere*, brûler, faire brûler; 2°. gâter; 3°. chagriner fortement, tourmenter.

Urito, *as, avi, atum, are*, brûler.

Uredo, *inis*, brûlure des plantes, &c. causée par des brouillards; 2°. démangeaison brûlante.

Ustulo, *as, avi, atum, are*, brûler, faire brûler, mettre au feu.

2. Urica, *æ*, corruption des semences, &c. par les pluies excessives.

Urigo, *inis*, brûlure des plantes, causée par des brouillards, suivis d'un soleil ardent.

Urinum, *i*, œuf sans germe, œuf stérile.

3. Ustio, *onis*, l'action de brûler quelque chose; 2°. cautérisation; 3°. brûlement.

Ustor, *oris*, celui qui brûloit les corps des morts.

Ustrina, *æ*, forge; 2°. lieu où l'on brûloit les corps morts.

Urtica, *æ*, ortie, *plante*; 2°. ortie de mer, *poisson*; 3°. démangeaison de la chair.

Urticinus, *a, um*, d'ortie.

2.

Bustans, *tis*, qui brûle, ou qui ensevelit les morts.

Bustum, *i*, bûcher, pile de bois, sur laquelle on brûloit les morts; le lieu où on en conservoit les cendres, tombeau, sépulchre, lieu où l'on dressoit le bûcher.

Bustum legum, tombeau des loix, ce qui

T 6

les anéantit, où elles sont renversées, violées, abolies.

Busta Gallica, place à Rome où les Gaulois, après l'avoir prise, brûlerent les corps des leurs qui étoient morts de la peste.

Bustulum, i, *dimin.*

Busteus, a, um, qui est près d'être mis sur le bûcher, selon la coutume de ceux qui brûlent les morts ; 2°. qui a un pied dans le tombeau ; qui est sur le bord de sa fosse : vieillard décrépit, moribond.

Bustuarius, a, um, qui concerne le bûcher, les tombeaux des morts : celui qui les construit.

Bustuarius gladiator, gladiateur qui combattoit devant le bûcher d'un mort.

Busti-Rapus, a, um, qui emporte tout ce qu'il peut du bûcher où l'on brûle les morts ; 2°. qui vole ce qu'il peut dans les sépulcres.

Bustuaria, æ, pleureuse, femme qui pleuroit à un convoi funéraire, & à l'entour du bûcher d'un mort ; 2°. sorciere qui hante les sépulcres, pour en tirer quelque chose servant à ses maléfices.

COMPOSÉS.

Ad-Uro, is, *duſſi*, *duſtum*, rere, brûler, enflammer ; 2°. hâler, sécher, rôtir, griller ; 3°. cuire, faire douleur.

Ad-Ustio, onis, brûlure, brûlement, inflammation, cuisson ; 2°. hâle.

Ad-Ustus, a, um, *part.* d'*Aduro*, brûlé.

Adustior color, couleur hâlée, basanée, brûlée.

Amb-Uro, is, uſſi, uſtum, ere, brûler, brûler tout à l'entour, griller, rôtir, échauder, brouir.

Amb-Usta, orum, brûlures.

Amb-Ustio, onis, brûlure, action de brûler, incendie, embrâsement.

Amb-Ustulatus, a, um, à demi brûlé.

Amb Ustus, a, um, *part.* d'*Amburo*, brûlé, rôti.

Comb-Uro, is, buſſi, buſtum, rere, brûler, faire brûler, jetter, mettre au feu.

Comb-Ustio, onis, brûlure, combustion, incendie.

Comb-Ustura, æ, brûlure.

Comb-Ustus, a, um, *part.* de *Comburo*, brûlé.

Semi-Comb-Ustus, a, um, à demi brûlé.

De-Uro, is, uſſi, uſtum, rere, brûler.

De-Ustus, a, um, *part.* de *Deuro*.

Ex-Uro, is, uſſi, uſtum, ere, brûler, embrâser.

Ex Ustici, orum, ceux qui pour note d'infamie, sont marqués d'un fer rouge.

Ex-Ustio, onis, embrâsement, incendie.

In-Uro, is, uſſi, uſſum & uſtum, rere, marquer avec un fer chaud, imprimer une marque avec le feu.

In-Urens, tis, qui brûle avec un fer chaud.

In-Ustus, a, um, *part.* d'*Inuro*.

Inustum mentibus odium, haine fortement imprimée dans les esprits.

In-Ad-Ustus, a, um, qui n'est pas brûlé ou rôti.

Ob-Ustus, a, um, brûlé tout autour.

Per-Uro, is, uſſi, uſtum, rere, brûler entiérement, réduire en cendres.

Per-Ustus, a, um, *part.* de *Peruro*, brûlé tout-à-fait ; ardent, brûlant, embrâsé, enflammé.

Præ-Uro, is, uſſi, uſtum, rere, brûler par le bout.

Præ-Ustus, a, um, tout brûlé, *part.* de *Præuro*.

Sub-Uro, is, uſſi, uſtum, rere, brûler un peu, rôtir, griller.

Sub-Verb-Ustus, a, um, à qui le dos brûle à force de coups de fouet ; 2°. à qui les coups ont laissé des cicatrices sur la peau.

SUB-VER-USTUS, a, um, rôti à la broche.
SEMI-USTULANDUS, a, um, qu'il faut flamber, qu'on doit brûler à demi.
SEMI-USTULATUS, a, um, flambé ou brûlé à demi.
SEMI-USTUS, a, um, à demi-brûlé, à demi grillé.

URBS.

Du prim. O, cercle, & RB, grand, d'où ORBIS, cercle, vint également URBS, enceinte, ville.

URBS, urbis, ville; 2°. tous les habitans d'une ville; 3°. Ville de Rome.
URBICUS, a, um, de ville.
URBI-CAPUS, i, preneur de villes.
AMB-URBIALIA, ium, fêtes auxquelles on promenoit la victime autour de la ville, avant que de faire le sacrifice.
AMB-URBIALIS, le, is, qu'on promene autour de la ville.
ANTE-URBANUS, a, um, du fauxbourg, qui est près de la ville.
SUB-URBIUM, ii, fauxbourg d'une ville.
SUB-URBIA, orum, les différentes maisons qui sont en divers endroits de la banlieue d'une ville.
SUB-URBANUM, i, fauxbourg; 2°. maison de plaisance aux fauxbourgs ou voisine de la ville, qui est de la banlieue.
SUB-URBANA, orum, &
SUB-URBANA, æ, maison de plaisance dans le fauxbourg ou dans la banlieue de la ville.
SUB-URBANUS, a, um, de fauxbourg, qui est au fauxbourg; 2°. qui est dans la banlieue.
SUB-URBANÈ, adv. un peu civilement, avec quelque civilité, quelque politesse.
SUB-URBANITAS, atis, voisinage, la banlieue d'une ville.
URBANUS, a, um, ior, issimus, de ville, qui demeure dans la ville, qui concerne la ville; 2°. galant, poli, qui sçait le monde, qui sçait vivre, qui a de la délicatesse, qui entend la belle raillerie; qui sçait railler finement, délicatement; 3°. voyez Scurra, 4°. flatteur.
URBANITAS, atis, galanterie, politesse, civilité galante, manieres polies, air du monde; raillerie fine, délicate, ingénieuse, polie; 2°. flatterie.
URBANICIANUS, a, um, &
URBANICUS, a, um, de ville.
Urbanici & urbaniciani milites, soldatesque en garnison dans une ville.
PER-URBANUS, a, um, fort civil, très-poli, qui sait parfaitement le monde.
URBANÈ, iùs, issimè, adv. &
URBANICÈ, adv. de bonne grace, civilement, galamment, poliment, agréablement, en personne qui sait vivre, qui sait ou qui a vu le monde.
Urbaniùs elabi non potuit, il ne pouvoit pas s'en tirer plus galamment.
IN-URBANUS, a, um, incivil, rustique, grossier, qui sait peu le monde, impoli, qui ne sait pas vivre, qui est sans politesse.
IN-URBANÈ, adv. incivilement, rustiquement, grossierement, d'une maniere peu civile, peu honnête, peu galante.

URBINA, æ, sorte de dard long.

Ce mot doit tenir au Grec, ORMIA, roseau, ligne, harpon.

URG.

De la même Famille que ARC, presser, contraindre, se forma celle-ci, en prononçant URG au lieu d'ARC.

URGEO, es, rsi, rsum, gere, presser de près, poursuivre vivement, faire instance, pousser; 2°. contraindre, tourmenter, harceler, incommoder.

AD-URGEO, es, adurſi, gere, preſſer fort, pourſuivre vivement, violenter, forcer, contraindre.

AD-URGENS, tis, qui pourſuit vivement, qui preſſe fort.

IN-URGEO, es, ere, pouſſer, preſſer contre.

PER-URGEO, es, ere, preſſer fort.

SUB-URGEO, es, gere, preſſer un peu.

URS.

Du prim. ER, UR, hériſſé, velu, d'où l'Orient. ערץ *Urtz*, violent, féroce, épouvantable, vinrent ces mots :

URSUS, i, ours, animal féroce.

URSA, æ, ourſe, femelle d'ours, animal farouche.

Urſa major, la grande ourſe, (conſtellation compoſée de cinquante-ſix étoiles, dont on ne voit que ſept ſans lunettes, qu'on appelle communément le chariot.)

Urſa minor, la petite ourſe ou cynoſure, conſtellation compoſée de vingt étoiles, dont on ne voit ſans lunettes que ſept.

URSINUS, a, um, d'ours, qui concerne l'ours.

UT.

Du prim. ET, OT, temps, prononcé UT, vint le mot UTI, déſignant, l'uſage, l'utilité, ce qu'on fait en tout tems, ce qui eſt bon en tout tems ; de-là ces mots :

UTOR, eris, uſus ſum, uti, dép. uſer, ſe ſervir, employer, mettre en uſage ; 2°. jouir, avoir la jouiſſance.

Usus, ûs, uſage, exercice, pratique, coutume, jouiſſance ; 2°. familiarité, fréquentation ; 3°. profit, utilité, avantage ; 4°. paiſible poſſeſſion.

Uſui haberi, être avantageux, ſervir, être profitable, être utile.

USIO, onis, voyez *Uſus*.

USITOR, aris, atus ſum, ari, ſe ſervir ſouvent.

USUALIS, le, is, dont on ſe ſert, qui eſt en uſage, dont on a l'uſage.

USUALITER, adv. communément, ordinairement, d'ordinaire.

USUARIUS, a, um, voyez *Uſualis*, dont on a la jouiſſance & non pas la propriété.

USITATÉ, adv. ſelon l'uſage, à la maniere reçue.

USITATUS, a, um ; tior, tiſſimus, uſité, pratiqué, qui eſt en uſage, établi par l'uſage, reçu dans le monde, de longue poſſeſſion paiſible, par preſcription.

2. UTIBILIS, le, is, &

UTILIS, le, is, ior, iſſimus, utile, avantageux, profitable, bon à quelque choſe.

UTILITAS, atis, utilité, avantage, profit, intérêt.

UTILITER, adv. utilement, avec utilité, profit, avantage.

COMPOSÉS.

AB-UTOR, eris, uſus ſum, abuti, abuſer, uſer mal d'une choſe, conſumer, gâter, perdre par l'uſage, perdre ſon tems ; 2°. ſe ſervir, employer, uſer bien, mettre à profit.

AB-USIO, onis, catachrèſe, figure de Rhéthorique, quand on emploie d'autres mots à la place des mots propres ; 2°. abus, mauvais uſage.

AB-USIVÉ, adv. d'une maniere abuſive, abuſivement ; 2°. par catachrèſe.

AB-USUS, ûs, mauvais uſage, dégât ;

2°. ufé, confomption d'une chofe.

Ab-Usivus, a, um, feint, abufif, trompeur.

Ab-Usor, oris, abufeur, trompeur.

Co-Utor, eris, ti, être ou vivre bien enfemble, s'accommoder l'un de l'autre.

De-Utor, eris, ufus fum, uti, abufer, ufer mal.

Per-Utilis, le, is, très-utile.

NÉGATIFS.

In-Usus, ûs, nonchalance.

In-Usitatus, a, um, inufité, qui eft hors d'ufage, à quoi l'on n'eft pas accoutumé.

In-Usitatè, adv. &

In-Usitatò, adv. d'une maniere inufitée, qui n'eft pas en ufage.

In-Utilis, le, is, inutile, qui n'eft d'aucun ufage, qui ne fert à rien ; 2°. défavantageux, nuifible, dangereux.

In-Utilitas, tis, inutilité.

In-Utiliter, adv. inutilement, en vain, fans avantage, fans profit.

2.

Usura, æ, ufage, jouiffance ; ufure, intérêt, profit qu'on tire d'une chofe qu'on a prêtée,

Usurarius, a, um, qui concerne l'ufure ou les intérêts ; d'ufure, d'intérêt ; 2°. dont on fe fert, dont on a l'ufage feulement, d'emprunt, dont on jouit.

Inter-Usurium, ii, intérêt d'un certain tems.

Usu-Capio, is, cepi, captum, pere, acquérir droit de propriété par titre.

Usu-Capio, onis, ufucapion, acquifition du droit de propriété d'une chofe par le titre d'une poffeffion paifible pendant un certain tems prefcrit par les loix. (Chez les Romains l'ufucapion eft différente de la prefcription ; au lieu qu'en France cette diftinction eft inconnue ; car ufucapion & prefcription font la même chofe).

Usu-Captus, a, um, acquis en vertu de la longue poffeffion, de la prefcription.

3.

1. Usu-Fructus, ûs, ufufruit, jouiffance d'une chofe dont on n'a pas la propriété.

Usu-Fructuarius, a, um, ufufruitier, qui a l'ufufruit.

Usu-Rpo, as, avi, atum, are, ufurper, s'approprier injuftement ; 2°. ufer, fe fervir, employer ; mettre en ufage, pratiquer, mettre en pratique ; 3°. troubler ou interrompre la poffeffion ; 4°. appeller, nommer : de Usus, ufage, & rapio, devenu repio, rpo.

Usu-Rpatio, onis, ufurpation, appropriation d'une chofe où l'on n'a pas droit ; 2°. ufage, pratique ; 3°. interruption d'une poffeffion.

Ufurpatio infoliti itineris, route extraordinaire qu'on prend.

3. Usu-Venio, is, ire, arriver, échoir.

Ufuvenire folet, il arrive fouvent.

4. Utenfile, is, uftenfile, inftrument qui fert à notre ufage ; 2°. l'uftenfile qui eft fourni aux troupes.

Utenfilia, n. plur. uftenfiles, chofes dont on fe fert ; 2°. provifions.

4. CONJONCTION.

De ce mot Ut, défignant l'ufage, la deftination d'une chofe, on en fit naturellement la conjonction Ut fignifiant, à cette fin que, pour cet ufage.

Ut, conjonction qui gouverne quelquefois le fubjonctif ; elle s'exprime en François par afin, afin de, afin que.

Ut eam nominem, afin de la nommer, afin que je la nomme ; 2°. alors, lors, à l'heure.

UT-POTÉ, *adv.* puisqu'en effet.
UT-PUTÁ, *adv.* par exemple.
UT-QUID, pourquoi ?
UTI, *conjonct.* afin que, pour que, comme, voy. *Ut*.
PRÆ-UT, *adv.* en comparaison.

USP.

De HOU, écrit U, ce, ci, lieu, place, se formerent ces Familles :

1. USPIAM, *adv.* en quelque lieu, en quelque part que ce soit, partout.

2. USQUAM, *adv.* en quelque lieu, quelque endroit ; 2°. en quelque affaire, en quelque occasion.

3. USQUE, *prépofit.* toujours, jusqu'à préfent, jusqu'à cette heure.

AB-USQUE, *adv.* depuis cet endroit, depuis ce tems-là. Ce mot eft poëtique.

AD-USQUE, *prépof.* jusqu'à.

USQUE-QUA-QUÉ, *adv.* de tous côtés, de toutes parts, en tous lieux, partout ; 2°. toujours, en tout tems, en quelque tems que ce foit.

USQUE-QUÓ, *adv.* jusqu'à ce que, jusqu'à tant que ; 2°. jusques où, jusqu'au point ; 3°. jusqu'à quand ? 4°. autant que.

MOTS LATINS VENUS DU GREC.

UT

Du Grec ETEROS, autre ; Ionien, HOUTEROS, vint cette Famille :

1. UTER, *tra, trum, trius, tri*, quel des deux.

UTRUM, *adv.* lequel des deux ? 2°. fçavoir fi ? fi ? (On ne met guères en latin *Utrùm*, qu'il ne foit fuivi de la particule *an* exprimée ou fous-entendue.)

UTER-CUN-QUE, *tracunque, trumcunque*, qui des deux que ce foit, lequel des deux que ce puiffe être.

UTER-LIBET, *tralibet, trumlibet*, qui des deux il vous plaira, lequel vous voudrez des deux.

UTER-NAM, *tranam, trumnam*, qui des deux ? lequel des deux ?

UTER-QUE, *traque, trumque*, l'un & l'autre, tous les deux.

UTER-VIS, *travis, trumvis*, qui vous voudrez des deux, lequel des deux il vous plaira.

2. UTR-IBI, *adv.* auquel des deux endroits ?

UTR-INDÉ, *adv.* de quel côté des deux, ou de l'un & de l'autre côté.

UTRIN-QUÉ, *adv.* des deux côtés, de côté & d'autre, de part & d'autre.

UTRIN-QUE-SECÙS, *adv.* &

UTRIN-SECÙS, *adv.* de côté & d'autre.

PER-UTRIN-QUÉ, des deux côtés.

3. UTRÓ, *adv.* duquel des deux côtés ? vers lequel des deux côtés ?

UTRO-BI, *adv.* auquel des deux endroits ?

UTRO-BI-QUÉ, *adv.* des deux côtés, de part & d'autre.

UTRO-LIBET, *adv.* de l'un des deux côtés.

UTRO-QUÉ, adv. &
UTRO-QUE verſus, adv. des deux côtés, de part & d'autre, de côté & d'autre, vers les deux côtés.
UTR-UBI, adv. voy. Utrobi.
UTRUM-NAM? adv. s'il est vrai que.
UTRUM-NE, adv. voy. Utrùm.

Du Gr. ODEROS, ventre (*Hesych.*) vinrent ces mots:

UTER, utris, outre, peau de bouc ou de chèvre, à mettre une liqueur.

UTER, eri, &.
UTERUS, i, ventre; 2°. ventre d'une femme grosse; 3°. matrice; 4°. enfant, fruit qui est porté dans le ventre.
UTERculus, i, petit ventre.
UTERinus, a, um, utérin, né d'une même mere.
UTRIcularius, ii, petit outre; 2°. balle qui enveloppe le grain en épi.
UTRArius, ii, porteur d'eau, de vin ou de quelqu'autre liqueur dans des outres.

MOTS LATINS VENUS DE L'ORIENT.

OEN, vin.

De l'Orient. הן HEN, graces;
En Chin. HIN, joie, plaisir, vint cette Famille.
יין IIN, vin, *mot-à-mot*, ce qui réjouit le cœur: d'où

Le Gr. OINOS, vin, & ces dérivés Grecs-Latins:

1.

OENaria, æ, vigne, arbrisseau.
OENarium, ii, cabaret, taverne.
OEN-ANTHE, es, fleur de la vigne sauvage, qu'on appelle lambrusque; 2°. espéce de filipendula, plante.
OEN-ANTHinus, a, um, fait de fleur de lambrusque.
OENO-GEUSTES, is, tonnelier.
OENO-PHORum, i, broc, vase à porter du vin.
OENO-PHORus, i, qui sert à boire; 2°. qui apporte du vin.

OENO-PHYLAX, cis, sommelier, celui qui a le soin du vin.
OENO-POLium, ii, cabaret, taverne, lieu où l'on vend du vin, halle au vin, étape.
OEN-OPTA, æ, &
OEN-OPTES, æ, ou } Maître d'Hôtel. voy. *Architriclinus*.
OEN-OPTIsta, æ,

2.

VINea, æ, vigne, lieu planté de vignes, vignoble; 2°. cep, pied de vigne; 3°. mantelet; 4°. madrier pour mettre à couvert des travailleurs.
VINetum, i, vignoble, champ planté de vignes.
VINeus, a, um, de vin.
VINum, i, vin.
VILlum, i, petit vin, vin foible, guinguet.
VIsulæ, arum, sorte de vignes.
VINacea, æ, &

Vinacea, orum, ou
Vinaceæ, arum, &
Vinacei, orum, pepins de raisin; 2°. marc des raisins dont on a tiré le vin.
Vinaceus, a, um, de raisin.
Vinacia, orum, marc du vin.
Vinarium, ii, tonneau.
Vinarius, a, um; de vin, qui concerne le vin.
Vinarius, ii, cabaretier, marchand de vin; 2°. yvrogne, pilier de cabaret.
Vinarius palmes, branche de vigne qui porte du raisin.
Vinealis, m. f. le, is, &
Vinearius, a, um, ou
Vineaticus, a, um, de vigne, de vignoble, qui concerne la vigne, propre à la vigne.
Vinitor, oris, vigneron.
Vinitorius, a, um, de vigneron.
Vinosus, a, um, comp. ior, superl. issimus, qui aime le vin, adonné au vin, yvrogne; 2°. vineux, qui a le goût du vin.
Vinolentia, æ, yvrognerie.
Vinolentus, a, um, yvrogne, yvre; 2°. plein de vin, où il entre du vin.
Vini-Potator, oris, &
Vini-Potor, oris, grand buveur, qui boit beaucoup, yvrogne.
In-Vinius, a, um, qui ne boit pas du vin.

3.

De Vin, raisin, & de Demo, ôter, enlever, on forma;

Vin-Demia, æ, vendange, les vendanges, le tems des vendanges; 2°. récolte, cueillette.
Vin-Demiales, ium, les vendanges.
Vin-Demiator, oris, vendangeur; 2°. étoile fixe de la troisième grandeur, à l'aile septentrionale du signe de la Vierge.
Vin-Demiatorius, a, um, de vendange, qui sert à la vendange, qui concerne les vendanges.
Vin-Demio, as, avi, atum, are, vendanger, faire vendanges.
Vin-Demiola, æ, dimin. de Vindemia.
Vin-Demitor, oris, voy. Vindemiator.
Pro-Vin-Demia, æ, étoile fixe & luisante, qui se leve peu avant les vendanges.

4.

1. Vitis, is, vigne; 2°. cep; 3°. couleuvrée, plante.
Viteus, a, um, de vigne.
Viticula, æ, petit cep de vigne; 2°. tendron de vigne.
Viticulum, i, tendron de vigne.
Vitiarium, ii, plant de vigne.
2. Viti-Cola, æ, m. f. vigneron, qui cultive la vigne.
Viti-Fer, a, um, qui porte de la vigne.
Viti-Genus, a, um, &
Viti-Gineus, a, um, de vigne, qui provient de la vigne.
Viti-Sator, oris, qui plante la vigne; 2°. surnom de Saturne.
3. Vitisco, is, ere, devenir vigne qui porte.
Vitilia, ium, oziers qui servent à lier la vigne.
Vitilis, e, pliable, flexible.
4. Viti-Lit-Igator, oris, chicaneur, querelleur, processif; 2°. médisant, calomniateur, mot-à-mot, qui fait un procès pour un cep.
Viti-Lit-Igo, as, are, chicaner, faire des chicanes, être hargneux, querelleur.
Unio, onis; 1°. perle; 2°. sorte d'oignon.

Ce mot vint certainement de l'Or. du primit. O, On, Oin, devenu Un, rond; 2°. brillant.

U V.

Du prim. ע, O, rond, se forma l'Or.

ענב

עֲנָב, OnB, UnB, raisin, à cause de sa forme ronde; & de-là, mais sans nasalement, le Latin Uv.

Uva, æ, raisin, fruit de la vigne, grape de raisin; 2°. vigne; 3°. luette; 4°. essain d'abeilles qui pend à une branche d'arbre.

Uva varians se, raisin qui mêle. — *Jacens*, luette relâchée ou tombée.

Uvi-Fer, a, um, qui porte du raisin.

U X.

De l'Or. עֲזֶר, UzeR, aide, compagnon, se formerent ces mots:

Uxor, oris, femme de quelqu'un, épouse.

Uxorem *assumere*; — *sibi adjungere*; *ducere*, prendre une femme, se marier.

Uxorcula, æ, dimin. d'Uxor.

Uxorius, ii, qui se laisse gouverner par sa femme, qui n'est pas le maître chez soi.

Uxorius, a, um, qui concerne les femmes mariées, de femme.

MOTS LATINS-CELTES,

OU DÉRIVÉS DE LA LANGUE CELTIQUE.

V

Le V est né de l'U; c'est par cette raison que dans les langues Latine & Françoise, on ne les a point séparés l'un de l'autre: mais ces lettres sont trop en usage & trop différentes pour n'en pas faire deux classes séparées & pour ne pas les compter comme deux lettres différentes dans notre Alphabet.

U appartient à la série des voyelles, & V à celle des consonnes labiales: elle forme le passage immédiat des voyelles aux consonnes, étant elle-même la consonne la plus douce, la moins fortement prononcée de toutes: aussi s'est-elle mise souvent à la place de l'aspiration, & servoit-elle à séparer deux voyelles qui se suivoient dans un même mot, à éviter le hiatus choquant qu'elles formoient.

Les mots formés de cette lettre se réduisent à des onomatopées, à ceux où V s'est mis à la place de l'aspiration, & des labiales: enfin aux mots composés de V signifiant l'existence & la non-existence.

Mots formés par onomatopée.

I.

1. Vah, ah! ha!

VAHA, *interj.* ah ! ha !
V*æ*, *interj.* malheur.
Væ victis, malheur aux vaincus.

2. VACCA, *æ*, vache, animal.
VACCINUS, *a*, *um*, de vache.
VACCULA, *æ*, genisse, taure, petite vache.
VACCINIUM, *ii*, vaciet, arbrisseau qui porte des baies noires ; 2°. fleur d'hyacinthe, *plante*.
VACINIUM, voy. *Vaccinium*.

3. Du prim. APH, respirer, souffler, siffler, d'où l'Hébreu אפעה *aphoè*, vipere, vint ce mot:
VIPERA, *æ*, vipere, sorte de serpent.
VIPEREUS, *a*, *um*, &
VIPERINUS *a*, *um*, de vipere.

4. VIPIO, *onis*, petite grue, Oiseau.

II.

VAGIO, *is*, *ivi*, *itum*, *ire*, crier comme les enfans au berceau.
VAGITO, *as*, *avi*, *atum*, *are*, crier souvent comme les petits enfans qui sont au berceau.
VAGITUS, *ûs*, cri des petits enfans au berceau.
VAGOR, *oris*, voyez *Vagitus*.
VAGULATIO, *onis*, plainte remplie d'injures.
OB-VAGIO, *is*, *gii*, *gitum*, *ire*, crier comme les enfans au berceau ou comme les chats quand ils se battent.
OB-VAGULO, *as*, *avi*, *atum*, *are*, faire du vacarme devant la porte de quelqu'un, lui dire des injures à sa porte.

III.

VANNUS, *i*, van à vanner.
VANNO, *as*, *are*, vanner.
E-VANNO, *as*, *avi*, *atum*, *are*, vanner, nettoyer en vannant ou avec le van,

(Quelques-uns veulent que ce Verbe soit de la troisième conjugaison, *Evanno*, *is*, *ere*.)

IV.
OUAC, VAC.

1.

VACO, *as*, *avi*, *atum*, *are*, être vuide ; n'être point rempli, n'être point occupé, être vacant ; 2°. vaquer, s'adonner, s'employer, s'attacher, s'occuper, ou s'appliquer à ; 3°. être de loisir, n'avoir rien à faire ; être sans occupation ; 5°. avoir soin, prendre soin, soigner.
VACANS, *tis*, qui est de loisir, qui n'est point occupé, qui ne fait rien, qui est sans affaires ; 2°. qui vaque, qui s'emploie, qui s'adonne, qui s'occupe à ; 2°. vuide, vacant.
VACANTER, *adv.* inutilement, vainement, en vain.
VACAT, *imperf.* on a le tems, on a le loisir.
VACATIM, *adv.* à loisir.
VACATIO, *onis*, dispense, exemption de peine, de travail ; relâche.
INTER-VACANS, *tis*, vuide entre ; où il n'y a rien entre deux, vuide au milieu.

2.

VACUO, *as*, *avi*, *atum*, *are*, vuider ou évacuer ; 2°. déserter, rendre désert ; 3°. nettoyer, écurer, purger.
VACUUS, *a*, *um*, vuide, où il n'y a rien dedans ; 2°. vacant, qui n'est point occupé ; 3°. libre, exempt ou oisif, qui n'a rien à faire, qui est sans occupation, qui ne fait rien, qui est de loisir.
VACIVUS, voyez *Vacuus*.
VACUITAS, *atis*, vuide, espace vuide ; 2°. exemption.

Vacuitas molestiæ ou *ab angoribus*, exemption de chagrin.

VACUISSIMUS, *a*, *um*, qui est fort de loisir.

VACUE-FACIO, *is*, *feci*, *factum*, *cere*, vuider, rendre vuide.

Vacuefactas bello possessiones restituere, remettre en possession de leurs héritages ceux que la guerre en avoit chassés.

COMPOSÉS.

E-VACUO, *as*, *avi*, *atum*, *are*, évacuer, vuider, désemplir, nettoyer, purger.

SUPER-VACANEUS, *a*, *um*, inutile, qui n'est pas nécessaire, superflu.

Commemoratio officiorum supervacanea est, il est inutile de parler des services qu'on a rendus.

SUPER-VACUITAS, *atis*, superfluité, inutilité.

SUPER-VACUUS, *a*, *um*, superflu, inutile.

SUPER-VACUÒ, *adv.* au-delà de ce qu'il faut, avec superfluité, sans nécessité, inutilement.

V.

V A, aller.

1.

VADO, *is*, *si*, *sum*, *dere*, aller, marcher. Gr. ΒΑώ; Orient : נב BA, venir.

COMPOSÉS.

CIRCUM-VADO, *is*, *si*, *sum*, *dere*, surprendre, environner, attaquer, fondre dessus, se jetter sur de tous côtés.

CON-VADO, *is*, *ere*, marcher avec, accompagner, aller ensemble.

E-VADO, *is*, *si*, *sum*, *dere*, s'évader, s'échapper, se sauver, se dérober, s'enfuir, se retirer, sortir ; 2°. venir, se terminer, finir, aboutir ; 3°. parvenir, réussir ; 4°. devenir ; 5°. éviter, se débarrasser, se dégager.

CON-VADOR, *aris*, *atus sum*, *ari*, assigner, ajourner, donner assignation.

IN-VADO, *is*, *si*, *sum*, *dere*, attaquer, se jetter dessus, courir sur, insulter ; 2°. s'emparer, se saisir, prendre de force, envahir, usurper, se rendre maître de ; 3°. entreprendre.

IN-VASOR, *oris*, usurpateur, qui s'empare ; 2°. qui attaque, qui insulte.

PER-VADO, *is*, *si*, *sum*, *dere*. aller, passer, pénétrer jusqu'à ; 2°. courir, se répandre, s'étendre.

PER-VASUS, *a*, *um*, qui a été parcouru, où l'on a rôdé, qu'on a pénétré.

SUPER-VADO, *is*, *dere*, surmonter, vaincre ; 2°. monter ou passer par-dessus, traverser ou passer au-delà.

TRANS-VADOR, *aris*, *ari*, passer outre, aller au-delà ; 2°. passer un gué.

2.

VADUM, *i*; *-dus*, *i*, gué ; 2°. bas-fond, banc de sable ; *mot à mot*, riviere, eau qu'on peut traverser à pied.

VADO, *as*, *avi*, *atum*, *ere*, passer à gué.

3.

1. VEHA, *æ*, chemin, voie.

2. VEHES, *is*, charretée, la charge d'une charrette, &c. une voie.

VIA, *æ*, chemin, voie, rue de ville, route ; 2°. voyage ; 3°. moyen ; 4°. maniere, méthode.

VIALIS, *m. f. le*, *n. is*, de rue, de chemin, de route, de voyage.

VIANS, *tis*, qui est en chemin.

VIARIUS, *a*, *um*, de chemin, qui concerne les chemins, les routes, les rues.

VIATOR, *oris*, voyageur, qui fait voyage ; 2°. celui qui va faire des commissions, qui va porter des ordres de la part d'une Compagnie, comme le postillon ou le courier du Conseil, (dont la charge est d'avertir les jours qu'il y a Conseil); 3°. celui qui conduit les chevaux qui tirent un bateau.

VIATORIUS, a, um, de voyage, qui concerne le voyage.

VIATICUS, a, um, de voyage, qui concerne le voyage.

VIATICUM, i, provision de ce qui est nécessaire pour le voyage ; 2°. le Saint-Viatique.

VIATICULUM, i, dimin. de Viaticum; 2°. petite provision de voyage.

VIATICATUS, a, um, part. de

VIATICOR, aris, ari, faire provision, ou se munir pour le voyage.

BINOMES.

VIO-CURUS, i, Intendant des ponts & chaussées.

BI-VIUM, i, chemin fourchu, lieux où deux chemins aboutissent.

Bivium dare ad aliquid, donner deux moyens, fournir deux voies pour faire une chose.

BI-VIUS, a, um, où il y a deux voies, deux chemins ; où l'on trouve double passage.

TRI-VIUM, ii, place où aboutissent trois rues, trois chemins, carrefour.

Maledictum ex trivio, injure de harangere.

TRI-VIUS, a, um, de carrefour ; de lieu où aboutissent trois rues, trois chemins.

TRI-Vialis, m. f. le, n. is, trivial, vulgaire.

MULTI-VIUS, a, um, qui a plusieurs chemins.

COMPOSÉS.

A-VIUS, a, um, qui est sans chemin, ni sentier ; qui n'est point frayé, impraticable, inaccessible, où l'on ne peut passer ou aborder ; 2°. égaré, fourvoyé, qui a perdu son chemin, qui s'en est écarté.

ANTE-VIO, as, are, aller, ou marcher devant.

DE-VIA, orum, chemins perdus, sentiers égarés ; routes impraticables, endroits qui ne sont point pratiqués.

DE-VIO, as, are, dévoyer, faire sortir du chemin.

DE-VIUS, a, um, égaré, perdu ; 2°. détourné.

IN-VIO, as, avi, atum, are, marcher.

IN-VIUS, a, um, où il n'y a point de sentier, ni de route, où l'on ne trouve point de chemin, par où l'on ne peut passer ; 2°. inaccessible, impénétrable.

OB-VIO, as, are, aller au-devant ; 2°. prévenir, remédier.

OB-VIUS, a, um, qui est rencontré, qu'on rencontre en chemin ; 2°. qui rencontre en son chemin ; 3°. qu'on a sous sa main, qui est à portée ; 4°. prévenant.

OB-VIAM, adv. au devant, à la rencontre.

PER-VIAM, adv. en passant au travers.

PER-VIUS, a, um, ouvert, par où l'on peut passer.

IM-PER-VIUS, a, um, qu'on ne peut passer, par où l'on ne peut passer ; 2°. inaccessible ; 3°. impénétrable ; 4°. qu'on ne peut traverser ; impraticable.

PRÆ-VIUS, a, um, qui va devant, qui précède.

PROPTER-VIAM, sacrifice fait à Hercule par ceux qui entreprenoient un voyage.

4.

1. VEHO, is, vexi, vectum, here, voiturer, charrier, transporter, porter.

Vehere ventrem gravem, être grosse.

VEHENS, tis, pour *Vectus*.

Vehens equo, qui est à cheval, porté sur un cheval.

VEHICULATIO, onis, transport, voiture ; l'action de voiturer, charroi.

Vehiculum, i, charriot, charrette, voiture.

Vehicula meritoria, carrosses de louage, voitures publiques, chariots, charrettes qu'on loue;—camerata, carrosses, litieres.

Vehicularis, m. f. re n. is, &

Vehicularius, a, um, de voiture ou de charroi, de charrette, de carrosse.

Vellatura, æ, charroi, voiture.

2. Vecto, as, avi, atum, are, voiturer.

Vectus, a, um, part. de Veho.

Vectio, onis, voiture, transport.

Vector, oris, qui voiture, qui sert à voiturer; 2°. passager.

Vector equus, cheval qui porte ou qu'on monte.

Vectorius, a, um, de voiture, de transport, qui sert à voiturer, de somme, de charge.

Vectorium navigium, navire de charge.

Vectura, æ, voiture, port, transport.

Vecturam facere, être voiturier, roulier.

Vectabilis, m. f. le, n. is, qu'on peut voiturer.

Vectabulum, i, voiture.

Vectarius, a, um, de voiture, qui voiture.

Vectatio, onis, l'action de voiturer, voiture, transport.

Vectibilis, m. f. le n. is, voy. Vectabilis.

Vectis, is, levier; 2°. barre.

Vecticularius, a, um, qui se sert d'un levier pour rompre des portes à dessein de voler; 2°. voyez Vectiarius.

Vectiarius, a, um, qui se sert d'un levier, d'une barre pour faire quelque chose.

Vecticarius, voy. Vectiarius.

3. Vectigal, alis, tribut; 2°. impôt, taille; 3°. rente, revenu; 4°. péage; 5°. frais de voiture, ce qu'on paye pour la voiture; 6°. droit de transport.

Vectigalis, m. f. le, n. is, tributaire, qui paye tribut, sujet aux impôts, taillable; 2°. d'impôts.

Vectigales equi, chevaux de louage, de poste.

Vectigaliorum pour Vectigalium.

COMPOSÉS.

Ad-Veho, is, exi, vectum, ere, amener, apporter, voiturer, faire porter, venir ou aller; soit par eau, par charroi, ou à cheval.

Ad-Vectito ou Ad-Vecto, as, avi, atum, are, voiturer, mener conduire, transporter, apporter.

Ad-Vector, oris, voiturier, qui conduit, qui amene, qui apporte.

Ad-Vectus, ûs, voy. Advectio.

Ad-Vectus, a, um, amené, part.

Ad-Vectio, onis, transport, voiture, charriage, charroi, port, fret.

Ad-Vectitius, a, um, qu'on peut voiturer, qui souffre le transport.

A-Veho, is, xi, ctum, here, emmener, emporter, transporter, enlever, faire venir, tirer ou faire sortir de.

A-Vectus, a, um. Avecta se prend pour sæpe aucta, souvent augmentée; part.

Circum-Veho, is, vexi, vectum, here, porter autour, &

Circum-Vehor, heris, vectus sum, hi, aller autour, faire le tour, être transporté de tous côtés.

Circum-Vector, aris, atus sum, ari, voy. Circumveho.

Circum-Vectio, onis, transport, voiture.

Con-Veho, is, vexi, vectum here, voy. Convecto.

Con-Vecto, as, avi, atum, are, porter, charrier, voiturer, mener par chariot, par eau ou autrement.

Convectare aliquid è proximis locis, apporter quelque chose des lieux voisins.

Con-Vector, oris, voiturier, passager; 2°. compagnon de voyage.

Con-Vexio, onis, &

Con-Vexitas, atis, convexité, partie convexe ou extérieure d'une voute, d'un globe, &c.

Con-Vexus, a, um, convexe.

Convexa fupera & *Convexum cœlum*, la voute du Ciel.

De-Veho, is, vexi, vectum, here, amener, mener, conduire, porter, transporter, voiturer, charrier.

De-Vexus, a, um, penchant, incliné, qui décline, qui va en pente, qui penche, penché, qui tourne du côté d'en-bas.

De-Vexio, onis, &

De-Vexitas, atis, penchant, pente, déclinaison, descente, inclinaison.

E-Vectus, ûs, transport, voiture, chariage, charroi.

In-Veho, is, vexi, vectum, here, apporter, transporter, voiturer, porter, traîner, entraîner avec soi ; 2°. causer, attirer, être cause, amener.

In-Vehor, eris, vectus sum, hi, attaquer, charger, insulter, assaillir ; 2°. invectiver, se déchaîner, s'emporter contre, outrager.

In-Vectio, onis, transport, l'action de voiturer ; 2°. invective, insulte, outrage, déchaînement contre.

In-Vectus, ûs, transport, voiture ; l'action de transporter, d'entraîner avec soi.

In-Vectitius, a, um, apporté, transporté, venu d'ailleurs, qu'on voiture.

Invectitium gaudium, joie étrangère.

E-Veho, is, vexi, vectum, here, porter dehors, mener, enlever, conduire par eau ou par terre, transporter, voiturer, charrier ; 2°. élever.

Per-Vectus, a, um, part. de

Per-Veho, is, vexi, vectum, here, mener, porter, charier, voiturer.

Præ-Veho, is, vexi, vectum, here, porter devant ou à la vue.

Præter-Veho, is, xi, vectum, here, &

Præter-Vehor, eris, vectus sum, hi, passer outre, au-delà, par-delà, au long, le long, devant, par-devant ; côtoyer.

Præter-Vehens, tis, passant devant, au long, le long, par-devant, côtoyant.

Præter-Vectio, onis, l'action de passer outre ou au-delà, d'être porté plus loin, au long, le long, devant.

Præter-Vectus, a, um, part. de *Præterveho*.

Pro-Veho, is, vexi, vectum, here, porter, transporter, voiturer ; 2°. pousser en avant ; 3°. avancer, élever, pousser dans le monde.

Pro-Vehens, tis, qui porte, qui transporte.

Pro-Vectus, ûs, avancement, progrès.

Pro-Vectus, a, um, part. de *Proveho*, avancé.

Re-Veho, is, vexi, vectum, here, rapporter, ramener.

Retro-Veho, is, ere, mener, porter à reculons.

Se-Veho, is, vexi, vectum, here, porter ou transporter dehors.

Sub-Veho, is, vexi, vectum, here, voiturer, transporter, amener, apporter, porter par quelque voiture.

Sub-Vecto, as, avi, atum, are, voy. *Subveho*.

Sub-Vectus, ûs, &

Sub-Vectio, onis, voiture, transport.

Sub-Vexus, a, um, un peu courbé, vouté ou plié en arc.

Super-Veho, is, vexi, ctum, here, porter en haut ou au-dessus, faire monter.

Trans-Veho, is, vexi, vectum, here, transporter, porter au-delà.

Transvectum est tempus, le tems est expiré, le terme est passé.

Trans-Vehor, eris, vectus sum, vehi, être transporté, être porté au-delà ; 2°. faire montre, passer en revue.

Trans-Vectio, onis, l'action de passer ou de transporter ; 2°. montre des Chevaliers Romains, revue de Cavalerie.
Trans-Vector, oris, qui transporte, voiturier.

5.

Vexillarius, ii, enseigne, porte-enseigne, guidon, cornette, celui qui porte l'étendard d'une compagnie.
Vexillatio, onis, compagnie, cornette sous un même guidon, drapeau ou étendard.
Vexillum, i, cornette, étendard, guidon, drapeau, banniere ; 2°. cornette de cavalerie, ou compagnie de chevaux-légers.

6.

1. Venia, æ, pardon; 2°. permission, congé, liberté de faire.
Venia exilii, rappel d'exil.
Ventio, onis, venue, arrivée.
Ventito, as, avi, atum, are, aller ou venir souvent ou fréquemment.
Venturus, a, um, qui viendra, qui doit venir, futur, qui est à venir, qui doit arriver, qui arrivera.
Venilia, æ, flux, flot, montant de la marée.
Venet pour Venit.
Venibo pour Veniam.

2. Pro-Vincia, æ, Province ; 2°. Gouvernement ; 3°. charge, commission, emploi, fonction, Intendance ; 4°. Ordre, affaire.
Pro-Vincialis, m.f. le, n. is, provincial, de Province.
Pro-Vinciatim, adv. par provinces.

7

Venio, is, veni, ventum, ire, venir, arriver, aller; 2°. échoir; 3°. être apporté, être porté ; 4°. être transporté ; 5°. croître.

Composés.

Ad-Venio, is, veni, ntum, ire, arriver, venir, d'ailleurs, survenir.
Ad-Ventitium, ii, cas fortuit, hazard ; 2°. présens que l'on donne aux Médecins pour leur visite.
Ad-Ventitius, a, um, qui vient, qui arrive, qui survient par hasard, qui est pris ou venu d'ailleurs, emprunté, étranger, accidentel, casuel.
Ad-Vento, as, avi, atum, are, approcher, n'être pas loin, être sur le point d'arriver.
Ad-Ventor, oris, qui vient souvent, qui survient, qui a coutume de venir ou de fournir dans un endroit ; 2°. chaland.
Ad-Ventorius, a, um, qu'on fait où qu'on donne au sujet de l'arrivée de quelqu'un ; qui arrive par occasion, par hazard, par cas fortuit.
Adventoria epistola, lettre de compliment sur l'arrivée de quelqu'un.
Ad-Ventus, ûs, ou
Ad-Ventus, i, arrivée, venue, avénement, abord ; 2°. l'Avent, tems d'environ quatre semaines avant la Nativité de N. S. J. C.
Ad-Vena, æ, étranger, qui n'est pas du pays, qui est d'ailleurs, forain.
Ad-Venarius, a, um, étranger, qui vient d'ailleurs, qu'on apporte d'ailleurs.
Ante-Venio, is, ni, entum, ire, arriver devant, précéder, venir le premier, devancer, couper le chemin ; 2°. prévenir, prendre les devants, remédier par avance ; 3°. exceller, surpasser.
Ante-Ventuli, orum, cheveux de dessus le front, qui pendent par-devant.
Circum-Venio, is, veni, ventum, nire, entourer, environner, envelopper, investir, assiéger, enfermer ; 2°. tromper, duper, fourber, abuser, surprendre ou séduire.

CIRCUM-VENTio, onis, tromperie, fourberie, surprise.

CIRCUM-VENTor, oris, trompeur, fourbe.

CIRCUM-VENTus, a, um, part. de Circumvenio, entouré, investi, forcé.

CON-VENio, is, veni, ventum, nire, s'assembler, s'amasser, s'attrouper, venir se rendre avec d'autres ou aller trouver; 2°. convenir, être d'accord, s'accorder; 3°. se rapporter; être convenable, conforme, séant, sortable.

CON-VENiens, tis, convenable, conforme, qui a du rapport, qui convient, séant, sortable, qui s'accorde, propre; 2°. qui s'assemble, qui arrive.

CON-VENientia, æ, convenance, conformité, rapport, proportion, accord, justesse, harmonie.

CON-VENienter, adv. convenablement, sortablement, d'une maniere conforme, avec bienséance.

CON-VENTum, i, convention, condition, traité, accord, contrat, pacte.

Pacta conventa, traité, conventions, conditions, articles dont on est convenu.

CON-VENTio, onis, convention, traité, contrat; 2°. assemblée publique.

CON-VENTus, ûs, assemblée publique, les Etats, les Assises, les grands jours, le Parlement, la Diete; 2°. convention, condition, paction, pacte, accord, traité, contrat; 3°. ressort, étendue de Jurisdiction.

CON-VENTiculum, i, conventicule, petite assemblée secrette & illicite.

CON-VENTus, a, um, part. de Convenio. Conventus est à me, je l'ai été trouver, ou je l'ai abordé.

Convento priùs Tiberio, ayant été d'abord trouver Tibere: —eo opus est, il faut lui parler.

Conventa pax, Paix conclue, arrêtée.—conditio, condition, article dont on est convenu.

CON-VENTo, as, avi, atum, are, se trouver souvent ensemble.

CON-VENæ, arum, gens ramassés de divers endroits, qui viennent s'habituer en un pays; 2°. Commingeois, peuples de Comminges, au pied des Pyrenées.

CONTRA-VENio, is, veni, ventum, nire, venir au devant, à la rencontre; 2°. s'opposer.

Contravenire de litteris corruptis, accuser des lettres de fausseté, s'inscrire en faux contre.

IN-CON-VENiens, tis, qui ne se rapporte pas, qui ne s'accorde pas; 2°. qui n'est pas convenable, qui ne convient pas, qui ne sied pas, mésséant, indécent.

IN-CON-VENientia, æ, voy. Indecentia.

DE-VENio, is, veni, ventum, nire, venir, arriver, se rendre; 2°. parvenir.

DIS-CON-VENio, is, veni, ventum, nire, disconvenir, ne convenir pas, ne s'accorder point, être différent.

E-VENio, is, veni, ventum, nire, arriver, avenir; 2°. écheoir.

E-VENTum, i, &

E-VENTus, ûs, événement, issue, réussite, succès, fin.

IN-VENio, is, veni, ventum, ire, trouver, rencontrer, découvrir, inventer, imaginer; 2°. acquérir; 3°. amasser.

IN-VENTus, ûs, voy. Inventio.

IN-VENTus, a, um, trouvé, découvert part. d'Invenio.

IN-VENTarium, ii, inventaire.

IN-VENTum, i, invention, découverte, chose inventée.

IN-VENTio, onis, invention, découverte, l'action d'inventer.

IN-VENTiuncula, æ, petite invention.

IN-VENTor, oris; -trix, icis, inventeur; 2°. auteur.

AD-IN-VENio, is, eni, entum, ire, inventer, trouver, imaginer, controuver, rencontrer ingénieusement, raffiner sur quelque chose.

AD-IN-VENTio, onis, invention, raffinement,

ment, pensées secrettes, dessein ; 2°. égarement de pensées, fautes.

AD-IN-VENTUS, a, um, part. d'*Adinvenio*, inventé, trouvé, controuvé.

INTER-VENIO, *is, veni, ventum, ire*, survenir, venir à la traverse ; arriver à l'improviste, surprendre ; 2°. intervenir, s'opposer ; 2°. aller au-devant, aller chercher.

INTER-VENIENS, *tis*, qui survient, qui est entre deux.

INTER-VENTUS, *ûs*, arrivée imprévue.

INTER-VENTIO, *onis*, intervention.

INTER-VENTOR, *oris*, survenant, qui survient, qui arrive à l'improviste, qui vient à la traverse, importun.

INTER-VENium, *ii*, espace qui est entredeux veines.

OB-VENIO, *is, eni, entum, nire*, se présenter au-devant ; 2°. écheoir ou arriver par hasard ou par sort.

OB-VENTIO, *onis*, bien qui arrive sans qu'on s'y attende.

PER-VENIO, *is, veni, ventum, nire*, parvenir, venir, arriver, atteindre.

PER-VENTIO, *onis*, arrivée à ou en.

PER-VENTURUS, *a, um*, qui parviendra, qui arrivera.

POST-VENIO, *is, veni, ventum, nire*, venir après.

PRÆ-VENIO, *is, veni, ventum, nire*, prévenir, venir devant, venir auparavant.

PRÆ-VENTIO, *onis*, prévention.

PRÆ-VENTORES, *um*, escarmoucheurs, soldats qui escarmouchent.

PRÆ-VENTUS, *a, um*, part. de *Prævenio*, pris, occupé auparavant, prévenu.

PRO-VENIO, *is, veni, ventum, nire*, venir, paroître, s'avancer ; 2°. arriver ; 3°. provenir, naître ; 4°. croître.

PRO-VENTURUS, *a, um*, qui arrivera.

PRO-VENTUS, *ûs*, fruit, revenu ; 2°. abondance, grande quantité ; 3°. succès.

RE-CON-VENTIO, *onis*, convention mutuelle, action réciproque.

Orig. Lat.

RE-VENIO, *is, veni, ventum, nire*, revenir, retourner.

SUB-VENIO, *is, veni, ventum, nire*, survenir, s'entremettre, s'interposer ; 2°. aider, secourir, subvenir, remédier.

SUB-VENTIO, *onis*, subvention, aide, secours.

SUB-VENTO, *as, avi, atum, are*, secourir, aider.

SUB-VENTURUS, *a, um*, qui secourra, qui remédiera.

SUB-VENTUS, *ûs*, aide, secours.

SUPER-VENIO, *is, veni, ventum, nire*, survenir, arriver à l'improviste, surprendre, venir sur ; 2°. monter ou passer dessus ou au-delà ; 3°. se joindre, agir sur ; 4°. prévenir.

Supervenit annos vis, la force prévient l'âge.

SUPER-VENTUS, *ûs*, arrivée imprévue.

8.

1. VENa, *æ*, veine ou artere ; 2°. filet de la langue ; 3°. génie, esprit.

VENOSUS, *a, um*, veineux, plein de veines.

2. De VIa, chemin, & de TUl, porter, se forma ce mot :

VI-DULUM, *i*, &

VI-DULUS, *i*, valise de cuir, bourses de cuir à mettre sur un cheval.

3. De IN, dans, & de VIa, chemin, ou plutôt de PETO, demander, se forma cette Famille :

IN-VITO, *as, avi, atum, are*, inviter, convier, attirer ; 2°. engager, animer, exciter, inciter, porter, pousser, provoquer.

IN-VITASSO, *is, ere*, voy. *Invito*.

IN-VITATUS, *ûs*, invitation, sollicitation, exhortation.

X 6

IN-Vitabilis, m. f. le, n. is, attrayant, charmant, engageant.

IN-Vitamentum, i, attrait, appas, charme, ce qui attire, ce qui engage, engagement.

IN-Vitatio, onis, invitation, l'action d'inviter; 2°. celle de porter à quelque chose; 3°. semence.

RE-IN-VITO, as, are, inviter de nouveau.

SUB-IN-VITO, as, avi, atum, are, inviter en quelque maniere.

9. VAS.

De VA, aller, 2°. tout ce qui sert à transporter, vint cette Famille :

VAS, asis, vase, vaisseau, vaisselle.

VASum, i, vase, vaisseau.

VAScularius, ii, qui fait des vases, de la vaisselle.

VAsculum, i, petit vase.

VAsarium, ii, vaisselle; 2°. ustensile; 3°. chambre, ou lieu où l'on conservoit les vases ou la vaisselle, buffet.

10.

De VA, aller, se forma VAS, caution, mot à-mot, celui au moyen duquel on laisse *aller* une personne.

VAS, adis, caution, répondant.

VAdimonium, ii, obligation de comparoître en justice à certain jour; 2°. ajournement, assignation.

Vadimonium constitutum, échéance, terme d'une assignation.

VAdor, aris, atus sum, ari, demander caution de comparoître en justice, de se représenter quand on en sera sommé.

CON-VASO, as, avi, atum, are, plier bagage, faire son paquet, emporter en s'en allant sans dire mot.

SUB-VAS, adis, certificateur de caution.

11.

De VAS, vase, & d'*Aqua* devenu ica, vinrent ces mots :

VEsica, æ, vessie.

VEsicula, æ, petite vessie.

VEsicarius, a, um, de la vessie, qui est dans la vessie.

12.

De VA, aller, & de ST, est, vint VA-Stus, vaste; *mot à-mot*, où il y a de quoi se promener, une grande étendue de pays.

VA-Stus, a, um, tior, tissimus, vaste, étendu, grand, spacieux, d'une grandeur demesurée, ample; 2°. désert; 3°. voy. *Vastatus*.

VAstitas, atis, grandeur, grande étendue; 2°. dégât, ravage, désolation, ruine, saccagement, destruction.

VAsté, iùs, issimé, adv. d'une maniere vaste, étendue.

VAsto, as, avi, atum, are, piller, ravager, saccager, désoler, ruiner ou rendre désert.

VAstesco, is, ere, être désolé, saccagé, ravagé; devenir désert.

VAsti-Ficus, a, um, qui fait du dégât, du ravage.

VAstatia, onis, dégât, pillage, ravage, saccagement.

VAstator, oris, &

VAstatrix, icis, qui ravage, qui fait le dégât, qui détruit, qui ruine.

VAstities, ei, &

VAstitudo, inis, voy. *Vastatio*.

DE-VASTO, as, avi, atum, are, ravager, saccager, désoler, faire le dégât, piller, rendre désert, dépeupler, ruiner.

E-VASTO, as, are, voy. *Vasto*.

PER-VAstatus, a, um, part. de

PER-VASTO, as, avi, atum, are, ravager entierement, saccager tout-à-fait, faire un grand dégât.

VI.
OUAG, VAG.
vaguer.

VAGO, *as*, *avi*, *atum*, *are*, &
VAGor, *aris*, *atus sum*, *ari*, être vagabond, aller cà & là, courir de côté & d'autre, errer, être errant, vagabonder ; 2°. faire des digressions, des écarts d'esprit, s'égarer, s'écarter.

VAGabundus, *a*, *um*, &
VAGans, *tis*, vagabond, errant, qui va de côté & d'autre.

VAGatio, *onis*, course çà & là.

VAGè, *adv.* çà & là, en se répandant de côté & d'autre.

VAGus, *a*, *um*, vagabond, errant, qui court çà & là, qui va de côté & d'autre, qui court le pays ; 2°. vague, incertain, peu constant, peu ferme, qui n'est point arrêté, peu solide, qui change à tout moment, inconstant, changeant.

MULTI-VAGus, *a*, *um*, errant, vagabond, qui va de côté & d'autre, coureur.

OMNI-VAGus, *a*, *um*, vagabond, qui erre par-tout, errant.

COMPOSÉS.

CIRCUM-VAGor, *aris*, *ari*, voy. *Circumerro.*

CIRCUM-VAGus, *a*, *um*, qui roule, qui tourne autour.

DE-VAGor, *aris*, *atus sum*, *ari*, errer, courir çà & là, roder.

E-VAGatio, *onis*, l'action d'aller çà & là, d'errer de côté & d'autre.

E-VAGatus, *a*, *um*, part. d'*Evagor*.

E-VAGor, *aris*, *atus sum*, *ari*, aller çà & là, être vagabond, courir de côté & d'autre, se dérober, s'écarter, s'égarer, prendre l'écart, s'étendre, se répandre ; 2°. s'élargir, se mettre plus au large ; 3°. sortir de son sujet, quitter sa matière, s'éloigner de son objet, de son but principal.

EXTRA-VAGantes, *ium*, extravagantes, ordonnances de Princes, qui ne sont pas contenues dans le corps du Droit Civil.

PER-VAGus, *a*, *um*, coureur, vagabond, qui rode, qui court çà & là, qui est sans arrêt.

PER-VAGor, *aris*, *atus sum*, *ari*, aller, courir de côté & d'autre, roder ; 2°. se répandre, se divulguer.

SUPER-VAGaneus, *a*, *um*, qui va çà & là, sur le haut ou dessus.

SUPER-VAGor, *aris*, *atus sum*, *ari*, s'étendre trop ; 2°. passer au-delà.

VII.
OUAN, VAN,
s'évanouir.

1. VANus, *a*, *um*, vain, inutile, qui est sans effet, frivole ; 2°. vuide ; 3°. hableur, menteur, fourbe.

VANùm, *adv.* en vain, vainement, inutilement.

VANesco, *is*, *ere*, disparoître, s'évanouir.

VANè, *adv.* vainement, en vain.

VANa, *plur.* au lieu de *vanè*.

VANo, *as*, *are*, tromper.

VANitas, *atis*, vanité, vaine gloire ; 2°. fourberie, fausseté, mensonge ; 3°. hablerie, gasconade ; 4°. inconstance, changement ; 5°. inutilité.

VANities, *ei*, &
VANitudo, *inis*, voyez *Vanitas*.

VANi-Dicus, *a*, *um*, grand diseur de bagatelles, conteur de sornettes, babillard, grand parleur, diseur de riens, qui débite des sottises, hableur.

VANI-LOQUUS, *a*, *um*, voyez *Vanidicus*.
VANI-LOQUIUM, *ii*, discours impertinent, paroles inutiles, fadaises.
VANI-LOQUENTIA, *æ*, hablerie, discours impertinent, paroles inutiles, fadaises.
VANI-LOQUI-DORUS, *a*, *um*, qui donne des paroles vaines.

COMPOSÉS.

E-VANESCO, *is*, *nui*, *scere*, disparoître, s'évanouir, se disperser, se passer, se perdre, venir à rien, s'éventer.

E-VANIDUS, *a*, *um*, qui s'évanouit, qui passe bientôt, vain, qui n'est pas de durée, passager, périssable, qui se dissipe; 2°. abattu, affoibli, languissant, qui a perdu sa force, qui n'a plus de vigueur, flétri.

RE-VANESCO, *is*, *nui*, *cere*, s'évanouir, disparoître.

VIII.

1. VAPOR, *oris*, vapeur; 2°. chaleur; 3°. influence.

VAPOS, *oris*, voyez *Vapor*.

VAPORO, *as*, *avi*, *atum*, *are*, parfumer; 2°. exhaler, envoyer, pousser des vapeurs; 3°. se sécher en exhalant des vapeurs.

VAPORATIO, *onis*, évaporation, élévation des vapeurs, effumation; 2°. fumigation, parfum.

VAPORARIUM, *ii*, lieu qui reçoit la fumée des étuves.

VAPORATUS, *a*, *um*, qui est évaporé, qui s'est exhalé en vapeurs, desséché en évaporant.

VAPOROSUS, *a*, *um*, vaporeux, plein de vapeurs, qui envoye, qui exhale, qui jette, pousse, &c. d'où il sort des vapeurs.

VAPORI-FER, *a*, *um*, qui exhale, qui jette, qui envoie, qui pousse, d'où il sort des vapeurs.

E-VAPORO, *as*, *avi*, *atum*, *are*, évaporer, exhaler.

E-VAPORATIO, *onis*, évaporation, exhalaison, vapeur.

PRÆ-VAPORO, *as*, *are*, parfumer auparavant.

2. VAPPA, *æ*, vin poussé ou éventé; 2°. homme de néant, coquin, maraud.

VAPIDUS, *a*, *um*, évaporé, éventé, qui a perdu sa force ou ses esprits; 2°. qui exhale une mauvaise odeur.

VAPIDÈ, *adv*. sans force, foiblement.

VAPIDITAS, *atis*, évaporation, évent.

IX.

OUEN, VEN,

Vent.

VENTUS, *i*, vent, souffle; 2°. ouragan; 3°. trouble, persécution.

Ventis ire, aller à voiles.

Ventus textilis, gaze, crêpe fin, crêpon.

VENTULUS, *i*, petit vent.

VENTI-GENA, *æ*, engendré du vent.

VENTOSÈ, *adv*. par le moyen du vent.

VENTOSUS, *a*, *um*; *ior*, *issimus*, venteux ou exposé aux vents, sujet aux vents; 2°. qui cause des vents; 3°. léger, inconstant, volage; 4°. plein de vent, enflé de vanité, qui se vante, qui se glorifie, glorieux.

VENTILO, *as*, *avi*, *atum*, *are*, vanner; 2°. allumer en soufflant, faire du vent pour allumer; 3°. exposer au vent ou à l'air; 4°. donner air ou vent.

VENTILABRUM, *i*, van à vanner.

VENTILATIO, *onis*, exposition au vent, à l'air; 2°. l'action de donner vent ou air.

VENTILATOR, *oris*, vanneur, qui vanne; 2°. joueur de gobelets, qui fait des tours de passe-passe.

E-Ventilo, *as*, *avi*, *atum*, *are*, vanner, jetter à la roue ; 2°. jetter le blé battu en l'air avec une pelle contre le vent qui repousse la paille & laisse avancer le grain qui est le plus lourd, & qui tombe net ; 3°. remuer le grain avec la pelle.

E-Ventilator, *oris*, vanneur, celui qui vanne ; 2°. celui qui jette à la roue.

X.

Vox, *vocis*, la voix ; 2°. mot, parole.

Vocula, *æ*, petite voix ; 2°. petit mot.

Voculæ falsæ, inflexions de voix qui se perdent insensiblement.

Voco, *as*, *avi*, *atum*, *are*, appeller, crier, convoquer, citer, faire venir, convier, inviter, mander ; 2°. nommer.

Vocatus, *a*, *um*, part. de *Voco*.

Vocatus ad dapes, prié d'un repas.

Vocito, *as*, *avi*, *atum*, *are*, appeller souvent, nommer fréquemment.

2. Vocamen, *inis*, &

Vocabulum, *i*, mot, terme, parole qui sert à nommer une chose ; nom dont on se sert pour exprimer quelque chose.

Vocatus, *ûs*, invitation, l'action d'inviter, de convoquer, d'invoquer ou d'appeller ; 2°. convocation ; 3°. invocation.

Vocatio, *onis*, ajournement, assignation à comparoître ; 2°. invitation, l'action d'appeller.

Vocator, *oris*, qui invite, qui appelle ; 2°. celui qu'on envoye pour inviter.

Vocativus, *i*, le vocatif, cinquième cas des noms Latins.

Vocativè, adv. au vocatif, en se servant du vocatif.

3. Vocalis, *le*, *is*, qui a la voix bonne, forte, haute, qui se fait entendre ; 2°. résonnant, retentissant, sonore, bruyant.

Vocales chordæ, cordes d'un instrument de musique.

Vocalitas, *atis*, consonance, douceur de prononciation.

Vocalissimus, *a*, *um*, qui a une très-bonne voix, une voix tonnante ou éclatante.

Vocaliter, adv. en appellant.

Voculatio, *onis*, accent.

BINOMES.

Voci-Fico, *as*, *avi*, *atum*, *are*, appeller, nommer, indiquer par la voix.

Voci-Fero, *as*, *avi*, *atum*, *are*, &

Voci-Feror, *aris*, *atus sum*, *ari*, criailler, crier fort, faire grand bruit de paroles, tempêter, s'emporter de paroles.

Voci-Feratio, *onis*, criaillerie, l'action de criailler, de faire grand bruit, de tempêter ; tintamare de paroles.

Semi-Vocalis, *is*, demi-voyelle, comme L, M, N, R, S, X.

Semi-Vocalis, *le*, *is*, qui n'a de la voix qu'à demi, dont la voix n'est pas distincte.

COMPOSÉS.

Ad-Voco, *as*, *avi*, *atum*, *are*, appeller à soi, mander, faire venir, prier, inviter ; 2°. plaider, faire la profession d'Avocat.

Advocare in consilium, demander avis, conseil ; ---- *In auxilium*, demander secours, assistance, protection.

Ad-Vocatio, *onis*, fonction, charge d'un Avocat ; 2°. consultation ; 3°. assemblée d'amis ou de parens sur une affaire ; 4°. sollicitation, recommandation, protection ; 5°. consolation, soulagement ; 6°. plaidoyer ; 7°. appel, ou l'action d'appeller ou d'inviter ; convocation.

Ad-Vocatus, *i*, celui qui est prié de se

charger d'une affaire, de plaider la cause, de l'appuyer de son crédit, & d'en défendre le droit; Avocat qu'on appelle aussi *Patronus*.

AD-Vocamentum, i, distraction, occupation divertissante.

A-Voco, as, avi, atum, are, détourner, éloigner, distraire, divertir, retirer, rappeller, révoquer.

A-Vocamentum, i, relâche, divertissement, récréation, occupation divertissante après un travail d'esprit.

A-Vocatio, onis, distraction, récréation, divertissement.

CON-Voco, as, avi, atum, are, convoquer, assembler, rappeller, faire venir, mander.

Convocare in ou *ad concionem*, inviter à une harangue.

CON-Vocatio, onis, convocation, assemblée.

DE-Voco, as, avi, atum, are, appeller, rappeller, faire venir, faire revenir.

DE-Vocatio, onis, appel.

E-Voco, as, avi, atum, are, appeller, assembler, convoquer, faire venir, faire sortir; 2°. conjurer, sommer, citer, interpeller.

E-Vocatio, onis, évocation, appel.

E-Vocator, oris, qui appelle, qui convoque, qui fait assembler; 2°. qui évoque.

E-Vocati, orum, milices, soldats levés à la hâte; 2°. Gardes du corps de Galba; 3°. vieux soldats licenciés, qu'on rappelloit dans les besoins de l'Etat.

IN-Voco, as, avi, atum, are, invoquer, implorer, appeller à soi.

Testes invoco, je prends à témoins, j'appelle en témoignage.

IN-Vocatio, onis, invocation.

IN-Vocatus, a, um, qui n'a point été appellé, sans être appellé.

IR-RE-Vocabilis, le, is, irrévocable, qu'on ne peut rappeller, qu'on ne sauroit faire revenir.

IR-RE-Vocatus, a, um, qui n'a point été rappellé, qu'on n'a pas fait revenir.

INTER-Vocaliter, adv. à haute voix, de tems en tems.

INTRO-Voco, as, avi, atum, are, appeller pour faire entrer; 2°. battre ou sonner la retraite.

INTRO-Vocatus, ûs, appel pour entrer; 2°. retraite.

PRO-Voco, as, avi, atum, are, défier, appeller au combat, provoquer; 2°. exciter, aigrir, irriter; 3°. inviter.

PRO-Vocatio, onis, appel, défi, l'action de défier au combat; 2°. appel d'une sentence, &c.

PRO-Vocator, oris, qui défie, qui fait un défi, qui appelle au combat.

PRO-Vocatorius, a, um, d'appel, de défi.

PRO-Vocabilis, le, is, qu'on peut exciter.

PRO-Vocabulum, i, pronom; 2°. nom appellatif.

RE-Voco, as, avi, atum, are, rappeller, faire revenir; 2°. rétablir, ramener.

RE-Vocamen, inis; &

RE-Vocatio, onis, rappel; 2°. retour.

Revocatio brumalis, le solstice d'hiver.

RE-Vocabilis, le, is, qu'on peut rappeller, qu'on peut faire revenir, révocable; 2°. réparable, qu'on peut réparer.

SE-Voco, as, avi, atum, are, appeller pour parler en particulier, tirer à part, faire venir; 2°. éloigner, retirer; 3°. rappeller.

XI.

VOMO, is, mui, mitum, mere, vomir, rejetter ce qu'on a dans l'estomac.

VOMITO, as, avi, atum, are, vomir souvent.
VOMitur, on vomit.
VOMitus, ûs, vomissement.
VOMitio, onis, vomissement.
VOMitor, oris, qui vomit, sujet au vomissement.
VOMitorius, a, um, vomitif, qui fait vomir, émétique, qui excite à vomir, qui cause le vomissement.
VOMicus, a, um, qui concerne le vomissement ou qui fait vomir.
VOMica, æ, abscès, apostume.
OMNI-VOMus, a, um, qui revomit tout.

COMPOSÉS.

CON-VOMO, is, mui, mitum, ere, voy. Vomo.
E-VOMO, is, mui, mitum, ere, vomir, rejetter ce qu'on a mangé.
INTER-VOMO, is, mui, itum, ere, vomir parmi.
PRO-VOMO, is, mui, mitum, mere, vomir.
RE-VOMO, is, mui, mitum, mere, revomir, rendre ou rejetter par la bouche ce qu'on a avalé.
RE-VOMens, tis, qui revomit.

V

Ajouté à la tête des mots ou substitué à l'aspiration.

VACER.

Du Celte CERRa, A-CERRa, lier, entourer, enfermer, vinrent ces mots :
VA-CERRa, æ, poteau, pieu ou pilier d'écurie ou de manége pour y attacher les chevaux ; 2°. enceinte de claies ou de pieux dans laquelle on fait parquer les brebis ; 3°. claies.

VACERROSus, a, um, mot-à-mot, qui est comme une souche, stupide, insensé.

VAF.

Du Celte ABER, tout ce qui couvre, qui cache, en Or. אבר Houf, obscurité, vint cette Famille :
VAFer, fra, frum, fin, rusé, matois, espiégle.
VAferrimus Interpres, subtil interprète.
VAFramen, inis, &
VAFramentum, i, finesse, ruse, subtilité, tour d'adresse, espiéglerie.
VAFré, adv. finement, en rusé, en matois, en espiégle.

HE, VEI, VI.

De HE, existence, prononcé VEI, puis VI, vinrent ces Familles :

I.

1. VITA, æ, vie ; 2°. conduite, mœurs.
VITalia, ium, les parties nobles.
VITalia capitis, cerveau.
VITalis, le, is, vital, qui cause, qui soutient, qui entretient la vie ; 2°. qui peut vivre long-tems ; 3°. digne de vivre.
VITalitas, atis, mouvement vital.
VITaliter, adv. vitalement, avec la vie.

2. VITellus, i, jaune d'œuf ; 2°. petit veau.

BINOMES.

1. VI-BIus, a, um, amphibie qui vit dans l'eau & sur la terre.
De VI deux & VI, prononcé bi, vivre.
2. VIVI-RADix, icis, plante vive, qui a sa racine.

2.

Vivo, *is*, *xi*, *ctum*, *vere*, vivre; 2°. se nourrir; 3°. passer la vie; 4°. se divertir, passer la vie agréablement, vivre heureux.

Vivus, *a*, *um*, vivant, qui vit, qui est en vie; 2°. frais, naturel.

Vivesco, *is*, *ere*, voyez *Vivisco*.

Vividè, *adv.* vigoureusement, vivement, fortement.

Vividulus, *a*, *um*, qui vivifie, qui donne la vie.

Vividus, *a*, *um*, qui a vie, vif, qui est en vie; 2°. qui a de la vigueur.

Vivisco, *is*, *ere*, prendre vie, naître.

Vivi-Fico, *as*, *avi*, *atum*, *are*, vivifier, donner ou entretenir la vie.

Vivax, *acis*; *cior*, *cissimus*, qui vit long-tems; 2°. vif, qui a vie.

Vivacitas, *atis*, vivacité, vigueur, force.

Vivaciter, *adv.* vivement, avec feu, avec ardeur.

Vivarium, *ii*, parc où l'on nourrit des bêtes; 2°. garenne; 3°. vivier, réservoir où l'on conserve du poisson.

Vivarus, *a*, *um*, voyez *Vividus*.

3.

Victus, *ûs*, le vivre, la nourriture, ce qui est nécessaire pour vivre, nécessité de la vie; 2°. vie.

Victito, *as*, *avi*, *atum*, *are*, &

Victo, *as*, *avi*, *atum*, *are*, se nourrir, vivre.

Victualia, *ium*, ce qui est nécessaire pour vivre.

Victima, *æ*, victime.

Victimarius, *ii*, celui qui assommoit ou qui égorgeoit les victimes.

Victimo, *as*, *avi*, *atum*, *are*, égorger pour sacrifier.

Composés.

Ad-Vivo, *is*, *xi*, *ctum*, *ere*, vivre avec, encore, être encore en vie.

Con-Vivo, *is*, *xi*, *ctum*, *vere*, vivre avec, boire & manger ensemble.

Con-Vivor, *aris*, *atus sum*, *ari*, faire festin, être en festin, en régal; faire grande chere, un grand repas, se régaler.

Convivari de publico, faire grande chere aux dépens du public.

Con-Viva, *æ*, convié, invité, qui mange à la table de quelqu'un, commensal, qui boit & mange tous les jours avec quelqu'un, qui est en pension avec lui.

Con-Vivium, *ii*, festin, grand repas, régal.

Con-Vivalis, *le*, *is*, de festin, de grand repas, qui concerne la maniere de régaler.

Con-Vivator, *oris*, celui qui donne le repas, qui fait un festin, qui régale, qui donne à manger.

Con-Victor, *oris*, convive.

Con-Vivi-Fico, *as*, *avi*, *atum*, *are*, faire revivre avec, rendre la vie avec.

Per-Vivo, *is*, *xi*, *ctum*, *vere*, vivre long-tems.

Pro-Vivo, *is*, *xi*, *ctum*, *vere*, vivre davantage, plus long-tems.

Redi-Vivus, *a*, *um*, qui renaît, qui rajeunit, qui revient en vie, qui recommence à vivre.

Redi-Vius, *ii*, tique, insecte.

Re-Vivisco, *is*, *vivixi*, *cere*, revivre, reprendre vie, retourner en vie, ressusciter; 2°. se rétablir, reprendre ses forces, se remettre en vigueur.

Ir-Redi-Vivus, *a*, *um*, qu'on ne peut faire revivre; 2°. qu'on ne peut refaire ou rétablir.

Semi-Vivus, *a*, *um*, demi-vif, à moitié mort,

mort, entre la vie & la mort.
SEMPER-VIVUS, a, um, qui vit toujours.
SEMPER-VIVUM, i, joubarbe, plante.
SUPER-VIVO, is, xi, ctum, vere, survivre, vivre au-delà, revenir du danger de la mort.
SUPER-VIVENS, tis, survivant, qui survit.

4. OEC,
Maison.

1.

De E, demeure, habitation, lieu où on existe, prononcé Ec, Ic, Oic, vinrent:

1. OECUS, i, grande salle à faire des festins; 2°. maison.
OECO-DOMIA, æ, bâtiment, structure d'une maison.
OECO-DOMICA, æ, académie.
OECO-NOMIA, æ, économie, administration, gouvernement d'une famille; 2°. disposition, suite, ordre, arrangement d'une pièce.
OECO-NOMICUS, a, um, économique, qui concerne l'économie.
OECO-NOMUS, i, économe.
OECU-MENICUS, a, um, général, universel, qui concerne toute la terre; 2°. œcuménique, parlant des Conciles.
PRO-OECO-NOMIA, æ, projet, disposition d'un poëme; 2°. plan d'une chose.

2. DI-ŒCESIS, is, département, petit gouvernement, contrée, province; 2°. Diocèse, étendue d'un Evêché.
DI-ŒCESANUS, a, um, diocésain.
DI-OECETES, æ, Intendant de province, Commissaire départi en quelque contrée; celui que la Province a chargé de quelqu'affaire.

3 PAR-OCHUS, i, pourvoyeur; 2°. celui qui traite, maître du festin; 3°. Curé d'une paroisse.

PAR-OCHÆ, arum, provisions de vivres qu'avoient les Magistrats Romains qui voyageoient pour la République.
PAR-OCHIA, æ, paroisse.
PAR-OCHIALIS, le, is; paroissiale, de paroisse.
PAR-OCHIANUS, a, um, paroissien, qui est d'une paroisse.
PAR-OECUS, ci, paroissien.
SYN-OECIOSIS, is, figure de Rhétorique qui joint plusieurs choses.

2.

IC, prononcé VIC.

VICUS, i, village, bourg; 2°. rue; 3°. quartier d'une ville.
VICULUS, i, bourg, village, dim.
VICANUS, i, villageois, paysan, habitant d'un village ou d'un bourg.
VICATIM, adv. de bourg en bourg, de village en village, par les villages; 2°. de rue en rue, par les rues, de quartier en quartier.
VICINUS, a, um, voisin, proche; 2°. qui ressemble, qui a du rapport, de la ressemblance, qui approche.
VICINA, æ, voisine.
VICINALIS, le, is, de voisin ou du voisinage.
VICINIA, æ, voisinage; 2°. proximité; 3°. ressemblance, affinité, rapport.
VICINITAS, atis, voisinage, proximité; 2°. rapport, ressemblance.
VICINIUM, ii, voy. Vicinia.

5. VIC.

Du Celte VIC, lieu, place; 2°. la place qu'on occupe pour un autre; 3°. alternative, vicissitude, vint cette Famille.

1. VICIS, gen. vici, dat. pl. vices, alternative, retour, vicissitude ou succes-

sion des choses ; 2°. sort, destin, destinée, condition, situation, état; 3°. lieu, place, fonction, emploi, charge ; 4°. changement; 5°. la pareille.

Vicissitas, atis, &

Vicissitudo, inis, vicissitude, succession mutuelle, changement.

Vicissatim, adv. &

Vicissim, adv. tour-à-tour; 2°. pareillement, de même, réciproquement, l'un après l'autre.

Vicarius, a, um, qui tient la place d'un autre, qui exerce ses fonctions ; 2°. Vicaire, Lieutenant, Vicegérent, Substitut ; 3°. un second, qui supplée au défaut d'un autre.

Vicarius, ii, esclave qui dépendoit d'un autre esclave.

2. In-Vicem, adv. mutuellement, réciproquement, l'un l'autre; 2°. à son tour, tour à tour, alternativement, successivement, l'un après l'autre.

Ad-In-Vicem, voyez Invicem.

3. Vix, adv. à peine, difficilement.

6.

De He, se forma Eos, l'Orient, l'aurore, le moment où le jour existe, le printems : & de ce Eos, prononcé Vio, se forma cette Famille :

Viola, æ, violette, fleur : elle croît dès les premiers jours du printems.

Violarium, ii, lieu où il y a quantité de violiers, où croissent quantité de violettes.

Violarius, ii, teinturier en violet.

7.

De Vi, exister, se forma le Celte Wil, habitation, d'où vint cette Famille.

Villa, æ, maison de campagne, maison des champs; 2°. ferme, métairie, terre, borne, grange, cense, closerie, bastide.

Villula, æ, dimin. de Villa.

Villaris, re, is, de maison de campagne, qui concerne une maison des champs, de ferme, de métairie, &c.

Villicus, i, fermier, métayer, qui tient une terre à ferme, censier, closier.

Villica, æ, fermiere, métayere, femme de fermier.

Villicatio, onis, gouvernement d'une métairie, d'une ferme.

Villico, as, avi, atum, are, &

Villicor, aris, atus sum, ari, tenir à ferme une métairie, être fermier d'une terre, gouverner une ferme, être métayer, &c.

8.

De He existence, on forma Ho, Hou, celui qui, & de-là également ces mots qui désignent ceux à qui on adresse la parole.

Vos, vestri, vestrûm, vobis, vous, de vous, à vous.

Vos-Met-ipsi, vous-mêmes.

Vobis-Cum pour Cum vobis, avec vous, voyez Tu.

Vopte pour Vos ipsi, vous-même.

Vester, tra, trum, vôtre, qui est à vous.

Vestrum est dare, c'est à vous à donner.

Vestras, atis, qui est de votre pays, de votre secte, de votre parti.

9.

De Es, Ves, nourriture, vinrent :

Vicia, æ, vesce, espéce de graine.

Viciarium, ii, champ semé de vesce, semaille de la vesce.

Viciarius, a, um, de vesce.
En Celt. VEG, vesce, petit-pois.

VET.

Du Celte HED, VET, temps, en Or. הע Oth, vint cette Famille:

1.

VETUS, eris, terior, terrimus, vieux, ancien; 2°. gâté ou corrompu de vieillesse.

VETER, eris; terior; terrimus, voyez Vetus.

VETulus, a, um, un peu vieux, vieillot.

VETeres, um, les anciens, l'antiquité, voyez Vetus.

VETero, as, avi, atum, are, vieillir, devenir vieux.

VETuslesco, is, ere, vieillir, devenir vieux.

VETustas, atis, vieillesse, ancienneté, antiquité; 2°. vieille peau des serpens.

VETustus, a, um, tior, tissimus, vieux, ancien.

VETustè, issimè, à l'ancienne mode, à la façon des anciens, à la maniere de l'antiquité, comme anciennement, de même qu'autrefois.

VETerasco, is, ere, vieillir, devenir vieux.

VETerani, orum, vieux soldats; ceux qui avoient fait leur tems au service, qui étoit de vingt ans.

VETerarius, a, um, vieux, ancien, vétéran.

VETerarium, ii, lieu où l'on serroit les choses qu'on vouloit garder long-tems.

2.

VETerator, oris, vieux routier, maître fourbe, fourbe achevé, vieux & fin matois.

VETeratoriè, adv. en vieux routier ou en maître fourbe.

VETeratorius, a, um, plein de ruses, rempli de fourberies; de vieux routier de maître fourbe.

VETeratrix, icis, vieille rusée, fine matoise.

VETeramentarius, ii, fripier, racoutreur, ravaudeur.

Veteramentarius sutor, savetier.

COMPOSÉS.

IN-VETERO, as, avi, atum, are, faire durer, conserver long-tems, préparer pour pouvoir garder long-tems.

IN-VETERasco, is, avi, cere, vieillir, séjourner long-tems en; 2°. durer long-tems; se fortifier, s'affermir par le tems.

IN-VETERatio, onis, durée, longueur de tems, établissement par la longueur du tems.

PER-VETUS, eris, &

PER-VETustus, a, um, fort vieux, ancien, fort suranné.

SUB-VETeribus, lieu dans la place de change à Rome.

3.

VETernum, i, &

VETernus, i, léthargie, profond & dangereux assoupissement; 2°. paresse profonde, extrême lenteur, grand assoupissement pour toutes choses, indolence extrême, langueur que rien n'émeut; pesante, froide oisiveté; 3°. hydropisie, maladie.

VETernus, a, um, voyez Veternosus.

VETernosè, adv. d'une maniere léthargique, endormie, ou avec assoupissement.

VETernosus, a, um, léthargique, attaqué de la léthargie, qui est dans un dangereux assoupissement; 2°. endormi, grand paresseux; 3°. hydropique.

Y 6 ij

II. HE, VEI, VI.

De HE, existence, prononcé VEI, VI, vinrent ces Familles.

1.

VIS, vis, force, vigueur; 2°. puissance, autorité; 3°. propriété, vertu, énergie; 4°. violence; 5°. abondance, multitude, foison.

2.

VIC & VINC.

1. VICTOR, oris, vainqueur, victorieux.

Victor currus, char de triomphe.

VICTRIX, icis, victorieuse, qui remporte la victoire; 2°. celle qui obtient ce qu'elle demande.

VICTORIA, æ, victoire; 2°. Déesse de la victoire.

VICTORIALIS, le, is, de victoire, qui concerne la victoire.

VICTUS, a, um, part. de Vinco.

Victæ opes, richesses dissipées, épuisées.

2. VINCO, is, vici, victum, cere, vaincre, être vainqueur ou victorieux, surmonter, surpasser, prévaloir, avoir le dessus; 2°. gagner.

Vicisti ou Viceris, tu as gagné, je le quitte, je te cede.

VINCIBILIS, le, is, aisé à vaincre, facile à gagner, qu'on peut surmonter, surmontable.

COMPOSÉS.

CON-VINCO, is, vici, victum, ncere, convaincre, faire avouer, persuader, prouver, montrer évidemment.

CON-VICTIO, onis, conversation, entretien, commerce, fréquentation de gens qui logent & mangent ensemble.

DE-VICTOR, oris, vainqueur.

DE-VICTUS, a, um, part. de Devinco, vaincu, battu, défait; 2°. gagné.

DE-VINCO, is, ici, victum, cere, vaincre, surmonter, dompter, subjuguer.

E-VINCO, is, vici, victum, cere, vaincre, surmonter, venir à bout, fléchir, toucher, gagner, subjuguer, convaincre; 2°. emporter, évincer.

E-VICTIO, onis, éviction, action en Justice pour redemander son bien qu'un autre occupe sans titre valable.

IN-VICTUS, a, um, qui n'a point été vaincu, invincible; 2°. qu'on ne sauroit briser.

IN-VINCIBILIS, le, is, invincible, qu'on ne peut vaincre, qu'on ne sauroit surmonter.

IN-VINCIBILITER, adv. invinciblement, d'une manière invincible.

PER-VINCENDUS, a, um, qu'il faut emporter, dont il faut venir à bout.

PER VINCO, is, vici, victum, cere, emporter, gagner, venir à bout; 2°. obtenir; 3°. persuader; 4°. prouver.

RE-VINCO, is, vici, victum, cere, convaincre; 2°. réfuter.

Revincere crimen rebus, se laver d'un crime par des preuves.

RE-VICTUS, a, um, part. de Revinco.

3. PER-VICACIA, æ, obstination, opiniâtreté, entêtement; 2°. fermeté, résolution, constance, persévérance.

PER-VICAX, acis, cior, cissimus, opiniâtre, obstiné, têtu, entêté, aheurté; 2°. ferme, constant, résolu, inébranlable; 3°. qui résiste.

PER-VICE, onis, &

PER-VICUS, a, um, voyez Pervicax.

3.

VINCIO, is, nxi, nctum, cire, lier, garroter.

Vinclum pour *Vinculum*.

Vinculum, i, lien, tout ce qui sert à lier; 2°. prison; 3°. engagement, lien pour unir.

Vinctura, æ, l'action de lier; 2°. ligature, bandage, lien.

Vinctus, ûs, ligature, bandage, lien.

Vinctio, onis, liaison, l'action de lier.

COMPOSÉS.

Circum-Vincio, cis, nxi, nctum, cire, lier, attacher, nouer à l'entour.

Con-Vinctio, onis, conjonction, particule qui joint les noms & les verbes ensemble.

De-Vincio, is, nxi, nctum, cire, lier, attacher, enchaîner; 2°. engager.

De-Vinctio, onis, lien, ligature.

E-Vincio, is, nxi, nctum, cire, lier, serrer.

E-Vinctus, a, um, part. d'Evincior.

Evinctus crines vittâ, qui a les cheveux liés ou noués avec un ruban.

Præ-Vincio, is, xi, nctum, cire, lier auparavant; 2°. enchaîner fortement.

Præ-Vinctus, a, um, part. de Prævincio.

Re-Vincio, is, nxi, nctum, cire, attacher, lier.

Re-Vinctus, part. de Revincio.

Re-Vinciens, tis, qui attache, qui lie fortement.

4.

Vin-Dex, icis, vengeur.

Vin-Dico, as, avi, atum, are, venger, prendre vengeance, tirer raison; 2°. punir; 3°. assurer, délivrer, affranchir, exempter, défendre; 4°. revendiquer.

Vin-Dicta, æ, vengeance; 2°. défense; 3°. baguette dont l'Huissier frappoit un petit coup sur la tête de celui que le Préteur déclaroit libre.

Vin-Dicatio, onis, vengeance, l'action de venger ou de punir.

Vin-Diciæ, arum, récréance, jouissance par provision d'une chose qui est en litige.

5.

Vegeo, voy. *Vegeto & Vigeo*.

Vegeto, as, avi, atum, are, donner de la vigueur.

Vegetus, a, um, tior, tissimus, vigoureux, qui est en bonne santé, qui se porte bien; 2°. vif, fort.

Vegetatio, onis, végétation; 2°. vigueur.

6.

Vigeo, es, gui, gere, être en vigueur, être dans sa force, être florissant, être puissant en quelque chose.

Vigere memoriâ, avoir bonne mémoire.

Vigesco, is, scere, prendre vigueur, se fortifier; 2°. devenir fort, vigoureux.

Vigor, oris, vigueur, force.

De-Vigeo, es, ere, &

De-Vigesco, is, ere, s'affoiblir, manquer de forces, perdre vigueur, baisser.

Per-Vigeo, es, gui, gere, être en bon état, sur un bon pied, en bonne posture.

Re-Vigeo, es, ere, &

Re-Vigesco, is, ere, reprendre vigueur.

7.

Vieo, es, evi, etum, ere, lier avec de l'osier.

Vietor, oris, Tonnelier; 2°. Vannier.

Vietus, a, um, fané, flétri; 2°. languissant, sans vigueur; 3°. délié, fin, menu.

2. Vimen, inis, tout bois qui se plie, & dont on peut faire des liens, comme l'osier, le saule, le bouleau, &c.

Viminalia, ium, fauffaie, oferaie ; 2°. lieu où il y a quantité de faules ou de têtes d'ofier ou de bouleau.

Viminalis, le, is, qui eft propre à lier ou à faire des liens de bois.

Viminetum, i, voyez Viminalia.

Vimineus, a, um, d'ofier ou d'autre bois pliant & propre à faire des liens.

3. Vitta, æ, bandelette, ruban large qui fervoit à retrouffer les cheveux des Prêtres, & dont on ornoit les victimes.

Vittatus, a, um, qui a fes cheveux liés avec cette forte de bandelette ; 2°. qui a la tête ornée de rubans, comme des fontanges, &c.

Vitrix, icis, bouquetiere.

Vitex, icis, agnus caftus, arbriffeau femblable à l'ofier.

8.

Vexo, as, avi, atum, are, vexer, faire des vexations, perfécuter, tourmenter, faire de la peine, fatiguer ; 2°. ruiner.

Vexamen, inis, &

Vexatio, onis, tourment, l'action de tourmenter, vexation, perfécution, peine qu'on fait.

Con-Vexo, as, are, faire de la peine à quelqu'un en toutes manieres.

De-Vexatus, a, um, affligé, tourmenté, inquiété.

Di-Vexo, as, avi, atum, are, faire dégat, ravager, faccager, défoler.

Præ-Vexatus, a, um, fort tourmenté, tourmenté auparavant.

9.

Violo, as, avi, atum, are, violer, profaner ; 2°. faire violence, violenter, maltraiter, outrager, agir contre droit & raifon, faire quelque chofe d'injufte ou de contraire à l'équité ou à la droiture naturelle ; tranfgreffer, manquer, rompre, forcer, corrompre ; 3°. couper, abattre.

Violabilis, le, is, qu'on peut violer, à qui l'on peut faire injure.

Violatim, adv. en violant, en profanant.

Violatio, onis, l'action de violer, violement, profanation.

Violator, oris, violateur, profanateur, corrupteur, trangreffeur, infracteur.

Violatus, us, voyez Violatio.

Violatus, a, um, violé, à qui l'on a fait violence, profané ; 2°. outragé.

In-Violabilis, le, is, inviolable, qu'on ne doit point violer ; 2°. à qui l'on ne peut faire de mal.

In-Violatus, a, um, qui n'a reçu aucun dommage, qui n'eft point endommagé, qui eft entier, pur, fans tache, qui n'eft point corrompu, chafte.

In-Violaté, adv. inviolablement, d'une maniere inviolable.

10.

Violens, tis, violent.

Violenté, adv. &

Violenter, ius, iffimé, adv. violemment, avec violence, malgré foi, contre fon gré.

Violentus, a, um, ior, iffimus, violent, impétueux ; 2°. fier.

Violentia, æ, violence.

11.

Viscum, i, & Viscus, i, gui ; 2°. glu qui fe fait de gui avant qu'il foit mûr ; 3°. plante qui porte le gui qui croît fur plufieurs fortes d'arbres ; 4°. forte de filet pour la chaffe.

Viscatus, a, um, frotté de glu.

12.

Viscera, rum, entrailles.

Viscus, eris, voy. Viscera.

Visceratim, adv. jusqu'aux entrailles, piéce à piéce.

Visceratio, onis, curée qu'on fait aux chiens après la mort du cerf; 2°. présent de la chair des victimes qu'on faisoit à des funérailles.

E-Viscero, as, avi, atum, are, éventrer, arracher les entrailles, vuider, tirer les boyaux.

13.

1. Vibex, icis, marque de coups de fouet, sion que laissent sur la peau les coups de verges.

Viburnum, i, viorne, espéce de petit arbrisseau.

De Vi, force, &, de Ber, piéce, branche, vinrent :

2. Vi-Bro, as, avi, atum, are, darder, lancer, jetter avec force, décocher; 2°. brandir, branler, agir; 3°. briller, éclater; 4°. donner des facades.

Vi-Bror, aris, atus sum, ari, trembler, tressaillir.

E-Vi-Bro, as, avi, atum, are, émouvoir, exciter, ébranler, remuer, agiter.

E-Vi-Bratio, onis, vibration, l'action de lancer, de darder.

Inter-Vi-Bro, as, are, lancer au travers, darder au milieu, entre.

VEN.

De Ain, prononcé Ven, œil, brillant, beau, mirer, &c. vinrent ces Familles :

1.

Venus, eris, Vénus, la Déesse de la beauté; 2°. l'Amour; 3°. étoile de Vénus, Planète ; 4°. beauté, grace, élégance.

Veneris jactus, raffle du six, au jeu des dés ; 2°. coup heureux.

Veneres, um, graces, beautés, agrémens, charmes.

Venereus, a, um, de Vénus, qui concerne Vénus.

2. Venustas, atis, beauté; 2°. bonne grace, bon air, agrément.

Venustus, a, um, beau ou qui a de l'agrément, qui a de la grace, qui a bonne grace, qui a bon air, qui est joli, galant, gracieux, poli.

Venustulus, a, um, gentil, joli, mignon, mignard.

Venusté, tiùs, tissimé, adv. agréablement, avec grace, de bon air, de bonne grace, avec agrément, gracieusement.

Perquàm venusté, très-agréablement.

3. Vinnulus, a, um, attrayant, charmant, gracieux.

COMPOSÉS.

De-Venusto, as, avi, atum, are, rendre difforme, défigurer, gâter, ôter la beauté.

In-Venustus, a, um, désagréable, qui est sans agrément, qui n'a point de grace ; 2°. impoli ; 3°. grossier, mal-fait, qui n'est pas poli, qui est sans art.

In-Venusté, adv. sans grace, sans agrément, désagréablement, sans politesse, impoliment, grossierement ; 2°. malproprement, sans art.

4. Venunculum, i, sorte de bled ou de farine.

Venuncula, æ, sorte de raisin qu'on conservoit dans des pots.

Venucula, æ, voyez Venuncula.

2.

Venero, as, avi, atum, are, &

VENEROR, *aris*, *atus sum*, *ari*, *dép.* révérer, respecter, honorer, avoir de la vénération, porter du respect.

VENERATIO, *onis*, vénération, respect.

VENERATOR, *oris*, qui révere, qui respecte, qui honore.

VENERABILIS, *m. f. le*, *n. is*, *lior*, vénérable, digne de vénération, à qui on doit du respect.

VENERABUNDUS, *a*, *um*, plein de vénération, rempli de respect ; 2°. tout respectueux.

VENERANDUS, *a*, *um*, vénérable, qui mérite de la vénération, digne de respect, qu'on doit respecter.

VENERANTER, *adv.* avec vénération, avec respect.

AD-VENEROR, *aris*, *atus sum*, *ari*, avoir beaucoup de respect & de vénération, honorer, révérer infiniment ; 2°. adorer.

DI-VENEROR, *aris*, *atus sum*, *ari*, adorer, honorer, respecter, avoir en vénération.

3.

VENOR, *aris*, *atus sum*, *ari*, *dép.* chasser, aller à la chasse ; 2°. rechercher ; 3°. voy. *Circumvenior*.

VENATURA, *æ*, &

VENATUS, *ûs*, chasse, venerie.

VENATIO, *onis*, chasse, venerie, exercice de la chasse ; 2°. gibier, venaison, ce qu'on prend à la chasse, chasse qu'on a faite.

VENATOR, *oris*, chasseur, qui chasse, veneur ; 2°. qui recherche, qui épie, qui observe de près, espion.

VENATICUS, *a*, *um*, de chasse, qui concerne la chasse.

VENATRIX, *icis*, celle qui chasse, chasseuse.

VENATORIUS, *a*, *um*, de chasse, de la chasse, qui sert à la chasse, qui concerne la chasse ; 2°. de chasseur.

VENABULUM, *i*, épieu.

PER-VENOR, *aris*, *atus sum*, *ari*, chasser avec ardeur, ne faire que chasser, être toujours à la chasse ; 2°. chercher avec soin, fureter par-tout.

4.

VENENUM, *i*, venin, poison ; 2°. filtre, sortilége, sorcellerie ; 3°. teinture ; 5°. drogues pour les embaumemens, mixtion qui sert à embaumer les corps.

VENENARIUS, *ii*, empoisonneur.

VENENATUS, *a*, *um*, empoisonné ; 2°. vénéneux, venimeux, qui empoisonne.

VENENI-FER, *a*, *um*, vénéneux, venimeux, qui empoisonne ; 2°. qui porte des poisons.

VENE-FICUS, *a*, *um*, qui a la force d'empoisonner, qui empoisonne, vénéneux ; 2°. empoisonneur, sorcier, qui fait des sortiléges.

VENE-FICA, *æ*, empoisonneuse, sorciere, enchanteresse.

TRI-VENE-FICA, *æ*, très-grande sorciere, fort grande empoisonneuse.

VENE-FICIUM, *ii*, empoisonnement, poison ; 2°. sortilége, sorcellerie.

VENE-FICO, *as*, *ate*, empoisonner, faire mourir par le poison ou par sortilége.

VEN.

Du prim. ON, biens, les Grecs firent ONE, achat ; ONEÔ, commercer, vendre, acheter ; de-là :

1. VENEO, *es*, *ii*, ou *ivi*, *venum*, *ire*, être vendu.

VENEUNT, voy. *Venea*.

VENUS, *ûs*, vente.

VENUM, *i*, vente.

Venum ire, être vendu.

Veno

Veno exercere, avoir quelque chose à vendre.

Venun-Do, *as*, *dedi*, *datum*, *dare*, vendre.

Venun-Dator, *oris*, vendeur.

1. Ven-Do, *is*, *didi*, *ditum*, *dere*, vendre; 2°. affermer, donner à loyer, louer, faire bail de.

Ven-Dito, *as*, *avi*, *atum*, *are*, vendre; 2°. vanter, prôner, faire valoir, louer avec excès.

Ven-Ditor, *oris*, vendeur, qui vend.

Ven-Ditrix, *icis*, vendeuse, celle qui vend.

Ven-Dax, *acis*, qui est toujours prêt à vendre, qui vend volontiers.

Ven-Dibilis, *m. f. le, n. is*, de vente, vendable, qui est d'un bon débit, qu'on peut vendre aisément, qui se débite facilement, qu'on vend fort bien, qui n'est pas de rebut.

Ven-Ditarius, *a*, *um*, qui est à vendre.

Ven-Ditatio, *onis*, vanité, vanterie, ostentation, faste, vaine gloire.

Ven-Ditator, *oris*, qui se vante, plein d'ostentation, rempli de faste.

Ven-Ditio, *onis*, vente, l'action de vendre.

3. Venalis, *le*, *is*, vénal, qui se vend, qui est en vente, exposé en vente, qui est à vendre; 2°. qui fait tout pour de l'argent, qui se laisse corrompre par l'argent.

Venales, esclaves à vendre.

Venaliter, *adv.* d'une manière vénale.

Venalitiaria, *æ*, la profession de marchand d'esclaves.

Venalitiarius, *ii*, &

Venalitius, *ii*, marchand d'esclaves, qui fait trafic d'esclaves.

Venalitius, *a*, *um*, exposé en vente, mis en vente, à vendre.

Di-Ven-Do, *is*, *didi*, *ditum*, *ere*, vendre, débiter de côté & d'autre.

In-Ven-Dibilis, *m. f. le n. is*, qui n'est pas de vente, qu'on ne sçauroit vendre.

In-Ven-Ditus, *a*, *um*, qui n'a pas été vendu.

Re-Ven-Do, *is*, *didi*, *ditum*, *dere*, revendre.

VER.

Du primit. & Celte VAR, eau, se forma cette Famille : (*voy. Disc. Prél. des Orig. Franç. pag. vj.*)

1. Verum, *i*, la vérité, le vrai.

Verax, *acis*, véritable, sincére, qui ne ment pas.

Verus, *a*, *um*; *ior*, *issimus*, vrai, véritable; 2°. franc, sincere, naturel, qui n'est point falsifié; 3°. juste, raisonnable.

Veritas, *atis*, vérité; 2°. justice, équité, probité, droiture; 3°. réalité, solidité; 4°. Déesse de la vérité.

Verè, *riùs*, *issimè*, *adv.* vraiment, véritablement, avec vérité; 2°. en effet, réellement.

2. Verò qui se joint avec d'autres, mais, or; 2°. certes, certainement.

Ego verò, pour moi, à mon égard, pour ce qui est de moi.

Verùm, *conjonct.* mais.

Verum-Etiam, *adv.* mais aussi.

Verum-Tamen, *conjonct.* mais cependant.

3. Verator, *oris*, devin.

Veratrix, *icis*, devineresse.

BINOMES.

Veri-Dico, *is*, *ere*, dire la vérité, dire vrai.

Veri-Dicus, *a*, *um*, qui dit vrai, qui dit la vérité; 2°. vrai, véritable.

Veri-Loquium, ii, discours véritable, paroles sinceres.
Verimonia, æ, vérité.
Veri-Similis, m. f. le, n. is, lior, millimus, vraisemblable, qui paroît véritable, qui a un air de vérité, probable.
Veri-Similiter, adv. vrai-semblablement.
Veri-Similitudo, inis, vrai-semblance, apparence de vérité, probabilité.

2.

De Esse, être, & de Ver, vrai, vinrent:
As-Se-Vero, as, avi, atum, are, assurer, affirmer, protester, jurer.
As-Se-Veranter, iùs, issimè, affirmativement, avec affirmation, avec assurance.
As-Se-Veratè, adv. voy. Asseveranter.
As-Se-Veratio, onis, affirmation, assurance.
Se-Veriana pyra, orum, sorte de poires.

2. Per-se-Vero, as, avi, atum, are, persévérer, continuer, persister, être ferme; avoir de la constance, de la fermeté; demeurer ferme dans une résolution.
Per-Se-Verantia, æ, persévérance.
Per-Se-Veratio, onis, voy. Perseverantia.
Per-Se-Verans, tis, qui persévere, qui continue.
Per-Se-Veranter, adv. avec persévérance.

VER.

1. Ver, Veris, printems; 2°. jeunesse, printems de la vie.
Verno-are, pousser au printems; 2°. prendre une nouvelle peau au printems, 3°. briller, avoir un teint fleuri.
Vernatio, onis, la vieille peau que les serpens quittent au printems.
Vernus, a, um, du printems.
Verno, (sous-entendant Tempore,) au printems.

2. Vireo,-ere, devenir fort, pousser, parce que tout prend des forces & s'accroît au printems; 2°. reverdir, devenir verd, parce que toute la nature, au printems, s'habille en verd.
Viresco,-ere, devenir verd; 2°. pousser, croître.
E-Viresco, is, ere, reverdir.
Viror, oris, verdure.
Viretum, i, lieu plein de verdure.
Viridarium, ii, verger.
Viridarius, ii, jardinier.
Viridis, e, qui pousse, qui se fortifie; 2°. verd, verdoyant.
Viriditas, atis, verdure; 2°. force, vigueur.
Viridicatus, a, um, verdoyant.
Viridè, de couleur verte.
Per-Viridis, m. f. de, n. is, très-verd.
Præ-Viridans, tis, fort verdoyant.

3. Virus, nom. indécl. verdure; 2°. aigreur, amertume des fruits qui ne sont pas mûrs; & comme les fruits verds laissent découler des sucs dangereux à la santé & souvent mortels, ce mot a signifié; 3°. poison, venin, infection, puanteur.
Virosus, a, um, puant, qui infecte.
Virulentus, a, um, venimeux, empoisonné.

4. De Ver, printems, & de ago, agir, se forma,
Verv-Actum, i, terre qu'on ne laboure qu'au printems, & qu'on a laissé reposer.

VEReor.

De VAR, fur, élévation, être élevé, se forma cette Famille.

1.

VERRuca, æ, petite hauteur, élévation de terre, petite bute ; 2°. verrue, porreau ; 3°. petit défaut, légere imperfection.

VERRucofus, a, um, qui a quantité de verrues ; 2°. raboteux, rude ; 3°. qui n'eſt point poli, qui eſt dur dans ſes manieres.

2.

VEReor, eris, ritus ſum, reri, avoir une crainte mêlée de reſpect ; 2°. craindre, reſpecter.

VERens, tis, craignant, qui craint.
Verens plagarum, qui craint les coups.
VERendus, a, um, digne de reſpect, vénérable, qui mérite de la vénération, à qui l'on doit du reſpect.
VERenda, orum, parties du corps qu'on ne peut nommer ſans honte.

3. VERecundia, æ, pudeur, retenue, honnête honte ; 2°. reſpect, égard.

VERecundor, aris, atus ſum, ari, avoir de la pudeur, de la retenue, une honnête honte.
VERecundus, a, um, ior, iſſimus, qui a de la pudeur, de la retenue, une honnête honte.
VERecundans, tis, qui a de la pudeur, de la retenue.
VERecundè, adv. avec pudeur, avec retenue.
PER-VERecundus, a, um, qui a beaucoup de pudeur.

Composés.

RE-VEReor, eris, veritus ſum, reri, craindre, appréhender ; 2°. révérer, avoir du reſpect, de la vénération, porter honneur.

RE-VERitus, a, um, part. de Revereor.
RE-VERentia, æ, reſpect, révérence, vénération ; 2°. crainte reſpectueuſe.
RE-VERens, is, tior, tiſſimus, qui a du reſpect, qui a de la vénération, qui révere ; 2°. qui appréhende.
RE-VERenter, tiùs, tiſſimè, adv. reſpectueuſement, avec révérence, avec vénération.
RE-VERendus, a, um, révérend, vénérable, digne de reſpect, qui mérite de la vénération.
SUB-VEReor, eris, ritus ſum, reri, craindre un peu, n'être pas exempt de peur ou d'appréhenſion.

Négatifs.

IN-VERecundia, æ, effronterie, impudence.
IN-VERecundus, a, um, qui a perdu toute ſorte de pudeur, impudent, effronté.
IN-VERecundè, adv. effrontément, ſans honte, avec effronterie, avec impudence, impudemment, ſans pudeur.
IR-RE-VERentia, æ, irrévérence, manque de reſpect.
IR-RE-VERens, tis, qui manque de reſpect.
IR-RE-VERenter, adv. ſans reſpect, avec irrévérence, ſans modeſtie.

3.

1. VEREdus, i, cheval de poſte ; 2°. coureur.

VEREdarius, ii, courier.

2°. VERvex, ecis, mouton.
VERveceus, a, um, &
VERvecinus, a, um, de mouton.

VERM.

D'AR, terre, ſe forma le Verbe Grec HERPÓ, ramper, & cette Famille :

DICTIONNAIRE ÉTYMOLOG.

VERMis, is, ver, vermine.

VERMen, voy. Vermis.

VERMiculus, i, vermisseau, petit ver; 2°. graine d'écarlate.

VERMiculatio, onis, vermoulure, maladie des arbres ou du bois, lorsque les vers s'y engendrent.

VERMiculosus, a, um, plein de vers, vermoulu.

VERMiculor, aris, atus sum, ari, être vermoulu, être rongé de vers, être plein de vers; 2°. être de marqueterie, être fait de pièces de rapport.

VERMino, as, avi, atum, are, avoir des vers, en être tourmenté; 2°. être rongé de vers; 3°. sentir de la démangeaison, démanger; 4°. sentir des douleurs aigues.

VERMinatio, onis, douleur aigue; 2°. tranchées rouges des chevaux.

VERMina, um, tranchées, douleurs aigues des intestins.

VERMinosus, a, um, où l'on sent de la démangeaison.

VERMilium, ii, vermillon.

VER Na.

De ER, VER, terre, & de Na, né, vinrent:

VER-NAculus, a, um, né dans un pays, qui est du pays, propre à un pays.

VER-NAculè, en langage du pays.

VER-NA, æ, esclave né dans la maison de son maître, qui n'est pas venu d'un pays étranger.

VER-NAliter, servilement, en esclave, grossiérement.

VER-NAlis, e, qui tient de l'esclave, servile; 2°. bouffon, mauvais plaisant.

VER-NAlitas, atis, mauvaise plaisanterie, bouffonnerie; 2°. grossiereté, impoliteße.

VER-NAculus, i, polisson.

VER-NIlis;--litas;--liter, voy. VER-NA, &c.

VER-NUla, æ, petit esclave né dans la maison de son maître.

VERS.

De VER, même Famille que GER, cercle, révolution, vint cette nombreuse Famille.

I.

VERSo, as, avi, atum, are, tourner, retourner, faire tourner; 2°. manier; 3°. agiter, troubler; 4°. peser, examiner, considérer.

Versare aliquem, tromper quelqu'un, lui faire prendre le change.

VERto, tis, ti, sum, tere, tourner, faire tourner; 2°. détourner; 3°. traduire, faire une version; 4°. renverser; 5°. changer, convertir; 6°. consister, dépendre; 7°. rejetter, mettre dessus, imputer; 8°. rendre, interpréter; 9°. réussir, avoir un succès.

VERSus, a, um, part. de Verto, tourné; 2°. changé; 3°. renversé, aboli.

VERSor, aris, atus sum, ari, être ordinairement, demeurer, faire sa résidence, résider.

VERSatus, a, um, participe de Versor.

Versatus in re aliquâ, stylé à une chose, habile à quelque chose, qui y est expérimenté.

VERSatio, onis, tournoyement, l'action de tourner; 2°. tour, circuit qu'on fait, cercle qu'on décrit en tournant, route circulaire.

VERSatilis, m. f. le, n. is, qui tourne facilement; 2°. changeant, inconstant, sujet au changement, variable.

VERSabilis, m. f. le, n. is, sujet au changement, qui tourne de côté & d'autre, variable.

VERSabundus, a, um, qui tourne, qui pirouette.

2.

1. VERSio, onis, version, traduction.
2. VERSùm, &
VERSùs, adv. qui gouverne l'accusatif, & qui se met toujours après le mot; vers, du côté.
3. VERTex, icis, haut, sommet, faîte, cîme; 2°. pôle; 3°. tournant d'eau, gouffre où l'eau va en tournant, abîme où l'eau tourne.
BI-VERTex, icis, qui a deux sommets.
4. VERTigo, inis, mouvement circulaire, circulation, tournoyement; 2°. vertige, étourdissement; 3°. changement, vicissitude.
VERTicosus, a, um, dont l'eau va en tournant, tournoyant.
VERTicillum, i, &
VERTicillus, i, peson, espéce de bouton percé qu'on met au bout d'un fuseau pour lui donner de la pesanteur & le faire mieux tourner.
VERTiculum, voy. Verticillum.
5. VERTebra, æ, vertebre.
VERTebratus, a, um, fait en forme de vertebre.
VERTiculæ, arum, jointures du corps, vertebres.
VERTicillatus, a, um, joint ensemble, ou enfilé à la maniere des vertebres.

3.

1. VORago, inis, gouffre, abîme, tournant d'eau; 2°. ouverture de terre profonde.
VORaginosus, a, um, plein de gouffres, où il y a beaucoup d'abimes, où se trouvent beaucoup d'ouvertures de terre très-profondes.
VORtex, icis, tournant d'eau, gouffre, abîme, tourbillon de vent; 2°. douleur d'intestins, colique.

2. VER-TUMnus, i, Vertumne, Dieu de la marchandise; 2°. le Dieu qui présidoit à l'Automne & aux pensées des hommes.

4.

VERSus, ûs, vers, poésie; 2°. ligne de prose, ou verset; 3°. rang, rangée; 4°. air, chanson; 5°. espace de cent pieds de terre en quarré; 6°. branle, danse en rond.
VERSiculus, i, petite ligne de prose, verset, petit vers.
VERSI-Ficatio, onis, versification, composition de vers, maniere de faire des vers.
VERSI-Ficator, oris, versificateur, faiseur de vers.
VERSI-Fico, as, vi, atum, are, versifier, faire des vers.
VERSutus, a, um, tior, tissimus, fin, rusé, adroit, voy. Callidus; 2°. qui tourne aisément.
VERSI-Color, oris, qui est de diverses couleurs.
VERSI-Pellis, m. f. le, n. is, qui prend telle forme qu'il veut, qui se métamorphose en diverses figures; 2°. qui se déguise aisément, rusé.

5.

VERSura, æ, l'action de se tourner; 2°. l'endroit où les bœufs tournent en labourant pour commencer une nouvelle raie; 3°. le retour que fait une muraille à l'égard d'une autre, en formant un angle saillant; 4°. le retour d'un angle rentrant.
VERTI CORDius, a, um, qui change les cœurs, les inclinations.

VERSOR*ia*, *æ*, couet, cordage qui sert à porter une voile d'un bord sur l'autre.

VERSUT*é*, *adv.* finement ; voy. *Callidè*.

VERSUT*ia*, *æ*, voy. *Calliditas*.

VERSUTI-LOQ*uus*, *a*, *um*, fourbe dans ses paroles, qui parle avec déguisement.

VORS*ìm*, VORS*ùm*, & autres ; voy. *Vers*.

VORSUS, *ûs*, branle, gavote, danse en rond.

COMPOSÉS.

AD-VERTO, *is*, *ti*, *sum*, *ere*, & ADVORT*o*, tourner vers ou du côté ; 2°. remarquer, voir, appercevoir, reconnoître, prendre garde, s'aviser, être attentif, s'appliquer, considérer, réfléchir.

AD-VERS*ans*, *tis*, contraire, qui résiste, qui répugne.

AD-VERSUS, *a*, *um*, *part.* contraire, répugnant, opposé, ennemi, adversaire, qui a de l'antipathie ; 2°. qui est à l'opposite, vis-à-vis, en face, tourné.

AD-VERS*io*, *onis*, risque.

Adversione emere, acheter pour son compte, à ses risques, périls & fortune.

AD-VERS*arius*, *a*, *um*, adversaire, ennemi, opposé, envieux, jaloux, qui contredit, qui résiste.

AD-VERSA, *orum*, adversités, infortunes, malheur, mauvais succès, accidens ou événemens désavantageux.

AD-VERS*arius*, *ii*, ennemi, adversaire, partie adverse.

Adversarium intendere se, se porter partie.

AD-VERS*aria*, *æ*, ennemie, adversaire.

AD-VERS*um*, *i*, adversité, malheur, infortune, disgrace, accident fâcheux, ou événement contraire, revers de fortune.

AD-VERS*itas*, *atis*, contrariété, opposition, antipathie. Il ne signifie jamais *adversité*.

AD-VERS*or*, *aris*, *atus sum*, *ari*, être contraire, s'opposer, contrarier, résister, tenir tête, se porter partie.

Adversante naturâ, à contre-cœur, avec répugnance.

AD-VERS*aria*, *orum*, répertoire, mémorial, journal, ou autre régistre, ou recueil dans lequel on écrit les choses dont on veut se souvenir.

AD-VORS*itor*, *oris*, valet qui va au-devant de son maître.

AD-VORS*ùm*, &

AD-VERS*ùs* & AD-VERS*ùm*, contre, envers ; 2°. devant, vis-à-vis ; 3°. au-devant, à la rencontre ; 4°. *Adversùm quòd*, au lieu que.

AD-VERS*atio*, *onis*, contrariété, opposition, résistance, répugnance, antipathie, inimitié.

AD-VERS*ator*, *oris*, &

AD-VERS*atrix*, *icis*, celui ou celle qui s'oppose, ou qui résiste.

AD-VERS*é*, *adv.* avec répugnance, contrariété ; d'une maniere opposée, contredisante.

ANTE-VERTO, *is*, *ti*, *sum*, *ere*, prévenir, aller ou venir au-devant, devancer ; 2°. arriver plutôt.

ANTE-VERS*io*, *onis*, voy. *Anticipatio*.

ANTE-VORT*a*, *æ*, Déesse de l'avenir.

A-VERTO, *is*, *ti*, *sum*, *tere*, tourner d'un autre côté, détourner ; 2°. dérober, divertir, soustraire ; 3°. empêcher.

A-VERS*or*, *aris*, *atus sum*, *ari*, avoir de l'horreur, de l'aversion, mépriser, dédaigner, rejetter, tourner la tête, la vue, le dos ; se détourner ; ne daigner regarder, ôter les yeux de dessus.

A-VERS*or*, *oris*, qui détourne, qui dérobe, qui met à part, qui tire à quartier pour en faire son profit, qui employe à d'autres usages ce qui lui a été confié.

A-VERS*io*, *onis*, aversion, haine, éloignemens ; ce mot en ce sens n'est pas

Latin ; 2°. détour, éloignement du sujet ; figure de Rhétorique ; 3°. l'action de détourner.

A-Versus, a, um ; sior, sissimus, qui tourne le dos, tourné par derriere ; & en terme de blason, adossé ; 2°. contraire, opposé, ennemi, qui a de l'aversion, du mépris, de la haine, du dédain, de l'horreur, du dégoût pour ; 3°. détourné, diverti, employé à un autre usage qu'à sa destination ; dérobé, mis à part pour en faire son profit.

A-Versatio, onis, aversion, dédain, horreur, éloignement, dégoût, haine.

A-Versatus, a, um, voyez Aversus.

A-Versabilis, le ; is, &

A-Versandus, a, um, abominable, détestable ; qu'on doit détester, avoir en abomination, en aversion, en horreur, en haine.

In-A-Versabilis, le, is, qu'on ne peut détourner, inévitable.

In-Ad-Versùm, adv. au travers.

Circum-Verto, is, ti, sum, tere, tourner ; 2°. faire tourner à l'entour, agiter en rond ; 3°. tromper, duper, fourber, &c.

Circum-Versor, aris, atus sum, ari, être porté, tourné à l'entour ; être agité en rond ; 2°. aller autour, tourner à l'entour, agiter en rond.

Circum-Versio, onis, mouvement circulaire, en rond ; tour qu'on fait faire à quelque chose, l'action de tourner.

Con-Verto, is, ti, sum, tere, tourner, retourner, changer, mouvoir ; 2°. convertir ; 3°. traduire.

Con-Verso, as, are, voyez Verso.

Con-Versor, aris, atus sum, ari, converser, s'entretenir.

Con-Versus, a, um, part. de Converto, converti, qui est tout autre ; 2°. bouleversé, mis sens dessus-dessous.

Converso anno, l'an révolu étant passé.

Con-Versus, ûs, retour, mouvement, l'action de se tourner vers.

Con-Versio, onis, tour, mouvement circulaire, circuit, l'action de faire tourner ; 2°. révolution, changement, vicissitude ; 3°. conversion ; 4°. bouleversement, renversement.

Con-Versatio, onis, conversation, entretien, fréquentation ; 2°. habitation, demeure commune.

Con-Versator, oris, voyez Contubernans.

Contro-Versor, aris, atus sum, ari, être différent, en dispute, avoir démêlé, disputer.

Contro-Versia, æ, controverse, débat, démêlé, différend, dispute, querelle.

Sine controversiâ, sans difficulté, sans contredit, sans opposition.

Contro-Versus, a, um, sur quoi l'on est en dispute, en différend.

Contro-Versiosus, a, um, litigieux, contentieux ; sur quoi l'on est en dispute, en procès.

In-Contro-Versus, a, um, qui n'est point disputé ou controversé, qu'on ne met point en dispute.

De-Verto, is, ti, sum, tere, détourner, éloigner, écarter ; 2°. tourner vers.

Di-Verto, is, ti, sum, tere, &

Di-Vertor, eris, versus sum, ti, prendre, tourner son chemin ; 2°. aller loger, se retirer, prendre logis quelque part.

Di-Versor, aris, atus sum, ari, aller loger chez quelqu'un.

Di-Versitor, oris, &

Di-Versor, oris, hôte, celui qui va loger chez quelqu'un.

De-Versorium, ii, &

Di-Versorium, ii, auberge, hôtellerie, logis pour les passans.

Di-Versoriolum, i, petite hôtellerie.

Di-Versorius, a, um, où l'on reçoit ; où l'on loge les passans ou les voyageurs.

Diverforia taberna, auberge, hôtellerie, cabaret.

Di-Verticulum, i, détour, sentier détourné ; 2°. hôtellerie ; 3°. adresse, faux-fuyant, défaite, échapatoire, excuse, prétexte.

Di-Versus, a, um, ior, issimus, différent, divers, dissemblable, autre ; 2°. qui est dans un parti contraire.

Di-Versé, ius, issimè, adv. diversement, différemment, de diverses manieres, de différentes façons, de différentes sortes.

Di-Versitas, atis, diversité, différence, variété, contrariété, opposition.

Di-Versito, as, avi, atum, are, se détourner souvent, rechercher avec affectation.

Di-Vortium, ii, divorce, séparation ou dissolution de mariage, rupture d'amitié ; 2°. détroit, pas, lieu étroit entre deux pays ; 3°. détour de chemin, l'endroit où il fait un coude.

E-Verto, is, ti, sum, tere, renverser, bouleverser, ruiner, abattre, démolir, détruire, abolir ; 2°. nettoyer.

E-Versio, onis, renversement, destruction, ruine, bouleversement.

E-Versor, oris, destructeur, qui renverse, qui ruine, qui bouleverse, qui met sens-dessus-dessous.

Ex-Verto, is, ere, prévenir, préoccuper.

In-Verto, is, si, sum, rtere, retourner d'un autre côté, renverser sens-dessus-dessous, retourner à rebours ou à l'envers.

In-Versio, onis, renversement ; 2°. allégorie, (figure.)

In-Versura, æ, &

In-Versuræ, arum, détour.

In-Versùm, adv. en ordre, par ordre.

Inter-Verto, is, ti, sum, tere, détourner, divertir, soustraire, enlever par finesse, emporter par artifice, surprendre adroitement, prendre artificieusement, s'emparer finement de, retenir ; 2°. tourner en dehors ; 3°. renverser, détruire ; 4°. dissiper, dépenser.

Inter-Versor, oris, qui détourne à son profit le maniement qu'il a entre les mains, qui tourne à son avantage l'administration qui lui est confiée.

Inter-Versura, æ, divertissement d'effets ou de deniers, application à son profit de l'administration dont on est chargé, usage frauduleux de son emploi.

Ob-Verto, is, ti, sum, tere, tourner vers ou du côté.

Ob-Versor, aris, atus sum, ari, être présent, être devant, se présenter.

Ob-Versatio, onis, allée & venue, action de passer & repasser devant.

Ob-Versùm, adv. voyez *Adversùm*.

Ob-Versùs, voyez *Adversùs*.

Per-Versitas, atis, perversité, malignité, méchanceté ; 2°. déréglement, mauvaise maniere d'agir, extravagance.

Per-Versus, a, um, part. de *Perverto*.

Perversus dies, jour fatal, infortuné, malheureux.

Perversius quid? y a-t-il rien de plus méchant ou qui soit plus contre l'ordre & l'équité ?

Per Versio, onis, renversement sens-dessus-dessous, l'action de bouleverser, bouleversement, trouble.

Per-Versé, adv. mal, autrement qu'il ne faut, mal-à-propos.

Perversè tueri, regarder de travers ou de mauvais œil.

Præ-Verto, is, ti, sum, tere, &

Præ-Vertor, eris, versus sum, ti, devancer, précéder, aller devant, gagner les devants, occuper le premier, aller plus vîte ; 2°. prévenir ; 3°. préférer, estimer davantage.

Per-Verto,

PER-VERTO, *is*, *ti*, *fum*, *tere*, renverser sens-dessus-dessous, bouleverser ; 2°. ruiner de fond en comble ; 3°. renverser, détruire, ruiner, abattre ; 4°. violer, confondre ; 5°. pervertir, corrompre, gâter, débaucher.

PRÆTER-VERTendus, *a*, *um*, qu'il faut faire passer par-devant, qu'on doit traiter auparavant.

PRO-VORSus, voyez *Proverfus*.

PRO-VERSus, *a*, *um*, qui va en avant.

RE-VERTO, *is*, *ti*, *fum*, *tere*, &

RE-VERTor, *eris*, *fus fum*, *ti*, revenir, retourner.

Revertere adversa, repasser sur les malheurs ; — *in gratiam*, se réconcilier.

RE-VERSio, *onis*, retour.

RE-VERSor, *aris*, *ari*, retourner, mettre le devant derriere ou le dedans dehors.

RE-VERSurus, *a*, *um*, qui reviendra, qui retournera.

RE-VERTiculum, *i*, révolution.

RE-VORTit pour *Revertitur*.

RE-VERTO, *as*, *are*, &

RE-VERTor, *aris*, *ari*, voyez *Reverto*.

RETRO-VERSùs, *adv.* voyez *Retrorsùm*.

RETRO-VERSus, *a*, *um*, tourné en arriere.

SUB-VERTO, *is*, *ti*, *fum*, *tere*, renverser, mettre sens-dessus-dessous, retourner ; 2°. démolir, détruire ; 3°. perdre quelqu'un, le faire périr à force de calomnie.

SUB-VERSio, *onis*, subversion, renversement, l'action de mettre sens-dessus-dessous.

SUB-VERSO, *as*, *avi*, *atum*, *are*, renverser entierement, voyez *Subverto*.

SUB-VERTor, *oris*, destructeur, qui renverse.

TRANS-VERTO, *is*, *ti*, *fum*, *tere*, renverser ; 2°. détourner, tourner d'un autre côté.

TRANS-VERSio, *onis*, transformation, métamorphose.

TRANS-VERSum, *i*, travers ; 2°. diaphragme, terme d'Anatomie.

TRANS-VERSa, *orum*, voyez *Adversaria*.

TRANS-VERSus, *a*, *um*, qui traverse, qui est en travers, posé en travers, mis de travers ; 2°. qui vient à la traverse ; 3°. de traverse, traversant.

Transversum agi, être transporté de quelque passion ; — *digiti*, la largeur d'un doigt.

TRANS-VERSarius, *a*, *um*, traversant, qui traverse, mis en travers, posé de travers.

TRANS-VERSé, *adv.* de travers, en travers.

6.

1. VERGO, *is*, *ere*, pancher vers, être tourné vers ; 2°. décliner, être sur le déclin ; 3°. répandre ; 4°. verser.

DE-VERGentia, *æ*, pente, déclinaison, penchant, inclination.

DE-VERGO, *is*, *ere*, pencher.

DI-VERGium, *ii*, coude de riviere, l'endroit où elle tourne son cours, détour.

IN-VERGO, *is*, *ere*, tourner vers ; 2°. répandre dessus ou sur, verser dessus.

2. VERGiliæ, *arum*, les pléiades, sept étoiles qui font partie du signe du taureau.

VEST.

De HEST, Feu, prononcé VEST, se formerent ces mots :

1. VESTA, *æ*, la Déesse Vesta ; 2°. feu, autel.

VESTalis, *is*, vestale.

VESTibulum, *i*, vestibule, porche, entrée : on y entretenoit le feu.

Vestibulum alicujus artis ingredi, prendre les premieres connoissances d'un art.

Orig. Lat.   A 7

2. VESTIO, *is*, *ivi*, *itum*, *ire*, vêtir, habiller, donner un habit ; 2°. revêtir, couvrir, garnir.

VESTis, *is*, habit ; 1°. poil folet, barbe naissante.

VESTitus, *ûs*, habillement, habit, ornement, parure ; 2°. maniere de s'habiller.

VESTimentum, *i*, habit, vêtement.

IN-VESTimentum, *i*, manteau, casaque, capote, sur-tout.

IN-VESTIO, *is*, *ivi*, *itum*, *ire*, revêtir, couvrir, garnir ; 2°. incruster, entourer, orner.

VESTitor, *oris*, tailleur ; 2°. valet-de-chambre, celui qui habille.

VESTiarius, *a*, *um*, qui concerne les habits.

VESTiarium, *ii*, garde-robe, endroit, armoire où l'on serre les habits ; 2°. vestiaire ; 3°. habit.

VESTiarius, *ii*, valet-de-chambre ; 2°. valet de garde-robe.

IN-VESTis, *is*, voyez *Impubes* ; 2°. qui est nud.

VESTI-PLICA, *æ*, fille-de-chambre, celle qui a soin de plier les habits ou la toilette de sa maîtresse.

COMPOSÉS.

CIRCUM-VESTIO, *is*, *ivi*, *itum*, *ire*, vêtir, revêtir, couvrir, envelopper tout autour.

CON-VESTIO, *is*, *ivi*, *itum*, *ire*, revêtir, couvrir, orner, parer.

DE-VESTIO, *is*, *ivi*, *ire*, dépouiller, dévêtir, déshabiller.

SUPER-VESTIO, *is*, *ivi*, *itum*, *ire*, revêtir ou couvrir par-dessus.

Supervestire foliis, couvrir de feuilles.

SUPER-VESTitus, *a*, *um*, part. de *Supervestio*, revêtu, couvert par-dessus.

VID.

De Du, deux, se forma l'Etrusque IDUO, diviser, partager, & ces Familles Latines :

VIDUus, *i*, veuf, qui a perdu sa femme ; *mot-à-mot*, séparé de sa moitié.

VIDUus, *a*, *um*, frustré, privé, dépouillé, dénué, destitué ; 2°. vuidé.

VIDUa, *æ*, veuve, femme qui a perdu son mari ; 2°. femme dont le mari est absent, qui en est privée.

VIDUatus, *a*, *um*, part. de *Viduo*.

VIDUitas, *atis*, veuvage, état de veuve ; viduité ; 2°. privation, perte de.

Viduitas opum, perte de biens.

VIDUO, *as*, *avi*, *atum*, *are*, frustrer, priver, dépouiller, substituer ; 2°. dépeupler, déserter.

DI-VIDia, *æ*, chagrin, ennui, souci, peine d'esprit, affliction, tristesse, inquiétude ; 2°. discorde, mésintelligence.

2. DI-VIDO, *is*, *visi*, *sum*, *dere*, diviser en parties égales, partager, distribuer, faire partage.

DI-VIDus, *a*, *um*, &

DI-VIDuus, *a*, *um*, divisible, qu'on peut diviser, partager, &c. ; 2°. divisé, partagé, séparé.

DI-VIDuitas, *atis*, division, partage.

DI-VIDuè, *adv.* par moitié.

DI-VIDicula, *orum*, réservoirs d'eau d'où chacun tire ce qui lui en est accordé pour ses terres.

DI-VIsè, *adv.* &

DI-VIsim, *adv.* d'une maniere divisée, séparée, partagée.

DI-VIsio, *onis*, division, distribution, partage ; 2°. séparation.

DI-VIsor, *oris*, qui divise, qui distribue, qui partage, distributeur, diviseur.

DI-VIsura, *æ*, coupure, découpure, incision, séparation.

DI-VISUS, ûs, voyez *Divisio*.

NÉGATIFS.

INDI-VIDUitas, atis, indivisibilité, inséparabilité.

INDI-VIDUum, i, chose indivisible, atome.

INDI-VIDUus, a, um, indivisible, qui ne peut être divisé.

Individua corpora, atomes.

INDI-VIDUè, adv. sans pouvoir diviser.

INDI-VIsè, adv. sans division, sans partage, par indivis.

INDI-VISus, a, um, qui n'est point divisé, qui n'est point partagé.

VID.

Du prim. ID, main, objets qu'on a sous la main, vint cette Famille:

1.

VIDEO, es, vidi, visum, dere, voir, regarder; examiner, faire réflexion; faire considération, attention; considérer, réfléchir, prendre garde; 2°. avoir l'œil, avoir soin, soigner, pourvoir ; 3°. deviner, prévoir ; 4°. concevoir, avoir l'intelligence ; 5°. s'appercevoir.

VIDeor, eris, visus sum, deri, paroître, sembler, avoir de l'apparence ; 2°. trouver bon, être d'avis, croire à propos.

VIDE-Licet, adv. c'est à savoir, c'est-à-dire ; 2°. par exemple ; 3°. certes, certainement.

VISO, is, si, sum, sere, aller voir, visiter, venir voir.

VISitur, on va voir.

VISus, ûs, vue, sens de la vue, yeux ; 2°. vision ; 3°. apparition, apparence ; 4°. regard.

VISio, onis, vision, l'action de voir; 2°. vision, imagination, fantaisie ; 3°. apparition, révélation.

VISum, i, vision, fantôme.

VISus, a, um, vu, apperçu ; 2°. qui a semblé.

VISibilis, le, is, visible, qu'on peut voir, qui peut être vu.

VISibiliter, adv. visiblement, d'une manière visible.

3. VISito, as, avi, atum, are, visiter, faire ou rendre visite, voir souvent.

VISitatio, onis, visite; l'action de visiter; de voir ; 2°. visitation.

VISitator, oris, visiteur ou protecteur.

VIDen? pour *Vides-ne?* ne voyez-vous ou ne vois-tu pas, ou voyez-vous?

COMPOSÉS.

CIRCUM-VISO, is, si, sum, ere, voir, regarder de tous côtés, jetter la vue tout autour, tourner les yeux de toutes parts.

CON-VISO, is, visi, sum, ere, aller voir, visiter, faire visite.

E-VIDens, tis, tior, tissimus, évident, clair, manifeste, incontestable.

E-VIDentia, æ, évidence, clarté.

E-VIDenter, adv. évidemment, clairement, nettement, manifestement.

INTER-VISO, is, si, sum, ere, visiter de temps en temps, aller voir quelque fois, faire quelques visites à.

IN-VISO, is, si, sum, ere, aller voir, visiter, faire visite.

IN-VIsens, tis, qui va voir, qui va visiter.

IN-Visitatus, a, um, qui n'a point été visité, qu'on n'a point été voir, à qui l'on n'a point fait visite.

IN-VIsus, a, um, qui n'a point été visité, à qui l'on n'a point fait visite, qu'on n'a point été voir ; 2°. qui n'a point été vu ; 3°. odieux, haï.

SUB-IN-VIsus, a, um, un peu odieux, un peu haï, vu d'assez mauvais œil.

PER-IN VISUS, a, um, fort méprisé, très-haï.
IN-VISIBILIS, le, is, invisible, qu'on ne peut voir, imperceptible.
PER-VIDEO, es, vidi, visum, dere, voir clairement, distinctement; être clairvoyant; 2°. éxaminer.
PRÆ-VIDEO, es, vidi, visum, dere, voir auparavant; 2°. prévoir, voir par avance.
PRÆ-VISIO, onis, prévoyance, l'action de prévoir; 2°. prévision, connoissance que Dieu a des choses futures.
PRÆ-VISO, is, ere, connoître par avance.
PRO-VISO, is, si, sum, sere, aller voir, faire visite, aller visiter; 2°. aller voir, aller sçavoir.
PRO-VISIO, onis, prévision, prévoyance; 2°. précaution.
PRO-VISOR, oris, pourvoyeur, qui pourvoit, qui a soin de pourvoir; 2°. proviseur de collége.
PRO-VISUS, ûs, voy. Provisio.
PRO-VISUS, a, um, part. de Provideo, prévu; 2°. a quoi l'on a pourvu; 3°. dont on a fait provision.
PRO-VIDEO, es, vidi, visum, dere, prévoir 2°. pourvoir; 3°. faire provision.
PRO-VIDENS, tis, prévoyant, qui prévoit, qui a de la prévoyance; 2°. prudent.
Providens consilium, conseil prudent.
PRO-VIDENTIA, æ, prévoyance, l'action de prévoir; 2°. Providence.
PRO-VIDUS, a, um, prévoyant, qui a de la prévoyance, avisé, prudent, 2°. qui prévoit l'avenir.
PRO-VIDÈ, adv. &
PRO-VIDENTER, adv. avec prévoyance.
PRO-VEDITOR, oris, provéditeur.
IM-PRO-VIDÈ, adv. sans prévoyance, imprudemment, inconsidérément.
IM-PRO-VIDUS, a, um, qui manque de prévoyance, imprudent, inconsidéré; 2°. imprévu, qu'on n'a pas prévu.
IM-PRO-VISÈ, adv. & IM-PRO-VISO.

Ex improviso, de improviso, au pied levé, au dépourvu, sans l'avoir prévu, à l'improviste.
IM-PRO-VISUS, a, um, imprévu, qu'on n'a pas prévu, qui arrive à l'improviste, dont on a été surpris.
RE-VISO, is, si, sum, sere, revoir, revenir voir, rendre une nouvelle visite.
RE-VISITO, as, avi, atum, are, visiter de nouveau, revenir voir.
RE-VIDEO, es, di, sum, dere, revoir.

2.

PR-UDENS, tis, prudent, sage, avisé, qui a de la prévoyance; 2°. qui sçait, qui a la connoissance; qui connoît; de Pro avant, & id qui voit.
PR-UDENTIA, æ, prudence, sagesse; 2°. connoissance.
PR-UDENTER, ius, issimè, adv. prudemment, sagement.
IM-PR-UDENS, tis, imprudent, mal avisé, étourdi, qui agit sans réflexion, qui ne pense pas à ce qu'il fait; 2°. qui ne sçait pas, qui n'a pas la connoissance.
IM-PR-UDENTER, adv. imprudemment, sans discrétion, indiscrétement, par mégarde, sans y penser, sans y prendre garde, inconsidérément, sans réflexion, avec imprudence; 2°. sans connoissance, par ignorance.
IM-PR-UDENTIA, æ, imprudence.

3.

IN-VIDEO, es, vidi, visum, dere, envier, porter envie, être envieux.
IN-VIDIA, æ, envie, jalousie, haine; chagrin qu'excite la prospérité d'autrui.
IN-VIDUS, a, um, envieux, qui porte envie, jaloux.
IN-VIDENTIA, æ, envie, tristesse de la prospérité d'autrui.
IN-VIDIOLA, æ, petite envie, petite jalousie.

IN-VIDendus, a, um, digne d'envie, à envier.
IN-VIDiosus, a, um, envieux, qui porte envie ; 2°. envié, à qui l'on porte envie ; 3°. odieux, haï, mal voulu, vu de mauvais œil.
IN-VIDiosè, iùs, issimè, adv. odieusement, d'une maniere odieuse ; 2°. avec envie, jalousie ; par envie.
SUB-IN-VIDeo, es, vidi, visum, dere, porter une secrette envie, ou porter quelqu'envie, être un peu jaloux ou envieux.

4.

VITRum, i, verre ; 2°. pastel, couleur.
VITRarius, ii, Verrier, celui qui fait des verres, des ouvrages de verre.
VITRea, orum, &
VITReamina, um, ouvrages de verre.
VITRearius, ii, voy. Vitrarius.
VITReus, a, um, de verre ; 2°. transparent, clair ; 3°. fragile.

VIG.

Du Celte Oc, Ac, œil, vint VAK, veiller, avoir les yeux ouverts, qui, prononcé VEC, VIG, forma cette Famille :

VIGil, ilis, qui veille, qui ne dort pas ; 2°. soigneux, vigilant ; 3°. qui empêche de dormir.
VIGilo, as, avi, atum, are, veiller, ne pas dormir ; 2°. soigner, avoir l'œil attentif, pourvoir, apporter des soins.
VIGilax, acis, qui veille presque toujours, qui ne dort presque jamais, veillant soigneusement.
VIGiles, um, les sentinelles ; 2°. les vedettes ; 2°. guet, ronde, patrouille, garde.
VIGilia, æ, veille, veillée, l'action de veiller ; insomnie ; 3°. veille, (l'une des quatre parties de la nuit chez les Romains, dont la premiere commençoit à six heures du soir, & la quatrième finissoit à six heures du matin, chacune étant de trois heures) ; 4°. veille de fête ; 5°. guet, garde, ronde, patrouille.
VIGilarè, adv. voy. Vigilanter.
VIGilatio, onis, l'action de veiller, le veiller, veillée.
VIGilatur, on veille.
VIGilanter, iùs, issimè, adv. avec vigilance, soigneusement, avec attention.
VIGilarius, ii, guet, sentinelle, vedette, soldat qui est en faction, factionnaire, ou qui fait le guet, la ronde, la patrouille, qui monte la garde, qui est du guet.

COMPOSÉS.

AD-VIGilantia, æ, très-grand soin.
AD-VIGilo, as, avi, atum, are, veiller, bien prendre garde, avoir grand soin de quelque chose ; 2°. être alerte.
F-VIGilo, as, avi, atum, are, s'éveiller, se réveiller ; 2°. veiller.
IN-VIGilo, as, avi, atum, are, veiller sur, avoir l'œil à, surveiller, prendre garde, observer.
INTER-VIGilo, as, avi, atum, are, être à demi-éveillé.
INTER-VIGilus, a, um, à demi-éveillé.
INTER-VIGilans, tis, qui est à demi-éveillé.
INTER-VIGilatio, onis, soin accompagné de vigilance.
PER-VIGil, ilis, qui veille toujours ; 2°. qui ne s'éteint jamais.
PER-VIGilo, as, avi, atum, are, veiller continuellement.
PER-VIGilatio, onis, veille continuelle, l'action de veiller.
PER-VIGilator, oris, qui veille continuellement.
PER-VIGilatus, a, um, part. de Pervigilo.
PER-VIGilia, æ, &

PER-VIGilium, ii, veille continuelle; 2°. veille à l'honneur de quelque Divinité.

VIR.

1.

VIR, i, homme; 2°. mari; 3°. courageux, qui a du cœur.

VIRO-are, former un homme.

VIROsus, a, um, qui court après les hommes.

VIRiatus, a, um,
VIRiosus, a, um, } robuste, fort, viril.
VIRitanus, a, um,

VIRilis, e, d'homme; VIRil; 2°. mâle, courageux.

VIRilitas, atis, qualité d'être mâle; VIRilité, courage.

VIRiliter, en homme, courageusement.

VIRitim, par homme, par tête.

VIRisso, as, are, agir avec vigueur.

VIR-Bius, ii, homme pour la seconde fois, ressuscité.

COMPOSÉS.

E-VIRO-, -are, châtrer; 2°. efféminer.

E-VIRatio, onis, castration, retranchement de la virilité.

E-VIRatio, pilorum, la dépilation.

DUUM-VIR, iri, &

DUUM-VIRi, orum, Duumvirs, deux Officiers dans Rome qui avoient inspection sur les prisons; les premiers Officiers dans les autres villes.

DUUM-VIRalis, le, is, de Duumvir.

DUUM-VIRatus, us, dignité, charge de Duumvir; Duumvirat.

TRIUM-VIR, i, un des trois Magistrats, préposés aux monnoies, aux festins, aux prisons, à la police; 2°. Triumvir.

TRIUM-VIRatus, qualité d'être l'un de ces trois Magistrats; 2°. triumvirat.

TRIUM-VIRalis, e, de trium-VIR.

TRIVIRITim, adv. par trois personnes.

QUATUOR-VIRi, orum; quadrum viri, les quatre Magistrats.

SEPTEM-VIRi les septem-virs ou sept Magistrats qui conduisoient les colonies.

DECEM-VIRi, orum, les decem-virs, ou dix Magistrats qui gouvernoient.

CENTUM-VIRi, Magistrats Romains au nombre de cent, Juges des causes civiles.

2

VIRes, ium, forces, les forces physiques; 2°. troupes.

VIRtus, utis, vertu, force physique & force morale; 2°. valeur, courage, vaillance; 3°. force, puissance; 4°. générosité, qualité, perfection, mérite; 5°. Déesse de la vertu.

VIRiatus, a, um, qui a de la force.

3.

VIRa, æ, femme mariée.

BI-VIRa, æ, femme qui s'est mariée deux fois, bigame.

MULTI-VIRa, æ, qui a eu plusieurs maris.

VIRata, æ; VIRago, inis, femme qui a le courage ou les manieres d'un homme.

VIRgo, inis, fille propre à être mariée; 2°. vierge; 3°. la Vierge, constellation.

VIRguncula, æ, petite vierge, jeune fille.

Virginalis, e,
Virginarius, a, um, } de vierge.
Virgineus, a, um,
Virginal, is, partie secrette.
Virginor, -ari, faire la fille.

VIT.

Du primit. TAL, qui s'éleve, qui grandit, 2°. jeune, se formerent le Grec ITALOS, veau, & ces mots Latins :

Vitulus, i, veau; 2°. poulin; 3°. petit de quelque animal que ce soit; 4°. veau marin.

Vitula, æ, génisse; 2°. Déesse de la joie.

Vitulamen, inis, rejetton.

Vitulinus, a, um, de veau.

Vitulor, aris, atus sum, ari, folâtrer, se réjouir en folâtrant.

Vitellianæ, arum, &
Vitelliani, orum, tablettes où l'on écrivoit des folies.

V-OPISC.

Du Grec Opis, après, en second, vint le Latin,

Vopiscus, a, um, celui de deux enfans gémeaux qui est venu au monde le second, après le premier, & qui lui a survécu; car les Etymologistes Latins ont tous cru que cette derniere idée entroit dans celle de *Vopiscus*; mais je crois qu'ils ne l'ont prétendu que parce qu'ils ignoroient la vraie origine de ce mot; d'ailleurs rien de plus misérable que les étymologies qu'ils en donnoient.

VOV.

De Fo, Vo, feu, ardeur, se forma cette Famille, la même que le Celte WET, désir.

I.

Votum, vœu, promesse faite à Dieu; 2°. desir, souhait.

Voveo, es, vovi, votum, vere, vouer, faire un vœu, faire des vœux, promettre à Dieu; 2°. desirer ardemment, souhaiter fort.

Ad-Votum, à souhait, au gré, au desir, selon les vœux.

Votivus, a, um, voué, promis ou consacré par vœu.

Voti-Fer, a, um, chargé de vœux; qui porte des choses qui ont été vouées.

COMPOSÉS.

De-Voveo, es, vovi, votum, vere, dévouer, consacrer, faire vœu; vouer, dédier, offrir; 2°. maudire, charger de malédictions, faire des imprécations.

De-Votorius, a, um, qui concerne le dévouement.

Devotoria carmina, vers qui servoient de formule pour se dévouer, & qu'on prononçoit en se dévouant.

De-Votio, onis, dévouement, consécration, vœu, offre, l'action de se dévouer; 2°. sorcelleries, charmes, enchantemens, conjuration magique.

De-Votus, a, um, dévoué, dédié, consacré, offert, voué; 2°. attaché, adonné; 3°. maudit, chargé de malédictions; 4°. ensorcelé, enchanté, à qui l'on a fait maléfice.

De-Voti, orum, braves qui se dévouoient au service d'un grand, & s'attachoient à sa fortune.

De-Voto, as, avi, atum, are, dévouer; 2°. maudire, anathématiser, charger de malédictions; 3°. charmer, enchanter, ensorceler.

Devotare animam hostibus, se dévouer contre les ennemis.

IN-DE-VOTIO, *onis*, dureté d'un légataire universel, qui traite mal les parens de celui qui lui a laissé son bien ; 2°. indévotion.

IN-DE-VOTUS, *a*, *um*, qui a de la dureté pour ses proches ; 2°. indévot.

2.

De IN, non, & de VET, souhait, désir, vinrent ces mots :

IN-VITUS, *a*, *um*, qui agit malgré soi, qui est forcé à quelque chose, qui fait à regret, qui est contraint de faire.

IN-VITÉ, *adv.* malgré soi, contre son gré, à regret, contre sa volonté, à contre-cœur, par contrainte, par force.

PER-IN-VITUS, *a*, *um*, qui se fait une grande violence, qui agit fort à contre-cœur, qui agit tout-à-fait malgré soi.

PER-IN-VITÉ, *adv.* fort à contre-cœur, très-malgré soi.

SUB-IN-VITUS, *a*, *um*, qui agit un peu malgré soi, qui est contraint en quelque maniere.

VOL.

De AL, OL, élevé, se formerent ces Familles.

1.

1. VOLA, *æ*, paume ou dedans de la main.

VOLEMUM, *i*, grosse poire qui emplit la main.

2. VOLO, *as*, *avi*, *atum*, *are*, voler ; 2°. passer vîte ; 3°. aller vîte ; courir vîte.

VOLITO, *as*, *avi*, *atum*, *are*, voltiger, voler souvent ; 2°. courir, parcourir.

VOLANTES, *tium*, oiseaux.

VOLATURA, *æ*, volée, vol.

VOLATUS, *ûs*, vol, volée.

VOLATICUS, *a*, *um*, volage, inconstant, léger, changeant, sujet au changement.

VOLATILIS, *le*, *is*, qui vole ; 2°. qui va ou qui passe vîte.

VOLUCER, *cris*, *m.* oiseau.

VOLUCRIS, *is*, *f.* oiseau.

VOLUCRIS, *cre*, *is*, vîte, léger, qui semble voler.

COMPOSÉS.

AD-VOLATUS, *ûs*, vol des oiseaux ; 2°. action d'accourir.

AD-VOLITANS, *antis*, volant avec la légereté du papillon.

AD-VOLO, *as*, *avi*, *atum*, *are*, voler à, ou vers, ou sur ; 2°. venir vîte, accourir, faire diligence.

ANTE-VOLO, *as*, *avi*, *atum*, *are*, voler, courir devant.

A-VOLO, *as*, *avi*, *atum*, *are*, s'envoler ; 2°. s'enfuir, s'en aller, s'échapper, s'évanouir, disparoître, passer vîte.

CIRCUM-VOLITO, *as*, *avi*, *atum*, *are*, & CIRCUM-VOLO, *as*, *avi*, *atum*, *are*, voler autour, faire le tour en volant, voltiger à l'entour.

CON-VOLO, *as*, *avi*, *atum*, *are*, voler ensemble ou accourir, se rendre en diligence, passer à.

DE-VOLO, *as*, *avi*, *atum*, *are*, voler de haut en bas, descendre en volant.

E-VOLO, *as*, *avi*, *atum*, *are*, s'envoler ; 2°. s'enfuir, disparoître, s'échapper, se dérober, se sauver ; 3°. sortir, accourir avec précipitation ; 4°. recevoir en l'air avec la main.

E-VOLITO, *as*, *avi*, *atum*, *are*, s'envoler.

IN-VOLATUS, *ûs*, volée sur, l'action de voler sur, à, dans ; l'action de se jetter impétueusement dessus.

IN-VOLITO, *as*, *avi*, *atum*, *are*, voltiger dessus, sur.

IN-VOLO,

IN-VOLO, *as*, *avi*, *atum*, *are*, voler à, dans, sur ou dessus ; 2°. jetter dessus avec impétuosité.

Involat animum cupido, le desir ou la passion s'empare de son esprit.

IN-VOLUCRIS, *cre*, *is*, qui ne peut voler, qui ne vole pas encore.

INTER-VOLO, *as*, *avi*, *atum*, *are*, voler entre.

PER-VOLO, *as*, *avi*, *atum*, *are*, voler avec vitesse ; 2°. se répandre promptement, courir par-tout.

PER-VOLITO, *as*, *avi*, *atum*, *are*, voler au travers ; 2°. s'émouvoir d'une extrême vitesse par l'air, parcourir ; 3°. se répandre promptement.

PER-VOLITANTIA *mundi*, le mouvement rapide des cieux.

PRÆ-VOLANS, *is*, qui vole devant.

PRÆ-VOLO, *as*, *avi*, *atum*, *are*, voler devant.

PRÆTER-VOLO, *as*, *avi*, *atum*, *are*, passer au delà en volant, voler plus loin ou plus outre.

PRO-VOLO, *as*, *avi*, *atum*, *are*, s'envoler, s'en aller à tire d'ailes, s'enfuir en volant ; 2°. s'en aller précipitamment ; 3°. courir avec précipitation.

RE-VOLO, *as*, *avi*, *atum*, *are*, revenir en volant.

SUB-VOLO, *as*, *avi*, *atum*, *are*, voler ou s'envoler en haut.

SUPER-VOLO, *as*, *avi*, *atum*, *are*, voler au-dessus ou par-dessus.

TRANS-VOLO, *as*, *avi*, *atum*, *are*, voler au-delà ou par-delà.

SUB-VOLITO, *as*, *are*, voltiger.

SUPER-VOLITO, *as*, *avi*, *atum*, *are*, voltiger ou voler fréquemment par-dessus ou au-dessus.

TRANS-VOLITO, *as*, *avi*, *atum*, *are*, voler souvent au-delà.

2.

De VOL, oiseau, & TUR, grand, vint cette Famille.

VULTUR, *uris*, vautour, oiseau.

VUL-TURUS, *is*, voyez *Vultur*.

VUL-TURINUS, *a*, *um*, de vautour.

VUL-TURIUS, *ii*, voyez *Vultur* ; 2°. pillard, pilleur, concussionnaire.

SUB-VUL-TURIUS, *a*, *um*, de couleur de vautour ; 2°. qui tient du vautour.

VULN.

Du Celt. OL, OULY, blessure, OUL, pleurer, d'où le Grec OULIOS, funeste, pernicieux, OLLUEIN, détruire, se forma cette Famille :

VOLNUS & VULNUS, *eris*, blessure ; 2°. l'amour, la blessure que fait l'amour ; 3°. perte, dommage, échec ; 4°. flèche.

VULNUSCULUM, *i*, dimin. de *Vulnus*, petite blessure, petite plaie.

VULNERO, *as*, *avi*, *atum*, *are*, blesser, faire des blessures, faire une plaie.

Vulnerare voce aliquem, piquer quelqu'un de paroles, offenser ou choquer quelqu'un par ses discours.

VULNERATIO, *onis*, blessure, l'action de blesser.

VULNERARIUS, *ii*, Chirurgien qui panse les plaies.

VULNERARIUS, *a*, *um*, qui concerne les blessures, les plaies.

VULNI-FICUS, *a*, *um*, qui blesse, qui fait une blessure.

CON-VULNERO, *as*, *avi*, *atum*, *are*, blesser.

IN-VULNERABILIS, *le*, *is*, invulnérable, qu'on ne peut blesser, qui ne peut être blessé.

IN-VULNERATUS, *a*, *um*, qui n'a point été blessé, qui n'a point reçu de blessure.

Mots composés de VE.

1.
VE

VE, *qui se joint à la fin d'un mot*, ou, ou bien.

VEL, *conjonct.* ou bien.
VELUT, &
VELUTI, *conjonct.* comme, de même que, tout ainsi que, de la même maniere que.

2.
VEHEM.

DE VE, extrêmement, & de HAM, amas, grandeur, abondance, se forma cette Famille :

VEHEMens, *tis, tior, tissimus,* véhément, impétueux, violent, fort.
Vehemens vitis, vigne qui pousse beaucoup.
VEHEMenter, *tiùs, tissimè, adv.* avec véhémence, fort, fortement, grandement, extrêmement, violemment, impétueusement.
VEHEMentia, *æ*, véhémence.
Vehementia odoris, force d'une odeur.
VEMens, *tis*, voyez *Vehemens.*
VEMenter, *adv.* voyez *Vehementer.*

3.

De VE, grand, & du Celte *Praid*, aiguillon, pointe, mot subsistant en Irl. vint cette Famille :

VEPRES, *is*, &
VEPRES, *ium*, épine, buisson épineux.
VEPRETum, *i*, lieu plein d'épines, où il y a quantité de buissons épineux.
VEPRECosùs, *a, um*, plein d'épines, où il y a beaucoup d'épines, rempli de buissons épineux.
VEPRECula, *æ*, petite épine.

4. VE-SPER.

De la négation VE, OUE, & de l'Or. עשפר SPER brillant, lumiere, jour, se forma cette Famille.

1.

VESPer, *eri*, l'étoile du berger, étoile qui paroît le soir après le soleil couché.
VESPer, *eris*, &
VESPERA, *æ*, soir.
VESPERI & VESPERè, ou
VESPERá, le soir, sur le soir, au commencement de la nuit.
Pridie vesperi, le soir du jour d'auparavant.
VESPERalis, *le, is*, occidental, du couchant, de l'ouest.
VESPERugo, *inis*, voyez *Vesper.*
VISPERus, *a, um*, du soir.
VISPERus, *i*, voyez *Vesper.*
VESPERTinus, *a, um*, du soir, qui arrive le soir, qui se fait le soir.
VESPERascit, il se fait nuit, la nuit approche.

COMPOSÉS.

AD-VESPERascit, *ravit, rascet, rascere*, il se fait tard, la nuit s'approche.
IN-VESPERascit, il se fait tard, la nuit vient ou s'approche.
IN-VESPERascebat, il se faisoit tard, la nuit approchoit.
PER-VESPERI, fort tard, tout-à-fait sur le soir, tout au soir.
SUB-VESPERus, *i*, le sud-ouest, quart à l'ouest, ou plutôt l'ouest sud-ouest.

2.

VESPERTilio, *onis*, chauve-souris, oiseau de nuit.
VESPILLO, *onis*, celui qui portoit en terre

pendant la nuit ceux qui n'avoient pas le moyen de se faire enterrer.

Vispellio, onis, voyez Vespillo.

4.

Veto, as, vetui, vetitum, & rarement vetatum, vetare, défendre, faire défense, imposer silence : mot-à-mot, je ne veux pas que cela soit ; de Ve, non, & E, être.

Vetatum, supin inusité de Veto.
Vetatio, onis, défense.
Vetitum, i, ce qui est défendu.
In-Vetitus, a, um, qui n'est pas défendu.
Præ-Veto, as, tui, titum, tare, défendre auparavant, ordonner par avance de ne pas faire.

5. VIT.

De la même Famille que Veto, défendre, se forma celle-ci :

Vito, as, avi, atum, are, éviter, fuir.
Vitatio, onis, l'action d'éviter.
De-Vito, as, avi, atum, are, éviter, fuir.
De-Vitabilis, le, is, qu'on peut éviter.
De-Vitatio, onis, l'action d'éviter, d'esquiver.
De-Vitator, oris, qui évite, qui esquive.
In-De-Vitatus, a, um, qu'on n'a point évité.
E-Vito, as, as, avi, atum, are, éviter, parer, fuir, échapper, esquiver, se dérober.
E-Vitabilis, le, is, évitable, dont on peut se parer.
E-Vitatio, onis, fuite, moyen d'éviter, manière de se parer.

6.

Vitium, ii, mot-à-mot, ce qu'il faut éviter ; 2°. mal, maladie, infirmité ; 3°. faute, défaut ; 4°. défectuosité, difformité ; 5°. blâme, reproches, réprimande.

Vitio, as, avi, atum, are, corrompre, gâter ; 2°. sophistiquer.
Vitiositas, atis, vice, défaut, défectuosité ; 2°. dérèglement, mauvaise conduite.
Vitiosus, a, um, vicieux, gâté, corrompu, plein de défauts.
Vitiosè, d'une manière vicieuse, plein de défauts.
Viti-Magistratus, ûs, Magistrat créé contre l'ordre.

7.

Vitiatio, onis, corruption, l'action de corrompre.
Vitiator, oris, corrupteur, qui corrompt, qui gâte, qui altere, qui sophistique.
Præ-Vitio, as, avi, atum, are, gâter ou corrompre auparavant.
Con-Vicium, ii, injure, parole injurieuse, reproche offensant, outrage ; 2°. vacarme, bruit de gens qui parlent tous ensemble.
Con-Viciator, oris, qui injurie, qui fait de faux reproches.
Con-Vicior, aris, atus sum, ari, dire des injures, outrager de paroles, injurier, médire.
Con-Vitium, ii, ruine, dépérissement.

8.

Vitu-Pero, as, avi, atum, are, blâmer, reprendre, censurer.
Vitu-Peratio, onis, blâme, censure, reproche.
Vitu-Perator, oris, qui blâme, qui censure, qui reprend.
Vitu-Perabilis, e, blâmable, digne de réprimande.

V,

Substitué aux Labiales B, P, F, M.

I.
V pour M.

Vac-Una, æ, Déesse des Sabins ; 2°. Déesse du loisir.

Vac-Unalis, e, qui concerne cette Déesse. Nous avons prouvé dans le Discours Prélim. des Orig. Lat. pag. CL, &c. que cette Déesse est la Lune, & que son nom est composé de Mac, grand, & de un, seul ; la Lune, Déesse de la nuit, devint d'ailleurs aisément la Déesse du repos, du loisir.

VAL.

De Al, Bal, prononcé Val, & qui désignent la force, la multitude, vinrent ces diverses Familles :

1°

1. Valeo, es, lui, litum, lere, se porter bien, être en bonne santé, en bonne disposition ; 2°. être fort, robuste, puissant, vigoureux ; 3°. avoir de l'autorité, du poids, du pouvoir, de la force ; 4°. être efficace, être bon, être propre à servir à; 5°. valoir, être prisé, être estimé.

Valere ab oculis, avoir de bons yeux, bonne vue, la vue saine ; 2°. n'avoir point mal aux yeux.

Valesco, is, ere, se renforcer, se fortifier, devenir fort.

Valens, tis ; tior, tissimus, fort, robuste, puissant ; 2°. efficace.

Valentulus, a, um, dimin. de Valens.

Valentia, æ, force, puissance, vigueur ; 2°. Valence, ville d'Espagne.

Valenter, tius, adv. fortement, puissamment.

Valor, oris, valeur, prix.

Validus, a, um, ior, issimus, fort, robuste, qui a de la force.

Validus sustinere pondus, assez fort pour porter un fardeau : —— opum, qui est fort riche, qui a de grands biens, opulent.

Validitas, ati, force, pouvoir, validité.

Validè, diùs, dissimè, adv. fortement, extrêmement, beaucoup.

Validius affectare, affecter trop.

Validissimè facere, favoriser au dernier point.

2. Valè, adieu, porte-toi bien.

Valetudo, inis, santé, 2°. maladie, l'état de la santé bonne ou mauvaise.

Valetudini indulgere, inservire, dare operam, avoir soin de sa santé, la ménager.

Valetudine tentari, être attaqué de maladie.

Valetudinarius, a, um, valétudinaire, mal-sain, infirme, maladif, sujet à être malade, qui est d'une foible constitution, qui a une foible santé.

Valetudinarius Medicus, Médecin d'hôpital.

Valetudinarium, ii, infirmerie ou hôpital des malades, hôtel-dieu.

3. Valdè, diùs, adv. fort, beaucoup, grandement, extrêmement, oui-da, fort-bien.

Omni-Valens, tis, voyez Omnipotens.

Composés.

Con-Valeo, es, lui, ere, &

Con-Valesco, is, scere, croître, augmenter, se fortifier, se remettre.

E-Valeo, es, lui, ere, pouvoir, avoir la force ; être en puissance, en pouvoir ; voyez Valeo.

E-Valesco, is, lui, scere, se fortifier, prendre des forces, se renforcer, devenir plus fort, reprendre sa vigueur, se rétablir ; 2°. croître, augmenter.

IN-VALEO, es, lui, ere, &
IN-VALESCO, is, lui, scere, se fortifier, se rétablir, reprendre des forces, se renforcer, devenir plus fort, s'établir de plus en plus, s'affermir ; 2°. se perdre, s'abolir, devenir hors d'usage.
IN-VALentia, æ, foiblesse, langueur, indisposition, infirmité ; 2°. complexion foible.
IN-VALetudinarius, a, um, qui est de bonne complexion, qui n'est point valétudinaire.
IN-VALetudo, inis, mauvaise santé, complexion maladive, maladie, indisposition.
IN-VALidus, a, um, invalide, infirme, foible, languissant, qui manque de forces, mal-sain, qui a une mauvaise santé.
PER-IN-VALidus, a, um, très-invalide, fort foible, fort impuissant.
PER-VALidus, a, um, fort puissant, fort vaillant.
PRÆ-VALEO, es, lui, lere, prévaloir, avoir le dessus, être en plus grande estime, exceller au-dessus ; 2°. être meilleur, valoir mieux, surpasser.
PRÆ-VALens, tis, qui vaut mieux, qui est d'une plus grande valeur, qui est meilleur.
PRÆ-VALentia, æ, une plus grande valeur, la plus grande valeur.
PRÆ-VALesco, is, lui, scere, se fortifier, devenir plus fort.
PRÆ-VALidè, adv. fort puissamment.
PRÆ-VALidus, a, um, fort puissant, très-fort, fort robuste, fort riche, très-opulent ; 2°. préférable, plus estimable.
RE-VALEO, es, lui, lere, &
RE-VALESCO, is, lui, cere, revenir en santé, se porter mieux, se rétablir, rentrer en convalescence.
SUPER-VALEO, es, lui, lere, être plus fort, devenir plus puissant.

4. VALIes, is, vallée.
VALLIS, is, vallée.
Vallis alarum, creux des aisselles.
VALLecula, æ, vallon, petite vallée.
VALLicula, æ, voyez Vallecula.

I I.

VALLO, as, avi, atum, are, fortifier, remparer, garnir de palissades, entourer, border ou revêtir de palissades, palissader.
VALLUS, i, pal, pieu, palis, dont on fait des palissades ou des retranchemens ; 2°. échalas ; 3°. rempart, retranchement, palissade ; 4°. van.
VALLUM, i, rempart, retranchement, palissades ; 2°. van.
Vallum pectinis, rangée de dents d'un peigne ; —— aristarum, barbe des épis.
VALLARIS, m. f. re, n. is, de rempart, de retranchement.
Vallaris corona, couronne qu'on donnoit à celui qui avoit le premier monté sur les remparts des ennemis, qui avoit forcé leurs retranchemens.
VALLatus, a, um, fortifié, remparé, palissadé ; garni, bordé ou revêtu de palissades ; 2°. entouré.
Vallatus sicariis, entouré de coupe jarêts.

COMPOSÉS.

CIRCUM-VALLO, as, avi, atum, are, entourer d'un rempart, palissader, revêtir de palissades, faire une ligne de circonvallation, assiéger.
CON-VALLO, voy. Vallo.
CON-VALLIS, is, &
CON-VALLIUM, ii, plaine, vallée, fond environné de petites collines.
E-VALLO, as, avi, atum, are, jetter dehors, chasser.
E-VALLO, is, ere, vanner, nettoyer en vannant.

E-Valle-Facio, *is*, *feci*, *factum*, *cere*, faire évacuer, faire jetter dehors.

Inter-Vallum, *i*, intervalle, espace entre-deux, distance, 2°. délai.

Inter-Vallatus, *a*, *um*, divisé par espaces, distingué, séparé par intervalles ; 2°. intermittant, qui n'est pas continu.

Ob-Vallatio, *onis*, enceinte de palissades ou rempart fait autour.

Ob-Vallatus, *a*, *um*, *part*. de

Ob-Vallo, *as*, *avi*, *atum*, *are*, palissader ou entourer d'un rempart.

Præ-Vallo, *as*, *avi*, *atum*, *are*, fortifier devant, couvrir d'un rempart, &c.

III.

Vulgo, *as*, *avi*, *atum*, *are*, divulguer, publier, rendre public, faire courir le bruit, semer ou répandre dans le monde, mettre en lumiere.

Vulgus, *i*, vulgaire, populace, peuple commun, multitude ; 2°. troupeau.

Vulgus, *ûs*, voy. *Vulgus*, *i*.

Volgò & Vulgò, *adv.* en tout lieu, partout ; 2°. communément, vulgairement, publiquement, ordinairement.

Vulgaris, *m. f. re*, *is*, vulgaire, commun, ordinaire.

Vulgariter, *adv.* vulgairement, communément.

Vulgarius, *a*, *um*, voy. *Vulgaris*.

Vulgator, *oris*, qui divulgue, qui publie, ou qui rend public.

Vulgatus, *a*, *um*, *tior*, *tissimus*, *part.* de *Vulgo*.

Vulgi-Vagus, *a*, *um*, voy. *Vulgaris*.

Composés.

Di-Vulgo, *as*, *avi*, *atum*, *are*, divulguer, publier, rendre public, découvrir.

Di-Vulgator, *oris*, qui publie, qui divulgue, qui découvre.

E-Vulgo, *as*, *avi*, *atum*, *are*, divulguer, publier, mettre au jour ou en lumiere.

É-Vulgator, *oris*, qui divulgue, qui publie.

E-Vulgatio, *onis*, publication, l'action de divulguer.

In-Vulgo, *as*, *avi*, *atum*, *are*, divulguer, publier par tout, rendre public.

In-Vulgatus, *a*, *um*, divulgué, publié partout, rendu public.

Per-Vulgo, *as*, *avi*, *atum*, *are*, divulguer, publier, rendre public, faire connoitre à tout le monde, mettre au jour.

Per-Vulgaté, *adv.* publiquement.

Per-Volgo, *as*, *avi*, *atum*, *are*, parcourir.

Pro-Vulgo, *as*, *are*, divulguer, publier.

Et par le changement de V en M :

Pro-Mulgo, *as*, *avi*, *atum*, *are*, promulguer, publier, faire sçavoir par-tout.

Pro-Mulgator, *oris* ; — *trix*, *icis*, qui publie, qui divulgue.

Pro-Mulgatio, *onis*, promulgation, publication.

IV. VIL.

De Bal, Val, fort, haut, élevé, vint par oposition cette Famille :

Vilis, *le*, *is*, *lior*, *issimus*, vil, bas, méprisable ; 2°. commun ; 3° qui est à bas prix, qui se donne à bon marché.

Vilitas, *atis*, bas prix, fort bon marché ; 2°. bassesse.

Vilito, *as*, *are*, rendre vil ou méprisable, avilir.

Vilius, *adv.* à plus bas prix, à meilleur compte.

Vilissimè, *adv.* à fort bon marché.

Vili-Pendo, *is*, *dere*, estimer peu ; faire

peu de cas, peu d'état ; 2°. mépriser, baffouer.

Ex-Vilesco, is, lui, scere, s'avilir ou s'abaisser, se rendre méprisable.

Per-Vilis, m. f. le, n. is, fort vil ; 2°. qui est à vil prix, qui est à bon marché.

Re-Vilesco, is, ere, devenir vil.

V. VOL.

De BAL, BOL, rond, se formerent ces mots.

I.

1. Volvo, is, vi, volutum, vere, rouler ou tourner, faire tourner ou rouler.

Voluto, as, avi, atum, are, rouler, tourner en rond.

Voluta, æ, volute, partie des chapiteaux des colonnes qui représentent une écorce d'arbre tortillée en ligne spirale.

Volutatio, onis, roulement ; 2°. corde ; 3°. roulis de vaisseau, agitation que la mer lui donne ; 4°. veautrement, l'action de se vautrer.

Volutatus, ûs, l'action de se rouler, roulement d'un corps.

Volutabrum, i, bourbier où se vautrent les sangliers.

Volutabundus, a, um, qui aime à se vautrer ; 2°. qui a l'esprit fort agité.

Volutus, ûs, l'action de se traîner en rampant, en serpentant.

Voluté, adv. &

Volutatim, en roulant.

2. Volubilis, m. f. le, is, aisé à tourner, qu'on tourne facilement ; 2°. qui se remue aisément & promptement ; 3°. changeant, inconstant, variable, qui change aisément.

Volubiliter, adv. en tournant aisément en rond ; 2°. d'une maniere coulante, coulamment.

Volubilitas, atis, volubilité, l'action de tourner & de retourner, ou de se remuer avec vitesse, facilité à tourner en rond ; 2°. inconstance.

Volubilitas verborum, cadence de mots.

Volucra, æ, petit vers qui s'entortille dans les feuilles de vigne, liset.

Volumen, inis, tour, entortillement, rouleau, tourbillon ; 2°. volume ; 3°. livre ; 4°. ouvrage d'esprit ; 5°. paquet.

Volgiolum, i, herse à herser.

Volvox, ocis, ver qui ronge la vigne ; voy. Volucra.

COMPOSÉS.

Con-Vol-Volus, i, &

Con-Vol-Vulus, i, ver-coquin, chenille de vigne, qui s'entortille dans ses feuilles ; 2°. liset ou liseron, herbe ; campanelle, fleur.

Ad-Volvo, is, volvi, volutum, ere, rouler vers ou à l'entour, amener, voiturer en roulant, tourner, remuer, rouler ensemble ; 2°. renfermer, contenir, envelopper ; 3°. monter jusqu'à.

Ad-Volutus, a, um, part. roulé vers.

Advolutus genibus, qui s'est jetté aux pieds, aux genoux.

Circum-Volvo, is, vi, volutum, ere, s'entortiller autour.

Circumvolvere se arbore, s'entortiller autour d'un arbre.

Circum-Volutor, aris, atus sum, ari, se rouler, se vautrer autour.

Circum-Volutus, a, um, part. de Circumvolvo.

Con-Volvo, is, vi, volutum, vere, rouler, faire rouler, envelopper, entortiller, emballer.

Con-Volutus, a, um, roulé, enveloppé, entortillé, plié, emballé.

De-Volvo, is, vi, volutum, vere, rouler,

faire rouler, précipiter, jetter de haut en bas.

Dᴇ-Vᴏʟᴜᴛᴜs, a, um, part. de Devolvo.

E-Vᴏʟᴜᴛɪᴏ, onis, lecture, l'action de feuilleter, &c. 2°. évolution, contre-marche.

E-Vᴏʟᴜᴛᴏʀ, oris, celui qui roule, qui déplie, qui feuillete.

E-Vᴏʟᴠᴏ, is, volvi, volutum, vere, dévider, déplier, détortiller, développer, dérouler; 2°. découvrir, expliquer, débrouiller.

Iɴ-Vᴏʟᴜᴄʀᴜᴍ, i, enveloppe, couverture, tout ce qui sert à enveloper ou couvrir.

Iɴ Vᴏʟᴜᴄʀᴇ, is, serviette ou linge à barbe.

Iɴ-Vᴏʟᴠᴇɴs, entis, qui couvre, qui enveloppe.

Iɴ-Vᴏʟᴠᴏ, is, vi, volutum, vere, envelopper, couvrir, entortiller, entourer ou faire rouler sur; 2°. obscurcir; 3°. cacher, dissimuler.

Iɴ-Vᴏʟᴜᴛɪᴏ, onis, l'action d'envelopper, entortillement.

Iɴ Vᴏʟᴜᴛè, adv. d'une maniere cachée, enveloppée.

Iɴ-ᴇ-Vᴏʟᴜᴛᴜs, a, um, qu'on n'a point déplié, déroulé, dévidé, retourné sens-dessus-dessous, &c.

Iʀ-ʀᴇ-Vᴏʟᴜᴛᴜs, a, um, qui n'a point été feuilleté, qu'on n'a pas déplié ou déroulé.

Iɴ-Vᴏʟ-Vᴏʟᴜs, i, petit ver qui s'enveloppe dans les feuilles de vignes ou autres.

Iɴ-Vᴏʟ-Vᴜʟᴜs, voy. Involvolus.

Oʙ-Vᴏʟᴠᴏ, is, vi, volutum, vere, envelopper, entortiller, voiler, couvrir, cacher, emballer.

Oʙ-Vᴏʟᴜᴛᴀᴛᴜs, a, um, entortillé.

Oʙ-Vᴏʟᴜᴛᴏʀɪᴜᴍ, ii, enveloppe.

Oʙ-Vᴏʟᴜᴛᴜs, a, um, part. d'Obvolvo.

Pᴇʀ-Vᴏʟᴜᴛᴀɴᴅᴜs, a, um, qu'il faut feuilleter.

Pᴇʀ-Vᴏʟᴜᴛᴏ, as, avi, atum, are, feuilleter.

Pᴇʀ-Vᴏʟᴠᴏ, is, vi, volutum, vere, rouler, remuer avec force.

Pʀᴏ-Vᴏʟᴠᴏ, is, vi, volutum, vere, faire rouler en avant.

Rᴇ-Vᴏʟᴠᴏ, is, vi, volutum, vere, rouler; 2°. dérouler; 3°. raconter, réciter, faire le récit.

Rᴇ-Vᴏʟᴜʙɪʟɪs, m. f. le, n. is, qu'on peut rouler de nouveau.

Sᴜʙ-Vᴏʟᴠᴏ, is, vi, volutum, vere, rouler, faire rouler.

Sᴜᴘᴇʀ-Vᴏʟᴜᴛᴜs, a, um, roulé par-dessus.

VI.

De Bᴀʟ, rond, circulaire, prononcé Vᴀʟ, vinrent ces mots.

1.

Vᴀʟɢɪᴀ, æ, moue, grimace qu'on fait de la bouche pour se moquer en bouffissant les joues, en les gonflant.

Vᴀʟɢɪᴏ, is, ire, faire la moue pour se moquer.

Vᴀʟɢɪᴛᴇʀ, adv. en se moquant par des grimaces.

Vᴀʟɢᴜs, a, um, qui a les jambes courbées en dehors en forme de cercle.

Valgum suavium, baiser donné en grimaçant, en faisant la moue pour se moquer.

2. Aᴠᴇʟ.

A-Vᴇʟʟᴀɴᴀ, æ, aveline, noisette, fruit.

A-Bᴇʟʟɪɴæ nuces, avelines, noisettes franches, grosses.

3.

De Vᴀʟ, Bᴀʟ, rempart, qui met à l'abri, vinrent ces mots;

Vᴀʟᴠᴜʟᴜs, i, &

Vᴀʟᴠᴜs, i, cosse, gousse.

2. Vᴀʟᴠæ, arum, battans de portes ou de fenêtres, &c.

Vᴀʟᴠᴀᴛᴜs, a, um, qui a des battans.

Valvata

Valvatæ feneſtræ, fenêtres qui ont des battans, qui vont depuis le haut du plancher jusqu'en bas.

4.

VA-PULO, *as, avi, atum, are, paſſ.* être battu.

VA-PULARIS, *m. f. re, n. is*, qui bat.

Ce mot doit venir de *Val*, fort, & de *pal*, pieu, bâton, *mot-à-mot*, frapper fort, être frappé.

VII VEL.

De PEL, FEL, VEL, enveloppe, peau, toiſon, vinrent ces Familles.

I.

1. VILLUS, *i*, poil de bêtes.

Villus ovium, toiſon de brebis.

VILLOSUS, *a, um*, velu, plein de poil, couvert de poil ; 2°. fourré.

2. VELUM, *i*, couverture, enveloppe, voile ; 2°. déguiſement.

VELO, *-are*, couvrir, voiler, vêtir, cacher.

VELaris, *e*, de voile, qui concerne les voiles.

VELarium, *ii*, voile, banne, rideau.

VELaria, *orum*, bannes dont on couvre les théâtres.

VELamen, *inis*, & VELamentum, *i*, couverture, voile.

VELabrum, *i*, place publique de Rome sur le mont Aventin, où il y avoit des boutiques couvertes avec des bannes ; la halle, tente, pavillon.

VELabrenſis, *e*, de halle, de tente.

BINOMES.

VELI-Fer, *a, um*, qui porte des voiles.

VELI-Ficus, *a, um*, qui ſe fait à force de voiles.

VELI-Fico, *-are*, VELI-Ficor, *ari*, faire voile.

VELI-Ficatio, *onis*, l'action d'aller à voiles, de faire voile.

VELI-Volans, & VELI-Volus, qui va à

toutes voiles, bon voilier, qui force de voiles.

COMPOSÉS.

AD-VELO, *-are*, couvrir d'un voile.

CON-VELO, *-are*, envelopper, couvrir.

DE-VELO, *-are*, démaſquer, dévoiler.

PRÆ-VELO, *-are*, mettre un voile devant, voiler auparavant.

RE-VELO, *-are*, dévoiler, découvrir, révéler.

RE-VELatio, *onis*, révélation.

2.

VOLSus, *a, um*, dépilé, voy. *Vulſus*.

VOLSella, *æ*, pincette ou tenette de Chirurgien.

COMPOSÉS.

A-VELLO, *is, li ou avulſi, vulſum, lere*, arracher, ôter, ſéparer, détacher, enlever avec violence ou de force.

DE-VELLO, *is, elli & ulſi, ulſum, ere*, arracher, tirer, cueillir de force.

DE-VOLSus, *a, um*, part. de *D. vello*.

DI-VELLO, *is, elli, & viſi, ulſum, ere*, arracher, ſéparer de force ; 2°. ôter, emporter, ravir.

EX-VELO, *is, ere*, voy. *Evello*.

E-VELLO, *is, velli ou vulſi, vulſum, lere*, arracher, tirer dehors, enlever de force, déraciner.

INTER-VELLO, *is, velli ou vulſi, vulſum, lere*, arracher çà & là ; 2°. éclaircir ce qui eſt ſemé trop épais, ou le fruit qui eſt en trop grande quantité ſur les arbres.

VIII.

De BEL, viteſſe, 2°. flèche, vinrent :

1. VELOX, *ocis*, vîte, qui va vîte ; 2°. vif, prompt.

Velox ferro, adroit aux armes, qui les manie adroitement.

VELocitas, *atis*, viteſſe.

VELociter, *ciùs, ciſſimè, adv.* avec viteſſe, vîte.

Præ-Velox, ocis, fort léger à la course, fort vite.

2. Veles, itis, soldat armé de flèches, armé à la légere.

Velitaris, e, de soldat armé à la légere.

Velitor, aris, atus sum, ari, escarmoucher ; 2°. disputer ; 3°. quereller.

Velitatim, par sauts & par bonds, en sautillant.

Velitatio, onis, petit combat, escarmouche ; 2°. différend, dispute ; 3°. querelle.

Ad-Velitatio, onis, escarmouche, combat de paroles piquantes & injurieuses, dites avant d'en venir aux coups.

IX. VOL.

Du prim. Bel, Mel, meilleur, vint, Velle, désirer ; en Bas-Bret. Fellein ; en Gr. Thelein.

1. Volo, vis, vult, volui, velle, vouloir, avoir volonté, désirer, souhaiter, prétendre.

Benè, malè velle alicui, ou alicujus causâ, être bien ou mal intentionné pour quelqu'un.

Vehis, pour Vis.

Velim, voy. Volo. (Velim, avec un verbe au subjonctif, s'exprime par je vous prie, je souhaiterois que).

Volam, es, et, fut.

Vultis, voy. Volo.

Vult, voy. Volo, vis.

Volm pour Velim.

Sultis, pour si vultis.

Per-Volo, is, volui, velle, vouloir avec empressement, souhaiter avec ardeur, désirer avec passion.

Volones, um, volontaires, aventuriers.

2. Voluntas, atis, volonté, l'action de vouloir ; 2°. dessein, intention.

Voluntas vestra si ad me accesserit, si vous avez quelque bonté pour moi, si vous voulez me favoriser.

Voluntariè, adv. &

Voluntariò, adv. volontairement, de son bon gré, de son propre mouvement, sans contrainte.

Voluntarius, a, um, volontaire, qu'on fait volontairement, à quoi l'on n'est point forcé, où l'on est porté de son propre mouvement ; qu'on fait de bon gré, sans contrainte, de plein gré.

Voluntarius miles, un volontaire.

Multi-Volus, a, um, qui souhaite plusieurs choses, dont la volonté n'est pas stable, qui veut tantôt une chose, tantôt une autre ; volage, inconstant.

Omni-Volus, a, um, qui desire toutes choses, qui a envie de tout.

X. VULT.

De Volo, vouloir, se formerent,

1.

Vultus, ce visage, cette physionomie qui dépend de nous & que les Acteurs & les hypocrites se composent à volonté : aussi les anciens l'opposoient à facies, face, ce visage que la nature nous a donné & qui ne dépend point de nous : Salluste a dit au sujet d'un de ses personnages :

In facie vultuque verecundia inerat, la modestie étoit peinte sur sa face & dans son visage, dans son air.

Vultus, ûs, visage, air du visage, mine.

Vultus omnes exprimere, se démonter le visage pour lui faire prendre toutes sortes de figures, faire toutes sortes de mines, prendre tel visage qu'on veut, contrefaire toutes sortes d'airs.

Voltus pour Vultus.
Vulticulus, i, dimin. de Vultus, petit visage.
Vultuosus, a, um, qui a un air sévere, qui a un visage réfrogné, qui fait une mine réfrognée, qui fronce le sourcil, qui a le regard dédaigneux, qui se réfrogne.

2.

Volup, ind. &
Volupe, ind. chose agréable, qui fait plaisir, qui réjouit, qui cause de la joie, dont on est ravi.
Voluptas, atis, volupté, plaisir, sensualité ; 2°. voluptés, délices des sens, plaisirs déréglés ; 3°. Déesse de la volupté.
Voluptuor, aris, atus sum, ari, jouir des voluptés, goûter des plaisirs, nager dans les délices.
Voluptuosus, a, um, qui cause de la volupté, qui fait du plaisir, délicieux, ravissant, charmant, voluptueux.
Voluptarié, adv. voluptueusement, dans le plaisir, parmi les délices, d'une maniere à faire plaisir.
Voluptuarius, a, um, agréable, qui fait plaisir, qui cause de la volupté, délicieux, qui ravit, qui charme, charmant, plein de délices, ravissant ; 2°. voluptueux, qui aime la volupté, adonné au plaisir, qui cherche les délices, sensuel.

VAR.

1.

De Bar, parole, prononcé Ber, Ver, se formerent ces mots :
Ad-Verbium, ii, adverbe, mot indéclinable, qui se joint aux verbes pour déterminer leur signification.
Ad-Verbialiter, adv. adverbialement.

Di-Verbium, ii, entretien, conversation ; 2°. le chœur des anciennes comédies, le premier acte ; 3°. bon mot, trait remarquable, sentence.
Præ-Verbia, orum, prépositions qui se mettent devant les verbes.
Pro-Verbium, ii, proverbe.
Veri-Verbium, ii, discours véritable, parole vraie.

2.

De Fera, prononcé Ver, & de Tag, toucher, pousser, vint :
Ver-Tagus, i, chien de chasse.

3. VAR.

De Bar, Par, Var, à travers, vinrent ces mots :

1.

Baris, idis, vaisseau, vaisseau d'Isis.
Paro, onis, brigantin, galiotte.
Parunculus, i, petit vaisseau.

2.

Vara, æ, piece de bois qui traverse, traversin.
Vari, orum, traversins, bâtons fourchus qui soutiennent.

3.

Ob-Varico, -are, traverser devant, aller à la rencontre ; 2°. empêcher.
Præ-Varicor, -ari, manquer à son devoir, prévariquer, s'entendre avec l'ennemi de celui qu'on doit défendre, & abuser ainsi de sa confiance pour le trahir.
Præ-Varicator, oris, traitre, qui manque à son devoir, prévaricateur.
Præ-Varicatio, onis, collusion, manquement, perfide intelligence.

4.

Varix, icis, veine des jambes enflée : varice, tumeur dans le jarret d'un cheval.

Varicula, æ, petite varice.

Varicosus, a, um, qui a des varices aux jambes.

3.

Varus, a, um, qui a les jambes tortues, écarquillées; 2°. courbe, en travers; 3°. varié, divers.

Varicus, a, um, qui étend, qui écarquille les jambes; 2°. qui a de grandes jambes.

Varicitùs, à jambes écartées.

Varico, as, avi, atum, are, étendre les jambes; 2°. passer, traverser.

Di-Varico, are, écarter, élargir en travers; 2°. s'étendre en croix.

4.

De Ber, Ver, branche, se formerent ces divers mots:

1.

Verbena, æ, &

Verbenaca, æ, verveine, plante.

Verbenarius, ii, celui des Ambassadeurs Romains qui portoit la branche de verveine, en signe de paix.

Verbenatus, a, um, couronné ou orné de verveine.

2. Verbascum, i, bouillon, plante.

3. Veratrum, i, ellébore, plante.

2.

Vervina, æ, espéce de dard court, sonde de buraliste.

Veru, ind. broche; 2°. dard, javelot.

Veruculum, i, dimin. de Veru.

Verutum, i, espéce de dard court & mince.

Verutus, a, um, armé de dards courts & légers.

Veretrum, i, verge, membre viril.

Verpus, i, circoncis, épithete injurieuse qu'on donne aux Juifs.

5. VIRG.

De Ber, Fer, Ver, produire, branche, vint cette Famille:

Virga, æ, verge, houssine, baguette, gaule, petite branche; 2°. raie.

Virgultum, i, bruieres, broussailles.

Virgetum, i, lieu planté d'osiers ou d'autres arbrisseaux propres à faire des verges.

Virgeus, a, um, de verges d'osier.

Virgea supellex, panier d'osier.

Virgidemia, æ, poignée, amas de verges pour fouetter, ample fustigation.

Virgator, oris, foueteur, celui qui fouette, esclave choisi pour fouetter les autres; 2°. comite de galere.

Virgatus, a, um, rayé, marqué de raies du haut en bas; 2°. tacheté, moucheté; 3°. vergé.

Virgatus auro, broché d'or.

Virgilia, arum, voyez Vergiliæ.

Virgula, æ, dimin. de Virga.

Virgula divina, providence divine.

Virgulatus, a, um, voyez Virgatus.

6.

Ver-Ber, bâton, verge, houssine, fouet, tout ce qui sert à frapper.

Verbero, -are, battre, frapper; 2°. réprimander.

Verberatio, bastonade, reproches.

Verberatus, ûs, l'action de fouetter; 2°. sollicitation pressante.

Verbereus, a, um, qui mérite souvent le fouet.

Verbero, onis, qui se fait frapper, un vaurien.

Verberito, -are, frapper souvent.

COMPOSÉS.

Ad-Verbero, -are, rosser.

Con-Verbero, -are, meurtrir de coups.
De-Verbero, -are, frapper beaucoup.
E-Verbero, -are, bâtonner.
Ob-Verbero, -are, battre tout autour.
Re-Verbero, -are, repousser en frappant; d'où viennent Réverbération, Réverbère.
Trans-Verbero, -are, percer de part en part.

7.

Verro, is, ri, sum, rere, balayer, vergeter, épousseter, nettoyer, ramoner.
Verrere aapes, emporter tout ce qui est sur la table, faire raffle; — *Cœrula*, ramer.
Versus, a, um, part. de *Verro*.
Verriculum, i, verveu, sorte d'instrument pour pêcher, filet soutenu d'espace en espace par des cerceaux.
Verriculatus, a, um, fait en maniere de verveu, filet à pêcher.

COMPOSÉS.

Con-Verro, is, rri, sum, rere, balayer, nettoyer, brosser, vergeter, épousseter.
Converrere aliquid, brosser, vergeter quelque chose.
Con-Verriculum, i, balai.
Con-Verritor, oris, balayeur, qui balaye.
De-Verro, is, ere, balayer, frotter.
E-Verro, is, ri, sum, rere, balayer.
E-Verræ, arum, purgations d'une maison d'où l'on devoit enlever un mort; ce qui se faisoit d'une certaine maniere par celui qui avoit accepté la succession.
E-Verriculum, i, filet de pêcheur, ou ce qui sert à nettoyer; 2°. barriere, empêchement, obstacle.
Re-Verro, is, ri, sum, rere, rebalayer, balayer de nouveau.
Ad-Verrunco, voyez *Averrunco*.

VEST-IG.

De Pes, pied, & de Ago, imprimer, enfoncer, se forma cette Famille:

Vest-Igium, ii, vestige, trace, piste; empreinte du pied ou de la patte; 2°. marque qui reste; 3°. plante du pied.
Vestigium equi, fer à cheval; — *movere*, s'en aller.
Vest-Igo, as, avi, atum, are, chercher à la piste; 2°. chercher soigneusement, rechercher avec soin, examiner avec attention.
Vestigare alte oculis, chercher par-tout des yeux.
Vest-Igator, oris, braconnier, qui suit à la piste, qui va en quête, qui va détourner la bête avec le limier, veneur.
E-Vest-Igatus, a, um, voyez *Investigatus*.
E-Vest-Igio, adv. sur le champ, incontinent, aussi-tôt, sur l'heure, d'abord, incessamment.
In-Vest-Igo, as, avi, atum, are, rechercher, faire une perquisition, tâcher de découvrir; 2°. suivre à la piste, quêter, chercher à la piste.
In-Vest-Igatio, onis, recherche, perquisition; 2°. quête.
In-Vest-Igator, oris, qui cherche, qui tâche de découvrir.
In-Vest-Igabilis, le, is, qu'on peut rechercher, dont on peut faire la découverte.
Per-Vest-Igatio, onis, recherche exacte, soigneuse.
Per-Vest-Igator, oris, &
Per-Vest-Igatrix, icis, celui ou celle qui fait une soigneuse, une exacte recherche, qui visite ou examine avec soin.
Per-Vest-Igo, as, avi, atum, are,

rechercher avec soin, examiner soigneusement, éplucher exactement ; faire une exacte, une soigneuse recherche.

VI-GINT.

De BI, deux, & de GINT, qui désignoit les dixaines, en Grec KONT, formé de CAT multitude, vint cette Famille.

VI-GINTI, vingt, *mot-à-mot*, deux dixaines.

VICEsies, *adv.* vingt fois.

VICies, *adv.* vingt fois.

VIGEsimus, *a, um,* vingtieme.

VIGEsima, &c. voyez *Vicesima*.

VIGESimarius, voyez *Vicesimarius*.

VICEsimus, *a, um,* voyez *Vigesimus*.

VICenarius, *a, um,* de vingt, qui a vingt, du nombre de vingt.

VICeni, æ, a, vingt.

VICenium, ii, espace de vingt années.

VICEsimani, orum, les soldats de la vingtieme légion.

VICEsima, æ, impôt du vingtieme des biens, &c. le cinq pour cent, la vingtieme partie.

VICEsimarius, *a, um,* du vingtieme ; 2°. de l'impôt du vingtieme, des cinq pour cent.

VICesimo, as, are, prendre le vingtieme, ou lever le vingtieme, les cinq pour cent.

VIG-Issis, is, piéce de monnoie de vingt as.

DUODE-VICeni, æ, a, dix-huit.

DUODE-VICEcimus, *a, um,* &

DUODE-VIGEsimus, *a, um,* dix-huitieme.

DUODE-VIGinti, dix-huit.

VITR.

De PATER, pere, on fit *Patricus*, paternel ; de-là vint, par le changement de *Pa* en *Pei*, puis en *Vi*, ce mot :

VITRicus, i, beau-pere, mari de la mere des enfans d'un autre lit.

9. VOM.

VOMer, meris, soc de charrue ; 2°. charrue.

VOMex, icis, le haut du soc de la charrue ; 2°. vomissement.

On dérivoit ces mots de *Vomeo*, vomir, parce que, disoit-on, le soc de la charrue, *vomit* la terre. Ne vaudroit-il pas mieux le dériver de l'Oriental POM, VOM, déchirer, enfoncer un aiguillon, imprimer de profondes traces?

10. VOR.

Du Celte & prim. BOR, VOR, manger, vint cette Famille :

VORo, as, avi, atum, are, dévorer, manger avec avidité, avaler goulument.

VORax, acis, vorace, goulu, gourmand, qui mange avec avidité, qui dévore.

VORatio, onis, l'action de dévorer.

VORator, oris, dévorateur, qui dévore.

VORatus, *a, um,* part. de *Voro*.

OMNI-VORus, *a, um,* qui dévore tout, qui mange tout.

DE-VORo, as, avi, atum, are, dévorer, avaler sans mâcher, engloutir.

Devorare pecuniam ou *patrimonia*, manger, dissiper, dépenser, consumer son bien en festins.

DE-VORatio, onis, l'action de dévorer, engloutissement.

IN-DE-VORatus, *a, um,* qui n'est point mangé.

11. De BOL, soleil, feu, prononcé VOL, vinrent :

VUL-CAnus, i, Volcan, Vulcain, le Dieu du feu ; 2°. le feu.

VULCAnalia, orum, fêtes de Vulcain.

VULCAnius, *a, um,* de Volcan, de Vulcain ; 2°. de feu.

Vulcania pestis, incendie.

MOTS LATINS VENUS DE L'ORIENT.

V

1. De l'Or. שׁף Spa, aiguillon, piquant, qui mord, vint ce mot:
VESPA, æ, guêpe, forte de groffe mouche.

2. De l'Or. עדר Hoder, Woder, troupeau, haras, vint cette famille :
VETERina, orum, bêtes de charge, de fomme, de voiture.
VETERinarius, ii, qui a foin des bêtes de fomme, de charge, de voiture ; 2°. maréchal.
VETERinarius, a, um, de bête de fomme, de charge ou de voiture.
VETERinus, a, um, de bête de charge, de fomme, de voiture ; 2°. propre à porter une charge.

3. Des mots Orientaux PaR, PR, beau, & BeN, fils, prononcé Ven, Vegn, vinrent ces mots Latins, dont l'origine étoit abfolument inconnue.
PRI-VIGna, æ, belle-fille à l'égard d'un beau-pere ou d'une belle-mere, fille d'un autre lit.
PRI-VIGNus, i, beau-fils à l'égard d'un beau-pere ou d'une belle-mere, fils d'un autre lit.
PRI-VIGNus, a, um, beau-fils ou belle-fille à l'égard du beau-pere ou de la belle-mere.

4. De l'Or. עלף Holp, prononcé Volp, fin, rufé, couvert, caché, vinrent :
VoLPes & VuLPes, is, f. renard, animal.
VULPecula, æ, petit renard, renardeau.
VULPinus, a, um, de renard ; 2°. rufé.
VULPinor, aris, atus fum, ari, rufer, ufer de fineffe, faire le renard, finaffer.

MOTS LATINS-GRECS,
OU DÉRIVÉS DE LA LANGUE GRECQUE.

X

Les mots Latins en X sont tous étrangers à cette langue : elle les dut aux Grecs qui les tenoient de langues plus anciennes : aussi les Latins rejetterent-ils à la fin de leur alphabet cette lettre X, ainsi que Y & Z, parce qu'elles leur étoient absolument étrangères.

Avant eux la lettre X étoit placée entre N & O, place qu'elle occupe encore dans les alphabets Grec, Hébreu &c.

Les Latins avoient à la vérité conservé nombre de mots primitifs formés de cette lettre, mais qu'ils avoient transportés à la lettre S à cause du rapport étroit de leurs sons.

X n'avoit pas seulement changé de place, mais même de forme : dans l'origine il peignoit une ceinture, un serpent qui se replie, forme qu'il conserve dans l'Héb. ס; aussi sa signification propre est celle d'environner, de ceindre.

X E.

Du Grec XENOS, voyageur, étranger, vinrent :

XENia, orum, présens mutuels que se faisoient celui qui recevoit un voyageur chez soi & celui qui étoit reçu.

Pro-XENeta, æ; -tria, æ, qui s'entremet, courtier, maquignon, intriguant, intriguante.

Pro-XENeticum, i, droit du courtier.

Pro-XENticus, a, um, d'entremetteur, de courtier.

Du Grec XÉROS, sec, aride, & Ampelos, vigne, vint :

XER-AMPELinus, a, um, de couleur des feuilles de vigne morte.

Du Gr. XYLON, bois,

XYLON, & XYLum, i, cotonnier.

XYLinus, a, um, de cotonnier.

XYLO-BAL-SAMum, i, arbre qui produit le baume.

MONO-XYlus, a, um, fait d'une seule piéce de bois, canot.

Du Grec XYROS, aigu, pointu.

XYRis, is, glayeul, plante.

Du Grec XYSTOS :

XYSTus, i ; -tum, i, allée, portique où les athletes s'exerçoient.

XYSTicus, i, Athlete qui s'exerçoit dans le XYSTE.

MOTS LATINS VENUS DU CELTE.

Z

Les mots Latins en Z sont également tous étrangers à la langue Latine ; elle les dut aux Grecs qui en étoient redevables à des Peuples plus anciens. Cette lettre, la derniere de notre alphabet, est la sixieme dans celui des Grecs, & la septieme dans celui des Hébreux. Chez les Latins & chez nous, Z fit place au G qui se confond souvent avec lui.

La signification propre de Z, est celle de se mouvoir, s'agiter : elle peint l'agitation, le mouvement, l'eau, la vie, & de-là une foule de mots qui se trouvent écrits chez divers peuples en J, G, S, ces lettres ayant dépouillé peu-à-peu celle-là comme elles avoient dépouillé également X de presque tous ses mots.

C'est ainsi que dans le petit nombre de mots Grecs-Latins en Z, il en est qui appartiennent à la lettre X, tels, la Famille Zona, ceinture : & cela parce que la ceinture étant déroulée, forme également la figure primitive de la lettre Z, en Hébreu ז, en Grec ξ, qui est celle du serpent, lorsqu'il se meut en avant.

Z.

Du Grec Eolien ZaMia, en Attique ZeMia, de la même Famille que Damno, par le changement de D en Z, vinrent :

Zamia, æ, dommage, perte.

Zamiæ, arum, pommes de pin gâtées.

Zea, æ, épeautre, sorte de blé : en Gr. Zea.

De Zeó, fermenter, bouillir, être plein de chaleur, vinrent :

Zelus, i, Grec Zelos, zèle, ardeur, émulation,

Zelo-Typia, æ, jalousie.

Zelotes, is, -typus, a, um, jaloux.

Zôster, is, feu sacré.

Zythus, i ; - Thum, i, biere ; Grec Zythos, mot-à-mot, grain fermenté.

Apo-Zema, atis, apozème, décoction de plante.

A-Zymus, a, um, sans levain, qui n'a pas fermenté, Azime.

O-Zymum, i, fricassée de tripes.

Zeta, æ ; - Tecula, æ, chambre où l'on couche.

Zetarius, ii, valet-de-chambre.

ZEUG.

De Zeug, Zug, Zyg, union, même famille que Jug, vinrent :

Zeugitæ, arum, gluaux.

PRO-EPI-ZEUXIS, is, position d'un nom entre deux verbes.

ZYGIA, æ, espéce d'érable.

BU-ZYGIA, æ, famille d'Ahènes qui passoit pour avoir inventé le joug : de ZUG, union, & BU, bœuf.

SY-ZYGIA, æ, union.

SY-ZYGIæ, arum, conjonction & opposition de la lune avec la terre, de SY, SYN, avec.

PERI-ZYGA, orum, rênes des brides, guides.

HYPO-ZEUXIS, is, subjonction, figure de Rhétorique.

ZINZIBULO, as, avi, atum, are, chanter comme l'hirondelle ; 2°. imiter son cri : c'est une Onomatopée.

ZIZIPhum, i ; - Phus, i, jujubier, arbre ; 2°. jujube, qui en est le fruit.

ZODIACUS, i, zodiaque ; Grec Zodiacos.

ZOM, ZON.

Du Grec ZOM, ZON ceindre, formé du primitif ט, S, Z, ceinture, se formerent ces mots :

ZONA, æ, Grec Zônê, ceinture, zone.

ZONULA, æ, petite ceinture.

ZONARIUS, ii ; SEMI-ZONARIUS, ii, faiseur de ceintures, de baudriers.

ZONARIUS, a, um, de ceinture.

ZONATIM, en cercle, en rond.

RE-ZONO, as, are, défaire la ceinture ; 2°. tirer de sa ceinture.

PARA-ZONIUM, ii, épée passée dans un ceinturon.

PERI-ZONIUM, ii, corcet dont les femmes se ceignent.

SEPTI-ZONIUM, ii ; - ZODIUM, ii, qui est environné de sept rangs de colonnes.

2. DIA-Zoma, atis, ceinture ; 2°. enceinte ; 3°. pallier d'escalier.

PERI-ZOMA, atis, ce qui couvre le milieu du corps, caleçon ; 2°. diaphragme.

ZO-OPHTAlmus, i, joubarbe, plante.

ZO-PISSA, æ, résine mêlée de cire qu'on racle de dessus le corps des navires : de PIX, poix, & XÔ, prononcé ZÔ, racler.

MOTS LATINS VENUS DE L'ORIENT.

Z

DU Grec Zophos, nuit, couchant, le même que l'Or. רוך Xuph, fin, extrémité, & d'où vint Xyphéen nom allégorique du dernier jour de l'année. (Allég. Orient. p 252) & de Ruh souffler, se forma le Grec-Lat.

ZEphyrus, i, vent du couchant.

ZEphyrius, ii, qui concerne le zéphyre.

ZIN-ZIBERI, indéc. Grec & Lat. &

ZIN-ZIBERIS, is, gingembre ; de l'Or. זין Zyn, aliment, & גבר Geber fort.

ZIZANia, æ ; -nium, ii, yvraie, mauvais grain ; de l'Or. זנה ZaNeH, & שנא, shana, avoir en aversion.

Fin du Dictionnaire Étymologique de la Langue Latine.

SUPPLÉMENT
ET CORRECTIONS.

Discours Prélim.

PAGE CCCXIV, *ligne 12 en remontant*, Latines, *lisez* Françoises.

A

Col. 19. D'*Ago*, devenu *igo*, & de *pro*, en avant, prononcé *prod*, pour éviter l'hiatus, vinrent encore :

Prod-d-Igo, *is*, *egi*, *igere*, 1°. chasser devant soi, pousser, conduire, faire aller ; 2°. dissiper, dépenser follement, prodiguer.

Prod-Igus, *a*, *um*, prodigue, qui dépense follement ; 2°. magnifique, généreux.

Prod-Igentia, *æ*, prodigalité, profusion.

Prod-Igaliter ;-Igalè, avec profusion, en prodigue.

Prod-Iguus, *a*, *um*, qu'on fait consumer en entier.

Prod-Igium, *ii*, prodige, événement surprenant ; 2°. prédiction.

Prod-Igialis, *e* ;--Igiosus, *a*, *um*, prodigieux, qui tient du prodige, surprenant.

Prod-Igialiter ;--Igiosè, prodigieusement, d'une maniere qui tient du prodige.

Prod-Igiator, *oris*, qui explique les prodiges.

Col. 43. Red-Imiculum, *i*, ornement de tête, de col.

Col. 108. Per-or-iga, *æ*, maître d'un Haras : qui en a le soin.

Col. 114, *lig.* 4 *en remont.* fote, *lisez* forte.

Col. 110, *lig.* 9 *en remont.* quarrés, *lis.* en quarré.

Col. 185. *lig.* 3. Bruccatus, *lis.* Braccatus.

C

Col. 302. De Call, manger ; 2°. bon, excellent, vinrent Collyra, *æ*, beignet, rissolle.

Collyricum jus, jus, bouillon ou graisse à beignets.

Collyrium, *ii*, graisse, onguent pour les yeux ; 2°. pour la fistule ; 3°. charpie ; 4°. médecine, remede.

Ibid. De Coll, élevé, vint :

Columba, *æ* ; -- *bus*, *i*, colombe, pigeon ; oiseau qui aime à se percher.

Columbulus, *i*, pigeonneau.

Columbarium, *ii*, colombier, pigeonnier.

Columbaris, *e* ; — *binus*, *a*, *um*, de pigeon.

COLUMBARIUS, *ii*, qui a foin des pigeons.
COLUMBATIM, à la maniere des pigeons.

Col. 428, après la ligne 3, *lif.* membranes, dont l'une enveloppe le crâne & l'autre le cœur.

Col. 439, CAR-CERIUM, *ii*, poulie du haut d'un mât.

Col. 464. SYN-COPA, *æ*; ‒‒ COPE, *es*, retranchement; 2°. défaillance.

Col. 513, *lig.* 7, après *Ademptus*, *lif.* retranché, dépouillé.

D

Col. 550. DELEBILIS, *e*, qu'on peut effacer, facile à enlever.

IN-DELEBILIS, *e*, ineffaçable.

Col. 579. De Ex vint le Grec-Latin, EXOTICUS, *a*, *um*, étranger, du dehors.

EXOTERICUS, *a*, *um*, trivial, vulgaire.

De *Th*, changé en *F*, vint:

FELLO, *are*, tetter, fucer; en Grec *Thêlu*, mammelle.

FELLITO, *are*; ‒‒ lico, *are*, fucer souvent.

FELLICANDUS, *a*, *um*, qu'on donne à tetter.

FELLEBRIS, *e*, qui fuce, qui tette.

G

Col. 768. De GLAS, brillant, vinrent:

1. GLACIES, *ei*, glace.

GLACIO, *are*, faire glacer.

GLACIALIS, *e*, glacial.

2. GLESSUM, *i*, ambre jaune, fuccin.

GLESSORIA, *æ*, ifle où fe trouvoit l'ambre jaune.

3. *Col.* 769. GLIS, *idis*, moififfure, fuc vifqueux.

GLIS, *itis*, argile, terre glaife.

GLISCO, *ere*, engraiffer; 2°. s'engraiffer; 3°. croître, s'augmenter.

Col. 816. GETHYUM, *ii*, en Grec *Géthyon*, ciboulette, civette; de la ville de GETH ou GATH en Paleftine, où on cultivoit cette plante, de même que l'échalotte à Afcalon.

H

Col. 826. HELVEUS, *a*, *um*, qui bâille; 2°. qui a la gueule béante.

Col. 831. HELVACEA, *æ*, ornement des Lydiens, qui devoit fon nom, dit FESTUS, à la couleur des bœufs.

HELVELLÆ, *arum*, petits choux.

ELECTRUM, *i*, ambre jaune; de HELL foleil, doré.

ELECTRICUS, *a*, *um*; ‒‒ nus, *a*, *um*, d'ambre jaune.

Col. 858. HIBISCUM, *i*; ‒‒ cus, *ci*, guimauve; en Gr. ἱβίσχος.

L

Col. 928. Famille Grecque; COL-LYBUS, *i*, monnoie de cuivre; 2°. droit de changeur; 3°. lettre de change.

COL-LYBISTA, *æ*; ‒‒ ifles, *æ*, banquier, changeur.

COL-LYBISTICUS, *a*, *um*, de change.

Col. 937. RELICINUS, *a*, *um*, renverfé vers le derriere de la tête.

Col. 956. CIRCUM-LEGENS, *tis*, côtoyant.

CO-ELECTUS, *a*, *um*, élu, ou choifi enfemble.

É-LIGO, *egi*, *ectum*, *igere*, choifir, élire, faire un choix.

Col. 986. CONTRA-LICEOR, *eris*, *citus fum*, *eri*, enchérir fur quelqu'un, offrir davantage.

Col. 1018. LÆNA, *æ*, furtout à l'ufage des Augures & des foldats.

Col. 1058. *lig.* 8. (dans quelques exemplaires) *alienis*, *lif.* *alieni*.

M

Col. 1124. De MAR, jour; 2°. mettre au jour, parler; 3°. grand, vint l'Or. AMAR, parler, dire; 2°. commander; EMIR, Prince, Chef qui ordonne; & par l'insertion ordinaire du P entre M & R, vint cette Famille:

IMPERO, *as, avi, atum, are*; *-ito, --are*, commander; 2°. imposer; 3°. maitriser.

IMPERium, *ii*, empire, domination, pouvoir; 2°. commandement, gouvernement.

IMPERator, *oris*, Chef, Général, Commandant; 2°. Empereur.

IMPERatrix, *icis*, Impératrice.

IMPERatum, *i*, commandement, ce qui est commandé.

IMPERialis, *e*; --*iosus, a, um*, dominant, qui commande; 2°. impérieux, hautain.

IMPERitans, *antis*, qui commande.

IMPERativus, *a, um*, impératif, qui sert à commander.

IMPERatoriè, en Général, en Commandant, en Empereur.

IMPERiabiliter, impérieusement, avec hauteur.

Du Grec MASTIKhaô, mâcher, formé de *Mas, Mach*, mâchoire, vint:

IM-MASTICatus, *a, um*, qui n'est point mâché.

MELina, *æ*, flux, flot, montant de la marée.

N

Col. 1285. De NAR, NER, fort, précédé de A, d'où ANER & ANDR homme, vinrent en Gr.

ANDRon, *onis, m.* salle où se faisoient les festins des hommes; 2°. galerie entre les appartemens des hommes & ceux des femmes; 3°. place des hommes dans l'Eglise.

ANDRonitis, *idis*, corps de logis où les hommes seuls demeuroient.

ANDRO-GYNus, *a, um*, androgyne, qui a les deux sexes.

ANDRO-MAchE, *es*, femme forte; 2°. femme qui combat avec l'homme; 3°. Andromaque.

O

Du Celte OR, UR, nom des taureaux, vint:

ORO-BANche, *es, f.* herbe au taureau.

Osca, *æ*, laine qui n'a pas été lavée ni dégraissée.

Osculana pugna, combat où le vaincu demeure le vainqueur.

D'Ac, aigu, en Gr. Oxus, & de Mel, miel, vint:

OXY-MELi, *n.* oximel, breuvage de miel & de vinaigre.

P

PAMPILum, *i*, chariot, calèche.

PARABia, *æ*, breuvage où il entre du millet.

PARra, *æ*, sorte d'oiseau de mauvais augure.

PLISTO-Lochia, *æ*, manne sauvage.

PROR*si* LIMITES, bornes d'occident en orient.

S

SCULna, *æ*, arbitre; 2°. séquestre.

Col. 1747. SODalis, *is, m. f.* qui demeure ensemble, compagnon, compagne, ami, amie, confrere.

SODALitas, *atis*, société; 2°. confrérie.

Col. 1877. AB-SOLEO, *evi, etum, ere*;

s'éloigner de l'ufage ; 2°. vieillir, n'être plus à la mode.

Solitanæ, arum, limaçons, efcargots d'Afrique.

Col. 1776. Ob-Sopio, *is*, *ivi*, *itum*, *ire* ; s'endormir.

Ob-Sopitus, *a*, *um*, endormi.

Col. 1950. Soracus, *i*, coffre, caiſſon.

Soracum, *i*, charriot de bagage, fourgon.

Stlengis, *is*, *f.* goutte d'huile ; 2°. forte d'ornement de tête de femme.

Col. 1933. Stophus, *liſ.* Strophus.

T

De Tham, juſte, ou de Themis, d'où Artemis, Diane, vint:

Ar-Temiſia, *æ*, armoiſe, *plante.*

Terraneola, *æ*, forte de petit oiſeau.

By-Turus, *i ;-terus*, *i*, vermiſſeau qui s'engendre dans les arbres & qui les gâte ;

de Turó, en Gr. détruire, gâter, & *by*, bois.

Col. 2252. De l'Or. Phom, vom, vint également :

Con-Fomo, *as*, *are*, ébrancher, équarrir.

Fin du Supplément & Corrections.

TABLE,

PAR ORDRE ALPHABÈTIQUE,

DES MOTS LATINS

Dont on donne l'Etymologie dans les Origines Latines.

A.

A,	page 1	Accendo,	362	Acrost,	2055
Ab,	4	Accensus,	358	Acroteria,	387
Abac,	136	Accerso,	384	Acrozymus,	idem
Abagio,	15	Accipiter,	10	Act,	11
Abaton,	14	Accipitr,	20	Actio,	13
Abax,	136	Acciſſo,	113	Acylos,	319
Abbas,	6	Accola,	309	Acyrologia,	431
Abdom,	1338	Accuro,	381	Akyterium,	505
Abecedarium,	6	Accuſo,	267	Ad,	4
Abi,	158	Acer, érable,	10	Adaſia,	120
Ablepſia,	144	Acerra,	400	Adagium,	15
Aboleſco,	31	Acerſeco,	230	Adam,	553
Abolla,	146	Acervus,	431	Adamas,	idem
Abolus,	152	Ach,	111, 1121	Adarca,	113
Abomas,	1338	Achates,	815	Adenes,	idem
Abomin,	1339	Acina,	9	Adeps,	121
Abri,	109	Acinaces,	112	Ad-Hibeo,	2
Abſinthium,	idem	Acipenſer,	10	Adiantum,	113
Abſis,	109	Aclaſſis,	315	Adoleo,	30
Abſtemi,	2022	Aclis,	112	Adonis,	114
Abſter,	1907	Acna,	119	Ador,	564
Abſurd,	1781	Acœtus,	374	Adoro,	1342
Abundo,	707	Acolaſtus,	318	Adrachne,	114
Abyſſus,	171	Akoluthus,	309	Adſum,	1743
Ac,	6 — 20	Aconitum,	457	Adulo,	552
Ac. dérivés Grecs,	110	Acont,	356	Adulter,	39
Acacia,	10	Acop,	218	Adultus,	31
Academia,	119	Acopa,	464	Adun,	2124
Acalanthis,	279	Acorna,	111	Adutum,	570
Acanthis,	374	Acoron,	423	Ae,	114
Acanthus,	10	Acra,	391	Aer,	73
Acapnus,	230	Acredula,	9	Æc,	25
Acar,	390	Acris,	112	Æd,	24, 25
Acataleps,	924	Acroa,	112, 113	Æg,	24
Acatium,	241	Acrobaticum,	141	Æmul,	1123

TABLE ALPHABÉTIQUE.

Æneus,	76, 77	Allactum,	977	Amus,	1224
Ænigma,	114	Allant,	1035	Amuss,	1078
Æquus,	21, 23	Allegoria,	115, 961	Amygd,	1070
Æra,	75, 80	Allium,	39	An,	47, -54
Æsculus,	329	Almus,	29	Anabasis,	171
Æsquilinus,	ibid.	Alnus,	33	Anabath,	141, -142
Æstas,	94	Alo,	28	Anach,	482
Æt,	121	Aloe,	115	Anagallis,	765
Æth,	93, 94	Alopecias,	115	Anaglypt,	813
Æstim,	1989	Alpes,	41	Anagyr,	802
Ævum,	581	Alph,	115	Analect,	961
Affaniæ,	48	Alsius,	42	Analys,	1032
Affano,	54	Alter,	38, 115	Anapœst,	1406
Ag,	12, -20	Altare,	30, 72	Anas,	48, 1280
Agape,	114	Althæa,	116	Anc, -Ang,	54, -59.
Agaricum,	ibid.	Altus,	29, 30	Anchusa,	116
Agato,	776	Alumen,	39	Ancilla,	310
Age,	14	Alumnus,	29	Ancl,	2010
Agema,	110	Alut,	1001	Ancon,	116
Ager,	391	Alv,	36	Anculo,	309
Aggar,	775	Alyt,	1001	Andabata,	122
Agger,	432	Am,	43, 46	Anemona,	116
Agin,	370	Amar,	1170	Aneur,	1316
Agnus,	49	Amaranth,	1086	Ang,	57, -59
Agocer,	428	Amaxicus,	116	Angar,	775
Agoga,	111	Ambactus,	135	Anguicomus,	232
Agon,	ibid.	Ambarvalia,	67	Anguiscula,	318
Agoræus,	431	Ambitio,	586	Anhelo,	30
Agric,	308, 391	Ambolagium,	147	Aniatr,	880
Agrostis,	796	Ambrix,	73	Anisocyclus,	292
Agyrt,	802	Ambro,	185, 186	Anod,	1324
Ah! ahu!	24	Ambubaiæ,	122	Anom,	1370
Ahano,	54	Ambulo,	148	Anonym,	1245
Ahenus,	77	Ambust,	2131	Aor,	1371
Aio,	26	Amen,	1141	Aotus,	1372
Ajuga,	901	Amens,	1147	Anquis,	1618
Al,	26, 42	Ament,	1046	Ansa,	109, -110
Alabarch,	923	Ameth,	1049	Antapocha,	1598
Alabastrum,	121	Amiant,	1223	Antapod,	1433
Alapa,	923	Amic,	894	Antecapio,	211
Alastor,	114	Amit,	1055	Anth,	116
Alaud,	1355	Amnis,	41	Anthropoph,	1394
Albus,	40	Amoe,	1137	Antidotus,	541
Alc,	115, 849	Amom,	1228	Antil,	2010
Alcyon,	505	Ampelomel,	1122	Antimel,	1223
Ale,	115	Amphib,	170, 176	Antimeria,	1194
Alga,	39	Amphit,	2003	Antipast,	1443
Algeo,	41	Amphim,	1112	Antiph,	1385
Alic,	28	Amphor,	1517	Antl,	2010
Alipt,	1001	Ampl,	1554	Antr,	2040
Aliq,	1612, 1613	Amplex,	1543	Anubis,	1237, -1267
Alius,	37	Ampull,	1551	Anxu,	1847
All,	35	Amseq,	1823	Apage,	14

Apar,	116	Argentum,	78,-79	Asthma,	96
Apath,	1443	Argil,	123	Asthen,	20,5
Apene,	158	Argu,	91	Astrolab,	923
Aper,	165,1505	Aridus,	69,-70	Astrum,	93
Apes,	177	Aries,	83	Asyl	1870
Apex	1410	Arilator,	124	At,	97,-98, 119
Aphærcsis,	116	Arinca,	87	Atê,	124
Apic,	1420	Arista,	87	Atabulus,	124
Apil,	1467	Aristocratia,	413	Atell,	2009
Apin,	1521	Aristolo,	1038	Ater,	2076
Apis, & sa f.	177	Aristophorum,	117	Atheroma,	2095
Apiscor,	61	Arithm,	1660	Athara,	2095
Apith,	1433	Arm,	81,-83, 117	Athl,	2009
Apium,	122	Arma f,	87	Atlant,	ibid.
Aplud,	1464	Arna,	83, 117	Atocium,	2055
Aplus,	1527	Arom,	1668	Atr,	2076
Aplustra,	102	Aroma,	80	Atri,	2089
Apodyterium,	570	Arq,	85	Atrop,	2090
Apogæ,	778	Arrax,	116	Atroph,	2106
Apolact,	919	Arrect,	1647	Atta,	1989
Apor,	1502	Arrha, Arrhabo, }	123	Attarag,	2049
Aposio,	1948			Attegiæ,	2050
Appari,	1509	Arrog,	1662	Attel,	2009
Appel,	1469	Arug,	1647	Attelab,	ibid.
Applud,	1464	Arsen,	124	Attilus,	2033
Apr,	165	Art,	81,-82, 118	Attinæ,	2033
Apric,	1643	Arter,	1701	Auch,	99,-103
April,	1494	Artytica,	90	Aud,	1353
Apt,	60,-61	Arund,	1669	Audio,	107
Apua,	1405	Arungus,	118	Auguror,	100,-101
Apud,	1585	Arusp,	118,-1806	Augustus,	105
Apus,	1433	Arviga,	83	Aula,	36, 98
Aq,	10,-11	Arvina,	159	Aulæ,	99
Aqua,	62,-64	Arx,	85	Aumar,	1184
Ar,	65,-69	As,	92,-95	Aura,	73
Ara Arula, }	71	Asb,	1943	Aur,	1334,-1335
		Ascalabotes,	118	Auris,	106
Aranea, & sa f.	122	Ascalonia,	124	Aus,	101,-102
Arapentum, Arpennis, }	67	Aspar,	1797	Ausculto,	108
		Asco,	1819	Austerus,	119
Arb,	182	Asellus,	109	Aut,	120,-125
Arbilla,	153	Asinus,	108,-109	Autumo,	1995
Arbiter,	123	Asio,	109	Auxilior,	105
Arc,	84, 87	Asot,	1835	Auxilla,	36
Arche,	116,-117	Asper,	1514	Auximalis,	104
Archiger,	775	Aspil,	1809	Av!	98
Archippocomus,	232	Aspis,	119	Av,	5,-6
Archypr,	1565	Assa fœtida,	124	Avellana,	146
Arct,	117	Asser,	96-, 1756	Averr,	1664
Ard,	70,-89-90	Assev,	2195	Avis,	99
Arena,	71	Assir,	419	Axilla,	28
Areo,	69	Asso,	96	Axioma,	111
Argem,	117	Ast,	119,-1615	Axis,	65

Orig. Lat.

E 7

TABLE ALPHABÉTIQUE.

Axit,	10,-15	Blasph,	1385	Cacumen,		344
Axon, Axun,	96	Blatero,	133	Cad,	241,	253
B.		Blatt,	143	Cadmia,		485
		Blatta,	948	Caduceus,	384,	385
Ba,	130,-134	Blepharo,	144	Cæ,	337, 485,	487
Babæcalus,	134,-282	Bo,	178,-181	Cæd,	261,	265
Babilus,	189	Boi,	183	Cœl,		328
Bac,	135	Bol,	146	Cœruleus,		377
Badius,	547	Bolis,	152	Cœs,	260,	262
Badizo,	141	Bob,	133,-134	Cœsius,		377
Bæt,	139	Bon,	176	Cœstrum,		266
Bajulus,	150	Bor,	184,-190	Cœstus,		247
Bal,	142,-146	Bors,	166	Cœtera,		479
Balæna,	153	Boschis,	130	Cai,		778
Balea,	148	Bot,	171	Cal,	274, 279, 312,	314
Bali,	150	Botrus,	188	Cala,	306, 307, 322,	313
Balista,	152	Brab,	189	Cal,		282
Balneum,	140	Brac,	184, 166	Calassis,		304
Bap,	139	Branchiæ,	166	Calc,	325,	327
Bar,	159,-170	Brassica,	162	Calcata,		307
Barathr,	2040	Bratus,	162	Caligæ,		326
Baris,	2246	Brephos,	167	Call,	295, 323,	327
Bas,	187-189	Brephot,	2106	Callion,		308
Basc,	1527	Brev,	170	Calo, 281, 282, 295,	298,	
Basis,	171	Bro,	185			307
Bassareus,	180	Bru,	184, 186	Calop,		1433
Bat,	133,-171, 17	Bry,	162	Caltha,		307
Batrachion,	185	Bu pour Bos,	179, 181	Caltum,		480
Battologia,	187	Bua,	129	Calv,	299, 307,	324
Baxex,	189	Bub,	178, 190	Calx,		325
Beatus,	174	Bub,	1586	Calyx,		313
Bechium,	188	Bubeum,	129	Cam,	333,	336
Bell,	143,-152, 156	Buc,	131	Camena,		349
Ben,	174,-176	Bu,	180, 184	Campus,		230
Benna,	158	Bugon,	1413	Camum,		487
Berillus,	188	Bul,	147, 148, 181	Can,	360,	366
Bero,	1503	Bumelia,	1106	Cancer,		387
Bes,	129	Bunias,	159	Candofoccus,		488
Bessalum,	189	Burd,	166	Caneph,		1518
Bestia,	593	Bust,	2130	Canis,		347
Bet,	177, 178	Butit,	172	Cano,	348,	352
Bethylus,	180	Byssus,	190	Canopus,		488
Beto,	141	**C**		Canth,	355,	375
Bi,	129, 130			Cantherium,		480
Bibl,	188	Mots Grecs en C, 479, 48		Canto,	349,	352
Biclinium,	30	Cab,	205, 215	Canusina,		197
Bicomis,	232	Cac,	194, 233, 234	Cap,	198,	209
Bipal,	146	Cacalus,	215	Capil,		1465
Bito,	140	Cacalia,	485	Capio,		210
Bitumen,	547	Cachla,	479	Capnias,		239
Bizatium,	190	Cachrys,	363	Capo,		464
Blæsus,	131	Cactos,	479	Car,	386-393,	433
Blandus,	145	Cacula,	309	Caracalla,		425

TABLE ALPHABÉTIQUE.

Carbas,	488	Cele,	316	Chersina,	482
Carbo,	421	Celer,	289	Chen,	195
Carcer,	440	Celia,	274, 392	Chia,	858
Card,	413	Celo,	312, 314	Chilias,	247
Cardo,	419	Celox,	289	Chilo,	317
Carduelis,	387	Cena,	345	Chilus,	309
Carmenta,	197	Celte,	328	Chim,	494
Carn,	417	Cenchris,	481	Chios,	858
Caro,	417	Censeo,	357, 358	Chir,	860
Carp,	402	Cent,	374, 376	Chlamys,	315
Carph,	480	Centum,	337, 238	Chlor,	968
Carpio,	424	Cent, en Comp.	350	Chœ,	366
Carr,	402	Cep, Ceph,	202, 205	Chœras,	196
Cartib,	792	Cep, en comp.	211, 215	Chol,	278
Cartilago,	418	Cer,	421, 429	Choma,	494
Cary,	427, 428	Cerberus,	447	Chomer,	428
Caryca,	419	Cerc,	461	Chondros,	482
Cas,	242, 247, 252, 254	Cerdo,	482	Chor,	407-409
Casia,	489	Cerès,	391	Chord,	445, 446,
Cassiterus,	ibid.	Ceria,	392	Chrest,	430
Cassus,	434	Cerne,	448, 450	Chri,	384
Castro,	266	Cerpus,	440	Christ,	438
Cat,	261	Ceron,	490	Chrom,	379
Catadupa,	570	Cerp, en comp.	388	Chronicus,	447
Catal,	348	Cerrus,	440	Chrys,	493, 494
Catap,	1507	Cert,	411, 413	Chrystallum,	378
Cataphr,	1524	Cervisia,	392	Chus,	480
Cataplus,	1527	Ceryx,	384	Chy,	251
Catarrhus,	1680	Cess,	256, 260	Cibus,	223
Catast,	1916	Cestrosp,	1803	Cic,	195, 455
Categor,	603	Cestrota,	418	Cicatr,	261
Catena,	244	Cestrum,	366	Cicerc,	424
Caterva,	235	Cestus,	247	Cicindela,	361
Catharm,	480	Cet,	236	Cid,	254, 260, 265
Cath,	853, 854	Cetra,	244	Cida,	244
Cathol,	1369	Ceveo,	195	Cil,	291, 292
Catinus,	241	Ceu,	490	Cilic,	323, 324
Cato,	198, 481	Chalaz,	323	Cima,	344
Catus,	220	Chalcus,	491, 493	Cimel,	498
Cau,	243	Chalo,	298	Cimex,	337
Caucalis,	324	Cham,	851	Cimile,	338
Caucase,	458	Chan,	369	Cimol,	198
Caud,	239	Chara,	434	Cin,	en comp. 350
Caul,	306	Character,	390	Cinara,	349, 374
Caupo,	221	Charitas,	433	Cinasonus,	374
Caur,	195	Charon,	494	Cing,	370, 372
Causa,	456	Charta,	393	Ciniph,	499
Car,	194, 218, 221	Chaus,	482	Cinis,	362
Cecua,	196	Chel,	316	Cinn,	366
Cedmata,	481	Chelæ,	328	Cio,	451-455
Cedo,	256, 260	Chelidon,	290	Cip, en comp.	99
Cedrus,	490	Chelonia,	298	Cipio pour Capio,	211
Cel,	290, 294	Chelydrus,	290	Cipp,	205

E 7 ij

Cir,	440, 444	Cœpio,	210	Contra,	2068
Cis, en Comp.	255	Cœtus,	586	Copa,	221
Cis,	452	Coggyria,	495	Cophinus,	209
Cissium,	250	Cogito,	17	Copia,	1349
Cist,	249, 250	Cohors,	444	Copis,	464
Cithara,	498	Cohum,	219	Coprea,	217
Cito,	1706	Cohus,	458	Copta,	464
Citra,	452	Col,	302, 309, 313	Copul,	1552
Citrus,	499	Colaphus,	318, 500	Coquo,	460, 462
Citus,	452	Colcotar,	493	Cor,	377, 410, 444 - 446
Civis,	451	Colo,	308, 310	Coracin,	196
Cixius,	195	Color,	277	Corallium,	419
Cla,	315, 322	Colossinus,	278	Corbona,	508
Clades,	948	Coma,	232	Cordo,	418
Clam,	312	Comarchus,	343	Cordolium,	548
Clamo,	284, 287	Combino,	129	Corni,	196
Clandestinus,	312	Comes,	587	Cornu,	426
Clango,	284	Cometa,	232	Cornus,	430
Clar,	280	Cominùs,	1157	Corona,	446
Classis,	283	Comis,	233	Corpus,	416
Clem,	1031	Comma,	463	Corrag,	1638
Clema,	307	Commena,	1148	Correct,	1648
Clep,	315, 316	Commend,	1139	Corsa,	429
Cler,	500	Commend,	1149, 1152	Corus,	195, 445
Cli,	296, 300	Commin,	1149	Corv,	1196
Clib,	1041	Commod,	1088	Cory,	429
Clin,	299, 301	Commun,	1145	Corybantes,	408
Clitellæ,	315	Comœdia,	342	Cos,	457, 460
Cloac,	1001	Comper,	1505	Cortum,	501
Clor,	968	Compit,	1420	Cot,	196, 197
Clu,	296, 1002	Compreh,	828	Cotes,	458
Clud,	319, 321	Comptus,	232	Cothurnus,	236
Clun,	332	Comus,	343	Cottabus,	196
Clupea,	297	Con,	355	Cotyl,	251
Clus,	319, 321	Conch,	368	Covinus,	219
Clypea,	207	Concinno,	367	Coxa,	458
Clypeus,	322	Concil,	287	Crabro,	386
Clys,	1002	Conclave,	317	Crambe,	471
Cn,	374, 375	Concordin,	441	Crani,	427
Cne,	364	Cond,	544	Crapula,	447
Cniphosus,	500	Condio,	530	Cras,	501
Co-ac,	16, 17	Condylus,	547	Crassus,	472
Cab,	217	Conicilim,	97	Crat, en Comp.	413
Coaxo,	290	Cong,	368	Crater,	447
Coc,	461, 462	Congyl,	765	Cratis,	477
Cod,	240	Conor,	359	Craxo,	197
Codon,	251	Conopeum,	499	Cre,	472, 475
Cœliacus,	313	Conquin,	354	Creagra,	419
Cœlum,	279	Consona,	1707	Cremo,	469
Cœna,	345	Consul,	1726	Crena,	386
Cœnobitæ,	346	Consus,	1263	Creo,	414, 415
Cœnum,	373	Contempt,		Crepo,	468
Cœp,	212	Contumel,		Crepusc,	508

TABLE ALPHABÈTIQUE.

Cret, de Cern,	449	Curculio,	443	Deni,	525, 555
Creta,	467	Curro,	402, 407	Dens,	513
Cribrum,	502	Curso,	403, 407	Densus,	560
Crimen,	470	Curtus,	390	Denuo,	512
Crinis,	476	Curulis,	504	Deorsum,	1333
Crisis,	448	Curvus,	443	Depso,	513
Crispus,	475	Cusor,	266	Depuv,	1379
Crista,	476	Cusp,	1809	Destin,	1917
Croc,	197	Cust,	1916	Desub,	1772
Crocodilus,	484	Cuticula,	250	Deunx,	512
Crocus,	502	Cutio	271, 272	Deter,	2076
Crotal,	469	Cutis,	250	Deus,	51, 522
Cru,	419, 420	Cyanus,	478	Dexter,	526
Cruma,	197, 46	Cyathus,	480	Di,	517, 523
Crumena,	465	Cycl,	292	Diabathra,	142
Crupellarii,	502	Cycnus,	364	Diabolus,	151
Crus,	502	Cylindrus,	292	Diaconus,	359
Crusma,	197	Cyllenius,	504	Diadema,	571
Crusta,	476	Cyma,	478	Diæta,	581
Crux,	477, 478	Cymba,	479	Dialect,	961
Ctonus,	265	Cyn, en comp.	348	Dianæa,	1247
Crypta,	465	Cyneg,	ibid.	Diaphr,	1599
Cub,	223, 227	Cypar,	504	Diarrhæa,	1680
Cuculla,	314	**D**		Diaul,	517
Cucu,	197	DACTYLUS,	523	Dibalo,	156
Cucum,	462	Dædalus,	548	Dico,	528, 532
Cucurbita,	444	Dama,	556	Dictamn,	540
Cudo,	266, 267	Damn,	2016	Digitus,	523
Cufa,	213	Danissa,	546	Dign,	557, 1246
Cui,	1608	Daps,	513	Dilemma,	961
Culcita,	304	Dardanius,	571	Dilig,	957
Culco pour Calco,	326	Dasypus,	560	Dimic,	1052
Culeum,	313	Dato,	542	Dimid,	1079
Culina,	309	Debeo,	512	Dintr,	510
Culm,	304	Debilis,	154	Diœc,	2077
Culpa,	329, 330	Dec,	525, 527	Diopter,	1328
Cult,	308, 310	Decuria,	381	Dior,	1371
Culex,	329	Defendo,	655	Diphth,	1969
Culter,	330	Dego,	18	Diplo,	1546
Culus,	313	Dein,	511	Dir,	2075
Cum,	338, 344	Deleo,	550	Dirib,	1678
Cumbo,	225	Delib,	129, 929, 933	Dirig,	1649
Cumin,	503	Delibr,	1021	Di co,	533
Cun,	372, 375	Delicus,	987	Discus,	539, 540
Cunct,	356	Delir,	1043	Discordia,	411
Cunctus,	346	Delit,	947	Disertus,	68
Cuniculus,	369	Demen,	1147	Dispesc,	1394
Cup,	216, 217	Demn en comp.	513	Distin,	2039
Cupressus,	505	Demo,	ib.	Do,	541, 554
Cup pour Cap, & ses composés,	99, 215, 217	Democratia,	413	Doc,	534
		Demum,	555	Doch, & ses comp.	524
Cur,	379, 383	Denarius,	525	Dodona,	558
Cuprum,	503	Dendritis,	568	Dodrans,	512

TABLE ALPHABÈTIQUE.

Dogma,	524	Elementum,	597	Etefias,	605
Dol,	548, 550	Elephas,	605	Ethicè,	604
Dom,	553, 554	Elogium,	964	Ethn,	2024
Domicoenium,	346	EMAX,	593	Etymol,	2011
Donec,	555	Emb,	142,-144	EUCHARIS,	434
Dono,	546	Embolus,	157	Euge,	582
Dor,	560-565, 568	Eminùs,	1157	Eugen,	782
Dorus, fes comp.	564	Emo,	593	Eur,	1334
Dos,	541	Empir,	1507	EXACERB,	600
Drac,	573	Empor,	1497	Exam,	45
Drenfo,	510	ENCÆNIA,	479	Excello,	293
Drom,	1977	Encauftum,	243	Excufo,	382
Druides,	568	En-Gibata,	763	Excuto,	267
Dry, fes comp.	567	Enim,	1317	Exedr,	854
Du,	516	Ennis, en comp.	48	Exempl,	1852
Duco,	535, 539	Ens,	576	Exemptus,	594
Duellator,	154	Ses comp.	582	Exentera,	596
Dulcis,	551	Enfis,	603	Exerc,	86
Dum,	555	Enterocele,	316	Exero,	69
Dumus,	556	Enthous,	1995	Exiguus,	456
Duntaxat,	555	Eo, is,	584,-590	Exilis,	298,-597
Duplex,	1545	Eò,	580	Exim,	1852
Durus,	565, 566	EPHEB,	852	Eximo,	594
Dynafta,	557	EPHEM,	1184	Exocxt,	236
		Epibates,	142	Exoleo,	32
E		Epifc,	1807	Exomph,	1370
E, Ex,	579	Epitith,	2098	Exorc,	1371
Ea,	578	Epityr,	2106	Exper,	1507
Eatenus,	2022	Epos,	1354	Experg,	1650,-1651
Ebenus,	158	Eptus, en comp.	61	Expers,	1500
Ebrius,	186	Epul,	1401	Exta,	596
Ebulus	151	EQUUS,	601,-602	Extar,	1918
Ebur,	165	ERCEO, en comp.	86	Extas,	1918
Ecaftor,	580	Ercifco,	605	Extifp,	1806
Ecce,	578	Eres,	87	Extra,	1068
Ecclefia,	283	Erga,	598	Exting,	2038
Ecere,	581	Ergatulus,	606	Exul,	1876
Echidna,	605	Ergo,	598	Exuo,	570,-1763
Echinus,	600	Eric,	87		
Echo,	603	Erinus,	87	**F.**	
Ecloga,	964	Eris,	91	FA,	610
Eclip,	988	Erm, en comp.	89	Faba,	619
Ecq,	1612	Erodius,	80	Faber,	634
Edo,	545, 591	Erro,	599	Fabrica,	635
Edr,	854	Ertus, en comp.	68,-69	FACETUS,	720
Ege,	779	Erudit,	1697	Facies,	624
Ego,	577	Eryth,	1655	Facio,	712,-720
Egreg,	800	Esca,	592	Facundus,	613
Ehe,	823	Effe,	576	Fagus,	619
Ejul,	866	Comp.	583	Fal,	631,-633
Elate.	34	Effed,	1748	Fames,	618
Elatio,	ibid.	Efus,	591	Familia,	621
Elect,	958	ET,	579	Fanum,	614
Eleg,	216			Far,	634,-636

Farcio,	644	Fimb,	871	Fuo,		628
Farfara,	722	Fimus,	665	Fur,		643
Farnus,	721	Findo,	664,-665	Furca,		692
Fartum,	644	Fingo,	661,-663	Furnus,		739
Fasc,	722, 625	Finis,	665,-667	Furor,		742
Fatelus,	619	Fio,	628	Fuscus,		627
Fast,	647	Firmus,	667	Futis,		710
Fasti,	713	Fiscus,	723	Futurus,		628
Fat,	615	Fissus,	664	Fustis,		729
Fatigo,	649	Fistuca,	729			
Fatim,	172	Fistula,	668	G<small>AB</small>,		763
F<small>AU</small>, Fav,	620	Fit, en comp.	617	Gæsum,		764
Faux,	650	Fitilla,	728	Gagates,		813
Favilla,	614	F<small>LA</small>,	670,-673	Gal,		770
Favissa,	650	Flacc,	941	Galb,		314, 767
Fax,	624	Flaccus,	669	Galc,		314
Febris,	741	Flag,	680	Galena,		769
Fec, en comp.	714	Flavus,	744	Galeos,		769
Fecundus,	630	Fle,	679,-682	Galgulus		768
Felis,	744	Fligo,	682	Gall,		756, 815
Felix,	724	Flo,	669,-672	Galla,		765, 770
Femina,	724	Flo,	678	Gallia,		754
Femur,	725	Flu,	674,-678	Gam,		772,-773
Fenestra,	655	Fo,	650,-651	Gan,		370
Fenum,	656	Focus,	626	Gangilion,		765
Fenus,	725	Fœdus,	726,-68	Gangræna,		813
Fera,	163,-164	Fol,	1464	Gann,		757
Feralia,	646	Folium,	732	Garr,		760
Ferè,	657	Follis,	673	Garus,		775
Ferio,	726	Fomentum,	620	Gast,		777
Fermentum,	739	Fons,	684	Gaud,		757
Fero,	635	For,	733,-738	Gaulus,		765
Ferox	164	Forceps,	646	Gaunace,		369
Ferrum,	77	Forc,	629	Gaus,		815
Fertus, en comp.	644	Forfex,	646	Gaz,		777
Ferula,	727	Formid,	1101	G<small>ELAS</small>,		771
Fervo,	739	Forti,	683	Gelatio,		276
Fescennini,	728	Fortis,	645	Gelidus,		276
Fessus,	649	Foveo,	625	Gem,		758
Festim,	97	F<small>R</small>,	685,-696	Gemea,		813
Festino,	96,-97	Fragum,	640	Gemell,		773
Festuca,	669	Fraus,	642	Gemin,		ibid.
Festum,	727	Fraxinus,	722	Gemm,		785
Fet,	1588	Frit,	640	Gen,		780,-785
Fetiales,	617	Frons,	698	Gena,		370
Fetus,	629	Fru,	640,-642	Genic,		786
Fex,	622	Fu,	699,-706	Gent,		781
F<small>IB</small>,	659,-660	Fucus,	626	Genu,		786
Fic, en comp.	714	Ful,	743, 744	Geo,		778
Ficus,	661	Funi,	745, 748	Ger,		788,-791
Fid,	721	Fund,	703, 707	Geran,		793
Fides,	652-654	Funda,	745	Germ,		792
Fil,	731,-732	Fung,	709	Gerr,		765

Gerres,	775	Gramm,	801	Haſt,	830
Geruſia,	774	Gramma,	394	Hau,	833
Geſt,	788,-791	Grammicus,	393	Haur, Haus,	835
Gibb,	763	Gran,	796,-797	He,	823
Gigas,	813	Graph,	394,-801	Heautonti,	852
Gigeria,	816	Graſſ,	806	Heb,	831
Gilv,	832	Grat,	434	Hebd,	852,-1761
Ging,	758	Grav,	798	Hebe,	852
Gingidium,	813	Gre, en comp.	800,-807	Hec,	853
Gingiva,	370	Grem,	810	Hecatebolus,	157
Glab,	804	Groc,	759	Hecta,	831
Glac,	759	Grom,	811	Hed,	831
Glad,	793	Groſſ,	799	Hedy,	854
Glan,	765	Gru,	759, 811	Hel,	832, 855
Glar,	767	Gryl,	760	Hele,	854
Glaph,	771	Gryp,	802	Helioſel,	1947
Glaſtum,	768	Gub,	764	Hell,	833
Glauc,	768	Gul,	761	Hem,	823, 855
Gleb,	767	Gum,	761	Hemerob,	177
Glech,	813	Gur, pour Cur,	100	Hemerocallis,	307
Gleuc,	771	Gurdus,	796	Hemycyclus,	292
Gli,	769	Gurg,	762	Hens,	828
Glinon,	813	Gurr,	760	Hep,	856
Glob,	766	Guſt,	762	Hept,	1761
Gloc,	759	Gutt,	761,-803	Herb,	834
Glom,	766	Gymm,	817	Heres,	87
Glor,	771	Gyn,	782	Her,	856
Glos,	770	Gyr,	442	Heri,	833
Gloſſ,	804	Gyps,	818	Hern,	838
Glott,	804	**H.**		Hero,	80
Gluc,	770	Habena,	159	Herus,	79
Glut,	794,-805	Habeo,	1	Heſp,	863
Glyc,	770	Habilis,	153	Heſternus,	833
Gnar,	1284	Habit,	173	Het,	857
Gnatho,	787	Haceld,	863	Hex,	857,-1759
Gnav,	1265	Hæc,	836	Hexaſt,	1916
Gnephoſus,	816	Hæd,	823	Hia,	826
Gneſion,	816	Hæm,	849	Hib,	847
Gno,	1144	Hær,	824	Hibeo, en comp.	2, 3
God,	794	Hæres,	833	Hic,	835
Gomph,	814	Hæs,	824	Hiem,	847
Gon,	795	Hal,	-849	Hier,	858
Gonarche,	814	Halitus,	31	Hil,	836,-858
Gorg,	802	Halo,	30	Hilla,	837
Goſſ,	815	Hall,	35	Him,	858
Grabat,	814	Ham,	46,-850	Hinc,	835,-836
Grac,	759, 805	Hap,	59	Hinn,	826
Grad,	806	Haph,	851	Hio,	ib.
Græc,	810	Haps,	852	Hipp,	859
Graiu,	810	Hara,	82	Hippoc,	335
Grall,	808	Harc,	830	Hir,	837,-860
Gram,	796	Harm,	863	Hirc,	838
Grami,	801	Harp,	852	Hirpex,	861

Hir

Hire,	827	Hys,	862	Inimicus,		45
Hirs,	838	Hyssop,	864	In-Iquus,		23
Hirsut,	91	**I.**		Inop,		1349
Hirt,	90	Ia,	867,-880	Inquies,		1614
Hisc,	816	Ib,	867, 881,-883	Inquilinus,		309
Hisp,	838	Ibrida,	861	Inquino,		373
Histor,	853	Ic,	881,-893	Inquio,		1627
Histr,	864	Icon,	20	Insan,		1834
Hiu,	816	Id,	863,-870	Insic,		1823
Hod,	1352	Idem,	870	Insil,		1723
Hodie,	518	Igitur,	877	insol,		1877
Hoi,	823	Ign,	873	Insolo,		1766
Holocaustum,	243	Ignor,	1246	Instn,		1895
Hologr,	395	Igo, en comp.	15,-20	Insub,		1840
Holoser,	1766	Ilex,	33	Insul,		1878
Holost,	1919	Ilia,	28	Integr,		1972
Holothur,	2089	Ill,	870	Int,		874
Hom,	845	Ille,	28	Intell,		2070
Homicida,	265	Illex,	936	Intercapedo,		209
Homil,	1223	Im,	871,-882	Intercos,		250
Homœmer,	1194	Imbecillis,	154	Interpol,		1557
Homœot,	2008	Imber,	72	Interpr,		1563
Homot,	2019	Imber,	72,-73	Interscap,		1789
Hon,	839	Imberbis,	163	Intest,		1918
Hor,	841	Imbrex,	73	Intub,		2111
Hora,	1334	Imbuo,	139	Inu,		872
Hordeum,	90	Improsp,	1577	Invit,	2152, 2223
Horizon,	1334	In,	873	Io,		866
Horr,	827	Inan,	875	Ion,		882
Hors,	1333	Inanis,	596	Iota,		882
Hort,	843	Incendium,	363	Iou,		877
Hortor,	90	Incest,	248	Ipiscor, en comp.		61
Hosp,	843	Inchoo,	458	Ips,		867
Host,	844,-864	Incil,	306	Ir,		882
Huber,	161	Inclitus,	297	Ira,		8875
Hum,	844	Incloctor,	328	Irc,		883
Hulc,	2121	Incola,	309	Irp,		883
Hustrix,	2113	Incuria,	383	Irrit,		1653
Hy,	848,-861	Incus,	266	Irtiola		91
Hydrocele,	316	Incuso,	267	Is,	876, 882
Hyen,	2113	Indago,	524	Ismir,		884
Hyperbaton,	142	Indige,	779	Isoscolon,		304
Hyper-batis,	172	Indoles,	549	Ist,		876
Hyperbole,	157	Indolentia,	549	Isth,		1915
Hypobole,	157	Index,	530	It,	584,-876
Hypo-Corismus,	378	Indulgeo,	552	Itys,		883
Hypocaustum,	243	Indu,	569,-570	Iu,		878
Hypocrita,	448	Ineptus,	61	Ix,		884
Hyponin,	1148	Iners,	69	**J.**		
Hypoth,	2097	Infim,	871			
Hypothen,	2098	Infra,	647	Jac,	887,-893
Hypoz,	901	Ingen,	783	Jec, en comp.		888
Hypo-Gæ,	778	Inguen,	369	Jecur,		895

Orig. Lat.   F 7

Jejun,	885	Lamp,	1041	Liban,	1041
Jent,	895	Lamps,	1035	Libr,	928
Jie, en comp.	889	Lamyr,	1035	Lic, 915,-1023, en comp.	
Joc,	895	Lan,	1015,-1017		936
Ju,	889	Lang,	942, 951,-1039	Lich,	1037
Jub,	866,-897	Lap,	927,-980	Lictor,	938
Juba,	896	Laps,	1035	Lid, en comp.	946
Jubar,	884	Laq,	935	Lien,	997
Juc,	896	Laquear,	944	Lig,	938,-940
Judex,	531	Lar,	964,-967	Lign,	1016
Jug,	897,-901	Lasan,	1036	Ligo, 944, en comp.	956
Jugo,	866	Lasc,	914	Ligu,	950,-951
Jul,	866,-883	Laser,	1949	Lil,	1042
Junc,	902	Lass,	916	Lim,	910, 999,-1021
Jum,	902	Lat,	968,-975,-1039	Limb,	932
Junip,	885	Latom,	982	Limp,	998
Jur,	903,-906	Latr,	909,-1036	Lin,	1029,-1033
Juridicus,	531	Latusclavus,	318	Line,	1032
Jus,	903,-906	Lau,	1014	Ling,	949,-951
Juss,	897	Laur,	967	Linq,	987
Juxta,	901	Lauric,	1036	Lint,	998,-1033
Jyng,	884	Laut,	982,-993	Lipar,	1038
K.		Lav,	927,-993,-1015	Lipio,	909
Kaia,	1614	Lax,	919, 941	Lipp,	1000
Keiri,	1621	Laz,	1039	Lipsana,	987
Kermes,	ibid.	Leb,	1041	Liq,	990
Kurie,	ibid.	Lec, en comp.	936	Lir,	1042
Kyma,	505	Lect,	955,-960	Lirin,	1042
L.		Lecyth,	1036	Lis,	947
Lab,	920	Leg, 938,-979,-954,-960		Lisæ,	137
Labarum,	923	Legia,	993	Lit,	947,-982,-9028
Labr,	934,-1035	Lema,	999	Liter,	141
Labur,	1120	Lemb,	999	Liv.	1010
Labyr,	1037	Lemm,	923	Lix,	992
Lac, 943,-945, 935, 988,	1017	Lemn,	1017	Lob,	934
Lacert,	944,-1038	Lemon,	999	Loc,	977,-979
Lacess,	917	Lemur,	1040	Locust,	1026
Lachan,	942,-951	Len, 1028,-1031,-1034,-1036		Locut,	952
Lacon,	1035	Leo,	908	Lod,	976
Lacr,	989	Lep,	981,-1020,-1027	Log,	962,-964
Lact,	988	Lepr,	1041	Lol,	918,-1038
Lacu,	992	Leps, en comp.	914	Loment,	999,-1034
Lædo,	946	Lepus,	926	Lonch,	1015
Læl,	1035	Lesb,	1038	Long,	1018
Læs,	946	Less,	915	Lop,	981
Læt,	910	Leth,	948, 976	Loq,	952
Læv,	915,-1017	Leuc,	1012	Lor,	966,-967
Lag,	951,-1035	Lev,	921	Lot,	993,-1038
Lagena,	993	Levir,	918	Lox,	1024
Lam,	915,-1017	Lex,	937, 961	Lu,	995,-997
Lama,	998	Liac,	1027	Lub,	926,-983
Lamb,	931	Lib, 933,-983,-997,-1020		Luc, 1002,-1005,-1008,	
Lamia,	1039		1037		1009

TABLE ALPHABÉTIQUE.

Luca,	1007	Malus,	1106	Matut,	1098
Lucan,	944	Malv,	1118	Maur,	1190
Lucr,	945	Mam,	1055	Mauſ,	1227
Luct,	930	Mamers,	1047	Mavors,	1047
Lud,	912,-914	Mammon,	1227	Max,	1058
Lug,	1009	Mana,	1163	Maz,	1065
Lum,	918,-1006	Manac,	1125	Mc,	1071
Lumb,	1019	Manc,	1156	Mech,	1064
Lun,	1007	Mand,	1140,-1160	Meat,	1207
Lup,	1011	Mandr,	1150	Med,	1073
Lupul,	919	Mandrag,	1165	Mede,	1093
Lur,	957	Mane,	1128	Medi,	1079,-1095
Lura,	965	Maneo,	1162	Medic,	1093
Lus,	912	Mango,	1070	Medit,	1092
Luſc,	918,-1010	Mani,	1135,-1156,-1158	Meditr,	1094
Luſt,	994,-1005	Manif,	1128	Medul,	1080
Lux,	945,-1002,-1025	MANNA,	1135	Meg,	1064
Lut,	993,-1000,-1007	Mano,	1163	Meio,	1209
Lyc,	1011	Mans,	1162,-1141	Mel,	1113,-1115
Lych,	1013	Manſu,	1135	Melan,	1121
Lyn,	1013	Mant,	1150	Melancholia,	278
Lymph,	998	Mantel,	1150	Melea,	1121
Lyr,	1044	Mantic,	1151	Melicera,	420
Lyt,	999	Mantich,	1165	Melis,	1106
Lytta,	1038	Mantil,	1158	Melota,	1111
M.		Mantiſſa,	1140	Membr,	1194
MAC,	1061,-1064,-1066,-1068	Manu,	1156	Memin,	1148
		Mappa,	1047	Memor,	1180,-1181
Mach,	1601	MAR,	1167, 1168	Men,	1125,-1126
Machin,	1063	Marc,	1183	Menal,	1122
Machlis,	1065	March,	1190	Mend,	1153
Macr,	1065	Marg,	1167,-1184	Menda,	1151
Macrocomus,	232	Marica,	1185	Mendic,	1150, 1161
Mact,	1059, 1062	Marit,	1166	Mening,	1150
Macul,	1069	Mariſc,	1167	Meniſc,	1128
Mad,	1047	Marm,	1185	Mens,	1066,-1126,-1074,-1077,-1147
Mæand,	1208	Mars,	77		
Mæna,	1154	Mart,	1049	Ment,	1139
Mag,	1057	Martes,	1190	Menti,	1152
Magigoſſorus,	796	Martyr,	1185	Meo,	1207
Magin,	1064	Mas,	1165,-1221	Mer,	1167 · 1186
Magm,	1060	Maſſ,	1065	Merc,	1188,-1190
Magn,	1065	Maſtich,	1170	Merc,	1174,-1176
Maj,	1060,-1061	Maſtr,	2072	Mercnd,	1184
Mal,	1112,-1120	MAT,	1066	Merg,	1168,-1195
Malac,	1118	Matax,	1227	Meridies,	518,-1081
Maledicus,	532	Mataeus,	1100	Merit,	1173
Mall,	1107	Mater,	1155, 1055	Merops,	1190
Mallo,	1111	Math,	1073	Mers,	1169
Malluviæ,	997	Matr,	1056	Merul,	1190
Malo,	1118	Matricid,	265	Merx,	1188
Malobath,	1106	Mattea,	1097	Mes,	1081
Malth,	1118	Matur,	1097	Meſp,	1206

TABLE ALPHABÈTIQUE.

Meſſ,	1074,-1096	Moly,	1223	Naſc,	1231,-1233
Meſtr, en comp.	1116	Molyb,	1122	Naſſa,	1280
Met,	1071,-1075	Momen,	1138	Nat,	1231,-1233,-1269, 1275
Metall,	2010	Mon,	1129,-1134		
Metam,	1121	Monet,	1127	Natrix,	1289
Methodus,	1352	Monoſyll,	1951	Nau,	1278,-1282
Meton,	1246	Mor, 1171,-1186,-1190,-		Nauci,	1238
Metop,	1223		1195	Nauclerus,	500
Metopa,	1329	Morph,	1223	Naul,	1317
Metopium,	1360	Mos,	1091	Nav, 1265,-1270,-1276	
Metr,	1078	Mot,	1212,-216	Ne,	1306,-1315
Mic,	1196	Mov,	1212	Neb,	1266,-1267
Micco,	1049	Mox,	1685,-1090	Nec,	1303
Micr,	1068	Muc,	1052,-1218	Neg,	129 E
Mict,	1209, 1211	Mug,	1050	Nem,	1292,-1294
Migr,	1196	Mugil,	1218	Nemo,	1309
Mihi,	1071	Mul,	1107,-1117	Nempe,	1317
Migm,	1211	Mun,	1141, 1145	Nen,	1230
Miles,	1122	Mund,	1136,-1164	Neo,	1260, 1289
Mili,	1112	Mung,	1053	Nep,	1233
Milit,	1122	Munych,	1127	Nepenthes,	1311
Mill,	1108	Mur, 1178,-1179, 1186,-		Nephr,	1316
Milv,	1112		1187	Nept,	1281
Mim,	1209, 1210	Murm,	1051	Neq,	1304
Min,	1154,-1155	Mus,	1051,-1219,-1224	Nequco,	1614
Mina,	1160	Mut, 1051,-1096,-1216,		Ner,	1283,-1287
Mnmogr,	801		1218	Neſt,	1316
Mine,	1138	Mutul,	1228	Net	1289
Miner,	1127,-1128	Mya,	1054	Neu,	1307, 1308
Ming,	1209	Myl,	1105	Neur,	1286
Mini,	1146, 1159	Myo,	1212	Nev,	1314
Mino,	1158, 1160	Myr,	1109,-1214	Nex,	1272,-1273, 1303
Mir,	1176, 1177	Myrm,	1173	Ni,	1308
Mis,	1204,-1206	Myrothec,	2095	Nic,	1274,-1294
Miſc,	1211	Mys,	1216	Nid,	1287
Miſericordia,	410	Myſt,	1053	Nidor,	164
Miſſ,	1198,-1204	Myth,	1220	Nide,	1296
Miſy,	1223	Myx,	1053,-1218	Nig,	1312
Mtr,	1227			Nimir,	1313
Mix,	1211	**N.**		Nihil,	836
Mit,	1099			Nim,	1208
Mitt,	1198,-1204	Nabis,	1166	Ning,	1297
Mna,	112	Nabl,	1317	Nipt,	1284
Mnemos,	1148	Nac,	1317	Nis,	1270
Mœ,	1074,-1082	Næ,	1288	Niſi,	1744
Mœch,	1223	Nœn,	1230	Niſus,	1318
Mœn,	1141	Nœv,	1266	Nit,	1270,-1495
Mœr,	1191	Nai,	1275	Nitr,	1295
Mœſt,	ibid.	Nam,	1317	Niv,	1294, 1296
Mol,	1102,-1106	Nan,	1230	Nix,	1270,-1272,-1296
Moll,	1119	Nap,	1137	No,	1274
Molleſtra,	1111	Nar,	1264,-1283, 1287	Nob,	1254
Moloch,	1228	Narc,	1315	Noc,	1306
		Nas,	1263		

TABLE ALPHABÉTIQUE.

Noct,	1297, -1299	Obesus,	172	Onæ;	1375
Nod,	1289, -1291	Obli,	975	Oni,	1370
Noegeum,	1297	Obliq,	1024	Onyx,	1370
Noem,	1247	Obol,	1350	Op,	1344
Noffus,	1288	Obr,	1656	Opa,	1328
Nol,	1314	Obs,	1346	Opac,	1376
Nola,	1304	Obscen;	1791	Oper,	1345, -1504
Nom,	1242, -1245, -1293	Obscur,	1793	Opha,	1376
Nomenclator,	283	Obsol,	1878	Ophi,	1361
Nomocanon,	366	Obst,	1917	Opht,	1328
Non,	1262, -1307	Occ,	1350	Opi;	1346
Norm,	1246	Occas,	255	Opilio,	1322
Nothus,	1020	Occil,	291	Opim,	1347
Nos,	1255	Occiput,	202	Opin,	1522
Nosc,	1239, -1242	Occulo,	321	Opisth,	1329
Noso,	1283	Occupo,	215	Opium,	1360
Not,	1239-1242, 1249, 1251, 1280	Ocean,	1350	Opo,	1360
		Ocell,	1325	Opor,	1334
Notixus,	1270	Och,	1369	Opp,	1347
Nov,	1259, -1262	Ocim,	1369	Oppuv;	1379
Novi,	1239	Ociter,	454	Ops,	1344, -1346
Nox,	1297	Ocquinisco;	354	Opsi,	1329
Noxi,	1301	Ocr,	1351	Opt,	1327, -1347
Nub,	1267	Oct,	1373	Ora,	1341
Nub, en comp.	1233, -1236	Ocul,	1325	Orb,	1343, -1362
Nuc,	1238	Ocy,	1369	Orc,	1363
Nud,	1253	Od,	1352, -1355	Orch,	1371
Nudius,	1261	Odi,	1324	Orco,	1323
Nudus,	572	Odontes;	515	Ord,	1364, -1366
Nug,	1300	Oe,	1369	Ordi,	1333
Null,	1309	Oec,	2177	Ore,	1371
Num,	1251, 1253, 1247, 1348, 1307	Oed,	1354	Orea,	1341
		Oen,	2141	Org,	1363
Nunc,	1255, -1259	Oeno-geustes,	763	Ori,	1331
Nund,	1262	Oelyp,	1322	Oricella,	107
Nunq,	1307	Off,	1357	Orig,	1371
Nuo,	1304	Oh,	1321	Orn,	1336, -1338
Nup,	1235	en comp.	30, 31	Orni,	1372
Nuper,	1261	Ol,	1356, 1357	Ornus,	1376
Nurus,	1318	Ole,	30, -34	Oro,	1341
Nus,	1308	Olig;	1370	Orob,	1371
Nut,	1234, 1304, -1306	Olim,	1375	Orph,	1362, -1372
Nuz,	1238	Olla,	35	Ors,	1333
Nyct,	1299	Ollus,	28	Ort,	1332
Nymp,	998, 1237, 1281	Olus,	33	Orth,	1365
Nyssa,	1318	Om,	1370	Orthopn,	1248
O.		Omas;	1338	Os,	1339, -1366
		Omel,	1370	Osc,	1340
Ob,	1327	Omen,	1338, -1339	Oscen,	101
Obacero,	444	Omill,	1124	Oscito,	455
Ohba,	1338	Omn,	1358	Osor,	1324
Obedio,	595	Omph,	1375	Oss,	1360
Obol,	144, -1369	On,	1358, -1360	Ost,	1329, 1367, -1368

Ostr,	1372	Parasc,	1944
Osyr,	1372	Parasel,	1766
Ot,	1372	Parasen,	1852
Oti,	1330	Parasit,	1960
Ov,	1322	Parast,	1916
Ovum,	1338	Paraux,	1593
Ox,	1351	Parc,	1501
Ozc,	1356	Parca,	1498

P.

Pab,	1392	Pard,	1593
Pac,	1420	Parc, 1509, 1593, -1594	
Pact,	1411	Pared,	854
Pag,	1411, -1419	Parekbasis,	172
Pæan,	1379	Parelion,	832
Pæd,	1587	Paries,	1497
Pæt,	1426	Parm,	1604
Pal,	1457, 1461, -1468	Paro & Paroch, 1490, 2177	
Palin,	1591	Parod,	1354, -1594
Pall,	1406, 1461, -1472	Parom,	1594
Pamphol,	1597	Paron,	1594
Pampin,	1603	Parot,	1595
Pancarpum,	389	Parricida,	265
Pan,	1394, &c.	Pars,	1498
Pancratium,	413	Parsi,	1502
Pancreas,	418	Part, 1489, 1498, -1511	
Pand,	1436	Parth,	1595
Pang,	1411	Parul,	1595
Pann,	1475	Parv,	1408
Pans, pant,	1437	Parùm,	1408
Pap,	1387, -1389	Pasc,	1392
Papil,	1405	Pasceol,	1527
Papyr,	1495	Pasch,	1433
Par,	1486, -1499	Pass, 1437, -1443	
Para,	1490, -1494	Passern,	1415
Parabasis,	172	Pasti,	1442
Parabol,	157	Past, 1393, -1395	
Parac,	1591	Pasti,	1443
Paraccleust,	284	Pastin,	1414
Paracent,	375	Pat, 1389, 1392, 1434, 1440	
Paracharacta,	393	Pau,	1406, -1408
Paraclet,	284	Paup,	1502
Paraclyt,	297	Paus,	1384
Paracope,	464	Pav, 1382, -1384	
Paradis,	1494	Pax, 1411, -1420	
Paradoxum,	524	Pecc,	1422
Paræ,	1591	Pect, 1417, -1424	
Parag,	1592	Ped, 1425, 1429, 1440, 1588	
Paragaud,	875		
Parall,	1592	Pej,	1450
Param,	1593	Pel,	1460
Paran,	1593	Pelamis,	1473
Parap,	1421	Pelarg,	1474
Parasanga,	1255	Pelic,	1595

Pell, 1406, 1462, 1469, 1470	
Pellu,	997
Peloris,	1595
Pec,	1397, -1399
Pelt,	1595
Pemin,	1587
Pen, 1477, 1485, 1595, 1625	
Pep,	1388
Pepl,	1462
Per,	1503
Per, en comp.	1491
Perc,	1516
Percartapso,	386
Percontor,	356
Perd,	1508
Pere,	1508
Pereg,	775
Perennis,	48
Perenticida,	265
Perg,	1650
Pergul,	1513
Peribolum,	157
Pericarp,	389
Perigæ,	779
Perinæum,	1281
Perloch,	1354
Period,	1353
Peripf,	1600
Perisc,	1786
Perist,	1494
Perit,	876, -1506
Periton,	2629
Pern,	1513
Pernic,	1302
Pero,	1513
Pert,	1513
Pers,	1604
Persev,	2195
Persona,	1708
Persum,	1743
Persubtil,	1773
Pertuma,	2012, 2013
Perversit,	2208
Pfs,	1424
Pesc,	1595
Pess, 1414, -1443	
Pessi,	1450
Pest,	1437
Pet, 1416, 1432, 1435, 1438	

TABLE ALPHABÉTIQUE.

Peti,	1440, -1443	Pleur,	1598	Præ-cipuus,	203
Pex,	1418	Plex, en comp.	1540, -1543	Præclavium,	318
Ph,	1517, 1525, 1595, -1600	Plic,	1540, -1543	Præcordia,	410
Phalæ,	1460	Plinth,	1534	Præd,	1559
Phafc,	1433	Plo,	1526, -1527	Præfifcine,	625
Phel,	1463	Plod, en comp.	1537	Præken,	829
Phil,	1463	Plor,	1537, -1539	Præl,	1575
Phon,	1386	Plu,	1553	Præpes,	1438
Phor, en comp.	1497	Plum,	1466	Præftig,	1897
Pht,	1387	Plumb,	1471	Præftol,	1911
Phytong,	1969	Plute,	1533	Præful,	1725
Phyl,	1548	Pluv,	2115	Præterea,	580
Pi,	1409	Pn,	1547	Prag,	1488
Pic,	1419, -1422	Poc,	1401, -1403	Prand,	1558
Picrocholus,	278	Pod,	1432	Prans,	1559
Pict,	1414	Pœ,	1380, -1381	Pras,	1496
Pig,	1413, 1422, -1423	Pœd,	1406	Prat,	1496
Pign,	1418	Pog,	1598	Prav,	1580
Pil,	1460, -1465	Pol,	1456, -1458	Prax,	1488
Pila,	1456, -1457	Pol,	1557, -1558	Prec,	1568, -1568
Pin,	1379, -1480	Polab,	1551	Prel,	1576
Pinacoth,	2096	Polia,	1551, -1557	Prem,	1568, -1570
Pincerna,	1525	Polit,	1550	Presbyter,	177
Ping,	1411, -1413	Poll,	35	Preff,	1569
Pingu,	1423	Polus,	1598	Pret,	1562
Pinn,	1479	Polyp,	1433	Prid,	1565
Pip,	1385, -1389	om,	1399	Prim,	1563, -1565
Pir,	1495	Pomœr,	1427	Prim, en comp.	1569
Pirat,	1507	Pomp,	1454	Primicerius,	426
Pif,	1379	Pon,	1453	Princ,	203
Pifc,	1525	Pond,	1485	Prior,	1565
Pifcicæps,	210	Ponè,	1446	Prif,	1565
Piffoceron,	423	Pono,	1443, -1446	Priftis,	1598
Pift,	1433	Porc,	1515	Prius,	1565
Piff,	1422	Pop,	1402	Priv,	1566
Piftr,	1526	Popul,	1548, -1550	Privign,	2254
Pityocampe,	335	Parocele,	316	Pro,	1571
Pix,	1421	Poros,	1508	Prob,	1572, -1575
Plac,	1527, -1529	Porph,	1582	Problema,	144
Plag,	1529	Porr,	894, -1496	Probolus,	157
Plan,	1529, -1533	Port,	1510, -1512	Probofcis,	130
Planct,	1535	Portent,	2032	Proc,	1568
Plang,	1535	Porti,	1500	Procella,	293
Plaf,	1534	Portul,	1583	Procer,	425
Plat,	1533	Pofc,	1410	Proceftrium,	246
Plathis,	378	Pofca,	1402	Procoelius,	313
Plaud,	1536	Pofit,	1444, -1446	Procomium,	343
Plauf,	1536	Poff,	1449	Proconia,	363
Plauft,	1526	Poft,	1410, 1446, -1448	Pro-crago,	197
Ple,	1552, -1557	Poftul,	2006	Procul,	1326
Ple, en comp.	1555	Pot,	1400, 1448, -1453	Procuro,	382
Plect,	1539	Præ,	1560, -1562	Procyon,	348
Plco,	1527	Præc,	351	Prodig, Supplément	

Profd,	854	Pud,	1588,-1589	Quo,	1609
Procleus,	1577	Puc,	1489	Quot,	1611
Profanus,	614	Pug,	1413,-1416	Quot-Ann,	48
Proh,	1378	Pul,	1405,-1470,-1474	Quum,	1628
Prol,	1576	Pulch,	1455	**R.**	
Prolix,	1023	Pulm,	1548	Ra,	1630,-1641
Prom,	1576	Pulp,	1400	Rab,	1658
Promulg,	2236	Pum,	1405, 1586	Rac,	1660
Promyl,	1107	Pun,	1380	Raca,	1663
Pron,	1577	Punct,	1413	Rad,	1669
Prona,	1288	Pungt,	1412, 1417	Raia	1643
Prop,	1578	Pup,	1404	Ram,	1666
Propempt,	1595	Pur,	1582,-1584	Rand,	1669
Proph,	1386	Purul	1586	Rane,	1663
Propit,	1431	Pus,	1404,-1586	Rap,	1670,-1672
Propol,	1557	Pust,	1405	Rap,	1666
Propola,	1598	Put,	1405,-1450,-1453,-1587,-1588	Rat,	1651,-1653,-1673
Profoma,	1402			Rau,	1657
Propr,	1579	Puxus,	183	Re,	1644, 1673
Propt,	1580	Py,	1601	Rebell,	156
Proquest,	1628	Pyg,	1415	Rech,	1674,-1675
Prorit,	1653	Pyr,	1495,-1581,-1606	Recreo,	415
Prosap,	1838	Pyrobolum,	157	Rect,	1647
Profeu,	1572	Pyt,	1386	Recut,	250
Profod,	1354	Pyth,	1590	Red-m,	594
Profop,	1572	Pytt,	1433	Reg,	1645,-1647
Profopogr,	801	Pyx	183	Rei,	1643
Profopoleps,	921	**Q.**		Reit,	877
Profp,	1881	Qua,	1608	Religio,	940
Profim,	1428	Quad,	1617,-1622	Rem,	1667
Profumia,	1743	Quæro,	436,-439	Remin,	1149
Protag,	1565	Quæs,	436,-437	Ren,	1677
Protel,	2007	Qual,	1610	Reor,	1653
Proterv,	2076	Quallus,	242	Rep,	1698,-1700
Protin,	2012	Quam,	1610	Rep, en comp,	1670
Protoc,	1566	Quan,	1611	Repen,	1673
Protocollum,	305	Quart,	1617	Reper,	1506
Prox!	1378	Quasillus,	242	Replum,	1675
Prox,	1579	Quasso,	270, 272	Repof,	1520
Prud,	2216	Quat,-	1617,-1621	Requie,	1614
Pruina,	1583	Quatio,	270,271	Res,	1644
Prun,	1496,-1583	Quaxo,	196	Refin,	1677
Prur,	1378	Que,	1614, 1616, 1626,	Rest,	1684
Pryt,	1560	Qui,	1607,-1610	Ret,	1684
Ps,	1600,-1605	Quia,	1610	Retrices,	2072
Pfephobolia	157	Quic,	1614	Retro,	1675
Pfephocleptes,	315	Quil, pour Col,	309	Rex,	1644
Pt,	1601	Quin, pour Cen,	354	Rexac,	1647
Pter,	1438	—pour Coen,	373	Rh,	1666,-1668,-1680,-1681,-1699,-1702
Ptis,	1380	Quin,	1610,-1613,-1625		
Pty,	1386	Quir,	1616	Rhod,	1657
Pub,	1403	Quir, pour Quær,	437	Rhonch,	1631
Publ,	1552	Quisquis,	1626	Rib,	1658

Ric,

TABLE ALPHABÉTIQUE. 1287

Ric,	1661	Sacæa,	1956	Sceptr,	1790
Rict,	1630,-1634	Sacch,	1953	Sch,	268, 269,-1944
Rid,	1631,-1633	Sacus,	1818	Schaccus,	1956
Rig,	1679,-1685	Sæp,	1841	Schœn,	1788
Riga,	1647	Sæv,	1829	Schol,	1791
Rim,	1633	Sag,	1818,-1820,-1830	Sci,	1847, 1852,-1945
Ring,	1634	Sal,	1729,-1730,-1732,-	Scindo,	269,-270
Rip,	1679		1734	Scintill,	2037
Rip, en comp.	1671	Sali,	1723	Scip,	1790
Ris,	1631	Salt,	1722	Scirp,	1846
Riscus,	1702	Sam,	1941	Scill,	269
Rit,	1686	Samb,	1953	Scier,	1787
Riv,	1677	Samera,	1794	Sco,	228, 229,-1945
Rix,	1634	Sami,	1831	Scop,	1789,-1807
Rob,	1658,-1659	Sampla,	1955	Scor,	1792
Rod,	1635	San, 1935,-1937,-1833,-		Scordilus,	413
Rog,	687,-1690,-1662		1836	Scoria,	470
Ror,	1683	Sap,	1837,-1839	Scorp,	1956
Ros,	1656,-1682	Sapinos,	1955	Screo,	469
Rosio,	1635	Sapphir,	ibid.	Scri,	396,-400
Rostr,	1690	Sar, 1738,-1942,-1955,-		Scrinium,	444
Rot,	1681,-1682		1956	Scro,	401
Ru,	1675,-1677	Sarc,	1841	Scrot,	1793
Rub,	1654,-1655,-1658	Sat,	1739,-1743	Scru,	464,-466
Ruct,	1634	Satan,	1955	Sculpo,	331
Rud,	1696,-1698,-1650	Satell,	1956	Scurr,	1957
Ruden,	1640	Sauc,	1821	Scut,	251
Rug,	1630,-1639	Saur,	1943	Scy,	1946
Ruf,	1655	Sav,	1888	Se,	1744,-1779
Rull,	1637	Sax,	1830	Seb,	13, 7, 1818
Rum,	1636	Sca,	1944	Sec,	18.1,-1825
Rumex,	1668	Scab,	227	Sec, en comp.	18:4
Rump,	1691,-1694	Scabellum,	337	Secors,	410,-411
Rump,	1668	Scævus,	487,-1785	Secr, en comp.	1710
Run,	1669	Scala,	198	Secund,	1818
Runc,	1637,-1664	Scalen,	1787	Securus,	382
Rup,	1691,-1694	Scaletrum,	329	Sed,	1744,-1747
Rur,	1695	Scalisterium,	ib.	Sedo,	1754
Ruril,	1630	Scalmus,	307	Sedit,	1780
Rurs,	1675	Scalpo,	330	Segm,	1823,-1825
Rus,	1694,-1696	Scam,	336	Segn,	1821
Rusc,	1640	Scamm,	1943	Segrex,	800
Rusp,	1640	Scand,	1788,-1944	Select,	959
Russ,	1656	Scando,	353	Sell,	1747
Rust,	1697	Scans,	ib.	Sem,	1745, 1859,-1861
Rut,	1637,-1640	Scap,	229	Semiot,	1852
Rutil,	1656	Scarifico,	389	Semit,	1957
S.		Scat,	1790	Semp,	1493,-1744
Sab,	1941	Scel,	1787	Sen,	1737, 1759
Sabaia,	1837	Scen,	1785	Sens,	1861,-1864
Sabu,	1817	Scend, pour Scand, ses com-		Senti,	1836
Sac,	1718,-1720,-1941	posés,	353	Sentin,	1958
Sacc,	1817	Scept,	1807	Sentio,	1861

Orig. Lat.   G 7

TABLE ALPHABÉTIQUE

Seors,	1779	Sima,	1872
Sep,	1838, 1864,-1865	Simila,	1746
Sepel,	1782	Simpl,	1545
Seplaf,	1947	Simu,	1872
Sept,	1760,-1761	Sin, 1744, 1872, 1874,-	1948
Sepul,	1782	Sincerus,	423
Seq,	1825	Sinciput,	203
Sequeft,	1823	Sindon,	1958
SER,	1842,1847	Sinc,	1779
Serap,	1958	Singul,	1958
Sere,	1867,-1868	Singult,	1705
Seri,	1780	Sip,	1838
Seric,	1868	Sip, en comp.	1839
Seriph,	1947	Sipar,	1865
Serif,	1947	Siq,	1612
Serm,	1755	Sir,	1706, 1949
Sero,	1866	Sirp,	1846
Scrot,	1868	Sis,	1949
Serp,	1756,-1757	Sift,	1902
Serr,	1704	Sit, en comp.	1866
Sert, en comp.	1756	Sit,	1959,-1962
Serum,	1868	Sitic,	1706
SES,	1947	Siru,	1873
Sefq,	1745	SM,	1794,-1795
Seff,	1747	SOBOLES,	31
Seft,	1759	Sobr,	1780
Set,	1762	Sobrin,	1770
Setan,	1794	Sobrius,	186
Seu,	1744	Soc,	1941
Sever,	1783	Socc,	1818
Sex,	1756, 1759,-1823	Soci,	1939,-1941
SI,	1744	Sodes,	1744
Siag,	1947	Sol, 1766, 1768, 1875,-1881	
Sial,	1734	Solers,	69
Sib,	1705,-1837	Soli,	1747
Sic,	21, 1744,-1822	Solia,	1950
Sicar,	1818	Solift,	1516
Sicc,	1859	Solœ,	1949
Sicel,	1818	Sollar,	1747
Sicera,	1958	Somn,	1776,-1777
Sicin,	1947	SON, 1706, 1709, 1960,-	1961
Sid,	1763,-1765	Sop,	1776
Sid, en comp.	1748,-1754	Soph,	1840
Sido,	1751	Sor, 1778, 1950, 1769,-	1771
Sig,	1948	Sorb,	1962
Sigill,	1856	Sord,	1709
Sign,	1853,-1856	Solp,	1835
SIL,	1728, 1729,-1948	Sot,	1835
en comp.	1723,-1727	SP,	1440,-1442
Sile,	1871	Spar,	1513,-1725
Silicern,	1876		
Silv,	1870		
Sim,	1856,-1859		

Spe,	1881,-1882		
Spec,	1797,-1806		
Sper, en comp.	1795		
Spern,	1783		
Sphær,	1961		
Spi,	1808,-1810		
Spic, en comp.	1801,-1806		
Spion,	1784		
Spir,	1710,-1713		
Spl,	1811		
SPOL,	1812		
Spon,	1813,-1816		
Sponda,	1961		
Spor,	1795		
Spu,	1713,-1715		
Spurc,	1816		
Spurius,	1797		
SQU,	1952		
Squal,	1627		
Squam,	1628		
Squin,	1789		
ST, 1870, 1898, 1903,-1907			
Stamn,	2039		
Stafis, en comp.	1918		
Stat, en comp.	1919		
Staur, en comp.	1920		
Ste,	1920,-1923		
Steg,	2052		
Stel,	2008		
Ster,	1715		
Sterc, fterg,	2085		
Steril,	2086		
Sti,	1924		
Stich, en comp.	1913		
Stimmi,	2040		
Stip,	1908, 1910,-1927		
Stirp,	1910		
Stit, en comp.	1822,-1899		
Stl,	1914,-1915		
Stlop,	1716		
Sto,	1911		
Stol,	2008		
Stol, en comp.	1919		
Stom,	1927		
Stor,	1928		
STR, 1921, 1922, 1928,-1931			
Strep,	1716		
Stri,	2044		
Stribl,	1924		
Strid,	1717		
String,	1930, 1933		
Stroph,	1932		

TABLE ALPHABÉTIQUE.

Stru,	1934	Symphon,	1385	Taxus,	1995
Strum,	2045	Symphy,	1515	Techn,	2055
Struth,	2047	Sympleg,	1544	Tecol,	2095
Stu,	1911,-1912	Syn,	1953	Tect,	2050,-2051
Stur,	2047	Synecdoche,	525	Teda,	2000
Sty,	1913	Syned,	854	Teg,	2049
Styl,	2008	Synoch,	1369	En comp.	1972, 1973
Su,	1778,-1779	Synod,	1353	Tel,	2007,-2008
Sua,	1885,-1887	Synon,	1245	Teleph,	2095
Sub,	1772, 1773,-1885	Synops,	1328	Teli,	2006,-2008
Subcut,	250	Synta,	1974	Tem,	1981
Suber,	1888	Syntex,	2055	Temer,	2015,-1991
Subex,	20	Syr,	1954	Temn,	2015
Subic,	ibid.	Syscen,	1786	Templ,	2013
Sublestus,	974	Syst,	1916	Tempt, en comp.	2015
Subsol,	1766	System,	1919	Ten,	2021
Subtil,	2007	Sytriba,	1929	Tend,	2029,-2033
Subuc,	1764	**T.**		Teneb,	20.7
Subul,	1705,-1762			Tenell,	2036
Succ,	1717	Tab,	1997, 1999,-2017	Tener,	2036
Sud,	1885	Tac,	1979,-1980	Tens,	2029,-2033
Sue,	1888,-1890	Taca,	1985	Tent,	2027,-2029
Suffitus,	628	Tact,	1970	Tenu,	2035
Sug,	1717	Tad,	2001	Tep,	2056,-2057
Sui,	1744	Tæn,	2026	Tephr,	2095
Sul, en comp.	1724,-1727	Tæpoc,	2000	Ter,	2041, 2042,-2063
Sulc,	1777	Tag,	1971	Ter, en comp.	2068
Sulph,	1878	Tal,	2004	Tera,	1966
Sum,	1735, 1737,-1743	Talitrum,	1956	Teraph,	2105
Summ,	1832	Tall,	2007	Tereb,	2040
Summan,	1136	Talp,	2095	Terebinth,	2106
Sumpt,	1832	Tam,	554, 2033	Teres,	2089
Suo,	1763	en comp.	2015	Terg,	2057, 2084
Sup,	1772,-1776	Tama,	2016	Terin,	1966
Superficies,	624	Tamaric,	2014	Term,	1583
Supplic,	1544	Tamin,	2014	Terr,	1984,-2078
Sur,	1770	Tamus,	2014	Terra,	65
Surc,	1884	Tan,	2034	Terrao,	1966
Surd,	1781	Tang,	1971	Ters, en comp.	2085
Surg,	1883	Taos,	1995	Terv, en comp.	2076
Surgo,	1650	Tap,	1999	Tesq,	1985
Surp,	1846	Tarant,	2040	Tessera,	2106
Surpo,	1672	Taratan,	1966	Test,	2107,-2110
Surr,	1884	Tard,	2045	Testa,	2086
Sus,	1882,-1883	Tarmes,	2040	Tetan,	2027
Susin,	1761	Tartar,	2105	Tethy,	1988
Susurr,	1718	Tasc,	2049	Tetr,	1622,-2075
Sut,	1762	Tata,	1989	Tetramor,	1194
Sybil,	1958	Tatæ,	1956	Tettig,	1966
Syc,	1951	Taur,	2046	Teuch,	2055
Symb,	1951	Taut,	1988	Tex,	2052, 2055
Syll,	923	Tax,	1974,-1966	Th,	2099,-2101
Symper,	1508	Taxo,	2105	Thal,	2002

G 7 ij

TABLE ALPHABÉTIQUE.

Thala,	2002,-2003	Tor,	2087, 2091,-2094	Tryg,	2106
Thau,	1988	Torp,	1987	Tu,	1988
Theat,	1994	Torr,	1986	Tub, 1959, en comp. 1998,-	
Thema,	2096	Torv,	2076		2111
Themis,	2010	Toſt,	1986	Tuc,	2055
Theo,	2098	Tot,	1995	Tud,	1977
Ther,	1986,-2099	TRA, en comp.	2018	Tue,	1992
Therio,	163	Trab,	2069	Tui,	1993
Thes,	1985,-2097	Trach,	2102	Tul,	2004
Thet,	1988	Trachea,	2071	Tum,	2010,-2013
Thet, en comp.	2098	Tract,	2058,-2061	Tùm,	1995
Thol,	2007	Trag,	2102,-2104	Tun,	2027
Thrix, en comp.	2072	Trah,	2058, 2061	Tunc,	1995
Thu,	1996	Tram,	2071	Tund,	1978
Thunn,	2033	Tran,	2067	Tunſ,	1978
Thur, en comp.	2089	Tranquill,	1615	Tur,	2047
Thy,	1995,-1997	Tranſenna,	47	Tur, en comp.	2089
Thynn,	2033	Trap,	2104	Turb,	2081,-2084
Thyr, en comp.	2089	Traul,	1970	Turm,	2082
Thyrſ,	2110	Tre,	2054	Turp,	2077
Tiar,	1991	Tract, en comp.	2059	Turr,	2048
Tib,	1992	Trem,	1974	Turtur,	1967
Tic, en comp.	1980	Tret, en comp.	2088	Tuſ,	1988
Tichobat,	2055	Tri,	2043, 2065,-2067	Tuſſ,	1970
Tig, 1055, en comp. 1972		— Grec,	2104,-2105	Tut,	1993
Tigr,	2110	Trib,	2044, 2073,-2075	Tutul,	2009
Til,	2007	Tric,	2071	Tymbuſ,	2013
Tim,	1990	Trichil,	317	Tympan,	1967
Tin,	1968, 2016,-2017	Trichorum,	482	Typ,	1979
Tin, en comp. 2022, 2015		Triclinium,	300	Typh,	2112
Tinca,	2038	Trigl,	769	Tyr,	2048,-2106
Tinct,	2038,-2039	Trigly,	814	Tyrann,	265
Ting, 2038, en comp. 1971		Trigon,	795		**U.**
Tir,	2110	Trinor,	1194	UBER,	161
Tith,	1988	Trip,	1970	Ubi,	2120
Titi,	1967	Triplex,	1546	Udo,	ibid.
Titiæ,	1966	Tripu,	1427	Udus,	2113
Titub,	1967	Triſſ,	1966	Ulc,	2117,-2121
Titul,	2002	Triſt,	2080	Ulex,	33
Tityr,	2048	Trit,	2041,-1970	Uligo,	2113
Tmeſis,	2019	Triton,	2105	Ulmus,	33
Toc,	2101	Triumph,	1970	Ulna,	28
Tod,	1995	Troch,	2091	Ulpic,	2121
Tog,	2051	Troja,	2088	Ulſ, Ultra,	35
Tol,	2004,-2006	Trop,	2090	Ult,	2117,-2121
Tom,	2013,-2019	Troph, en comp.	2106	Ultimus,	34
Ton,	1968,-1969	Troſſ,	2069	Ulula,	212
Ton, en comp.	2029	Tru, 1976, 2063,-2075		Ulva,	2113
Tond,	2019	Truculo,	1967	Umb,	2122
Toni,	2029	Trud,	2079	Umbo,	43
Tons,	2019	Trunc,	2062	Umbr,	2118
Top,	2101,-1985	Truſ,	2079	Un,	2123,-2125
Toph,	2000	Truita,	2106	Unc,	2126

TABLE ALPHABÉTIQUE.

Und,	2114	Vel,	2227, 2241, -2243	Vimen,		2186
Unde,	2110, -2125	Vell,	1463	Vin,		2142, -2144
Uned,	2126	Ven,	2189, -2194	Vinc,		2183, -2186
Ung,	2127, -2129	en comp.	2158, -2162	Vioc,		2151
Upupa,	2113	Vena,	2162	Viol,		2187
Ur,	2116, 2130, -2132	Veni,	2157	Violo,		2179
Urb,	2133	Vent,	2268	Vip,		2147
Urg,	2134, -2135	Vepr,	2227	Vir,	2196, 2219, -2221	
Urp,	883	Ver,	161, 2194, 2198, -2247	Viria,		443
Urf,	2136	Verb,	2248	Virid,		161
Urful,	91	en comp.	2245	Virg,		2248
Uf,	2135, -2138	Verb·uft,	2132	Vif,	2183, 2213, -2217	
Ufp,	2139	Verbum,	167	Vifc,		2188, -2189
Ufq,	2140	Verg,	2210	Vit,	2187, 2223, -2229	
Uffif, en comp.	93	Verm,	2199	en comp.		2162
Uft,	2130, -2133	Vern,	2199	Vita,		2175
Ut,	2135, -2138	Vernus,	161	Viti,		2144
Uter,	2139, -2142	Verr,	2249	Vitil,		947
Utr,	2139	Verres,	165	Vitr,		2217
Uv,	2115	Verf,	2200, -2210	Vitric,		2251
Uxor,	2140	Vert,	2201, -2210	Vitul,		2221
V.		Vertag,	2246	Vitup,		1492
Vac,	2148, -2149	Veru,	1503	Viu,		2151
Vacc,	2147	Vervina,	1504	Viv,		2175, -2177
Vacerr,	443, -2173	Vefan,	1834	Vo,		2222, -2223
Vacillo,	291	Vefic,	2164	Voc,		2169, -2172
Vacuna,	2231	Vefp,	2218	Vol,		2223, -2225
Vad,	140, -2149	Vefpa,	2253	Vola,		150
Vador,	2103	Veft,	2210, 2211, -2180	Voln,		2226
Vaf,	2174	Veftibulum,	153	Volo,		2243
Vag,	2163	Vefticeps,	104	Volf,		2242
Vagi,	2147	Veftig,	2150	Volu,		2237, -2240
Vagina,	370	Vet,	2181, -2229	Volum,		2243
Vah,	2146	Veter,	2253	Volup,		2245
Val,	2231, -2235	Vex,	2187	Volv,		2236, 2240
Valg,	2240	Vexill,	2157	Vom,		1272, -1252
Vallis,	156	Via,	2150	Vopifc,		2226
Valv,	2240	Vib,	2175, -2189	Vor,	2201, 2209, -2252	
Van,	2166	Vic,	2178, -2251	Vof,		2180
Vann,	2147	Vici,	2180	Vox,		2169
Vap,	2167, -2168	Vict,	2183	Vulc,		2252
Vapul,	2241	Vid,	2212, -2217	Vulg,		2235
Var,	2246	Vidul,	2161	Vuln,		2226
Vaf,	2163, -2164	Vieo,	2186	Vulp,		2254
Vecors,	411	Vig,	2186	Vulf,		1463
Vect,	2153, -2154	Vigef,	2251	Vult,		2244
Veg,	218	Vigil,	2217, -2219	Vultur,		2255
Veh,	2150, -2152	Vil,	2236	X,		2258
Vehem,	2227	Vill,	2180, -2241	Z,		2257

TABLE

MOTS RADICAUX DE LA LANGUE LATINE,
ET LEURS PRINCIPAUX DÉRIVÉS.

I.
MOTS FORMÉS PAR LES VOYELLES.

A.

A., Avoir,	1
Habeo 1, & Hibeo,	2
Ab,	4
Ad,	4
Av, fruit,	5, -126
Avidus,	ib.
Avarus,	ib.
Avena,	ib.
Avus,	6
Ach, douleur,	24
Æger,	ib.
Ann, cercle, œil,	47
Annona,	48
Agnus,	49
Antè,	ib.
Animus,	51
Anc, ferré, qui angoiſſe.	
Anchora,	55
Ancile,	ib.
Angaria,	56
Angelus,	ib.
Ango,	57
Anguis,	ib.
Anxius,	59
Angulus,	ib.
Aptus,	60
Aqua,	61
As, un,	92
2°, rôtir,	93
æſtas,	94
Asc, ax,	95
At, mauvais,	97, -123
ater,	ib.

Onomatopées.

Asthma,	96
Feſtino,	ib.
Aula,	98
Auis,	99
Augur,	100
Aulpex,	101
Auſter,	102
Auris,	106
Audio,	107
Aſinus,	108
Anſa,	109

E.

Es,	1743
Eſſe,	575
Ens,	576
Ego,	577
Ecce,	578
Et,	579
E,	ib
Eò,	580
Ævum,	581
Diæta,	ib.
Eia,	582
Abſ-ens, &c.	ib.
Fo,	584
Amb-itio,	586
Com-es,	587
Edo,	591
Beſtia,	593
Veſcor,	ib.
Feſtum,	727
Feſcennini,	728
Emo,	ib.
Ob-edio,	ib.

In anis,	596

E pour A.

Echinus,	600
Enſis,	603
Ergaſtulus,	606

E pour O.

Equus,	601
Ætas,	121
Æternus,	ib.
Eteſias,	606

Ei changé en I.

Is,	876
Ita,	ib.
Ito,	ib.
Ig-itur,	877

E devenu SE.

Sum,	1743
Si,	1744
Sic,	ib.
Se,	ib.
Semper,	ib.
Semi,	1745
Seſqui,	ib.
Simila,	ib.

H.

Onomatopées,	823
Hædus,	ib.
Hærco,	824
Haurio,	825
Hio,	826
Hinnio,	ib.
Horreo,	827
Compre-Hendo,	828
Hariolus,	830

DES MOTS RADICAUX.

Hasta,	ib.	Fustis,	729	Exuo,	1763
Hebdomas,	1761	Filius,	732	Sidus,	1764
Hebes,	831	Folium,	ib.	Soror,	1769
Hedera,	ib.	**De Hor, ouverture.**		Sobrin,	1770
Helluo,	833	Foris,	733	Surus,	ib.
Hilum,	836	Foro,	734	Sors,	ib.
Hospes,	843	Forma,	735	Sub,	1772
Hostis,	844			Supinus,	ib.
Humerus,	ib.	**20. chaleur.**		Super,	1774
Hyp,	862	Formica,	738	Sopio,	1776
		Formax,	ib.	Somnus,	ib.
De Hon, Onomat.		Furnus,	739	Sulcus,	1777
Funus,	746	Fervor,	ib.	Sorex,	1778
Jejunium,	885	Febris,	741	Sus,	ib.
HOR,		Furia,	742	**Hel, lumiere.**	
Soleil.		Funis,	745	Sol,	1766
		Funda,	ib.	Holo,	ib.
Hora,	841	Funus,	746	Sollus,	1767
Hornus,	842	**H-G.**		Solennis,	ib.
Lora,	967	Galba,	767	Solus,	1768
Laurus,	ib.	**H-J.**		Solor,	ib.
Clorio,	968	Juba,	896	**H, ajouté.**	
Chloris,	ib.	Jubeo,	897	Hesperus,	863
H devenu C.		Jugum,	ib.	Historia,	ib.
Coruscus,	377	Jungo,	900	Hyssopus,	854
Cæruleus,	ib.	Jumentum,	902	**I.**	
Crystallum,	378	**H-S.**		Onomatopées,	866
Cora,	ib.	Sacrum,	1718	Ianua,	867
Coram,	ib.	Saltus,	1722	Iam,	ib.
Cur,	379	Consul,	1726	Ibi,	ib.
Cura,	ib.	Siliqua,	1728	Ico,	893
Curiosus,	380	Salix,	1729	Inula,	872
Securus,	382	Silo,	ib.	Ignis,	873
Coquo,	460	Salus,	1730	In,	ib.
Coccus,	462	Salum,	1732	Inter,	874
Crimen,	471	Sal,	ib.	Juvo,	886
Cæremonia,	487	Saliva,	1734	**ID, EID.**	
Chrysum,	493	Sumo,	1735	**main.**	
Chimæra,	494	Senex,	1737	Idiota,	868
Chymia,	495	Sarcio,	1738	Idoneus,	869
Crepusculum,	501	Sata,	1739	Idus,	ib.
Curulis,	504	Sat,	1740	Idea,	ib.
H-F.		Sedes,	1746	Idolum,	870
Facio,	712	Sella,	1747	**Ici D changé en R.**	
Nefas,	713	Sido,	1751	**Hi, en Chi.**	
Facetus,	720	Sedo,	1754		
Fidis,	721	Sermo,	1755	Hir, & Chir,	860
Fraxinus,	722	Serpo,	1756	**J.**	
Fascia,	ib.	Sex,	1757		
Fiscus,	723	Septem,	1760	Jacio,	887
Femina,	724	Susinus,	1761	Jacto,	888
Femur,	725	Seta,	1762	Jacco,	893
Ferio,	726	Sutor,	ib.	Jecur,	823

TABLE

Jento,	ib.	Oppidum,	ib.	Jus,	905
Jocus,	ib.	Opto,	1348	Sudo,	1885
Juncus,	902	Copia,	1349	U, en place d'autres voyelles.
Juſtus,	906	D'O L, élevé.		De OU, non.
I, ajouté.		Odor,	1355	Ultus,	2117
Ibex,	867	Olor,	ib.	Umbra,	2118
Ju-Gulo,	902	Oze,	1356	D'OU, où.
I, pour E.		De Fo, feu.		Ubi,	2120
Iou,	877	Offa,	1357	Unde,	2120
Junius,	878	Omnis,	1358	D'AL, élevé.
Juventus,	ib.	Onus,	ib.	Ulcus,	2121
O.		Onager,	1359	Ultimus,	ibid.
Onomatopées		Opium,	1360	De M, élevé.
Oh!	1321	Ophis,	ib.	Umbo,	2122
Ovis,	1322	Orbus,	1362	D'E.
Ovans,	ib.	Orcus,	1363	Unus,	2123
An-Odynus,	1324	Organum,	ib.	Uncia,	2126
Odi,	ib.	O, ajouté.		D'OC, crochu.
Otis,	1372	Ordo,	1364	Uncus,	2127
O, œil.		Ortho,	1365	Unguis,	ibid.
Oculus,	1325	Os,	1366	UR, feu.
Pro-cul,	1326	Oſtium,	1367	Uro,	2130
Ob,	1327	Oſtrea,	1368	Buſtum,	ibid.
Optice,	ib.	O, oriental.		D'O, cercle.
Opthalmus,	1328	Octo,	1373	Unio,	2144
Opa,	ib.	Olim,	1375	Urbs,	2133
Opiſtho,	1329	Opaco,	1376	Uva,	2145
Oſtendo,	ib.	Opha,	ibid.	D'ARC.
Otium,	1330	Ornus,	ibid.	Urgeo,	2134
Orior,	1331	U.		Urſus,	2135
Ortus,	1332	Onomatopées,	2112	D'ET, tems.
Horſum,	1333	Huſtrix,	2113	Utor,	2135
Exordior,	ib.	U.		Uſus,	ibid.
Eurus,	1334	Eau.		Ut,	2138
Aurum,	ib.	Humor,	847	GREC.
Orno,	1336	Humecto,	ibid.	Uter,	2139,-2142
Ovum,	1338	Hiems,	ibid.	V.
Obla,	ib.	Hydrus,	848	Onomatopées,	2146
Omen,	ib.	Uligo,	2113	Vacca,	2147
Abominor,	1339	Udus,	ibid.	Vagio,	ibid.
Os,	ib.	Unda,	2114	Vannus,	ibid.
Oſcedo,	1340	Uvor,	2115	Vaco,	2148
Ora,	1341	Pluo,	ibid.	Vacuo,	ibid.
Oro,	ib.	Urna,	2116	Vado,	2149
Adoro,	1342	Urina,	ibid.	Veha,	2150
Orbis,	1343	Ungo,	2128	Via,	ibid.
OP, UP, haut.		HU, changé en CU, ou CY.		Veho,	2152
Ops,	1344	Cyma,	478	Venia,	2157
Opus,	ib.	Cymba,	479	Venio,	ibid.
Opera,	1345	Cyanus,	ibid.	Vena,	2162
Optonium,	1346	Cyathus,	480	Invito,	ibid.
Opportet,	1347			Vas,

DES MOTS RADICAUX.

Vas,	2163	Vanus,	2166	Vox,	2169
Vastus,	2164	Vapor,	2167	Vomo,	2172
Vago,	2165	Ventus,	2169		

II.

V *substitué à des VOYELLES & à des CONSONNES.*

V. pour H.

Vafer,	2174

V. pour HE.

Vita,	2174
Vivo,	2175
Victus,	ibid.
Oecus,	2177
Vicus,	2178
Vicis,	ibid.
Viola,	2179
Villa,	2180
Vos,	ibid.

HET, tems.

Vetus,	2181
Veterator,	ibid.

HIS, force.

Vis,	2183
Victor,	ibid.
Vinco,	ibid.
Vincio,	2184
Vindex,	2185
Vegeo,	2186
Vieo,	ibid.
Vitta,	2187
Vexo,	ibid.
Violo,	ibid.
Violens,	2188
Viscum,	ibid.
Vibro,	2189

D'AIN, œil.

Venus,	2189
Venustus,	2190
Veneror,	2191
Venor,	ibid.
Venenum,	2192
Veneo,	ibid.
Vendo,	2193

VAR, eau.

Veritas,	2194
Assevero,	2195
Persevero,	ibid.

D'AR.

Ver,	2195

Orig. Lat.

Viridis,	2196
Verruca,	2197
Vereor,	ibid.
Veredus,	2198
Vermis,	2199
Verna,	ibid.

De GER, cercle.

Verso,	2000
Vertex,	2201
Vorago,	ibid.
Versus,	2202
Vergo,	2210

D'ES, feu.

Vesta,	2210
Vestio,	2211

De DUO.

Viduus,	2212
Divido,	ibid.

D'ID, main.

Video,	2213
Visito,	2214
Prudens,	2216
Invidia,	ibid.
Vitrum,	2217

D'AC, OC, œil.

Vigilo,	2217

De HOLP.

Vulpes,	2254

VIR.

Vir,	2219
Vires,	2220
Vira,	ibid.

De TAL.

Vitulus,	2221

De FO, feu.

Votum,	2222
Invitus,	2222

D'OL, élevé.

Vola,	2223
Volo,	ibid.
Vultur,	2226

Vulnus,	ibid.

De VE, non.

Vesper,	2228
Vespertilio,	ibid.
Veto,	2229
Vito,	ibid.
Vitium,	ibid.

De BAL, force.

Valeo,	2231
Vallo,	2234
Vulgo,	2235
Vilis,	2236

2°. Rond.

Volvo,	2237
Volumen,	2238
Valgia,	2240
Valvæ,	ibid.
Vapulo,	2241

3°. Enveloppe.

Villus,	2241
Velum,	ibid.
Volsus,	2242
Vello,	ibid.

4°. Vîte.

Velox,	2242
Veles,	2243

5°. Bon.

Volo,	2243
Vultus,	2244
Voluptas,	2245

De BAR.

Adverbium,	2245
Diverbium,	2246
Proverbium,	ibid.
Baris,	ibid.
Bara,	ibid.
Varix,	ibid.
Verbena,	2247
Virga,	2248
Verbero,	ibid.
Verro,	2249

V, pour diverses consonnes.

De PES.

Vestigium,	2250

TABLE

Investigo, *ibid.*	Vomex, *ibid.*	De HOLP.
De BI, *deux.*	De BOR.	Vulpes, 2254
Viginti, 2251	Voro, 2252	
De PATER.	De BAL, *Soleil.*	V. *changé en* G.
Vitricus, 2251	Volcanus, 2252	Gallia, 754
De PHOM.	De PAR, *beau, &c.*	Agaſo, 776
Vomer, 2252	Privignus, 2254	

III.
TOUCHE LABIALE.

I.	Balteus, *ibid.*	Bro, *manger*, *ibid.*
TOUCHE FOIBLE.	Bulga, 147	Bru, *eau*, 184
B.	Bulla, *ibid.*	Sobrius, *ibid.*
Bi, *deux*, 129	Am-bulo, 148	BY.
Bu, *petit*, *ibid.*	*Puiſſance.*	Byſſus, 190
Imbuo, *ibid.*	Balium, 150	Carbaſus, 488
Bibo, 130	Diabolus, 151	II.
Baſium, *ibid.*	Baliſta, 152	TOUCHE LABIALE FORTE.
Bucca, 131	Balæna, 153	P.
Balbus, 132	Habilis, *ibid.*	Onomatopées, 1378
Onomatopée.	Debilis, &c. 154	Pæan, 1379
Balo, 133	Bellum, *ibid.*	Piſo, 1380
Baubor, *ibid.*	Vallis, 156	Poena, *ib.*
Bombus, *ibid.*	Derivés en *bolus*, 157	Poëma, 1381
BACH, *petit.*	Obolus, 1349	Pavor, 1382
Bacca, 139	Obelix, 1369	Pavo, 1383
Baccalaureus, 135	BE, *bien.*	Pavio, 1384
Bacchus, *ibid.*	Beatus, 174	Pauſa, *ib.*
Abax, 137	Benè, *ibid.*	Pipio, 1385
BAD, *eau.*	Bonus, 176	Ptuo, 1386
Baphia, 139	BE, *vivre.*	Phthiſis, 1387
Baptizo, *ibid.*	Amphibius, 176	De FA.
Balneum, 140	Presbyter, 177	Propheta, 1386
BA, *aller.*	Apis, *ibid.*	*Onomatopées.*
Vado, 140	Bet, *rouge*, 179	en PL.
Bito, 141	BO, BU, *bœuf*, 178	Planctus, 1535
BEL, *soleil, rond.*	Bo, *bois*, *ibid.*	Plauſus, 1536
Balaris, 142	Arbor, 181	Ploro, 1537
Balſamum, 143	Buxus, 183	*Dictionnaire de l'Enfance.*
Blattea, 143	BOIA, *collier*, *ibid.*	Pappa, 1387
Emblema, 144	Bor, *piquant.*	Papilla, 1388
Obeliſcus, *ib.*	Boreas, 184	Piper, 1389
Bellus, *ibid.*	Burræ, *ibid.*	Pater, *ib.*
Blandus, 145	*Onomat.*	Pabulum, 1392
Balanus, *ibid.*	Bractea, 184	Paſcor, *ib.*
Bolus, 146	Bracca, 185	Panis, 1394
	Brocchus, *ibid.*	

DES MOTS RADICAUX.

Pan,	1395	FO, *feu.*		Feciales,	617
Peuc,	1396	Phœbus,	1520	2°. *manger.*	
Pomum,	1399	Phœnix,	ib.	Fames,	618
PO, *boire.*		FEN, *paroître.*		Fagus,	619
Poto,	1400	Apinæ,	1521	Faba,	ib.
Poculum,	1401	Phantafia,	ib.	Favus,	620
Popina,	1402	Pharus,	1522	Familia,	621
Epulum,	ib.	Opinio,	ib.	Ficus,	622
Popa,	1403	PHAR, PAR.		Fex,	ib.
PU, *petit.*		*beau, brillant.*		3°. *feu.*	
Pubes,	1403	Sapphirus,	1955	Fax,	624
Pupa,	1404	Sphæra,	1961	Facies,	ib.
Pufus,	ib.	Ve-Sper,	ib.	Faſcinus,	625
Puppis,	ib.	Fy, Fu, *produire,* 1524,-1525		Foveo,	ib.
Apua	1405	PL, *rouler.*		Focus,	626
Pullus,	ib.	Ploum,	1526	Fucus,	ib.
Pædia,	1406	Plauſtrum,	ib.	4°. *Nature.*	
Paucus,	ib.	Pleo,	1527	Fio,	628
Paulum,	1407	PR.		Fuo,	ib.
Parvus,	1408	Prandium,	ib.	Fetus,	629
Pius,	ib.	Præda,	1559	Fecundus,	630
Poſco,	1410	Prytania,	1560	FAS, *élevé.*	
PES.		Præ,	1560	Faſtus,	647
Pes,	1425	Prætor,	1561	Faſtigium,	648
Pedes,	ib.	Præbeo,	ib.	Faſtidium,	ib.
Pætus,	1426	Præmium,	1562	FAU, *bouche.*	
Impedio,	1428	Prædium,	ib.	Faux,	650
Feto,	1429	Pretium,	ib.	Fovea,	651
Paſcha,	1433	Primus,	1563	Fodio,	ib.
Pateo,	1434	Privo,	1566	Fides,	652
Petra,	1435	Preces,	1566	Feneſtra,	655
Pando,	1436	Premo,	1568	Defendo, &c.	ib.
Panſa,	1437	PRO, *tête.*		Fenum,	656
Paſſus	ib.	Pro,	1571	FIC, *planter.*	
Peſtis,	ib.	Proſa,	ib.	Figo,	66
Præ-pes,	1438	Probo,	1572	Fingo,	ib.
Petaſus,	1439	Probrum,	1574	Figura,	663
Spaſma,	1442	Proelium,	1575	FID, *diviſer.*	
Paſſio,	ib.	Proles,	1576	Findo,	664
Pono,	1443	Promo,	ib.	Fiſſus,	ib.
Poſt,	1446	Pronus,	1577	Fimus,	665
PAN, 1°. *étoffe.*		Propè,	1578	Finis,	ib.
Pannus	1475	Proprium,	1579	Fiſtula	668
2°. *élevé.*		F.		FL.	
Penc,	1477	FA, 1°. *parler.*		Flaccus,	669
Penes,	ib.	Fatus,	610	Flo,	670
Penna,	1478	Fabula,	612	Flagito,	672
Pinna,	1479	Fama,	ib.	Flagro,	ib.
Pinus,	1480	Facundus,	613	Flamma,	673
Pendeo,	1481	Fanum,	614	Fluo,	674
Pendo,	1482	Fatum,	615	Flos,	678
Penſo,	1483	Fateor,	616		
Pondus,	1485				

H 7 ij

Fleo,	680	Mactus,	1059	Maturus,		ib.
Flagello,	ib.	Magus,	ib.	Mitis,		1100
Flecto,	681	Major,	1060	Metus,		1100
Fligo,	682	Maius,	1061	For-Mido,		1101
FO,		Machæra,	ib.	**M, pour B,**		
Fœdus,	683	Mucro,	1062	Amentum,		1045
Fons,	684	Macto,	ib.	Pour N,		1047
Fors,	ib.	Machina,	1063	Pour H,		ib.
FR.		Maceries,	1064	Pour W,		
Onomatopées,	685	Mega,	1064	Mador,		1047
Frango,	686	Massa,	1065	Amethystus		1049
Frustum,	688	Mensa,	1066	**MI, ajouté.**		
Frax,	ib.	Maceo,	ib.	Mi-Ca,		1196
Fremo,	ib.	Micros,	1068	Mi-Gro,		1196
Frigus,	689	Macula,	1069	**MIS, champ.**		
Fretum,	691	Mangonis,	1070	Mitto,		1198
Furca,	692	A-Mygdala,	ib.	Missile,		ib.
Frio,	ib.	Me,	1071	Miser,		1204
Frons,	698	**MAD, étendu.**		Mespilum,		1206
FU, souffle		Materia,	1072	**M, eau.**		
Fui,	699	Mathematica,	1073	Meo,		1207
Futilis,	ib.	Modius,	1074	Meio,		1209
Fuga,	ib.	A-Mussis,	1078	Mimus,		ib.
Fumus,	701	Medium,	1079	Misceo,		1210
Fusus,	702	Medulla,	1080	Moveo,		1212
M.		Modus,	1082	Mobilis,		1213
Onomatopées.		Modicus,	1085	Muto,		1216
Mugio,	1050	Modestus,	1086	Mucor,		1218
Mutus,	1051	Com-Modum,	1088	**MU, doux.**		
Musca,	ib.	Mores,	1091	Musa,		1218
Murmur,	1052	Meditor,	ib.	Musica,		1219
Mucus,	ib.	Medicus,	1093	Mustum,		1220
Mysta,	1053	Messis,	1096	Muscus,		ib.
Ma, Mere,	1055	Muto,	ib.	Mutilus,		1221
MAG, grand.		**MAT, doux.**		My-Ops,		ib.
Magnus,	1057	Mattea,	1097			

IV.

TOUCHE GUTTURALE.

I.		Ecclesia,	284	Caduceus,	ib.
Touche-Forte.		Clango,	ib.	**CAR, incision.**	
C.		Clamo,	ib.	Caries,	386
Onomatopées.		Concilium,	287	Cancer,	387
Cacabo, & autres,	194,	Canis,	347	Carduus,	ib.
	197	Cynicus,	348	Carpo,	388
Calo,	281	Cano,	348	Scarifio,	389
Calendæ,	282	Canto,	349	Carmen,	ib.
Classis,	283	Camena,	ib.	Carina,	ib.
		Ac-Censo,	384	Curtus,	390

DES MOTS RADICAUX.   2299

Character,	ib.	Scindo,	269	Diaconus,	ib.
Ager,	391	Quatio,	270	Canus,	360
Per-Eger,	775	Cutio *en comp.*	271	Candor,	ib.
Ceres,	ib.	CAL, *pour* HAL,		Cinis,	362
Charta,	393	*lumiere*, &c.		Accendo,	ib.
Grammaticus,	394	Calor,	274	2°. *contenance.*	
Graphis,	ib.	Gelu,	276	Canna,	643
Scribo,	396	Color,	277	Cannabis,	365
Scrobs,	401	Cholera,	278	Canistrum,	ib.
CRA, *bruit.*		Calx,	ib.	Canalis,	ib.
Crepo,	468	Coelum,	279	Cinnus,	366
Cremo,	469	Caligo,	ib.	Concha,	368
Crotalum,	ib.	Clarus,	280	Cuniculus,	369
Screo,	ib.	CAL, *dur.*		Gaunace,	ib.
Scoria,	470	Calamitas,	322	Ganea,	370
CAB, CAP, *capacité, con-*		Calculus,	323	Gena,	ib.
tenance.		Calvus,	324	Cingo,	ib.
Caput,	200	Calx, cis,	325	Cunæ,	372
Cabulus,	205	Calceus,	ib.	Cœnum,	373
Cepa,	ib.	Caligæ,	326	Inquino,	ib.
Caper,	206	Calcitro,	ib.	3°. *pointe.*	
Capax,	207	Callus,	327	Acanthinus,	374
Capedo,	208	CAM, *courbe.*		Centaurus,	ib.
Captus,	209	Camus,	333	Centrum,	375
Capio,	210	Camella,	ib.	Cuneus,	ib.
Cabus,	215	Camelus,	ib.	CI, *lieu.*	
Cupa,	ib.	Caminus,	334	Civis,	451
Occupo,	ib.	Catnarus,	ib.	Cio,	ib.
Cupio,	216	Campso,	335	Cito,	452
Cavus,	218	Campana,	ib.	Olcito,	455
Cautio,	220	Cambio,	336	CIC, *petit.*	
Caupo,	221	Scambus,	ib.	Cicus,	455
Cibus,	222	Cæmentum,	337	Cicer,	ib.
Cubo,	223	Cimex,	ib.	Exiguus,	456
Scabinus,	227	CUM, *amas.*		Causa,	ib.
Scabies,	228	Cum,	338	CAU, *elevé.*	
Scopæ,	229	Comoedia,	342	Cotes,	458
Scapula,	ib.	Cumulus,	343	Coxa,	ib.
Scapha,	ib.	Cima,	344	Cohus,	ib.
Campus,	230	Cœna,	345	Cosmus,	459
Coma,	232	Cunctus,	346	CRA.	
Comis,	233	CAN, 1°. *tête.*		Scrupus,	464
CA *mauvais.*	233	Scando,	353	Crumena,	465
CAD, CAS, *chute.*		Ascendo,	ib.	Scrutor,	466
Cado,	253	Ocquinisco,	354	Creta,	467
Casus,	ib.	Canthus,	355	2°. *gros.*	
Cedo,	256	Conus,	ib.	Crassus,	472
Cesso,	260	Contus,	ib.	Cresco,	ib.
Cæsaries,	ib.	Percontor,	356	Credo,	473
Cædo,	261	Cunctor,	ib.	Creber,	475
Castro,	266	Censeo,	357	Crepida,	ib.
Cudo,	ib.	Conor,	359	Cristo,	476

TABLE

Crinis,	ib.	Gustus,	762	Generosus,	782
Crusta,	ib.	Gab, élevé,	763	Ingenuus,	783
Crux	477	Gæsum,	764	Genu,	786
C, pour Q.		**GAL, rond.**		Gero,	788
Cælo,	328	Galla,	765	Gestio,	791
Culex,	329	Glans,	ib.	Germen,	792
Æsculus,	ib.	Globus,	766	Geranium,	793
Culpa,	ib.	Glomer,	ib.	Gladius,	ib.
Culter,	330	Gleba,	767	Gluten,	794
Scalpo,	ib.	**2°. brillant.**		**Q.**	
Sculpo	331	Glastum,	768	**Quats, fin.**	
Claudus,	332	Glaucus,	ib		
Clunis,	ib.	Glis,	769	Cassiterides,	489
Comma,	463	Galactis,	770	Cau-Casus,	458
Capo,	464	Gelasinus,	771	**QU, lien.**	
II.		Gloria,	ib.	Qui, quæ,	1607
Touche Foible.		Gamma,	772	Quàm	1610
G.		Gamba,	ib.	Quot,	1611
• Onomatopées.		**Gam, ensemble.**		Aliquis,	1612
		Bi-Gamia,	773	Quco,	1614
Gallus,	756	Geminus,	ib.	Quies,	ib.
Gaudium,	757	**GAS, contenance.**		Tranquillus,	1615
Gemo,	758	Gaza,	777	Quercus,	ib.
Gingrina,	ib.	Gaster,	ib.	Quirites,	1616
Graculus,	759	**Ge, terre.**		Quatuor,	1617
Grus,	760	Caia,	778	Quinque,	1623
G, gorge.		Geo,	ib.	Queror,	1626
Garrio,	760	Indiges,	779	Quisquiliæ,	ib.
Gerræ	761	E-Geo,	ib.	In-Quiò,	1627
Gula,	ib.	Gigno,	780	Squalor,	ib.
Guttur,	ib.	Genius,	ib.	Squama,	1628
Gurges,	ib.	Genus,	781	Mots en K,	ib.

V

TOUCHE DENTALE.

I.		**Di, jour.**		Disco,	533
Touche Foible.		Dies,	517	Doceo,	534
D.		Diu,	519	Duco,	535
		Con-Dio,	520	Discus,	539
Onomatopées,	510	Deus,	521	Do,	541
De,	510	Digitus,	523	Con-Do,	544
Debeo,	512	In-Dago,	524	Edo,	545
Demo,	513	Dogma,	ib.	Dono,	546
D, dent.		Decem,	525	Bitumen,	547
Daps,	513	Dexter,	526	Badius,	ib.
Dens,	ib.	Decet,	527	**Dal, élevé.**	
Duo,	515	Dico,	528	Con-Dylus,	547
Dubius,	516	Ju-Dex,	531	Dæ-Dalus,	548

DES MOTS RADICAUX. 2301

Dolco,	ib.	Truo,	1976	Thalamus,	ib.
Indoles,	549	Dromas,	1977	Tollo,	2004
Delco,	ib.	Tudes,	ib.	Postulo,	2006
Dolo,	550	Tundo,	1978	Tellus,	ib.
Dolus,	ib.	Typus,	1979	Tela,	2007
Deleo,	ib.	*T, ajouté.*		Subtilis,	ib.
Dulcis,	551	Tacitus,	1979	Telum,	ib.
A-Dulo,	552	Temetum,	1981	Stylum,	2008
In-Dulgeo,	ib.	Tempus,	ib.	Atlantes,	2009
DAM.		Terminus,	1983	Athletta,	ib.
Adam,	553	Thesaurus,	1985	Antlo,	2010
Domo,	ib.	Topazium,	ib.	Metallum,	ib.
Tam,	554	Thermæ,	1986	**TAM**, *élevé,*
Domus,	ib.	Torreo,	ib.	Themis,	2011
Densus,	560	*T-S.*		Etymon,	id.
Dormio,	562	Torpeo,	1987	Tumeo,	ib.
DAR, *fort.*		*T.*		Tumulus,	2012
A-Dor,	564	Thau,	1988	Tumultus,	ib.
Durus,	565	Theta,	ib.	Templum,	ib.
Dryades,	567	Thetis,	ib.	Con-tamino,	2013
Doru,	567	*T. grand.*		Temno,	ib.
Druides,	568	Tu,	1988	Damnum,	2016
DU, *couvrir.*		Tata,	1989	Zamia,	ib.
Induo,	569	Æstimo,	ib.	Tabes,	2017
Industria,	570	Timeo,	1990	Tonus,	2018
Exuo,	ib.	Temerus,	1991	Atomus,	ib.
Nudus,	572	Tiara,	ib.	Tondeo,	2019
D, *précédé d'A.*		Tibia,	1992	**TAN**, *vaste.*
Æ-Des,	24	Tucor,	ib.	Nothus,	2020
D, *porte.*		Theatrum,	1994	Teneo,	2021
Odeum,	1352	Tum,	1995	Tænia,	2026
Exodus,	ib.	Tunc,	ib.	Tina,	ib.
Methodus,	ib.	Taxus,	ib.	Tunica,	2027
Synodus,	1353	Tot,	ib.	Tento,	ib.
De D, élevé.		Au-tumo,	ib.	Thunnus,	2033
Audax,	1353	Thya,	ib.	Tam,	2033
Œdema,	1354	Thus,	1996	Tantus,	2034
Ode,	ib.	**TAB**, *étendre.*		Tenuis,	2035
TOUCHE-FORTE.		Tabula,	1997	Tener,	2036
T.		Taberna,	1998	2°. *Feu.*
		Tapes,	1999		
Onomatopées,	1966	Tabanus,	ib.	Tenebræ,	2037
Tinnio,	1968	Tuber,	ib.	Tingo,	2038
Tono,	ib.	Tubus,	2000	Stamnum,	2039
Triumphus,	1970	Txp ocon,	ib.	**TAR**, *piquer.*
Tussis,	ib.	Teda,	ib.	Antrum,	2040
Tactus,	ib.	Tædet,	2001	Barathrum,	ib.
Tango,	1971	**TAL**, *grand.*		Terebra,	ib.
In-Teger,	1972	Talis,	2001	Tero,	2041
Taxo,	1974	Talus,	2002	Trio,	2043
Tremo,	ib.	Thallus,	ib.	Stria,	2044
Trepido,	1975	Titulus,	ib.		
		Thalassus,	2003		

TABLE

Tardus,	2045	TEG, *couvrir*.		Texo,	2052
Taurus,	2046	Tego,	2049	Techna,	2055
Turris,	2048	Toga,	2051	Tignum,	ib.
Tyrus,	ib.	Tugurium,	ib.	Tepeo,	2056

V I.

TOUCHE LINGUALE.

I.
L.

Onomatopées,	908	2°. *Déchirer*.		Liber,	984
Leo,	ib.	Lacer,	943	Licco,	985
Latro,	909	Lacertus,	944	Linquo,	987
Lima,	910	Lacunar,	ib.	LAC, *fluide*.	
Lætus,	ib.	Luxo,	945	Lac,	988
Ludus,	911	Lucrum,	ib.	Lacryma,	989
Lascivio,	914	LAD, *déchirer*.		Liquor,	990
Lamentum,	915	Lædo,	946	Lacus,	992
Lessus,	916	Lis,	948	Lavo,	993
L *pour* D.		Lethum,	948	Luo,	995
Lar,	917	Littus,	948	Lympho,	998
Levir,	918	Littera,	ib.	Limpidus,	ib.
Lolium,	ib.	LAG, *langue*.		Limus,	999
Luma,	ib.	Lingua,	949	Lembus,	ib.
L *pour* N.		Ligurio,	950	Lutum,	1000
Luscinia,	918	Lingo,	951	LU, *lumiere*.	
L *ajoutée*.		Loquor,	952	Lux,	1002
Lupulus,	919	Lego,	954	Lustro,	1005
LAB, *main*.		Lexis,	961	Lumen,	1006
Labor,	920	Logi,	962	Luna,	1007
Levo,	921	LAR, *étendu*.		Lutor,	ib.
Levis,	922	Largus,	964	Luculentus,	1008
Lavernio,	ib.	Lorum,	966	Lucus,	1008
Syl-Laba,	923	Lardum,	ib.	Luctus,	1009
Labes,	924	LAT, *côté, étendue*.		Liveo,	1010
Lepus,	927	Latus,	968, 969	Lupus,	1011
Libra,	928	Lator,	970	Lycus,	ib.
Lucta,	930	Latro,	973	Leuca,	1012
Labium,	932	Sub-Lestus,	974	Lynx,	1013
Lambo,	ib.	Lateo,	ib.	LAW, LO, *élevé*.	
Libo,	933	Ob-Livio,	975	Laus,	1014
LAC, *lacet*.		LAC, LOC, *lieu*.		Lanx,	1015
Laqueus,	935	Locus,	977	Lignum,	1016
Lacio,	ib.	Locuples,	978	Lancea,	ib.
Lex,	937	Lego,	979	Lanius,	ib.
Ligo,	938	Lapis,	980	Lamina,	1017
Religio,	940	Latomiæ,	982	Lana,	ib.
Laxus,	941	Litho,	ib.	Longus,	1018
Langueo,	942	LI, *plaisir*.		Lumbus,	1020
		Libet,	983	Liber,	ib.
				Limis,	1021
				Licium,	1023
				Obliquus,	

DES MOTS RADICAUX.

Obliquus,	1024	Rubigo,	ib.	Rat,	ib.		
Luxus,	1025	Rubrica,	ib.	Re,	ib.		
2°. *L'opposé.*		Rufus,	1655	Re-cens,	1674		
Lævis,	1027	Rutilo,	1656	Re-ciprocus,	1675		
Lepos,	ib.	Ob-russum,	ib.	Retro,	ib.		
Lenis,	1028	Rosa,	1656	Rursum,	ib.		
Linio,	1029	Rhodia,	1657	**RU**, *couler.*			
Lentus,	ib.	Ravus,	ib.	Ruo,	1675		
Linea,	1032	Ribes,	1658	Ren,	1677		
Linum,	1033	Rubellio,	ib.	Resina,	ib.		
Lens,	1034	**RAB**, *grandeur.*		Rivus,	ib.		
L, *pour N.*		Rabies,	1659	Ripa,	1679		
Lilium,	1042	Robur,	ib.	Rigo,	ib.		
Lira,	ib.	Arithmetica	1660	Rheuma,	1680		
Lyra,	1044	**RAC**, *sur.*		Rhombus,	1680		
R		Racemus,	1660	Rhytmus,	ib.		
Onomatopées,	1050	Racana,	1661	Rheda,	1681		
Rideo,	1631	Rica,	ib.	Rhetor,	ib.		
Rima,	1633	Rogus,	1662	Rota,	ib.		
Rixa,	1634	Ar-rogans,	ib.	Ros,	1682		
Ructus,	ib.	2°. *Mauvais.*		Arteria,	1702		
Rodo,	1635	Rhacion,	1663	Restis,	1684		
Rumbus,	1636	Raca,	ib.	Reto,	ib.		
Rumen,	ib.	Rancor,	ib.	Rigor,	1685		
Rado,	1937	Runco,	1664	Ritus,	1686		
Ruga,	1639	**RA**, *racine.*		Rogo,	1687		
Ruta,	1640	Radix,	1665	Rostrum,	1690		
Rudens,	ib.	Rha-barbarum,	ib.	**RUP**, *escarpé.*			
R, *œil.*		Rapum,	1666	Rupes,	1691		
Radius,	1641	**RAM**, *élevé.*		Rumpo,	ib.		
Rarus,	1642	Ramus,	1666	**Ru**, *champ.*			
Raia,	1643	Remus,	1667	Rus,	1694		
Apricus,	ib.	Aroma, &c.	1668	Rusticus,	1695		
Res,	1644	Arundo,	1669	Rudero,	1696		
Rex, & sa famille	1644	**RAP**, *enlever,*		Rudis,	1697		
Expergo,	1750	Rapio,	1970	Rudimentum,	ib.		
Ratio,	1651	Rapidus,	1672	Repo,	1698		
Irrito,	1653	Repens,	1673				
2°. *Rouge.*							
Ruber,	1654						

VII.

TOUCHE NASALE.

N.		Nepos,	1233	Nucleus,	1237
N, *né.*		Nutrio,	1234	2°. *connoissance.*	
Nanus,	1230	Nuptus,	1235	Novi,	1239
Nænix,	ib.	Nympha,	1237	Notio,	1240
Natus,	1231	2°. *fruit.*		Nomen,	1242
Natura,	1232	Nux,	1238	Gnoma,	1244

Orig. Lat.   I 7

Ignoro, Norma,	1246	**N**, *nager.*		**N I**, *éclat.*	
Numen,	1247	No,	1274	Nivens,	1194
Nummus,	1248	Nato,	1275	Nico,	ib.
Nota,	1249	Navis,	1276	Nicto,	1295
Numerus,	1251	Nanum,	1278	Nitrum,	ib.
Nudo,	1253	Anas,	1280	Nitor,	ib.
Nobilis,	1254	Neptunus,	1281	Nix,	1296
Nos,	1255	Nymphæ,	ib.	Nox,	1297
Nunc,	ib.	Nausea,	1282	Nugæ,	1300
Nuncio,	1256			Noceo,	1301
Novus,	1259	**N**AR, *eau;* 2°. *fort.*		Pernicies,	1302
Nuper,	1261	Narica,	1283	Nequam,	ib.
Novem,	ib.	Nereus,	ib.	Nex,	1303
Nundinæ,	1262	Narro,	1284	Nec-Tar,	ib.
		Nervus,	1285		
N A, 1°. *nez.*		Nardus,	1287	**N U**, *signe.*	
Nasum,	1263	**N A**, *maison.*		Nuo,	1304
Navis,	1264	Nidus,	1287	**N**, *non.*	
Nidor,	ib.	Naos,	1288		
2°. *élevé.*		Næ,	ib.	Ne,	1306
Navo,	1265	Nossus,	ib.	Nunquam,	1307
Nævus,	1266			Neuter,	1308
Nebula,	1267	**N A D**, *fil.*		Nemo,	1309
Nubis,	ib.	Netum,	1289	Necessarius,	1310
Nimbus,	1268	Neo,	ib.	Nego	ib.
Nimis,	ib.	Nodus,	ib.	Negligo,	1311
Nates,	1269	**N**EGOTIUM,	1291	Nesteua,	ib.
Nisus,	1270	**N**EMUS,	1292	Niger,	1312
Nexus,	1272	Nomos,	1293	Nolo,	1314

VIII.

TOUCHE SIFFLANTE.

S.		**S E**, *initial.*		Scandalum,	1788
Onomatopées.		Se, *fine,*	1779	Schænus,	ib.
Serra,	1704	Seorsim,	ib.	Squinancia,	1789
Sibilo,	1705	Serius,	1780	Scopulus,	ib.
Singultus,	ib.	Sobrius,	ib.	Sceptrum,	1790
Sonus,	1706	Seditio,	ib.	Scatebra,	ib.
Sordes,	1709	Surdus,	1781	Obscenus,	1791
Spiro,	1710	Sepelio,	ib.	Schola,	ib.
Suspirium,	1713	Severus,	1783	Scordiscum,	1792
Spuo,	ib.	Sperno,	ib.	Obscurus,	1793
Spuma,	1714	Spionia,	ib.	Setanius	1794
Sternuo,	1715	Scævus,	1785	Samera,	ib.
Sterto,	ib.	**S**, *ajouté.*		Smaragdus,	ib.
Strepo,	1716	Scæna,	1785	Smectis,	ib.
Stridor,	1717	Periscelis,	1786	Spargo,	1795
Sugo,	ib.	Scalenus,	1787	Species,	1797
Susurrum,	1718	Scelus,	ib.	Specto	1798

DES MOTS RADICAUX. 2305

Spelunca,	1799	Sciather,	1851	Suber,	1883
Scopus,	1807			Suco,	ib.
Spicum,	1808	**S E M.**			
Cuspis,	1809	Eximius,	1852	**S T.**	
Aspilates,	ib.	Exemplar,	ib.	St,	1890
Spina,	ib.	Signum,	1853	Sto,	ib.
Spinther,	1810	Sigillum,	1856	Statuo,	1898
Spissus,	ib.	Simius,	ib.	Sisto,	1902
Splendor,	1811	Similis,	ib.	Stabilis,	1903
Spolium,	1812	Simul,	1857	Stabula,	1904
Spongia,	1813	Simulo,	ib.	Stale,	1905
Spondeum,	ib.	Semen,	1859	Stagnum,	ib.
Sponsus,	1814	**S E N.**		Stacte,	ib.
Spontè,	1815	Segnis,	1861	Stadium,	1906
Spurco,	1816	Sensus,	ib.	Stachys,	ib.
		Sentio,	ib.	Stater,	ib.
S A.		Seps,	1864	Stemma,	1907
Sabulum,	1817	Sepio,	1865	Sterco,	ib.
Saccus,	ib.	Sero,	1866	Stella,	ib.
Soccus,	1818	Serenus,	1867	Stipes,	1908
Sagum,	ib.	Serum,	1868	Stirps,	1910
Sagena,	ib.	Serò,	ib.	Stoicus,	1911
Ascolia,	1819	Sericum,	ib.	Præ-Stolo,	ib.
Sævus,	1829	**S I.**		Stultus,	ib.
Sagina,	1830	Siccus,	1869	Studeo,	1912
Saxum,	ib.	Silva,	1870	Stupidus,	ib.
Samio,	1831	Asylus,	ib.	Stylo,	1913
Summa,	1832	Siler,	1871	**S T, ajouté.**	
Sanus,	1833	Sileo,	ib.	Stlata,	1914
Sospes,	1835	Simus,	1872	Stlembus,	1915
Asotia,	ib.	Sinus,	ib.	Composés de Sto.	
Sentis,	1836	Sinister,	1873	Ast,	1915
Sanna,	ib.	Situs,	ib.	Astu,	ib.
Sandalium,	ib.	Sino,	1874	Aster,	ib.
Sapa,	1837	**S O.**		Catasta,	1916
Sapinus,	ib.	Solum,	1875	Custos,	ib.
Sapo,	ib.	Solidus,	ib.	Destino,	1917
Sebum,	ib.	Exul,	1876	Obstetrix,	ib.
Sipo,	1838	Solea,	ib.	Obstino,	ib.
Sapio,	ib.	Soleo,	1877	Extaris,	1918
Sophia,	1840	Sulphur,	1878	Stichum,	ib.
Sæpe,	ib.	Insula,	ib.	Stasis,	ib.
S A R, lier.		Solvo,	ib.	Apo-Stolus,	1919
Sarcina,	1841	Spes,	1881	Si-Stole,	ib.
Serræ,	1842	Spero,	ib.	Stauro,	1920
Servus,	ib.	**S U.**		**T T E.**	
Sero,	1844	Sus,	1881	Stephanus,	ib.
Scirpus,	1846	Surgo,	ib.	Sterno,	1921
Sera,	1847	Surculus,	1881	Strena,	ib.
Anxur,	ib.	Suasum,	ib.	Stragula,	ib.
S C.		Sudes,	1883	Stibium,	1924
Scio,	ib.	Subo,	1885	Stigma,	ib.
Cæcus,	485	Suada,	1886	Stilus,	ib.
Scævus,	487	Suavis,	1887	Stiva,	ib.

TABLE

Stilla,	ib.	TSEL,		Scurra	1957
Stimulus,	1926	bois, ombre,		Semita,	ib.
Stips,	1927	Prononcé SEL, XEL.		Sentina,	1958
Stomachus,	ib.			Singuli,	ib.
Storax,	1928	Silva,	1870	Parasita,	1960
Strabo,	ib.	Asylus,	ib.	Sons,	ib.
Strebula,	1920	Siler,	1871	Sphæra,	1961
Stranguso,	ib.	Sileo,	ib.	Sitis,	ib.
Strenuus,	ib.	Xylum,	2255	Sorbeo,	1962
Strobus,	ib.	Monoxylus,	ib.	Con-Sus,	1963
Stratos,	1930			S, pour T.	
Stringo,	ib.	MOTS ORIENTAUX.		Sancio,	1937
Strigosus,	1931			Sanctus,	ib.
Strigil,	ib.	Sanies,	1955	Sanguis,	1938
Strophus,	1933	Saphir,	ib.	Sandaraca,	1939
Struo,	1934	Sarmentum,	ib.	Socius,	ib.
Mots Grecs en S,	1941	Satelles,	1956	Socer,	1941
Mots Hébreux,	1953	Scorpio,	ib.		

IX.

TOUCHES précédées de VOYELLES & de CONSONNES.

1. TOUCHE GUTTURALE.		C, précédé d'O		Siclus,	1822
AC, pointu.		Occa,	1350	Seculum,	ib.
Acus,	7	PAC, pointu.		Secus,	ib.
Acidus,	ib.	Pago,	1411	Sexus,	1823
Aquifolium,	10	Pungo,	1412	Securis,	ib.
Aquila,	ib.	Pugio,	1413	Seges,	ib.
Ago,	12	Pingo,	ib.	Insectum,	1824
Agilis,	14	Pessulus,	1414	Sequor,	1825
Agmen,	ib.	Pyga,	1415	Secus,	1828
Ac, conj.	20	Pugnus,	ib.	II.	
Icon,	ib.	Pugna,	1416	TOUCHE LABIALE.	
Sic,	ib.	Pecten,	1417	AM, UM,	
Æquus,	21	Pignus,	1418	réunion.	
Mots Grecs,	110,-113	Pagus,	1419		
C, précédé d'O,		Pax,	1420	Amnis,	42
ou au.		Apex,	ib.	Ama,	ib. 46
Auceus, acru,	103	Pix,	1421	Amuletum,	42
Auctor,	ib.	Pecco,	1422	Ambo,	43
Augeo,	104	Piger,	ib.	Red-Imio,	ib.
Augustus,	105	Pinguis,	1423	Amentum,	44
Auxilium,	ib.	Piget,	ib.	Amo,	ib.
Hic,	835	Pectus,	1424	Hamus,	46
Occ-Anus,	1350	SAC, pointe, tranchant.		Hamaxa,	350
Ocris,	1351	Sagitta,	1819	2°. Mere.	
Oxys,	1352	Sagus,	1820	Humus,	845
C, en P.		Saucio,	1821	Homo,	ib.
Hippo,	859	Seco	ib.	Humanus,	846

DES MOTS RADICAUX. 2307

Humilis,	ib.	Patera,	1440	FAL, élevé.	
Chamæ,	851	Patibulum,	ib.	Falæ,	631
Hemi,	855	Spatium,	1440	Falx,	ib.
3°. Immense.		Potis,	1448	Falco,	632
Imus,	871	Potens,	ib.	Fullo,	705
Infimus,	ib.	Possibilis,	1449	Fulcio,	706
Fimbria,	ib.	Possideo,	1450	Felix,	723
Imago,	ib.	Puto,	ib.	Filum,	730
Imitor,	872	Puteus,	1452	De HEL, briller.	
III.		Potamus,	1453	Fulgeo,	742
Touche dentale.		Pons,	ib.	Felis,	744
AT, grand.		Pompa,	1454	Flavus,	ib.
Atta, pere,	98	IV.		Helenium,	832
BAT, profond.		Touche linguale.		Helvus,	ib.
Batus,	171	I. AL, élevé.		Gilvus,	ib.
Abyssus,	ib.	Ala,	27	Olor,	1357
Basis,	ib.	Alacer,	ib.	Selene,	1732
Affatim,	173	Alica,	28, -29	PAL, brillant.	
Obesus,	ib.	Ilia,	28	Pulcher,	1455
2°. Maison.		Ille,	ib.	Polio,	1456
Habito,	173	Ulna,	ib.	Pollen,	ib.
Habitus,	ib.	Alo,	ib.	Palea,	1457
CAT.		Alesco,	29	Palam,	ib.
Multitude, grandeur.		Altus,	30	Pila,	ib.
Caterva,	235	Ad-oleo,	ib.	Palpebra,	1458
Cete,	236	Sob-oles,	31	Palatium,	ib.
Cothurnus,	ib.	Halitus,	ib.	Palumbus,	ib.
Centum,	237	Oleo,	32	Palus,	1459
He-Caton,	853	Olus,	33	Pelagus,	1460
Caudex,	239	Alnus,	ib.	Pila,	ib.
Cadus,	241	Ulmus,	ib.	2°. Elevé, qui couvre.	
Catinus,	ib.	Ilex,	ib.	Palea,	1461
2°. Qui enveloppe.		Olea,	ib.	Peplum,	1462
Catena,	244	Ultimus,	34	Pellis,	ib.
Casa,	ib.	Ultra,	35	Vellus,	1463
Caseus,	245	Allex,	ib.	Vello,	ib.
Castanea,	ib.	Pollex,	id.	Folium,	1464
Castellum,	ib.	Olla,	ib.	Apluda,	ib.
Castor,	246	Alveus,	36	Pilus,	1465
Castula,	247	Aula,	ib.	Pileus,	ib.
Castus,	248	Alius,	37	Capillus,	ib.
Cista,	249	Alter,	38	Pluma,	1466
Cutis,	250	AL.		3°. Main.	
Scutum,	251	Vaste mer, sel.		Palpo,	1467
FAT.		Alumen,	39	Pala,	ib.
Abondance, profondeur.		Allium,	ib.	Palæstra,	ib.
Affatim,	648	Albus,	40	Palmus,	1468
Fatigo,	649	Algeo,	41	Appello,	1469
Futis,	710	Elementum,	597	Pello,	1470
PAT.		Helix,	855	Pulso,	ib.
Profond.		Hilaris,	858	Pallidus,	1472
Patella,	1439	Ille,	870	Pullus,	ib.
				Plumbum,	ib.

Pelamis,	1473	3°. *Comburi.*		Caula,	ib.	
Pulvis,	1474	Miles,	1122	Calo, onis,	307	
PEL, POL.		Æmulus,	1123	Colo,	308	
Phyl-archus,	1548	Omilla,	1124	Agri cultor,	ib.	
Populus,	ib.	**CAL,** *renfermer.*		Culina,	309	
Politia,	1550	Cella,	312	Accola,	ib.	
Poly,	1551	Celo,	ib.	Ancilla,	310	
Ampulla,	ib.	Clam,	ib.	2. **A R,** précédé d'A, E.		
Copula,	ib.	Calix,	313	*Hauteur, excellence.*		
Plebs,	1552	Colus,	ib.	Terra,	65	
Publicus,	ib.	Calthula,	314	Area,	ib.	
Plus,	1553	Galea,	ib.	Aro,	66	
Compleo,	1555	Chlamys,	315	Ars	68	
Plenus,	1556	Clitellæ,	ib.	Dis-ertus,	ib.	
Plethora,	1557	Chelone,	316	Areo,	69	
Polemicus,	1558	Cyllenius,	504	Ardeo,	70	
PAL, *prononcé* **PHEL.**		Clavis,	317	Ara,	71	
Phlebs,	1519	Clava,	ib.	Arena,	ib.	
Phylaca,	ib.	Colaphus,	318	Imber,	72	
PLE, *pour* **PEL.**		Clavus,	ib.	Aer,	73	
Plecto,	1539	Claudo,	319	Aura,	ib.	
Plico,	1540	Clypeus,	322	Æro, Æs,	73	
Amplexor,	1543	**CEL.**		Ferrum,	77	
Simplex,	1545	1°. *Légereté.*		Mars,	78	
Duplex,	ib.	Celer,	289	Argentum,	ib.	
Triplex,	1546	Celes,	290	Herus,	79	
MAL.		Chelidon,	ib.	Et nombre d'autres mots en AR, contenus dans les colonnes 79-89.		
Grand.		Cilium,	291			
Moles,	1102	Cylindrus,	292			
Molestia,	1104	Cyclus,	ib.	Hortor,	90	
Mola,	1105	2°. *Qui s'élève.*		Ursus,	91	
Malus,	1106	Cello,	292	Arguo,	ib.	
Malleus,	1107	Celeber,	293	Arkh,	116	
Mulco,	ib.	Calleo,	295	Heri,	833	
Mille,	1108	Caluo,	296	Hæres,	ib.	
Myrias,	1109	Cluo,	ib.	Herba,	834	
Mulgo,	ib.	Chilias,	297	Hernia,	835	
Multus,	1110	Chalo,	298	Heremus,	856	
Mulus,	1111	Scala,	ib.	Hermes,	ib.	
Melota,	ib.	E-xilis,	id.	Herpes,	857	
2°. *Jaune ; bon : rond.*		Clivus,	299	Hiera,	858	
Malum,	1112	Clino,	ib.	C-hiro,	860	
Milvus,	ib.	3°. *Tigre.*		**R,** précédé d'I, &c.		
Mel,	1113	Columna,	301	Ira,	875	
Melior,	ib.	Columen,	302	Su-rgo,	905	
Mulgeo,	1116	Collis,	id.	Juro,	906	
Mulier,	1117	Colossus,	303	Hira,	837	
Male,	ib.	Collum,	ib.	Hirudo,	ib.	
Mollis,	1119	Coluber,	ib.	Hirundo,	ib.	
Malus,	1120	Culmen,	304	Hircus,	838	
Malitia,	ib.	Colum,	305	Hirsutus,	ib.	
Melania,	1121	Calamus,	306	Horreum,	842	

DES MOTS RADICAUX. 2309

Hordeum,	ib.	Murus,	1178	Pereo,	ib.
Hortus,	843	Mora,	ib.	Perdo,	ib.
BAR, *porter, produire.*		Memor,	1180	Appareo,	1509
		Morosus,	1182	Porta,	1510
Uber,	161	Marceo,	1183	Porto,	1509
Ver,	ib.			Perna,	1513
Viridis,	ib.	MAR, *jour.*		Sparus,	1514
Brassica,	162	Ephemeris,	1184	Asper,	ib.
Barba,	ib.	Margarita,	1185	Porcus,	1515
Fera,	163	Marmor,	ib.	Pharetra,	1517
Barrus,	164	Martyr,	ib.	Amphora,	1517
Ebur,	165	Merum,	1186	Phar-macia,	1518
Aper,	165	Merces,	1188	CAR.	
Brachium,	166	Merula,	1190	1°. *Course.*	
Borsa,	ib.	Mœreor,	1191		
2°. *Paroles.*		Mors,	1191	Carrus,	402
Verbum,	167	Membrum,	1194	Curro,	ib.
Barbarus,	168	PAR.		Chorus,	407
Bardi,	169	*Produire.*		2°. *Force.*	
Brevis,	170	Par,	1486	Cor,	410
FAR, *produire.*		Parens,	1487	Certo,	411
Bi-fariam,	634	Praxis,	1488	Certus,	412
Faber,	ib.	Pario,	ib.	Creo,	414
Far,	635	Puer,	1489	Corpus,	415
Fero,	636	Paro,	1490	3°. *Rouge.*	
Frutex,	640	Vitupero,	1492	Caro,	417
Fruor,	641	Tempero,	1493	Corallium,	419
Fructus,	ib.	Paradisus,	1494	Cruor,	ib.
Frumentum,	642	Peristera,	ib.	Crudelis,	420
Frustrà,	ib.	Aprilis,	ib.	Carbo,	421
Fraus,	ib.	Papyrus	1495	Cera,	ib.
Fur,	643	Pirus,	ib.	Sincerus,	423
Farcio,	644	Porrum,	1496	Cerasus,	424
Fortis,	645	Prunum,	ib.	4°. *Capacité, tête.*	
Fere,	657	Pratum,	ib.	Cerebrum,	425
Firmus,	667	Prasina,	ib.	Pro cer,	ib.
Frequens,	696	Phora,	1497	Cernuo,	426
BAR.		Paries,	ib.	Cervix,	ib.
Traverser.		Parcæ,	1498	Cornu,	ib.
Fibra,	660	Pars,	ib.	Cranium,	427
Fibula,	ib.	Portio,	1500	Caryon,	428
Iberus,	883	Parco,	1501	Cervus,	429
MAR.		Pauper,	1502	Coryphæus,	ib.
Fort; vaste.		PER, *à travers.*		Cornus,	430
				Chrestum,	ib.
Mas, maris,	1165	Per,	1503	5°. *Elevé.*	
Maritus,	1166	Pera,	ib.	Acervus,	431
Myrra,	1167	Veru,	ib.	Agger,	431
Mare,	1168	Operio,	1504	6°. *Cher.*	
Mergo,	ib.	Aperio,	1505	Carus,	433
Amarus,	1170	Peritus,	1506	Charitas,	ib.
Mordeo,	1171	Experior,	1507	Careo,	434
Meritum,	1173	Pirata,	ib.	Gratus,	ib.
Minor,	1176	Porosus,	1508	Quæro,	436

2310 TABLE, &c.

6°. Rondeur, enveloppe.		Torvus,	2076	Cluo,	1002
Cardo,	439	Ater,	ib.	Clemens,	1031
Carcer,	440	Atrox,	2077	Clibanus,	1041
Circus,	ib.	Turpo,	ib.	Placo,	1527
Gyrus,	442	Terror,	2078	Placeo,	1528
Viria,	443	Trudo,	2079	Plaga,	1529
Curvus,	ib.	Tristis,	2080	Planus,	1530
Vacerra,	ib.	Turbo,	2081	Planta,	1532
Circos,	444	Tergeo,	2084	Platanus,	1533
Scrinium,	ib.	sterilis,	2085	Plinthis,	1534
Cors,	ib.	Testa,	ib.	Plasma,	ib.
Corium,	445	TOR, tour.		Pneuma,	1547
Cortex,	ib.	Torno,	2087	Pulmo,	1548
Cortina,	446	Torus,	2088		
Corona,	ib.	Troia,	ib.	6. R.	
Chronicus,	447	Obturo,	2089	Précédé immédiatement d'une consonne.	
Crater,	ib.	Atrium,	ib.		
Cerberus,	ib.	Tropus,	2090		
Cerno,	448	Tropæum,	2091	Framea,	694
TER, étendu.		Trochus,	ib.	Frater,	ib.
Tergum,	2057	Torcular,	ib.	Frenum,	695
Traho,	2058	Torques,	2092	Gerusia,	774
Tracto,	2060	Torqueo,	ib.	Gracilis,	805
Truncus,	2062	Tortus,	ib.	Gradus,	806
Ter,	2063	Etrangers.		Græcia,	809
Tricesimus,	2065	Theo,	2096	Gremium,	810
Triens,	2066	Testis,	2107	Grumus,	811
Trans,	2067	Tigris,	2110	Con-gruo,	ib.
Trabs,	2068	Tiro,	ib.	Sub grunda,	812
Trossulus,	ib.	5. L.		Pravus,	1580
Intellectus,	2070	Précédé immédiatement d'une consonne.		Pyra,	1581
Tricor,	2071			Purpura,	1582
Tribuo,	2073	Glaber,	804	Porphyreus,	ib.
2°. Féroce.		Glossa,	ib.	Pruna,	1583
Diræ,	2075	Glutto,	805	Purus,	ib.
Tæter,	ib.	Cloaca,	1001	Purgatio,	1584
Trux,	ib.				

X

AN, BAN, MAN,
Élevé.

Benna,	158	Fundus,	ib.	MAN, Elevé.
Ebenus,	ib.	Fungus,	708	Une multitude de mots en MAN, MEN, MON, MIN, MUN, contenus sous la lettre M.
Habena,	159	Fungor,	ib.	
Arvina,	ib.	Fenus,	725	
Buniri,	ib.	2°. Elevé.		
ON, abondant.		Honor,	839	
Ab-undo,	707	Honestus,	840	

FIN DES TABLES.

SIXIÈME LISTE

SIXIEME LISTE

DE MESSIEURS LES SOUSCRIPTEURS.

A.

ACADÉMIE FRANÇOISE.
M. John ADAMS, Député des Etats réunis d'Amérique.
M. D'AGINCOURT.
M. le Marquis d'ALBAREY, à Turin.
M. le Comte D'ALBON.

B.

M. BERNARD, Directeur d'une Académie d'Education, à Marseille.
BIBLIOTHEQUE du Collége des QUATRE-NATIONS, M. l'Abbé HOOK, Bibliothécaire.
M. Jérôme BLANC, Négociant à Marseille.
M. BLONDE, Avocat au Parlement.
M. le Vicomte de BLOSSEVILLE.
M. de BOIS-GUILBERT, à Rouen.
M. de LA BOISSIERE, à Villeneuve de Berg.
M. de BORELLY, de l'Académie des Belles-Lettres, Sciences & Arts de Marseille, & de celle des Arcades de Rome, à Marseille.
M. BOUCHER, Libraire, à Rouen.
M. le Marquis de BOURAN, à Villeneuve d'Agen.
M. BOURDIN DE DREUX, Secrétaire du Conseil de M. le Comte d'Artois, Commis au Bureau de la Marine, Huissier du Cabinet de Madame Sophie.
M. BOUSIE.
M. BOYER de FONSCOLOMBE, ancien Envoyé du Roi à Gènes, à Aix en Provence.
M. de BRUMIERES.
M. BRUNET, Supérieur du Séminaire de Châlons-sur-Marne, à Châlons.

C.

M. le Comte Carly, à Genève.
Université de Cambridge, en Amérique.
M. l'Abbé de Canaye, de l'Académie des Inscriptions & Belles-Lettres.
M. le Blanc de Castillon, Procureur au Parlement de Provence.
M. Cavelier, Libraire François, à Maftricht.
M. le Marquis de Cercey, Chevalier de Saint Louis.
M. l'Abbé Capmartin de Chaupi.
M. l'Abbé Chivot, Professeur de seconde au Collége de Montaigu.
M. Chomel, Député des Etats du Vivarais, à Annonay.
M. Coutelle.
M. de Crancey de Chantrenne, à Châlons-sur-Marne.

D.

M. Descarsin.
* M. l'Abbé Drouart, Chanoine de Champeaux.

F.

M. le Chevalier de Flurieu.
M. de Freval, Mestre de Camp de Dragons.

G.

M. le Prince Gallicin, Officier aux Gardes de Sa Majesté l'Impératrice de Russie.
M. l'Abbé Genais.
M. Gerard, Gouverneur de M. le Comte de Custine.

H.

M. Hautoy, Libraire à St. Quentin.
M. d'Hornoy, Conseiller au Parlement.

L.

M. Linguet.
M. de Lisle de Salle.

M.

M. le Baron de Marivetz, Ecuyer.
M. Maupetit.

DE MM. LES SOUSCRIPTEURS.

M. Milon, Conseiller au Châtelet.
M. de Montarchet, Conseiller au Parlement de Dijon.
M. Pierre Morel, Négociant à Marseille.

N.

M. le Comte de Noyan.

P.

M. Palis.
M. de Pange, Trésorier de l'Extraordinaire des Guerres.
MM. les Freres Perisse, Libraires à Lyon.
M. Pertuisot, Bibliothécaire de Saint Lazare.
M. Peyre, Architecte du Roi, & Inspecteur de ses Bâtimens, à Choisy-le-Roi.
M. Roland de la Platriere, Avocat en Parlement, Inspecteur général du Commerce de Picardie, & de plusieurs Académies.
M. Plouvier, Directeur des Fermes à Lyon.
M. Puissant d'Esplacelles, Président à la Chambre des Comptes de Montpellier.

R.

M. de la Reyniere, fils.
* M. l'Abbé Ricard.
M. l'Abbé de la Rochefoucaud.
M. Ropprat, Procureur au Parlement.

S.

Madame la Marquise de Sainneville.
M. de Saint-James, Trésorier de la Marine.
M. de Saint-Martin.
La Société Typographique & Littéraire de Naples.
M. Sylvestre, premier Commis des Bureaux de M. Amelot.

T.

M. Tercier.
M. de Tolozan, Intendant du Commerce.

M. le Comte de la Tour-du-Pin.
M. Jacob Tronchin, Conseiller de la Ville & République de Genève.

V.

M. Jean-Pierre Vidal, Négociant de Hambourg, à Bordeaux.
M. Viel, Architecte & Avocat en Parlement.
M. le Baron de Vieuxpont, à Caën.
M. Vincent, Peintre du Roi.
M. Wygand.

Fin de la Liste des Souscripteurs.

De l'Imprimerie de VALLEYRE l'aîné.

www.ingramcontent.com/pod-product-compliance
Lightning Source LLC
Chambersburg PA
CBHW071426300426
44114CB00013B/1332